D1728136

Wolfgang Groß

Kapitalmarktrecht

Kapitalmarktrecht

Kommentar zum Börsengesetz,
zur Börsenzulassungs-Verordnung
und zum Wertpapierprospektgesetz

von

Dr. Wolfgang Groß

Rechtsanwalt in Frankfurt am Main

5., vollständig überarbeitete und
erweiterte Auflage

Verlag C. H. Beck München 2012

www.beck.de

ISBN 978 3 406 63925 8

© 2012 Verlag C. H. Beck oHG
Wilhelmstraße 9, 80801 München

Satz, Druck und Bindung: Druckerei C. H. Beck Nördlingen
(Adresse wie Verlag)

Gedruckt auf säurefreiem, alterungsbeständigem Papier
(hergestellt aus chlorfrei gebleichtem Zellstoff)

Vorwort zur 5. Auflage

Das Börsengesetz der ersten Auflage hat mit dem in der hier vorgelegten Neuauflage nahezu nichts mehr gemein, gleiches gilt für die Börsenzulassungsverordnung. Beide haben sich in der Zwischenzeit zu einem reinen Marktorganisationsrecht und weg von einem Recht der Vermarktung von Wertpapieren entwickelt. Diese Entwicklung hat durch die Streichung der börsengesetzlichen Prospekthaftungsregeln aus dem Börsengesetz durch das Gesetz zur Novellierung des Finanzanlagenvermittler- und Vermögensanlagenrechts seinen vorläufigen Abschluss gefunden. Gleichzeitig hat dasselbe Gesetz die Prospekthaftung für öffentlich angebotene oder zuzulassende Wertpapiere zusammenfassend im Wertpapierprospektgesetz neu geregelt, dabei zwar das bisherige System im Wesentlichen übernommen, aber einige bedeutende Einzelheiten geändert, so die Verjährung und den Ausschluss anderer Anspruchsgrundlagen. Das Gesetz zur Umsetzung der Änderungsrichtlinie zur Prospektrichtlinie (korrekt: Gesetz zur Umsetzung der Richtlinie 2010/73EU und zur Änderung des Börsengesetzes) hat wiederum das Wertpapierprospektgesetz an vielen Stellen entscheidend verändert und auch ohne Änderung der gesetzlichen Regelung die Verwaltungspraxis beeinflusst. Neben dieser und weiterer gesetzlichen Änderungen waren bei der Neuauflage umfangreiche Rechtsprechung vor allem aber umfassende Literatur, hier insbesondere allein drei Kommentare zum Wertpapierprospektgesetz, sowie verschiedene Anregungen aus dem Kreis der Nutzer des Buches zu verarbeiten.

Das Ergebnis ist eine umfassende inhaltliche Überarbeitung nahezu der gesamten Kommentierung. Diese Kommentierung ist auf dem Stand vom Februar 2012. Hinweise, Anregungen, Kritik und Verbesserungsvorschläge sind herzlich willkommen (wolfgang.gross@hengeler.com).

Frankfurt am Main, im April 2012 *Wolfgang Groß*

Vorwort zur 1. Auflage

An den deutschen Wertpapierbörsen wurden 1999 Wertpapiere für über 5 Billionen Euro, hiervon Aktien im Wert von 2,5 Billionen Euro gehandelt, knapp 170 Gesellschaften mit einem Emissionsvolumen von über 14 Milliarden Euro sind neu an der Börse zugelassen worden. Hinzu kamen Kapitalerhöhungen bereits börsennotierter Gesellschaften in einem bis dahin für Deutschland außergewöhnlichen Volumen.

Diese rasante Entwicklung des Kapitalmarktes geht einher mit grundlegenden Änderungen der gesetzlichen Rahmenbedingungen, die zum nicht ganz geringen Teil durch Rechtsetzungsakte der Europäischen Union vorgegeben

Vorwort

wurden und werden. Insbesondere das Börsenrecht und die Regelungen des öffentlichen Angebots von Wertpapieren sind dabei in den letzten Jahren mehrfach, teilweise einschneidend, geändert worden. Grund genug, das Börsenrecht, d. h. das Börsengesetz und die Börsenzulassungs-Verordnung, sowie das Verkaufsprospektgesetz und die Verkaufsprospekt-Verordnung in einem Kommentar zusammenfassend zu erläutern. Dabei ging es nicht nur darum, diese gesetzlichen Regelungen anhand von Rechtsprechung und Literatur darzustellen und dabei insbesondere auch die teilweise europäische „Geschichte" der jeweiligen Bestimmung zu berücksichtigen. Darüber hinaus liegt ein Schwerpunkt der Kommentierung darin, die für den Praktiker besonders bedeutsamen jeweiligen Ausführungsbestimmungen bzw. Erläuterungen der zuständigen Stellen, seien es die Börsen und ihre Organe, oder sei es das Bundesaufsichtsamt für den Wertpapierhandel im Kontext der gesetzlichen Regelungen zu berücksichtigen.

Die Kommentierung ist auf dem Stand vom November 1999. Die Bekanntmachung des Bundesaufsichtsamtes für den Wertpapierhandel zum Verkaufsprospektgesetz vom 6. September 1999 wird jeweils bei der Kommentierung der einzelnen Vorschriften des Verkaufsprospektgesetzes mit abgedruckt und kommentiert.

Anregungen, Verbesserungsvorschläge und Kritik sind willkommen und bieten sicherlich Anlass und Ansporn für die nächste Auflage.

Frankfurt, im Februar 2000   *Wolfgang Groß*

Inhaltsübersicht

1. Teil. Börsengesetz

2. Teil. Verordnung über die Zulassung von Wertpapieren zum regulierten Markt an einer Wertpapierbörse (Börsenzulassungs-Verordnung – BörsZulV)

3. Teil. Gesetz über die Erstellung, Billigung und Veröffentlichung des Prospekts, der beim öffentlichen Angebot von Wertpapieren oder bei der Zulassung von Wertpapieren zum Handel an einem organisierten Markt zu veröffentlichen ist (Wertpapierprospektgesetz – WpPG)

Inhaltsverzeichnis

Inhaltsverzeichnis

2. Teil. Verordnung über die Zulassung von Wertpapieren zum regulierten Markt an einer Wertpapierbörse (Börsenzulassungs-Verordnung – BörsZulV)

X

Inhaltsverzeichnis

3. Teil. Gesetz über die Erstellung, Billigung und Veröffentlichung des Prospekts, der beim öffentlichen Angebot von Wertpapieren oder bei der Zulassung von Wertpapieren zum Handel an einem organisierten Markt zu veröffentlichen ist (Wertpapierprospektgesetz – WpPG)

Inhaltsverzeichnis

1. Teil. Börsengesetz (BörsG)

Vom 1. November 2007

(BGBl. I 1351) zuletzt geändert durch Art. 5
des Gesetzes zur Umsetzung der Richtlinie 2010/73/EU
und zur Änderung des Börsengesetzes BGBl. I 2012, 1375

Inhaltsübersicht

Abschnitt 1. Allgemeine Bestimmungen über
die Börsen und ihre Organe

Abschnitt 2. Börsenhandel und Börsenpreisfeststellung

Abschnitt 3. Skontroführung und
Transparenzanforderungen an Wertpapierbörsen

A. Vorbemerkungen

Schrifttum: – Kommentare und Handbücher: *Assmann/Schütze* (Hrsg.), Handbuch des Kapitalanlagerechts, 3. Aufl. 2007; *Assmann/Lenz/Ritz,* Verkaufsprospektgesetz, Verkaufsprospektverordnung und Verkaufsprospektgebührenverordnung, 2001, zit.: *Bearbeiter,* in: Assmann/Lenz/Ritz; *Baumbach/Hopt,* HGB, 35. Aufl. 2012; *Bosch/ Groß,* Emissionsgeschäft, 2. Ausgabe 2000; *Canaris,* Bankvertragsrecht, 4. Aufl. 1988; *Foelsch,* Grundzüge des Börsenwesens, Bankrecht und Bankpraxis, *Weber/Pickenbrock/ Siegmann* (Hrsg.), Loseblattslg., zit.: *Foelsch,* in: BuB; *Gericke,* Handbuch für die Börsenzulassung von Wertpapieren, 1992; *Kümpel/Hammen/Ekkenga* (Hrsg.), Kapitalmarktrecht, Loseblattslg.; *Marsch-Barner/Schäfer,* Handbuch der börsennotierten AG, 2. Aufl. 2009, zit.: *Bearbeiter,* in: Marsch-Barner/Schäfer; *Meyer/Bremer,* Börsengesetz, 4. Aufl. 1957; *Nußbaum,* Kommentar zum Börsengesetz, 1909; *Samm,* Börsenrecht, 1978; *Schäfer* (Hrsg.), Wertpapierhandelsgesetz, Börsengesetz mit BörsZulV, Verkaufsprospektgesetz mit VerkProspV, 1999, zit.: Schäfer/*Bearbeiter; Schäfer/Hamann* (Hrsg.), Kapitalmarktgesetze, 2. Aufl. Loseblattslg. Stand Oktober 2010, zit.: *Bearbeiter,* in: *Schäfer/* Haman, KMG; *Schwark/Zimmer* (Hrsg.), Kapitalmarktrechts-Kommen tar, 4. Aufl. 2010, zit.: *Bearbeiter,* in: Schwark. – **Lehrbücher:** *Bremer,* Grundzüge des deutschen und ausländischen Börsenrechts, 1969; *Claussen,* Bank- und Börsenrecht, 3. Aufl. 2003; *Göppert,* Das Recht der Börsen, 1932; *Kümpel/Hammen,* Börsenrecht, 2. Aufl. 2003, zit.: *Kümpel/Hammen,* Börsenrecht; *Kümpel/Wittig,* Bank- und Kapitalmarktrecht, 4. Aufl. 2011, zit.: *Bearbeiter,* in: *Kümpel/Wittig,* Bank- und Kapitalmarktrecht; *Schwintowski/Schäfer,* Bankrecht, 3. Aufl. 2011. – **Sonstige Beiträge:** *Baur,* Das neue Wertpapierhandelsrecht, Die Bank 1997, 346; *Beck,* Die erwerbswirtschaftliche Betätigung Beliehener am Beispiel des Trägers einer Wertpapierbörse, WM 1996, 2313; *ders.,* Das neue elektronische Handelssystem Xetra an der Frankfurter Wertpapierbörse, WM 1998, 417; *ders.,* Börsen- und Kapitalmarktrechtliche Aspekte der grenzüberschreitenden Tätigkeit und Zusammenarbeit von Börsen, FS für Siegfried Kümpel (Hrsg.: *Ekkenga/Hadding/Hammen*), 2003, 19; *Beck/Stinn,* Börsenrückzugs-Gesellschaften in Deutschland, FB 2002, 653; *Betzold,* Die Börsenmaklerprüfung, in: Börse und Börsenmaklerprüfung (Hrsg.: Institut der Wirtschaftsprüfer), 1990, S. 83; *Braue/Hille,* Xetra – Elektronisches Handelssystem am Finanzplatz Deutschland, Die Bank 1997, 140; *Brauer,* Die Rechte der Aktionäre beim Börsengang und Börsenrückzug ihrer Aktiengesellschaft, 2005; *Breitkreuz,* Die Ordnung der Börse, 2000; *Brockhausen,* Kapitalmarktaufsicht in Selbstverwaltung, WM 1997, 1924; *Bruchner/Pospischil,* Der rechtliche Rahmen für die Aufgaben der Kreditinstitute bei der Konzernfinanzierung, insbesondere bei der Börseneinführung von Konzernunternehmen, Handbuch der Konzernfinanzierung (Hrsg.: *Lutter/Scheffler/Schneider*), 1998, 307; *Burgard,* Die börsenrechtliche Zulässigkeit des Zusammenschlusses der Deutsche Börse AG mit der NYSE Euronext im Blick auf die Frankfurter Wertpapierbörse, Teil I: WM 2011, 1973, Teil II: WM 2011, 2021; *Burgi,* Börse, Börsenträger und Börsenaufsicht im System des Wirtschaftsverwaltungsrechts, WM 2009, 2337; *Caspari,* Die geplante Insiderregelung in der Praxis, ZGR 1994, 530; *Christoph,* Die Anteilseignerkontrolle nach dem Börsengesetz, WM 2004, 1856; *Claussen,* Das neue Börsenaufsichtsrecht, DB 1994, 969; *ders./Hoffmann,* Neues zur Rechtsform deutscher Wertpapierbörsen, ZBB 1995, 68; *Dornau,* Alternative Handelssysteme in den USA und in Europa, 1999, veröffentlicht auf der Homepage der Deutsche Börse AG, www.deutsche-boerse.de; *Dreyling,* Zur staatlichen Aufsicht über Börsen mit überregionalem Wirkungsbereich, WM 1990, 1529; *Eickhoff,* Der Gang an die Börse – und kein Weg zurück?, WM 1988, 1713; *Elle,* Über die Verantwortlichkeit der Zulassungsstelle einer deutschen Börse gegenüber dem Publikum, ZHR 128 (1966), 273; *Fassbender/Reichegger,* Haftungsrechtliche Verantwortung für Fehlverhalten von Börsenorganen, WM 2009, 732; *Fleischer,* Empfiehlt es sich, im Interesse des Anlegerschutzes und zur Förderung des Finanzplatzes Deutschland das Kapitalmarkt- und Börsenrecht neu zu regeln?, Gutachten F für den 64. Deutschen Juristentag, 2002; Abdruck der Thesen auch in NJW 2002, Beil. 23, 37 ff.; *Fleischer/Kalss,* Kapitalmarktrechtliche Schadensersatzhaftung und Kurseinbrüche an der Börse, AG 2002, 329; *Fleischer,* Marktschutzvereinbarungen beim Börsengang, WM 2002, 2305; *Fluck,* Zum Verzicht des Begünstigten auf Rechte aus einem Verwaltungsakt, WM 1995, 553; *Gebhardt,* Prime und General Standard: Die Neusegmentierung des Aktienmarktes an der Frankfurter Wertpapierbörse, WM-Sonderbeilage Nr. 2/2003; *Gottschalk,* IBIS-Inter-Banken-Informations-System, ZBB 1991, 23; *Groß,* Bookbuilding, ZHR 162 (1998), 318; *ders.,* Zulassung von Wertpapieren zum Amtlichen Handel, FB 1999, 24; *ders.,* Rechtsprobleme des Delisting, ZHR 165 (2001), 141; *Grupp,* Börseneintritt und Börsenaustritt, 1995; *Hammen,* Börsen- und kreditwesengesetzliche Aufsicht über börsenähnliche Handelssysteme, WM 2001, 929; *Hartmann/Meyer-Bullerdick,* Deutsche Warenterminbörse vor dem Start, Die Bank

1996, 724; *Hellwig*, Möglichkeiten der Börsenreform zur Stärkung des Kapitalmarktes, ZGR 1999, 781; *Hellwig/Bormann*, Die Abfindungsregeln beim Going Private – Der Gesetzgeber ist gefordert!, ZGR 2002, 465; *Holzborn/Schlösser*, Systemwechsel beim Going Private, BKR 2002, 486; *Holzborn/Hilpert*, Wechsel in den Freiverkehr als Rückzug aus dem regulierten Markt ohne Delisting, WM 2010, 1347; *Hopt/Baum*, Börsenrechtsreform: Überlegungen aus vergleichender Perspektive, WM-Sonderbeilage Nr. 4/1997; *Hopt/Rudolph/Baum* (Hrsg.), Börsenreform: Eine ökonomische, rechtsvergleichende und rechtspolitische Untersuchung, 1997; *Hopt*, Das Dritte Finanzmarktförderungsgesetz, FS für Ulrich Drobnig (Hrsg.: *Basedow/Hopt/Kötz*), 1998, 525; *Jaskulla*, Voraussetzungen und haftungsrechtliche Konsequenzen einer Aussetzung des Börsenhandels vor dem Hintergrund der Ereignisse des 11. September 2001, WM 2002, 1093; *Kindermann*, Rechtliche Strukturen der Deutschen Terminbörse, WM-Sonderbeilage Nr. 2/1989; *Klenke*, Der Rückzug mehrfach notierter Unternehmen von den deutschen Regionalbörsen, WM 1995, 1089; *Köndgen/Mues*, Zwangslizenz für Xetra? – Deutsches Börsenwesen zwischen Staatsauftrag und privatwirtschaftlicher Freiheit, WM 1998, 53; *Köndgen/Theissen*, „Internalisierter" Wertpapierhandel zu Börsenpreisen?, WM 2003, 1997; *Kümpel*, Amtlicher Markt und Freiverkehr an der Börse aus rechtlicher Sicht – unter Berücksichtigung der Konzeption des Geregelten Marktes, WM-Sonderbeilage Nr. 5/1985; *ders.*, Börsenrechtliche Fragen bei Schaffung des Geregelten Marktes, FS für Klemens Pleyer (Hrsg.: *Hartmann/Meyer-Cording/Wiedemann*), 1986, 59; *ders.*, Die Preisfestsetzung im Geregelten Markt, WM 1988, 1621; *ders.*, Börsengesetznovelle 1989, WM 1989, 1313, 1485; *ders.*, Zur Aufnahme des elektronischen Börsenhandels an der Frankfurter Wertpapierbörse, WM-Sonderbeilage Nr. 4/1991; *ders.*, Die IBIS-Integration in die Regionalbörsen aus börsenrechtlicher Sicht, WM 1992, 249; *ders.*, Die künftige Kapitalmarktaufsicht und die europäische Rechtsangleichung, WM 1994, 229; *ders.*, Die Organleihe im Rahmen der neuen Kapitalmarktaufsicht, WM-Festgabe Hellner, 1994, 35; *ders.*, Zur Neugestaltung der staatlichen Börsenaufsicht – Von der Rechtsaufsicht zur Marktaufsicht, WM 1995, 381; *ders.*, Die öffentlich-rechtliche Börsenorganisation im Lichte der Reformvorschläge, WM 1997, 1917; *ders./Hammen*, Zur Genehmigungsfähigkeit eines geplanten Börsenverbundes, WM-Sonderbeilage Nr. 3/2000, 3; *ders.*, Zur öffentlich-rechtlichen Organisation der deutschen Wertpapierbörsen, BKR 2002, 3; *Kurth*, Überregionalität des deutschen Börsenhandels und die Kompetenzen der Aufsichtsbehörden, ZfgK 1998, 553; *ders.*, Handlungsbefugnisse der Landesverwaltung bei Börsenaufsicht und -zulassung, ZfgK 1998, 618; *Lederman*, Die Rechtsstellung des Skontroführers an den deutschen Wertpapierbörsen, 1990; *Lepper/Stürwald*, Aktienrückkauf und Kursstabilisierung – Die Safe-Harbour-Regelungen der Verordnung (EG) Nr. 2273/2003 und der KuMaKV, ZBB 2004, 302; *Ludwig*, Alternative Trading Systems: State of the Art in Europa, Die Bank 2004, 421; *Meixner*, Die Änderungen des Börsenrechts anläßlich der sechsten KWG-Novelle, WM 1998, 431; *ders.*, Das Dritte Finanzmarktförderungsgesetz, NJW 1998, 1896; *Merkt*, Empfiehlt es sich, im Interesse des Anlegerschutzes und zur Förderung des Finanzplatzes Deutschland das Kapitalmarkt- und Börsenrecht neu zu regeln? Gutachten G für den 64. Deutschen Juristentag, 2002; Abdruck der Thesen auch in NJW 2002, Beil. 23, 41 ff.; *Meyer*, Anlegerschutz und Förderung des Finanzplatzes Deutschland durch das Going Public Grundsätze der Deutsche Börse AG, WM 2002, 1864; *ders.*, Neue Entwicklungen bei der Kursstabilisierung, AG 2004, 289; *Mülbert*, Empfiehlt es sich, im Interesse des Anlegerschutzes und zur Förderung des Finanzplatzes Deutschland das Kapitalmarkt- und Börsenrecht neu zu regeln?, JZ 2002, 826; *Mülhausen*, Grenzen der Kursmaklertätigkeit, WM 1983, 434; *Nedon*, Die rechtliche Stellung des Kursmaklers, 1936; *von Olenhusen*, Börsen- und Kartellrecht, 1983; *Pfüller/Koehler*, Handel per Erscheinen – rechtliche Rahmenbedingungen beim Kauf von Neuemissionen am Graumarkt –, WM 2002, 781; *Pluskat*, Das vollständige Delisting im Spannungsfeld von Gesellschafts- und Kapitalmarktrecht, FB 2002, 592; *dies.*, Going Private durch reguläres Delisting, WM 2002, 833; *Podlinski,* Die rechtliche Stellung des amtlichen Kursmaklers an den deutschen Börsen, in: Beiträge zum Börsenrecht (Hrsg.: *Hadding/Schneider*), 1987, S. 59; *Pötzsch,* Der Diskussionsentwurf des Dritten Finanzmarktförderungsgesetzes, AG 1997, 193; *ders.,* Das Dritte Finanzmarktförderungsgesetz, WM 1998, 949; *Radtke,* Delisting, Rückzug aus dem amtlichen Handel oder dem geregelten Markt auf Wunsch des Emittenten aus kapitalmarktrechtlicher Sicht, 1998; *Rubel/Kunz,* Notwendigkeit eines Hauptversammlungsbeschlusses beim „Delisting" aus einem Qualitätssegment des Freiverkehrs?, AG 2011, 399; *Samm,* Bundesbörsen unter Landesaufsicht, WM 1990, 1265; *Schäfer,* Grundzüge des neuen Börsenrechts, ZIP 1987, 953; *ders.,* Novellierung des Börsengesetzes, ZIP 1989, 1103; *ders.,* Zulässigkeit und Grenzen der Kurspflege, WM 1999, 1345; *Schanz,* Spruchverfahren nach regulärem Delisting – alles klar nach Macrotron?, CFL 2011, 161; *Schlitt/Smith/Werlen,* Die Going-Public-Grundsätze der Deutsche Börse AG, AG 2002, 478; *Schlüter,* Die Rechtsstellung des Freien Börsenmaklers an den deutschen Börsen, in: Beiträge zum Börsenrecht (Hrsg.: *Hadding/Schneider*), 1987, S. 81; *ders.,* Börsenhandelsrecht, 2. Auflage 2002; *Schmidt,* Wertpapierbörsen, 1988; *Schmidt,* Börsenorganisation zum Schutz der Anleger, Diss. Tübingen, 1970; *Schmidt/Iversen/Treske,* Parkett oder Computer? ZBB 1993, 209; *Schneider U. H./Burgard,* Börsenrechtliche Bewertung einer Einbeziehung der Trägergesellschaft der Frankfurter Wertpapierbörse in einen multinationalen Börsenkonzern und die Verlagerung des Handels in Standardwerten an eine andere Börse, WM-Sonderbeilage Nr. 3/2000, 24; *Schwark,* Anlegerschutz durch Wirtschaftsrecht, 1979; *ders.,* Börsen und Wertpapierhandelsmärkte in der EG, WM 1997, 293; *ders./Geiser,* Delisting, ZHR 161 (1997), 739; *ders.,* Zur rechtlichen Zulässigkeit der Konzerneingliederung des Trägers der Frankfurter Wertpapierbörse unter eine ausländische Holding und eines blue-chips-Handelssegments in alleiniger Zuständigkeit einer ausländischen Börsenholding, WM 2000, 2517; *Seibt/Wollenschläger,* Downlisting einer börsennotierten Gesellschaft ohne Abfindungsangebot und Hauptversammlungsbeschluss, AG 2009, 807; *Siebel/Gebauer,* Prognosen im Aktien- und Kapitalmarktrecht, WM 2001, 118 (Teil I), WM 2001, 173 (Teil II); *Streit,* Delisting Light – Die Problematik der Vereinfachung des freiwilligen Rückzugs von der Frankfurter Wertpapierbörse, ZIP 2002, 1279; *Technau,* Rechtsfragen bei der Gestaltung von Übernahmeverträgen („Underwriting Agreements") im Zusammenhang mit Aktienemissionen, AG 1998, 445; *Tilly,* Die amtliche Kursnotierung an den Wertpapierbörsen, 1975; *de Vries,* Delisting, 2002; *Walter,* Rechtliche Aspekte der Zulassung als Freimakler an einer deutschen Wertpapierbörse, WM 1986, 1489; *Wastl/Schlitt,* Abkehr vom klassischen Börsenbegriff – Chancen für einen Neuanfang der lege lata?, WM 2001, 1702; *Weber,* Die Entwicklung des Kapitalmarktrechts 1998–2000: Organisation, Emission und Vertrieb, NJW 2000, 2061; *ders.,* Die Entwicklung des Kapitalmarktrechts 1998–2000: Publizität, Insiderrecht und Kapitalmarktaufsicht NJW 2000, 3461; *Weisgerber/Jütten,* Das Dritte Finanzmarktförderungsgesetz, Die Bank 1998, 200; *Wilsing/Kruse,* Die Änderung des § 54a BörsenO/Ffm: Ein Schritt in die richtige Richtung?, NZG 2002, 807; *Wittich,* Aktuelle Aspekte der Wertpapieraufsicht in Deutschland und Europa, Die Bank 2001, 278; *Wrede,* Die Börse als verwaltungsrechtliches Problem und Rechtsinstitut, 1965. – **Spezialliteratur zum Vierten Finanzmarktförderungsgesetz:** *Beck,* Die Reform des Börsenrechts im Vierten Finanzmarktförderungsgesetz, Teil 1: Änderungen des Börsenorganisationsrechts, BKR 2002, 662; Teil 2: Neuregelung der Handelsplattformen, des Maklerrechts und der Wertpapierzulassung, BKR 2002, 699; *Cohn,* Alternative Handelssysteme – ein Beitrag zur Neufassung der §§ 58ff. BörsG, ZBB 2002, 365; *Dreyling,* Das Vierte Finanzmarktförderungsgesetz – Überregulierung oder Notwendigkeit, Die Bank 2002, 16; *Fleischer,* Das Vierte Finanzmarktförderungsgesetz, NJW 2002, 2977; *Hammen,*

„Best" – Was ist Börsenhandel?, WM 2002, 2129; *Mues,* Anmerkungen zum Börsengesetz nach dem Diskussionsentwurf für das Vierte Finanzmarktförderungsgesetz, ZBB 2001, 353; *Posegga,* Gesellschafts- und aufsichtsrechtliche Aspekte des Zusammenschlusses von Börsen am Beispiel der Verschmelzung der Trägergesellschaften, WM 2002, 2402; *Reuschle,* Viertes Finanzmarktförderungsgesetz, 2002; *ders./Fleckner,* Börsenähnliche Einrichtungen – die privatrechtliche Organisation einer Börse im materiellen Sinne – BKR 2002, 617; *Schlitt,* Die neuen Marktsegmente der Frankfurter Wertpapierbörse, AG 2003, 57; *Spindler,* Elektronische Finanzmärkte und Internet-Börsen, Teil I: Grundlegende Risiken und Reformen des nationalen Kapitalmarktrechts, WM 2002, 1325; Teil II: Regulierungsvorhaben auf europäischer Ebene, WM 2002, 1365; *ders.,* Prime Standard und General Standard – Die Börse als Ersatzgesetzgeber für Quartalsberichte?, WM 2003, 2073; *Weber,* Die Entwicklung des Kapitalmarktrechts 2001/2002, NJW 2003, 18; *Zietsch/Holzborn,* Zulassungsfolgepflichten börsennotierter Unternehmen – Eine Übersicht der Pflichten von Unternehmen nach deren Zulassung an einer deutschen Börse („Zulassungsfolgepflichten") – Teil I –, WM 2002, 2356; Teil II, WM 2002, 2393. – **Spezialliteratur zur Prospektrichtlinie und zum „Prospektrichtlinie-Umsetzungsgesetz" (siehe auch Literaturangaben zum Wertpapierprospektgesetz):** *Apfelbacher/Metzner,* Das Wertpapierprospektgesetz in der Praxis – Eine erste Bestandsaufnahme, BKR 2006, 81; *Crüwell,* Die europäische Prospektrichtlinie, AG 2003, 243; *Ekkenga,* Änderungs- und Ergänzungsvorschläge zum Regierungsentwurf eines neuen Wertpapierprospektgesetzes, BB 2005, 561; *Fürhoff/Ritz,* Richtlinienentwurf der Kommission über den Europäischen Pass für Emittenten, WM 2001, 2280; *Götze,* Das jährliche Dokument nach § 10 WpPG – eine Bestandsaufnahme, NZG 2007, 570; *Heidelbach/Preuße,* Einzelfragen in der praktischen Arbeit mit dem neuen Wertpapierprospektregime, BKR 2006, 316; *Holzborn/Schwarz-Gondek,* Die neue EU-Prospektrichtlinie, BKR 2003, 927; *Kaum/Zimmermann,* Das „jährliche Dokument" nach § 10 WpPG, BB 2005, 1466; *von Kopp-Colomb/Lenz,* Der europäische Pass für Emittenten, AG 2002, 24; *Kollmorgen/Feldhaus,* Zur Prospektpflicht bei aktienbasierten Mitarbeiterbeteiligungsprogrammen, BB 2007, 225; *Kollmorgen/Feldhaus,* Neues von der Prospektpflicht für Mitarbeiterbeteiligungsprogramme, BB 2007, 2756; *Kullmann/Sester,* Das Wertpapierprospektgesetz – Zentrale Punkte des neuen Regimes für Wertpapieremissionen –, WM 2005, 1068; *dies.,* Inhalt und Form von Emissionsprospekten nach dem Wertpapierprospektgesetz, ZBB-Report 2005, 209; *Kunold/Schlitt,* Die neue EU-Prospektrichtlinie, BB 2004, 501; *Leuering,* Prospektpflichtige Anlässe im WpPG, Der Konzern 2006, 4; *Schlitt/Singhof/Schäfer,* Aktuelle Rechtsfragen und neue Entwicklungen im Zusammenhang mit Börsengängen, BKR 2005, 251; *Schlitt/Schäfer,* Auswirkungen des Prospektrichtlinie-Umsetzungsgesetzes auf Aktien- und Equitiy-linked Emissionen, AG 2005, 498; *Wagner,* Der Europäische Pass für Emittenten – die neue Prospektrichtlinie, Die Bank 2003, 680; *Weber,* Unterwegs zu einer europäischen Prospektkultur, NZG 2004, 360.

Übersicht

I. Geschichte des Börsengesetzes, Ausblick

1. Entwicklung des Börsengesetzes, Einfluss des europäischen Rechts

Das Börsengesetz vom 22. Juni 1896, das in Deutschland im Vergleich zu **1** anderen europäischen Ländern bereits sehr früh das Börsenwesen gesetzlich geregelt hat, wurde im Laufe seines Bestehens aus den verschiedensten Gründen über vierzigmal nur geringfügig oder aber auch grundlegend geändert und fünfmal, zuletzt im Rahmen des Finanzmarktrichtlinie-Umsetzungsgesetzes[1] neu bekannt gemacht.[2]

In den ersten 80 Jahren erfolgten Änderungen des Börsengesetzes hauptsächlich infolge **wirtschaftlicher Krisen** oder zur **Verbesserung der Transparenz** der Börsenorganisation.

Ab Anfang der achtziger Jahre des vergangenen Jahrhunderts wurden dagegen, wie in vielen anderen Bereichen auch, Änderungen des Börsen- **2** gesetzes hauptsächlich von **Europa,** d. h. durch den Erlass verschiedener **europäischer Richtlinien,** die in nationales Recht umzusetzen waren, initiiert. Angesichts der zunehmenden Öffnung der Kapitalmärkte können die nationalen Märkte nicht mehr isoliert betrachtet werden. Die weitgehende Liberalisierung des Kapitalverkehrs, die hohe Mobilität der Kapitalanleger, und nicht zuletzt die modernen Kommunikationstechniken lassen die Finanzplätze immer enger zusammenrücken. Diese Erkenntnis führte dazu, dass die EG-Kommission seit 1979 verschiedene börsenrechtliche Richtlinien erlassen hat, die in das Börsengesetz umzusetzen waren. So wurden

[1] BGBl. I 2007, 1330, siehe auch unten Rn. 20b.
[2] Vgl. auch die Übersicht über die Änderungen bei *Kümpel/Hammen/Ekkenga,* Kennz. 080/01.

durch das „**Börsenzulassungsgesetz**" vom 16. Dezember 1986[3] drei europäische Richtlinien in das Börsengesetz und die Börsenzulassungsverordnung umgesetzt, die **Richtlinie über die Börsenzulassung von Wertpapieren** vom 5. März 1979,[4] die **Börsenzulassungsprospekt-RL** vom 17. März 1980[5] und die **Richtlinie über Halbjahresberichte** vom 15. Februar 1982.[6]

---

[3] BGBl. I 1986, 2478; vgl. hierzu auch *Schwark*, in: Schwark/Zimmer, BörsG Einl. Rn. 5.

[4] Richtlinie des Rates vom 5. März 1979 zur Koordinierung der Bedingungen für die Zulassung von Wertpapieren zur amtlichen Notierung an einer Wertpapierbörse, RL 79/279/EWG, ABl. EG Nr. L 66 vom 16. März 1979, S. 21, aufgehoben und neu gefasst durch die Richtlinie 2001/34/EG des Europäischen Parlaments und des Rates vom 28. Mai 2001 über die Zulassung von Wertpapieren zur amtlichen Börsennotierung und über die hinsichtlich dieser Wertpapiere zu veröffentlichenden Informationen, ABl. EG Nr. L 184 vom 6. Juli 2001, S. 1, berichtigt ABl. EG Nr. L 217 vom 11. August 2001, S. 18, diese wiederum teilweise aufgehoben und ersetzt durch die Richtlinie 2003/71/EG des Europäischen Parlaments und des Rates vom 4. November 2003 betreffend den Prospekt, der beim öffentlichen Angebot von Wertpapieren oder bei deren Zulassung zum Handel zu veröffentlichen ist, und zur Änderung der Richtlinie 2001/34/EG, ABl. EG Nr. L 345 vom 31. Dezember 2003, S. 64, und die Richtlinie 2004/109/EG des Europäischen Parlaments und des Rates zur Harmonisierung der Transparenzanforderungen in Bezug auf Informationen über Emittenten, deren Wertpapiere zum Handel auf einem geregelten Markt zugelassen sind, und zur Änderung der Richtlinie 2001/34/EG, ABl. EG Nr. L 390 vom 31. Dezember 2004, S. 38.

[5] Richtlinie vom 17. März 1980 zur Koordinierung der Bedingungen für die Erstellung, die Kontrolle und die Verbreitung des Prospekts, der für die Zulassung von Wertpapieren zur amtlichen Notierung an einer Wertpapierbörse zu veröffentlichen ist, RL 80/390/EWG, ABl. EG Nr. L 100 vom 17. April 1980, S. 1, aufgehoben und neu gefasst durch die Richtlinie 2001/34/EG des Europäischen Parlaments und des Rates vom 28. Mai 2001 über die Zulassung von Wertpapieren zur amtlichen Börsennotierung und über die hinsichtlich dieser Wertpapiere zu veröffentlichenden Informationen, ABl. EG Nr. L 184 vom 6. Juli 2001, S. 1, berichtigt ABl. EG Nr. L 217 vom 11. August 2001, S. 18, diese wiederum teilweise aufgehoben und ersetzt durch die Richtlinie 2003/71/EG des Europäischen Parlaments und des Rates vom 4. November 2003 betreffend den Prospekt, der beim öffentlichen Angebot von Wertpapieren oder bei deren Zulassung zum Handel zu veröffentlichen ist, und zur Änderung der Richtlinie 2001/34/EG, ABl. EG Nr. L 345 vom 31. Dezember 2003, S. 64, und die Richtlinie 2004/109/EG des Europäischen Parlaments und des Rates zur Harmonisierung der Transparenzanforderungen in Bezug auf Informationen über Emittenten, deren Wertpapiere zum Handel auf einem geregelten Markt zugelassen sind, und zur Änderung der Richtlinie 2001/34/EG, ABl. EG Nr. L 390 vom 31. Dezember 2004, S. 38.

[6] Richtlinie vom 15. Februar 1982 über regelmäßige Informationen, die von Gesellschaften zu veröffentlichen sind, deren Aktien zur amtlichen Notierung an einer Wertpapierbörse zugelassen sind, RL 82/121/EWG, ABl. EG Nr. L 48 vom 20. Februar 1982, S. 26, aufgehoben und neu gefasst durch die Richtlinie 2001/34/EG des Europäischen Parlaments und des Rates vom 28. Mai 2001 über die Zulassung von Wertpapieren zur amtlichen Börsennotierung und über die hinsichtlich dieser Wertpapiere zu veröffentlichenden Informationen, ABl. EG Nr. L 184 vom 6. Juli 2001, S. 1, be-

Neben diesen durch europäische Vorgaben bedingten Gesetzesänderungen   3
tritt aber in Deutschland seit Mitte der achtziger Jahre des vergangenen Jahrhunderts auch das Bestreben der „**Stärkung des Finanzplatzes Deutschland** durch Anpassung des Börsengesetzes an die sich aus der weiteren Ver-
flechtung der internationalen Finanzmärkte ergebenden Erfordernisse".[7] So
diente die folgende größere Änderung des Börsengesetzes, das **Gesetz vom
11. Juli 1989**,[8] sowohl der Stärkung des Finanzplatzes Deutschland als auch
der Umsetzung der vorgenannten Richtlinie zur Änderung der Börsenzulassungsprospekt-RL.

Auch das **Zweite Finanzmarktförderungsgesetz**[9] von 1994 verfolgte das   4
Ziel einer „Verbesserung der Attraktivität und internationalen Wettbewerbsfähigkeit des Finanzplatzes Deutschland" und diente gleichzeitig der Umsetzung dreier Richtlinien der EG, der **Transparenz-RL**,[10] der **Insiderhan-**

---

richtigt ABl. EG Nr. L 217 vom 11. August 2001, S. 18, diese wiederum teilweise
aufgehoben und ersetzt durch die Richtlinie 2003/71/EG des Europäischen Parlaments und des Rates vom 4. November 2003 betreffend den Prospekt, der beim öffentlichen Angebot von Wertpapieren oder bei deren Zulassung zum Handel zu veröffentlichen ist, und zur Änderung der Richtlinie 2001/34/EG, ABl. EG Nr. L 345 vom
31. Dezember 2003, S. 64 und die Richtlinie 2004/109/EG des Europäischen Parlaments und des Rates zur Harmonisierung der Transparenzanforderungen in Bezug auf
Informationen über Emittenten, deren Wertpapiere zum Handel auf einem geregelten
Markt zugelassen sind, und zur Änderung der Richtlinie 2001/34/EG, ABl. EG
Nr. L 390 vom 31. Dezember 2004, S. 38.

[7] Zielsetzung des Gesetzentwurfs der Bundesregierung zur Änderung des Börsengesetzes vom 13. März 1989, BT-Drs. 11/4177, S. 1; vgl. auch *Schwark,* in: Schwark/
Zimmer, BörsG Einl. Rn. 6.

[8] BGBl. I 1989, 1412; Einzelheiten bei *Schwark,* in: Schwark/Zimmer, BörsG Einl.
Rn. 6.

[9] BGBl. I 1994, 1749; Einzelheiten bei *Schwark,* in: Schwark/Zimmer, BörsG Einl.
Rn. 7.

[10] Richtlinie des Rates vom 12. Dezember 1988 über die bei Erwerb oder Veräußerung einer bedeutenden Beteiligung an einer börsennotierten Gesellschaft zu veröffentlichenden Informationen, RL 88/627/EWG, ABl. EG Nr. L 348 vom 17. Dezember 1988, S. 62. Diese RL wurde ebenfalls durch die Richtlinie 2001/34/EG des
Europäischen Parlaments und des Rates vom 28. Mai 2001 über die Zulassung von
Wertpapieren zur amtlichen Börsennotierung und über die hinsichtlich dieser Wertpapiere zu veröffentlichenden Informationen, ABl. EG Nr. L 184 vom 6. Juli 2001,
S. 1, berichtigt ABl. EG Nr. L 217 vom 11. August 2001, S. 18, aufgehoben und
ersetzt, siehe Anhang II Teil A der Börsenzulassungs-RL. Die Börsenzulassungs-
richtlinie wiederum wurde durch die Richtlinie 2003/71/EG des Europäischen Parlaments und des Rates vom 4. November 2003 betreffend den Prospekt, der
beim öffentlichen Angebot von Wertpapieren oder bei deren Zulassung zum Handel
zu veröffentlichen ist, und zur Änderung der Richtlinie 2001/34/EG, ABl. EG
Nr. L 345 vom 31. Dezember 2003, S. 64, und die Richtlinie 2004/109/EG des
Europäischen Parlaments und des Rates zur Harmonisierung der Transparenzanforderungen in Bezug auf Informationen über Emittenten, deren Wertpapiere zum Handel auf einem geregelten Markt zugelassen sind, und zur Änderung der Richtlinie
2001/34/EG, ABl. EG Nr. L 390 vom 31. Dezember 2004, S. 38, teilweise aufgehoben und ersetzt.

delsRL[11] und teilweise der **Richtlinie über Wertpapierdienstleistungen**.[12] Während die beiden erstgenannten EG-Richtlinien im Wertpapierhandelsgesetz umgesetzt wurden, dienten die Änderungen des Börsengesetzes u. a. durch Umsetzung der Richtlinie über Wertpapierdienstleistungen der Stärkung des Finanzplatzes Deutschland durch Erweiterung des Anlegerschutzes und der ordnungspolitischen Absicherung der Funktionsfähigkeit der deutschen Wertpapierbörsen.[13] Für letzteres hat das Zweite Finanzmarktförderungsgesetz insbesondere die **Börsenaufsicht** durch einschneidende **Eingriffe in die Börsenorganisation** neu geregelt.[14]

5   Die restliche Umsetzung der Wertpapierdienstleistungs-RL erfolgte zusammen mit der Umsetzung der **Kapitaladäquanz-RL**[15] im **Gesetz zur Umsetzung von EG-Richtlinien zur Harmonisierung bank- und wertpapieraufsichtsrechtlicher Vorschriften** (Umsetzungsgesetz)[16] sowie dem **Begleitgesetz** zum Gesetz zur Umsetzung von EG-Richtlinien zur Harmonisierung bank- und wertpapieraufsichtsrechtlicher Vorschriften (Begleitgesetz).[17]

6   Das Gesetz zur weiteren Fortentwicklung des Finanzplatzes Deutschland **(Drittes Finanzmarktförderungsgesetz)**[18] von 1998 diente dagegen weniger der Umsetzung europäischer Vorgaben, sondern, wie der Name schon sagt, eher der Stärkung des Finanzplatzes Deutschland.[19] Das Dritte Finanz-

---

[11] Richtlinie vom 13. November 1989 zur Koordinierung der Vorschriften betreffend Insider-Geschäfte, RL 89/592/EWG, ABl. EG Nr. L 334 vom 18. November 1989, S. 30. Die Insiderhandels-RL wurde durch die Richtlinie 2003/6/EG des Europäischen Parlaments und des Rates vom 28. Januar 2003 über Insider-Geschäfte und Markmanipulation (Marktmissbrauch), ABl. EG Nr. L 96 vom 12. April 2003, S. 16 aufgehoben und ersetzt.

[12] Richtlinie über Wertpapierdienstleistungen vom 12. Mai 1993, RL 93/22/EWG, ABl. EG Nr. L 141 vom 11. Juni 1993, S. 27. Die Wertpapierdienstleistungsrichtlinie wurde gem. Art. 69 der Richtlinie 2004/39/EG des Europäischen Parlaments und des Rates vom 21. April 2004 über Märkte für Finanzinstrumente, zur Änderung der Richtlinien 85/611/EWG und 93/6/EWG des Rates und der Richtlinie 2000/12/EG des Europäischen Parlaments und des Rates und zur Aufhebung der Richtlinie 93/22/EWG des Rates, ABl. EG Nr. L 145 vom 30. April 2004, S. 1 mit Wirkung zum 30. April 2006 aufgehoben.

[13] Zielsetzung des Gesetzesentwurfs der Bundesregierung zum Zweiten Finanzmarktförderungsgesetz BT-Drs. 12/6679, S. 1 ff.

[14] Vgl. Übersicht bei *Claussen*, DB 1994, 969; *Schwark,* in: Schwark/Zimmer, BörsG Einl. Rn. 7.

[15] Richtlinie des Rates vom 15. März 1993 über die angemessene Eigenkapitalausstattung von Wertpapierfirmen und Kreditinstituten, RL 93/6/EWG, ABl. EG Nr. L 141 vom 11. Juni 1993, S. 1.

[16] BGBl. I 1997, 2518.

[17] BGBl. I 1997, 2567.

[18] BGBl. I 1998, 529.

[19] Vgl. zur Zielsetzung nur *Pötzsch*, AG 1997, 193; *Schwark*, WM 2000, 2517, 2519 ist zuzustimmen darin, dass Förderung des Finanzplatzes Deutschland Förderung der Funktionsfähigkeit des Kapitalmarktes bedeutet, nicht nationale Bewahrungsinteressen. Zu den Einzelheiten vgl. *Schwark*, in: Schwark/Zimmer, BörsG Einl. Rn. 8.

marktförderungsgesetz enthielt demzufolge für den Bereich des Börsengesetzes zum einen eine „Modernisierung der **Haftung für fehlerhafte Börsenzulassungsprospekte**", zum anderen die „**Erleichterung des Börsenzu-
gangs** für Emittenten", als Gegenstück dazu, eine „gesetzliche Regelung des
Rückzugs eines Emittenten von der Börse", die „Berücksichtigung
moderner Emissionsverfahren der Marktteilnehmer" sowie letztendlich in
verschiedenen Bereichen eine **Rechtsbereinigung.**[20]

In der Folgezeit bis zum Vierten Finanzmarktförderungsgesetz wurde das **7**
Börsengesetz durch eine Reihe von Gesetzen marginal geändert, so insbesondere durch das VAG-Änderungs- und Euro-UmstellungsG,[21] durch das eine
Umstellung des Bußgeldrahmens des Börsengesetzes auf den Euro erfolgte,
und das Gesetz über die integrierte Finanzdienstleistungsaufsicht,[22] durch das
an die Stelle des Bundesaufsichtsamtes für den Wertpapierhandel (BaWe) die
Bundesanstalt für Finanzdienstleistungsaufsicht (BaFin) trat.

2. Viertes Finanzmarktförderungsgesetz[23]

Bereits vor Inkrafttreten des Dritten Finanzmarktförderungsgesetzes hatte **8**
im April 1996 die Bundesrepublik Deutschland, vertreten durch den Bun-
desminister der Finanzen, u. a. das Max-Planck-Institut für ausländisches und
internationales Privatrecht, Hamburg, beauftragt, ein Gutachten zu den Rahmenbedingungen eines modernen, marktorientierten Börsengesetzes und
dem sich daraus ergebenden gesetzlichen Änderungsbedarf zu erstellen.[24] Das
Gutachten mündete in 30 Empfehlungen an den Gesetzgeber.[25] Nach Ansicht der Gutachter Hopt/Rudolph/Baum sollte sich die nächste Börsenreform hauptsächlich mit (i) der Einrichtung einer gemeinsamen Handelsüberwachungsstelle aller deutschen Börsen, (ii) der Errichtung einer zentralen
Bundesoberbehörde für die Markt- und Rechtsaufsicht[26] und den hierfür
erforderlichen Ermächtigungsgrundlagen,[27] (iii) der Lösung der Verknüpfung

---

[20] Vgl. zusammenfassend die RegBegr. zum Dritten Finanzmarktförderungsgesetz,
BT-Drs. 13/8933, S. 54 ff.
[21] Gesetz zur Änderung des Versicherungsaufsichtsgesetzes, insbesondere zur Durchführung der EG-Richtlinie 98/78/EG vom 27. Oktober 1998 über die zusätzliche Beaufsichtigung der einer Versicherungsgruppe angehörenden Unternehmen sowie zur
Umstellung von Vorschriften auf Euro vom 21. Dezember 2000, BGBl. I 2000, S. 1858.
[22] Gesetz vom 22. April 2002, BGBl. I 2002 S. 1310.
[23] Vgl. die Literaturangaben zum Vierten Finanzmarktförderungsgesetz vor Rn. 1.
[24] Das Gutachten wurde in erweiterter und aktualisierter Form 1997 veröffentlicht,
Hopt/Rudolph/Baum, Börsenreform.
[25] Die Empfehlungen sind in WM 1997, 1637 abgedruckt. Zu diesen Empfehlungen „Stellungnahme der hessischen Börsenaufsichtsbehörde zu einigen ausgewählten
Thesen des Gutachtens *Hopt/Rudolph* bezüglich einer Börsenreform in Deutschland",
veröffentlicht unter www.boersenaufsicht.de/aktuell.htm.
[26] Diese beiden Punkte, vor allem aber der letztgenannte, sind im Hinblick auf die
föderale Struktur der Bundesrepublik Deutschland und der entsprechenden Gesetzge-
bungskompetenz, vgl. nur § 1 BörsG Rn. 6 f., *Kurth*, ZfgK 1998, 585, 620, 624, problematisch.
[27] *Hopt/Rudolph/Baum*, S. 445 ff.

von Preisfeststellung und Zulassung zu einem bestimmten Marktsegment[28] sowie (iv) Änderungen im Bereich der Preisfeststellung und des Kursmaklerrechts[29] befassen.

9 Einige dieser Vorschläge, aber auch verschiedene andere Aspekte, wurden im **„Gesetz zur weiteren Fortentwicklung des Finanzplatzes Deutschland (Viertes Finanzmarktförderungsgesetz)"**[30] von 2002 aufgegriffen.[31] Ziel des Gesetzes war dabei, „die Position der deutschen Börsen und ihrer Marktteilnehmer im europäischen und internationalen Wettbewerb durch Reform des Börsen- und Wertpapierrechts zu verbessern und ihre Handlungsspielräume durch Deregulierung und weitere Anpassung an internationale Standards zu erhöhen."[32]

9a Dabei hat das Vierte Finanzmarktförderungsgesetz insbesondere die bisherige Koppelung der Zulassung von Wertpapieren in einem Marktsegment mit einer einzigen Form der Preisfeststellung beseitigt und durch verschiedene Handelsarten, die in den Börsenordnungen festgelegt werden können, ersetzt. Die amtliche Preisfeststellung wurde demzufolge aufgegeben, mit der Folge einer Umbenennung des Marktsegments amtlicher Handel, in dem nach der Legaldefinition des § 36 Abs. 1 BörsG a. F. der Handel mit amtlicher Notierung des Börsenpreises (amtliche Notierung) stattfand, in das Marktsegment amtlicher Markt, §§ 30ff. BörsG a. F.[33] Im neu benannten Marktsegment amtlicher Markt wurde den Börsen durch § 42 BörsG a. F. die Möglichkeit eingeräumt, auf öffentlich-rechtlicher Grundlage Zulassungsfolgepflichten für verschiedene Teilbereiche dieses Marktsegments aufzustellen. Innerhalb des Marktsegments geregelter Markt ermöglichte § 54 Satz 2 BörsG a. F. auf öffentlich-rechtlicher Grundlage besondere Zulassungsfolgepflichten für verschiedene Teilbereiche dieses Marktsegments aufzustellen und darüber hinaus § 50 Abs. 3 BörsG a. F. auch besondere Zulassungsvoraussetzungen anzuordnen.[34] Diese Regelungen der §§ 42 und 50 Abs. 3, 54 Satz 2 BörsG a. F. bildeten die Grundlage dafür, dass die jeweiligen Börsen im Marktsegment amtlicher Markt und geregelter Markt unterschiedliche Teilbereiche einführen können. Hiervon hat z. B. die FWB durch eine grundlegende Änderung ihrer

---

[28] *Hopt/Rudolph/Baum,* S. 409 ff.

[29] *Hopt/Rudolph/Baum,* S. 421 ff.

[30] BGBl. I 2002, 2010. Zur Chronologie des Gesetzgebungsverfahrens: Diskussionsentwurf des Bundesfinanzministeriums vom 3. September 2001, teilweiseabgedruckt in ZBB 2001, 298; Gesetzentwurf der BReg, BT-Drs. 14/8017; Beschlussempfehlungen des Finanzausschusses, BT-Drs. 14/8600; Bericht des Finanzausschusses, BT-Drs. 14/8601; Beschlussempfehlungen des Vermittlungsausschusses, BT-Drs. 14/9096. Zur Entstehungsgeschichte des Vierten Finanzmarktförderungsgesetzes vgl. auch *Reuschle,* XII. f. Bei *Reuschle* sind auch die einzelnen Gesetzesmaterialien abgedruckt.

[31] Zusammenfassende Darstellung der Änderungen bei *Schwark,* in: Schwark/Zimmer, BörsG Einl. Rn. 11.

[32] RegBegr. zum Vierten Finanzmarktförderungsgesetz, BT-Drs. 14/8017, 72.

[33] *Mues,* ZBB 2001, 353, 358.

[34] Vgl. auch *Gebhardt,* WM Sonderbeilage Nr. 2/2003, 1, 4, insbes. Fn. 24. Kritisch zu dieser für den amtlichen Markt einerseits und den geregelten Markt andererseits unterschiedlichen Regelung *Mues,* ZBB 2001, 353, 358 f.

Börsenordnung Gebrauch gemacht.[35] Mit Wirkung vom 1. Januar 2003 wurden für Aktien und aktienvertretende Zertifikate im amtlichen und im geregelten Markt jeweils selbstständige Teilbereiche errichtet, in denen die Emittenten zusätzlichen Zulassungsfolgepflichten unterworfen waren. Diese Teilbereiche, der sog. General und der sog. Prime Standard, bestehen für den jetzt noch verbliebenen „regulierten Markt" fort, vgl. §§ 45 ff., §§ 48 ff. BörsenO der FWB.[36]

Außerdem wurde das Börsenorganisationsrecht teilweise geändert. Die **9b** Neuregelungen betrafen u. a. die Auslagerung von Börsenfunktionen, § 1 Abs. 3 BörsG a. F., die Kontrolle der Anteilseigner von Börsen, § 3 BörsG a. F., die Erweiterung der Befugnisse der Börsenaufsichtsbehörde, § 2 Abs. 1 Satz 1, 2 und 5 BörsG a. F., und die Erweiterung der Mitwirkungsrechte des Börsenrates bei der Bestellung und Abberufung der Geschäftsführung der Börse, § 9 Abs. 2 Nr. 2 BörsG a. F. (Einvernehmen statt Benehmen).

Darüber hinaus wurde das Maklerrecht als Konsequenz aus der Gleichstel- **10** lung des elektronischen Handels und des Präsenzhandels in § 25 BörsG a. F. von Grund auf geändert. Auf Anregung des Bundesrates[37] wurden im Verlauf des Gesetzgebungsverfahrens trotz ablehnender Äußerung der Bundesregierung[38] in einem neuen Abschnitt 5 in den §§ 58 bis 60 BörsG a. F. Bestimmungen über elektronische Handelssysteme und über börsenähnliche Einrichtungen aufgenommen.

Des Weiteren wurden verschiedene Bereiche, die bislang im Börsengesetz **11** geregelt waren, aus dem Börsengesetz herausgenommen und im Wertpapierhandelsgesetz neu geregelt: Das betrifft zum einen das Recht der Börsentermingeschäfte, die nach Streichung der §§ 50–70 BörsG a. F. neu in den §§ 37 d–h WpHG als Finanztermingeschäfte geregelt werden, und zum anderen das bis dahin in § 88 BörsG a. F. geregelte Verbot der Kurs- und Marktpreismanipulation, das nunmehr in den §§ 20 a und b sowie 38 und 39 WpHG normiert ist.

3. Anlegerschutzverbesserungsgesetz

Durch das **Anlegerschutzverbesserungsgesetz**[39] erfolgte eine geringfü- **12** gige Änderung des Börsengesetzes in § 9 Abs. 1 BörsG a. F.

---

[35] Ausführlich hierzu *Gebhardt*, WM Sonderbeilage Nr. 2/2003, 1, 4 ff.

[36] Abrufbar über die Internet-Seite der Deutsche Börse AG, http://www.deutsche-boerse.de.

[37] Anlage 2 des Gesetzentwurfs der Bundesregierung für ein Viertes Finanzmarktförderungsgesetz, BT-Drs. 14/8017, 146, 157.

[38] Anlage 3 des Gesetzentwurfs der Bundesregierung für ein Viertes Finanzmarktförderungsgesetz, BT-Drs. 14/8017, 174, 179.

[39] Gesetz zur Verbesserung des Anlegerschutzes (Anlegerschutzverbesserungsgesetz – AnSVG), BGBl. I 2004, S. 2630. Gesetzgebungsverfahren: Regierungsentwurf, BT-Drs. 15/3174; Beschlussempfehlung und Bericht des Finanzausschusses, BT-Drs. 15/3493.

4. Prospektrichtlinie-Umsetzungsgesetz[40]

13   **a) Überblick.** Wurden mit dem Vierten Finanzmarktförderungsgesetz viele Reformvorschläge des Börsenreformgutachtens von Hopt/Rudolph/Baum aufgegriffen und umgesetzt, um den Finanzplatz Deutschland zu stärken, so ging es beim **Prospektrichtlinie-Umsetzungsgesetz** darum, die **Prospekt-RL**[41] und ihre Ausführungsbestimmungen[42] in nationales Recht umzusetzen.

14   **b) Europäische Vorgaben.** Ausgehend davon, dass die Einführung des Euro zu einer Zunahme grenzüberschreitender Börsenzulassungen und Wert-

---

[40] Gesetz zur Umsetzung der Richtlinie 2003/71/EG des Europäischen Parlaments und des Rates vom 4. November 2003 betreffend den Prospekt, der beim öffentlichen Angebot von Wertpapieren oder bei deren Zulassung zum Handel zu veröffentlichen ist, und zur Änderung der Richtlinie 2001/34/EG (Prospektrichtlinie-Umsetzungsgesetz), BGBl. I 2005, 1698. Entstehungsgeschichte: RefEntw. vom November 2004; Regierungsentwurf vom 4. 2. 2005, BT-Drs. 15/4999; Stellungnahme Bundesrat vom 18. 3. 2005, BR-Drs. 85/05 und BT-Drs. 15/5219, S. 1–7; Gegenäußerung der Bundesregierung, BT-Drs. 15/5219, S. 7 ff.; Beschlussempfehlung und Bericht des Finanzausschusses vom 20. 4. 2005, BT-Drs. 15/5373; Beschluss des Bundesrates, BR-Drs. 304/05.

[41] Richtlinie 2003/71/EG des Europäischen Parlaments und des Rates vom 4. November 2003 betreffend den Prospekt, der beim öffentlichen Angebot von Wertpapieren oder bei deren Zulassung zum Handel zu veröffentlichen ist, und zur Änderung der Richtlinie 2001/34/EG, ABl. EG Nr. L 345 vom 31. Dezember 2003, S. 64. Vgl. dazu näher *Crüwell,* AG 2003, 243; *Fürhoff/Ritz,* WM 2001, 2280; *Holzborn/Schwarz-Gondek,* BKR 2003, 927; *von Kopp-Colomb/Lenz,* AG 2002, 24; *Kunold/Schlitt,* BB 2004, 501 ff.; *Weber,* NZG 2004, 360 ff.

[42] Vor allem die Verordnung (EG) Nr. 809/2004 der Kommission vom 29. April 2004 zur Umsetzung der Richtlinie 2003/71/EG des Europäischen Parlaments und des Rates betreffend die in Prospekten enthaltenen Informationen sowie das Format, die Aufnahme von Informationen mittels Verweis und die Veröffentlichung solcher Prospekte und die Verbreitung von Werbung, in der zweiten berichtigten Fassung abgedruckt in ABl. EG Nr. L 186 vom 18. Juli 2005, S. 3, geändert durch die Verordnung (EG) Nr. 1787/2006 der Kommission vom 4. Dezember 2006, ABl. EG Nr. L 337, 17, die Verordnung (EG) Nr. 211/2007 der Kommission vom 27. Februar 2007, ABl. EG Nr. L 61 v. 28. 2. 2007, S. 24, die Verordnung (EG) Nr. 1289/2008 der Kommission vom 12. Dezember 2008, ABl. EG Nr. L 340, 17, die Delegierte Verordnung (EU) Nr. 311/2012 der Kommission vom 21. Dezember 2011, ABl. EU Nr. L 103, 13, und die Delegierte Verordnung (EU) Nr. 486/2012 der Kommission vom 30. März 2012, ABl. EU Nr. L 150, 1, und die noch weitergehenden CESR's Recommendations for the Consistent Implementation of the European Commission's Regulation on Prospectuses n° 809/2004, CESR/05–54 b, aktualisiert durch ESMA update on the CESR recommendations, March 2011, abrufbar über die homepage: www.esma.europa.eu, sowie weitere Ergänzung durch die Antworten auf die ESMA, Frequently asked questions regarding Prospectuses: Common positions agreed by ESMA Members, die Fragen/Antworten werden fortlaufend aktualisiert und ergänzt; aktualisierte Fassung abrufbar über die Homepage: www.esma.europa.eu. Die zweite Berichtigung der Prospekt-Verordnung beruht darauf, dass sowohl die ursprüngliche als auch die erste Fassung der deutschen Übersetzung wegen fehlerhaft übersetzter Termini teilweise unverständlich war, vgl. auch *Kaum/Zimmermann,* BB 2005, 1466 Fn. 3: „sprachlich völlig unbrauchbar". Auch jetzt empfiehlt es sich noch, in Zweifelsfragen auch die englischsprachige Fassung heranzuziehen.

papierangebote führt,[43] gleichzeitig aber die gegenseitige Anerkennung von Börsenzulassungs- und Verkaufsprospekten aufgrund teilweiser differenzierter nationaler Bestimmungen nicht ohne Probleme erfolgte und zu wenig genutzt wurde,[44] hatte die Kommission bereits 1998 ein Konsultationsverfahren zur Überarbeitung der Prospektrichtlinien mit dem Zweck einer weiteren Harmonisierung initiiert. Im Rahmen dieses Konsultationsverfahrens hatte das Forum of European Securities Commissions (FESCO, zwischenzeitlich Committee of European Securities Regulations, CESR, jetzt European Securities and Market Authority, ESMA) bereits Ende 2000 der EU-Kommission einen Bericht über die Vereinfachung grenzüberschreitender Angebote von Wertpapieren vorgelegt.[45] Kernpunkt des Berichts war ein Notifizierungsverfahren für Wertpapierprospekte. Die Kontrolle über solche Prospekte sollte allein der Herkunftslandbehörde obliegen. Wenn diese den Prospekt gebilligt hat, sollte den Behörden in anderen EU-Staaten, in denen die Wertpapiere angeboten werden, kein Prüfungsrecht mehr zustehen. Ziel der Vorschläge war es, unnötige Mehrfachprüfungen von Prospekten bei grenzüberschreitenden Angeboten zu vermeiden und so einen europäischen Pass für Emissionen zu erreichen. Darüber hinaus sollten mit der Einführung einheitlicher, verbesserter Offenlegungsstandards und eines einheitlichen Formats für Emissionsprospekte die optimale Information der Anleger sichergestellt und gleichzeitig die Erstellung der notwendigen Dokumente vereinfacht werden.

Die damit auch von der FESCO/CESR/ESMA vorgeschlagene Harmoni- **15** sierung sollte dazu führen, der Praxis einfache, vollständig harmonisierte und kostengünstige Verfahren für grenzüberschreitende öffentliche Angebote und Börsenzulassungen zur Verfügung zu stellen. Die Richtlinie 2003/71/EG des Europäischen Parlaments und Rates vom 4. November 2003 betreffend den Prospekt, der beim öffentlichen Angebot von Wertpapieren oder bei deren Zulassung zum Handel zu veröffentlichen ist, und zur Änderung der Richtlinie 2001/34/EG[46] setzt diese Harmonisierungsbemühungen um. Diese Prospekt-RL wird konkretisiert durch europäische Ausführungsbestimmungen, insbesondere die Verordnung 809/2004[47] und flankiert von der Trans-

---

[43] Dies hat sich bereits 1999 und 2000 im Falle der Kapitalerhöhung bzw. Umplatzierung der Deutsche Telekom AG 1999, bei denen ein öffentliches Angebot in allen 11 Mitgliedstaaten der Euro-Zone durchgeführt wurde, realisiert.
[44] So ausdrücklich die Begründung der Kommission bei ihrem geänderten Vorschlag für eine Richtlinie des Europäischen Parlaments und des Rates betreffend den Prospekt, der beim öffentlichen Angebot von Wertpapieren oder bei deren Zulassung zum Handel zu veröffentlichen ist und zur Änderung der Richtlinie 2001/34/EG vom 9. August 2002, KOM (2002) 460 endgültig, http://www.europa.eu.int/comm/internal_market/en/finances/mobil/com460de.pdf., S. 3.
[45] „A European Passport for Issuers" a report for the EU Commission, December 20, 2000, abrufbar unter http://www.cesr-eu.org; vgl. dazu auch *Wittich*, Die Bank 2001, 278, 281 f.
[46] ABl. EG Nr. L 345 vom 31. Dezember 2003, S. 64.
[47] Vor allem die Verordnung (EG) Nr. 809/2004 der Kommission vom 29. April 2004 zur Umsetzung der Richtlinie 2003/71/EG des Europäischen Parlaments und des Rates

parenzharmonisierungs-RL.[48] Dabei wendet die Kommission bei Erlass dieser Richtlinien und ihrer Durchführungsbestimmungen entsprechend dem Lamfalussy-Report das Lamfalussy-Verfahren bzw. **Komitologieverfahren**[49] an.

16 Die Grundlagen des Komitologieverfahrens sind in dem Schlussbericht des Ausschusses der Weisen über die Regulierung der Europäischen Wertpapiermärkte[50] niedergelegt und schlagen ein **vierstufiges Rechtsetzungsverfahren** vor. Auf der **ersten Stufe** werden die Grundsätze für eine Rahmenregelung sowie die der Kommission einzuräumenden Durchführungsbefugnisse nach dem üblichen Rechtsetzungsverfahren festgelegt, d. h. die Kommission schlägt eine Richtlinie oder Verordnung vor, die dem Europäischen Parlament und dem Rat im Mitentscheidungsverfahren vorgelegt wird. Auf der **zweiten Stufe** erlässt die Kommission die entsprechenden Durchführungsmaßnahmen unter Mitwirkung des Europäischen Wertpapierausschusses und des Rates des Ausschusses der Europäischen Wertpapierregulierungsbehörden (früher CESR jetzt ESMA). Dabei erarbeitet ESMA seine Ratschläge in Konsultation mit Marktteilnehmern, Endnutzern und Verbrauchern und legt diese der Kommission vor. Die Kommission prüft diese Ratschläge und unterbreitet dem Europäischen Wertpapierausschuss einen Vorschlag, über der Ausschuss innerhalb von drei Monaten abstimmt. Anschließend erlässt die Kommission eine endgültige Maßnahme, die jedoch vom Europäischen Parlament daraufhin überprüft werden kann, ob sie die in Stufe 1 definierten Durchführungsbefugnisse überschreitet. Verabschiedet das Parlament eine Entschließung, aus der hervor geht, dass die Maßnahme nicht konform ist, überprüft die Kommission

betreffend die in Prospekten enthaltenen Informationen sowie das Format, die Aufnahme von Informationen mittels Verweis und die Veröffentlichung solcher Prospekte und die Verbreitung von Werbung, in der zweiten berichtigten Fassung abgedruckt in ABl. EG Nr. L 186 vom 18. Juli 2005, S. 3, geändert durch die Verordnung (EG) Nr. 1787/2006 der Kommission vom 4. Dezember 2006, ABl. EG Nr. L 337, 17, die Verordnung (EG) Nr. 211/2007 der Kommission vom 27. Februar 2007, ABl. EG Nr. L 61 v. 28. 2. 2007, S. 24, die Verordnung (EG) Nr. 1289/2008 der Kommission vom 12. Dezember 2008, ABl. EG Nr. L 340, 17, die Delegierte Verordnung (EU) Nr. 311/2012 der Kommission vom 21. Dezember 2011, ABl. EU Nr. L 103, 13, und die Delegierte Verordnung (EU) Nr. 486/2012 der Kommission vom 30. März 2012, ABl. EU Nr. L 150, 1, und die noch weitergehenden CESR's Recommendations for the Consistent Implementation of the European Commission's Regulation on Prospectuses n° 809/2004, CESR/05–54 b, aktualisiert durch ESMA update on the CESR recommendations, March 2011, abrufbar über die homepage: www.esma.europa.eu, sowie weitere Ergänzung durch die Antworten auf die ESMA, Frequently asked questions regarding Prospectuses: Common positions agreed by ESMA Members, die Fragen/Antworten werden fortlaufend aktualisiert und ergänzt; aktualisierte Fassung abrufbar über die Homepage: www.esma.europa.eu.

[48] Richtlinie 2004/109/EG des Europäischen Parlaments des Rates zur Harmonisierung der Transparenzanforderungen im Bezug auf Informationen über Emittenten, deren Wertpapiere zum Handel auf einem geregelten Markt zugelassen sind, und zur Änderung der Richtlinie 2001/34/EG, ABl. EG Nr. L 390 vom 31. Dezember 2004, S. 38.
[49] Vgl. dazu nur *von Kopp-Colomb/Lenz*, AG 2002, 24, 25 f.
[50] Schlussbericht des Ausschusses der Weisen über die Regulierung der Europäischen Wertpapiermärkte vom 15. Februar 2001, abrufbar unter: http://www.europa.eu.int/comm/internal_market/de/security/lamfalussy/index_de.htm.

ihren Vorschlag und berücksichtigt dabei die Haltung des Parlaments bestmöglich. Danach wird der Vorschlag von der Kommission angenommen. Auf **der dritten Stufe** erarbeitet ESMA gemeinsame Empfehlungen zu Auslegungsfragen, schlüssige Leitlinien und gemeinsame Standards in nicht von EU-Rechtsvorschriften erfassten Bereichen. Auf **der vierten Stufe** überprüft die Kommission die Anwendung der Rechtsakte in den Mitgliedstaaten und kann rechtliche Schritte gegen die Mitgliedstaaten einleiten, die eines Verstoßes gegen das Gemeinschaftsrecht verdächtigt werden.

Das bedeutet, dass die Richtlinie (Stufe 1) selbst nur die Rahmenbedingungen vorgibt, während die einzelnen, teilweise ausgesprochen detaillierten Ausführungsbestimmungen in Zusammenarbeit mit der ESMA und dem Europäischen Wertpapierausschuss von der Kommission selbst erlassen werden. Dies geschieht teilweise in der Form von Verordnungen. So wurden mit der Verordnung (EG) Nr. 809/2004 der Kommission vom 29. April 2004 zur Umsetzung der Richtlinie 2003/71/EG des Europäischen Parlaments und des Rates betreffend die in Prospekten enthaltenen Informationen sowie das Format, die Aufnahme von Informationen mittels Verweis und die Veröffentlichung solcher Prospekte und die Verbreitung von Werbung,[51] auf Stufe 2 sehr detaillierte Ausführungsbestimmungen erlassen. Diese wurden auf Stufe 3 durch das CESR-Papier „CESR's Recommendations for the consistent implementation of the European Commission Regulation on Prospectuses n° 809/2004"[52] noch weiter konkretisiert und spezifiziert, wobei CESR bei einzelnen Empfehlungen auf die von der **International Organization of Securities Commissions (IOSCO)** bereits 1998 verabschiedeten „International Disclosure Standards for Cross Border Offerings and Initial Listings by Foreign Issuers"[53] zurückgegriffen hat. **17**

Dieses mehrstufige europäische Rechtsetzungsverfahren führt aufgrund seiner hohen Regelungsdichte auf Stufe 2 und 3 zu einer erheblichen Einschränkung nationaler Rechtsetzung. Zwar bedarf eine Richtlinie (Stufe 1) auch nach deren Erlass, um im innerstaatlichen Bereich der Mitgliedstaaten Geltung zu erlangen, noch erst der Umsetzung in das nationale Recht der Mitgliedstaaten. Wird jedoch auf Stufe 2 (und Stufe 3) die Regelungsdichte so erhöht wie z.B. im Bereich der Prospekt-RL, dann bleibt bei der Umsetzung der Richtlinie in nationales Recht für den jeweiligen Mitgliedsstaat kaum Freiraum. Verschärft wird diese Bindung des nationalen Gesetzgebers dann, wenn auf Stufe 2 keine Richtlinie, sondern eine Verordnung erlassen wird, da diese nach allgemeinen **18**

---

[51] ABl. EG Nr. L 186 vom 18. Juli 2005, S. 3, abgedruckt ist dort die zweite berichtigte Fassung der Verordnung. Diese Verordnung wurde geändert durch die Verordnung (EG) Nr. 1787/2006 der Kommission vom 4. Dezember 2006, ABl. EG Nr. L 337, 17, die Verordnung (EG) Nr. 211/2007 der Kommission vom 27. Februar 2007, ABl. EG Nr. L 61 v. 28. 2. 2007, S. 24, die Verordnung (EG) Nr. 1289/2008 der Kommission vom 12. Dezember 2008, ABl. EG Nr. L 340, 17, die Delegierte Verordnung (EU) Nr. 311/2012 der Kommission vom 21. Dezember 2011, ABl. EU Nr. L 103, 13, und die Delegierte Verordnung (EU) Nr. 486/2012 der Kommission vom 30. März 2012, ABl. EU Nr. L 150, 1.
[52] Abrufbar über die Intenet-Seite der ESMA, www.esma.europa.eu.
[53] Im Internet unter http://www. IOSCO.org abrufbar.

europarechtlichen Grundsätzen unmittelbar geltendes Recht in den einzelnen Mitgliedstaaten ist und somit keiner eigenständigen Umsetzung mehr bedarf.[54] Insofern ist es nicht verwunderlich, dass bei der Umsetzung der Prospekt-RL im Rahmen des Prospektrichtlinie-Umsetzungsgesetzes der Kernbereich der Umsetzung, nämlich die Umsetzung der Vorschriften über Form und Inhalt des Prospekts, wie sie in der Verordnung (EG) Nr. 809/2004 enthalten sind, durch schlichten Verweis auf diese Verordnung erfolgt. Anders gewendet: Die europäische Prospektverordnung[55] wird[56] durch ausdrückliche Inbezugnahme im deutschen Recht unmittelbar geltendes deutsches Recht.

19   Entsprechendes gilt für die Richtlinie 2003/6/EG des europäischen Parlaments und des Rates vom 28. Januar 2003 über Insider-Geschäfte und Marktmanipulation[57] sowie die Überarbeitung der Wertpapierdienstleistungsrichtlinie.[58] Dabei enthält die neue Wertpapierdienstleistungsrichtlinie erstmalig,

---

[54] Zur Problematik der die Marktmissbrauchs-RL konkretisierenden VO 2273/2003, die vor dem Umsetzungsdatum in Kraft trat und den daraus resultierenden Fragen, ob die Verordnung vor Umsetzung der Richtlinie bereits unmittelbar galt oder erst ab der Umsetzung bzw. dem Datum, bis zu dem sie spätestens hätte umgesetzt werden müssen, vgl. *Meyer*, AG 2004, 289, 295 und *Leppert/Stürwald*, ZBB 2004, 302, 305. Nach Auffassung der Kommission und des deutschen Gesetzgebers, vgl. Nachweise bei *Meyer*, AG 2004, 289, 25, Fn. 53 mit dem Verweis auf die Begründung des Entwurfs der Bundesregierung zum Anlegerschutzverbesserungsgesetz, BT-Drs. 15/3174, S. 2, sowie bei *Leppert/Stürwald*, ZBB 2004, 302, 305 Fn. 16 mit dem Verweis auf die Auffassung der Kommission, sollte die VO 2273/2003 erst ab Umsetzung der Marktmissbrauchs-RL, spätestens aber ab dem Umsetzungsenddatum gelten, kritisch dazu *Meyer*, AG 2004, 289, 295 und *Leppert/Stürwald*, ZBB 2004, 302, 305.

[55] Verordnung (EG) Nr. 809/2004 der Kommission vom 29. April 2004 zur Umsetzung der Richtlinie 2003/71/EG des Europäischen Parlaments und des Rates betreffend die in Prospekten enthaltenen Informationen sowie das Format, die Aufnahme von Informationen mittels Verweis und die Veröffentlichung solcher Prospekte und die Verbreitung von Werbung, abgedruckt in der zweiten berichtigten Fassung im ABl. EG Nr. L 186 vom 18. Juli 2005, S. 3, geändert durch die Verordnung (EG) Nr. 1787/2006 der Kommission vom 4. Dezember 2006, ABl. EG Nr. L 337, 17, die Verordnung (EG) Nr. 211/2007 der Kommission vom 27. Februar 2007, ABl. EG Nr. L 61 v. 28. 2. 2007, S. 24, die Verordnung (EG) Nr. 1289/2008 der Kommission vom 12. Dezember 2008, ABl. EG Nr. L 340, 17, die Delegierte Verordnung (EU) Nr. 311/2012 der Kommission vom 21. Dezember 2011, ABl. EU Nr. L 103, 13, und die Delegierte Verordnung (EU) Nr. 486/2012 der Kommission vom 30. März 2012, ABl. EU Nr. L 150, 1.

[56] Rechtlich wird sie es nicht, sondern ist es schon, da eine europäische Verordnung europarechtlich bereits unmittelbar geltendes Recht in den Mitgliedstaaten darstellt; zutreffend insoweit Reg. Begr. Prospektrichtlinie-Umsetzungsgesetz, BT-Drs. 15/4999, S. 25, 25.

[57] Richtlinie 2003/6/EG des Europäischen Parlaments und des Rates vom 28. Januar 2003 über Insider-Geschäfte und Marktmanipulation (Marktmissbrauch), ABl. EG Nr. L 96 vom 12. April 2003, S. 16.

[58] Richtlinie 2004/39/EG des Europäischen Parlaments und des Rates vom 21. April 2004 über Märkte für Finanzinstrumente, zur Änderung der Richtlinien 85/611/EWG und 93/6/EWG des Rates und der Richtlinie 2000/12/EG des Europäischen Parlaments und des Rates und zur Aufhebung der Richtlinie 93/22/EWG des Rates, ABl. EG Nr. L 145 vom 30. April 2004, S. 1.

allerdings im Vergleich zu den Entwürfen nur sehr eingeschränkt, europarechtliche Regelungen des Börsen- und Marktorganisationsrechts.

c) Inhalt. Eine der wesentlichen Änderungen durch die Europäische **20** Prospektrichtlinie von 2003[59] ist, dass die frühere **Zweiteilung** zwischen **Verkaufsprospekten** einerseits und **Börsenzulassungsprospekten** andererseits[60] aufgehoben wurde. Diese Änderung vollzieht das Prospektrichtlinie-Umsetzungsgesetz nach und schafft ein neues Wertpapierprospektgesetz **(WpPG)** mit einheitlichen Anforderungen für Verkaufs- und Börsenzulassungsprospekte. Gleichzeitig werden die differenzierenden Regelungen des Verkaufsprospektgesetzes und der Verkaufsprospektverordnung einerseits und des Börsengesetzes und der Börsenzulassungsverordnung andererseits beseitigt. Die Zulassungsvoraussetzungen und das Zulassungsverfahren wurden durch das Prospektrichtlinie-Umsetzungsgesetz ebenfalls entscheidend geändert. Die Zuständigkeiten für die Prüfung und Billigung der Prospekte wurden von der Zulassungsstelle auf die BaFin übertragen. Die Zulassungsvoraussetzungen wurden ebenfalls in einigen Punkten angepasst, u. a. um Doppelprüfungen zu vermeiden.[61]

5. Transparenzrichtlinie-Umsetzungsgesetz

Die **Transparenzharmonisierungs-Richtlinie**[62] wurde Anfang 2007 **20a** durch das Transparenz-Richtlinie-Umsetzungsgesetz[63] in nationales Recht umgesetzt. Die dadurch bedingten Änderungen des Börsengesetzes[64] waren eher marginal und beschränken sich im Wesentlichen auf die Einfügung eines § 42a BörsG a. F., jetzt § 43.

6. Finanzmarktrichtlinie-Umsetzungsgesetz

Das Finanzmarktrichtlinie-Umsetzungsgesetz,[65] durch das im Wesentlichen **20b** die Finanzmarktrichtlinie[66] in deutsches Recht umgesetzt wurde, hat das Bör-

---

[59] Richtlinie 2003/71/EG des Europäischen Parlaments und des Rates vom 4. November 2003 betreffend den Prospekt, der bei öffentlichem Angebot von Wertpapieren oder bei deren Zulassung zum Handel zu veröffentlichen ist, und zur Änderung der Richtlinie 2003/34/EG, ABl. EG Nr. L 354 v. 31. Dezember 2003, S. 64.

[60] So die alte Börsenzulassungsrichtlinie, RL 79/279/EWG, ABl. EG Nr. L 66 vom 16. 3. 1979 S. 21, und die alte Börsenzulassungsprospektrichtlinie, RL 80/390/EWG, ABl. EG Nr. L 100 v. 17. 4. 1980, S. 1, einerseits und die Verkaufsprospektrichtlinie, RL 89/298/EWG, ABl. EG Nr. L 124 v. 5. 5. 1989 S. 8, andererseits.

[61] Vgl. unten Kommentierung zu § 32 BörsG Rn. 13 ff.

[62] Richtlinie 2004/109/EG des Europäischen Parlaments des Rates zur Harmonisierung der Transparenzanforderungen im Bezug auf Informationen über Emittenten, deren Wertpapiere zum Handel auf einem geregelten Markt zugelassen sind, und zur Änderung der Richtlinie 2001/34/EG, ABl. EG Nr. L 390 vom 31. Dezember 2004, S. 38.

[63] BGBl. I 2007, 10.

[64] Weitergehende Änderungen erfolgten in der Börsenzulassungsverordnung, vgl. unten Vorbemerkungen BörsZulV Rn. 6 a.

[65] BGBl. I. 2007, 1330. Einzelheiten bei *Schwark*, in: Schwark/Zimmer, BörsG Einl. Rn. 15.

[66] Richtlinie 2004/39/EG des Europäischen Parlaments und des Rates vom 21. April 2004 über Märkte für Finanzinstrumente, zur Änderung der Richtlinien 85/

sengesetz dagegen in vielen Bereichen wesentlich beeinflusst und sogar zu einer gänzlichen **Neufassung des Börsengesetzes** geführt.

20c   Die Regelungen über die Börsen und ihre Organe wurden durch das Finanzmarktrichtlinie-Umsetzungsgesetz entscheidend geändert. Amtlicher und geregelter Markt wurden durch ein einziges neues Börsensegment, das des regulierten Marktes, ersetzt. Den Börsen wurde bei der Ausgestaltung ihrer Handelssysteme größere Flexibilität zugestanden. Darüber hinaus wurden die Regeln über die Skontroführer vereinfacht und gleichzeitig die Kriterien für die Skontroverteilung an den Börsen konkretisiert. Außerdem wurde eine umfassende Regelung zur Vor- und Nachhandelstransparenz eingeführt.[67]

7. Weitere Änderungen, insbesondere Gesetz zur Novellierung des Finanzanlagenvermittler- und Vermögensanlagenrechts

20d   Eine weitere wesentliche Änderung erfolgte durch das **Gesetz zur Novellierung des Finanzanlagenvermittler- und Vermögensanlagenrechts**,[68] Nachdem das Wertpapierprospektgesetz die Trennung zwischen Verkaufsprospekt einerseits und Börsenzulassungsprospekt andererseits aufgehoben und die Zuständigkeit für deren Billigung sowie deren inhaltliche Anforderungen einheitlich geregelt hat, erschien die Trennung der Haftungsregeln in §§ 13, 13 a VerkProspG a. F. einerseits und §§ 44 ff. BörsG a. F. andererseits „künstlich".[69] Diese Trennung wurde deshalb aufgegeben und die §§ 44 ff. BörsG a. F. aus dem Börsengesetz entfernt und im Wesentlichen in das Wertpapierprospektgesetz, dort §§ 21, 23, 25 WpPG, übernommen. Ausgenommen davon sind nur die Verjährungsregelung des § 46 BörsG a. F. (1 bzw. 3 Jahre), die gestrichen und damit durch die allgemein geltenden Verjährungsvorschriften des BGB ersetzt wurde, sowie die Erweiterung der

611/EWG und 93/6/EWG des Rates und der Richtlinie 2000/12/EG des Europäischen Parlaments und des Rates und zur Aufhebung der Richtlinie 93/22/EWG des Rates, ABl. EG Nr. L 145 vom 30. April 2004, S. 1. Darüber hinaus wurden folgende weitere europäische Richtlinien mit dem Finanzmarktrichtlinie-Umsetzungsgesetz umgesetzt: Richtlinie 2006/31/EG des Europäischen Parlaments und des Rates vom 5. April 2006 zur Änderung der Richtlinie 2004/39/EG über Märkte für Finanzinstrumente in Bezug auf bestimmte Fristen, ABl. EG Nr. L 114, S. 60; Artikel 3 Nr. 13 der Artikel 5 und 7 der Richtlinie 2006/49/EG des Europäischen Parlaments und des Rates vom 14. Juni 2006 über die angemessene Eigenkapitalausstattung von Wertpapierfirmen und Kreditinstituten, ABl. EG Nr. L 177, S. 201 und Richtlinie 2006/73/EG der Kommission vom 10. August 2006 zur Durchführung der Richtlinie 2004/39 EG des europäischen Parlaments und des Rates in Bezug auf die organisatorischen Anforderungen an Wertpapierfirmen und die Bedingungen für die Ausübung ihrer Tätigkeit sowie in Bezug auf die Definition bestimmter Begriffe für die Zwecke der genannten Richtlinie, ABl. EG Nr. L 241, S. 26.

[67] Vgl. auch den zusammenfassenden Bericht bei *Weber*, NJW 2007, 3688, 3689 ff.; sowie Einzelheiten bei *Schwark*, in: Schwark/Zimmer, BörsG Einl. Rn. 6.

[68] BGBl. I 2011, 2481.

[69] RegBegr. zum Entwurf eines Gesetzes zur Novellierung des Finanzanlagenvermittler- und Vermögensanlagenrechts, BT-Drs. 17/6051, S. 30, 46.

Möglichkeit, weitergehende Ansprüche geltend zu machen, indem in § 25 Abs. 2 WpG die in § 47 Abs. 2 BörsG a. F. noch enthaltene Einschränkung auf vorsätzliche oder grob fahrlässige unerlaubte Handlungen gestrichen wurde.[70]

Das **Gesetz zur Umsetzung der Richtlinie 2010/73/EU und zur Än-** **20e** **derung des Börsengesetzes**[71] hat das Börsengesetz dagegen nur geringfügig geändert. Eingefügt wurden Regelungen, die es ermöglichen, dass an einer Börse gleichzeitig die an Wertpapierbörsen und die an Warenbörsen gehandelten Wirtschaftsgüter und Rechte gehandelt werden können, § 2 Abs. 4 BörsG n. F., die Vereinheitlichung der Zusammensetzung des Börsenrates an Wertpapier- und Warenbörsen durch Änderung des § 12 Abs. 1 BörsG a. F. und Aufhebung des § 14 BörsG a. F., sowie die Erweiterung („Klarstellung"[72]) der Kompetenzen der Börsenaufsichtsbehörde auch gegenüber dem Börsenträger Anordnungen erlassen zu können durch Änderung des § 3 Abs. 5 BörsG a. F.

II. Börse

Jedenfalls bis zum Vierten Finanzmarktförderungsgesetz enthielt das Bör- **21** sengesetz keine Definition des **Begriffs der Börse.**[73] Die **gesetzliche Definition** der **Wertpapierbörse** in § 1 Abs. 7 BörsG a. F. nahm Bezug auf den allgemeinen Börsenbegriff, ohne diesen zu definieren.[74] „Der Gesetzgeber des Börsengesetzes des Jahres 1896 hat aus wohlerwogenen Gründen auf eine Legaldefinition des Börsenbegriffes verzichtet. Er wollte der Rechtsprechung und der Verwaltung ein großes Maß an Flexibilität belassen, um künftigen wirtschaftlichen Entwicklungen in geeigneter Weise begegnen zu können. Diese Gründe sind angesichts der in einem bislang nicht gekannten Ausmaß voranschreitenden technischen Entwicklung im Bereich Telekommunikation und der elektronischen Datenverarbeitung heute noch gewichtiger als damals. Rechtsprechung und Verwaltung haben zudem ausreichend präzise Merkmale des Börsenbegriffes entwickelt."[75] Es ist fraglich, ob die zuletzt zitierte Aussage, Rechtsprechung und Verwaltung hätten ausreichend präzise Merkmale des Börsenbegriffes entwickelt,

---

[70] Kritisch dazu bereits *Lorenz/Schönemann/Wolf*, CFL 2011, 346, 347 f und 349, vgl. auch unten § 21 WpG Rn. 91, § 25 Rn. 1.

[71] BGBl. I 2012, 1375.

[72] So die RegBegr. zum Änderungs-RL-Umsetzungsgesetz, BT-Drs. 17/8684, S. 13, 23.

[73] Unstreitig vgl. nur *Beck*, in: Schwark/Zimmer, § 2 BörsG Rn. 2; *Hopt*, HGB, Einl. BörsG Rn. 1; *Ledermann*, in: Schäfer/Hamann, KMG, § 1 BörsG Rn. 4; *Seiffert*, in: Kümpel/Wittig, Bank- und Kapitalmarktrecht, Rnrn. 4.23 ff., 4.37 f. Die gesetzliche Definition in § 1 Abs. 3 e KWG gilt nur für das KWG.

[74] *Beck*, in: Schwark/Zimmer, § 2 BörsG Rn. 2 und 46; *Foelsch*, in: BuB Rn. 7/427 spricht davon, § 1 Abs. 5 a. F., identisch mit § 1 Abs. 7, definiere den Begriff der Börse „ansatzweise".

[75] Stellungnahme des Bundesrates zum Gesetzentwurf zur Änderung des Börsengesetzes 1989, BT-Drs. 11/4177, Anlage 2, S. 22.

tatsächlich zutrifft.[76] Insbesondere vor dem Hintergrund der sich seit den 80er Jahren des vergangenen Jahrhunderts entwickelnden **alternativen Handels-systeme**[77] ist deshalb über die Notwendigkeit einer Legaldefinition des Begriffs der Börse im Börsengesetz, aber auch über ihre inhaltliche Ausgestaltung verstärkt diskutiert worden.[78] Hopt/Rudolph/Baum haben in ihrem Börsenreformgutachten gerade im Hinblick auf alternative Handelssysteme die Einführung einer **Legaldefinition** der Börse gefordert[79] und gleichzeitig eine Abgrenzung der Börse von den börsenähnlichen Einrichtungen, zu denen insbesondere die Proprietary Trading Systems gehören sollen,[80] angeregt.

22   Dennoch wurde auch durch das Vierte Finanzmarktförderungsgesetz keine Legaldefinition des Begriffs der Börse in das Börsengesetz aufgenommen. Vielmehr hat der Bundesrat in seiner Stellungnahme zum Gesetzentwurf der Bundesregierung zum Vierten Finanzmarktförderungsgesetz noch ausdrücklich betont, eine gesetzliche Definition des Börsenbegriffes existiere nicht und erscheine auch angesichts sich rasch verändernder technischer Möglichkeiten und der Ausgestaltung des Marktgeschehens nicht sinnvoll.[81] Andererseits wurden aber gerade auf Betreiben des Bundesrates durch das Vierte Finanz-

---

[76] Ebenso die „Stellungnahme der hessischen Börsenaufsichtsbehörde zu einigen ausgewählten Thesen des Gutachtens *Hopt/Rudolph* bezüglich einer Börsenreform in Deutschland", A I Börsendefinition, veröffentlicht unter www.boersenaufsicht.de/aktuell.htm. Vgl. auch die Ansicht des Bundesrates in seiner Stellungnahme zum Vierten Finanzmarktförderungsgesetz, unten Rn. 22.

[77] Vgl. dazu sogleich unten § 2 Rn. 9 sowie *Seiffert,* in: Kümpel/Wittig, Bank- und Kapitalmarktrecht, Rn. 4.51.

[78] *Merkt,* Gutachten G zum 64. DJT, G 74 ff. m. w. Nachw. in Fn. 246, 247. Zu den Vor- und Nachteilen des Fehlens einer Legaldefinition *Beck,* in: Schwark/Zimmer, § 2 BörsG Rn. 2.

[79] Das Gutachten von *Hopt/Rudolph/Baum,* S. 382 schlägt folgende Legaldefinition vor: „Börsen lassen sich als Einrichtungen zum Handel mit Finanz- und anderen Instrumenten, Devisen und mit vertretbaren Gütern beschreiben, die einen regelmäßigen Austausch von Angeboten unter mehreren zur Teilnahme zugelassenen Wertpapierfirmen und sonstigen Kaufleuten ermöglichen und einen Vertragsabschluß an ihnen bezwecken."
Auf Seite 391 wird folgende Definition vorgeschlagen: „Börsen im Sinne dieses Gesetzes sind dem Publikum direkt oder indirekt zugängliche Institutionen zur Organisation von regelmäßig stattfindenden Marktveranstaltungen für fungible Güter (Finanz- und sonstige Instrumente, Devisen oder Waren), die für eine Vielzahl von Anbietern und Nachfragern unter Einhaltung standardisierter Transaktionsprozesse (1) der Feststellung und Publikation qualifizierter Preise und (2) der Organisation von Abschlüssen von Geschäften dienen, wobei der Abschluss innerhalb des Marktes/Systems an zentraler Stelle stattfindet oder bestätigt wird und die Veranstaltung nicht lediglich der Abwicklung des interprofessionellen Handels dient."
Auch die „Stellungnahme der hessischen Börsenaufsichtsbehörde zu einigen ausgewählten Thesen des Gutachtens *Hopt/Rudolph* bezüglich einer Börsenreform in Deutschland", A I Börsendefinition, veröffentlicht unter www.boersenaufsicht.de/aktuell.htm fordert eine solche Legaldefinition; unentschieden dagegen *Hellwig,* ZGR 1999, 781, 789 ff.

[80] *Hopt/Rudolph/Baum,* S. 392 ff.

[81] BT-Drs. 14/8017, 146.

marktförderungsgesetz in das Börsengesetz „**Bestimmungen über elektronische Handelssysteme und über börsenähnliche Einrichtungen**",
§§ 58 ff. BörsG a. F., aufgenommen.[82] Dabei enthielt § 59 Abs. 1 BörsG a. F.
zwar **keine Legaldefinition des Begriffs der Börse**, aber eine **Legaldefinition des Begriffs der** „**börsenähnlichen Einrichtung**". Danach handelte es sich bei einer börsenähnlichen Einrichtung um ein elektronisches
Handelssystem, „in dem Angebot und Nachfrage in börsenmäßig handelbaren Wirtschaftsgütern oder Rechten mit dem Ziel zusammengeführt werden,
Vertragsabschlüsse unter mehreren Marktteilnehmern innerhalb des Systems
zu ermöglichen", wenn dieses elektronische Handelssystem von einem Kreditinstitut, einem Finanzdienstleistungsinstitut oder einem nach § 53 Abs. 1
Satz 1 oder § 53 b Abs. 1 Satz 1 des Gesetzes über das Kreditwesen tätigen
Unternehmen betrieben wird. Wird dagegen das in § 59 Abs. 1 näher be-
schriebene elektronische Handelssystem nicht von einem Kredit- oder Fi-
nanzdienstleistungsinstitut oder einem Unternehmen nach §§ 53 Abs. 1
Satz 1, 53 b Abs. 1 Satz 1 KWG betrieben, so soll darin nach der eindeutigen
Aussage des Finanzausschusses „regelmäßig" das Betreiben einer nach § 1
Abs. 1 genehmigungspflichtigen Börse zu sehen sein.[83]

Ob sich aus der Legaldefinition der börsenähnlichen Einrichtung eine **in- 23
direkte Legaldefinition des Begriffes der Börse** ableiten ließ, war streitig.[84] Darauf kommt es jedoch nicht mehr an, da das Finanzmarktrichtlinie-
Umsetzungsgesetz in § 2 eine Definition für Börsen eingeführt hat; auf die
Kommentierung des § 2 wird verwiesen.

III. Börsenorganisation

1. Träger der Börsen[85]

Diejenigen Personen, welche die **personellen** und **finanziellen Mittel** 24
sowie die benötigten **Räumlichkeiten** für die Durchführung des Bör-

---

[82] Zur Entstehungsgeschichte, dem Vorschlag des Bundesrates, der ablehnenden Gegenäußerung der Bundesregierung und der Empfehlung des federführenden Finanzausschusses vgl. *Reuschle/Fleckner*, BKR 2002, 617, 618 f.
[83] Bericht des Finanzausschusses, BT-Drs. 14/8601, S. 42: „Ein Unternehmen, das
nicht die Eigenschaft als Kreditinstitut, Finanzdienstleistungsinstitut oder Unternehmen i. S. von § 53 Abs. 1 Satz 1 oder § 53 b Abs. 1 Satz 1 KWG besitzt und ein elektronisches Handelssystem betreibt, in dem Angebot und Nachfrage in börsenmäßig
handelbaren Wirtschaftsgütern oder Rechten mit dem Ziel zusammengeführt werden,
Vertragsabschlüsse unter mehreren Marktteilnehmern innerhalb des Systems zu ermöglichen, betreibt demgegenüber regelmäßig eine Börse und bedarf somit einer Genehmigung nach § 1 Abs. 1 Satz 1 BörsG-E."
[84] Bejahend *Mülbert*, JZ 2002, 826, 829, *Reuschle/Fleckner*, BKR 2002, 617, 623 f.;
Spindler, WM 2002, 1325, 1333. A. A. mit ausführlicher Begründung *Seiffert*, in:
Kümpel/Wittig, Bank- und Kapitalmarktrecht, Rnrn. 4.37 ff.; zweifelnd auch *Marxsen*,
in: Schäfer/Hamann, KMG, § 59 BörsG Rn. 8 ff.
[85] Vgl. im Einzelnen *Burgi*, WM 2009, 2337, 2337 f.; *Beck*, in: Schwark/Zimmer,
§ 2 BörsG Rnrn. 38 ff.; *Franke*, in: Hdb. KapitalanlageR, § 2 Rn. 21 ff.; *Foelsch*, in:
BuB Rn. 7/442 ff.; *Posegga*, WM 2002, 2402; *Schmidt*, AG-Report 2/2003, R 53 f.

senhandels zur Verfügung stellen, d. h. die **Träger der Börsen**, näher zum Begriff des Börsenträgers unten § 5, sind zwischenzeitlich ausschließlich **Kapitalgesellschaften.**[86] Die öffentlich-rechtlichen Industrie- und Handelskammern, die früher Träger vieler Börsen waren, haben diese Funktion zwischenzeitlich an Kapitalgesellschaften abgegeben.[87]

25 Das **Verhältnis** zwischen dem **Träger der Börse** einerseits und der **Börse** andererseits war bis zum Vierten Finanzmarktförderungsgesetz **gesetzlich weitgehend ungeregelt.** Nur in der Börsenordnung fand sich eine, allerdings auch nur rudimentäre Regelung, nach welcher der Träger der Börse verpflichtet ist, auf Anforderung der Geschäftsführung oder des Börsenrates und im Einvernehmen mit diesen die personellen und finanziellen Mittel sowie die sachliche Ausstattung zur Verfügung zu stellen, z. B. § 3 Abs. 2 BörsenO der FWB.[88] Bereits daraus ergibt sich eine Verpflichtung zum Betrieb der Börse **(Betriebspflicht).**[89] Durch die Neuregelung in § 1 Abs. 2 BörsG a. F. durch das Vierte Finanzmarktförderungsgesetz hat der Gesetzgeber diese gesetzliche Lücke geschlossen und dabei im Wesentlichen dasjenige gesetzlich festgeschrieben, was bis dahin bereits von der überwiegenden Auffassung als Rechte und Pflichten des Trägerunternehmens angesehen wurde.

2. Rechtsnatur der Börse[90]

26 Die Börse ist kraft ausdrücklicher gesetzlicher Regelung in § 2 Abs. 1 **teilrechtsfähige Anstalt des öffentlichen Rechts.**[91] Diese Qualifizierung hat der Gesetzgeber mit der erstmaligen Erwähnung auch des Börsenträgers im Börsengesetz selbst, §§ 1 Abs. 2, 3 BörsG a. F., im Vierten Finanzmarkförderungsgesetz ausdrücklich festgeschrieben[92] im Rahmen des Finanzmarktricht-

---

[86] Träger der FWB ist die Deutsche Börse AG. Ansonsten zur Trägerschaft vgl. nur *Beck,* in: Schwark/Zimmer, § 2 BörsG Rnrn. 38 ff.; Zur früher bestehenden Trägerschaft der Börsen durch privatrechtliche Vereine, vgl. *Posegga,* WM 2002, 2402; *Schaefer/Peterhoff,* § 1 BörsG R n. 35; *Schmidt,* AG-Report 2/2003, R 53 f.
[87] Zur Auswirkung einer solchen Übertragung der Trägerfunktion auf die Genehmigung nach § 1 Abs. 1 am Fall der FWB vgl. *Schneider/Burgard,* WM-Sonderbeilage Nr. 3/2000, 24, 27 f.
[88] Abrufbar über das Internet: http://www.deutsche-boerse.de.
[89] Näher unter § 5 BörsG Rn. 4 f.
[90] Vgl. grundlegend *Beck,* in: Schwark/Zimmer, § 2 BörsG Rnrn. 33 ff.; *Eickhoff,* WM 1988, 1713; *Fluck,* WM 1997, 553; *Franke,* in: Hdb. KapitalanlageR, § 2 Rn. 14 ff.; *Klenke,* WM 1995, 1089; *Kümpel,* WM-Sonderbeilage Nr. 5/1985, 4; *Kümpel/Hammen,* Börsenrecht, S. 22 ff.; *Ledermann,* in: Schäfer/Hamann, KMG, Vor § 1 BörsG Rn. 14 ff.; *Foelsch,* in: BuB Rn. 7/439 ff.
[91] VGH Kassel, Urteil v. 19. 3. 1996 – 11 UE 1714/93, NJW-RR 1997, 110; OLG Frankfurt, Urteil v. 18. 1. 2001 – 1 U 209/99, ZIP 2001, 730, 731; *Beck,* in: Schwark/Zimmer, § 2 BörsG R n. 33; *Schneider/Burgard,* WM Sonderbeilage 3/2000, 24, 27 m. umfangr. Nachw.; *Burgi,* WM 2009, 2337, 2337 f.; *Burgard,* WM 2011, 1973, 1977 f.
[92] Wie hier *Merkt,* Gutachten G für den 64. DJT 2002, G 82; *Mülbert,* JZ 2002, 826, 828.

linie-Umsetzungsgesetzes in § 2 Abs. 1 ausdrücklich verankert und damit klar und deutlich sowohl abweichende rechtliche Einordnungen[93] abgelehnt als auch anderen rechtlichen Ausgestaltungen wie z. B. der rein privatrechtlichen Organisation der Börse[94] eine ausdrückliche Absage erteilt.[95] Der Schwerpunkt der Börse liegt, wie es für öffentlich-rechtliche Anstalten typisch ist, darin, einen technischen Apparat und verschiedene Dienstleistungen zur Verfügung zu stellen. Zu diesen Dienstleistungen gehören z. Zt. der Handel in den zwei Marktsegmenten (regulierter Markt, Freiverkehr) sowie die Bereitstellung der elektronischen Handelsplattform Xetra. Modifikationen dieses Anstaltszwecks sind dem Börsenrat als dem nach § 12 Abs. 2 Nr. 1 für den Erlass der Börsenordnung als Verfassung der Anstalt zuständigen Organ vorbehalten.[96]

3. Börsenorgane im Überblick

Organe an den deutschen Wertpapierbörsen sind im Wesentlichen[97] die **27** **Börsengeschäftsführung**, der **Börsenrat**, der **Sanktionsausschuss** und die **Handelsüberwachungsstelle**. Diese Organe werden im Folgenden nur im Überblick dargestellt, während bei den jeweiligen Paragraphen des Börsengesetzes eine detaillierte Kommentierung erfolgt.

a) Börsengeschäftsführung. Entsprechend dem **Organisationsmodell** **28** der **Aktiengesellschaft** sind zur Verbesserung der Leistungsfähigkeit der Börsenleitung die **Managementaufgaben** auf eine professionelle **Börsengeschäftsführung** übertragen worden, § 15 Abs. 1 Satz 1. Die Börsengeschäftsführung ist als Leitungsorgan mit der Wahrnehmung der den Börsen übertragenen öffentlichen Verwaltung betraut.

---

[93] So z. B. noch *Claussen* Bank- und Börsenrecht, 2. Aufl. 2000, 448 ff.: Börse sei privatrechtlich organisiert und rechtsfähig. Dagegen *Schwark,* WM 2000, 2517, 2520. A. A. *Breitkreuz,* Börse sei teilrechtsfähige Körperschaft (S. 88 ff.) öffentlichen Rechts (S. 68 ff.).

[94] *Hopt/Rudolph/Baum* haben z. B. in ihrem Börsenreformgutachten eine fakultative Öffnung des Börsengesetzes in Richtung einer ausschließlich privatrechtlichen Börsenstruktur vorgeschlagen, S. 400 ff.; dagegen mit überzeugenden Argumenten „Stellungnahme der hessischen Börsenaufsichtsbehörde zu einigen ausgewählten Thesen des Gutachtens *Hopt/Rudolph/Baum* bezüglich einer Börsenreform in Deutschland", A II 2, veröffentlicht unter www.boersenaufsicht.de/aktuell.htm. Für eine „Privatisierung der Börsen" auch *Merkt,* Gutachten G für den 64. DJT 2002, G 82 ff. Gerade vor dem Hintergrund verstärkt auftretender ausländischer proprietärer Handelssysteme sei fraglich, ob die in Deutschland praktizierte rechtliche Struktur sich wird behaupten können; i. d. S. auch *Merkt,* Gutachten für den 64. DJT 2002, G 82 ff., 94, dagegen wiederum *Mülbert,* JZ 2002, 826, 829.

[95] *Burgard,* WM 2011, 1973, 1977 f weist zu Recht darauf hin, dass der Gesetzgeber im Finanzmarktrichtlinie-Umsetzungsgesetz sich ganz bewusst für die öffentlich-rechtliche Organisationsform entschieden habe und verweist hierfür ebenfalls zu Recht auf *Beck,* in: Schwark/Zimmer, § 2 BörsG Rnrn. 38 ff. Im Ergebnis ebenso *Seiffert,* in: Kümpel/Wittig, *Bank-* und Kapitalmarktrecht, Rn. 4.38 und FN 5.

[96] Vgl. nur *Schwark,* WM 2000, 2517, 2528 f.

[97] Zu den sonstigen Börsenorganen vgl. unten Rn. 30.

29   **b) Börsenrat.** Ebenfalls entsprechend dem aktienrechtlichen Modell von **Vorstand (Börsengeschäftsführung)** und **Aufsichtsrat (Börsenrat)** ist als Kontroll- und Rechtsetzungsorgan ein Börsenrat vorgesehen, § 12 Abs. 1 Satz 1, dem neben der Bestellung und Abberufung der Geschäftsführer auch die Überwachung der Geschäftsführung und der Erlass einer Geschäftsordnung für die Geschäftsführung obliegt, § 12 Abs. 2 Nr. 2–4.

30   **c) Sonstige Börsenorgane.** Weitere Börsenorgane sind die gemäß § 7 einzurichtende **Handelsüberwachungsstelle** und sonstige Gremien oder Einzelpersonen, die nach Gesetz oder Satzung der Börse Funktionen, die sich auf die Börse beziehen, selbständig wahrnehmen. Das sind z. B. die **Skontroführer** in ihrer Funktion, den Börsenpreis festzustellen sowie der **Sanktionsausschuss** nach § 22.[98]

---

[98] Enger *Beck,* in: Schwark/Zimmer, § 2 Rn. 21, der Skontroführer und Ad-hoc-Schiedsgerichte nicht als Börsenorgane ansieht, da ihnen das hoheitliche Element i. S. der Erfüllung einer öffentlichen Abgabe fehle.

B. Kommentierung

Abschnitt 1. Allgemeine Bestimmungen über die Börsen und ihre Organe

§ 1. Anwendungsbereich

(1) Dieses Gesetz ist anzuwenden auf den Betrieb und die Organisation von Börsen, die Zulassung von Handelsteilnehmern, Finanzinstrumenten, Rechten und Wirtschaftsgütern zum Börsenhandel und die Ermittlung von Börsenpreisen.

(2) Ist eine Börse beauftragt worden, Versteigerungen gemäß der Verordnung (EU) Nr. 1031/2010 der Kommission vom 12. November 2010 über den zeitlichen und administrativen Ablauf sowie sonstige Aspekte der Versteigerung von Treibhausgasemissionszertifikaten gemäß der Richtlinie 2003/87/EG des Europäischen Parlaments und des Rates über ein System für den Handel mit Treibhausgasemissionszertifikaten in der Gemeinschaft (ABl. L 302 vom 18. 11. 2010, S. 1) durchzuführen, gelten hinsichtlich dieser Versteigerungen die Vorschriften dieses Gesetzes, soweit in der Verordnung (EU) Nr. 1031/2010 in der jeweils geltenden Fassung nichts anderes bestimmt ist.

§ 1 wurde durch das Finanzmarktrichtlinie-Umsetzungsgesetz neu in das **1** Börsengesetz aufgenommen. Er folgt einer in den letzten Jahren zunehmend zu beobachtenden Tendenz, bei Gesetzen in deren erstem Paragraphen den Anwendungsbereich des Gesetzes zu beschreiben, vgl. auch § 1 WpPG und § 1 WpHG.

Welche Bedeutung § 1 zukommt, wird insofern nicht ganz klar. Hilfreich **2** ist aber, wenn die Regierungsbegründung zum Finanzmarktrichtlinie-Umsetzungsgesetz[1] den Begriff des **Börsenbetriebs** näher beschreibt. Danach soll der Begriff des Börsenbetriebs weit zu verstehen sein. Er umfasse nicht nur die Bereitstellung und den Betrieb der Börsenhandels- und Börsenabwicklungssysteme, sondern darüber hinaus insbesondere auch den Börsenhandel in dem gesetzlichen Börsensegment und dem Freiverkehr sowie sämtliche Vorgänge und Abläufe in der Selbstverwaltung der Börse einschließlich der Schaffung und Durchsetzung des börslichen Regelwerks.[2]

Gerade auch seit durch das Gesetz zur Novellierung des Finanzanlagen- **2** vermittler- und Vermögensanlagenrechts der noch verbliebene letzte Abschnitt des Börsengesetzes, der sich nicht mit dem reinen Marktorganisationsrecht befasst, gestrichen wurde, erscheint es aber auch zulässig, § 1 in dem

---

[1] RegBegr. zum Finanzmarktrichtlinie-Umsetzungsgesetz, BT-Drs. 16/4028, S. 75.
[2] So ausdrücklich RegBegr. zum Finanzmarktrichtlinie-Umsetzungsgesetz, BT-Drs. 16/4028, S. 79, ebenso auch *Beck,* in: Schwark/Zimmer, § 1 BörsG Rn. 5.

Sinne zu verstehen, dass dadurch klar gestellt wird, dass im Börsengesetz tatsächlich nur noch der Betrieb und die Organisation von Börsen, die Zulassung von Marktteilnehmern und Rechten und Wirtschaftsgütern sowie die Ermittlung von Börsenpreisen geregelt werden, während alle anderen kapitalmarktrechtlichen Regelungen in anderen Gesetzen, vornehmlich dem Wertpapierhandelsgesetz und dem Wertpapierprospektgesetz enthalten sind.[3]

3   § 1 Abs. 2 wurde durch den Rechtsausschuss im Rahmen des Gesetzes zur Novellierung des Finanzanlagenvermittler- und Vermögensanlagenrechts[4] eingefügt. Begründet wurde diese Einfügung damit, dass gemäß § 3 Abs. 1 der Emissionshandels-Versteigerungsverordnung 2012 die Versteigerung als Bestandteil des Börsenhandels im Sinne des Börsengesetzes zu erfolgen hat. Da jedoch auf der anderen Seite die EU-Versteigerungsverordnung in einigen Bereichen von den Regelungen des Börsengesetzes abweicht, z.B. im Bereich der Aufsicht durch die Schaffung der Auktionsaufsicht oder im Bereich der zum Handel zugelassenen Teilnehmer, sollte klargestellt werden, das insoweit die EU-Versteigerungsverordnung als vorrangige Sonderregelung zu betrachten ist.[5]

§ 2. Börsen

(1) **Börsen sind teilrechtsfähige Anstalten des öffentlichen Rechts, die nach Maßgabe dieses Gesetzes multilaterale Systeme regeln und überwachen, welche die Interessen einer Vielzahl von Personen am Kauf und Verkauf von dort zum Handel zugelassenen Wirtschaftsgütern und Rechten innerhalb des Systems nach festgelegten Bestimmungen in einer Weise zusammenbringen oder das Zusammenbringen fördern, die zu einem Vertrag über den Kauf dieser Handelsobjekte führt.**

(2) **[1]Wertpapierbörsen im Sinne dieses Gesetzes sind Börsen, an denen Wertpapiere und sich hierauf beziehende Derivate im Sinne des § 2 Abs. 2 des Wertpapierhandelsgesetzes gehandelt werden. [2]An Wertpapierbörsen können auch andere Finanzinstrumente im Sinne des § 2 Abs. 2b des Wertpapierhandelsgesetzes und Edelmetalle gehandelt werden.**

(3) **[1]Warenbörsen im Sinne dieses Gesetzes sind Börsen, an denen Waren im Sinne des § 2 Abs. 2c des Wertpapierhandelsgesetzes und Termingeschäfte in Bezug auf Waren gehandelt werden. [2]An Warenbörsen können auch Termingeschäfte im Sinne des § 2 Abs. 2 Nr. 2 des Wertpapierhandelsgesetzes und die diesen zugrunde liegenden Basiswerte gehandelt werden.**

(4) **Auf eine Börse, an der sowohl die in Absatz 2 als auch die in Absatz 3 genannten Wirtschaftsgüter und Rechte gehandelt werden, sind sowohl die sich auf Wertpapierbörsen als auch die sich auf Warenbörsen beziehenden Vorschriften anzuwenden.**

---

[3] *Schwark*, in: Schwark/Zimmer, BörsG Einl. Rn. 18.
[4] BGBl. I 2011, 2481.
[5] Begründung Finanzausschuss, BT-Drs. 17/7453, 115.

(5) **In verwaltungsgerichtlichen Verfahren kann die Börse unter ihrem Namen klagen und verklagt werden.**

Übersicht

I. Einleitung

§ 2 wurde durch das Finanzmarktrichtlinie-Umsetzungsgesetz neu gefasst. **1** Er enthält in seinem Absatz 1 erstmals eine Definition der Börse, übernimmt in Absatz 2 die bis dahin in § 1 Abs. 7 BörsG a. F. enthaltene Definition der Wertpapierbörsen und in Absatz 3 die in § 1 Abs. 8 BörsG a. F. enthaltene Definition der Warenbörsen, jeweils allerdings mit einigen kleineren Änderungen. § 2 Abs. 5 soll nach der Regierungsbegründung zum Finanzmarktrichtlinie-Umsetzungsgesetz § 16 Abs. 4 entsprechen,[1] gemeint ist damit § 13 Abs. 6 BörsG a. F.

§ 2 Abs. 4 wurde durch das Gesetz zur Umsetzung der Richtlinie 2010/ **1a** 73/EU und zur Änderung des Börsengesetzes[2] neu in § 2 aufgenommen und enthält zwei Klarstellungen. Zum Einen wird deutlich, dass an ein und derselben Börse gleichzeitig sowohl Wertpapiere und sich darauf beziehende Derivate, andere Finanzinstrumente, Waren, Termingeschäfte in Bezug auf Waren und die entsprechenden Basiswerte gehandelt werden können. Zum anderen wird klargestellt, dass eine solche Börse dann sowohl die Definition der Wertpapier- als auch der Warenbörse nach § 2 Abs. 2 bzw. Abs. 3 erfüllt und demnach auf diese auch sämtliche auf Wertpapierbörsen

---

[1] RegBegr. zum Finanzmarktrichtlinie-Umsetzungsgesetz, BT-Drs. 16/4028, S. 76.
[2] BGBl. I 2012, 1375.

und sämtliche auf Warenbörsen anwendbare Vorschriften Anwendung finden.[3]

II. Börse

1. Legaldefinition

2   **a) Materielle und formale Begriffsbestimmung.** § 2 Abs. 1 enthält in Anlehnung[4] an die an Artikel 4 Abs. 1 Nr. 14 Finanzmarktrichtlinie[5] enthaltene Definition des geregelten Marktes erstmals die Definition der Börse. Bis dahin war eine gesetzliche Definition der Börse vom Gesetzgeber abgelehnt worden, zuletzt noch im Rahmen des Vierten Finanzmarktförderungsgesetzes.[6] Dabei umfasst der in § 2 Abs. 1 definierte Börsenbegriff zwei unterschiedliche Bereiche, zum einen die **formale Begriffsbestimmung** an Hand der Rechtsform und der durch das Börsengesetz vorgeschriebene Struktur nebst den jeweiligen Börsenorganen („teilrechtsfähige Anstalten des öffentlichen Rechts, die nach Maßgabe dieses Gesetzes"). Zum anderen umfasst die Begriffsbestimmung die **materielle Begriffsbestimmung** an Hand der Funktion der Börse als Handelsplattform[7] und stellt hierfür vier Voraussetzungen auf: 1. ein durch zwingende Regeln reglementiertes,[8] 2. Zusammenbringen von Angebot und Nachfrage nach 3. börsenzugelassenen Wirtschaftsgütern und Rechten zu 4. Vertragsabschlüssen im System selbst.

3   **b) Materielle Begriffsbestimmung.** Mit der an die Funktion der Börse anknüpfenden materiellen Begriffsbestimmung folgt der Gesetzgeber den Vorgaben der Finanzmarktrichtlinie, die in Artikel 4 Nr. 14 den geregelten Markt wie folgt definiert: „von einem Marktbetreiber betriebenes und/oder verwaltetes multilaterales System, das die Interessen einer Vielzahl Dritter am Kauf und Verkauf von Finanzinstrumenten innerhalb des Systems und nach seinen nicht diskretionären Regeln in einer Weise zusammenführt oder das Zusammenführen fördert, die zu einem Vertrag in Bezug auf Finanzinstrumente führt, die gemäß den Regeln und/oder den Systemen des Marktes zum Handel zugelassen wurden, sowie eine Zulassung erhalten hat und ordnungsgemäß und gemäß den Bestimmungen des Titels III funktioniert."

---

[3] RegBegr. zum Gesetz zur Umsetzung der Richtlinie 2010/73/EU und zur Änderung des Börsengesetzes, BT-Drs. 17/8684, S. 13, 23.

[4] RegBegr. zum Finanzmarktrichtlinie-Umsetzungsgesetz, BT-Drs. 16/4028, S. 76; *Seiffert,* in: Kümpel/Wittig, Bank- und Kapitalmarktrecht, Rn. 4.40.

[5] Richtlinie 2004/39/EG des Europäischen Parlaments und des Rates vom 21. April 2004 über Märkte für Finanzinstrumente, zur Änderung der Richtlinien 85/611/EWG und 93/6/EWG des Rates und der Richtlinie 2000/12/EG des Europäischen Parlaments und des Rates und zur Aufhebung der Richtlinie 93/22/EWG des Rates, ABl. EG Nr. L 145 vom 30. April 2004, S. 1.

[6] Vgl. oben Vorbemerkungen BörsG Rn. 21.

[7] Zu diesen beiden Elementen der Begriffsbestimmung ausdrücklich RegBegr. zum Finanzmarktrichtlinie-Umsetzungsgesetz, BT-Drs. 16/4028, S. 76.

[8] Darauf weist die Regierungsbegründung zum Finanzmarktrichtlinie-Umsetzungsgesetz ausdrücklich hin, RegBegr. zum Finanzmarktrichtlinie-Umsetzungsgesetz, BT-Drs. 16/4028, S. 75.

Diese materielle Begriffsbestimmung des Finanzmarktrichtlinie-Umset- **4**
zungsgesetzes und der Finanzmarktrichtlinie baut auf dem materiellen Börsenbegriff[9] auf, der auch bisher der in deutschen Literatur schon vorherr-
schenden Auffassung entsprach.[10] Die früher vorherrschende Definition der
Börsen als Einrichtungen für die **regelmäßige Zusammenkunft von
Kaufleuten** am **gleichen Ort** zum **Massenumsatz von Waren, Wertpapieren oder Devisen** durch **standardisierte Verträge** war aufgrund moderner technischer Entwicklungen, insbesondere der **vollelektronischen
Handelseinrichtungen,** gestützt durch die Börsengesetz-Novelle 1989,[11] zu
einem **materiellen Börsenbegriff** weiterentwickelt worden. In diesem war
bereits vor dem Vierten Finanzmarktförderungsgesetz die **Ortsgebundenheit** der Geschäfte durch das Erfordernis eines **zentralisierten, organisierten Handelssystems mit Abschlusselementen** ersetzt worden.

Dieser der Definition in § 2 Abs. 1 zu Grunde gelegte materielle Börsen- **5**
begriff wurde im Rahmen des Finanzmarktrichtlinie-Umsetzungsgesetz u. a.
durch das Erfordernis, dass die Geschäfte im System selbst zustande kommen
müssen,[12] ergänzt; Seifert weist insofern zu Recht darauf hin, die Anforderung, das Geschäft müsse im System selbst zu Stande kommen, sei historisch
betrachtet die „Fortschreibung der Ortsgebundenheit".[13] Auch die staatliche
Preisüberwachung oder -feststellung,[14] die bereits vor dem Finanzmarktrichtlinie-Umsetzungsgesetz von einigen Stimmen in der Literatur als börsencha-
rakteristisch bezeichnet wurde,[15] gehört jetzt wohl zum Wesensmerkmal der
Börse. Wenn nämlich eine Börse nur diejenige teilrechtsfähige Anstalt sein

---

[9] Dabei werden hier in der Literatur unterschiedliche Begriffe verwendet, von einigen Autoren wird vom materiellen Börsenbegriff, von anderen vom funktionalen
Börsenbegriff, von wieder anderen vom Begriff der Börse im materiellen Sinne gesprochen, vgl. nur *Beck,* in: Schwark/Zimmer, § 2 BörsG Rn. 6 („materielle oder funktiona-
le Begriffsbestimmung"); *Hopt/Rudolph/Baum,* S. 377 ff.; *Hellwig,* ZGR 1999, 781,
787 ff.; *Köndgen,* ZHR 164 (2000), 649, 653; *Merkt,* Gutachten G für den 64. DJT, G
77 ff., insbesondere G 80 f.; *Mues,* ZBB 2001, 353, 355 f.; *Ledermann,* in: Schäfer/
Hamann, KMG, Vor § 1 BörsG Rn. 5 ff.; *Reuschle/Fleckner,* BKR 2002, 617, 624; *Wastl/
Schlitt,* WM 2001, 1703, 1703.

[10] *Beck,* in: Schwark/Zimmer, § 2 BörsG Rn. 4; *Breitkreuz,* S. 34; *Franke,* in: Hdb.
KapitalanlageR, § 2 Rn. 9, 12; *Hopt,* HGB Einl. BörsG Rn. 1; *Kindermann,* WM
1989, Beil. 2, 10; *Seiffert,* in: Kümpel/Wittig, Bank- und Kapitalmarktrecht, Rn. 4.40;
Foelsch, in: BuB Rn. 7/430; *Ledermann,* in: Schäfer/Hamann, KMG, Vor § 1 BörsG
Rn. 6.

[11] *Seiffert,* in: Kümpel/Wittig, Bank- und Kapitalmarktrecht, Rn. 4.25; ; *Schwark,* in:
Schwark/Zimmer, BörsG Einl. Rn. 6; *Weber,* NJW 2000, 2061, 2063.

[12] *Beck,* in: Schwark/Zimmer, § 2 BörsG Rn. 5; *Breitkreuz,* S. 34; *Franke,* in: Hdb.
KapitalanlageR, § 2 Rn. 10 ff., 12; *Hopt,* HGB, Einl. BörsG Rn. 1; *Kindermann,* WM
1989, Beil. 2, 10; *Seiffert,* in: Kümpel/Wittig, Bank- und Kapitalmarktrecht, Rn. 4.41.
Foelsch, in: BuB Rn. 7/430.

[13] *Seiffert,* in: Kümpel/Wittig, Bank- und Kapitalmarktrecht, Rn. 4.41.

[14] *Breitkreuz,* S. 36; *Hammen,* WM 2001, 929, 930; *Reuschle/Fleckner,* BKR 2002,
617, 623; *Spindler,* WM 2002, 1325, 1335.

[15] So z. B. *Kümpel/Hamman/Ekkenga,* Kennz. 060, 10 f.; *Beck,* WM 1998, 417, 418;
Wastl/Schlitt, WM 2001, 1702, 1707 bis 1710.

soll, die ein multilaterales System zur Vermittlung von Kaufverträgen regelt und überwacht, wenn diese Überwachung „nach Maßgabe dieses Gesetzes", d. h. des Börsengesetzes, erfolgt, das Börsengesetz aber gerade die staatliche Überwachung und Feststellung der Börsenpreise enthält, dann sind Preisüberwachung und Feststellung Voraussetzung für eine Börse und nicht bloße Rechtsfolge der Genehmigung als Börse nach § 4 Abs. 1 bzw. als Freiverkehr i. S. des § 48.[16] Gleiches gilt auch für eine Beschränkung des Teilnehmerkreises. Auch sie ist nicht Rechtsfolge der Genehmigung als Börse,[17] sondern nach der Legaldefinition in § 2 Abs. 1 Wesensmerkmal der Börse. Denn auch dafür gilt: Das Handelssystem ist Börse, wenn es nach den Regeln des Börsengesetzes funktioniert, das Börsengesetz fordert eine gesonderte Zulassung von im System handelnden Unternehmen und Personen, § 19 Abs. 2, dann ist Börse i. S. d. § 2 Abs. 1 auch nur die Handelseinrichtung mit begrenztem Teilnehmerkreis.[18] Damit lässt sich auch im Hinblick auf die Abgrenzung der Börse von anderen alternativen Handelssystemen der Begriff der Börse **materiell** wie folgt bestimmen: **Zentralisiertes, organisiertes Handelssystem,**[19] in dem **Angebot** und **Nachfrage** in **börsenmäßig handelbaren Wirtschaftsgütern** oder **Rechten** mit dem Ziel **zusammengeführt werden, Vertragsabschlüsse** unter mehreren Marktteilnehmern **im System** zu ermöglichen und durchzuführen **und Feststellung transparenter, geregelter und überwachter Preise.**[20]

6   **c) Formale Begriffsbestimmung.** Allein mit dieser materiellen Begriffsbestimmung wäre jedoch eine Abgrenzung der Börse von multilateralen Handelssystemen nach den §§ 31 f ff. WpHG nicht erreicht, da sich beide Systeme, d. h. Börsen und multilaterale Handelssysteme, auf Grund der nach Artikel 4 Abs. 1 Nr. 14 und 15 Finanzmarktrichtlinie vorgegebenen, in § 2 Abs. 3 Nr. 8 WpHG einerseits und § 2 Abs. 1 andererseits in deutsches Recht transferierten Parallelität materiell nicht unterscheiden,[21] abgesehen von dem besonderen Zulassungserfordernis sowohl der Börse als solcher als

---

[16] So auch zur Rechtslage vor dem Finanzmarktrichtlinie-Umsetzungsgesetz *Breitkreuz,* S. 36; *Hammen,* WM 2001, 929, 930; *Reuschle/Fleckner,* BKR 2002, 617, 623; *Spindler,* WM 2002, 1325, 1335. Wie hier zur Rechtslage nach dem Finanzmarktrichtlinie-Umsetzungsgesetz *Seiffert,* in: Kümpel/Wittig, Bank- und Kapitalmarktrecht, Rn. 4.43; a. A. dagegen *Beck,* in: Schwark/Zimmer, § 2 BörsG Rn. 7.

[17] So auch zur Rechtslage vor dem Finanzmarktrichtlinie-Umsetzungsgesetz *Reuschle/Fleckner,* BKR 2002, 617, 624; *Spindler,* WM 2002, 1325, 1335; nicht eindeutig *Wastl/Schlitt,* WM 2001, 1703, 1704 f. Wie hier zur Rechtslage nach dem Finanzmarktrichtlinie-Umsetzungsgesetz *Seiffert,* in: Kümpel/Wittig, Bank- und Kapitalmarktrecht, Rn. 4.43; a. A. dagegen *Beck,* in: Schwark/Zimmer, § 2 BörsG Rn. 7.

[18] Wie hier *Seiffert,* in: Kümpel/Wittig, Bank- und Kapitalmarktrecht, Rn. 4.43.

[19] Wobei das „System" keiner besonderen technischen Plattform bedarf, sondern auch ein Präsenzhandel mit Zuruf etc. ausreicht, *Beck,* in: Schwark/Zimmer, § 2 BörsG Rn. 16.

[20] I. d. S. auch der Vorschlag von *Hopt/Rudolph/Baum,* S. 391.

[21] RegBegr. Finanzmarktrichtlinie-Umsetzungsgesetz, BT-Drs. 16/4028, S. 75. Ebenso ausdrücklich auch *Beck,* in: Schwark/Zimmer, § 2 BörsG Rn. 22; *Seiffert,* in: Kümpel/Wittig, Bank- und Kapitalmarktrecht, Rn. 4.40.

auch der in ihr gehandelten Finanzinstrumente.[22] Zutreffenderweise hebt deshalb die Regierungsbegründung zum Finanzmarktrichtlinie-Umsetzungsgesetz hervor, ein Unternehmen, das den Betrieb einer multilateralen Handelsplattform beabsichtige, könne wählen, ob sie dies nach § 2 als Börse oder als multilaterales Handelssystem nach § 31 f WpHG betreiben wolle.[23] Deshalb kommt dem formalen Element der Begriffsbestimmung der Börse in § 2 Abs. 1 für die Abgrenzung von Börsen zu multilateralen Handelssystemen entscheidende Bedeutung zu. Die von § 2 Abs. 1 für Börsen geforderte Rechtsform der teilrechtsfähigen Anstalt öffentlichen Rechts grenzt diese von multilateralen Handelssystemen ab.[24]

2. Abgrenzung der Börse von multilateralen Systemen

Wie in vorstehender Randnummer bereits dargelegt, unterscheiden sich **6a**
Börsen i. S. d. § 2 Abs. 1 materiell nicht von multilateralen Systemen i. S. d. § 2 Abs. 3 Nr. 8, §§ 31 f – g WpHG. Die Unterscheidung erfolgt allein an Hand der formalen Begriffsbestimmung des § 2 Abs. 1 und damit allein auf Grund der „nach der Erteilung der Erlaubnis nach § 4 Abs. 1 BörsenG erst entstehenden Anstalt öffentlichen Rechts".[25] Konkret bedeutet dies: Entscheidet sich ein Unternehmen dazu, ein „multilaterales System" als Börse betreiben zu wollen, beantragt es demzufolge die Erlaubnis nach § 4 Abs. 1 und wird diese erteilt, dann erhält materiell das multilaterale System die Rechtsform der teilrechtsfähigen Anstalt öffentlichen Rechts, ist damit Börse i. S. d. § 2 Abs. 1 – ob Wertpapier- oder Warenbörse oder beides bestimmt sich nach § 2 Abs. 2, 3 oder 4 danach, ob Wertpapiere, andere Wirtschaftsgüter oder beides an dieser Börse gehandelt werden sollen – und das beantragende Unternehmen wird damit zum Träger der Börse mit den sich aus § 5 ergebenden Rechten und Pflichten. Diese Einordnung hat Auswirkungen auf die Qualifizierung der Erlaubnis nach § 4 Abs. 1, vgl. dazu unten § 4 Rn. 3.

3. Abgrenzung der Börse von Informations-/Kommunikationssystemen

Computerbörsen sind nur dann Börsen i. S. des § 2 Abs. 1, wenn die **7**
Geschäfte direkt im System abgeschlossen werden;[26] nicht ausreichend sind damit reine Informations- und Kommunikationssysteme, wenn sie die Geschäfte nur vorbereiten und im System selbst keine Umsatzgeschäfte in

---

[22] Vgl. die Definition des geregelten Marktes in Artikel 4 Nr. 14 Finanzmarktrichtlinie einerseits und die des multilateralen Handelssystems in Artikel 4 Nr. 15 Finanzmarktrichtlinie andererseits.

[23] RegBegr. Finanzmarktrichtlinie-Umsetzungsgesetz, BT-Drs. 16/4028, S. 80; ebenso *Seiffert,* in: Kümpel/Wittig, Bank- und Kapitalmarktrecht, Rn. 4.45.

[24] *Seiffert,* in: Kümpel/Wittig, Bank- und Kapitalmarktrecht, Rn. 4.45.

[25] *Beck,* in: Schwark/Zimmer, § 2 BörsG Rn. 22;

[26] *Seiffert,* in: Kümpel/Wittig, Bank- und Kapitalmarktrecht, Rn. 4.45; *Beck,* in: Schwark/Zimmer, § 2 BörsG Rn. 17.

Waren, Wertpapieren oder Devisen getätigt werden.[27] Deshalb war das IBIS-System, als es noch **Inter-Banken-Informations-System** (IBIS I) hieß, noch nicht in die FWB integriert war und Geschäftsabschlüsse nicht innerhalb des Systems zustande kamen, kein börsenmäßiger Markt.[28]

4. Computer-/Präsenzbörse

8   Traditionelle Börsen waren **Präsenzbörsen,** d.h. der Wertpapierhandel wird bei physischer Präsenz der Marktteilnehmer am gleichen Ort durchgeführt. Die traditionelle Auffassung führt zur oben genannten **Ortsgebundenheit** des Börsenbegriffs. Dieses Begriffsmerkmal ist bei elektronischen **Order-Routing-Systemen** noch gegeben, da die Empfänger der Order noch im Börsengebäude präsent sind und dort die ihnen elektronisch zugeleiteten Orders mit Angebot und Nachfrage zu Geschäftsabschlüssen zusammenführen.[29] Bei einer **vollautomatischen Computerbörse,** bei der die Teilnehmer an verschiedenen Orten, auch aus dem Ausland,[30] ihre Orders in ein Computersystem eingeben, in dem dann die Aufträge in einem Zentralrechner zusammengeführt werden, ist es dagegen nicht mehr gegeben. Diese technische Entwicklung hat zur oben genannten Fortentwicklung des traditionellen Börsenbegriffs zum materiellen Börsenbegriff geführt. An die Stelle der Ortsgebundenheit der Marktteilnehmer tritt bei Computerbörsen die **Systemgebundenheit** und der **Abschluss der Verträge innerhalb des Systems.**[31]

5. Alternative Handelssysteme, elektronische Kommunikationsnetze als Börse

9   **Alternative Trading System** (ATS) ist der Oberbegriff für verschiedene alternative elektronische Handelsplattformen.[32] Diese lassen sich in sog. **Bulletin Boards (BB), Electronic Communication Networks (ECN)** und **Proprietary Trading Systems (PTS)** unterscheiden, wobei sich auch unter diesen Oberbegriffen wiederum eine Vielzahl von unterschiedlichen Erscheinungsformen befindet. Außerdem werden die Begriffe teilweise auch

---

[27] *Beck,* in: Schwark/Zimmer, § 2 BörsG Rn. 17.

[28] *Kümpel,* WM 1990, 45, 46; zur Änderung nach Integration in die FWB und zur daraufhin erfolgten Aufnahme des elektronischen Handels an der FWB *ders.,* WM Sonderbeilage Nr. 4/1991, 1.

[29] *Franke,* in: Hdb. KapitalanlageR, § 2 Rn. 11.

[30] Zu den Rechtsfragen, die sich aus der Zulassung von Handelsteilnehmern mit Sitz in einem anderen Staat als dem der Börse ergeben, vgl. *Beck,* FS *Kümpel,* S. 19, 23 ff.; *Beck,* in: Schwark/Zimmer, § 3 BörsG Rnrn. 76 ff.

[31] *Foelsch,* in: BuB Rn. 7/432 f.; *Franke,* in: Hdb. KapitalanlageR, § 2 Rn. 10; *Seiffert,* in: Kümpel/Wittig, Bank- und Kapitalmarktrecht, Rn. 4.41; *Schmidt/Iversen/Treske,* ZBB 1993, 209.

[32] Zu den verschiedenen Erscheinungsformen vgl. nur *Dornau,* S. 4; *Spindler,* WM 2002, 1325, 1227 f.; ausführlich zu außerbörslichen elektronischen Handelsplattformen *Seiffert,* in: Kümpel/Wittig, Bank- und Kapitalmarktrecht, Rn. 4.41 ff. und 4.57 ff. zu multilateralen Hnadelssystemen und 4.76 ff. zu systematischen Internalisierern.

wieder unterschiedlich verwendet. Für die Beantwortung der Frage, ob das jeweilige System als Börse oder als multilaterales Handelssystem i. S. d. §§ 31 f. WpHG oder nur als elektronische Handelsplattform anzusehen ist, komme es allein auf die konkrete Ausgestaltung des Systems an, ob Kauf- und Verkaufsaufträge im System selbst zu Verträgen zusammengeführt werden, welche Wirtschaftsgüter gehandelt wurden, wer jeweils Vertragspartei wird, und ob die Preise überwacht werden etc.. Anders gewendet: Die jeweilige Funktionalität des Systems ist daraufhin zu untersuchen, ob die o. g. Begriffsmerkmale der Börse bzw. des multilateralen Handelssystems erfüllt sind.

Im Folgenden geht es allein darum, welche ATS als Börsen bzw. als multila- **10** terales Handelssystem anzusehen sind. BB ist ein elektronisches System, in das Interessenten Angebote einstellen, die dann, gegebenenfalls nach Verhandlungen zwischen den Parteien, zu einem Geschäft außerhalb des Systems führen.[33] **BB sind keine Börse,** da die Geschäfte außerhalb des Systems abgeschlossen werden.[34] **Electronic Communication Networks (ECN)** sind elektronische Systeme, in denen Finanzintermediäre von einem Emissionshaus Wertpapiere erwerben können.[35] Sie **sind ebenfalls keine Börse** im herkömmlichen Sinn, da die Geschäfte immer mit demselben Kontrahenten zustande kommen.[36] **Proprietary Trading Systems (PTS)** im deutschen Verständnis entsprechen den Electronic Communication System Networks im amerikanischen Sinn[37] und stellen elektronische Systeme dar, die den angeschlossenen Teilnehmern ermöglichen, untereinander oder mit dem Betreiber des Systems Wertpapiergeschäfte abzuschließen.[38] **PTS** wären, würden sie als teilrechtsfähige Anstalten öffentlichen Rechts betrieben oder von diesen geregelt, als **Börsen** i. S. des Börsengesetzes anzusehen,[39] wobei jedoch die Anwendbarkeit des Börsengesetzes und damit die Zuständigkeit deutscher Börsenaufsichtsbehörden bei im Ausland „ansässigen" PTS fraglich ist.[40]

Fraglich ist außerdem, wie eine System einzuordnen ist, bei dem die Geschäfte generell mit einer Partei zu Stande kommen. Solche Systeme sind grundsätzlich nicht als Börsen anzusehen, da diese den Vertragsabschluss mit anderen Handelsteilnehmern und nicht mit einer einzigen, jeweils gleichen Vertragspartei voraussetzt. Eine Ausnahme wird man in dem Fall machen müssen, in dem der Vertragsabschluss zwar formal, z. B. aus Sicherheits- und Abwicklungsgründen mit einer so genannten zentralen Gegenpartei erfolgt,

---

[33] So auch *Spindler,* WM 2002, 1325, 1327.
[34] *Dornau,* S. 25. Zum Erfordernis des Abschlusses des Geschäfts im System Vorbemerkung BörsG Rn. 23.
[35] *Dornau,* S. 22 f.
[36] *Dornau,* S. 25.
[37] Vgl. z. B. *Neubauer,* Die Bank 2001, 104, der ECN i. S. von PTS verwendet.
[38] *Dornau,* S. 25; *Schwark,* WM 1997, 293, 299; *von Rosen,* ZfgK 1994, 1213.
[39] *Dornau,* S. 25. Differenzierend *Hammen,* WM 2001, 929, 931, der nur solche PTS als Börse i. S. des Börsengesetzes ansehen will, bei welchen die Preise unter Mitwirkung von Maklern oder einer Software, die bei der Preisbildung wie ein Makler vorgeht, gebildet werden, nicht dagegen diejenigen, bei welchen die Handelsteilnehmer des PTS die Preise selbst bilden.
[40] Vgl. § 4 BörsG Rn. 11.

etwa bei der EUREX, materiell aber die Verträge nur dann zu Stande kommen, wenn korrespondierende Kauf- und Verkaufsaufträge zweier Handelsteilnehmer vorliegen und die zentrale Gegenpartei tatsächlich nur „dazwischen geschaltet" wird.[41]

6. IBIS, überregionaler IBIS-Handel, Xetra

11 Das Inter-Banken-Informations-System ist bis Anfang 1991 zum **Integrierten-Börsenhandels-Informations-System** (IBIS II) weiterentwickelt worden, das zwischen den angeschlossenen Marktteilnehmern bei entsprechenden deckungsgleichen Angeboten und Nachfragen **vollautomatisch Wertpapiergeschäfte** zustande brachte und nach der Integration in die Deutsche Börse AG am 5. April 1991 in alle Wertpapierbörsen integriert wurde.[42] Für den Handel in **IBIS** wurde **keine neue Wertpapierbörse** gegründet. Vielmehr konnten in diesem in alle deutschen Wertpapierbörsen integrierten elektronischen Handelssystem generell bereits zugelassene Wertpapiere gehandelt werden, wenn eine der Börsen, an der diese Wertpapiere zum Handel zugelassen waren, dem zugestimmt hatte, § 12 Abs. 1 Satz 1 BörsG a. F. Die **Integration in alle Börsen** ist dadurch erfolgt, dass die **FWB**, an der das System entwickelt wurde, einen **Rahmenvertrag**[43] mit den **anderen Regionalbörsen** in Deutschland geschlossen hat, der vorsah, dass die Kursmakler an den Regionalbörsen sowie die dort zugelassenen Freimakler und Kreditinstitute in gleicher Weise an IBIS teilnehmen können, wie die Mitglieder der FWB. Damit existierte seit 1991 für den Kassamarkt in Deutschland ein einheitliches, bundesweites elektronisches Handelssystem, das den Mitgliedern aller deutschen Börsen standortunabhängig zur Verfügung stand.

12 Die früher umstrittene Frage, ob der IBIS-Handel damit **Teil der jeweiligen regionalen Börse** geworden ist,[44] oder eine **eigene Börse** darstellt, die jeweils gesonderter Genehmigung durch die Börsenaufsichtsbehörde bedurft hätte, hatte sich bereits durch die Einfügung des § 7a BörsG a. F. und insbesondere des § 12 BörsG a. F. durch das Zweite Finanzmarktförderungsgesetz erledigt. § 12 BörsG a. F. unterstellte, indem er die Zustimmungskompetenz zum elektronischen Handelssystems der jeweiligen Börse, d. h. nach § 12 Abs. 2 Satz 2 dem Börsenrat, zuwies, dass dieses System Bestandteil der einzelnen Börse ist.[45] Anderenfalls wäre nicht ein Börsenorgan, sondern die Börsenaufsichtsbehörde als die gem. § 4 Abs. 1 über die Genehmigung einer – eigenständigen – Börse entscheidende Behörde zuständig gewesen. Die früher geltende Regelung der Preisermittlung an Wertpapierbörsen in § 25 BörsG a. F. stellte es den jeweiligen Börsen frei, in der Börsen-

---

[41] *Beck*, in: Schwark/Zimmer, § 2 BörsG Rn. 30.

[42] *Kümpel*, WM 1991 Sonderbeilage 3, 1, 3 ff.

[43] Eingehend hierzu *Kümpel*, WM 1992, 249, 252 ff.

[44] *Kümpel*, WM 1991 Sonderbeilage 4, 1, 4.

[45] So ausdrücklich *Köndgen/Mues*, WM 1998, 53, 54. Gegen die Vorstellung, das elektronische Handelssystem sei eine föderal unzulässige bundesweit agierende Börse auch *Hopt*, FS Drobnig, S. 525, 541.

ordnung zu regeln, ob die Preisermittlung im elektronischen Handel oder durch Skontroführer erfolgt. Sie bestätigt diese Auffassung bzw. geht von ihr aus.

IBIS ist seit Ende 1997 von **Xetra** ersetzt worden.[46] Xetra („Exchange Electronic Trading") ist ein vollelektronisches Handelssystem für den Kassamarkt, das neben dem rein ordergetriebenen Matching, d. h. dem Zusammenführen von Orders, den gesamten Handel in einem zentralen Orderbuch konzentriert, und auch hybride Handelsformen wie den order- und quotegetriebenen Handel in der fortlaufenden Auktion abbildet. Technisch möglich ist die Teilnahme am Xetra-Handel über elektronische Standleitungen und u. a. auch das Internet, so dass auch eine Teilnahme aus dem Ausland möglich ist[47] und seit Jahren praktiziert wird.[48] Wurde es 1999 noch als bloße Möglichkeit dargestellt, dass durch „XETRA mittelfristig sogar der traditionelle Parketthandel überflüssig werden" könnte,[49] ist dies bereits 2001 jedenfalls für die Werte des DAX praktische Realität geworden[50] und wurde vom Gesetzgeber durch die Änderung im neuen § 25 BörsG a. F. auch nachvollzogen.[51] Seit Ende 2011 ist praktisch und rechtlich der Präsenzhandel in Standartwerten an der Frankfurter Wertpapierbörse eingestellt.

7. Eurex Deutschland (früher DTB)[52]

Der materielle Börsenbegriff erfasst, indem die Ortsgebundenheit durch 13 die Systemgebundenheit des Geschäftsabschlusses ersetzt wird, auch die am 11. September 1989 vom Hessischen Wirtschaftsminister genehmigte und am 26. Januar 1990 eröffnete **DTB** als **überregionale** und **organisatorisch** von den bestehenden Wertpapierbörsen **unabhängige Börse**. Dies wird durch § 1 Abs. 5 BörsG a. F., der § 2 Abs. 2 entspricht, klargestellt.[53] Die **Zu-**

[46] Zu den Einzelheiten dieses Handelssystems vgl. nur *Braue/Hille,* Die Bank 1997, 140; *Köndgen/Mues,* WM 1998, 53.
[47] Zum Problem der internationalen Anwendung des Börsenrechts vgl. unten § 4 BörsG Rn. 11.
[48] Bereits zum Ende August 2007 nahmen an Xetra über 260 Marktteilnehmer aus 19 Ländern mit mehr als 4600 zugelassenen Händlern teil, vgl. Broschüre über XETRA unter www.deutsche-boerse.de. Vgl. auch *Beck,* in: Schwark/Zimmer, § 3 BörsG Rn. 76 m. w. Zahlenangaben in FN 167.
[49] *Schäfer/Geibel,* § 12 BörsG Rn. 16.
[50] In 2001 lag der Anteil von XETRA in den Aktien des DAX laut Fact Book 2001, S. 13, abrufbar unter http://www.deutsche-boerse.de, bei 94%; vgl. auch *Beck,* BKR 2002, 699, 700, in 2007 schon bei 98,99%, vgl. Cash Market: Monthly Statistics − December 2007, Seite 17; abrufbar unter http://www.deutsche-boerse.de.
[51] Vgl. § 24 BörsG Rn. 5.
[52] Die Deutsche Terminbörse (DTB) hat sich 1998 mit der Schweizerischen Terminbörse (Soffex) zusammengeschlossen und sich in Eurex Deutschland umbenannt.
[53] Zu den Vorgängervorschriften RegBegr. zum Zweiten Finanzmarktförderungsgesetz BT-Drs. 12/6679 S. 33, 59: „Damit ist klargestellt, dass sich der Anwendungsbereich des Börsengesetzes auch auf die Deutsche Terminbörse erstreckt." Ebenso OLG Frankfurt, Urteil v. 18. 1. 2001 − 1 U 209/99, ZIP 2001, 730, 731.

lassung der DTB allein durch den Hessischen Wirtschaftsminister ist im Hinblick auf das **föderale System** und die **Zuständigkeit der einzelnen Bundesländer** für ihre Börsen einerseits und der auf einen – zumindest – **bundesweiten Handel** zugeschnittenen Konzeption der Eurex andererseits streitig.[54] Dagegen spricht nicht eine etwaige örtliche Unzuständigkeit des Hessischen Wirtschaftsministers. Denn unabhängig davon, dass Teilnehmer der Eurex nicht nur im Bundesland Hessen, sondern in allen Bundesländern, und auch im Ausland[55] ansässig sind, ist für die Zulassung einer Börse dasjenige Bundesland örtlich zuständig, in dem die Börse ihren Sitz hat.[56] Problematisch ist allerdings die räumliche **Erstreckung der Börsenaufsicht auf Handelsteilnehmer in anderen Bundesländern.** Dies ist aber auch bei den Präsenzbörsen, bei denen die Zulassung an mehreren Börsen erteilt werden kann und unabhängig vom Sitz des Zugelassenen ist, der Fall.

8. Wertpapier-(Effekten/Edelmetall-)Börsen/Waren-(Produkt-) Börsen

14   **Wertpapierbörsen** sind nach der **Legaldefinition** des § 2 Abs. 2 Börsen, an denen Wertpapiere oder Derivate i. S. des § 2 Abs. 2 WpHG gehandelt werden. Es gibt sie gegenwärtig in Berlin, Düsseldorf, Frankfurt am Main, Hamburg, Hannover, München und Stuttgart, wobei in Frankfurt am Main neben der Börse die organisatorisch verselbständigte Eurex (früher Deutsche Terminbörse) besteht. Durch das **Begleitgesetz**[57] wurde in § 1 Abs. 7 BörsG a. F. ein neuer Satz 2 eingefügt, nach dem an Wertpapierbörsen auch **Edelmetalle** und **Edelmetallderivate** i. S. des § 2 Abs. 2 Nr. 1 Buchstabe d **WpHG** gehandelt werden können. Dies wurde durch das Finanzmarktrichtlinie-Umsetzungsgesetz noch erweitert, in dem noch der Begriff des Finanzinstruments i. S. d. § 2 Abs. 2 Buchstabe b WpHG aufgenommen wurde. Damit ist an einer Wertpapierbörse eine deutlich erweiterte Anzahl von derivativen Finanzinstrumenten handelbar, z. B. Warenderivate.

Im Übrigen gibt es in Deutschland verschiedene **Warenbörsen,** bei denen jedoch im Einzelnen zu prüfen ist, ob sie als Börsen i. S. des Börsengesetzes anzusehen sind.[58] § 2 Abs. 3 enthält insoweit die § 1 Abs. 8 BörsG a. F. entsprechende Legaldefinition der Warenbörse mit der durch das Finanzmarktrichtlinie-Umsetzungsgesetz eingeführten Maßgabe, dass an Waren-

---

[54] Dafür *Kindermann,* WM 1989, Beilage 2, 9; *Kümpel,* WM 1989, 1313, 1314 Fn. 15; dagegen, ein Verwaltungsabkommen oder einen Staatsvertrag zwischen den Bundesländern, auf deren Gebiet sich in das Handelssystem erstreckt, fordernd, *Samm,* WM 1990 1265, 1268 ff.

[55] Bereits zum 30. September 2000: 440 Teilnehmer aus 16 Ländern bei Eurex, vgl. Börsenzulassungsprospekt der Deutsche Börse AG vom 2. Februar 2001, S. 79.

[56] Vgl. unten § 4 BörsG Rn. 10.

[57] Begleitgesetz zum Gesetz zur Umsetzung von EG-Richtlinien zur Harmonisierung bank- und wertpapieraufsichtsrechtlicher Vorschriften vom 22. Oktober 1997, BGBl. I 1997, 2567.

[58] Vgl. im Einzelnen *Ledermann,* in: Schäfer/Hamann, KMG, § 1 BörsG Rn. 44 ff.; zur Warenterminbörse in Hannover vgl. *Hartmann/Meyer-Bullerdiek,* Die Bank 1996, 724.

börsen auch andere Finanzinstrumente i. S. d. § 2 Abs. 2 Buchstabe b WpHG
gehandelt werden können.

§ 2 Abs. 4 wurde durch das Gesetz zur Umsetzung der Richtlinie 2010/ **14a**
73/EU und zur Änderung des Börsengesetzes[59] neu in § 2 aufgenommen
und enthält zwei Klarstellungen. Zum Einen wird deutlich, dass an ein und
derselben Börse gleichzeitig sowohl Wertpapiere und sich darauf beziehende Derivate, andere Finanzinstrumente, Waren, Termingeschäfte in Bezug auf Waren und die entsprechenden Basiswerte gehandelt werden können. Zum anderen wird klargestellt, dass eine solche Börse dann sowohl die
Definition der Wertpapier- als auch der Warenbörse nach § 2 Abs. 2 bzw.
Abs. 3 erfüllt und demnach auf diese auch sämtliche auf Wertpapierbörsen
und sämtliche auf Warenbörsen anwendbare Vorschriften Anwendung finden.[60]

III. Rechtsnatur der Börse

§ 2 Abs. 1 enthält die ausdrückliche Feststellung der Rechtsnatur der Börse **15**
als teilrechtsfähige Anstalt öffentlichen Rechts.[61] Anstalten öffentlichen
Rechts sind „zu Rechtspersonen erhobene Bestände von sachlichen und persönlichen Mitteln, die in der Hand eines Trägers öffentlicher Verwaltung einem besonderen öffentlichen Zweck dauern zu dienen bestimmt sind".[62]
Betrachtet man die in dieser Definition enthaltene Zweckvorgabe für Anstalten des öffentlichen rechts, dann wird deutlich, dass die Organisationsform
der Anstalt vom Staat nur dann gewählt wird, wenn es darum geht, eine bestimmte Aufgabe nicht dem privatwirtschaftlichen Sektor zu übertragen oder
zu überlassen, sondern sie ganz bewusst zu einer Staatsaufgabe zu machen
oder als solche durchzuführen, weil sie von besonderem öffentlichem Interesse ist.[63]

Die Börse ist keine vollrechtsfähige sondern (nur) eine teilrechtsfähige **15a**
Anstalt und damit keine juristische Person i. S. d. § 89 BGB.[64] Sie ist damit
privatrechtlich nicht voll rechtsfähig. Nicht die Börse selbst ist damit privatrechtlicher Eigentümer der börsengenutzten Gegenstände und Schuldner von Verbindlichkeiten aus börsenbezogenen Geschäften, sondern allein
ihr Träger. Voll rechtsfähig ist die Börse dagegen im Bereich des öffentlichen
Rechts. Dort kann sie und nicht ihr Träger voll wirksam öffentlich rechtlich
handeln, Verwaltungsakte und sogar Satzungen erlassen.[65]

---

[59] BGBl. I 2012, 1375.
[60] RegBegr. zum Gesetz zur Umsetzung der Richtlinie 2010/73/EU und zur Änderung des Börsengesetzes, BT-Drs. 17/8684, S. 13, 23.
[61] Vgl. auch bereits oben Vorbemerkungen BörsG Rn. 26.
[62] So unter Hinweis auf die klassische Begriffsbestimmung Otto Mayers, *Burgi*, WM
2009, 2337, 2338; ebenso *Beck*, in: Schwark/Zimmer, § 2 BörsG Rn. 36.
[63] So ausdrücklich *Burgi*, WM 2009, 2337, 2338; ausführliche nähere Begründung
des öffentlichen Interesses an der Börse bei *Seiffert*, in: Kümpel/Wittig, Bank- und
Kapitalmarktrecht, Rnrn. 4130 ff.
[64] *Beck*, in: Schwark/Zimmer, § 2 BörsG Rn. 37; *Burgi*, WM 2009, 2337, 2339.
[65] *Beck*, in: Schwark/Zimmer, § 2 BörsG Rn. 37; *Burgi*, WM 2009, 2337, 2339.

IV. Parteifähigkeit der Börse

16   § 2 Abs. 5 entspricht § 13 Abs. 4 BörsG a. F. und wurde durch das Finanzmarktrichtlinie-Umsetzungsgesetz zu Recht „aus strukturellen Gründen"[66] in den Kontext des § 2 Abs. 1 verschoben: Wenn die Börse in § 2 Abs. 1 als teilrechtsfähige Anstalt definiert wird, dann ist es systematisch zutreffend, die ergänzende Regelung zur Parteifähigkeit der Börse im unmittelbaren Umfeld zu treffen.

17   In **verwaltungsgerichtlichen Verfahren** ist die **Börse** als solche gem. § 2 Abs. 5 **parteifähig.** Die Regelung dient im Hinblick auf die fehlende Rechtsfähigkeit der Börse der Klarstellung.[67] Sie bedeutet, dass bei allen Handlungen der Börsenorgane, gegen die der **Verwaltungsrechtsweg** nach den einschlägigen Bestimmungen eröffnet ist, die **Börse Beklagte** ist.[68] Im **Zivilprozess** ist der **Börsenträger,** der wiederum vertreten durch seinen gesetzlichen Vertreter, **parteifähig.** Dies bedeutet, dass der Vorstand der Aktiengesellschaft als gesetzlicher Vertreter der Trägergesellschaft im Zivilprozess den parteifähigen Börsenträger vertritt.[69]

§ 3. Aufgaben und Befugnisse der Börsenaufsichtsbehörde

(1) ¹**Die zuständige oberste Landesbehörde (Börsenaufsichtsbehörde) übt die Aufsicht über die Börse nach den Vorschriften dieses Gesetzes aus. Ihrer Aufsicht unterliegen insbesondere der Börsenrat, die Börsengeschäftsführung, der Sanktionsausschuss und die Handelsüberwachungsstelle (Börsenorgane) sowie der Börsenträger, die Einrichtungen, die sich auf den Börsenverkehr einschließlich der nach § 5 Abs. 3 ausgelagerten Bereiche beziehen, und der Freiverkehr. ²Die Aufsicht erstreckt sich auf die Einhaltung der börsenrechtlichen Vorschriften und Anordnungen, die ordnungsmäßige Durchführung des Handels an der Börse sowie die ordnungsmäßige Erfüllung der Börsengeschäfte (Börsengeschäftsabwicklung).**

(2) ¹**Die Börsenaufsichtsbehörde ist berechtigt, an den Beratungen der Börsenorgane teilzunehmen. ²Die Börsenorgane sind verpflichtet, die Börsenaufsichtsbehörde bei der Erfüllung ihrer Aufgaben zu unterstützen.**

(3) **Die Börsenaufsichtsbehörde nimmt die ihr nach diesem Gesetz zugewiesenen Aufgaben und Befugnisse nur im öffentlichen Interesse wahr.**

(4) ¹**Die Börsenaufsichtsbehörde kann, soweit dies zur Erfüllung ihrer Aufgaben erforderlich ist, auch ohne besonderen Anlass von der Börse und dem Börsenträger sowie von den nach § 19 zur Teilnahme am Bör-**

---

[66] RegBegr. zum Finanzmarktrichtlinie-Umsetzungsgesetz, BT-Drs. 16/4028, S. 76.
[67] RegBegr. zum Zweiten Finanzmarktförderungsgesetz, BT-Drs. 12/6679, S. 33, S. 64.
[68] VGH Kassel, Beschluss v. 17. 7. 1997 – 8 NG 2271–97, NJW-RR 1997, 120, 121.
[69] *Foelsch,* in: BuB Rn. 7/547.

senhandel zugelassenen Unternehmen, Börsenhändlern, Skontroführern und den skontroführenden Personen (Handelsteilnehmer) und von den Emittenten der zum regulierten Markt zugelassenen Wertpapiere Auskünfte und die Vorlage von Unterlagen verlangen sowie Prüfungen vornehmen. [2] Die Börsenaufsichtsbehörde kann verlangen, dass die Übermittlung der Auskünfte und Unterlagen auf automatisiert verarbeitbaren Datenträgern erfolgt. [3] Sofern Anhaltspunkte vorliegen, welche die Annahme rechtfertigen, dass börsenrechtliche Vorschriften oder Anordnungen verletzt werden oder sonstige Missstände vorliegen, welche die ordnungsmäßige Durchführung des Handels an der Börse oder die Börsengeschäftsabwicklung beeinträchtigen können, kann die Börsenaufsichtsbehörde von jedermann Auskünfte, die Vorlage von Unterlagen und die Überlassung von Kopien verlangen sowie Personen laden und vernehmen, soweit dies zur Erfüllung ihrer Aufgaben erforderlich ist. Sie kann in diesen Fällen insbesondere

1. von den Handelsteilnehmern die Angabe der Identität der Auftraggeber und der aus den getätigten Geschäften berechtigten oder verpflichteten Personen sowie der Veränderungen der Bestände von Handelsteilnehmern in an der Börse gehandelten Finanzinstrumenten verlangen,
2. von den Auftraggebern und berechtigten oder verpflichteten Personen Auskünfte über die getätigten Geschäfte einschließlich der Angabe der Identität der an diesen Geschäften beteiligten Personen verlangen,
3. von Wertpapiersammelbanken und Systemen zur Sicherung der Erfüllung von Börsengeschäften Auskünfte über Veränderungen der Bestände von Handelsteilnehmern in an der Börse gehandelten Finanzinstrumenten verlangen und
4. von der Börse, den Handelsteilnehmern und mit diesen verbundenen Unternehmen die Vorlage von bereits existierenden Aufzeichnungen von Telefongesprächen und Datenübermittlungen verlangen; das Grundrecht des Artikels 10 des Grundgesetzes wird insoweit eingeschränkt, die Betroffenen sind nach § 101 der Strafprozessordnung zu benachrichtigen.

[4] Die Auskunftspflichtigen haben den Bediensteten der Börsenaufsichtsbehörde während der üblichen Arbeitszeit das Betreten ihrer Grundstücke und Geschäftsräume zu gestatten, soweit dies zur Wahrnehmung der Aufgaben der Börsenaufsichtsbehörde erforderlich ist. Das Betreten außerhalb dieser Zeit oder, wenn die Geschäftsräume sich in einer Wohnung befinden, ist ohne Einverständnis nur zur Verhütung von dringenden Gefahren für die öffentliche Sicherheit und Ordnung zulässig und insoweit zu dulden. [5] Das Grundrecht der Unverletzlichkeit der Wohnung (Artikel 13 des Grundgesetzes) wird insoweit eingeschränkt. [6] Die Befugnisse und Verpflichtungen nach diesem Absatz gelten entsprechend, sofern von der Börsenaufsichtsbehörde beauftragte Personen und Einrichtungen nach diesem Gesetz tätig werden. [7] Der zur Erteilung einer Auskunft Verpflichtete kann die Auskunft auf solche Fragen verweigern, deren Beantwortung ihn selbst oder einen der in § 383 Abs. 1

Nr. 1 bis 3 der Zivilprozessordnung bezeichneten Angehörigen der Gefahr strafgerichtlicher Verfolgung oder eines Verfahrens nach dem Gesetz über Ordnungswidrigkeiten aussetzen würde. [8] Der Verpflichtete ist über sein Recht zur Verweigerung der Auskunft zu belehren.

(5) [1] Die Börsenaufsichtsbehörde ist befugt, zur Aufrechterhaltung der Ordnung und für den Geschäftsverkehr an der Börse Anordnungen zu erlassen. [2] Sie kann gegenüber der Börse, dem Börsenträger und den Handelsteilnehmern Anordnungen treffen, die geeignet und erforderlich sind, Verstöße gegen börsenrechtliche Vorschriften und Anordnungen zu verhindern oder Missstände zu beseitigen, welche die ordnungsgemäße Durchführung des Handels an der Börse, der Börsengeschäftsabwicklung oder deren Überwachung beeinträchtigen können. [3] Sie kann zu diesem Zweck insbesondere

1. die Aussetzung oder Einstellung des Börsenhandels mit einzelnen oder mehreren Finanzinstrumenten, Rechten oder Wirtschaftsgütern anordnen,

2. der Börse die Nutzung eines zentralen Kontrahenten, einer Clearingstelle oder eines börslichen Abwicklungssystems untersagen, wenn hierdurch die ordnungsgemäße Durchführung des Handels an der Börse oder der Börsengeschäftsabwicklung beeinträchtigt wird, oder

3. die Nutzung eines externen Abwicklungssystems untersagen,

soweit dies zur Durchsetzung der Vorschriften dieses Gesetzes geboten ist. [4] Eine Maßnahme nach Satz 1 Nr. 1 hat die Börsenaufsichtsbehörde unverzüglich auf ihrer Internetseite zu veröffentlichen.

(6) Stellt die Börsenaufsichtsbehörde Tatsachen fest, welche die Rücknahme oder den Widerruf der Erlaubnis zur Ermittlung des Börsenpreises oder der Zulassung des Unternehmens oder andere Maßnahmen der Geschäftsführung rechtfertigen können, hat sie die Geschäftsführung zu unterrichten.

(7) Die nach Landesrecht zuständige Stelle wird ermächtigt, Aufgaben und Befugnisse der Börsenaufsichtsbehörde auf eine andere Behörde zu übertragen.

(8) Die Börsenaufsichtsbehörde kann sich bei der Durchführung ihrer Aufgaben anderer Personen und Einrichtungen bedienen.

(9) Widerspruch und Anfechtungsklage gegen Maßnahmen nach den Absätzen 4 und 5 haben keine aufschiebende Wirkung.

(10) Kommt die Börse oder eines ihrer Organe wiederholt und dauerhaft den Anordnungen der Börsenaufsicht nicht nach, kann die Börsenaufsichtsbehörde, sofern ihre sonstigen Befugnisse nicht ausreichen und soweit und solange der ordnungsgemäße Börsenbetrieb es erfordert, Beauftragte bestellen, die die Aufgaben der Börse oder eines ihrer Organe auf Kosten des Börsenträgers wahrnehmen.

(11) Adressaten von Maßnahmen nach Absatz 4, die von der Börsenaufsichtsbehörde wegen eines möglichen Verstoßes gegen die Verbote des § 26 dieses Gesetzes oder des § 14 oder des § 20 a des Wertpapierhandelsgesetzes vorgenommen werden, dürfen andere Personen als staatliche Stellen und solche, die auf Grund ihres Berufs einer gesetzli-

chen Verschwiegenheitspflicht unterliegen, von diesen Maßnahmen oder von einem daraufhin eingeleiteten Ermittlungsverfahren nicht in Kenntnis setzen.

Übersicht

I. Einleitung

§ 3 wurde durch das Finanzmarktrichtlinie-Umsetzungsgesetz neu gefasst. **1** Er besteht zum einen nunmehr aus früher an anderen Stellen im Börsengesetz enthaltenen Vorschriften, z.B. § 1 Abs. 4, 5 und 6, § 2, § 5, § 18 Abs. 1. Zum anderen wurden verschiedene Bestimmungen der Finanzmarktrichtlinie umgesetzt und dadurch die Aufgaben und Befugnisse der Börsenaufsichtsbehörde nochmals gestärkt. Das Gesetz zur Umsetzung der Richtlinie 2010/73/EU und zur Änderung des Börsengesetzes[1] hat in Abs. 5 den Börsenträger als zusätzlichen potentiellen Adressaten von Anordnungen der Börsenaufsichtsbehörde aufgenommen, was, da bereits Abs. 1 den Börsenträger mit einschließt, wohl in der Tat nur eine Klarstellung[2] und keine materielle Änderung darstellt.

II. Börsenaufsicht

1. Überblick

a) Entstehung des geltenden Börsenaufsichtsrechts. Durch das **2** **Zweite Finanzmarktförderungsgesetz**[3] sind die Bestimmungen über die

---

[1] BGBl. I 2012, 1375.
[2] So die Reg.Begr. Prospekt-Rl-Änderungsgesetz, BT-Drs. 17/8684, S. 13, 23.
[3] BGBl. I 1994, 1749.

Börsenaufsicht im Börsengesetz einschneidend verändert worden. Bis dahin galt eine **Zweiteilung der Börsenaufsicht** in die allein auf die **Rechtsaufsicht** beschränkte **staatliche Überwachung** der Börsen durch die jeweiligen zuständigen **obersten Landesbehörden**[4] einerseits und die Überwachung des **Börsenhandels** durch die **Börsen selbst** im Rahmen ihrer **Börsenselbstverwaltung**[5] andererseits. Diese Struktur der Börsenaufsicht war seit Erlass des Börsengesetzes im Jahre 1896 im Wesentlichen unverändert geblieben. Sie ist unter zwei Aspekten in Frage gestellt worden, zum einen im Hinblick auf ihre **dezentrale Struktur,** zum anderen im Hinblick auf das Fehlen einer – **staatlichen** – **Marktaufsicht.**

3   Die Globalisierung des Wertpapierhandels und die Internationalisierung des Anlegerkreises stellten neue Anforderungen an die Börsenaufsicht sowohl organisatorisch als auch inhaltlich.[6] Es bestand bei Erlass des Zweiten Finanzmarktförderungsgesetzes daher Einigkeit, dass die bisherige Börsenaufsicht der Bundesländer den inzwischen international üblichen Standards nicht mehr gerecht wurde.[7] Bei der Neukonzeption war zu beachten, dass Börsenrecht in Deutschland zur konkurrierenden Gesetzgebung gemäß Art. 74 Abs. 1 Nr. 11 GG gehört, und ein gemäß Art. 72 Abs. 2 GG erlassenes Bundesgesetz gemäß Art. 83 GG von den Ländern als eigene Angelegenheit auszuführen ist. Die im Zweiten Finanzmarktförderungsgesetz insoweit gefundene und nach wie vor geltende Lösung stellt deshalb einen Kompromiss dar zwischen dem Zentralisierungsinteresse des Bundes, das im damals neu errichteten Bundesaufsichtsamt für den Wertpapierhandel, das auf die Bundesanstalt für Finanzdienstleistungsaufsicht (BaFin) übergegangen ist,[8] und seinen Kompetenzen seinen Niederschlag gefunden hat, und den Interessen der Länder, ihre bestehenden Kompetenzen zu wahren.[9]

4   Der Kompromiss schafft ein auf den **drei Verwaltungsebenen – Bund, Länder, Börsenselbstverwaltung** – aufbauendes System einer „föderal-dezentral" organisierten Marktaufsicht. **Zentrale Aufsichtspflichten** liegen beim Bund in Gestalt der BaFin. Die föderale Aufsicht wird durch die zuständigen **obersten Landesbehörden** ausgeübt, wobei diese Aufsicht über die **Rechtsaufsicht** hinaus auch eine umfassende **Marktaufsicht** enthält. Als Element der Börsenselbstverwaltung dient die bei jeder Börse als Börsenorgan operierende **Handelsüberwachungsstelle.**

5   **b) Weiterentwicklung des Börsenaufsichtsrechts.** Das Begleitgesetz und das Dritte Finanzmarktförderungsgesetz haben dieses durch das Zweite

---

[4] *Beck,* in: Schwark/Zimmer, § 3 BörsG Rn. 1.

[5] Vgl. nur *Beck,* in: Schwark/Zimmer, § 3 BörsG Rn. 1.

[6] Vgl. nur Verlautbarung des Bundesministers der Finanzen vom 16. Januar 1992 zum „Konzept Finanzplatz Deutschland", WM 1992, 420.

[7] RegBegr. zum Zweiten Finanzmarktförderungsgesetz, BT-Drs. 12/6679, S. 33.

[8] Vgl. das Gesetz zur Einführung der integrierten Finanzdienstleitungsaufsicht (Fin-DAG), BGBl. I 2002, 1310, durch das die Bundesaufsichtsämter für das Kreditwesen, für das Versicherungswesen und für den Wertpapierhandel zur Bundesanstalt für Finanzdienstleistungsaufsicht zusammengefasst wurden.

[9] *Weisgerber/Jütten,* S. 13; kritisch hierzu *Claussen,* DB 1994, 969, 971 ff.

Finanzmarktförderungsgesetz begründete dreistufige Aufsichtssystem weiter verfeinert, insbesondere durch die Einbeziehung von Nichtbanken in die Bankenaufsicht und die Erweiterung der Befugnisse von Börsenaufsichtsbehörde und Handelsüberwachungsstelle. Das Vierte Finanzmarktförderungsgesetz hat nicht nur die Nummerierung des § 1a BörsG a. F. insgesamt (jetzt § 2) und des § 1a Abs. 2a BörsG a. F. (jetzt § 1 Abs. 3) geändert, sondern auch insbesondere durch die Einbeziehung der Emittenten als Adressaten von Maßnahmen der Börsenaufsichtsbehörde in § 2 Abs. 1 Satz 1 BörsG a. F.[10] und durch Satz 5 des § 2 Abs. 1 BörsG a. F. der Börsenaufsichtsbehörde zusätzliche Überwachungskompetenzen eingeräumt.[11] Das Finanzmarktrichtlinie-Umsetzungsgesetz hat an der grundsätzlichen Konzeption und Struktur der Börsenaufsicht nichts geändert, jedoch die Befugnisse der Börsenaufsichtsbehörde nochmals erweitert, insbesondere dadurch, dass die Aufsicht auf weitere Personengruppen erstreckt wird, z. B. auch auf den Träger der Börse, § 3 Abs. 1 Satz 2, und dass Kompetenzen gegenüber „jedermann" eingeräumt werden, § 3 Abs. 4 Satz 3.

2. Die einzelnen Instanzen der geltenden Börsenaufsicht

Als selbständige Bundesoberbehörde (Art. 87 Abs. 3 i. V. m. Art. 74 Abs. 1　**6** Nr. 11 GG) im Geschäftsbereich des Bundesministeriums der Finanzen wurde gemäß § 3 WpHG die **BaFin** gegründet mit zentralen, den Bereich der einzelnen Börsen übergreifenden Kontrollfunktionen für die Überwachung des Insiderhandelsverbotes, die Einhaltung der Veröffentlichungspflichten über kursbeeinflussende Tatsachen und beim Erwerb oder bei der Veräußerung von Beteiligungen an börsennotierten Aktiengesellschaften sowie die Einhaltung der Verhaltensregeln des Wertpapierhandelsgesetzes.[12] Als Verbindungsglied zwischen der BaFin und den Ländern wurde gemäß § 5 WpHG bei der BaFin ein aus Vertretern der Länder bestehender **Wertpapierrat** gebildet. Die Aufsicht über die Börsen wird gemäß § 3 Abs. 1 Satz 1 durch die jeweils zuständigen obersten Landesbehörden (**Börsenaufsichtsbehörden**) ausgeübt. Zur Überwachung des Börsenhandels hat gemäß § 7 Abs. 1 jede Börse eine an die Weisungen der Börsenaufsichtsbehörde gebundene **Handelsüberwachungsstelle** einzurichten. Entsprechend dem aktienrechtlichen

---

[10] Diese Einbeziehung geschah aufgrund eines entsprechenden Vorschlags des Bundesrates, vgl. Stellungnahme des Bundesrates zum Entwurf eines Vierten Finanzmarktförderungsgesetzes, BT-Drs. 14/8017, S. 146, 147, mit der wenig tragfähigen Begründung, diese seien „bisher aus der Aufsicht völlig herausgefallen" und wegen der Möglichkeit, in der BörsenO weitere Emittentenpflichten zu regeln, bedürfe es der Erstreckung der Aufsicht. Dies ist deswegen wenig tragfähig, da für die Überwachung und Sanktionierung der Einhaltung von zusätzlichen Emittentenpflichten, bei denen es sich allein um Zulassungsvoraussetzungen oder Zulassungsfolgepflichten handeln kann, seinerzeit die Zulassungsstelle zuständig war, jetzt die Geschäftsführung. Wie hier ebenso kritisch *Beck,* BKR 2002, 662, 666; *Beck,* in: Schwark/Zimmer, § 3 BörsG Rn. 29.
[11] Zu Satz 5 vgl. die Begründung des Regierungsentwurfs ein Viertes Finanzmarktförderungsgesetz, BT-Drs. 14/8017, S. 62, 72.
[12] Vgl. zu den Einzelheiten §§ 12 ff., 15, 16, 21 ff., 31 ff. WpHG.

Aufsichtsrat ist für die Überwachung der Geschäftsführung der jeweiligen Börsen gemäß § 12 ein **Börsenrat** einzurichten. Damit bestehen insgesamt fünf Börsenaufsichtsorgane mit unterschiedlichen Kompetenzen und Aufgaben. Zur näheren Abgrenzung von Aufgaben und Funktionen dieser Börsenaufsichtsorgane vgl. unten § 7 BörsG Rn. 8 ff.

III. Börsenaufsichtsbehörde

1. Legaldefinition, § 3 Abs. 1 Satz 1

7   § 3 Abs. 1 enthält eine **Legaldefinition** der **Börsenaufsichtsbehörde** als oberste Landesbehörde. Das ist der landesrechtlich jeweils zuständige Fachminister oder Senator.[13] Der, früher noch im § 1 Abs. 3 Satz 1 BörsG a. F. vorgesehene **Staatskommissar,** der bereits durch das Zweite Finanzmarktförderungsgesetz aus Vereinfachungsgründen zum **Teil der Börsenaufsichtsbehörde**[14] umfunktioniert worden war, wurde durch das Vierte Finanzmarktförderungsgesetz mangels praktischer Bedeutung[15] gestrichen.

Die Börsenaufsichtsbehörde bleibt, anders als z. B. in den USA, Landesbehörde und damit **föderal strukturiert,**[16] d. h. zuständig ist jeweils die Börsenaufsichtsbehörde des Bundeslandes, in dem die jeweilige Börse ihren Sitz hat.[17]

2. Aufgaben, § 3 Abs. 1

8   a) **Überblick.** § 3 Abs. 1 entspricht im Wesentlichen § 1 Abs. 4 BörsG a. F., weicht aber in einigen wesentlichen Punkten von der alten Fassung ab. Zunächst enthält § 3 Abs. 1 Satz 2 eine Legaldefinition der Börsenorgane. Wesentlicher ist jedoch, dass § 3 Abs. 1 Satz 2 nunmehr ausdrücklich regelt, dass auch der Börsenträger der Aufsicht durch die Börsenaufsichtsbehörde unterliegt. Das ist gegenüber früherem Recht nicht nur eine „Klarstellung",[18] sondern eine Erweiterung, da bis zur Änderung durch das Finanzmarktrichtlinie-Umsetzungsgesetz der Träger der Börse nicht der Adressat möglicher Maßnahmen der Börsenaufsichtsbehörde nach § 2 Abs. 1 BörsG a. F. war. Vielmehr ergaben sich Befugnisse der Börsenaufsichtsbehörde gegenüber dem Börsenträger nur aus allgemeinen verwaltungsrechtlichen Grundsätzen.[19] Fer-

---

[13] Dies ist i. d. R. der Wirtschaftsminister bzw. -senator.

[14] RegBegr. zum Zweiten Finanzmarktförderungsgesetz, BT-Drs. 12/6679, S. 33, 59.

[15] RegBegr. zum Vierten Finanzmarktförderungsgesetz, BT-Drs. 14/8017, S. 72, 72.

[16] Für eine zentrale staatliche Rechts- und Marktaufsicht *Hopt/Rudolph/Baum,* S. 449 ff., dagegen „Stellungnahme der hessischen Börsenaufsichtsbehörde zu einigen ausgewählten Thesen des Gutachtens *Hopt/Rudolph/Baum* bezüglich einer Börsenreform in Deutschland", A V 2, veröffentlicht unter www.boersenaufsicht.de/aktuell.htm.

[17] *Beck,* in: Schwark/Zimmer, § 3 BörsG Rn. 4.

[18] RegBegr. zum Finanzmarktrichtlinie-Umsetzungsgesetz, BT-Drs. 16/4028, S. 76.

[19] Vgl. nur *Groß,* Kapitalmarktrecht, 3. Auflage 2006, § 2 BörsG Rn. 15; *Beck,* in: Schwark/Zimmer, § 3 BörsG Rn. 6.

ner enthält § 3 Abs. 3 Satz 3 nunmehr eine Legaldefinition der Börsenge-schäftsabwicklung. Diese stellt in Umsetzung von Artikel 42 Abs. 2 Buch-stabe e der Finanzmarktrichtlinie klar, dass unter Börsengeschäftsabwicklung auch die börslichen Systeme zur Erfüllung der Börsengeschäfte fallen.

b) Entwicklung der Aufgaben. § 3 Abs. 1 legt die **Aufgaben der** 9 **Börsenaufsichtsbehörde** fest. Bis zum Zweiten Finanzmarktförderungsge-setz beschränkte sich die Börsenaufsicht durch die Börsenaufsichtsbehörde auf die reine **Rechtsaufsicht,** d. h. auf die Kontrolle der Gesetzmäßigkeit und Rechtmäßigkeit der Börsenselbstverwaltung,[20] § 3 Abs. 1 Satz 3 erster Halb-satz. Das Zweite Finanzmarktförderungsgesetz hat neben diese Rechtsaufsicht die Markt- oder Handelsaufsicht gestellt, indem nach § 3 Abs. 1 Satz 3 zwei-ter Halbsatz sich die Aufsicht auch auf „die ordnungsgemäße Durchführung des Handels an der Börse sowie die ordnungsgemäße Erfüllung der Börsenge-schäfte (Börsengeschäftsabwicklung") beziehen soll. Damit wird die Bör-senaufsicht in Gestalt der reinen Rechtsaufsicht „um die **Aufsicht** über die **Handelsüberwachungsstelle** der Börse und um eine **Markt- oder Han-delsaufsicht** des jeweiligen Landes vor Ort erweitert. Zu dieser **Han-delsaufsicht** gehört die **Aufsicht über den Börsenhandel,** über die **Han-delsteilnehmer** und über die **elektronischen Hilfseinrichtungen** der Börse".[21]

c) Markt- und Handelsaufsicht. Die Erstreckung der Handelsaufsicht 10 auch auf die **elektronischen Hilfseinrichtungen** war nach Ansicht des Ge-setzgebers[22] angesichts der zunehmenden Bedeutung von elektronischen Handels- und Abwicklungssystemen, die bislang keiner Kontrolle unterwor-fen waren, unerlässlich. Unzureichende oder manipulierbare Programmierung der Börsen-EDV können die Transparenz des Börsengeschehens, die richtige Kursfeststellung und damit auch den Anlegerschutz gefährden. Zudem kön-nen technisch nicht ausgereifte Systeme zu einer erheblichen Beeinträchti-gung des Börsenhandels führen. Auch diesen Gefahren soll die staatliche Handelsaufsicht begegnen. Beaufsichtigt wird dabei nicht der Betreiber des Systems, sondern die Nutzung der Systeme durch die Börsen. Die Prüfung erfolgt bei Einführung und dann in regelmäßigen Abständen. Hierdurch wird eine effiziente **Missstandsaufsicht** sichergestellt, die erklärtes Ziel der Bör-sengesetznovellierung durch das Zweite Finanzmarktförderungsgesetz war.[23] Damit können, anders als bei der allgemeinen Staatsaufsicht in Form der bis dahin ausschließlichen Rechtsaufsicht, bei der Handelsaufsicht auch **Zweckmäßigkeitserwägungen** bei der Aufsichtstätigkeit und -entschei-dung berücksichtigt werden. Bei dieser Handelsaufsicht durch die Börsenauf-

---

[20] Zur Reichweite der Rechtsaufsicht *Beck,* in: Schwark/Zimmer, § 3 BörsG Rn. 7.
[21] RegBegr. zum Zweiten Finanzmarktförderungsgesetz, BT-Drs. 12/6679, S. 33, 59.
[22] RegBegr. zum Zweiten Finanzmarktförderungsgesetz, BT-Drs. 12/6679, S. 33, 59.
[23] So ausdrücklich RegBegr. zum Zweiten Finanzmarktförderungsgesetz, BT-Drs. 12/6679, S. 33, 59; kritisch dagegen *Beck,* in: Schwark/Zimmer, § 3 BörsG Rn. 8

sichtsbehörde ist jedoch zu beachten, dass sie in der primären Verantwortung der Börsenselbstverwaltung bleibt, wie sich auch durch die Errichtung der Handelsüberwachungsstelle als Börsenorgan, § 7 Abs. 1, Satz 1, zeigt.[24]

11 Die **Marktaufsicht** bezieht sich nach § 3 Abs. 1 Satz 3 im Wesentlichen darauf, dass der **Handel an der Börse** und die **Geschäftsabwicklung** ordnungsgemäß erfolgen. Dabei hat das Finanzmarktrichtlinie-Umsetzungsgesetz den Begriff der Geschäftsabwicklung legal definiert als „Erfüllung der Börsengeschäfte". Diese, Artikel 42 Abs. 2 Buchstabe e Finanzmarktrichtlinie folgende Definition, erfasst, wie bisher auch, Einrichtungen zur Abrechnung der Wertpapiergeschäfte, z.b. Clearing-Einrichtungen, und Zentraler Kontrahent, nicht dagegen die Systeme zur Abwicklung der Börsengeschäfte.[25] Zur Geschäftsabwicklung gehört nicht die dingliche Abwicklung des Geschäfts, sondern nur das Verfahren bis zur **Schlussnote** eines Auftrags im Parketthandel bzw. der Geschäftsbestätigung im Xetra-Handel, d.h. dazu gehört die elektronische Börsengeschäftsabwicklung „XONTRO-Abwicklung"[26] und das Eurex-Clearing (früher: DTB-Clearing) sowie die Deutsche Börse Systems AG (früher: Deutsche Wertpapierdaten-Zentrale GmbH). Dagegen gehört dazu nicht die dingliche Abwicklung durch Clearstream Banking AG, Frankfurt (ehemals Deutsche Börse Clearing AG, davor: Deutsche Kassenverein AG);[27] für die Überwachung der dinglichen Abwicklung ist die staatliche Depotprüfung zuständig.[28]

12 Die Überwachung der Ordnungsmäßigkeit bedeutet dabei zum einen Kontrolle, dass die jeweiligen Börsenordnungen, die Geschäftsbedingungen und Usancen für den Börsenhandel sowie die für die Börse getroffenen Anordnungen, d.h. vor allem Verwaltungsakte, eingehalten werden.[29] Die Marktaufsicht geht aber hierüber hinaus, indem sie auch eine Kontrolle der **ordnungsgemäßen Preisbildung** enthält.[30] Die Marktaufsicht soll sicherstellen, dass die Bildung von marktgerechten Preisen in einem fairen

---

[24] Kritisch *Claussen,* DB 1994, 969, 971 f.

[25] RegBegr. Finanzmarktrichtlinie-Umsetzungsgesetz, BT-Drs. 16/4028, S. 77.

[26] Seit August 2000 ist das Computersystem BOSS und BÖGA in XONTRO umbenannt worden (BOSS/CUBE = XONTRO-Order, BÖGA = XONTRO-Abwicklung). XONTRO-Order dient zur Auftragsübermittlung und zur Preisfeststellung indem die Aufträge der Marktteilnehmer in elektronischer Form in die Auftragsbücher (Skontren) der preisfeststellenden Skontroführer übermittelt werden. Außerdem leitet XONTRO-Order die Aufträge direkt an XONTRO-Abwicklung weiter. XONTRO-Abwicklung dient der Verarbeitung der Geschäfte und erzeugt die Schlussnote im Parketthandel bzw. die Geschäftsbestätigung im Xetra-Handel, welche die Grundlage für die Dokumentation der Wertpapiergeschäfte der Handelsteilnehmer darstellt. Die dingliche Erfüllung der Geschäfte erfolgt über Clearstream Banking AG (ehemals Deutsche Börse Clearing AG).

[27] RegBegr. zum Zweiten Finanzmarktförderungsgesetz, BT-Drs. 12/6679, S. 33, 59.

[28] Kritisch *Beck,* in: Schwark/Zimmer, § 3 BörsG Rnrn. 10ff., differenzierende Betrachtung zum Clearing an der Eurex dort Rn. 12..

[29] *Beck,* in: Schwark/Zimmer, § 3 BörsG Rn. 7.

[30] Beschlussempfehlung und Bericht des Finanzausschusses des deutschen Bundestages, BT-Drs. 12/7918, S. 171.

Wettbewerb der Marktteilnehmer nicht verletzt oder konkret gefährdet wird.[31]

Die der Börsenaufsicht in § 9 Abs. 1 besonders zugewiesene Aufgabe, auf **13** die Einhaltung der Vorschriften des **Gesetzes gegen Wettbewerbsbeschränkungen,** insbesondere hinsichtlich des Zugangs zu den Handels-, Informations- und Abwicklungssystemen hinzuwirken, soll die Marktposition der Skontroführer, der Regionalbörsen und kleinerer Unternehmen schützen. Es ging dem Gesetzgeber darum, „möglichen Tendenzen zur Konzentration oder gar Oligopolisierung des Wertpapierhandels und bestimmter Handelssysteme und einer Monopolisierung im Bereich der Börsen-EDV entgegenzuwirken".[32] Der Börsenaufsichtsbehörde wird damit eine **kartellrechtliche Missbrauchskontrolle** eröffnet, ohne ihr allerdings die speziellen kartellrechtlichen Eingriffsbefugnisse des GWB zuzuweisen. Stellt die Börsenaufsichtsbehörde Umstände fest, die nach ihrer Ansicht einen Verstoß gegen Wettbewerbsvorschriften darstellen, unterrichtet sie die zuständige Kartellbehörde.[33]

3. Befugnisse

Die Befugnisse der Börsenaufsichtsbehörde sind neben der „**Generalklau-** **14** **sel**" in § 3 an verschiedenen Stellen des Gesetzes niedergelegt: z.B. § 7 bezüglich der **Handelsüberwachungsstelle,** § 16 Abs. 3 bzw. § 17 Abs. 2 bezüglich der **Börsenordnung** und der **Gebührenordnung** und § 20 Abs. 4 Satz 6 hinsichtlich der **Skontroführer.** Die Befugnisse reichen von **Recht, Auskünfte** und **Unterlagen** zu verlangen, **Prüfung** auch vor Ort, d.h. in den Geschäftsräumen der Handelsteilnehmer – nach der Legaldefinition in § 3 Abs. 4 Satz 1 die nach § 19 zur Teilnahme am Börsenhandel zugelassenen Unternehmen, Börsenhändler und die Skontroführer und die skontroführenden Personen – vorzunehmen, über das Recht, konkrete **Anordnungen,** d.h. **Verwaltungsakte,**[34] gegenüber der Börse, dem Börsenträger[35] und den Handelsteilnehmern zu erlassen, bis hin zum Erlass von **Bußgeldbescheiden** nach § 50. Die in § 3 Abs. 2 Satz 2 enthaltene Pflicht der Börsenorgane, die Börsenaufsichtsbehörde bei der Erfüllung ihrer Aufgaben zu unterstützen, findet u.a. in den speziell angeordneten **Berichtspflichten** der Handelsüberwachungsstelle und der Geschäftsführung der Börse nach § 7 Abs. 2 Satz 1, Abs. 5, § 20 Abs. 4 Satz 6 ihre Ausprägung.[36]

---

[31] Ausführlicher hierzu *Beck,* in: Schwark/Zimmer, § 3 BörsG Rn. 16.

[32] RegBegr. zum Zweiten Finanzmarktförderungsgesetz, BT-Drs. 12/6679, S. 33, 61.

[33] Vgl. im Einzelnen *Ledermann,* in: Schäfer/Hamann, KMG, § 6 BörsG Rn. 3ff.

[34] Vgl. RegBegr. zum Zweiten Finanzmarktförderungsgesetz, BT-Drs. 12/6679, S. 33, 60.

[35] Die entsprechende Erweiterung erfolgte durch das Gesetz zur Umsetzung der Richtlinie 2010/73/EU und zur Änderung des Börsengesetzes, BGBl. I 2012, 1375.

[36] RegBegr. zum Zweiten Finanzmarktförderungsgesetz, BT-Drs. 12/6679, S. 33, 59.

15   Bereits im **Begleitgesetz**[37] wurden die Befugnisse der Börsenaufsichtsbehörde und der Handelsüberwachungsstelle erweitert. Durch das **Dritte Finanzmarktförderungsgesetz**[38] wurden die Befugnisse der Börsenaufsichtsbehörde und der Handelsüberwachungsstelle nochmals gestärkt und diese Vorschriften neu gefasst. Nach dieser Änderung, jetzt § 3 Abs. 4 Satz 4, kann die Aufsicht von den Handelsteilnehmern die **Angabe der Identität der Auftraggeber** und der aus den getätigten Geschäften berechtigten oder verpflichteten Personen verlangen, falls Anhaltspunkte für Missstände vorliegen, welche die ordnungsgemäße Durchführung des Handels und der Abwicklung beeinträchtigen können. Unerheblich ist danach, ob der Auftraggeber selbst Handelsteilnehmer ist.[39] Diese Befugnisse sind deshalb erforderlich, weil sich erst bei Kenntnis der Börsenaufsichtsbehörde von den Auftraggebern oder Handelsteilnehmern weitere konkrete Anhaltspunkte für einen Verstoß gegen börsenrechtliche Vorschriften oder Anordnungen ergeben können. Das **Vierte Finanzmarktförderungsgesetz** hat die Kompetenzen der Börsenaufsichtsbehörde **nochmals gestärkt.** Dies gilt zum einen zunächst in eher formalem Sinne durch die Einfügung des neuen Satz 2 in § 3 Abs. 2, durch den die Befugnisse der Börsenaufsichtsbehörde dahingehend erweitert werden, dass sie die Übermittlung der Auskünfte und Unterlagen auf automatisiert verarbeitbaren Datenträgern verlangen kann. Diese Regelung soll eine schnelle und kostengünstige Auswertung von Informationen ermöglichen. Bis zu dieser Neuregelung war die Aufsichtsbehörde hierzu auf die Kooperation der Auskunftspflichtigen angewiesen, weil die Vorlage der Unterlagen in Papierform den rechtlichen Anforderungen genügte.[40] Dies gilt aber auch materiell und zwar in zweierlei Hinsicht: In § 3 Abs. 4 Satz 1 wurden zusätzlich zu den dort legal definierten Handelsteilnehmern auch die „Emittenten der zum amtlichen oder geregelten Markt zugelassenen Wertpapiere" als Adressaten von Maßnahmen der Börsenaufsichtsbehörde eingefügt.[41] Zum anderen wurde der Börsenaufsichtsbehörde in § 3 Abs. 4 Satz 4 die Möglichkeit eröffnet, Bestandsveränderungen von Handelsteilnehmern in börsengehandelten Wertpapieren und Derivaten bei Wertpapiersammelbanken und Clearingstellen abzufragen. Damit kann die Börsenaufsichtsbehörde die ihr entsprechend § 3 Abs. 4 Satz 1 bis 3 übermittelten Angaben überprüfen.[42]

16   Das Finanzmarktrichtlinie-Umsetzungsgesetz hat die Befugnisse der Börsenaufsichtsbehörde nochmals erweitert. Zum Einen richtet sich die Auf-

---

[37] Begleitgesetz zum Gesetz zur Umsetzung von EG-Richtlinien zur Harmonisierung bank- und wertpapieraufsichtsrechtlicher Vorschriften, BGBl. I 1997, 2567.

[38] Gesetz zur weiteren Fortentwicklung des Finanzplatzes Deutschland (Drittes Finanzmarktförderungsgesetz), BGBl. I 1998, 529. Ausdrücklich dieser Erweiterung der Befugnisse zustimmend *Hopt,* FS Drobnig, 525, 542.

[39] Kritisch dazu *Beck,* in: Schwark/Zimmer, § 3 BörsG Rn. 42.

[40] Stellungnahme des Bundesrates zum Entwurf eines Vierten Finanzmarktförderungsgesetzes, BT-Drs. 14/8017, S. 146, 147.

[41] Vgl. hierzu bereits oben § 3 BörsG Rn. 5.

[42] RegBegr. zum Vierten Finanzmarktförderungsgesetz, BT-Drs. 14/8017, S. 72, 72; die erweiterten Befugnisse stehen nach § 4 Abs. 3 auch der Handelsüberwachungsstelle zu.

sichts- und damit auch die Eingriffsbefugnis nunmehr auch ausdrücklich an den Träger der Börse, da dieser in § 3 Abs. 1 Satz 2 jetzt genannt ist. Zum Anderen richtet sich in Umsetzung von Artikel 50 Abs. 2 Buchstabe a und b Finanzmarktrichtlinie das Auskunftsrecht und das Recht, die Vorlage von Unterlagen zu verlangen, nunmehr gegen „jedermann". Diese umfassende generelle Befugnis des § 3 Abs. 4 Satz 3 tritt neben die besonderen Untersuchungsbefugnisse nach § 3 Abs. 4 Satz 2, die auch ohne besonderen Anlass, jedoch nur gegenüber bestimmten Adressaten besteht. Dabei erfasst die Befugnis des § 3 Abs. 4 Satz 3 auch die bisherigen in § 2 Abs. 1 Satz 3 bis 5 BörsG a. F., jetzt § 3 Abs. 4 Satz 4 Nr. 1–3, enthaltenen Befugnisse, was durch die Formulierung „kann in diesen Fällen insbesondere" deutlich wird.[43] Darüber hinaus wurde in § 3 Abs. 4 Satz 4 eine neue Nummer 4 eingefügt, die in Umsetzung von Artikel 50 Abs. 2 Buchstabe d der Finanzmarktrichtlinie das Recht der Börsenaufsichtsbehörde regelt, die Vorlage von bereits existierenden Aufzeichnungen von Telefongesprächen und Datenübermittlungen zu verlangen.

Mit diesen Befugnissen ist die Börsenaufsichtsbehörde umfassend mit solchen Kompetenzen ausgestattet, die nicht nur eine Überwachung der Börse und der Handelsteilnehmer ermöglicht, sondern auch geeignet sind, präventiv Missständen vorzubeugen und regulativ vorhandene Missstände zu beseitigen.[44]   **17**

§ 3 Abs. 5 Satz 1 entspricht § 18 Abs. 1 BörsG a. F. Er enthält die besondere Befugnis der Börsenaufsichtsbehörde, zur **Aufrechterhaltung der Ordnung** und des **Geschäftsverkehrs** an der Börse − auch der Computerbörse − Anordnungen zuzulassen. Diese Befugnis bezieht sich auf das **äußere Verhalten der Börsenteilnehmer** und ist von der **Rechts-** und **Marktaufsicht** nach § 3 Abs. 1 zu **unterscheiden.** § 3 Abs. 5 Sätze 2 und 3 setzen verschiedene Bestimmungen der Finanzmarktrichtlinie um, Satz 2 Artikel 51 Abs. 1 Satz 1 Finanzmarktrichtlinie, Satz 3 Nr. 1 Artikel 50 Abs. 2 Buchstabe j und k Finanzmarktrichtlinie und Satz 3 Nr. 2 Artikel 46 Abs. 2 Halbs. 1 der Finanzmarktrichtlinie und Satz 3 Nr. 3 Artikel 46 Abs. 2 Halbs. 2 und Artikel 34 Abs. 2 Unterabs. 1 Buchstabe b Finanzmarktrichtlinie. Hierdurch werden die einzelnen Befugnisse der Börsenaufsichtsbehörde nochmals einerseits sehr detailliert, anderseits aber auch sehr umfassend dargestellt. Der Grundsatz ist in § 3 Abs. 5 Satz 2 in Umsetzung von Artikel 41 Abs. 1 Satz 1 Finanzmarktrichtlinie geregelt und bestimmt, dass die Börsenaufsichtsbehörde mit allen für die Wahrnehmung ihrer Aufgaben erforderlichen Befugnisse ausgestattet sein muss. Hierzu gehört auch die Berechtigung, jede zur Durchsetzung der Bestimmungen gebotene Maßnahme zu erlassen sowie andererseits die Verpflichtung, auf Rechtsverstöße mit wirksamen, verhältnismäßigen „und abschreckenden Verwaltungsmaßnahmen"[45] zu reagieren. Die speziellen Befugnisse sind in § 3 Abs. 5 Satz 3 in den Nummern 1–3 geregelt und um-   **18**

---

[43] RegBegr. zum Finanzmarktrichtlinie-Umsetzungsgesetz, BT-Drs. 16/4028, S. 77.

[44] So bereits die RegBegr. zum Zweiten Finanzmarktförderungsgesetz BT-Drs. 12/6679, S. 33, S. 60.

[45] RegBegr. zum Finanzmarktrichtlinie-Umsetzungsgesetz, BT-Drs. 16/4028, S. 78.

fassen neben der Aussetzung oder Einstellung des Börsenhandels über die Untersagung der Nutzung eines zentralen Kontrahenten, Clearingsystems oder börslichen Abwicklungssystems auch die Nutzung eines externen Abwicklungssystems.

4. Übertragung von Aufgaben und Befugnissen

19   § 3 Abs. 7 entspricht § 5 Abs. 1 BörsG a. F. Er soll nach der Regierungsbegründung zum Zweiten Finanzmarktförderungsgesetz die Möglichkeiten für eine größere organisatorische Flexibilität der Börsenaufsichtsbehörden eröffnen.[46] Zulässig ist demnach sowohl eine Übertragung der Aufgaben der Börsenaufsichtsbehörde auf eine Behörde desselben Landes als auch „mit Blick auf die Situation kleinerer regionaler Börsenplätze" die Zusammenarbeit von Börsenaufsichtsbehörden verschiedener Länder und sogar die „Übertragung von Aufgaben auf die Börsenaufsichtsbehörde eines anderen Landes".[47] Diese sehr umfassende Flexibilität spricht dafür, dass eine volle Übertragung von Aufgaben und Befugnissen auf eine andere Behörde desselben Bundeslandes aber auch eines anderen Bundeslandes ermöglicht wird.[48]

5. Unterstützung durch Dritte

20   § 3 Abs. 8 entspricht § 5 Abs. 2 BörsG a. F. und ermöglicht es, dass die Börsenaufsichtsbehörde sich bei der Durchführung ihrer Aufgaben anderer Personen und Einrichtungen bedient. Die Regierungsbegründung zum Zweiten Finanzmarktförderungsgesetz spricht hier von Wirtschaftsprüfern und EDV-Fachleuten, d. h. dritten Einrichtungen Privater. Denkbar ist aber auch die Einschaltung anderer Behörden, z. B. der BaFin. Soweit es um die Einschaltung der Handelsüberwachungsstelle durch die Börsenaufsichtsbehörde geht, sind § 3 Abs. 2 Satz 2 und § 7 Abs. 1 Satz 3 die spezielleren Vorschriften gegenüber § 3 Abs. 8.[49]

IV. Rechtsmittel

1. Rechtsmittel

21   § 3 Abs. 9 entspricht § 2 Abs. 4 BörsG a. F. Danach haben **Widerspruch** und **Anfechtungsklage** gegen die nach § 3 Abs. 4 und 5 getroffenen Maßnahmen der Börsenaufsichtsbehörde keine aufschiebende Wirkung. Dies beruht auf der durch die besondere Schnelligkeit des Börsengeschehens bedingten **Eilbedürftigkeit** dieser Maßnahmen.

22   **§ 3 Abs. 9 erfasst** aber, anders als bis zum Finanzmarktrichtlinie-Umsetzungsgesetz, neben den Maßnahmen nach § 3 Abs. 4 auch die Anordnungen, d. h. Verwaltungsakte der Börsenaufsichtsbehörden im Rahmen der **Missstands- und Missbrauchsaufsicht nach § 3 Abs. 5.** Die bis zum Finanz-

---

[46] Begr. Reg.Entw. BT-Drs. 12/6679, S. 61.
[47] Begr. Reg.Entw. BT-Drs. 12/6679, S. 61.
[48] Ausführlich *Beck,* in: Schwark/Zimmer, § 3 BörsG Rn. 67.
[49] *Beck,* in: Schwark/Zimmer, § 3 BörsG Rn. 71.

marktrichtlinie-Umsetzungsgesetz geltende Ansicht des Gesetzgebers des Zweiten Finanzmarktförderungsgesetzes, für die Maßnahme nach § 2 Abs. 2 BörsG a. F. (jetzt § 3 Abs. 5) fehle die **Eilbedürftigkeit,** so dass keine Regelung zum **sofortigen Vollzug** erforderlich erschien,[50] wurde, allerdings ohne nähere Begründung,[51] aufgehoben.

Dagegen ist bei bestimmten Maßnahmen der **Handelsüberwachungs-** **stelle,** § 7 Abs. 3 i. V. m. § 3 Abs. 4 Sätze 1–5, und der **Börsengeschäfts-** **führung,** § 7 Abs. 5 Satz 2, **regelmäßig die Eilbedürftigkeit** gegeben, so dass § 3 Abs. 9 und der dort angeordnete Sofortvollzug jeweils für anwendbar erklärt werden.　23

2. Staatshaftung

Die Regelung in § 3 Abs. 3, dass die **Börsenaufsichtsbehörde** die ihr zugewiesenen Aufgaben und Befugnisse **nur im öffentlichen Interesse** wahrnimmt, war im Gesetzgebungsverfahren zum Zweiten Finanzmarktförderungsgesetz inhaltlich nicht umstritten,[52] allerdings hielt die Bundesregierung eine entsprechende Regelung für überflüssig.[53] Auf Vorschlag des Finanzausschusses wurde sie dennoch aufgenommen. Die Börsenaufsicht bezweckt den **Schutz des Anlegerpublikums** in seinem Vertrauen auf **Fairness** und **Chancengleichheit** an den Börsen und erfolgt somit im Interesse der **Funktionsfähigkeit der Wertpapiermärkte;** der **Schutz des einzelnen Anlegers** ist dabei bloßer **Rechtsreflex.**[54] Bedeutung erlangt diese verfassungs- und europarechtlich nicht unbedenkliche[55] angebliche Klarstellung im Hinblick darauf, dass Schadensersatzansprüche von Anlegern aus **Amtspflichtverletzung** wegen Verletzung der Aufsichtspflicht regelmäßig ausscheiden.[56] Dagegen lässt diese angebliche Klarstellung die Pflicht der Börsenaufsichtsbehörden zu rechtmäßigem Verhalten gegenüber den zu beauf-　24

---

[50] RegBegr. zum Zweiten Finanzmarktförderungsgesetz, BT-Drs. 12/6679, S. 33, S. 60.

[51] RegBegr. Finanzmarktrichtlinie-Umsetzungsgesetz, BT-Drs. 16/4028, S. 79.

[52] Bundesrat und Bundesregierung gingen übereinstimmend davon aus, dass bereits nach bisherigem Recht die Börsenaufsicht allein im öffentlichen Interesse wahrgenommen wird, vgl. Beschlussempfehlung und Bericht des Finanzausschusses des deutschen Bundestages, BT-Drs. 12/7918, S. 220 „Durch die Aufsicht wird den Belangen der Anleger in ihrer Gesamtheit Rechnung getragen. Der Schutz des einzelnen Anlegers ist bloße Reflexwirkung." Das entspricht auch der h. M., vgl. nur *Hopt,* § 3 BörsG Rn. 5.

[53] So ausdrücklich die Gegenäußerung der Bundesregierung zur Stellungnahme des Bundesrates, Nr. 8 der Anlage 3 zur BT-Drs. 12/6679, S. 101, 102.

[54] *Beck,* in: Schwark/Zimmer, § 3 BörsG Rn. 23; *Foelsch,* in: BuB Rn. 7/650.

[55] Ausführliche Nachw. zu dieser Thematik bei *Hopt,* BankGeschäfte, Rn. A/5; der EuGH hat die im früheren § 6 Abs. 4 KWG enthaltene vergleichbare Regelung für europarechtlich unbedenklich erklärt, EuGH, Urteil v. 12. 10. 2004 – Rs. C-222/02, ZIP 2004, 2039, der BGH hat einen Verstoß des früheren § 6 Abs. 4 KWG (jetzt § 4 Abs. 4 FinDAG) gegen das GG verneint, BGH, Urteil v. 20. 1. 2005 – III ZR 48/01, ZIP 2005, 287, 291 f.

[56] *Beck,* in: Schwark/Zimmer, § 3 Rn. 23; *Hopt,* § 3 BörsG Rn. 5.

sichtigenden Personen und Unternehmen unberührt; bei schuldhafter Verletzung der Amtspflichten diesen gegenüber gelten die allgemeinen Grundsätze.[57]

§ 4. Erlaubnis

(1) Die Errichtung einer Börse bedarf der schriftlichen Erlaubnis der Börsenaufsichtsbehörde.

(2) [1] Der Antrag auf Erteilung der Erlaubnis ist schriftlich bei der Börsenaufsichtsbehörde zu stellen. [2] Er muss enthalten:

1. einen geeigneten Nachweis der nach § 5 Abs. 5 zum Börsenbetrieb erforderlichen Mittel,
2. die Namen der Geschäftsleiter des Trägers der Börse sowie Angaben, die für die Beurteilung der Zuverlässigkeit und der fachlichen Eignung dieser Personen erforderlich sind,
3. einen Geschäftsplan, aus dem die Art der geplanten Geschäfte und der organisatorische Aufbau und die geplanten internen Kontrollverfahren des Trägers der Börse hervorgehen, sowie das Regelwerk der Börse,
4. die Angabe der Eigentümerstruktur des Trägers der Börse, insbesondere die Inhaber bedeutender Beteiligungen im Sinne des § 6 Abs. 6 und deren Beteiligungshöhe, und
5. die Angaben, die für die Beurteilung der Zuverlässigkeit der Inhaber bedeutender Beteiligungen erforderlich sind; ist der Inhaber einer bedeutenden Beteiligung eine juristische Person oder Personenhandelsgesellschaft, sind die für die Beurteilung der Zuverlässigkeit seiner gesetzlichen oder satzungsmäßigen Vertreter oder persönlich haftenden Gesellschafter wesentlichen Tatsachen anzugeben.

[3] Die Börsenaufsichtsbehörde kann zusätzliche Angaben verlangen, soweit diese erforderlich sind, um zu prüfen, ob der Antragsteller die Einhaltung der Vorschriften dieses Gesetzes gewährleistet. [4] Handelt es sich bei den Geschäftsleitern des Trägers der Börse um solche eines organisierten Marktes, kann der Antragsteller hinsichtlich dieser Personen von den Angaben nach Satz 2 Nr. 2 und 5 absehen.

(3) Die Erlaubnis ist insbesondere zu versagen, wenn

1. der Nachweis der zum Börsenbetrieb erforderlichen Mittel nicht erbracht wird,
2. Tatsachen vorliegen, aus denen sich ergibt, dass eine der in Absatz 2 Satz 2 Nr. 2 genannten Personen nicht zuverlässig oder nicht fachlich geeignet ist,
3. Tatsachen die Annahme rechtfertigen, dass der Inhaber einer bedeutenden Beteiligung oder, wenn er eine juristische Person ist, auch ein gesetzlicher oder satzungsmäßiger Vertreter, oder, wenn er eine Per-

---

[57] *Beck*, in: Schwark/Zimmer, § 3 BörsG Rn. 23 und *Foelsch*, in: BuB Rn. 7/651 jeweils unter Hinweis auf den Bericht des Finanzausschusses zum Zweiten Finanzmarktförderungsgesetz, BT-Drs. 12/7918, S. 220.

sonenhandelsgesellschaft ist, auch ein Gesellschafter, nicht zuverlässig ist oder aus anderen Gründen nicht den im Interesse einer soliden und umsichtigen Führung des Trägers einer Börse zu stellenden Ansprüchen genügt; dies gilt im Zweifel auch dann, wenn Tatsachen die Annahme rechtfertigen, dass er die von ihm aufgebrachten Mittel durch eine Handlung erbracht hat, die objektiv einen Straftatbestand erfüllt, oder

4. sich aus den vom Antragsteller vorgelegten Unterlagen ernstliche Zweifel an seiner Fähigkeit ergeben, die sich aus diesem Gesetz ergebenden Anforderungen an den Betrieb der Börse zu erfüllen.

(4) Die Erlaubnis erlischt, wenn von ihr nicht innerhalb eines Jahres seit ihrer Erteilung Gebrauch gemacht wird.

(5) [1] Die Börsenaufsichtsbehörde kann die Erlaubnis außer nach den Vorschriften der Verwaltungsverfahrensgesetze der Länder aufheben, wenn

1. der Börsenbetrieb, auf den sich die Erlaubnis bezieht, seit mehr als sechs Monaten nicht mehr ausgeübt worden ist,
2. ihr Tatsachen bekannt werden, welche die Versagung der Erlaubnis nach Absatz 3 rechtfertigen würden, oder
3. die Börse oder der Träger der Börse nachhaltig gegen Bestimmungen dieses Gesetzes oder die zur Durchführung dieser Gesetze erlassenen Verordnungen oder Anordnungen verstoßen hat.

[2] Die den § 48 Abs. 4 Satz 1 und § 49 Abs. 2 Satz 2 des Verwaltungsverfahrensgesetzes entsprechenden Regelungen der Landesgesetze sind nicht anzuwenden.

(6) [1] Die Landesregierungen werden ermächtigt, Art, Umfang, Zeitpunkt und Form der nach Absatz 2 zu machenden Angaben und vorzulegenden Unterlagen durch Rechtsverordnung näher zu bestimmen. [2] Die Landesregierung kann die Ermächtigung durch Rechtsverordnung auf die Börsenaufsichtsbehörde übertragen.

(7) Der Börsenträger hat der Börsenaufsichtsbehörde einen Wechsel bei den Personen der Geschäftsleitung sowie wesentliche Änderungen hinsichtlich der nach Absatz 2 Satz 2 Nr. 1 bis 5 gemachten Angaben unverzüglich anzuzeigen. Absatz 2 Satz 3 und 4 gilt entsprechend.

Übersicht

I. Einleitung

1   Zwar enthielt das Börsengesetz in § 1 Abs. 1 Satz 1 BörsG a. F. auch vor
dem Finanzmarktrichtlinie-Umsetzungsgesetz bereits eine § 4 Abs.
1 entspre-
chende Regelung, nach der die Errichtung einer Börse der Genehmigung
durch die Börsenaufsichtsbehörde bedurfte. Die Voraussetzungen für die Erteilung der Genehmigung waren jedoch im Börsengesetz anders als in anderen Gesetzen nicht geregelt.[1] Vielmehr ergaben sich diese Voraussetzungen
aus der Auslegung des Börsengesetzes, dem öffentlichen Auftrag der Börse,
dem Charakter der Börse und der Rechts- und Pflichtenstellung des Trägers
der Börse.[2] Da Artikel 36 Abs. 1 Finanzmarktrichtlinie verlangt, dass die Mitgliedsstaaten „nur diejenigen Systeme als geregelten Markt (zulassen), die den
Bestimmungen" des Titel III. der Finanzmarktrichtlinie genügen, waren die
entsprechenden Genehmigungsvoraussetzungen in Umsetzung der Finanzmarktrichtlinie in das Börsengesetz aufzunehmen.[3]

2   § 4 Abs. 1 entspricht § 1 Abs. 1 Satz 1 BörsG a. F. § 4 Abs. 2 Nr. 1 beruht
auf Artikel 39 Buchstabe f, Nr. 2 auf Artikel 37 Abs. 1 Unterabs. 1 sowie Arti-
kel 38 Abs. 1, Nr. 3 auf Artikel 36 Abs. 1 Unterabs. 4, Nr. 4 und 5 auf Arti-
kel 38 Abs. 1 und § 4 Abs. 2 Satz 3 auf Artikel 37 Abs. 2 der Finanzmarktrichtlinie. § 4 Abs. 3 setzt Artikel 36 Abs. 1 der Finanzmarktrichtlinie um, § 4
Abs. 4 entspricht Artikel 36 Abs. 5 Buchstabe a, Abs. 5 Artikel 36 Abs. 5
Buchstabe c, d und e der Finanzmarktrichtlinie. Artikel 36 Abs. 5 Buchstabe b
der Finanzmarktrichtlinie, welche den Entzug der Zulassung durch die zuständige Behörde in den Fällen, in denen die Zulassung durch Täuschung oder
rechtswidriges Verhalten erlangt wurde, ermöglicht, ist aufgrund der Anwendbarkeit der Regelungen über Widerruf und Rücknahme von Verwaltungsakten nach den Verwaltungsverfahrensgesetzen der Länder gewährleistet.[4]

II. Erlaubnis der Börse

1. Rechtsnatur

3   Nach § 4 Abs. 1 bedarf die Errichtung einer Börse[5] der **schriftlichen Erlaubnis** der zuständigen **obersten Landesbehörde (Börsenaufsichtsbe-**

---

[1] *Kümpel/Hammen,* WM-Sonderbeilage Nr. 3/2000, 3, 10; *Schneider/Burgard,* WM-
Sonderbeilage Nr. 3/2000, 24, 28, 41 f.
[2] Ausführlich auch zum Folgenden *Schneider/Burgard,* WM-Sonderbeilage Nr. 3/
2000, 24, 28 ff.
[3] RegBegr. zum Finanzmarktrichtlinie-Umsetzungsgesetz, BT-Drs. 16/4028, S. 80.
[4] Vgl. zu vorstehendem insgesamt nur RegBegr. Finanzmarktrichtlinie-Umsetzungsgesetz, BT-Drs. 16/4028, S. 80 f.
[5] Zur Begriffsbestimmung vgl. oben § 2 Rn. 2–7, zur Rechtsnatur der Börse ebd.
Rn. 15.

hörde). § 4 Abs. 1 soll nach der Regierungsbegründung zum Finanzmarkt-richtlinie-Umsetzungsgesetz anders als bis zur Änderung durch das Finanz-marktrichtlinie-Umsetzungsgesetz kein **Verbot mit Erlaubnisvorbehalt** mehr darstellen.[6] Das wird damit begründet, dass die in § 2 Abs. 1 enthaltene Definition der Börse nicht nur materielle, sondern mit der Beschreibung der Rechtsnatur der Börse als Anstalt öffentlichen Rechts auch formelle Aspekte enthalte. Der Betrieb einer nicht als Börse genehmigten multilateralen Handelsplattform, die definitionsgemäß abgesehen von der Rechtsform materiell der Börse entspreche,[7] sei demnach nicht als Verstoß gegen börsenrechtliche Vorschriften, sondern nach bankaufsichtsrechtlichen Grundsätzen zu verfolgen.[8] Das letztgenannte Argument überzeugt nicht, da im Kredit- bzw. Finanzdienstleistungswesen ein präventiver Erlaubnisvorbehalt, § 32 Abs. 1 KWG, gilt, d. h. formal ist eine bestimmte Tätigkeit verboten, und erst nach Einholung einer behördlichen Erlaubnis zulässig. Das war für die Börsengenehmigung nicht anders. Was daran das neu eingefügte Rechtsformerfordernis geändert haben soll, ist nicht ersichtlich, zumal auch bisher die Börse nach weitaus überwiegender Ansicht als Anstalt öffentlichen Rechts angesehen wurde.[9] Andererseits ist nicht zu verkennen, dass die Genehmigung Teil des Organisationsaktes der Errichtung der Börse als teilrechtsfähiger Anstalt öffentlichen Rechts ist. Durch sie wird das multilaterale Handelssystem erst zur Anstalt öffentlichen Rechts, durch sie wird der Anstaltsträger Beliehener, er wird in die Position versetzt, als Privatrechtssubjekt an der Erfüllung einer Staatsaufgabe und der Ausübung von Staatsgewalt teilzuhaben und ihm werden in gewissem Umfang öffentlich-rechtliche Befugnisse übertragen.[10] Außerdem: Ein Verbot mit Erlaubnisvorbehalt nicht genehmigter Börsenzusammenkünfte existiert nicht (mehr), da ein System, das materiell eine Börse darstellt, ohne formal als Börse genehmigt zu sein, nicht per se verboten ist, sondern nach dem Wertpapierhandelsgesetz beurteilt werden muss, ob der Betreiber des multilateralen Systems die hierfür erforderlichen Erlaubnisse hat.[11] Hat er sie nicht, dann muss die BaFin einschreiten, nicht etwa die Ordnungsbehörden der jeweiligen Länder.

Insofern muss man einer doppelten Rechtsfolge (nicht Doppelnatur[12]) der **4** Genehmigung ausgehen: Die Genehmigung ist **begünstigender Verwaltungsakt,** der zur Errichtung und zum Betrieb der Börse als nicht rechtsfähiger Anstalt öffentlichen Rechts ermächtigt.[13] Die Genehmigung bedeutet aber darüber hinaus Delegation staatlicher Organisationsgewalt.[14] Sie hat, wie

---

[6] RegBegr Finanzmarktrichtlinie-Umsetzungsgesetz, BT-Drs. 16/4028, S. 80.
[7] Siehe dazu bereits oben § 2 BörsG Rn. 7.
[8] RegBegr. zum Finanzmarktrichtlinie-Umsetzungsgesetz, BT-Drs. 16/4028, S. 80.
[9] Vgl. bereits oben Vorbemerkungen BörsG Rn. 26.
[10] *Burgi*, WM 2009, 2337, 2342; *Beck,* in: Schwark/Zimmer, § 4 BörsG Rn. 6.
[11] *Seiffert*, in: Kümpel/Wittig, Bank- und Kapitalmarktrecht, Rn. 4.57, zu den Voraussetzungen für die Erlaubniserteilung Rnrn. 4.58 ff.
[12] So aber *Beck*, in: Schwark/Zimmer, § 4 BörsG Rn. 5.
[13] *Beck,* in: Schwark/Zimmer, § 4 BörsG Rn. 5.
[14] *Beck,* in: Schwark/Zimmer, § 4 BörsG Rn. 6; *Burgi*, WM 2009, 2337, 2342.

die Regierungsbegründung zum Vierten Finanzmarktförderungsgesetz ausdrücklich feststellt, eine doppelte Rechtsfolge. Zum Einen ist sie „Teil der Errichtung der Börse als unselbstständige öffentlich-rechtliche Anstalt", zum Anderen „ist der Träger mit der Erteilung der Genehmigung durch die Börsenaufsichtsbehörde zur Errichtung und zum Betrieb der Börse berechtigt und verpflichtet, die genehmigte Börse als Veranstaltung künftig zu betreiben und zu erhalten."[15] **Antragsteller, Rechtsinhaber** und **Adressat der Genehmigung** ist nicht die Börse selbst, sondern deren **Träger.**[16]

2. Erlaubnisvoraussetzungen

5   **a) Voraussetzungen für die Erteilung der Erlaubnis.** Die Voraussetzungen für die Erteilung der Erlaubnis sind den durch das Finanzmarktrichtlinie-Umsetzungsgesetz in Umsetzung von Art. 36 Abs. 1 Finanzmarktrichtlinie neu eingefügten § 4 Abs. 2 und a. e. c. § 4 Abs. 3 zu entnehmen.[17]

6   Ob auch ausländische Gesellschaften als Träger diese Voraussetzungen erfüllen, wurde anlässlich des gescheiterten Fusionsvorhabens zwischen der Deutsche Börse AG und der London Stock Exchange kontrovers diskutiert.[18] Diese Frage ist auch jenseits europarechtlicher Vorgaben so falsch gestellt, wie sich auch aus § 4 Abs. 2 Nr. 4 i.V. m. § 6 BörsG ergibt. Nicht die Nationalität des Trägers der Börse ist entscheidend, sondern, ob er Gewähr für die Erfüllung und spätere Einhaltung der Erlaubnisvoraussetzungen bietet.

7   **b) Kein Anspruch auf Erteilung der Erlaubnis.** Die Erlaubnis ist mitwirkungsbedürftiger, begünstigender Verwaltungsakt i. S. von § 35 VwVerfG. Da die Errichtung öffentlicher Anstalten in die Organisationsgewalt der Genehmigungsbehörde fällt, hat der Antragsteller, der Träger der Börse, nicht etwa die Börse selbst, grundsätzlich keinen Anspruch auf Erteilung der somit im Ermessen der obersten Landesbehörde als Börsenaufsichtsbehörde stehenden Genehmigung.[19] Darin liegt auch kein Verstoß gegen Art. 12 GG.[20] Es besteht nur ein, auch verwaltungsgerichtlich durchsetzbarer Anspruch auf fehlerfreie Ermessensausübung.[21]

3. Rechtsfolgen der Erlaubnis

8   Die sich aus der Erlaubnis ergebenden besonderen Rechtsfolgen sind seit dem Finanzmarktrichtlinie-Umsetzungsgesetz umfassend in § 5 geregelt. Auf

---

[15] RegBegr. zum Vierten Finanzmarktförderungsgesetz, BT-Drs. 14/8017, S. 72, 72.

[16] *Beck,* in: Schwark/Zimmer, § 4 BörsG Rn. 6; *Schneider/Burgard,* WM-Sonderbeilage Nr. 3/2000, 24, 26.

[17] Im Einzelnen zu den Erlaubnisvoraussetzungen *Beck,* in: Schwark/Zimmer, § 3 BörsG Rnrn. 13 ff.

[18] *Schneider/Burgard,* WM-Sonderbeilage Nr. 3/2000, 24, 33; *Kümpel/Hammen,* WM-Sonderbeilage Nr. 3/2000, 3, 11 f.

[19] *Beck,* in: Schwark/Zimmer, § 4 BörsG, Rn. 4; *Kümpel/Hammen,* WM-Sonderbeilage 3/2000, 3, 10.

[20] *Beck,* in: Schwark/Zimmer, § 1 BörsG Rn. 4; *Burgi,* WM 2009, 2337, 2342; ausdrücklich gegen einen Grundrechtsverstoß, Art. 12 GG, im Falle der Aufhebung der Genehmigung, *Beck,* in: Schwark/Zimmer, § 4 BörsG Rn. 46..

[21] *Beck,* in: Schwark/Zimmer, § 4 BörsG Rn. 4; *Burgi,* WM 2009, 2337, 2342.

die diesbezügliche Kommentierung wird verwiesen; dort auch zu den Fragen, die im Zusammenhang mit einem Wechsel des Börsenträgers auftreten.

4. Erlöschen und Aufhebung der Erlaubnis

Die Erlaubnis erlischt nach § 4 Abs. 3, wenn von ihr nicht innerhalb eines 9 Jahres seit der Erteilung Gebrauch gemacht wird. Eine **Aufhebung der Erlaubnis** ist nach § 4 Abs. 5 Satz 1 außer nach Vorschriften über den **Widerruf oder die Rücknahme begünstigender Verwaltungsakte** in den jeweiligen Verwaltungsverfahrensgesetzen der Länder, vgl. die bundesrechtlichen Bestimmungen der §§ 48, 49 VwVerfG, zulässig, wenn zumindest eine der Voraussetzungen der Nr. 1 bis 3 des § 4 Abs. 5 vorliegen.[22]

5. Zuständigkeit

a) Regionale Zuständigkeit. Regional zuständig ist die Börsenaufsichts- 10 behörde des Landes, in dem die Börse ihren Sitz hat. Entscheidend ist dabei der Verwaltungssitz der Börse, nicht etwa der des Trägers oder der des Rechners oder gar der der Handelsteilnehmer.[23] Da die **Genehmigungskompetenz** bei den zuständigen Landesbehörden liegt, sind Börsen Ländersache. Dies ergibt sich auch aus Art. 30, 83 GG und führt dazu, dass Bundesbörsen nicht zulässig wären. Dies bedeutet jedoch nicht, dass Landesbörsen nicht auch Marktteilnehmer aus anderen Bundesländern zulassen dürften, oder ein von vornherein geplanter bundesweiter Marktteilnehmerkreis, wie z. B. bei der früheren DTB, jetzt Eurex, unzulässig wäre.[24]

b) Internationale Zuständigkeit. Während diese Frage regionaler Zu- 11 ständigkeiten eindeutig auf der Grundlage des Börsengesetzes beantwortet werden kann, ist die **Anwendung** des Börsengesetzes und damit die Zuständigkeit deutscher Aufsichtsbehörden bei **internationalen** Sachverhalten unklar und – soweit ersichtlich – bislang nur in Teilbereichen erörtert worden.[25] Insbesondere aufgrund der technologischen Entwicklung im Bereich der elektronischen Handelssysteme aber auch des Internet findet seit mehr als 20 Jahren in verstärktem Maße ein **ortsunabhängiger Handel** statt, werden Eurex-Handelsbildschirme im Ausland aufgestellt, können Finanzintermediäre aber auch private Investoren direkt in Proprietären Handelssystemen, deren Zentralrechner im Ausland angesiedelt ist, handeln. Börsenaufsichtsrechtlich sollte auf den **Sitz der Börse und ihrer Organe** abgestellt werden.[26] So-

---

[22] Näher zum Verhältnis § 1 Abs. 1 S. 2 BörsG a. F. zu §§ 48, 49 VwVerfG, *Ledermann*, in: Schäfer/Hamann, KMG, § 1 BörsG Rn. 9; *Beck*, in: Schwark/Zimmer, § 4 BörsG Rn. 40.

[23] *Beck*, in: Schwark/Zimmer, § 4 BörsG Rn. 2; *Ledermann*, in: Schäfer/Hamann, KMG, § 1 BörsG Rn. 27.

[24] Vgl. oben § 2 BörsG Rn. 13; vgl. auch *Beck*, in: Schwark/Zimmer, § 3 BörsG Rn. 4 und § 4 BörsG Rn. 2.

[25] *Schuster*, Die internationale Anwendung des Börsenrechts, 1996; vgl. auch *Beck*, in: Schwark/Zimmer, § 3 BörsG Rnrn. 76 ff.

[26] So schon bei der Eurex (vormals DTB) und bei Xetra (vormals IBIS), vgl. § 3 BörsG Rn. 13; vgl. auch *Beck*, in: Schwark/Zimmer, § 4 BörsG Rn. 2.

weit jedoch technische Vorrichtungen der Börse – auch – in andere Länder transportiert werden, und von dort den direkten Zugang zum System eröffnen, sollten die dortigen börsenaufsichtsrechtlichen Bestimmungen ebenfalls beachtet werden. Dieses Konzept findet in § 37 i WpHG seinen Niederschlag. Dagegen führt allein die Möglichkeit, über Telefon oder Internet sich in das Handelssystem einer Börse in einem anderen Land einzuschalten, nicht dazu, dass die Börse der Aufsicht all derjenigen Länder unterliegt, von denen eine solche Einschaltung möglich ist.

11a Rechtlich geht es grundsätzlich um zwei Fragen, die nach der Geltung deutschen Börsenrechts und die nach der Möglichkeit der Vollstreckung von Akten deutscher Börsenorgane oder Behörden im Ausland. Die erste Frage ist grundsätzlich zu bejahen und zwar deshalb, weil die Teilnahme von auch im Ausland beheimateten Handelsteilnehmern am Handel an einer inländischen Börse die Teilnahme am Börsenhandel im Inland darstellt, somit der inländische Anknüpfungspunkt gegeben ist.[27] Ob sich aus Art. 25 GG i. V. m. dem Territorialitätsprinzip hier Einschränkungen ergeben, ist jeweils zu prüfen. Der Normvollzug im Ausland ist dagegen rechtlich problematisch,[28] praktisch aber wohl weniger kritisch, da man sich hier mit zivilrechtlichen Konstruktionen behilft, in denen die jeweiligen ausländischen Handelsteilnehmer bei ihrer Zulassung vertraglich verpflichtet werden, bestimmten Anordnungen und Anweisungen Folge zu leisten.[29]

6. Verstoß gegen Erlaubniserfordernis

12 Eine ohne Genehmigung errichtete Börse kann nach den **Ordnungsgesetzen** der Länder als Verstoß gegen die öffentliche Ordnung aufgehoben werden. **Geschäfte,** die an einer nicht genehmigten Börse abgeschlossen werden, **sind wirksam** und nicht etwa nach § 134 BGB nichtig.[30]

§ 5. Pflichten des Börsenträgers

(1) Mit Erteilung der Erlaubnis wird der Antragsteller als Träger der Börse zu deren Errichtung und Betrieb berechtigt und verpflichtet. Er ist verpflichtet, der Börse auf Anforderung der Geschäftsführung der Börse die zur Durchführung und angemessenen Fortentwicklung des Börsenbetriebs erforderlichen finanziellen, personellen und sachlichen Mittel zur Verfügung zu stellen.

(2) Der Börsenträger ist verpflichtet, die aktuellen Angaben zu seiner Eigentümerstruktur in dem nach § 4 Abs. 2 Satz 2 Nr. 4 erforderlichen Umfang auf seiner Internetseite zu veröffentlichen.

(3) ¹Die Auslagerung von Bereichen, die für die Durchführung des Börsenbetriebs wesentlich sind, auf ein anderes Unternehmen darf we-

[27] *Beck,* in: Schwark/Zimmer, § 3 BörsG Rn. 77.
[28] *Beck,* in: Schwark/Zimmer, § 3 BörsG Rn. 81.
[29] *Beck,* in: Schwark/Zimmer, § 3 BörsG Rn. 82.
[30] *Beck,* in: Schwark/Zimmer, § 4 BörsG Rnrn. 38 f.

der die ordnungsmäßige Durchführung des Handels an der Börse und der Börsengeschäftsabwicklung noch die Aufsicht über die Börse beeinträchtigen. [2]Der Börsenträger hat sich insbesondere die erforderlichen Weisungsbefugnisse vertraglich zu sichern und die ausgelagerten Bereiche in seine internen Kontrollverfahren einzubeziehen. [3]Der Börsenträger hat die Absicht der Auslagerung sowie ihren Vollzug der Börsenaufsichtsbehörde unverzüglich anzuzeigen.

(4) Der Börsenträger ist verpflichtet,

1. Vorkehrungen zu treffen, um Konflikte zwischen Eigeninteressen des Börsenträgers oder dessen Eigentümern und dem öffentlichen Interesse am ordnungsgemäßen Betrieb der Börse zu erkennen und zu verhindern, soweit diese geeignet sind, sich nachteilig auf den Börsenbetrieb oder auf die Handelsteilnehmer auszuwirken, insbesondere soweit die der Börse gesetzlich übertragenen Überwachungsaufgaben betroffen sind,

2. angemessene Vorkehrungen und Systeme zur Ermittlung und zum Umgang mit den wesentlichen Risiken des Börsenbetriebs zu schaffen, um diese wirksam zu begrenzen, und

3. die technische Funktionsfähigkeit der Börsenhandels- und Abwicklungssysteme sicherzustellen, technische Vorkehrungen für einen reibungslosen und zeitnahen Abschluss der im Handelssystem ausgeführten Geschäfte zu schaffen und insbesondere wirksame Notfallmaßnahmen bei einem Systemausfall vorzusehen.

(5) Der Börsenträger muss über ausreichende finanzielle Mittel für eine ordnungsgemäße Durchführung des Börsenbetriebs verfügen, wobei Art, Umfang und Risikostruktur der an der Börse getätigten Geschäfte zu berücksichtigen sind.

Übersicht

I. Einleitung

1   § 5 übernimmt in Abs. 1 und 3 § 1 Abs. 2 bzw. Abs. 3 BörsG a. F. während in Abs. 2, 4 und 5 Vorgaben der Finanzmarktrichtlinie in deutsches Recht umgesetzt werden.

2   § 5 Abs. 1 und 3 wurde durch das Vierte Finanzmarktförderungsgesetz[1] in § 1 Abs. 2 und 3 BörsG a. F. eingefügt. § 5 Abs. 1 regelt die auch vorher bereits unstreitige Betriebspflicht des Trägers der Börse ausdrücklich, Abs. 3 bestimmt entsprechend der Parallelvorschriften des § 25a Abs. 2 KWG und § 33 Abs. 2 WpHG die Grenzen für die Auslagerung von für die Durchführung des Börsenbetriebs wesentlichen Funktionen und Tätigkeiten. Der Bundesrat hatte im Rahmen des Gesetzgebungsverfahrens des Gesetzes zur Umsetzung der Richtlinie 2010/73/EU und zur Änderung des Börsengesetzes angeregt, einen neuen Absatz 6 einzufügen, um die als unbillig empfundene Haftung des Landes für Amtspflichtverletzungen der Börsenorgane durch eine umfassende Freistellungsverpflichtung zu ändern,[2] vgl. unten Rn. 17. Diese Anregung stieß bei der Bundesregierung zwar inhaltlich auf keine Bedenken, wurde aber fallen gelassen, um das rechtzeitige In-Kraft-Treten des Gesetzes nicht zu gefährden.[3]

II. Verleihung

3   Die Erteilung der Erlaubnis nach § 4 Abs. 1 stellt eine „**Verleihung**" dar, durch welche der jeweilige Börsenträger die Stellung eines beliehenen Unternehmers erlangt.[4] **Beliehene** sind Privatpersonen, die mit der selbständigen Wahrnehmung bestimmter Verwaltungsaufgaben im eigenen Namen betraut sind.[5] Der Börsenträger ist, soweit er die ihm durch die Beleihung übertragenen Aufgaben erfüllt, **Träger öffentlicher Verwaltung,** u. a. mit der Folge der Amtshaftung.[6] Der Börsenträger wird somit durch die Genehmigung i. S. einer Verleihung Beliehener und zum Betrieb der Börse ermächtigt – und verpflichtet, vgl. § 5 Abs. 1 Satz 1 –, wird insoweit Träger öffentlicher Verwaltung und steht in einem Auftragsverhältnis zu dem Land, in dem die Börse ihren Sitz hat.[7] Der durch das Vierte Finanzmarktförderungsgesetz neu eingefügte § 1 Abs. 2 BörsG a. F., jetzt § 5 Abs. 1, konkretisiert in seinem Satz 2 dieses Auftragsverhältnis i. S. der dort geregelten Ausstattungs-, Betriebs- und Fortentwicklungspflichten. § 5 Abs. 1 Satz 1 enthält aber – quasi als Kehrseite der Pflichten des Trägers der Börse – auch ausdrücklich die Aus-

---

[1] BGBl. I 2002, 2010.

[2] Vgl. BT-Drs. 17/8684, S. 13, 31 f.

[3] Gegenäußerung der Bundesregierung BT-Drs. 17/8684, S. 13, 33.

[4] *Burgi*, WM 2009, 2337, 2342; *Seiffert*, in: Kümpel/Wittig, Bank- und Kapitalmarktrecht, Rn. 4.144; *Kümpel*, Börsenrecht, 43 f.; *Samm*, 45; *Schwark*, WM 2000, 2517, 2520.

[5] *Burgi*, WM 2009, 2337, 2341; *Beck*, in: Schwark/Zimmer, § 4 BörsG Rn. 6.

[6] *Schneider/Burgard*, WM-Sonderbeilage Nr. 3/2000, 24, 27. Ausführlich zur Amtshaftung *Faßbender/Reichegger*, WM 2009, 732 ff.

[7] *Beck*, in Schwark/Zimmer, § 4 BörsG Rn. 8; *Seiffert*, in: Kümpel/Wittig, Bank- und Kapitalmarktrecht, Rnrn. 4.150 ff.

sage, dass der Träger der Börse mit Erteilung der Genehmigung zu deren Errichtung und Betrieb – auch – berechtigt ist. Die früher zu § 1 Abs. 1 Satz 2 BörsG a. F., der durch die detailliertere und auch die Interessen des Trägers besser berücksichtigende Regelung des § 4 Abs. 5 ersetzt wurde, vertretene Auffassung, aus der Befugnis der Börsenaufsichtsbehörde zur Aufhebung der Börse folge, dass kein subjektives Recht des Trägers der Börse auf deren Betrieb bestehe,[8] ist damit nicht mehr haltbar.[9]

Im Zusammenhang mit der Verleihung stellt sich auch die Frage, welche **3a** Auswirkungen gesellschaftsrechtliche Umstrukturierungsmaßnahmen beim Träger auf den Bestand der Genehmigung und Verleihung haben, oder genereller, ob ein Wechsel des Trägers zulässig ist und welche Rechtsfolgen er zeitigt. Wie sich insbesondere aus den personenbezogenen Genehmigungsvoraussetzungen ergibt, handelt es sich bei der Genehmigung und Verleihung um einen personenbezogenen Verwaltungsakt, der als solcher nicht überleitungs- oder nachfolgefähig ist, da eine entsprechende spezialgesetzliche Regelung fehlt.[10] Dies bedeutet: Geht der Träger infolge gesellschaftsrechtlicher oder sonstiger Maßnahmen unter, dann erlischt grundsätzlich auch die Genehmigung. Gleiches muss auf Grund der Personenbezogenheit der Genehmigung grundsätzlich auch bei gesellschaftsrechtlichen oder sonstigen Maßnahmen gelten, bei denen der Träger nicht untergeht sondern alle Rechte und Pflichten im Wege der Gesamtrechtsnachfolge auf eine andere Rechtsperson übergehen, z. B. bei der Verschmelzung.[11] Zwar gilt hier gesellschafts- und zivilrechtlich die Gesamtrechtsnachfolge, jedoch ist der Rechtsnachfolger ein neuer Rechtsträger, der u. U. ganz anders ausgestattet sein kann als der ursprüngliche, so dass hier nicht von einem automatischen Rechtsübergang auch der Genehmigung ausgegangen werden kann.

III. Betriebs- und Fortentwicklungspflicht

1. Betriebspflicht

Durch diese Verleihung wird der jeweilige Börsenträger grundsätzlich ver- **4** pflichtet, die genehmigte Börse als Veranstaltung zunächst zu errichten und künftig weiter zu betreiben und zu erhalten[12] **(Betriebspflicht)**, § 5 Abs. 1 Satz 1. § 5 Abs. 1 normiert diese, allerdings auch vorher bereits allgemein anerkannte Betriebspflicht, generell in seinem Satz 1 und konkretisiert sie in seinem Satz 2. § 5 Abs. 1 Satz 2 enthält sowohl eine **gegenwarts-** als auch eine **zukunftsbezogene Komponente**[13] indem einerseits die aktuelle „Durch-

---

[8] *Breitkreuz*, S. 193.

[9] Ebenso *Beck*, in: Schwark/Zimmer, § 4 BörsG Rn. 9; *Beck*, BKR 2002, 662, 665.

[10] So ausdrücklich auch mit w. Nachw. *Beck*, in: Schwark/Zimmer, § 4 BörsG Rn. 35.

[11] So muss auch *Beck* verstanden werden, wenn er als Beispiele für gesellschaftsrechtliche Umstrukturierungsmaßnahmen eine ganze Reihe von Verschmelzungen aufzählt und auf Grund dieser Beispiele dann die hier erörterte Frage behandelt, *Beck*, in: Schwark/Zimmer, § 4 BörsG Rnrn. 33 ff.

[12] Ausführlich zum Inhalt der Betriebspflicht *Burgard*, WM 2011, 2021, 2021 ff.; *Beck*, WM 1996, 2313, 2315 f.; *Kümpel/Hammen*, WM-Sonderbeilage Nr. 3/2000, 3, 11.

[13] *Burgard*, WM 2011, 2021, 2022 f.

führung des Börsenbetriebs" und andererseits dessen angemessene „Fortentwicklung" genannt werden.[14] Dies bedeutet, der Träger der Börse ist grundsätzlich verpflichtet, die erforderlichen organisatorischen Vorkehrungen für den Börsenhandel zu treffen, d. h. insbesondere die **finanziellen, sachlichen, personellen** und **technischen** Mittel für einen ordnungsgemäßen Börsenbetrieb zur Verfügung zu stellen, vgl. auch § 3 Abs. 2 BörsenO der FWB.[15] Genauere Vorgaben über Inhalt und **Umfang der Ausstattungsverpflichtung** enthalten weder das Börsengesetz noch die Börsenordnung. Die Regierungsbegründung zum Finanzmarktrichtlinie-Umsetzungsgesetz verweist hier auf Artikel 39 Buchstabe f der Finanzmarktrichtlinie, die der deutsche Gesetzgeber dann aber nicht für die Börse, sondern für den Träger in § 5 Abs. 5 umgesetzt hat. Der Umfang der Ausstattungsverpflichtung ergibt sich jenseits spezieller Vorgaben aus den Anforderungen an einen ordnungsgemäßen und marktmäßigen Börsenbetrieb. Dieser wiederum wird maßgeblich bestimmt durch den jeweiligen Zuschnitt und die jeweilige Ausstattung der betreffenden Börse.[16] Zum Börsenbetrieb gehören derzeit der Handel in den zwei Marktsegmenten (regulierter Markt, Freiverkehr) und – für die Frankfurter Wertpapierbörse – die Bereitstellung der elektronischen Handelsplattform Xetra.[17] Diejenigen Mittel, die für diesen Börsenbetrieb erforderlich sind, müssen vom Träger zur Verfügung gestellt werden,[18] wobei dazu und nicht erst auf Grund der Fortentwicklungsverpflichtung auch Erhaltungs-, Ersetzungs- und gegebenenfalls sogar Erweiterungsinvestitionen gehören.[19] Daraus ergibt sich konkret folgendes: Elektronische Systeme für den Börsenhandel,[20] die Zuteilung von Orders, deren Abwicklung bis hin zur Schnittstelle zur Belieferung, die räumlichen und technischen Mittel sowie das zum Betrieb der Systeme erforderliche Personal sind zur Verfügung zu stellen.[21]

5   Die Betriebspflicht bedeutet jedoch keine Verpflichtung zur Erhaltung des aktuellen Bestandes; d. h. eine Änderung bestehender Geschäftszweige oder Handelsplattformen (Präsenz- oder Computerhandel) ist zulässig, u. U. sogar insbesondere aufgrund technologischer Entwicklungen geboten, solange dadurch nicht die **Institution der Börse** in Frage gestellt wird.[22]

2. Fortentwicklungspflicht

6   Bedeutender als diese gegenwartsbezogene Betriebspflicht zur Durchführung des Börsenbetriebs ist die **zukunftsbezogene Fortentwicklungsver-**

[14] RegBegr. zum Vierten Finanzmarktförderungsgesetz, BT-Drs. 14/8017, S. 12, 72.
[15] *Kümpel/Hammen*, WM-Sonderbeilage Nr. 3/2000, 3, 11.
[16] *Burgard*, WM 2011, 2021, 2022.
[17] *Schwark*, WM 2000, 2517, 2528.
[18] *Beck*, WM 1996, 2313, 2316; *Kümpel/Hammen*, WM-Sonderbeilage Nr. 3/2000, 3, 11.
[19] *Burgard*, WM 2011, 2021, 2022 f.
[20] Elektronische Handelssysteme und Hilfseinrichtungen werden in der RegBegr. zum Vierten Finanzmarktförderungsgesetz ausdrücklich erwähnt, RegBegr. zum Vierten Finanzmarktförderungsgesetz, BT-Drs. 14/8017, S. 72, 72.
[21] Wie hier *Beck*, in: Schwark/Zimmer, § 5 BörsG Rn. 4.
[22] *Beck*, in: Schwark/Zimmer, § 5 BörsG Rn. 7.

pflichtung des Trägers der Börse. Was konkret darunter zu verstehen ist, sagt allerdings weder der Wortlaut des § 5 Abs. 1 Satz 2, noch lässt sich aus der Regierungsbegründung zum Vierten Finanzmarktförderungsgesetz oder zum Finanzmarktrichtlinie-Umsetzungsgesetz hierzu etwas entnehmen. Entscheidend ist ein funktionsfähiger Börsenbetrieb. Dieser erfordert Wirtschaftlichkeit und Wettbewerbsfähigkeit.[23] Deshalb sind diejenigen Maßnahmen zur Fortentwicklung des Börsenbetriebs vom Träger zu finanzieren, welche die Wirtschaftlichkeit und die, auch internationale Wettbewerbsfähigkeit verbessern, wobei eine „doppelte Verhältnismäßigkeitsprüfung"[24] vorzunehmen ist: Die Fortentwicklung muss erforderlich, sie muss allerdings auch angemessen sein.[25]

3. Konkretisierungsmöglichkeit

Der Umfang der Betriebspflicht des Trägers kann in der Erlaubnis durch   7 die Börsenaufsichtsbehörde näher festgelegt werden.[26] Geschieht dies nicht bzw. geschah dies bei den in der Vergangenheit erteilten Genehmigungen nicht, bleibt es bei der allgemeinen gesetzlichen Betriebspflicht des § 5 Abs. 1. Von dieser Betriebspflicht kann der Börsenträger sich nicht einseitig lösen,[27] da er nicht die öffentliche Einrichtung Börse als Anstalt öffentlichen Rechts in ihrem Bestand gefährden darf konkret: Ein Verzicht des Trägers auf die Genehmigung oder etwa eine Aufgabe der Börse als solcher ist nicht zulässig.[28] Aus der Genehmigung kann der Börsenträger nicht das Recht ableiten, auf die inneren Börsenangelegenheiten Einfluss zu nehmen.[29]

---

[23] Die Wettbewerbsfähigkeit wird vom Bundesrat in seiner Stellungnahme zum Regierungsentwurf zum Vierten Finanzmarktförderungsgesetz ausdrücklich genannt, BT-Drs. 14/8017, S. 146; ebenso auch *Burgard*, WM 2011, 2021, 2023.

[24] So zu Recht *Beck*, in: Schwark/Zimmer, § 5 BörsG Rn. 6.

[25] *Beck*, in: Schwark/Zimmer, § 5 Rn. 6; *Seiffert*, in: Kümpel/Wittig, Bank- und Kapitalmarktrecht, Rnrn. 4.156 f.

[26] RegBegr. zum Vierten Finanzmarktförderungsgesetz, BT-Drs. 14/8017, S. 72, 72. Beck, *Beck*, in: Schwark/Zimmer, § 5 BörsG Rn. 9, begrenzt diese Konkretisierungsmöglichkeit allerdings allein auf organisatorische und qualitative Anforderungen und begründet dies mit der börslichen Selbstverwaltung. Das ist zweifelhaft. Zunächst trägt die Begründung die Einschränkung auf organisatorische und qualitative Anforderungen nicht, sondern würde eher das Gegenteil begründen, nämlich, dass auf Grund der börslichen Selbstverwaltung inhaltliche Vorgaben gerade nicht gemacht werden dürfen. Aber die Beschränkung als solche erscheint auch zweifelhaft. Wenn § 5 Abs. 5 ausdrücklich „ausreichende finanzielle Mittel" als Genehmigungsvoraussetzungen nennt, so auch *Beck*, in: Schwark/Zimmer, § 5 BörsG Rn. 28, dann muss es doch auch zulässig sein, wenn die Genehmigung als solche genau diesbezügliche Anforderungen und damit auch quantitative Forderungen stellt.

[27] So ausdrücklich der Bundesrat in seiner Stellungnahme zum Regierungsentwurf zum Vierten Finanzmarktförderungsgesetz, BT-Drs. 14/8017, S. 146.

[28] *Seiffert*, in: Kümpel/Wittig, Bank- und Kapitalmarktrecht, Rnrn. 4.159 f.; *Ledermann*, in: Schäfer/Hamann, KMG, Rn. 15; *Kümpel/Hammen*, WM-Sonderbeilage Nr. 3/2000, 3, 10.

[29] *Seiffert*, in: Kümpel/Wittig, Bank- und Kapitalmarktrecht, Rn. 4.165 ff.

IV. Informationspflicht

8   Neu eingefügt durch das Finanzmarktrichtlinie-Umsetzungsgesetz wurde in § 5 Abs. 2 die Verpflichtung des Börsenträgers, die aktuellen Angaben zu seiner Eigentümerstruktur in dem nach § 4 Abs. 2 Satz 2 Nr. 4 erforderlichen Umfang auf der Internetseite zu veröffentlichen. Hierdurch wird Artikel 38 Abs. 2 Buchstabe a umgesetzt. Da § 5 Abs. 2 auch für die Träger bestehender Börsen gilt, die diese Angaben nicht im einen Zulassungsverfahren machen müssen, wird hierdurch Transparenz im Hinblick auf die Eigentumsverhältnisse sichergestellt.

V. Auslagerung wesentlicher Funktionen

9   Der aufgrund einer entsprechenden Forderung des Bundesrates[30] durch das Vierte Finanzmarktförderungsgesetz eingefügte § 1 Abs. 3 BörsG a. F., jetzt § 5 Abs. 3, regelt entsprechend § 25a Abs. 3 KWG und § 33 Abs. 2 WpHG Verfahren und Voraussetzungen für die Übertragung solcher Funktionen und Tätigkeiten auf andere Unternehmen, die für die Durchführung des Börsenbetriebs wesentlich sind.[31]

10   Für die Auslegung verschiedener Begriffe in § 5 Abs. 3 kann man sich an dem zur Parallelvorschrift des § 25a Abs. 2 KWG erlassenen Rundschreiben 11/2010 (BA) –Mindestanforderungen an das Risikomanagement – MaRisk vom 15. 12. 2010[32] orientieren, so z. B. für den Begriff „Auslagerung" in § 5 Abs. 3 Satz 1 und zu den Anforderungen, die an eine vertragliche Absicherung der Weisungsbefugnis zu stellen sind.[33] Dagegen ergibt sich aus den Rundschreiben nichts für die Frage, was als für die Durchführung des Börsenbetriebes „wesentlich" anzusehen ist, da es sich allein mit spezifisch bankaufsichtsrechtlichen Risiken befasst. Nach Ansicht des Bundesrates sollen zu den „wesentlichen" Funktionen und Tätigkeiten des Börsenbetriebs „insbesondere" die für den Börsenhandel eingesetzten Handelssysteme und die Abwicklung der Börsengeschäfte gehören.[34]

11   Nach § 5 Abs. 3 Satz 3 ist die Absicht solcher Auslagerungen und deren Vollzug der Börsenaufsichtsbehörde unverzüglich anzuzeigen. Rechtsfolgen eines Verstoßes gegen diese Verpflichtungen ergeben sich aus den der Börsenaufsichtsbehörde jetzt auch gegenüber dem Träger der Börse[35] zugewiesenen Befugnissen des § 3 Abs. 5.

---

[30] Stellungnahme des Bundesrates zum Regierungsentwurf zum Vierten Finanzmarktförderungsgesetz, BT-Drs. 14/817, S. 146.

[31] Kritisch hierzu *Beck,* in: Schwark/Zimmer, § 5 Rnrn. 20 ff.

[32] Veröffentlicht auf der homepage der BaFin, ww.bafin.de., Geschäftszeichen BA 54-FR 2210-2010/0003.

[33] In der Sache wie hier *Beck,* in Schwark/Zimmer, § 5 Rn. 14 und *Burgard,* WM 2011, 2021, 2024, die sich insoweit allerdings auf ältere Rundschreiben der BaFin beziehen.

[34] Stellungnahme des Bundesrates zum Regierungsentwurf eines Vierten Finanzmarktförderungsgesetzes, BT-Drs. 14/8017, S. 140.

[35] Vgl. zu dieser Erweiterung der Befugnisse oben § 3 BörsG Rn. 16.

VI. Organisationspflichten

§ 5 Abs. 4 normiert erstmalig Organisationspflichten für eine Börse und **12** deren Betreiber in vergleichbarer Weise wie bei Wertpapierdienstleistungsunternehmen. Damit wird Artikel 39 der Finanzmarktrichtlinie umgesetzt.

§ 5 Abs. 4 Nr. 1 entspricht Artikel 39 Buchstabe a der Finanzmarktrichtli- **13** nie und regelt besondere Organisationspflichten zur Vermeidung von Interessenkonflikten. Nach der Regierungsbegründung zum Finanzmarktrichtlinie-Umsetzungsgesetz gilt er nur, soweit die Erfüllung der öffentlichen Aufgaben der Börse durch die Interessenkonflikte beeinträchtigt oder Handelsteilnehmer benachteiligt werden könnten.[36]

§ 5 Abs. 4 Nr. 2 fordert ein angemessenes Risikocontrolling als Maßstab **14** hierfür sollen die Mindestanforderungen der BaFin an das Risikomanagement (MaRisk) heranzuziehen sein.[37] Hierdurch wird Artikel 39 Buchstabe b der Finanzmarktrichtlinie in deutsches Recht umgesetzt.

§ 5 Abs. 4 Nr. 3 setzt Artikel 39 Buchstabe c und 2 der Finanzmarktricht- **15** linie um.

VII. Erfordernis ausreichender finanzieller Mittel, Absatz 5

§ 5 Abs. 5 bestimmt ausdrücklich, dass der Börsenträger über „ausreichen- **16** de finanzielle Mittel für eine ordnungsgemäße Durchführung des Börsenbetriebs verfügen" muss. Diese Anforderung an die finanzielle Ausstattung beschränkt sich damit allein auf die gegenwartsbezogene Betriebspflicht und erfasst nicht die Fortentwicklungsverpflichtung[38]. Ansonsten ist unproblematisch, dass es sich bei dieser Ausstattungsanforderung um eine Genehmigungsvoraussetzung handelt.[39] Ist die finanzielle Ausstattung nicht ausreichend oder bestehen daran Zweifel, dann ist die Genehmigung zu versagen. Ebenfalls unstreitig ist, dass die Börsenaufsicht fortlaufend überwachen muss, ob die Erlaubnisvoraussetzungen auch jeweils eingehalten werden. Andererseits soll es aber fraglich sein, ob dazu auch die Überwachung der finanziellen Ausstattung gehört.[40] Wenn die Börsenaufsicht jedoch zur laufenden Überwachung des weiteren Vorliegens der Erlaubnisvoraussetzungen befugt ist, die ordnungsgemäße finanzielle Ausstattung jedoch Erlaubnisvoraussetzung ist, dann kann es nicht fraglich sein, dass die Börsenaufsicht auch den Fortbestand der finanziellen Ausstattung überwachen kann.

---

[36] RegBegr. zum Finanzmarktrichtlinie-Umsetzungsgesetz, BT-Drs. 16/4028, S. 83; näher dazu auch *Burgard*, WM 2011, 2021, 2024 ff.

[37] RegBegr. zum Finanzmarktrichtlinie-Umsetzungsgesetz, BT-Drs. 16/4028, S. 83.

[38] *Burgard*, WM 2011, 2021, 2026.

[39] *Beck*, in: Schwark/Zimmer, § 5 BörsG Rn. 28.

[40] So *Beck*, in: Schwark/Zimmer, § 5 BörsG Rn. 28, der dies im Ergebnis ablehnt und der Börsenaufsicht insofern nur die Kompetenz zuspricht, bei Feststellung der Nichterfüllung der Betriebspflicht (auf Grund nicht ausreichender finanzieller Ausstattung) einzuschreiten.

VIII. Freistellungsverpflichtung bei Amtshaftungsansprüchen

17 Der Bundesrat hatte im Gesetzesverfahren des Gesetzes zur Umsetzung der Richtlinie 2010/73/EU und zur Änderung des Börsengesetzes angeregt, in einem neuen Absatz 6 eine umfassende Feststellungsregel des Landes gegenüber dem Börsenträger einzufügen.[41] Da nach der Rechtsprechung und der ganz h. M. in der Literatur[42] Amtshaftungsansprüche wegen Fehlverhaltens der für die Börse Handelnden sich nicht gegen die Börse sondern gegen das Land, in dem die Börse ansässig ist, richten, dies aber als unbillig[43] empfunden wurde, sollte in § 5 Abs. 6 eine ausdrückliche Freistellungsregelung aufgenommen werden. Inhaltlich bestanden dagegen auch auf Seiten der Bundesregierung keine Bedenken. Um das rechtzeitige In-Kraft-Treten des Gesetzes nicht zu gefährden, wurde diese Anregung jedoch im weiteren Gesetzgebungsverfahren nicht mehr weiter verfolgt.[44]

§ 6. Inhaber bedeutender Beteiligungen

(1) [1]Wer beabsichtigt, eine bedeutende Beteiligung im Sinne des § 1 Abs. 9 des Kreditwesengesetzes an dem Träger einer Börse zu erwerben, hat dies der Börsenaufsichtsbehörde unverzüglich anzuzeigen. [2]In der Anzeige hat er die Höhe der Beteiligung und gegebenenfalls die für die Begründung des maßgeblichen Einflusses wesentlichen Tatsachen sowie die für die Beurteilung seiner Zuverlässigkeit und die Prüfung der weiteren Untersagungsgründe nach Absatz 2 Satz 1 wesentlichen Tatsachen und Unterlagen, die durch Rechtsverordnung nach Absatz 7 näher zu bestimmen sind, sowie die Personen und Unternehmen anzugeben, von denen er die entsprechenden Anteile erwerben will. [3]Die Börsenaufsichtsbehörde kann über die Vorgaben der Rechtsverordnung hinausgehende Angaben und die Vorlage von weiteren Unterlagen verlangen, falls dies für die Beurteilung der Zuverlässigkeit oder die Prüfung der weiteren Untersagungsgründe nach Absatz 2 Satz 1 zweckmäßig erscheint. [4]Ist der Anzeigepflichtige eine juristische Person oder Personenhandelsgesellschaft, hat er in der Anzeige die für die Beurteilung der Zuverlässigkeit seiner gesetzlichen oder satzungsmäßigen Vertreter oder persönlich haftenden Gesellschafter wesentlichen Tatsachen anzugeben. [5]Der Inhaber einer bedeutenden Beteiligung hat jeden neu bestellten gesetzlichen oder satzungsmäßigen Vertreter oder neuen persönlich haftenden Gesellschafter mit den für die Beurteilung von dessen Zuverlässigkeit wesentlichen Tatsachen der Börsenaufsichtsbehörde unverzüglich

[41] BT-Drs. 17/8684, S. 13, 31 f.
[42] So ausdrücklich und ausführlich OLG Frankfurt, Urteil v. 18. 1. 2001 – 1 U 209/99, ZIP 2001, 730, 731; aus der Literatur vgl. nur ausführlich *Beck*, in: Schwark/Zimmer, § 7 BörsG Rn. 30; nach Ansicht von *Faßbender/Reichegger*, WM 2009, 732, 736 ff. ist jedoch nicht das jeweilige Bundesland als „Anvertrauter" Haftungsverpflichteter, sondern der Anstaltsträger.
[43] So ausdrücklich Empfehlungen der Ausschüsse an den Bundesrat BR-Drs. 846/1/11, S. 2.
[44] Gegenäußerung der Bundesregierung, BT-Drs. 17/8684, S. 13, 33.

anzuzeigen. ⁶Der Inhaber einer bedeutenden Beteiligung hat der Börsenaufsichtsbehörde ferner unverzüglich anzuzeigen, wenn er beabsichtigt, den Betrag der bedeutenden Beteiligung so zu erhöhen, dass die Schwellen von 20 Prozent, 33 Prozent oder 50 Prozent der Stimmrechte oder des Kapitals erreicht oder überschritten werden oder dass der Träger der Börse unter seine Kontrolle im Sinne des § 1 Abs. 8 des Kreditwesengesetzes kommt. ⁷Die Börsenaufsichtsbehörde kann von Inhabern einer Beteiligung an dem Träger einer Börse Auskünfte und die Vorlage von Unterlagen verlangen, wenn Tatsachen die Annahme rechtfertigen, dass es sich hierbei um eine bedeutende Beteiligung handelt.

(2) ¹Die Börsenaufsichtsbehörde kann innerhalb eines Monats nach Eingang der vollständigen Anzeige nach Absatz 1 den beabsichtigten Erwerb der bedeutenden Beteiligung oder ihre Erhöhung untersagen, wenn Tatsachen die Annahme rechtfertigen, dass

1. der Anzeigepflichtige oder, wenn er eine juristische Person ist, auch ein gesetzlicher oder satzungsmäßiger Vertreter, oder, wenn er eine Personenhandelsgesellschaft ist, auch ein Gesellschafter, nicht zuverlässig ist oder aus anderen Gründen nicht den im Interesse einer soliden und umsichtigen Führung des Trägers der Börse zu stellenden Ansprüchen genügt; dies gilt im Zweifel auch dann, wenn Tatsachen die Annahme rechtfertigen, dass die von ihm aufgebrachten Mittel für den Erwerb der bedeutenden Beteiligung aus einer objektiv rechtswidrigen Tat herrühren,

2. die Durchführung und angemessene Fortentwicklung des Börsenbetriebs beeinträchtigt wird.

²Wird der Erwerb nicht untersagt, kann die Börsenaufsichtsbehörde eine Frist festsetzen, nach deren Ablauf die Person oder Personenhandelsgesellschaft, welche die Anzeige nach Absatz 1 Satz 1 oder Satz 6 erstattet hat, ihr den Vollzug oder den Nichtvollzug des beabsichtigten Erwerbs anzuzeigen hat. ³Nach Ablauf der Frist hat diese Person oder Personenhandelsgesellschaft die Anzeige unverzüglich bei der Börsenaufsichtsbehörde einzureichen.

(3) Die Börsenaufsichtsbehörde hat die Auskunfts- und Vorlagerechte nach Absatz 1 auch nach Ablauf der Frist des Absatzes 2 Satz 1.

(4) ¹Die Börsenaufsichtsbehörde kann dem Inhaber einer bedeutenden Beteiligung sowie den von ihm kontrollierten Unternehmen die Ausübung seiner Stimmrechte untersagen und anordnen, dass über die Anteile nur mit seiner Zustimmung verfügt werden darf, wenn

1. die Voraussetzungen für eine Untersagungsverfügung nach Absatz 2 Satz 1 vorliegen,

2. der Inhaber der bedeutenden Beteiligung seiner Pflicht nach Absatz 1 zur vorherigen Unterrichtung der Börsenaufsichtbehörde nicht nachgekommen ist und diese Unterrichtung innerhalb einer von der Börsenaufsichtsbehörde gesetzten Frist nicht nachgeholt hat oder

3. die Beteiligung entgegen einer vollziehbaren Untersagung nach Absatz 2 Satz 1 erworben oder erhöht worden ist.

²In den Fällen des Satzes 1 kann die Ausübung der Stimmrechte auf einen Treuhänder übertragen werden; dieser hat bei der Ausübung der Stimm-

rechte den Interessen einer soliden und umsichtigen Führung des Trägers einer Börse Rechnung zu tragen. ³In den Fällen des Satzes 1 kann die Börsenaufsichtsbehörde über die Maßnahmen nach Satz 1hinaus einen Treuhänder mit der Veräußerung der Anteile, soweit sie eine bedeutende Beteiligung begründen, beauftragen, wenn der Inhaber der bedeutenden Beteiligung der Börsenaufsichtsbehörde nicht innerhalb einer von dieser bestimmten angemessenen Frist einen zuverlässigen Erwerber nachweist; die Inhaber der Anteile haben bei der Veräußerung in dem erforderlichen Umfang mitzuwirken. ⁴Der Treuhänder wird auf Antrag des Trägers der Börse, eines an ihm Beteiligten oder der Börsenaufsichtsbehörde vom Gericht des Sitzes des Trägers der Börse bestellt. ⁵Sind die Voraussetzungen des Satzes 1 entfallen, hat die Börsenaufsichtsbehörde den Widerruf der Bestellung des Treuhänders zu beantragen. ⁶Der Treuhänder hat Anspruch auf Ersatz angemessener Auslagen und auf Vergütung für seine Tätigkeit. ⁷Das Gericht setzt auf Antrag des Treuhänders die Auslagen und die Vergütung fest; die weitere Beschwerde ist ausgeschlossen. ⁸Das Land schießt die Auslagen und die Vergütung vor; für seine Aufwendungen haften dem Land der betroffene Inhaber der bedeutenden Beteiligung und der Träger der Börse gesamtschuldnerisch.

(5) ¹Wer beabsichtigt, eine bedeutende Beteiligung an dem Träger der Börse aufzugeben oder den Betrag seiner bedeutenden Beteiligung unter die Schwellen von 20 Prozent, 33 Prozent oder 50 Prozent der Stimmrechte oder des Kapitals abzusenken oder die Beteiligung so zu verändern, dass der Träger der Börse nicht mehr kontrolliertes Unternehmen ist, hat dies der Börsenaufsichtsbehörde unverzüglich anzuzeigen. ²Dabei ist die beabsichtigte verbleibende Höhe der Beteiligung anzugeben. ³Die Börsenaufsichtsbehörde kann eine Frist festsetzen, nach deren Ablauf die Person oder Personenhandelsgesellschaft, welche die Anzeige nach Satz 1 erstattet hat, den Vollzug oder den Nichtvollzug der beabsichtigten Absenkung oder Veränderung der Börsenaufsichtsbehörde anzuzeigen hat. ⁴Nach Ablauf der Frist hat die Person oder Personenhandelsgesellschaft, welche die Anzeige nach Satz 1 erstattet hat, die Anzeige unverzüglich bei der Börsenaufsichtsbehörde zu erstatten.

(6) ¹Der Träger der Börse hat der Börsenaufsichtsbehörde unverzüglich den Erwerb oder die Aufgabe einer bedeutenden Beteiligung an dem Träger, das Erreichen, das Über- oder das Unterschreiben der Beteiligungsschwellen von 20 Prozent, 33 Prozent und 50 Prozent der Stimmrechte oder des Kapitals sowie die Tatsache, dass der Träger Tochterunternehmen eines anderen Unternehmens wird oder nicht mehr ist, anzuzeigen, wenn der Träger von der Änderung dieser Beteiligungsverhältnisse Kenntnis erlangt. ²Der Träger der Börse hat die nach Satz 1 anzeigepflichtigen Tatsachen unverzüglich auf seiner Internetseite zu veröffentlichen.

(7) ¹Die Landesregierungen werden ermächtigt, durch Rechtsverordnung nähere Bestimmungen über Art, Umfang und Zeitpunkt der nach den Absätzen 1, 5 und 6 vorgesehenen Anzeigen zu erlassen. ²Die Landesregierung kann die Ermächtigung durch Rechtsverordnung auf die Börsenaufsichtsbehörde übertragen.

Übersicht

I. Einleitung

1. Entstehungsgeschichte

Durch das Vierte Finanzmarktförderungsgesetz wurde § 6 (damals als § 3 **1** BörsG a. F.) neu in das Börsengesetz eingefügt und damit erstmals eine **Kontrolle der Anteilseigner** des Börsenträgers eingeführt. Mit dieser Anteilseignerkontrolle soll nach der Regierungsbegründung die Börsenaufsichtsbehörde in die Lage versetzt werden, „der Übernahme von bedeutenden Beteiligungen durch Personen aus der „organisierten Kriminalität entgegen zu wirken. Ein weiteres Ziel ist es, die Funktionsfähigkeit der Börse, insbesondere im Hinblick auf die Durchführung und angemessene Fortentwicklung des Börsenbetriebs zu sichern."[1]

Das Finanzmarktrichtlinie-Umsetzungsgesetz konnte § 3 BörsG a. F. im **2** Wesentlichen unverändert als § 6 übernehmen, da die Finanzmarktrichtlinie 2004/39/EG[2] eine, allerdings nur begrenzt vergleichbare und erheblich weniger detaillierte Regelung enthält. Art. 37 der Richtlinie 2004/39/EG sieht zunächst vor, dass die tatsächlichen Leitungspersonen eines geregelten Marktes und damit der Börse „gut beleumundet" sein und über ausreichende Erfahrung verfügen müssen. Darüber hinaus schreibt Art. 38 Abs. 1 der Richtlinie 2004/39/EG das Erfordernis der „Eignung" auch für Personen mit direktem oder indirektem wesentlichem Einfluss auf die Verwaltung des geregelten Marktes und damit der Börse vor. Letzteres dürfte damit auch für die Geschäftsleitung des Börsenträgers sowie dessen einflussreiche Anteilseigner

---

[1] RegBegr. zum Vierten Finanzmarktförderungsgesetz, BT-Drs. 14/8017, S. 72, 73. Ausführlich zur Entstehung auch *Burgard*, WM 2011, 1973, 1975 ff.; zu den Zwecken der Anteilseignerkontrolle 1976 und 1976 ff.

[2] Richtlinie 2004/39/EG des Europäischen Parlaments und des Rates vom 21. April 2004 über Märkte für Finanzinstrumente, zur Änderung der Richtlinien 85/611/EWG und 93/6/EWG des Rates und der Richtlinie 2000/12/EG des Europäischen Parlaments und des Rates und zur Aufhebung der Richtlinie 93/22/EWG des Rates, ABl. EG Nr. L 145 vom 30. April 2004, S. 1.

gelten. Art. 38 Abs. 3 der Richtlinie 2004/39/EG bestimmt darüber hinaus, dass die zuständige Behörde die „Genehmigung vorgeschlagener Änderungen der Mehrheitsbeteiligung des geregelten Marktes und/oder des Marktbetreibers, wenn objektive und nachweisbare Gründe für die Vermutung vorliegen, dass sie die solide und umsichtige Verwaltung des geregelten Marktes gefährden", verweigert.

2. Überblick

3   § 6 Abs. 1 enthält die Verpflichtung des potentiellen Erwerbers, im Vorfeld des Erwerbs die entsprechende Absicht zum Erwerb der Börsenaufsichtsbehörde anzuzeigen und bestimmt den Inhalt der Anzeige. Flankiert wird diese **Anzeigepflicht** des potentiellen Erwerbers durch eine Anzeigepflicht des Trägers der Börse über den – vollzogenen – Erwerb in § 6 Abs. 6. § 6 Abs. 2 regelt die Kompetenzen der Börsenaufsichtsbehörde beim beabsichtigten Erwerb und § 6 Abs. 4 die Kompetenzen der Börsenaufsichtsbehörde gegenüber den Inhabern bedeutender Beteiligungen an den Träger einer Börse.

4   § 6 entspricht den vergleichbaren Regelungen im Bereich der Bank- und Versicherungsaufsicht, § 2c KWG und § 104 VAG, auf deren jeweilige Begründung der Regierungsentwurf zum Vierten Finanzmarktförderungsgesetz ausdrücklich verweist.[3]

3. Anwendungsbereich

5   § 6 behandelt die Anteilseignerkontrolle beim **Träger einer Börse.** Multilaterale Handelssysteme, die jetzt in § 30f WpHG geregelt sind, werden nicht von § 6 erfasst. Das galt bereits früher für die in §§ 58ff. BörsG a.F., insbesondere § 60 BörsG a.F. geregelten elektronischen Handelssysteme oder börsenähnlichen Einrichtungen.[4]

II. Anzeigepflicht, § 6 Abs. 1 und 6

1. Verpflichtung zur Anzeige

6   § 6 Abs. 1 enthält verschiedene **Anzeigepflichttatbestände:** Nach § 6 Abs. 1 Satz 1 hat derjenige, der beabsichtigt, eine bedeutende Beteiligung i.S. des § 1 Abs. 9 KWG, d.h. 10 Prozent des Kapitals oder der Stimmrechte, an dem Träger einer Börse zu erwerben, dies der Börsenaufsichtsbehörde unverzüglich anzuzeigen.

7   Besteht bereits eine bedeutende Beteiligung, so hat der Inhaber dieser bedeutenden Beteiligung nach § 6 Abs. 1 Satz 6 der Börsenaufsichtbehörde unverzüglich anzuzeigen, wenn er beabsichtigt, den Umfang der bedeutenden Beteiligung so zu **erhöhen,** dass die Schwelle von 20 Prozent, 33 Prozent oder 50 Prozent der Stimmrechte oder des Kapitals erreicht oder überschritten werden, oder, dass der Träger der Börse unter seine Kontrolle i.S. des § 1 Abs. 8 des Gesetzes über das Kreditwesen kommt.

---

[3] BT-Drs. 14/8017, S. 72, 73.
[4] *Christoph,* WM 2004, 1856, 1858.

Auslöser für beide Verpflichtungen zur Anzeige ist jeweils die bloße **Ab-** 8
sicht eines Beteiligungserwerbs. Die Absicht ist mehr als eine bloße
Überlegung oder Prüfung, aber weniger als die bereits erfolgte Umsetzung.
Dies bedeutet, dass sie einen gültigen und verbindlichen Beschluss der Geschäftsführung des potentiellen Erwerbers und, soweit gesellschaftsrechtlich
erforderlich, des Aufsichtrates des Erwerbers voraussetzt. Liegt ein solcher
Beschluss vor, ist unverzüglich, d. h. ohne schuldhaftes Zögern, § 121 BGB,
zu melden.

Neben diesen Grundtatbeständen der Anzeigepflicht beim Erwerb oder 9
bei der Erhöhung einer bedeutenden Beteiligung, § 6 Abs. 1 und 6, enthält
§ 6 Abs. 1 Satz 5 noch die Verpflichtung des Inhabers einer bedeutenden
Beteiligung, jeden neu bestellten **gesetzlichen** oder **satzungsmäßigen** Vertreter oder neuen **persönlich haftenden Gesellschafte**r unverzüglich anzuzeigen.

2. Inhalt der Anzeige

§ 6 Abs. 1 Satz 2 regelt den wesentlichen Inhalt der Anzeige, nämlich die 10
Höhe der Beteiligung und gegebenenfalls die für die Begründung des
maßgeblichen Einflusses wesentlichen Tatsachen, die für die Beurteilung der
Zuverlässigkeit des Erwerbers und die Prüfung der weiteren Untersagungsgründe nach Abs. 2 Satz 2 wesentlichen Tatsachen und Unterlagen, sowie die
Personen und Unternehmen, von denen die entsprechenden Anteile erworben werden sollen.

III. Kompetenzen der Börsenaufsichtsbehörde, § 6 Abs. 2–4

Die Kompetenzen der Börsenaufsichtsbehörde nach § 6 sind umfassend 11
und reichen von **Auskunfts- und Vorlagerechten** nach § 6 Abs. 3 über die
Möglichkeit, **präventiv/prohibitiv** den Erwerb von Beteiligungen zu untersagen, bis hin zur **regulativen** Untersagung der Stimmrechtsausübung und
der Verfügung über die Anteile nach § 6 Abs. 2. Hinsichtlich dieser Kompetenzen und für die Auslegung der unbestimmten Rechtsbegriffe in § 6 sind
Sinn und Zweck der Anteilseignerkontrolle und damit deren Ziele entscheidend: Es geht, wie Burgard in seinem Gutachten zur Bewertung des gescheiterten „Zusammenschlusses" von Deutsche Börse AG und NYSE herausge-
arbeitet hat, darum, „zu gewährleisten, dass der mit der Staatsaufgabe
Börsenbetrieb beliehene Börsenträger seine Betriebspflicht regelgerecht und
nach besten Kräften erfüllt. Dementsprechend hat die Börsenaufsichtsbehörde
bei der Anteilseignerkontrolle vor allem zu prüfen, ob Tatsachen die Annahme rechtfertigen, dass die Leistungsfähigkeit und Leistungsbereitschaft des
Börsenträgers zur Erfüllung seiner Betriebspflicht, insbesondere auch hinsichtlich der Fortentwicklungspflicht, beeinträchtigt wird. Die hierbei zu stellenden Anforderungen richten sich nach dem konkreten Zuschnitt des Börsenbetriebs im Einzelfall, vgl. § 5 Abs. 5 BörsG."[5]

---

[5] *Burgard,* WM 2011, 1973, 1979.

1. Untersagung des Erwerbs

12   Nach § 6 Abs. 2 kann die Börsenaufsichtsbehörde innerhalb eines Monats nach Eingang der vollständigen Anzeige den beabsichtigten Erwerb einer bedeutenden Beteiligung oder ihre Erhöhung untersagen, wenn Tatsachen die Annahme rechtfertigen, dass die Voraussetzungen des § 6 Abs. 2 Nr. 1 oder Nr. 2 vorliegen. Voraussetzung der Untersagung ist demnach zunächst, dass die **Tatsachen** vorliegen; bloße **Mutmaßungen** oder **Verdächtigungen** genügen nicht.[6] Diese Tatsachen müssen den Schluss auf einen der in Nr. 1 und Nr. 2 umschriebenen bestimmten Umstände rechtfertigen; Gewissheit ist damit ebenso wenig erforderlich wie, dass die Tatsachen zwingend diese Umstände ergeben.[7]

13   Nach § 6 Abs. 2 Nr. 1 kann eine Untersagung erfolgen, wenn Tatsachen den Schluss auf eine **Unzuverlässigkeit** des Anzeigepflichtigen, seiner Organe (bzw. Organwalter) oder seiner Gesellschafter rechtfertigen. Bei der Auslegung des Begriffs der Unzuverlässigkeit kann auf die bei der Auslegung desselben Begriffes in der Parallelvorschrift des § 2b KWG gewonnenen Ergebnisse zurückgegriffen werden.[8]

14   Die Untersagungsmöglichkeit bei Tatsachen, welche die Annahme rechtfertigen, dass durch den Beteiligungserwerb „die **Durchführung und angemessene Fortentwicklung des Börsenbetriebs beeinträchtigt** wird" findet sich dagegen z. B. im KWG nicht. Was darunter konkret zu verstehen ist, ergibt sich auch nicht aus den Gesetzesmaterialien.[9] Ersichtlich geht es aber um die Gewährleistung der in § 5 Abs. 1 angeordneten Betriebspflicht mit ihren verschiedenen Ausgestaltungen.[10] Liegen Tatsachen vor, welche die Annahme rechtfertigen, dass der Beteiligungserwerb dazu führt, dass die finanziellen, sachlichen, personellen oder technischen Mittel für einen ordnungsgemäßen Börsenbetrieb zukünftig vom Träger der Börse nicht mehr zur Verfügung gestellt, oder die für eine zukunftsbezogene Fortentwicklung der Börse erforderlichen Mittel vom Börsenträger nicht mehr bereitgestellt werden, kann der Erwerb untersagt werden.

2. Untersagung der Stimmrechtsausübung

15   § 6 Abs. 4 ermächtigt die Börsenaufsichtsbehörde, die **Ausübung der Stimmrechte** von Inhabern bedeutender Beteiligungen an einem Börsenträger zu untersagen, wenn eine der in § 6 Abs. 4 Nr. 1 bis 3 genannten Voraus-

---

[6] *Beck,* in: Schwark/Zimmer, § 6 Rn. 12.

[7] Ausführlich hierzu *Burgard,* WM 2011, 1973, 1980, der hierbei auch die Bedeutung des bedrohten Rechtsguts, hier die enorme volkswirtschaftlich Bedeutung der Börsen, mit berücksichtigen will. Ebenso für die Parallelvorschrift des § 2b KWG Boss/Fischer/Schulte-Mattler/*Fülbier,* KWG, 4. Aufl. 2011, § 2b Rn. 9.

[8] So bereits die RegBegr. zum Vierten Finanzmarktförderungsgesetz, BT-Drs. 14/8017, S. 72, 73; ebenso *Christoph,* WM 2004, 1856, 1858 unter Verweis auf weitere vergleichbare Vorschriften. Ausführlich auch *Burgard,* WM 2011, 1973, 1980.

[9] Kritisch deshalb hierzu *Christoph,* WM 2004, 1856, 1858 ff.

[10] Vgl. oben § 5 BörsG Rn. 4; wie hier auch *Beck,* in: Schwark/Zimmer, § 6 Rn. 13; *Burgard,* WM 2011, 1973, 1982.

setzungen vorliegen. Darüber hinaus ordnet § 6 Abs. 4 ein **Zustimmungs-erfordernis für Verfügungen** über die Anteile von Inhabern bedeutender Beteiligungen an Trägern von Börsen an. Hierdurch soll verhindert werden, dass der Inhaber der Beteiligung seine Anteile auf einen Strohmann überträgt, bevor die Börsenaufsichtsbehörde von ihrem ebenfalls in § 6 Abs. 4 einge-räumten Recht, die Stimmrechte bzw. Anteile auf einen Treuhänder zu über-tragen, Gebrauch macht.

3. Auskunfts- und Vorlagerechte

§ 6 Abs. 3 ordnet zusätzlich zu den Anzeigeverpflichtungen auch noch ein **16 Auskunfts- und Vorlagerecht** der Börsenaufsichtsbehörde auch noch nach Ablauf der Frist des Abs. 2 Satz 1 an.

§ 7. Handelsüberwachungsstelle

(1) [1]**Die Börse hat unter Beachtung von Maßgaben der Börsenauf-sichtsbehörde eine Handelsüberwachungsstelle als Börsenorgan einzu-richten und zu betreiben, die den Handel an der Börse und die Börsen-geschäftsabwicklung überwacht.** [2]**An Warenbörsen, an denen Energie im Sinne des § 3 Nr. 14 des Energiewirtschaftsgesetzes gehandelt wird, sind von der Handelsüberwachungsstelle auch Daten über die Abwick-lung von Geschäften systematisch und lückenlos zu erfassen und auszu-werten, die nicht über die Börse geschlossen werden, aber über ein Ab-wicklungssystem der Börse oder ein externes Abwicklungssystem, das an die börslichen Systeme für den Börsenhandel oder die Börsenge-schäftsabwicklung angeschlossen ist, abgewickelt werden und deren Ge-genstand der Handel mit Energie oder Termingeschäfte in Bezug auf Energie sind; die Handelsüberwachungsstelle kann auf Basis dieser Da-ten notwendige Ermittlungen durchführen.** [3]**Die Handelsüberwachungs-stelle hat Daten über den Börsenhandel und die Börsengeschäftsabwick-lung systematisch und lückenlos zu erfassen und auszuwerten sowie notwendige Ermittlungen durchzuführen.** [4]**Die Börsenaufsichtsbehörde kann der Handelsüberwachungsstelle Weisungen erteilen und die Er-mittlungen übernehmen.** [5]**Die Geschäftsführung kann die Handelsüber-wachungsstelle im Rahmen der Aufgaben dieser Stelle nach den Sät-zen 1 bis 3 mit der Durchführung von Untersuchungen beauftragen.**

(2) [1]**Der Leiter der Handelsüberwachungsstelle hat der Börsenauf-sichtsbehörde regelmäßig zu berichten.** [2]**Die bei der Handelsüber-chungsstelle mit Überwachungsaufgaben betrauten Personen können gegen ihren Willen nur im Einvernehmen mit der Börsenaufsichtsbe-hörde von ihrer Tätigkeit entbunden werden.** [3]**Mit Zustimmung der Börsenaufsichtsbehörde kann die Geschäftsführung diesen Personen auch andere Aufgaben übertragen.** [4]**Die Zustimmung ist zu erteilen, wenn hierdurch die Erfüllung der Überwachungsaufgaben der Handels-überwachungsstelle nicht beeinträchtigt wird.**

(3) **Der Handelsüberwachungsstelle stehen die Befugnisse der Börsen-aufsichtsbehörde nach § 3 Abs. 4 Satz 1 bis 5 zu; § 3 Abs. 4 Satz 9 und 10 und Abs. 9 gilt entsprechend.**

(4) [1]Die Handelsüberwachungsstelle kann Daten über Geschäftsabschlüsse der Geschäftsführung und der Handelsüberwachungsstelle einer anderen Börse übermitteln, soweit sie für die Erfüllung der Aufgaben dieser Stellen erforderlich sind. [2]Die Handelsüberwachungsstelle kann Daten über Geschäftsabschlüsse auch den zur Überwachung des Handels an ausländischen organisierten Märkten oder entsprechenden Märkten mit Sitz außerhalb der Europäischen Union oder eines Vertragsstaates des Abkommens über den Europäischen Wirtschaftsraum zuständigen Stellen übermitteln und solche Daten von diesen Stellen empfangen, soweit sie zur ordnungsgemäßen Durchführung des Handels und der Börsengeschäftsabwicklung erforderlich sind. [3]An diese Stellen dürfen solche Daten nur übermittelt werden, wenn diese Stellen und die von ihnen beauftragten Personen einer der Regelung des § 10 gleichwertigen Verschwiegenheitspflicht unterliegen. [4]Diese Stellen sind darauf hinzuweisen, dass sie die Daten nur zu dem Zweck verwenden dürfen, zu dessen Erfüllung sie ihnen übermittelt werden. [5]Die Handelsüberwachungsstelle hat der Börsenaufsichtsbehörde, der Geschäftsführung und der Bundesanstalt mitzuteilen, mit welchen zuständigen Stellen in anderen Staaten sie welche Art von Daten auszutauschen beabsichtigt.

(5) [1]Stellt die Handelsüberwachungsstelle Tatsachen fest, welche die Annahme rechtfertigen, dass börsenrechtliche Vorschriften oder Anordnungen verletzt werden oder sonstige Missstände vorliegen, welche die ordnungsgemäße Durchführung des Handels an der Börse oder die Börsengeschäftsabwicklung beeinträchtigen können, hat sie die Börsenaufsichtsbehörde und die Geschäftsführung unverzüglich zu unterrichten. [2]Die Geschäftsführung kann eilbedürftige Anordnungen treffen, die geeignet sind, die ordnungsmäßige Durchführung des Handels an der Börse und der Börsengeschäftsabwicklung sicherzustellen; § 3 Abs. 9 gilt entsprechend. [3]Die Geschäftsführung hat die Börsenaufsichtsbehörde über die getroffenen Maßnahmen unverzüglich zu unterrichten. [1]Stellt die Handelsüberwachungsstelle Tatsachen fest, deren Kenntnis für die Erfüllung der Aufgaben der Bundesanstalt erforderlich ist, unterrichtet sie unverzüglich die Bundesanstalt. [4]Die Unterrichtung der Bundesanstalt hat insbesondere zu erfolgen, wenn die Handelsüberwachungsstelle Tatsachen feststellt, deren Kenntnis für die Bundesanstalt für die Verfolgung von Verstößen gegen das Verbot von Insidergeschäften oder das Verbot der Kurs- und Marktpreismanipulation nach § 14 oder § 20a des Wertpapierhandelsgesetzes erforderlich ist.

(6) Die Handelsüberwachungsstelle nimmt die ihr nach diesem Gesetz zugewiesenen Aufgaben und Befugnisse nur im öffentlichen Interesse wahr.

Übersicht

I. Handelsüberwachungsstelle

1. Errichtung

Als weitere Stelle der **Marktaufsicht** ist gem. § 7 Abs. 1 Satz 1 bei jeder   **1** Börse eine **Handelsüberwachungsstelle** einzurichten. Diese ist **Organ der jeweiligen Börse**, u. a. mit der Folge, dass die Börse für die Kosten aufzukommen hat.[1] Die Handelsüberwachungsstelle ist **Behörde** im verwaltungsrechtlichen Sinn.[2] Nach § 7 Abs. 1 Satz 1 kann, obwohl die **Errichtung der Handelsüberwachungsstelle** als Organ der Börse in die **primäre Verantwortung und Zuständigkeit der Börse** fällt, die **Börsenaufsichtsbehörde** „Maßgaben" für die Errichtung erlassen, d. h. insbesondere die personelle und materielle Ausstattung der Handelsüberwachungsstelle beanstanden und nach § 7 Abs. 1 Satz 4 auch gegebenenfalls **Einzelweisungen** erteilen.[3] Die Einflussmöglichkeiten auf die **personelle Ausstattung der Handelsüberwachungsstelle** ist bezüglich ihres **Leiters** in § 12 Abs. 2 Nr. 5 und § 7 Abs. 2 Satz 2 konkretisiert. Seine Bestellung und Abberufung kann nur im Einvernehmen mit der Börsenaufsichtsbehörde erfolgen. Auch die **Börsengeschäftsführung** kann die Handelsüberwachungsstelle mit der Durchführung von Untersuchungen beauftragen, § 7 Abs. 1 Satz 4. Als Leitungsorgan der Börse ist die Börsengeschäftsführung gegenüber dem Börsenorgan Handelsüberwachungsstelle und seinen Mitarbeitern direktionsbefugt.[4]

2. Aufgaben

Aufgabe der Handelsüberwachungsstelle ist insbesondere die **eigenver-**   **2** **antwortliche Überwachung des Handels an der Börse** und der **Börsengeschäftsabwicklung.** Damit sind der Handelsüberwachungsstelle im Prinzip dieselben Aufgaben zugewiesen wie der Börsenaufsichtbehörde nach § 3 Abs. 1 Satz 3.[5] Insbesondere aus § 7 Abs. 1 Satz 2 und den Ausführungen in der Regierungsbegründung zum Zweiten Finanzmarktförderungsgesetz[6] ergibt sich, dass die Handelsüberwachungsstelle als **umfassende Kontrolle**

---

[1] *Claussen,* DB 1994, 969, 971. Zur Organstellung auch *Beck,* in: Schwark/Zimmer, § 7 Rn. 1

[2] *Brockhausen,* WM 1997, 1998 f.

[3] RegBegr. zum Zweiten Finanzmarktförderungsgesetz, BT-Drs. 12/6679, S. 33, 60.

[4] *Ledermann,* in: Schäfer/Hamann, KMG, § 4 BörsG Rn. 5; *Beck,* in: Schwark/Zimmer, § 7 Rn. 7.

[5] Zur Abgrenzung von Börsenaufsichtsbehörde und Handelsüberwachungsstelle vgl. unten Rn. 9.

[6] RegBegr. zum Zweiten Finanzmarktförderungsgesetz, BT-Drs. 12/6679, S. 33, S. 60.

des Tagesgeschäftes vor Ort konzipiert ist. „Zu ihren Aufgaben gehören vor allem die Überwachung der Preisfindung und der Handelsvolumina, die ständige Kontrolle der Einhaltung von Handelsusancen, die Beobachtung der Eigengeschäfte der Kursmakler (jetzt: Skontroführer, Anm. d. Verf.), der Vergleich der Preise mit anderen Börsenplätzen und anderen Handelssystemen (insbesondere wegen des Zusammenspiels von Aktien- und Terminbörsen) und die Aufrechterhaltung der Ordnung im Börsensaal."[7] Durch das Gesetz zur Umsetzung der Beteiligungsrichtlinie (BGBl. I 2009 S. 470) wurden die Aufgaben der Handelsüberwachungsstelle im Bereich der Energiebörsen über die Überwachung des Handels an der Börse hinaus erweitert auf solche Geschäfte, die zwar nicht über die Börse geschlossen, aber dort abgewickelt werden. Hintergrund dieser Neuregelung war, dass an Energiebörsen der Terminmarkt nur zu einem geringen Teil börslich stattfindet, jedoch eine Vielzahl der Teilnehmer die von Börsen angebotenen Systeme zur Abwicklung von außerbörslichen Geschäften, das so genannte OTC-Clearing, nutzen, um dem Risiko des Kontrahentenausfalls zu begegnen. Darüber hinaus werden von § 7 Abs. 1 Satz 2 i.d. F. des Gesetzes zur Umsetzung der Beteiligungsrichtlinie auch Clearing-Daten von außerbörslichen Spotmarktgeschäften erfasst und soll die Formulierung „Termingeschäfte in Bezug auf Energie" weit zu verstehen sein, um möglichst alle Formen derivater Instrumente auf Energie zu erfassen.[8]

3   Die Handelsüberwachungsstelle hat zur Erfüllung ihrer Aufgaben die technischen und personellen Mittel bereitzuhalten. Technisch wird die Überwachungstätigkeit durch das **Börsenüberwachungs-System SIMA** (System für eine integrierte Marktaufsicht) unterstützt.[9] Neben der **Überwachungstätigkeit** obliegt der Handelsüberwachungsstelle auch die Pflicht, **Sachverhalte zu ermitteln,** die Anlass zu begründeten Zweifeln geben, dass der Handel an der Börse ordnungsgemäß durchgeführt wird.[10]

3. Befugnisse

4   Die Handelsüberwachungsstelle hat, soweit es um die Überwachung der Ordnungsmäßigkeit des Handels an der Börse und der Börsengeschäftsabwicklung geht, dieselben **Befugnisse** wie die Börsenaufsichtsbehörde; § 7 Abs. 3 verweist insoweit auf § 3 Abs. 4, so dass auch die Handelsüberwachungsstelle z.B. das Recht hat, **Auskünfte und Unterlagen**[11] zu verlangen sowie Prüfungen vorzunehmen. Die durch das Begleitgesetz eingefügten Sätze 2–4 des § 7 Abs. 4 tragen dem verstärkten grenzüberschreitenden Wertpapierhandel und den sich daraus ergebenden Risiken Rechnung. Sie ge-

---

[7] RegBegr. zum Zweiten Finanzmarktförderungsgesetz, BT-Drs. 12/6679, S. 33, S. 60.

[8] So ausdrücklich RegBegr. zum Gesetz zur Umsetzung der Beteiligungsrichtlinie, BT-Drucks. 16/10536 S. 39.

[9] *Foelsch,* in: BuB 7 Rn. 560.

[10] *Ledermann,* in: Schäfer/Hamann, KMG, § 4 BörsG Rn. 7.

[11] Zum Umfang des Auskunftsanspruchs der Handelsüberwachungsstelle vgl. VGH Kassel, Beschluss v. 4. 6. 1998 – 8 TG 4000 – 97, NJW-RR 1999, 122 (123f.).

statten den unmittelbaren **grenzüberschreitenden Datenaustausch,** Satz 2, und ordnen in Satz 3 an, dass dabei die **datenschutzrechtlichen Anforderungen** eingehalten werden.[12] Gleichzeitig wird durch den Verweis in § 7 Abs. 3 auf § 3 Abs. 9 klargestellt, dass **Widerspruch** und **Anfechtungsklage** gegen Maßnahmen der Handelsüberwachungsstelle **keine aufschiebende Wirkung** haben.

3. Informationspflichten[13]

Nach § 7 Abs. 2 Satz 1 hat der Leiter der Handelsüberwachungsstelle der 5 Börsenaufsichtsbehörde regelmäßig zu **berichten.** Dies ist eine Konkretisierung der allgemeinen Verpflichtung aufgrund § 3 Abs. 2 Satz 2, wonach die Börsenorgane die Börsenaufsichtsbehörde bei der Erfüllung ihrer Aufgaben zu unterstützen haben. Der **Bericht des Leiters** der Handelsüberwachungsstelle gem. Abs. 2 Satz 1 hat regelmäßig zu erfolgen. Dies legt es nahe, dass er monatlich einen schriftlichen Bericht zu erstatten hat. Die darüber hinaus der Börsenaufsichtsbehörde aufgrund der dem Börsenwesen innewohnenden Eilbedürftigkeit unter Umständen erforderlichen mündlichen Berichte sollten im Nachgang schriftlich dokumentiert und der Börsenaufsichtsbehörde zugeleitet werden. Neben den monatlichen Berichten sollte die Handelsüberwachungsstelle der Börsenaufsichtsbehörde auch **Jahresberichte** zur Verfügung stellen.

Nach § 7 Abs. 5 Satz 1 hat die Handelsüberwachungsstelle die Börsenauf- 6 sichtsbehörde und die Geschäftsführung **unverzüglich** – im Regelfall schriftlich, nur in eiligen Ausnahmefällen mündlich – zu **unterrichten,** wenn sie Tatsachen feststellt, welche die Annahme rechtfertigen, dass börsenrechtliche Vorschriften oder Anordnungen verletzt werden oder sonstige **Missstände** vorliegen, welche die ordnungsgemäße Durchführung des Handels an der Börse oder die Börsengeschäftsabwicklung beeinträchtigen können.

Nach Satz 4 und 5 in Abs. 5 ist die Handelsüberwachungsstelle, wenn sie 7 Tatsachen feststellt, deren Kenntnis für die **Erfüllung der Aufgaben der BaFin** erforderlich ist, verpflichtet, diese unverzüglich zu unterrichten. Dies gilt insbesondere, wie § 7 Abs. 5 Satz 5 ausdrücklich hervorhebt, wenn die Handelsüberwachungsstelle Tatsachen feststellt, deren Kenntnis für die Bundesanstalt für die Verfolgung von Verstößen gegen das Verbot von Insidergeschäften oder das Verbot der Kurs- und Marktpreismanipulation nach § 14 oder § 20a WpHG erforderlich ist. Da die Handelsüberwachungsstelle im Bereich des Börsenhandels über eine umfassendere Datenbasis als die Bundesanstalt verfügt, weil sie als erste von Aufträgen, die der Feststellung eines Börsenpreises zugrunde liegen, erfährt, soll durch die Sätze 4 und 5 des § 7 Abs. 5 sichergestellt werden, dass die Bundesanstalt vom Wissen der Handelsüberwachungsstelle profitiert.[14]

---

[12] RegBegr. zum Begleitgesetz, BT-Drs. 13/7143, S. 16, 19 f.

[13] Vgl. hierzu auch eingehend *Beck,* in: Schwark/Zimmer, § 7 BörsG Rnrn. 7, 25 ff.; *Ledermann,* in: Schäfer/Hamann, KMG, § 4 BörsG Rn. 15 ff.

[14] RegBegr. zum Vierten Finanzmarktförderungsgesetz, BT-Drs. 14/8017, S. 72, S. 73.

II. Abgrenzung der verschiedenen Börsenaufsichtsstellen

8   Sowohl die **BaFin** als auch die **Börsenaufsicht** überwachen die Börse und die Börsengeschäfte, jedoch mit jeweils **unterschiedlicher Zielrichtung.** Während die **Bundesanstalt** die Börse und die Börsengeschäfte in Bezug auf die Einhaltung der **Verhaltensregeln des Wertpapierhandelsgesetzes,** die Aufdeckung und Verfolgung von **Insiderdelikten** und das Verbot der Kurs- und Marktpreismanipulation überwacht, geht es bei der **Börsenaufsicht** um die **Überwachung der Ordnungsmäßigkeit des Börsenhandels,** d. h. die Einhaltung der diesbezüglichen Normen und die ordnungsgemäße Preisfindung sowie die ordnungsmäßige Börsengeschäftsabwicklung. Zutreffend wies deshalb die Regierungsbegründung zum Zweiten Finanzmarktförderungsgesetz darauf hin, dass es zu **Kompetenzkonflikten** zwischen der Börsenaufsicht und dem Bundesaufsichtsamt für den Wertpapierhandel (jetzt BaFin) nicht kommen könne.[15]

9   Das Verhältnis von **Börsenaufsichtsbehörde** und **Handelsüberwachungsstelle**[16] ist zwar bezüglich der hierarchischen Organisation durch das **Weisungsrecht** und das **Selbsteintrittsrecht** der Börsenaufsichtsbehörde wie zwischen einer über- und einer untergeordneten Behörde geregelt. Nicht explizit normiert ist dagegen die Aufgabenverteilung zwischen diesen beiden Stellen der Börsenaufsicht, die beide den Handel an der Börse und die Börsengeschäftsabwicklung überwachen. Doch obliegt laut Regierungsbegründung die **„primäre Verantwortung"** für die Handelsüberwachung der Börsenselbstverwaltung und damit der Handelsüberwachungsstelle.[17] Insofern steht die Marktaufsicht durch die Handelsüberwachungsstelle nicht nur gleichwertig neben der Börsenaufsicht, sondern ihr obliegt die **Primärverantwortung** und damit auch die **primäre Zuständigkeit,** so dass die laufende Überwachung des Marktgeschehens in erster Linie den Handelsüberwachungsstellen überlassen bleibt. Diese **Primärzuständigkeit der Börsenselbstverwaltung** entspricht auch dem allgemein gültigen **Subsidiaritätsprinzip.**[18]

10   Die Geschäftsführung der Börse leitet diese und wird vom Börsenrat überwacht. Diese beiden Börsenorgane sind zwar ebenfalls Börsenaufsichtsorgane, aber nicht mit Marktaufsichtsbefugnissen ausgestattet, sondern mit der Funktion, technisch und organisatorisch den Handel an der Börse zu ermöglichen und zu gewährleisten.[19]

---

[15] RegBegr. zum Zweiten Finanzmarktförderungsgesetz, BT-Drs. 12/6679, S. 33, 59; kritisch *Claussen,* DB 1994, 969, 970, der die Abgrenzung für nur „vordergründig" hält.

[16] Ausführlich *Beck,* in: Schwark/Zimmer: § 7 BörsG Rn. 9 ff.

[17] RegBegr. zum Zweiten Finanzmarktförderungsgesetz, BT-Drs. 12/6679, S. 33, S. 59.

[18] Vgl. hierzu *Bremer,* BB 1965, 957 f.

[19] Vgl. dazu unten, Kommentierung zu § 9 und § 12.

III. Haftung

Der Leiter der Handelsüberwachungsstelle ist als Träger hoheitlicher Ver- **11**
waltung und Vertreter des Börsenorgans Handelsüberwachungsstelle **Beamter
im haftungsrechtlichen Sinne,** so dass im Falle einer Amtspflichtverletzung
Amtshaftungsansprüche nach § 839 BGB i. V. m. Art. 34 GG gegenüber
dem jeweiligen Bundesland geltend gemacht werden können.[20] Voraussetzung
dafür ist, dass eine Amtspflicht verletzt wurde, die zumindest auch den Zweck
hat, gerade die Interessen des Anspruchsstellers wahrzunehmen.[21]

Durch das **Vierte Finanzmarktförderungsgesetz** hat der Gesetzgeber **12**
über die bereits früher bestehende Regelung für die Börsenaufsichtsbehörde
in § 1 Abs. 6 BörsG a. F. (jetzt § 3 Abs. 3) hinaus für jedes Börsenorgan an
den entsprechenden Stellen[22] und auch für die Handelsüberwachungsstelle in
§ 7 Abs. 6 eine Regelung aufgenommen nach der dieses Organ seine **Aufgaben allein im öffentlichen Interesse** wahrnimmt. Bezweckt war damit –
auch wenn dies nicht ausdrücklich in den jeweiligen Aussagen der Regierungsbegründung angesprochen wird – der Ausschluss einer Amtshaftung des
Landes für das jeweilige Börsenorgan.[23] Dient nämlich die ordnungsgemäße
Wahrnehmung der jeweiligen Amtspflicht ausschließlich öffentlichen Interessen, so scheidet ein Anspruch nur mittelbar Betroffener mangels der sie speziell schützenden Amtspflicht aus. Man mag diese gesetzliche Neuregelung
für verfassungsrechtlich bedenklich ansehen.[24] Hält man sie aber für wirksam,
so wird man aufgrund der gesetzlichen Änderung davon ausgehen müssen,
dass auch bei pflichtwidrigem Verhalten der Handelsüberwachungsstelle kein
Anspruch z. B. des Anlegers gegen das jeweilige Bundesland in Betracht
kommt.[25] An einem möglichem Anspruch der Handelsteilnehmer und Emittenten, die unmittelbare Adressaten möglicher Überwachungs- und Ermitt-

---

[20] So ausdrücklich und ausführlich *Beck,* in: Schwark/Zimmer, § 7 BörsG Rn. 30;
nach Ansicht von *Faßbender/Reichegger,* WM 2009, 732, 736 ff. ist jedoch nicht das
jeweilige Bundesland als „Anvertrauter" Haftungsverpflichteter, sondern der Anstaltsträger.

[21] Vgl. speziell zu verschiedenen börsenrechtlichen Pflichten OLG Frankfurt, Urteil
v. 18. 1. 2001 – 1 U 209/99, ZIP 2001, 730, 731; LG Frankfurt, Urteil v. 3. 9. 2004 –
2/4 O 435/02, WM 2004, 2155, 2156.

[22] § 12 Abs. 6 BörsG für den Börsenrat, § 15 Abs. 6 BörsG für die Börsengeschäftsführung § 22 Abs. 2 Satz 3 BörsG für den Sanktionsausschuss.

[23] Kritisch dazu *Kümpel/Hammen,* S. 135 f. und anders *Beck,* in: Schwark/Zimmer, § 3
BörsG Rnrn. 23 f. und speziell für die Handelsüberwachungsstelle § 7 BörsG Rn. 29.
Ausführliche Nachweise zu den verfassungsrechtlichen Bedenken bei *Hopt,* Bank-Ge-
schäfte, Rn. A/5. Die früher in § 6 Abs. 4 KWG, jetzt § 4 Abs. 4 FinDAG, enthaltene
entsprechende Regelung hält der EuGH für europarechtlich unbedenklich, EuGH v.
12. 10. 2004 – Rs C-222/02, ZIP 2004, 239; der BGH hat daraufhin auch einen Verstoß gegen das GG verneint, BGH, Urteil v. 20. 1. 2005 – III ZR 48/01, ZIP 2005,
287, 291 f.

[24] Andere Auffassung der BGH, Urteil v. 20. 1. 2005 – III ZR 48/01, ZIP 2005,
287, 291 f.

[25] So ausdrücklich *Beck,* in: Schwark/Zimmer, § 7 BörsG Rn. 29.

lungsmaßnahmen der Handelsüberwachungsstelle sind, ändert dagegen die gesetzliche Neuregelung nichts. Die Ausübung der Befugnisse nach § 7 stellt regelmäßig einen Eingriff in die Rechtssphäre des betroffenen Handelsteilnehmers oder Emittenten dar, so dass § 7 Abs. 6 einem Anspruch dieser Personen bei Verletzung der Amtspflichten durch die Handelsüberwachungsstelle nicht entgegen stehen kann.[26]

§ 8. Zusammenarbeit

(1) **Die Börsenaufsichtsbehörden und die Bundesanstalt arbeiten eng zusammen und tauschen nach Maßgabe des § 10 untereinander alle Informationen aus, die für die Wahrnehmung ihrer Aufgaben sachdienlich sind.**

(2) **Die Börsenaufsichtsbehörde unterrichtet die Bundesanstalt unverzüglich von Handelsaussetzungen und -einstellungen nach § 3 Abs. 5 Satz 3 Nr. 1, vom Erlöschen einer Erlaubnis nach § 4 Absatz 4 und von der Aufhebung der Erlaubnis nach § 4 Absatz 5 oder den Vorschriften der Verwaltungsverfahrensgesetze der Länder.**

1   Nach Artikel 46 Finanzmarktrichtlinie müssen dann, wenn ein Mitgliedsstaat für die Durchsetzung einer Bestimmung der Finanzmarktrichtlinie mehr als eine zuständige Behörde benennt, die jeweiligen Aufgaben klar abgegrenzt werden und die betreffenden Behörden eng zusammen arbeiten. § 8 Abs. 1 setzt Artikel 49 Satz 1 Finanzmarktrichtlinie um und ordnet eine Verpflichtung zur engen Zusammenarbeit zum Informationsaustausch zwischen der Bundesanstalt und den Börsenaufsichtsbehörden der Länder in sämtlichen Fragen an, die jeweils für die andere Behörde aufgrund der jeweiligen Zuständigkeitsbereiche sachdienlich sind.[1]

2   § 8 Abs. 2 setzt Artikel 41 Abs. 2 Satz 1 Finanzmarktrichtlinie um und enthält eine Verpflichtung zur unverzüglichen Unterrichtung der Bundesanstalt durch die Börsenaufsichtsbehörde in den Fällen der Handelsaussetzung und -einstellung auf Anordnung der Börsenaufsichtsbehörde. § 8 Abs. 2 wurde durch das Gesetz zur Umsetzung der Richtlinie 2010/78/EU vom 24. November 2010 im Hinblick auf die Errichtung des Europäischen Finanzaufsichtssystems[2] um die Berichtspflicht über das Erlöschen oder die Aufhebung einer Erlaubnis für den Betrieb einer Börse erweitert. Die Bundesanstalt unterrichtet wiederum die Europäische Wertpapier- und Marktaufsichtsbehörde nach § 7a Abs. 3 WpHG.

§ 9. Anwendbarkeit kartellrechtlicher Vorschriften

(1) **[1]Die Börsenaufsichtsbehörde hat darauf hinzuwirken, dass die Vorschriften des Gesetzes gegen Wettbewerbsbeschränkungen eingehalten werden. [2]Dies gilt insbesondere für den Zugang zu Handels-, Infor-**

---

[26] Ebenso *Beck,* in: Schwark/Zimmer, § 7 BörsG Rn. 31a. E.
[1] RegBegr. zum Finanzmarktrichtlinie-Umsetzungsgesetz, BT-Drs. 16/4028, S. 84.
[2] BGBl. I 2011, 2427.

mations- und Abwicklungssystemen und sonstigen börsenbezogenen Dienstleistungseinrichtungen sowie deren Nutzung.

(2) [1]Die Zuständigkeit der Kartellbehörden bleibt unberührt. [2]Die Börsenaufsichtsbehörde unterrichtet die zuständige Kartellbehörde bei Anhaltspunkten für Verstöße gegen das Gesetz gegen Wettbewerbsbeschränkungen. [3]Diese unterrichtet die Börsenaufsichtsbehörde nach Abschluss ihrer Ermittlungen über das Ergebnis der Ermittlungen.

Übersicht

I. Einleitung

§ 9 wurde durch das Zweite Finanzmarktförderungsgesetz in das Börsenge- **1** setz eingefügt. Laut Regierungsbegründung zum Zweiten Finanzmarktförderungsgesetz ging es darum, „mögliche Tendenzen zur **Konzentration** oder gar **Oligopolisierung** des Wertpapierhandels und bestimmter Handelssysteme und einer **Monopolisierung** im Bereich der Börsen-EDV entgegenzuwirken." Gleichzeitig sollte eine „Schwächung der Marktposition der Börsenmakler, der Regionalbörsen und kleinerer Unternehmen auf dem Wertpapiermarkt" vermieden werden.[1]

„Die Absätze 1 und 2 des § 6 (Anm. d. Verfassers: jetzt § 9) sind zusam- **2** men zu lesen; nur dann wird klar, dass § 6 Satz 1 nicht etwa eine kartellrechtliche Eingriffsbefugnis der Börsenaufsichtsbehörde aufstellt.[2] Vielmehr bleibt die **Zuständigkeit der Kartellbehörden** unberührt. Absatz 2 schafft für die Börsenaufsichtsbehörden eine förmliche Handhabe, mit der sie eine Überprüfung von Sachverhalten, die den Verdacht eines Verstoßes gegen die Grundsätze des Kartellrechts nahe legen, durch die dafür sachlich kompetenten Kartellbehörden herbeiführen können."[3]

II. Anwendbarkeit des GWB, § 9 Absatz 1

1. Börse und Träger der Börse als Adressaten des GWB

Das GWB ist nur auf **Unternehmen** anwendbar. Der Unternehmensbe- **3** griff des GWB wird bereits durch jedwede Tätigkeit im geschäftlichen Verkehr erfüllt.[4] Dies trifft sowohl auf den **Börsenträger** als auch auf die **Börse** selbst zu. Auf die **Rechtsform** – beim Börsenträger ist dies unproblematisch,

---

[1] Begr. Reg. zum Zweiten Finanzmarktförderungsgesetz, BT-Drs. 126679, S. 61.
[2] *Ledermann*, in: Schäfer/Hamann, KMG, § 6 BörsG Rn. 4.
[3] Begr. Reg. zum Zweiten Finanzmarktförderungsgesetz, BT-Drs. 126679 S. 61.
[4] BGH, Beschluss v. 14. 3. 1990 – KVR 4/88, NJW 1990, 2815, 2817 m. w. umfangr. Nachw.

da diese zwischenzeitlich ausschließlich Kapitalgesellschaften sind[5] – kommt es nicht an; auch Anstalten öffentlichen Rechts können Unternehmen i. S. des GWB und damit dessen Normadressaten sein.[6] Auch der Umstand, dass die Tätigkeit des Börsenträgers und der Börse teilweise öffentlich-rechtlich ist und öffentliche Zwecke verfolgt werden, schließt die Anwendbarkeit des GWB grundsätzlich nicht aus.[7] Soweit jedoch gesetzliche Vorgaben für die Durchführung der Aufgaben der Börsen bzw. der Börsenträger bestehen, z. B. im Bereich der Börsenorganisation einschließlich der Aufgaben, Befugnisse und Zuständigkeiten der Börsenorgane und die Börsenaufsicht,[8] insbesondere aber z. B. für das Erfordernis einer Zulassung von Wertpapieren zum Börsenhandel, unterliegen diese speziellen Bestimmungen nicht der wettbewerbsrechtlichen Kontrolle, sondern sind „gesetzlich" vorgegeben.

2. Wettbewerbsrechtlich relevante Tätigkeiten der Börsen

4   § 9 Abs. 1 Satz 2 ordnet eine Anwendung des GWB insbesondere „für den Zugang zu Handels-, Informations- und Abwicklungssystemen und sonstigen börsenbezogenen Dienstleistungseinrichtungen sowie deren Nutzung" an. Damit sind die drei relevanten **„Märkte"** der Börse und ihrer Träger angesprochen: Erstens geht es um die **Marktplatzfunktion,** welche die Börsen bereits definitionsgemäß[9] wahrnimmt, d. h. das Zur-Verfügung-Stellen eines zentralisierten, organisierten Handelssystems, in dem Angebot und Nachfrage in börsenmäßig handelbaren Wirtschaftsgütern oder Rechten mit dem Ziel zusammengeführt werden, Vertragsabschlüsse unter mehreren Marktteilnehmern im System zu ermöglichen und durchzuführen. Zweitens geht es um die Durchführung der jeweiligen Geschäfte, d. h. die **Abwicklungssysteme** soweit diese Bestandteile der Börsen sind oder vom Börsenträger zur Verfügung gestellt werden. Drittens geht es um die **Informationssysteme** (z. B. Veröffentlichung von Kursen, Indices etc.) und sonstige **börsenbezogene Dienstleistungen.**

3. Beachtung des GWB

5   Auf den vorgenannten „Märkten" hat die Börsenaufsichtsbehörde auf die Einhaltung des GWB hinzuwirken. Das gilt zum einen im Hinblick auf den **Wettbewerb zwischen den einzelnen deutschen Wertpapierbörsen.** Hier hat der Wettbewerb sowohl im Bereich der Handelszeiten, des Mindestschlusses, der Handelssysteme, der Transaktionskosten etc. zugenommen.[10] Dennoch ist darauf zu achten, dass hier nicht durch z. B. **Zusam-**

---

[5] Siehe oben Vorbemerkungen BörsG Rn. 24.
[6] BGH, Beschluss v. 14. 3. 1990 – KVR 4/88, NJW 1990, 2815, 2817 m. w. umfangr. Nachw.
[7] Vgl. zu Vorstehendem nur *Beck*, in: Schwark/Zimmer, § 9 BörsG Rnrn. 5 und 8; *Ledermann*, in: Schäfer/Hamann, KMG, § 6 BörsG Rn. 8.
[8] *Beck*, in: Schwark/Zimmer, § 9 BörsG Rnrn. 8 f.
[9] Zur Begriffsbestimmung der Börsen vgl. oben § 2 BörsG Rn. 24.
[10] Ebenso *Beck*, in: Schwark/Zimmer, § 9 BörsG Rnrn. 10 ff.

menschlüsse von Börsen oder Börsenträgern, **abgestimmtes Verhalten** bei der Angleichung von Regelwerken, dem Zulassungsprocedere, den Handelsabläufen oder Abwicklungssystemen oder deren Koppelung der Wettbewerb unzulässigerweise beeinträchtigt wird.[11] Inwieweit bei der Betrachtung der einzelnen Märkte deren **Substituierbarkeit** durch alternative Märkte, z. B. börsenähnliche Einrichtungen, elektronische Handelssysteme, alternative Handelssysteme aber auch eine verstärkte Internalisierung des Handels berücksichtigt werden kann und muss, ist derzeit noch offen und hängt auch von der Fortentwicklung und künftigen Bedeutung dieser „Alternativen" ab.

§ 10. Verschwiegenheitspflicht

(1) [1]**Die bei der Börsenaufsichtsbehörde oder einer Behörde, der Aufgaben und Befugnisse der Börsenaufsichtsbehörde nach § 3 Abs. 7 übertragen worden sind, Beschäftigen, die nach § 3 Abs. 8 beauftragten Personen, die Mitglieder der Börsenorgane sowie die beim Träger der Börse Beschäftigten oder unmittelbar oder mittelbar in seinem Auftrag handelnden Personen, soweit sie für die Börse tätig sind, dürfen die ihnen bei ihrer Tätigkeit bekannt gewordenen Tatsachen, deren Geheimhaltung im Interesse der Handelsteilnehmer oder eines Dritten liegt, insbesondere Geschäfts- und Betriebsgeheimnisse sowie personenbezogene Daten, nicht unbefugt erheben oder verwenden, auch wenn sie nicht mehr im Dienst sind oder ihre Tätigkeit beendet ist.** [2]**Dies gilt auch für andere Personen, die durch dienstliche Berichterstattung Kenntnis von den in Satz 1 bezeichneten Tatsachen erhalten.** [3]**Ein unbefugtes Erheben oder Verwenden im Sinne des Satzes 1 liegt insbesondere nicht vor, wenn Informationen weitergegeben werden an**

1. **Strafverfolgungsbehörden oder für Straf- und Bußgeldsachen zuständige Gerichte,**

2. **kraft Gesetzes oder im öffentlichen Auftrag mit der Überwachung von Börsen oder anderen Märkten, an denen Finanzinstrumente gehandelt werden, von Kreditinstituten, Finanzdienstleistungsinstituten, Investmentgesellschaften, Finanzunternehmen, Versicherungsunternehmen, Versicherungsvermittlern oder den Vermittlern von Anteilen an Investmentvermögen im Sinne des § 2 a Abs. 1 Nr. 7 des Wertpapierhandelsgesetzes oder mit der Überwachung des Handels mit Finanzinstrumenten oder Devisen betraute Stellen sowie von diesen beauftragten Personen,**

3. **Zentralnotenbanken, das Europäische System der Zentralbanken oder die Europäische Zentralbank in ihrer Eigenschaft als Währungsbehörden sowie an andere staatliche Behörden, die mit der Überwachung der Zahlungssysteme betraut sind, und an**

---

[11] Zu weiteren wettbewerbsrechtlich relevanten Verhaltensweisen und Sachverhalten vgl. auch ausführlich *Beck*, in: Schwark/Zimmer, § 9 BörsG Rnrn. 14 ff. Beispiele auch bei *Ledermann*, in: Schäfer/Hamann, KMG, § 6 BörsG Rn. 2 ff. (Wettbewerb zwischen Parketthandel und elektronischem Handelssystem, Wettbewerb zwischen den deutschen Börsen, Börsenkooperation, Zusammenschlüsse von Börsen).

4. mit der Liquidation oder dem Insolvenzverfahren über das Vermögen eines Wertpapierdienstleistungsunternehmens im Sinne des § 2 Abs. 4 des Wertpapierhandelsgesetzes, eines Börsenträgers oder eines organisierten Marktes mit Sitz im Ausland oder dessen Betreiber befasste Stellen,

soweit die Kenntnis dieser Informationen für diese Stellen zur Erfüllung ihrer Aufgaben erforderlich ist. [4]Für die bei diesen Stellen Beschäftigten gilt die Verschwiegenheitspflicht nach Satz 1 entsprechend.

(2) [1]Die §§ 93, 97, 105 Abs. 1, § 111 Abs. 5 in Verbindung mit § 105 Abs. 1 sowie § 116 Abs. 1 der Abgabenordnung gelten nicht für die in Absatz 1 Satz 1 oder 2 bezeichneten Personen, soweit sie zur Durchführung dieses Gesetzes tätig werden. [1]Sie finden Anwendung, soweit die Finanzbehörden die Kenntnis für die Durchführung eines Verfahrens wegen einer Steuerstraftat sowie eines damit zusammenhängenden Besteuerungsverfahrens benötigen, an deren Verfolgung ein zwingendes öffentliches Interesse besteht und nicht Tatsachen betroffen sind, die den in Absatz 1 Satz 1 oder 2 bezeichneten Personen durch eine Stelle eines anderen Staates im Sinne des Absatzes 1 Satz 3 Nr. 2 oder durch von dieser Stelle beauftragte Personen mitgeteilt worden sind.

§ 10 Abs. 1 begründet in Anlehnung an die tatbestandlich nahezu identischen Vorschriften des § 9 KWG bzw. des § 8 WpHG eine Verschwiegenheitspflicht für die bei den Börsenaufsichtsbehörden Beschäftigten und weitere in § 10 Abs. 1 genannte Personen. § 10 Abs. 2 enthält darüber hinaus ein spezielles Verwertungsverbot. Verstöße gegen die Verschwiegenheitspflicht stellen eine Amtspflichtverletzung dar, die Schadenersatzansprüche nach § 839 BGB i. V. m. Art. 34 GG zur Folge haben kann.[1]

§ 11. Untersagung der Preisfeststellung für ausländische Währungen

Das Bundesministerium der Finanzen kann im Einvernehmen mit dem Bundesministerium für Wirtschaft und Technologie und nach Anhörung der Deutschen Bundesbank Einzelweisungen an eine Börse erteilen, die Preisermittlung für ausländische Währungen vorübergehend zu untersagen, wenn eine erhebliche Marktstörung droht, die schwerwiegende Gefahren für die Gesamtwirtschaft oder das Publikum erwarten lässt.

§ 12. Börsenrat

(1) [1]Jede Börse hat einen Börsenrat zu bilden, der aus höchstens 24 Personen besteht. [2]Im Börsenrat müssen die zur Teilnahme am Börsenhandel zugelassenen Unternehmen und die Anleger vertreten sein. [3]Bei einer Wertpapierbörse gelten als Unternehmen nach Satz 2 insbesondere die zur Teilnahme am Börsenhandel zugelassenen Kreditinstitute ein-

---

[1] *Beck,* in: Schwark/Zimmer, § 10 Rn. 23.

schließlich der Wertpapierhandelsbanken, die zugelassenen Finanzdienstleistungsinstitute und sonstigen zugelassenen Unternehmen sowie die zur Teilnahme am Börsenhandel zugelassenen Kapitalanlagegesellschaften. [4]Handelt es sich bei der Börse zumindest auch um eine Wertpapierbörse, müssen im Börsenrat über die in Satz 2 genannten Unternehmen hinaus auch die Skrontoführer, die Versicherungsunternehmen, deren emittierte Wertpapiere an der Börse zum Handel zugelassen sind, und andere Emittenten solcher Wertpapiere vertreten sein. [5]Die Zahl der Vertreter der Kreditinstitute einschließlich der Wertpapierhandelsbanken sowie der mit den Kreditinstituten verbundenen Kapitalanlagegesellschaften und sonstigen Unternehmen darf insgesamt nicht mehr als die Hälfte der Mitglieder des Börsenrates betragen. [6]Die nach § 13 Absatz 4 zu erlassende Rechtsverordnung kann für einzelne Börsen Ausnahmen von den Bestimmungen der Sätze 2 bis 5 zulassen. [7]Sie kann insbesondere vorsehen, dass sonstige betroffene Wirtschaftsgruppen im Börsenrat vertreten sind, und die Entsendung der Vertreter der nicht zum Börsenhandel zugelassenen Unternehmen regeln.

(2) [1]Dem Börsenrat obliegt insbesondere

1. der Erlass der Börsenordnung, der Bedingungen für Geschäfte an der Börse, der Gebührenordnung und der Zulassungsordnung für Börsenhändler und der Handelsordnung für den Freiverkehr, die jeweils als Satzung erlassen werden,

2. die Bestellung und Abberufung der Geschäftsführer im Einvernehmen mit der Börsenaufsichtsbehörde,

3. die Überwachung der Geschäftsführung,

4. der Erlass einer Geschäftsordnung für die Geschäftsführung und

5. die Bestellung oder Wiederbestellung des Leiters der Handelsüberwachungsstelle auf Vorschlag der Geschäftsführung und im Einvernehmen mit der Börsenaufsichtsbehörde.

[2]Die Entscheidung über die Einführung von technischen Systemen, die dem Handel oder der Abwicklung von Börsengeschäften dienen, bedarf der Zustimmung des Börsenrates. [3]Die Börsenordnung kann für andere Maßnahmen der Geschäftsführung von grundsätzlicher Bedeutung die Zustimmung des Börsenrates vorsehen. [4]Bei Kooperations- und Fusionsabkommen des Börsenträgers, die den Börsenbetrieb betreffen, sowie bei der Auslagerung von Funktionen und Tätigkeiten auf ein anderes Unternehmen nach § 5 Abs. 3 ist dem Börsenrat zuvor Gelegenheit zur Stellungnahme zu geben.

(3) [1]Der Börsenrat gibt sich eine Geschäftsordnung. [2]Er wählt aus seiner Mitte einen Vorsitzenden und mindestens einen Stellvertreter, der einer anderen Gruppe im Sinne des Absatzes 1 Satz 2 angehört als der Vorsitzende. [2]Wahlen nach Satz 2 sind geheim; andere Abstimmungen sind auf Antrag eines Viertels der Mitglieder geheim durchzuführen.

(4) Setzt der Börsenrat zur Vorbereitung seiner Beschlüsse Ausschüsse ein, hat er bei der Zusammensetzung der Ausschüsse dafür zu sorgen,

dass Angehörige der Gruppen im Sinne des Absatzes 1 Satz 2, deren Belange durch die Beschlüsse berührt werden können, angemessen vertreten sind.

(5) Mit der Genehmigung einer neuen Börse bestellt die Börsenaufsichtsbehörde einen vorläufigen Börsenrat höchstens für die Dauer eines Jahres.

(6) Der Börsenrat nimmt die ihm nach diesem Gesetz zugewiesenen Aufgaben und Befugnisse nur im öffentlichen Interesse wahr.

§ 13. Wahl des Börsenrates

(1) Die Mitglieder des Börsenrates werden für die Dauer von bis zu drei Jahren von den in § 12 Abs. 1 Satz 2 bis 4 genannten Gruppen jeweils aus ihrer Mitte gewählt; die Vertreter der Anleger werden von den übrigen Mitgliedern des Börsenrates hinzugewählt.

(2) [1]Unternehmen, die mehr als einer der in § 12 Abs. 1 Satz 2 bis 4 genannten Gruppen angehören, dürfen nur in einer Gruppe wählen. [2]Verbundene Unternehmen dürfen im Börsenrat nur mit einem Mitglied vertreten sein.

(3) Die Mitglieder des Börsenrates müssen zuverlässig sein und die erforderliche fachliche Eignung haben.

(4) [1]Das Nähere über die Amtszeit des Börsenrates, die Aufteilung in Gruppen, die Ausübung des Wahlrechts und die Wählbarkeit, die Durchführung der Wahl und die vorzeitige Beendigung der Mitgliedschaft im Börsenrat wird durch Rechtsverordnung der Landesregierung nach Anhörung des Börsenrates bestimmt. [2]Die Landesregierung kann diese Ermächtigung durch Rechtsverordnung auf die Börsenaufsichtsbehörde übertragen. [3]Die Rechtsverordnung muss sicherstellen, dass alle in § 12 Abs. 1 Satz 2 bis 4 genannten Gruppen angemessen vertreten sind. [4]Sie kann zudem vorsehen, dass bei vorzeitigem Ausscheiden eines Mitglieds ein Nachfolger für die restliche Amtsdauer aus der Mitte der jeweiligen Gruppe durch die übrigen Mitglieder des Börsenrates hinzugewählt wird.

§ 14. *weggefallen*

Übersicht

I. Einleitung

1. Entstehungsgeschichte

Die Organisationsstruktur der Verwaltung der Börse in ihrer jetzigen Aus- **1** gestaltung mit dem **Börsenrat** einerseits und der **Börsengeschäftsführung** andererseits wurde durch das **Zweite Finanzmarktförderungsgesetz**[1] implementiert. Das Vierte Finanzmarktförderungsgesetz hat diese Struktur zwar nicht verändert, wohl aber einige – systematisch fragwürdige[2] – Veränderungen auf Anregung des Bundesrates[3] und trotz Bedenken der Bundesregierung[4] eingeführt: Dies galt vor allem für den in § 9 Abs. 2 BörsG a. F. (jetzt § 12 Abs. 2) eingefügten Satz 4. Außerdem wurde in § 9 Abs. 1 Satz 2 BörsG a. F. am Ende eine Öffnungsklausel zur Flexibilisierung der Zusammensetzung des Börsenrates eingefügt, dem diente auch die Streichung der Sätze 3 bis 6 des § 10 Abs. 3 BörsG a. F. (jetzt § 13 Abs. 4) und die Einfügung des ersten Teils des zweiten Halbsatzes in § 11 Nr. 1 BörsG a. F.; in § 9 Abs. 2 BörsG a. F. wurde das Wort „Benehmen" durch „Einvernehmen" ersetzt. Das Anlegerschutzverbesserungsgesetz[5] hat den neu eingefügten Halbsatz in § 9 Abs. 1 Satz 2 BörsG a. F. a. E. gestrichen und den neuen Satz 4 eingefügt, um dadurch die Möglichkeit zu eröffnen, für einzelne Märkte im Hinblick auf die Zusammensetzung des Börsenrates auch von den Regelungen des § 9 Abs. 1 Satz 3 Ausnahmen zu regeln.[6]

Das Finanzmarktrichtlinie-Umsetzungsgesetz hat die §§ 9 bis 11 BörsG **1a** a. F. nahezu unverändert in §§ 12–14 übernommen. § 12 Abs. 2 Nr. 1 wurde dahingehend geändert, dass der Börsenrat die Börsenordnung, die Börsengeschäftsbedingungen, die Gebührenordnung und die Zulassungsordnung für Börsenhändler als Satzung beschließt. Durch das Gesetz zur Fortentwicklung des Pfandbriefrechts[7] wurde, um die Sanktionierung zu erleichtern,[8] die Handelsordnung für den Freiverkehr als weitere Regelung, die der Börsenrat als Satzung erlässt, aufgenommen. Außerdem wurde die bisher in § 4 Abs. 2 Satz 1 BörsG a. F. normierte Befugnis des Börsenrates den Leiter der Handelsüberwachungsstelle zu bestellen und wiederherzustellen als neue Nr. 5 in § 12 Abs. 2 eingefügt. Diese beiden Änderungen dienen der Konzentration

---

[1] Gesetz über den Wertpapierhandel und zur Änderung börsenrechtlicher und wertpapierrechtlicher Vorschriften (Zweites Finanzmarktförderungsgesetz), BGBl. I 1994, 1749.
[2] Kritisch dazu *Beck,* BKR 2002, 662, 665, 667.
[3] Stellungnahme des Bundesrates zum Gesetzentwurf der Bundesregierung für ein Gesetz zur weiteren Fortentwicklung des Finanzplatzes Deutschland (Viertes Finanzmarktförderungsgesetz), BT-Drs. 14/8017, S. 146, S, 148 f.
[4] Gegenäußerung der Bundesregierung zur Stellungnahme des Bundesrates, BT-Drs. 14/8017, S. 174, S. 175.
[5] BGBl. I 2004, 2630.
[6] RegBegr. zum Anlegerschutzverbesserungsgesetz, BT-Drs. 15/3174, S. 26, 45.
[7] BGBl. I 2009, 607.
[8] Bericht des Finanzausschusses zum Gesetz zur Fortentwicklung des Pfandbriefrechts, BT-Drucks. 16/11629 S. 9.

von Kompetenzvorschriften der einzelnen Behörden bzw. Organe und sind in diesem Sinne zu begrüßen. Außerdem wurde in Umsetzung von Artikel 38 Abs. 1 der Finanzmarktrichtlinie in § 13 ein neuer Abs. 3 eingefügt, der sicherstellen soll, dass die Mitglieder des Börsenrates zuverlässig und fachlich geeignet sind. Laut Regierungsbegründung zum Finanzmarktrichtlinie-Umsetzungsgesetz sollen bei der Beurteilung der fachlichen Eignung die Besonderheiten der jeweiligen Börse, d. h., insbesondere „die Art der Wirtschaftsgüter, die an der Börse gehandelt werden und die Komplexität der dort abgeschlossenen Geschäfte" berücksichtigt werden.[9]

1b Das Gesetz zur Umsetzung der Richtlinie 2010/73/EU und zur Änderung des Börsengesetzes[10] hat die bis dahin bestehende unterschiedliche Regelung über die Zusammensetzung des Börsenrates an Wertpapierbörsen einerseits und an Warenbörsen andererseits beseitigt. Dies geschah auch vor dem Hintergrund der Neufassung des § 2 Abs. 4, um es zu ermöglichen, dass ein und dieselbe Börse gleichzeitig die Definition der Wertpapier- und die der Warenbörse erfüllen kann. § 14 BörsG a. F. wurde gestrichen, dafür § 12 Abs. 1 neu gefasst und damit die Zusammensetzung des Börsenrates an Wertpapier- und Warenbörsen vereinheitlicht. Dabei wurden in § 12 Abs. 1 Sätze 1 bis 5 sowohl die Höchstzahl der Mitglieder des Börsenrates als auch seine grundsätzliche Zusammensetzung unverändert gelassen für Börsen, die zumindest auch die Definition einer Wertpapierbörse erfüllen. Dadurch, dass die in § 12 Abs. 1 Satz 2 genannten „Unternehmen und Personen" „denjenigen entsprechen, die bislang in § 14 Nummer 1, 1. Halbsatz genannt sind",[11] ist auch die Zusammensetzung des Börsenrates einer Börse, die zumindest auch die Definition einer Warenbörse erfüllt, unverändert geblieben, abgesehen davon, dass nunmehr zwingend auch die Anleger im Börsenrat einer solchen Börse vertreten sein müssen. § 12 Abs. 1 Satz 6 regelt vergleichbar mit § 12 Abs. 1 Satz 4 und § 14 Nummer 1, 2. Hlbs. BörsG a. F., dass die Rechtsverordnung eine abweichende Zusammensetzung des Börsenrates zulassen kann. § 12 Abs. 1 Satz 7 bestimmt entsprechend der bisherigen Regelung in § 14 Nummer 1, 2. Hlbs. Und Nr. 3, 2. Hlbs., dass die Rechtsverordnung eine Vertretung sonstiger betroffener Wirtschaftsgruppen und nicht zum Börsenhandel zugelassener Unternehmen vorsehen kann.

2. Organisationsstruktur

2 Seit dem Zweiten Finanzmarktförderungsgesetz orientiert sich die innere Organisationsstruktur der Börse am **aktienrechtlichen Modell** und weist dem **Börsenrat** ähnlich einem **Aufsichtsrat Kontroll-** und darüber hinaus – insoweit über die Kompetenzen eines Aufsichtsrats hinausgehend – **Rechtssetzungsbefugnisse** zu.[12] Der Vergleich mit dem aktienrechtlichen

---

[9] RegBegr. zum Finanzmarktrichtlinie-Umsetzungsgesetz, BT-Drs. 16/4028, S. 86.

[10] BGBl. I 2012, 1375.

[11] Vgl. hierzu und zum Folgenden auch RegBegr. des Gesetzes zur Umsetzung der Richtlinie 2010/73/EU und zur Änderung des Börsengesetzes, BT-Drs. 17/8684, S. 13, 23.

[12] RegBegr. zum Zweiten Finanzmarktförderungsgesetz, BT-Drs. 12/6679, S. 33, 62.

Modell, wie ihn auch die Regierungsbegründung zum Zweiten Finanzmarktförderungsgesetz hervorhebt,[13] trifft allerdings nur mit erheblichen Einschränkungen zu.[14] Neben der bereits genannten Rechtssetzungsbefugnis des
Börsenrates und seiner dadurch bedingten stärkeren Stellung sind auf der anderen Seite die Befugnisse der Börsengeschäftsführung weniger umfassend als
die des Vorstandes einer Aktiengesellschaft. Hinsichtlich der eigentlichen
Überwachungsaufgabe des Börsenrates ist jedoch die Vergleichbarkeit mit der
Funktion eines Aufsichtsrates wieder gegeben.

II. Rechtsnatur

Der Börsenrat ist **Organ der Börse** und somit Organ der nicht- **3**
rechtsfähigen Anstalt öffentlichen Rechts. Er ist damit **Behörde im verwaltungsrechtlichen Sinne.**[15]

III. Bildung und Zusammensetzung

Nach § 12 Abs. 1 Satz 1 hat jede Börse, seit der entsprechenden Neufas- **4**
sung durch das Gesetz zur Umsetzung der Richtlinie 2010/73/EU und zur
Änderung des Börsengesetzes gleichgültig ob Wertpapier- oder Warenbörse,
einen Börsenrat zu bilden. Die **Zusammensetzung des Börsenrates** ist
in § 12 Abs. 1 gesetzlich geregelt, der durch das **Begleitgesetz,**[16] das **Dritte
Finanzmarktförderungsgesetz**[17] und das Gesetz zur Umsetzung der Richtlinie 2010/73/EU und zur Änderung des Börsengesetzes teilweise geändert
wurde. Die Änderung durch das Dritte Finanzmarktförderungsgesetz erfasste
auch den § 3a Abs. 1, Satz 3 2. Halbs. und § 3a Abs. 3 Satz 5 BörsG a.F.,
durch die eine **Vertretung der Anleger** mit mindestens zwei Mitgliedern
angeordnet wurde, um damit der bis dahin nach Ansicht des Gesetzgebers zu
geringen Präsenz dieser Gruppe zu begegnen.[18] Das Vierte Finanzmarktförderungsgesetz hat durch verschiedene Änderungen – siehe oben Rn. 1 – die
bis dahin gesetzlich vorgegebene Zusammensetzung des Börsenrates gelo-
ckert.[19] Das Gesetz zur Umsetzung der Richtlinie 2010/73/EU und zur Änderung des Börsengesetzes hat dies insoweit übernommen. Gesetzlich vorgegeben ist nur noch die Repräsentation der verschiedenen Beteiligten, § 12
Abs. 1 Sätze 2 bis 5. Die näheren Einzelheiten der Zusammensetzung und
der Wahl des Börsenrates sind gem. § 13 Abs. 4 in einer Verordnung der
Landesregierung geregelt, die nach der Flexibilisierung durch das Vierte Finanzmarktförderungsgesetz auch Abweichungen von der vorgenannten Zusammensetzung enthalten darf.

---

[13] BT-Drs. 12/7769, S. 33, 62.
[14] Ebenso *Schwark,* in: Schwark/Zimmer, § 12 BörsG Rn. 1.
[15] *Foelsch,* in: BuB Rn. 7/526; *Schwark,* in: Schwark/Zimmer, § 12 BörsG Rn. 2.
[16] Begleitgesetz zum Gesetz zur Umsetzung von EG-Richtlinien zur Harmonisierung bank- und wertpapieraufsichtsrechtlicher Vorschriften, BGBl. I 1997, 2567.
[17] Gesetz zur weiteren Fortentwicklung des Finanzplatzes Deutschland (Drittes Finanzmarktförderungsgesetz), BGBl. I 1998, 529.
[18] RegBegr. zum Dritten Finanzmarktförderungsgesetz, BT-Drs. 13/8933, S. 54, S. 71.
[19] Begrüßend *Beck,* BKR 2002, 662, 667.

IV. Aufgaben und Befugnisse

5   § 12 Abs. 2 konkretisiert die **Aufgaben des Börsenrates** und fasst sie redaktionell zusammen,[20] ohne jedoch abschließend zu sein; das wird durch das Wort „insbesondere" deutlich:
- Erlass der **Börsenordnung** und der **Gebührenordnung,**
- **Bestellung** und **Abberufung** der **Geschäftsführer** im Einvernehmen[21] mit der Börsenaufsichtsbehörde,
- **Überwachung der Geschäftsführung,**
- Erlass einer **Geschäftsordnung** für die Geschäftsführung,
- Erlass der **Bedingungen für die Geschäfte an der Börse.**[22] Ob es sich bei den Geschäftsbedingungen um Allgemeine Geschäftsbedingungen i.S. der §§ 305 ff. BGB handelt, war streitig,[23] ist aber auf Grund der eindeutigen gesetzlichen Regelung durch das Finanzmarktrichtlinie-Umsetzungsgesetz, das diese als Satzungen erlassen werden, nunmehr klar im Sinne des Satzungsrechts und damit gegen die Allgemeinen Geschäftsbedingungen entschieden.[24] Eine gerichtliche Kontrolle der Geschäftsbedingungen erfolgt, soweit nach Landesrecht zulässig, in Verfahren zwischen Handelsteilnehmern und der Börse vor den Verwaltungsgerichten, in Verfahren zwischen Handelsteilnehmern vor den zivilgerichten, jeweils aber nach dem Maßstab des § 242 BGB.[25]
- Wegen der besonderen Bedeutung, die **Handels- oder Abwicklungssysteme** für die Börsenmitglieder haben,[26] bedarf deren Einführung nach § 12 Abs. 2 Satz 2 ebenfalls der Zustimmung des Börsenrates.
- Entsprechend der **aktienrechtlichen Regelung** für einen Aufsichtsrat, § 111 Abs. 4 Satz 2 AktG, ist der Börsenrat darüber hinaus nach § 12 Abs. 2 Satz 3 befugt, für **Maßnahmen der Geschäftsführung** von besonderer Bedeutung ein **Zustimmungserfordernis des Börsenrates** festzulegen. Wieso dieses Zustimmungserfordernis nach § 12 Abs. 2 Satz 3 **in der Börsenordnung** festgelegt werden soll und nicht, was näher gelegen hätte, in der Geschäftsordnung für die Geschäftsführung, ist nicht ersichtlich; § 12 Abs. 2 Satz 3 schließt eine Regelung dieser Materie in der Geschäftsordnung der Geschäftsführung aber auch nicht aus.

---

[20] RegBegr. zum Zweiten Finanzmarktförderungsgesetz, BT-Drs. 12/6679, S. 33, S. 63.

[21] Der Erfordernis des Einvernehmens, d.h. der gemeinsamen Entscheidung, wurde durch das Vierte Finanzmarktförderungsgesetz eingeführt und ersetzt das früher nur erforderliche Benehmen, d.h. die bloße Abstimmung, vgl. *Beck,* BKR 2002, 662, 665.

[22] Vgl. *Foelsch,* in: BuB Rn. 7/471–481.

[23] Dafür z.B. *Foelsch,* in: BuB Rn. 7/471; dagegen bereits *Schwark,* in: Schwark, KMRK, 3. Aufl. 2004, § 9 BörsG Rn. 14.

[24] *Schwark,* in: Schwark/Zimmer, § 12 Rn. 19.

[25] *Schwark,* in: Schwark/Zimmer, § 12 Rn. 19.

[26] RegBegr. zum Zweiten Finanzmarktförderungsgesetz, BT-Drs. 12/6679, S. 33, S. 63; *Foelsch,* in: BuB Rn. 7/531.

– Außerdem ist der Börsenrat für den Erlass der Zulassungsordnung für **Börsenhändler** zuständig,[27] sowie für die Handelsordnung für den Freiverkehr[28] § 12 Abs. 2 Nr. 1 a. E.

Die in § 12 Abs. 2 Satz 4 enthaltene Regelung, nach der bei Koopera- **6** tions- und Fusionsabkommen des Börsenträgers, die den Börsenbetrieb betreffen, sowie bei der Auslagerung von Funktionen und Tätigkeiten auf ein anderes Unternehmen nach § 5 Abs. 3 dem Börsenrat zuvor Gelegenheit zur Stellungnahme zu geben ist, wurde das Vierte Finanzmarktförderungsgesetz neu eingefügt. Sie ist hinsichtlich ihrer Reichweite unklar und teilweise auch überflüssig.[29] Sie läuft aber auch der Systematik des Börsengesetzes zuwider, da sie zu einer Vermischung der Sphären der Börse einerseits und des Trägers der Börse andererseits führt. Es ist nicht die Aufgabe des Börsenrates als Rechtsetzungs- und Kontrollorgan der Börse, sich mit der allgemeinen Geschäftstätigkeit des Börsenträgers zu befassen.[30]

V. Haftung

Im Rahmen ihrer hoheitlichen Tätigkeit sind die Mitglieder des Börsenra- **7** tes **Beamte im haftungsrechtlichen Sinn** des § 839 BGB i. V. m. Art. 34 GG, da sie mit der Ausübung öffentlicher Gewalt betraut sind. Deshalb haftet das jeweilige Bundesland, in dem sich die Börse befindet, für Amtspflichtverletzungen durch die Mitglieder des Börsenrates.[31] Voraussetzung dafür ist, dass eine Amtspflicht verletzt wurde, die zumindest auch den Zweck hat, gerade die Interessen des Anspruchsstellers wahrzunehmen.[32]

Durch das **Vierte Finanzmarktförderungsgesetz** hat der Gesetzgeber **8** über die bereits früher bestehende Regelung für die Börsenaufsichtsbehörde in § 1 Abs. 6 BörsG a. F. (jetzt § 3 Abs. 3) hinaus für jedes Börsenorgan an den entsprechenden Stellen[33] und auch für den Börsenrat in § 12 Abs. 6 eine Regelung aufgenommen nach der dieses Organ seine **Aufgaben allein im öffentlichen Interesse** wahrnimmt. Bezweckt war damit – auch wenn dies nicht ausdrücklich in den jeweiligen Aussagen der Regierungsbegründung angesprochen wird – der Ausschluss einer Amtshaftung des Landes für das

---

[27] Vgl. z. B. Ordnung zur Prüfung der beruflichen Eignung als Börsenhändler an der FWB, auch abrufbar über die Internet-Seite der Deutsche Börse AG: www.deutsche-boerse.com (Listing/Going Public/Regularien).

[28] Näher dazu unten § 48 BörsG Rn 2.

[29] So bereits Gegenäußerung der Bundesregierung zur Stellungnahme des Bundesrates, BT-Drs. 14/8017, S. 174, S. 175.

[30] Wie hier *Beck*, BKR 2002, 662, 667 f.

[31] Vgl. nur *Schwark*, in: Schwark/Zimmer, § 12 BörsG Rn. 3; nach Ansicht von *Faßbender/Reichegger*, WM 2009, 732, 736 ff. ist jedoch nicht das jeweilige Bundesland als „Anvertrauter" Haftungsverpflichteter, sondern der Anstaltsträger.

[32] Vgl. speziell zu verschiedenen börsenrechtlichen Pflichten OLG Frankfurt Urteil v. 18. 1. 2001 – 1 U 209/99, ZIP 2001, 730, 731; LG Frankfurt Urteil v. 3. 9. 2004 – 2/4 O 435/02 WM 2004, 2155, 2156.

[33] § 7 Abs. 6 BörsG für die Handelsüberwachungsstelle, § 15 Abs. 3 BörsG für die Börsengeschäftsführung, § 22 Abs. 2 Satz 3 BörsG für den Sanktionsausschuss.

jeweilige Börsenorgan.[34] Dient nämlich die ordnungsgemäße Wahrnehmung der jeweiligen Amtspflicht ausschließlich öffentlichen Interessen, so scheidet ein Anspruch nur mittelbar Betroffener mangels der sie speziell schützenden Amtspflicht aus. An einem möglichen Anspruch unmittelbar betroffener Personen, ändert die Neuregelung jedoch nichts.[35]

VI. Warenbörsen

9 Durch das Gesetz zur Umsetzung der Richtlinie 2010/73/EU und zur Änderung des Börsengesetzes[36] wurde die bis dahin in § 14 BörsG a. F. enthaltene Sonderregelung zur Zusammensetzung des Börsenrates an Warenbörsen aufgehoben und dessen Zusammensetzung ebenfalls in § 12 Abs. 1 geregelt, vgl. oben Rn. 1 a.

§ 15. Leitung der Börse

(1) **¹Die Leitung der Börse obliegt der Geschäftsführung in eigener Verantwortung. ²Sie kann aus einer oder mehreren Personen bestehen. ³Die Geschäftsführer müssen zuverlässig sein und die für die Leitung der Börse erforderliche fachliche Eignung besitzen. ⁴Sie werden für höchstens fünf Jahre bestellt; die wiederholte Bestellung ist zulässig. ⁵Die Bestellung eines Geschäftsführers ist unverzüglich der Börsenaufsichtsbehörde anzuzeigen. ⁶Die Anzeige muss die in § 4 Abs. 2 Satz 2 Nr. 2 genannten Angaben enthalten. ⁵§ 4 Abs. 2 Satz 3 und 4 gilt entsprechend.**

(2) **Die Börsenaufsichtsbehörde hat ihr Einvernehmen zu der Bestellung der Geschäftsführer zu verweigern, wenn aus objektiven und nachweisbaren Gründen Zweifel an der Zuverlässigkeit oder fachlichen Eignung der Geschäftsführer bestehen oder die ordnungsgemäße Leitung der Börse gefährdet erscheint.**

(3) **¹Die Geschäftsführer vertreten die Börse gerichtlich und außergerichtlich, soweit nicht der Träger der Börse zuständig ist. ²Das Nähere über die Vertretungsbefugnis der Geschäftsführer regelt die Börsenordnung.**

(4) **¹Die Aufrechterhaltung der Ordnung in den Börsenräumen obliegt der Geschäftsführung. ²Sie ist befugt, Personen, welche die Ordnung**

---

[34] Kritisch dazu *Kümpel/Hammen*, S. 135 ff.; anders *Beck,* in: Schwark/Zimmer, § 3 BörsG Rnrn. 23 f. und speziell für die Handelsüberwachungsstelle § 7 BörsG Rn. 29. Ausführliche Nachweise zu den verfassungsrechtlichen Bedenken bei *Hopt,* BankGeschäfte, Rn. A/5. Die früher in § 6 Abs. 4 KWG, jetzt § 4 Abs. 4 FinDAG, enthaltene entsprechende Regelung hält der EuGH für europarechtlich unbedenklich, EuGH v. 12. 10. 2004 – Rs C-222/02, ZIP 2004, 239; der BGH hat daraufhin auch einen Verstoß gegen das GG verneint, BGH, Urteil v. 20. 1. 2005 – III ZR 48/01, ZIP 2005, 287, 291 f.
[35] Vgl. schon oben § 7 Rn. 12 zur Handelsüberwachungsstelle; wie hier auch *Schwark,* in: Schwark/Zimmer, § 12 Rn. 4.
[36] BGBl. I 2012, 1375.

oder den Geschäftsverkehr an der Börse stören, aus den Börsenräumen zu entfernen. [3] Sie kann auch Personen, welche sich an der Börse zu Zwecken einfinden, welche mit der Ordnung oder dem Geschäftsverkehr an derselben unvereinbar sind, den Zutritt untersagen.

(5) [1] Die Geschäftsführung überwacht die Einhaltung der Pflichten der Handelsteilnehmer und der für sie tätigen Personen. [2] Sie trifft geeignete Vorkehrungen, die eine wirksame und dauerhafte Überwachung der Pflichten nach Satz 1 gewährleisten. [3] Die Aufgaben der Handelsüberwachungsstelle nach § 7 bleiben unberührt.

(6) Die Geschäftsführung nimmt die ihr nach diesem Gesetz zugewiesenen Aufgaben und Befugnisse nur im öffentlichen Interesse wahr.

Übersicht

I. Rechtsnatur

Bis zum **Zweiten Finanzmarktförderungsgesetz** oblag die **Leitung** **1** **der Börse** dem **ehrenamtlichen Börsenvorstand**. Diese Organisation war nicht zuletzt durch die erhebliche Erhöhung der Handelsvolumina und die fortschreitende Computerisierung nicht mehr ausreichend, so dass der ehrenamtliche Börsenvorstand durch ein professionelles Management, die Börsengeschäftsführung ersetzt wurde.[1] Die Börsengeschäftsführung ist gemäß § 15 Abs. 1 Satz 1 das **Leitungsorgan der Börse** und als solches zur **eigenverantwortlichen Leitung der Börse** befugt und verpflichtet. Die Börsengeschäftsführung ist **Organ** der Börse als nicht-rechtsfähiger Anstalt öffentlichen Rechts und somit als **Träger öffentlicher Gewalt Behörde** im verwaltungsrechtlichen Sinne.[2] Sie kann demnach **Verwaltungsakte** erlassen soweit ihr hierzu ausdrücklich im Börsengesetz oder in der **Börsenordnung** die Befugnis eingeräumt wird.[3] Gegen diese Verwaltungsakte ist der Verwaltungsrechtsweg eröffnet mit der **Börse als solcher als**

---

[1] RegBegr. zum Zweiten Finanzmarktförderungsgesetz, BT-Drs. 12/6679, S. 33, S. 64.

[2] RegBegr. zum Zweiten Finanzmarktförderungsgesetz, BT-Drs. 12/6679, S. 64; *Foelsch*, in: BuB Rn. 7/542; *Schwark*, in: Schwark/Zimmer, § 15 Rn. 2.

[3] *Foelsch*, in: BuB Rn. 7/542.

Prozesspartei, vgl. § 2 Abs. 5. In dem Verwaltungsrechtsstreit wiederum wird die Börse durch ihr Leitungsorgan, die Börsengeschäftsführung, vertreten, § 15 Abs. 3.[4]

II. Bestellung und Abberufung

2 Die sich an der **aktienrechtlichen Regelung des § 84 Abs. 1 Satz 1 und 2 AktG** orientierende Bestimmung des § 15 Abs. 1 Satz 3[5] regelt Dauer und Wiederholbarkeit der **Bestellung der Mitglieder der Börsengeschäftsführung.** Die Bestellung und Abberufung selbst erfolgen nach § 12 Abs. 2 Ziff. 2 durch den Börsenrat seit der entsprechenden Änderung durch das Vierte Finanzmarktförderungsgesetz – vgl. oben § 12 Rn. 5 – im „Einvernehmen" mit der Börsenaufsichtsbehörde. Demnach ist jetzt eine gemeinsame Entscheidung von Börsenrat und Börsenaufsichtsbehörde bzw. eine Zustimmung der Börsenaufsichtsbehörde erforderlich.[6]

3 Die in der Praxis häufig zu beobachtende **Personenidentität** zwischen den Mitgliedern der Börsengeschäftsführung einerseits und den Geschäftsführern bzw. Vorständen des Trägers der Börse andererseits wird von verschiedenen Stimmen in der Literatur problematisiert.[7] Eine **Inkompatibilitätsregelung** enthält das Börsengesetz nicht. Eine zwingende Inkompatibilität wegen möglicher Interessenkonflikte besteht ebenso wenig. Ob ein Interessenkonflikt überhaupt besteht, ist schon zweifelhaft. Immerhin ist der Träger der Börse als in der Regel auf Gewinnerzielung ausgerichtetes Unternehmen an einer gut funktionierenden Börse ebenso interessiert wie die Börsengeschäftsführung.

4 Von der **Bestellung** und **Abberufung** als Geschäftsführer der Börse und damit von dem organschaftlichen Akt ist – ebenso wie beim aktienrechtlichen Vorstand – die individualvertragliche Regelung des **Anstellungsvertrags** und dessen Beendigung zu unterscheiden. Erfolgen Bestellung und Abberufung der Geschäftsführer gemäß § 12 Abs. 2 Nr. 2 durch den Börsenrat als Organ der Börse, so wird der dienstvertragliche Anstellungsvertrag durch den Träger der Börse abgeschlossen[8] und von ihm auch entsprechend der individualvertraglichen Regelungen oder gemäß § 626 BGB beendet.

III. Aufgaben und Befugnisse

5 Die **Börsengeschäftsführung leitet die Börse,** § 15 Abs. 1 Satz 1, d. h. sie ist für alle mit dem täglichen Betrieb der Börse zusammenhängenden Maßnahmen zuständig. Aufgrund des **Selbstverwaltungsrechts** der Börse

---

[4] *Ledermann,* in: Schäfer/Hamann, KMG, § 12 BörsG Rn. 10; *Foelsch,* in: BuB Rn. 7/542.

[5] RegBegr. zum Zweiten Finanzmarktförderungsgesetz, BT-Drs. 12/6679, S. 33, S. 64.

[6] *Schwark,* in: Schwark/Zimmer § 15 BörsG Rn. 2, wobei „gemeinsam" nicht zwingend gleichzeitig bedeutet; der Börsenrat kann auch bestellen, anzeigen und dann die Zustimmung der Börsenaufsicht abwarten.

[7] Nachweise bei *Schwark,* in: Schwark/Zimmer, § 15 BörsG Rn. 3.

[8] *Schwark,* in: Schwark/Zimmer, § 15 BörsG Rn. 2

und der Kompetenz der Geschäftsführung, die Börse eigenverantwortlich zu leiten, § 15 Abs. 1 Satz 1, steht der **Geschäftsführung ein weiter Spielraum** im Rahmen der von ihr zu bestimmenden Geschäftspolitik zu.[9] Die **umfassende Kompetenz** der Geschäftsführung nach § 15 Abs. 1 Satz 1 bedeutet, die Geschäftsführung ist zuständig für alle Aufgaben, die nicht ausdrücklich einer anderen Stelle zugewiesen sind. Diese umfassende Kompetenz wird in einzelnen Bereichen konkretisiert. Zu den einzelnen Maßnahmen, für welche der Geschäftsführung ausdrücklich die Zuständigkeit zugewiesen wird, gehören insbesondere, vgl. auch § 8 Abs. 1 BörsenO der FWB:[10]

– Entscheidung über die Zulassung von Wertpapieren zum Handel im regulierten Markt, § 32 sowie über die Einbeziehung, § 33;

– Entscheidung über die **Aufnahme,** § 38, **Aussetzung** und **Einstellung** des Handels, § 25, sowie den **Widerruf** der Zulassung, § 39, von Wertpapieren im regulierten Markt oder für ausländische Zahlungsmittel, § 51;

– **Zulassung von Unternehmen** und **Personen** zur Teilnahme am **Börsenhandel** und zum **Börsenbesuch** bzw. Ausschluss hiervon, § 19 BörsG, §§ 12 ff. BörsenO der FWB;

– Anordnung des **Ruhens der Zulassung** von Unternehmen, § 19 Abs. 8 BörsG;

– Zulassung, das Ruhen der Zulassung bzw. deren Widerruf, § 27, Verteilung von Skontroführern;

– Regelung der **Organisation und des Geschäftsablaufs der Börse** inklusive Festlegung des Ortes und der Zeit der Börsenversammlung, § 8 Abs. 1 Nr. 2 BörsenO der FWB;

– **Überwachung** der Einhaltung der die Wertpapierbörse betreffenden **Gesetze, Verordnungen, Geschäftsbedingungen** und sonstiger Regelungen, § 8 Abs. 1 Nr. 4 BörsenO der FWB;

– Vornahme aller Maßnahmen, die erforderlich sind, um die **Ordnung in den Börsenräumen** aufrecht zu erhalten und die ordnungsgemäße Benutzung der Börseneinrichtungen sicherzustellen, § 15 Abs. 4 BörsG, § 8 Abs. 1 Nr. 3 BörsenO der FWB.[11]

IV. Vertretung der Börse durch die Geschäftsführung

Die Geschäftsführer vertreten nach § 15 Abs. 3 die Börse **gerichtlich** und **6** **außergerichtlich,** soweit nicht der Träger der Börse zuständig ist. Die Börsengeschäftsführung ist damit **gesetzlicher Vertreter** der selbst nicht rechtsfähigen Börse, die jedoch im verwaltungsgerichtlichen Verfahren – anders dagegen im Zivilprozess, in dem nicht die Börse, sondern der Börsenträger

---

[9] *Schwark,* in: Schwark/Zimmer, § 15 BörsG Rn. 5 *Kümpel/Hammen,* WM-Sonderbeilage Nr. 3/2000, 3, 5 f.

[10] BörsenO für die FWB, auch abrufbar über die Internet-Seite der Deutsche Börse AG: www.deutsche-boerse.com (Listing/Going Public/Regularien).

[11] Leitungsaufgaben und Weisungs- und Anordnungsbefugnisse vgl. im Einzelnen *Foelsch,* in: BuB Rn. 7/537 ff.

parteifähig ist – selbst klagen oder verklagt werden kann, § 2 Abs. 5. Die Einschränkung in § 15 Abs. 3 Satz 1, dass die Vertretung der Börse durch die Geschäftsführung nur erfolgt, soweit nicht der Träger der Börse zuständig ist, erfasst die Fälle, in denen die Geschäftsführung außerhalb ihrer **öffentlich-rechtlichen Aufgaben** und Befugnisse, insbesondere als Beauftragter des Börsenträgers, handelt. Die Börsengeschäftsführung ist dann rein **privatwirtschaftlich und privatrechtlich tätig.**
Das ist zum Beispiel dann der Fall, wenn die Geschäftsführer die sachlichen oder personellen Mittel für den Betrieb der Börse beschaffen.[12]

V. Öffentlich-rechtliches und privatrechtliches Hausrecht

1. Hausrecht

7   § 15 Abs. 4 enthält die besondere Befugnis der Börsenaufsichtsbehörde, zur **Aufrechterhaltung der Ordnung** und des **Geschäftsverkehrs** (einschließlich Geschäftsabwicklung und Clearing allerdings ohne außerhalb der Börse stattfindende Abwicklung des dinglichen Erfüllungsgeschäfts[13]) an der Börse Anordnungen zuzulassen. Diese Befugnis bezieht sich auf das **äußere Verhalten der Börsenteilnehmer** und ist von der **Rechts-** und **Marktaufsicht** nach § 2 Abs. 2 zu **unterscheiden.**

8   § 15 Abs. 4 entspricht § 18 Abs. 2 und 3 BörsG a. F. Dabei regelt § 15 Abs. 4 das aus der **Anstaltsgewalt** resultierende **öffentlich-rechtliche Hausrecht,** mit dessen Hilfe die Börsengeschäftsführung gegenüber „Störern" den Anstaltszweck und die störungsfreie Nutzung der Börseneinrichtungen durch Verwaltungsakte[14] durchsetzen kann. Zumindest analog gilt § 15 Abs. 4 auch bei nicht platzgebundenen Börsen, so dass z. B. bei manipulativen Eingriffen in den **elektronischen Handel** oder an der Eurex (früher: DTB) dem Störer der „Zutritt" zum System untersagt werden kann.[15]

9   Neben diesem öffentlich-rechtlichen Hausrecht steht das **privatrechtliche Hausrecht** des Eigentümers der Börse. Letzteres wird jedoch vom öffentlich-rechtlichen Hausrecht überlagert, so dass Personen, die zur Börsenzeit nach entsprechender Zulassung die Börse aufsuchen, nicht aufgrund des privaten Hausrechts aus der Börse verwiesen werden können.[16]

10   Vom Hausrecht zu unterscheiden ist die Ordnungsgewalt für generelle Maßnahmen. Diese früher auf Grund des Sachzusammenhangs in § 18 Abs. 1 BörsG a. F. geregelte Materie ist jetzt auf Grund des Kompetenzzusammenhangs dort geregelt, wo die für solche Maßnahmen zuständige Behörde umfassend geregelt ist und damit in § 3 Abs. 5 Satz 1, der § 18 Abs. 1 BörsG a. F. entspricht.[17]

---

[12] *Schwark,* in: Schwark/Zimmer, § 15 BörsG Rn. 9.
[13] *Schwark,* in: Schwark/Zimmer, § 15 BörsG Rn. 10.
[14] *Schwark,* in: Schwark/Zimmer, § 15 BörsG Rn. 10.
[15] *Kindermann,* WM-Beilage Nr. 2/1989, S. 12 f. zur DTB. *Schwark,* in: Schwark/Zimmer, § 15 BörsG Rn. 10.
[16] *Marxsen,* in: Schäfer/Hamann, KMG, § 18 BörsG Rn. 7; wie hier auch *Schwark,* in: Schwark/Zimmer § 15 BörsG Rn. 10.
[17] Vgl. oben § 3 BörsG Rn. 18.

2. Rechtsschutz

Maßnahmen der Börsengeschäftsführung nach Abs. 4 sind **Verwaltungs-** **11** **akte,** gegen die der **Verwaltungsrechtsweg** offen steht;[18] dagegen sind Entscheidungen über Maßnahmen, die aufgrund des **privaten Hausrechts** durchgeführt wurden, den **Zivilgerichten** zugewiesen.

Soweit die Unterscheidung, ob die Maßnahme auf das öffentlich-rechtliche **12** oder das privatrechtliche Hausrecht gestützt wird, nicht bereits durch die **äußere Form,** die **veranlassende Stelle** oder den nach **außen tretenden Willen** erfolgen kann, bestehen unterschiedliche Auffassungen über das **Unterscheidungskriterium.** Während die **Rechtsprechung** überwiegend auf den **Zweck des Besuchers** des Gebäudes abstellt, unterscheidet die **Literatur** überwiegend nach dem **Zweck des Hausverbots.** Im Hinblick auf die Regelung des § 15 Abs. 4 spricht viel dafür, **im Regelfall** von einem **öffentlich-rechtlichen Hausverbot** auszugehen, selbst wenn das Hausverbot auch privatrechtlich begründet werden kann.

VI. Haftung

Die Mitglieder der Börsengeschäftsführung sind **Beamte im haftungs-** **13** **rechtlichen Sinne,** so dass für Amtspflichtverletzungen der Geschäftsführung dasjenige Bundesland nach § 839 BGB i.V.m. Art. 34 GG haftet, in dem die Börse ansässig ist.[19] Voraussetzung hierfür ist jedoch zunächst, dass es sich bei der infrage stehenden Pflichtverletzung der Börsengeschäftsführung um eine solche bei Ausübung öffentlicher Gewalt gehandelt hat, nicht dagegen um eine Verletzung privatrechtlicher Pflichten. Im letztgenannten Fall kommt eine Inanspruchnahme des Börsenträgers in Betracht. Voraussetzung für einen Anspruch aus Amtspflichtverletzung ist, dass eine Amtspflicht verletzt wurde, die zumindest auch den Zweck hat, gerade die Interessen des Anspruchsstellers wahrzunehmen.[20]

Durch das **Vierte Finanzmarktförderungsgesetz** hat der Gesetzgeber **14** über die bereits früher bestehende Regelung für die Börsenaufsichtsbehörde in § 1 Abs. 6 BörsG a.F. (jetzt § 13 Abs. 3) hinaus für jedes Börsenorgan an den entsprechenden Stellen[21] und auch für die Börsengeschäftsführung in § 15 Abs. 6 eine Regelung aufgenommen nach der dieses Organ seine **Aufgaben allein im öffentlichen Interesse** wahrnimmt. Bezweckt war damit – auch wenn dies nicht ausdrücklich in den jeweiligen Aussagen der Regierungsbegründung angesprochen wird – der Ausschluss einer Amtshaftung des

[18] *Schwark,* in: Schwark/Zimmer, § 15 BörsG Rn. 10.
[19] OLG Frankfurt Urteil v. 18. 1. 2001 – 1 U 209/99, ZIP 2001, 730, 731; nach Ansicht von *Faßbender/Reichegger,* WM 2009, 732, 736 ff. ist jedoch nicht das jeweilige Bundesland als „Anvertrauter" Haftungsverpflichteter, sondern der Anstaltsträger.
[20] Vgl. speziell zu verschiedenen börsenrechtlichen Pflichten OLG Frankfurt Urteil v. 18. 1. 2001 – 1 U 209/99, ZIP 2001, 730, 731; LG Frankfurt Urteil v. 3. 9. 2004 – 2/4 O 435/02 WM 2004, 2155, 2156.
[21] § 7 Abs. 6 für die Handelsüberwachungsstelle, § 12 Abs. 6 BörsG für den Börsenrat, § 22 Abs. 2 Satz 3 BörsG für den Sanktionsausschuss.

Landes für das jeweilige Börsenorgan.[22] Dient nämlich die ordnungsgemäße Wahrnehmung der jeweiligen Amtspflicht ausschließlich öffentlichen Interessen, so scheidet ein Anspruch nur mittelbar Betroffener mangels der sie speziell schützenden Amtspflicht aus. An einem möglichen Anspruch unmittelbar betroffener Personen ändert die Neuregelung jedoch nichts.[23]

§ 16. Börsenordnung

(1) [1]Die Börsenordnung soll sicherstellen, dass die Börse die ihr obliegenden Aufgaben erfüllen kann und dabei den Interessen des Publikums und des Handels gerecht wird. [2]Sie muss Bestimmungen enthalten über
1. den Geschäftszweig der Börse;
2. die Organisation der Börse;
3. die Handelsarten;
4. die Veröffentlichung der Preise und Kurse sowie der ihnen zugrunde liegenden Umsätze;
5. eine Entgeltordnung für die Tätigkeit der Skontroführer

(2) Bei Wertpapierbörsen muss die Börsenordnung zusätzlich Bestimmungen enthalten über
1. die Bedeutung der Kurszusätze und -hinweise und
2. über die Sicherstellung der Börsengeschäftsabwicklung und die zur Verfügung stehenden Abwicklungssysteme nach Maßgabe des § 21.

(3) [1]Die Börsenordnung bedarf der Genehmigung durch die Börsenaufsichtsbehörde. [2]Diese kann die Aufnahme bestimmter Vorschriften in die Börsenordnung verlangen, wenn und soweit sie zur Erfüllung der der Börse oder der Börsenaufsichtsbehörde obliegenden gesetzlichen Aufgaben notwendig sind.

Übersicht

---

[22] Kritisch dazu *Kümpel/Hammen*, S. 135 ff.; anders *Beck*, in: Schwark/Zimmer, § 3 BörsG Rnrn. 23 f. und speziell für die Handelsüberwachungsstelle § 7 BörsG Rn. 29. Ausführliche Nachweise zu den verfassungsrechtlichen Bedenken bei *Hopt*, BankGeschäfte, Rn. A/5. Die früher in § 6 Abs. 4 KWG, jetzt § 4 Abs. 4 FinDAG, enthaltene entsprechende Regelung hält der EuGH für europarechtlich unbedenklich, EuGH v. 12. 10. 2004 – Rs C-222/02, ZIP 2004, 239; der BGH hat daraufhin auch einen Verstoß gegen das GG verneint, BGH, Urteil v. 20. 1. 2005 – III ZR 48/01, ZIP 2005, 287, 291 f.
[23] Vgl. schon oben § 7 Rn. 12 zur Handelsüberwachungsstelle, wie hier auch *Schwark*, in: Schwark/Zimmer, § 15 BörsG Rn. 11.

I. Börsenordnung

1. Rechtsnatur

§ 13 Abs. 1 Satz 1 BörsG a. F. stellte seit der entsprechenden Formulierung **1** durch das Zweite Finanzmarktförderungsgesetz klar, dass die **Börsenordnung**[1] vom Börsenrat als **Satzung** erlassen wird. Dies entsprach auch vorher der herrschenden Meinung.[2] Die entsprechende Regelung ist seit dem Finanzmarktrichtlinie-Umsetzungsgesetz in § 12 Abs. 2 Nr. 1 enthalten. Der Erlass der Börsenordnung ist keine Selbstverwaltungsmaßnahme, sondern **Rechtssetzungsakt.**[3] Die Befugnis zu dieser Rechtssetzung kann nur durch förmliches Gesetz verliehen werden; das ist durch § 13 Abs. 1 Satz 1 BörsG a. F. (jetzt § 12 Abs. 2 Nr. 1) erfolgt. Diese Rechtssetzungsbefugnis kann hinsichtlich der eigenen **Angelegenheiten des Selbstverwaltungsträgers** generell eingeräumt werden,[4] ohne dass sie konkretisiert und beschränkt zu werden braucht. Deshalb ist **Art. 80 GG,** nach dem Inhalt, Zweck und Ausmaß der erteilten Rechtssetzungsbefugnis in der gesetzlichen Ermächtigungsgrundlage selbst bestimmt sein müssen, nicht anwendbar. Wesen, Zweck und Aufgabenkreis der Börse selbst legen die inhaltlichen Grenzen der Satzungsautonomie fest.[5] Allerdings kann die **Satzung nur die Angelegenheiten der Börse** selbst und das **Verhältnis zu ihren Anstaltsnutzern** regeln.

2. Inhalt

Der **Inhalt** der Börsenordnung soll nach § 16 Abs. 1 Satz 1 sicherstellen, **2** dass die Börse die ihr obliegenden Aufgaben erfüllen kann. Hierzu gehört die in § 3 Abs. 2 BörsenO der FWB enthaltene Verpflichtung des Börsenträgers, die für den Betrieb der Börse benötigten sachlichen, räumlichen und finanziellen Mittel zur Verfügung zu stellen.[6] Außerdem hat die Börsenordnung die in § 16 Abs. 1 Satz 2 enummerativ aufgeführten Bestimmungen zu enthalten; Börsenordnungen für Wertpapierbörsen darüber hinaus die in § 16 Abs. 2 genannten Regelungen.

Die Börsenordnung muss insbesondere Bestimmungen enthalten über den **3** **Geschäftszweig** d. h. über die an ihr gehandelten Produkte, vgl. § 2 BörsenO der FWB, und die **Organisation der Börse,** d. h. die Darstellung der jeweiligen Börsenorgane, und die Konkretisierung ihrer Aufgaben und Befugnisse, vgl. §§ 4, 7, 10 und 11 BörsenO der FWB. Die in § 16 Abs. 1 Satz 2 durch

---

[1] BörsenO für die FWB, auch abrufbar über die Internet-Seite der Deutsche Börse AG: http://www.deutsche-boerse.com (Listing/Going Public/Regularien).

[2] RegBegr. zum Zweiten Finanzmarktförderungsgesetz, BT-Drs. 12/6679, S. 33, S. 64.

[3] *Kümpel,* WM 1988, 1621, 1623; *Beck,* in: Schwark/Zimmer, § 12 BörsG Rn. 13 ; *Foelsch,* in: BuB Rn. 7/447.

[4] *Beck,* in: Schwark/Zimmer, § 12 BörsG Rn. 13; *Foelsch,* in: BuB Rn. 7/448.

[5] *Beck,* in: Schwark/Zimmer, § 12 BörsG Rn. 13; *Foelsch,* in: BuB Rn. 7/448.

[6] Vgl. oben § 5 BörsG Rn. 4 ff.

das Vierte Finanzmarktförderungsgesetz eingefügte Nummer 3, nach der die Börsenordnung auch Bestimmungen über die Handelsarten enthalten muss, soll es den Börsen im Rahmen ihres Selbstverwaltungsrechts ermöglichen, flexibel auf die unterschiedlichen Markterfordernisse einzugehen und damit beispielsweise den Handel im Auktionsverfahren mit Intermediären oder auf der Grundlage eines automatischen Systems mit fortlaufendem Orderausgleich vorzusehen.[7] Die in § 16 Abs. 1 Satz 2 Nr. 4 enthaltene Verpflichtung, dass die Börsenordnung Bestimmungen über die **Veröffentlichung der Preise und Kurse** sowie der ihnen zugrunde liegenden Umsätze und die Berechtigung der Geschäftsführung, diese zu veröffentlichen, vorsehen muss, dient nach dem Willen des Gesetzgebers der Erhöhung der Transparenz der Börse.[8] Die Ziffer 5 in § 16 Abs. 1 Satz 2, nach der die Börsenordnung auch eine Bestimmung über die Entgeltordnung für die Tätigkeit des Skontroführer enthalten müsste, wurde auf Betreiben des Bundesrates durch das Vierte Finanzmarktförderungsgesetz eingefügt.[9]

4   Die Börsenordnung bei Wertpapierbörsen muss Bestimmungen über die **Bedeutung der Kurszusätze** und -hinweise enthalten, § 16 Abs. 2 Nr. 1.

5   Außerdem muss die Börsenordnung bei Wertpapierbörsen Bestimmungen über die Sicherstellung der Börsengeschäftsabwicklung und die zur Verfügung stehenden Abwicklungssysteme enthalten, § 16 Abs. 2 Nr. 2; §§ 18 ff. BörsenO der FWB.

6   § 16 Abs. 3 Satz 2 wurde durch das Zweite Finanzmarktförderungsgesetz[10] dahingehend ergänzt, dass der **Börsenaufsichtsbehörde die Möglichkeit eingeräumt** wird, die Aufnahme solcher Vorschriften in die **Börsenordnung** zu verlangen, welche die **Durchführung der gesetzlichen Aufgaben der Börsenaufsichtsbehörde ermöglicht oder erleichtert.** Der Gesetzgeber hat in diesem Zusammenhang insbesondere an Vorschriften zur Verhinderung von erkannten Missstandstatbeständen, z.B. der missbräuchlichen Beeinflussung eines Index, gedacht.[11]

3. Genehmigung

7   Die Börsenordnung bedarf gem. § 16 Abs. 3 Satz 1 der **Genehmigung** durch die Börsenaufsichtsbehörde. Diese Genehmigung ist Wirksamkeitsvoraussetzung, berührt aber den Charakter der Satzung als autonomer Rechts-

---

[7] RegBegr. zum Vierten Finanzmarktförderungsgesetz, BT-Drs. 14/8017, S. 72, S. 74. *Schwark*, in: Schwark/Zimmer, § 16 BörsG Rn. 11.

[8] RegBegr. zum Zweiten Finanzmarktförderungsgesetz, BT-Drs. 12/6679, S. 33, S. 64.

[9] Stellungnahme des Bundesrates zum Regierungsentwurf eines Gesetzes zur weiteren Fortentwicklung des Finanzplatzes Deutschland (Viertes Finanzmarktförderungsgesetz), BT-Drs. 14/8017, S. 146, S. 150.

[10] BGBl. I 1994, 1749.

[11] RegBegr. zum Zweiten Finanzmarktförderungsgesetz, BT-Drs. 12/6679, S. 33, S. 64.

vorschrift nicht.[12] Sie ist von der Börse gegebenenfalls mit der Verpflichtungsklage erzwingbar.[13]

4. Rechtsmittel

Die Börsenordnung kann im Wege des **Normenkontrollverfahrens** nach §47 VwGO überprüft werden.[14] Antragsbefugt sind diejenigen natürlichen oder juristischen Personen, die Tatsachen vortragen, nach denen eine Verletzung ihrer subjektiv-öffentlichen Rechte denkbar erscheint.[15] Antragsgegner ist die Börse, von der die Börsenordnung erlassen wurde. **8**

II. Parteifähigkeit der Börse

Die früher in §13 Abs. 4 BörsG a. F. im Zusammenhang mit der Börsenordnung geregelte Parteifähigkeit der Börse ist jetzt − inhaltlich unverändert − in §2 Abs. 4 geregelt.[16] **9**

§17. Gebühren und Entgelte

(1) **Die Gebührenordnung kann die Erhebung von Gebühren und die Erstattung von Auslagen vorsehen für**

1. **die Zulassung zur Teilnahme am Börsenhandel und für die Teilnahme am Börsenhandel,**
2. **die Zulassung zum Besuch der Börse ohne das Recht zur Teilnahme am Handel,**
3. **die Zulassung von Finanzinstrumenten, anderen Wirtschaftsgütern und Rechten zum Börsenhandel, die Einbeziehung von Wertpapieren zum Börsenhandel im regulierten Markt sowie den Widerruf der Zulassung und der Einbeziehung,**
4. **die Einführung von Wertpapieren an der Börse,**
5. **die Notierung von Wertpapieren, deren Laufzeit nicht bestimmt ist,**
6. **die Prüfung der Druckausstattung von Wertpapieren,**
7. **die Ablegung der Börsenhändlerprüfung.**

(2) ¹**Die Gebührenordnung bedarf der Genehmigung durch die Börsenaufsichtsbehörde.** ²**Die Genehmigung gilt als erteilt, wenn die Gebührenordnung nicht innerhalb von sechs Wochen nach Zugang bei der Börsenaufsichtsbehörde von dieser gegenüber der Börse beanstandet wird.**

(3) **Unbeschadet der nach Absatz 1 erhobenen Gebühren kann der Börsenträger für Dienstleistungen, welche er im Rahmen des Börsenbetriebs für Handelsteilnehmer oder Dritte erbringt, separate Entgelte verlangen.**

---

[12] *Ledermann,* in: Schäfer/Hamann, KMG, §13 BörsG Rn. 16.

[13] *Schwark,* in: Schwark/Zimmer, §16 BörsG Rn. 18.

[14] VHG Kassel, Beschluss v. 17. 7. 1997 − 8 NG 2271−97, NJW-RR 1998, 120.

[15] Dazu gehört auch der Skontroführer − früher Kursmakler −, VHG Kassel Beschluss v. 17. 7. 1997 − 8 NG 2271−97, NJW-RR 1998, 120, 120 f.

[16] Vgl. oben §2 BörsG Rn. 16 f.

Übersicht

I. Gebührenordnung[1]

1. Erlass

1 § 17, der im Wesentlichen § 14 BörsG a. F. entspricht, stellt die gesetzliche **Ermächtigungsgrundlage** für den Erlass der Gebührenordnung durch den Börsenrat, § 12 Abs. 2 Nr. 1, dar. Da **Art. 80 GG** hier keine Anwendung finden soll, werden Bedenken gegenüber der fehlenden Konkretisierung des Gebührenrahmens für unerheblich gehalten.[2] Andererseits sind die durch das Vierte Finanzmarktförderungsgesetz noch erweiterten, in § 17 Abs. 1 aufgezählten **Gebührentatbestände abschließend**, so dass bei einem in der Gebührenordnung darüber hinaus geregelten Gebührentatbestand die Ermächtigungsgrundlage fehlen würde.[3] Dies betrifft jedoch nur die **öffentlich-rechtlichen Entgelte**. Soweit es um nicht öffentlich-rechtliche Börsenleistungen geht, kann dagegen, was § 17 Abs. 3 ausdrücklich klarstellt (vgl. dazu unten Rn. 8), ein **privatrechtliches Entgelt** erhoben werden. So kann der Börsenträger[4] aufgrund seiner Stellung als Eigentümer bzw. Besitzer der Börseneinrichtung z. B. **Mietzinsen** für die von Börsenteilnehmern im Börsengebäude angemieteten Büros oder auch **Nutzungsentgelte** für die Benutzung der Börsen-EDV verlangen.[5]

2 Die Gebührenordnung bedarf nach § 17 Abs. 2 Satz 1 der **Genehmigung der Börsenaufsichtsbehörde.**

2. Rechtsnatur

3 Die Gebührenordnung ist ebenso wie die Börsenordnung **Satzung.**[6] § 12 Abs. 2 Nr. 1 stellt dies ausdrücklich klar.

---

[1] Vgl. nur Gebührenordnung für die FWB, auch abrufbar über die Internet-Seite der Deutsche Börse AG: http://www.deutsche-boerse.com (Listing/Going Public/ Regularien).
[2] *Schwark,* in: Schwark/Zimmer § 17 BörsG Rn. 1.
[3] *Foelsch,* in: BuB Rn. 7/458; *Schwark,* in: Schwark/Zimmer, § 17 BörsG Rn. 3 a.E.
[4] Zum Gebührengläubiger vgl. unten Rn. 7.
[5] *Foelsch,* in: BuB Rn. 7/469; *Schwark,* in: Schwark/Zimmer, § 17 BörsG Rn. 7 f.: differenzierend zwischen zusätzlichen Leistungen und solchen, die unter § 14 fallen können.
[6] *Schwark,* in: Schwark/Zimmer, § 17 BörsG Rn. 1.

II. Inhalt

1. Allgemeines

Die Gebührenordnung regelt die **Gebühren**, d.h. die Geldleistungen, die   4
für die besondere Nutzung der öffentlich-rechtlichen Einrichtung Börse zu
erbringen sind, und die **Auslagen**, d.h. die Aufwendungen, welche die Börse bei der Durchführung der Verwaltungsleistung im Interesse des Gebührenpflichtigen gegenüber Dritten erbracht hat.[7] Die allgemeinen verwaltungsrechtlichen Prinzipien für Gebühren gelten auch hier: **Äquivalenzprinzip** –
angemessenes Verhältnis zwischen der Gebühr und dem Wert der Leistung
für den Empfänger – und **Kostendeckungsprinzip** – Verwaltungsaufwand
darf nicht wesentlich geringer sein als die Gesamtheit der Gebühren für die
besondere Leistung.[8]

2. Gebührentatbestände im Einzelnen

Die Gebühren für die **Zulassung zur Teilnahme** am **Börsenhandel**,   5
§ 17 Abs. 1 Nr. 1, betreffen die an der Börse handelnden Unternehmen und
Personen. Dabei wurde im Rahmen des Finanzmarktrichtlinie-Umsetzungsgesetzes die gesonderte Erwähnung des elektronischen Börsenhandels gestrichen, da Börsenhandel und elektronischer Börsenhandel einheitlich behandelt werden.[9] Auf Anregung des Bundesrates wurde § 14 Abs. 1 Nr. 1
BörsG a.F. (jetzt § 17 Abs. 1 Nr. 1) erweitert. Konnten vorher nur Gebühren
für die Zulassung zur Teilnahme am Börsenhandel und die Zulassung für die
Teilnahme am Börsenhandel in einem elektronischen Handelssystem erhoben werden, so wurde auf Anregung des Börsenrates durch das Vierte Finanzmarktförderungsgesetz als weiterer Gebührentatbestand die Teilnahme
am Börsenhandel als solche eingeführt. Hierdurch erhält die Börse die
Möglichkeit, neben der Gebühr für die Erst- und einmalige Zulassung als
Handelsteilnehmer auch eine turnusmäßige, z.B. jährliche Gebühr für die
Teilnahme am Börsenhandel zu erheben.[10] Von dieser zusätzlichen Einnah-
memöglichkeit hat z.B. die FWB in § 9 der Gebührenordnung Gebrauch
gemacht. Soweit an der Börse handelnde Personen eine Börsenhändlerprüfung ablegen müssen, schafft § 17 Abs. 1 Nr. 7 die Ermächtigungsgrundlage,
Prüfungsgebühren festzusetzen. Geht es bei § 17 Abs. 1 Nr. 1 und 7 um
die Handelsteilnehmer, so erfasst § 17 Abs. 1 Nr. 2 gerade diejenigen Personen, welche nicht an der Börse handeln wollen und sollen, z.B. **Besucher
und Gäste**.

§ 17 Abs. 1 Nr. 3, 4, 5 und 6 regeln dagegen die Gebühren im Zusam-   6
menhang nicht mit den Handelsteilnehmern, sondern mit den zu **handeln-**

---

[7] *Schwark*, in: Schwark/Zimmer: § 17 BörsG Rn. 5; *Foelsch*, in: BuB Rn. 7/457.

[8] *Schwark*, in: Schwark/Zimmer: § 17 BörsG Rn. 4; *Foelsch*, in: BuB Rn. 7/457.

[9] RegBegr. zum Finanzmarktrichtlinie-Umsetzungsgesetz, BT-Drs. 16/4028, S. 88.

[10] Stellungnahme des Bundesrates zum Gesetzentwurf der Bundesregierung eines
Gesetzes zur weiteren Fortentwicklung des Finanzplatzes Deutschland (Viertes Finanzmarktförderungsgesetz), BT-Drs. 14/8017, S. 146, S. 150.

den Wertpapieren bzw. seit der entsprechenden Ergänzung der Nr. 3 durch das Vierte Finanzmarktförderungsgesetz auch für die Zulassung anderer Wirtschaftsgüter und Rechte. § 17 Abs. 1 Nr. 3 und 4 erfassen die Gebühr für die **Zulassung zum Börsenhandel** und/oder die anschließende **Einführung** bzw. § 17 Abs. 1 Nr. 5 für die **fortlaufende Notierung**. § 17 Abs. 1 Nr. 5 i. d. F. des Dritten Finanzmarktförderungsgesetzes[11] eröffnete den Börsen entsprechend internationaler Gepflogenheiten die Möglichkeit, die **laufenden Kosten** des Börsenbetriebs unter Beachtung des Äquivalenzprinzips[12] auch auf die Wertpapieremittenten umzulegen. Dem **Emittenten** musste ein **Wahlrecht** eingeräumt werden, ob er alternativ zur bislang bestehenden **einmaligen Gebühr für die Einführung** der Wertpapiere eine **wiederkehrende Gebühr für die Notierung** zahlen wollte. Emittenten, deren Wertpapiere zum Zeitpunkt des Inkrafttretens der entsprechend neu gestalteten Gebührenordnung nach Zahlung der Einführungsgebühr bereits notiert waren, wurden von dieser Neuregelung nicht betroffen.[13] Das Vierte Finanzmarktförderungsgesetz hat diese Möglichkeit wieder abgeschafft, da sie „keine praktische Relevanz" erlangt hatte. An ihre Stelle wurde in Nr. 5 die Möglichkeit eingeführt, Notierungsgebühren bei Wertpapieren einzuführen, deren Laufzeit nicht bestimmt ist. Auch hier soll das Äquivalenzprinzip gelten. § 52 Abs. 4 enthält darüber hinaus eine Vertrauensschutzregelung.[14]

3. Gebührengläubiger

7   Nach § 5 Gebührenordnung der Frankfurter Wertpapierbörse ist **Gläubiger der Gebühren** zwar die Börse; diese hat sie aber „unmittelbar an die Träger auszukehren".[15] Dies ist wirtschaftlich zutreffend, da die Gebühren u. a. Entgelt für die Nutzung der Börseneinrichtungen darstellen. Die Börseneinrichtungen werden aber vom Träger der Börse zur Verfügung gestellt.[16] Dies führt dazu, dass der Anspruch auf öffentlich-rechtliche Gebühren ebenso wie der aus privaten Nutzungsentgelten[17] dem Börsenträger und nicht der Börse als solcher zusteht.

III. Entgelt für Dienstleistungen

8   In Abs. 3 wird, wie die Regierungsbegründung zum Finanzmarktrichtlinie-Umsetzungsgesetz ausdrücklich hervorhebt, „in Übereinstimmung mit der

---

[11] Gesetz zur weiteren Fortentwicklung des Finanzplatzes Deutschland (Drittes Finanzmarktförderungsgesetz), BGBl. I 1998, 529.

[12] Darauf weist die Gesetzesbegründung ausdrücklich hin, vgl. RegBegr. zum Dritten Finanzmarktförderungsgesetz BT-Drs. 13/8933, S. 54, S. 71.

[13] RegBegr. zum Dritten Finanzmarktförderungsgesetz, BT-Drs. 13/8933, S. 54, S. 72.

[14] RegBegr. zum Vierten Finanzmarktförderungsgesetz, BT-Drs. 14/8017, S. 72, S. 74.

[15] Ebenso auch: *Schwark*, in: Schwark/Zimmer, § 17 BörsG, Rn. 5.

[16] Vgl. nur oben § 5 Rn. 4.

[17] Vgl. oben Rn. 1.

derzeitigen Rechtspraxis klargestellt, dass Börsenträger für Dienstleistungen innerhalb des Börsenbetriebs, wie etwa die Bereitstellung von technischen Anbindungen zu Handelssystemen oder dem Vertrieb von Handelsdaten unabhängig von Vermittlungsgebühren nach Absatz 1 gesonderte privatrechtliche Entgelte verlangen können".[18] Vor dem Hintergrund der eindeutigen Klarstellung im Gesetz und der noch eindeutigeren Hervorhebung in der Regierungsbegründung, dass gerade auch für Dienstleistungen „innerhalb des Börsenbetriebs" besondere privatrechtliche Entgelte verlangt werden können, dürften jedenfalls diejenigen Ansichten, welche solche privatrechtlichen Entgelte generell ablehnen,[19] aber auch diejenige Ansicht, welche gesonderte Entgelte ablehnen für die Nutzung von Handelssystemen, welche integraler Bestandteil des Börsenbetriebs sind,[20] keinen Bestand mehr haben können.

§ 18. Sonstige Benutzung von Börseneinrichtungen

[1]Die Börsenordnung kann für einen anderen als den nach § 16 Abs. 1 Satz 2 Nr. 1 zu bezeichnenden Geschäftszweig die Benutzung von Börseneinrichtungen zulassen. [2]Ein Anspruch auf die Benutzung erwächst in diesem Falle für die Beteiligten nicht.

§ 18 entspricht § 15 BörsG i.d.F. vor dem Finanzmarktrichtlinie-Umsetzungsgesetz. Die Zulassung anderer als der nach § 16 Abs. 1 Satz 2 Nr. 1 zu bezeichnenden Geschäftszweige muss in der Börsenordnung selbst erfolgen. Praktische Bedeutung könnte die Vorschrift dadurch erlangen, dass sie die Benutzung der Börseneinrichtungen auch für solche Geschäftsarten zulässt, die zwar nicht zum Geschäftszweig der Börse gehören, die aber für den Börsenhandel geeignet erscheinen.[1]

§ 19. Zulassung zur Börse

(1) Zum Besuch der Börse, zur Teilnahme am Börsenhandel und für Personen, die berechtigt sein sollen, für ein zur Teilnahme am Börsenhandel zugelassenes Unternehmen an der Börse zu handeln (Börsenhändler), ist eine Zulassung durch die Geschäftsführung erforderlich.

(2) Zur Teilnahme am Börsenhandel darf nur zugelassen werden, wer gewerbsmäßig bei börsenmäßig handelbaren Gegenständen
1. die Anschaffung und Veräußerung für eigene Rechnung betreibt oder
2. die Anschaffung und Veräußerung im eigenen Namen für fremde Rechnung betreibt oder
3. die Vermittlung von Verträgen über die Anschaffung und Veräußerung übernimmt

---

[18] RegBegr. zum Finanzmarktrichtlinie-Umsetzungsgesetz, BT-Drs. 16/4028, S. 88.
[19] So wohl auch *Schwark*, in: Schwark/Zimmer, § 17 Rn. 8.
[20] So aber *Schwark*, in: Schwark/Zimmer, § 17 Rn. 9.
[1] *Schwark*, in Schwark/Zimmer: § 18 BörsG Rn. 1.

und dessen Gewerbebetrieb nach Art und Umfang einen in kaufmännischer Weise eingerichteten Geschäftsbetrieb erfordert.

(3) Die Zulassung von Personen ohne das Recht zur Teilnahme am Handel regelt die Börsenordnung.

(4) [1]Die Zulassung eines Unternehmens zur Teilnahme am Börsenhandel nach Absatz 2 Satz 1 ist zu erteilen, wenn

1. bei Unternehmen, die in der Rechtsform des Einzelkaufmanns betrieben werden, der Geschäftsinhaber, bei anderen Unternehmen die Personen, die nach Gesetz, Satzung oder Gesellschaftsvertrag mit der Führung der Geschäfte des Unternehmens betraut und zu seiner Vertretung ermächtigt sind, zuverlässig sind und zumindest eine dieser Personen die für das börsenmäßige Wertpapier- oder Warengeschäft notwendige berufliche Eignung hat;

2. die ordnungsmäßige Abwicklung der an der Börse abgeschlossenen Geschäfte sichergestellt ist;

3. das Unternehmen ein Eigenkapital von mindestens 50 000 Euro nachweist, es sei denn, es ist ein Kreditinstitut, ein Finanzdienstleistungsinstitut oder ein nach § 53 Abs. 1 Satz 1 oder § 53 b Abs. 1 Satz 1 des Kreditwesengesetzes tätiges Unternehmen, das zum Betreiben des Finanzkommissionsgeschäftes im Sinne von § 1 Abs. 1 Satz 2 Nr. 4 oder zur Erbringung einer Finanzdienstleistung im Sinne des § 1 Abs. 1a Satz 2 Nr. 1 bis 4 des Kreditwesengesetzes befugt ist; als Eigenkapital sind das eingezahlte Kapital und die Rücklagen nach Abzug der Entnahmen des Inhabers oder der persönlich haftenden Gesellschafter und der diesen gewährten Kredite sowie eines Schuldenüberhanges beim freien Vermögen des Inhabers anzusehen;

4. bei dem Unternehmen, das nach Nummer 3 zum Nachweis von Eigenkapital verpflichtet ist, keine Tatsachen die Annahme rechtfertigen, dass es unter Berücksichtigung des nachgewiesenen Eigenkapitals nicht die für eine ordnungsmäßige Teilnahme am Börsenhandel erforderliche wirtschaftliche Leistungsfähigkeit hat.

[2]Die Börsenordnung kann vorsehen, dass bei Unternehmen, die an einer inländischen Börse oder einem organisierten Markt im Sinne des § 2 Abs. 5 des Wertpapierhandelsgesetzes mit Sitz im Ausland zur Teilnahme am Handel zugelassen sind, die Zulassung ohne den Nachweis der Voraussetzungen nach Satz 1 Nr. 1, 3 und 4 erfolgt, sofern die Zulassungsbestimmungen des jeweiligen Marktes mit diesen vergleichbar sind. [3]Die Börsenordnung kann vorsehen, dass Handelsteilnehmer für den Zugang zu Handelssystemen der Börse weitere Voraussetzungen erfüllen müssen.

(5) Als Börsenhändler ist zuzulassen, wer zuverlässig ist und die notwendige berufliche Eignung hat.

(6) [1]Die berufliche Eignung im Sinne des Absatzes 4 Satz 1 Nr. 1 ist regelmäßig anzunehmen, wenn eine Berufsausbildung nachgewiesen wird, die zum börsenmäßigen Wertpapier- oder Warengeschäft befähigt. [2]Die berufliche Eignung im Sinne des Absatzes 5 ist anzunehmen, wenn die erforderlichen fachlichen Kenntnisse und Erfahrungen nachgewiesen

werden, die zum Handel an der Börse befähigen. [3] Der Nachweis über die erforderlichen fachlichen Kenntnisse kann insbesondere durch die Ablegung einer Prüfung vor der Prüfungskommission einer Börse erbracht. [4] Das Nähere über die Anforderungen an die fachliche Eignung der zum Börsenhandel befähigten Personen und das Prüfungsverfahren regelt eine vom Börsenrat zu erlassende Zulassungsordnung für Börsenhändler, die der Genehmigung durch die Börsenaufsichtsbehörde bedarf.

(7) Das Nähere darüber, wie die in den Absätzen 4 bis 6 genannten Voraussetzungen nachzuweisen sind, bestimmt die Börsenordnung.

(8) [1] Besteht der begründete Verdacht, dass eine der in den Absätzen 2, 4 oder 5 bezeichneten Voraussetzungen nicht vorgelegen hat oder nachträglich weggefallen ist, so kann die Geschäftsführung das Ruhen der Zulassung längstens für die Dauer von sechs Monaten angeordnet werden. [2] Das Ruhen der Zulassung kann auch für die Dauer des Verzuges mit der Zahlung der nach § 17 Abs. 1 Nr. 1 und 2 festgesetzten Gebühren angeordnet werden. [3] Das Recht einer nach Absatz 5 zugelassenen Person zum Abschluss von Börsengeschäften ruht für die Dauer des Wegfalls der Zulassung des Unternehmens, für das sie Geschäfte an der Börse abschließt.

(9) [1] Die Geschäftsführung kann gegenüber Handelsteilnehmern mit Sitz außerhalb der Mitgliedstaaten der Europäischen Union oder der anderen Vertragsstaaten des Abkommens über den Europäischen Wirtschaftsraum das Ruhen der Zulassung längstens für die Dauer von sechs Monaten anordnen oder die Zulassung widerrufen, wenn die Erfüllung der Meldepflichten nach § 9 des Wertpapierhandelsgesetzes oder der Informationsaustausch zum Zwecke der Überwachung der Verbote von Insidergeschäften oder des Verbots der Marktpreismanipulation mit den in diesem Staat zuständigen Stellen nicht gewährleistet erscheint. [2] Die Bundesanstalt teilt der Geschäftsführung und der Börsenaufsichtsbehörde die für eine Anordnung oder den Widerruf nach Satz 1 maßgeblichen Tatsachen mit.

(10) Beabsichtigt die Geschäftsführung der Börse, Handelsteilnehmern in anderen Staaten einen unmittelbaren Zugang zu ihrem Handelssystem zu gewähren, hat sie dies der Börsenaufsichtsbehörde und der Bundesanstalt anzuzeigen, sofern es sich um die erstmalige Zugangsgewährung an einen Handelsteilnehmer in dem betreffenden Staat handelt.

(11) Die Geschäftsführung der Börse übermittelt der Börsenaufsichtsbehörde regelmäßig ein aktuelles Verzeichnis der an der Börse zugelassenen Handelsteilnehmer.

Übersicht

I. Allgemeines

1. Finanzmarktrichtlinie-Umsetzungsgesetz

1   Im Rahmen des Finanzmarktrichtlinie-Umsetzungsgesetz bestand zur Umsetzung der Vorgaben des Artikel 42 Abs. 3 der Finanzmarktrichtlinie kein Änderungsbedarf für § 16 BörsG i. d. F. vor dem Finanzmarktrichtlinie-Umsetzungsgesetz, so dass diese Bestimmung im Wesentlichen unverändert als § 19 übernommen werden konnte. Neben sprachlichen Änderungen ergab sich Änderungsbedarf nur im Hinblick auf die „gegenwärtige Rechtspraxis".[1]

1a   Die Änderung[2] in § 19 Abs. 1 – ausdrückliche Nennung der jetzt bereits dort, früher in Absatz 5, legal definierten Börsenhändler – ist eher sprachlicher Natur. Die Streichung des § 16 Abs. 1 Satz 2 BörsG i. d. F. vor dem Finanzmarktrichtlinie-Umsetzungsgesetz spiegelt das gewandelte Verständnis vom Börsenhandel wieder: Dass zum Börsenhandel auch „Geschäfte …, die durch Übermittlung von Willenserklärungen durch elektronische Datenübertragung börsenmäßig zustande kommen", so § 16 Abs. 1 Satz 2 BörsG i. d. F. vor dem Finanzmarktrichtlinie-Umsetzungsgesetz, gehören, ist zwischenzeitlich allgemein bekannt und bedarf deshalb keiner Regelung mehr. Die Regierungsbegründung zum Finanzmarktrichtlinie-Umsetzungsgesetz stellt in diesem Zusammenhang zu Recht fest, dass „der ganz überwiegende Teil der Aufträge elektronisch übermittelt wird". Die Ersetzung von „Geschäfte am Börsenplatz" durch „an der Börse abgeschlossenen Geschäfte" in § 19 Abs. 4 Satz 1 Nr. 2 geht in die gleiche Richtung: Es wird klargestellt, dass nicht nur die Geschäfte im Präsenzhandel, sondern auch die zwischenzeitlich überwiegenden elektronisch übermittelten Aufträge und insgesamt sämtliche an der Börse abgeschlossene Geschäfte erfasst sein sollen. Die Änderungen in den Sätzen 3 und 4 des § 19 Abs. 6 dienen dazu, bei den Anforderungen an die fachliche Eignung der Börsenhändler flexibler verfahren zu können. Anders als bis zu dieser Änderung durch das Finanzmarktrichtlinie-Umsetzungsgesetz kann der Nachweis der fachlichen Eignung künftig nicht mehr nur durch

---

[1] RegBegr. zum Finanzmarktrichtlinie-Umsetzungsgesetz, BT-Drs. 16/4028, S. 89.
[2] Vgl. auch zu Folgendem RegBegr. zum Finanzmarktrichtlinie-Umsetzungsgesetz, BT-Drs. 16/4028, S. 89.

eine Börsenhändlerprüfung erfolgen, sondern auch durch andere Nachweise erbracht werden. Dabei weist die Regierungsbegründung zum Finanzmarktrichtlinie-Umsetzungsgesetz zutreffend darauf hin, dass bei der Überprüfung der fachlichen Eignung auf die spezifischen Anforderungen des jeweiligen börslichen Marktes abzustellen ist, so dass „z. b. bei der Teilnahme an rein elektronischen Handelssystemen an die erforderliche fachliche Eignung andere Maßstäbe anzulegen … (sind), als für den Handel an Präsenzbörsen." Die Kriterien und Grundsätze, nach denen die fachliche Eignung bestimmt werden soll, sind in der die bisherige Prüfungsordnung ersetzenden Zulassungsordnung für Börsenhändler festzulegen. Die neu eingefügten Absätze 10 und 11 des § 19 setzen Artikel 42 Abs. 6 Unterabsatz 2 Satz 1 bzw. Abs. 7 der Finanzmarktrichtlinie um. Die Streichung des Satzes 2 in § 19 Abs. 2 BörsG a. F. durch das Gesetz zur Umsetzung der Richtlinie 2010/73/EU und zur Änderung des Börsengesetzes[3] wurde damit begründet, dass für die darin enthaltene Regelung der Zulassung von Landwirten etc. kein praktisches Bedürfnis bestand.[4]

2. Grundgesetzliche Vorgaben

Die **Zulassung von Wertpapieren** zum Börsenhandel ist in § 32 gere **2**
gelt. Davon zu unterscheiden ist die in § 19 normierte **Zulassung** von –
natürlichen oder juristischen – **Personen zum Börsenbesuch und Börsenhandel.** § 19 trägt u. a. dem durch Art. 12 Abs. 1 Satz 2 GG festgelegten Gesetzesvorbehalt für die Regelung der Berufsfreiheit Rechnung. Nach der **Dreistufentheorie des Bundesverfassungsgerichts**[5] ist jede Regelung der **Berufsfreiheit** in eine der drei Stufen einzuteilen, und ihre Zulässigkeit hängt von Voraussetzungen ab, die sich von einer Stufe zur anderen verschärfen: Eingriff in die **Berufsausübung,** Aufstellen subjektiver Zulassungsvoraussetzungen als Einschränkung der **Berufswahl,** Aufstellen objektiver Zulassungsvoraussetzungen als Einschränkung der Berufswahl. Die in § 19 enthaltenen Einschränkungen der Berufsfreiheit stellen teilweise subjektive Zulassungsvoraussetzungen (soweit die Unternehmen ausschließlich im Börsenhandel tätig sind), teilweise bloße Regelungen der Berufsausübung (so z. B. bei Kreditinstituten, bei denen der Börsenhandel nur einen geringen Teil ihres umfassenderen Geschäfts ausmacht) dar und werden allgemein als zulässig angesehen.[6]

3. Arten der Zulassung

Bei der Zulassung nach § 19 Abs. 1 ist zu unterscheiden zwischen der **Zu** **3**
lassung zur Teilnahme am Handel einerseits und der **Zulassung zum Besuch** der Börse ohne das Recht zur Teilnahme am Börsenhandel, § 19 Abs. 3, andererseits. Bei der Zulassung zur Teilnahme am Handel wiederum

---

[3] BGBl. I 2012, 1375.
[4] RegBegr. Prospektrichtline-Änderungsgesetz BT-Drs. 17/8684, S. 13, 23.
[5] BVerfGE 7, 377 (378, Leitsatz N. 6 a–d).
[6] Vgl. nur *Beck,* in: Schwark/Zimmer, § 19 BörsG Rn. 9 ff. m. w. N.

ist zu differenzieren zwischen der **Zulassung von Unternehmen,** § 19 Abs. 2 und 4, und der **Zulassung von Börsenhändlern,** § 19 Abs. 5.

4. Rechtsnatur

4   Die Zulassung zur Teilnahme am Börsenhandel ist ein **mitwirkungsbedürftiger, begünstigender** Verwaltungsakt.[7] Durch die Zulassung wird ein öffentlich-rechtliches Benutzungsverhältnis begründet, der Zugelassene hat ein subjektiv öffentliches Recht auf Nutzung der Börse und ihrer Einrichtungen.[8]

II. Zulassungsvoraussetzungen

1. Zulassung ohne das Recht zur Teilnahme am Börsenhandel, § 19 Abs. 3

5   Nach § 19 Abs. 3 regelt die Börsenordnung die Zulassung von Personen zum bloßen Börsenbesuch, der nicht das Recht zur Teilnahme am Börsenhandel umfasst. § 17 BörsenO der FWB[9] erfasst hierbei frühere Börsenhändler, Hilfspersonal und insbesondere Berichterstatter und Angestellte der Wirtschaftspresse, des Rundfunks oder des Fernsehens sowie sonstige Gäste. Die von diesen zu entrichtenden Gebühren regelt gem. § 17 Abs. 1 Nr. 2 BörsG z.B. § 10 der Gebührenordnung der FWB.[10]

2. Zulassung von Unternehmen zum Börsenhandel, § 19 Abs. 2 und 4

6   § 19 Abs. 2 regelt die Zulassung zur Teilnahme am Börsenhandel. Das in § 16 Abs. 1 Satz 2 BörsG i.d.F. vor dem Finanzmarktrichtlinie-Umsetzungsgesetz noch zum Ausdruck gebrachte Leitbild der Präsenzbörse ist durch dessen Streichung durch das Finanzmarktrichtlinie-Umsetzungsgesetz endgültig beseitigt worden.

7   Zur Teilnahme am Börsenhandel dürfen nur die **Unternehmen** zugelassen werden, welche die in § 19 Abs. 2 genannten Tätigkeiten ausüben. Die **Zulassung ist zu erteilen,** wenn die Voraussetzungen des § 19 Abs. 4 erfüllt sind.[11] Dabei wird die Zulassung von Unternehmen daran geknüpft, dass
– (i) die Unternehmensleiter **zuverlässig** sind und zumindest einer von ihnen die für das börsenmäßige Wertpapier- oder Warengeschäft notwendige berufliche **Eignung** hat;
– (ii) die **ordnungsgemäße Abwicklung** der Geschäfte sichergestellt ist; das ist dann der Fall, wenn der Antragsteller eine zur Abwicklung seiner

---

[7] *Beck,* in: Schwark/Zimmer, § 19 BörsG Rn. 5 *Beck,* in: Schwark/Zimmer, § 19 BörsG Rn. 4.'
[8] *Beck,* in: Schwark/Zimmer, § 19 BörsG Rn. 5.
[9] BörsenO für die FWB, auch abrufbar über die Internet-Seite der Deutsche Börse AG: www.deutsche-boerse.com (Listing/Going Public/Regularien).
[10] Gebührenordnung für die FWB, auch abrufbar über die Internet-Seite der Deutsche Börse AG: www.deutsche-boerse.com (Listing/Going Public/Regularien).
[11] Anspruch auf Zulassung, vgl. unten Rn. 17.

Börsengeschäfte geeignete und bedarfsmäßig besetzte Geschäftsstelle unterhält oder an eine technische Einrichtung der Börse angeschlossen ist, welche die ordnungsgemäße Abwicklung der Geschäfte am Börsenplatz sicherstellt, und die Regulierung seiner Börsengeschäfte über eine Hauptverwaltung der Deutschen Bundesbank (früher Landeszentralbank) und die Clearstream Banking AG gewährleistet ist;[12]

– (iii) der Antragsteller ein nach § 19 Abs. 4 Nr. 4 2. Halbs. **definiertes Eigenkapital** von mindestens 50 000 Euro nachweist, und

– (iv) keine Tatsachen die Annahme rechtfertigen, dass der Antragsteller nicht die für eine ordnungsgemäße Teilnahme am Börsenhandel erforderliche wirtschaftliche **Leistungsfähigkeit** hat.

Die Voraussetzung (iii) und (iv) müssen nur bei Unternehmen erfüllt sein, die keine Kreditinstitute, keine Finanzdienstleistungsinstitute oder keine nach §§ 53 Abs. 1 Satz 1 oder 53 b Abs. 1 Satz 1 KWG tätigen Unternehmen – Zweigstellen oder Zweigniederlassungen ausländischer Kreditinstitute – sind.

Die früher in § 7 Abs. 4 Nr. 3 und Abs. 4a BörsG a. F. geregelte weitere **8** Zulassungsvoraussetzung, dass Antragsteller, die keine Kreditinstitute sind, **Sicherheit** zu leisten haben, um die Verpflichtungen aus Geschäften an der Börse oder in einem an der Börse zugelassenen elektronischen Handelssystem jederzeit erfüllen zu können, ist durch das **Begleitgesetz**[13] **gestrichen** worden.[14] Eine solche Verpflichtung zur Sicherheitsleistung kann nach § 20 in der jeweiligen Börsenordnung für alle zur Teilnahme am Börsenhandel zugelassenen Unternehmen und Skontroführer angeordnet werden. Die Sicherheitsleistung ist jedoch nicht mehr Zulassungsvoraussetzung; eine fehlende oder nachträglich weggefallene Sicherheitsleistung berechtigt nicht mehr zur Versagung der Zulassung, sondern nur noch zur Anordnung des Ruhens der Zulassung, sofern die Börsenordnung dies vorsieht, bzw. zu den sonstigen Maßnahmen nach § 20 Abs. 4. Das Nähere über die Art und Weise der Sicherheitsleistung bestimmt die Börsenordnung, § 20 Abs. 1 Satz 3.

Bei den in § 19 Abs. 4 Nr. 1 genannten Zulassungsvoraussetzungen der **9** **Zuverlässigkeit** und der **beruflichen Eignung** handelt es sich um **unbestimmte Rechtsbegriffe,** bei denen der Geschäftsführung ein **Beurteilungsspielraum** zusteht. Zu den Begriffen der Zuverlässigkeit und Eignung kann auf die **Kriterien,** die zu den **vergleichbaren Regelungen in § 33 Abs. 1 und 2 KWG** aufgestellt wurden, zurückgegriffen werden.[15] Danach setzt **Zuverlässigkeit** voraus, dass bei der speziellen Person damit **gerechnet werden kann,** dass sie auch **künftig den Beruf ordnungsgemäß ausübt**

---

[12] Näheres dazu *Beck,* in: Schwark/Zimmer, § 19 BörsG Rn. 24; *Foelsch,* in: BuB Rn. 7/582; *Ledermann,* in: Schäfer/Hamann, KMG § 16 BörsG Rn. 16.

[13] Begleitgesetz zum Gesetz zur Umsetzung von EG-Richtlinien zur Harmonisierung bank- und wertpapieraufsichtsrechtlicher Vorschriften, BGBl. I 1997, 2567.

[14] Zur Begründung der Streichung und Einführung des § 20 vgl. unten Kommentierung zu § 20 BörsG Rn. 1.

[15] *Ledermann,* in: Schäfer/Hamann, KMG, § 7 BörsG Rn. 13 f.; *Beck,* in: Schwark/Zimmer, § 19 BörsG Rn. 21.

und das in sie **gesetzte Vertrauen nicht enttäuscht.** Die **Eignung** ist dann gegeben, wenn die **gesetzliche Vermutung** nach § 19 **Abs. 6** eingreift, d. h. wenn eine Berufsausbildung nachgewiesen wird, die zum börsenmäßigen Wertpapierhandel oder Warengeschäft befähigt.

10   Der durch das Vierte Finanzmarktförderungsgesetz neu in § 19 Abs. 4 eingefügte Satz 2 ermöglicht den Börsen, in der Börsenordnung ein vereinfachtes Zulassungsverfahren für Unternehmen vorzusehen, die bereits an einer anderen inländischen Börse oder einem anderen organisierten Markt im europäischen Wirtschaftsraum zur Teilnahme am Handel zugelassen sind. Durch die Möglichkeit des Verzichts auf den Nachweis der Voraussetzungen nach den in Nrn. 1, 3 und 4 wird zum einen insbesondere ausländischen Handelsteilnehmern der Zugang zu den deutschen Börsen erleichtert, zum anderen das Prinzip der gegenseitigen Anerkennung innerhalb des europäischen Wirtschaftsraums praktiziert. Der Aufsichtsstandard wird durch diesen erleichterten Zugang zu den deutschen Börsen nicht herabgesetzt, da die Zulassungsvoraussetzungen an den ausländischen Börsen mit den Zulassungserfordernissen an den inländischen Börsen vergleichbar sein müssen.[16]

3. Zulassung von Börsenhändlern, § 19 Abs. 5

11   Personen, die berechtigt sein sollen, für ein zugelassenes Unternehmen an der Börse bzw. im elektronischen Handelssystem zu handeln, **Börsenhändler nach der Legaldefinition in § 19 Abs. 1,** sind zuzulassen, wenn sie **zuverlässig** sind und die hierfür notwendige **berufliche Eignung** haben, § 19 Abs. 5. Die **berufliche Eignung** ist nach § 19 Abs. 6 Satz 2 dann anzunehmen, wenn die erforderlichen **fachlichen Kenntnisse** und **Erfahrungen** nachgewiesen werden, die zum Handel an der Börse befähigen. Dabei kann der Nachweis hierüber insbesondere durch die Ablegung einer **Prüfung vor der Prüfungskommission einer Börse** erbracht werden. Durch das Finanzmarktrichtlinie-Umsetzungsgesetz wurde die Möglichkeit geschaffen, in der Zulassungsordnung, welche die frühere Prüfungsordnung ersetzt, spezifischere Anforderungen an den Nachweis der fachlichen Kenntnisse aufzustellen, vgl. bereits oben Rn. 1 a. Das Nähere über das Prüfungsverfahren regelt gemäß § 19 Abs. 6 Satz 4 die vom Börsenrat zu erlassende Zulassungsordnung, welche der Genehmigung durch die Börsenaufsichtsbehörde bedarf.[17]

III. Zulassungsverfahren

12   Die Regelung der Einzelheiten hinsichtlich der Art und Weise, wie die Zulassung beantragt und die Nachweise darüber, dass die Anforderungen nach § 19 Abs. 4 und Abs. 6 vorliegen, erbracht werden, d. h. die Einzelhei-

---

[16] Vgl. im Einzelnen RegBegr. zum Entwurf eines Gesetzes zur weiteren Fortentwicklung des Finanzplatzes Deutschland (Viertes Finanzmarktförderungsgesetz), BT-Drs. 14/8017, S. 72, S. 75.
[17] *Foelsch,* in: BuB Rn. 7/585; vgl. auch Zulassungsordnung für Börsenhändler an der FWB, auch abrufbar über die Internet-Seite der Deutsche Börse AG: www. deutsche-boerse.com (Listing/Going Public/Regularien).

ten des **Zulassungsverfahrens** sind anders als die **materiellen Zulassungs-voraussetzungen** nicht im Gesetz selbst geregelt. § 19 Abs. 7 verweist inso-weit auf die **Börsenordnung**[18] und damit die Regelungskompetenz der **Börsenselbstverwaltung.** Dabei darf die Börsenordnung jedoch tatsächlich nur das Zulassungsverfahren regeln und **keine zusätzlichen Zulassungs-schranken** aufstellen, da § **19 abschließend** ist.[19] Auch durch Ausgestaltung des Zulassungsverfahrens selbst darf keine – mittelbar zusätzliche – Zulas-sungsschranke aufgestellt werden.[20]

IV. Rücknahme, Widerruf und Ruhen der Zulassung, §§ 19 Abs. 8, Abs. 9, 20 Abs. 2, Abs. 4

Neben den in § 19 Absätze 8 geregelten Möglichkeiten, ein **Ruhen,** die **13 Rücknahme** oder den **Widerruf der Zulassung** anzuordnen, kann die Zulassung auch durch – **freiwilligen** – **Verzicht des Zugelassenen** been-det werden. Dieser Verzicht ist schriftlich gegenüber der Börsengeschäftsfüh-rung zu erklären.

Gegenüber Rücknahme oder Widerruf ist die in § 19 Abs. 8, § 20 Abs. 2 **14** geregelte Möglichkeit, das Ruhen der Zulassung anzuordnen, das **mildere Mittel.** Wegen des auch hier anwendbaren **Grundsatzes der Verhältnis-mäßigkeit** ist deshalb vor einer Rücknahme bzw. einem Widerruf der Zu-lassung zunächst zu prüfen, ob die Missstände nicht auch während des Ru-hens der Zulassung beseitigt werden können. Die Anordnung des Ruhens der Zulassung nach § 19 Abs. 8 und damit wohl auch nach § 20 Abs. 2 ist nicht kraft Gesetzes sofort vollziehbar.

Abs. 7 enthielt früher einen Hinweis auf die Geltung der allgemeinen Vor- **15** schriften über die **Rücknahme** und den **Widerruf** von **Verwaltungsakten** auch im Hinblick auf die Zulassung. Obwohl Abs. 7 durch das Begleitgesetz[21] aufgehoben wurde, ist damit die Möglichkeit der Rücknahme und des Wi-derrufs der Zulassung auf der Grundlage der §§ 48, 49 VwVerfG bei Nicht-Vorliegen oder Wegfall der Zulassungsvoraussetzungen nicht berührt wor-den.[22]

Zuständig für Rücknahme oder Widerruf ist die **Börsengeschäftsfüh- 16 rung.** Da es sich bei der Zulassung um einen **begünstigenden Verwal-tungsakt** handelt, sind die für begünstigende Verwaltungsakte geltenden Ein-schränkungen der Rücknahme bzw. des Widerrufs in §§ 48, 49 VwVerfG sowie, vgl. oben, der **Grundsatz der Verhältnismäßigkeit** zu beachten. Eine Rücknahme ist nur möglich, wenn die Zulassung von Anfang an

---

[18] Vgl. §§ 12 ff. BörsenO für die FWB, auch abrufbar über die Internet-Seite der Deutsche Börse AG: http://www.deutsche-boerse.com.
[19] *Ledermann,* in: Schäfer/Hamann, KMG, § 16 BörsG Rn. 6; *Beck,* in: Schwark/Zimmer, § 19 BörsG Rn. 42.
[20] *Ledermann,* in: Schäfer/Hamann, KMG, § 16 BörsG Rn. 28 m. w. N.
[21] Begleitgesetz zum Gesetz zur Umsetzung von EG-Richtlinien zur Harmonisie-rung bank- und wertpapieraufsichtsrechtlicher Vorschriften, BGBl. I 1997, 2567.
[22] So ausdrücklich die RegBegr. zum Begleitgesetz, BT-Drs. 13/7143, S. 16, S. 23; wie hier auch *Beck,* in: Schwark/Zimmer, § 19 BörsG Rn. 56.

rechtswidrig war. Dabei sind die Beschränkungen in § 48 Absätze 3 und 4 VwVerfG zu beachten. Ein Widerruf der Zulassung ist nur unter den einschränkenden Voraussetzungen des § 49 Abs. 2 VwVerfG zulässig; in Betracht kommt hier insbesondere § 49 Abs. 2 Nr. 3 VwVerfG, wenn die ursprünglich gegebenen Zulassungsvoraussetzungen nachträglich weggefallen sind.

V. Rechtsschutz

17   Nach § 19 Abs. 4 besteht bei Vorliegen der Voraussetzungen ein **Rechtsanspruch auf Zulassung.**[23] Wird die Zulassung verweigert, steht damit ebenso wie bei Rücknahme, Widerruf oder Anordnung des Ruhens der Zulassung der **Verwaltungsrechtsweg** nach §§ 40, 42 VwGO offen. Zunächst ist dabei jedoch das **Widerspruchsverfahren** nach §§ 68 ff. VwGO durchzuführen: Widerspruch bei der Börsengeschäftsführung, Entscheidung über den Widerspruch durch die Börsengeschäftsführung selbst, § 73 Abs. 1 Nr. 3 VwGO. Die Anfechtungs- oder Verpflichtungsklage richtet sich dann gegen die Börse, § 2 Abs. 4.

§ 20. Sicherheitsleistungen

(1) [1]Die Börsenordnung kann bestimmen, dass die zur Teilnahme am Börsenhandel zugelassenen Unternehmen und die Skontroführer ausreichende Sicherheit zu leisten haben, um die Verpflichtungen aus Geschäften, die an der Börse sowie in einem an der Börse zugelassenen elektronischen Handelssystem abgeschlossen werden, jederzeit erfüllen zu können. [2]Die Höhe der Sicherheitsleistung muss in angemessenem Verhältnis zu den mit den abgeschlossenen Geschäften verbundenen Risiken stehen. [3]Das Nähere über die Art und Weise der Sicherheitsleistung bestimmt die Börsenordnung.

(2) [1]Wird die nach der Börsenordnung erforderliche Sicherheitsleistung nicht erbracht oder entfällt sie nachträglich, kann die Börsenordnung vorsehen, dass das Ruhen der Zulassung längstens für die Dauer von sechs Monaten angeordnet werden kann. [2]Die Börsenordnung kann vorsehen, dass zur Teilnahme am Börsenhandel zugelassene Unternehmen auf die Tätigkeit als Vermittler beschränkt werden können, wenn die geleistete Sicherheit nicht mehr den in der Börsenordnung festgelegten Erfordernissen entspricht. [3]Die Börsenordnung kann auch bestimmen, dass das Recht eines Börsenhändlers zum Abschluss von Börsengeschäften für die Dauer des Ruhens der Zulassung des Unternehmens ruht, für das sie Geschäfte an der Börse abschließt.

(3) Die Börsenordnung kann Regelungen zur Begrenzung und Überwachung der Börsenverbindlichkeiten von zur Teilnahme am Börsenhandel zugelassenen Unternehmen und Skontroführern vorsehen.

(4) [1]Die Handelsüberwachungsstelle hat die nach Absatz 1 zu leistenden Sicherheiten und die Einhaltung der Regelungen nach Absatz 3 zu

---

[23] *Beck,* in: Schwark/Zimmer, § 19 BörsG Rn. 57; *Ledermann,* in: Schäfer/Hamann, KMG, § 16 Rn. 5; *Walter,* WM 1986, 1489.

überwachen. [2] Ihr stehen die Befugnisse der Börsenaufsichtsbehörde nach § 3 Abs. 4 zu. [3] Sie kann insbesondere von der jeweiligen Abrechnungsstelle die Liste der offenen Aufgabegeschäfte und die Mitteilung negativer Kursdifferenzen verlangen. [4] Stellt die Handelsüberwachungsstelle fest, dass der Sicherheitsrahmen überschritten ist, hat die Geschäftsführung Anordnungen zu treffen, die geeignet sind, die Erfüllung der Verpflichtungen aus den börslichen Geschäften nach Absatz 1 sicherzustellen. [5] Sie kann insbesondere anordnen, dass das zur Teilnahme am Börsenhandel zugelassene Unternehmen und der Skontroführer unverzüglich weitere Sicherheiten zu leisten und offene Geschäfte zu erfüllen haben, oder diese mit sofortiger Wirkung ganz oder teilweise vom Börsenhandel vorläufig ausschließen. [6] Die Geschäftsführung hat die Börsenaufsichtsbehörde über die Überschreitung des Sicherheitsrahmens und die getroffenen Anordnungen unverzüglich zu unterrichten.

(5) **Widerspruch und Anfechtungsklage gegen Maßnahmen nach Absatz 4 haben keine aufschiebende Wirkung.**

§ 20 entspricht § 19 BörsG i. d. F. vor dem Finanzmarktrichtlinie-Umsetzungsgesetz. Das Gesetz zur Umsetzung von EG-Richtlinien zur Harmonisierung bank- und wertpapierrechtlicher Vorschriften (**6. KWG Novelle**),[1] mit dem die **Kapitaladäquanzrichtlinie**[2] und **Wertpapierdienstleistungsrichtlinie**[3] in deutsches Recht umgesetzt wurden, führt u. a. dazu, dass nicht mehr nur Kreditinstitute, sondern auch andere Wertpapierfirmen ihr Positions-, Abwicklungs-, Liefer- und Fremdwährungsrisiko sowie ihre Großrisiken mit **Eigenkapital unterlegen** müssen. Deshalb wurde durch das **Begleitgesetz**[4] die in § 7 Abs. 4 Nr. 3 und Abs. 4a BörsG a. F. allein für Nichtkreditinstitute angeordnete **Sicherheitsleistung** als Voraussetzung für die Zulassung zum Börsenhandel als wettbewerbsverzerrend **gestrichen.** Da die Eigenkapitalunterlegungspflicht jedoch nicht die speziell im Börsengeschäft auftretenden besonderen Risiken abdeckt, wurde in § 20 Abs. 1 die Möglichkeit eröffnet, in der Börsenordnung eine Sicherheitsleistung speziell für diese Risiken anzuordnen.[5] Eine entsprechende Regelung wurde in §§ 18 ff. BörsenO der FWB getroffen.

Die Verpflichtung zur Leistung von **Sicherheiten** kann nach § 20 Abs. 1 **2** Satz 1 nur insoweit begründet werden, als sie dazu dienen sollen, die **Verpflichtungen** aus **Geschäften an der Börse** bzw. einem an der Börse zuge-

1

---

[1] BGBl. I 1997, 2518.

[2] Richtlinie des Rates vom 15. März 1993 über die angemessene Eigenkapitalausstattung von Wertpapierfirmen und Kreditinstituten, RL 93/6/EWG ABl. EG Nr. L 141 vom 11. Juni 1993, S. 1.

[3] Richtlinie über Wertpapierdienstleistungen vom 12. Mai 1993, RL 93/22/EWG, ABl. EG Nr. L 141 vom 11. Juni 1993, S. 27.

[4] Begleitgesetz zum Gesetz zur Umsetzung von EG-Richtlinien zur Harmonisierung bank- und wertpapieraufsichtsrechtlicher Vorschriften, BGBl. I 1997, 2567.

[5] BörsenO der FWB, auch abrufbar über die Internet-Seite der Deutsche Börse AG: www.deutsche-boerse.com (Listing/Going Public/Regularien).

lassenen **elektronischen Handel** jederzeit erfüllen zu können. Zu solchen Verpflichtungen zählen neben den **Ansprüchen auf Erfüllung,** den **Risiken aus Aufgabegeschäften, Zwangsregulierungen, Verzug** und **Schadenersatz** auch die auf **Courtage.**[6]

3   Die **Art der Sicherheitsleistung** ist nach § 20 Abs. 1 Satz 2 ebenfalls in der Börsenordnung zu regeln. Sie muss **jederzeit verfügbar** und **ohne Probleme bewertbar** sein, so dass Bareinlagen, Garantien oder Kautionsversicherungen in Betracht kommen, nicht dagegen, wegen der Akzessorietät, Bürgschaften oder Pfandrechte.[7]

4   Die Folgen bei nicht ordnungsgemäß erbrachter oder nachträglich weggefallener Sicherheit können ebenfalls in der Börsenordnung geregelt werden und reichen von der Anordnung des **Ruhens der Zulassung** über die **Beschränkung auf die Vermittlungstätigkeit,** § 20 Abs. 2, bis hin zur **Begrenzung der Börsenverbindlichkeiten,** § 20 Abs. 3.

5   Die **Überwachung der Einhaltung** der Sicherheitsleistung erfolgt durch die **Handelsüberwachungsstelle,** § 20 Abs. 4 Satz 1, der hierfür sämtliche in § 3 Abs. 4 genannten Befugnisse übertragen werden, § 20 Abs. 4 Satz 2. Entsprechend § 3 Abs. 9 ist in § 20 Abs. 5 geregelt, dass **Widerspruch** und **Anfechtungsklage** gegen sämtliche Maßnahmen nach Abs. 4 **keine aufschiebende Wirkung** haben, diese somit qua Gesetzes sofort vollziehbar sind.

§ 21. Externe Abwicklungssysteme

(1) [1]Die **Börsenordnung kann die Anbindung von externen Abwicklungssystemen an die börslichen Systeme für den Börsenhandel und die Börsengeschäftsabwicklung vorsehen.** [1]**Eine solche Anbindung ist zulässig, sofern sichergestellt ist, dass**

1. **das System für die angebotene Dienstleistung zur Abwicklung der Börsengeschäfte über die erforderlichen technischen Einrichtungen verfügt, und**

2. **der Betreiber des Systems die notwendigen rechtlichen und technischen Voraussetzungen für eine Anbindung des Systems an die börslichen Systeme für den Handel und die Börsengeschäftsabwicklung geschaffen hat, und**

3. **eine ordnungsgemäße und unter wirtschaftlichen Gesichtspunkten effiziente Abrechnung und Abwicklung der Geschäfte an der Börse gewährleistet ist.**

(2) **Sind nach Absatz 1 mehrere alternative Abwicklungssysteme verfügbar, ist es den Handelsteilnehmern freizustellen, welches der Systeme sie zur Erfüllung der Börsengeschäfte nutzen.**

---

[6] *Ausführlich Beck,* in: Schwark/Zimmer, § 20 BörsG Rn. 5; *Marxsen,* in: Schäfer/Hamann, KMG, § 19 a BörsG Rn. 7 f.

[7] RegBegr. zum Zweiten Finanzmarktförderungsgesetz, BT-Drs. 12/6679, S. 33, 66; *Beck,* in: Schwark/Zimmer, § 20 BörsG Rn. 9.

§ 21 wurde durch das Finanzmarktrichtlinie-Umsetzungsgesetz neu in das **1**
Börsengesetz aufgenommen und schafft in Umsetzung von Artikel 34 Abs.
2 Satz 1 der Finanzmarktrichtlinie erstmals Regelungen, unter welchen Voraussetzungen die Anbindung von externen Abwicklungssystemen zulässig sein
soll. Wie die Regierungsbegründung zum Finanzmarktrichtlinie-Umsetzungsgesetz[1] zu Recht hervorhebt, werden in vielen Fällen die durch den
Börsenträger betriebenen Handels- und Abwicklungssysteme durch dritte
Anbieter für Abrechnungs- oder Abwicklungsleistungen für die Erfüllung der
Börsengeschäfte ergänzt. Beispielhaft genannt werden Clearing-Einrichtungen, z.B. einen in den Börsenhandel organisatorisch eingebetteten Zentralen
Kontrahenten, oder Abwicklungsdienstleistungen durch Wertpapiersammelbanken.

Ob und unter welchen Voraussetzungen externe Abwicklungssysteme an **2**
die börslichen Systeme für den Börsenhandel und die Börsengeschäftsabwicklung angebunden werden dürfen, ist in der Börsenordnung der jeweiligen
Börse zu regeln. In Umsetzung der Vorgaben von Artikel 34 Abs. 2 Satz 1
lit. a) und b) der Finanzmarktrichtlinie enthält § 21 Abs. 1 Satz 2 die erforderlichen Voraussetzungen für die Anbindung entsprechender Systeme an die
vom Börsenträger betriebenen börslichen Systeme für den Börsenhandel und
die Börsengeschäftsabwicklung. § 21 Abs. 1 Satz 1 Nr. 1 ist nach der Regierungsbegründung zum Finanzmarktrichtlinie-Umsetzungsgesetz[2] dahingehend zu verstehen, dass die Voraussetzung für die Anbindung eines externen
Abwicklungs- oder Abrechnungssystems ist, dass dessen technische Einrichtungen nicht nur eine dem aktuellen Stand der Technik entsprechende Ausstattung des Systems entsprechen, sondern dessen Kompatibilität zu den Abläufen der börslichen Systeme sichergestellt sein muss.

§ 21 Abs. 2 bestimmt in Umsetzung von Artikel 34 Abs. 2 Satz 1 der Fi- **3**
nanzmarktrichtlinie die Wahlmöglichkeit für die Handelsteilnehmer, d.h. diesen muss bei alternativ an die Börse angebundenen externen Abwicklungssystemen frei gestellt sein, welches System sie für die Abwicklung ihrer Börsengeschäfte benutzen möchten.[3]

§ 22. Sanktionsausschuss

(1) [1]**Die Landesregierung wird ermächtigt, durch Rechtsverordnung
Vorschriften über die Errichtung eines Sanktionsausschusses, seine Zusammensetzung, sein Verfahren einschließlich der Beweisaufnahme und
der Kosten sowie die Mitwirkung der Börsenaufsichtsbehörde zu erlassen.** [2]**Die Vorschriften können vorsehen, dass der Sanktionsausschuss
Zeugen und Sachverständige, die freiwillig vor ihm erscheinen, ohne
Beeidigung vernehmen und das Amtsgericht um die Durchführung einer Beweisaufnahme, die er nicht vornehmen kann, ersuchen darf.** [3]**Die
Landesregierung kann die Ermächtigung nach Satz 1 durch Rechtsverordnung auf die Börsenaufsichtsbehörde übertragen.**

---

[1] RegBegr. zum Finanzmarktrichtlinie-Umsetzungsgesetz, BT-Drs. 16/4028, S. 92.
[2] RegBegr. zum Finanzmarktrichtlinie-Umsetzungsgesetz, BT-Drs. 16/4028, S. 92.
[3] RegBegr. zum Finanzmarktrichtlinie-Umsetzungsgesetz, BT-Drs. 16/4028, S. 93.

(2) [1] Der Sanktionsausschuss kann einen Handelsteilnehmer mit Verweis, mit Ordnungsgeld bis zu zweihundertfünfzigtausend Euro oder mit Ausschluss von der Börse bis zu 30 Handelstagen belegen, wenn der Handelsteilnehmer oder eine für ihn tätige Hilfsperson vorsätzlich oder fahrlässig gegen börsenrechtliche Vorschriften verstößt, die eine ordnungsmäßige Durchführung des Handels an der Börse oder der Börsengeschäftsabwicklung sicherstellen sollen. [2] Mit einem Verweis oder mit Ordnungsgeld bis zu zweihundertfünfzigtausend Euro kann der Sanktionsausschuss auch einen Emittenten belegen, wenn dieser oder eine für ihn tätige Hilfsperson vorsätzlich oder fahrlässig gegen seine Pflichten aus der Zulassung verstößt. [3] Der Sanktionsausschuss nimmt die ihm nach diesem Gesetz zugewiesenen Aufgaben und Befugnisse nur im öffentlichen Interesse wahr.

(3) [1] In Streitigkeiten wegen der Entscheidungen des Sanktionsausschusses oder der Börsenaufsichtsbehörde nach Absatz 2 ist der Verwaltungsrechtsweg gegeben. [2] Vor Erhebung einer Klage bedarf es keiner Nachprüfung in einem Vorverfahren.

(4) [1] Haben sich in einem Verfahren vor dem Sanktionsausschuss Tatsachen ergeben, welche die Rücknahme oder den Widerruf der Zulassung rechtfertigen, so ist das Verfahren an die Geschäftsführung abzugeben. [2] Sie ist berechtigt, in jeder Lage des Verfahrens von dem Sanktionsausschuss Berichte zu verlangen und das Verfahren an sich zu ziehen. [3] Hat die Geschäftsführung das Verfahren übernommen und erweist sich, dass die Zulassung nicht zurückzunehmen oder zu widerrufen ist, so verweist sie das Verfahren an den Sanktionsausschuss zurück.

1 § 22 entspricht im Wesentlichen § 20 BörsG i. d. F. vor dem Finanzmarktrichtlinie-Umsetzungsgesetz. Ergänzt wurde in Absatz 2 nur die Klarstellung, dass entsprechend § 278 BGB eine Verschuldenszurechnung erfolgt (deshalb wurde der Verweis auf die Hilfspersonen eingefügt), da die zugelassenen Handelsteilnehmer, wenn es sich um juristische Personen handelt, als solche nicht verschuldensfähig sind.[1] § 22 wurde materiell bereits durch das zweite Finanzmarktförderungsgesetz[2] an die Änderungen der Vorschriften über die Zulassung von Unternehmen zur Teilnahme am Börsenhandel und von natürlichen Personen als Börsenhändler angepasst. Der bis dahin nur für Maßnahmen gegen natürliche Personen, die zur Teilnahme am Börsenhandel zugelassen waren, zuständige[3] Ehrenausschuss wurde, da die Verletzung der Ehre eines Handelsteilnehmers nicht mehr im Vordergrund steht, in **Sanktionsausschuss** umbenannt. Insbesondere aber wurde der von den möglichen Maßnahmen des Sanktionsausschusses betroffene **Adressatenkreis erweitert** und dem Sanktionsausschuss nunmehr auch Kompetenzen gegenüber den

---

[1] RegBegr. zum Finanzmarktrichtlinie-Umsetzungsgesetz, BT-Drs. 16/4028, 93.

[2] Gesetz über den Wertpapierhandel und zur Änderung börsenrechtlicher und wertpapierrechtlicher Vorschriften (Zweites Finanzmarktförderungsgesetz), BGBl. I 1994, 1749.

[3] Vgl. zum Anwendungsbereich des § 9 a. F. nur *Schwark*, BörsG, 2. Aufl. 1994, § 9 Rn. 7 f.

zur Teilnahme am Börsenhandel zugelassenen Unternehmen eingeräumt.[4] Das Vierte Finanzmarktförderungsgesetz hat durch Streichung des § 9
Abs. 2 Satz 2 BörsG a. F. einerseits und durch die umfassende **Definition des
Begriffs der Handelsteilnehmer in § 2 Abs. 1, jetzt § 3 Abs. 4 Satz 1,**
andererseits den Adressantenkreis der Sanktionsbefugnisse des Sanktionsausschusses um die **Skontroführer** erweitert. Erfasst werden nunmehr sämtliche
zum Börsenhandel zugelassene Unternehmen, die Börsenhändler und die
Skontroführer, vgl. § 3 Abs. 4 Satz 1. Darüber hinaus hat das Vierte Finanzmarktförderungsgesetz durch den neuen Satz 2 des § 22 Abs. 2 auch die
Emittenten der Sanktionsgewalt des Sanktionsausschusses unterstellt.[5] Außerdem wurde der Sanktionsrahmen nochmals erheblich erweitert, so wurde
z. B. das mögliche Ordnungsgeld verzehnfacht.[6]

Ebenfalls durch das Vierte Finanzmarktförderungsgesetz wurde Abs. 4 auf **2**
Anregung des Bundesrates aus § 7 BörsG a. F. nach § 22 verschoben, da er
systematisch besser zur Regelung des Sanktionsausschusses und weniger zur
Zulassung zur Börse passt;[7] er regelt weder die Zulassung noch deren Voraussetzungen, sondern die Zusammenarbeit zwischen der Geschäftsführung und
dem Sanktionsausschuss.

Nach § 22 kann die Landesregierung durch **Rechtsverordnung** Vor- **3**
schriften über die **Errichtung** eines Sanktionsausschusses, seine **Zusammensetzung,** sein **Verfahren** einschließlich der Beweisaufnahme und der
Kosten sowie die Mitwirkung der Börsenaufsichtsbehörde erlassen. Hiervon
haben die betreffenden Bundesländer Gebrauch gemacht.[8]

Der Sanktionsausschuss ist ein **Organ der Börse.**[9] Seine Entscheidungen **4**
(Verwaltungsakte[10]) können, wie § 22 Abs. 3 klarstellt, im **verwaltungsgerichtlichen Verfahren** überprüft werden, wobei es **keines** vorgeschalteten
Widerspruchsverfahrens bedarf. Auch für den Sanktionsausschuss hat der
Gesetzgeber im Vierten Finanzmarktförderungsgesetz die ausdrückliche Bestimmung aufgenommen, dass er seine ihm nach dem Börsengesetz zugewiesenen Aufgaben und Befugnisse nur im **öffentlichen Interesse** wahrnimmt,

---

[4] RegBegr. zum Zweiten Finanzmarktförderungsgesetz, BT-Drs. 12/6679, S. 33,
S. 68. Erfasst werden von § 20 Abs. 2 auch Handelsteilnehmer im Freiverkehr, vgl. VG
Frankfurt, Urteil v. 28. 10. 2002 – 9 E 551/02(2), ZIP 2003, 528.

[5] RegBegr. zum Vierten Finanzmarktförderungsgesetz, BT-Drs. 14/8017, S. 72,
S. 75; näher zum persönlichen Anwendungsbereich des § 20 *Schwark,* in: Schwark/
Zimmer, § 20 BörsG Rn. 10 ff.

[6] RegBegr. zum Vierten Finanzmarktförderungsgesetz, BT-Drs. 14/8017, S. 72, S. 75.

[7] Stellungnahme des Bundesrates zum Gesetzentwurf der Bundesregierung für ein
Gesetz zur weiteren Fortentwicklung des Finanzplatzes Deutschland (Viertes Finanzmarktförderungsgesetz), BT-Drs. 14/8017, S. 146, S. 150.

[8] Vgl. Verordnung über die Errichtung, die Zusammensetzung und das Verfahren
der Sanktionsausschüsse an den Börsen – Sanktionsausschussverordnung, auch abrufbar
über die Internet-Seite der Deutsche Börse AG: www.deutsche-boerse.com (Lis-
ting/Going Public/Regularien).

[9] *Marxsen,* in: Schäfer/Hamann, KMG, § 9 BörsG Rn. 4; *Beck,* in: Schwark/
Zimmer, § 22 BörsG Rn. 2.

[10] VG Frankfurt, Urteil v. 19. 6. 2008 – 1 E 2583/07, ZIP 2009, 18, 18.

§ 22 Abs. 2 Satz 3. Auch hier ging es wieder um den Ausschluss möglicher **Amtshaftungsansprüche;** auch hier ist die Bestimmung nicht unproblematisch; auch hier kann sie Amtshaftungsansprüche unmittelbar Betroffener nicht ausschließen.[11]

Abschnitt 2. Börsenhandel und Börsenpreisfeststellung

§ 23. Zulassung von Wirtschaftsgütern und Rechten

(1) [1]**Wirtschaftsgüter und Rechte, die an der Börse gehandelt werden sollen und nicht zum Handel im regulierten Markt zugelassen oder in den regulierten Markt oder in den Freiverkehr einbezogen sind, bedürfen der Zulassung zum Handel durch die Geschäftsführung.** [2]**Vor der Zulassung zum Handel hat der Börsenrat Geschäftsbedingungen für den Handel an der Börse zu erlassen.** [3]**Das Nähere regeln die Artikel 36 und 37 der Verordnung (EG) Nr. 1287/2006 der Kommission vom 10. August 2006 zur Durchführung der Richtlinie 2004/39/EG des Europäischen Parlaments und des Rates betreffend die Aufzeichnungspflichten für Wertpapierfirmen, die Meldung von Geschäften, die Markttransparenz, die Zulassung von Finanzinstrumenten zum Handel und bestimmte Begriffe im Sinne dieser Richtlinie (ABl. EU Nr. L 241 S. 1) und die Börsenordnung.**

(2) [1]**Unbeschadet des Absatzes 1 hat die Geschäftsführung vor der Zulassung von Derivaten zum Handel die Kontraktspezifikationen festzusetzen.** [2]**Diese müssen so ausgestaltet sein, dass ein ordnungsgemäßer Börsenhandel und eine wirksame Börsengeschäftsabwicklung möglich sind. Absatz 1 Satz 3 gilt entsprechend.**

1   § 23 Abs. 1 Sätze 1 und 2 entsprechen im Wesentlichen § 21 Sätze 1 und 2 BörsG i. d. F. vor dem Finanzmarktrichtlinie-Umsetzungsgesetz. § 23 Abs. 1 Satz 3 verweist auf die Durchführungsverordnung zur Finanzmarktrichtlinie, die als Verordnung unmittelbar im deutschen Recht gilt und damit die der Börsenordnung übertragene Regelungskompetenz begrenzt. § 23 Abs. 2 wurde neu durch das Finanzmarktrichtlinie-Umsetzungsgesetz eingefügt, setzt Artikel 40 Abs. 2 Finanzmarktrichtlinie um und stellt klar, dass vor der Zulassung von Derivaten die Geschäftsführung ausreichende Kontraktspezifikationen festlegen muss, um einen ordnungsgemäßen Börsenhandel und eine wirksame Börsengeschäftsabwicklung zu ermöglichen. Außerdem gelten auch hier die Bestimmungen der Durchführungsverordnung zur Finanzmarktrichtlinie.

2   § 23 und die dort für einen **Handel an der Börse** jenseits des regulierten Marktes und des Freiverkehrs geregelte **Zulassung** bildet eine Parallelvorschrift zu §§ 32 ff. und 48, welche die Zulassung und Einbeziehung von Wertpapieren zum regulierten Markt bzw. dem Freiverkehr regeln. Das Vierte Finanzmarktförderungsgesetz hat § 50 Abs. 1 Satz 1 und Abs. 2 BörsG

---

[11] Vgl. zur Gesamtproblematik oben § 3 BörsG Rn. 24, § 7 BörsG Rn. 10 f.

a. F. und die bis dahin dort geregelte Zulassung von Termingeschäften aufgegriffen und sie zu dem generellen Grundsatz ausgebaut,[12] dass alle Wirtschaftsgüter und Rechte, die an der Börse gehandelt werden sollen, der Zulassung oder Einbeziehung durch die Geschäftsführung bedürfen – soweit sie nicht bereits zugelassen oder einbezogen sind. Durch die ausdrückliche gesetzliche Regelung dieses Grundsatzes sollte zweierlei erreicht werden, zum einen sollten Zweifel über die Zulässigkeit des Handels bestimmter Güter an einer Börse vermieden werden, indem diesem Handel in jedem Fall ein formeller Zulassungsakt voraus geschaltet werden muss. Zum anderen betont die Zulassung als solche die Organisationshoheit der Börse.[13] Die Bedeutung der Bestimmung liegt vor allem in der Zulassung von Produkten zum Handel an der Eurex, der **EEX** und der **Warenterminbörse** in Hannover.[14] Neben dem durch sie ermöglichten Handel mit Waren wie **Strom** können künftig auch Produkte wie **Wetter- und Katastrophenderivate** gehandelt werden.

Voraussetzung für die Zulassung durch die Geschäftsführung der Börse ist, dass der Börsenrat vorher die **Geschäftsbedingungen** festgelegt hat. Die Zulassung erfolgt, wenn die Voraussetzungen vorliegen, **von Amts wegen** durch die Geschäftsführung der Börse. Die Zulassung ist **Verwaltungsakt**.[15] 3

§ 23 regelt nicht die **Beendigung** des Handels in Gütern und Rechten. Zu § 50 BörsG a. F. wurde hier die Auffassung vertreten, dass die allgemeinen verwaltungsverfahrensrechtlichen Bestimmungen des Sitzlandes der Börse, d. h. §§ 48, 49 des jeweiligen Landesverwaltungsverfahrensgesetzes über **Widerruf und Rücknahme der Zulassung** anwendbar seien. Dies gilt auch für § 23.[16] Rücknahme und Widerruf der Zulassung sind ebenfalls Verwaltungsakte. Für die Aussetzung und Einstellung des Handels in Produkten nach § 23 gilt § 25. 4

§ 24. Börsenpreis

(1) [1]**Preise, die während der Börsenzeit an einer Börse festgestellt werden, sind Börsenpreise. Satz 1 gilt auch für Preise, die während der Börsenzeit im Freiverkehr an einer Wertpapierbörse festgestellt werden.**

(2) [1]**Börsenpreise müssen ordnungsmäßig zustande kommen und der wirklichen Marktlage des Börsenhandels entsprechen. Soweit in § 30 nichts anderes bestimmt ist, müssen den Handelsteilnehmern insbesondere Angebote zugänglich und die Annahme der Angebote möglich sein. Bei der Ermittlung des Börsenpreises können auch Preise an anderen Börsen, eines organisierten Marktes mit Sitz im Ausland oder eines**

---

[12] RegBegr. zum Vierten Finanzmarktförderungsgesetz, BT-Drs. 14/8017, S. 72, S. 75. Wie hier jetzt auch *Beck,* in: Schwark/Zimmer, § 23 BörsG Rn. 1.

[13] RegBegr. zum Vierten Finanzmarktförderungsgesetz, BT-Drs. 14/8017, S. 72, S. 76.

[14] *Beck,* in: Schwark/Zimmer, § 23 BörsG Rn. 2.

[15] So bereits zu § 50 a. F., *Groß,* Kapitalmarktrecht, 2. Aufl. 2002, § 50 BörsG Rn. 4; wie hier jetzt auch *Beck,* in: Schwark/Zimmer, § 23 BörsG Rn. 9.

[16] Wie hier auch *Beck,* in: Schwark/Zimmer, § 23 BörsG Rn. 10.

multilateralen Handelssystems im Sinne des § 2 Abs. 3 Satz 1 Nr. 8 des Wertpapierhandelsgesetzes berücksichtigt werden.

(3) [1]Soweit in § 31 nicht anderes bestimmt ist, müssen Börsenpreise und die ihnen zugrunde liegenden Umsätze den Handelsteilnehmern unverzüglich und zu angemessenen kaufmännischen Bedingungen in leicht zugänglicher Weise bekannt gemacht werden, es sei denn, es erscheint eine verzögerte Veröffentlichung im Interesse der Vermeidung einer unangemessenen Benachteiligung der am Geschäft Beteiligten notwendig. [2]Das Nähere regelt die Börsenordnung. [3]Die Börsenordnung kann auch festlegen, dass vor Feststellung eines Börsenpreises den Handelsteilnehmern zusätzlich der Preis des am höchsten limitierten Kaufauftrags und des am niedrigsten limitierten Verkaufsauftrags zur Kenntnis gegeben werden muss.

(4) Geschäfte, die zu Börsenpreisen geführt haben, sind bei der Eingabe in das Geschäftsabwicklungssystem der Börse besonders zu kennzeichnen.

Übersicht

I. Entstehung, Änderung und Bedeutung der Vorschrift

1   Die Änderungen in § 24 durch das Finanzmarktrichtlinie-Umsetzungsgesetz beruhen im Wesentlichen darauf, dass die Vor- und Nachhandelstransparenz an die entsprechenden Bestimmungen der Finanzmarktrichtlinie anzupassen waren. § 25 i.d.F. vor dem Finanzmarktrichtlinie-Umsetzungsgesetz, der die Vorgaben über die Preisermittlung an Wertpapierbörsen enthielt, wurde durch das Finanzmarktrichtlinie-Umsetzungsgesetz gestrichen, da Anhang II der Verordnung (EG) Nr. 1287/2006 die verschiedenen Modelle der börslichen Preisfeststellung beschreibt und regelt, vgl. unten Rn. 11 ff.

§ 24 wurde ursprünglich durch das Zweite Finanzmarktförderungsgesetz[1]   1a
eingefügt. Die **Definition der Börsenpreise** in Abs. 1 dient zweierlei Zwecken: Zum einen sollen **Qualitätsstandards** für das Zustandekommen der
Börsenpreise festgelegt werden. Zum anderen wird damit das vom Gesetzgeber besonders hervorgehobene Ziel verfolgt, Anknüpfungspunkte für eine
effiziente und umfassende **Überwachung des Zustandekommens der
Börsenpreise** durch die **Börsenaufsichtsbehörde** und die **Handelsüberwachungsstelle** zu schaffen, § 24 Abs. 2.[2] **Börsenpreise** zeichnen sich damit grundsätzlich dadurch aus, dass es sich um **staatlicherseits überwachte
Preise** handelt, weil die Börsenaufsicht die Gewähr für die Einhaltung bestimmter Regeln hinsichtlich ihres Zustandekommens übernimmt.[3] § 24 soll
das Vertrauen der Anleger in die Fairness des Handels und der Preisfindung
an der Börse gewährleisten und damit auch die internationale Wettbewerbsfähigkeit der deutschen Börsen sichern.[4]

§ 24 wurde durch das **Vierte Finanzmarktförderungsgesetz** geändert   2
und reflektiert seither, dass Börsenpreise nicht mehr festgestellt, sondern nur
noch ermittelt werden. Das Vierte Finanzmarktförderungsgesetz hat die noch
im § 29 BörsG a. F. enthaltene amtliche Feststellung des Börsenpreises als Akt
öffentlichen Rechts[5] aufgehoben, die Koppelung von Zulassung und Preisfeststellung in einem speziellen Marktsegment[6] aufgegeben und in § 25
BörsG i. d. F. vor dem Finanzmarktrichtlinie-Umsetzungsgesetz die Ermittlung des Börsenpreises im elektronischen Handel gleichgestellt mit der Preisfeststellung durch die an die Stelle der Kursmakler getretenen **Skontroführer.** Damit ist die Preisfeststellung auch im regulierten Markt nunmehr kein
Akt öffentlichen Rechts mehr, sondern führt zu rein privatrechtlichen – allerdings überwachten – Börsenpreisen.[7]

Die Aufgabe der amtlichen Preisfeststellung und die damit verbundene   3
Beendigung der Tätigkeit der Kursmakler durch das Vierte Finanzmarktförderungsgesetz verletzt nach dem entsprechenden Beschluss des **Bundesverfassungsgerichts** die durch diese gesetzliche Änderung betroffenen Kursmakler
und Kursmaklergesellschaften nicht in ihren Grundrechten aus Art. 12 und
Art. 14 GG.[8] Dabei wurde im Rahmen der Prüfung des Rechtsstaatsgebots

---

[1] BGBl. I 1994, 1749.
[2] RegBegr. zum Zweiten Finanzmarktförderungsgesetz, BT-Drs. 12/6679, S. 33,
S. 69 f.; *Beck*, in: Schwark/Zimmer, § 24 BörsG Rn. 1.
[3] *Jütten*, Die Bank, 1993, 601, 606.
[4] RegBegr. zum Zweiten Finanzmarktförderungsgesetz, BT-Drs. 12/6679, S. 33,
S. 70.
[5] Zur Rechtsnatur der früheren amtlichen Preisfeststellung vgl. *Groß*, Kapitalmarktrecht, 2. Aufl. 2002, § 29 BörsG Rn. 2.
[6] Dabei war diese Koppelung auch in der Vergangenheit eher formal, da materiell in
den Börsenordnungen die Regelungen für die Preisermittlung im amtlichen Handel
auch im geregelten Markt für anwendbar erklärt wurden, womit ein Gleichklang erzeugt werden konnte, vgl. *Groß*, Kapitalmarktrecht, 2. Aufl. 2002, § 11 BörsG Rn. 5.
[7] Wie hier *Beck*, in: Schwark/Zimmer, § 24 Rn. 9.
[8] BVerfG, 2. Kammer des 1. Senats, Beschluss v. 21. 8. 2002 – 1 BvR 1444/02,
BKR 2002, 879.

i. V. m. Art. 12 Abs. 1 GG insbesondere berücksichtigt, dass mit der Bestimmung in § 64 Abs. 4 BörsG i. d. F. vor dem Finanzmarktrichtlinie-Umsetzungsgesetz eine angemessene **Übergangsregelung** getroffen wurde.

II. Bedeutung der Begriffsbestimmung

4   Die Existenz eines „Börsenpreises" wird in einer Reihe **gesetzlicher Vorschriften als Voraussetzung für eine gesonderte Behandlung** genannt, so bei der Pfandverwertung im Wege des freihändigen Verkaufs oder durch öffentliche Versteigerung, §§ 1221, 1235 Abs. 2, 1295 BGB, 821 ZPO, beim Annahmeverzug des Handelskäufers, § 379 Abs. 2 Satz 1 HGB, beim Fixhandelskauf, § 376 Abs. 2 und 3 HGB, in der Insolvenz, § 104 InsO, Art. 105 EGInsO, sowie im Hinblick auf Anlagemöglichkeiten institutioneller Anleger, §§ 54a Abs. 2 VAG, 8 Abs. 1 KAGG.

III. Definition des Börsenpreises

5   Zwar waren rein rechtlich auch vor der Änderung des § 11 BörsG a. F. durch das Vierte Finanzmarktförderungsgesetz die im Präsenzhandel festgestellten und die im elektronischen Handel ermittelten Preise gleichgestellt[9] und Börsenpreise. Jedoch wurde zwischen den beiden Arten der Preisermittlung unterschieden.[10] Das Vierte Finanzmarktförderungsgesetz hat diese Unterschiede beseitigt.[11] Seither sind **alle Preise, die während der Börsenzeit an einer Börse im Präsenzhandel oder im elektronischen Handel, oder Preise, die an einer Warenbörse ermittelt werden, Börsenpreise.** Das Gleiche gilt gemäß § 24 Abs. 1 Satz 2 für Preise, die während der Börsenzeit im Freiverkehr an einer Wertpapierbörse festgestellt werden; allerdings ist das Ergebnis der Preisermittlung im Freiverkehr ein ausschließlich dem Privatrecht zuzuordnender Börsenpreis. Das Finanzmarktrichtlinie-Umsetzungsgesetz hat die früher in § 57 Abs. 2 Satz 1 BörsG i. d. F. vor dem Finanzmarktrichtlinie-Umsetzungsgesetz enthaltene entsprechende Regelung nach § 24 verschoben, ohne sie jedoch inhaltlich oder materiell zu ändern. Das bedeutet für die im Freiverkehr ermittelten Börsenpreise, dass für diese dieselben Regeln gelten müssen wie für die im regulierten Markt ermittelten Börsenpreise.[12] Die Preisermittlung unterliegt der **Aufsicht der Börsenaufsichtsbehörde und der Handelsüberwachungsstelle.** Dies wird im Einzelnen in der Börsenordnung und in den Richtlinien für den Freiverkehr

[9] *Jütten,* Die Bank 1993, 606.
[10] Zur alten Rechtslage vgl. *Groß,* Kapitalmarktrecht, 2. Aufl. 2002, § 11 Rn. 3.
[11] RegBegr. zum Vierten Finanzmarktförderungsgesetz, BT-Drs. 14/8017, S. 72, S. 76; *Beck,* in: Schwark/Zimmer, § 24 BörsG Rn. 9.
[12] *Ledermann,* in: Schäfer/Hamann, KMG § 57 BörsG Rn. 21; vgl. auch „Stellungnahme der hessischen Börsenaufsichtsbehörde zu einigen ausgewählten Thesen des Gutachtens *Hopt/Rudolph* bezüglich einer Börsenreform in Deutschland", III. Veränderung des Segments Freiverkehr, 2. Stellungnahme, veröffentlicht unter www.boersenaufsicht.de/aktuell.htm. Vgl. auch § 175 Abs. 3 BörsO für die FWB, auch abrufbar über die Internet-Seite der Deutsche Börse AG: www.deutsche-boerse.com (Listing/Going Public/Regularien).

geregelt. Durch das Finanzmarktrichtlinie-Umsetzungsgesetz wurde der Regelungsbereich des § 24 erweitert: Waren bis dahin nur Preise für Wertpapiere erfasst, gilt § 24 Abs. 1 jetzt für alle Finanzinstrumente.[13]

IV. Vorgaben für das Zustandekommen von Börsenpreisen

1. Ordnungsmäßiges Zustandkommen

Börsenpreise müssen gemäß § 24 Abs. 2 Satz 1 **ordnungsgemäß zu-** **6** **stande** kommen. Dies bedeutet, dass sie dem dafür durch Gesetz, Börsenordnung und Geschäftsbedingungen der einzelnen Wertpapierbörsen vorgegebenen förmlichen Verfahren entsprechen müssen.[14]

2. Konformität zur wirklichen Marktlage

Gemäß § 24 Abs. 2 Satz 1 müssen Börsenpreise der **wirklichen Markt-** **7** **lage** des Börsenhandels entsprechen. Ziel ist es, dass die Preisbildung an der Börse das **tatsächliche Marktgeschehen** wiedergibt. Was darunter zu verstehen ist, besagt das Gesetz nicht. § 29 Abs. 3 Satz 1 BörsG a. F., nach dem als Börsenpreis derjenige Preis festzustellen war, welcher der wirklichen Geschäftslage des Verkehrs an der Börse entsprach, ähnelt § 24 Abs. 2 Satz 1. § 29 Abs. 3 Satz 1 BörsG a. F. begründete den **Grundsatz der Kurswahrheit,** der wiederum durch das **Meistausführungsgebot** konkretisiert wurde. Der festzustellende Börsenpreis war demnach derjenige Preis, zu dem der größtmögliche Umsatz abgewickelt werden konnte, bei dem sich außerdem sämtliche unlimitierten Aufträge sowie alle über dem festzustellenden Börsenpreis limitierten Aufträge bzw. alle unter dem festzustellenden Börsenpreis limitierten Verkaufsaufträge ausführen ließen, Meistausführungsgebot. Man wird davon ausgehen können, dass diese Grundsätze durch die Neuregelung nicht beseitigt werden sollten, sondern der Begriff der wirklichen Marktlage im gleichen Sinne auszulegen ist.[15]

3. Transparenz und Chancengleichheit (Vorhandelstransparenz)

§ 24 Abs. 2 Satz 2 fordert darüber hinaus, dass den Handelsteilnehmern die **8** Angebote zugänglich und die Annahme der Angebote möglich sein muss. Hierdurch soll die Information der Handelsteilnehmer über die vorhandene Angebotslage sichergestellt werden. Darüber hinaus soll den Handelsteilnehmern eine Reaktionsmöglichkeit eingeräumt werden. Dadurch wird gewährleistet, dass die Handelsteilnehmer zu jeder Zeit in den Preisbildungsprozess einbezogen werden und dass die Preisfeststellung nicht am Markt vorbei vollzogen werden kann.[16] Diese Vorhandelstransparenz wird für Aktien und Akti-

---

[13] Vgl. auch RegBegr. Finanzmarktrichtlinie-Umsetzungsgesetz, BT-Drs. 16/4028, S. 94.

[14] *Schlüter,* Wertpapierhandelsrecht, S. 405; *Beck,* in: Schwark/Zimmer, § 24 BörsG Rn. 16.

[15] Wie hier *Beck,* in: Schwark/Zimmer, § 25 Rn. 22.

[16] Zu den Auswirkungen, die sich hieraus für spezielle Handelssysteme, z.B. Xetra-BEST ergeben, vgl. *Beck,* in: Schwark/Zimmer, § 25 Rnnr. 17 ff.

en vertretende Zertifikate in § 30 speziell geregelt, so dass § 24 Abs. 2 Satz 2 insoweit seit dem Finanzmarktrichtlinie-Umsetzungsgesetz nur von eingeschränkter Bedeutung ist. Detailregelungen für die Vorhandelstransparenz enthalten die – auch in Deutschland unmittelbar geltenden – Artikel 17 ff. der Verordnung (EG) Nr. 1287/2006.

4. Berücksichtigung von Referenzpreisen

9   Auf Anregung des Bundesrates,[17] gegen den Willen der Bundesregierung[18] und aufgrund des Berichts des Finanzausschusses[19] wurden durch das Vierte Finanzmarktförderungsgesetz in § 24 Abs. 2 die Sätze 4, jetzt Satz 3, und 5, jetzt Absatz 3 Satz 1, neu eingefügt. Danach können bei der Ermittlung des Börsenpreises auch **Preise einer anderen Börse** oder börsenähnlicher Einrichtungen im Inland aber selbst eines organisierten Marktes im Ausland berücksichtigt werden. Hierdurch soll vermieden werden, dass bei Berücksichtigung nur der Marktlage an der einzelnen Börse nicht marktgerechte Preise zustande kommen. Insbesondere bei ausländischen Wertpapieren kann nach der Begründung des Finanzausschusses die Einbeziehung der an der Heimatbörse des Wertpapiers ermittelten Preise unter Umständen sogar zwingend sein.

5. Preis- und Umsatztransparenz (Nachhandelstransparenz)

10   Weitere Voraussetzung für eine wirkliche Transparenz ist die unverzügliche Information der Handelsteilnehmer über die Börsenpreise und die ihnen zugrunde liegenden Umsätze. Diese Nachhandelstransparenz, jetzt in § 24 Abs. 3 enthalten, wird durch die umfassenden Regelungen der – auch in Deutschland unmittelbar geltenden – Artikel 27 ff. der Verordnung (EG) Nr. 1287/2006 näher konkretisiert. Indem das Finanzmarktrichtlinie-Umsetzungsgesetz in § 24 Abs. 3 Satz 1 die Möglichkeit eröffnet, Presse und Umsätze nur zu „angemessenen kaufmännischen Bedingungen" zur Verfügung zu stellen, schafft es eine neue Einkunftsquelle für die Börsen jenseits der Gebührentatbestände des § 17, nämlich die Vermarktung der Preise und Umsätze gegen Entgelt.[20] § 31 enthält eine Spezialregelung der Nachhandelstransparenz für Aktien und Aktien vertretende Zertifikate.

V. Preisfeststellungsverfahren

1. Einleitung

11   Der erst durch das Vierte Finanzmarktförderungsgesetz neu in das Börsengesetz eingefügte § 25 BörsG i. d. F. vor dem Finanzmarktrichtlinie-Um-

---

[17] Stellungnahme des Bundesrates zum Gesetzentwurf der Bundesregierung für ein Gesetz zur weiteren Fortentwicklung des Finanzplatzes Deutschland (Viertes Finanzmarktförderungsgesetz), BT-Drs. 14/8017, S. 146, S. 151.

[18] Gegenäußerung der Bundesregierung zur Stellungnahme des Bundesrates, BT-Drs. 14/8017, S. 174, S. 176 f.

[19] Abgedruckt bei *Reuschle,* S. 72 f.

[20] So ausdrücklich RegBegr. Finanzmarktrichtlinie-Umsetzungsgesetz, BT-Drs. 16/4028, S. 94.

setzungsgesetz wurde durch das Finanzmarktrichtlinie-Umsetzungsgesetz wieder gestrichen mit der Begründung, er sei überholt und die in Anhang II der Verordnung (EG) Nr. 1287/2006 enthaltenen Modelle der börslichen Preisfeststellung seien umfassend.[21] Demnach geht es nicht mehr darum, ob die Preise entweder „im elektronischen Handel oder durch zur Feststellung des Börsenpreises zugelassene Unternehmen (Skontroführer)", so § 25 BörsG i. d. F. vor dem Finanzmarktrichtlinie-Umsetzungsgesetz, ermittelt werden. Dieses Gegensatzpaar und die Unterscheidung wurden zu Recht aufgegeben, da selbst im Präsenzhandel eine erhebliche elektronische Komponente vorhanden war und reine Präsenzbörsen in Deutschland nicht mehr existierten.[22] Entscheidend ist demnach jetzt nicht mehr die Unterscheidung zwischen der Preisermittlung durch Skontroführer oder elektronischem Börsenhandel. Vielmehr kommt es jetzt auf die einzelnen Systemtypen oder Handelssysteme und deren Unterschiede an, so wie sie in Tabelle 1 des Anhangs II der Verordnung (EG) Nr. 1278/2006 beschrieben werden.

2. Systemtypen oder Handelssysteme

Tabelle 1 des Anhang II der Verordnung (EG) Nr. 1287/2006 beschreibt **12** vier verschiedene Systemtypen oder Handelssysteme: Orderbuch-Handelssystem basierend auf einer fortlaufenden Auktion (Orderbuch-Handelssystem); Market-Maker-Handelssystem, Handelssystem basierend auf periodischen Auktionen (Auktionssystem) und Handelssystem, das nicht unter die obigen drei Rubriken fällt (hybrides Handelssystem).

a) Orderbuch-Handelssystem: Ein System, das mittels eines Order- **13** buchs und eines Handelsalgorithmus ohne menschliche Intervention Verkaufsorder mit Kaufordern auf der Grundlage des bestmöglichen Preises kontinuierlich zusammenführt.

b) Market-Maker-Handelssystem: Ein System, bei dem die Geschäfte **14** auf der Grundlage verbindlicher Kursofferten abgeschlossen werden, die den Teilnehmern kontinuierlich zur Verfügung gestellt werden, was die Market-Maker dazu anhält, ständig Kursofferten in einer Größenordnung zu halten, die das Erfordernis für Mitglieder und Teilnehmer, in einer kommerziellen Größenordnung zu handeln, mit den Risiken für die Market-Maker selbst in Einklang bringt.

c) Auktionssystem: Ein System, das Aufträge auf der Grundlage einer **15** periodischen Auktion und eines Handelsalgorithmus ohne menschliche Intervention zusammenführt.

d) Hybrides Handelssystem: Ein hybrides System, das unter zwei oder **16** mehr der drei obigen Rubriken fällt oder bei dem der Preisbildungsprozess anders geartet ist als bei den Systemtypen in den drei obigen Rubriken.

---

[21] RegBegr. zum Finanzmarktrichtlinie-Umsetzungsgesetz, BT-Drs. 16/4028, S. 94.
[22] RegBegr. zum Finanzmarktrichtlinie-Umsetzungsgesetz, BT-Drs. 16/4028, S. 94.

§ 25. Aussetzung und Einstellung des Handels

(1) ¹Die Geschäftsführung kann den Handel von Wirtschaftsgütern oder Rechten

1. aussetzen, wenn ein ordnungsgemäßer Börsenhandel zeitweilig gefährdet oder wenn dies zum Schutz des Publikums geboten erscheint;
2. einstellen, wenn ein ordnungsgemäßer Börsenhandel nicht mehr gewährleistet erscheint.

²Die Geschäftsführung unterrichtet die Börsenaufsichtsbehörde und die Bundesanstalt unverzüglich über Maßnahmen nach Satz 1. Sie ist verpflichtet, diese Maßnahmen zu veröffentlichen. Nähere Bestimmungen über die Veröffentlichung sind in der Börsenordnung zu treffen.

(2) Widerspruch und Anfechtungsklage gegen die Aussetzung des Handels haben keine aufschiebende Wirkung.

Übersicht

I. Einleitung

1   § 25 Abs. 1 und 2 entsprechen im Wesentlichen § 38 Abs. 1 und 2 BörsG i. d. F. vor dem Finanzmarktrichtlinie-Umsetzungsgesetz. Die darin durch das Finanzmarktrichtlinie-Umsetzungsgesetz vorgenommenen Änderungen dienen der Umsetzung von Artikel 41 der Finanzmarktrichtlinie. So wurde § 38 Abs. 1 und 2 BörsG i. d. F. vor dem Finanzmarktrichtlinie-Umsetzungsgesetz dahingehend angepasst, dass es nicht mehr um die Aussetzung oder Einstellung der Notierung, sondern des Handels geht, wodurch dann wieder, da ohne Handel keine Preis ermittelt werden können, die Notierung entfällt. Außerdem erfasst § 25 Abs. 1 sämtliche Finanzinstrumente und nicht nur Wertpapiere. § 25 Abs. 1 Satz 3 und 4 sind neu und setzen hinsichtlich der Veröffentlichungspflicht Artikel 41 Abs. 1 Satz 2 der Finanzmarktrichtlinie um.

Die Regelung zur Aussetzung und Einstellung des Handels – und damit 2
auch der Notierung – aus dem Paragraphen heraus zu nehmen, der auch Widerruf und Rücknahme der Zulassung regelt, § 38 BörsG i. d. F. vor dem Finanzmarktrichtlinie-Umsetzungsgesetz, ist systematisch richtig und zu begrüßen. § 38 BörsG i. d. F. vor dem Finanzmarktrichtlinie-Umsetzungsgesetz regelte nämlich **zwei streng zu unterscheidende Komplexe,** die **Aussetzung** bzw. **Einstellung der Notierung** als die den Börsenhandel und die Preisermittlung betreffende Tätigkeit der Geschäftsführung einerseits und die **„Beendigung"**[1] **der Zulassung** durch die bis zur Änderung durch das Finanzmarktrichtlinie-Umsetzungsgesetz hierfür zuständige Zulassungsstelle andererseits. Bereits in dieser unterschiedlichen Zuständigkeit der Geschäftsführung für die Aussetzung/Einstellung der Notierung und der früher zuständigen Zulassungsstelle für die „Beendigung" der Zulassung kommt der Unterschied zwischen den beiden Materien zum Ausdruck.

II. Aussetzung des Handels

1. Begriff

Die in § 25 Abs. 1 Satz 1 Nr. 1 genannte **Aussetzung** ist die **vorüberge-** 3
hende Beendigung des Börsenhandels und damit der Notierung in dem betreffenden Wirtschaftsgut oder Recht.[2] Ob daneben auch eine Rücknahme oder ein Widerruf des Handels nach §§ 48, 49 VwVfG zulässig ist,[3] hängt davon ab, ob man die Einführung als Verwaltungsakt ansieht.[4]

2. Auswirkungen

Die Aussetzung als zeitlich befristete Beendigung des Börsenhan- 4
dels in dem betroffenen Wirtschaftsgut oder Recht[5] **erfasst auch den elektronischen Börsenhandel.**[6] Ob die Aussetzung auch den Abschluss von Geschäften ohne Vermittlung der Skontroführer, z. B. im Wege so genannter Parkett- oder Direktgeschäfte, verbietet, wird unterschiedlich beurteilt.[7] Ein Handel außerhalb der Börse trotz Kursaussetzung wird dagegen allgemein als zulässig erachtet, selbst wenn daran Börsenmitglieder beteiligt sind.[8] Von der Aussetzung sind die **Streichung** und das **Hinausschieben**

---

[1] Es wird hier bewusst untechnisch von der Beendigung gesprochen, da § 39 Abs. 1 ganz verschiedene Beendigungsmöglichkeiten nennt, Widerruf und Rücknahme nach dem Verwaltungsverfahrensgesetz, Widerruf wegen fehlender Gewährleistung des ordnungsgemäßen Börsenhandels, Widerruf wegen Verstoßes gegen die Zulassungsfolgepflichten sowie Widerruf auf Antrag des Emittenten.
[2] Begründung des Regierungsentwurfs des Börsenzulassungs-Gesetzes vom 16. 12. 1986, BT-Drs. 10/4296, S. 15; *Jaskulla,* WM 2002, 1093, 1094.
[3] *Gebhardt,* in: Schäfer/Hamann, KMG, § 38 BörsG Rn. 2.
[4] Siehe oben § 38 BörsG Rn. 2.
[5] *Gebhardt,* in: Schäfer/Hamann, KMG, § 38 BörsG Rn. 2.
[6] *Jaskulla,* WM 2002, 1093, 1094.
[7] Nachw. *Jaskulla,* WM 2002, 1093, 1094; siehe auch *Kümpel/Hammen,* Börsenrecht, S. 243 f.
[8] So wohl auch *Beck,* in: Schwark/Zimmer, § 25 BörsG Rn. 12.

der Notierung zu unterscheiden. Wartet der Skontroführer im Einvernehmen mit der aufsichtsführenden Person mit der Notierung eine angemessene Zeit ab, wird die Notierung nur hinausgeschoben. Wenn ein Kurs aufgrund der aktuellen Orderlage nicht festgestellt werden kann, kann der skontroführende Börsenmakler den Kurs streichen.[9]

3. Voraussetzungen

5   Die Aussetzung des Handels setzt voraus, dass ein **ordnungsgemäßer Börsenhandel zeitweilig gefährdet** oder dies zum **Schutz des Publikums geboten** erscheint.[10] Eine Gefährdung des ordnungsgemäßen Börsenhandels kann insbesondere dann vorliegen, wenn **ad-hoc-publizitätspflichtige Ereignisse i. S. des § 15 Abs. 1 WpHG** vorliegen, und diese noch nicht veröffentlicht sind. Ziel der Ad-hoc-Publizität ist gerade, durch die Veröffentlichung zu vermeiden, dass sich infolge mangelhafter oder fehlender Publizität inadäquate Marktpreise bilden und dadurch der Börsenhandel nicht mehr als ordnungsgemäß angesehen werden kann.[11]

6   Ein solchermaßen nicht ordnungsgemäßer Börsenhandel führt auch dazu, dass eine **Kursaussetzung zum Schutze des Publikums geboten ist.** Da die Banken bei der kommissionsrechtlichen Ausführung ihrer Kundenaufträge die ihnen von ihren Kontrahenten in Rechnung gestellten Preise ihren Kunden weitergeben, diese Preise aber gerade aufgrund der Informationsdefizite keine ordnungsgemäßen Börsenpreise sind, besteht die Gefahr eines Schadens der Kunden und damit des Publikums.[12]

4. Entscheidung

7   Die Entscheidung über die Aussetzung des Handels im regulierten Markt ist eine **Ermessensentscheidung der Börsengeschäftsführung.**[13] Dabei bezieht sich das Ermessen nicht nur auf die Frage, **ob eine Aussetzung erfolgen,** sondern auch, **wie lange diese Aussetzung dauern soll.**[14] Bei der Ermessensentscheidung sind verschiedene Kriterien zu berücksichtigen: Zum einen ist dies der **Anstaltszweck der Börse, der im Börsenhandel und nicht in** der Aussetzung des Handels besteht; zum anderen führt die Kursaussetzung nach **Nr. 8 Abs. 2** der **Sonderbedingungen für Wertpapiergeschäfte**[15] zum **Erlöschen sämtlicher Kundenaufträge.** Beides

---

[9] *Jaskulla,* WM 2002, 1093, 1094.

[10] Im Einzelnen dazu *Gebhardt,* in: Schäfer/Hamann, KMG, § 38 BörsG Rn. 9; *Jaskulla,* WM 2002, 1093, 1095 ff.; *Beck,* in: Schwark/Zimmer, § 25 BörsG Rnrn. 4 ff.

[11] Wie hier, *Beck,* in: Schwark/Zimmer, § 25 BörsG Rn. 7; *Kümpel/Hammen,* Börsenrecht, S. 245 f.

[12] *von Rosen,* in: Hdb. KapitalanlageR, § 2 Rn. 195; eher einschränken *Beck,* in: Schwark/Zimmer, § 25 BörsG Rn. 6, der meint, der Verlust beim Publikum verlange keine Handelsaussetzung.

[13] *Beck,* in: Schwark/Zimmer, § 25 BörsG Rn. 11.

[14] *Kümpel/Hammen,* Börsenrecht, S. 251; *Gebhardt,* in: Schäfer/Hamann, KMG, § 30 BörsG Rn. 10 ff.

[15] *Jütten,* in: BuB rn. 7/59.

spricht dafür, dass die **Aussetzung nur dann erfolgen sollte,** wenn sie tatsächlich eine angemessene Reaktion auf die bekannt gewordenen neuen Tatsachen darstellt, d. h. wenn sie verhältnismäßig ist und **nicht durch andere Maßnahmen vermieden werden kann.** Zu einer solchen Maßnahme gehört auch die **frühzeitige Ad-hoc-Publizität.** Während früher deshalb, weil damit die Information der Kleinanleger noch nicht sichergestellt war, Zweifel daran geltend gemacht werden konnten, ob durch die für die Herstellung der Ad-hoc-Publizität ausreichende Bereichsöffentlichkeit [16] die Kursaussetzung vermieden werden konnte,[17] haben hier bereits seit längerem die verbesserten Kommunikationstechniken das Bild verändert. Internet, Börseninformationsdienste und die aktuelle Berichterstattung führen dazu, dass aus der Bereichsöffentlichkeit innerhalb weniger Minuten eine allgemeine öffentliche Information wird, so dass eine Kursaussetzung nicht mehr erforderlich ist.[18] Ist das „ob" der Kursaussetzung entschieden, ist darauf zu achten, dass die **Kursaussetzung nur für kurze Zeit,** möglichst nur für einen Zeitraum von ca. 1–1,5 Stunden[19] erfolgt.

III. Einstellung des Handels

Die in § 25 Abs. 1 Satz 1 Nr. 2 genannte **Einstellung des Handels** ist die   **8** auf **längere Sicht wirkende Beendigung des Börsenhandels und der Notierung** in dem betreffenden Wertpapier.[20] Sie ist Voraussetzung für den Widerruf der Zulassung nach § 39 Abs. 1 und hat erhebliche negative Auswirkungen auf den Emittenten, aber auch für die Anleger. Deshalb ist sie nur unter strengen Voraussetzungen zulässig, etwa bei Eröffnung eines Insolvenzverfahrens, bei dem ein ordnungsgemäßer Börsenhandel für die Zukunft ausgeschlossen erscheint oder zumindest für einen längeren Zeitraum nicht mehr stattfinden kann. In der Praxis kann aber auch bei einem noch laufenden Insolvenzverfahren ein weiterer Handel durchaus geboten sein bis etwa aufgrund einer entsprechenden Mitteilung des Insolvenzgerichts die Vermögenslosigkeit der betreffenden Gesellschaft definitiv feststeht; das ist auch der Hintergrund für den durch das Transparenzrichtlinie-Umsetzungsgesetz eingefügten § 43. Dies entspricht auch der ständigen Praxis der Geschäftsführung, die nicht bereits bei Eröffnung des Insolvenzverfahrens eine Einstellung des Handels vornimmt, sondern erst bei dessen Abschluss oder bei der o. g. Mitteilung.[21]

---

[16] RegBegr. zum Zweiten Finanzmarktförderungsgesetz, BT-Drs. 12/6679, S. 48.

[17] Im Ergebnis die Erforderlichkeit der Kursaussetzung bei rechtzeitiger Ad-hoc-Publizität wie hier verneinend *Kümpel/Hammen,* Börsenrecht, S. 250 f.

[18] Eher vorsichtiger *Beck,* in: Schwark/Zimmer, § 25 BörsG Rn. 6, wonach die Kursaussetzung nicht generell ausscheide, nur könne ihre Dauer verkürzt werden.

[19] Ausführlich hierzu *Kümpel/Hammen,* Börsenrecht, S. 251 ff.

[20] *von Rosen,* in: Hdb. KapitalanlageR, § 2 Rn. 161; *Gebhardt,* in: Schäfer/Hamann, KMG, § 36 BörsG Rn. 3; § 38 BörsG Rn. 25: endgültige Maßnahme.

[21] Vgl. dazu ausführlich *Weber,* ZGR 2001, 422, 449 ff.; *Grub/Streit,* BB 2004, 1397, 1397 ff.; *Gebhardt,* in: Schäfer/Hamann, KMG, § 38 BörsG Rn. 29: In der Praxis finde

IV. Rechtsmittel

1. Aussetzung des Handels

9   a) **Rechtsnatur.** Zur Kursaussetzung vertrat die wohl überwiegende Auffassung die Ansicht, dies sei ein Verwaltungsakt.[22] Das wird man auch für die Aussetzung des Handels annehmen müssen,[23] da das Finanzmarktrichtlinie-Umsetzungsgesetz hier materiell nichts verändert hat. Dass Anknüpfungspunkt jetzt nicht mehr die Notierung, sondern der Handel als solcher ist, ändert materiell nichts, da der Handel Voraussetzung für eine Preisermittlung ist.

10   b) **Rechtsmittel.** Gemäß § 25 Abs. 2 haben Widerspruch und Anfechtungsklage keine aufschiebende Wirkung. Eine Anfechtungsklage des Emittenten ist damit zwar grundsätzlich möglich, allerdings aufgrund der zeitlichen Gegebenheiten eher ungewöhnlich. Die Natur der Aussetzung liegt in ihrer kurzen Dauer, weshalb sie sich schnell durch Zeitablauf erledigt hat mit der Folge, dass Widerspruch und Anfechtungsklage mangels Rechtsschutzbedürfnis unzulässig sein dürften.[24]

11   Die – soweit ersichtlich – einstimmige Auffassung in der Literatur lehnte bei der **Aussetzung der Notierung** nach **§ 38 Abs. 1 Ziff. 1** BörsG i. d. F. vor dem Finanzmarktrichtlinie-Umsetzungsgesetz zwar die Widerspruchs- und Anfechtungsbefugnis des einzelnen Anlegers ab,[25] gewährte ihm jedoch im Falle einer Verletzung des § 38 Abs. 1 Ziffer 1 BörsG i. d. F. vor dem Finanzmarktrichtlinie-Umsetzungsgesetz Amtshaftungsansprüche.[26] Das war inkonsistent, weil ein Anspruch aus Amtshaftung nach § 839 BGB die Verletzung einer auch den Anspruchsteller schützenden Amtpflicht voraussetzt.[27] Drittschutz und Widerspruchs- bzw. Anfechtungsbefugnis sind, jedenfalls soweit es um den Schutz vor Verwaltungsakten geht, gleich zu beurteilen.[28] Deshalb hätte man grundsätzlich auch von einer Widerspruchs- und Anfechtungsbefugnis des Anlegers gegen die Kursaussetzung ausgehen müssen. Das Vierte Finanzmarktförderungsgesetz hat aber insofern in § 12 Abs. 3 BörsG i. d. F. vor dem Finanzmarktrichtlinie-Umsetzungsgesetz, der insoweit § 15 Abs. 6 BörsG in der jetzt gültigen Fassung entspricht, ausdrücklich geregelt, dass die Geschäftsführung die ihr nach diesem Gesetz zugewiesenen Aufgaben

---

die Einstellung erst beim Erlöschen des Emittenten infolge eines Insolvenzverfahrens und beim erfolgten Squeeze-out Anwendung.

[22] Für die Kursaussetzung im Terminhandel OLG Frankfurt, Urteil v. 18. 1. 2001 – 1 U 209/99, ZIP 2001, 730, 732; *Gebhardt,* in: Schäfer/Hamann, KMG, § 38 BörsG Rn. 5.

[23] *Beck,* in: Schwark/Zimmer, § 25 BörsG Rn. 20, der die Verwaltungsaktqualität § 25 Abs. 2 entnimmt.

[24] *Jaskulla,* WM 2002, 1093, 1101; *Beck,* in: Schwark/Zimmer, § 25 BörsG Rn. 20.

[25] *Schwark,* BörsG, 2. Aufl. 1994, § 43 Rn. 11.

[26] Vgl. nur *Schwark,* BörsG, 2. Aufl. 1994, § 43 Rn. 12.

[27] Darauf weist das OLG Frankfurt, Urteil v. 18. 1. 2001 – 1 U 209/99, ZIP 2001, 730, 732 zu Recht hin.

[28] OLG Frankfurt, Urteil v. 18. 1. 2001 – 1 U 209/99, ZIP 2001, 730, 732.

und Befugnisse „nur im öffentlichen Interesse" wahrnimmt.[29] Hält man diese Regelung und ihre Konsequenz, den Ausschluss von Amtshaftungsansprüchen nicht unmittelbar Betroffener, für verfassungsrechtlich zulässig, dann dürfte auch ein Amtshaftungsanspruch und damit dann auch konsequenterweise eine Widerspruchs- und Anfechtungsbefugnis des Anlegers bei Aussetzung der Notierung ausscheiden.[30]

2. Einstellung des Handels

Zur Einstellung des Handels gilt das zur Aussetzung des Handels Ausge- 12 führte.[31]

V. Amtshaftung

Zur Amtshaftung der Geschäftsführung bei Aussetzung und Einstellung des 13 Handels gilt § 15 Abs. 6 mit der Folge, dass Amtshaftungsansprüche der Adressaten der jeweiligen Maßnahmen in Betracht kommen, während die der betroffenen Anleger mangels sie umfassender Amtspflicht, hält man die entsprechende, durch das Vierte Finanzmarktförderungsgesetz eingefügte Regelung für zulässig und wirksam, ausscheiden dürften. Eine Haftung gegenüber dem Emittenten und gegenüber den Handelsteilnehmern bleibt dagegen möglich.[32]

§ 26. Verleiten zur Börsenspekulation

(1) **Es ist verboten, gewerbsmäßig andere unter Ausnutzung ihrer Unerfahrenheit in Börsenspekulationsgeschäften zu solchen Geschäften oder zur unmittelbaren oder mittelbaren Beteiligung an solchen Geschäften zu verleiten.**

(2) **Börsenspekulationsgeschäfte im Sinne des Absatzes 1 sind insbesondere**

1. **An- oder Verkaufsgeschäfte mit aufgeschobener Lieferzeit, auch wenn sie außerhalb einer inländischen oder ausländischen Börse abgeschlossen werden,**
2. **Optionen auf solche Geschäfte,**

die darauf gerichtet sind, aus dem Unterschied zwischen dem für die Lieferzeit festgelegten Preis und dem zur Lieferzeit vorhandenen Börsen- oder Marktpreis einen Gewinn zu erzielen.

§ 26 entspricht im Wesentlichen § 89 BörsG i.d.F. vor dem Vierten 1 Finanzmarktförderungsgesetz und § 23 BörsG i.d.F. vor dem Finanzmarkt-

---

[29] Vgl. dazu oben § 15 BörsG Rn. 13 f., dort auch mit weiteren Nachweisen zu den entsprechenden Regelungen für andere Börsenorgane.
[30] OLG Frankfurt, Urteil v. 18. 1. 2001 – 1 U 209/99, ZIP 2001, 730, 731 f.; *Jaskulla,* WM 2002, 1093, 1103 f.; ebenso *Gebhardt,* in: Schäfer/Hamann, KMG, § 38 BörsG Rn. 34 f. *Beck,* in: Schwark/Zimmer, § 25 BörsG Rn. 21.
[31] Ebenso *Beck,* in: Schwark/Zimmer, § 25 BörsG Rn. 26.
[32] *Gebhardt,* in: Schäfer/Hamann, KMG, § 38 BörsG Rn. 35.

richtlinie-Umsetzungsgesetz, wobei eine Trennung zwischen der jetzt in § 26 enthaltenen Bezugsnorm und der entsprechenden Strafnorm in § 49 erfolgt, während § 89 BörsG i. d. F. vor dem Vierten Finanzmarktförderungsgesetz noch beides enthielt. § 49 enthält jetzt die Rechtsfolge des in § 26 geregelten Verstoßes. § 26 und § 49 zusammen sind identisch mit § 89 BörsG i. d. F. vor dem Vierten Finanzmarktförderungsgesetz.

2   **Börsenspekulationsgeschäfte** sind **An- oder Verkaufsgeschäfte,** die deshalb abgeschlossen werden, um aus **zwischenzeitlichen Preisunterschieden** einen Gewinn zu ziehen, der dann durch ein Gegengeschäft realisiert werden soll. § 26 Abs. 2 umschreibt den Begriff des Börsenspekulationsgeschäfts in Anlehnung an § 764 BGB. Nicht zu den Börsenspekulationsgeschäften gehören Geschäfte, die der Preissicherung dienen, so genannte Hedgegeschäfte.

3   Voraussetzung einer Strafbarkeit nach §§ 26 i. V. m. 49 ist, dass der Täter einen anderen **zum Spekulationsgeschäft verleitet hat.** Verleiten bedeutet erfolgreiche Willensbeeinflussung i. S. einer kausalen Einwirkung.[1] Ein solches Verleiten kann im Falle des unerlaubten Erstkontakts per Telefon bei einem unerfahrenen Anleger vorliegen.

4   Weitere Voraussetzung einer Strafbarkeit nach § 26 ist, dass die Tathandlung **unter Ausnutzung der Unerfahrenheit** des Anlegers erfolgt ist. Unerfahrenheit liegt dann vor, wenn mangels geschäftlicher Einsicht die Tragweite einer Unternehmung nicht genügend erfasst werden kann. Dabei wird man wegen der besonderen Unübersichtlichkeit und Undurchschaubarkeit der Börsenspekulationsgeschäfte erst dann von einem erfahrenen Anleger ausgehen können, wenn er verlässliche generelle Kenntnisse über Funktionsweise, Chancen und Risiken besitzt und außerdem die Tragweite des Geschäfts im Einzelfall ausreichend zu überblicken vermag.

Abschnitt 3. Skontroführung und Transparenzanforderungen an Wertpapierbörsen

§ 27. Zulassung zum Skontroführer

(1) **¹Die Geschäftsführung einer Wertpapierbörse kann unter Berücksichtigung des von der Börse genutzten Handelssystems zur Teilnahme am Börsenhandel zugelassene Unternehmen auf deren Antrag mit der Fertigstellung von Börsenpreisen an dieser Wertpapierbörse betrauen (Zulassung als Skontroführer). ²Der Antragsteller und seine Geschäftsleiter müssen die für die Skontroführung erforderliche Zuverlässigkeit haben und auf Grund ihrer fachlichen und wirtschaftlichen Leistungsfähigkeit zur Skontroführung geeignet sein. ³Die Geschäftsführung hat Personen, die berechtigt sein sollen, für einen Skontroführer bei der Skontroführung zu handeln (skontroführende Personen) zuzulassen,**

---

[1] *Schwark,* in: Schwark/Zimmer, § 26 BörsG Rn. 4. Ob darüber hinaus auch noch ein Element der Unlauterkeit erforderlich ist, ist streitig, vgl. *Kümpel,* WM 1989, 1494.

wenn diese Personen Börsenhändler sind und die für die Skontroführung erforderliche berufliche Eignung haben [4] Das Nähere regelt die Börsenordnung.

(2) [1] Die Geschäftsführung hat die Zulassung als Skontroführer nach Anhörung der Börsenaufsichtsbehörde außer nach den Vorschriften des Verwaltungsverfahrensgesetzes zu widerrufen, wenn der Skontroführer sich einer groben Verletzung seiner Pflichten schuldig gemacht hat. [2] Die Geschäftsführung kann die Zulassung widerrufen, wenn die Bundesanstalt Maßnahmen zur Sicherung der Erfüllung der Verbindlichkeiten des Skontroführers gegenüber dessen Gläubigern ergriffen hat. [3] In dringenden Fällen kann die Geschäftsführung einem Skontroführer auch ohne dessen Anhörung die Teilnahme am Börsenhandel mit sofortiger Wirkung vorläufig untersagen; Widerspruch und Anfechtungsklage haben keine aufschiebende Wirkung.

(3) Besteht der begründete Verdacht, dass eine der in Absatz 1 bezeichneten Voraussetzungen nicht vorgelegen hat oder nachträglich weggefallen ist, so kann die Geschäftsführung des Ruhen der Zulassung eines Skontroführers längstens für die Dauer von sechs Monaten anordnen.

(4) Die Bundesanstalt hat die Geschäftsführung unverzüglich zu unterrichten, wenn sie Maßnahmen zur Sicherung der Erfüllung der Verbindlichkeiten des Skontroführers gegenüber dessen Gläubigern ergriffen hat.

Übersicht

I. Einleitung

1. Entstehungsgeschichte der Vorschrift

Als Konsequenz der im Vierten Finanzmarktförderungsgesetz durchge- **1** führten Gleichstellung des elektronischen Handels mit dem Präsenzhandel und der damit einhergehenden Entkoppelung der Preisfeststellung von der Wertpapierzulassung zu einem bestimmten Marktsegment[1] wurde durch das

---

[1] Dies war einer der Kernforderungen des Börsenreformgutachtens von *Hopt/ Rudolph/Baum,* S. 409, 421, vgl. dazu auch bereits oben Vorbemerkungen BörsG, Rn. 8.

Vierte Finanzmarktförderungsgesetz das gesamte **Maklerrecht,** das bisher in den §§ 8 a–c, 9, 13, 29–35 und 75 BörsG a. F. geregelt war, überarbeitet und neu gefasst. Deshalb wurden im Rahmen des Vierten Finanzmarktförderungsgesetzes die §§ 25–29 BörsG i. d. F. vor dem Finanzmarktrichtlinie-Umsetzungsgesetz neu in das Börsengesetz eingefügt. Gleichzeitig wurden die §§ 39–35 BörsG i. d. F. vor dem Vierten Finanzmarktförderungsgesetz und das darin geregelte Kursmaklerwesen insgesamt gestrichen.[2]

2   Obwohl es sich demnach bei den §§ 25–29 i. d. F. vor dem Finanzmarktrichtlinie-Umsetzungsgesetz im Wesentlichen um durch das Vierte Finanzmarktförderungsgesetz neu eingefügte Bestimmungen handelt, sind z. B. in § 26 i. d. F. vor dem Finanzmarktrichtlinie-Umsetzungsgesetz doch verschiedene Elemente früherer, das Maklerwesen regelnder Vorschriften enthalten, z. B. Elemente der §§ 30, 8 b–d BörsG i. d. F. vor dem Vierten Finanzmarktförderungsgesetz; dies kann bei der Auslegung verschiedener Begriffe verwendet werden.

2a   Das Finanzmarktrichtlinie-Umsetzungsgesetz hat § 26 BörsG i. d. F. vor dem Finanzmarktrichtlinie-Umsetzungsgesetz im Wesentlichen unverändert in § 27 übernommen. Allerdings setzt § 27 Abs. 1 Satz 1 anders als früher voraus, dass der zuzulassende Skontroführer bereits zur Teilnahme am Börsenhandel zugelassen ist.

2. Inhalt des § 27

3   § 27 regelt die Voraussetzungen, dass Verfahren und die Entscheidung über die Zulassung als Skontroführer. Der Begriff des Skontroführers wird in § 27 Absatz 1 **legal definiert** als „mit der Feststellung von Börsenpreisen an dieser Wertpapierbörse" betrautes Unternehmen. § 27 Abs. 1 Satz 2 definiert auch die skontroführende Person.

II. Zulassungsvoraussetzungen

1. Antragsteller

4   Antragsteller können nur bereits zur Teilnahme am Börsenhandel zugelassene Unternehmen sein.[3] Das frühere Erfordernis, dass es sich um Kredit- oder Finanzdienstleistungsinstitute handeln musste, ist entfallen. Das führt andererseits dazu, dass die früher aufgrund der Kreditinstituts-/Finanzdienstleistereigenschaft entbehrlichen Regelungen zur **wirtschaftlichen Leistungsfähigkeit** des Skontroführers, die bei den Kreditinstituten und Finanzdienstleistern nach dem Kreditwesengesetz bereits durch die BaFin geprüft wird (Solvenzaufsicht), wieder eingeführt werden musste. Inhaber der Zulassung zum Skontroführer ist damit das Unternehmen; zusätzlich bedürfen die

---

[2] Ausführlich zur Entwicklung der Vorschriften *Beck*, in: Schwark/Zimmer, § 27 BörsG Rnnr. 3 ff.

[3] *Beck*, in: Schwark/Zimmer, § 27 BörsG Rnrn. 58 f.

konkret handelnden Personen, die skontroführenden Personen, § 27 Abs. 1 Satz 3, einer Zulassung.[4]

2. Zuverlässigkeit

Nach § 27 Abs. 1 Satz 3 müssen die skontroführenden Personen Börsen-   **5** händler sein. Die unmittelbar mit der Skontroführung befassten Personen müssen darüber hinaus auch über die für die Tätigkeit erforderliche berufliche Eignung verfügen. Erforderlich ist demnach, dass Tatsachen vorgetragen werden, aus denen sich aus dem Lebenslauf, insbesondere der Ausbildung, der Vorerfahrung und der bisherigen Tätigkeit die fachliche Eignung positiv ableiten lässt. Das Nähere regelt die Börsenordnung,[5] wobei hier aber die grundgesetzlichen Vorgaben des Art. 12 zu beachten sind.[6]

3. Zulassungsentscheidung, Zulassungsanspruch

Die Zulassung zum Skontroführer erfolgt durch die Börsengeschäftsfüh-   **6** rung. Bei der Zulassung handele es sich um einen **Verwaltungsakt**.[7] Der Wortlaut des § 27 Abs. 1 Satz 1 („kann ... zugelassen werden") spricht gegen ein Zulassungsanspruch, für ein Ermessen der Börsengeschäftsführung und damit nur für einen Anspruch des Antragstellers auf ermessensfehlerfreie Entscheidung. Auf Grund der ausdrücklich in § 29 Satz 1 der Geschäftsführung eingeräumten Entscheidungsbefugnis auch über die „Anzahl der Skontroführer" ergibt sich, dass der Anspruch nicht nur auf eine ermessensfehlerfreie Entscheidung, sondern darüber hinaus sogar nur auf eine **ermessensfehlerfrei durchgeführte Bedürfnisprüfung beschränkt ist**.[8] Von der Zulassung zum Skontroführer ist die gesonderte Zulassung zur skontroführenden Person, welche in § 27 Abs. 1 Satz 3 geregelt ist, zu unterscheiden. Hierauf besteht ein Anspruch.[9]

---

[4] Ungenau *Beck*, in: Schwark/Zimmer, § 27 BörsG Rn. 58, der an dieser Stelle von einer einzigen Zulassung auszugehen scheint, in Rn. 65 dann aber zu Recht zwischen diesen beiden Zulassungen differenziert.

[5] Vgl. z. B. §§ 116 ff. BörsenO für die FWB, auch abrufbar über die Internet-Seite der Deutsche Börse AG: www.deutsche-boerse.com (Listing/Going Public/Regularien).

[6] Vgl. nur VGH Kassel, Urteil v. 27. 9. 2006 – 6 N 1388/05.ZIP 2007, 215, 217, VG Frankfurt, Urteil 7. 12. 2006 – 1 E 1101/06, EWiR 1/07, Art. 12 GG mit Anm. *Bayer/Weinmann;* VG Frankfurt, Beschluss v. 5. 3. 2007 – 1 G 5756/06, ZIP 2007, 1302, 1304 jeweils zur Verteilung von Skontren, wobei die dortigen Ausführungen für die Zulassung als Skontroführer noch verschärft gelten. Kritisch zur Rechtsprechung des VG Frankfurt und des Hess. VGH *Beck*, in: Schwark/Zimmer, § 27 BörsG Rn. 65, der anders als die Gerichte nicht den Skontroführer als eigenständigen Beruf annimmt, sondern nur als schlichte weitere Betätigung im Rahmen des übergreifenden Berufes des Wertpapierhändlers; dagegen überzeugende Argumente bereits bei VGH Kassel, Urteil v. 27. 9. 2006 – 6 N 1388/05, ZIP 2007, 215, 218.

[7] RegBegr. zum Vierten Finanzmarktförderungsgesetz, BT-Drs. 14/8017, S. 73, S. 77.

[8] So ausdrücklich *Beck,* in: Schwark/Zimmer, § 27 Rn. 61.

[9] *Beck,* in: Schwark/Zimmer, § 27 BörsG Rn. 65.

III. Beendigung der Zulassung

7 § 27 Abs. 2 und 3 enthalten verschiedene Möglichkeiten der – auch vorläufigen – Beendigung der Zulassung als Skontroführer: Das **Ruhen** der Zulassung, die **Rücknahme** und der **Widerruf** der Zulassung nach den Vorschriften des Verwaltungsverfahrensgesetzes sowie der Widerruf der Zulassung nach § 27 Abs. 2. Gegenüber Rücknahme oder Widerruf ist die § 27 Abs. 3 geregelte Möglichkeit, das Ruhen der Zulassung anzuordnen, das mildere Mittel. Wegen des auch hier anwendbaren Grundsatzes der Verhältnismäßigkeit ist deshalb vor einer Rücknahme bzw. einem Widerruf der Zulassung zunächst zu prüfen, ob die Missstände nicht auch während des Ruhens der Zulassung beseitigt werden können. Die Anordnung des Ruhens der Zulassung ist jedoch, anders als der Widerruf der Zulassung, nicht kraft Gesetzes sofort vollziehbar, da § 27 Abs. 3 keine dem § 27 Abs. 2 Satz 3 Halbsatz 2 entsprechende Regelung enthält.[10]

§ 28. Pflichten des Skontroführers

(1) [1]**Der Skontroführer und die skontroführenden Personen haben im Rahmen der Aufgaben des Skontroführers auf einen geordneten Marktverlauf hinzuwirken und die Skontroführung neutral auszuüben. Der Skontroführer hat durch geeignete organisatorische Maßnahmen die Einhaltung der ihm obliegenden Pflichten sicherzustellen.** [3]**Bei der Preisfeststellung hat er weisungsfrei zu handeln.** [4]**Die Wahrnehmung der Pflichten hat so zu erfolgen, dass eine wirksame Überwachung der Einhaltung der Pflichten gewährleistet ist.** [5]**Das Nähere regelt die Börsenordnung.**

(2) [1]**Der Skontroführer und die skontroführenden Personen haben alle zum Zeitpunkt der Preisfeststellung vorliegenden Aufträge bei ihrer Ausführung unter Beachtung der an der Börse bestehenden besonderen Regelungen gleich zu behandeln.** [2]**Das Nähere regelt die Börsenordnung.**

Übersicht

I. Einleitung

1 § 28 entspricht, trotz erheblicher sprachlicher Änderungen, materiell im Wesentlichen § 27 BörsG i.d.F. vor dem Finanzmarktrichtlinie-Umsetzungs-

---

[10] Vgl. zur vergleichbaren Situation beim Ruhen der Zulassung zum Börsenhandel oben § 19 BörsG Rn. 14.

gesetz, wobei der Anwendungsbereich der Vorschrift und damit des darin enthaltenen Pflichtenkatalogs auf die skontroführenden Personen, § 27 Abs. 1 Satz 3, erweitert wurde. Die bis dahin in § 27 Abs. 1 Satz 1 BörsG i. d. F. vor dem Finanzmarktrichtlinie-Umsetzungsgesetz ausdrücklich enthaltene Betriebspflicht wurde jedoch nicht mehr ausdrücklich erwähnt. Außerdem ist durch die Übertragung der Kompetenz, das Nähere in der Börsenordnung zu regeln, so § 28 Abs. 1 Satz 5, Abs. 2 Satz 2, bewusst[1] eine flexiblere Gestaltung des Pflichtenkatalogs ermöglicht worden. § 28 wurde in seiner ursprünglichen Fassung ebenfalls durch das **Vierte Finanzmarktförderungsgesetz** neu in das Börsengesetz aufgenommen, findet aber Vorläufer in §§ 29, 32 BörsG i. d. F. vor dem Vierten Finanzmarktförderungsgesetz. Für das Verständnis der Vorschrift ist der Wandel der Funktion des Kursmakler/Skontroführers von Bedeutung, insbesondere die Zunahme der Bedeutung des Skontroführers für die **Marktliquidität**.[2] Das kam bereits darin zum Ausdruck, dass schon durch das Zweite Finanzmarktförderungsgesetz die Möglichkeiten des Skontroführers zur Eingehung von Eigen- und Aufgabegeschäften erheblich erweitert wurden.[3] Das Vierte Finanzmarktförderungsgesetz hat diese Möglichkeiten noch erweitert indem Beschränkungen für Eigen- und Aufgabengeschäfte faktisch gänzlich weggefallen sind. Selbst die bis zum Finanzmarktrichtlinie-Umsetzungsgesetz noch in § 27 Abs. 1 Satz 2 BörsG i. d. F. vor dem Finanzmarktrichtlinie-Umsetzungsgesetz noch enthaltene Restriktion, dass Eigen- und Aufgabengeschäfte „nicht tendenzverstärkend wirken" dürfen, wurde durch das Finanzmarktrichtlinie-Umsetzungsgesetz gestrichen.

Darüber hinaus enthält § 28 verschiedene weitere Regelungen: § 28 Abs. 1 **2** Satz 1 behandelt die **Grundpflichten**, insbesondere die Neutralitätspflicht, § 28 Abs. 1 Satz 3 und Abs. 2 regeln die **Art der Preisermittlung** und § 28 Abs. 1 Satz 4 enthält eine Regelung, mit deren Hilfe die **Überwachung der Skontroführung** gewährleistet werden soll.

II. Rechte und Pflichten der Skontroführer

1. Rechtsgrundlage

Skontroführer sind ebenso wie die Kursmakler keine Angehörigen des öf- **3** fentlichen Dienstes, sondern **selbstständige Handelsmakler** gemäß § 93 HGB. Bei der Vermittlung der Aufträge wird der Skontroführer nach h. M. als Bote für die Abgabe der Angebots bzw. die Entgegennahme des Akzeptes tätig, nicht als Vertreter.[4] Nach Abschluss eines Geschäftes haben sie jeder Partei eine **Schlussnote** für das abgeschlossene Geschäft zuzusenden, § 94 HGB, vgl. auch § 6 der Bedingungen für Geschäfte an der FWB[5] (Geschäft-

---

[1] RegBegr. zum Finanzmarktrichtlinie-Umsetzungsgesetz, BT-Drs. 16/4028, S. 96.

[2] Darauf weist *Beck,* in: Schwark/Zimmer, § 28 Rn. 1 zutreffend hin.

[3] Zur diesbezüglichen Rechtslage vgl. *Groß,* Kapitalmarktrecht, 2. Aufl. 2002, §§ 30–35 BörsG Rn. 10.

[4] *Beck,* in: Schwark/Zimmer, § 28 BörsG Rn. 5.

[5] Bedingungen für Geschäfte an der FWB, abrufbar über die Internet-Seite der Deutsche Börse AG: www.deutsche-boerse.com (Listing/Going Public/Regularien).

bestätigung). Die Skontroführer sind berechtigt, für ihre Tätigkeit eine Provision (Maklergebühr oder Courtage) zu verlangen. Diese Provision ist rein privatrechtlich zu beurteilen, da sie ausschließlich für die im privatrechtlichen Rahmen erbrachte Vermittlungstätigkeit anfällt. Dennoch wird die Höhe der Provision nicht privatrechtlich vereinbart, sondern in der, seit dem Finanzmarktrichtlinie-Umsetzungsgesetz nicht mehr von der Landesregierung, sondern vom Börsenrat gemäß § 29 zu erlassenden **Rechtsverordnung** festgelegt.[6]

2. Betriebspflicht

4   Der durch das Finanzmarktrichtlinie-Umsetzungsgesetz umformulierte § 27 Abs. 1 Satz 1 (jetzt § 28 Abs. 1 Satz 1) enthält die bis dahin dort ausdrücklich verankerte Betriebspflicht nicht mehr, jedenfalls nicht mehr ausdrücklich. Die Regierungsbegründung äußert sich zu dieser Änderung nicht. Im Ergebnis wird aber der neue Wortlaut, dass die Skontroführer/skontroführenden Personen „im Rahmen der Aufgaben des Skontroführers" auf einen geordneten Marktverlauf hinzuwirken haben, nichts anderes bedeuten als dass die Skontroführer/skontroführenden Personen die Vermittlung und den Abschluss von Börsengeschäften in den zur Skontroführung zugewiesenen Wertpapieren zu betreiben" haben, da Aufgabe des Skontroführers die Feststellung von Börsenpreises ist, § 27 Abs. 1 Satz 1, diese Feststellung aber nur im Rahmen des Abschlusses von Börsengeschäften erfolgt. Skontroführer unterliegen demnach auch weiterhin einer **öffentlich-rechtlichen Betriebspflicht**, d.h. sie müssen die Vermittlung und den Abschluss von Börsengeschäften in Wertpapieren betreiben und die Feststellung der Börsenpreise vornehmen solange sie kraft Ernennung ihre Tätigkeit ausüben.[7] Diese Betriebspflicht kann auch von der Geschäftsführung der Börse mit den Mitteln des Verwaltungszwangs durchgesetzt werden.[8]

3. Neutralitätspflicht

5   Zwar ist, wie auch in der Regierungsbegründung zum Vierten Finanzmarktförderungsgesetz anerkannt, ein „Bedürfnis des Marktes für einen Eigenhandel des Skontroführers, mit dem naturgemäß auch eigene Interessen verbunden sind, gegeben".[9] Aber auf der anderen Seite muss im Interesse der Integrität des Marktes und der gebildeten Preise dafür Sorge getragen werden, dass die Skontroführertätigkeit neutral ausgeübt wird. Deshalb hat das Finanzmarktrichtlinie-Umsetzungsgesetz die Neutralitätspflicht in § 28 Abs. 1 Satz 1 übernommen.[10] Die bis zum Finanzmarktrichtlinie-Umsetzungsgesetz

[6] Entgeltordnung für die Tätigkeit der Skontroführer an der FWB, abrufbar über die Internet-Seite der Deutsche Börse AG: www.deutsche-boerse.com (Listing/Going Public/Regularien).
[7] So bereits zum alten Recht *Groß*, Kapitalmarktrecht, 2. Aufl. 2002, §§ 30–35 BörsG, Rn. 8; wie hier *Beck*, in: Schwark/Zimmer, § 28 BörsG Rn. 8.
[8] *Beck*, in: Schwark/Zimmer, § 28 BörsG Rn. 8.
[9] RegBegr. zum Vierten Finanzmarktförderungsgesetz, BT-Drs. 14/8017, S. 73, S. 78.
[10] So ausdrücklich auch RegBegr. zum Finanzmarktrichtlinie-Umsetzungsgesetz, BT-Drs. 16/4028, S. 96.

in § 27 Abs. 1 Satz 2 BörsG i. d. F. vor dem Finanzmarktrichtlinie-Umsetzungsgesetz enthaltene Regelung, dass Eigen- und Aufgabegeschäfte nicht tendenzverstärkend wirken dürfen, wurde zwar gestrichen. Materiell war diese Regelung jedoch nur eine Konkretisierung des Neutralitätsgebots, das weiterhin gilt, so dass auch diese Regelung materiell als fortgeltend angesehen werden kann. **Eigengeschäfte** sind Käufer und Verkäufer des Skontroführers im eigenen Namen oder Käufe und Verkäufe durch Dritte für Rechnung des Skontroführers. **Aufgabegeschäfte** sind solche Geschäfte, bei denen sich der Skontroführer gegenüber seinem Auftraggeber die Benennung des anderen Vertragsteils vorbehält. Wenn Eigen- und Aufgabegeschäfte nicht tendenzverstärkend wirken dürfen, dann ist damit gemeint, dass sie nicht zu einem zusätzlichen Auftragsüberhang führen dürfen.[11] Enthielt § 32 Abs. 4 BörsG i. d. F. vor dem Vierten Finanzmarktförderungsgesetz noch eine Regelung, nach der alle Eigen- und Aufgabegeschäfte des Skontroführers gesondert gekennzeichnet werden mussten, so ist diese Regelung im Rahmen des Vierten Finanzmarktförderungsgesetzes entfallen. Auf der anderen Seite enthält § 28 Abs. 1 Satz 4 eine generellere Regelung dergestalt, dass eine wirksame Überwachung der Einhaltung der Pflichten gewährleistet sein muss. Dies wird man als noch umfassendere Verpflichtungen als die nach § 32 Abs. 4 BörsG a. F. ansehen müssen.

§ 29. Verteilung der Skontren

[1]Über die Verteilung der Skontren unter den für die Skontroführung geeigneten Antragstellern nach § 27 Abs. 1 Satz 2 und die Anzahl der Skontroführer entscheidet die Geschäftsführung [2]Die Zuteilung von Skontren kann befristet erfolgen. Das Nähere regelt die Börsenordnung. [3]Die Börsenordnung kann als Kriterien für die Zuteilung der Skontren insbesondere die fachliche und wirtschaftliche Leistungsfähigkeit des Antragstellers vorsehen.

§ 29 wurde durch das Finanzmarktrichtlinie-Umsetzungsgesetz erheblich **1** geändert. Dabei wurde das Verfahren über die Verteilung der Skontren deutlich vereinfacht. Zur Frage der Entscheidungskompetenz darüber, ob überhaupt ein Präsenzhandel stattfinden soll und damit Skontren verteilt werden können, sagt § 29 nichts. Diese Entscheidung dürfte in das Selbstorganisationsrecht der Börse fallen und von dieser unter Berücksichtigung der Erfordernisse eines funktionsfähigen und ordnungsmäßigen Börsenhandels autonom getroffen werden können.[1] Anders gewendet: Die Entscheidung, ob es überhaupt zu verteilende Skontren geben soll, trifft die Geschäftsführung der Börse, ohne insoweit durch grundrechtlich geschützte Positionen der Skontroführer in spe beeinflusst zu sein; hat sie jedoch entschieden, dass ein Präsenzhandel stattfinden soll, dass somit Skontren zu verteilen, sind, dann

---

[11] Zum zulässigen Umfang von Eigen- und Aufgabegeschäften ausführlich *Beck*, in: Schwark/Zimmer, § 28 BörsG Rnrn. 14 ff.
[1] *Beck,* in: Schwark/Zimmer, § 29 BörsG Rn. 6.

muss sie bei deren Verteilung die Berufsfreiheit und die Gleichbehandlung beachten.

2   § 29 Satz 1 enthält jetzt neben der Entscheidungskompetenz über die Verteilung der Skontren als solche auch eine ausdrückliche Entscheidungsbefugnis der Geschäftsführung der jeweiligen Börse, über die Anzahl der Skontroführer zu entscheiden. Dies wird man als ausdrückliche Ermächtigung ansehen können, eine Bedürfnisprüfung vorzunehmen. Die Entscheidung über die Verteilung der Skontren, d. h. die einzelne Zuteilungsentscheidung, ist **Verwaltungsakt,** für den die allgemeinen verwaltungsrechtlichen Vorgaben gelten.[2]

3   Das Nähere über die Verteilung der Skontren regelt nach § 29 Satz 3 die Börsenordnung. Bis zum Finanzmarktrichtlinie-Umsetzungsgesetz bestand eine Zweiteilung hinsichtlich der für Skontroführer geltenden Regelungen: Eine von der Landesregierung zu erlassende Rechtsverordnung über die Zulassung von Skontroführern und deren Rechte und Pflichten einerseits sowie die Regelungen zur Verteilung der Skontren selbst in der Börsenordnung andererseits. Das Finanzmarktrichtlinie-Umsetzungsgesetz hat diese Zweiteilung aufgehoben, sowohl die Regelungen über die Zulassung von Skontroführern als auch die über die Verteilung der Skontren sind in der Börsenordnung zu treffen, § 27 Abs. 1 Satz 4 einerseits, § 29 Satz 3 andererseits.

4   Wohl nicht zuletzt aufgrund von verschiedenen gerichtlichen Entscheidungen[3] regelt § 29 Satz 4, dass „als Kriterien für die Zuteilung der Skontren insbesondere die fachliche und wirtschaftliche Leistungsfähigkeit des Antragstellers" vorgesehen werden kann. Aufgrund der vorgenannten Entscheidungen wird man sagen müssen, dass die Börsenordnung diese vorgenannten Kriterien nicht nur vorsehen „kann", sondern muss, da die Entscheidung über die Voraussetzungen der Zuteilung der Skontren im Lichte der 3-Stufen-Theorie des Bundesverfassungsgerichts[4] zu Artikel 12 GG, die auch bei der Verteilung der Skontren gilt, nicht allein der Geschäftsführung der Börse überlassen bleiben kann.[5]

§ 30. Vorhandelstransparenz bei Aktien und Aktien vertretenden Zertifikaten

(1) [1]**Für Aktien und Aktien vertretende Zertifikate, die zum Handel im regulierten Markt zugelassen oder in den regulierten Markt einbezogen sind, sind der Preis des am höchsten limitierten Kaufauftrags und des am niedrigsten limitierten Kaufauftrags und das zu diesen Preisen**

---

[2] RegBegr. zum Finanzmarktrichtlinie-Umsetzungsgesetz, BT-Drs. 16/4028, 96; *Beck*, in: Schwark/Zimmer, § 29 BörsG Rn. 5.

[3] Vgl. nur VGH Kassel, Urteil v. 27. 9. 2006 – 6 N 1388/05.ZIP 2007, 215, 217, VG Frankfurt, Urteil 7. 12. 2006 – 1 E 1101/06, EWiR 1/07, Art. 12 GG mit Anm. *Bayer/Weinmann;* VG Frankfurt, Beschluss v. 5. 3. 2007 – 1 G 5756/06, ZIP 2007, 1302, 1304 jeweils zur Verteilung von Skontren.

[4] BVerfGE 7, 377 (378, Leitsatz N. 6 a–d).

[5] Besonders deutlich VGH Kassel, Urteil v. 27. 9. 2006 – 6 N 1388/05, ZIP 2007, 215, 218 ff.

handelbare Volumen währen der üblichen Geschäftszeiten der Börse kontinuierlich und zu angemessenen kaufmännischen Bedingungen zu veröffentlichen. ²Die Börsenaufsichtsbehörde kann nach Maßgabe von Kapitel IV Abschnitt 1 und 4 der Verordnung (EG) Nr. 1287/2006 für Börsen Ausnahmen von der Verpflichtung nach Satz 1 vorsehen.

(2) Börsen dürfen Systematischen Internalisierern im Sinne des §2 Abs. 10 des Wertpapierhandelsgesetzes unbeschadet des §19 Zugang zu den Systemen geben, die sie für die Veröffentlichung der Informationen nach Absatz 1 verwenden.

(3) Die Einzelheiten der Veröffentlichungspflichten nach Absatz 1 regelt die Verordnung (EG) Nr. 1287/2006 und die Börsenordnung.

§ 30 setzt Artikel 44 der Finanzmarktrichtlinie um, wobei § 30 Satz 1 ent- **1** sprechende Regelungen auch vorher bereits gemäß § 24 Abs. 1 Satz 5 BörsG i. d. F. vor dem Finanzmarktrichtlinie-Umsetzungsgesetz in den Börsenordnungen enthalten sein konnten.

§ 30 Abs. 1 Satz 1 setzt Artikel 44 Abs. 1 der Finanzmarktrichtlinie um. **2** Die näheren Bestimmungen über die Vorhandelstransparenz sind in der Verordnung (EG) Nr. 1278/2006, dort in den Artikeln 17 ff. enthalten und als unmittelbar geltendes europäisches Recht auch in Deutschland zu beachten. Auch die Ausnahmeregelungen von der Vorhandelstransparenz ergeben sich aus dieser Durchführungsverordnung.

§ 30 Abs. 2 setzt Artikel 44 Abs. 1 Unterabsatz 1 der Finanzmarktrichtlinie **3** um. Auch für Systematische Internalisierer gelten die Vorhandels-Transparenzpflichten, die für diese näher in Artikel 21 ff. der Durchführungsverordnung geregelt sind.

§ 31. Nachhandelstransparenz bei Aktien und Aktien vertretenden Zertifikaten

(1) ¹Für Aktien und Aktien vertretende Zertifikate, die zum Handel im regulierten Markt zugelassen oder in den regulierten Markt einbezogen sind, sind Börsenpreise sowie das Volumen und der Zeitpunkt der Börsengeschäfte unverzüglich und zu angemessenen kaufmännischen Bedingungen zu veröffentlichen. ²Die Börsenaufsichtsbehörde kann nach Maßgabe von Kapitel IV Abschnitt 3 und 4 der Verordnung (EG) Nr. 1287/ 2006 je nach Art und Umfang der Aufträge eine verzögerte Veröffentlichung der Informationen nach Satz 1 gestatten. ³Die Verzögerung ist nach Maßgabe von Kapitel IV Abschnitt 4 der Verordnung (EG) Nr. 1287/ 2006 zu veröffentlichen.

(2) Die Einzelheiten der Veröffentlichungspflichten nach Absatz 1 regelt Kapitel IV Abschnitt 1, 3 und 4 der Verordnung (EG) Nr. 1287/2006 und die Börsenordnung.

§ 31 setzt Artikel 45 der Finanzmarktrichtlinie um. Die näheren Einzelhei- **1** ten für die Nachhandels-Transparenz ergeben sich auch hier aus der Verordnung (EG) Nr. 1278/2006, dort aus den Artikeln 27 ff.

Abschnitt 4. Zulassung von Wertpapieren zum Börsenhandel

§ 32. Zulassungspflicht

(1) Wertpapiere, die im regulierten Markt an einer Börse gehandelt werden sollen, bedürfen der Zulassung oder der Einbeziehung durch die Geschäftsführung, soweit nicht in § 37 oder in anderen Gesetzen etwas anderes bestimmt ist.

(2) [1]Die Zulassung ist vom Emittenten der Wertpapiere zusammen mit einem Kreditinstitut, Finanzdienstleistungsinstitut oder einem nach § 53 Abs. 1 Satz 1 oder § 53 b Abs. 1 Satz 1 des Kreditwesengesetzes tätigen Unternehmen zu beantragen. [2]Das Institut oder Unternehmen muss an einer inländischen Wertpapierbörse mit dem Recht zur Teilnahme am Handel zugelassen sein und ein haftendes Eigenkapital im Gegenwert von mindestens 730 000 Euro nachweisen. [3]Ein Emittent, der ein Institut oder Unternehmen im Sinne des Satzes 1 ist und die Voraussetzungen des Satzes 2 erfüllt, kann den Antrag allein stellen.

(3) Wertpapiere sind zuzulassen, wenn

1. der Emittent und die Wertpapiere den Anforderungen nach Artikel 35 der Verordnung (EG) Nr. 1287/2006 sowie den Bestimmungen entsprechen, die zum Schutz des Publikums und für einen ordnungsgemäßen Börsenhandel gemäß § 34 erlassen worden sind, und

2. ein nach den Vorschriften des Wertpapierprospektgesetzes gebilligter oder bescheinigter Prospekt oder ein ausführlicher Verkaufsprospekt im Sinne des § 42 des Investmentgesetzes oder ein Prospekt im Sinne des § 137 Abs. 3 des Investmentgesetzes veröffentlicht worden ist, soweit nicht nach § 1 Abs. 2 oder § 4 Abs. 2 des Wertpapierprospektgesetzes von der Veröffentlichung eines Prospekts abgesehen werden kann.

(4) Der Antrag auf Zulassung der Wertpapiere kann trotz Erfüllung der Voraussetzungen des Absatzes 3 abgelehnt werden, wenn der Emittent seine Pflichten aus der Zulassung zum regulierten Markt an einem anderen organisierten Markt nicht erfüllt.

(5) Die Geschäftsführung bestimmt mindestens drei inländische Zeitungen mit überregionaler Verbreitung zu Bekanntmachungsblättern für die vorgeschriebenen Veröffentlichungen (überregionale Börsenpflichtblätter). Die Bestimmung kann zeitlich begrenzt werden; sie ist durch Börsenbekanntmachung zu veröffentlichen.

Übersicht

I. Einleitung

1. Änderungen durch das Vierte Finanzmarktförderungsgesetz

Das Vierte Finanzmarktförderungsgesetz hatte auf Anregung des Börsenre- **1** formgutachtens[1] die Verknüpfung der Zulassung von Wertpapieren in einem Marktsegment mit für dieses Marktsegment geltenden speziellen Preisfestsetzungsregeln im Interesse der Flexibilität aufgehoben.[2] Anders gewendet: Die

---

[1] *Hopt/Rudolph/Baum,* S. 409 ff.

[2] Begründung des Regierungsentwurfs eines Gesetzes zur weiteren Fortentwicklung des Finanzplatzes Deutschland (Viertes Finanzmarktförderungsgesetz), BT-Drs. 14/8017, S. 62, S. 63; vgl. auch *Beck,* BKR 2002, 699 ff.

Zulassung erfolgte nicht mehr zum Börsenhandel „mit amtlicher Feststellung des Börsenpreises (amtliche Notierung)", so noch § 36 Abs. 1 BörsG i. d. F. vor dem Vierten Finanzmarktförderungsgesetz, sondern sie wurde für ein Marktsegment (amtlicher oder geregelter Markt) gewährt (siehe zu deren Ersetzung durch einen einzigen regulierten Markt sogleich unten Rn. 4 a), wobei in beiden Marktsegmenten der Börsenpreis nach einheitlichen Maßstäben, § 24, ermittelt wurde.

2. Änderungen durch das Prospektrichtlinie-Umsetzungsgesetz

2   Das Prospektrichtlinie-Umsetzungsgesetz,[3] dessen Art. 3 die Änderungen des Börsengesetzes enthält, hat § 30 BörsG i. d. F. vor dem Finanzmarktrichtlinie-Umsetzungsgesetz und die §§ 30 ff. BörsG i. d. F. vor dem Finanzmarktrichtlinie-Umsetzungsgesetz insgesamt nicht nur äußerlich, sondern auch inhaltlich fundamental geändert: Die entscheidende Änderung bestand darin, dass der **Börsenzulassungsprospekt** als „Kernstück des Zulassungsantrags"[4] aus dem Zulassungsverfahren herausgenommen wurde. Das bedeutet, der Börsenzulassungsprospekt ist nicht nur nicht mehr Kernstück des Zulassungsverfahrens, sondern noch nicht einmal mehr Teil des Zulassungsverfahrens, vielmehr ist er nur noch – jenseits des Zulassungsverfahrens von einer anderen Stelle zu prüfende und zu billigende – Zulassungsvoraussetzung, so der entsprechend geänderte § 30 Abs. 3 Nr. 2 BörsG i. d. F. vor dem Prospektrichtlinie-Umsetzungsgesetz. Auf Anregung des Bundesrates[5] wurde § 30 Abs. 3 Nr. 3 a. F. durch das Prospektrichtlinie-Umsetzungsgesetz gestrichen.[6] Diese Streichung erfolgte, um zu vermeiden, dass über § 30 Abs. 3 Nr. 3 BörsG i. d. F. vor dem Prospektrichtlinie-Umsetzungsgesetz die damals zuständige Zulassungsstelle den Prospekt selbst noch einmal prüft. Die Gefahr einer solchen Doppelprüfung bestand deshalb, weil ohne Streichung der Nr. 3 des § 30 Abs. 3 BörsG i. d. F. vor dem Prospektrichtlinie-Umsetzungsgesetz der Prospekt von der Zulassungsstelle daraufhin hätte untersucht werden müssen, ob sich daraus Umstände ergaben, die bei der Zulassung der Wertpapiere zu einer Übervorteilung des Publikums oder einer Schädigung erheblicher allgemeiner Interessen führen.[7] Außerdem wurden die Absätze 4 und 5 des § 30 BörsG i. d. F. des Vierten Finanzmarktförderungsgesetzes, die noch die Prospektbilligung und die Prospektveröffentlichung enthielten, gestrichen.

3   Der durch das Prospektrichtlinie-Umsetzungsgesetz dem Börsengesetz (und der Börsenzulassungsverordnung) und damit dem Zulassungsverfahren entzogene Börsenzulassungsprospekt wird durch ein eigenes Gesetz, das Wertpapierprospektgesetz, geregelt. Die selbstständige Regelung beruht auf einer grundlegenden konzeptionellen Änderung. Wie sein Name schon sagt, soll das Prospektrichtlinie-Umsetzungsgesetz die **Europäische Prospekt-**

---

[3] BGBl. I 2005, 1698.
[4] *von Rosen*, in: Hdb. KapitalanlageR, 2. Aufl. 1997, § 2 Rn. 145.
[5] BR-Drs. 85/05, S. 12 f.
[6] Beschlussempfehlung und Bericht des Finanzausschusses, BT-Drs. 15/5373, S. 50.
[7] So ausdrücklich der Bundesrat in seiner Stellungnahme, BR-Drs. 85/05, S. 12 f.

richtlinie[8] und die im Wege des Komitologieverfahrens[9] erlassenen europäischen Ausführungsbestimmungen, hier vor allem die Verordnung zur Ausführung der Prospektrichtlinie,[10] die wiederum nochmals durch Empfehlungen des Committees of European Securities Regulators (CESR, jetzt European Securities and Market Authority, ESMA)[11] weiter konkretisiert wurden, in deutsches Recht umsetzten.

Die Prospektrichtlinie gibt die durch die früheren europäischen Vor- **4** gaben (Börsenzulassungsrichtlinie[12] und die Börsenzulassungsprospektrichtli-

---

[8] Richtlinie 2003/71/EG des Europäischen Parlaments und des Rates vom 4. November 2003 betreffend den Prospekt, der beim öffentlichen Angebot von Wertpapieren oder bei deren Zulassung zum Handel zu veröffentlichen ist, und zur Änderung der Richtlinie 2001/34/EG, ABl. EG Nr. L 345 vom 31. Dezember 2003, S. 64. Vgl. dazu näher *Crüwell*, AG 2003, 243; *Fürhoff/Ritz*, WM 2001, 2280; *Holzborn/Schwarz-Gondek*, BKR 2003, 927; *von Kopp-Colomb/Lenz*, AG 2002, 24; *Kunold/Schlitt*, BB 2004, 501 ff.; *Weber*, NZG 2004, 360 ff.

[9] Vgl. dazu oben Vorbemerkungen BörsG Rn. 15 ff. sowie *von Kopp-Colomb/Lenz*, AG 2002, 24, 25 f.

[10] Verordnung (EG) Nr. 809/2004 der Kommission vom 29. April 2004 zur Umsetzung der Richtlinie 2003/71/EG des Europäischen Parlaments und des Rates betreffend die in Prospekten enthaltenen Informationen sowie das Format, die Aufnahme von Informationen mittels Verweis und die Veröffentlichung solcher Prospekte und die Verbreitung von Werbung, in der zweiten berichtigten Fassung abgedruckt in ABl. EG Nr. L 186 vom 18. Juli 2005, S. 3, geändert durch die Verordnung (EG) Nr. 1787/2006 der Kommission vom 4. Dezember 2006, ABl. EG Nr. L 337, 17, die Verordnung (EG) Nr. 211/2007 der Kommission vom 27. Februar 2007, ABl. EG Nr. L 61 v. 28. 2. 2007, S. 24, die Verordnung (EG) Nr. 1289/2008 der Kommission vom 12. Dezember 2008, ABl. EG Nr. L 340, 17, die Delegierte Verordnung (EU) Nr. 311/2012 der Kommission vom 21. Dezember 2011, ABl. EU Nr. L 103, 13, und die Delegierte Verordnung (EU) Nr. 486/2012 der Kommission vom 30. März 2012, ABl. EU Nr. L 150, 1.

[11] CESR's Recommendations for the Consistent Implementation of the European Commission's Regulation on Prospectuses n° 809/2004, CESR/05–54b, aktualisiert durch ESMA update on the CESR recommendations, March 2011, abrufbar über die homepage: www.esma.europa.eu, sowie weitere Ergänzung durch die Antworten auf die ESMA, Frequently asked questions regarding Prospectuses: Common positions agreed by ESMA Members, die Fragen/Antworten werden fortlaufend aktualisiert und ergänzt; aktualisierte Fassung abrufbar über die Homepage: www.esma.europa.eu.

[12] Richtlinie des Rates vom 5. März 1979 zur Koordinierung der Bedingungen für die Zulassung von Wertpapieren zur amtlichen Notierung an einer Wertpapierbörse, RL 79/279/EWG, ABl. EG Nr. L 66 vom 16. März 1979, S. 21, aufgehoben und neu gefasst durch die Richtlinie 2001/34/EG des Europäischen Parlaments und des Rates vom 28. Mai 2001 über die Zulassung von Wertpapieren zur amtlichen Börsennotierung und über die hinsichtlich dieser Wertpapiere zu veröffentlichenden Informationen, ABl. EG Nr. L 184 vom 6. Juli 2001, S. 1, berechtigt ABl. EG Nr. L 217 vom 11. August 2001, S. 18, diese wurde teilweise aufgehoben und ersetzt durch die Richtlinie 2003/71/EG des Europäischen Parlaments und des Rates vom 4. November 2003 betreffend den Prospekt, der beim öffentlichen Angebot von Wertpapieren oder bei deren Zulassung zum Handel zu veröffentlichen ist, und zur Änderung der Richtlinie 2001/34/EG, ABl. EG Nr. L 345 vom 31. Dezember 2003, S. 64 und die Richtlinie 204/109/EG des Europäischen Parlaments und des Rates vom 15. Dezember 2004 zur Harmonisierung der Transparenzanforderungen in Be-

nie [13] einerseits und die Verkaufsprospektrichtlinie [14] andererseits) geltende Zweiteilung zwischen **Börsenzulassungsprospekten** und **Verkaufsprospekten** auf und fasst die Prospektanforderungen für beide Instrumente zusammen. Dies hatte für das deutsche Recht zur Folge, dass die hier bis dahin gleichermaßen geltende Zweiteilung (Börsengesetz und Börsenzulassungsverordnung einerseits und Verkaufsprospekt und Verkaufsprospektverordnung andererseits) ebenfalls aufgegeben wurde. Deshalb schaffte das Prospektrichtlinien-Umsetzungsgesetz, ein einheitliches Wertpapierprospektgesetz, in dem die **Prospektanforderungen** einheitlich für Zulassungs- und Verkaufsprospekte zusammengefasst werden. Gleichzeitig wurden die entsprechenden Regelungen der Börsenzulassungsverordnung, des Verkaufsprospektgesetzes und der Verkaufsprospektverordnung zum Prospektinhalt und der Befreiung von der Pflicht, einen Prospekt zu veröffentlichen, aufgehoben. Der Prospekt ist seither nicht mehr Gegenstand des Zulassungsverfahrens sondern nur noch Zulassungsvoraussetzung. Ansonsten berührt das Prospektrichtlinie-Umsetzungsgesetz die **Zulassungsvoraussetzungen** und das **Zulassungsverfahren** kaum.

3. Änderung durch das Finanzmarktrichtlinie-Umsetzungsgesetz

4a Das Finanzmarktrichtlinie-Umsetzungsgesetz hat das Zulassungsverfahren in zwei wesentlichen Punkten geändert. Zunächst wurde die Zuständigkeit

---

zug auf Informationen über Emittenten, deren Wertpapiere zum Handel auf einem geregelten Markt zugelassen sind, und zur Änderung der Richtlinie 2001/34/EG, ABl. EG Nr. L 390 vom 31. Dezember 2004, S. 38.

[13] Richtlinie vom 17. März 1980 zur Koordinierung der Bedingungen für die Erstellung, die Kontrolle und die Verbreitung des Prospekts, der für die Zulassung von Wertpapieren zur amtlichen Notierung an einer Wertpapierbörse zu veröffentlichen ist, RL 80/390/EWG, ABl. EG Nr. L 100 vom 17. April 1980, S. 1, aufgehoben und neu gefasst durch die Richtlinie 2001/34/EG des Europäischen Parlaments und des Rates vom 28. Mai 2001 über die Zulassung von Wertpapieren zur amtlichen Börsennotierung und über die hinsichtlich dieser Wertpapiere zu veröffentlichenden Informationen, RL 2001/34/EG, ABl. EG Nr. L 184 vom 6. Juli 2001, S. 1, berichtigt ABl. EG Nr. L 217 vom 11. August 2001, S. 18, diese wiederum teilweise aufgehoben und ersetzt durch die Richtlinie 2003/71/EG des Europäischen Parlaments und des Rates vom 4. November 2003 betreffend den Prospekt, der beim öffentlichen Angebot von Wertpapieren oder bei deren Zulassung zum Handel zu veröffentlichen ist, und zur Änderung der Richtlinie 2001/34/EG, ABl. EG Nr. L 345 vom 31. Dezember 2003, S. 64 und die Richtlinie 204/109/EG des Europäischen Parlaments und des Rates vom 15. Dezember 2004 zur Harmonisierung der Transparenzanforderungen in Bezug auf Informationen über Emittenten, deren Wertpapiere zum Handel auf einem geregelten Markt zugelassen sind, und zur Änderung der Richtlinie 2001/34/EG, ABl. EG Nr. L 390 vom 31. Dezember 2004, S. 38.

[14] Richtlinie zur Koordinierung der Bedingungen für die Erstellung, Kontrolle und Verbreitung des Prospekts, der im Falle öffentlicher Angebote von Wertpapieren zu veröffentlichen ist, vom 17. April 1989, RL 89/298/EWG, ABl. EG Nr. L 124 vom 5. Mai 1989, S. 8, die ab 1. Juli 2005 durch die Richtlinie 2003/71/EG des Europäischen Parlaments und des Rates vom 4. November 2003 betreffend den Prospekt, der beim öffentlichen Angebot von Wertpapieren oder bei deren Zulassung zum Handel zu veröffentlichen ist, und zur Änderung der Richtlinie 2001/34/EG, ABl. EG Nr. L 345 vom 31. Dezember 2003, S. 64 aufgehoben wurde.

für die Zulassungsentscheidung von der Zulassungsstelle auf die Geschäftsführung der jeweiligen Börse verlagert. Darüber hinaus wurde der geregelte Markt als gesondertes Börsensegment abgeschafft und der amtliche Markt in den regulierten Markt umbenannt. Damit erfolgt seit 1. November 2007 die Zulassung von Wertpapieren nicht mehr zum amtlichen oder geregelten Markt, sondern allein zum regulierten Markt.

§ 32 Abs. 1 entspricht § 30 Abs. 1 BörsG i. d. F. vor dem Finanzmarktrichtlinie-Umsetzungsgesetz, ergänzt um die Einbeziehungsmöglichkeit,[15] § 32 Abs. 2 entspricht §§ 30 Abs. 2, 51 Abs. 1 Nr. 2 BörsG i. d. F. vor dem Finanzmarktrichtlinie-Umsetzungsgesetz, § 32 Abs. 3 entspricht im Wesentlichen[16] den §§ 30 Abs. 3, 51 Abs. 1 Nr. 1 BörsG i. d. F. vor dem Finanzmarktrichtlinie-Umsetzungsgesetz, § 32 Abs. 4 entspricht, von redaktionellen Änderungen abgesehen, § 32 Abs. 4 BörsG i. d. F. vor dem Finanzmarktrichtlinie-Umsetzungsgesetz und § 32 Abs. 5 entspricht § 31 Abs. 4 BörsG i. d. F. vor dem Finanzmarktrichtlinie-Umsetzungsgesetz mit der Maßgabe, dass mangels gesetzlicher Bezugsvorschriften die regionalen Börsenpflichtblätter entfallen.[17]

II. Begriff und Rechtsnatur der Zulassung

1. Zulassung: Begriff und Rechtsnatur

Die Zulassung von Wertpapieren zum Börsenhandel ist die **öffentlich-** 5 **rechtliche Erlaubnis,** für den Handel in den betreffenden Wertpapieren in dem jeweiligen Marktsegment die Börseneinrichtungen zu nutzen.[18] Die Zulassung ist begünstigender **Verwaltungsakt.**[19] Sie kann nach den Verwaltungsverfahrensgesetzen der Sitzländer der Börse von **Bedingungen** abhängig gemacht oder mit **Auflagen** verbunden werden.[20] Die Zulassung ist jedoch kein drittbegünstigter Verwaltungsakt in dem Sinn, dass sie den einzelnen Anleger begünstigen und ihm subjektive Rechte auf Erlangung oder Fortbestand der Zulassung einräumen würde.[21]

Da das Finanzmarktrichtlinie-Umsetzungsgesetz die bis dahin geltende ge- 6 setzliche Differenzierung zwischen dem amtlichen und dem geregelten Markt aufgehoben hat, erfolgt die Zulassung nunmehr allein zum regulierten Markt – beim Freiverkehr spricht man dagegen nicht von einer Zulassung, sondern

[15] Einbeziehung vgl. sogleich unten § 33 BörsG.
[16] Vgl. sogleich unten Rn. 13 und 23.
[17] RegBegr. Finanzmarktrichtlinie-Umsetzungsgesetz, BT-Drs. 16/4028, S. 100 f.
[18] *Heidelbach,* in: Schwark/Zimmer, § 32 BörsG Rnrn. 1 und 17; *von Rosen,* in: Hdb. KapitalanlageR, § 2 Rn. 144.
[19] *Gebhardt,* in: Schäfer/Hamann, KMG, § 30 BörsG Rn. 3; *Heidelbach,* in: Schwark/Zimmer, § 32 BörsG Rn. 17.
[20] Begründung zum Börsenzulassungsgesetz, BT-Drs. 10/4296, S. 14.
[21] Ausführlich hierzu unten § 32 BörsG Rn. 45 ff., sowie *Groß,* ZHR 165 (2001), 141, 147 f.; ebenso *Eickhoff,* WM 1988, 1713, 1715; *Fluck,* WM 1995, 553, 558; *Kleindiek,* FS Bezzenberger; *H. P. Westermann/Mock* (Hrsg.), 2000, 653, 656; *Radtke,* S. 54.

von einer Einbeziehung, vgl. § 32 Abs. 1 einerseits und § 48 Abs. 1 Satz 2 andererseits.

2. Abgrenzung der Zulassung von der Emission und der Einführung

7   Die Zulassung ist von der Ausgabe, Begebung, Emission von Wertpapieren und deren Einführung zu unterscheiden: Die **Emission** erfasst sowohl die Ausgabe/Begebung der Wertpapiere als auch deren Platzierung beim Anleger.[22] Die **Zulassung** kann Teil der Platzierung und damit der Emission sein. Die Emission setzt aber keine Zulassung voraus, da auch nicht zugelassene Wertpapiere privat oder öffentlich platziert werden können. Die **Einführung** der Wertpapiere dagegen umfasst nach der Legaldefinition des § 38 Abs. 1 die Aufnahme der Notierung der zugelassenen Wertpapiere im regulierten Markt an der Börse. Die Aufnahme der Notierung setzt die **Zulassung** des Wertpapiers zum regulierten Markt voraus.[23] Das Zulassungserfordernis als Voraussetzung der Notierung folgt für den regulierten Markt unmittelbar aus der in § 38 Abs. 1 enthaltenen Legaldefinition („die Aufnahme der Notierung der zugelassener Wertpapiere …"). Zwar hat das Vierte Finanzmarktförderungsgesetz auf Anregung des Börsenreformgutachtens[24] die Verknüpfung der Zulassung von Wertpapieren im einen Marktsegment mit den für dieses Marktsegment geltenden Preisfeststellungsregeln im Interesse einer Flexibilisierung aufgehoben.[25] Auch wurde in § 56 Abs. 1 BörsG i. d. F. vor dem Finanzmarktrichtlinie-Umsetzungsgesetz im geregelten Markt neben der Zulassung die „Einbeziehung" ermöglicht und diese im jetzt geltenden § 33 BörsG für den regulierten Markt geregelt. Diese setzt aber ebenfalls eine Zulassung – an einem anderen regulierten Markt – voraus.[26] An der Zulassung als Voraussetzung für eine Börsennotierung hat sich damit auch durch das Vierte Finanzmarktförderungsgesetz und das Finanzmarktrichtlinie-Umsetzungsgesetz nichts geändert. Preise für Wertpapiere, die im Freiverkehr, einem auf rein privatrechtlicher Basis vom jeweiligen Träger der Börse organisierten Markt, ermittelt werden, sind zwar ebenfalls Börsenpreise, § 24 Abs. 1 Satz 2; jedoch spricht jedenfalls das Gesetz[27] insoweit nicht von einer Börsennotierung.

---

[22] Vgl. *Groß,* in: Bosch/Groß, Emissionsgeschäft Rn. 258.

[23] *Heidelbach,* in: Schwark/Zimmer, § 32 BörsG Rn. 18; *Klenke,* WM 1995, 1089, 1094. Zur gesonderten Zulassung zum Teilbereich des regulierten Marktes mit weiteren Zulassungsfolgepflichten (Prime Standard) vgl. ausführlich *Gebhardt,* WM-Sonderbeilage Nr. 2/2003, *Schlitt,* AG 2003, 57 ff.; zu den börsengesetzlichen Grundlagen für die Schaffung dieser Teilbereiche vgl. bereits *Beck,* BKR 2002, 699, 707.

[24] *Hopt/Rudolph/Baum,* S. 409 ff.

[25] Begründung des Regierungsentwurfs eines Gesetzes zur weiteren Fortentwicklung des Finanzplatzes Deutschland (Viertes Finanzmarktförderungsgesetz), BT-Drs. 14/8014, S. 62, S. 63; vgl. auch *Beck,* BKR 2002, 699 ff.

[26] Vgl. § 59 Abs. 2 Nr. 3 BörsenO der FWB, abrufbar unter www.deutsche-boerse.com (Listing/Going Public/Regularien).

[27] Und auch die Börsenordnung, vgl. § 116 Abs. 3 BörsenO der FWB, abrufbar unter www.deutsche-boerse.com (Listing/Going Public/Regularien) sowie die Freiver-

3. Bedeutung der Zulassung

Die besondere Bedeutung der Zulassung, neben der Tatsache, dass sie Vor-   **8** aussetzung für die Börsennotierung ist, ergab sich bis zur Änderung durch das Prospektrichtlinie-Umsetzungsgesetz aus dem Zusammenspiel zwischen börsengesetzlichen Zulassungsregeln und verkaufsprospektgesetzlichen Vertriebsbestimmungen, insbesondere der Grundregel des § 1 VerkaufsprospektG a. F. Dieses Zusammenspiel stellte sicher, dass, von einzelnen speziell geregelten Ausnahmen[28] abgesehen, vor **jedem erstmaligen öffentlichen Angebot** von Wertpapieren im Inland den Anlegern die Möglichkeit eröffnet wurde, die für ihre Anlageentscheidung wesentlichen Informationen einem vor ihrer Kaufentscheidung zur Verfügung stehenden **Prospekt** zu entnehmen.[29] Entweder war dies der Verkaufsprospekt, der nach § 1 VerkaufsprospektG a. F. vor jedem erstmaligen öffentlichen Angebot nicht zugelassener Wertpapiere zu veröffentlichen war. Oder es war der Börsenzulassungsprospekt, der Zulassungsvoraussetzung war. Diese besondere Bedeutung der Zulassung besteht nach wie vor, da nach § 3 Abs. 3 WpPG grundsätzlich (Ausnahmen in § 4 Abs. 2 WpPG bzw. § 1 Abs. 2 WpPG) jede Zulassung die Veröffentlichung eines gebilligten Prospektes, und zwar eines Prospektes nach dem Wertpapierprospektgesetz i. V. m. der Prospektverordnung, voraussetzt.[30] Allerdings führt, anders als nach altem Recht, die Zulassung nicht zur Beseitigung der Prospektpflicht, da selbst beim öffentlichen Angebot bereits zugelassener Wertpapiere eine Prospektpflicht bestehen soll.[31]

4. Ausnahmen vom Zulassungserfordernis

Die in § 37 genannten staatlichen Schuldverschreibungen bedürfen keiner   **9** Zulassung; sie sind qua Gesetzes zugelassen. Privilegiert sind Schuldverschreibungen des Bundes, seiner Sondervermögen,[32] eines Bundeslandes, eines Mitgliedstaates der Europäischen Union oder eines Vertragsstaats des Abkommens über den Europäischen Wirtschaftsraum.[33] Nicht privilegiert sind Schuldverschreibungen der Gebietskörperschaften „unterhalb" eines Bundeslandes bzw. Mitgliedsstaates oder Vertragsstaates des Abkommens über den Europäischen Wirtschaftsraum.[34] Für die privilegierten Emittenten bedarf es

---

kehrsrichtlinien der Börsen, vgl. nur die Freiverkehrsrichtlinien der FWB, abrufbar unter www.deutsche-boerse.com (Listing/Going-Public/Regularien).

[28] Vgl. z. B. §§ 45, 45 a BörsZulV a. F., §§ 2 bis 4 VerkProspG a. F.

[29] Wie hier auch zum „neuen" Recht *Heidelbach,* in: Schwark/Zimmer, § 32 BörsG Rn. 3.

[30] *Heidelbach,* in: Schwark/Zimmer, § 32 BörsG Rn. 3

[31] Vgl. § 3 WpPG Rn. 2.

[32] Beispiele bei *Heidelbach,* in: Schwark/Zimmer, § 37 BörsG Rn. 4; *Gebhardt,* in: Schäfer/Hamann, KMG, § 36 BörsG Rn. 5; vgl. auch *von Rosen,* in: Hdb. KapitalanlageR, § 2 Rz. 177.

[33] *Heidelbach,* in: Schwark/Zimmer, § 37 BörsG Rn. 6

[34] Vgl. im Einzelnen *Groß,* Kapitalmarktrecht, 2. Aufl. 2002, § 3 VerkProspG Rn. 5; *Gebhardt,* in: Schäfer/Hamann, KMG § 36 BörsG Rn. 5; *Heidelbach,* in: Schwark/Zimmer, § 37 BörsG Rn. 6.

weder eines Zulassungsantrags noch der Durchführung eines Zulassungsverfahrens, noch eines Prospekts, noch einer Zulassung.[35] Damit entfallen auch Zulassungsgebühren, jedoch dürfen Einführungsgebühren und, bei Schuldverschreibungen aufgrund der entsprechenden Anknüpfung in der Gebührenordnung weniger relevant, Notierungsgebühren erhoben werden.[36] Gleiches gilt für Aktien aus einer Kapitalerhöhung aus Gesellschaftsmitteln gemäß § 33 Abs. 4 EG AktG (Berichtigungsaktien).[37]

III. Zulassungsvoraussetzungen

1. Überblick[38]

10 Die Voraussetzungen für die **Zulassung zum regulierten Markt** sind in **§ 32 Abs.** 3 sowie der auf der Grundlage der Ermächtigung in § 34 erlassenen **Börsenzulassungsverordnung** geregelt. § 32 Abs. 3 Nr. 1 verweist auf die **Börsenzulassungsverordnung** als der nach § 34 erlassenen Vorschrift und gibt eine Auslegungsregelung für die Bestimmungen der Börsenzulassungsverordnung vor.[39] § 32 Abs. 3 Nr. 2 hebt als besondere Zulassungsvoraussetzung hervor, dass dem Zulassungsantrag ein gebilligter oder bescheinigter Prospekt beizufügen ist, soweit das Wertpapierprospektgesetz nicht hiervon befreit.

11 Durch das Finanzmarktrichtlinie-Umsetzungsgesetz neu eingefügt wurde in § 32 Abs. 3 Nr. 1 der Verweis auf Artikel 35 der Verordnung (EG) Nr. 1287/2006.[40] In Umsetzung und Konkretisierung von Artikel 40 der Richtlinie 2004/39/EG enthält Artikel 35 Verordnung 1287/2006 unmittelbar anwendbare[41] Anforderungen an den Emittenten und die Wertpapiere hinsichtlich der freien Handelbarkeit. Der deutsche Gesetzgeber hat bei Umsetzung der Richtlinie 2004/39/EG durch das Finanzmarktrichtlinie-Umsetzungsgesetz die zur freien Handelbarkeit der Wertpapiere einschlägige Vorschrift des § 5 BörsZulV nicht geändert. Damit hat er klar zu erkennen

[35] *Heidelbach*, in: Schwark/Zimmer, § 37 Rn. 7.
[36] Vgl. nur *Heidelbach*, in: Schwark/Zimmer, § 37 BörsG Rn. 8.
[37] *Gericke*, S. 135 ff.; *von Rosen*, in: Hdb. KapitalanlageR, § 2 Rn. 177; *Heidelbach*, in: Schwark/Zimmer, § 32 BörsG Rn. 16 und § 37 BörsG Rn. 8.
[38] Überblick über die Zulassungsvoraussetzungen bei *Heidelbach*, in: Schwark/Zimmer, § 32 BörsG Rnrn. 44 ff.; *Schlitt*, in Semler/Volhard, § 23 Rn. 17 ff.
[39] Str. *Heidelbach*, in: Schwark/Zimmer, § 32 BörsG Rn. 44 (keine eigenständige Regelung); wie hier *Gebhardt*, in: Schäfer/Hamann, KMG, § 30 BörsG Rn. 51: § 32 Abs. 3 Nr. 1 dient der Auslegung der BörsZulV, deren Vorschriften i. S. d. Schutzes des Publikums und des ordnungsgemäßen Börsenhandels auszulegen sind.
[40] Verordnung (EG) Nr. 1287/2006 der Kommission vom 10. August 2006 zur Durchführung der Richtlinie 2004/39/EG des Europäischen Parlaments und des Rates betreffend die Aufzeichnungspflichten für Wertpapierfirmen, die Meldung von Geschäften, die Markttransparenz, die Zulassung von Finanzinstrumenten zum Handel und bestimmte Begriffe im Sinne dieser Richtlinie, ABl. EG Nr. L 241 v. 2. 9. 2006, S. 1.
[41] Zur unmittelbaren Anwendbarkeit europäischer Verordnungen im nationalen Recht der Mitgliedstaaten vgl. nur oben Vorbem. BörsG Rn. 18.

gegeben, dass nach seiner Ansicht § 5 BörsZulV Artikel 35 Verordnung 1287/2006 jedenfalls nicht widerspricht und insofern kein Änderungsbedarf besteht. Generell ist davon auszugehen dass sowohl der europäische Gesetzgeber, da er bei Erlass der MiFID bzw. der DurchführungsV MiFID die Koordinierungs-RL nicht geändert hat, als auch der deutsche Gesetzgeber, da im Finanzmarktrichtlinie-Umsetzungsgesetz § 5 BörsZulV nicht angepasst wurde, ein Nebeneinander der beiden Normkomplexe anordnen wollten, wobei allerdings bei Widersprüchen die DurchführungsV MiFID als höherrangiges Recht maßgeblich ist.[42]

2. Wertpapiere

Zum regulierten Markt können nur „**Wertpapiere**" zugelassen werden. **12** Der Begriff des Wertpapiers ist im Börsengesetz nicht definiert.[43] Nach dem weitesten Wertpapierbegriff sind Wertpapiere Urkunden, die private Rechte dergestalt verbriefen, dass diese Rechte ohne Urkunde nicht geltend gemacht werden können.[44] Dieser Wertpapierbegriff ist einerseits zu weit. Wie sich z. B. aus § 51 Abs. 1 ergibt, sind Wechsel von den Zulassungsvorschriften im 4. Abschnitt nicht erfasst.[45] Er ist andererseits aber auch zu eng, da er noch eine Verkörperung der Wertpapiere voraussetzt. Dies ist im Hinblick auf die zunehmende Entmaterialisierung der Wertpapiere nicht sachgerecht. Global- bzw. Sammelurkunden und Wert- und Registerrechte sind in den Wertpapierbegriff mit einzubeziehen.[46] Auch § 2 Nr. 1 WpPG, der bei der Begriffsbestimmung auch im Börsengesetz zu berücksichtigen ist[47] geht von dieser weiten Begriffsbestimmung aus, wenn es dort heißt: „Auf eine Verbriefung kommt es ... nicht an. Wertpapiere sind beispielsweise auch solche Aktien, die nur in einem Register geführt werden."[48] Deshalb ist der börsenrechtlichen Wertpapierbegriff nach den Erfordernissen des Börsenrechts und Börsenhandels sowie Sinn und Zweck des Börsengesetzes entsprechend § 2 Nr. 1 WpPG und § 2 Abs. 1 WpHG und gemäß § 32 Abs. 3 Nr. 1 nach Artikel 35 Verordnung 1287/2006 zu bestimmen.[49] Danach kommt es entscheidend auf die **Vertretbarkeit oder Fungibilität** an.[50] Unter den börsenrechtlichen Wertpapierbegriff fallen alle handelbaren Wertpapiere wie Aktien,

---

[42] *Heidelbach,* in: Schwark/Zimmer, § 32 BörsG Rn. 45.

[43] Ausführlich dazu *Gebhardt,* in: Schäfer/Hamann, KMG, § 30 BörsG Rn. 10 ff.; *Heidelbach,* in: Schwark/Zimmer, § 32 BörsG Rnrn. 25 ff.

[44] *Heidelbach,* in: Schwark/Zimmer, § 32 BörsG Rn. 24 m. w. umfangr. Nachw.

[45] *Gebhardt,* in: Schäfer/Hamann, KMG, § 30 BörsG Rn. 14; *Heidelbach,* in: Schwark/Zimmer, § 32 Rn. 9.

[46] Wie hier jetzt auch *Heidelbach,* in: Schwark/Zimmer, § 32 BörsG Rnrn. 15 ff.; enger wohl *Gebhardt,* in: Schäfer/Hamann, KMG, § 30 BörsG Rn. 15 ff. Vgl. allgemein hierzu auch Einsele, WM 2001, 7; *Than,* FS Schimansky, 1999, 821.

[47] *Heidelbach,* in: Schwark/Zimmer, § 32 BörsG Rn. 26.

[48] So ausdrücklich die RegBegr. zum Prospektrichtline-Umsetzungsgesetz, BR-Drs. 85/05, S. 54, 60 f., vgl. auch unten § 2 WpPG Rn. 2 ff.

[49] *von Rosen,* in: Hdb. KapitalanlageR, § 2 Rn. 157.

[50] Vgl. statt aller nur *Heidelbach,* in: Schwark/Zimmer, § 32 BörsG Rn. 28.

Aktien vertretenden Zertifikate, z. B. auch American Depositary Receips,[51] Genuss- oder Optionsscheine, Anleihen von Industrieunternehmen bzw. Körperschaften und auch Investmentzertifikate.[52]

3. Emittenten und wertpapierbezogene Zulassungsvoraussetzungen, § 32 Abs. 3 Nr. 1

13 **a) Zulassungsvoraussetzungen.** § 32 Abs. 3 Nr. 1 fordert als Zulassungsvoraussetzung, dass „der Emittent und die Wertpapiere den Anforderungen nach Artikel 35 der Verordnung (EG) Nr. 1287/2006 sowie den Bestimmungen entsprechen, die zum Schutz des Publikums und für einen ordnungsgemäßen Börsenhandel gemäß § 34 erlassen worden sind".[53] Ersteres, d. h. der Verweis auf die Verordnung 1287/2006 wurde durch das Finanzmarktrichtlinie-Umsetzungsgesetz eingefügt und enthält im Wesentlichen Vorgaben hinsichtlich der Anforderungen an die Handelbarkeit der zuzulassenden Wertpapiere,[54] zweiteres verweist darauf, dass die Anforderungen der **Börsenzulassungsverordnung** eingehalten werden.

---

[51] *Heidelbach,* in: Schwark/Zimmer, § 32 BörsG Rn. 29 m. w. N.
[52] Ausführlich dazu *Gebhardt,* in: Schäfer/Hamann, KMG, § 30 BörsG Rn. 10 ff.; *Heidelbach,* in: Schwark/Zimmer, § 32 BörsG Rnrn. 25 ff..
[53] Zur Bedeutung der Vorschrift siehe oben § 32 BörsG Rn. 10.
[54] Vgl. oben Rn. 11, vgl. zu den Anforderungen im Einzelnen *Heidelbach,* in: Schwark/Zimmer, § 32 BörsG Rnrn. 46 ff.

„Artikel 35
(Artikel 40 Absatz 1 der Richtlinie 2004/39/EGÜbertragbare Wertpapiere)
(1) Übertragbare Wertpapiere gelten dann als im Sinne von Artikel 40 Absatz 1 der Richtlinie 2004/39/EG frei handelbar, wenn sie zwischen den Parteien eines Geschäfts gehandelt und anschließend übertragen werden können und wenn alle Wertpapiere innerhalb dergleichen Kategorie wie das besagte Wertpapier fungibel sind.
(2) Übertragbare Wertpapiere, die nicht uneingeschränkt übertragen werden können, gelten nicht als frei handelbar, es sei denn, diese Einschränkung beeinträchtigt voraussichtlich nicht die Funktionsweise des Marktes.
(3) Übertragbare Wertpapiere, die nicht voll eingezahlt sind, können als frei handelbar angesehen werden, wenn Vorkehrungen getroffen wurden, mittels deren sichergestellt wird, dass die Handelbarkeit dieser Wertpapiere nicht eingeschränkt ist, und angemessene Informationen über die Tatsache, dass die Wertpapiere nicht voll eingezahlt sind, und die Auswirkungen dieses Umstands auf die Anleger öffentlich verfügbar sind.
(4) Bei der Ausübung seiner Ermessensbefugnis, ob eine Aktie zum Handel zuzulassen ist oder nicht, hat ein geregelter Markt zwecks Bewertung der Tatsache, ob eine Aktie fair, ordnungsgemäß und effizient gehandelt werden kann, die folgenden Aspekte zu berücksichtigen:
a) die Streuung dieser Aktien innerhalb des Anlegerpublikums;
b) die historischen Finanzinformationen, Informationen über den Emittenten und Informationen, die einen Überblick über die Geschäftstätigkeit vermitteln, so wie er im Rahmen der Richtlinie 2003/71/EG zu erstellen ist, bzw. Informationen, die ansonsten öffentlich verfügbar sind und gehandelt werden sollen.
(5) Ein übertragbares Wertpapier, das im Sinne der Richtlinie 2001/34/EG amtlich notiert und dessen Notierung nicht ausgesetzt ist, ist als frei handelbar zu betrachten und kann fair, ordnungsgemäß und effizient gehandelt werden.

Die den **Emittenten** und die Wertpapiere betreffenden Zulassungsvoraus- **14** setzungen sind in den **§§ 1–12 BörsZulV** geregelt, vgl. dazu die entsprechende Kommentierung unten §§ 1–12 BörsZulV. Wie sich aus § 32 Abs. 3 Nr. 1 ergibt, ist mit den in §§ 1 bis 12 BörsZulV enthaltenen Regelungen der Schutz des Publikums und ein ordnungsgemäßer Börsenhandel bezweckt. Diese Zielsetzung des Gesetzgebers ist bei der Auslegung der Bestimmungen zu berücksichtigen.[55]

Nach § 1 BörsZulV dürfen die gesellschaftsrechtlichen Grundlagen des **15** **Emittenten** nicht zu beanstanden sein, und er muss mindestens 3 Jahre als Unternehmen bestanden haben, § 3 BörsZulV. Die §§ 2, 4 bis 12 BörsZulV regeln die Anforderungen, die zum Schutze des Publikums bzw. des Börsenhandels an die **zuzulassenden Wertpapiere** zu stellen sind. Hierbei ist auch Artikel 35 der Verordnung (EG) Nr. 1287/2006 zu berücksichtigen. Zu den Anforderungen an die Wertpapiere gehört, dass diese überhaupt existieren, vgl. § 4 BörsZulV, da es in Deutschland grundsätzlich keine Zulassung „per Erscheinen" gibt.[56] Eine der Ausnahmen davon ist die Zulassung von Aktien aus einem bedingten oder genehmigten Kapital, wenn diese Aktien zur Bedienung von begebenen Bezugsrechten verwendet werden sollen. Nach Eintragung des diesbezüglichen bedingten (sehr selten: genehmigten) Kapitals und unter der Voraussetzung, dass die Bezugsrechte zumindest teilweise im Umlauf sind, können diese Aktien zugelassen werden, obwohl es sie noch nicht gibt.[57]

b) Prüfungspflicht der Geschäftsführung. Früher wurde im Zusam- **16** menhang mit § 30 Abs. 3 Nr. 3 BörsG i. d. F. vor dem Prospektrichtlinie-

---

(6) Im Sinne von Artikel 40 Absatz 1 der Richtlinie 2004/39/EG hat der geregelte Markt bei der Bewertung der Tatsache, ob ein übertragbares Wertpapier im Sinne von Artikel 4 Absatz 1 Ziffer 18 Buchstabe c dieser Richtlinie fair, ordnungsgemäß und effizient gehandelt werden kann, je nach Art des zuzulassenden Wertpapiers zu berücksichtigen, ob die nachfolgend genannten Kriterien erfüllt sind:

a) Die Bedingungen des Wertpapiers sind klar und unzweideutig und gestatten eine Korrelation zwischen dem Preis des Wertpapiers und dem Preis bzw. anderen Wertmaßstäben des Basiswerts;

b) der Preis oder ein sonstiger Wertmaßstab des Basiswerts ist bzw. sind verlässlich und öffentlich verfügbar;

c) es liegen ausreichende öffentliche Informationen vor, anhand deren das Wertpapier bewertet werden kann;

d) die Vereinbarungen zur Bestimmung des Abwicklungspreises des Wertpapiers gewährleisten, dass dieser Preis dem Preis oder einem sonstigen Wertmaßstab des Basiswerts angemessen Rechnung trägt;

e) sieht die Abwicklung des Wertpapiers verbindlich oder fakultativ die Möglichkeit vor, anstelle eines Barausgleichs die Lieferung des Basiswertpapiers oder des Basisvermögenswertes vorzunehmen, so müssen angemessene Abwicklungs- und Lieferverfahren für diesen Basiswert bestehen sowie angemessene Vereinbarungen zur Einholung relevanter Informationen über diesen Basiswert."

[55] *Gebhardt,* in: Schäfer/Hamann, KMG, § 30 BörsG Rn. 51.

[56] Vgl. unten §§ 1–12 BörsZulV Rn. 8,

[57] Ausführlich hierzu *Heidelbach,* in: Schwark/Zimmer, § 32 BörsG Rn. 94.

Umsetzungsgesetz die Frage der Prüfungspflicht der Geschäftsführung hinsichtlich des Vorliegens der Zulassungsvoraussetzungen bzw. des Nichtvorliegens von Zulassungshindernissen insbesondere daraufhin diskutiert, in welchem Umfang die Geschäftsführung sich die Kenntnis vom Vorliegen der Zulassungsvoraussetzungen bzw. vom Nichtvorliegen von Zulassungshindernissen durch eigene Ermittlungen verschaffen musste. Dabei wurde unter anderem[58] eine eingeschränkte materielle Prüfungspflicht der Geschäftsführung vertreten, die sogenannte „**Prospekttheorie**".[59] Danach sollte auch eine materielle Prüfung des Prospektes auf die Zulassungsvoraussetzungen sowie sich aus dem Prospekt ergebende Zulassungshindernisse erfolgen.

17   Seit den Änderungen des § 30 BörsG i. d. F. vor dem Finanzmarktrichtlinie-Umsetzungsgesetz durch das Prospektrichtlinie-Umsetzungsgesetz stellt sich diese Frage der Prüfungspflicht der Geschäftsführung anders. Insbesondere aufgrund der Begründung für die Streichung des § 30 Abs. 3 Nr. 3 BörsG i. d. F. vor dem Prospektrichtlinie-Umsetzungsgesetz[60] ist klargestellt, dass keine Prüfung des Prospektes durch die Geschäftsführung mehr erfolgt. Da die Geschäftsführung nach der Änderung des § 30 BörsG i. d. F. vor dem Prospektrichtlinie-Umsetzungsgesetz durch das Prospektrichtlinie-Umsetzungsgesetz nicht mehr für die Billigung des Prospekts zuständig ist, geht es nicht mehr um die Prospektprüfungspflicht der Geschäftsführung und damit nicht mehr um die Prospekttheorie.[61]

Jedoch beschränkte sich auch früher die von der herrschenden Meinung geforderte begrenzte materielle Prüfungspflicht[62] nicht nur auf die Prüfung der Vollständigkeit des Prospektes, sondern bezog sich auch auf Vorliegen der sonstigen Zulassungsvoraussetzungen und forderte hierfür eine begrenzte eigenständige Prüfungspflicht der Geschäftsführung. Bei dieser wird es damit auch – nunmehr beschränkt auf die sonstigen Zulassungsvoraussetzungen bleiben.[63] So hat die Geschäftsführung bei der Prüfung der Zulassungsvoraussetzungen z. B. der §§ 5 Abs. 2 Nr. 1, 7 Abs. 1 Satz 3 und 8 Abs. 2 BörsZulV sehr wohl den Prospekt daraufhin zu prüfen, ob die dort genannten Voraussetzungen eingehalten werden.[64] Diese Prüfung führt zwar nicht zur Über-

---

[58] Vgl. nur Nachw. bei *Heidelbach,* in: Schwark, KMRK, 3. Aufl. 2004, § 30 BörsG Rn. 23; *Samm,* S. 96 Fn. 286 f.

[59] *von Rosen,* in: HdB KapitalanlageR, 2. Aufl. 1997, § 2 Rn. 156; *Elle,* ZHR 128 (1966), 273 ff.; *Fleischer,* Gutachten F 52 m. w. N.; *Weber,* NJW 2003, 18, 21.

[60] Vgl. Beschlussempfehlung und Bericht des Finanzausschusses, der insoweit auf die Begründung des Bundesrates, BR-Drs. 85/05, S. 12, verweist, BT-Drs. 15/5373, S. 50: Eine Doppelprüfung des Prospekts soll in jedem Fall vermieden werden. Deshalb solle § 30 Abs. 3 Nr. 3 gestrichen oder geändert werden. Der Finanzausschuss hat sich für die Streichung entschlossen.

[61] *Gebhardt,* in: Schäfer/Hamann, KMG, § 30 BörsG Rn. 58.

[62] BGH, Urteil v. 6. 7. 1993 – XI ZR 12/93, BGHZ 123, 126, 130 = WM 1993, 1455, 1456 f.; LG Frankfurt, Urteil v. 3. 9. 2004 – 2/4 O 435/02, WM 2004, 2155; weitere Nachw. bei *Heidelbach,* in: Schwark, KMRK, 3. Aufl. 2004, § 30 Rn. 23.

[63] *von Rosen,* in: Hdb. KapitalanlageR, § 2 Rn. 187; ebenso *Heidelbach,* in: Schwark/ *Zimmer,* § 32 BörsG Rn. 59.

[64] *Gebhardt,* in: Schäfer/Hamann, KMG, § 30 BörsG Rn. 58.

nahme einer Gewähr für die Güte der zuzulassenden Wertpapiere.[65] Sie wird aber dahin gehen, das Vorliegen der Zulassungsvoraussetzungen materiell zu prüfen und ebenfalls zu untersuchen, ob auf der Grundlage der Prospektinformation und der sonstigen der Geschäftsführung bekannten Umstände die Zulassungsvoraussetzungen vorliegen bzw. Zulassungshindernisse fehlen.[66] Die dabei zu berücksichtigenden sonstigen Umstände kann die Geschäftsführung dem Prospekt, ihrem allgemeinen Wissen, aber auch speziellen, auf andere Weise erworbenen Informationen entnehmen. Hierfür kann die Geschäftsführung analog § 41 oder § 26 VwVerfG u. U. auch Auskünfte bei den Emittenten bzw. dem Emissionsbegleiter einholen.

Andererseits ist auch durch die Begründung des Gesetzgebers für die Strei- **18** chung des § 30 Abs. 3 Nr. 3 BörsG i. d. F. vor dem Prospektrichtlinie-Umsetzungsgesetz klargestellt, dass nicht – nunmehr über den Umweg des § 32 Abs. 3 Nr. 1 – eine doppelte Prospektprüfung erfolgt, zunächst im Rahmen der Prospektbilligung durch die BaFin und dann im Rahmen der Prüfung des § 32 Abs. 3 Nr. 1 durch die Geschäftsführung. Die Geschäftsführung hat die Voraussetzungen des § 32 Abs. 3 Nr. 1 zu prüfen und darf dabei die Prospektinformationen verwenden. Den Prospekt prüft sie nicht.

4. Prospekt, § 32 Abs. 3 Nr. 2

Nach § 32 Abs. 3 Nr. 2 ist Voraussetzung der Zulassung, dass ein nach den **19** Vorschriften des Wertpapierprospektgesetz gebilligter oder bescheinigter Prospekt – oder ein vergleichbarer Prospekt –, veröffentlicht worden ist.

Da die Zulassung als solche bereits einen gebilligten Prospekt voraussetzt, **20** wurde § 51 BörsZulV durch das Prospektrichtlinie-Umsetzungsgesetz, Art. 4 Nr. 9 des Gesetzes, geändert. Die früher mögliche und übliche Veröffentlichung der Zulassung im Prospekt selbst wurde aufgehoben, so dass nur noch die bereits früher auch mögliche Veröffentlichung der Zulassung im Bundesanzeiger und in einem Börsenpflichtblatt verbleibt.

Bis zur Änderung der Börsenzulassungsverordnung durch das Prospekt- **21** richtlinie-Umsetzungsgesetz war der Inhalt des Prospektes in der gemäß § 34 erlassenen Börsenzulassungsverordnung, insbesondere dort in den §§ 13–42 BörsZulV geregelt. Diese Vorschriften wurden durch das Prospektrichtlinie-Umsetzungsgesetz, Art. 4 Nr. 7, aufgehoben. Die Regelungen über den Prospektinhalt einschließlich Sonderfällen, die Veröffentlichung des Prospekts und die Befreiung von der Prospektpflicht sind auch für Prospekte, aufgrund derer Wertpapiere zum Handel an einem regulierten Markt zugelassen werden sollen, im Wertpapierprospektgesetz und in der Prospektverordnung

---

[65] BGH, Urteil v. 6. 7. 1993 – XI ZR 12/93, BGHZ 123, 126, 130 = WM 1993, 1455, 1456 f.; *Ellenberger,* FS Schimansky, S. 591, 595; *Heidelbach,* in: Schwark, KMRK, 3. Aufl. 2004, § 30 Rn. 23; *Samm,* S. 96.

[66] BGH, Urteil v. 6. 7. 1993 – XI ZR 12/93, BGHZ 123, 126, 130 = WM 1993, 1455, 1456 f.; *Samm,* S. 96 f.; *Gebhardt,* in: Schäfer/Hamann, KMG, § 30 BörsG Rn. 58; *Schwark,* NJW 1987, 2041, 2043; zu den Rechtsfolgen bei Verletzung der diesbezüglichen Pflichten vgl. unten § 32 BörsG Rn. 47 ff.

geregelt. **§ 5 WpG** enthält hier eine – begrenzt –[67] § 13 Abs. 1 Satz 1 Börs-ZulV a. F. vergleichbare **Generalklausel.** Danach muss der Prospekt sämtliche Angaben enthalten, die im Hinblick auf den Emittenten und die Wertpapiere notwendig sind, „um dem Publikum ein zutreffendes Urteil über die Vermögenswerte und Verbindlichkeiten, die Finanzlage, die Gewinne und Verluste, die Zukunftsaussichten des Emittenten und jedes Garantiegebers sowie über die mit diesen Wertpapieren verbundenen Rechte zu ermöglichen. Insbesondere muss der Prospekt Angaben über den Emittenten und über die Wertpapiere, die öffentlich angeboten oder zum Handel an einem organisierten Markt zugelassen werden sollen, enthalten."

22   Hinsichtlich der Mindestangaben,[68] die im Prospekt enthalten sein müssen, verweist § 7 WpG auf die **Verordnung der Kommission zur Durchführung der Prospektrichtlinie.**[69] Bei deren Auslegung sind wiederum die Empfehlungen der ESMA zu beachten, welche die Verordnung noch weiter konkretisieren.[70] Im Endergebnis bedeutet dies, dass unmittelbar die europäischen Vorgaben einzuhalten sind. Diese Vorgaben enthalten ganz detaillierte Inhaltsverzeichnisse für verschiedene Prospekte, Produkte und Emittenten. In den Anhängen der Verordnung zur Ausführung der Prospektrichtlinie, sind ganz konkrete und ins Einzelne gehende Schemata und Module, die im Endergebnis Inhaltsverzeichnisse für verschiedene Prospekte darstellen, in der Verordnung selbst die verschiedenen Kombinationsmöglichkeiten der Schemata und Module[71] enthalten.

---

[67] Vgl. unten Kommentierung § 5 WpG Rn. 2.

[68] Zum Verhältnis der Generalklausel des § 5 zu den Mindestangaben nach § 7 vgl. unten Kommentierung § 7 WpG Rn. 2 ff.

[69] Verordnung (EG) Nr. 809/2004 der Kommission vom 29. April 2004 zur Umsetzung der Richtlinie 2003/71/EG des Europäischen Parlaments und des Rates betreffend die in Prospekten enthaltenen Informationen sowie das Format, die Aufnahme von Informationen mittels Verweis und die Veröffentlichung solcher Prospekte und die Verbreitung von Werbung, in der zweiten berichtigten Fassung abgedruckt in ABl. EG Nr. L 186 vom 18. Juli 2005, S. 3, geändert durch die Verordnung (EG) Nr. 1787/2006 der Kommission vom 4. Dezember 2006, ABl. EG Nr. L 337, 17, die Verordnung (EG) Nr. 211/2007 der Kommission vom 27. Februar 2007, ABl. EG Nr. L 61 v. 28. 2. 2007, S. 24, die Verordnung (EG) Nr. 1289/2008 der Kommission vom 12. Dezember 2008, ABl. EG Nr. L 340, 17, die Delegierte Verordnung (EU) Nr. 311/2012 der Kommission vom 21. Dezember 2011, ABl. EU Nr. L 103, 13, und die Delegierte Verordnung (EU) Nr. 486/2012 der Kommission vom 30. März 2012, ABl. EU Nr. L 150, 1.

[70] CESR's Recommendations for the Consistent Implementation of the European Commission's Regulation on Prospectuses n° 809/2004, CESR/05–54b, aktualisiert durch ESMA update on the CESR recommendations, March 2011, abrufbar über die homepage: www.esma.europa.eu, sowie weitere Ergänzung durch die Antworten auf die ESMA, Frequently asked questions regarding Prospectuses: Common positions agreed by ESMA Members, die Fragen/Antworten werden f ortlaufend aktualisiert und ergänzt; aktualisierte Fassung abrufbar über die Homepage: www.esma.europa.eu.

[71] Diese Kombinationsmöglichkeiten sind in Anhang XVIII, der Verordnung zur Ausführung der Prospektrichtlinie, Verordnung (EG) Nr. 809/2004 der Kommission vom 29. April 2004 zur Umsetzung der Richtlinie 2003/71/EG des Europäischen Parlaments und des Rates betreffend die in Prospekten enthaltenen Informationen

Wie sich aus § 32 Abs. 3 Nr. 2 ergibt, ist die Veröffentlichung eines nach 23
den Vorschriften des Wertpapierprospektgesetzes gebilligten oder bescheinig-
ten Prospektes oder eines vergleichbaren Prospektes nur dann Zulassungsvoraussetzung, wenn nicht nach dem Wertpapierprospektgesetz von der Veröffentlichung – und damit von der Erstellung und Billigung – eines Prospektes
abgesehen werden kann.[72] Das Finanzmarktrichtline-Umsetzungsgesetz hat
den bis dahin in § 30 Abs. 3 Nr. 2 BörsG i. d. F. vor dem Finanzmarktrichtlinie-Umsetzungsgesetz enthaltenen Verweis auf § 1 Abs. 2 Nr. 5 WpG korrigiert, so dass § 32 Abs. 3 Nr. 2 jetzt auf § 1 Abs. 2 WpG insgesamt verweist. Das ist richtig so, da § 1 Abs. 2 WpG insgesamt und nicht nur in
seiner Nr. 5 den Anwendungsbereich des Wertpapierprospektgesetzes ein-
grenzt und damit das eine Prospektpflicht überhaupt erst begründende Wertpapierprospektgesetz für nicht anwendbar erklärt. Ist aber das Wertpapierprospektgesetz nach seinem § 1 Abs. 2 WpG überhaupt nicht anwendbar,
dann begründet es auch keine Prospektpflicht, so dass für die Zulassung ebenfalls kein Prospekt erforderlich ist.[73] Eine ganz andere Frage ist die, ob bei
bestehender Anwendbarkeit des Wertpapierprospektgesetzes dieses selbst Be-
freiungen von der Prospektpflicht bei der Zulassung von Wertpapieren enthält. Solche Bestimmungen, nach denen nach dem Wertpapierprospektgesetz
für die Zulassung von Wertpapieren kein Prospekt erforderlich ist, die allerdings deutlich hinter den bis zur Änderung der Börsenzulassungsverordnung
durch das Prospektrichtlinie-Umsetzungsgesetz geltenden Möglichkeiten zurück bleiben, enthält § 4 Abs. 2 WpG.[74]

Dabei gelten die Befreiungstatbestände des § 4 Abs. 2 WpG qua Gesetzes, 24
ohne dass es hierfür einer ausdrücklichen Entscheidung der zuständigen Stelle
bedarf.[75] Das bedeutet, dass die Geschäftsführung auch formal nicht mehr für
die Befreiung von der Prospektpflicht zuständig ist;[76] die früher in den §§ 45
bis 47 BörsZulV a. F. enthaltenen Möglichkeiten der Prospektbefreiung wurden deshalb durch das Prospektrichtlinie-Umsetzungsgesetz aufgehoben. Materiell entscheidet die Geschäftsführung aber incidenter doch darüber, ob eine
Prospektbefreiung vorliegt oder nicht, indem nämlich allein sie über die Zulassung trotz Fehlen eines Prospektes entscheidet.[77]

---

sowie das Format, die Aufnahme von Informationen mittels Verweis und die Veröffentlichung solcher Prospekte und die Verbreitung von Werbung, in der zweiten berichtigten Fassung abgedruckt in ABl. EG Nr. L 186 vom 18. Juli 2005, S. 3, enthalten.

[72] Auf Anregung des Bundesrates, BR-Drs. 85/05, S. 12, wurde noch der Verweis
auf § 1 Abs. 2 Nr. 5 WpG aufgenommen, bei dem es sich aber um ein Redaktionsversehen handelte, vgl. nur *Gebhardt*, in: Schäfer/Hamann, KMG, § 30 BörsG Rn. 53.
[73] Ausführlich dazu *Gebhardt*, in: Schäfer/Hamann, KMG, § 30 BörsG Rn. 53.
[74] Vgl. dazu unten Kommentierung zu § 4 WpG Rn. 7 ff.
[75] Vgl. nur *von Rosen*, in: Hdb. KapitalanlageR, § 2 Rn. 162.
[76] *Gebhardt*, in: Schäfer/Hamann, KMG, § 30 BörsG Rn. 54; dort auch zu den sich
daraus ergebenden Zuständigkeitsfragen (BaFin oder Geschäftsführung) Rn. 54.
[77] Vgl. dazu unten Kommentierung zu §§ 48–52 BörsZulV Rn. 5 und zu § 4
WpG Rn. 8, sowie *Gebhardt*, in: Schäfer/Hamann, KMG, § 30 BörsG Rn. 54; *Heidelbach*, in: Schwark/Zimmer, § 32 BörsG Rn. 58.

IV. Zulassungsverfahren

1. Überblick

25   Die Einzelheiten des Zulassungsverfahrens und die Zulassungsvoraussetzungen sind für den regulierten Markt in §§ 32 ff. und in der auf der Grundlage des § 34 erlassenen **Börsenzulassungsverordnung** geregelt. Daran hat
das Prospektrichtlinie-Umsetzungsgesetz auch nichts Wesentliches geändert.
Für den Freiverkehr ergeben sich die Einzelheiten des Einbeziehungsverfah-
rens aus den vom jeweiligen Börsenträger erlassenen Richtlinien für den Freiverkehr.

26   Die Zulassung setzt nach § 32 Abs. 2 einen **Antrag des Emittenten** zusammen mit einem Emissionsbegleiter voraus. Der Inhalt des Antrags und
die beizufügenden Unterlagen sind in § 32 Abs. 3 i. V. m. § 48 BörsZulV
geregelt. Die früher in § 49 BörsZulV a. F. angeordnete **Veröffentlichung
des Zulassungsantrags** wurde durch das Finanzmarktrichtlinie-Umsetzungsgesetz gestrichen. Hinsichtlich der Dauer des Zulassungsverfahrens besteht für
den Emittenten eine gewisse Gestaltungsmöglichkeit. Er kann zunächst das
Verfahren zur Billigung des Prospektes durchlaufen und anschließend nach
der Billigung, wie durch die entsprechende Ergänzung des § 48 Abs. 2 Börs-
ZulV durch die Wörter „oder ein gebilligter Prospekt" ausdrücklich klargestellt wurde, erst das Zulassungsverfahren unter Verwendung des gebilligten
Prospektes betreiben. Dies führt jedoch zu einer Verlängerung der benötigten
Zeit, nämlich 10 bis 20 Werktage für die Prospektbilligung, § 13 WpPG, und
zusätzlich einige Tage für die Zulassung.[78] Er kann aber selbst nach der Spaltung der Zuständigkeiten für die Zulassung einerseits (Geschäftsführung) und
der Billigung des Prospektes andererseits (BaFin) das Billigungs- und Zulassungsverfahren parallel betreiben und hierfür bei der Geschäftsführung den
Entwurf des noch von der BaFin zu billigenden Prospektes einreichen. In
§ 48 Abs. 2 Satz 1 BörsZulV wurde die Möglichkeit, einen Entwurf des Prospektes einzureichen, nicht gestrichen. Hierdurch verkürzt sich der insgesamt
benötigte Zeitraum erheblich auf die in § 13 WpPG vorgesehenen 20 Werktage, die für die Billigung erforderlich sind.

27   Die Geschäftsführung prüft in dem durch § 32 Abs. 3 vorgegebenen Umfang, ob die Voraussetzungen der Zulassung vorliegen.[79] Die bis zum Finanzmarktrichtlinie-Umsetzungsgesetz für die Zulassungsentscheidung zuständige Zulassungsstelle wurde abgeschafft, die Entscheidungszuständigkeit
auf die Geschäftsführung der jeweiligen Börse verlagert. Die Zulassung darf
gem. § 50 BörsZulV frühestens an dem auf das Datum der Einreichung des
Zulassungsantrags folgenden Handelstag erfolgen. Sie selbst wird veröffentlicht. Da die Zulassung als solche bereits einen gebilligten Prospekt voraussetzt, § 32 Abs. 3 Nr. 2, wurde § 51 BörsZulV durch das Prospektrichtlinie-

---

[78] Zur Dauer des Zulassungsverfahrens vgl. unten Kommentierung zu §§ 48–52
BörsZulV Rn. 11 und 14; vgl. auch Rundschreiben Listing 01/2007 der Frankfurter
Wertpapierbörse, dort Übersichten in den Anlagen.
[79] Zum Umfang der Prüfungspflicht vgl. oben § 32 BörsG Rn. 16.

Umsetzungsgesetz geändert. Die früher mögliche und übliche Veröffentlichung der Zulassung im Prospekt selbst wurde aufgehoben, so dass nach der weiteren Änderung durch das EHUG[80] nur noch die bereits früher auch mögliche Veröffentlichung im Bundesanzeiger verbleibt.

2. Zulassungsantrag

Das Zulassungsverfahren wird durch den **Zulassungsantrag** eröffnet. Der **28**
Zulassungsantrag muss vom **Emittenten** und einem **Emissionsbegleiter**
gestellt werden, wobei Bevollmächtigung untereinander zulässig[81] und üblich
ist.

**a) Antragsteller: Gesellschaft, gesellschaftsrechtliche Voraussetzun- 29
gen.** Unstreitig wird der Emittent bei Stellung des Antrags durch sein Vertretungsorgan, bei der Aktiengesellschaft durch den Vorstand, organschaftlich vertreten – auch rechtsgeschäftliche Vertretung etwa durch Bevollmächtigung des Emissionsbegleiters oder durch Prokuristen etc. ist nicht ausgeschlossen.

Gesellschaftsrechtliche Voraussetzungen. In der Literatur[82] wird ver- **30**
schiedentlich vertreten, der Vorstand der Gesellschaft könne zwar kraft seiner gesetzlich umfassenden Vertretungsmacht die für den Börsengang erforderlichen rechtsgeschäftlichen Handlungen vornehmen. Er bedürfe aber hierfür intern einer gesonderten **Ermächtigung durch die Hauptversammlung,** die darüber mit einfacher Stimmenmehrheit[83] oder nach a. A. mit satzungsändernder ³/₄-Mehrheit[84] beschließen müsse.[85] Der **BGH** hat in der „**Macrotron“-Entscheidung** zum Delisting eine Zuständigkeit der Hauptversammlung für die Entscheidung über das reguläre vollständige Delisting ausschließlich mit dem darin liegenden Eingriff in das **Eigentumsrecht** der Aktionäre, zu dem auch die **Verkehrsfähigkeit** der Aktie gehöre, begründet.[86] Er hat ausdrücklich allen anderen Begründungsversuchen für eine Zuständigkeit der Hauptversammlung eine Absage er-

---

[80] BGBl. I 2006, 2553.
[81] *Gebhardt,* in: Schäfer/Hamann, KMG, § 30 BörsG Rn. 38; *Gebhardt,* in: Schäfer/Hamann, KMG, § 48 BörsZulV Rn. 4.
[82] *Grupp,* Börseneintritt und Börsenaustritt, 146 ff.; 149 ff.; *Lutter/Drygala,* in: FS Raisch, S. 239, 241; *Lutter,* in: FS Zöllner, 1998, Bd. 1 S. 363, 376; *Vollmer/Grupp,* ZGR 1995, 459, 465 f.; ausführlich zum Meinungsstand *Brauer,* S. 58 ff.
[83] So *Grupp,* Börseneintritt und Börsenaustritt, 154 ff.; *Vollmer/Grupp,* ZGR 1995, 459, 466 und auch noch *Lutter/Drygala,* in: FS Raisch, S. 239, 241.
[84] So *Lutter,* in: FS Zöllner, 1998, Bd. 1 S. 363, 378.
[85] Kritisch hierzu *Brauer,* S. 129 ff.; *Groß,* ZHR 165 (2001), 147, 161 ff. (hauptsächlich zum Delisting); *Halasz/Kloster,* ZBB 2001, 474, 477 ff.; *Hopt,* in: FS Drobnig, 1998, Bd. I. S. 525, 536 f.
[86] BGH, Urteil v. 25. 11. 2002 – II ZR 133/01, BGHZ 153, 47 = AG 2003, 273. Ablehnend *Adolff/Tieves,* BB 2003, 797, 798 ff. *Krämer/Theiß,* AG 2003, 225, 228 weisen vollkommen zu Recht darauf hin, dass die Verkehrsfähigkeit der Aktien im Falle „Macrotron“ laut Sachverhaltswiedergabe durch die Erstinstanz rein tatsächlich nicht mehr im Sinne eines effektiven Börsenhandels gegeben war.

teilt.[87] Ganz auf der Linie des BGH im „Mactrotron-Urteil", die Holzmüller-Grundsätze auf diejenige Fälle zurückzuführen, für die sie entwickelt wurden, nämlich allein „Strukturentscheidungen", liegen die „Gelatine-Urteile" des BGH vom 26. April 2004.[88] Spätestens damit ist der Begründung einer Hauptversammlungszuständigkeit beim Börsengang mit Holzmüller-Argumenten die Grundlage entzogen. Es bleibt damit nur noch das Eigentumsrecht der Aktionäre, zu dessen Schutzbereich auch die Verkehrsfähigkeit der Aktie gehören soll, als Anknüpfungspunkt. Damit lässt sich eine Zuständigkeit der Hauptversammlung für die Entscheidung über den Börsengang aber gerade nicht begründen.[89] Die Verkehrsfähigkeit der Aktien wird nicht beeinträchtigt, sondern gerade gesteigert.

31   In der Praxis kommt ein isolierter Beschluss zum Börsengang eher selten vor.[90] Dies liegt in erster Linie wohl daran, dass die für den Handel an der Börse vorgesehenen Aktien in der Regel durch eine Kapitalerhöhung geschaffen werden. Soweit der nach § 9 BörsZulV bei einer Zulassung der Aktien zum regulierten Markt erforderliche Anteil von 25% der gesamten zuzulassenden Aktien, die vom Publikum erworben werden können[91] („free float"), nicht durch Abgabe von den derzeitigen Aktionären sichergestellt werden kann, ist eine solche Kapitalerhöhung erforderlich. Eine Kapitalerhöhung zum Zweck des Gangs an die Börse enthält aber zumindest konkludent, in der Regel aber sogar ausdrücklich, eine Entscheidung über den Börsengang als solchen und macht damit eine gesonderte isolierte Beschlussfassung zum Börsengang entbehrlich.[92]

32   **b) Emissionsbegleiter.** Der Kreis zulässiger Emissionsbegleiter in § 32 Abs. 2 ist durch das Begleitgesetz[93] infolge der Umsetzung der alten Wertpapierdienstleistungsrichtlinie[94] über die Kreditinstitute hinaus auf Finanzdienst-

---

[87] BGH, Urteil v. 25. 11. 2002 – II ZR 133/01, BGHZ 153, 47 = AG 2003, 273. Insoweit ausdrücklich zustimmend *Adolff/Tieves,* BB 2003, 797, 798.

[88] BGH, Urteil v. 26. 4. 2004 – II ZR 154/02, WM 2004, 1085, BGH, Urteil v. 26. 4. 2004 – II ZR 155/02, BGHZ 159, 30 = WM 2004, 1090.

[89] Ausführlich hierzu *Brauer,* S. 82ff.; *Groß,* ZHR 165 (2001), 141, 163ff.; *Heidelbach,* in: Schwark/Zimmer, § 32 BörsG Rnrn. 81ff., speziell 82.

[90] Das gilt jedenfalls für die Gesellschaft, die selbst den Börsengang anstrebt. Davon zu unterscheiden ist die Frage, ob die Beschlussfassung der Hauptversammlung der Muttergesellschaft für den Börsengang einer Tochtergesellschaft erforderlich ist, vgl. dazu die Übersicht über den Meinungsstand bei *Hüffer,* § 119 Rn. 18 und weitere Nachweise in § 186 Rn. 5a. Eine solche Beschlusskompetenz der Hauptversammlung ist jedenfalls, wenn die Tochtergesellschaft nicht durch Ausgliederung betriebswesentlicher Teile aus der Muttergesellschaft entstanden ist, nicht gegeben. *Hüffer,* § 119 Rn. 18 und weitere Nachweise in § 186 Rn. 5a.

[91] Zu den Voraussetzungen des § 9 BörsZulV vgl. Kommentierung zu § 9 BörsZulV.

[92] Vgl. nur *Lutter,* in: FS Zöllner, 1998, Bd. 1, S. 361, 379; kritisch zu diesem Begründungsansatz *Brauer,* S. 60ff.

[93] Begleitgesetz zum Gesetz zur Umsetzung von EG-Richtlinien zur Harmonisierung bank- und wertpapieraufsichtsrechtlicher Vorschriften, BGBl. I 1997, 2567.

[94] Richtlinie über Wertpapierdienstleistungen vom 12. Mai 1993, RL 93/22/EWG, ABl. EG Nr. L 141 vom 11. Juni 1993, S. 27. Die Wertpapierdienstleistungsrichtlinie

leistungsinstitute und Unternehmen i.S. der § 53 Abs. 1 Satz 1 KWG oder § 53b Abs. 1 Satz 1 KWG erweitert worden und, jedenfalls in der nunmehr vorliegenden Form, mit Art. 12 GG vereinbar.[95] Da das börsenbegleitende Unternehmen auch nach erfolgter Zulassung weitere Pflichten übernimmt, z.b. die laufende Beratung des Emittenten bei der Gestaltung und Durchführung der börsenrechtlichen Publizität, die Unterrichtung der Börsengeschäftsführung über die Fälligkeit der Dividenden, oder die Gewährleistung der börsenmäßigen Lieferbarkeit der Wertpapiere,[96] muss es nach § 32 Abs. 2 Satz 2 an einer inländischen Wertpapierbörse mit dem Recht zum Handel zugelassen sein. Nur so ist sichergestellt, dass der Emissionsbegleiter über die erforderlichen Erfahrungen und Kenntnisse hinsichtlich der mit einer Notierung an einer Wertpapierbörse verbundenen Verpflichtungen verfügt.[97]

Die Entscheidung darüber, ob eine Person als Emissionsbegleiter agieren **33** kann, ist kein eigenständiger Verwaltungsakt, sondern ein **verwaltungsinterner Mitwirkungsakt** im Rahmen des Verwaltungsverfahrens über die Zulassung der Wertpapiere.[98] Ein Unternehmen, dessen Kapitalanteile zu 100% von dem Emittenten gehalten werden,[99] kann nicht Emissionsbegleiter sein, ebenso wenig ein Wirtschaftsprüfer.[100] Die Voraussetzung des § 32 Abs. 2 müssen nicht von allen Mitgliedern des (Börseneinführungs-)Konsortiums erfüllt werden. Ausreichend ist, dass ein Mitglied des Konsortiums, das die Voraussetzungen erfüllt, den Zulassungsantrag stellt; die anderen Konsortialmitglieder können den Prospekt mit unterzeichnen und gemäß §§ 44 ff. die Prospekthaftung mit übernehmen, ohne als Antragsteller i.S. des § 32 zu fungieren.[101]

---

wurde gem. Art. 69 der Richtlinie 2004/39/EG des Europäischen Parlaments und des Rates vom 21. April 2004 über Märkte für Finanzinstrumente, zur Änderung der Richtlinien 85/611/EWG und 93/6/EWG des Rates und der Richtlinie 2000/12. EG des Europäischen Parlaments und des Rates und zur Aufhebung der Richtlinie 93/22/EWG des Rates, ABl. EG Nr. L 145 vom 30. April 2004, S. 1 mit Wirkung zum 30. April 2006 aufgehoben.

[95] Wie hier mit ausführlicher Begründung *Heidelbach,* in: Schwark/Zimmer, § 32 BörsG Rnnr. 35; zweifelnd *Gebhardt,* in: Schäfer/Hamann, KMG, § 30 BörsG Rn. 40.

[96] Vgl. zu den weiteren Pflichten auch *Gericke,* S. 41.

[97] RegBegr. zum Begleitgesetz, BT-Drs. 13/7143 16, 27. Bei Emissionsbegleitung durch ein Konsortium ist ausreichend, dass ein Konsortialmitglied die Voraussetzungen des § 32 Abs. 2 BörsG erfüllt; nicht erforderlich ist, dass sämtliche Konsortialmitglieder die Voraussetzungen erfüllen, vgl. *Gericke,* S. 40; *Heidelbach,* in: Schwark/Zimmer, § 32 BörsG Rn. 39.

[98] So für die Zulassung zum früheren geregelten Markt VGH Kassel, Urteil v. 19. 3. 1996 – 11 UE 1714/93, NJW-RR 1997, 110, 111 f.; *Heidelbach,* in: Schwark/Zimmer, § 32 BörsG Rn. 64.

[99] *Gebhardt,* in: Schäfer/Hamann, KMG, § 30 BörsG Rn. 42.

[100] So für die Zulassung zum früheren geregelten Markt VGH Kassel, Urteil v. 19. 3. 1996 – 11 UE 1714/93, NJW-RR 1997, 110, 113; *Gebhardt,* in: Schäfer/Hamann, KMG, § 30 BörsG Rn. 38; *Heidelbach,* in: Schwark/Zimmer, § 32 BörsG Rn. 39.

[101] *Gericke,* S. 40 f.

3. Schriftformerfordernis

34 Der Antrag ist schriftlich und – auch bei einem anderssprachigem Prospekt – in **deutscher Sprache**[102] zu stellen, § 48 Abs. 1 Satz 1 BörsZulV i. V. m. § 23 Abs. 1 VwVerfG. Er hat die in § 48 Abs. 1 Satz 2 und 3 BörsZulV genannten Angaben zu enthalten. Die FWB empfiehlt,[103] das auf der Internet-Seite der Deutsche Börse AG,[104] eingestellte **Antragsformulare** zu verwenden. Obwohl die Verwendung dieses Formulars nicht zwingend ist,[105] empfiehlt es sich doch, diese „Hilfestellung" zu nutzen, um damit vermeidbare Nachfragen und dadurch bedingte zeitliche Verzögerung[106] zu vermeiden.

4. Antragsadressat: Geschäftsführung

35 Der Zulassungsantrag ist aufgrund der Änderungen durch das Finanzmarktrichtlinie-Umsetzungsgesetz nicht mehr bei der Zulassungsstelle, sondern bei der Geschäftsführung der jeweiligen Börse, an der die Zulassung beantragt wird, einzureichen.[107]

36 Nachdem das frühere so genannte **Kooperationsverfahren**[108] bereits Ende 2003 und die nachfolgende allein privatrechtliche Kooperation zwischen den Trägergesellschaften der jeweiligen Börsen[109] durch das Finanzmarktrichtlinie-Umsetzungsgesetz beendet wurden, verbleiben Erlass des Zulassungsbeschlusses sowie die Feststellung der Gebühren bei den jeweiligen Geschäftsführungen der jeweiligen Börsen. Eine Konzentration der Zulassung auf z. B. eine Geschäftsführung einer Börse findet bei erstrebter Zulassung an verschiedenen Börsen nicht statt.[110]

37 Nach § 48 Abs. 1 Satz 3 BörsZulV ist im Zulassungsantrag anzugeben, ob ein gleichartiger Antrag zuvor oder gleichzeitig an einer anderen inländischen Börse oder in einem anderen Mitgliedstaat der Europäischen Union oder in einem anderen Vertragsstaat des Abkommens über den europäischen Wirtschaftsraum gestellt worden ist oder alsbald gestellt werden wird. Diese Vor-

---

[102] *Heidelbach,* in: Schwark/Zimmer, § 32 Rn. 40. In der Praxis wird hiervon vereinzelt abgewichen, was auch von der Geschäftsführung akzeptiert wird. *Gebhardt,* in: Schäfer/Hamann, KMG, § 48 BörsZulV Rn. 5.

[103] So ausdrücklich Rundschreiben Listing 04/2003 der Zulassungsstelle der FWB vom 11. Juni 2003.

[104] www.deutsche-boerse.com (Listing/Going Public/Anträge).

[105] Ebenso Rundschreiben Listing 04/2003 der Zulassungsstelle der FWB vom 11. Juni 2003; *Heidelbach,* in: Schwark/Zimmer, § 32 Rn. 41 a. E.

[106] So ausdrücklich Rundschreiben Listing 04/2003 der Zulassungsstelle der FWB vom 11. Juni 2003, in dem „im Interesse einer Verfahrensbeschleunigung dringend empfohlen (wird), zukünftig von dem Antragsformular Gebrauch zu machen".

[107] Zum Zugangserfordernis näher *Gebhardt,* in: Schäfer/Hamann, KMG, § 30 BörsG Rn. 32.

[108] Vgl. dazu nur *Foelsch,* in: BuB, Rn. 7/519; *Gebhardt,* in: Schäfer/Hamann, KMG, § 30 BörsG Rn. 28.

[109] Vgl. dazu nur *Gebhardt,* in: Schäfer/Hamann, KMG, § 30 BörsG Rn. 28.

[110] Ziffer 3 Rundschreiben Listing 01/2007.

schrift dient der Sicherung der Zusammenarbeit der verschiedenen in- und ausländischen Börsen und damit der Einheitlichkeit der jeweils zu treffenden Zulassungsentscheidung, vgl. auch §§ 35, 36. Nach § 35 Abs. 3 ist bei einem Zulassungsantrag bei verschiedenen inländischen Börsen eine Zulassung nur mit Zustimmung aller Geschäftsführungen zulässig. Diese Zustimmung ist für den Antragsteller ein interner, nicht einklagbarer Akt.[111] Wird eine Zulassung wegen fehlender Zustimmung abgelehnt, stehen ihm somit nur gegen die nach außen entscheidende, die Zulassung ablehnende Stelle die allgemeinen Rechtsmittel[112] zur Verfügung. Wird die Zulassung trotz fehlender Zustimmung erteilt, ist sie dennoch wirksam.

5. Einzureichende Unterlagen

Dem Antrag sind, soweit nicht eine Prospektbefreiung nach § 1 Abs. 2 **38** Nr. 5 oder § 4 Abs. 2 WpPG vorliegt, neben dem Entwurf des Prospektes bzw. dem gebilligten Prospekt diejenigen Unterlagen beizufügen, die der Geschäftsführung die Beurteilung der in § 32 Abs. 3 Nr. 1 genannten Voraussetzungen ermöglicht.[113] Dies sind insbesondere die in **§ 48 Abs. 2 Satz 2 BörsZulV genannten Unterlagen:** Beglaubigter Auszug aus dem Handelsregister nach neuestem Stand; Satzung/Gesellschaftervertrag in der neuesten Fassung; Jahresabschlüsse und Lageberichte für die dem Antrag vorangehenden drei Geschäftsjahre, einschließlich der Bestätigungsvermerke der Wirtschaftsprüfer; Nachweis über die Rechtsgrundlage der Wertpapierausgabe, d. h. Dokumentation der maßgeblichen Gremienbeschlüsse über die Emission. In der Praxis werden diese Unterlagen immer beigefügt, obwohl die Vorschrift von einem diesbezüglichen Verlangen der Geschäftsführung spricht. Wie durch das Wort „insbesondere" zum Ausdruck gebracht wird, kann die Geschäftsführung ggf. die Vorlage weiterer Unterlagen verlangen. Die Billigung des Prospekts und seine Veröffentlichung sind im Wertpapierprospektgesetz geregelt und nicht mehr Teil des Zulassungsverfahrens.

6. Zulassungsanspruch, Ablehnung der Zulassung

Sind die Voraussetzungen des § 32 Abs. 3 erfüllt, besteht ein – einklagba- **39** rer[114] – **Anspruch auf Zulassung,**[115] es sei denn, die Voraussetzungen des § 32 Abs. 4 lägen vor. In diesem Fall besteht nur ein Anspruch auf fehlerfreie Ermessensentscheidung.[116]

[111] *Heidelbach,* in: Schwark/Zimmer, § 35 BörsG Rn. 5; *Gebhardt,* in: Schäfer/Hamann, KMG, § 30 BörsG Rn. 9.
[112] Vgl. unten § 32 BörsG Rn. 44.
[113] *Gebhardt,* in: Schäfer/Hamann, KMG, § 30 BörsG Rn. 56; *Heidelbach,* in: Schwark/Zimmer, § 32 BörsG Rn. 41.
[114] Vgl. zu den Rechtsmitteln sogleich unten § 32 BörsG Rn. 43 ff.
[115] Unstr.: *Gebhardt,* in: Schäfer/Hamann, KMG, § 30 BörsG Rn. 46; *Heidelbach,* in: Schwark/Zimmer, § 32 BörsG Rn. 66; *Kümpel/Hammen,* Börsenrecht, S. 194; *von Rosen,* in: Hdb. KapitalanlageR, § 2 Rn. 189.
[116] *Heidelbach,* in: Schwark/Zimmer, § 32 BörsG Rn. 68; *von Rosen,* in: Hdb. KapitalanlageR, § 2 Rn. 190.

40 Sind die in § 32 Abs. 3 genannten gesetzlichen Voraussetzungen nicht erfüllt und kann von den fehlenden Zulassungsvoraussetzungen auch nicht befreit werden, muss die Geschäftsführung den Zulassungsantrag ablehnen.[117] Sie kann den Antrag auf Zulassung der Wertpapiere trotz Erfüllung der Voraussetzungen des § 32 Abs. 3 gemäß § 32 Abs. 4 ablehnen, wenn der Emittent seine Pflichten aus der Zulassung zum regulierten Markt an einer anderen inländischen Börse oder an einer Börse in einem anderen Mitgliedstaat der Europäischen Union oder in einem anderen Vertragsstaat des Abkommens über den Europäischen Wirtschaftsraums nicht erfüllt. Die Ablehnung der Zulassung ist gemäß § 35 Abs. 1 zu begründen und den anderen Geschäftsführungen mitzuteilen.

V. Rechtsfolgen der Zulassung: Zulassungsfolgepflichten, Kosten

41 Die Zulassung führt dazu, dass der Emittent verschiedene börsenrechtlich begründete Verpflichtungen zu erfüllen hat, vgl. Kommentierung zu §§ 40 ff. Hinsichtlich der darüber hinaus sich aus der Börsenzulassung ergebenden Pflichten, z. B. des Wertpapierhandelsgesetzes (Insiderrecht, Ad-hoc-Publizität, Directors' Dealing, Mitteilungs- und Veröffentlichungspflichten bei Stimmrechtsanteilen) wird auf die Spezialliteratur verwiesen.[118] Darüber hinaus sich aus dem Aktien- und Bilanzrecht ergebende Besonderheiten der börsennotierten Aktiengesellschaft[119] führen zu gewissen Sonderregelungen, rechtlich nicht aber zu fundamentalen Unterschieden zwischen der börsennotierten Aktiengesellschaft einerseits und der nicht börsennotierten Aktiengesellschaft andererseits.

42 Die Zulassung als solche ist **nicht kostenfrei;** vielmehr fällt eine in der jeweiligen Gebührenordnung der Börse geregelte Zulassungsgebühr von, im Falle der FWB 3000,– Euro bei Aktien bzw. festverzinslichen Wertpapieren an.[120] Sonstige einmalige Kosten sind die Kosten der Veröffentlichung der Zulassung und des Prospekts, die Billigungs- und Druckkosten des Prospekts, eventuelle Kosten des Drucks der Wertpapiere und die Börseneinführungsprovision der Emissionsbegleiter.[121] Daneben entstehen die laufenden Kosten, die mit der Erfüllung der vorgenannten Veröffentlichungspflichten verbunden sind, und nach der ebenfalls kostenpflichtigen Einführung u. U. die Notierungsgebühren. Im internationalen Vergleich sind die Kosten eines Going Public und eines Being Public an z. B. der Frankfurter Wertpapierbörse im Vergleich z. B. zur London Stock Exchange erheblich niedriger.[122]

---

[117] *Gebhardt,* in: Schäfer/Hamann, KMG, § 30 BörsG Rn. 47 f.
[118] Vgl. nur *Marsch-Barner/Schäfer,* Handbuch der börsennotierten AG, §§ 13, 14, 15 und 16.
[119] Übersicht bei *Groß,* ZHR 165 (2001), 141, 163 f.
[120] Vgl. § 11 der Gebührenordnung für die FWB i. V. m. Tabelle IV abrufbar über die Internet-Seite der Deutsche Börse AG: www.deutsche-boerse.com (Listing/Going Public/Regularien/Gesamtinhaltsverzeichnis).
[121] *Foelsch,* in: BuB Rn. 7/610 f.
[122] Kosten der Eigenkapitalbeschaffung – Frankfurt und London im Vergleich, AG-Report 2/2007, R8 f.; vgl. auch die ausführliche Studie Listing Beauty Contest – A

VI. Rechtsmittel

1. Untätigkeitsklage

Bleibt die Geschäftsführung nach beantragter Zulassung untätig, können **43** die Antragsteller, d. h. Emittent oder Emissionsbegleiter, gem. § 75 VwGO Untätigkeitsklage erheben.[123]

2. Anfechtungs- und Verpflichtungsklage bei Ablehnung der Zulassung

a) Emittent, Emissionsbegleiter. Die Ablehnung der Zulassung ist **44** Verwaltungsakt, gegen den der Verwaltungsrechtsweg nach einem entsprechenden Widerspruchsverfahren offen steht.[124] Aktiv legitimiert für Widerspruch und Klage sind sowohl der Emissionsbegleiter als auch der Emittent selbst.[125] Die Klage richtet sich gegen die Börse als solche.[126]

b) Anleger. Ob der einzelne Anleger bzw. Aktionär im Falle einer ge- **45** währten Zulassung widerspruchs- bzw. anfechtungsbefugt oder im Falle einer verweigerten Zulassung verpflichtungsklagebefugt ist,[127] richtet sich nach allgemeinen Regeln. Das Widerspruchsverfahren setzt eine **Widerspruchsbefugnis** des Widerspruchsführers[128] und die Anfechtungsklage bzw. bei Ablehnung der Zulassung die Verpflichtungsklage auf Erteilung der Zulassung eine **Klagbefugnis** des Klägers nach § 42 Abs. 2 VwGO voraus. Beides ist nur gegeben, wenn der Widerspruchsführer bzw. Anfechtungs- oder Verpflichtungskläger „geltend macht, durch den Verwaltungsakt oder seine Ablehnung oder Unterlassung in seinen Rechten verletzt zu sein".

Da der Aktionär nicht befugt ist, den Zulassungsantrag zu stellen, er auch **46** nicht Adressat des Verwaltungsakts Zulassung ist, scheidet jedenfalls nach der

---

Comparative Cost Analysis of Six Global Exchanges sowie das dieser Studie zu Grunde liegende Gutachten Going Public and Being Public – A Global Comparison of the Impact of the Listing Decision on the Cost of Capital (Kaserer/Schiereck), beide abrufbar über die Internet-Seite der Deutsche Börse AG: www.deutsche-boerse.de (Listing/Reports und Statistiken/Research).

[123] *Gebhardt,* in: Schäfer/Hamann, KMG, § 30 BörsG Rn. 60; für den Emittenten ebenso *Heidelbach,* in: Schwark/Zimmer, § 32 BörsG Rn. 67, die jedoch eine Antragsbefugnis des Emissionsbegleiter ablehnt.

[124] *Heidelbach,* in: Schwark/Zimmer, § 32 BörsG Rn. 63 (zur Ablehnung der Zulassung): *Gebhardt,* in: Schäfer/Hamann, KMG, § 30 BörsG Rn. 59; *Samm* S. 97 f.

[125] Vgl. hierzu insgesamt *Gebhardt,* in: Schäfer/Hamann, KMG, § 30 BörsG Rn. 60; *Heidelbach,* in: Schwark/Zimmer, § 32 BörsG Rnrn. 63, 66, die allerdings eine Antragsbefugnis des Emissionsbegleiters ablehnt.

[126] *Gebhardt,* in: Schäfer/Hamann, KMG, § 30 BörsG Rn. 59; VGH Kassel, Urteil v. 19. 3. 1996 – 11 UE 1714/93, NJW-RR 1997, 110 f.

[127] Zur Frage der Widerspruchs- und Anfechtungsbefugnis des Anlegers bei Widerruf oder Rücknahme der Zulassung vgl. unten § 39 Rn. 41.

[128] *Kopp/Schenke,* Verwaltungsgerichtsordnung, 18. Auflage 2012, § 69 Rn. 6.

Adressatentheorie[129] aus, dass er im Falle der Ablehnung der Zulassung im Widerspruchsverfahren bzw. Verwaltungsprozess antrags- bzw. klagebefugt ist. Die in Rechtsprechung und Literatur herrschende Meinung bestimmt die Widerspruchs- bzw. Anfechtungsbefugnis nach der sogenannten **Möglichkeitstheorie.**[130] Danach ist die Widerspruchs- oder Anfechtungsbefugnis dann gegeben, wenn die Verletzung einer Rechtsnorm, die auch dem Schutz der Interessen von Personen zu dienen bestimmt ist, die sich in der Lage des Klägers befinden, nicht offensichtlich und eindeutig nach jeder Betrachtungsweise unmöglich erscheint.[131] Die Zulassungsvorschriften dienen nicht dem Schutz des einzelnen Anlegers, sondern dem Schutz der Allgemeinheit.[132] Der Schutz des einzelnen Anlegers ist Rechtsreflex des Schutzes der Allgemeinheit; der einzelne Anleger hat kein subjektiv-öffentliches Recht auf Zulassung. Deshalb kann der einzelne Anleger nicht geltend machen, die Zulassung bzw. ihre Ablehnung verletze Bestimmungen, die zumindest auch zu seinem individuellen Schutz geschaffen wurden; eine Widerspruchs- bzw. Klagbefugnis des einzelnen Anlegers bzw. Aktionärs bei Erteilung bzw. Ablehnung der Zulassung scheidet damit aus.[133]

VII. Haftung

47   Die Mitglieder der **Geschäftsführung** sind als Träger hoheitlicher Verwaltung **Beamte im haftungsrechtlichen Sinne,** so dass im Falle einer Amtspflichtverletzung Amtshaftungsansprüche nach § 839 BGB i. V. m. Art. 34 GG gegenüber dem jeweiligen Bundesland geltend gemacht werden können.[134] Voraussetzung dafür ist, dass eine Amtspflicht verletzt wurde, die zumindest auch den Zweck hat, gerade die Interessen des Anspruchstellers wahrzunehmen.[135]

---

[129] *Kopp/Schenke,* Verwaltungsgerichtsordnung, 2012, § 42 Rn. 69.

[130] *Kopp/Schenke,* Verwaltungsgerichtsordnung, 2012, § 42 Rn. 66.

[131] *Kopp/Schenke,* Verwaltungsgerichtsordnung, 2012, § 42, Rn. 66.

[132] Unstr. vgl. nur *Heidelbach,* in: Schwark/Zimmer, § 32 BörsG Rn. 74; *Eickhoff,* WM 1988, 1713, 1714; *Fluck,* WM 1995, 553, 558; *Radtke,* S. 53.

[133] *Eickhoff,* WM 1988, 1713, 1714; *Fluck,* WM 1995, 553, 558; *Groß,* ZHR 165 (2001), 141, 148 f.; *Gebhardt,* in: Schäfer/Hamann, KMG, § 30 BörsG Rn. 61 mit Verweis auf § 31 Abs. 5 BörsG i. d. F. vor dem Finanzmarktrichtlinie-Umsetzungsgesetz, entspricht jetzt § 15 Abs. 6 BörsG; differenzierend *Heidelbach,* in: Schwark/Zimmer, § 32 BörsG Rn. 74: Keine Widerspruchs- und Anfechtungsbefugnis bei Ablehnung der Zulassung; zweifelnd, im Ergebnis aber ablehnend, wenn Zulassung gewährt wird;.

[134] *Gebhardt,* in: Schäfer/Hamann, KMG, § 31 BörsG Rn. 53 zur Zulassungsstelle; zur Geschäftsführung vgl. nur oben § 15 BörsG Rn. 13; *Heidelbach,* in: Schwark/Zimmer, § 32 BörsG Rn. 69. Nach Ansicht von *Faßbender/Reichegger,* WM 2009, 732, 736 ff. ist jedoch nicht das jeweilige Bundesland als „Anvertrauter" Haftungsverpflichteter, sondern der Anstaltsträger.

[135] Auch hierzu speziell bei börsenrechtlichen Pflichten vgl. nur OLG Frankfurt, Urteil v. 18. 1. 2001 – 1 U 209/99, ZIP 2001, 730, 731; LG Frankfurt Urteil v. 3. 9. 2004 – 2/4 O 435/02, WM 2004, 2155, 2156; *Gebhardt,* in: Schäfer/Hamann, KMG, § 30 BörsG Rn. 10 ff.

Durch das Vierte Finanzmarktförderungsgesetz hat der Gesetzgeber über   **48**
die bereits früher bestehende Regelung für die Börsenaufsichtsbehörde (§ 1
Abs. 6 BörsG i. d. F. vor dem Finanzmarktrichtlinie-Umsetzungsgesetz) hinaus
für jedes Börsenorgan[136] eine Regelung aufgenommen, nach der dieses Organ seine **Aufgaben allein im öffentlichen Interesse** wahrnimmt. Bezweckt war damit – auch wenn dies nicht ausdrücklich in den jeweiligen
Aussagen der Regierungsbegründung angesprochen wird – der Ausschluss
einer Amtshaftung des Landes für das jeweilige Börsenorgan.[137] Dient nämlich die ordnungsgemäße Wahrnehmung der jeweiligen Amtspflicht ausschließlich öffentlichen Interessen, die Amtspflicht der Geschäftsführung ausschließlich den Belangen der Anleger in ihrer Gesamtheit und nicht dem
Schutz einzelner Anleger,[138] so scheidet ein Anspruch des Anlegers mangels
ihn speziell schützender Amtspflicht aus. Für die Geschäftsführung enthält
§ 15 Abs. 6 die entsprechende Regelung.

Man mag diese gesetzliche Neuregelung als verfassungsrechtlich bedenklich   **49**
ansehen.[139] Hält man sie aber für wirksam, so wird man aufgrund der gesetzlichen
Änderung nunmehr[140] davon ausgehen müssen, dass auch bei pflichtwidriger
Zulassung oder pflichtwidriger Ablehnung der Zulassung kein Schadenersatzanspruch des Anlegers gegen das jeweilige Bundesland in Betracht kommt.[141]

Bei pflichtwidriger Zulassung scheidet ein Amtshaftungsanspruch gegen-   **50**
über Emittent und/oder Emissionsbegleiter unabhängig von der Neuregelung
von vornherein aus. Bei pflichtwidriger Nichtzulassung ist aufgrund des darin
liegenden Verstoßes gegen den Zulassungsanspruch des Emittenten[142] ein
Amtshaftungsanspruch des Emittenten und der Emissionsbegleiter dagegen zu
bejahen.[143]

---

[136] Für die Börsenaufsichtsbehörde jetzt § 3 Abs. 3, für die Handelsüberwachungsstelle § 7 Abs. 6, für den Börsenrat § 12 Abs. 6, für die Börsengeschäftsführung § 15
Abs. 6 und für den Sanktionsausschuss § 22 Abs. 2 S. 3.

[137] Kritisch dazu *Kümpel/Hammen*, S. 135 ff.; anders *Beck*, in: Schwark/Zimmer, § 3
Rnrn. 23 f. und speziell für die Handelsüberwachungsstelle § 7 BörsG Rn. 29. Ausführliche Nachw. zu diesen Bedenken bei *Baumbach/ Hopt*, BankGeschäfte, Rn. A/5.
Die früher in § 6 Abs. 4 KWG enthaltene entsprechende Regelung hält der EuGH für
europarechtlich unbedenklich, EuGH v. 12. 10. 2004 – Rs C-222/02, ZIP 2004 2039;
der BGH hat daraufhin auch einen Verstoß gegen das GG verneint, BGH Urteil v.
20. 1. 2005 – III ZR 48/01, ZIP 2005, 287, 291 f.

[138] So ausdrücklich die RegBegr. zum Vierten Finanzmarktförderungsgesetz zu § 30
Abs. 4 Entwurfsfassung = § 31 Abs. 5 BörsG, BT-Drs. 14/8017, 62, 79.

[139] Ausführliche Nachw. zu diesen Bedenken bei *Baumbach/Hopt*, BankGeschäfte,
Rn. A/5.

[140] Zur alten Rechtslage ausführlich *Gebhardt*, in: Schäfer/Hamann, KMG, § 31
BörsG Rn. 52.

[141] Ebenso bereits für „altes" Recht LG Frankfurt, Urteil v. 3. 9. 2004 – 2/4 O
435/02, WM 2004, 2155, 2157; zum „neuen" Recht ebenso *Gebhardt*, in: Schäfer/
Hamann, KMG, § 31 BörsG Rn. 48 ff.; im Ergebnis ebenso *Heidelbach*, in: Schwark/
Zimmer, § 32 BörsG Rn. 74 f.

[142] Siehe oben § 32 BörsG Rn. 39.

[143] Vgl. auch *Gebhardt*, in: Schäfer/Hamann, KMG, § 31 BörsG Rn. 53; *Heidelbach*,
in: Schwark/Zimmer, § 32 BörsG Rn. 69.

§ 33. Einbeziehung von Wertpapieren in den regulierten Markt

(1) Wertpapiere können auf Antrag eines Handelsteilnehmers oder von Amts wegen durch die Geschäftsführung zum Börsenhandel in den regulierten Markt einbezogen werden, wenn

1. die Wertpapiere bereits
   a) an einer anderen inländischen Börse zum Handel im regulierten Markt;
   b) in einem anderen Mitgliedsstaat der Europäischen Union oder in einem anderen Vertragsstaat des Abkommens über den Europäischen Wirtschaftsraum zum Handel an einem organisierten Markt oder;
   c) an einem Markt in einem Drittstaat, sofern an diesem Markt Zulassungsvoraussetzungen und Melde- und Transparenzpflichten bestehen, die mit denen im regulierten Markt für zugelassene Wertpapiere vergleichbar sind, und der Informationsaustausch zum Zwecke der Überwachung des Handels mit den zuständigen Stellen in dem jeweiligen Staat gewährleistet ist,

   zugelassen sind und
2. keine Umstände bekannt sind, die bei Einbeziehung der Wertpapiere zu einer Übervorteilung des Publikums oder einer Schädigung erheblicher allgemeiner Interessen führen.

(2) ¹Die näheren Bestimmungen über die Einbeziehung von Wertpapieren sowie über die von dem Antragsteller nach erfolgter Einbeziehung zu erfüllenden Pflichten sind in der Börsenordnung zu treffen. ¹Die Börsenordnung muss insbesondere Bestimmungen enthalten über die Unterrichtung des Börsenhandels über Tatsachen, die von dem Emittenten an dem ausländischen Markt, an dem die Wertpapiere zugelassen sind, zum Schutz des Publikums und zur Sicherstellung der ordnungsgemäßen Durchführung des Handels zu veröffentlichen sind; § 38 Abs. 1, die §§ 39 und 41 finden keine Anwendung.

(3) Die Geschäftsführung unterrichtet den Emittenten, dessen Wertpapiere in den Handel nach Absatz 1 einbezogen wurden, von der Einbeziehung.

(4) ¹Für die Aussetzung und die Einstellung der Ermittlung des Börsenpreises gilt § 25 entsprechend. ²Für den Widerruf der Einbeziehung gilt § 39 Abs. 1 entsprechend.

1   § 33 entspricht im Wesentlichen § 56 BörsG i.d.F. vor dem Finanzmarktrichtlinie-Umsetzungsgesetz. Laut Regierungsbegründung zum Finanzmarktrichtlinie-Umsetzungsgesetz setzt der neu formulierte § 33 Abs. 1 aber gleichzeitig Art. 40 Abs. 5 der Finanzmarktrichtlinie um,¹ indem die dort enthaltene Verpflichtung, die Einbeziehungsmöglichkeit für alle gesetzlichen Marktsegmente zu schaffen, über § 56 BörsG i.d.F. vor dem Finanzmarkt-

---

¹ RegBegr. zum Finanzmarktrichtlinie-Umsetzungsgesetz, S. 101.

richtlinie-Umsetzungsgesetz hinaus jetzt für den regulierten Markt besteht. § 56 BörsG i. d. F. vor dem Finanzmarktrichtlinie-Umsetzungsgesetz galt nur für den seinerzeitigen geregelten Markt. § 56 i. d. F. vor dem Finanzmarktrichtlinie-Umsetzungsgesetz wurde durch das Vierte Finanzmarktförderungsgesetz neu eingefügt und ermöglicht den deutschen Börsen, Wertpapiere die bisher im Freiverkehr gehandelt wurden, in den Handel im geregelten Markt einzubeziehen. Zielsetzung des Gesetzgebers war dabei, die europarechtlichen Handlungsspielräume aufgrund der Einordnung des geregelten Marktes als „regulated market" i. S. der Europäischen Wertpapierdienstleistungsrichtlinie stärker zu nutzen.[2] § 33 Abs. 1 entspricht § 56 Abs. 1 i. d. F. vor dem Finanzmarktrichtlinie-Umsetzungsgesetz mit der Ausnahme, dass auch eine Einbeziehung durch die Geschäftsführer von Amts wegen möglich ist. Ohne den bis dahin erforderlichen Antrag eines Handelsteilnehmers soll auch eine Einbeziehung ermöglicht werden, wenn die Geschäftsführung ein entsprechendes Marktbedürfnis annimmt. § 33 Abs. 2 entspricht § 56 Abs. 2 i. d. F. vor dem Finanzmarktrichtlinie-Umsetzungsgesetz, abgesehen davon, dass die Gesetzesverweise redaktionell angepasst wurden. § 33 Abs. 3 enthält die gemäß Artikel 40 Abs. 5 Satz 2 der Finanzmarktrichtlinie erforderliche Verpflichtung der Geschäftsführung, den Emittenten, dessen Wertpapiere von der Einführung betroffen sind, hiervon zu unterrichten. § 33 Abs. 4 entspricht, abgesehen von der redaktionellen Anpassung der Gesetzesverweise, § 56 Abs. 3 BörsG i. d. F. vor dem Finanzmarktrichtlinie-Umsetzungsgesetz. Die Entscheidung über die Einbeziehung trifft die Geschäftsführung der jeweiligen Börse, vgl. § 58 Abs. 2 BörsenO der FWB, durch Verwaltungsakt.[3]

§ 33 Abs. 1 Nr. 1 regelt den Kreis der einbeziehungsfähigen Wertpapiere.[4] **2** Dieser umfasst zunächst in § 33 Abs. 1 Nr. 1 lit. a) die Wertpapiere, die an einer anderen inländischen Börse zum Handel im regulierten Markt bereits zugelassen sind. Die Zulassung darf noch nicht erloschen oder aufgehoben sein.[5] Darüber hinaus werden in § 33 Abs. 1 Nr. 1 lit. b) die Wertpapiere erfasst, die bereits in einem anderen Mitgliedsstaat der Europäischen Union oder in einem anderen Vertragsstaat des Abkommens über den europäischen Wirtschaftsraum zum Handel an einem organisierten Markt i. S. der Wertpapierdienstleistungsrichtlinie zugelassen sind. Da für solche Wertpapiere aufgrund der europäischen Vorgaben einheitliche Melde- und Transparenzanforderungen, die Ad-hoc-Publizitätspflicht sowie das Insiderhandelsverbot gelten, kann von einer Gleichwertigkeit der geregelten Märkte ausgegangen werden.[6] Des Weiteren erfasst § 33 Abs. 1 Nr. 1 c) diejenigen Wertpapiere, die bereits an einem organisierten Markt in einem Drittstaat zugelassen sind, wenn dort Zulassungsvoraussetzungen und Melde- und Transparenzpflichten bestehen, die mit den im regulierten Markt geltenden vergleichbar sind.

---

[2] RegBegr. zum Vierten Finanzmarktförderungsgesetz, BT-Drs. 14/8017, S. 72, 82.

[3] *Ledermann,* in: Schäfer/Hamann, KMG § 56 BörsG Rn. 6; *Heidelbach,* in: Schwark/Zimmer, § 32 BörsG Rn. 74; *Heidelbach,* in: Schwark/Zimmer, § 33 BörsG Rn. 5.

[4] Zum Wertpapierbegriff vgl. oben § 32 BörsG Rn. 12.

[5] *Heidelbach,* in: Schwark/Zimmer, § 33 BörsG Rn. 8.

[6] *Ledermann,* in: Schäfer/Hamann, KMG § 56 BörsG Rn. 3.

3   Weitere Einbeziehungsvoraussetzung ist nach § 33 Abs. 1 Nr. 2, dass keine Umstände bekannt sind, die bei Einbeziehung der Wertpapiere zu einer Übervorteilung des Publikums oder einer Schädigung erheblicher allgemeiner Interessen führen. Umstände, die zu einer Übervorteilung des Publikums führen, sind solche, die einen erheblichen Kursverfall befürchten lassen.[7] Diese Umstände sind jedoch nur dann von der Geschäftsführung zu berücksichtigen, wenn sie nicht ordnungsgemäß offen gelegt wurden, ansonsten, d. h. bei ordnungsgemäßem Hinweis auf die besonderen Risiken, kann keine Übervorteilung des Publikums vorliegen.[8] Eine Schädigung erheblicher allgemeiner Interessen ist zu bejahen, wenn Umstände bekannt sind, durch welche im Falle der Zulassung wichtige Belange der Allgemeinheit kapitalmarkt-, finanz-, außenpolitische oder sonstige politische oder volkswirtschaftliche Interessen, nicht nur geringfügig beeinträchtigt werden.[9]

4   Die näheren Bestimmungen über die Einbeziehung von Wertpapieren, das Verfahren sowie die Folgepflichten sind gemäß § 33 Abs. 2 in der Börsenordnung zu treffen. Dies gilt insbesondere dahingehend, dass in der Börsenordnung Bestimmungen aufzunehmen sind, die sicherstellen, dass auch der inländische Börsenhandel möglichst zeitnah über die Veröffentlichungen des Emittenten an der Heimatbörse unterrichtet wird, so dass diese Informationen in die Preisbildung mit einbezogen werden können. Die FWB hat von der diesbezüglichen Verpflichtung/Ermächtigung in den §§ 58 ff. BörsenO der FWB Gebrauch gemacht.

5   Bemerkenswert ist, dass die Einbeziehung keinen Antrag des Emittenten der einzubeziehenden Wertpapiere voraussetzt, ihm sogar noch nicht einmal ein Widerspruchsrecht zusteht, so ausdrücklich z. B. § 59 Abs. 1 Satz 2 BörsenO der FWB.[10] Erforderlich ist nach der Änderung durch das Finanzmarktrichtlinie-Umsetzungsgesetz noch nicht einmal ein Antrag eines Handelsteilnehmers. Vielmehr kann die Geschäftsführung auch von Amts wegen einbeziehen, wenn sie ein entsprechendes Marktbedürfnis erkennt.[11] § 59 Abs. 1 Satz 2 BörsenO der FWB schließt das Widerspruchsrecht des Emittenten ausdrücklich aus.[12] Bemerkenswert ist auch, dass die Einbeziehung keine Zulassung darstellt, somit das Wertpapierprospektgesetz und die darin u. a. angeordnete Prospektpflicht nicht eingreifen.[13] Ebenso wenig führt die Einbeziehung zu Folgepflichten für den Emittenten,[14] was im Hinblick auf dessen nicht erforderliche Beteiligung im Einbeziehungsverfahren nur konsequent ist.

---

[7] Beispiele bei *Gebhardt*, in: Schäfer/Hamann, KMG § 30 BörsG Rn. 71 f.
[8] So ausdrücklich zu Recht *Gebhardt*, in: Schäfer/Hamann, KMG § 30 BörsG Rn. 73.
[9] Beispiele bei *Gebhardt*, in: Schäfer/Hamann, KMG § 30 BörsG Rn. 75 f.
[10] *Heidelbach*, in: Schwark/Zimmer, § 33 BörsG Rn. 5.
[11] RegBegr. Finanzmarktrichtlinie-Umsetzungsgesetz, BT-Drs. 16/4028, S. 101.
[12] *Ledermann*, in: Schäfer/Hamann, KMG, § 56 BörsG Rn. 1.
[13] *Ledermann*, in: Schäfer/Hamann, KMG, § 56 BörsG Rn. 1; *Heidelbach*, in: Schwark/Zimmer, § 33 BörsG Rnrn. 3 und 4.
[14] *Heidelbach*, in: Schwark/Zimmer, § 33 BörsG Rnrn. 6, 17 ff. und 19.

Im Interesse des Schutzes des Publikums und eines ordnungsgemäßen Bör- 6
senhandels ordnet § 33 Abs. 4 für die Aussetzung und die Einstellung der
Ermittlung des Börsenpreises sowie für den Widerruf der Einbeziehung die
entsprechende Anwendung des § 25 bzw. des § 39 Abs. 1. § 39 Abs. 2 ist
dagegen nicht entsprechend anwendbar, so dass ein Widerruf der Einbeziehung auf Antrag des Emittenten hier nicht in Betracht kommt.

§ 34. Ermächtigungen

**Die Bundesregierung wird ermächtigt, durch Rechtsverordnung mit
Zustimmung des Bundesrates die zum Schutz des Publikums und für
einen ordnungsgemäßen Börsenhandel erforderlichen Vorschriften über**

1. **die Voraussetzungen der Zulassung, insbesondere**
   a) **die Anforderungen an den Emittenten im Hinblick auf seine
   Rechtsgrundlage, seine Größe und die Dauer seines Bestehens;**
   b) **die Anforderungen an die zuzulassenden Wertpapiere im Hinblick
   auf ihre Rechtsgrundlage, Handelbarkeit, Stückelung und Druckausstattung;**
   c) **den Mindestbetrag der Emission;**
   d) **das Erfordernis, den Zulassungsantrag für alle Aktien derselben
   Gattung oder auf alle Schuldverschreibungen derselben Emission
   zu erstrecken;**
2. **das Zulassungsverfahren**
zu erlassen.

§ 34 i. d. F. des Finanzmarktrichtlinie-Umsetzungsgesetzes entspricht im
Wesentlichen § 32 BörsG i. d. F. vor dem Finanzmarktrichtlinie-Umsetzungsgesetz. Durch das **Prospektrichtlinie-Umsetzungsgesetz** wurden die
Nummern 2 und 3 des alten Absatzes 1 und der alte Absatz 2 insgesamt gestrichen. Das beruht darauf, dass die Bestimmungen über den Inhalt des (Börsenzulassungs)Prospektes seit dem Prospektrichtlinie-Umsetzungsgesetz nicht
mehr in der Börsenzulassungsverordnung, sondern im Wertpapierprospektgesetz enthalten sind.[1] § 34 ist die Ermächtigungsgrundlage für die Börsenzulassungsverordnung, welche jetzt im Wesentlichen nur noch die emittenten-
und wertpapierbezogenen Zulassungsvoraussetzungen und das Zulassungsverfahren regelt.

§ 35. Verweigerung der Zulassung

(1) **Lehnt die Geschäftsführung einen Zulassungsantrag ab, so hat sie
dies den anderen Börsen, an denen die Wertpapiere gehandelt werden
sollen, unter Angabe der Gründe für die Ablehnung mitzuteilen.**

(2) **¹Wertpapiere, deren Zulassung von einer anderen Börse abgelehnt
worden ist, dürfen nur mit Zustimmung dieser Börse zugelassen werden. ²Die Zustimmung ist zu erteilen, wenn die Ablehnung aus Rück-**

---

[1] Näher zum Prospektrichtlinie-Umsetzungsgesetz vgl. oben § 32 BörsG Rn. 3 ff.

sicht auf örtliche Verhältnisse geschah oder wenn die Gründe, die einer Zulassung entgegenstanden, weggefallen sind.

(3) [1]Wird ein Zulassungsantrag an mehreren inländischen Börsen gestellt, so dürfen die Wertpapiere nur mit Zustimmung aller Börsen, die über den Antrag zu entscheiden haben, zugelassen werden. [2]Die Zustimmung darf nicht aus Rücksicht auf örtliche Verhältnisse verweigert werden.

1   § 35 entspricht von einzelnen sprachlichen, nicht aber inhaltlichen Änderungen abgesehen, § 33 i. d. F. des Vierten Finanzmarktförderungsgesetzes. Durch das **Prospektrichtlinie-Umsetzungsgesetz** wurde der alte Absatz 4 des § 33 gestrichen. § 33 Abs. 4 i. d. F. des Vierten Finanzmarktförderungsgesetzes regelte die „Anerkennung" von bereits durch eine andere inländische Geschäftsführung gebilligten Prospekten. Entsprechend dem neuen Konzept des Prospektrichtlinie-Umsetzungsgesetzes war die Bestimmung aufzuheben, da ein gemäß des Bestimmungen des Wertpapierprospektgesetzes und der Verordnung der Kommission zur Durchführung der Prospektrichtlinie (Prospektverordnung) erstellter Prospekt, aufgrund dessen Wertpapiere zum Handel an einem organisierten Markt zugelassen wurden, während der Gültigkeit des Prospektes auch für weitere Zulassungsverfahren genutzt werden kann. Einer ausdrücklichen gesetzlichen Regelung im Börsengesetz bedürfte es demnach nicht mehr.

2   § 35 soll eine möglichst einheitliche Behandlung der Zulassung sicherstellen, wenn Wertpapiere an mehreren **inländischen** Börsen zugelassen werden sollen,[1] die gegenseitige Anerkennung von Prospekten innerhalb der EU regelt §§ 17 ff. WpPG.[2] § 35 Abs. 1 enthält eine entsprechende **Informationspflicht** unabhängig davon, ob und in welcher Reihenfolge für dieselben Wertpapiere die Zulassungsanträge gestellt, und auch unabhängig davon, ob diese als unzulässig oder unbegründet abgewiesen wurden.[3] § 35 Abs. 2 soll materiell ebenso wie § 35 Abs. 3 bei zeitlich aufeinander folgenden Zulassungsanträgen eine einheitliche Behandlung sicherstellen. Nach § 35 Abs. 3 ist bei einem Zulassungsantrag bei verschiedenen inländischen Börsen eine Zulassung nur mit Zustimmung aller Geschäftsführungen zulässig.[4] Die Zustimmung der jeweiligen Geschäftsführungen ist für den Antragsteller ein interner, nicht einklagbarer Akt, so dass im Falle der Ablehnung der Zulassung wegen fehlender Zustimmung der Antragsteller nur gegen die ihm gegenüber auftretende Geschäftsführung Rechtsmittel erheben kann.[5] Andererseits ist eine Zulassung trotz eventuell

---

[1] *Gebhardt,* in: Schäfer/Hamann, KMG, § 33 BörsG Rn. 1.

[2] *Heidelbach,* in: Schwark/Zimmer, § 35 BörsG Rn. 1.

[3] *Gebhardt,* in: Schäfer/Hamann, KMG, § 33 BörsG Rn. 4; *Heidelbach,* in: Schwark/Zimmer, § 35 BörsG Rn. 2.

[4] Zur Zusammenarbeit im Rahmen der Wertpapierzulassung vgl. dazu *Gebhardt,* in: Schäfer/Hamann, KMG, § 30 BörsG Rn. 28; *Heidelbach,* in: Schwark/Zimmer, § 35 BörsG Rn. 4.

[5] *Heidelbach,* in: Schwark/Zimmer, § 35 BörsG Rn. 5.

fehlender Zustimmung wirksam.[6] Bei zeitkritischen Zulassungen, z.B. bei der möglichst zügigen Zuteilung neuer, zugelassener Aktien nach einem accelerated bookbuilding, empfiehlt sich, die Zulassung zunächst nur an einer Börse zu beantragen, sie dort zu erlangen, die dann zugelassenen Aktien zuzuteilen und danach erst die Zulassung an den anderen Börsen zu betreiben.

§ 36. Zusammenarbeit in der Europäischen Union

(1) Beantragt ein Emittent mit Sitz in einem anderen Mitgliedstaat der Europäischen Union oder in einem anderen Vertragsstaat des Abkommens über den Europäischen Wirtschaftsraum, dessen Aktien entsprechend der Richtlinie 2001/34/EG des Europäischen Parlaments und des Rates vom 28. Mai 2001 über die Zulassung von Wertpapieren zur amtlichen Börsennotierung und über die hinsichtlich dieser Wertpapiere zu veröffentlichenden Information (ABl. EG Nr. L 184, S. 1) in diesem Mitgliedstaat oder Vertragsstaat zugelassen sind, die Zulassung von Wertpapieren, mit denen Bezugsrechte für diese Aktien verbunden sind, so hat die Geschäftsführung vor ihrer Entscheidung eine Stellungnahme der zuständigen Stelle des anderen Mitgliedstaates oder Vertragsstaates einzuholen.

(2) Die Vorschriften über die Zusammenarbeit nach dem Wertpapierprospektgesetz bleiben unberührt.

§ 36 entspricht im Wesentlichen § 34 Abs. 2 und 3 BörsG a. F. § 34 Abs. 1 **1** i. d. F. vor dem Finanzmarktrichtlinie-Umsetzungsgesetz wurde nicht übernommen. Er regelte die internationale Zusammenarbeit der Zulassungsstellen mit den entsprechenden Stellen oder Börsen in den anderen Mitgliedstaaten der Europäischen Union. Aufgrund der Abschaffung der Zulassungsstellen und der Übertragung ihrer Aufgaben auf die Börsengeschäftsführung bei gleichzeitiger Zuweisung der Zuständigkeit für die internationale Zusammenarbeit für den Bereich der Wertpapierzulassung auf die BaFin, § 7 Abs. 1 WpHG, wurde § 34 Abs. 1 BörsG i. d. F. vor dem Finanzmarktrichtlinie-Umsetzungsgesetz durch das Finanzmarktrichtlinie-Umsetzungsgesetz gestrichen.

§ 36 Abs 1 (§ 34 Abs. 2 BörsG a. F.), der Art. 24c der alten **Börsenzu-** **2** **lassungsprospekt-RL**[1] in deutsches Recht umsetzt, konkretisiert die Kooperationspflicht der Geschäftsführungen bei der Zulassung. Die danach **erforderliche Stellungnahme** wird regelmäßig bei der Entscheidung über die Zulassung von (i) Aktien aus einer Kapitalerhöhung mit Bezugsrecht,[2] (ii) Wandel- und Optionsanleihen, wenn sich die Wandel- und Optionsrechte auf Aktien beziehen, die im Heimatland des Emittenten zugelassen sind, und (iii) Optionsscheinen, wenn sich das Optionsrecht auf Aktien bezieht, die im Heimatland des Emittenten zugelassen sind, einzuholen sein.[3]

---

[6] Vgl. bereits oben § 32 BörsG Rn. 37.
[1] Richtlinie vom 17. März 1980 (Börsenzulassungsprospektrichtlinie), RL 80/390/EWG, ABl. EG Nr. L 100 vom 17. April 1980, S. 1.
[2] *Heidelbach*, in: Schwark/Zimmer, § 36 BörsG Rnrn. 3f.
[3] *Gericke*, S. 46; *Heidelbach*, in: Schwark/Zimmer, § 36 BörsG Rn. 3.

3   § 36 Abs. 2 entspricht § 34 Abs. 3 BörsG a. F. allerdings mit erheblichen Einschränkungen. Durch das **Prospektrichtlinie-Umsetzungsgesetz** wurde jedoch der alte Absatz 3 neu formuliert. Anstelle der früher dort enthaltenen Regelung über die Befreiung von einem Prospekterfordernis, wenn seit weniger als sechs Monaten in einem anderen Mitgliedsstaat der Europäischen Union die Zulassung für Wertpapiere beantragt wurde, findet sich nunmehr in Abs. 3 nur noch eine Regelung, nach der die Vorschriften über die Zusammenarbeit nach dem Wertpapierprospektgesetz unberührt bleiben sollen. Damit wurde der Vorschrift ihre frühere wesentliche Bedeutung genommen. Ging es früher noch um die Prospektbefreiung so geht es jetzt nur noch um eine allgemeine Kooperation. Die Prospektbefreiungsregeln sind im Wertpapierprospektgesetz enthalten.

§ 37. Staatliche Schuldverschreibungen

Schuldverschreibungen des Bundes, seiner Sondervermögen oder eines Bundeslandes, auch soweit sie in das Bundesschuldbuch oder in die Schuldbücher der Bundesländer eingetragen sind, sowie Schuldverschreibungen, die von einem anderen Mitgliedstaat der Europäischen Union oder von einem anderen Vertragsstaat des Abkommens über den Europäischen Wirtschaftsraum ausgegeben werden, sind an jeder inländischen Börse zum regulierten Markt zugelassen.

Nach § 37[1] sind Emissionen der dort genannten **Emittenten öffentlichen Rechts,** die historisch bedingt und ohne, dass der Gesetzgeber bislang der ganz anders aussehenden Realität Rechnung getragen hätte, als besonders sicher gelten,[2] qua Gesetzes an jeder inländischen Börse zur amtlichen Notierung zugelassen. Dies bedeutet einerseits, es bedarf **weder eines Zulassungsantrags** noch der Durchführung eines **Zulassungsverfahrens,** noch eines **Prospekts,** noch einer **Zulassung.**[3] Damit entfallen auch **Zulassungsgebühren,** jedoch dürfen **Einführungsgebühren**[4] und jetzt auch[5] **Notierungsgebühren** erhoben werden. Privilegiert sind[6] (unabhängig von ihrer Verbriefung, d. h. auch als reine registerrechte oder Schuldbuchforderungen)[7] Schuldverschreibungen des Bundes, seiner Sondervermögen,[8] eines Bundeslandes, eines Mitgliedstaates der Europäischen Union oder eines

---

[1] Zu den europäischen Grundlagen und zur Entstehungsgeschichte vgl. ausführlich *Gebhardt,* in: Schäfer/Hamann, KMG, § 36 BörsG Rn. 2.

[2] Kritisch *Gebhardt,* in: Schäfer/Hamann, KMG, § 36 BörsG Rn. 2.

[3] *Heidelbach,* in: Schwark/Zimmer § 37 BörsG Rn. 7.

[4] *Heidelbach,* in: Schwark/Zimmer § 37 BörsG Rn. 8; *Gebhardt,* in: Schäfer/Hamann, KMG, § 36 BörsG Rn. 9.

[5] Zur Änderung des § 17 BörsG vgl. dort Rn. 6.

[6] Beispiele bei *Gebhardt,* in: Schäfer/Hamann, KMG, § 36 BörsG Rn. 4 ff.; *Heidelbach,* in: Schwark/Zimmer, § 37 BörsG Rnrn. 3 ff.

[7] *Heidelbach,* in: Schwark/Zimmer, § 37 BörsG Rn. 4.

[8] Beispiele bei *Gebhardt,* in: Schäfer/Hamann, KMG, § 36 BörsG Rn. 9; *Heidelbach,* in: Schwark/Zimmer, § 37 BörsG Rn. 4.

Vertragsstaates. Nicht privilegiert sind Schuldverschreibungen der Gebietskörperschaften „unterhalb" eines Bundeslandes bzw. Mitgliedsstaates oder Vertragsstaates.[9] Die Entscheidung darüber, welcher Emittent und welche Art von Wertpapieren befreit sind, fällt die Geschäftsführung.[10] Dies bedeutet aber andererseits auch, dass die Emittenten mit der Zulassung sämtlichen Zulassungsfolgepflichten unterfallen, da § 37 nur von dem Zulassungsverfahren, nicht aber von den Folgen der Zulassung befreit.[11]

§ 38. Einführung

(1) [1]Die Geschäftsführung entscheidet auf Antrag des Emittenten über die Aufnahme der Notierung zugelassener Wertpapiere im regulierten Markt (Einführung). [2]Der Emittent hat der Geschäftsführung in dem Antrag den Zeitpunkt für die Einführung und die Merkmale der einzuführenden Wertpapiere mitzuteilen. [3]Das Nähere regelt die Börsenordnung.

(2) Wertpapiere, die zur öffentlichen Zeichnung aufgelegt werden, dürfen erst nach beendeter Zuteilung eingeführt werden.

(3) Die Bundesregierung wird ermächtigt, durch Rechtsverordnung mit Zustimmung des Bundesrates zum Schutz des Publikums den Zeitpunkt zu bestimmen, zu dem die Wertpapiere frühestens eingeführt werden dürfen.

(4) [1]Werden die Wertpapiere nicht innerhalb von drei Monaten nach Veröffentlichung der Zulassungsentscheidung eingeführt, erlischt ihre Zulassung. [2]Die Geschäftsführung kann die Frist auf Antrag angemessen verlängern, wenn ein berechtigtes Interesse des Emittenten der zugelassenen Wertpapiere an der Verlängerung dargetan wird.

Übersicht

I. Einleitung

§ 38 entspricht im Wesentlichen § 37 i. d. F. vor dem Finanzmarktrichtlinie- **1** Umsetzungsgesetz. Das Vierte Finanzmarktförderungsgesetz hatte § 42 i. d. F. vor dem Vierten Finanzmarktförderungsgesetz in zwei entscheidenden Punkten geändert: Zum einen wurde die Verknüpfung der Zulassung der Wertpapiere in einem Marktsegment mit den für dieses Segment geltenden Preisfest-

[9] Vgl. *Groß,* Kapitalmarktrecht, 2. Aufl. 2002, § 3 VerkProspG Rn. 5.
[10] *Heidelbach,* in: Schwark/Zimmer, § 37 BörsG Rn. 4 a. E.
[11] *Heidelbach,* in: Schwark/Zimmer, § 37 BörsG Rn. 1.

stellungsregeln[1] aufgehoben, wodurch sich sowohl die Begriffsbestimmung als auch die Rechtsnatur der Einführung geändert hat, vgl. unten Rn. 2. Zum anderen wurde die Antragsstellung durch ein Kreditinstitut als Voraussetzung für die Einführung durch das Vierte Finanzmarktförderungsgesetz beseitigt.

II. Begriff und Rechtsnatur der Einführung

2   § 38 Abs. 1 Satz 1 enthält eine **Legaldefinition** der Einführung: Sie ist die Aufnahme der Notierung zugelassener Wertpapiere im regulierten Markt. Sie ist damit seit der entsprechenden Änderung durch das Vierte Finanzmarktförderungsgesetz nicht mehr die erste amtliche Notierung der Wertpapiere, da die amtliche Notierung durch das Vierte Finanzmarktförderungsgesetz beseitigt wurde. War es bis zu dieser gesetzlichen Änderung im Wesentlichen unstreitig, dass die Einführung als Verwaltungsakt anzusehen war, so wird nunmehr vertreten, es handele sich um schlicht privatrechtliche Tätigkeit.[2] Das ist folgerichtig, wenn die Preisfestlegung auch im regulierten Markt nicht mehr als öffentlich-rechtlicher Akt angesehen wird.[3]

3   Die näheren Einzelheiten darüber, wie die Aufnahme der ersten Notierung erfolgt, sind in der Börsenordnung zu regeln. § 38 Abs. 1 Satz 3, der durch das Finanzmarktrichtlinie-Umsetzungsgesetz neu eingefügt wurde, enthält die entsprechende Kompetenzübertragung, gibt dabei aber nur das wider, was auch vorher bereits galt und praktiziert wurde. Zu unterscheiden von der Regelung über die Einzelheiten der Aufnahme der Notierung in der Börsenordnung ist die Bestimmung über den frühesten Zeitpunkt, zu dem die Notierung aufgenommen werden darf. Diese Regelung erfolgt gemäß § 38 Abs. 3 in der von der Bundesregierung erlassenen Börsenzulassungsverordnung, § 52 BörsZulV. Dagegen sind die anderen Einzelheiten der Aufnahme der ersten Notierung in der Börsenordnung geregelt, vgl. z. B. §§ 83 ff. BörsenO der FWB:[4] Anders als bis zur Änderung durch das Vierte Finanzmarktförderungsgesetz erfolgt die erste Notierung nicht zwingend durch einen Skontroführer, sondern entsprechend der Festsetzungen der Geschäftsführung über die Handelsbedingungen entweder im elektronischen Handel oder durch Skontroführer.[5]

---

[1] *Hopt/Rudolph/Baum*, S. 409 ff.; zustimmend „Stellungnahme der hessischen Börsenaufsichtsbehörde zu einigen ausgewählten Thesen des Gutachtens *Hopt/Rudolph* bezüglich einer Börsenreform in Deutschland", A III, 2, abrufbar im Internet, http://www.boersenaufsicht.de/aktuell.htm. Vgl. auch Anhang Rn. 5.

[2] *Kümpel/Hammen*, Börsenrecht, S. 236; a. A. *Gebhardt*, in: Schäfer/Hamman, KMG, § 37 BörsG Rn. 4: Weiterhin Verwaltungsakt als rechtsverbindliche Feststellung, dass die tatsächlichen Voraussetzungen für den Beginn der börslichen Preisermittlung für die Wertpapiere erfüllt sind. Ebenfalls a. A. mit der Begründung, dies ergebe sich aus der Formulierung des Gesetzes *Heidelbach*, in: Schwark/Zimmer, § 38 BörsG Rn. 2.

[3] Vgl. dazu oben § 24 BörsG Rn. 2.

[4] Abrufbar über die Internet-Seite der Deutsche Börse AG: www.deutsche-boerse.com (Listing/Going Public/Regularien).

[5] *Heidelbach*, in: Schwark/Zimmer, § 38 BörsG Rn. 6.

III. Verfahren

1. Antrag

Die **Einführung setzt** nach § 38 Abs. 1 Satz 1 – „zugelassener Wertpa- 4
piere" – die **Zulassung voraus.**[6] Das frühere Erfordernis eines Antrags
durch ein Kreditinstitut bzw. Finanzdienstleistungsinstitut oder ein Unternehmen, das nach § 53 Abs. 1 Satz 1 oder § 53b Abs. 1 Satz 1 KWG tätig ist,
wurde durch das Vierte Finanzmarktförderungsgesetz beseitigt. Die Regierungsbegründung zum Vierten Finanzmarktförderungsgesetz verweist insoweit darauf, die „Mitgliederbörse" entspreche nicht mehr dem aktuellen Bild
der Börse, so dass es ausreichen solle, dass der Emittent selbst der Börsengeschäftsführung die Wertpapiermerkmale und den Zeitpunkt mitteilt, zu dem
der Handel in den zugelassenen Wertpapieren aufgenommen werden soll.[7]

2. Zeitpunkt der Einführung

Die Einführung darf gemäß § 38 Abs. 3 i.V.m. § 52 Abs. 1 BörsZulV in 5
der durch das Finanzmarktrichtlinie-Umsetzungsgesetz[8] geänderten Fassung
frühestens an dem auf die erste Veröffentlichung des Prospekts[9] oder, wenn
kein Prospekt zu veröffentlichen ist, der Veröffentlichung **der Zulassung
folgenden Werktag** erfolgen. Hierdurch soll sichergestellt werden, dass dem
Publikum – die entsprechende Informationsmöglichkeit für die Ersterwerber
sichert § 3 Abs. 1 WpPG – vor Erwerb der Wertpapiere die Kenntnisnahme
der Prospektinformationen ermöglicht wird. Außerdem darf die **Einführung
bei Wertpapieren, die zur öffentlichen Zeichnung aufgelegt werden,
gemäß § 38 Abs. 2 nicht vor beendeter Zuteilung** erfolgen. Diese Vorschrift kann den von ihr bezweckten Erfolg, einen „Handel per Erscheinen"[10] zur Vermeidung von „Agiotage", zu verhindern,[11] nicht erreichen, da
der in der Praxis übliche Telefonhandel insbesondere im Vorfeld von Neuemissionen von ihr nicht geregelt wird.[12] § 38 Abs. 2 sollte insgesamt eher
restriktiv angewendet werden. Unter öffentlicher Zeichnung ist die Auf-

---

[6] Vgl. oben § 32 BörsG Rn. 7; *Gebhardt,* in: Schäfer/Hamann, KMG, § 37 BörsG
Rn. 1.

[7] RegBegr. zum Vierten Finanzmarktförderungsgesetz, BT-Drs. 14/8017, S. 72,
S. 80; *Gebhardt,* in: Schäfer/Hamann, KMG, § 37 BörsG Rn. 10ff.; kritisch *Heidelbach,*
in: Schwark/Zimmer, § 38 BörsG Rn. 3.

[8] Gesetz zur weiteren Fortentwicklung des Finanzplatzes Deutschland (Drittes Finanzmarktförderungsgesetz), BGBl. I 1998, 529.

[9] *Heidelbach,* in: Schwark/Zimmer, § 38 BörsG Rn. 24 weist zu Recht darauf hin,
dass der Wortlaut des § 52 BörsZulV bei einem prospektbefreienden Dokument nicht
auf dessen Veröffentlichung abstellt, also nicht von Prospekt spricht, sondern, dass in
dem Fall der Verwendung eines prospektbefreienden Dokuments die Veröffentlichung
der Zulassung allein maßgeblich ist.

[10] Zum „Handel per Erscheinen" vgl. ausführlich *Pfüller/Koehler,* WM 2002,781ff.;
Heidelbach, in: Schwark/Zimmer, § 38 BörsG Rn. 21.

[11] So RegBegr. zum Börsenzulassungsgesetz, BT-Drs. 10/4296, S. 15.

[12] Ebenso kritisch auch *Gebhardt,* in: Schäfer/Hamann, KMG, § 37 BörsG Rn. 12.

forderung zur Abgabe von Kaufangeboten gegenüber den Emissionshäusern zu verstehen,[13] z. B. auch das Bookbuilding.[14] Für die Beendigung der Zuteilung reicht es aus, dass der jeweiligen Konsortialführer die Benachrichtigung der Konsortialbanken über die ihnen zugeteilte Quote veranlasst; nicht erforderlich ist die effektive Depotbuchung bei den Konsortialbanken oder etwa bei den einzelnen Anlegern.[15]

6   Die Einführung muss spätestens drei Monate nach Veröffentlichung der Zulassungsentscheidung erfolgen, anderenfalls erlischt die Zulassung, § 38 Abs. 4 Satz 1, wobei jedoch die Geschäftsführung unter den Voraussetzungen des Satz 2 diese Frist verlängern kann.

§ 39. Widerruf der Zulassung bei Wertpapieren

(1) **Die Geschäftsführung kann die Zulassung von Wertpapieren zum Handel im regulierten Markt außer nach den Vorschriften der Verwaltungsverfahrensgesetze widerrufen, wenn ein ordnungsgemäßer Börsenhandel auf Dauer nicht mehr gewährleistet ist und die Geschäftsführung die Notierung im regulierten Markt eingestellt hat oder der Emittent seine Pflichten aus der Zulassung auch nach einer angemessenen Frist nicht erfüllt.**

(2) **[1]Die Geschäftsführung kann die Zulassung im Sinne des Absatzes 1 auch auf Antrag des Emittenten widerrufen. [2]Der Widerruf darf nicht dem Schutz der Anleger widersprechen. [3]Die Geschäftsführung hat einen solchen Widerruf unverzüglich im Internet zu veröffentlichen. [4]Der Zeitraum zwischen der Veröffentlichung und der Wirksamkeit des Widerrufs darf zwei Jahre nicht überschreiten. [5]Nähere Bestimmungen über den Widerruf sind in der Börsenordnung zu treffen.**

Übersicht

---

[13] *Heidelbach,* in: Schwark/Zimmer, § 38 BörsG Rn. 19.
[14] Vgl. hierzu nur *Groß,* ZHR 162 (1998), 318 ff.
[15] Wie hier auch *Heidelbach,* in: Schwark/Zimmer, § 37 BörsG Rn. 27.

I. Einleitung

§ 39 entspricht, von sprachlichen Änderungen und der Modernisierung **1** des Veröffentlichungsmediums für den Widerruf der Zulassung in § 39 Abs. 2 Satz 3 (Internet statt überregionales Börsenpflichtblatt) abgesehen, im Wesentlichen § 38 Absätze 3 und 4 BörsG i. d. F. vor dem Finanzmarktrichtlinie-Umsetzungsgesetz.[1] Allerdings wurde die Zuständigkeit von der durch das Finanzmarktrichtlinie-Umsetzungsgesetz abgeschafften Zulassungsstelle auf die Geschäftsführung der einzelnen Börsen verlagert.

Die in § 38 Abs. 1 und 2 BörsG i. d. F. vor dem Finanzmarktrichtlinie- **2** Umsetzungsgesetz noch enthaltene Regelung zur **Aussetzung** bzw. **Einstellung der Notierung** als die den Börsenhandel und die Preisermittlung betreffende Tätigkeit der Geschäftsführung wurde, da sie sachlich von der in § 39 Abs. 1 und 2 enthaltenen „**Beendigung**"[2] der Zulassung durch die Geschäftsführung streng zu unterscheiden ist, dort hin verschoben, wo sie sachlich besser angesiedelt ist, nämlich in den Kontext der Börsenpreisermittlung, und ist jetzt in § 25 geregelt.[3]

---

[1] RegBegr. Finanzmarktrichtlinie-Umsetzungsgesetz, BT-Drs. 16/4028, S. 102 f.
[2] Es wird hier bewusst untechnisch von der Beendigung gesprochen, da § 39 Abs. 1 und 2 ganz verschiedene Beendigungsmöglichkeiten nennt, Widerruf und Rücknahme nach dem Verwaltungsverfahrensgesetz, Widerruf wegen fehlender Gewährleistung des ordnungsgemäßen Börsenhandels, Widerruf wegen Verstoßes gegen die Zulassungsfolgepflichten sowie Widerruf auf Antrag des Emittenten.
[3] Vgl. oben § 25 BörsG Rn. 2 sowie RegBegr. Finanzmarktrichtlinie-Umsetzungsgesetz, Bt-Drs. 16/4028, S. 103.

II. Beendigung der Zulassung

1. Erlöschen der Zulassung kraft Gesetzes

3   Gemäß § 38 Abs. 4 Satz 1 BörsG erlischt die Zulassung zum amtlichen Markt kraft Gesetzes, wenn die zugelassenen Wertpapiere nicht innerhalb von **drei Monaten** nach Veröffentlichung der Zulassungsentscheidung eingeführt werden, d. h. wenn für sie innerhalb von drei Monaten nach Veröffentlichung der Zulassungsentscheidung keine Notierung im regulierten Markt erfolgt. Eine angemessene Verlängerung der Frist ist gemäß § 38 Abs. 4 Satz 2 BörsG möglich.

4   Von Gesetz wegen erlischt die Zulassung als **begünstigender Verwaltungsakt** auch durch ihre **Erledigung** gemäß § 43 Abs. 2 VwVerfG. Das ist zum Beispiel der Fall bei einem **Formwechsel** der Aktiengesellschaft in eine Gesellschaft anderer Rechtsform, weil die Aktien der formwechselnden Gesellschaft untergehen, – nicht dagegen, wenn die Aktien auch beim Formwechsel bestehen bleiben, z. B. beim Formwechsel der KGaA in eine AG oder einer AG in eine SE[4] oder umgekehrt[5] – bei einer **Verschmelzung,** weil durch die Eintragung der Verschmelzung der übertragende Rechtsträger und damit die in den Aktien verkörperten Mitgliedschaftsrechte an diesem Rechtsträger erlöschen, schließlich bei der **Aufspaltung.**[6] Keine Fälle des automatischen Erlöschens der Zulassung kraft Gesetzes sind dagegen die Eingliederung und der gesellschaftsrechtliche Squeeze-out, vgl. näher unten Rnrn. 10 und 12 ff.[7]

---

[4] So zu recht *Kowalski,* DB 2007, 2243, 2244, vgl. auch die Bekanntmachung der Porsche Automobilholding SE, BZ v. 15. 11. 2007, S. 22: „Mit Wirkung vom 16. November 2007 an wird die Notierung der auf den Inhaber lautenden Vorzugsaktien der Gesellschaft im regulierten Markt an den Wertpapierbörsen ... von der Gattungsbezeichnung „Dr. Ing. h. c. F. Porsche Aktiengesellschaft“ Stuttgart in „Porsche Automobil Holding SE, Stuttgart“ geändert. Die ISIN ... sowie ... und das Börsenkürzel ... ändern sich durch diese Umstellung nicht ... Vorliegende Börsenaufträge sind nicht betroffen und bestehen unverändert fort.“

[5] Die Praxis beim Rechtsformwechsel einer AG in eine KGaA oder einer KGaA in eine AG ist unterschiedlich. Während hier z. B. beim Rechtsformwechsel von einer KGaA in eine AG in einem Fall von einigen Börsen die Ansicht vertreten wurde, dass es keiner neuen Zulassung für die aus der Umwandlung der Kommanditaktien resultierenden Aktien bedarf, wurde im Fall der Umwandlung einer AG in eine KGaA eine neue Zulassung durchgeführt, vgl. Umwandlung HSBC Trinkaus & Burkhardt Kommanditgesellschaft auf Aktien in HSBC Trinkaus und Burkhardt AG einerseits und Drägerwerk AG in Drägerwerk AG & Co. KGaA andererseits.

[6] Ebenso für Formwechsel, Verschmelzung und Aufspaltung *Kümpel/Hammen,* Börsenrecht, S. 199; *Pluskat,* BKR 2007, 54, 55, die in diesem Zusammenhang auch den Squeeze-out nennt, der aber gerade keinen Fall der Erledigung der Zulassung darstellt, sondern einen Widerruf erfordert, vgl. unten Rn. 10 sowie allgemein unten Rn. 12 f. Zu Umwandlung und Verschmelzung wie hier *Heidelbach,* in: Schwark/Zimmer, § 39 BörsG Rn. 42, dort auch ausdrücklich dazu, dass es sich dabei um keine „unzulässige Umgehung des Abs. 4“ (gemeint ist Abs. 2) handelt.

[7] Vgl. auch *Heidelbach,* in: Schwark/Zimmer, § 39 BörsG Rnrn. 43 f.

2. „Beendigung" der Zulassung von Amts wegen[8]

Für die „Beendigung" der Zulassung von Amts wegen bestehen nach § 39 **5**
Abs. 1 BörsG drei Möglichkeiten: Zum einen die nach den Vorschriften des
Verwaltungsverfahrensgesetzes, zum anderen die nach der die Geschäftsführung die Zulassung widerrufen kann, wenn sich die Umstände, die zuvor
zur **Einstellung der Notierung** geführt haben, als dauerhaft erweisen, sowie drittens die, nach der die Geschäftsführung die Zulassung widerruft,
wenn der Emittent der Zulassungsfolgepflichten auch nach einer gewissen
Frist nicht erfüllt. Die letztgenannte Widerrufsmöglichkeit war bis zum Finanzmarktrichtlinie-Umsetzungsgesetz in § 43 Satz 2 BörsG i. d. F. vor dem
Finanzmarktrichtlinie-Umsetzungsgesetz geregelt, auf den die alte Fassung des
§ 38 Abs. 3 BörsG i. d. F. vor dem Finanzrichtlinie-Umsetzungsgesetz nur
verwies. Die Neufassung in § 39 Abs. 1 fasst die Regelungen jetzt zusammen.[9]

a) Beendigung der Zulassung nach dem Verwaltungsverfahrensge- **6**
setz. Bei der Beendigung der Zulassung nach den Vorschriften des Verwaltungsverfahrensgesetzes handelt es sich zum einen um die **Rücknahme** einer
von Anfang an **rechtswidrigen** Zulassung gemäß § 48 VwVerfG z. B. bei
einer zu Unrecht erfolgten prospektfreien Zulassung. Zum anderen handelt es
sich um den **Widerruf** einer anfänglich **rechtmäßigen Zulassung** gemäß
§ 49 VwVerfG. Da es sich bei der Zulassung um einen begünstigenden Verwaltungsakt handelt, sind beim Widerruf der Zulassung die Einschränkungen
des § 49 Abs. 2 VwVerfG zu beachten.[10]

b) Widerruf der Zulassung wegen dauerhafter Notierungseinstel- **7**
lung. Eine weitere Möglichkeit für den Widerruf der Zulassung eröffnet
§ 39 Abs. 1 zweite Alternative, wenn sich die Umstände, die zuvor zur Einstellung der Notierung geführt haben, als dauerhaft erweisen.[11]

c) Widerruf der Zulassung wegen Pflichtverletzung. Der Widerruf **8**
der Zulassung nach § 39 Abs. 1 dritte Alternative setzt voraus, dass der Emit-

---

[8] Es wird hier bewusst untechnisch von der Beendigung gesprochen, da § 39 Abs. 1
und 2 ganz verschiedene Beendigungsmöglichkeiten nennt, Widerruf und Rücknahme nach dem Verwaltungsverfahrensgesetz, Widerruf wegen fehlender Gewährleistung
des ordnungsgemäßen Börsenhandels, Widerruf wegen Verstoßes gegen die Zulassungsfolgepflichten sowie Widerruf auf Antrag des Emittenten.
[9] Vgl. auch RegBegr. Finanzmarktrichtlinie-Umsetzungsgesetz, BT-Drs. 16/4020,
S. 103.
[10] Zur Rücknahme und zum Widerruf der Zulassung nach den Vorschriften des
Verwaltungsverfahrensgesetzes vgl. insgesamt nur *Kümpel/Hammen,* Börsenrecht,
S. 199; *Gebhardt,* in: Schäfer/Hamann, KMG, § 38 BörsG Rn. 37.
[11] *Heidelbach,* in: Schwark/Zimmer, § 39 BörsG Rn. 5 verweist insoweit vollkommen zu Recht darauf, dass es sich um ein gestuftes Verfahren handelt. Zunächst erfolgt
die Einstellung der Notierung auf Grund einer mittelfristigen schlechten Prognose.
Dann ergibt sich im weiteren Verlauf, dass auch die weitere Prognose für die Wieder-
aufnahme des Handels schlecht ist. In diesem Fall kann die Geschäftsführung die Zulassung widerrufen.

tent auch nach einer ihm gesetzten angemessenen Frist die **Zulassungsfolgepflichten** nicht erfüllt. In der Praxis haben in der Vergangenheit verschiedene ausländische Gesellschaften § 39 Abs. 1 als Mittel zum Rückzug von der Börse genutzt, indem sie gegenüber der Geschäftsführung erklärt haben, den Zulassungsfolgepflichten auf Dauer nicht mehr nachkommen zu wollen.[12] Daraufhin hat die Geschäftsführung die Zulassung widerrufen. Seit der Einführung eines Widerrufs der Zulassung auf Antrag des Emittenten durch das Dritte Finanzmarktförderungsgesetz im jetzt geltenden § 39 Abs. 2 bedarf es dieses „Umwegs" nicht mehr.

III. Delisting

1. Begriff des Delisting

9 Durch das **Dritte Finanzmarktförderungsgesetz**[13] wurde in Abs. 4 des § 43 BörsG a. F., der im Wesentlichen § 39 Abs. 2 entspricht, für den regulierten Markt **börsengesetzlich**[14] die Möglichkeit geregelt, dass die Geschäftsführung die Zulassung damals zur amtlichen Notierung auf Antrag des Emittenten widerrufen kann, wenn der Schutz der Anleger einem Widerruf nicht entgegensteht. § 39 Abs. 2 stellt einen börsenpolitischen Kompromiss zwischen den Bestrebungen der Bundesregierung zur Deregulierung und damit zur Erleichterung des Delisting einerseits und andererseits den Befürchtungen der Regionalbörsen, die im Falle einer großzügigen Delisting-Regelung verstärkt den Rückzug großer Emittenten befürchteten, dar.[15]

10 Der in § 39 Abs. 2 geregelte Sachverhalt des Widerrufs der Börsenzulassung auf Antrag des Emittenten ist jedoch nur ein Teil, in der Praxis sogar nur ein kleiner Teil, derjenigen Möglichkeiten, die zur Beendigung der Börsenzulassung zur Verfügung stehen. Hierzu zählen unter anderem **gesellschaftsrechtliche Umstrukturierungen** wie Formwechsel, Verschmelzung auf oder Eingliederung in eine nicht börsennotierte Gesellschaft.[16] Im Übrigen haben die börsenrechtlichen Delisting-Regelungen durch die Möglichkeit des **Squeeze-Out, §§ 327 a ff.** AktG, noch mehr an Bedeutung verloren.[17] Entscheidet sich der Hauptaktionär für den Squeeze-Out, so scheiden die Minderheitsaktionäre aus der Gesellschaft aus und alle Aktien gehen ebenso wie bei der Eingliederung, § 320 a Satz 1 AktG, auf den Hauptaktionär über, § 327 e Abs. 3 Satz 1 AktG. Auch wenn beim Squeeze-Out eine § 327 Abs. 1 Nr. 3 AktG vergleichbare Regelung fehlt und damit grundsätz-

---

[12] Beispielsfälle bei *Radtke*, S. 41, Fn. 80 dort auch zu den möglichen – auch haftungsrechtlichen – Folgen.
[13] BGBl. I 1998, 529.
[14] Eine andere, von § 39 Abs. 2 weder behandelte noch angesprochene rein gesellschaftsrechtliche Frage ist die der Zuständigkeit innerhalb der AG für die Entscheidung über das Delisting: Vorstand oder Hauptversammlung; vgl. dazu sogleich unten Rn. 21 ff.
[15] *Pötzsch*, WM 1998, 949, 952.
[16] Vgl. ausführlich *Groß*, ZHR 165 (2001), 141, 149 ff.; ebenso *Pluskat*, BKR 2007, 54, 55.
[17] Ebenso *Pluskat*, WM 2002, 833, 839.

lich der Hauptaktionär weiter von der Zulassung als Erlaubnis, für den Handel mit den Aktien die Börseneinrichtungen zu nutzen, Gebrauch machen könnte, wird man davon ausgehen können, dass er an der Zulassung kein Interesse mehr hat. In der Praxis erfolgt unmittelbar nach der Eintragung des Squeeze-Out die Einstellung der Notierung und dann – von Amts wegen – auch der Widerruf der Zulassung nach § 39 Abs. 1 BörsG. Eines förmlichen Delisting-Verfahrens bedarf es nicht; andererseits hat sich die Zulassung auch nicht erledigt, vgl. unten Rn. 13,[18] sondern wird widerrufen.

§ 39 Abs. 1 enthält **keine Legaldefinition des Delisting.** In der Litera-　**11** tur werden die Begriffe Delisting, Börsenaustritt,[19] Going Private,[20] ganz plakativ P2P, d. h. „Public to Private", teilweise synonym verwendet. Teilweise wird zwischen ihnen differenziert, wobei allerdings die Differenzierung von verschiedenen Autoren jeweils unterschiedlich vorgenommen wird.[21] Da sämtliche Publizitäts-, Mitteilungs- und Mitwirkungspflichten des Emittenten an die Börsenzulassung und nicht an die Börsennotierung anknüpfen, und die Notierung bei Beendigung der Zulassung automatisch entfällt, geht es beim **Delisting um die Beendigung der Zulassung, nicht um die Kursaussetzung oder Beendigung der Notierung.**[22] Die Gesetzesbegründung des Dritten Finanzmarktförderungsgesetzes[23] geht von der gleichen Definition aus, denn dort wird festgestellt, Delisting sei die „Beendigung einer Zulassung (sog. De-Listing)". Demzufolge ist **Delisting** allgemein die **Beendigung der Zulassung von Wertpapieren** zum Börsenhandel, unabhängig davon, ob sie auf Antrag des Emittenten, oder auf andere Weise herbeigeführt wird.

2. Delisting bei Umwandlungs- und Verschmelzungsvorgängen

a) Formwechsel. Die Eintragungen der neuen Rechtsform in das Regis-　**12** ter führt gemäß § 202 Abs. 1 Nr. 1 UmwG dazu, dass der formwechselnde Rechtsträger in der in dem Umwandlungsbeschluss bestimmten Rechtsform weiter besteht. Der **Formwechsel** einer Aktiengesellschaft in eine Gesellschaft anderer Rechtsform bewirkt deshalb, dass die Aktien als Mitgliedschaft in der ihre Form wechselnden Aktiengesellschaft nicht mehr existieren. Nach **§ 43 Abs. 2 VwVfG** bleibt ein Verwaltungsakt wirksam, solange er sich

---

[18] So ausdrücklich zu Recht *Heidelbach,* in: Schwark/Zimmer, § 32 BörsG Rn. 43 zur Eingliederung und Rn. 44 zum Squeeze-out.

[19] *Grupp,* S. 99; *Vollmer/Grupp,* ZGR 1995, 459, 471.

[20] *Land/Hasselbach,* DB 2000, 557; *Richard/Weinheimer,* BB 1999, 1613; *Steck,* AG 1998, 460.

[21] Vgl. nur *Schwark/Geiser,* ZHR 161 (1997), 739, 742 ff., die unter Delisting auch die Beendigung der Börsenzulassung nach § 43 Abs. 3 BörsG und das kalte Delisting über das Umwandlungsgesetz verstehen, während z. B. *Wirth/Arnold,* ZIP 2000, 111, als Delisting nur den auf Antrag des Emittenten erfolgten Widerruf der Börsenzulassung ansehen, und *Land/Hasselbach,* unter Delisting die auf Antrag oder von Amts wegen verfügte Einstellung der Notierung verstehen, DB 2000, 557, 558.

[22] Eingehend dazu *Radtke,* S. 17 ff.; ebenso *Klenke,* WM 1995, 1089, 1094. Wie hier auch *Heidelbach,* in: Schwark/Zimmer, § 39 BörsG Rn. 44.

[23] BT-Drs. 13/8933, S. 54, S. 74.

nicht erledigt hat. Die **Zulassung** von Aktien als Erlaubnis, für den Handel in den Aktien die Börseneinrichtungen zu nutzen, **hat sich nach Wirksamkeit des Formwechsels durch den Wegfall der Aktien erledigt.** Einer besonderen Erledigungsentscheidung der Geschäftsführung bedarf es dafür nicht. Die Erledigung tritt *ipso jure* ein.[24]

12a **b) Verschmelzung, Aufspaltung.** Gleiches gilt bei der **Verschmelzung,** da dort die Eintragung der Verschmelzung in das Register des Sitzes des übernehmenden Rechtsträger gemäß § 20 Abs. 1 Nr. 2 Satz 1 UmwG zum Erlöschen des übertragenden Rechtsträgers und damit auch zum Erlöschen der Aktie als Mitgliedschaft in dem übertragenden Rechtsträger führt. Auch hier tritt die Erledigung *ipso jure* ein, ohne dass es einer gesonderten Delisting-Entscheidung bedarf.[25] Gleiches gilt im Übrigen auch bei der **Aufspaltung** einer börsennotierten Aktiengesellschaft mit Eintragung der Aufspaltung in das Register der aufgespalten Gesellschaft, § 131 Abs. 1 Nr. 2 UmwG.

13 **c) Eingliederung, Squeeze-out.** Mit der **Eingliederung** bleibt zwar die eingegliederte Aktiengesellschaft als Rechtssubjekt bestehen.[26] Jedoch führt die Eintragung der Eingliederung in das Handelsregister der einzugliedernden Gesellschaft gemäß § 320a AktG dazu, dass sich noch nicht in der Hand des Hauptaktionärs befindliche Aktien auf diesen übergehen. Der Übergang der Mitgliedschaft vollzieht sich kraft Gesetzes. Ein Übertragungsgeschäft ist weder erforderlich noch möglich.[27] Das bedeutet zunächst einmal, dass die Mitgliedschaft als solche mit Wirksamkeit der Eingliederung nicht unter-, sondern gerade auf den Hauptaktionär übergeht. Auch **nach Wirksamkeit der Eingliederung besteht die Mitgliedschaft,** so dass sich die Zulassung nicht wegen Wegfalls der Mitgliedschaft erledigt haben kann. Zwar stellt die Zulassung die Erlaubnis dar, für den Handel mit den Aktien die Börseneinrichtungen zu nutzen, und ein solcher **Handel mit den Mitgliedschaftsrechten** der eingegliederten AG findet nicht mehr statt. Würde nämlich der Hauptaktionär auch nur eine Aktie der eingegliederten Gesellschaft veräußern, wäre gemäß § 327 Abs. 1 Nr. 4 AktG die Eingliederung beendet. Dennoch führt die Eintragung der Eingliederung nicht zur Erledi-

---

[24] Ausdrücklich wie hier *Schiemzik,* S. 86 f.; ebenso *Land/Hasselbach,* DB 2000, 557, 559; *Kleindiek,* FS Bezzenberger, 653, 654; *Meyer-Landrut/Kiem,* WM 1997, 1361, 1366. Wenn *Land/Hasselbach* hier, wohl anschließend an *Steck,* AG, 1998, 460, 462, von „automatischer Dekodierung" sprechen, dann geht es ihnen wohl um die Einstellung der Notierung. Diese ist aber nur die Folge des Wegfalls der Zulassung. Die Einstellung der Notierung würde am Fortbestand der aus der Zulassung folgenden Publizitäts- und sonstigen Pflichten des Emittenten nichts ändern. Der Emittent existiert aber nach dem Formwechsel nicht mehr, die Zulassung und damit die daraus resultierenden Pflichten entfallen.

[25] Wie hier *Kleindiek,* FS Bezzenberger, 653, 654; *Schiemzik,* S. 85 f.; *Heidelbach,* in: Schwark/Zimmer, § 39 BörsG Rn. 42; abweichend wohl *Steck,* AG 1998, 460, 462, der davon spricht, die Geschäftsführung sei zum „Vollzug des Delisting verpflichtet".

[26] Unstreitig, vgl. nur *Hüffer,* AktG. 10. Aufl. 2012, § 319 Rn. 2.

[27] *Hüffer,* AktG, § 320a AktG Rn. 2.

gung der Zulassung, sondern erfordert, ebenso wie der Squeeze-out eine Widerrufsentscheidung der Geschäftsführung.[28]

3. Delisting nach § 39 Abs. 2

a) Rechtsnatur. Nach § 39 Abs. 2 kann die Geschäftsführung die Zulas- **14** sung zum regulierten Markt auf Antrag des Emittenten widerrufen. Der Widerruf der Zulassung ist **actus contrarius** zur Zulassung. Er beendet das durch die Zulassung begründete öffentlich-rechtliche Nutzungsverhältnis zwischen der Börse und dem Emittenten, für den Handel mit den zugelassenen Wertpapieren in dem entsprechenden Marktsegment die Börseneinrichtungen zu nutzen. Diese Beendigung ist wie die Zulassung **Verwaltungsakt.**[29]

b) Voraussetzungen des Delisting nach § 39 Abs. 2. Die auf der **15** Grundlage des § 39 Abs. 2 ergehende **Entscheidung der Geschäftsführung ist Ermessensentscheidung,**[30] die nicht dem Schutz der Anleger widersprechen darf. Damit konkretisiert der Anlegerschutz den Ermessensspielraum der Geschäftsführung, seine ausdrückliche Nennung führt zur drittschützenden Wirkung des § 39 Abs. 2.[31] Bei der Entscheidung der Geschäftsführung über das Delisting sind **ausschließlich die Interessen des Emittenten einerseits** und der **Anleger andererseits** zu berücksichtigen;[32] Interessen der Regionalbörsen, Papiere weiter zu notieren, sind unbeachtlich.[33]

Bei der Beantwortung der Frage, ob ein Widerruf der Zulassung dem **16** Schutz der Anleger widerspricht, sind die **verschiedenen Fallkonstellationen** des Delisting auseinander zu halten:

1. Die erste Gruppe bilden diejenigen Fälle, in denen ein Delisting an einer oder mehreren Börsen im Inland beantragt wird, in denen aber zumindest an einer Börse im Inland noch ein Börsenhandel im gleichen Marktsegment bestehen bleibt, sogenanntes **Teil-Delisting.** Gegen ein solches Teil-Delisting sind durchgreifende Gesichtspunkte des **Anlegerschutzes** nicht ersichtlich.[34]

---

[28] Ebenso, Widerruf der Börsenzulassung nach § 39 Abs. 1 BörsG erforderlich, *Schiemzik*, S. 86; *de Viers*, S. 135; *Heidelbach*, in: Schwark/Zimmer, § 39 BörsG Rn. 43 zur Eingliederung, Rn. 44 zum Squeeze-out jew. m. w. umfangr. Nachw.; a. A. *Land/Hasselbach*, DB 2000, 557, 560; *Pluskat*, WM 2002, 833, 833; *dies.*, BKR 2007, 54, 55.

[29] *Hopt*, HGB, § 39 BörsG Rn. 12; *Gebhardt*, in: Schäfer/Hamann, KMG, § 38 BörsG Rn. 61.

[30] *Gebhardt*, in: Schäfer/Hamann, KMG, § 38 BörsG Rn. 51 ff.; *Heidelbach*, in: Schwark/Zimmer, § 39 BörsG Rn. 38; *Pötzsch*, WM 1998, 949, 952; *Schwark/Geiser*, ZHR 161 (1997), 739, 772.

[31] *Heidelbach*, in: Schwark/Zimmer, § 39 BörsG Rn. 12.

[32] So mit überzeugender Begründung *Pötzsch*, WM 1998, 949, 952; ebenso *Eickhoff*, WM 1988, 1713, 1716.

[33] Nachdrücklich gegen anderslautende Bestrebungen des Bundesrates *Hopt*, FS Drobnig, S. 525, 534 f.; *Gebhardt*, in: Schäfer/Hamann, KMG, § 30 BörsG Rn. 10 ff.

[34] Ebenso RegBegr. zum Dritten Finanzmarktförderungsgesetz, BT-Drs. 13/8933, S. 54, S. 75; ausführlich *Groß*, ZHR 165 (2001), 141, 153; *Klenke*, WM 1995, 1089, 1086. Im Ergebnis wohl ebenso *Heidelbach*, in: Schwark/Zimmer, § 39 BörsG Rn. 17.

2. Eine weitere Gruppe bilden die Fälle, in denen ein Wechsel von einem höheren in ein niedrigeres Marktsegment beantragt wird, sogenanntes **Downgrading.**[35] Die früher in diesem Zusammenhang behandelten Fälle des Wechsels vom amtlichen in den geregelten Markt sind durch die Abschaffung des geregelten Marktes obsolet; zum Spezialfall des Downgrading vom Prime Standard (des amtlichen Marktes) der FWB in den General Standard vgl. unten Rn. 20.

Aus dem Blickwinkel des Delisting relevant sind daher nur noch die Fälle des **Downgrading** vom regulierten Markt in den **Freiverkehr.** Dieses Downgrading führt dazu, dass die Aktien nicht mehr an einem öffentlich-rechtlich organisierten Markt zugelassen sind, sondern nur noch im privat-rechtlich organisierten Freiverkehr gehandelt werden. Ein solches Downgrading ist deshalb aus dem Blickwinkel des Delistings als **Beendigung der Zulassung**[36] anzusehen. Eine andere Frage ist, welche Voraussetzungen für das Delisting in so einem Fall erfüllt sein müssen, z. B. bei einem Wechsel vom regulierten Markt in den Entry-Standard oder M:access.[37]

3. Soll **ein vollständiger Rückzug** von allen **Börsen im Inland** erreicht werden, ist zu berücksichtigen, ob im Ausland noch ein Börsenhandel an einem **vergleichbaren Markt** stattfindet. Dabei kommt es hierfür nicht darauf an, dass der Markt sich in einem Mitgliedstaat der Europäischen Union oder einem anderen Vertragsstaat des Abkommens über den Europäischen Wirtschaftsraum befindet. Vielmehr sind bei der Vergleichbarkeit entscheidend sowohl die **Mitteilungs- und Informationspflichten** des Emittenten als auch um die Art und Weise der **Preisfindung und -bildung** an der Börse und deren staatliche Kont-

---

[35] *Schwark/Geiser,* ZHR 161 (1997), 739, 743.

[36] Vgl. oben Rn. 11. Das dürfte auch unstreitig sein, in den gerichtlich entschiedenen Fällen lag jeweils ein Widerruf der Zulassung zum amtlichen bzw. regulierten Markt vor, vgl. nur KG, Beschluss v. 30. 4. 2009 – 2 W 119/08, ZIP 2009, 1116 (Wechsel vom damaligen amtlichen Markt in den Entry Standard, Freiverkehr der FWB), OLG München, Beschluss v. 21. 5. 2008 – 31 Wx 62/07, ZIP 2008, 1137 (Wechsel vom damaligen amtlichen Markt in den M:access, Freiverkehr, der Münchener Börse); LG Köln, Beschluss v. 24. 7. 2009 – 82 O 10/08, AG 2009, 835 (Wechsel vom amtlichen Markt in den Freiverkehr der FWB). Auch in der Literatur ist dies unstreitig, vgl. nur (trotz missverständlichen Titels des Aufsatzes) *Holzborn/Hilpert,* WM 2010, 1347, 1353; *Seibt/Wollenschläger,* AG 2009, 807, 811.

[37] Hierzu, allerdings aus gesellschaftsrechtlicher Perspektive, OLG München, Beschluss v. 21. 5. 2008 – 31 Wx 62/07, ZIP 2008, 1137 m. zust. Anm. *Goslar,* EWiR § 48 BörsG a. F. 1/08, 461; LG München, Beschluss v. 30. 8. 2007 – 5 HK 0 7195/06, BB 2007, 2253, 2254 f., ablehnende Anm. *Paefgen/Hörtig,* WuB I G 7., 1.08; vgl. auch unten Rn. 21. Siehe auch KG, Beschluss v. 30. 4. 2009 – 2 W 119/08, ZIP 2009, 1116 (Wechsel vom damaligen amtlichen Markt in den Entry Standard, Freiverkehr der FWB); LG Köln, Beschluss v. 24. 7. 2009 – 82 O 10/08, AG 2009, 835 (Wechsel vom amtlichen Markt in den Freiverkehr der FWB); *Holzborn/Hilpert,* WM 2010, 1347, 1353; *Seibt/Wollenschläger,* AG 2009, 807, 811 ff. zu den börsenrechtlichen und gesellschaftsrechtlichen Voraussetzungen.

rolle.[38] Nur dies sind die für die hier allein maßgeblichen Anlegerinteressen maßgeblichen Kriterien (neben den Transaktionskosten). Diese Kriterien hängen aber nicht vom Sitz des Marktes und davon ab, ob es sich um einen organisierten Markt i. S. d. § 2 Abs. 5 WpHG – und damit um einen Markt mit Sitz in der Europäischen Union –, sondern davon, ob sie materiell erfüllt werden. Wie sich aus der Entstehungsgeschichte des § 39 Abs. 2 ergibt, ging der Gesetzgeber letztendlich[39] von hohen Anforderungen an das Interesse des Emittenten aus, sich ganz von deutschen Börsen zurückzuziehen, auch wenn gleichzeitig ein Handel an **ausländischen regulierten Märkten** fortbesteht, solange damit für den Anleger Nachteile verbunden sind – Stichwort: erhöhte **Transaktionskosten** beim Handel über eine ausländische Börse. Durch die zwischenzeitlich jedenfalls in den Ländern der Euro-Zone durchgeführte einheitliche Notierung der Wertpapiere in Euro und die teilweise länderübergreifende Zusammenarbeit der verschiedenen Börsen bzw. der Börsenabwicklungssysteme sind die länderübergreifenden Transaktionskosten jedoch erheblich gesenkt worden. Der Anlegerschutz ist sowohl bei Informationspflichten als auch bei der Qualität der Preisbildung in Europa aufgrund der Harmonisierung[40] und in den USA aufgrund des entwickelten Kapitalmarktrechts in den USA in diesen Regionen mit dem in Deutschland erreichten Standard vergleichbar. Deshalb stehen durchgreifende Argumente zum Schutz der Anleger einem Rückzug von deutschen Börsen jedenfalls dann nicht entgegen, wenn die Notiz an einer europäischen Börse oder der NYSE aufrechterhalten bleibt, und der Emittent sachliche Gründe für den Rückzug von allen Börsen im Inland geltend machen kann.

4. Soweit **insgesamt**, d. h. **auch im Ausland**, der Börsenhandel beendet werden soll, sind die Interessen der Anleger insbesondere im Hinblick auf die schnelle Handelbarkeit der Anteile beeinträchtigt. Das Interesse des Emittenten daran, die Kosten für die laufenden Pflichtveröffentlichungen und etwaige Zulassungsverfahren bei Kapitalerhöhungen zu vermeiden, reicht nicht aus, diese Beeinträchtigung der Anleger zu rechtfertigen. Vielmehr ist hier der **Anlegerschutz auf andere Weise sicherzustellen.**

Entsprechend der oben ausgeführten Abstufung haben die **Börsenordnungen** der deutschen Wertpapierbörsen gemäß der ihnen nach **§ 39 Abs. 2** 17

---

[38] Ebenso RegBegr. zum Dritten Finanzmarktförderungsgesetz, BT-Drs. 13/8933, S. 54, S. 75.
[39] Vgl. insbesondere den deregulierenderen Regierungsentwurf, BT-Drs. 13/8933, S. 5475, der den Anlegerschutz beim Delisting an allen deutschen Börsen noch als gewahrt ansah, wenn im Ausland an einem regulierten Markt weiter gehandelt werden konnte, einerseits, und den Text des verabschiedeten § 43 Abs. 4 BörsG a. F. andererseits sowie die Stellungnahme des Bundesrates, BR-Drs. 605/97, S. 9 f.
[40] Zum Einfluss europäischen Rechts auf das Börsenrecht vgl. nur kurz oben Vorbem. BörsG Rn. 2 und 17 ff., dort auch zu den einzelnen europäischen Richtlinien.

Satz 5 zugewiesenen Kompetenzen[41] die Voraussetzungen für das Delisting im Einzelnen geregelt, z.B. die FWB in **§ 46** BörsenO der FWB[42] für den regulierten **Markt** (General Standard). Während alle deutschen Wertpapierbörsen bei der erstmaligen Implementierung von Delisting-Regelungen in den Börsenordnungen das gleiche Konzept verfolgten, lassen sich zwischenzeitlich zwei Konzepte unterscheiden, zum einen das Konzept, in dem neben einer Fristenlösung beim vollständigen Delisting auch eine Angebotspflicht vorgesehen ist, zum anderen das Konzept der reinen Fristenlösung.[43]

18 So steht beispielsweise nach **§ 46 Abs. 1 Ziffer 1** BörsenO der FWB der Schutz der Anleger einem Widerruf „insbesondere dann nicht entgegen, wenn auch nach dem Wirksamwerden des Widerrufs der Zulassung der Handel des Wertpapiers an einem organisierten Markt oder einem entsprechenden Markt in einem Drittstaat gewährleistet erscheint". Damit ist der Fall des **Teil-Delistings** geregelt, bei dem der Anlegerschutz wegen der Möglichkeit, die Aktien weiterhin an einer deutschen Börse zu handeln, nicht berührt ist. **§ 46 Abs. 1 Ziffer 1** BörsenO der FWB regelt aber auch den Fall, in dem ein **vollständiger Rückzug von den deutschen Börsen** erfolgt, jedoch noch ein Handel der Aktien an einer **ausländischen Börse** gewährleistet ist. Auch in diesem Fall ist der Anlegerschutz aufgrund der anderweitigen, **vergleichbaren Handelsmöglichkeit** gewährleistet. Voraussetzung ist allerdings, dass es sich bei dem ausländischen Markt um einen „**organisierten Markt**" i.S. des **§ 2 Abs. 5 des Wertpapierhandelsgesetzes** handelt. Wie bereits dargestellt, vgl. oben Rn. 16 unter 3, ist dabei der Verweis auf § 2 Abs. 5 WpHG materiell und nicht lokal zu verstehen, d.h. es geht nicht darum, dass der Markt in Europa angesiedelt ist, sondern dass er materiell vergleichbaren Ordnungs- und Überwachungsregeln unterliegt wie ein organisierter Markt. Das wird seit der Ergänzung der ursprünglichen Fassung des jetzigen § 46 Abs. 1 Ziffer 1 BörsenO der FWB um den Passus „oder an einem entsprechenden Markt in einem Drittstaat" sehr deutlich. Der „materiell" entsprechende Markt in einem Drittstaat reicht aus. Eine Ablehnung des Delisting mit der Begründung, durch einen Fortbestand des Listing allein an der NYSE seien die Anlegerinteressen nicht ausreichend gewahrt, dürfte damit nicht gerechtfertigt sein, jedenfalls so lange die Gebührentabelle der NYSE nicht erheblich von denjenigen europäischer organisierter Märkte abweicht. Der ausländische Markt muss damit vergleichbare Regeln hinsichtlich der Informations- und Mitteilungspflichten sowie der Preisbildung, -findung und Kontrolle derselben aufweisen wie der regulierte Markt. Zum organisierten Markt i.S. des § 2 Abs. 5 WpHG gehört der regulierte Markt,

---

[41] Kritisch hierzu bereits *Hellwig/Bormann,* ZGR 2003, 465, 476ff. und BGH im Macrotron-Urteil, BGH, Urteil v. 25.11. 2002 – II ZR 133/01, BGHZ 153, 47, der die kapitalmarktrechtlichen Schutzinstrumente ausdrücklich nicht als ausreichend ansieht.

[42] BörsenO der FWB, abrufbar über die Internet-Seite der Deutsche Börse AG: http://www.deutsche-boerse.com.

[43] Näher zu den beiden unterschiedlichen Konzepten und den auch innerhalb der beiden Konzepte noch unterschiedlichen Ausgestaltungen *Schiemzik,* S. 119ff.

nicht aber der Freiverkehr.[44] § 46 Abs. 1 Nr. 1 BörsenO der FWB erfasst damit nicht das Downgrading vom regulierten Markt zum Freiverkehr und das selbst dann nicht, wenn es um ein spezielles Segment des Freiverkehrs mit besonderer Einbeziehungsvoraussetzungen oder Einbeziehungsfolgepflichten geht. Börsenrechtlich ist dies für die FWB ein Fall des vollständigen Delisting und damit ein Fall von § 46 Abs. 1 Nr. 2 BörsenO der FWB.[45] Mit einem Unterschied beim Börsenpreis, dessen Zustandekommen und Überwachung, lässt sich dies nicht begründen, da auch der Börsenpreis, der im Freiverkehr ermittelt wird, dieselben Voraussetzungen erfüllen muss wie der Börsenpreis im regulierten Markt.[46]

§ 46 Abs. 1 Ziffer 2 BörsenO der FWB regelt dann die Voraussetzungen 19 im Falle des vollständigen Delisting. Hier steht der Schutz der Anleger einem Widerruf der Zulassung „insbesondere dann nicht entgegen, wenn … nach der Bekanntgabe der Widerrufsentscheidung den Anlegern ausreichend Zeit verbleibt, die vom Widerruf betroffenen Wertpapiere im regulierten Markt der FWB zu veräußern." Im Hinblick auf die Veräußerungsfrist ist § 46 Abs. 2 Satz 3 der Börsenordnung der FWB relevant, nach dem der Widerruf erst sechs Monate nach dessen Veröffentlichung wirksam wird. Damit haben die Anleger sechs Monate Zeit die vom Widerruf betroffenen Wertpapiere über die Börse zu veräußern. Die Börsenordnung der FWB geht damit anders als die Börsenordnungen anderer deutscher Wertpapierbörsen, die eine Angebotspflicht enthalten, davon aus, dass der Anlegerschutz durch Liquidation der Aktie erreicht wird.

Eine Besonderheit gilt insofern für den Widerruf der Zulassung zum **Teil- 20 bereich des amtlichen oder geregelten Marktes mit weiteren Zulassungsfolgepflichten,** d. h. zum sogenannten Prime Standard im regulierten Markt der FWB. Hier regelt § 55 Abs. 1 BörsenO der FWB, unter welchen Voraussetzungen die Geschäftsführung die Zulassung zum Teilbereich des amtlichen Marktes mit weiteren Zulassungsfolgepflichten auf Antrag des Emittenten widerrufen kann, und stellt hier gerade keine besonderen Widerrufsvoraussetzungen auf. Allerdings beträgt nach § 55 Abs. 1 Satz 3 BörsenO der FWB der Zeitraum zwischen der Veröffentlichung und der Wirksamkeit des Widerrufs drei Monate. Das Fehlen besonderer Widerrufsvoraussetzungen ist insofern folgerichtig, als der Widerruf der Zulassung zum Prime Standard die Zulassung zum General Standard unberührt lässt; § 55 Abs. 3 BörsenO der FWB und die Geschäftsführung von Amts wegen die Aufnahme des Handels der zugelassenen Wertpapiere im regulierten Markt, General Standard, zu veranlassen hat, § 55 Abs. 4 BörsenO der FWB. Anders gewendet, die zugelassenen Wertpapiere bleiben im regulierten Markt weiter zugelassen, nur nicht mehr im Prime, sondern nur noch im General Standard. Da

---

[44] Vgl. *Schäfer*, in: Schäfer/Hamann, KMG, § 2 WpHG Rn. 106; zur engeren Begriffsbestimmung im Wertpapierprospektgesetz vgl. unten § 4 WpPG Rn. 6.

[45] *Holzborn/Hilpert*, WM 2010, 1347, 1353; *Seibt/Wollenschläger*, AG 2009, 807, 811 jeweils mit Hinweisen darauf, dass dies bei der Münchener Börse wohl anders gesehen wird.

[46] Vgl. oben § 24 BörsG Rn. 5.

aber eine Beeinträchtigung von Anlegerschutzinteressen insofern stattfindet, als die zusätzlichen Informationspflichten des Prime Standard entfallen, soll auch hier eine Fristenlösung – Drei-Monats-Frist zwischen Bekanntgabe des Widerrufs und dessen Wirksamkeit, § 55 Abs. 1 Satz 3 BörsenO der FWB – eingreifen. Wird allerdings ein vollständiger Rückzug von der FWB bei fortbestehender Zulassung an einer anderen inländischen Börse, d. h. die Beendigung der Zulassung zum Prime Standard und zum regulierten Markt der FWB beantragt, entsteht ein Wertungswiderspruch zwischen der Drei-Monats-Frist des § 55 Abs. 1 Satz 3 BörsenO der FWB und § 46 Abs. 2 Satz 1 BörsenO der FWB, der eine sofortige Wirkung des Widerrufs vorsieht.[47] Da mit Beendigung der Zulassung zum regulierten Markt der FWB die Zulassungsvoraussetzung für den Prime Standard der FWB entfällt, müsste hier § 46 Abs. 2 Satz 1 BörsenO der FWB vorgehen und eine – fristlose – Beendigung der Zulassung möglich sein. Ebenfalls ausreichen müsste in diesem Fall ein einziger Antrag auf Widerruf der Zulassung zum Prime Standard und zum amtlichen bzw. geregelten Markt.

4. Gesellschaftsrechtliche Voraussetzungen des Delisting

21   **a) Ermächtigung des Vorstands.** Bis zur Macrotron-Entscheidung des BGH vertrat die wohl h. M. in der Literatur[48] und die bis dahin zu diesem Thema ergangene Rechtsprechung[49] die Auffassung, der Vorstand einer Aktiengesellschaft könne zwar kraft seiner umfassenden **Vertretungsmacht im Außenverhältnis** wirksam die für den vollständigen[50] Rückzug von der

---

[47] So zu Recht *Schiemzik,* S. 129.

[48] *Hüffer,* § 119 AktG Rn. 24; *Grupp,* S. 146 ff.; *Lutter/Drygala,* in: FS Raisch, 1995, S. 239, 241; *Lutter,* in: FS Zöllner, 1999, S. 363, 376; *Hellwig,* ZGR 1999, 781, 799 ff.; *Schwark/Geiser,* ZHR 161 (1997), 739, 761; *Steck,* AG 1998, 460, 462; *Vollmer/Grupp,* ZGR 1995, 459, 565 f.; a. A. *Brauer,* S. 72 ff.; *Bungert,* BB 2000, 53, 55; *Groß,* ZHR 165 (2001), 141, 163 ff.; *Mülbert,* ZHR 165 (2001), 104, 124 ff.; *Streit,* ZIP 2002, 1279, 1287 f.; *Wirth/Arnold,* ZIP 2000, 111, 114 ff. Ausführliche Literatur- und Rechtsprechungsnachweise bei *Schlitt,* ZIP 2004, 533, 534 Fn. 10, 11.

[49] OLG München, Urteil v. 14. 2. 2001 – 7 U 6019/99, WM 2002, 662; LG München, Urteil v. 4. 11. 1999 – 5 HKO 10580/99, DB 1999, 2458.

[50] Zur Frage, ob beim Teil-Delisting, d. h. beim Rückzug von einer deutschen Börse, bei dem noch eine Börsenzulassung an einer anderen deutschen Börse bestehen bleibt, ob beim Downgrading, d. h. beim Wechsel vom regulierten Markt in den Freiverkehr, ob beim Delisting an allen deutschen Börsen bei fortbestehender Zulassung an einer ausländischen Börse, oder, ob beim Delisting nur im Ausland und fortbestehender Börsenzulassung in Deutschland, eine Zuständigkeit der Hauptversammlung gegeben ist, vgl. sogleich unten sowie zusammenfassend *Bungert,* BB 2000, 53, 55 f.; *Groß,* ZHR 165 (2001), 141, 165. Zum Spezialfall des Downgrading vom regulierten Markt in das Segment M:access des Freiverkehrs der Börse München von für diesen keinen Hauptversammlungsbeschluss fordernd vgl. OLG München, Beschluss v. 21. 5. 2008 – 31 Wx 62/07, ZIP 2008, 1137 m. Zust. Anm. *Goslar,* EWiR § 48 BörsG a. F. 1/08, 461; LG München, Beschluss v. 30. 8. 2007 – 5 HK 0 7195/06, BB 2007, 2253, 2254 f. ablehnende Anm. *Paefgen/Hörtig,* WuB I G 7., 1.08, zustimmend *Seibt/Wollenschläger,* AG 2009, 807, 814.

Börse erforderlichen rechtsgeschäftlichen Handlungen vornehmen. Im **Innenverhältnis** gegenüber den Aktionären sei jedoch ein **Beschluss der Hauptversammlung** erforderlich (beim Sonderfall von Stamm- und Vorzugsaktien soll es keines Sonderbeschlusses der Vorzugsaktionäre bedürfen[51]).

Begründet wurde diese „ungeschriebene" Zuständigkeit der Hauptversammlung damit, der Rückzug von der Börse sei eine so tiefgreifende Veränderung in der Aktiengesellschaft und ein so starker Eingriff in die Mitgliedschafts- und Vermögensrechte der Aktionäre, dass der Vorstand sie entsprechend der sogenannten Holzmüller-Doktrin[52] nicht ohne Ermächtigung der Hauptversammlung betreiben dürfe.[53] Der BGH hat sich in der **Mactrotron-Entscheidung** dieser Auffassung im Ergebnis angeschlossen und verlangt beim „regulären Delisting"[54] ebenfalls einen Hauptversammlungsbeschluss. Der BGH lehnt jedoch ausdrücklich die Argumentation ab, die Zuständigkeit der Hauptversammlung ergebe sich aus einem Eingriff in die Innenstruktur der Gesellschaft oder in das Mitverwaltungsrecht der Aktionäre.[55] Vielmehr begründet er die Zuständigkeit der Hauptversammlung unmittelbar und aus-

---

[51] OLG Celle, Urteil v. 7. 5. 2008 – 9 U 165/07, ZIP 2008, 1874, 1876.

[52] BGH, Urteil v. 25. 2. 1982 – II ZR 174/80, BGHZ 83, 122.

[53] *Lutter,* in: FS Zöllner, 1999, S. 363, 378; *Lutter/Drygala,* in: FS Raisch, 1995, S. 239, 231; *Schwark/Geiser,* ZHR 161 (1997), 739, 761; *Pluskat,* WM 2002, 833, 835; *Vollmer/Grupp,* ZGR 1995, 459, 466; *Hüffer,* § 119 AktG Rn. 24 sieht die Pflicht zur Vorlage nach § 119 Abs. 2 AktG im Individualschutz begründet, sieht diesen beim Delisting als betroffen an und gelangt auf diesem Weg im Rahmen des § 119 Abs. 2 AktG zur Vorlagepflicht.

[54] Der BGH versteht darunter den „Rückzug der Gesellschaft aus dem Amtlichen Handel und dem geregelten Markt an allen Börsen", BGH, Urteil v. 25. 11. 2002 – II ZR 133/01, BGHZ 153, 47. Nach dieser ausdrücklichen Beschränkung des Beschlusserfordernisses auf das vollständige Delisting und der vom BGH hierfür vorgebrachten Begründung („Verkehrsfähigkeit der Aktie") ist davon auszugehen, dass es jedenfalls beim Teil-Delisting auch nach Ansicht des BGH keines Hauptversammlungsbeschlusses bedarf. Ebenso *Eßers/Weisner/Schlienkamp,* DStR 2003, 985, 986; *Schäfer/Eckhold,* in: Hdb. börsennotierte AG, § 62 Rn. 39; *Schlitt,* ZIP 2004, 533, 541 m. w. Nachw. in Fn. 92. Weiter – über die BGH-Entscheidung hinaus, die gerade auch ein Downgrading in den Freiverkehr für hauptversammlungspflichtig ansieht (S. 54: „Für die Minderheits- und Kleinaktionäre ... bringt der Wegfall des Marktes ... Nachteile mit sich, die auch nicht durch die Einbeziehung der Aktien in den Freihandel ausgeglichen werden können,") OLG München, Beschluss v. 21. 5. 2008 – 31 Wx 62/07, ZIP 2008, 1137 und Vorinstanz LG München, Beschluss v. 30. 8. 2007 – 5 HK 0 7195/06, BB 2007, 2253, 2254 f., die den Fall des Wechsels vom regulierten Markt in das M:access Segment der Münchener Börse (Freiverkehr) für nicht vergleichbar mit dem vom BGH entschiedenen Fall des Delisting halten; zustimmend zu OLG München *Goslar,* EWiR § 48 BörsG a. F. 1/08, 461 und *Seibt/Wollenschläger,* AG 2009, 807, 814 ablehnende Anm. zum LG München *Paefgen/Hörtig,* WuB I G 7., 1.08.

[55] BGH, Urteil v. 25. 11. 2002 – II ZR 133/01, BGHZ 153, 47; zustimmend *Adolff/Tieves,* BB 2003, 797, 798; *Henze,* FS Raiser, 2005, S. 145, 147 f.; ebenso bereits ausdrücklich *Bungert,* BB 2000, 53, 55; *Groß,* ZHR 165 (2001), 141, 163 ff.; Henze, FS Ulmer, 2003, S. 211, 239 ff.; *Mülbert,* ZHR 165 (2001), 194, 129 ff.

schließlich mit der durch Art. 14 GG seiner Ansicht nach geschützten „**Verkehrsfähigkeit der Aktie**".[56] Die Verkehrsfähigkeit der Aktie werde durch das Delisting beeinträchtigt. Für eine Entscheidung über eine solche Beeinträchtigung sei nicht die Verwaltung, sondern die Hauptversammlung zuständig. Demnach ist für die Praxis davon auszugehen, dass ein Beschluss der Hauptversammlung erforderlich ist; Beschlussgegenstand ist die Ermächtigung des Vorstands, den Widerruf der Zulassung zu beantragen.[57]

22 **b) Mehrheitserfordernis.** Der BGH lässt für den Ermächtigungsbeschluss der Hauptversammlung die **einfache Stimmenmehrheit** ausreichen[58] und erteilt damit weitergehenden Forderungen in der Literatur (satzungsändernde Mehrheit,[59] Mehrheit von mindestens 90% des vertretenen Kapitals)[60] eine eindeutige Absage. Grundsätzlich besteht kein Anlass für einen Stimmrechtsausschluss des Mehrheitsaktionärs,[61] so dass in der Praxis das Mehrheitserfordernis aufgrund der Beteiligungsquote des Mehrheitsaktionärs i. d. R. unproblematisch ist.

23 **c) Sachliche Rechtfertigung, Berichtserfordernis.** Der BGH hat im Macrotron-Urteil weiter entschieden, der Ermächtigungsbeschluss bedürfe **keiner materiellen Beschlusskontrolle** nach dem Maßstab der Erforderlichkeit und der Verhältnismäßigkeit und damit keiner sachlichen Rechtfertigung;[62] vielmehr trage ein mit der erforderlichen Mehrheit gefasster Ermächtigungsbeschluss seine Rechtfertigung in sich.[63] Er hat dies ausdrücklich mit dem „unternehmerischen Charakter" der Entscheidung der Hauptversammlung und damit begründet, es liege im „Ermessen der Mehrheit der Aktionäre, ob die Maßnahme im Interesse der Gesellschaft zweckmäßig und gebo-

---

[56] BGH, Urteil v. 25. 11. 2002 – II ZR 133/01, BGHZ 153, 47; kritisch *Adolff/Tieves,* BB 2003, 707, 798 ff.; *Brauer,* S. 82 ff. Die Macrotron-Entscheidung wurde insoweit wohl vor allem durch den Beitrag von *Hellwig/Bormann,* ZGR 2002, 465, 470 ff. vorbereitet, auf die der damalige Vorsitzende des entscheidenden Senats des BGH auch verweist, *Röhricht,* in: Gesellschaftsrecht in der Diskussion, 2003, S. 1, 33.

[57] Kritisch insgesamt zur Macrotron-Entscheidung, ihrem dogmatischen Ansatz und der verfassungsrechtlichen Argumentation *Brauer,* S. 82 ff., 217 ff.

[58] BGH, Urteil v. 25. 11. 2002 – II ZR 133/01, BGHZ 153, 47; zustimmend *Adolff/Tieves,* BB 2003, 797, 800.

[59] *Hellwig,* ZGR 1999, 781, 799 ff.; *Kleindiek,* in: FS G. Bezzenberger, 2000, S. 653, 657 ff.; *Lutter,* in: FS Zöllner, 1999, S. 363, 378; *Lutter/Leinekugel,* ZIP 1998, 805, 806; *Pluskat,* WM 2002, 833, 835; *Steck,* AG 1998, 460, 464; *Vollmer/Grupp,* ZGR 1995, 469, 475.

[60] *Grupp,* S. 198, anders aber *ders.,* in: Vollmer/Grupp, ZGR 1995, 459, 475.

[61] OLG München, Urteil v. 14. 2. 2001 – 7 U 6019/99, WM 2002, 662.

[62] A. A. *Baums/Vogel,* in: Lutter/Scheffler/Schneider, Handbuch der Konzernfinanzierung, 1998, Rn. 9.64 und wohl *Vollmer/Grupp,* ZGR 1995, 459, 475.

[63] So ausdrücklich BGH, Urteil v. 25. 11. 2002 – II ZR 133/01, BGHZ 153, 47; und ebenso bereits OLG München, Urteil v. 14. 2. 2001 – 7 U 6019/99, WM 2002, 662; LG München, Urteil v. 4. 11. 1999 – 5 HKO 10480/99, DB 1999, 2458, 2459; *Bungert,* BB 2000, 53, 57; *Hellwig,* ZGR 1999, 781, 799; *Hüffer,* § 119 AktG Rn. 24; *Martinius/Schiffer,* DB 1999, 2460, 2461; *Pluskat,* WM 2002, 833, 835.

ten erscheint".[64] Konsequent auf der Linie, dass sich die Entscheidungsbefugnis der Hauptversammlung nicht daraus ergebe, beim Delisting handele es sich um eine Strukturmaßnahme, und dass der Beschluss der Hauptversammlung keiner sachlichen Rechtfertigung bedarf, liegt die weitere Klarstellung des BGH, die Entscheidung zum Delisting bedürfe **keines Vorstandsberichtes** entsprechend § 186 Abs. 4 Satz 2 AktG.[65] Dies hat der BGH später noch einmal ausdrücklich betont: Die Wirksamkeit eines Hauptversammlungsbeschlusses über ein reguläres Delisting setze weder einen Vorstandsbericht noch einen Bericht des Mehrheitsaktionärs noch eine Prüfung des Abfindungsangebots durch einen sachverständigen Prüfer voraus.[66]

d) Kaufangebot der Gesellschaft und des Hauptaktionärs. Dagegen   24
hat der BGH entschieden, die Zuständigkeit der Hauptversammlung für die Delisting-Entscheidung gewährleiste alleine keinen hinreichenden Schutz der Minderheitsaktionäre. Hierfür sei es vielmehr erforderlich, dass den Minderheitsaktionären „mit dem Beschlussantrag ein Pflichtangebot über den Kauf ihrer Aktien durch die Gesellschaft (in den aus §§ 71 f. AktG bestehenden Grenzen) oder durch den Großaktionär vorgelegt"[67] werde.

e) Börsenordnung. § 39 Abs. 2 enthält **keine Aussage** dazu, ob für das   25
Delisting ein Hauptversammlungsbeschluss der Gesellschaft erforderlich ist. Gleiches gilt für § **46** BörsenO der FWB. Eine solche Aussage fehlt dort, obwohl der Gesetzgeber es durch die Formulierung des Regelungsauftrags an die Börsenordnung in § 39 Abs. 2 Satz 5 den einzelnen Regionalbörsen überlassen wollte, Vorschriften in die Börsenordnung darüber aufzunehmen, „inwieweit bei Vorliegen qualifizierter Hauptversammlungsbeschlüsse zum Delisting die Interessen der Anleger eines Unternehmens als ausreichend berücksichtigt angesehen sind".[68] Keine Regionalbörse hat von dieser Möglich-

---

[64] BGH, Urteil v. 25. 11. 2002 – II ZR 133/01, BGHZ 153, 47; ausdrücklich zustimmend *Adolff/Tieves*, BB 2003, 797, 801.
[65] BGH, Urteil v. 25. 11. 2002 – II ZR 133/01, BGHZ 153, 47; ebenso ablehnend OLG München, Urteil v. 14. 2. 2001 – 7 U 6019/99, WM 2002, 662; LG München, Urteil v. 4. 11. 1999 – 5 HKO 10 480/99, DB 1999, 2458, 2459; *Bungert*, BB 2000, 53, 56 f. ablehnend wohl auch *Hüffer*, § 119 AktG Rnrn. 24, 19; einen Bericht fordernd dagegen *Mutter*, EWiR § 119 AktG 1/01, 459 (Anmerkungen zum vorgenannten OLG München-Urteil); *Pluskat*, WM 2002, 833, 835; *Schlitt*, ZIP 2004, 533, 536. Im Macrotron-Fall wurden allerdings die Gründe für das Delisting in der Hauptversammlung dargelegt, was der BGH im Zusammenhang mit der Ablehnung des Berichtserfordernisses ausdrücklich erwähnt, BGHZ 153, 47, 59. Daraus entnehmen einzelne Stimmen in der Literatur, ein Bericht sei doch erforderlich *Eßers/Weisner/ Schlienkamp*, DStR 2003, 985, 987.
[66] BGH, Beschluss v. 7. 12. 2009 – II ZR 239/08, ZIP 2010, 622; ebenso bereits OLG Stuttgart als Vorinstanz, Urteil v. 15. 10. 2008 – 20 U 19/07, AG 2009, 124, 129 ff.
[67] BGH, Urteil v. 25. 11. 2003 – II ZR 133/01, BGHZ 153, 47; ablehnend *Adolff/ Tieves*, BB 2003, 797, 900; näher dazu *Groß*, in: Happ, Aktienrecht, 3. Aufl. 2007, 16.03 Rn. 8; *Heidelbach*, in: Schwark/Zimmer, § 39 BörsG Rnrn. 22 ff.
[68] So die Stellungnahme des Bundesrates, BT-Drs. 13/8933, S. 165.

keit Gebrauch gemacht, den Hauptversammlungsbeschluss als erforderliche Voraussetzung der Delisting-Entscheidung festzuschreiben. Daraus kann man folgern, dass die Geschäftsführung bei der Entscheidung über das Delisting nicht das Vorliegen eines entsprechenden Hauptversammlungsbeschlusses prüfen muss.[69] In der Praxis erfolgt offensichtlich auch keine solche Prüfung, anderenfalls wären solche Fälle wie die des OLG München mit dem Widerruf der Zulassung ohne Hauptversammlungsbeschluss[70] nicht möglich.

5. Delisting durch Verzicht des Emittenten

26   Es war früher streitig, ob ein Verzicht des Emittenten auf die Zulassung zur amtlichen Notierung von Aktien zulässig ist.[71] Dieser **Meinungsstreit** dürfte sich **durch § 39 Abs. 2 erledigt** haben. Wenn der Gesetzgeber den Rückzug von der Börse auf Antrag des Emittenten in einem durch § 39 Abs. 2 geordneten Marktentlassungsverfahren regelt, spricht dies dagegen, daneben einen ungeordneten Rückzug durch einseitigen Verzicht ohne Mitwirkungs- und Kontrollrechte der Geschäftsführung oder des Zulassungsausschusses zuzulassen.

IV. Rechtsmittel

1. Widerruf und Rücknahme der Zulassung von Amts wegen

27   **a) Rechtsnatur.** Widerruf und Rücknahme der Zulassung sind Verwaltungsakte. Bei der Ermessensentscheidung sind die Interessen des Emittenten mit denen des ordnungsmäßigen Börsenhandels und des Anlegerschutzes abzuwägen.[72]

28   **b) Rechtsmittel.** Gegen diese steht der Verwaltungsrechtsweg nach einem entsprechenden Widerspruchsverfahren offen.[73] Aktiv legitimiert für Widerspruch und Klage sind sowohl der Emissionsbegleiter als auch der Emittent selbst.[74] Die Klage richtet sich gegen die Börse als solche.[75]

---

[69] *Hellwig,* ZGR 1999, 781, 801; ausdrücklich für eine Prüfungspflicht sowohl hinsichtlich des Vorliegens des Hauptversammlungsbeschlusses als auch des Kaufangebots und sogar der Plausibilisierung des angebotenen Kaufpreises dagegen *Heidelbach,* in: Schwark/Zimmer, § 39 BörsG Rn. 38; ebenfalls eine Prüfungspflicht annehmend *Vollmer/Grupp,* ZGR 1995, 459, 477 ff.

[70] Vgl. die Sachverhaltsschilderung bei *Seibt/Wollenschläger,* AG 2009, 807, 813.

[71] Dafür *Eickhoff,* WM 1988, 1713, 1716; *Fluck,* WM 1995, 555, 558 ff.; *Radtke,* S. 45 ff. Dagegen *Grupp,* S. 174 f.; *Klenke,* WM 1995, 1089, 1096 f.; *Vollmer/Grupp,* ZGR 1995, 459, 478.

[72] *Heidelbach,* in: Schwark/Zimmer, § 39 BörsG Rn. 9.

[73] *Heidelbach,* in: Schwark/Zimmer, § 39 BörsG Rn. 9.

[74] *Heidelbach,* in: Schwark/Zimmer, § 39 BörsG Rn. 9 und *Gebhardt,* in: Schäfer/Hamann, KMG, § 38 BörsG Rn. 40, die allerdings beide nur eine Antragsbefugnis des Emittenten annehmen.

[75] VGH Kassel, Urteil v. 19. 3. 1996 – 11 UE 1714/93, NJW-RR 1997, 110 f.; *Gebhardt,* in: Schäfer/Hamann, KMG, § 38 BörsG Rn. 40.

Hinsichtlich der Widerspruchs- und Anfechtungsbefugnis des einzelnen 29
Anlegers geht ein Verweis auf deren Fehlen bei einer verweigerten Zulassung[76] an der entscheidenden Problematik vorbei. Die Situation beim Widerruf bzw. der Rücknahme einer bereits erteilten Zulassung ist mit der eines Verfahrens, in dem es darum geht, die Zulassung erst zu erlangen, für den Anleger nicht vergleichbar. Auch § 15 Abs. 6, nach dem die Geschäftsführung die Aufgaben nach diesem Gesetz nur im öffentlichen Interesse wahrnimmt, ist beim Widerruf der Zulassung kein einschlägiges Argument.[77] Eine bestehende Zulassung schafft einen **Vertrauenstatbestand** auf dessen Grundlage einzelne Anleger **Vermögensentscheidungen** getroffen haben.[78] Der BGH hat in seiner Macrotron-Entscheidung zum Delisting die nach seiner Ansicht durch Art. 14 GG eigentumsrechtlich geschützte „**Verkehrsfähigkeit der Aktie**" hervorgehoben.[79] Man mag diesen Ansatz für unzutreffend halten.[80] Argumentiert man jedoch auf der Grundlage dieser Ansicht des BGH, dann kann es für die Auswirkungen auf den Anleger nicht darauf ankommen, ob der Widerruf der Zulassung von Amts wegen oder auf Antrag des Emittenten erfolgt. In beiden Fällen würde gleichermaßen in sein eigentumsrechtlich geschütztes Recht, der Verkehrsfähigkeit der Aktie, eingegriffen. Insofern kommt es dann nicht darauf an, dass § 39 Abs. 2 allein dem öffentlichen Interesse dient, soweit es um den ordnungsgemäßen Börsenhandel geht, und auch § 40 und § 42 keine individual-schützende Komponente enthalten, da die dort genannten Zulassungsfolgepflichten nach § 42 ebenfalls nur geschaffen werden sollen, zum Schutz des Publikums oder für einen ordnungsmäßigen Börsenhandel. Sieht man die „Verkehrsfähigkeit" der Aktie als eigentumsrechtlich geschützt an, dann wird darin auch bei einem von Amts wegen erfolgenden Widerruf der Zulassung eingegriffen. Auch bei einer von Amts wegen erfolgenden Rücknahme der Zulassung liegt ein solcher Eingriff in eine eigentumsrechtlich geschützte Position vor. Deshalb wird man auf der Grundlage der Aussage des BGH im Macrotron-Urteil die **Widerspruchs- und Anfechtungsbefugnis des Anlegers bejahen** müssen.[81] Da der Kreis der geschützten Anleger auf diejenigen beschränkt ist, die im Zeitpunkt des Widerrufs bzw. der Rücknahme Anleger in dem betroffenen Wertpapier des einzelnen Emittenten sind, ist dieser Kreis auch überschaubar. Das Argument, die Widerspruchs- oder Klagebefugnis des einzelnen Anlegers müsse zur

---

[76] Siehe oben § 32 BörsG Rn. 46.

[77] So aber *Gebhardt,* in: Schäfer/Hamann, KMG, § 38 BörsG Rn. 62 mit dem Verweis auf § 31 Abs. 5 BörsG i. d. F. vor dem Finanzmarktrichtlinie-Umsetzungsgesetz, der – nach Übertragung der Kompetenz auf die Geschäftsführung – § 15 Abs. 6 entspricht.

[78] So ausdrücklich auch VG Frankfurt v. 17. 6. 2002 – 9 E 2285/01 (V), ZIP 2002, 1446, 1447 Macrotron zum Delisting, dort eine Widerspruchs- bzw. Anfechtungsbefugnis bejahend; dagegen *Gebhardt,* in: Schäfer/Hamann, KMG, § 38 BörsG Rn. 62.

[79] BGH v. 25. 11. 2002 – II ZR 133/01, BGHZ 153, 47 = AG 2003, 273.

[80] Kritisch hierzu vor allem *Ekkenga,* ZGR 2003, 878, 883 ff.; *Adolff/Tieves,* BB 2003, 797, 798 ff.

[81] A. A. *Heidelbach,* in: Schwark/Zimmer, § 32 BörsG Rn. 76; *Gebhardt,* in: Schäfer/Hamann, KMG, § 38 BörsG Rn. 62; wie hier schon *Groß,* ZHR 165 (2001), 141, 151 ff.

Vermeidung von Popularklagen ausgeschlossen werden, trägt hier deshalb nicht.

5. Widerruf der Zulassung auf Antrag des Emittenten

30   Die oben zum Widerruf und der Rücknahme der Zulassung von Amts wegen gemachten Ausführungen gelten für den Widerruf der Zulassung auf Antrag des Emittenten entsprechend. Auch hier ist die Entscheidung Verwaltungsakt; der Emittent kann im Falle der Untätigkeit Untätigkeitsklage, bei der Ablehnung des Antrags Verpflichtungsklage erheben. Der Anleger kann im Fall der Gewährung des Delisting aus den oben dargestellten Gründen nach einem entsprechenden Widerspruchsverfahren Anfechtungsklage erheben.[82]

VII. Amtshaftung

31   Zur Amtshaftung der Geschäftsführung bei Aussetzung und Einstellung der Notierung und bei Widerruf bzw. Rücknahme der Zulassung gilt § 15 Abs. 6 jeweils mit der Folge, dass Amtshaftungsansprüche der Adressaten der jeweiligen Maßnahmen in Betracht kommen, während die der betroffenen Anleger mangels sie umfassender Amtspflicht, hält man die entsprechende, durch das Vierte Finanzmarktförderungsgesetz eingefügte Regelung für zulässig und wirksam, ausscheiden dürften. Allerdings ist fraglich, ob tatsächlich die generelle Regelung des § 15 Abs. 6 die grundrechtlich geschützte Position der Verkehrsfähigkeit der Aktie und speziell den drittschützenden Charakter des § 39 Abs. 2 beseitigen kann. Insofern bleibt erwägenswert, trotz der Spezialregelung des § 15 Abs. 6 einen Gleichklang von Widerspruchs- und Anfechtungsbefugnis und Drittschutz der Amtspflicht anzunehmen und damit die Möglichkeit von Amtshaftungsansprüchen der Anleger im Falle sowohl des § 39 Abs. 1, vor allen Dingen aber des § 39 Abs. 2[83] zu bejahen. Eine Haftung gegenüber dem Emittenten und gegenüber den Handelsteilnehmern bleibt in jedem Fall möglich.[84]

§ 40. Pflichten des Emittenten

(1) **Der Emittent zugelassener Aktien ist verpflichtet, für später ausgegebene Aktien derselben Gattung die Zulassung zum regulierten Markt zu beantragen.**

(2) **Die Bundesregierung wird ermächtigt, durch Rechtsverordnung mit Zustimmung des Bundesrates Vorschriften darüber zu erlassen, wann und unter welchen Voraussetzungen die Verpflichtung nach Absatz 1 eintritt.**

---

[82] Wie hier ausdrücklich auch *Heidelbach,* in: Schwark/Zimmer, § 32 BörsG Rnrn. 76 ff.

[83] Eine Überlagerung des § 15 Abs. 6 im Falle des § 39 Abs. 2 annehmend *Heidelbach,* in: Schwark/Zimmer, § 39 BörsG Rn. 40.

[84] *Gebhardt,* in: Schäfer/Hamann, KMG, § 38 BörsG Rn. 35.

Die früher umfassend im Börsengesetz geregelten besonderen, aus der 1
Zulassung folgenden Verhaltenspflichten des Emittenten wurden schrittweise im Laufe der Jahre immer mehr in das Wertpapierhandelsgesetz übertragen und im Börsengesetz gestrichen. Der – vorläufig – letzte Schritt auf diesem Weg geschah durch das Transparenzrichtlinie-Umsetzungsgesetz,[1] durch das die bis dahin im § 39 Abs. 1 Nr. 1 bis 3 BörsG a.F. enthaltenen Gleichbehandlungsgebot, Verpflichtungen zur Vorhaltung einer Zahlstelle und die Informationspflichten sowie die in § 40 BörsG a.F. enthaltene Zwischenberichtspflicht im Börsengesetz gestrichen und ausführlich im Wertpapierhandelsgesetz geregelt wurden. Verblieben im Börsengesetz und aufgrund der Ermächtigung im § 40 Abs. 2 in § 69 BörsZulV ist nur noch die Zulassungspflicht bei Aktien.

Nach § 39 Abs. 1 ist der Emittent zugelassener Aktien verpflichtet, für spä- 2
ter **ausgegebene Aktien derselben Gattung**, wenn diese, wie § 69 Börs-ZulV konkretisiert, öffentlich i. S. d. § 2 Nr. 4 WpPG[2] ausgegeben werden, die Zulassung zum regulierten Markt zu beantragen. Auf der Grundlage der Ermächtigung des § 40 Abs. 2 sind die Einzelheiten darüber, wann und unter welchen Voraussetzungen die Verpflichtung nach § 40 Abs. 1 eintritt, in § 69 BörsZulV und auch in § 7 BörsZulV[3] geregelt; auf die dortige Kommentierung wird verwiesen.

Verstöße gegen § 40 Abs. 1 Nr. 4 stellen keine Ordnungswidrigkeit nach 3
§ 50 dar. Es bleiben jedoch die Sanktionsmöglichkeiten des § 39 Abs. 1. Zivilrechtliche Sanktionsmöglichkeiten dürften ausscheiden.[4]

§ 41. Auskunftserteilung

(1) Der Emittent der zugelassenen Wertpapiere sowie das Institut oder Unternehmen, das die Zulassung der Wertpapiere nach § 32 Abs. 2 Satz 1 zusammen mit dem Emittenten beantragt hat, sind verpflichtet, der Geschäftsführung aus ihrem Bereich alle Auskünfte zu erteilen, die zur ordnungsgemäßen Erfüllung ihrer Aufgaben im Hinblick auf die Zulassung und die Einführung der Wertpapiere erforderlich sind.

(2) ¹Die Geschäftsführung kann verlangen, dass der Emittent der zugelassenen Wertpapiere in angemessener Form und Frist bestimmte Auskünfte veröffentlicht, wenn dies zum Schutz des Publikums oder für einen ordnungsgemäßen Börsenhandel erforderlich ist. ²Kommt der

---

[1] BGBl. I 2007, 10.
[2] *Heidelbach,* in: Schwark/Zimmer, § 40 BörsG Rn. 3. Der dort von ihr genannte Fall des „reinen Bezugsangebots" dürfte nach der Änderungs-RL als öffentliches Angebot anzusehen sein, vgl. unten 2 WpPG Rn. 18 a. Es bleiben demnach nur noch wenige Fälle, z.B. der von ihr genannte Fall der Begebung neuer Aktien an einen Inferenten einer Sacheinlage, in dem die neuen Aktien nicht öffentlich begeben werden. Weitere Ausnahmen von der Zulassungspflicht enthält § 7 BörsZulV, vgl. Kommentierung dort.
[3] *Heidelbach,* in: Schwark/Zimmer, § 40 BörsG Rn. 4.
[4] *Heidelbach,* in: Schwark/Zimmer, § 40 BörsG Rn. 7.

Emittent dem Verlangen der Geschäftsführung nicht nach, kann die Geschäftsführung nach Anhörung des Emittenten auf dessen Kosten diese Auskünfte selbst veröffentlichen.

§ 41 richtet sich nur an Emittenten und Emissionsbegleiter bereits zugelassener Wertpapiere und kann demzufolge nicht bereits im eigentlichen Zulassungsverfahren genutzt werden, dort greift § 48 Abs. 2 BörsZulV.[1] Zur **Auskunft** nach § 41 Abs. 1 sind sowohl der Emittent als auch das antragstellende Institut oder Unternehmen jeweils in dem Umfang verpflichtet, in dem es um die ihren Bereich betreffenden Auskünfte geht.

§ 41 Abs. 2 richtet sich dagegen nur an den Emittenten; seine Verletzung stellt eine Ordnungswidrigkeit nach § 50 Abs. 1 Nr. 6 dar.

§ 42. Teilbereiche des regulierten Marktes mit besonderen Pflichten für Emittenten

(1) Die Börsenordnung kann für Teilbereiche des regulierten Marktes ergänzend zu den vom Unternehmen einzureichenden Unterlagen zusätzliche Voraussetzungen für die Zulassung von Aktien oder Aktien vertretenden Zertifikaten und weitere Unterrichtungspflichten des Emittenten aufgrund der Zulassung von Aktien oder Aktien vertretender Zertifikate zum Schutz des Publikums oder für einen ordnungsgemäßen Börsenhandel vorsehen.

(2) [1]Erfüllt der Emittent auch nach einer ihm gesetzten angemessenen Frist zusätzliche Pflichten nach § 42 nicht, kann die Geschäftsführung den Emittent aus dem entsprechenden Teilbereich des regulierten Marktes ausschließen. [2]§ 25 Abs. 1 Satz 2 und 3 gilt bei Maßnahmen der Geschäftsführung nach diesem Absatz entsprechend.

1   § 42 Abs. 1 wurde durch das Vierte Finanzmarktförderungsgesetz neu eingefügt und durch das Finanzmarktrichtlinie-Umsetzungsgesetz nur insoweit geändert als „zusätzliche Voraussetzungen für die Einführung von Aktien oder Aktien vertretenden Zertifikaten" als weiterer zulässiger Regelungsgegenstand in der Börsenordnung eingefügt wurde. Das redaktionelle Versehen, hier von „Einführung" zu sprechen, wurde durch das Gesetz zur Umsetzung der Beteiligungsrichtlinie (BGBl. I 2009 S. 470) korrigiert, so dass jetzt von „Zulassung" die Rede ist. § 42 Abs. 2 wurde neu durch das Finanzmarktrichtlinie-Umsetzungsgesetz eingefügt, um die bis dahin fehlende rechtliche

---

[1] Zur Beschränkung auf Emittenten/Emissionsbegleiter zugelassener Wertpapiere wie hier *Heidelbach,* in: Schwark/Zimmer, § 41 BörsG Rn. 3, die allerdings im Hinblick auf Auskünfte im Zulassungsverfahren nicht auf § 48 Abs. 2 BörsZulV zurückgreift, sondern insofern auf die Verwaltungsverfahrensgesetze der Länder hinweist.

Grundlage für Sanktionsmaßnahmen in Fällen, in denen die Zulassungsfolgepflichten nicht erfüllt wurden,[1] zu schaffen. Die Intention des Gesetzgebers bei Einführung des § 42 Abs. 1 war im **2** Wesentlichen, der Börse die Möglichkeit zu eröffnen, auf **öffentlichrechtlicher Grundlage** über die gesetzlichen Vorgaben hinaus weitere **Zulassungsvoraussetzungen** und **Zulassungsfolgepflichten** der Emittenten von Aktien und Aktien vertretenden Zertifikaten vorzusehen.[2] Insbesondere der früher existierende Neue Markt und seine komplexe Rechtskonstruktion[3] hatten dem Gesetzgeber gezeigt, dass differenzierende Zulassungsfolgepflichten nur auf gesicherter gesetzlicher Grundlage geschaffen werden können.

Die Regelung der weiteren Zulassungsvoraussetzungen und -folgepflichten **3** kann gemäß § 42 Abs. 1 in der Börsenordnung – und nur in dieser – erfolgen. Die insoweit dem Börsenrat als für den Erlass der Börsenordnung zuständigem Gremium erteilte Ermächtigung (nicht Verpflichtung, d. h. es besteht keineswegs eine Verpflichtung der Börse zur Einrichtung weiterer Teilbereiche[4]) enthält **drei Einschränkungen:** Erstens, die Zulassungsfolgepflichten dürfen nur für „**Teilbereiche des regulierten Marktes**" aufgestellt werden. „Daneben muss es immer einen Handel in Aktien oder Aktien vertretenden Zertifikaten im regulierten Markt geben, der sich auf die gesetzlichen Mindestvoraussetzungen beschränkt."[5] Zweitens kann die Ermächtigung nur für **Emittenten von Aktien oder aktienvertretenden Zertifikaten**, d. h. nicht für Schuldtitel,[6] ausgenutzt werden. Drittens dürfen die zusätzlichen Zulassungsfolgepflichten nur insoweit aufgestellt werden, als es darum geht, Transparenz zu schaffen, die dem Interesse des **Publikumsschutzes** oder des **ordnungsgemäßen Börsenhandels** dient.[7]

Neben diesen ausdrücklichen in § 42 enthaltenen Tatbestandsvorausset **4** zungen für die Ermächtigung zur Regelung weiterer Zulassungsvoraussetzungen und -folgepflichten für Teilbereiche des regulierten Marktes sind die **allgemeinen Schranken hoheitlicher Satzungsgebung,** insbesondere der **Gesetzesvorrang** und der **Gesetzesvorbehalt** zu beachten. „Eine Umgestaltung oder weitreichende Erweiterung der im geltenden Recht ohnehin geregelten Publizität im Rahmen einer Satzung scheidet allerdings aus, da die wesentlichen Transparenzpflichten eines Unternehmens durch Gesetz festzulegen sind."[4]

---

[1] Vgl. nur *Groß*, Kapitalmarktrecht, 3. Aufl. 2006, § 42 Rn. 4.

[2] Wie hier *Heidelbach,* in: Schwark/Zimmer, § 42 BörsG Rn. 4.

[3] *Groß,* Kapitalmarktrecht, 2. Aufl. 2002, § 71 BörsG Rn. 3 ff.

[4] *Heidelbach,* in: Schwark/Zimmer, § 42 BörsG Rn. 6.

[5] RegBegr. zum Vierten Finanzmarktförderungsgesetz, BT-Drs. 14/8017, S. 72, 80; unstr. vgl. nur *Heidelbach,* in: Schwark/Zimmer, § 42 BörsG Rn. 7.

[6] *Heidelbach,* in: Schwark/Zimmer, § 42 BörsG Rn. 7.

[7] Wie hier *Heidelbach,* in: Schwark/Zimmer, § 42 BörsG Rn. 6 und Rnrn. 14 ff. Die Errichtung von Teilbereichen mit besonderen Zulassungsvoraussetzungen und -folgepflichten ist keine Selbstzweck sondern dient dazu, unter Berücksichtigung des Verhältnismäßigkeitsgrundsatzes zum Zwecke des Publikumsschutzes spezielle Marktsegmente mit speziellen Anforderungen zu schaffen.

[4] RegBegr. zum Vierten Finanzmarktförderungsgesetz, BT-Drs. 14/8017, S. 72, S. 81.

5 Unklar war, wie die durch das Finanzmarktrichtlinie-Umsetzungsgesetz neu in § 42 Abs. 1 eingefügte zusätzliche Regelungsmaterie der „zusätzliche(n) Voraussetzungen für die Einführung von Aktien oder Aktien vertretenden Zertifikate(n)" zu verstehen ist. Nachdem durch das Gesetz zur Umsetzung der Beteiligungsrichtlinie (BGBl. I 2009, S. 470) der Begriff „Einführung" in „Zulassung" geändert wurde, ist damit entsprechend der Gesetzesbegründung klar gestellt, dass damit eine reine Zusammenfassung bereits bestehender Regelungen gewollt war.[8] Bereits für den früher existierenden geregelten Markt bestand auf Grund des § 50 Abs. 3 BörsG i. d. F. vor dem Finanzmarktrichtlinie-Umsetzungsgesetz die Möglichkeit, in der Börsenordnung über dasjenige hinaus, was im geregelten Markt zulässig war, Zulassungsvoraussetzungen für Teilbereiche des geregelten Marktes gesondert zu regeln.

6 Wird aufgrund der Ermächtigung in § 42 Abs. 1 durch die Börsenordnung ein neuer Teilbereich des regulierten Marktes mit zusätzlichen Zulassungsfolgepflichten geschaffen, wie z.B. der Teilbereich des regulierten Marktes mit weiteren Zulassungsfolgepflichten (Prime Standard) der FWB,[9] so handelt es sich bei der **Zulassung** zu diesem gesonderten Teilbereich um einen **Verwaltungsakt.**[10] Untätigkeits- bzw. Verpflichtungsklage auf Erteilung der Zulassung zu dem jeweiligen Teilbereich sind die zulässigen Rechtsmittel.[11]

7 § 42 Abs. 2 schafft seit seiner Einführung durch das Finanzmarktrichtlinie-Umsetzungsgesetz die Möglichkeit, dass in den Börsenordnungen Sanktionsmöglichkeiten für die Fälle, in denen Emittenten die zusätzlichen Unterlagen nicht einreichen, die zusätzlichen Voraussetzungen für die Einführung nicht erfüllen oder den weiteren Unterrichtungsverpflichtungen nicht genügen, vorzusehen. Bis zu dieser Ergänzung des § 42 konnte man eine entsprechende Ermächtigung nur im Wege einer Auslegung in § 42 BörsG i. d. F. vor dem Finanzmarktrichtlinie-Umsetzungsgesetz hinein interpretieren. Fraglich ist, wie der Begriff „auszuschließen" zu verstehen ist. Das Börsengesetz kennt bei zugelassenen Wertpapieren die Aussetzung und Einstellung des Handels in § 25 und die Rücknahme oder den Widerruf der Zulassung, § 39. Man wird, nicht zuletzt auf Grund der in § 42 Abs. 2 Satz 2 enthaltenen Verweise auf § 25 Abs. 1 Satz 2 und 3 den Begriff des „ausschließen" nicht auf den Widerruf der Zulassung beschränken können, sondern umfassend verstehen müssen, d. h. er umfasst sowohl die Aussetzung und die Einstellung des Handels als auch den Widerruf der Zulassung.

---

[8] RegBegr. zum Finanzmarktrichtlinie-Umsetzungsgesetz, BT-Drs. 16/4028, S. 103 f.

[9] Zum General und Prime Standard sowie zu den Zulassungsfolgepflichten vgl. nur *Gebhardt,* WM Sonderbeilage 2/2003; *Schlitt,* AG 2003, 57; *Zietsch/Holzborn,* WM 2002, 2356 ff. (Teil I), 2393 (Teil II); kritisch *Spindler,* WM 2003, 2073.

[10] *Gebhardt,* Sonderbeilage Nr. 2 WM 2003, 1, 6; *Heidelbach,* in: Schwark/Zimmer, § 42 BörsG Rn. 11; *Gebhardt,* in: Schäfer/Hamann, KMG, § 42 BörsG Rn. 17.

[11] *Heidelbach,* in: Schwark/Zimmer, § 42 BörsG Rn. 16, die diese Rechtsmittel auch für zulässig hält, soweit es darum geht, die Aufnahme der Notierung in dem jeweiligen Teilbereich zu erstreiten. Dies setzt voraus, dass die Notizaufnahme ein Verwaltungsakt ist, was eher zweifelhaft erscheint, vgl. oben § 38 BörsG Rn. 2.

§ 43. Verpflichtung des Insolvenzverwalters

(1) **Wird über das Vermögen eines nach diesem Gesetz zu einer Handlung Verpflichteten ein Insolvenzverfahren eröffnet, hat der Insolvenzverwalter den Schuldner bei der Erfüllung der Pflichten nach diesem Gesetz zu unterstützen, insbesondere indem er aus der Insolvenzmasse die hierfür erforderlichen Mittel bereitstellt.**

(2) **Wird für Eröffnung des Insolvenzverfahrens ein vorläufiger Insolvenzverwalter bestellt, hat dieser den Schuldner bei der Erfüllung seiner Pflichten zu unterstützen, insbesondere in dem er der Verwendung der Mittel durch den Verpflichteten zustimmt oder, wenn dem Verpflichteten ein allgemeines Verfügungsverbot auferlegt wurde, indem er die Mittel aus dem von ihm verwalteten Vermögen zur Verfügung stellt.**

§ 43 entspricht § 42a BörsG i. d. F. vor dem Finanzmarktrichtlinie-Umsetzungsgesetz. Nachdem das Bundesverwaltungsgericht[1] entschieden hatte, dass der Insolvenzverwalter einer börsennotierten Aktiengesellschaft nach geltendem Recht nicht zur Erfüllung der Mitteilungspflichten nach dem Wertpapierhandelsgesetz herangezogen werden konnte, wurden im Rahmen des Transparenzrichtlinie-Umsetzungsgesetzes[2] die gesetzlichen Grundlagen für die Inanspruchnahme des Insolvenzverwalters geschaffen. Hierzu wurde in § 11 WpHG und in § 43a BörsG i. d. F. vor dem Finanzmarktrichtlinie-Umsetzungsgesetz entsprechende Bestimmungen in das Wertpapierhandelsgesetz und das Börsengesetz aufgenommen. Gegen die Regelungen waren während des Gesetzgebungsverfahrens Bedenken erhoben worden, weil hierdurch neue Masseschulden begründet werden, die nur im Interesse der Unternehmensinhaber, d. h. der Aktionäre, nicht aber der Gläubiger eingegangen werden müssen.[3] Der Gesetzgeber hat diese Hinweise auf die Systemwidrigkeit der Regelung zu Lasten der Gläubiger hinter dem Interesse der Finanzmärkte an der Erfüllung der kapitalmarktrechtlichen Pflichten auch im Insolvenzfall zurückgestellt. Zwar seien die kapitalmarktrechtlichen Pflichten auch im Insolvenzfall nach wie vor Pflichten des Emittenten, doch müsse der Insolvenzverwalter die notwendigen Mittel zu ihrer Erfüllung zur Verfügung stellen, soweit dies erforderlich sei und die organschaftlichen Vertreter des Emittenten hierauf keinen Zugriff hätten. Insbesondere solle der Insolvenzverwalter im Falle der Eröffnung eines Insolvenzverfahrens und im Falle der Anordnung eines allgemeinen Verfügungsverbots gegen den Schuldner vor Eröffnung eines Insolvenzverfahrens die zur Erfüllung seiner Pflichten notwendigen Geldmittel bereitstellen, oder bei Nichtbestehen eines allgemeinen Verfügungsverbots vor Eröffnung des Insolvenzverfahrens einer entsprechenden

---

[1] BVerwG, Urteil v. 15. 4. 2005 – 6 C 4.04 –, ZIP 2005, 1145.
[2] BGBl. I 2007, 10.
[3] Vgl. z. B. *Grub/Obermüller*, ZInsO 2006, 592. Gebühren für die Notierung der Wertpapiere sollen Masseverbindlichkeiten sein, so ausdrücklich VGH Kassel, Beschluss v. 7. 3. 2006 – 5 ZU 1996/05, BKR 2006, 461.

Mittelverwendung zustimmen. Darüber hinaus solle der Insolvenzverwalter den Schuldner auch in sonstiger Weise unterstützen, soweit dies für eine Erfüllung der kapitalmarktrechtlichen Pflichten erforderlich ist.

§§ 44 bis 47. aufgehoben

Die §§ 44 bis 47 BörsG a. F. wurden durch das Gesetz zur Novellierung des Finanzanlagenvermittler- und Vermögensanlagenrechts[1] aufgehoben und die bislang dort geregelte Haftung für Börsenzulassungsprospekte in §§ 22 ff. WpPG aufgenommen.

Abschnitt 5. Freiverkehr

§ 48. Freiverkehr

(1) [1]**Für Wertpapiere, die weder zum Handel im regulierten Markt zugelassen noch zum Handel in den regulierten einbezogen sind, kann die Börse den Betrieb eines Freiverkehrs durch den Börsenträger zulassen, wenn durch eine Handelsordnung sowie durch Geschäftsbedingungen des Börsenträgers, die von der Geschäftsführung gebilligt wurden, eine ordnungsmäßige Durchführung des Handels und der Geschäftsabwicklung gewährleistet erscheint.** [2]**Die Handelsordnung regelt den Ablauf des Handels.** [3]**Die Geschäftsbedingungen regeln die Teilnahme am Handel und die Einbeziehung von Wertpapieren zum Handel.** [4]**Emittenten, deren Wertpapiere ohne ihre Zustimmung in den Freiverkehr einbezogen worden sind, können durch die Geschäftsbedingungen nicht dazu verpflichtet werden, Informationen in Bezug auf diese Wertpapiere zu veröffentlichen.**

(2) **Die Börsenaufsichtsbehörde kann den Handel untersagen, wenn ein ordnungsgemäßer Handel für die Wertpapiere nicht mehr gewährleistet erscheint.**

(3) [1]**Der Betrieb des Freiverkehrs bedarf der schriftlichen Erlaubnis der Börsenaufsichtsbehörde.** [2]**Auf den Betrieb des Freiverkehrs sind die Vorschriften dieses Gesetzes mit Ausnahme der §§ 27 bis 29 und 32 bis 43 entsprechend anzuwenden.**

Übersicht

---

[1] BGBl. I 2011, 2481.

I. Entstehungsgeschichte

Der durch das **Börsenzulassungsgesetz vom 16. Dezember 1986**[1] ein- **1** gefügte § 48 fasst die bis dahin bestehenden Segmente des geregelten und ungeregelten Freiverkehrs zum dritten Börsensegment, dem Handel in Wertpapieren, die weder zum regulierten Markt zugelassen noch zum regulierten Markt einbezogen sind, dem **Freiverkehr, zusammen.**

Das Finanzmarktrichtlinie-Umsetzungsgesetz hat einige eher redaktionelle **1a** Veränderungen bewirkt, die sich aus der Vereinheitlichung des amtlichen und geregelten Marktes zum regulierten Markt ergaben. Darüber hinaus hat die letztendlich Gesetz gewordene Fassung des § 48 Abs. 1 Satz 1 die Rechtsnatur der Bedingungen für die Geschäfte im Freiverkehr sprachlich („Geschäftsbedingungen" gegenüber der früheren Regelung von „Handelsrichtlinien") und in der Begründung („zivilrechtliche Einordnung der Handelsrichtlinien des Freiverkehrs"[2]) klargestellt. Es handelt sich bei den Bedingungen um Allgemeine Geschäftsbedingungen im Sinne der §§ 305 ff. BGB. Der Regierungsentwurf zum Finanzmarktrichtlinie-Umsetzungsgesetz hatte dies noch anders gesehen und wollte hier den öffentlich-rechtlichen Charakter der Handelsrichtlinien festschreiben.[3] Die sich daraus ergebenen Probleme bei der Sanktionierung von Verstößen gegen die „Geschäftsbedingungen", haben den Gesetzgeber im Gesetz zur Fortentwicklung des Pfandbriefrechts (BGBl. I 2001 S. 607) veranlasst, neben die Geschäftsbedingungen noch die öffentlich-rechtliche, vgl. § 12 Abs. 2 Nr. 1, Handelsordnung für den Freiverkehr zu setzen (s. unten Rn. 2).

Ebenfalls entgegen den Vorstellungen des Regierungsentwurfs zum Fi- **1b** nanzmarktrichtlinie-Umsetzungsgesetz[4] wurde entsprechend der Anregung des Bundesrates[5] in § 48 Abs. 3 der Unterschied zwischen dem Freiverkehr als Teil der Börse einerseits und multilateralen Handelssystemen andererseits deutlich gemacht, indem, anders als im Regierungsentwurf vorgesehen, gerade nicht auf die §§ 33, 34 und 34a WpHG verwiesen wird, sondern allein auf die Vorschriften des Börsengesetzes mit Ausnahme der §§ 27–29 und 32–47.[6]

[1] BGBl. I 1986, 2478.
[2] Beschlussempfehlung des Finanzausschusses, BT-Drs. 16/4883, S. 13.
[3] RegBegr. zum Finanzmarktrichtlinie-Umsetzungsgesetz, BT-Drs. 16/4028, S. 105.
[4] RegBegr. zum Finanzmarktrichtlinie-Umsetzungsgesetz, BT-Drs. 16/4028, S. 106.
[5] Stellungnahme des Bundesrates zum Finanzmarkt-Richtlinie-Umsetzungsgesetz, BR-Drs. 833/06, S. 24.
[6] *Schwark*, in: Schwark/Zimmer, § 48 BörsG Rn. 2.

II. Rechtliche Einordnung des Freiverkehrs

2 Das Gesetz zur Fortentwicklung des Pfandbriefrechts (BGBl. I. 2009 S. 607) hat neben die zivilrechtlichen Geschäftsbedingungen (s. oben Rn. 1 a) die öffentlich-rechtliche, da als Satzung vom Börsenrat zu erlassende, § 12 Abs. 2 Nr. 1, Handelsordnung für den Freiverkehr gestellt. Damit hat der Gesetzgeber ausweislich des Berichts des Finanzausschusses[7] darauf reagiert, dass in der Rechtsprechung den Geschäftsbedingungen für den Freiverkehr die Eigenschaft als börsenrechtliche Vorschrift abgesprochen, damit Verstöße gegen die Geschäftsbedingungen einer Sanktionierung durch den Sanktionsausschuss entzogen und allein dem Zivilrechtsweg nämlich einer Klage auf Vertragserfüllung zugewiesen wurde. Da im Freiverkehr zustande kommende Preise Börsenpreise sind, diese aber öffentlich-rechtlich erfasst, ausgewertet und überwacht werden, sollte nach Ansicht des Gesetzgebers der Börsenhandel als solcher öffentlich-rechtlich geregelt und sanktioniert sein. Dieser Bereich soll damit durch die öffentlich-rechtliche Handelsordnung geregelt werden, während es für die Teilnahme am Handel und die Einbeziehung von Wertpapieren zum Handel bei den zivilrechtlichen Geschäftsbedingungen bleiben soll. Damit ist der Freiverkehr in die öffentlich-rechtliche Organisation der Börse integriert[8] und wird sowohl öffentlich-rechtlich (Handelsordnung: Ablauf des Handels) als auch zivilrechtlich (Geschäftsbedingungen: Teilnahme am Handel und Einbeziehung von Wertpapieren zum Handel) geregelt. § 48 Abs. 3 ordnet ausdrücklich an, dass für den Freiverkehr das Börsengesetz, ausgenommen die Regeln zur Skontroführung und zur Zulassung, die eben auf Grund der anderen Struktur nicht passen, anzuwenden sind, damit z. B. die regeln zum Börsenpreis, § 24, vgl. unten Rn. 9, und auch zum Sanktionsausschuss.[9]

III. Zulassung/Einbeziehung

3 Die Einrichtung des Freiverkehrs als solchem erfolgt durch die Geschäftsführung der jeweiligen Börse als Akt der Börsenselbstverwaltung; erforderlich ist jedoch darüber hinaus eine gesonderte Betriebserlaubnis der Börsenaufsicht, § 48 Abs. 3 Satz 1.[10] Besteht ein solcher Freiverkehr, dann bedürfen die Wertpapiere, die darin gehandelt werden sollen, einer gesonderten „Zulassung", die beim Freiverkehr in Abgrenzung zur Zulassung zum regulierten markt auf Grund der besonderen rechtlichen Struktur Einbeziehung genannt wird. Während die **Zulassung** von Wertpapieren zum **regulierten Markt** ein **öffentlich-**rechtliches **Zulassungsverfahren** voraussetzt und in einer öffentlich-rechtlichen Zulassungsentscheidung einmündet, erfolgt die **Einbe-**

---

[7] Bericht des Finanzausschusses zu dem Gesetzentwurf der Bundesregierung eines Gesetzes zur Fortentwicklung des Pfandbriefrechts, BT-Drucks. 16/11 929 S. 9.

[8] So bereits RegBegr. des Zweiten Finanzmarktförderungsgesetzes, BT-Drucks. 12/6679 S. 33, 75, wenn dort darauf verwiesen wird, der Freiverkehr sei aufgrund des § 78 BörsG „in die öffentlich-rechtliche Selbstverwaltung integriert gewesen".

[9] VG Frankfurt, Urteil v. 19. 6. 2008 – 1 E 2583/07, ZIP 2009, 18, 19.

[10] *Schwark,* in: Schwark/Zimmer, § 48 BörsG Rn. 7.

ziehung von Wertpapieren in den **Freiverkehr** allein auf **privatrechtlicher Grundlage**[11] gemäß den auf Grund der Ermächtigungsnorm des § 48 Abs. 1 in den Börsenordnungen erlassenen Bestimmungen bzw. den gesonderten Allgemeinen Geschäftsbedingungen für den Freiverkehr,[12] die rechtlich als Allgemeine Geschäftsbedingungen einzuordnen sind (s. oben Rn. 1a).[13] Wie § 48 Abs. 1 Satz 3 ausdrücklich anordnet, sind die „Einbeziehung von Wertpapieren zum Handel" im Freiverkehr Gegenstand der zivilrechtlichen Allgemeinen Geschäftsbedingungen und nicht der öffentlich-rechtlichen Handelsbedingungen.

IV. Einbeziehungsverfahren

Das **Verfahren zur Einbeziehung von Wertpapieren** in den Freiver-   **4** kehr ist hauptsächlich in den **Allgemeinen Geschäftsbedingungen für den Freiverkehr** geregelt. Nach den Allgemeinen Geschäftsbedingungen für den Freiverkehr an der FWB gilt Folgendes:[14]

1. Antragsteller

Als **Antragsteller** kann nur ein an der FWB uneingeschränkt **zum Bör-**   **5** **senhandel zugelassenes Unternehmen** fungieren, § 2 Abs. 2 und 3 der Allgemeinen Geschäftsbedingungen für den Freiverkehr an der Frankfurter Wertpapierbörse (nachfolgend kurz: Freiverkehr-AGB). Antragsteller muss nicht der Emittent der Wertpapiere sein. Seiner Zustimmung zur Einbeziehung bedarf es nicht, wie sich aus einem Vergleich der Einbeziehungsvoraussetzungen zum sog. Open Market in §§ 9ff. der Freiverkehr-AGB einerseits und den Einbeziehungsvoraussetzungen zum Entry Standard in § 16 Abs. 3 lit. d Freiverkehr-AGB andererseits, wo das Zustimmungserfordernis des Emittenten ausdrücklich geregelt ist, ergibt. Diese Regelung mag noch verständlich gewesen sein zu einer Zeit als die Einbeziehung in den Freiverkehr für den Emittenten keine Verpflichtungen oder „Belastung" mit sich brachte. Seit jedoch auch in den Freiverkehr einbezogene Wertpapiere vom Insiderhandelsverbot erfasst werden, ist dies problematisch. Durch eine gegen den Willen des Emittenten erfolgte Einbeziehung in den Freiverkehr wird diesem eine straf- und ordnungswidrigkeitenbewehrte Regelung aufgezwungen, ohne dass er Möglichkeiten hätte, sich dagegen zu wehren. Dies kann nicht zutreffend sein. Deshalb erscheint es zutreffend, dem Emittenten einen Abwehranspruch aus § 1004 BGB zuzugestehen.[15]

---

[11] *Ledermann,* in: Schäfer/Hamann, KMG, § 57 BörsG Rn. 14.

[12] Vgl. z. B. § 116 der BörsenO für die FWB in Verbindung mit den Allgemeinen Geschäftsbedingungen für den Freiverkehr an der FWB, auch abrufbar über die Internet-Seite der Deutsche Börse AG: www.deutsche-boerse.com.

[13] Wie hier *Schwark,* in: Schwark/Zimmer, § 48 BörsG Rn. 3.

[14] Vgl. die ausführliche Darstellung der Einbeziehungsvoraussetzungen und des Verfahrens bei *Freytag/Koenen,* WM 2011, 1594ff.

[15] A. A. *Schwark,* in: Schwark/Zimmer, § 48 BörsG Rn. 8 Fn. 20.

2. Einbeziehungsvoraussetzungen

6 **Voraussetzung der Einbeziehung** ist nicht die Veröffentlichung eines Prospekts oder eines Unternehmensberichts oder eines Zwischenberichts oder eines Verkaufsprospekts.[16] Ebenso wenig wird eine bestimmte Min destanzahl bzw. ein bestimmter Mindestnennwert oder eine Mindestdauer des Bestehens des Unternehmens, um dessen Wertpapiere es geht, verlangt. Voraussetzung ist nur, dass die einzubeziehenden Wertpapiere genau bezeichnet werden. Darüber hinaus muss eine **ordnungsgemäße Erfüllung der Geschäfte** gewährleistet sein, § 11 Abs. 1 lit. c) der Freiverkehr-AGB.

3. Entscheidung

7 **Zuständig für die Entscheidung** über die Einbeziehung ist die **Deutsche Börse AG**, § 9 Abs. 2 Satz 1 der Freiverkehr-AGB.

4. Rechtsmittel

8 Die **Einbeziehung** ist **ebenso wenig** wie ihre **Ablehnung** ein **Verwaltungsakt**, so dass insoweit bei einer Ablehnung nur die **privatrechtliche Klage** gegen den Träger des Freiverkehrs, bei der FWB der Deutsche Börse AG, in Betracht kommt.[17]

V. Preisfeststellung

9 Der im Freiverkehr ermittelte **Preis ist Börsenpreis**, § 24 Abs. 1; so auch ausdrücklich § 116 Abs. 3 Börsen der FWB. Das gilt unabhängig von der Streichung der dies regelnden Bestimmung des § 57 Abs. 2 BörsG a. F. und unabhängig davon, ob er sich im Parkethandel oder im elektronischen Handelssystem bildet. § 48 Abs. 3 Satz 2 verweist u. a. auf die §§ 24 bis 26, damit auf die regeln über die Voraussetzungen und die Anforderungen an den Börsenpreis. Das **Verfahren zur Preisermittlung und Preisfeststellung ist in den Börsenordnungen und Richtlinien** geregelt, die § 19 ff. Freiverkehr-AGB regeln insoweit unter Bezugnahme auf die entsprechenden Bestimmungen der Börsenordnung der FWB die Preisermittlung im Präsenzhandel und im elektronischen Handelssystem. Da es sich bei dem Preis um einen Börsenpreis i. S. des § 24 handelt, vgl. § 116 Abs. 3 BörsenO der FWB,

---

[16] Die Einbeziehung als solche stellt kein öffentliches Angebot i. S. d. WpPG dar, vgl. § 2 Nr. 4 WpPG; zum alten Recht, § 1 VerkaufsprospektG vgl. ausführlich *Schwark/Zimmer*, Wertpapier-Verkaufsprospektgesetz und Freiverkehr, in: Bankrecht, Schwerpunkte und Perspektiven, FS Schimansky, *Horn/Lwowski/Nobbe*, 1999, 739 ff. Es handelt sich auch nicht um eine Zulassung, so dass die Prospektpflicht auch nicht aus dem Wertpapierprospektgesetz folgt, vgl. *Ledermann*, in: Schäfer/Hamann, KMG, § 57 BörsG Rn. 17.

[17] *Hopt*, HGB, § 48 BörsG, Rn. 4; a. A., da keine Anspruchsgrundlage bestehe, *Ledermann*, in: Schäfer/Hamann, KMG § 57 BörsG Rn. 19.

müssen bei der Ermittlung die in § 24 Abs. 2 genannten Umstände berücksichtigt werden.[18] Die Preisermittlung unterliegt der **Aufsicht der Börsenaufsichtsbehörde und der Handelsüberwachungsstelle,** § 116 Abs. 3 Satz 2 BörsenO der FWB. Die Bestimmungen zur Preisermittlung im regulierten Markt gelten sinngemäß, §§ 19 ff. Freiverkehr-AGB.

VI. Haftung

Da für die Einbeziehung die Veröffentlichung eines Prospekts nicht erforderlich ist, ist die Anwendung **der Prospekthaftung der** §§ 21 ff. WpPG im Freiverkehr **nicht vorgesehen**[19] und war deshalb auf Grund der entsprechenden Klarstellung durch das Finanzmarktrichtlinie-Umsetzungsgesetz in § 48 Abs. 3 BörsG a. F., der die §§ 44 ff. BörsG als Haftungsregeln gerade ausdrücklich für unanwendbar erklärte, sogar ausdrücklich ausgeschlossen. Dadurch, dass seit dem Gesetz zur Novellierung des Finanzanlagenvermittler- und Vermögensanlagenrechts[20] dieser ausdrückliche Ausschluss fehlt (weil in § 48 Abs. 3 eben nur die nicht anwendbaren Bestimmungen des Börsengesetzes genannt werden, die Haftungsregeln jetzt aber im Wertpapierprospektgesetz enthalten sind), hat sich materiell daran nichts geändert. Eine Pflicht zur Veröffentlichung eines Prospektes besteht jedenfalls dann nicht, wenn es um die bloße Einbeziehung und Notierung im Freiverkehr ohne Werbemaßnahmen geht, da dies kein öffentliches Angebot i. S. des § 2 Nr. 4 WpPG darstellt.[21] Wird dennoch ein Prospekt erstellt, kommt eine Prospekthaftung nach § 21 WpPG nicht in Betracht, da der Prospekt nicht für die Zulassung von Wertpapieren erstellt wurde, weil die Einbeziehung keinen Prospekt erfordert. Allenfalls kommt eine Prospekthaftung nach § 22 WpPG in Betracht, wenn es sich bei dem Prospekt um einen Angebotsprospekt handelt, oder, wenn dies nicht der Fall ist, die allgemeine **zivilrechtliche Prospekthaftung.**[22] Das für die Einbeziehung der Wertpapiere in den Freiverkehr zu erstellende Exposee ist in keinem Fall ein Zulassungsprospekt i. S. d. § 21 WpPG und i. d. R. auch kein Angebotsprospekt i. S. d. § 22 WpPG, da er meist erst nach dem Angebot erstellt wird.

VII. Sonstige Rechtsfolgen der Einbeziehung

Die Einbeziehung führt **nicht** zur Anwendung des § 15 WpHG, Ad-hoc-Publizität, des § 21 WpHG, Anzeige und Veröffentlichung von Veränderun-

[18] *Ledermann,* in: Schäfer/Hamann, KMG § 57 BörsG Rn. 21; vgl. auch „Stellungnahme der hessischen Börsenaufsichtsbehörde zu einigen ausgewählten Thesen des Gutachtens Hopt/Rudolph bezüglich einer Börsenreform in Deutschland", III. Veränderung des Segments Freiverkehr, 2. Stellungnahme, veröffentlicht unter www.boersenaufsicht.de/aktuell.htm.
[19] *Hopt,* HGB, § 57 BörsG Rn. 5.
[20] BGBl. I 2011, 2481.
[21] Vgl. unten § 2 WpPG.
[22] BGH, Urteil v. 5. Juli 1993 – II ZR 194/92, WM 1993, 1787, 1788.

gen des Stimmrechtsanteils, und begründet **keine Pflicht zur Zwischenberichterstattung.**[23] Dagegen sind in den Freiverkehr einbezogene Wertpapiere aufgrund der ausdrücklichen Anordnung in § 12 Abs. 1 Satz 2 WpHG **Insiderpapiere,** so dass die entsprechenden Regelungen der §§ 12 bis 14 WpHG hier Anwendung finden.[24] Gesellschaften, deren Aktien im Freiverkehr gelistet werden, gelten **nicht als „börsennotiert"** i. S. des § 3 Abs. 2 **AktG,**[25] da der Freiverkehr nicht von einer staatlich anerkannten Stelle geregelt und überwacht wird.

**Abschnitt 6. Straf- und Bußgeldvorschriften;
Schlussvorschriften**

§ 49. Strafvorschriften

Mit Freiheitsstrafe bis zu drei Jahren oder mit Geldstrafe wird bestraft, wer entgegen § 26 Abs. 1 andere zu Börsenspekulationsgeschäften oder zu einer Beteiligung an einem solchen Geschäft verleitet.

Vgl. Kommentierung zu § 26 BörsG.

§ 50. Bußgeldvorschriften

(1) Ordnungswidrig handelt, wer vorsätzlich oder leichtfertig

1. **entgegen § 3 Abs. 11 eine Person in Kenntnis setzt,**
2. **entgegen § 4 Abs. 7 einem Wechsel bei einer dort genannten Person nicht, nicht richtig, nicht vollständig oder nicht rechtzeitig anzeigt,**
3. **entgegen**
   a) § 6 Abs. 1 Satz 1, 5 oder 6 oder
   b) § 6 Abs. 5 Satz 1 oder 4 oder Abs. 6 Satz 1,
   jeweils auch in Verbindung mit einer Rechtsverordnung nach Abs. 7 Satz 1, eine Anzeige nicht, nicht richtig, nicht vollständig oder nicht rechtzeitig erstattet,
4. **einer nachvollziehbaren Anordnung nach § 6 Abs. 1 Satz 7 zuwiderhandelt,**
5. **entgegen § 6 Abs. 6 Satz 2 eine Veröffentlichung nicht oder nicht rechtzeitig vornimmt oder**
6. **entgegen § 41 Abs. 1 eine Auskunft nicht, nicht richtig oder nicht vollständig erteilt.**

---

[23] *Ledermann,* in: Schäfer/Hamann, KMG, § 57 BörsG Rn. 20.

[24] *Ledermann,* in: Schäfer/Hamann, KMG, § 57 BörsG Rn. 24; *Schwark,* in: Schwark/Zimmer, § 48 BörsG Rn. 13.

[25] *Ledermann,* in: Schäfer/Hamann, KMG, § 57 BörsG Rn. 26; *Schwark,* in: Schwark/Zimmer, § 48 BörsG Rn. 13.

(2) Ordnungswidrig handelt, wer vorsätzlich oder fahrlässig
1. einer vollziehbaren Anordnung nach
   a) § 3 Abs. 4 Satz 1 oder Satz 4 Nr. 1, jeweils auch in Verbindung mit § 7 Abs. 3 oder
   b) § 6 Abs. 2 Satz 1 oder Abs. 4 Satz 1
   zuwiderhandelt oder
2. entgegen § 3 Abs. 4 Satz 5 oder 6, jeweils auch in Verbindung mit Satz 8, ein Betreten nicht gestattet oder nicht duldet.

(3) Die Ordnungswidrigkeit kann in den Fällen des Absatzes 2 Nr. 1 Buchstabe b mit einer Geldbuße bis zu fünfhunderttausend Euro, in den Fällen des Absatzes 1 Nr. 3 Buchstabe a und Nr. 4 und 6 mit einer Geldbuße bis zu hunderttausend Euro, in den übrigen Fällen mit einer Geldbuße bis zu fünfzigtausend Euro geahndet werden.

Bereits das Transparenzrichtlinie-Umsetzungsgesetz hatte den Kanon der 1 Ordnungswidrigkeiten einerseits reduziert, da diejenigen Tatbestände, bei denen es um die Verletzung von Veröffentlichungs- und Auskunftspflichten geht, deren Einhaltung im Interesse der Wertpapierinhaber liegt, gestrichen wurden, weil die entsprechenden Verhaltenspflichten aus dem Börsengesetz entfernt und in das Wertpapierhandelsgesetz übertragen wurden, wo jetzt dann auch die korrespondierenden Ordnungswidrigkeitsbestimmungen enthalten sind. Andererseits wurden Tatbestände, wie die Verletzung von Auskunfts-, Vorlage- und Duldungspflichten, zu Ordnungswidrigkeiten erklärt, um hierdurch der Aufsicht über den Börsenhandel angemessene Sanktionsmittel zur Durchsetzung der Aufsichtsmaßnahmen zur Verfügung zu stellen.

Voraussetzung einer Ordnungswidrigkeit nach § 50 Abs. 1 ist in subjektiver 2 Hinsicht Vorsatz oder Leichtfertigkeit; bei § 50 Abs. 2 reicht dagegen Fahrlässigkeit aus. Vorsatz ist Wissen (kognitiv) und Wollen (voluntativ) der Tatbestandsverwirklichung; bei bedingtem Vorsatz reicht hinsichtlich des voluntativen Elements allerdings aus, dass die Tatbestandsverwirklichung zumindest billigend in Kauf genommen wird. Fahrlässigkeit setzt objektive Sorgfaltspflichtverletzung und objektive Vorsehbarkeit der Tatbestandsverwirklichung voraus. Leichtfertigkeit ist eine gesteigerte Form der Fahrlässigkeit, d. h. der Täter muss, gemessen an seinen persönlichen Fähigkeiten, gerade das unberücksichtigt lassen, was jedem anderen an seiner Stelle offenbar eingeleuchtet hätte.[1]

§ 51. Geltung für Wechsel und ausländische Zahlungsmittel

(1) Die §§ 24 und 27 bis 29 gelten auch für Wechsel und ausländische Zahlungsmittel.

(2) Als Zahlungsmittel im Sinne des Absatzes 1 gelten auch Auszahlungen, Anweisungen und Schecks.

---

[1] *Schwark*, in: Schwark/Zimmer, § 50 BörsG Rn. 2.

§ 51 erklärt verschiedene Bestimmungen des Börsengesetzes auch auf Wechsel und ausländische Zahlungsmittel für anwendbar. Dabei ist der Begriff des ausländischen Zahlungsmittels in einem weiten Sinne zu verstehen. Dazu gehören nicht nur Ansprüche auf Zahlung in fremder Währung an einem ausländischen Platz in Form von Sichtguthaben bei Banken, sondern auch Anweisungen, Schecks und Wechsel, die auf fremde Währung lauten, soweit sie im Ausland zahlbar sind. § 51 Abs. 2 BörsG a. F. enthielt noch ausdrücklich die Aufzählung von Geldsorten, Banknoten und damit auch Papiergeld sowie Münzen; die diesbezügliche Streichung durch das Finanzmarktrichtlinie-Umsetzungsgesetz dürfte materiell keine Bedeutung haben. Auch **synthetische Währungen,** deren Wert sich z. B. nach einem Währungskorb errechnet, werden von § 51 erfasst.

§ 52. Übergangsregelungen

(1) **Sind Prospekte, auf Grund derer Wertpapiere zum Börsenhandel mit amtlicher Notierung zugelassen worden sind, oder Unternehmensberichte vor dem 1. April 1998 veröffentlicht worden, so sind auf diese Prospekte und Unternehmensberichte die Vorschriften der §§ 45 bis 49 und 77 des Börsengesetzes in der Fassung der Bekanntmachung vom 17. Juli 1996 (BGBl. I S. 1030) weiterhin anzuwenden.**

(2) **Sind Prospekte, auf Grund derer Wertpapiere zum Börsenhandel im amtlichen Markt zugelassen worden sind, oder Unternehmensberichte vor dem 1. Juli 2002 veröffentlicht worden, so ist auf diese Prospekte und Unternehmensberichte die Vorschrift des § 47 des Börsengesetzes in der Fassung der Bekanntmachung vom 9. September 1998 (BGBl. I S. 2682), das zuletzt durch Artikel 35 des Gesetzes vom 27. April 2002 (BGBl. I S. 1467) geändert worden ist, weiterhin anzuwenden.**

(3) **[1]Sind Prospekte, auf Grund derer Wertpapiere zum Handel im amtlichen Markt zugelassen worden sind, vor dem 1. Juli 2005 veröffentlicht worden, so ist auf diese Prospekte die Vorschrift des § 45 dieses Gesetzes in der vor dem 1. Juli 2005 geltenden Fassung weiterhin anzuwenden. [2]Auf Unternehmensberichte, die vor dem 1. Juli 2005 veröffentlicht worden sind, finden die Vorschriften der §§ 44 bis 47 und § 55 dieses Gesetzes in der vor dem 1. Juli 2005 geltenden Fassung weiterhin Anwendung.**

(4) **[1]Für Wertpapiere, deren Laufzeit nicht bestimmt ist und die am 1. Juli 2002 weniger als zehn Jahre an einer inländischen Börse eingeführt sind, gilt § 5 Abs. 1 Satz 1 des Börsengesetzes in der Fassung der Bekanntmachung vom 9. September 1998 (BGBl. I S. 2682), das zuletzt durch Artikel 35 des Gesetzes vom 27. April 2002 (BGBl. I S. 1467) geändert worden ist. [2]Auf die in Satz 1 genannten Wertpapiere ist § 14 Abs. 1 Nr. 5 erst mit Ablauf von zehn Jahren seit der Einführung anzuwenden.**

(5) **[1]Börsenträger, denen vor dem 1. November 2007 eine Genehmigung nach § 1 Abs. 1 des Börsengesetzes in der bis zum 31. Oktober 2007 geltenden Fassung erteilt worden ist, bedürfen insoweit keiner Er-**

laubnis nach § 4. ²Sie müssen jedoch der Börsenaufsichtsbehörde bis zum 30. April 2009 die nach § 4 Abs. 2 Satz 2 erforderlichen Unterlagen einreichen. Die Befugnisse der Börsenaufsichtsbehörde nach § 4 gelten in Ansehung der vor dem 1. November 2007 enthaltenen Genehmigungen entsprechend.

(6) Börsenträger, die den Betrieb eines Freiverkehrs bereits vor dem 1. November 2007 begonnen haben, sind verpflichtet, den Antrag auf Erteilung der Erlaubnis nach § 48 Abs. 3 Satz 1 bis zum 30. April 2009 nachzureichen.

(7) Wertpapiere, die vor dem 1. November 2007 zum amtlichen Markt oder zum geregelten Markt zugelassen waren, gelten ab dem 1. November 2007 als zum regulierten Markt zugelassen.

(8) Für Ansprüche wegen fehlerhafter Prospekte, die Grundlage für die Zulassung von Wertpapieren zum Handel an einer inländischen Börse sind und die vor dem 1. Juni 2012 im Inland veröffentlicht worden sind, sind die §§ 44 bis 47 in der bis zum 31. Mai 2012 geltenden Fassung weiterhin anzuwenden.

§ 52 entspricht in seinen Absätzen 1 bis 4 § 64 Absätze 1, 2, 2 a und 3 **1** BörsG a. F.; die Absätze 5, 6 und 7 wurden durch das Finanzmarktrichtlinie-Umsetzungsgesetz neu eingefügt, die alten Absätze 4 bis 7 wurden infolge Zeitablaufs gestrichen.

Zu den in § 52 Abs. 1, 2 und 3 enthaltenen Übergangsregelungen für die **2** Prospekthaftung vgl. bereits oben §§ 44, 45 BörsG Rn. 4 ff.

§ 52 Abs. 4 enthält eine Übergangsregelung im Hinblick auf die teilweise **3** Neuregelung der gebührenrechtlichen Ermächtigungsnorm des § 17. Demzufolge gilt § 17 Abs. 1 Nr. 5 für Wertpapiere ohne bestimmte Laufzeit, die zum Zeitpunkt des Inkrafttretens des Vierten Finanzmarktförderungsgesetzes bereits eingeführt waren, erst mit Ablauf von zehn Jahren seit deren Einführung.

§ 50 Abs. 5 enthält eine Übergangsregelung für die bereits vor Inkrafttreten **4** des Finanzmarktrichtlinie-Umsetzungsgesetzes erteilten Börsen-genehmigungen nach § 1 Abs. 1 BörsG a. F. Es wird ausdrücklich festgestellt, dass diese ursprünglich erteilten Börsengenehmigungen als Erlaubnisse im Sinne des § 4 gelten. Allerdings hat der Börsenträger nach § 52 Abs. 5 Satz 2 der Börsenaufsichtsbehörde bis zum 30. April 2009 die nach § 4 Abs. 2 Satz 2 erforderlichen Unterlagen zu übersenden. Außerdem wird auch in § 52 Abs. 5 Satz 3 ausdrücklich klargestellt, dass der Börsenaufsichtsbehörde auch gegenüber den Börsenträgern, welche die Erlaubnis zum Betreiben einer Börse vor dem 1. November 2007 erhalten haben, die Befugnisse nach § 4 zustehen.

§ 52 Abs. 6 verpflichtet den Börsenträger, der den Betrieb eines Freiver- **5** kehrs bereits vor dem 1. November 2007 begonnen hat, den Antrag auf Erteilung der Erlaubnis nach § 48 Abs. 3 Satz 1 bis zum 30. November 2009 nachzureichen.

§ 52 Abs. 7 enthält eine für die Emittenten von Wertpapieren, die vor dem **6** 1. November 2007 zum amtlichen oder geregelten Markt zugelassen waren, wesentliche Übergangsregelungen: Diese Emittenten müssen keine neuen

Zulassungsanträge für die Zulassung zu dem neuen einheitlichen gesetzlichen Börsensegment des regulierten Marktes stellen, da Wertpapiere, die vor dem 1. November 2007 zum amtlichen oder zum geregelten Markt zugelassen waren, ab dem 1. November 2007 als zum regulierten Markt zugelassen gelten.

7   § 52 Abs. 8 enthält die Übergangsregelung hinsichtlich der Prospekthaftung im Börsengesetz a. F. auf die Prospekthaftung in den §§ 22 ff. WpPG durch das Gesetz zur Novellierung des Finanzanlagenvermittler- und Vermögensanlagenrechts.[1] Die §§ 44–47 BörsG a. F. sind auf solche Prospekte anzuwenden, die vor dem Inkrafttreten dieses Gesetzes, d. h. vor dem 1. Juni 2012, veröffentlicht worden sind.

---

[1] BGBl. I 2011, 2481.

2. Teil. Verordnung über die Zulassung von Wertpapieren zum regulierten Markt an einer Wertpapierbörse (Börsenzulassungs-Verordnung – BörsZulV)

in der Fassung der Bekanntmachung vom 9. September 1998
(BGBl. I S. 2832)

zuletzt geändert durch Artikel 2 Absatz 43 des Gesetzes
vom 22. Dezember 2011
(BGBl. I 2011, 3044)

Inhaltübersicht

Erstes Kapitel. Zulassung von Wertpapieren zum regulierten Markt

Zweiter Abschnitt. (weggefallen)

Dritter Abschnitt. Zulassungsverfahren

Zweites Kapitel. Pflichten des Emittenten zugelassener Wertpapiere

Erster Abschnitt. (weggefallen)

A. Vorbemerkungen

Übersicht

I. Entstehungsgeschichte

1. Umsetzung von EG-Richtlinien

1   Die am 1. Mai 1987 in Kraft getretene **Börsenzulassungsverordnung** ersetzt die Bekanntmachung betreffend die Zulassung von Wertpapieren zum Börsenhandel vom 5. Juli 1910[1] und beruht auf den durch das **Börsenzulassungsgesetz** vom 16. Dezember 1986[2] in das Börsengesetz eingefügten Ermächtigungen in §§ 38, 42 Absatz 3, 44 Abs. 2, 44b Abs. 2 BörsG a.F. Sie setzte drei das Börsenrecht betreffende, zwischenzeitlich aufgehobene **Richtlinien** der Europäischen Gemeinschaften in das innerstaatliche Recht der Bundesrepublik Deutschland um, die Richtlinie des Rates vom 5. März 1979 zur Koordinierung der Bedingungen für die Zulassung von Wertpapieren zur

---

[1] RGBl. 1910, 917.
[2] BGBl. I S. 2478.

amtlichen Notierung an einer Wertpapierbörse,[3] **Börsenzulassungs-RL,** die
Richtlinie des Rates vom 17. März 1980 zur Koordinierung der Bedingungen für die Erstellung, die Kontrolle und die Verbreitung des Prospekts, der
für die Zulassung von Wertpapieren zur amtlichen Notierung an einer Wertpapierbörse zu veröffentlichen ist,[4] **Börsenzulassungs-Prospektrichtlinie,**

---

[3] Richtlinie des Rates vom 5. März 1979 zur Koordinierung der Bedingungen für
die Zulassung von Wertpapieren zur amtlichen Notierung an einer Wertpapierbörse,
RL 79/279/EWG, ABl. EG Nr. L 66 vom 16. März 1979, S. 21, aufgehoben und neu
gefasst durch die Richtlinie 2001/34/EG des Europäischen Parlaments und des Rates
vom 28. Mai 2001 über die Zulassung von Wertpapieren zur amtlichen Börsennotierung und über die hinsichtlich dieser Wertpapiere zu veröffentlichenden Informationen, ABl. EG Nr. L 184 vom 6. Juli 2001, S. 1, berichtigt ABl. EG Nr. L 217 vom
11. August 2001, S. 18, diese wiederum teilweise aufgehoben und ersetzt durch die
Richtlinie 2003/71/EG des Europäischen Parlaments und des Rates vom 4. November 2003 betreffend den Prospekt, der beim öffentlichen Angebot von Wertpapieren
oder bei deren Zulassung zum Handel zu veröffentlichen ist, und zur Änderung der
Richtlinie 2001/34/EG, ABl. EG Nr. L 345 vom 31. Dezember 2003, S. 64, und die
Richtlinie 2004/109/EG des Europäischen Parlaments und des Rates zur Harmonisie-
rung der Transparenzanforderungen in Bezug auf Informationen über Emittenten,
deren Wertpapiere zum Handel auf einem geregelten Markt zugelassen sind, und zur
Änderung der Richtlinie 2001/34/EG, ABl. EG Nr. L 390 vom 31. Dezember 2004,
S. 38, diese dann wiederum teilweise geändert durch die Richtlinie 2010/73/EU des
Europäischen Parlaments und des Rates vom 24. November 2010 zur Änderung der
Richtlinie 2003/71/EG betreffend dem Prospekt, der beim öffentlichen Angebot von
Wertpapieren oder bei deren Zulassung zum Handel zu veröffentlichen ist, und der
Richtlinie 2004/109/EG zur Harmonisierung der Transparenzanforderungen in Bezug
auf Informationen über Emittenten, deren Wertpapiere zum Handel auf einem gere-
gelten Markt zugelassen sind, ABl. EG Nr. L 327 vom 11. Dezember 2010, S. 1.
[4] Richtlinie vom 17. März 1980 zur Koordinierung der Bedingungen für die Erstellung, die Kontrolle und die Verbreitung des Prospekts, der für die Zulassung von
Wertpapieren zur amtlichen Notierung an einer Wertpapierbörse zu veröffentlichen
ist, RL 80/390/EWG, ABl. EG Nr. L 100 vom 17. April 1980, S. 1, aufgehoben und
neu gefasst durch die Richtlinie 2001/34/EG des Europäischen Parlaments und des
Rates vom 28. Mai 2001 über die Zulassung von Wertpapieren zur amtlichen Börsennotierung und über die hinsichtlich dieser Wertpapiere zu veröffentlichenden Informationen, RL 2001/34/EG, Abl. EG Nr. L 184 vom 6. Juli 2001, S. 1, berichtigt ABl.
EG Nr. L 217 vom 11. August 2001, S. 18, diese wiederum teilweise aufgehoben und
ersetzt durch die Richtlinie 2003/71/EG des Europäischen Parlaments und des Rates
vom 4. November 2003 betreffend den Prospekt, der beim öffentlichen Angebot von
Wertpapieren oder bei deren Zulassung zum Handel zu veröffentlichen ist, und zur
Änderung der Richtlinie 2001/34/EG, ABl. EG Nr. L 345 vom 31. Dezember 2003,
S. 64, und die Richtlinie 2004/109/EG des Europäischen Parlaments und des Rates
zur Harmonisierung der Transparenzanforderungen in Bezug auf Informationen über
Emittenten, deren Wertpapiere zum Handel auf einem geregelten Markt zugelassen
sind, und zur Änderung der Richtlinie 2001/34/EG, ABl. EG Nr. L 390 vom
31. Dezember 2004, S. 38, diese dann wiederum teilweise geändert durch die Richtlinie 2010/73/EU des Europäischen Parlaments und des Rates vom 24. November 2010
zur Änderung der Richtlinie 2003/71/EG betreffend dem Prospekt, der beim öffentlichen Angebot von Wertpapieren oder bei deren Zulassung zum Handel zu veröffentlichen ist, und der Richtlinie 2004/109/EG zur Harmonisierung der Transparenzanfor-

und die Richtlinie des Rates vom 15. Februar 1982 über regelmäßige Informationen, die von Gesellschaften zu veröffentlichen sind, deren Aktien zur amtlichen Notierung an einer Wertpapierbörse zugelassen sind,[5] **Richtlinie über Halbjahresberichte.** Für die konkrete Anwendung der Börsenzulassungsverordnung ergibt sich daraus, dass sie **gemeinschaftskonform** und damit **richtlinienkonform** auszulegen ist.[6]

2. Entstehung und Änderung der Börsenzulassungsverordnung

2   Die Börsenzulassungsverordnung beruht auf einem Entwurf der Bundesregierung vom 20. Februar 1987[7] und wurde anschließend mehrfach geändert. Die letzte wesentliche Änderung vor dem Prospektrichtlinie-Umsetzungsgesetz[8] erfolgte durch das **Dritte Finanzmarktförderungsgesetz**[9] und enthielt verschiedene **Deregulierungsmaßnahmen,** u. a. die durch das Prospektrichtlinie-Umsetzungsgesetz in der Börsenzulassungsverordnung wieder gestrichene und jetzt im Wertpapierprospektgesetz, § 19 WpPG, geregelte Möglichkeit, den Prospekt in einer anderen als der deutschen Sprache abzufassen, § 13 Abs. 1 Satz 3 BörsZulV a. F., die Prospektbefreiung für bestimmte

---

derungen in Bezug auf Informationen über Emittenten, deren Wertpapiere zum Handel auf einem geregelten Markt zugelassen sind, ABl. EG Nr. L 327 vom 11. Dezember 2010, S. 1.

[5] Richtlinie vom 15. Februar 1982 über regelmäßige Informationen, die von Gesellschaften zu veröffentlichen sind, deren Aktien zur amtlichen Notierung an einer Wertpapierbörse zugelassen sind, RL 82/121/EWG, ABl. EG Nr. L 48 vom 20. Februar 1982, S. 26, aufgehoben und neu gefasst durch die Richtlinie 2001/34/EG des Europäischen Parlaments und des Rates vom 28. Mai 2001 über die Zulassung von Wertpapieren zur amtlichen Börsennotierung und über die hinsichtlich dieser Wertpapiere zu veröffentlichenden Informationen, RL 2001/34/EG, ABl. EG Nr. L 184 vom 6. Juli 2001, S. 1, berichtigt ABl. EG Nr. L 217 vom 11. August 2001, S. 18, diese wiederum teilweise aufgehoben und ersetzt durch die Richtlinie 2003/71/EG des Europäischen Parlaments und des Rates vom 4. November 2003 betreffend den Prospekt, der beim öffentlichen Angebot von Wertpapieren oder bei deren Zulassung zum Handel zu veröffentlichen ist, und zur Änderung der Richtlinie 2001/34/EG, ABl. EG Nr. L 345 vom 31. Dezember 2003, S. 64 und die Richtlinie 2004/109/EG des Europäischen Parlaments und des Rates zur Harmonisierung der Transparenzanforderungen in Bezug auf Informationen über Emittenten, deren Wertpapiere zum Handel auf einem geregelten Markt zugelassen sind, und zur Änderung der Richtlinie 2001/34/EG, ABl. EG Nr. L 390 vom 31. Dezember 2004, S. 38.

[6] Ebenso *Gebhardt,* in: Schäfer/Hamann, KMG, Vorbem. BörsZulV Rn. 1; *Heidelbach,* in: Schwark/Zimmer, vor § 1 BörsZulV Rn. 1. Zur richtlinienkonformen Auslegung vgl. nur *Groß,* EuZW 1994, 395, 396.

[7] BR-Drs. 72/87.

[8] Gesetz zur Umsetzung der Richtlinie 2003/71/EG des Europäischen Parlaments und des Rates vom 4. November 2003 betreffend den Prospekt, der beim öffentlichen Angebot von Wertpapieren oder bei deren Zulassung zum Handel zu veröffentlichen ist, und zur Änderung der Richtlinie 2001/34/EG (Prospektrichtlinie-Umsetzungsgesetz), BGBl. I 2005, 1698.

[9] Gesetz zur weiteren Fortentwicklung des Finanzplatzes Deutschland (Drittes Finanzmarktförderungsgesetz), BGBl. I 1998, S. 529.

Emittenten, § 45 a BörsZulV a. F., sowie eine Verkürzung der Fristen für die Einführung von Wertpapieren nach Veröffentlichung des Prospekts, § 52 Abs. 1 BörsZulV. Das **Vierte Finanzmarktförderungsgesetz** hat die Börsenzulassungsverordnung nur marginal geändert indem der Begriff der „amtlichen Notierung" durch den des „amtlichen Marktes" ersetzt, und die Querverweise auf die neue Nummerierung des Börsengesetzes angepasst wurde. Das Transparenzrichtlinie-Umsetzungsgesetz[10] und das Finanzmarktrichtlinie-Umsetzungsgesetz[11] haben den nach den Änderungen durch das Prospektrichtlinie-Umsetzungsgesetz noch verbliebenen Torso der Börsenzulassungsverordnung noch weiter verringert, vgl. unten Rn. 6 a und 6 b.

3. Prospektrichtlinie-Umsetzungsgesetz

a) **Europäische Vorgaben.** Ausgehend davon, dass die Einführung des   **3** Euro zu einer Zunahme grenzüberschreitender Börsenzulassungen und Wertpapierangebote führt,[12] gleichzeitig aber die gegenseitige Anerkennung von Börsenzulassungs- und Verkaufsprospekten aufgrund teilweiser differenzierter nationaler Bestimmungen nicht ohne Probleme erfolgte und zu wenig genutzt wurde,[13] hatte die Kommission bereits 1998 ein Konsultationsverfahren zur Überarbeitung der Prospektrichtlinien mit dem Zweck einer weiteren Harmonisierung initiiert. Im Rahmen dieses Konsultationsverfahrens hatte das Forum of European Securities Commissions (FESCO, zwischenzeitlich Committee of European Securities Regulations, CESR, jetzt European Securities and Market Authority, ESMA) bereits Ende 2000 der EU-Kommission einen Bericht über die Vereinfachung grenzüberschreitender Angebote von Wertpapieren vorgelegt.[14]

Die auch von der FESCO/CESR vorgeschlagene Harmonisierung sollte   **4** dazu führen, der Praxis einfache, vollständig harmonisierte und kostengüns-

---

[10] Gesetz zur Umsetzung der Richtlinie 2004/169/EG des Europäischen Parlaments und des Rates vom 15. Dezember 2004 zur Harmonisierung der Transparenzanforderungen in Bezug auf Informationen über Emittenten, deren Wertpapiere zum Handel auf einem geregelten Markt zugelassen sind, und zur Änderung der Richtlinie 2001/34/EG (Transparenzrichtlinie-Umsetzungsgesetz – TUG), BGBl. I 2007, 10.

[11] Gesetz zur Umsetzung der Richtlinie über Märkte für Finanzinstrumente und der Durchführungsrichtlinie der Kommission (Finanzmarktrichtlinie-Umsetzungsgesetz), BGBl. I 2007, 1330.

[12] Dies hat sich bereits 1999 und 2000 bei der Kapitalerhöhung der Deutsche Telekom AG und der Umplatzierung, bei denen ein öffentliches Angebot in allen damaligen 11 Mitgliedstaaten der Euro-Zone durchgeführt wurde, realisiert.

[13] So ausdrücklich die Begründung der Kommission bei ihrem geänderten Vorschlag für eine Richtlinie des Europäischen Parlaments und des Rates betreffend den Prospekt, der beim öffentlichen Angebot von Wertpapieren oder bei deren Zulassung zum Handel zu veröffentlichen ist und zur Änderung der Richtlinie 2001/34/EG vom 9. August 2002, KOM (2002) 460 endgültig, www.europa.eu.int/comm/internal_ market/en/finances/mobil/com460de.pdf, S. 3.

[14] „A European Passport for Issuers" a report for the EU Commission, December 20, 2000, abrufbar unter www.cesr-eu.org; vgl. dazu auch *Wittich,* Die Bank 2001, 278, 281 f.

tige Verfahren für grenzüberschreitende öffentliche Angebote und Börsenzulassungen zur Verfügung zu stellen. Die Richtlinie 2003/71/EG des Europäischen Parlaments und Rates vom 4. November 2003 betreffend den Prospekt, der beim öffentlichen Angebot von Wertpapieren oder bei deren Zulassung zum Handel zu veröffentlichen ist, und zur Änderung der Richtlinie 2001/34/EG[15] **(Prospektrichtlinie)** setzt diese Harmonisierungsbemühungen um. Diese Prospektrichtlinie wird konkretisiert durch europäische Ausführungsbestimmungen, insbesondere die Verordnung 809/2004,[16] die zwischenzeitlich mehrfach geändert wurde.[17] Dabei wendet die Kommission bei Erlass dieser Richtlinien und ihrer Durchführungsbestimmungen entsprechend dem Lamfalussy Report das Lamfalussy-Verfahren bzw. **Komitologieverfahren**[18] an.

5   Das nach dem Komitologieverfahren durchgeführte mehrstufige europäische Rechtsetzungsverfahren führt aufgrund seiner hohen Regelungsdichte auf Stufe 2 und 3 zu einer erheblichen Einschränkung nationaler Rechtsetzung. Zwar bedarf eine Richtlinie (Stufe 1) auch nach deren Erlass, um im innerstaatlichen Bereich der Mitgliedstaaten Geltung zu erlangen, noch erst der Umsetzung in das nationale Recht der Mitgliedstaaten. Wird jedoch auf Stufe 2 (und Stufe 3) die Regelungsdichte und auch die Regelungsform, nämlich die Verwendung der in den Mitgliedstaaten unmittelbar geltenden Verordnung, so erhöht wie z.B. im Bereich der Prospektrichtlinie, dann bleibt bei der Umsetzung der Richtlinie in nationales Recht für den jeweiligen Mitgliedstaat kaum Freiraum. Insofern ist es nicht verwunderlich, dass bei der Umsetzung der Prospektrichtlinie im Rahmen des Prospektrichtlinie-Umsetzungsgesetzes der Kernbereich der Umsetzung, nämlich die Umsetzung der Vorschriften über Form und Inhalt des Prospekts, wie sie in der Verordnung (EG) Nr. 809/2004 enthalten sind, durch schlichten Verweis auf diese Verordnung erfolgt. Anders gewendet: Die europäische Prospektverord-

---

[15] ABl. EG Nr. L 345 vom 31. Dezember 2003, S. 64.
[16] Vor allem die Verordnung (EG) Nr. 809/2004 der Kommission vom 29. April 2004 zur Umsetzung der Richtlinie 2003/71/EG des Europäischen Parlaments und des Rates betreffend in Prospekten enthaltene Informationen sowie das Format, die Aufnahme von Informationen mittels Verweis und die Veröffentlichung solcher Prospekte und die Verbreitung von Werbung, in der zweiten berichtigten Fassung abgedruckt in ABl. EG Nr. L 186 vom 18. Juli 2005, S. 3, und die noch weitergehenden CESR's Recommendations for the Consistent Implementation of the European Commission's Regulation on Prospectuses n° 809/2004, CESR/05–54b, aktualisiert durch ESMA update of the CESR recommendations, March 2011, abrufbar über die homepage: www.esma.europa.eu.
[17] Änderungen erfolgten durch die Verordnung (EG) Nr. 1787/2006 der Kommission vom 4. Dezember 2006, ABl. EG Nr. L 337, 17, die Verordnung (EG) Nr. 211/2007 der Kommission vom 27. Februar 2007, ABl. EG Nr. L 61, 24, die Verordnung (EG) Nr. 1289/2008 der Kommission vom 12. Dezember 2008, ABl. EG Nr. L 340, 17, die Delegierte Verordnung (EU) Nr. 311/2012 der Kommission vom 21. Dezember 2011, ABl. EU Nr. L 103, 13, und die Delegierte Verordnung (EU) Nr. 486/2012 der Kommission vom 30. März 2012, ABl. EU Nr. L 150, 1.
[18] Vgl. dazu oben Vorbem. BörsG Rn. 16 ff. näher zu den im Komitologieverfahren erlassenen europäischen Regelungen zur Prospektrichtlinie Vorbemerkungen BörsG Rn. 18.

nung[19] wird[20] durch ausdrückliche In-Bezug-Name im deutschen Recht unmittelbar geltendes deutsches Recht.

b) Inhalt des Prospektrichtlinie-Umsetzungsgesetzes, Auswirkun- 6
gen auf die Börsenzulassungsverordnung. Eine der wesentlichen Änderungen durch die Europäische Prospektrichtlinie von 2003[21] ist, dass die frühere Zweiteilung zwischen **Verkaufsprospekten** einerseits und **Börsenzulassungsprospekten** andererseits[22] aufgehoben wurde. Diese Änderung vollzieht das Prospektrichtlinie-Umsetzungsgesetz nach und schafft ein neues **Wertpapierprospektgesetz** mit einheitlichen Anforderungen für Verkaufs- und Börsenzulassungsprospekte. Gleichzeitig werden die differenzierenden Regelungen des Verkaufsprospektgesetzes und der Verkaufsprospektverordnung einerseits und des Börsengesetzes und der Börsenzulassungsverordnung andererseits beseitigt. Für die Börsenzulassungsverordnung bedeutet dies: Die den Prospekt betreffenden Bestimmungen der Börsenzulassungsverordnung, d. h. der gesamte Zweite Abschnitt der Börsenzulassungsverordnung, §§ 13–47 BörsZulV wurden gestrichen, Art. 4 Nr. 7 Prospektrichtlinie-Umsetzungsgesetz. Sie sind nunmehr im Wertpapierprospektgesetz bzw. materiell in der europäischen Prospektverordnung[23] enthalten. Die **Zulassungsvor-**

---

[19] Verordnung (EG) Nr. 809/2004 der Kommission vom 29. April 2004 zur Umsetzung der Richtlinie 2003/71/EG des Europäischen Parlaments und des Rates betreffend die in Prospekten enthaltenen Informationen sowie das Format, die Aufnahme von Informationen mittels Verweis und die Veröffentlichung solcher Prospekte und die Verbreitung von Werbung, abgedruckt in der zweiten berichtigten Fassung in ABl. EG Nr. L 186 vom 18. Juli 2005, S. 3, geändert durch die Verordnung (EG) Nr. 1787/2006 der Kommission vom 4. Dezember 2006, ABl. EG Nr. L 337, 17, die Verordnung (EG) Nr. 211/2007 der Kommission vom 27. Februar 2007, ABl. EG Nr. L 61, 24, die Verordnung (EG) Nr. 1289/2008 der Kommission vom 12. Dezember 2008, ABl. EG Nr. L 340, 17, die Delegierte Verordnung (EU) Nr. 311/2012 der Kommission vom 21. Dezember 2011, ABl. EU Nr. L 103, 13, und die Delegierte Verordnung (EU) Nr. 486/2012 der Kommission vom 30. März 2012, ABl. EU Nr. L 150, 1.
[20] Rechtlich wird sie es nicht, sondern ist es schon, da eine europäische Verordnung europarechtlich bereits unmittelbar geltendes Recht in den Mitgliedsstaaten darstellt. Zutreffend insoweit RegBegr. zum Prospektrichtlinie-Umsetzungsgesetz, BT-Drs. 14/4999, S. 25.
[21] Richtlinie 2003/71/EG des Europäischen Parlaments und des Rates vom 4. November 2003 betreffend dem Prospekt, der bei öffentlichen Angebot von Wertpapieren oder bei deren Zulassung zum Handel zu veröffentlichen ist, und zur Änderung der Richtlinie 2003/34/EG, ABl. EG Nr. L 354 v. 31. Dezember 2003, S. 64.
[22] So die alte Börsenzulassungsrichtlinie, RL 79/279/EWG, ABl. EG Nr. L 66 vom 16. 3. 1979 S. 21, und die alte Börsenzulassungsprospektrichtlinie, RL 80/390/EWG, ABl. EG Nr. L 100 v. 17. April 1980, S. 1, einerseits und die Verkaufsprospektrichtlinie, RL 89/298/EWG, ABl. EG Nr. L 124 v. 5. Mai 1989, S. 8, andererseits.
[23] Verordnung (EG) Nr. 809/2004 der Kommission vom 29. April 2004 zur Umsetzung der Richtlinie 2003/71/EG des Europäischen Parlaments und des Rates betreffend die in Prospekten enthaltenen Informationen sowie das Format, die Aufnahme von Informationen mittels Verweis und die Veröffentlichung solcher Prospekte und die Verbreitung von Werbung, in der zweiten berichtigten Fassung abgedruckt in ABl. EG Nr. L 186 vom 18. Juli 2005, S. 3 und die noch weitergehenden CESR's Recom-

aussetzungen und das **Zulassungsverfahren** wurden durch das Prospekt-richtlinie-Umsetzungsgesetz ebenfalls entscheidend geändert. Die Zuständig-keiten für die Prüfung und Billigung der Prospekte wurden von der seinerzeit dafür noch zuständigen Zulassungsstelle (nach Änderung durch das Finanz-marktrichtlinie-Umsetzungsgesetz jetzt zuständig die Geschäftsführung) auf die BaFin übertragen. Die Zulassungsvoraussetzungen wurden ebenfalls in einigen Punkten angepasst, u. a. um Doppelprüfungen zu vermeiden.[24]

4. Transparenzrichtlinie-Umsetzungsgesetz und Finanzmarktricht-linie-Umsetzungsgesetz

6a   Die Transparenzharmonisierungs-RL[25] wurde Anfang 2007 durch das Transparenzrichtlinie-Umsetzungsgesetz[26] in nationales Recht umgesetzt. Da-durch wurden im Wesentlichen die bis dahin in der Börsenzulassungsverord-nung enthaltenen Regeln über die Erstellung und den Inhalt der Zwischen-berichte[27] in das Wertpapierhandelsgesetz übertragen, siehe dort §§ 37 v ff. WpHG. Außerdem wurden die wesentlichen Zulassungsfolgepflichten, die bis dahin in den §§ 63 ff. BörsZulV a. F. enthalten waren, dort gestrichen und ebenfalls in das Wertpapierhandelsgesetz eingefügt. Dabei wurden sie an die Vorgaben der Transparenzrichtlinie angepasst und ihre Einhaltung der Auf-sicht durch die BaFin unterstellt.[28]

6b   Das Finanzmarktrichtlinie-Umsetzungsgesetz hat börsenrechtlich die Tren-nung zwischen amtlichem und geregeltem Markt aufgegeben und als einzigen gesetzlich reglementierten Markt den regulierten Markt geschaffen. Damit war auch der Anwendungsbereich der Börsenzulassungsverordnung entspre-chend anzupassen. Außerdem wurde formal die Zulassungsstelle abgeschafft und die entsprechenden Aufgaben der Geschäftsführung der Börse übertra-gen. Deregulierend wirkt die erhebliche Verkürzung der Zulassungsfrist von drei auf einen Tag, § 50.

---

mendations for the Consistent Implementation of the European Commission's Regula-tion on Prospectuses n° 809/2004, CESR/05–54b, abrufbar über die homepage: www.cesr-eu.org. Die Verordnung 809/2004 wurde zwischenzeitlich geändert durch die Verordnung (EG) Nr. 1787/2006 der Kommission vom 4. Dezember 2006, ABl. EG Nr. L 337, 17, die Verordnung (EG) Nr. 211/2007 der Kommission vom 27. Feb-ruar 2007, ABl. EG Nr. L 61, 24, die Verordnung (EG) Nr. 1289/2008 der Kommissi-on vom 12. Dezember 2008, ABl. EG Nr. L 340, 17, die Delegierte Verordnung (EU) Nr. 311/2012 der Kommission vom 21. Dezember 2011, ABl. EU Nr. L 103, 13, und die Delegierte Verordnung (EU) Nr. 486/2012 der Kommission vom 30. März 2012, ABl. EU Nr. L 150, 1.
[24] Vgl. unten Kommentierung zu § 32 BörsG Rn. 16 ff.
[25] Richtlinie 2004/109/EG des Europäischen Parlaments des Rates zur Harmonisie-rung der Transparenzanforderungen im Bezug auf Informationen über Emittenten, deren Wertpapiere zum Handel auf einem geregelten Markt zugelassen sind, und zur Ände-rung der Richtlinie 2001/34/EG, ABl. EG Nr. L 390 vom 31. Dezember 2004, S. 38.
[26] BGBl. I 2007, 10.
[27] d'Arcy/Meyer, Der Konzern, 2005, 151 ff.
[28] Zur Zielsetzung der Änderungen vgl. RegBegr. Transparenzrichtlinie-Umset-zungsgesetz, BT-Drs. 16/2498, S. 54.

4. Weiterer, in naher Zukunft anstehender Änderungsbedarf

Entgegen der Erwartungen, dass die Börsenzulassungsverordnung ähnlich 7
wie das sonstige Kapitalmarktrecht weiteren ständigen Änderungen unterworfen sein würde, hat sich hier in den vergangenen Jahren wenig getan.

II. Aufbau der Verordnung, Rechtsgrundlage
1. Aufbau

Die Verordnung ist in **drei Kapitel** aufgeteilt. Das **erste Kapitel** regelt in 8
dem nach der Änderung durch das Prospektrichtlinie-Umsetzungsgesetz noch
verbliebenen ersten und dritten Abschnitt die Voraussetzung für die **Zulassung von Wertpapieren zum regulierten Markt** und im dritten Abschnitt das Zulassungsverfahren. Das **zweite Kapitel** enthält die **Pflichten
des Emittenten zugelassener Wertpapiere,** die sich jetzt nur noch auf die
Pflicht zur Zulassung später ausgegebener Aktien beschränkt, § 69. Das **dritte
Kapitel** regelt die **Schlussvorschriften.**

2. Rechtsgrundlage

§§ 1 bis 12 BörsZulV stützen sich auf die Ermächtigung in § 34 Nr. 1 9
BörsG, §§ 48 bis 51 BörsZulV auf § 34 Nr. 2 BörsG und § 69 BörsZulV auf
40 Abs. 2 BörsG.[29]

3. Norminterpretation

Von Zeit zu Zeit werden von der Geschäftsführung der Frankfurter Wert- 10
papierbörse (früher von ihrer Zulassungsstelle) so genannte „Rundschreiben
Listing"[30] veröffentlicht. Darin werden konkrete Handlungsanweisungen und
Interpretationen von Normen der Börsenzulassungsverordnung vorgenom-
men. Außerdem enthalten diese gegebenenfalls neue Antragsformulare für die
Zulassung und Einführung von Wertpapieren zum regulierten Markt.

---

[29] RegBegr. zur Börsenzulassungsverordnung, BR-Drs. 72/87, S. 68 f. für die ursprüngliche Fassung der Börsenzulassungsverordnung und die damals gültigen Normen
des Börsengesetzes. Die obigen Angaben beziehen sich auf die jetzt gültige Fassung des
Börsengesetzes; vgl. auch *Gebhardt,* in: Schäfer/Hamann, KMG, Vorbem. BörsZulV
Rn. 3.
[30] Abrufbar über die Homepage der Deutsche Börse AG, www.deutsche-boerse.
com/dbag/listing/veröffentlichungen/downloads.

B. Kommentierung

Erstes Kapitel. Zulassung von Wertpapieren zum regulierten Markt

Erster Abschnitt. Zulassungsvoraussetzungen

§ 1. Rechtsgrundlage des Emittenten

Die Gründung sowie die Satzung oder der Gesellschaftsvertrag des Emittenten müssen dem Recht des Staates entsprechen, in dem der Emittent seinen Sitz hat.

§ 2. Mindestbetrag der Wertpapiere

(1) [1]Der voraussichtliche Kurswert der zuzulassenden Aktien oder, falls seine Schätzung nicht möglich ist, das Eigenkapital der Gesellschaft im Sinne des § 266 Abs. 3 Buchstabe A des Handelsgesetzbuchs, deren Aktien zugelassen werden sollen, muss mindestens 1.250.000 Euro betragen. [2]Dies gilt nicht, wenn Aktien derselben Gattung an dieser Börse bereits zum regulierten Markt zugelassen sind.

(2) Für die Zulassung von anderen Wertpapieren als Aktien muss der Gesamtnennbetrag mindestens 250 000 Euro betragen.

(3) Für die Zulassung von Wertpapieren, die nicht auf einen Geldbetrag lauten, muss die Mindeststückzahl der Wertpapiere zehntausend betragen.

(4) Die Geschäftsführung kann geringere Beträge als in den vorstehenden Absätzen vorgeschrieben zulassen, wenn sie überzeugt ist, dass sich für die zuzulassenden Wertpapiere ein ausreichender Markt bilden wird.

§ 3. Dauer des Bestehens des Emittenten

(1) Der Emittent zuzulassender Aktien muss mindestens drei Jahre als Unternehmen bestanden und seine Jahresabschlüsse für die drei dem Antrag vorangegangenen Geschäftsjahre entsprechend den hierfür geltenden Vorschriften offen gelegt haben.

(2) Die Geschäftsführung kann abweichend von Absatz 1 Aktien zulassen, wenn dies im Interesse des Emittenten und des Publikums liegt.

§ 4. Rechtsgrundlage der Wertpapiere

Die Wertpapiere müssen in Übereinstimmung mit dem für den Emittenten geltenden Recht ausgegeben werden und den für das Wertpapier geltenden Vorschriften entsprechen.

§ 5. Handelbarkeit der Wertpapiere

(1) Die Wertpapiere müssen frei handelbar sein.

(2) Die Geschäftsführung kann

1. nicht voll eingezahlte Wertpapiere zulassen, wenn sichergestellt ist, dass der Börsenhandel nicht beeinträchtigt wird und wenn in dem Prospekt auf die fehlende Volleinzahlung sowie auf die im Hinblick hierauf getroffenen Vorkehrungen hingewiesen wird oder, wenn ein Prospekt nicht zu veröffentlichen ist, das Publikum auf andere geeignete Weise unterrichtet wird;

2. Aktien, deren Erwerb einer Zustimmung bedarf, zulassen, wenn das Zustimmungserfordernis nicht zu einer Störung des Börsenhandels führt.

§ 6. Stückelung der Wertpapiere

Die Stückelung der Wertpapiere, insbesondere die kleinste Stückelung und die Anzahl der in dieser Stückelung ausgegebenen Wertpapiere, müssen den Bedürfnissen des Börsenhandels und des Publikums Rechnung tragen.

§ 7. Zulassung von Wertpapieren einer Gattung oder einer Emission

(1) [1]Der Antrag auf Zulassung von Aktien muss sich auf alle Aktien derselben Gattung beziehen. [2]Er kann jedoch insoweit beschränkt werden, als die nicht zuzulassenden Aktien zu einer der Aufrechterhaltung eines beherrschenden Einflusses auf den Emittenten dienenden Beteiligung gehören oder für eine bestimmte Zeit nicht gehandelt werden dürfen und wenn aus der nur teilweisen Zulassung keine Nachteile für die Erwerber der zuzulassenden Aktien zu befürchten sind. [3]In dem Prospekt ist darauf hinzuweisen, dass nur für einen Teil der Aktien die Zulassung beantragt wurde, und der Grund hierfür anzugeben; ist ein Prospekt nicht zu veröffentlichen, so ist das Publikum auf andere geeignete Weise zu unterrichten.

(2) Der Antrag auf Zulassung von anderen Wertpapieren als Aktien muss sich auf alle Wertpapiere derselben Emission beziehen.

§ 8. Druckausstattung der Wertpapiere

(1) [1]Die Druckausstattung der Wertpapiere in ausgedruckten Einzelurkunden muss einen ausreichenden Schutz vor Fälschung bieten und eine sichere und leichte Abwicklung des Wertpapierverkehrs ermöglichen. [2]Für Wertpapiere eines Emittenten mit Sitz in einem anderen Mitgliedstaat der Europäischen Union oder in einem anderen Vertragsstaat des Abkommens über den Europäischen Wirtschaftsraum reicht die Beachtung der Vorschriften aus, die in diesem Staat für die Druckausstattung der Wertpapiere gelten.

(2) Bietet die Druckausstattung der Wertpapiere keinen ausreichenden Schutz vor Fälschung, so ist in dem Prospekt hierauf hinzuweisen; ist

ein Prospekt nicht zu veröffentlichen, so ist das Publikum auf andere geeignete Weise zu unterrichten.

§ 9. Streuung der Aktien

(1) ¹Die zuzulassenden Aktien müssen im Publikum eines Mitgliedstaats oder mehrerer Mitgliedstaaten der Europäischen Union oder eines Vertragsstaates oder mehrerer Vertragsstaaten des Abkommens über den Europäischen Wirtschaftsraum ausreichend gestreut sein. ²Sie gelten als ausreichend gestreut, wenn mindestens fünfundzwanzig vom Hundert des Gesamtnennbetrages, bei nennwertlosen Aktien der Stückzahl, der zuzulassenden Aktien vom Publikum erworben worden sind oder wenn wegen der großen Zahl von Aktien derselben Gattung und ihrer breiten Streuung im Publikum ein ordnungsgemäßer Börsenhandel auch mit einem niedrigeren Vomhundertsatz gewährleistet ist.

(2) Abweichend von Absatz 1 können Aktien zugelassen werden, wenn

1. eine ausreichende Streuung über die Einführung an der Börse erreicht werden soll und die Geschäftsführung davon überzeugt ist, dass diese Streuung innerhalb kurzer Frist nach der Einführung erreicht sein wird,

2. Aktien derselben Gattung innerhalb der Europäischen Union oder innerhalb eines Vertragsstaates des Abkommens über den Europäischen Wirtschaftsraum an einem organisierten Markt zugelassen werden und eine ausreichende Streuung im Verhältnis zur Gesamtheit aller ausgegebenen Aktien erreicht wird oder

3. die Aktien außerhalb der Europäischen Union oder außerhalb der anderen Vertragsstaaten des Abkommens über den Europäischen Wirtschaftsraum an einem Markt, der mit einem organisierten Markt vergleichbar ist, zugelassen sind und eine ausreichende Streuung im Publikum derjenigen Staaten erreicht ist, in denen diese Aktien zugelassen sind.

§ 10. Emittenten aus Drittstaaten

Aktien eines Emittenten mit Sitz in einem Staat außerhalb der Europäischen Union oder außerhalb der anderen Vertragsstaaten des Abkommens über den Europäischen Wirtschaftsraum, die weder in diesem Staat noch in dem Staat ihrer hauptsächlichen Verbreitung an einem Markt, der mit einem organisierten Markt im Sinne des § 2 Abs. 5 des Wertpapierhandelsgesetzes vergleichbar ist, zum Handel zugelassen sind, dürfen nur zugelassen werden, wenn glaubhaft gemacht wird, dass die Zulassung in diesen Staaten nicht aus Gründen des Schutzes des Publikums unterblieben ist.

§ 11. Zulassung von Wertpapieren mit Umtausch- oder Bezugsrecht

(1) Wertpapiere, die den Gläubigern ein Umtausch- oder Bezugsrecht auf andere Wertpapiere einräumen, können nur zugelassen werden,

wenn die Wertpapiere, auf die sich das Umtausch- oder Bezugsrecht bezieht, an einer inländischen Börse entweder zum Handel zugelassen oder in einen anderen organisierten Markt einbezogen sind oder gleichzeitig zugelassen oder einbezogen werden.

(2) Die Geschäftsführung kann abweichend von Absatz 1 Wertpapiere zulassen, wenn die Wertpapiere, auf die sich das Umtausch- oder Bezugsrecht bezieht, zum Handel an einem organisierten Markt zugelassen sind und wenn sich das Publikum im Inland regelmäßig über die Kurse unterrichten kann, die sich an dem Markt im Ausland im Handel in diesen Wertpapieren bilden.

§ 12. Zulassung von Zertifikaten, die Aktien vertreten

(1) Zertifikate, die Aktien vertreten, können zugelassen werden, wenn

1. der Emittent der vertretenen Aktien den Zulassungsantrag mitunterzeichnet hat, die Voraussetzungen nach den §§ 1 bis 3 erfüllt und sich gegenüber der Geschäftsführung schriftlich verpflichtet, die in den §§ 40 und 41 des Börsengesetzes genannten Pflichten des Emittenten zugelassener Aktien zu erfüllen,

2. die Zertifikate die in den §§ 4 bis 10 genannten Voraussetzungen erfüllen und

3. der Emittent der Zertifikate die Gewähr für die Erfüllung seiner Verpflichtungen gegenüber den Zertifikatsinhabern bietet.

(2) Vertreten die Zertifikate Aktien eines Emittenten mit Sitz in einem Staat außerhalb der Europäischen Union oder außerhalb eines anderen Vertragsstaates des Abkommens über den Europäischen Wirtschaftsraum und sind die Aktien weder in diesem Staat noch in dem Staat ihrer hauptsächlichen Verbreitung an einer Börse an einem Markt, der mit einem organisierten Markt vergleichbar ist, zugelassen, so ist glaubhaft zu machen, dass die Zulassung nicht aus Gründen des Schutzes des Publikums unterblieben ist.

Übersicht

I. Zulassungsvoraussetzungen im Überblick

1 Wie sich aus der Ermächtigungsgrundlage für den Erlass der §§ 1 bis 12 BörsZulV, nämlich § 34 Abs. 1 BörsG ergibt, ist mit den in §§ 1 bis 12 BörsZulV enthaltenen Regelungen der **Schutz des Publikums** und ein **ordnungsgemäßer Börsenhandel** bezweckt. Diese Zielsetzung des Gesetzgebers ist bei der **Auslegung** der Bestimmungen zu berücksichtigen.[1] Nach § 1 dürfen die **gesellschaftsrechtlichen Grundlagen des Emittenten** nicht zu beanstanden sein, und er muss mindestens **3 Jahre als Unternehmen** bestanden haben, § 3. Die §§ 2, 4 bis 12 regeln die Anforderungen, die zum Schutze des Publikums bzw. des Börsenhandels an die zuzulassenden Wertpapiere zu stellen sind.

II. Zulassungsvoraussetzungen im Einzelnen

1. § 1 Rechtsgrundlage des Emittenten

2 § 1 BörsZulV fordert, dass die **Gründung** und die Satzung des Emittenten dem Recht des Staates entsprechen muss, in dem der Emittent seinen Sitz hat. Als Sitz des Emittenten i. S. des § 1 BörsZulV ist der in der Satzung festgelegte Sitz zu verstehen.[2] Fallen Satzungssitz und Sitz der Verwaltung auseinander, müssen Gründung und Satzung dem Recht des Gründungs- und nicht des Sitzstaates entsprechen, maßgeblich ist damit der statutarische Sitz, jedenfalls bei EU-Auslandsbezug.[3]

2. § 2 Mindestbetrag der Wertpapiere

3 Eine ordnungsgemäße Kursfeststellung setzt eine **hinreichende Marktliquidität** voraus; § 2 regelt hier den **anfänglich erforderlichen Rahmen**. **Nach erfolgter Zulassung** eintretende **Unterschreitungen** der Mindestgrößen können im Rahmen des **§ 39 Abs. 1 BörsG** berücksichtigt werden.[4] Für den anfänglich erforderlichen Rahmen gilt: Bei Aktien muss der voraussichtliche Kurswert mindestens Euro 1,25 Mio., bei anderen Wertpapieren der Nennbetrag mindestens Euro 250 000 betragen, bei nicht auf einen Geldbetrag lautenden Wertpapieren müssen mindestens 10 000 Stück zugelassen

---

[1] *Gebhardt,* in: Schäfer/Hamann, KMG, § 30 BörsG Rn. 51.
[2] RegBegr. zur BörsZulV, BR-Drs. 72/87, S. 70; *Gebhardt,* in: Schäfer/Hamann, KMG § 1 BörsZulV Rn. 2; *Heidelbach,* in: Schwark/Zimmer, § 1 BörsZulV Rn. 2.
[3] *Gebhardt,* in: Schäfer/Hamann, KMG § 1 BörsZulV Rn. 4; *Heidelbach,* in: Schwark/Zimmer, § 1 BörsZulV Rn. 2.
[4] Ebenso *Heidelbach,* in: Schwark/Zimmer, § 2 BörsZulV Rn. 2; *Gebhardt,* in: Schäfer/Hamann, KMG, § 2 BörsZulV Rn. 9.

werden. „Kurswert" ist der voraussichtliche Börsenpreis.[5] § 2 Abs. 3 Börs-
ZulV ist auf die Zulassung nennwertloser Aktien nicht anzuwenden, da hierfür die Spezialvorschrift in § 2 Abs. 1 BörsZulV vorgeht.[6] Die andere Auffassung würde zu dem wenig überzeugenden Ergebnis führen, dass eine
Mindeststreuung nur für Stückaktien, nicht aber für Nennbetragsaktien gilt.[7]
Bei Wertpapieren in ausländischer Währung sind diese nach Maßgabe der
zum Zeitpunkt der Entscheidung über den Zulassungsantrag geltenden
Wechselkurse in Euro umzurechnen. Nach § 2 Abs. 4 BörsZulV können
geringere Mindestzulassungsbeträge zugelassen werden. Voraussetzung ist aber
die Überzeugung der Geschäftsführung, dass sich für die zuzulassenden Wertpapiere ein ausreichender Markt bilden wird[8] – es geht um den Schutz des
Publikums und den ordnungsgemäßen Börsenhandel (siehe oben Rn. 1).

3. § 3 Dauer des Bestehens des Emittenten

Bei der Zulassung von Aktien ist aus europarechtlichen Gründen nicht **4**
entscheidend, ob das Unternehmen überhaupt bereits drei Jahre besteht[9],
noch viel weniger, ob es bereits seit drei Jahren die Rechtsform einer Aktiengesellschaft hat,[10] sondern allein, dass es seine **Jahresabschlüsse** für die drei
dem Antrag vorangegangenen **Geschäftsjahre entsprechend den für die
Gesellschaft geltenden Vorschriften** offen gelegt hat.[11] Will die Geschäftsführung gemäß der in **Abs. 2** vorgesehenen Möglichkeit abweichend von
Abs. 1 Aktien zulassen, hat sie dabei nach dem Wortlaut der Bestimmung
kumulativ die Interessen der Gesellschaft und des Publikums zu berücksichtigen, nach den Motiven des Verordnungsgebers die **Interessen der Gesellschaft** einerseits und des **Publikums** andererseits **abzuwägen** und nach
richtiger, europarechtskonformer Auslegung alternativ zu prüfen, ob die Interessen der Gesellschaft oder der Anleger eine solche Abweichung rechtfertigen und kann (Ermessensentscheidung) diese gewähren, wenn sie entweder
im Interesse des Publikums oder der Anleger ist.[12]

Von Bedeutung wird die Voraussetzung, dass der Emittent nicht als Ak- **5**
tiengesellschaft, sondern nur als Unternehmen drei Jahre existiert haben
muss, in den Fällen, in denen die Anforderungen an die Rechnungslegung
bei der früheren Rechtsform geringer waren als die der §§ 264 ff. HGB. Die

[5] *Gebhardt,* in: Schäfer/Hamann, KMG § 2 BörsZulV Rn. 10.
[6] RegBegr. zur BörsZulV, BR-Drs. 72/87, S. 71; *Heidelbach,* in: Schwark/Zimmer,
§ 2 BörsZulV Rn. 4; a. A. *Schlitt,* AG 2003, 57, 61; *Schlitt,* in: Semler/Volhard, § 23
Rn. 22.
[7] Mit gleicher Begründung ablehnend *Heidelbach,* in: Schwark/Zimmer, § 2 Börs-
ZulV Rn. 4.
[8] Wie hier *Heidelbach,* in Schwark/Zimmer, § 2 BörsZulV Rn. 5.
[9] *Gebhardt,* in: Schäfer/Hamann, KMG § 3 BörsZulV Rn. 2.
[10] *Gebhardt,* in: Schäfer/Hamann, KMG § 3 BörsZulV Rn. 3.
[11] Das ergibt sich aus einer europarechtskonformen Auslegung, wie hier *Gebhardt,*
in: Schäfer/Hamann, KMG, § 3 BörsZulV Rn. 2 und *Heidelbach,* in: Schwark/
Zimmer, § 3 BörsZulV Rn. 1; ebenso bereits *Gericke,* S. 69.
[12] Ausführlich dazu *Gebhardt,* in: Schäfer/Hamann, KMG, § 3 BörsZulV Rn. 6.

Praxis behalf sich in der Vergangenheit hier mit so genannten **Als-Ob-Abschlüssen,** in denen so bilanziert wurde als ob die strengeren Rechnungslegungsvorschriften bereits früher gegolten hätten.[13] Dies ist im Hinblick auf die Prospekthaftung nicht unproblematisch.[14] Aus der Börsenzulassungsverordnung ergibt sich keine Verpflichtung zur Aufstellung solcher Als-Ob-Abschlüsse, da § 3 nur eine Bilanzierung nach den für die existierende Unternehmensform geltenden Rechnungslegungsvorschriften erfordert.[15] Aus Erwägungsgrund 9 der Prospektverordnung ergibt sich nunmehr, dass in solchen Fällen Als-ob-Abschlüsse oder Pro-forma-Abschlüsse unzulässig sind.[16]

6   Will die Geschäftsführung gemäß der in § 3 Abs. 2 BörsZulV vorgesehenen Möglichkeit abweichend von § 3 Abs. 1 BörsZulV Aktien zulassen, hat sie dabei nach dem Wortlaut der Bestimmung kumulativ die Interessen der Gesellschaft und des Publikums zu berücksichtigen, nach den Motiven des Verordnungsgebers dagegen die Interessen der Gesellschaft einerseits und des Publikums andererseits abzuwägen. Die § 3 zu Grunde liegende europäische Bestimmung, Art. 44 Koordinierungsrichtlinie, ist hier erheblich weiter, lässt die Interessen lediglich des Emittenten ausreichen und hält es für genügend, wenn aufgrund dieses Interesses eine Abweichung wünschenswert ist.[17] Insofern ist eine Abweichung unter geringen Voraussetzungen möglich, nämlich allein z. B. den Interessen des Emittenten. An die Interessen der Emittenten sind keine hohen Anforderungen zu stellen.[18]

7   Bei Abspaltung neuer Unternehmen aus börsennotierten Gesellschaften (z. B. HypoRealEstate aus HVB, Lanxess aus Bayer) dürften die Voraussetzungen erfüllt sein, da der Emittent börsennotierte Aktien zuteilen will und gleichzeitig die Information des Publikums sicher gestellt wird durch die Möglichkeit so genannte Combined Financial Statements nach IFRS zu erstellen. Auch bei Ausgliederungen, die auf eine (teilweise) Monetisierung der Aktien abzielen, besteht ein wirtschaftliches Interesse des Emittenten, das für die Zwecke des § 3 Abs. 2 BörsZulV ausreichen dürfte. Ein Börsengang eines so genannten Special Purpose Acquisition Vehicle (SPAC), einer Zweckgesellschaft, die mit den beim Börsengang einerworbenen Mitteln erst einen operativen Geschäftsbetrieb erwerben will, kann eine Ausnahme von § 3 Abs. 1 erfordern, wenn das SPAC noch keine drei Jahre z. B. als Vorratsgesellschaff bilanziert hat. Sie muss es aber nicht, wenn nämlich eine solche Bilanzierung bereits vorliegt. Entscheidender, aber nicht im Rahmen der

---

[13] *Schäfer/Hamann,* § 36 BörsG Rn. 15.

[14] Vgl. auch zu den Offenlegungspflichten bei Verwendung von Als-Ob-Abschlüssen OLG Frankfurt v. 17. 3. 1999 – 21 U 260/97, ZIP 1999, 1005, 1006 und die Vorinstanz LG Frankfurt v. 7. 10. 1997 – 3/11 O 44/96, WM 1998, 1181, 1183.

[15] Wie hier *Heidelbach,* in: Schwark/Zimmer, § 3 BörsZulV Rn. 2; *Schlitt,* AG, 2003, 57, 60 insbes. Fn. 39.

[16] *Gebhardt,* in: Schäfer/Hamann, KMG § 3 BörsZulV Rn. 11; a. A. *Heidelbach,* in: Schwark/Zimmer, § 3 BörsZulV Rn. 2.

[17] So zu Recht *Gebhardt,* in: Schäfer/Hamann, KMG § 3 BörsZulV Rn. 6; die abweichende Auffassung der Vorauflage wird aufgegeben.

[18] *Gehardt,* in: Schäfer/Hamann, KMG § 3 BörsZulV Rn. 6.

Börsenzulassung sondern der Prospektbilligung zu prüfen, ist die ordnungsgemäße Darstellung des SPAC und seiner Anlagerichtlinien.

4. § 4 Rechtsgrundlage der Wertpapiere

Nach § 4 BörsZulV müssen die zuzulassenden Wertpapiere in Übereinstimmung mit dem für den Emittenten geltenden Recht ausgegeben werden und dem für das Wertpapier geltenden Vorschriften entsprechen. Die insoweit von der Geschäftsführung vorzunehmende Prüfung umfasst unzweifelhaft die **Existenz der Wertpapiere**, d. h. ob diese wirksam ausgegeben und begeben wurden. Ob darüber hinaus auch eine Prüfungspflicht der Geschäftsführung dahingehend besteht, ob die gesellschaftsinternen Voraussetzungen für die Zulassung der Wertpapiere eingehalten wurden (z. B. Erfordernis eines zustimmenden Hauptversammlungsbeschlusses für ein IPO),[19] ist zweifelhaft. I. E. ist eines solche Prüfungspflicht aber jedenfalls dann zu verneinen, wenn, wie im Falle eines Hauptversammlungsbeschlusses für einen IPO, die gesellschaftsinternen Voraussetzungen nicht die Wirksamkeit der Ausgabe der Wertpapiere beeinflussen.[20]

8

5. § 5 Handelbarkeit der Wertpapiere

Voraussetzung eines funktionierenden Wertpapiermarktes ist die **Handelbarkeit der Wertpapiere,** § 5 Abs. 1. Soweit diese Handelbarkeit durch gesetzliche – vertragliche oder rein faktische Beschränkungen reichen nicht aus[21] – Regelungen erschwert wird, weil die Wertpapiere noch nicht voll eingezahlt sind, vgl. z. B. § 10 Abs. 2 AktG i. V. m. §§ 67, 68 AktG, oder weil es sich um **vinkulierte Wertpapiere** handelt, vgl. z. B. § 68 Abs. 2 AktG, können die Wertpapiere nur zugelassen werden, wenn dadurch der Börsenhandel nicht beeinträchtigt wird und eine entsprechende Information des Publikums erfolgt. § 5 Abs. 2 Nr. 1 BörsZulV ist entsprechend anzuwenden und der danach erforderliche Hinweis im Prospekt zu veröffentlichen, wenn nach dem am Sitz des Emittenten geltenden Recht Ausländer nur einen bestimmten Anteil des Aktienpakets halten dürfen;[22] dies gilt z. B. in Deutschland bei der Lufthansa AG, da bei dieser zur Sicherung ihres Charakters als deutsche Aktiengesellschaft, der nach den Luftverkehrsabkommen nach der Kontrolltheorie bestimmt wird, gesetzlich der Anteil der ausländischen Aktionäre begrenzt wurde.[23]

9

---

[19] Vgl. dazu unten § 32 BörsG Rn. 29 ff.

[20] Wie hier *Heidelbach,* in: SchwarkZimmer, § 4 BörsZulV Rn. 1.

[21] *Gebhardt,* in: Schäfer/Hamann, KMG, § 5 BörsZulV Rn. 2.

[22] *Gericke,* S. 71 f.

[23] Gesetz zur Sicherung des Nachweises der Eigentümerstellung und der Kontrolle von Luftfahrtunternehmen für die Aufrechterhaltung der Luftverkehrsbetriebsgenehmigung und der Luftverkehrsrechte vom 1. 7. 1997, BGBl. I 1997, 1322; wie hier *Heidelbach,* in: Schwark/Zimmer, § 5 BörsZulV Rn. 2. Kritisch hier: *Gebhardt,* in: Schäfer/Hamann, KMG § 5 BörsZulV Rn. 3, der eine solche Beschränkung nicht ausreichen lassen will, da sie in der europäischen Grundlage, Art. 46 Koordinierungsrichtlinie, nicht enthalten sei.

10 § 5 Abs. 2 Nr. 2 BörsZulV betrifft vor allem die **vinkulierten Namensaktien,** die nur dann zum Börsenhandel zugelassen werden dürfen, wenn die Vinkulierung nicht zu einer Störung des Börsenhandels führt. Eine solche Störung ist in Bezug auf die wertpapiertechnische Abwicklung zwischenzeitlich im Regelfall nicht mehr gegeben, da vinkulierte Namensaktien in die Girosammelverwahrung einbezogen werden können und über das System CARGO der Handel auch effektiv abgewickelt werden kann.[24] Darüber hinaus bleibt zu prüfen, ob das gesellschaftsrechtliche Zustimmungserfordernis des § 68 Abs. 2 AktG nicht zu einer Störung des Börsenhandels führt. Keine Störung des Börsenhandels trotz Vinkulierung ist, trotz der erheblichen Probleme, die ein solches Zustimmungserfordernis und eine verweigerte Zustimmung auslösen,[25] dann anzunehmen, wenn der Emittent gegenüber der Geschäftsführung schriftlich erklärt, von der Möglichkeit der Zustimmungsverweigerung keinen bzw. nur in außergewöhnlichen Fällen im Gesellschaftsinteresse Gebrauch zu machen.[26]

6. § 6 Stückelung der Wertpapiere

11 § 6 BörsZulV fordert, dass die Stückelung der Wertpapiere den Bedürfnissen des Börsenhandels und des Publikums Rechnung tragen muss. Zielrichtung dieser Bestimmung ist eine ausreichende **Streuung der Wertpapiere,** damit eine ausreichende **Liquidität** und letztendlich eine hinreichende Markttiefe, um eine ordnungsgemäße Preisfeststellung zu ermöglichen.

7. § 7 Zulassung von Wertpapieren einer Gattung oder einer Emission

12 Im regulierten Markt gilt der Grundsatz der Zulassung aller Wertpapiere einer Emission. Die **Teilzulassung** anderer Wertpapiere als Aktien ist **unzulässig,** § 7 Abs. 2 BörsZulV. Auch bei Aktien muss sich die Zulassung gem. § 7 Abs. 1 S. 1 BörsZulV grundsätzlich auf alle Aktien derselben Gattung beziehen. Dieser Grundsatz gilt aber zunächst nur beschränkt auf Aktien „derselben Gattung", wobei hier § 11 Satz 2 AktG maßgeblich ist. Aktien, die sich nur hinsichtlich des Beginns der Dividendenberechtigung unterscheiden, bilden, was früher in § 45 Nr. 3 b letzter Hlbs. BörsZulV a. F. eindeutig bestimmt war, aber auch heute selbst ohne ausdrückliche Regelung noch gilt, für die Zwecke der Börsenzulassungsverordnung keine eigene Gattung.[27] Aus der Gattungsgleichheit als Voraussetzung des Gebots der Gesamtzulassung folgt, dass die in der Praxis insbesondere bei Familiengesellschaften

---

[24] *Jütten,* Die Bank 1997, 112; *Schlitt,* AG 2003, 57, 61.
[25] Ausführlich: *Gebhardt,* in: Schäfer/Hamann, KMG § 5 BörsZulV Rn. 15.
[26] *Gebhardt,* in: Schäfer/Hamann, KMG, § 5 BörsZulV Rn. 16.
[27] Vgl. insoweit Regierungsbegründung zum Prospektrichtlinie-Umsetzungsgesetz die für das Wertpapierprospektgesetz klarstellt, dass Aktien, die sich nur in Bezug auf den Beginn der Dividendenberechtigung unterscheiden, als Aktien derselben Gattung gelten, BT-Drs. 15/4999, S. 25, 30. Das muss auch für die Börsenzulassungsverordnung gelten. Ein andere Frage ist, ob jene Aktien auch aktienrechtlich nicht als eigene Gattung anzusehen sind, vgl. zum Meinungsstand *Schnorbus,* in: Berrar/Meyer/Müller/Schnorbus/Singhof/Wolf, § 4 WpPG Rn. 61 FN 81 a.

jedenfalls früher häufig anzutreffende Gestaltung zulässig ist, dass z. B. nur die Vorzugsaktien zum Börsenhandel zugelassen wurden, nicht aber die Stamm-aktien.[28] Das gilt jenseits von Stamm- und Vorzugsaktien allgemein für unter-schiedliche **Aktiengattungen,** z. b. für auch im Ausland noch anzutreffende sogenannte Class A und Class B Shares; hier kann die Zulassung auf eine Gattung beschränkt werden.

Außerdem lässt § 7 Abs. 1 Satz 2 BörsZulV Ausnahmen von dem Grundsatz **13** der Zulassung aller Aktien gleicher Gattung zu und nennt hier zwei mögliche Gründe: Entweder zur Sicherung des beherrschenden Einflusses auf den Emit-tenten, oder, weil die Aktien für eine bestimmte Zeit aufgrund gesetzlicher oder vertraglicher[29] Veräußerungsverbote nicht gehandelt werden dürfen.[30] In beiden vorgenannten Fällen ist es aber erforderlich, dass aus der Teilzulassung keine Nachteile für die Erwerber der zuzulassenden Aktien erwachsen. Außer-dem ist in jedem Fall der Teilzulassung das Publikum gemäß § 7 Abs. 1 Satz 3 BörsZulV im Prospekt oder auf sonstige Weise hierüber zu unterrichten.

Der Grundsatz der Zulassung aller Wertpapiere einer Emission bzw. bei **14** Aktien aller Aktien der Gesellschaft wird durch die auf § 40 Abs. 1 BörsG basierende, auf der Grundlage von § 40 Abs. 2 BörsG in § 69 BörsZulV ge-regelte **Zulassungsfolgepflicht** auch auf alle später öffentlich ausgegebenen Aktien derselben Gattung erstreckt, dort aber auch durch dieselben Ausnah-memöglichkeiten wie bei der erstmaligen Zulassung eingeschränkt. Außer-dem gewährt § 69 Abs. 2 BörsZulV insoweit eine Frist von einem Jahr.

§ 7 BörsZulV galt nicht im früher bestehenden **geregelten Markt** z. b. **15** der FWB, da § 69 Abs. 2 Nr. 2 BörsenO der FWB a. F. grundsätzlich eine Teilzulassung von Wertpapieren einer Gattung oder einer Emission zuließ und nur der früher zuständigen Zulassungsstelle die Möglichkeit einräumte, eine solche Teilzulassung abzulehnen, wenn sie überzeugt war, dass sich für die zuzulassenden Wertpapiere kein ausreichender Markt bilden wird. Im Hinblick auf die vor dem 1. November 2007 zum geregelten Markt zugelas-senen Aktien eines Emittenten ist auf Grund der Abschaffung des geregelten Marktes die Übergangsregelung des § 72 a Abs. 3 zu beachten, vgl. dazu un-ten die Kommentierung zu § 72 a.

8. § 8 Druckausstattung der Wertpapiere

§ 8 BörsZulV zwingt nicht zum **Ausdruck effektiver Stücke,** sondern **16** regelt nur die Fälle, in denen tatsächlich effektive Stücke gedruckt werden.

---

[28] Allerdings ist die Anzahl von Gesellschaften mit unterschiedlichen Aktiengattun-gen eher rückläufig, vgl. Nachw. bei *Schlitt,* in: Semler/Volhard, § 23 Rn. 19 Fn. 52.
[29] Z. B. Look-up, vgl. *Gebhardt,* in: Schäfer/Hamann, KMG § 7 BörsZulV Rn. 7 f., anderes Beispiel sind Belegschaftsaktien, vgl. *Heidelbach,* in: Schwark/Zimmer, § 7 BörsZulV Rn. 2.
[30] So wurden z. b. bei der Börsenzulassung der Aktien der Deutsche Telekom AG 1996 die Aktien, welche die Bundesrepublik Deutschland hielt, größtenteils gem. § 7 Abs. 1 S. 2 2. Alt. nicht zugelassen, da diese nach § 3 Abs. 1 Nr. 2 des Bundesanstalt Post-Gesetzes, BGBl. I 1994, 2325, bis zum 31. Dezember 1999 nicht über die Börse gehandelt werden sollten.

Dies ist aber, insbesondere seit den Änderungen des § 10 Abs. 5 AktG durch das Gesetz zur Kleinen AG[31] und das KonTraG,[32] mit dem auch im Bereich des Aktienrechts ein Ausschluss des Anspruchs auf Einzelverbriefung sowohl der Aktien als solcher als auch des Anteils des Aktionärs insgesamt erreicht wurde, eher die Ausnahme. Im Regelfall werden nur noch eine oder mehrere Globalurkunde(n) ausgedruckt, bei der Clearstream Banking AG Frankfurt (ehemals Deutsche Börse Clearing AG, davor Deutsche Kassenverein AG) eingeliefert und im Effektengiroverkehr übertragen, vgl. auch § 9 a DepotG.[33]

17 Soweit noch **Einzelurkunden** ausgedruckt werden, sind hinsichtlich der Druckausstattung der Wertpapiere von den deutschen Wertpapierbörsen **„Gemeinsame Grundsätze der deutschen Wertpapierbörsen für den Druck von Wertpapieren"**[34] erlassen worden. Diese gelten grundsätzlich für sämtliche zum Handel an einer deutschen Wertpapierbörse zuzulassenden Wertpapiere. Für Emittenten aus anderen EU-Ländern enthält § 8 Abs. 1 S. 2 BörsZulV eine noch auf der ursprünglichen Börsenzulassungs-Richtlinie[35] zurückgehende Erleichterung insoweit, dass Wertpapiere dieser Emittenten nur die in ihren Staaten jeweils geltenden Vorschriften beachten müssen. Soweit die nationalen Vorschriften anderer EU-Länder keinen ausreichenden Schutz vor Fälschungen bieten, ist gemäß den vorgenannten Bestimmungen der Börsenzulassung-RL das Publikum hierauf hinzuweisen, vgl. auch § 8 Abs. 2,[36] der mangelnde Schutz vor Fälschungen bietet in diesen Fällen keinen Grund für die Versagung der Zulassung.[37]

9. § 9 Streuung der Aktien

18 § 9 BörsZulV (**„free float"**) begründet ausschließlich für Aktien und nach der Verwaltungspraxis ausschließlich bei erstmaliger Zulassung[38] eine

---

[31] Gesetz für kleine Aktiengesellschaften und zur Deregulierung des Aktienrechts, BGBl. I 1994, 1961.

[32] KonTraG BGBl. I 1998, 786.

[33] Vgl. hierzu auch *Than,* FS Schimansky, 1999, S. 821, 831.

[34] Abrufbar über die Internet Seite der Deutsche Börse AG: www.deutsche-boerse.de (Listing/Ihr Weg an die Boerse/Regularien/Gesamtinhaltsverzeichnis).

[35] Schema A Nr. II. 6 sowie Schema B Buchstabe A Nr. II.5 und Buchstabe B.4 der Börsenzulassungs-Richtlinie, Richtlinie des Rates vom 5. März 1979 zur Koordinierung der Bedingungen für die Zulassung von Wertpapieren zur amtlichen Notierung an einer Wertpapierbörse, RL 79/279/EWG, ABl. EG Nr. L 66 vom 16. März 1979, S. 21.

[36] *Heidelbach,* in: Schwark/Zimmer, § 8 BörsZulV Rn. 2.

[37] Wie hier *Heidelbach,* in: Schwark/Zimmer, § 8 BörsZulV Rn. 3.

[38] *Heidelbach,* in: Schwark/Zimmer, § 8 BörsZulV Rn. 2; *Gebhardt,* in: Schäfer/Hamann, KMG, § 9 BörsZulV Rn. 2, der dies jedoch im Hinblick auf die europäische Grundlage, Art. 48 Abs. 3 Koordinierungsrichtlinie, die eine solche Differenzierung nicht enthalte, kritisiert. Das scheint bei richtiger Lesart des Art. 48 Abs. 3 Koordinierungsrichtlinie – „zusätzliche Tranche" – nicht ganz zutreffend, weil, wurde die Streuung bereits bei der Erstemission erreicht, liegt sie schon vor und ist nach Art. 48 Abs. 3 Koordinierungsrichtlinie bei zusätzlichen Tranche entbehrlich.

Zulassungsvoraussetzung, nach der mindestens 25% des Gesamtnennbetrages der zuzulassenden Aktien dem Publikum zur Verfügung zu stellen ist. Ob man für die nach § 9 Abs. 1 Satz 1 BörsZulV erforderliche breite Streuung auf die diesbezügliche Begriffsbestimmung in § 11 Abs. 1 S. 3 REITG abstellen kann, ist fraglich. Die dort genannte Grenze von 3% der Stimmrechte an der REIT-Aktiengesellschaft ist aber jedenfalls ein Indikator für dasjenige, was man unter „breiter Streuung" verstehen kann, d. h. alle Beteiligungen von Aktionären unterhalb der 3%-Schwelle. Wird die Schwelle nach der Zulassung unterschritten, kann dies im Rahmen von § 39 Abs. 1 BörsG den Widerruf der Zulassung begründen.[39] Nach den Grundsätzen für die Zuteilung von Aktienemissionen an Privatanleger der Börsensachverständigenkommission beim Bundesministerium der Finanzen vom 7. Juni 2000[40] zählt ein sog. Friends & Family-Programm, durch das ein bestimmter Teil der Emission für Zuteilungen an zuvor vom Emittenten festgelegte Personen (Mitarbeiter, Geschäftspartner etc.) reserviert wird, nicht zum free float. Das wird man auch im Rahmen des § 9 BörsZulV so sehen müssen.[41] Die nach § 9 Abs. 1 BörsZulV geforderte ausreichende Streuung der Wertpapiere wird bei Einreichung des Zulassungsantrages grundsätzlich unterstellt. Im Zweifelsfall ist sie vor Einführung zu erfüllen und muss der Geschäftsführung gegenüber nachgewiesen werden.

19 § 9 Abs. 1 Satz 2 Alt. 2 BörsZulV enthält eine Ausnahme von der 25%-Regel bei größeren Emissionen, § 9 Abs. 2 BörsZulV weitere Ausnahmemöglichkeiten. Der Wortlaut der Regelung in § 9 Abs. 1 BörsZulV impliziert, dass die breite Streuung als Zulassungsvoraussetzung bereits im Zeitpunkt der Zulassung vorliegen muss.[42] Tatsächlich erfolgt aber bei einem IPO die Zuteilung an das Publikum und damit die breite Streuung erst nach Zulassung – es sollen ja keine Wertpapiere von den Anlegern erworben werden, die noch nicht zugelassen sind. Diesen Sachverhalt kann man auch nicht unmittelbar unter § 9 Abs. 2 Nr. 1 BörsZulV subsummieren, da die Streuung nicht „über die" bzw. „nach der" Einführung erfolgt, sondern bereits davor; anderenfalls würde man gegen § 38 Abs. 2 BörsG verstoßen. Man wird deshalb § 9 Abs. 1 BörsZulV dahingehend auslegen müssen, dass es ausreicht, wenn die Geschäftsführung bei Zulassung davon ausgehen kann, dass die Streuung bei Einführung gegeben ist.

10. § 10 Spezialvorschrift für Emittenten aus Drittstaaten

20 § 10 BörsZulV enthält eine Spezialvorschrift für Emittenten aus Staaten außerhalb der Europäischen Gemeinschaften oder außerhalb der anderen Vertragsstaaten des Abkommens über den Europäischen Wirtschaftsraum.

---

[39] *Heidelbach,* in: Schwark/Zimmer, § 9 BörsZulV Rn. 2.

[40] Abrufbar über die Internet-Seite der Deutsche Börse AG: www.deutsche-boerse.de.

[41] Wie hier *Gebhardt,* in: Schäfer/Hamann, KMG § 9 BörsZulV Rn. 6; a. A. *Heidelbach,* in: Schwark/Zimmer, § 9 BörsZulV Rn. 3.

[42] So auch ausdrücklich *Gebhardt,* in: Schäfer/Hamann, KMG § 9 BörsZulV Rn. 9.

11. § 11 Zulassung von Wertpapieren mit Umtausch- oder Bezugsrecht

21   § 11 BörsZulV soll sicherstellen, dass die Wertpapiere, die durch Ausübung eines Umtausch- oder Bezugsrechts entstehen und/oder erworben werden zumindest gleichzeitig mit denjenigen Wertpapieren, die den Gläubigern ein Umtausch- oder Bezugsrecht auf diese Wertpapiere einräumen, zugelassen werden. Dies bedeutet bei durch ein **bedingtes oder ausnahmsweise**[43] **genehmigtes Kapital** gesicherten **Wandel- oder Optionsanleihen,** dass grundsätzlich spätestens mit Zulassung der Anleihe auch das entsprechende bedingte/genehmigte Kapital zuzulassen ist,[44] obwohl die diesbezüglichen Aktien mangels Ausübung des Options- bzw. Wandelungsrechts noch nicht entstanden sind. Soweit sich die Wandel- oder Optionsanleihe auf bereits existierende Aktien dritter Unternehmen beziehen, müssen diese ebenfalls zumindest gleichzeitig mit der Wandel- oder Optionsanleihe zugelassen werden. Hier gilt die Prospektbefreiung des § 4 Abs. 2 Nr. 7 WpPG. Wenn jedoch die Wandel- und/oder Optionsrechte, z. B. auf Grund von Sperrfristen, noch nicht ausgeübt werden können, ist fraglich, ob für die Zulassung der Aktien ein rechtliches Interesse besteht.[45] So lässt sich vertreten, dass in Anlehnung an § 38 Abs. 4 BörsG ein rechtliches Interesse dann fehlt und somit keine Zulassung erfolgen kann, wenn die Wandlung oder Option erstmals später als in drei Monaten zulässig ist. Andererseits beeinträchtigt die Zulassung den Börsenhandel nicht, während andererseits bei Ausübung der Umtausch- oder Bezugsrecht i. d. R. auf Grund vertraglicher Verpflichtungen sicher gestellt sein muss, dass die Aktien zugelassen sind. Insofern wird man hier ein rechtliches Interesse eher von geringeren Anforderungen abhängig machen wollen.

21a   § 11 gilt gleichermaßen für Wandel- wie für Optionsanleihen, aber auch für Umtauschanleihen oder reine Optionen (naked warrants).[46]

12. § 12 Zulassung von Zertifikaten, die Akten vertreten

22   § 12 BörsZulV enthält eine Spezialvorschrift für Zertifikate, die Aktien vertreten, z. B. American Depositary Receipts.[47]

---

[43] Vgl. hierzu *Groß,* in: Hdb. der börsennotierten AG, § 51 Rn. 60.

[44] *Gericke,* S. 77; *Heidelbach,* in: Schwark/Zimmer, § 11 BörsZulV Rn. 1; kritisch *Gebhardt,* in: Schäfer/Hamann, KMG § 11 BörsZulV Rn. 6.

[45] Es geht nicht darum, ob die Bezugsrechte bereits ausgegeben wurden, hierzu *Heidelbach,* in: Schwark/Zimmer, § 32 BörsGRn. 94, die als Voraussetzung der Zulassung des bedingten Kapitals fordert, dass die Bezugsrechte „zumindest teilweise im Umlauf sind". Das ist so oder so Voraussetzung des § 11 BörsZulV. Vielmehr geht es darum, ob die Bezugsrechte ausübbar sind, oder aber u. U. wg. einer Sperrfrist, vgl. die Wartefrist bei Stock Options von 4 Jahren nach § 193 Abs. 2 Nr. 4 AktG, noch nicht ausgeübt werden können

[46] Zu letzteren *Heidelbach,* in: Schwark/Zimmer, § 11 BörsZulV Rn. 1.

[47] Vgl. zu American Depositary Receipts nur *Bungert/Paschos,* WM 1993, 133 ff., 221 ff.

Zweiter Abschnitt. (weggefallen)

Dritter Abschnitt. Zulassungsverfahren

§ 48. Zulassungsantrag

(1) [1]Der Zulassungsantrag ist schriftlich zu stellen. [2]Er muss Firma und Sitz der Antragsteller, Art und Betrag der zuzulassenden Wertpapiere angeben. [3]Ferner ist anzugeben, ob ein gleichartiger Antrag zuvor oder gleichzeitig an einer anderen inländischen Börse oder in einem anderen Mitgliedstaat der Europäischen Union oder in einem anderen Vertragsstaat des Abkommens über den Europäischen Wirtschaftsraum gestellt worden ist oder alsbald gestellt werden wird.

(2) [1]Dem Antrag sind ein Entwurf des Prospekts oder ein gebilligter Prospekt und die zur Prüfung der Zulassungsvoraussetzungen erforderlichen Nachweise beizufügen. [2]Der Geschäftsführung sind auf Verlangen insbesondere vorzulegen

1. ein beglaubigter Auszug aus dem Handelsregister nach neuestem Stand;
2. die Satzung oder der Gesellschaftsvertrag in der neuesten Fassung;
3. die Genehmigungsurkunden, wenn die Gründung des Emittenten, die Ausübung seiner Geschäftstätigkeit oder die Ausgabe der Wertpapiere einer staatlichen Genehmigung bedarf;
4. die Jahresabschlüsse und die Lageberichte für die drei Geschäftsjahre, die dem Antrag vorausgegangen sind, einschließlich der Bestätigungsvermerke der Abschlussprüfer;
5. ein Nachweis über die Rechtsgrundlage der Wertpapierausgabe;
6. im Falle ausgedruckter Einzelurkunden ein Musterstück jeden Nennwertes der zuzulassenden Wertpapiere (Mantel und Bogen);
7. im Falle einer Sammelverbriefung der zuzulassenden Wertpapiere die Erklärung des Emittenten, dass
   a) die Sammelurkunde bei einer Wertpapiersammelbank (§ 1 Abs. 3 des Depotgesetzes) hinterlegt ist und bei einer Auflösung der Sammelurkunde die Einzelurkunden gemäß Nummer 6 vorgelegt werden und
   b) er auf Anforderung der Geschäftsführung die Sammelurkunde auflösen wird, wenn er gegenüber den Inhabern der in der Sammelurkunde verbrieften Rechte verpflichtet ist, auf Verlangen einzelne Wertpapiere auszugeben;
8. im Falle des § 3 Abs. 2 die Berichte über die Gründung und deren Prüfung (§ 32 Abs. 1, § 34 Abs. 2 des Aktiengesetzes).

§ 48a. Veröffentlichung eines Basisprospektes

[1]Schuldverschreibungen, die gleichzeitig mit ihrer öffentlichen ersten Ausgabe zugelassen werden sollen und für die ein nach dem Wertpapierprospektgesetz gültiger Basisprospekt vorliegt, kann die Geschäfts-

239

führung zulassen, wenn die endgültigen Bestimmungen des Angebots erst kurz vor der Ausgabe festgesetzt werden und der Basisprospekt innerhalb von zwölf Monaten vor der Zulassung der Schuldverschreibungen veröffentlicht worden ist und darüber Auskunft gibt, wie diese Angaben in den Prospekt aufgenommen werden. [2]Die endgültigen Bedingungen müssen vor der Einführung der Schuldverschreibungen nach § 6 Abs. 3 des Wertpapierprospektgesetzes veröffentlicht werden.

§ 49. (weggefallen)

§ 50. Zeitpunkt der Zulassung

Die Zulassung darf frühestens an dem auf das Datum der Einrechnung des Zulassungsantrags bei der Geschäftsführung folgenden Handelstag erfolgen.

§ 51. Veröffentlichung der Zulassung

Die Zulassung wird von der Geschäftsführung auf Kosten der Antragsteller im Bundesanzeiger veröffentlicht.

§ 52. Einführung

Die Einführung der Wertpapiere darf frühestens an dem auf die erste Veröffentlichung des Prospekts oder, wenn kein Prospekt zu veröffentlichen ist, an dem der Veröffentlichung der Zulassung folgenden Werktag erfolgen.

Übersicht

I. Zulassungsverfahren im Überblick

1   Die §§ 48 bis 51 BörsZulV regeln das **Zulassungsverfahren,** während § 52 BörsZulV zeitliche Vorgaben für die **Einführung,** vgl. auch die Legaldefinition in § 38 Abs. 1 Satz 1 BörsG, der Wertpapiere festlegt.

Das Zulassungsverfahren lässt sich in folgende Schritte einteilen: Zulas- **2** sungsantrag, Erteilung der Zulassung, Veröffentlichung der Zulassung.

Das früher insbesondere im Hinblick auf die Prospektprüfung durch die **3** früher zuständige Zulassungsstelle übliche Vorverfahren hat sich, soweit Fragen der Prospektbilligung betroffen sind, durch die Änderungen aufgrund des Prospektrichtlinie-Umsetzungsgesetzes erübrigt. Zulässig und bei entsprechendem Zeitdruck ratsam ist nunmehr eine parallele Einreichung des Prospekts zur Billigung bei der BaFin und die Stellung des Zulassungsantrags bei der Geschäftsführung, vgl. auch unten Rn. 8. Für das Zulassungsverfahren als solches empfiehlt sich aber in Zweifelsfragen nach wie vor eine Vorabklärung mit der Geschäftsführung der Geschäftsstelle der jeweiligen Börse. Das gilt insbesondere für Zeitpläne aber auch für Fragen der Prospektbefreiung.[1]

II. Zulassungsverfahren im Einzelnen

1. Zulassungsantrag

Das offizielle Zulassungsverfahren wird mit dem vom **Emittenten** und den **4** **Emissionsbegleitern**[2] **unterschriebenen Zulassungsantrag** eingeleitet; der konsortialführende Emissionsbegleiter wird im Regelfall im Konsortialvertrag oder aufgrund des Invitation Telex von den anderen Emissionsbegleitern bevollmächtigt, den Zulassungsantrag auch in ihrem Namen zu stellen,[3] so dass er insoweit allein mit Wirkung/in Vertretung auch für alle anderen Emissionsbegleiter den Zulassungsantrag unterzeichnen kann. Der Zulassungsantrag ist schriftlich und grundsätzlich[4] in deutscher Sprache zu stellen. Unterzeichnung durch Bevollmächtigten, z. B. Emissionsbegleiter für Emittent, genügt. Verwendung des Antragsformulars der FWB ist bei der FWB empfehlenswert.[5]

2. Inhalt des Zulassungsantrags, § 48 Abs. 1 BörsZulV

Der **Inhalt des Zulassungsantrags** ist in § 48 Abs. 1 Satz 2 und 3 Börs- **5** ZulV geregelt. Früher, d. h. bis zum Prospektrichtlinie-Umsetzungsgesetz galt, dass bei Inanspruchnahme von Prospekterleichterungen oder einer Prospektbefreiung im Zulassungsantrag anzugeben war, aufgrund welcher Tatsachen Prospekterleichterungen bzw. Prospektbefreiungen in Betracht kamen; darüber hinaus war die einzelne Vorschrift, auf die eine solche Erleichterung

---

[1] Hierfür ist die Geschäftsführung bei der Zulassungsentscheidung zuständig, vgl. § 4 WpPG Rn. 8.

[2] Zu Recht weist *Berrar,* in: Berrar/Meyer/Müller/Schnorbus/Singhof/Wolf, § 13 WpPG Rn. 83 darauf hin, dass der Emissionsbegleiter nicht zwingend auch die Prospektverantwortung mit übernimmt. Das zwingend so, wenn kein Prospekt veröffentlicht wird oder wenn ein prospektbefreiendes „Dokument" vorgelegt wird, für das die Verantwortungsklausel des § 5 Abs. 4 WpPG nicht gilt, vgl. oben § 5 WpPG Rn. 8. Das gilt aber auch ansonsten, da die Antragstellung als Emissionsbegleiter nicht die Prospektverantwortung voraussetzt.

[3] Vgl. Muster bei *Groß,* in: BuB Rn. 10/333 a.

[4] *Gebhardt,* in: Schäfer/Hamann, KMG § 48 BörsZulV Rn. 5: Verwaltungspraxis akzeptiert bei Prospekten in anderer Sprache auch Antrag in derselben Sprache.

[5] Siehe oben § 32 BörsG Rn. 34.

gestützt wurde, anzugeben. Das dürfte aufgrund der Änderungen durch das Prospektrichtlinie-Umsetzungsgesetz heute nur noch für die Prospektbefreiung, dagegen nicht mehr für Prospekterleichterungen erforderlich sein. Die Geschäftsführung hat nur nachzuprüfen, ob ein gebilligter Prospekt vorliegt, den Prospekt selbst dagegen nicht mehr.[6] Insofern hat sie auch nicht mehr zu prüfen, ob der Prospekt alle erforderlichen Bestandteile enthält, oder, ob aufgrund von Vorschriften zur Erleichterung der Prospekterstellung von speziellen Angaben abgesehen werden durfte. Prüft sie damit aber auch nicht mehr, ob die Voraussetzungen für solche Prospekterleichterungen vorliegen, dann sind ihr gegenüber Angaben zu den Gründen und der Rechtsgrundlage für die Befreiung entbehrlich. Liegt dagegen kein Prospekt vor, dann wird man ihr die Kompetenz zubilligen müssen, zu prüfen, ob die Voraussetzungen für eine Befreiung von Prospekterfordernis vorliegen. Eine solche Prüfungskompetenz (aber auch Prüfungspflicht) ergibt sich bereits daraus, dass, anders als nach der früheren Rechtslage, in der eine Prospektbefreiung erst nach Antrag und aufgrund einer förmlichen (u. U. auch inzidenten) Entscheidung der Zulassungsstelle erfolgte, jetzt die Prospektbefreiungen nach dem Wertpapierprospektgesetz ohne Antrag qua Gesetzes greifen. Deshalb wird hierüber auch durch die BaFin keine Bescheinigung erstellt; die BaFin wird i. d. R. damit gar nicht befasst. Dann kann hier nur die Geschäftsführung prüfen und entscheiden.[7]

6   Die Angaben nach § 48 Abs. 1 Satz 3 BörsZulV dienen dazu, die Zusammenarbeit zwischen verschiedenen Geschäftsführungen im Inland und Ausland zu erleichtern und die Einhaltung der diesbezüglichen Vorschriften, §§ 35 Abs. 3, und 36 BörsG sicherzustellen.

3. Einzureichende Unterlagen, § 48 Abs. 2 BörsZulV

7   Bei den in § 48 Abs. 2 im Einzelnen aufgeführten **Unterlagen** handelt es sich um diejenigen, die für die Geschäftsführung bei der Beurteilung der Zulassung wesentlich sind. Die Geschäftsführung kann ggf. die Vorlage **weiterer Unterlagen** verlangen. Anders als vor den Änderungen durch das Prospektrichtlinie-Umsetzungsgesetz können jedoch keine Unterlagen von der Geschäftsführung angefordert werden, die für eine Prüfung der Prospektangaben erforderlich wären. Da nunmehr nicht mehr die Geschäftsführung sondern allein die BaFin für die Prüfung des Prospektes zuständig ist,[8] und die Geschäftsführung als Zulassungsvoraussetzung allein prüft, ob ein gebilligter Prospekt veröffentlicht wurde, sind solche Unterlagen für die Geschäftsführung nicht erforderlich.

8   Nach § 48 Abs. 2 Satz 1 BörsZulV ist „ein Entwurf des Prospekts oder ein gebilligter Prospekt" einzureichen. Daraus folgt, dass der Antragsteller die Wahl hat, zunächst das Verfahren zur Billigung des Prospektes zu durchlaufen

---

[6] § 32 BörsG Rn. 17. So ausdrücklich auch *Berrar,* in: Berrar/Meyer/Müller/Schnorbus/Singhof/Wolf, § 13 WpPG Rn. 77.

[7] Vgl. unten § 4 WpPG Rn. 8 f.; wie hier auch *Berrar,* in: Berrar/Meyer/Müller/Schnorbus/Singhof/Wolf, § 13 WpPG Rn. 79.

[8] Vgl. oben § 32 BörsG Rn. 17.

und erst anschließend nach der Billigung unter Einreichung des gebilligten Prospekts das Zulassungsverfahren zu betreiben. Dies führt jedoch zu einer erheblichen Verlängerung der benötigten Zeit, nämlich Minimum 10 bis 20 Werktage für die Prospektbilligung, § 13 WpPG, und zusätzlich ca. 3 bis 4 Tage für die Zulassung.[9] Er kann aber auch nach der durch das Prospektrichtlinie-Umsetzungsgesetz bewirkten Aufteilung der Zuständigkeiten für die Zulassung einerseits (Geschäftsführung) und der Billigung des Prospektes andererseits (BaFin) das Billigungs- und Zulassungsverfahren zeitlich teilweise parallel betreiben und hierfür bei der Geschäftsführung den Entwurf des noch von der BaFin zu billigenden Prospektes einreichen. In § 48 Abs. 2 Satz 1 BörsZulV wurde die Möglichkeit, einen Entwurf des Prospektes einzureichen nicht gestrichen. Vielmehr wurde nur die Möglichkeit hinzugefügt, auch einen bereits gebilligten Prospekt einzureichen, um dadurch klar zu stellen, „dass ein Zulassungsverfahren sowohl parallel zum Prospektprüfungsverfahren als auch im Anschluss … durchgeführt werden kann".[10] Hierdurch verkürzt sich der insgesamt benötigte Zeitraum erheblich auf maximal diejenige Frist, die für die Billigung des Prospektes benötigt wird, d. h. laut Gesetz theoretisch maximal 20, in der Praxis aufgrund von Anmerkungen der BaFin zum Prospekt mehr als 20 Werktage nach § 13 WpPG.

4. Veröffentlichung eines Basisprospektes, § 48a BörsZulV

§ 48a BörsZulV wurde aufgrund einer entsprechenden Prüfbitte des Bun- **9** desrates[11] vom Finanzausschuss[12] in den Regierungsentwurf des Prospektrichtlinie-Umsetzungsgesetzes eingearbeitet und geht auf § 44 BörsZulV a. F. zurück. Es ging darum, die bisher in § 44 BörsZulV a. F. enthaltende vereinfachte Zulassung von Schuldverschreibungen, die insbesondere im Rahmen von Emissionsprogrammen von besonderer Bedeutung ist, im Wege der sogenannten Rahmenzulassung auch weiterhin zu ermöglichen. § 44 BörsZulV a. F. wurde deshalb als § 48a BörsZulV mit den sich aus dem Wertpapierprospektgesetz ergebenden Änderungen in die Börsenzulassungsverordnung eingefügt. Dabei erfasst die Formulierung „ein nach dem Wertpapierprospektgesetz gültiger Basisprospekt" sowohl die nach dem Wertpapierprospektgesetz gebilligten Prospekte als auch die notifizierten Prospekte.[13] Durch die Formulierung „aufgenommen werden" wird klargestellt, dass die endgültigen Bedingungen des Angebots Prospektbestandteil werden.[14] Im Rahmen von Emissionsprogrammen werden mittel- bis langfristige Schuldverschreibungen begeben, bei denen zunächst nur bestimmte Rahmenbedingungen, z. B. das Programmvolumen, das Mindesttranchen-Volumen, der Rahmen der Laufzeit, die Mindeststückelung und die Mindestordergröße, festgelegt werden, während die konkrete Ausgestaltung der Emission erst zu einem späteren

---

[9] Vgl. unten Rn. 11.

[10] RegBegr. zum Prospektrichtlinie-Umsetzungsgesetz, BT-Drs. 15/4999, S. 25, 42.

[11] BR-Drs. 85/05, S. 13.

[12] Beschlussempfehlung und Bericht des Finanzausschusses, BT-Drs. 15/5373, S. 50.

[13] Wie hier auch *Heidelbach*, in: Schwark/Zimmer, § 48a BörsZulV Rn. 2.

[14] Beschlussempfehlung und Bericht des Finanzausschusses, BT-Drs. 15/5373, S. 50.

Zeitpunkt erfolgen soll, sogenannte Medium Term Notes – MTN. Ohne § 48 a BörsZulV wäre für die Zulassung einzelner Tranchen von Schuldverschreibungen aus MTN-Programmen jeweils ein gesondertes Börsenzulassungsverfahren erforderlich geworden. Dagegen bleibt es aufgrund der Einfügung des § 48 a BörsZulV dabei, dass diese Schuldverschreibungen auch dann zugelassen werden, wenn der für die Zulassung erforderliche Prospekt nicht nur auf die Nennung einzelner weniger Ausgabebedingungen verzichtet, sondern die Beschreibung der konkreten Ausstattung der Anleihe in ihrer Gesamtheit auf einen späteren Zeitpunkt verlagert. Hierdurch wird es möglich, zunächst einen **Rahmenprospekt für das MTN-Programm** zu erstellen, in dem die Grundbedingungen dieses Programms dargestellt werden, während die konkrete Ausstattung der einzelnen Tranchen in ergänzenden Konditionenblättern, so genannten Pricing Supplements, zu einem späteren Zeitpunkt als Nachtrag gemäß den für den ursprünglichen Prospekt geltenden Vorschriften veröffentlicht werden können.[15]

5. Veröffentlichung des Zulassungsantrags, § 49 BörsZulV a. F.

10   Die früher in § 49 BörsZulV a. F. angeordnete **Veröffentlichung des Zulassungsantrags** wurde durch das Finanzmarktrichtlinie-Umsetzungsgesetz gestrichen. Dies stellt eine nicht zu unterschätzende Erleichterung insbesondere bei zeitkritischen Transaktionen dar.

6. Zeitpunkt der Zulassung, § 50 BörsZulV

11   Durch das Finanzmarktrichtlinie-Umsetzungsgesetz wurde die bis dahin in § 50 BörsZulV a. F. enthaltene Drei-Werktages-Frist[16] verkürzt und beginnt – aufgrund der Streichung des § 49 BörsZulV a. F. – nicht mehr mit der Veröffentlichung des Zulassungsantrags sondern mit dem Datum der Einreichung. Gleichzeitig wurde eine früher kontrovers beurteilte Frage, die der Anwendung des § 187 Abs. 1 oder Abs. 2 BGB, durch die neue Formulierung entschieden: Der früheste Zeitpunkt der Zulassung ist der dem Tag der Einreichung des Zulassungsantrags folgende Handelstag, d. h. wird der Zulassungsantrag am 3. Dezember 2012 gestellt, kann die Zulassung am 4. Dezember 2012 erfolgen.[17]

Wie lange sich die Geschäftsführung für die Zulassung Zeit lassen darf, ist nicht geregelt. Früher wurde gelegentlich vertreten, eine Frist von 10–15 Werktagen sei angemessen. Das mag zu Zeiten, in denen die Zulassungsstelle aus 20 und mehr Vertretern der Handelsteilnehmer bestand, noch vertretbar gewesen sein. Spätestens seit der Übertragung der Zulassungskompetenz auf

---

[15] RegBegr. zum Dritten Finanzmarktförderungsgesetz, BT-Drs. 13/8933, S. 54, 155 f.; Meixner NJW 1998, 1896, 1900. Ausführlich zum Anwendungsbereich des § 48 a vgl. *Gebhardt*, in: Schäfer/Hamann, KMG § 44 BörsZulV Rn. 3 ff.

[16] Vgl. zur Begründung dieser Frist noch RegBegr. zur BörsZulV, BR-Drs. 72/87, S. 67, 87.

[17] Vgl. auch Rundschreiben Listing 01/2007 der Frankfurter Wertpapierbörse, dort Übersichten in den Anlagen.

die Geschäftsführung der Börse durch das Finanzmarktrichtlinie-Umsetzungsgesetz dürfte man aber ein deutlich schnelleres Vorgehen erwarten können. Die Geschäftsführung der FWB selbst sieht das offensichtlich ebenso, wenn sie als Anlage ihres Rundschreiben Listing 01/2007 im Zeitplan den Zulassungsbeschluss auf den Tag nach Einreichung des Zulassungsantrags festlegt.[18]

Die Änderung der Fristen im Zulassungsverfahren durch das Finanzmarktrichtlinie-Umsetzungsgesetz, insbesondere die Verkürzung der Frist in § 50 BörsZulV beseitigt die bis dahin bestehenden Probleme insbesondere bei so genannten Accelerated Bookbuildings, d. h. beschleunigte Platzierungen von Wertpapieren.[19] Früher erforderliche Umweglösungen, z. B. Wertpapierleihe, um den Anlegern zugelassene Aktien zuteilen zu können, sind damit nicht mehr erforderlich. Jetzt können am Tage der beschleunigten Platzierung z. B. die Eintragung der Durchführung der Kapitalerhöhung beantragt und durchgeführt werden, gleichzeitig (oder bereits früher, da dies wegen Streichung des § 49 BörsZulV a. F. nicht mehr veröffentlicht wird) kann die Zulassung der neuen Aktien beantragt werden, diese erfolgt dann am darauf folgenden Tag und einen Tag später können bereits eingeführte Aktien gehandelt werden, §§ 50, 51, 52 BörsZulV.

7. Veröffentlichung der Zulassung, § 51 BörsZulV

Die **Veröffentlichung der Zulassung** dient der Unterrichtung des Pub- **12** likums. Da die Zulassung als solche bereits einen gebilligten Prospekt voraussetzt, § 32 Abs. 3 Nr. 2 BörsG wurde § 51 BörsZulV durch das Prospektrichtlinie-Umsetzungsgesetz geändert. Die früher mögliche und übliche Veröffentlichung der Zulassung im Prospekt selbst wurde aufgehoben, so dass nur noch die bereits früher auch mögliche Veröffentlichung im Bundesanzeiger und in einem Börsenpflichtblatt sowie die Börsenbekanntmachung verbleiben. Die Veröffentlichungsmöglichkeit im Bundesanzeiger wurde durch das Gesetz über elektronische Handelsregister und Genossenschaftsregister sowie das Unternehmensregister (EHUG)[20] in den elektronischen Bundesanzeiger geändert, die Veröffentlichungsmöglichkeit in einem Börsenpflichtblatt wurde durch dasselbe Gesetz gestrichen. Das Gesetz zur Änderung von Vorschriften über Verkündung und Bekanntmachungen sowie der Zivilprozessordnung, des Gesetzes betreffend die Einführung der Zivilprozessordnung und der Abgabenordnung[21], das die Einstellung der Druckfassung des Bundesanzeigers umsetzte, führte dann wieder zur Streichung des Wortes „elektronischen". Die Frankfurter Wertpapierbörse arbeitet eng mit dem Bundesanzeiger zusammen, so dass u. U. sogar eine Veröffentlichung der Zu-

---

[18] Allerdings verweist sie ausdrücklich darauf, dass die Anlage nur die gesetzlichen Mindestfristen enthalte. „Die tatsächlichen Fristen für die Bearbeitung eines Zulassungsverfahrens können je nach Art des Verfahrens und Aufwand auch länger sein. Dennoch wird man bemüht sein, die eingehenden Verfahren schnellstmöglich zu erledigen." Ziffer 5 Rundschreiben Listing 01/2007 vom 21. September 2007.
[19] Wie hier *Busch*, in: Hdb. börsennotierte AG, § 43 Rn. 23.
[20] BGBl. I 2006, 2553.
[21] BGBl. I 2011, 3044.

lassung am selben Tag wie dem der Zulassungsentscheidung erfolgen kann. Die Veröffentlichungsmöglichkeit durch Börsenbekanntmachung wurde durch das Finanzmarktrichtlinie-Umsetzungsgesetz gestrichen. Die Zulassungsklausel erfolgt in deutscher Sprache und wird – auch bei anderssprachigem Prospekt – im Börsenpflichtblatt und in der Börsenbekanntmachung auf Deutsch veröffentlicht.[22]

8. Einführung, § 52 BörsZulV

13   Maßgeblich für die **Einführung der Wertpapiere** sind die Bestimmungen der **Börsenordnungen,** vgl. z. B. § 56 BörsenO der FWB.[23] Die Einführung, d. h. Aufnahme der Notierung, § 38 Abs. 1 BörsG, setzt seit der Änderung durch das Vierte Finanzmarktförderungsgesetz keinen Antrag eines an der FWB zugelassenen Kreditinstituts mehr voraus.[24] Dieser Antrag kann auch bereits vor der eigentlichen Zulassung gestellt werden; die Einführung als solche setzt jedoch dann die Zulassung voraus.

Die früher zu § 52 BörsZulV vertretene Auffassung, dass zwischen dem Tag der Prospektveröffentlichung und der Einführung kein Werktag freibleiben muss,[25] ist durch die Umformulierung des § 52 BörsZulV durch das Finanzmarktrichtlinie-Umsetzungsgesetz bestätigt worden.

III. Zeitplan
eines Zulassungsverfahrens

14   Der **Zeitablauf** für ein mögliches Zulassungsverfahren kann (ohne Berücksichtigung des Prospektbilligungsverfahrens) bei enger Zusammenarbeit aller Beteiligten nach den §§ 49 bis 52 wie folgt gestaltet werden:[26]
– Zulassungsantrag wird am Tag T gestellt;
– die Zulassung wird am Tag T + 1 erteilt;
– Veröffentlichung der erfolgten Zulassung am Tag T + 2, § 51;
– Einführung der zugelassenen Wertpapiere am Tag T + 3,[27] § 52.
Bei diesem Ablaufplan sind Sonn- und Feiertage nicht berücksichtigt worden; der Samstag gilt als Werktag. Bei § 50 BörsZulV kommt es allerdings auf „Handelstage" an, zu denen der Samstag nicht zählt. Bei § 52 BörsZulV spricht der Wortlaut zwar vom „Werktag", faktisch muss es sich aber auch hier um einen Handelstag handeln, da es um die Notierungsaufnahme geht, die wiederum nur an einem Handelstag erfolgen kann.[28]

---

[22] *Gebhardt,* in: Schäfer/Hamann, KMG § 51 BörsZulV Rn. 4.

[23] BörsenO der FWB auch abrufbar über die Internet-Seite der Deutsche Börse AG: www.deutsche-boerse.com.

[24] Vgl. oben Kommentierung zu § 38 BörsG Rn. 4.

[25] *Gebhardt,* in: Schäfer/Hamann, KMG § 52 BörsZulV Rn. 8 vgl. § 14 WpPG Rn. 4 ff.

[26] So auch die Zeitpläne als Anlage des Rundschreibens Listing 01/2007; wie hier *Berrar,* in: Berrar/Meyer/Müller/Schnorbus/Singhof/Wolf, § 13 WpPG Rn. 89.

[27] Bei geeigneter Vorabsprache kann dieser Zeitplan auf T+2 verkürzt werden, wenn nämlich eine Veröffentlichung der Zulassung an T+1 gelingt, siehe auch oben Rn. 12.

[28] Wie hier, auch ein Redaktionsversehen annehmend, *Berrar,* in: Berrar/Meyer/Müller/Schnorbus/Singhof/Wolf, § 13 WpPG Rn. 89 Fn. 182.

Zweites Kapitel. Pflichten des Emittenten zugelassener Wertpapiere

Erster Abschnitt. (weggefallen)

§§ 53 bis 62. (weggefallen)

Zweiter Abschnitt. Sonstige Pflichten

§§ 63 bis 67. (weggefallen)

§ 69. Zulassung später ausgegebener Aktien

(1) ¹Der Emittent zugelassener Aktien ist verpflichtet, für später öffentlich ausgegebene Aktien derselben Gattung wie der bereits zugelassenen die Zulassung zum regulierten Markt zu beantragen, wenn ihre Zulassung einen Antrag voraussetzt. ²§ 7 Abs. 1 Satz 2 und 3 bleibt unberührt.

(2) ¹Der Antrag nach Absatz 1 ist spätestens ein Jahr nach der Ausgabe der zuzulassenden Aktien oder, falls sie zu diesem Zeitpunkt nicht frei handelbar sind, zum Zeitpunkt ihrer freien Handelbarkeit zu stellen. ²Findet vor der Einführung der Aktien ein Handel von Bezugsrechten im regulierten Markt statt und ist ein Prospekt gemäß dem Wertpapierprospektgesetz zu veröffentlichen, so ist der Antrag auf Zulassung unter Beachtung der in § 14 Abs. 1 des Wertpapierprospektgesetzes für die Prospektveröffentlichung bestimmten Fristen zu stellen.

§ 70. (weggefallen)

I. Pflichten des Emittenten zugelassener Wertpapiere im Überblick

Die früher im zweiten Kapitel enthaltenen Regelungen über die Pflichten **1** des Emittenten zugelassener Wertpapiere, die Pflicht zur Erstellung und Veröffentlichung von Zwischenberichten einerseits und die sonstigen Pflichten, die in §§ 63 bis 70 BörsZulV enthalten waren, sind teilweise durch das Transparenzrichtlinie-Umsetzungsgesetz und teilweise durch das Finanzmarktrichtlinie-Umsetzungsgesetz gestrichen und in das Wertpapierhandelsgesetz übernommen worden. Geblieben ist nur noch § 69 BörsZulV.

II. Zulassung später ausgegebener Aktien, § 69

§ 69 basiert auf der Ermächtigung in § 40 Abs. 2 BörsG und setzt § 40 **2** Abs. 1 BörsG um. § 69 dient der ordnungsgemäßen Kursbildung, die durch eine möglichst große Marktbreite erreicht werden soll. Deshalb sollen alle später ausgegebenen Aktien ebenfalls zugelassen werden, wobei nach § 69 Abs. 2 BörsZulV der Zulassungsantrag für die neuen Aktien spätestens 1 Jahr nach ihrer Ausgabe zu stellen ist. § 69 Abs. 1 und Abs. 2 Satz BörsZulV.

Drittes Kapitel. Schlussvorschriften

§ 71. (weggefallen)

§ 72. Allgemeine Bestimmungen über Jahresabschlüsse

(1) [1]Jahresabschlüsse im Sinne dieser Verordnung sind:
1. der Jahresabschluss nach § 242 Abs. 3 des Handelsgesetzbuchs,
2. der Einzelabschluss nach § 325 Abs. 2 a des Handelsgesetzbuchs,
3. der Konzernabschluss nach dem Zweiten Unterabschnitt des Zweiten Abschnitts des Dritten Buchs des Handelsgesetzbuchs oder nach dem Zweiten Abschnitt des Publizitätsgesetzes,
4. Abschlüsse nach anderen Vorschriften, sofern darin auf eine der vorgenannten Bestimmungen verwiesen wird, und
5. Abschlüsse nach ausländischem Recht, sofern sie ihrer Art nach einem Abschluss nach den Nummern 1 bis 4 entsprechen.

[2]Die Bestimmungen dieser Verordnung betreffend ausländische Emittenten bleiben unberührt.

(2) [1]Soweit der Emittent nach dieser Verordnung einen Einzelabschluss in den Prospekt aufzunehmen oder anderweitig offen zu legen hat, kann nach seiner Wahl ein Abschluss nach Absatz 1 Satz 1 Nr. 2 an die Stelle eines solchen nach Absatz 1 Satz 1 Nr. 1 oder nach Absatz 1 Satz 1 Nr. 4 in Verbindung mit Nr. 1 treten. [2]Entsprechendes gilt für die Zusammenfassung eines Einzelabschlusses und für den Bestätigungsvermerk dazu.

§ 72 a. Übergangsvorschrift

(1) Für Schuldverschreibungen, für die ein Prospekt nach § 44 dieser Verordnung vor dem 1. Juli 2005 veröffentlicht worden ist, findet diese Verordnung in der vor dem 1. Juli 2005 geltenden Fassung weiterhin Anwendung.

(2) (weggefallen)

(3) [1]Sind Aktien eines Emittenten vor dem 1. November 2007 zum geregelten Markt zugelassen worden, so ist für vor diesem Tag ausgegebene Aktien, die noch nicht zugelassen sind, der Antrag auf Zulassung nach § 69 Abs. 1 zum regulierten Markt spätestens bis zum 31. Oktober 2009 zu stellen. [2]§ 69 Abs. 1 Satz 2 bleibt unberührt.

Aus dem durch das Prospektrichtlinie-Umsetzungsgesetz in die Börsenzulassungsverordnung eingefügten § 72a Abs. 1 ergibt sich über den Wortlaut hinaus, dass bei der Veröffentlichung eines unvollständigen Prospekts vor dem 1. Juli 2005 die nachfolgende Börsenzulassung keines Prospektes nach dem Wertpapierprospektgesetz mehr bedarf.[1]

§ 73. (Inkrafttreten)

Anlage (weggefallen)

---

[1] *Kullmann/Sester,* WM 2005, 1068, 1076.

3. Teil. Gesetz über die Erstellung, Billigung und Veröffentlichung des Prospekts, der beim öffentlichen Angebot von Wertpapieren oder bei der Zulassung von Wertpapieren zum Handel an einem organisierten Markt zu veröffentlichen ist (Wertpapierprospektgesetz – WpPG)

(BGBl. I 2005, S. 1698)

zuletzt geändert durch Art. 1 des Gesetzes zur Umsetzung
der Richtlinie 2010/73/EU und zur Änderung des Börsengesetzes
(BGBl. I 2012, 1375)

Inhaltsübersicht

A. Vorbemerkungen

Schrifttum: *Apfelbacher/Metzner,* Das Wertpapierprospektgesetz in der Praxis – Eine erste Bestandsaufnahme, BKR 2006, 81; *Angersbach/von der Chevallerie/Ulbricht,* Prospektfreie Börsenzulassung von neuen Aktien aus reinen Bezugsrechtskapitalerhöhungen ohne Volumenbegrenzung nach § 4 Abs. 2 Nr. 7 WpPG, ZIP 2009, 1302; *Assmann,* Neues Recht für den Wertpapiervertrieb, die Förderung der Vermögensbildung durch Wertpapieranlagen und die Geschäftstätigkeiten von Hypothekenbanken, NJW 1991, 528; *ders./Lenz/Ritz,* Verkaufsprospektgesetz, Verkaufsprospekt-Verordnung und Verkaufsprospektgebührenverordnung, 2001, zit.: *Bearbeiter,* in: Assmann/Lenz/Ritz; *ders./Schlitt/von Kopp-Colomb,* WpPG, VerkProspG, 2. Aufl. 2010, zit.: *Bearbeiter,* in: Assmann/Schlitt/von Kopp-Colomb; *Berrar/Meyer/Müller/Schnorbus/Singhof/Wolf,* Frankfurter Kommentar zum WpPG und zur EU-ProspektVO, 2011, zit.: *Bearbeiter,* in: Berrar/Meyer/Müller/Schnorbus/Singhof/Wolf; *Bloß/Schneider,* Prospektfreie Teilzulassung für später ausgegebene Aktien, WM 2009, 879; *Bosch/Groß,* Emissionsgeschäft, 2000; *Carl/Machunsky,* Der Wertpapier-Verkaufsprospekt, Kommentar, 1992; *Crüwell,* Die europäische Prospektrichtlinie, AG 2003, 243; *Ekkenga,* Änderungs- und Ergänzungsvorschläge zum Regierungsentwurf eines neuen Wertpapierprospektgesetzes, BB 2005, 561; *Fürhoff/Ritz,* Richtlinienentwurf der Kommission über den Europäischen Pass für Emittenten, WM 2001, 2280; *Gericke,* Handbuch für die Börsenzulassung von Wertpapieren, 1992;

Götze, Das jährliche Dokument nach § 10 WpPG – eine Bestandsaufnahme, NZG 2007, 570; *Grimme/Ritz,* Die Novellierung verkaufsprospektrechtlicher Vorschriften durch das Dritte Finanzmarktförderungsgesetz, WM 1998, 2091; *Groß,* Bookbuilding, ZHR 1998, 318; *Gruson,* Prospekterfordernisse und Prospekthaftung bei unterschiedlichen Anlageformen nach amerikanischem und deutschem Recht, WM 1995, 89; *Heidelbach/Preuße,* Einzelfragen in der praktischen Arbeit mit dem neuen Wertpapierprospektregime, BKR 2006, 316; *Hopt,* Die Verantwortlichkeit der Banken bei Emissionen, 1991; *Holzborn/Schwarz-Gondek,* Die neue EU-Prospektrichtlinie, BKR 2003, 927; *Hüffer,* Das Wertpapier-Verkaufsprospektgesetz, Diss., Bonn 1996; *Just/Voß/Ritz/ Zeising,* WpPG, 2009, zit. *Bearbeiter,* in: Just/Voß/Ritz/Zeising; *Kaum/Zimmermann,* Das „jährliche Dokument" nach § 10 WpPG, BB 2005, 1466; *Kollmorgen/Feldhaus,* Zur Prospektpflicht bei aktienbasierten Mitarbeiterbeteiligungsprogrammen, BB 2007, 225; *Kollmorgen/Feldhaus,* Neues von der Prospektpflicht für Mitarbeiterbeteiligungsprogrammen, BB 2007, 2756; *von Kopp-Colomb/Lenz,* Der europäische Pass für Emittenten, AG 2002, 24; *Kullmann/Müller-Deku,* Die Bekanntmachung zum Wertpapierverkaufsprospektgesetz, WM 1996, 1989; *Kullmann/Sester,* Das Wertpapierprospektgesetz (WpPG) – Zentrale Punkte des neuen Regimes für Wertpapieremissionen –, WM 2005, 1068; *dies.,* Inhalt und Form von Emissionsprospekten nach dem WpPG, ZBB-Report 2005, 209; *Kunold/Schlitt,* Die neue EU-Prospektrichtlinie, BB 2004, 501; *Lachner/v. Heppe,* Die prospektfreie Zulassung nach § 4 Abs. 2 Nr. 1 WpPG („10%-Ausnahme") in der jüngsten Praxis, WM 2008, 576; *Leuering,* Prospektpflichtige Anlässe im WpPG, Der Konzern 2006, 4; *Lenz/Ritz,* Die Bekanntmachung des Bundesaufsichtsamts für den Wertpapierhandel zum Wertpapier-Verkaufsprospektgesetz und zur Verordnung über Wertpapier-Verkaufsprospekte, WM 2000, 904; *Mattil/Möslein,* Die Sprache des Emissionsprospekts, WM 2007, 819; *Schäfer,* Emission und Vertrieb von Wertpapieren nach dem Wertpapierverkaufsprospektgesetz, ZIP 1991, 1557; *Schlitt/Singhof/Schäfer,* Aktuelle Rechtsfragen und neue Entwicklungen im Zusammenhang mit Börsengängen, BKR 2005, 251; *Schlitt/Schäfer,* Auswirkungen des Prospektrichtlinie-Umsetzungsgesetzes auf Aktien- und Equity-linked Emissionen, AG 2005, 498; *Schwark,* Wertpapier-Verkaufsprospektgesetz und Freiverkehr, in: Bankrecht – Schwerpunkte und Perspektiven, FS Schimansky, Horn/Lwowski/Nobbe (Hrsg.), 1999, 739; *Süßmann,* Wertpapier-Verkaufsprospektgesetz und Verkaufsprospekt-Verordnung, EuZW 1991, 210; *Veil,* Prognosen im Kapitalmarktrecht, AG 2006, 690; *Wagner,* Der Europäische Pass für Emittenten – die neue Prospektrichtlinie, Die Bank, 2003, 680; *Waldeck/Süßmann,* Die Anwendung des Wertpapier-Verkaufsprospektgesetzes, WM 1993, 361; *Weber,* Unterwegs zu einer europäischen Prospektkultur, NZG 2004, 360; *Wiegel,* Die Prospektrichtlinie und Prospektverordnung, Diss. Berlin 2008.

Übersicht

I. Entstehung des Wertpapierprospektgesetzes

Das „Gesetz über die Erstellung, Billigung und Veröffentlichung des Pros- **1** pekts, der beim öffentlichen Angebot von Wertpapieren oder bei der Zulassung von Wertpapieren zum Handel an einem organisierten Markt zu veröf-

fentlichen ist (Wertpapierprospektgesetz – WpPG)", Wertpapierprospektgesetz, trat als Art. 1 des Prospektrichtlinien-Umsetzungsgesetzes[1] am 1.
Juli 2005 in Kraft[2] und dient der Umsetzung der Richtlinie 2003/71/EG, Prospektrichtlinie[3] sowie der dazu ergangenen Prospektverordnung.[4]

2   **a) Europäische Vorgaben.** Ausgehend davon, dass die Einführung des
Euro zu einer Zunahme grenzüberschreitender Börsenzulassungen und Wertpapierangebote führt,[5] gleichzeitig aber die gegenseitige Anerkennung von
Börsenzulassungs- und Verkaufsprospekten auf Grund teilweiser unterschiedlicher nationaler Bestimmungen nicht ohne Probleme erfolgte und zu wenig
genutzt wurde,[6] hatte die Kommission bereits 1998 ein Konsultationsverfah-

---

[1] BGBl. I 2005, 1698. Entstehungsgeschichte: RefEntw. vom November 2004; Regierungsentwurf vom 4. 2. 2005, BT-Drs. 15/4999; Stellungnahme Bundesrat vom 18. 3.
2005, BR-Drs. 85/05 und BT-Drs. 15/5219, S. 1–7; Gegenäußerung der Bundesregierung, BT-Drs. 15/5219, S. 7 ff.; Beschlussempfehlung und Bericht des Finanzausschusses vom 20. 4. 2005, BT-Drs. 15/5373; Beschluss des Bundesrates, BR-Drs. 304/05.

[2] Vgl. Art. 10 Prospektrichtlinie-Umsetzungsgesetz, dort auch zu den bereits früher
in Kraft getretenen Vorschriften des WpPG. Bei diesen handelt es sich um Ermäch-
tigungsnormen für den Erlass von Rechtsverordnungen. Diese sollen deshalb früher in
Kraft treten, um sicher zu stellen, dass die erforderlichen Rechtsverordnungen selbst
mit den Regelungen zur Prospektpflicht in Kraft treten können, vgl. RegBegr. zum
Prospektrichtlinie-Umsetzungsgesetz, BT-Drs. 15/4999, S. 25, 44.

[3] Richtlinie 2003/71/EG des europäischen Parlaments und des Rates vom 4. November 2003 betreffend dem Prospekt, der beim öffentlichen Angebot von Wertpapieren oder bei deren Zulassung zum Handel zu veröffentlichen ist, und zur Änderung
der Richtlinie 2001/34/EG, ABl. EG Nr. L 345 v. 31. Dezember 2003, S. 64. Vgl.
dazu näher *Crüwell*, AG 2003, 243; *Fürhoff/Ritz*, WM 2001, 2280; *Holzborn/Schwarz-
Gondek*, BKR 2003, 927; *von Kopp-Colomb/Lenz*, AG 2002, 24; *Kunold/Schlitt*, BB
2004, 501 ff.; *Weber*, NZG 2004, 360 ff.

[4] Verordnung (EG) Nr. 809/2004 der Kommission vom 29. April 2004 zur Umsetzung der Richtlinie 2003/71/EG des Europäischen Parlaments und des Rates betreffend die in Prospekten enthaltenen Informationen sowie das Format, die Aufnahme
von Informationen mittels Verweis und die Veröffentlichung solcher Prospekte und die
Verbreitung von Werbung, in der zweiten berichtigten Fassung abgedruckt in ABl. EG
Nr. L 186 vom 18. Juli 2005, S. 3, geändert durch die Verordnung (EG) Nr. 1787/
2006 der Kommission vom 4. Dezember 2006, ABl. EG Nr. L 337, 17, die Verordnung (EG) Nr. 211/2007 der Kommission vom 27. Februar 2007, S. 24, die Verordnung (EG) Nr. 1289/2008 der Kommission vom 12. Dezember 2008, ABl. EG
Nr. L 340, 17, die Delegierte Verordnung (EU) Nr. 311/2012 der Kommission vom
21. Dezember 2011, ABl. EU Nr. L 103, 13, und die Delegierte Verordnung (EU)
Nr. 486/2012 der Kommission vom 30. März 2012, ABl. EU Nr. L 150, 1, und die
noch weitergehenden CESR's Recommendations for the Consistent Implementation
of the European Commission's Regulation on Prospectuses n° 809/2004, CESR/05–
54 b, aktualisiert durch ESMA update of the CESR recommendations March 2011,
abrufbar über die homepage: www.esma.europa.eu.

[5] Dies hat sich bereits 1999 und 2000 im Falle der Kapitalerhöhung bzw. Umplatzierung der Deutsche Telekom AG, bei denen ein öffentliches Angebot in allen 11 Mitgliedstaaten der Euro-Zone durchgeführt wurde, realisiert.

[6] So ausdrücklich die Begründung der Kommission bei ihrem geänderten Vorschlag
für eine Richtlinie des Europäischen Parlaments und des Rates betreffend den Pros-

ren zur Überarbeitung der alten Prospektrichtlinien mit dem Zweck einer weiteren Harmonisierung initiiert. Im Rahmen dieses Konsultationsverfahrens hatte das Forum of European Securities Commissions (FESCO, zwischenzeitlich Committee of European Securities Regulations, CESR, jetzt European Securities and Market Authority, ESMA) bereits Ende 2000 der EU-Kommission einen Bericht über die Vereinfachung grenzüberschreitender Angebote von Wertpapieren vorgelegt.[7]

Die auch von der FESCO/CESR vorgeschlagene Harmonisierung soll **3** dazu führen, der Praxis einfache, vollständig harmonisierte und kostengünstige Verfahren für grenzüberschreitende öffentliche Angebote und Börsenzulassungen zur Verfügung zu stellen. Die Richtlinie 2003/71/EG des Europäischen Parlaments und Rates vom 4. November 2003 betreffend den Prospekt, der beim öffentlichen Angebot von Wertpapieren oder bei deren Zulassung zum Handel zu veröffentlichen ist, und zur Änderung der Richtlinie 2001/34/EG[8] setzt diese Harmonisierungsbemühungen um. Diese Prospektrichtlinie wird konkretisiert durch europäische Ausführungsbestimmungen, insbesondere die Verordnung 809/2004[9] und flankiert von der Transparenzharmonisierungs-Richtlinie.[10] Dabei wendet die Kommission bei Erlass dieser

---

pekt, der beim öffentlichen Angebot von Wertpapieren oder bei deren Zulassung zum Handel zu veröffentlichen ist und zur Änderung der Richtlinie 2001/34/EG vom 9. August 2002, KOM (2002) 460 endgültig, http://www.europa.eu.int/ comm/internal_market/en/finances/mobil/com460de.pdf., S. 3.

[7] A European Passport for Issuers" a report for the EU Commission, December 20, 2000, abrufbar unter http://www.cesr-eu.org; vgl. dazu auch *Wittich, Die Bank 2001*, 278, 281 f.

[8] ABl. EG Nr. L 345 v. 31. Dezember 2003, S. 64.

[9] Vor allem die Verordnung (EG) Nr. 809/2004 der Kommission vom 29. April 2004 zur Umsetzung der Richtlinie 2003/71/EG des Europäischen Parlaments und des Rates betreffend die in Prospekten enthaltenen Informationen sowie das Format, die Aufnahme von Informationen mittels Verweis und die Veröffentlichung solcher Prospekte und die Verbreitung von Werbung, in der zweiten berichtigten Fassung abgedruckt in ABl. EG Nr. L 186 vom 18. Juli 2005, S. 3, geändert durch die Verordnung (EG) Nr. 1787/2006 der Kommission vom 4. Dezember 2006, ABl. EG Nr. L 337, 17, die Verordnung (EG) Nr. 211/2007 der Kommission vom 27. Februar 2007, ABl. EG Nr. L 61 v. 28. 2. 2007, S. 24, die Verordnung (EG) Nr. 1289/2008 der Kommission vom 12. Dezember 2008, ABl. EG Nr. L 340, 17, die Delegierte Verordnung (EU) Nr. 311/2012 der Kommission vom 21. Dezember 2011, ABl. EU Nr. L 103, 13, und die Delegierte Verordnung (EU) Nr. 486/2012 der Kommission vom 30. März 2012, ABl. EU Nr. L 150, 1, und die noch weitergehenden CESR's Recommendations for the Consistent Implementation of the European Commission's Regulation on Prospectuses n° 809/2004, CESR/05–54b, aktualisiert durch ESMA update of the CESR recommendations, March 2011, abrufbar über die homepage: www.esma.europa.eu.

[10] Richtlinie 2004/109/EG des Europäischen Parlaments des Rates zur Harmonisierung der Transparenzanforderungen im Bezug auf Informationen über Emittenten, deren Wertpapiere zum Handel auf einem geregelten Markt zugelassen sind, und zur Änderung der Richtlinie 2001/34/EG, ABl. EG Nr. L 390 vom 31. Dezember 2004, S. 38.

Richtlinien und ihrer Durchführungsbestimmungen entsprechend dem Lamfalussy Report das Lamfalussy-Verfahren bzw. **Komitologieverfahren**[11] an.

4   Das nach dem Komitologieverfahren durchgeführte mehrstufige europäische Rechtsetzungsverfahren bewirkt auf Grund seiner hohen Regelungsdichte auf Stufe 2 und 3 eine erhebliche Einschränkung nationaler Rechtsetzung. Zwar bedarf eine Richtlinie (Stufe 1) auch nach deren Erlass, um im innerstaatlichen Bereich der Mitgliedstaaten Geltung zu erlangen, noch erst der Umsetzung in das nationale Recht der Mitgliedsstaaten. Wird jedoch auf Stufe 2 (und Stufe 3) die Regelungsdichte so erhöht wie z.b. im Bereich der Prospektrichtlinie, dann bleibt bei der Umsetzung der Richtlinie in nationales Recht für den jeweiligen Mitgliedstaat kaum Freiraum. Insofern ist es nicht verwunderlich, dass bei der Umsetzung der Prospektrichtlinie im Rahmen des Prospektrichtlinie-Umsetzungsgesetzes der Kernbereich der Umsetzung, nämlich die Umsetzung der Vorschriften über Form und Inhalt des Prospekts, wie sie in der Verordnung (EG) Nr. 809/2004 enthalten sind, durch schlichten Verweis auf diese Verordnung erfolgt, so § 7. Anders gewendet: Die europäische Prospektverordnung[12] wird[13] durch ausdrückliche In-Bezug-Name im deutschen Recht unmittelbar geltendes deutsches Recht.

5   **b) Auslegung.** Für die konkrete Anwendung des Wertpapierprospektgesetzes ergibt sich daraus, dass es sich hierbei um die Umsetzung europäischen Rechts in nationales Recht handelt, dass es **gemeinschaftskonform** und damit **richtlinienkonform** auszulegen ist;[14] das gilt insbesondere für die Vielzahl der im Wertpapierprospektgesetz enthaltenen unbestimmten Rechtsbegriffe. Im Interesse einer „europaweiten" einheitlichen Interpretation wird

---

[11] Vgl. dazu oben Vorbem. BörsG Rn. 16 ff., näher zu den im Komitologieverfahren erlassenen europäischen Regelungen zur Prospektrichtlinie oben. Vorbem. BörsG Rn. 18.

[12] Verordnung (EG) Nr. 809/2004 der Kommission vom 29. April 2004 zur Umsetzung der Richtlinie 2003/71/EG des Europäischen Parlaments und des Rates betreffend die in Prospekten enthaltenen Informationen sowie das Format, die Aufnahme von Informationen mittels Verweis und die Veröffentlichung solcher Prospekte und die Verbreitung von Werbung, abgedruckt in der zweiten berichtigten Fassung in ABl. EG Nr. L 186 vom 18. Juli 2005, S. 3, geändert durch die Verordnung (EG) Nr. 1787/2006 der Kommission vom 4. Dezember 2006, ABl. EG Nr. L 337, 17, die Verordnung (EG) Nr. 211/2007 der Kommission vom 27. Februar 2007, ABl. EG Nr. L 61, 24, die Verordnung (EG) Nr. 1289/2008 der Kommission vom 12. Dezember 2008, ABl. EG Nr. L 340, 17, die Delegierte Verordnung (EU) Nr. 311/2012 der Kommission vom 21. Dezember 2011, ABl. EU Nr. L 103, 13, und die Delegierte Verordnung (EU) Nr. 486/2012 der Kommission vom 30. März 2012, ABl. EU Nr. L 150, 1.

[13] Rechtlich wird sie es nicht, sondern ist es schon, da eine europäische Verordnung europarechtlich bereits unmittelbar geltendes Recht in den Mitgliedstaaten darstellt. Zutreffend insoweit RegBegr. zum Prospektrichtlinie-Umsetzungsgesetz, BT-Drs. 15/4999, S. 25, 25.

[14] Vgl. allgemein zum Einfluss europäischen Rechts auf nationales Recht, wenn dieses auf Grund europäischer Vorgaben ergangen ist, nur *Groß*, Nationales Gesellschaftsrecht im Binnenmarkt, in: Henssler/Kolbeck/Moritz/Rehm, Europäische Integration und globaler Wettbewerb, 1993, S. 391, 399 ff.; zum Einfluss der Prospektrichtlinie auf die Auslegung des WpPG, *Kullmann/Sester*, WM 1068, 1068.

weitergehend auf Ebene der ESMA eine Abstimmung zu Einzelfragen durchgeführt, deren Ergebnisse dann veröffentlicht werden.[15]

c) Inhalt des Prospektrichtlinie-Umsetzungsgesetzes. Eine der we- **6** sentlichen Änderungen durch die Europäische Prospektrichtlinie von 2003 ist, dass die frühere Zweiteilung zwischen **Verkaufsprospekten** einerseits und **Börsenzulassungsprospekten** andererseits[16] aufgehoben wurde,[17] da die Prospektrichtlinie Prospekte sowohl für das öffentliche Angebot von Wertpapieren als auch Prospekte für die Zulassung von Wertpapieren zum Handel an einem organisierten Markt erfasst. Ein gebilligter Prospekt kann daher sowohl für das öffentliche Angebot von Wertpapieren als auch für die Zulassung von Wertpapieren zum Handel an einem organisierten Markt, vgl. § 2 Nr. 16 verwendet werden. Die Prospektrichtlinie bricht damit nicht nur mit der bereits erwähnten früheren europäischen Zweiteilung zwischen Prospekten für öffentliche Angebote einerseits und Zulassungsprospekte andererseits, sondern auch mit einer anderen europäisch bis dahin vorgegebenen Differenzierung zwischen Prospekten für die Zulassung zum amtlichen Handel einerseits[18] und den für andere Märkte andererseits.[19]

II. Änderungen des Wertpapierprospektgesetzes

Das Wertpapierprospektgesetz ist seit seinem Inkrafttreten mehrfach geän- **7** dert worden. Diese Änderungen betrafen jedoch nur Randbereiche.[20] Die erste wesentliche Änderung erfolgte durch das **Gesetz zur Novellierung des Finanzanlagenvermittler- und Vermögensanlagenrechts.**[21] Nachdem das Wertpapierprospektgesetz die Trennung zwischen Verkaufsprospekt einerseits und Börsenzulassungsprospekt andererseits aufgehoben und die Zuständigkeit für deren Billigung sowie deren inhaltliche Anforderungen einheitlich geregelt hat, erschien die Trennung der Haftungsregeln in §§ 13, 13a

---

[15] ESMA, Frequently asked questions, Prospectuses: common positions agreed by ESMA Members. Diese Auslegungshilfe wird laufend aktualisiert und ergänzt und ist abrufbar über die homepage: www.esma.europa.eu.

[16] So die alte Börsenzulassungsrichtlinie, RL 79/279/EWG, ABl. EG Nr. L 66 vom 16. 3. 1979 S. 21, und die alte Börsenzulassungsprospektrichtlinie, RL 80/390/EWG, ABl. EG Nr. L 100 v. 17. 4. 1980, S. 1, einerseits und die Verkaufsprospektrichtlinie, RL 89/298/EWG, ABl. EG Nr. L 124 v. 5. 5. 1989 S. 8, andererseits.

[17] *Kullmann/Sester,* ZBB-Report 2005, 209, 210.

[18] Richtlinie 2001/34/EG des Europäischen Parlaments und des Rates vom 28. Mai 2001 über die Zulassung von Wertpapieren zur amtlichen Börsennotierung und über die hinsichtlich dieser Wertpapiere zu veröffentlichenden Informationen, ABl. EG Nr. L 184 vom 6. Juli 2001, S. 1, berichtigt ABl. EG Nr. L 217 vom 11. August 2001, S. 18.

[19] Verkaufsprospektrichtlinie, RL 89/298/EWG, ABl. EG Nr. L 124 v. 5. 5. 1989, S. 8.

[20] Kurze Übersicht über die Änderungen bei *Assmann,* in: Assmann/Schlitt/von Kopp-Colomb, Einl. WpPG Rn. 14; *Schnorbus,* in: Berrar/Meyer/Müller/Schnorbus/Singhof/Wolf, Vor §§ 1 ff. WpPG Rn. 4. Weitere Änderungen erfolgten z. B. durch das Gesetz zur Umsetzung der Richtlinie 2010/78/EU vom 24. November 2010 im Hinblick auf die Errichtung des Europäischen Finanzaufsichtssystems, BGBl. I 2011, 2427.

[21] BGBl. I 2011, 2481.

VerkProspG a. F. einerseits und §§ 44 ff. BörsG a. F. andererseits „künstlich".[22]
Sie war jedoch nicht nur künstlich, sondern führte auch zu Unsicherheiten,
z. B. ob § 13 VerkprospG a. F. auch auf einen Prospekt anzuwenden ist, der für
das öffentliche Angebot von bereits zum Börsenhandel zugelassenen Wertpapieren erstellt wurde.[23] Diese Trennung wurde deshalb aufgegeben, sämtliche
Haftungsvorschriften für fehlerhafte und fehlende Prospekte für Wertpapiere
im neu eingefügten Abschnitt 6 des Wertpapierprospektgesetzes konzentriert,
unabhängig davon, ob der Prospekt Grundlage für die Zulassung oder aber für
das öffentliche Angebot von Wertpapieren ist. Das Haftungsregime als solches,
d. h. Voraussetzungen und Rechtsfolgen, wurden übernommen. Ausgenommen davon sind nur die Verjährungsregelung des § 46 BörsG a. F. (1 bzw.
3 Jahre), die gestrichen und damit durch die allgemein geltenden Verjährungsvorschriften des BGB ersetzt wurde, sowie die Erweiterung der Möglichkeit,
weitergehende Ansprüche geltend zu machen, indem in § 25 Abs. 2 die in § 47
Abs. 2 BörsG a. F. noch enthaltene Einschränkung auf vorsätzliche oder grob
fahrlässige unerlaubte Handlungen gestrichen wurde.[24]

8   Eine weitere wesentliche Änderung des WpPG erfolgte wenig später auf
Grund der Umsetzung der Richtlinie 2010/73/EU,[25] der ÄnderungsRL,
durch das Gesetz zur Umsetzung der Richtlinie 2010/73/EU und zur Änderung des Börsengesetzes.[26] In gleichsam wortwörtlicher Übernahme[27] der Änderungen der Prospektrichtlinie hat das Gesetz zur Umsetzung der Richtlinie
2010/73/EU und zur Änderung des Börsengesetzes die Vorschriften des Wertpapierprospektgesetzes an die durch die Richtlinie 2010/73/EU geänderte
Prospektrichtlinie angeglichen. Darüber hinaus wurde das bis dahin in § 10
geregelte jährliche Dokument durch Streichung des § 10 zu Recht abgeschafft.
Über die Umsetzung der Änderungsrichtlinie hinaus wurden in § 9 Abs. 2
klargestellt, dass nach Ablauf eines Jahres grundsätzlich ein neuer Prospekt zu
erstellen ist, selbst dann, wenn das ursprüngliche öffentliche Angebot noch
andauern sollte (Ausnahme: Basisprospekt), in § 14 Abs. 2 Satz 3 die Dauer der
Prospektveröffentlichung geregelt, und die Übergangsregelung in § 37 Abs. 1
WpPG a. F. für vor dem 1. Juli 2005 veröffentlichte Verkaufsprospekte für von
Kreditinstituten ausgegebene Wertpapiere wieder gestrichen.

---

[22] RegBegr. zum Entwurf eines Gesetzes zur Novellierung des Finanzanlagenver-
mittler- und Vermögensanlagenrechts, BT-Drs. 17/6051, S. 30, 46.
[23] Vgl. nur Vorauflage, § 13 VerkProspG Rnrn. 3 f.
[24] Kritisch dazu bereits *Lorenz/Schönemann/Wolf,* CFL 2011, 346, 347 f und 349, vgl.
auch unten § 21 Rn. 91, § 25 Rn. 1.
[25] Richtlinie 2010/73/EU des Europäischen Parlaments und des Rates vom 24. November 2010 zur Änderung der Richtlinie 2003/71/EG betreffend den Prospekt, der
beim öffentlichen Angebot von Wertpapieren oder bei deren Zulassung zum Handel
zu veröffentlichen ist, und der Richtlinie 2004/109/EG zur Harmonisierung der
Transparenzanforderungen in Bezug auf Informationen über Emittenten, deren Wertpapier zum Handel auf einen geregelten Markt zugelassen sind, ABl. EG Nr. L 321
vom 11. 12. 2010, S. 1.
[26] BGBl. I 2012, 1375.
[27] RegBegr. BT-Drs. 17/8684, S. 13: „Im Wesentlichen werden die durch die Änderungsrichtlinie ... vorgenommenen Änderungen „eins-zu-eins" umgesetzt."

B. Kommentierung

Abschnitt 1. Anwendungsbereich und Begriffsbestimmungen

§ 1. Anwendungsbereich

(1) Dieses Gesetz ist anzuwenden auf die Erstellung, Billigung und Veröffentlichung von Prospekten für Wertpapiere, die öffentlich angeboten oder zum Handel an einem organisierten Markt zugelassen werden sollen.

(2) Dieses Gesetz findet keine Anwendung auf

1. Anteile oder Aktien, die von einer Kapitalanlagegesellschaft, Investmentaktiengesellschaft oder ausländischen Investmentgesellschaft im Sinne des § 2 Abs. 9 des Investmentgesetzes ausgegeben werden und bei denen die Anteilinhaber oder Aktionäre ein Recht auf Rückgabe der Anteile oder Aktien haben;
2. Nichtdividendenwerte, die von einem Staat des Europäischen Wirtschaftsraums oder einer Gebietskörperschaft eines solchen Staates, von internationalen Organisationen des öffentlichen Rechts, denen mindestens ein Staat des Europäischen Wirtschaftsraums angehört, von der Europäischen Zentralbank oder von den Zentralbanken der Staaten des Europäischen Wirtschaftsraums ausgegeben werden;
3. Wertpapiere, die uneingeschränkt und unwiderruflich von einem Staat des Europäischen Wirtschaftsraums oder einer Gebietskörperschaft eines solchen Staates garantiert werden;
4. Wertpapiere, die von Einlagenkreditinstituten oder von Emittenten, deren Aktien bereits zum Handel an einem organisierten Markt zugelassen sind, ausgegeben werden; dies gilt nur, wenn der Verkaufspreis für alle im Europäischen Wirtschaftsraum angebotenen Wertpapiere weniger als 5 Millionen Euro beträgt, wobei diese Obergrenze über einen Zeitraum von zwölf Monaten zu berechnen ist;
5. Nichtdividendenwerte, die von Einlagenkreditinstituten dauernd oder wiederholt für einen Verkaufspreis aller im Europäischen Wirtschaftsraum angebotenen Wertpapiere von weniger als 75 Millionen Euro ausgegeben werden, wobei diese Obergrenze über einen Zeitraum von zwölf Monaten zu berechnen ist, sofern diese Wertpapiere:
   a) nicht nachrangig, wandelbar oder umtauschbar sind oder
   b) nicht zur Zeichnung oder zum Erwerb anderer Wertpapiere berechtigen und nicht an ein Derivat gebunden sind.

(3) Unbeschadet des Absatzes 2 Nr. 2 bis 5 sind Emittenten, Anbieter oder Zulassungsantragsteller berechtigt, einen Prospekt im Sinne dieses Gesetzes zu erstellen, wenn Wertpapiere öffentlich angeboten oder zum Handel an einem organisierten Markt zugelassen werden.

Übersicht

I. Anwendungsbereich

1. Vorbemerkung

1   § 1 setzt Art. 1 Prospektrichtlinie um, umschreibt in Abs. 1 den Anwendungsbereich des Wertpapierprospektgesetzes, regelt in Abs. 2 Ausnahmen von der Geltung und in Abs. 3 die Möglichkeit, dass Emittenten „freiwillig" einen Prospekt zu erstellen, um die Wertpapiere grenzüberschreitend anzubieten oder zum Handel an einem organisierten Markt zuzulassen. Die Wertgrenzen in § 1 Abs. 2 Nr. 4 und 5 wurden auf Grund entsprechender Änderungen in der ÄnderungsRL durch das Gesetz zur Umsetzung der Richtlinie 2010/73/EU und zur Änderung des Börsengesetzes[1] von Euro 2,5 Mio. auf Euro 5 Mio. bzw. Euro 50 Mio. auf Euro 75 Mio. erhöht. Außerdem wurde dort jeweils „klargestellt",[2] dass auf die im Europäischen Wirtschaftsraum angebotenen Wertpapiere abzustellen ist, um das Volumen zu bestimmen.

2. Anwendungsbereich

2   Das Gesetz gilt gemäß § 1 Abs. 1 für die Erstellung, die Billigung und die Veröffentlichung eines Prospekts, der beim öffentlichen Angebot von Wertpapieren zu veröffentlichen ist oder der für die Zulassung der Wertpapiere an einem organisierten Markt verwendet werden soll. Nicht vom Wertpapierprospektgesetz erfasst wird die reine Einbeziehung von Wertpapieren in den regulierten Markt, § 33 BörsG, und den Freiverkehr, § 48 BörsG,[3] sofern die

---

[1] BGBl. I, 2012, 1375.

[2] RegBegr. ÄnderungsRL-Umsetzungsgesetz, BT-Drs. 17/8684, S. 13, 16.

[3] RegBegr. Prospektrichtlinie-Umsetzungsgesetz, BT-Drs. 15/4999, S. 25, 27; ebenso *von Kopp-Colomb/Witte,* in: Assmann/Schlitt/von Kopp-Colomb, § 1 WpPG Rn. 18 für den Freiverkehr; *Schnorbus,* in: Berrar/Meyer/Müller/Schnorbus/Singhof/Wolf, § 1 WpPG Rn. 2.

entsprechend einbezogenen Wertpapiere nicht auch öffentlich angeboten werden. Die für die Bestimmung des Anwendungsbereichs wesentlichen Begriffe **öffentliches Angebot, Wertpapiere** und **organisierter Markt** sind in § 2 Nr. 4, 1 und 16 definiert; auf die dortigen Ausführungen wird verwiesen.

II. Ausnahmen

1. Vorbemerkung

§ 1 Abs. 2 setzt Art. 1 Abs. 2 Prospektrichtlinie um, der bestimmte Wert- **3** papiere vom Anwendungsbereich der Richtlinie ausnimmt. § 1 Abs. 2 befreit von der Anwendung des Wertpapierprospektgesetzes als solchem nicht nur aber eben auch[4] von der Prospektpflicht wie § 3 Abs. 2, § 4 Abs. 1 und 2, sondern auch von sonstigen Pflichten des Wertpapierprospektgesetzes, z. B. § 15 Abs. 5.[5] Art. 1 Abs. 2 lit. c), e), f), g) und i) Prospektrichtlinie wurden jedoch nicht umgesetzt, Art. 1 Abs. 2 lit. h) Prospektrichtlinie wurde nur eingeschränkt übernommen. Ohne dass die Regierungsbegründung hierfür eine Begründung enthält, wurde die nach § 1 Abs. 2 lit. h) Prospektrichtlinie vorgesehene Befreiung für Kleinstemissionen auf Einlagekreditinstitute beschränkt, obwohl gerade für solche Kleinstemissionen Kosten und Nutzen des dadurch erforderlichen umfassenden Prospektverfahrens in keinem Verhältnis stehen.

2. Einzelne Ausnahmen

a) § 1 Abs. 2 Nr. 1. § 1 Abs. 2 Nr. 1 setzt Art. 1 Abs. 2 lit. a) Prospekt- **4** richtlinie um. Laut Regierungsbegründung entspricht die Ausnahme der Regelungen des Investmentgesetzes und orientiert sich an § 3 Nr. 3 VerkprospG a. F.[6] Das Investmentgesetz verpflichtet als solches zur Erstellung und Veröffentlichung eines dort bereits geregelten Prospektes. Daneben noch eine Pflicht zur Billigung und Veröffentlichung eines Prospekts nach dem Wertpapierprospektgesetz zu verlangen, hat der Gesetzgeber zu Recht nicht für erforderlich angesehen.[7]

b) § 1 Abs. 2 Nr. 2. § 1 Abs. 2 Nr. 2 setzt Art. 1 Abs. 2 lit. b) Prospekt- **5** richtlinie um. Laut Regierungsbegründung[8] ist diese Vorschrift § 37 BörsG[9] (aktuelle Fassung) und § 3 Nr. 1 VerkprospG a. F. nachgebildet. Die **Bonität**

---

[4] Mit der Folge, dass soweit nach § 1 Abs. 2 das WpPG nicht anwendbar ist, die Wertpapiere prospektfrei öffentlich angeboten und zugelassen werden können, so ausdrücklich *Schnorbus*, in: Berrar/Meyer/Müller/Schnorbus/Singhof/Wolf, § 1 WpPG Rn. 5.

[5] *von Kopp-Colomb/Witte*, in: Assmann/Schlitt/von Kopp-Colomb, § 1 WpPG Rn. 22.

[6] RegBegr. Prospektrichtlinie-Umsetzungsgesetz, BT-Drs. 15/4999, S. 25, 27.

[7] *von Kopp-Colomb/Witte*, in: Assmann/Schlitt/von Kopp-Colomb, § 1 WpPG Rn. 26.

[8] RegBegr. Prospektrichtlinie-Umsetzungsgesetz, BT-Drs. 15/4999, S. 25, 27.

[9] Vgl. oben Kommentierung zu § 37 BörsG.

der in § 1 Abs. 2 Nr. 2 genannten Staaten des Europäischen Wirtschaftsraums und ihrer Gebietskörperschaften, der dort genannten **internationalen Organisationen** des öffentlichen Rechts sowie deren **Mitgliedstaaten** und **Gebietskörperschaften** galt dem europäischen und deutschen Gesetzgeber bei Erstellung der Prospektrichtlinie und des Wertpapierprospektgesetzes als gesichert, so dass insoweit ein Bedürfnis für den Schutz von Anlegern nicht bestehen sollte. Deshalb sei bei von ihnen emittierten Wertpapieren kein Prospekt erforderlich. Eine Anpassung der gesetzlichen Regelungen an die Realität ist bislang noch nicht erfolgt.

6 **c) § 1 Abs. 2 Nr. 3.** § 1 Abs. 2 Nr. 3 setzt Art. 1 Abs. 2 lit. d) Prospektrichtlinie um. Laut Regierungsbegründung[10] orientiert sich § 1 Abs. 2 Nr. 3 an § 3 Nr. 4 VerkprospG a. F. Auch hier gilt die Begründung der besonderen Bonität.

7 **d) § 1 Abs. 2 Nr. 4.** § 1 Abs. 2 Nr. 4 setzt Art. 1 Abs. 2 lit. h) um, begrenzt die dort enthaltene weite Ausnahme für alle Wertpapiere eines Angebots mit einem Gegenwert von weniger als Euro 5 Mio. allerdings gleich in mehrfacher Weise, ohne dies zu begründen, nämlich auf Einlagenkreditinstitute oder Emittenten deren Aktien bereits zum Handel an einem organisierten Markt zugelassen sind. Maßgeblich für die Berechnung der Obergrenze von Euro 5 Mio. ist das Volumen aller der während des Zeitraums von zwölf Monaten emittierten Wertpapiere, wobei hier die ESMA eine Berechnung anhand der innerhalb der Staaten des Europäischen Wirtschaftsraums insgesamt emittierten Wertpapiere vorschlägt,[11] d. h. die Grenze gilt nicht je EUR-Staat, sondern für alle zusammen.[12] Die ÄnderungsRL, Art. 1 Nr. 1a)i), und das Gesetz zur Umsetzung der Richtlinie 2010/73/EU und zur Änderung des Börsengesetzes haben dies entsprechend klargestellt. Für den Beginn der Frist von zwölf Monaten ist der Tag maßgeblich, an dem der Anbieter oder Zulassungsantragsteller erstmals einen Ausgabepreis öffentlich bekannt macht. Die Berechnung der Frist erfolgt entsprechend §§ 187 ff. BGB. Maßgeblich für die Berechnung des Ausgabevolumens ist der erste Ausgabepreis.[13] Ist ein Ausgabepreis nicht festgelegt, gilt als Ausgabepreis der erste nach Einführung der Wertpapiere festgestellte oder gebildete Börsenpreis, im Fall einer gleichzeitigen Feststellung oder Bildung an mehreren Börsen der höchste erste Börsenpreis. Möglich ist eine Kombination der Ausnahmevorschriften des § 1 Abs. 2 und der §§ 3 Abs. 2 und 4, so dass Emissionen, die von einer

[10] RegBegr. Prospektrichtlinie-Umsetzungsgesetz, BT-Drs. 15/4999, S. 25, 27.
[11] ESMA, Frequently asked questions, Prospectuses: common positions agreed by ESMA Members, question No. 21, abrufbar über die homepage: www.esma.europa.eu.
[12] *Hamann,* in: Schäfer/Hamann, KMG, § 1 WpPG, Rn. 16; *Ritz/Zeising,* in: Just/Voß/Ritz/Zeising, § 1 WpPG Rn. 29 und *von Kopp-Colomb/Witte,* in: Assmann/Schlitt/von Kopp-Colomb, § 1 WpPG Rn. 41, verweisen insoweit auf § 3 Abs. 2 Nr. 2 WpPG, der eine Berechnung pro Mitgliedsstaat vorsehe, während das bei § 1 Abs. 2 Nr. 4 nicht der Fall sei.
[13] RegBegr. Prospektrichtlinie-Umsetzungsgesetz, BT-Drs. 15/4999, S. 25, 27.

der Ausnahmeregelungen des § 3 Abs. 2, z.B. Platzierung allein bei institutionellen Investoren, und § 4 Abs. 1, z.B. Mitarbeitergenussscheine, bei der Berechnung des Volumens von Euro 5 Mio. nicht berücksichtigt werden müssen.[14]

e) § 1 Abs. 2 Nr. 5. § 1 Abs. 2 Nr. 5 setzt Art. 1 Abs. 2 lit. j) Prospekt- **8**
richtlinie um. Der Begriff der „dauernd oder wiederholt" erfolgenden Ausgabe ist hinsichtlich des „wiederholt"[15] in § 2 Nr. 12 definiert, der Begriff der „Nichtdividendenwerte" in § 2 Nr. 3,[16] wobei hiervon aber nur eine Teilmenge von § 1 Abs. 2 Nr. 5 erfasst wird, nämlich diejenigen, welche die Kriterien in § 1 Abs. 2 Nr. 5 lit. a) oder b) erfüllen.[17] Hinsichtlich des Beginns der Frist von 12 Monaten sowie ihrer Berechnung und die Berechnung des Angebotsvolumens gelten die Ausführungen unter Rn. 7.

III. Freiwillige Anwendung

§ 1 Abs. 3 eröffnet den in Abs. 2 Nr. 2, 3, 4 und 5 genannten Emittenten **9**
die Möglichkeit, einen Wertpapierprospekt zu erstellen, auf den nach ihrem Willen die Vorschriften des Wertpapierprospektgesetzes Anwendung finden sollen. Dadurch wird es möglich, die Wertpapiere **grenzüberschreitend öffentlich anzubieten** oder zum Handel an einem organisierten Markt zuzulassen. Sofern die jeweiligen Emittenten sich für die Erstellung eines Prospekts i.S. dieses Gesetzes entscheiden, finden die Vorschriften des Wertpapierprospektgesetzes und der Verordnung zur Durchführung der Prospektrichtlinie in ihrer Gesamtheit Anwendung.[18] Der freiwillige Prospekt ist Gegenstand der gesetzlichen Prospekthaftung nach dem insoweit durch das Gesetz zur Novellierung des Finanzanlagenvermittler- und Vermögensanlagenrechts[19] weiter gefassten § 22.[20]

---

[14] ESMA, Frequently asked questions, Prospectuses: common positions agreed by ESMA Members, question No. 26, abrufbar über die homepage: www.esma. europa.eu; *von Kopp-Colomb/Witte,* in: Assmann/Schlitt/von Kopp-Colomb, § 1 WpPG Rn. 48, *Ritz/Zeising,* in: Just/Voß/Ritz/Zeising, § 1 WpPG Rn. 29; a.A. *Hamann,* in: Schäfer/Hamann, KMG, § 1 WpPG Rn. 16.
[15] Näher dazu unter Kommentierung zu § 2 WpPG Rn. 31. Unter dem Begriff „dauernd" wird man ein über mehrere Wochen (mindestens 4 Wochen) fortlaufendes, ohne Unterbrechung erfolgendes Angebot verstehen können, näher *Heidelbach/Preuße,* BKR 2006, 316, 317.
[16] Vgl. dazu unten § 2 WpPG Rn. 7.
[17] Näher dazu *Heidelbach/Preuße,* BKR 2006, 316, 317.
[18] *Von Kopp-Colomb/Witte,* in: Assmann/Schlitt/von Kopp-Colomb, § 1 WpPG Rn. 67; *Ritz/Zeising,* in: Just/Voß/Ritz/Zeising, § 1 WpPG Rn. 51.
[19] BGBl. I 2011, 2481.
[20] Noch zum aktiven Recht auf §§ 13 VerkprospG i.V.m. 44f. BörsG verweisend *Hamann,* in: Schäfer/Hamann, KMG, § 1 WpPG Rn. 33; *von Kopp-Colomb/Witte,* in: Assmann/Schlitt/von Kopp-Colomb, § 1 WpPG Rn. 69; *Schnorbus,* in: Berrar/Meyer/ Müller/Schnorbus/Singhof/Wolf, § 1 WpPG Rn. 36; *Mülbert/Steup,* in: Habersack/ Mülbert/Schlitt, Unternehmensfinanzierung am Kapitalmarkt, § 33 Rn. 15.

10 Streitig ist, ob ein freiwilliger Prospekt nur in den Fällen des § 1 Abs. 2
Nr. 2–5 zulässig ist[21] oder auch dann, wenn auf Grund anderer Ausnahmetatbestände der §§ 3, 4 kein Prospekterfordernis besteht.[22] Zwar mag es für einen freiwilligen Prospekt auch jenseits der Ausnahmetatbestände des § 1
Abs. 2 Nr. 2–5 durchaus ein Interesse geben, und die Zulässigkeit eines solchen freiwilligen Prospekts mag auch im Interesse des europäischen Gesetzgebers liegen, einen breiten Anwendungsbereich für den europäischen Pass zu
eröffnen. Jedoch ist der Wortlaut des § 1 Abs. 3 (ebenso wie der des Art. 1
Abs. 3 Prospektrichtlinie) eindeutig, da er ausdrücklich (nur) auf § 1 Abs. 2
Nr. 2 bis 5 Bezug nimmt und nicht auf §§ 3 Abs. 2 und 4.[23] Auch die Regierungsbegründung äußert sich zu § 1 Abs. 3 nur in der Form, hierdurch werde den in § 1 Abs. 2 Nr. 2 bis 5 genannten Emittenten die Möglichkeit eröffnet, einen Prospekt zu erstellen.[24]

IV. Anpassungsregelung

11 Die ÄnderungsRL ermächtigt die Kommission, die in Art. 1 Abs. 2 lit. h)
und i) der ProspektRL (§ 1 Abs. 2 Nr. 4 und 5) enthaltenen Wertgrenzen
anzupassen. Der deutsche Gesetzgeber müsste dies dann umsetzen. Für den
Zeitraum zwischen Anpassung durch die Kommission und Umsetzung durch
den deutschen Gesetzgeber wird zu Recht vertreten, dass im Wege der richtlinienkonformen Auslegung jedenfalls die BaFin diese geänderten Wertgrenzen wird bereits anwenden müssen.[25]

§ 2. Begriffsbestimmungen

Im Sinne dieses Gesetzes ist oder sind

1. **Wertpapiere: übertragbare Wertpapiere, die an einem Markt gehandelt werden können, insbesondere**
   a) **Aktien und andere Wertpapiere, die Aktien oder Anteilen an Kapitalgesellschaften oder anderen juristischen Personen vergleichbar
sind, sowie Zertifikate, die Aktien vertreten,**
   b) **Schuldtitel, insbesondere Schuldverschreibungen und Zertifikate,
die andere als die in Buchstabe a genannten Wertpapiere vertreten,**
   c) **alle sonstigen Wertpapiere, die zum Erwerb oder zur Veräußerung
solcher Wertpapiere berechtigen oder zu einer Barzahlung führen,**

---

[21] So ausdrücklich *von Kopp-Colomb/Witte,* in: Assmann/Schlitt/von Kopp-Colomb,
§ 1 WpPG Rn. 65; *Ritz/Zeising,* in: Just/Voß/Ritz/Zeising, § 1 WpPG Rn. 52;
Zeising, in: Just/Voß/Ritz/Zeising, § 3 WpPG Rn. 31; *Hamann,* in: Schäfer/Hamann,
KMG, § 1 WpPG Rn. 30.

[22] *Heidelbach,* in Schwark/Zimmer, § 1 WpPG Rn. 30; *Schnorbus,* in: Berrar/Meyer/
Müller/Schnorbus/Singhof/Wolf, § 1 WpPG Rnrn. 39 ff.

[23] Darauf weisen z.B. *von Kopp-Colomb/Witte,* in: Assmann/Schlitt/von Kopp-
Colomb, § 1 WpPG, Rn. 65 ausdrücklich hin und auch *Schnorbus,* in: Berrar/Meyer/
Müller/Schnorbus/Singhof/Wolf, § 1 WpPG Rn. 40 erkennt dies an.

[24] RegBegr. Prospektrichtlinie-Umsetzungsgesetz, BT-Drs. 15/4399, S. 25, 27.

[25] *Schnorbus,* in: Berrar/Meyer/Müller/Schnorbus/Singhof/Wolf, § 1 WpPG Rn. 44.

die anhand von übertragbaren Wertpapieren, Währungen, Zinssätzen oder -erträgen, Waren oder anderen Indizes oder Messgrößen bestimmt wird,

mit Ausnahme von Geldmarktinstrumenten mit einer Laufzeit von weniger als zwölf Monaten;

2. Dividendenwerte: Aktien und andere Wertpapiere, die Aktien vergleichbar sind, sowie jede andere Art übertragbarer Wertpapiere, die das Recht verbriefen, bei Umwandlung dieses Wertpapiers oder Ausübung des verbrieften Rechts die erstgenannten Wertpapiere zu erwerben, sofern die letztgenannten Wertpapiere vom Emittenten der zugrunde liegenden Aktien oder von einem zum Konzern des Emittenten gehörenden Unternehmen begeben wurden;

3. Nichtdividendenwerte: alle Wertpapiere, die keine Dividendenwerte sind;

4. öffentliches Angebot von Wertpapieren: eine Mitteilung an das Publikum in jedweder Form und auf jedwede Art und Weise, die ausreichende Informationen über die Angebotsbedingungen und die anzubietenden Wertpapiere enthält, um einen Anleger in die Lage zu versetzen, über den Kauf oder die Zeichnung dieser Wertpapiere zu entscheiden; dies gilt auch für die Platzierung von Wertpapieren durch Institute im Sinne des $\S$ 1 Abs. 1 b des Kreditwesengesetzes oder ein nach $\S$ 53 Abs. 1 Satz 1 oder $\S$ 53 b Abs. 1 Satz 1 oder Abs. 7 des Kreditwesengesetzes tätiges Unternehmen, wobei Mitteilungen auf Grund des Handels von Wertpapieren an einem organisierten Markt oder im Freiverkehr kein öffentliches Angebot darstellen;

5. Angebotsprogramm: einen Plan, der es erlauben würde, Nichtdividendenwerte ähnlicher Art oder Gattung sowie Optionsscheine jeder Art dauernd oder wiederholt während eines bestimmten Emissionszeitraums zu begeben;

6. qualifizierte Anleger:

a) Kunden und Unternehmen, die vorbehaltlich einer Einstufung als Privatkunde professionelle Kunden oder geeignete Gegenparteien im Sinne des $\S$ 31 a Absatz 2 oder 4 des Wertpapierhandelsgesetzes sind, oder die gemäß $\S$ 31 a Absatz 5 Satz 1 oder Absatz 7 des Wertpapierhandelsgesetzes auf Antrag als solche eingestuft worden sind oder gemäß $\S$ 31 a Absatz 6 Satz 5 des Wertpapierhandelsgesetzes weiterhin als professionelle Kunden behandelt werden,

b) natürliche oder juristische Personen, die nach in anderen Staaten des Europäischen Wirtschaftsraums erlassenen Vorschriften zur Umsetzung der Bestimmungen des Anhangs II Abschnitt I Nummern 1 bis 4 der Richtlinie 2004/39/EG des Europäischen Parlaments und des Rates vom 21. April 2004 über Märkte für Finanzinstrumente, zur Änderung der Richtlinien 85/611/EWG und 93/6/EWG des Rates und der Richtlinie 2000/12/EG des Europäischen Parlaments und des Rates und zur Aufhebung der Richtlinie 93/22/EWG des Rates (ABl. L 145 vom 30. 4. 2004, S. 1) in der jeweils geltenden Fassung als professionelle Kunden angesehen werden und nicht eine Behandlung als nichtprofessionelle Kunden beantragt haben,

    c) natürliche oder juristische Personen, die nach in anderen Staaten des Europäischen Wirtschaftsraums erlassenen Vorschriften zur Umsetzung der Bestimmungen des Anhangs II der Richtlinie 2004/39/EG auf Antrag als professioneller Kunde behandelt werden,

    d) natürliche oder juristische Personen, die nach in anderen Staaten des Europäischen Wirtschaftsraums erlassenen Vorschriften zur Umsetzung des Artikels 24 der Richtlinie 2004/39/EG als geeignete Gegenpartei anerkannt sind und nicht eine Behandlung als nichtprofessioneller Kunde beantragt haben, und

    e) natürliche oder juristische Personen, die durch Wertpapierfirmen nach in anderen Staaten des Europäischen Wirtschaftsraums erlassenen Vorschriften zur Umsetzung des Artikels 71 Absatz 6 der Richtlinie 2004/39/EG als vor dem Inkrafttreten der Richtlinie bestehende professionelle Kunden weiterhin als solche behandelt werden;

7. (weggefallen)

8. Einlagenkreditinstitute: Unternehmen im Sinne des § 1 Abs. 3 d Satz 1 des Kreditwesengesetzes;

9. Emittent: eine Person oder Gesellschaft, die Wertpapiere begibt oder zu begeben beabsichtigt;

10. Anbieter: eine Person oder Gesellschaft, die Wertpapiere öffentlich anbietet,

11. Zulassungsantragsteller: die Personen, die die Zulassung zum Handel an einem organisierten Markt beantragen;

12. dauernde oder wiederholte Ausgabe von Wertpapieren: die dauernde oder mindestens zwei Emissionen umfassende Ausgabe von Wertpapieren ähnlicher Art oder Gattung während eines Zeitraums von zwölf Monaten;

13. Herkunftsstaat:

    a) für alle Emittenten von Wertpapieren, die nicht in Buchstabe b genannt sind, der Staat des Europäischen Wirtschaftsraums, in dem der Emittent seinen Sitz hat,

    b) für jede Emission von Nichtdividendenwerten mit einer Mindeststückelung von 1000 Euro sowie für jede Emission von Nichtdividendenwerten, die das Recht verbriefen, bei Umwandlung des Wertpapiers oder Ausübung des verbrieften Rechts übertragbare Wertpapiere zu erwerben oder einen Barbetrag in Empfang zu nehmen, sofern der Emittent der Nichtdividendenwerte nicht der Emittent der zugrunde liegenden Wertpapiere oder ein zum Konzern dieses Emittenten gehörendes Unternehmen ist, je nach Wahl des Emittenten, des Anbieters oder des Zulassungsantragstellers der Staat des Europäischen Wirtschaftsraums, in dem der Emittent seinen Sitz hat, oder der Staat des Europäischen Wirtschaftsraums, in dem die Wertpapiere zum Handel an einem organisierten Markt zugelassen sind oder zugelassen werden sollen, oder der Staat des Europäischen Wirtschaftsraums, in dem die Wertpapiere öffentlich angeboten werden; dies gilt auch für Nichtdividendenwerte, die auf andere Währungen als auf Euro lauten, wenn der Wert solcher Mindeststückelungen annähernd 1000 Euro entspricht,

c) für alle Drittstaatemittenten von Wertpapieren, die nicht in Buchstabe b genannt sind, je nach Wahl des Emittenten, des Anbieters oder des Zulassungsantragstellers entweder der Staat des Europäischen Wirtschaftsraums, in dem die Wertpapiere erstmals öffentlich angeboten werden sollen oder der Staat des Europäischen Wirtschaftsraums, in dem der erste Antrag auf Zulassung zum Handel an einem organisierten Markt gestellt wird, vorbehaltlich einer späteren Wahl durch den Drittstaatemitten, wenn der Herkunftsstaat nicht gemäß seiner Wahl bestimmt wurde;

14. Aufnahmestaat: der Staat, in dem ein öffentliches Angebot unterbreitet oder die Zulassung zum Handel angestrebt wird, sofern dieser Staat nicht der Herkunftsstaat ist;

15. Staat des Europäischen Wirtschaftsraums: die Mitgliedstaaten der Europäischen Union und die anderen Vertragsstaaten des Abkommens über den Europäischen Wirtschaftsraum;

16. organisierter Markt: ein im Inland, in einem anderen Mitgliedstaat der Europäischen Union oder in einem anderen Vertragsstaat des Abkommens über den europäischen Wirtschaftsraum betriebenes oder verwaltetes, durch staatliche Stellen genehmigtes, geregeltes und überwachtes multilaterales System, das die Interessen einer Vielzahl von Personen am Kauf und Verkauf von dort zum Handel zugelassenen Finanzinstrumenten innerhalb des Systems und nach festgelegten Bestimmungen in einer Weise zusammenbringt oder das Zusammenbringen fördert, die zu einem Vertrag über den Kauf dieser Finanzinstrumente führt;

17. Bundesanstalt: die Bundesanstalt für Finanzdienstleistungsaufsicht;

18. Schlüsselinformationen: grundlegende und angemessen strukturierte Informationen, die dem Anleger zur Verfügung zu stellen sind, um es ihm zu ermöglichen, Art und Risiken des Emittenten, des Garantiegebers und der Wertpapiere, die ihm angeboten oder zum Handel an einem organisierten Markt zugelassen werden sollen, zu verstehen und unbeschadet von § 5 Absatz 2 b Nummer 2 zu entscheiden, welchen Wertpapierangeboten er weiter nachgehen sollte.

Übersicht

I. Vorbemerkung

1   § 2 enthält in Umsetzung des Art. 2 Prospektrichtlinie die für die Anwendung des Wertpapierprospektgesetzes entscheidenden Begriffsbestimmungen. Auf Grund entsprechender Vorgaben der ÄnderungsRL wurden durch das Gesetz zur Umsetzung der Richtlinie 2010/73/EU und zur Änderung des Börsengesetzes[1] die Definition des qualifizierten Anlegers geändert, die Definition der kleinen und mittleren Unternehmen in Nr. 7 gestrichen und die Definition der Schlüsselinformationen in Nr. 18 neu eingefügt.

II. Begriffsbestimmungen

1. Wertpapiere

2   § 2 Nr. 1 definiert den Begriff „**Wertpapiere**" und greift dafür zu Recht, anders als noch die Prospektrichtlinie, nicht mehr auf die Richtlinie 93/22/EWG, sondern bereits auf Art. 4 Abs. 1 Nr. 18 der Richtlinie 2004/39/EG über Märkte für Finanzinstrumente zurück. Zu Recht deshalb, weil bei europäischen Richtlinien normalerweise eine „dynamische" Verweisung gilt, d. h. wird die Richtlinie, auf die verwiesen wird, geändert, dann gelten Bezugnahmen auf Begriffsbestimmungen oder Artikel der geänderten Richtlinie als Bezugnahmen auf die entsprechenden Begriffsbestimmungen der neuen Richtlinie. Art. 69 der Richtlinie 2004/39/EG enthält eine solche dynamische Verweisung.[2] Dabei werden entsprechend Art. 2 Abs. 1 lit. a) Prospektrichtlinie nicht alle „übertragbaren Wertpapiere" i. S. der Richtlinie 2004/39/EG vom Wertpapierbegriff der Prospektrichtlinie umfasst, sondern nur diejenigen übertragbaren Wertpapiere, die zusätzlich die besonderen weiteren Begriffsmerkmale des Art. 2. Abs. 1 lit. a) Prospektrichtlinie erfüllen,

---

[1] BGBl. I, 2012, 1375.
[2] Vgl. auch RegBegr. Prospektrichtlinie-Umsetzungsgesetz, BT-Drs. 15/4999, S. 25, 28.

d. h. die keine Geldmarktinstrumente i. S. der Richtlinie 2004/39/EG mit einer Laufzeit von weniger als zwölf Monaten sind.

Wie die Regierungsbegründung zum Prospektrichtlinie-Umsetzungsgesetz **3** zutreffend hervorhebt, kommt es für das Wertpapierprospektgesetz entscheidend auf die für die Richtlinie 2004/39/EG wesentliche **Fungibilität**, d. h. die Handelbarkeit der Wertpapiere auf einem Kapitalmarkt und damit zum einen auf eine standardisierte Ausstattung und zum anderen auf das Fehlen von Übertragungshindernissen an.[3] Namensschuldverschreibungen, Schuldscheindarlehen, Termingeld und Sparbriefe scheiden damit aus;[4] ebenso nicht übertragbare Aktienoptionen, die z. B. im Rahmen eines Mitarbeiterbeteiligungsprogramms begeben werden.[5] Das Gleiche gilt auch für Anteilsscheine einer GmbH, KG oder BGB-Gesellschaft.[6] Unter den wertpapierprospektgesetzlichen Wertpapierbegriff fallen damit ebenso wie unter den börsenrechtlichen Wertpapierbegriff[7] alle handelbaren Wertpapiere wie Aktien (Inhaberaktie und blanko indossierte Namensaktien, auch vinkulierte Namensaktien bei genereller Zustimmung zur Übertragung[8]), aktienvertretenden Zertifikate, z. B. auch American Depositary Receips,[9] Genuss- oder Optionsscheine, Anleihen von Industrieunternehmen bzw. Körperschaften, und Investmentzertifikate[10] nicht dagegen Bezugsrechte nach § 186 AktG, die Aktionäre zum Bezug von Aktien der Gesellschaft oder Dritte berechtigen.[11] Zu Recht betont die Regierungsbegründung zum Prospektrichtlinie-Umsetzungsgesetz, dass es dagegen auf die **Verbriefung** der Wertpapiere nicht ankommt: „Wertpapiere sind beispielsweise auch solche Aktien, die nur in einem Regis-

---

[3] RegBegr. Prospektrichtlinie-Umsetzungsgesetz, BT-Drs. 15/4999, S. 25, 28; *Ritz/ Zeising*, in: Just/Voß/Ritz/Zeising, § 2 WpPG Rn. 32; *von Kopp/Colomb/Knobloch*, in: Assmann/Schlitt/von Kopp-Colomb, § 2 WpPG Rn. 10; *Schnorbus*, in: Berrar/Meyer/ Müller/Schnorbus/Singhof/Wolf, § 2 WpPG Rn. 4 f.

[4] RegBegr. Prospektrichtlinie-Umsetzungsgesetz, BT-Drs. 15/4999, S. 25, 28.

[5] ESMA, Frequently asked questions, Prospectuses: common positions agreed by ESMA Members, question No. 5, abrufbar über die homepage: www.esma.europa.eu; *Kollmorgen/Feldhaus*, BB 2007, 225 mit dem zutreffenden Hinweis, dass die spätere Gewährung von Aktien bei Ausübung der Optionen ein öffentliches Angebot von Wertpapieren darstellen könne; zu dieser Frage auch ausführlich ESMA, Frequently asked questions, Prospectuses: common positions agreed by ESMA Members, question No. 5, abrufbar über die homepage: www.esma.europa.eu mit Darstellung des unterschiedlichen Meinungsstandes bei den Regulatoren, siehe auch unten Rn. 8 a.

[6] RegBegr. Prospektrichtlinie-Umsetzungsgesetz, BT-Drs. 15/4999, S. 25, 28. So im Zusammenhang mit dem Wertpapierbegriff des Verkaufsprospektgesetzes i. d. F. bis 30. 6. 2005 auch die Bekanntmachung des BAWe (jetzt BaFin) zum Verkaufsprospektgesetz, BAnz. vom 21. 9. 1999, 16 180.

[7] Vgl. oben § 32 BörsG Rn. 12.

[8] Vgl. oben §§ 1–12 BörsZulV Rn. 9 f.; Schnorbus, in: Berrar/Meyer/Müller/ Schnorbus/Singhof/Wolf, § 2 WpPG Rnrn. 6 ff.

[9] *Gebhardt*, in: Schäfer/Hammann, KMG, § 30 BörsG Rn. 11; *Heidelbach*, in: Schwark/ Zimmer, § 32 BörsG Rn. 29 m. w. N.

[10] Ausführlich *Schnorbus*, in: Berrar/Meyer/Müller/Schnorbus/Singhof/Wolf, § 2 WpPG Rn. 13 ff.

[11] *Schnorbus*, in: Berrar/Meyer/Müller/Schnorbus/Singhof/Wolf, § 2 WpPG Rn. 15.

ter geführt werden, also Wertpapiercharakter haben. Andere mit Aktien vergleichbare Wertpapiere sind Papiere, die ein Mitgliedschaftsrecht verkörpern, beispielsweise Zwischenscheine gemäß § 8 Abs. 6 des Aktiengesetzes." Damit werden, wie dies auch bereits zum Verkaufsprospektgesetz durch die Verlautbarung des BAWe klargestellt wurde, Sammel- und Globalurkunden und Wertrechte sowie inländische und ausländische Registerrechte vom Wertpapierbegriff erfasst.[12] Voraussetzung für die Wertpapiereigenschaft von z.B. Wertrechten, ist in jedem Fall deren freie Übertragbarkeit.[13] An den Kapitalmärkten besteht eine starke Tendenz, den Anspruch auf Einzelverbriefung auszuschließen und Einzelurkunden durch Sammel- oder Globalurkunden zu ersetzen,[14] oder sogar ganz auf die Verbriefung zu verzichten und reine Wertrechte oder Registerrechte zu handeln. Da die vom Wertpapierprospektgesetz bezweckte Gewährleistung des Anlegerschutzes[15] durch Information unabhängig davon erforderlich ist, ob die angebotene Anlage in Wertpapieren verkörpert oder in Wert- bzw. Registerrechten entmaterialisiert ist, müssen auch Global- bzw. Sammelurkunden und Wert- und Registerrechte als Wertpapiere i.S. des § 2 Nr. 1 gelten.[16] Dazu gehören auch unverbriefte Namensaktien.[17] Anders als in § 32 BörsG hat der Gesetzgeber im Rahmen des Finanzmarktrichtlinie-Umsetzungsgesetzes hier keine Bezugnahme auf Artikel 35 VO 128 7/2006 eingefügt und damit von einer Einschränkung der Begriffsbestimmung der Wertpapiere abgesehen.

4   Eingeschränkt gegenüber der Begriffsbestimmung der Richtlinie 2004/39/EG werden von der Prospektrichtlinie **Geldmarktinstrumente** mit einer Laufzeit von weniger als zwölf Monaten nicht erfasst, so dass z.B. Schatzanweisungen, Einlagenzertifikate und Commercial Papers mit dieser Laufzeit nicht von der Prospektrichtlinie und damit auch nicht vom Wertpapierprospektgesetz erfasst werden.

---

[12] Bekanntmachung des BAWe zum Verkaufsprospektgesetz, BAnz. vom 21. 9. 1999, 16180.

[13] *Kollmorgen/Feldhaus,* BB 2007, 2756, 2756.

[14] Im Bereich Aktienemissionen ist dies dadurch erleichtert worden, dass durch das Gesetz zur Kleinen AG, BGBl. I 1994, 1961, und das KonTraG, BGBl. I 1998, 786 gem. § 10 Abs. 5 AktG der Anspruch auf Einzelverbriefung statutarisch zwischenzeitlich ganz ausgeschlossen werden kann. Im Bereich der Emission von Schuldverschreibungen wird der Anspruch auf Einzelverbriefung häufig in den Bedingungen ausdrücklich ausgeschlossen, vgl. nur Muster bei *Bosch,* in: Bosch/Groß, Emissionsgeschäft Rn. 10/242. Zur Entmaterialisierung vgl. allgemein *Einsele,* Wertpapiere im elektronischen Bankgeschäft, WM 2001, 7; *Than,* Wertpapierrecht ohne Wertpapier? Bankrecht-Schwerpunkte und Perspektiven, FS Schimansky, Horn/Lwoswki/Nobbe (Hrsg.), 1999, 821.

[15] RegBegr. Prospektrichtlinie-Umsetzungsgesetz, BT-Drs. 15/4999, S. 25, 25.

[16] So bereits zum VerkProspG, *Carl/Machunsky,* S. 33; *Hüffer,* Wertpapier-Verkaufsprospektgesetz, S. 43, 48. Zum WpPG *Ritz/Zeising,* in: Just/Voß/Ritz/Zeising, § 2 WpPG Rn. 44; *Schnorbus,* in: Berrar/Meyer/Müller/Schnorbus/Singhof/Wolf, § 2 WpPG Rn. 9.

[17] *Ritz/Zeising,* in: Just/Voß/Ritz/Zeising,§ 2 WpPG Rnrn. 44, 50; *Schnorbus,* in: Berrar/Meyer/Müller/Schnorbus/Singhof/Wolf, § 2 WpPG Rn. 10.

Bei **ausländischen Wertpapieren** richtet sich zwar die Wertpapiereigen- 5
schaft grundsätzlich nach der jeweiligen ausländischen Rechtsordnung, der
das in der Urkunde verbriefte Recht unterliegt.[18] Da es aber um den Schutz
der Anleger in Deutschland geht, gebietet eine teleologische Auslegung eine
Parallelwertung nach deutschem Recht. Das bedeutet, dass unabhängig davon, ob die ausländischen Papiere nach der jeweiligen ausländischen Rechtsordnung Wertpapiere sind, das Wertpapierprospektgesetz dann gilt, wenn sie
nach deutschem Recht als Wertpapiere zu qualifizieren sind.[19] Diese Auffassung wurde vom BAWe in der Bekanntmachung zum Verkaufsprospektgesetz
bestätigt.[20]

2. Dividendenwerte

§ 2 Nr. 2 definiert in Umsetzung von Art. 2 Abs. 1 lit. b) Prospektrichtli- 6
nie „Dividendenwerte". Hierzu gehören auch Wandel- und Optionsanleihen,
wenn sie vom Aktienemittenten selbst oder einem seiner Konzernunternehmen begeben werden.[21] Das gilt für die Optionskomponente von Optionsanleihen selbst nach ihrer Trennung, d.h. das abgetrennte Optionsrecht ist
(ebenso wie andere Formen von naked warrants) Dividendenwert, die Anlei-
hekomponente ist nach der Trennung Nichtdividendenwert.[22] Nach der Regierungsbegründung zum Prospektrichtlinie-Umsetzungsgesetz[23] sollen hierunter insbesondere die sog. Aktienanleihen fallen, wenn sie die weitere
Voraussetzung erfüllen, d.h. vom Emittenten der zugrunde liegenden Aktien
oder von einem Unternehmen begeben werden, das mit dem Emittenten
(der Aktien) einen Konzern i.S. des § 18 des Aktiengesetzes bildet. Das dürfte bei den „klassischen" Aktienanleihen allerdings eher selten der Fall sein.
Diese sind damit ebenso wie Umtauschanleihen nicht als Dividendenwerte
sondern als Nichtdividendenwerte einzuordnen.[24] Nach Erwägungsgrund 12
der ProspektRL sollen Aktien vertretende Zertifikate wie z.B. American Depositary Receipts (ADRs) nicht zu den Dividendenwerten sondern zu den
Nichtdividendenwerten gehören.[25]

---

[18] MünchKomm-*Kreuzer*, 3. Aufl. 1998, Art. 38 EGBGB Anh. I Rn. 118.
[19] *Kullmann/Müller-Deku,* WM 1996, 1989, 1991; ebenso jetzt auch *Hamann,* in:
Schäfer/Hamann, KMG, § 2 WpPG Rn. 3; *Ritz/Zeising,* in: Just/Voß/Ritz/Zeising,
§ 2 WpPG Rn. 45f.; *Schnorbus,* in: Berrar/Meyer/Müller/Schnorbus/Singhof/Wolf,
§ 2 WpPG Rn. 11; *von Kopp-Colomb/Knobloch,* in: Assmann/Schlitt/von Kopp-
Colomb, § 2 WpPG Rn. 9.
[20] BAnz. vom 21. 9. 1999, 16180, sub I 1. 4. Absatz.
[21] ESMA, Frequently asked questions, Prospectuses: common positions agreed by
ESMA Members, question No. 28, abrufbar über die homepage: www.esma.europa.eu.
Zur insoweit problematischeren Auslegung der Prospektrichtlinie vgl. *Kunold/Schlitt,*
BB 2004, 501, 502f.
[22] *Schnorbus,* in: Berrar/Meyer/Müller/Schnorbus/Singhof/Wolf, § 2 WpPG Rn. 24.
[23] RegBegr. Prospektrichtlinie-Umsetzungsgesetz, BT-Drs. 15/4999, S. 25, 28.
[24] *Hamann,* in: Schäfer/Hamann/KMG, § 2 WpPG Rn. 17; *Schnorbus,* in: Berrar/
Meyer/Müller/Schnorbus/Singhof/Wolf, § 2 WpPG Rn. 24.
[25] So ausdrücklich auch ESMA, Frequently asked questions, Prospectuses: common
positions agreed by ESMA Members, question No. 39, abrufbar über die homepage:

3. Nichtdividendenwerte

7 § 2 Nr. 3 definiert „Nichtdividendenwerte". Darunter fallen alle Wertpapiere, die nicht gemäß § 2 Nr. 2 Dividendenwerte sind, u. a. auch die Umtauschanleihen,[26] es sei denn sie werden vom Emittenten der zugrunde liegenden Aktien (z. B. bei Anleihen auf bereits bestehende Aktien) oder von einem Unternehmen begeben, das mit dem Emittenten (der Aktien) einen Konzern bildet. Ebenso Nichtdividendenwerte sind die Optionsscheine, die nicht das Recht verbriefen, ein anderes Recht zu erwerben, sondern nur auf Barausgleich gerichtet sind.[27]

4. Öffentliches Angebot

8 **a) Vorbemerkung.** § 2 Nr. 4 **definiert erstmalig**[28] das „öffentliche Angebot von Wertpapieren". Die Regierungsbegründung zum Prospektrichtlinie-Umsetzungsgesetz[29] stellt hierzu ausdrücklich fest, die Definition entspreche dem Begriffsverständnis des öffentlichen Angebots nach dem Verkaufsprospektgesetz. Insofern kann auf die hierzu gewonnenen Erkenntnisse, insbesondere auch auf die diesbezüglichen Aussagen in der Bekanntmachung des BAWe zum Verkaufsprospektgesetz[30] zurückgegriffen werden.[31] Die BaFin vertritt allerdings einerseits die Ansicht, die „Bekanntmachung zum Wertpapier-Verkaufsprospektgesetz und zur Wertpapier-Verkaufsprospektverordnung vom 6. September 1999 … (sei) auf das neue Rechtsregime nicht weiter anzuwenden",[32] um aber andererseits ausdrücklich zu betonen, die „Definition (des Begriffs des öffentlichen Angebots in § 2 Nr. 4, Anm. d. Verf.) entspricht dem früheren Begriffsverständnis des öffentlichen Angebots" weshalb die „Materielle(n) Auslegungskriterien … weiterhin" gelten.[33] Das wird man so verstehen müssen, dass zwar die Bekanntmachung als solche nicht mehr gilt,

www.esma.europa.eu. *Schlitt/Schäfer,* AG 2005, 498, 499 (FN. 14); a. A. *Schnorbus,* in: Berrar/Meyer/Müller/Schnorbus/Singhof/Wolf, § 2 WpPG Rn. 24.

[26] Zu Umtauschanleihen vgl. *Groß,* in: Marsch-Barner/Schäfer, § 48 Rn. 18 f.; zu § 2 Nr. 3 WpPG wie hier *Hamann,* in: Schäfer/Hamann/KMG, § 2 WpPG Rn. 17; *Schnorbus,* in: Berrar/Meyer/Müller/Schnorbus/Singhof/Wolf, § 2 WpPG Rnrn. 24, 26.

[27] *Schnorbus,* in: Berrar/Meyer/Müller/Schnorbus/Singhof/Wolf, § 2 WpPG Rn. 27.

[28] Das Verkaufsprospektgesetz i. d. F. bis 30. 6. 2005 enthielt keine solche Legaldefinition, die Verkaufsprospektrichtlinie, RL 89/298/EWG, ebenso wenig. Vielmehr stellte diese in ihrem Erwägungsgrund 7 noch ausdrücklich fest, eine solche Definition sei zum „gegenwärtigen Zeitpunkt … unmöglich."

[29] RegBegr. Prospektrichtlinie-Umsetzungsgesetz, BT-Drs. 15/4999, S. 25, 28.

[30] Bekanntmachung des BAWe zum Verkaufsprospektgesetz, BAnz. vom 21. 9. 1999, 16 180.

[31] Ebenso ausdrücklich *Hamann,* in: Schäfer/Hamann, KMG, § 2 WpPG Rn. 19; *Ritz/Zeising,* in: Just/Voß/Ritz/Zeising, § 2 WpPG Rn. 97; *Schnorbus,* in: Berrar/Meyer/Müller/Schnorbus/Singhof/Wolf, § 2 WpPG Rn. 30.

[32] BaFin „Allgemeine Informationen zu Prospekten für Wertpapiere", Merkblatt veröffentlicht auf der homepage: www.bafin.de/verkaufsprospekte/prosp_050701.htm.

[33] BaFin „Ausgewählte Rechtsfragen in der Aufsichtspraxis", Stand 4. 9. 2007, Seminarunterlage der BaFin, S. 4.

die dort getroffenen inhaltlichen Aussagen aber, gegebenenfalls modifiziert wegen der geänderten Rechtsgrundlagen, weiterhin zur Auslegung des Begriffs des „öffentlichen Angebots" herangezogen werden können.

Es dürfte unstreitig sein, dass die verschiedenen Tatbestandsmerkmale der **8a** Begriffsbestimmung nicht zwingend zeitgleich vorliegen müssen.[34] So liegt beim Angebot von Aktien, die aus einer Kapitalerhöhung erst noch entstehen sollen, noch kein Wertpapier vor, ohne dass dieses etwas daran ändert, deren Angebot als Angebot von Wertpapieren i. S. des § 2 Nr. 4 anzusehen.[35] Fraglich ist nur, wie Sachverhalte zu werten sind, bei denen zu unterschiedlichen Zeitpunkten einzelne Tatbestandsmerkmale vorliegen, zu keinem Zeitpunkt jedoch alle, und bei denen das Eintreten eines Tatbestandsmerkmals auf einem neuen Umstand beruht: Nicht übertragbare Mitarbeiteroptionen sind keine Wertpapiere, so dass deren Angebot keine Prospektpflicht auslöst.[36] Werden die Optionen jedoch ausgeübt, dann entstehen z. B. Aktien, damit Wertpapiere. Im Moment der Ausübung liegt jedoch kein öffentliches Angebot vor, so dass insgesamt ESMA dies als nicht prospektpflichtigen Vorgang ansieht[37], anders jedoch die BaFin.[38] Wenn die Ausübung der Option automatisch erfolgt, dann liegt unstreitig ein Angebot von Wertpapieren vor.[39] Setzt die Ausübung der Option jedoch eine Investitionsentscheidung voraus, dann erfolgt die Investitionsentscheidung zu einem Zeitpunkt, zu dem kein Angebot mehr vorliegt. Das Angebot erfolgte bei Ausgabe der Option, unterlag mangels Wertpapierqualität der Option aber nicht dem Wertpapierprospektgesetz, ist jedoch an §§ 6 ff. VermAnlG zu messen.[40]

b) Angebot. Angebot i. S. des § 2 Nr. 4 ist nur das **Verkaufsangebot;** **9** ein Kaufangebot fällt nicht unter das Wertpapierprospektgesetz.[41] Ob Voraus-

---

[34] *von Kopp/Colomb/Knobloch,* in: Assmann/Schlitt/von Kopp-Colomb, § 2 WpPG Rn. 33; *Schnorbus,* in: Berrar/Meyer/Müller/Schnorbus/Singhof/Wolf, § 2 WpPG Rn. 31.

[35] So das instruktive Beispiel bei *von Kopp-Colomb/Knobloch,* in: Assmann/Schlitt/ von Kopp-Colomb, § 2 WpPG Rn. 33.

[36] ESMA, Frequently asked questions, Prospectuses: common positions agreed by ESMA Members, question No. 5, abrufbar über die homepage: www.esma.europa.eu.

[37] ESMA, Frequently asked questions, Prospectuses: common positions agreed by ESMA Members, question No. 5, abrufbar über die homepage: www.esma.europa.eu.

[38] Hinweis bei ESMA, Frequently asked questions, Prospectuses: common positions agreed by ESMA Members, question No. 21, abrufbar über die homepage: www.esma.europa.eu; ebenso bei *Ritz/Zeising,* in: Just/Voß/Ritz/Zeising, § 2 WpPG Rn. 145; zustimmend *von Kopp-Colomb/Knobloch,* in: Assmann/Schlitt/von Kopp-Colomb, § 2 WpPG Rn. 33.

[39] *Ritz/Zeising,* in: Just/Voß/Ritz/Zeising, § 2 WpPG Rn. 146; *Schnorbus,* in: Berrar/ Meyer/Müller/Schnorbus/Singhof/Wolf, § 2 WpPG Rn. 85.

[40] Noch mit Verweis auf das VerkprospG, das insoweit allerdings durch das VermAnlG ersetzt wurde, *Schnorbus,* in: Berrar/Meyer/Müller/Schnorbus/Singhof/Wolf, § 2 WpPG Rn. 83 ff.; a. A. *Ritz/Zeising,* in: Just/Voß/Ritz/Zeising, § 2 WpPG Rn. 145 f.

[41] So auch die Bekanntmachung des BAWe zum Verkaufsprospektgesetz, BAnz. vom 21. 9. 1999, 16180 sub I. 2. 1. Absatz, ebenso *Schnorbus,* in: Berrar/Meyer/Müller/ Schnorbus/Singhof/Wolf, § 2 WpPG Rn. 33.

setzung für ein Verkaufsangebot ist, dass eine Gegenleistung für die angebotenen Wertpapiere verlangt wird, oder aber, ob z.B. „kostenlose Mitarbeiteraktien" aus dem Bereich des Angebots ausgenommen werden müssen, ist fraglich. Dafür, solche „kostenlosen" Angebote als Angebote anzusehen, spricht zunächst einmal der Wortlaut. Ein Angebot liegt auch dann vor, wenn keine Gegenleistung verlangt wird. Folgerichtig hat CESR auch kostenlose Angebote an Arbeitnehmer nicht per se vom Anwendungsbereich der Prospektrichtlinie ausgenommen, sondern nur dann, wenn diese unter die Ausnahmeregelung des § 3 Abs. 2 Nr. 5 fallen[42] oder kein Angebot, sondern eine „Zuteilung" vorliegt.[43] Eine reine „Zuteilung", z.B. die Zuteilung von Optionsrechten oder Aktien im Rahmen eines Mitarbeiterbeteiligungsprogramms, bei der die Mitarbeiter keine Entscheidung treffen, sondern nur Empfänger einer Leistung sind, fällt nicht unter den Begriff des öffentlichen Angebots.[44] Ein **Tauschangebot,** bei dem Wertpapiere zum Tausch angeboten werden, wird dagegen erfasst.[45] Letzteres ergibt sich schon allein aus § 4 Abs. 1 Nr. 2. Die darin enthaltene Befreiung von der Prospektpflicht bei Tauschangeboten im Zusammenhang mit Übernahmeangeboten setzt eine Prospektpflicht voraus, da anderenfalls keine Befreiung erforderlich wäre.

10   Ein Angebot i.S. des § 2 Nr. 4 setzt nach der gesetzlichen Formulierung und nach der ausdrücklichen Feststellung in der Regierungsbegründung zum Prospektrichtlinie-Umsetzungsgesetz[46] nicht ein Angebot im Rechtssinne voraus. Ausreichend ist auch eine **„Aufforderung zur Abgabe von Angeboten",** d.h. eine **„invitatio ad offerendum".** Erforderlich ist aber in jedem Fall die auf den Abschluss eines Kaufvertrages gerichtete Tätigkeit, weil das öffentliche Angebot eine Investitionsentscheidung voraussetzt („über den Kauf oder die Zeichnung dieser Wertpapiere zu entscheiden"). Werden die neuen Wertpapiere dagegen automatisch erworben, z.B. bei einer **Kapitalerhöhung aus Gesellschaftsmitteln**[47] und im Regelfall der **Verschmelzung, Spaltung (Aufspaltung** oder **Abspaltung,** vgl. § 131 Abs. 1 Nr. 3 UmwG) und des **Formwechsels** (§ 202 Abs. 1 Nr. 2 UmwG)[48] sowie der

[42] Dabei hat ESMA aber ausdrücklich und ausführlich darauf hingewiesen, dass nicht versucht werden solle, eine Entgeltlichkeit des Angebots durch „versteckte Zahlungen" zu konstruieren, vgl. ESMA, Frequently asked questions, Prospectuses: common positions agreed by ESMA Members, question No. 6, abrufbar über die homepage: www.esma.europa.eu. Wohl a.A. *Hamann,* in: Schäfer/Hamann, KMG, § 2 WpPG Rn. 43.
[43] ESMA, Frequently asked questions, Prospectuses: common positions agreed by ESMA Members, question No. 6, abrufbar über die homepage: www.esma.europa.eu.
[44] ESMA, Frequently asked questions, Prospectuses: common positions agreed by ESMA Members, question No. 6, abrufbar über die homepage: www.esma.europa.eu. mit ausführlicher Begründung; *Schnorbus,* in: Berrar/Meyer/Müller/Schnorbus/Singhof/Wolf, § 2 WpPG Rn. 33; *Kollmorgen/Feldhaus,* BB 2007, 25, 227.
[45] *Hamann,* in: Schäfer/Hamann, KMG, § 2 WpPG Rn. 41; *Schnorbus,* in: Berrar/Meyer/Müller/Schnorbus/Singhof/Wolf, § 2 WpPG Rn. 33.
[46] RegBegr. Prospektrichtlinie-Umsetzungsgesetz, BT-Drs. 15/4999, S. 25, 28.
[47] Vgl. unten Kommentierung zu § 4 WpPG Rn. 5.
[48] Vgl. unten Kommentierung zu § 4 WpPG Rn. 4.

Umwandlung von **Aktiengattungen,** so geschieht der Erwerbsakt ex lege, ohne Kaufvertrag, ohne Angebot und damit ohne Prospekterfordernis nach dem Wertpapierprospektgesetz.[49] In diesen Fällen kann auch nicht die Einladung zur Hauptversammlung welche die Beschlussvorschläge nebst gegebenenfalls gesellschaftsrechtlich erforderlicher Berichte zur Umwandlung der Aktiengattungen, zum Formwechsel oder zur Verschmelzung, Aufspaltung oder Abspaltung enthält als Angebot angesehen werden. Die Einladung zur Hauptversammlung ist keine Information, um Aktien zu kaufen oder zu zeichnen, sondern um die Entscheidung über die Ausübung von Aktionärsrechten vorzubereiten.[50] Das ergibt sich auch bereits daraus, dass der Aktionär gegen die Maßnahme stimmen kann, und er dennoch bei einem positiven Hauptversammlungsbeschluss die Aktien erhält. Die Abstimmung gegen die Maßnahme als Investitionsentscheidung für den Erwerb der Aktien zu deuten, ist fernliegend. Ebenso fernliegend ist es, eine Investitionsentscheidung darin zu sehen, dass der Aktionär (bewusst oder unbewusst) der Hauptversammlung fernbleibt, damit gar keine Stimme abgibt und gar nichts entscheidet. Das gilt nicht nur für Umwandlungsvorgänge nach deutschem Recht sondern auch für vergleichbare Maßnahmen nach ausländischen Rechtsordnungen, bei denen ebenfalls eine automatische Zuteilung der Aktien erfolgt. Der Versand der Einladungen zur Hauptversammlung durch die ausländische Gesellschaft an die deutschen Aktionäre ist kein (Kauf-)Angebot i. S. d. Wertpapierprospektgesetzes. Gleiches gilt im Übrigen auch für Änderungen von **Anleihebedingungen** auf Grund eines Beschlusses der Gläubigerversammlung nach dem **Schuldverschreibungsgesetz.** Ist dort schon fraglich, ob die Änderung der Anleihebedingungen überhaupt zum Erwerb eines neuen Papiers führt, was in der Regel zu verneinen sein dürfte, so gilt auch hier, dass die Einladung zur Gläubigerversammlung, der Beschluss der Gläubigerversammlung und die Änderung der Anleihebedingungen kein Erwerbs- oder Tauschangebot darstellen.

Reicht demnach für die auf Abschluss eines Kaufvertrages gerichtete Tätigkeit auch eine invitatio ad offerendum, so setzt ein Anbieten i. S. des Gesetzes nach der Definition des § 2 Nr. 4 doch eine gewisse **Konkretisierung der Angebotsbedingungen** voraus. Das folgt eindeutig aus dem Erfordernis „ausreichender Informationen über die Angebotsbedingungen und die anzubietenden Wertpapiere, um einen Anleger in die Lage zu versetzen, über den Kauf oder die Zeichnung dieser Wertpapiere zu entscheiden".[51] Daraus ergibt **11**

---

[49] RegBegr. Prospektrichtlinie-Umsetzungsgesetz, BT-Drs. 15/4999, S. 25, 28. Ebenso *Hamann,* in: Schäfer/Hamann, KMG, § 2 WpPG Rn. 42; *Schnorbus,* in: Berrar/Meyer/Müller/Schnorbus/Singhof/Wolf, § 2 WpPG Rnrn. 38 f., der allerdings bei der Umwandlung von Aktiengattungen nur rät, zu prüfen, ob ein öffentliches Angebot vorliegt, § 4 WpPG Rn. 4. Gerade der Fall der Umwandlung von Aktiengattungen, wenn er allein auf Grund einer Satzungsänderung erfolgt, ist aber kein Angebot.

[50] Das konzedieren auch *Ritz/Zeising,* in: Just/Voß/Ritz/Zeising, § 2 WpPG Rn. 139, die auch feststellen, dass die Entscheidung „nicht im Rahmen eines Angebots nach dem WpPG" erfolgt.

[51] Wie hier *Schnorbus,* in: Berrar/Meyer/Müller/Schnorbus/Singhof/Wolf, § 2 WpPG Rn. 40.

sich deutlich: Eine allgemein gehaltene öffentliche Werbung, die nur den Markt vorbereitet oder nach einer abgeschlossenen Platzierung hierauf hinweist, den Emittenten vorstellt, oder die Art der anzubietenden Wertpapiere beschreibt, ohne die Angebotsbedingungen zu nennen, mit anderen Worten nur ein künftiges Angebot ankündigt, ohne eine Zeichnungsmöglichkeit zu eröffnen, oder ein bereits beendetes Angebot beschreibt, stellt kein Angebot i. S. des § 2 Nr. 4 dar.[52] So sind z. b. Werbemaßnahmen im Vorfeld eines going public oder die in solchen Fällen bzw. bei einer größeren, international zu platzierenden Kapitalerhöhung zwischenzeitlich üblichen sog. road shows noch kein Angebot i. S. des § 2 Nr. 4.[53] Das Gleiche gilt, wenn dem Anleger lediglich Informationsmaterial zur Verfügung gestellt wird, oder wenn er sich „vormerken" lassen kann, ohne dass dies bereits eine verbindliche Verpflichtung zum Erwerb enthält.[54]

12   Die Frage, wann die Angebotsankündigung soweit konkretisiert ist, dass sie die Hürde zum Angebot i. S. des § 2 Nr. 4 überschritten hat, kann nur für jeden Einzelfall beantwortet werden. Das BAWe hielt in seiner ersten Bekanntmachung zum Verkaufsprospektgesetz von 1996 z. B. beim **Bookbuilding Verfahren** die „Aufforderung zur Abgabe von Zeichnungsangeboten" als solche für ausreichend, ohne dass es besondere Anforderungen an die Konkretisierung dieser Aufforderung stellte.[55] Dies bedeutete, dass es z. B. beim Bookbuilding das „Verkaufsangebot" vor Beginn der Order-Taking-Period[56] auch dann als öffentliches Angebot i. S. des § 1 VerkprospG a. F. ansah, wenn es noch keine Preisspanne enthielt.[57] Diese restriktive Auffassung hat das BAWe in seiner zweiten Bekanntmachung zum Verkaufsprospektgesetz aufgegeben und nahm eine ausreichende Konkretisierung und damit ein Angebot i. S. des § 1 VerkprospG a. F. erst „mit der Veröffentlichung der Aufforderung zur Abgabe von Zeichnungsangeboten im Anschluss an die Bekanntmachung des Preisrahmens" an. Diese Fixierung des Beginns der Prospektpflicht auf denjenigen Zeitpunkt, in dem die öffentliche Werbung das Stadium der vorbereitenden Informationen überschritten hat und eine kon-

---

[52] RegBegr. Prospektrichtlinie-Umsetzungsgesetz, BT-Drs. 15/4999, S. 25, 28 und bereits zum Verkaufsprospektgesetz die Bekanntmachung des BAWe, BAnz. vom 21. 9. 1999, 16 180. Ebenso *Bosch,* in: Bosch/Groß, Emissionsgeschäft Rn. 10/106; *Hüffer,* Wertpapier-Verkaufsprospektgesetz S. 16.

[53] *Schnorbus,* in: Berrar/Meyer/Müller/Schnorbus/Singhof/Wolf, § 2 WpPG Rnrn. 42, 45, bereits zum Verkaufsprospektgesetz Bekanntmachung des BAWe, BAnz. vom 21. 9. 1999, § 1 Ziff. 2 Öffentliches Angebot; Grimme/Ritz, WM 1998, 2091, 2095; Groß, ZHR 1998, 318, 324; *Hüffer,* Wertpapier-Verkaufsprospektgesetz S. 16, 18. Eher kritisch *Hamann,* in: Schäfer/Hamann, KMG, § 2 WpPG Rn. 45 und Kullmann/Müller-Deku, WM 1196, 1989, 1992 f.

[54] Zum Verkaufsprospektgesetz *Ritz,* in: Assmann/Lenz/Ritz, § 1 VerkprospG Rn. 34.

[55] Zum Verkaufsprospektgesetz Bekanntmachung des BAWe zum Verkaufsprospektgesetz 1996, BAnz. vom 30. 4. 1996, 5069, I. 2. 6. Abs.

[56] Vgl. zu den einzelnen Phasen des Bookbuilding *Groß,* ZHR 1998, 818, 320 ff.

[57] So im Fall der Emission der Deutsche Telekom AG 1996, vgl. hierzu *Bosch,* in: Bosch/Groß, Emissionsgeschäft Rn. 10/107.

krete Erwerbsmöglichkeit für den Interessenten eröffnet wird, wurde in der zweiten Bekanntmachung des BAWe an verschiedenen Stellen deutlicher hervorgehoben als noch in der Bekanntmachung von 1996. Entscheidend für ein Angebot i. S. des § 1 VerkprospG a. F. war demzufolge nicht die Werbung oder der Informationsgehalt als solcher, sondern „dass für den Interessenten eine konkrete Möglichkeit zum Erwerb der beworbenen Wertpapiere besteht".[58] Das gilt auch für das Wertpapierprospektgesetz.[59] Eine solche konkrete Erwerbsmöglichkeit dürfte die namentliche Benennung der Stellen, wo erworben werden kann, die nähere Beschreibung des Erwerbsgegenstandes und des Preises bzw. Preisrahmens erfordern.

Ob auch § 2 Nr. 4 neben der erforderlichen Konkretisierung der Ange- **13** botsbedingungen voraussetzt, dass für den Anleger auf Grund des Angebots die Möglichkeit besteht, einen verbindlichen Vertrag über den Erwerb der Wertpapiere abzuschließen,[60] ist fraglich. § 2 Nr. 4 spricht nur von der Möglichkeit des Anlegers, sich auf Grund der gegebenen Informationen zum Kauf zu entscheiden, nicht dagegen davon, dass es möglich sein muss, diese Entscheidung dann unmittelbar umzusetzen, d. h. zu kaufen.[61] Andererseits weist die Regierungsbegründung zum Prospektrichtlinie-Umsetzungsgesetz ausdrücklich darauf hin, dass allgemeine Werbemaßnahmen, „bei denen noch keine Erwerbs- oder Zeichnungsmöglichkeit besteht", vom Begriff des öffentlichen Angebotes nicht erfasst werden.[62] Auch im Hinblick auf die gesonderte Regelung für die Werbung in § 15 dürfte damit auch beim Wertpapierprospektgesetz, ebenso wie früher bei § 1 VerkprospG a. F., ein Angebot eine bereits **konkrete Erwerbsmöglichkeit** voraussetzen.[63] Das ergibt sich auch aus § 14 Abs. 1 Satz 1: Die Veröffentlichung des Prospekts, der ja in der Regel alle Angebotskonditionen enthält, kann noch nicht das öffentliche Angebot sein, weil sonst die Pflicht zur unverzüglichen Veröffentlichung des Pros-

---

[58] Zum Verkaufsprospektgesetz so ausdrücklich *Lenz/Ritz,* WM 2000, 904, 905 unter Hinweis auf die Bekanntmachung des BAWe, 1999, Ziff. I. 2. c) und *Ritz,* in: Assmann/Lenz/Ritz, § 1 VerkprospG Rn. 37.

[59] Ebenso BaFin „Ausgewählte Rechtsfragen in der Aufsichtspraxis", Stand 4. 9. 2007, Seminarunterlage der BaFin, wenn dort im Zusammenhang mit der Begriffsbestimmung auf S. 4 eine „konkrete Zeichnungsmöglichkeit" gefordert wird.

[60] So zum Verkaufsprospektgesetz *Lenz/Ritz,* WM 2000, 904, 905 unter Verweis auf die Bekanntmachung des BAWe Ziff. I. 2. c); ebenso bereits *Grimme/Ritz,* WM 1998, 2091, 2095. Wie hier auch *Ritz,* in: Assmann/Lenz/Ritz, § 1 VerkprospG Rn. 26.

[61] Die Prospektrichtlinie, Art. 2 Abs. 1 lit. B), stellt nicht auf die konkrete Erwerbsmöglichkeit ab, vgl. auch *Kunold/Schlitt,* BB 2004, 501, 503; *Weber,* NZG 2004, 360, 361.

[62] RegBegr. zum Prospektrichtlinie-Umsetzungsgesetz, BT-Drs. 15/4999, S. 25, 28.

[63] I. d. S. wohl auch die BaFin in der auf der Homepage eingestellten Präsentation „Workshop: 100 Tage WpPG, Rechtsfragen aus der Anwendungspraxis", S. 3: konkrete Zeichnungsmöglichkeit; ebenso auch BaFin „Ausgewählte Rechtsfragen in der Aufsichtspraxis", Stand 4. 9. 2007, Seminarunterlage der BaFin, S. 4; wie hier auch *von Kopp-Colomb/Knoblauch,* in: Assmann/Schlitt/von Kopp-Colomb, § 2 WpPG Rn. 46; *Schnorbus,* in: Berrar/Meyer/Müller/Schnorbus/Singhof/Wolf, § 2 WpPG Rn. 44; a. A. Schlitt/Schäfer, AG 2005, 498, 500; kritisch auch *Hamann,* in: Schäfer/Hamann, KMG, § 2 WpPG Rn. 26.

pekts mit dem Verbot des Angebots vor dem Tag nach Veröffentlichung des Prospekts kollidiert.[64]

13a Für das Bookbuilding-Verfahren ergibt sich daraus, dass der Beginn des öffentlichen Angebots erst mit Veröffentlichung der Aufforderung zur Abgabe von Zeichnungsgeboten nach oder mit Bekanntmachung der Preisspanne beginnt.[65] Beim de-coupled Bookbuilding, bei dem die Roadshow noch ohne Preisspanne durchgeführt wird, beginnt das öffentliche Angebot ebenfalls erst nach Festlegung der Preisspanne und deren Veröffentlichung in einem Nachtrag zum bereits ohne eine solche Preisspanne zulässigerweise gebilligten und veröffentlichten Prospekt – der Billigung und nachfolgenden Veröffentlichung des Prospekts steht das Fehlen der Preisspanne nicht entgegen, da diese Angaben nicht zwingend sind, jedenfalls aber durch Näherungswerte ersetzt werden können.[66] Bei einer Bezugsrechtsemission beginnt das Angebot erst mit der Möglichkeit der Ausübung des Bezugsrechts und damit erst am ersten Tag der Bezugsfrist.[67]

14 Ergänzend zu der Begriffsbestimmung in Art. 2 Abs. 1 lit. d) Prospektrichtlinie stellt § 2 Nr. 4 a. E. klar, dass Mitteilungen auf Grund des Handels von Wertpapieren an einem organisierten Markt oder im Freiverkehr kein öffentliches Angebot darstellen." Daraus[68] ergibt sich, dass die bloße Mitteilung nach § 30b Abs. 1 Nr. 2 WpHG über die Ausgabe neuer Aktien oder die Ausübung von Umtausch-, Bezugs- oder Zeichnungsrechten, wenn diese sich in der Mitteilung erschöpft und keine Kaufmöglichkeit eröffnet, kein Angebot darstellt.[69] Die bloße Mitteilung von Tatsachen ist kein Angebot.

---

[64] So jetzt auch *Schnorbus,* in: Berrar/Meyer/Müller/Schnorbus/Singhof/Wolf, § 2 WpPG Rn. 44.

[65] *Heidelbach,* in: Schwark/Zimmer, § 2 WpPG Rn. 20; *Ritz/Zeising,* in: Just/Voß/Ritz/Zeising, § 2 WpPG Rn. 142; *Schnorbus,* in: Berrar/Meyer/Müller/Schnorbus/Singhof/Wolf, § 2 WpPG Rn. 43.

[66] *Ritz/Zeising,* in: Just/Voß/Ritz/Zeising, § 2 WpPG Rn. 143; *Schnorbus,* in: Berrar/Meyer/Müller/Schnorbus/Singhof/Wolf, § 2 WpPG Rn. 43.

[67] *Schnorbus,* in: Berrar/Meyer/Müller/Schnorbus/Singhof/Wolf, § 2 WpPG Rn. 43.

[68] Der Bundesrat hatte hier eine weitere Klarstellung gefordert, nach der mit „Einbeziehung in den Handel oder der Zulassung zum Handel an einem organisierten Markt ... das öffentliche Angebot" ende, BT-Drs. 15/5219, S. 1. Die Bundesregierung hatte diese Anregung trotz positiver Prüfungszusage, BT-Drs. 15/5219, S. 7, nicht aufgegriffen. Allerdings ist auf Grund des Beschlusses des Finanzausschusses in § 16 Abs. 1 Satz 1 eine entsprechende Klarstellung erfolgt, die jedoch auf Grund der Umsetzung der ÄnderungsRL angepasst wurde, so dass jetzt die Einführung/Einbeziehung, wenn sie später erfolgt, entscheidend ist.

[69] Ebenso auch für Mitteilungen von Depotbanken ESMA, Frequently asked questions, Prospectuses: common positions agreed by ESMA Members, question No. 42, abrufbar über die homepage: www.esma.europa.eu. Wie hier auch *Hamann,* in: Schäfer/Hamann, KMG, § 2 WpPG Rn. 37; *von Kopp-Colomb/Knobloch,* in: Assmann/Schlitt/von Kopp-Colomb, § 2 WpPG Rn. 35; *Schnorbus,* in: Berrar/Meyer/Müller/Schnorbus/Singhof/Wolf, § 2 WpPG Rn. 48. Zum Verkaufsprospektgesetz *Waldeck/Süßmann,* WM 1993, 361, 365; allgemein zu Bezugsangeboten vgl. unten Rn. 18, vgl. auch RegBegr. zum Prospektrichtlinie-Umsetzungsgesetz, BT-Drs. 15/4999, S. 25, 28.

Relevant wird die zu verneinende Frage, ob die **Pflichtveröffentlichung** nach § 30 b Abs. 1 Nr. 2 WpHG ein Angebot nach § 2 Nr. 4 darstellt, bei Kapitalerhöhungen oder vergleichbaren Maßnahmen ausländischer Gesellschaften. Sind diese Gesellschaften nicht an einer deutschen Börse notiert, so besteht keine Pflicht zur Veröffentlichung einer Mitteilung nach § 30 b Abs. 1 Nr. 2 WpHG; die Bezugsrechtsangebote werden nur über die Depotbanken an die inländischen Depotinhaber versandt. Dies wurde zu Recht in der Regierungsbegründung zum Verkaufsprospektgesetz ausdrücklich als nicht öffentliches Angebot bezeichnet.[70] Ist die Gesellschaft dagegen an einer deutschen Börse notiert, und ist ihr Herkunftsland die Bundesrepublik Deutschland, ist sie nach § 30 b Abs. 1 Nr. 2 WpHG mitteilungspflichtig, auch wenn ein Bezugsrechtshandel nur an ihrer Heimatbörse, nicht aber im Inland stattfindet. Erfolgt aber im Inland kein Bezugsrechtshandel, so dass die Pflichtmitteilung nach § 30 b Abs. 1 Nr. 2 WpHG sich allein auf die Mitteilung der Tatsache einer Kapitalerhöhung oder vergleichbaren Maßnahme beschränken kann, ohne eine Kaufmöglichkeit zu eröffnen, dann liegt der Fall nicht anders als wenn allein die nach der Gesetzesbegründung nicht als öffentliches Angebot zu qualifizierende Mitteilung durch die Depotbanken erfolgt. Auch bei Börsennotierung in Deutschland, Mitteilungspflicht nach § 30 b Abs. 1 Nr. 2 WpHG und Zusendung der Bezugsangebote durch die Depotbanken an die Depotinhaber liegt grundsätzlich in Deutschland kein öffentliches Angebot vor, wenn der Bezugsrechtshandel allein an der ausländischen Heimatbörse des Emittenten abgewickelt und in Deutschland keine Bezugsstelle benannt wird.

Auch der bloße Antrag auf Einbeziehung in den **Freiverkehr** ist noch kein **15** öffentliches Angebot.[71] Der Antrag selbst eröffnet noch keine Kaufmöglichkeit und zeigt auch keine solche auf. Auch die auf Antrag erfolgte tatsächliche Einbeziehung in den Freiverkehr ist als solche kein Angebotsvorgang und somit kein öffentliches Angebot wie das BAWe in der Bekanntmachung zum Verkaufsprospektgesetz bestätigt hat.[72] Entsprechendes gilt selbst dann, wenn nach Einbeziehung in den Freiverkehr auch tatsächlich Handelsaktivitäten

---

[70] RegBegr. zum Verkaufsprospektgesetz, BT-Drs. 11/6340, S. 1, 11.

[71] So jetzt auch ausdrücklich RegBegr. zum Prospektrichtlinie-Umsetzungsgesetz, BT-Drs. 15/4999, S. 25, 28 sowie Gegenäußerung der Bundesregierung zu den Empfehlungen des Bundesrates zum Prospektrichtlinie-Umsetzungsgesetz, BT-Drs. 15/5219, S. 7; ebenso BaFin „Ausgewählte Rechtsfragen in der Aufsichtspraxis", Stand 4. 9. 2007, Seminarunterlage der BaFin, S. 6; *Hamann*, in: Schäfer/Hamann, KMG, § 2 WpPG Rn. 39; *Schnorbus*, in: Berrar/Meyer/Müller/Schnorbus/Singhof/Wolf, § 2 WpPG Rnrn. 62 ff. Zum Verkaufsprospektgesetz umfassend hierzu *Schwark*, FS Schimansky, 739, 741 ff.; *Waldeck/Süßmann*, WM 1993, 361, 363; *Bosch*, in: Bosch/Groß, Emissionsgeschäft Rn. 10/106 a. E. m. w. N.; ebenso Bekanntmachung des BAWe zum Verkaufsprospektgesetz, BAnz. vom 21. 9. 1999, 16 180, § 1 Öffentliches Angebot.

[72] Bekanntmachung des BAWe, BAnz. vom 21. 9. 1999, 16 180, § 1 Öffentliches Angebot; ebenso BaFin „Ausgewählte Rechtsfragen in der Aufsichtspraxis", Stand 4. 9. 2007, Seminarunterlage der BaFin, S. 6; *Hamann*, in: Schäfer/Hamann, KMG, § 2 WpPG Rn. 39. Ebenso *Lenz/Ritz*, WM 2000, 904, 905.

erfolgen; geschieht dies ohne Werbemaßnahmen, so stellt der bloße Handel im Freiverkehr kein öffentliches Angebot dar.[73] Werbung und damit ein öffentliches Angebot soll dabei schon dann vorliegen, wenn dem Anleger anlässlich der Einbeziehung in den Freiverkehr Erwerbsmodalitäten oder Details zu den Wertpapieren, die über die reinen Emissionsdaten hinausgehen, mitgeteilt werden, z.B. Preise, aktuelle Kurse etc.[74] Praktisch relevant wird diese Frage vor allen in den Fällen, in denen eine Emission zunächst prospektfrei im Wege des private placement untergebracht wurde, für diese Wertpapiere danach aber durch Einbeziehung in den Freiverkehr an einer inländischen Börse ein für die breite Öffentlichkeit zugänglicher Markt geschaffen werden soll. Ohne Werbung (dazu gehört nicht das u.U. zu den Voraussetzungen für die Einbeziehung in den Freiverkehr zu erstellende Exposé[75]) entsteht in diesem Fall auch nachträglich mit Aufnahme des Handels im Freiverkehr keine Prospektpflicht. Mit Werbung erfolgte Einbeziehung führt jedoch zum Vorliegen eines öffentlichen Angebots und damit zur Prospektpflicht.[76] Gleiches gilt auch für den Antrag auf Einbeziehung in den regulierten Markt.[77]

16   **c) Öffentlich.** Öffentlich ist das Angebot dann, wenn es sich an das „**Publikum**" wendet. Hierunter kann man nur verstehen, dass sich das Angebot an einen unbestimmten Personenkreis wenden muss.[78] Die bereits zum Verkaufsprospektgesetz streitige Differenzierung[79] zwischen den „unbestimmten" und dem „begrenzten" Personenkreis wurde mit diesem Begriffselement entschieden. Unstreitig dürfte sein, dass der „begrenzte" Personenkreis nicht zwingend nicht öffentlich ist. Das belegen Art. 3 Abs. 2 lit. b) Prospektrichtlinie bzw. § 3 Abs. 2 Nr. 2 WpPG, die von der Prospektpflicht des Art. 3 Abs. 1 Prospektrichtlinie bzw. des § 3 Abs. 1 WpPG bei einem „öffentlichen Angebot" befreien, m.a.W. sie setzen voraus, dass es sich bei dem Angebot um ein „öffentliches" Angebot handelt. Die in Art. 3 Abs. 2 lit. b) Prospektrichtlinie bzw. § 3 Abs. 2 Nr. 2 WpPG genannte Zahl von, nach der ÄnderungsRL und deren Umsetzung 150 Personen pro Mitgliedstaat sind damit kein Unterscheidungskriterium zwischen einem „öffentlichen" und einem

---

[73] Zum Verkaufsprospektgesetz, i.d.S. auch die Bekanntmachung des BAWe, BAnz. vom 21. 9. 1999, 16180, § 1 Öffentliches Angebot; ebenso *Kullmann/Müller-Deku*, WM 1996, 1989, 1991; *Lenz/Ritz*, WM 2000, 904, 905; *Schwark*, FS Schimansky, 739, 741 ff.; enger *Schäfer*, ZIP 1991, 1557, 1560; *Waldeck/Süßmann*, WM 1993, 361, 362 f.

[74] BaFin „Ausgewählte Rechtsfragen in der Aufsichtspraxis", Stand 4. 9. 2007, Seminarunterlage der BaFin, S. 6; zur Vorsicht mahnend auch *Schnorbus*, in: Berrar/Meyer/Müller/Schnorbus/Singhof/Wolf, § 2 WpPG Rnrn. 51 f.

[75] *Schnorbus*, in: Berrar/Meyer/Müller/Schnorbus/Singhof/Wolf, § 2 WpPG Rn. 64.

[76] *Leuering*, Der Konzern 2006, 4, 8.

[77] *Heidelbach*, in: Schwark/Zimmer, § 33 BörsG Rn. 4, *Heidelbach*, in: Schwark/Zimmer, § 2 WpPG Rn. 19; *Schnorbus*, in: Berrar/Meyer/Müller/Schnorbus/Singhof/Wolf, § 2 WpPG Rn. 62.

[78] RegBegr. zum Verkaufsprospektgesetz, BT-Drs. 11/6340, S. 1, 11; zum Verkaufsprospektgesetz unstreitig *Bosch*, in: Bosch/Groß, Emissionsgeschäft Rn. 10/106; *Hüffer*, Wertpapier-Verkaufsprospektgesetz S. 19; *Schäfer*, ZIP 1991, 1557, 1559 f.

[79] Vgl. ausführlich *Groß*, Kapitalmarktrecht, 2. Aufl. 2002, § 1 VerkprospG Rn. 22.

17 **§ 2 WpPG**

„nicht öffentlichen" Angebot.[80] Vielmehr befreit er bei einem öffentlichen Angebot, d. h. bei einem an das Publikum und damit einen unbestimmten Personenkreis gerichteten Angebot von der Prospektpflicht wenn sich das Angebot auf 150 Personen pro Mitgliedsstaat beschränkt. Wollte man dies anders sehen, dann hätte die Zahl 100 (jetzt 150) in die Definition des Art. 2 lit. d) Prospektrichtlinie bzw. § 2 Nr. 4 WpPG integriert werden müssen.

Entscheidend für das Merkmal „öffentlich" ist damit nicht der „begrenzte" **17** Personenkreis sondern, ob sich das Angebot an einen „unbestimmten" Personenkreis und damit an das Publikum richtet. Gegensatz zum öffentlichen Angebot ist das **private placement,** d. h. wenn zwischen dem Anbieter bzw. einem von ihm Beauftragten und dem Anleger bereits vor dem Angebot eine persönliche Verbindung besteht.[81] Die Frage, ob öffentlich angeboten wird, oder nicht und damit die Frage nach dem „unbestimmten" Personenkreis, ist nach **qualitativen** und nicht nach quantitativen Kriterien zu beurteilen.[82] D. h. die Ansprache einzelner ausgesuchter Kunden wird nicht deshalb zum öffentlichen Angebot, weil von verschiedenen Stellen der Bank eine Vielzahl von Kunden angesprochen wird. Wenn z. B. in einer größeren Organisation oder in mehreren Organisationen ohne zentrale Koordinierung einer größeren Zahl ausgesuchter Investoren Wertpapiere der gleichen Emission empfohlen oder angeboten werden, so ist dies nicht als öffentliches Angebot zu qualifizieren.[83] Die vom BAWe in der Bekanntmachung 1996 zur Auslegung des Merkmals „öffentlich" herangezogenen Kriterien, dass die Angebotsempfänger dem Anbieter im einzelnen bekannt sein sollen und von ihm auf Grund einer gezielten Auswahl nach individuellen Gesichtspunkten angesprochen wurden, sind zutreffend,[84] allerdings müssen sie nicht kumulativ, sondern alternativ gegeben sein.[85] Problematisch ist in diesem Zusammenhang die

---

[80] *Hamann,* in: Schäfer/Hamann/KMG, § 2 WpPG Rn. 23; *von Kopp-Colomb/ Knobloch,* in: Assmann/Schlitt/von Kopp-Colomb, § 2 WpPG Rn. 37; *Ritz/Zeising,* in: Just/Voß/Ritz/Zeising, § 2 WpPG Rn. 100; *Schnorbus,* in: Berrar/Meyer/Müller/ Schnorbus/Singhof/Wolf, § 2 WpPG Rn. 54; *Leuering,* Der Konzern 2006, 4, 6; *Schlitt/Schäfer,* AG 2005, 498 (500, dort Fn. 30).

[81] Andere Versuche einer Begriffsbestimmung des „private placement" bei *Ritz/Zeising,* in: Just/Voß/Ritz/Zeising, § 2 WpPG Rn. 102.

[82] Wie hier zum Wertpapierprospektgesetz *Hamann,* in: Schäfer/Hamann, KMG, § 2 WpPG Rn. 23; *Schnorbus,* in: Berrar/Meyer/Müller/Schnorbus/Singhof/Wolf, § 2 WpPG Rn. 54 und *Schlitt/Schäfer,* AG 2005, 498, 500 Fn. 30. Zum Verkaufsprospektgesetz ausdrücklich *Kullmann/Müller-Deku,* WM 1996, 1989, 1992; *Hüffer,* Wertpapier-Verkaufsprospektgesetz 51; ähnlich *Bosch,* in: Bosch/Groß, Emissionsgeschäft Rn. 10/111.

[83] Zum Verkaufsprospektgesetz ausdrücklich *Bosch,* in: Bosch/Groß, Emissionsgeschäft Rn. 10/108; i. d. S. wohl auch *Carl/Machunsky,* S. 34; i. d. S. wohl auch *Schnorbus,* in: Berrar/Meyer/Müller/Schnorbus/Singhof/Wolf, § 2 WpPG Rn. 57.

[84] Dass diese Kriterien bei § 2 Verkaufsprospektgesetz aufgeführt wurden, so die Bekanntmachung des BAWe zum Verkaufsprospektgesetz, BAnz. vom 21. 9. 1999, 16 180, § 2, war jedoch unzutreffend.

[85] So jetzt ausdrücklich *Schnorbus,* in: Berrar/Meyer/Müller/Schnorbus/Singhof/ Wolf, § 2 WpPG Rn. 57, bereits zum Verkaufsprospektgesetz ebenso *Kullmann/Müller-Deku,* WM 1996, 1989, 1992.

Frage, ob ein Angebot an Mitarbeiter des Unternehmens, die dem Unternehmen bekannt sind und die auch einem bestimmten Personenkreis angehören, weil sie Mitarbeiter oder leitende Angestellte des Unternehmens sind, als nicht öffentliches Angebot angesehen werden kann.[86] Für ein nicht öffentliches Angebot spricht gerade der bestimmte Personenkreis, der eben nicht das „Publikum" darstellt. Dagegen spricht aber der eindeutige Wortlaut des § 4 Abs. 1 Nr. 5; dieser Bestimmung bedürfte es nicht, wenn bei Angeboten an Mitarbeiter kein öffentliches Angebot vorliegen würde, weil dann keine Prospektbefreiung erforderlich wäre. Die BaFin vertritt deshalb hier die Ansicht, dass grundsätzlich von einem öffentlichen Angebot auszugehen sei, es sei denn, das Informationsbedürfnis der Mitarbeiter werde durch anderweitige Maßnahmen gewährleistet.

17a   Zu den qualitativen Kriterien gehört auch die Berücksichtigung des Schutzzwecks des Wertpapierprospektgesetzes und damit die Frage, ob beim angesprochenen Personenkreis ein Informationsbedürfnis besteht.[87] So ist z. B. die Ansprache von Kunden, welche die konkreten Wertpapiere bereits erworben haben (qualitatives Kriterium: Vorerwerb) oder bereits anderweitig umfassend informiert sind, wie das obere Management des Emittenten (qualitatives Kriterium: Informationsstand) grundsätzlich kein öffentliches Angebot.

18   **d) Einzelfälle.** Was schon als „öffentliches Angebot" oder noch als private placement anzusehen ist, lässt sich nur anhand des jeweiligen Einzelfalles entscheiden. Einzelfälle (ja = Öffentliches Angebot, nein = private placement): Angebot im Internet, ja, es sei denn, der Zugang zu der Internet-Seite ist technisch tatsächlich beschränkt auf einen bestimmten Adressatenkreis;[88] Angebot an individuell unbestimmten Personenkreis, selbst wenn dieser durch bestimmte Charakteristika, z. B. Zugehörigkeit zu einer Berufsgruppe oder Einkommensschicht, eingegrenzt wird, ja;[89] Angebot an bestimmten Personenkreis, z. B. einzelne Kunden oder Kundengruppen einer Bank, nein[90] – unerheblich ist dabei, ob zu diesem bestimmten Personenkreis zuvor be-

---

[86] Vgl. dazu auch *Pfeiffer/Buchinger,* NZG 2006, 449, 450 f.; *Kollmorgen/Feldhaus,* BB 2007, 225, 226; *Kollmorgen/Feldhaus,* BB 2007, 2756, 2757 f.

[87] So ausdrücklich *Ritz/Zeising,* in: Just/Voß/Ritz/Zeising, § 2 WpPG Rn. 101.

[88] I.d.S. wohl auch *Schnorbus,* in: Berrar/Meyer/Müller/Schnorbus/Singhof/Wolf, § 2 WpPG Rn. 58 wenn er auf einen Disclaimer und Zugangsschranken verweist. Zum Verkaufsprospektgesetz auch Bekanntmachung des BAWe zum Verkaufsprospektgesetz, BAnz. vom 21. 9. 1999, 16 180, I 2. b), im Hinblick auf einen „disclaimer". Die diesbezüglichen Ausführungen des BAWe, die hauptsächlich in Richtung auf die Abgrenzung des Angebots im Inland zu einem solchen im Ausland zielen, dürften allgemein auf das Internet und den Internet-Zugang ausgedehnt werden können.

[89] *Ritz/Zeising,* in: Just/Voß/Ritz/Zeising, § 2 WpPG Rn. 111. Zum Verkaufsprospektgesetz BAWe Bekanntmachung zum Verkaufsprospektgesetz, 1996, BAnz. vom 30. 4. 1996, 5069, I. 2. 5. Abs.; *Hopt,* Verantwortlichkeit, Rn. 132; *Schäfer,* ZIP 1991, 1557, 1560; einschränkend *Kullmann/Müller-Deku,* WM 1996, 1989, 1992.

[90] *Schnorbus,* in: Berrar/Meyer/Müller/Schnorbus/Singhof/Wolf, § 2 WpPG Rn. 60. Zum Verkaufsprospektgesetz *Kullmann/Müller-Deku,* WM 1996, 1989, 1992; *Schäfer,* ZIP 1991, 1557, 1560.

reits eine persönliche Verbindung bestand –;[91] Aushänge und Auslage von
Werbematerial in der Bank, ja;[92] allgemeines Rundschreiben an nicht speziell
ausgesuchte Bankkunden, ja,[93] anders dagegen, auch bei einer größeren Anzahl, bei Einzelanschreiben an Kunden selbst wenn diese unabhängig vonei-
nander, d. h. nicht koordiniert von verschiedenen Stellen der Bank versandt
werden, aber auf Grund spezieller Einzelkriterien ausgewählt und ange-
schrieben werden (qualitatives Element des Angebots),[94] nein – dabei ist die
Zahl der angeschriebenen Spezialkunden irrelevant; Veröffentlichung über
elektronische – Reuters, Telerate o. Ä. – oder Printmedien über eine bereits
abgeschlossene Emission z. B. Tombstones, nein, wenn dadurch keine Absatzförderung betrieben wird, weil die Emission bereits platziert und auch abgeschlossen ist;[95] Unternehmenspräsentationen, nein, wenn keine konkreten
Verkaufsempfehlungen ausgesprochen werden;[96] redaktionelle Beiträge in
Zeitungen, Zeitschriften etc. nein, jedenfalls dann nicht, wenn keine Kon-
taktadresse für den Erwerb der Wertpapiere genant wird.[97] Mitteilung an Depotkunden über Bezugsrechtsangebote oder die Benachrichtigung über die
Zubuchung junger Aktien, nein;[98] entsprechendes bei Bezugsangeboten über
an einer inländischen Börse notierte Aktien in dem Ausnahmefall vinkulierter
Namensaktien, wenn dieses Angebot sich allein an die der Gesellschaft
namentlich bekannten Aktionäre richtet, wohl – vgl. aber die nachfolgend

---

[91] So noch die Bekanntmachung des BAWe zum Verkaufsprospektgesetz 1996,
BAnz. vom 30. 4. 1996, 5069, I. 2. 5. Abs. Diese Auffassung hat das BAWe wohl aufgegeben, da ein entsprechender Passus in der Bekanntmachung 1999 zu § 1
VerkprospG a. F. fehlt, allerdings bei den Erläuterungen zu § 2 VerkprospG a. F. wieder
auftaucht, obwohl es dort um den begrenzten Personenkreis geht, dessen Definition
mit der persönlichen Verbindung nichts zu tun hat.

[92] Zum Verkaufsprospektgesetz *Bosch,* in: Bosch/Groß, Emissionsgeschäft Rn. 10/
108; *Carl/Machunsky,* S. 34; *Hopt,* Verantwortlichkeit Rn. 132.

[93] Zum Verkaufsprospektgesetz BAWe Bekanntmachung zum Verkaufsprospektgesetz, BAnz. vom 21. 9. 1999, 16 180, § 2; *Hopt,* Verantwortlichkeit, Rn. 132.

[94] Zum Verkaufsprospektgesetz i. d. S. wohl auch *Carl/Machunsky,* S. 34.

[95] Zum Verkaufsprospektgesetz *Schäfer,* ZIP 1991, 1557, 1560; nähere Einzelheiten
bei *Kullmann/Müller-Deku,* WM 1996, 1989, 1991.

[96] *Ritz/Zeising,* in: Just/Voß/Ritz/Zeising, § 2 WpPG Rn. 152; *Schnorbus,* in: Berrar/
Meyer/Müller/Schnorbus/Singhof/Wolf, § 2 WpPG Rn. 42; bereits zum Verkaufsprospektgesetz Ritz, in: Assmann/Lenz/Ritz, § 1 VerkprospG Rn. 62.

[97] Zum Verkaufsprospektgesetz *Ritz,* in: Assmann/Lenz/Ritz, § 1 VerkaufsprospektG Rn. 64; enger *Hamann,* in: Schäfer/Hamann, KMG, § 2 WpPG
Rn. 34.

[98] RegBegr. zum Prospektrichtlinie-Umsetzungsgesetz, BT-Drs. 15/4999, S. 25, 28;
ESMA, Frequently asked questions, Prospectuses: common positions agreed by ESMA
Members, question No. 42, abrufbar über die homepage: www.esma.europa.eu, da die
dort genannte zweite Voraussetzung, dass die Depotbank für den Anbieter oder Emittenten tätig sein muss, hier nicht gegeben ist; die Depotbank wird tätig auf Grund
ihrer vertraglichen Beziehung zu ihrem Depotkunden. Zum Verkaufsprospektgesetz
ausdrücklich ebenso BAWe Bekanntmachung zum Verkaufsprospektgesetz 1996,
BAnz. vom 30. 4. 1996, 506; I. 2. 7. Abs., RegBegr. zum Verkaufsprospektgesetz, BT-
Drs. 11/6340, S. 1, 11.

dargestellte Änderung zum Bezugsangebot – nein.[99] Mitteilung über die Ausübungsmöglichkeit von Umtausch- oder Bezugsrechten, nein, da sich dieses nur an die Inhaber der entsprechenden Wertpapiere, die ein Recht zum Umtausch oder zum Bezug der Wertpapiere enthalten, richtet.[100]

18a Bezugsangebote mit Bezugsrechtshandel an einem regulierten Markt waren auch bislang als öffentliches Angebot anzusehen.[101] Streitig und von der Praxis der BaFin und der überwiegenden Literatur[102] – anders als von den meisten anderen europäischen Aufsichtsbehörden[103] – verneint wurde jedoch die Qualifizierung als öffentliches Angebot bei Bezugsangeboten ohne von dem Emittenten oder den Konsortialbanken organisierten Bezugsrechtshandel, somit bei einem allein auf die Gruppe der Altaktionäre beschränkten Angebot. Auf Grund des durch die ÄnderungsRL neu eingefügten Art. 7 Abs. 2 lit g) Prospektrichtlinie und der darin enthaltenen, auch aus Erwägungsgrund 18 der ÄnderungsRL zu entnehmenden, generellen Prospektpflicht für Bezugsangebote ist für diese Ansicht und Verwaltungspraxis jedoch kein Raum mehr, auch wenn sich das Wertpapierprospektgesetz selbst zu dieser Frage durch das Gesetz zur Umsetzung der Richtlinie 2010/73/EU und zur Änderung des Börsengesetzes nicht geändert hat. Somit sind nunmehr Bezugsangebote, auch wenn sie sich allein an die Altaktionäre richten, als prospektpflichtig anzusehen. Damit dürfte sich im Ergebnis, weil bereits wegen der Prospektpflicht für das Bezugsangebot als öffentliches Angebot ein Prospekt zu erstellen ist, auch die Frage entschärft haben, ob im Rahmen reiner Bezugsangebote begebene Aktien nach § 4 Abs. 2 Nr. 7 prospektfrei zugelassen werden können. Der für das öffentliche Angebot zu erstellende Prospekt kann für die Zulassung verwendet werden.

19 **e) Ende des öffentlichen Angebots.** Da verschiedene Vorschriften des Wertpapierprospektgesetzes an dem Begriff des „öffentlichen Angebots" anknüpfen und für dessen Dauer Rechtspflichten und -folgen anordnen, so z. B. §§ 9, 16, war im Gesetzgebungsverfahren angeregt worden, die Definition

---

[99] BaFin „Ausgewählte Rechtsfragen in der Aufsichtspraxis", Stand 4. 9. 2007, Seminarunterlage der BaFin, S. 5; bereits zum Verkaufsprospektgesetz so wohl auch *Waldeck/Süßmann,* WM 1992, 361, 365.

[100] RegBegr. zum Prospektrichtlinie-Umsetzungsgesetz, BT-Drs. 15/4999, S. 25, 28; ebenso *Heidelbach,* in: Schwark/Zimmer, § 2 WpPG Rn. 23.

[101] So bereits zum Verkaufsprospektgesetz BAWe Bekanntmachung 1996, BAnZ. vom 30. 4. 1996, 506, I.2.7. Abs. und 1999, § 1 öffentliches Angebot lt.f.; *Ritz,* in: Assmann/Lenz/Ritz, § 1 VerkprospG Rn. 67 f.; *Schnorbus,* in: Berrar/Meyer/Müller/Schnorbus/Singhof/Wolf, § 2 WpPG Rn. 70.

[102] BaFin, „Ausgewählte Rechtsfragen in der Aufsichtspraxis", Stand 4. 9. 2007, Seminarunterlage der BaFin, S. 5; ebenso *Hamann,* in: Schäfer/Hamann/KMG, § 2 WpPG Rn. 34; *von Kopp-Colomb/Knobloch,* in: Assmann/Schlitt/von Kopp-Colomb, § 2 WpPG Rn. 38; *Ritz/Zeising,* in: Just/Voß/Ritz/Zeising, § 2 WpPG Rn. 103; *Schnorbus,* in: Berrar/Meyer/Müller/Schnorbus/Singhof/Wolf, § 2 WpPG Rn. 70.

[103] Vgl. nur die Darstellung bei ESMA, Frequently asked questions, Prospectuses: common positions agreed by ESMA Members, question No. 63, abrufbar über die homepage: www.esma.europa.eu.

dahingehend zu ergänzen, wann das öffentliche Angebot beendet ist.[104] Diese Anregung wurde nicht aufgegriffen. Jedoch hat der Finanzausschuss ausdrücklich festgestellt: „Dabei führt die Einführung von Wertpapieren in den amtlichen oder geregelten Markt oder deren Einbeziehung in den geregelten Markt stets zum endgütigen Schluss des Angebots. Die Einbeziehung in den Freiverkehr führt ebenfalls zum endgültigen Schluss des öffentlichen Angebots, wenn ab Einbeziehung lediglich Mitteilungen auf Grund des Handels erfolgen.“[105] Diese Lösung, das Angebot jedenfalls mit Einführung in den regulierten Markt oder Einbeziehung in den Freiverkehr enden zu lassen, hilft nach der Änderung des Art. 16 Prospektrichtlinie durch die ÄnderungsRL nicht (mehr)[106] weiter. Endet nach Art. 16 Prospektrichtlinie die Nachtragspflicht mit „dem endgültigen Schluss des öffentlichen Angebots oder – falls später – der Eröffnung des Handels an einem generellen Markt“,[107] dann wird damit deutlich, dass der Schluss des öffentlichen Angebots auch bereits vor Einführung liegen kann und somit diese keine zwingende Aussage für den Schluss des öffentlichen Angebots enthält.[108] Insofern wird man – unabhängig von der Einführung – das Angebot erst dann als beendet ansehen müssen, wenn keine Erwerbsmöglichkeit im Rahmen des Angebots mehr besteht,[109] allerdings bei der Nachtragspflicht die Spezialregelung des § 16 allein als entscheidend ansehen.

5. Angebotsprogramm

§ 2 Nr. 5 definiert den Begriff des Angebotsprogramms. Die in der Definition verwendeten Begriffe „Nichtdividendenwerte" und „dauernd oder wiederholt" sind in § 2 Nr. 2 bzw. Nr. 12 definiert. Für Angebotsprogramme besteht die Möglichkeit des Basisprospekts, § 6 Abs. 1 Nr. 1. Dabei eröffnet die sehr weite Fassung des § 2 Nr. 5, dass nur ein Plan zur Begebung von recht unterschiedlich ausgestalteten Produkten bestehen muss, für die ein solcher Basisprospekt erstellt werden kann.   **20**

6. Qualifizierter Anleger

§ 2 Nr. 6 enthält die Definition der qualifizierten Anleger und wurde auf Grund der ÄnderungsRL durch das Gesetz zur Umsetzung der Richtlinie   **21**

---

[104] Stellungnahme des Bundesrates, BT-Drs. 15/5219, S. 1 f.

[105] Beschlussempfehlung und Bericht des Finanzausschusses, BT-Drs. 15/5373, S. 50.

[106] Zu dem auch vor der Änderungsrichtlinie bereits sehr differenzierenden Meinungsbild vgl. nur *Berrar,* in: Berrar/Meyer/Müller/Schnorbus/Singhof/Wolf, § 16 WpPG Rnrn. 79 ff.

[107] Zur Entwicklung der Änderung der Art. 16 Prospektrichtlinie ausführlich *Berrar,* in: Berrar/Meyer/Müller/Schnorbus/Singhof/Wolf, § 16 WpPG Rn. 90.

[108] So bereits zum alten Recht *von Kopp-Colomb/Knobloch,* in: Assmann/Schlitt/von Kopp-Colomb, § 2 WpPG Rn. 50.

[109] *von Kopp-Colomb/Knobloch,* in: Assmann/Schlitt/von Kopp-Colomb, § 2 WpPG Rn. 50.

2010/73/EU und zur Änderung des Börsengesetzes[110] erweitert, vereinfacht und mit den Regelungen über professionelle Kunden nach der Richtlinie 2004/39/EG über Märkte für Finanzinstrumente harmonisiert. Insofern verweist § 2 Nr. 6 lit. a) für in Deutschland ansässige Kunden auf § 31 a WpHG. Für nicht in Deutschland ansässige Anleger wurde in § 2 Nr. 6 lit. b) bis e) auf die entsprechenden Regelungen der Richtlinie für Märkte für Finanzinstrumente verwiesen, da für deren Einstufung das jeweilige ausländische Recht, mit dem die Richtlinie für Märkte für Finanzinstrumente umgesetzt wurde, entscheidend ist.[111] Damit Emittenten – vor allem aber auch die platzierenden Banken – die Kunden entsprechend einordnen können, haben sowohl die Emittenten als auch die Anbieter nach § 32 i.d.F. des Gesetz zur Umsetzung der Richtlinie 2010/73/EU und zur Änderung des Börsengesetzes einen Anspruch darauf, dass ihnen die Wertpapierfirmen und Kreditinstitute die entsprechende Einstufung mitteilen. Das früher nach § 27 bei der BaFin zu führende, praktisch eher irrelevante[112] Register, ist auf Grund dieser Änderung obsolet geworden und wurde durch die Neuformulierung des § 32 (vorher § 27) ersetzt.

7. (entfallen)

22 Die in § 2 Nr. 7 a.F. enthaltene Definition der kleinen und mittleren Unternehmen wurde durch das Gesetz zur Umsetzung der Richtlinie 2010/73/EU und zur Änderung des Börsengesetzes[113] gestrichen.

8. Einlagenkreditinstitute

23 § 2 Nr. 8 bestimmt den Begriff des Einlagenkreditinstituts in Anknüpfung an das KWG. Einlagenkreditinstitute i.S. des KWG sind die in Art. 2 Abs. 1 lit. g) Prospektrichtlinie in Bezug genommenen Kreditinstitute i.S. von Art. 1 Abs. 1 lit. a) der Richtlinie 2000/12/EG des Europäischen Parlaments und des Rates vom 20. März 2000 über die Aufnahme und die Ausübung der Tätigkeit der Kreditinstitute.[114] Für die Zwecke des Wertpapierprospektgesetzes kommt es dabei allein darauf an, dass das Kreditinstitut eine Erlaubnis zum Betreiben des Einlagengeschäfts hat.[115]

9. Emittent

24 § 2 Nr. 9 definiert den Emittenten und umfasst natürliche und juristische Personen des öffentlichen und Privatrechts und Gesellschaften.

---

[110] BGBl. I, 2012, 1375.
[111] RegBegr. ÄnderungsRL-Umsetzungsgesetz, BT-Drs. 17/8684, S. 13, 16.
[112] Nach mehr als drei Jahren war dort nur „eine einstellige Zahl von Eintragungen", d.h. weniger als 10, festzustellen, *Ritz/Voß,* in: Just/Voß/Ritz/Zeising, § 27 WpPG Rn. 7.
[113] BGBl. I, 2012, 1375.
[114] ABl. Nr. L 126 vom 25. Mai 2000, S. 1, zuletzt geändert durch die Richtlinie 2000/28/EG, ABl. Nr. L 275 vom 27. Oktober 2000, S. 37.
[115] RegBegr. zum Prospektrichtlinie-Umsetzungsgesetz, BT-Drs. 15/4999, S. 25, 28.

10. Anbieter

§ 2 Nr. 10 definiert den Anbieter. Das Begriffsverständnis entspricht laut **25** Regierungsbegründung zum Prospektrichtlinie-Umsetzungsgesetz[116] dem des (alten) Verkaufsprospektgesetz. Wenn die Regierungsbegründung zum Prospektrichtlinie-Umsetzungsgesetz dann weiter ausführt, Anbieter sei „danach derjenige, der für das öffentliche Angebot der Emission verantwortlich ist", dann trifft dies nicht ganz die Definition des § 2 Nr. 10. Nach § 2 Nr. 10 ist Anbieter eine Person oder Gesellschaft, die Wertpapiere öffentlich anbietet; von der Übernahme der Verantwortung steht im Gesetzestext in Übereinstimmung mit Art. 2 Abs. 1 lit. i) Prospektrichtlinie nichts. Entscheidend ist, wer den Anlegern gegenüber nach außen erkennbar, z.B. in Zeitungsanzeigen, als Anbieter auftritt. Ob kumulativ oder nur alternativ verlangt werden soll, dass der Anbieter auch für das Angebot verantwortlich ist, wird in der Literatur unterschiedlich, von der BaFin i.S. der Alternativlösung beantwortet.[117]

Anbieter ist somit grundsätzlich, wenn auch nicht zwingend und jedenfalls **26** nicht zwingend allein, der **Emittent,** unabhängig davon, ob er selbst die Wertpapiere als Eigenemission direkt platziert, oder, ob die Emission als Fremdemission unter Einschaltung von Banken oder anderen Emissionshäusern platziert wird. Anbieter i.S. des § 2 Nr. 10 können – neben dem Emittenten – auch die Emissionsbanken als diejenigen, von denen das Angebot zum Abschluss des Kaufvertrages abgegeben oder entgegengenommen wird, sein. Ob hinsichtlich der Anbietereigenschaft der einzelnen Mitglieder des Konsortiums (das Konsortium als solches ist mangels Außenauftritt und Haftungsübernahme in keinem Fall Anbieter) die Übernahme des Platzierungs- oder Haftungsrisikos, der Außenauftritt oder beides zusammen vorausgesetzt wird, ist streitig.[118] Entscheidend – aber auch ausreichend – dürfte der Außenauftritt sein.[119]

Wer als Anbieter anzusehen ist, kann insbesondere in den Fällen, in denen **27** zunächst prospektfrei privat platziert und danach von den Erwerbern öffentlich weiterveräußert wird, problematisch sein. Unabhängig von der Ausgestaltung des Emissionsvertrages ist der Emittent derjenige, der die Wertpapiere erstmals öffentlich anbietet und damit der Anbieter i.S. des § 2 Nr. 10 jedenfalls dann, wenn er von vornherein eine Platzierung im Publikum beabsichtigt und dies mit den die Emission übernehmenden Emissionshäusern vereinbart, indem er sie zur Platzierung verpflichtet, oder sich diese Verpflichtung aus der Natur des Geschäfts ergibt.[120] Problematisch wird somit die Qualifi-

---

[116] RegBegr. zum Prospektrichtlinie-Umsetzungsgesetz, BT-Drs. 15/4999, S. 25, 28.

[117] Darstellung bei *Ritz/Zeising,* in: Just/Voß/Ritz/Zeising, § 2 WpPG Rnrn. 197 ff.

[118] Darstellung des Meinungsstands bei *Heidelbach,* in: Schwark/Zimmer, § 2 WpPG Rnrn. 55 f.

[119] *Heidelbach,* in: Schwark/Zimmer, § 2 WpPG Rn. 58; *Schnorbus,* in: Berrar/ Meyer/Müller/Schnorbus/Singhof/Wolf, § 2 WpPG Rn. 107.

[120] *Hamann,* in: Schäfer/Hamann/KMG, § 2 WpPG Rn. 62; *Heidelbach,* in: Schwark/ Zimmer, § 2 WpPG Rn. 53; *Schnorbus,* in: Berrar/Meyer/Müller/Schnorbus/Singhof/ Wolf, § 2 Rn. 115, der allerdings eine aktive Zusammenarbeit zwischen Emittent und

kation des Emittenten als Anbieter nur in den Fällen, in denen die Emission prospektfrei bei z. B. institutionellen Investoren platziert wird und keine Weiterveräußerungsabsicht besteht, oder die Weiterveräußerung – gegebenenfalls sogar vertraglich – ausgeschlossen wird, und dann entgegen dieser Planung oder – vertraglichen – Abmachung die Wertpapiere dennoch der Öffentlichkeit angeboten werden. Hier erscheint eine Prospektpflicht des Emittenten unbillig. In diesem Falle dürfte der Wiederveräußerer als Anbieter anzusehen sein.[121] Dass der Emittent durch die Emission die ursprüngliche Ursache für die Erforderlichkeit des Anlegerschutzes gesetzt hat, bleibt dabei allerdings unberücksichtigt. Sofern der Emittent jedoch ausdrücklich auf die gesetzlichen Verkaufsbeschränkungen hingewiesen und damit die Weiterveräußerung ausgeschlossen hat, bietet er gerade nicht öffentlich, sondern nur bestimmten Personen an, so dass die Tatbestandsvoraussetzungen des § 2 Nr. 10 bei ihm nicht vorliegen. Die Weiterveräußerung nicht nur durch den Hinweis auf die gesetzlichen Verkaufsbedingungen, sondern sogar durch ein entsprechendes vertragliches Weiterveräußerungsverbot auszuschließen, ist zwar nicht erforderlich, da insoweit aus dem Blickwinkel des § 2 Nr. 10 der Hinweis auf die Verkaufsbeschränkungen ausreicht, aber nützlich,[122] weil sich hieraus ein Freistellung- oder Schadensersatzanspruch des Emittenten gegenüber dem dann vertragswidrig handelnden Weiterverkäufer herleiten lässt.[123] Ein solcher Freistellungs- oder Schadenersatzanspruch ist auch deshalb von Bedeutung, weil der Emittent nach § 24 neben dem Anbieter haftet, wenn von ihm begebene Wertpapiere ohne Prospekt öffentlich angeboten werden.[124] Hat dagegen der Emittent mit dem öffentlichen Wiederverkauf gerechnet, diesen gefördert, oder zumindest in Kauf genommen, indem er z. B. nicht auf die gesetzlichen Verkaufsbeschränkungen hingewiesen hat, so kann er, abhängig von den Um-

---

den übernehmenden und platzierenden Emissionshäusern verlangt und es nicht ausreichen lassen will, dass der Emittent mit der Weiterplatzierung rechnen musste.

[121] *Hamann,* in: Schäfer/Hamann/KMG, § 2 WpPG Rn. 60; *Schnorbus,* in: Berrar/Meyer/Müller/Schnorbus/Singhof/Wolf, § 2 WpPG Rn. 115. Zum Verkaufsprospektgesetz für eine Prospektpflicht des Veräußerers *Bosch,* in: Bosch/Groß, Emissionsgeschäft Rn. 10/109; *Carl/Machunsky,* S. 35; *Hüffer,* Wertpapier-Verkaufsprospektgesetz, S. 82 f.; *Schäfer,* ZIP 1991, 1557, 1561; für den Sonderfall, dass die Weiterveräußerung nach Aufnahme der Wertpapiere in den Freiverkehr erfolgt, eine Prospektpflicht des diese Aufnahme Beantragenden annehmend *Waldeck/Süßmann,* WM 1993, 361, 363; für eine Prospektpflicht des Emittenten dagegen *Hopt,* Verantwortlichkeit, Rn. 133.

[122] *Hamann,* in: Schäfer/Hamann, KMG, § 2 WpPG Rn. 61.

[123] Vor diesem Hintergrund sind die in Übernahmeverträgen angelsächsischen Typs enthaltenen umfangreichen Regelungen zu „Verkaufsbeschränkungen" bzw. „Selling Restrictions" zu verstehen, vgl. Ziff. VIII der bei *Groß,* in: BuB, Rn. 10/324 und 10/326 abgedruckten Muster.

[124] So ausdrücklich *Hamann,* in: Schäfer/Hamann/KMG, § 2 WpPG Rn. 60; *von Kopp-Colomb/Knobloch,* in: Assmann/Schlitt/von Kopp-Colomb, § 2 WpPG Rn. 73; a. A. *Schnorbus,* in: Berrar/Meyer/Müller/Schnorbus/Singhof/Wolf, § 3 WpPG Rn. 46, der bei fehlender Veranlassung der (Weiter-)Platzierung § 13a VerkProspG (jetzt dann wohl § 24) teleologisch reduzieren und damit den Emittenten von der Haftung ausnehmen will.

ständen des Einzelfalls, bei einer Weiterveräußerung indirekt als Anbieter anzusehen sein, mit der Folge, dass er dann prospektpflichtig wird.[125]

Wenn der Vertrieb der Wertpapiere über **Vertriebsorganisationen,** ein **28** Netz von angestellten oder freien Vermittlern oder Untervertrieb erfolgt, ist derjenige als Anbieter anzusehen, der die Verantwortung für die Koordination der Vertriebsaktivitäten innehat. Als Indiz hierfür dienen insbesondere entsprechende Vereinbarungen mit dem Emittenten, Aufträge an Untervertriebe und Provisionsvereinbarungen mit selbstständigen oder freiberuflich tätigen Vermittlern.[126]

Prospektpflichtiger Anbieter bei **Options- und Wandelanleihen** ist **29** grundsätzlich[127] der Emittent dieser Finanzierungsinstrumente, unabhängig davon, ob sich das Options- oder Wandelungsrecht auf vom Anbieter selbst emittierte Wertpapiere oder z. B. auf Aktien einer dritten Gesellschaft bezieht. Gleiches gilt für Index-Optionsscheine, Optionsscheine mit einem Aktienoder Wertpapierkorb als Underlying und auch für Optionsscheine, die unter Ausschluss eines Optionsrechts lediglich einen Zahlungsanspruch verbriefen, d. h. sog. Differenzoptionsscheine. Prospektpflichtiger Anbieter ist hier grundsätzlich jeweils der Emittent der Optionsscheine.

Keine Anbieter i. S. d. § 2 Nr. 10 sind Informationsanbieter wie Bloom- **29a** berg oder Reuters, da sie nur Informationen weiterleiten, nicht aber selbst Wertpapiere anbieten.[128] Keine Anbieter sind auch Berater, selbst wenn sie im Prospekt als Berater (Wirtschaftsprüfer, Anwälte) genannt werden, da auch sie keine Wertpapiere anbieten sondern nur z. B. bei der Erstellung des Prospekts unterstützen.[129]

Die Einordnung einer Person als Anbieter i. S. d. § 2 Nr. 10 führt nicht **29b** zwingend dazu, dass diese Person als solche einen Prospekt zu erstellen hat. Wenn die Prospektpflicht bereits durch einen andern Anbieter erfüllt wird, ist kein (weiterer) zusätzlicher Prospekt erforderlich.[130]

11. Zulassungsantragsteller

§ 2 Nr. 11 definiert als Zulassungsantragsteller die Personen, die den An- **30** trag auf Zulassung zum Handel an einem organisierten Markt stellen. Dies

---

[125] So auch *Bosch,* in: Bosch/Groß Emissionsgeschäft Rn. 10/109; einschränkend *Schnorbus,* in: Berrar/Meyer/Müller/Schnorbus/Singhof/Wolf, § 2 WpPG Rn. 115: Nur bei aktiver Zusammenarbeit.

[126] RegBegr. zum Prospektrichtlinie-Umsetzungsgesetz, BT-Drs. 15/4999, S. 25, 28.

[127] Vorbehaltlich der Einschränkung, dass der Emittent nicht stets und zwingend der Anbieter ist, vgl. oben Rn. 26 f., sondern auch u. U. statt seiner allein oder zusätzlich die Erstbewerber/Banken als Anbieter anzusehen sind. Wie hier *Heidelbach,* in: Schwark/Zimmer, § 2 WpPG Rn. 61; *Schnorbus,* in: Berrar/Meyer/Müller/Schnorbus/Singhof/Wolf, § 2 WpPG Rn. 117.

[128] Wohl unstr. *Ritz/Zeising,* in: Just/Voß/Ritz/Zeising, § 2 WpPG Rn. 214; *Schnorbus,* in: Berrar/Meyer/Müller/Schnorbus/Singhof/Wolf, § 2 WpPG Rn. 119.

[129] *Heidelbach,* in: Schwark/Zimmer, § 2 WpPG Rn. 62; *Schnorbus,* in: Berrar/ Meyer/Müller/Schnorbus/Singhof/Wolf, § 2 WpPG Rn. 120.

[130] *Ritz/Zeising,* in: Just/Voß/Ritz/Zeising, § 2 WpPG Rnrn. 220 f.

sind i.d.R. aber nicht notwendigerweise der Emittent sowie die in § 32 Abs. 2 BörsG genannten Institute oder Unternehmen.

12. Dauernde oder wiederholte Ausgabe

31 § 2 Nr. 12 bestimmt unter welchen Voraussetzungen eine wiederholte Ausgabe von Wertpapieren vorliegt. Die dabei geforderte Ähnlichkeit der Wertpapieren besteht, wenn die Wertpapiere vergleichbare Ausstattungsmerkmale aufweisen. § 2 Nr. 12 definiert nicht die „dauernde" Ausgabe, weil hierzu nur der Begriff „dauernd" wiederholt wird. Man wird darunter die über mehrere Wochen (mindestens 4 Wochen) fortlaufende, ohne Unterbrechung erfolgende Ausgabe verstehen können.[131]

13. Herkunftsstaat

32 § 2 Nr. 13 definiert den Herkunftsstaat. In § 2 Nr. 13 lit. a) findet sich die Grundregel für den Herkunftsstaat von Emittenten mit Sitz in der Europäischen Union oder im Europäischen Wirtschaftsraum. Unter Sitz der Gesellschaft dürfte man den jeweiligen statutarischen Gesellschaftssitz der Gesellschaft verstehen.[132] § 2 Nr. 13 lit. b) begründet im Fall der Emission bestimmter Nichtdividendenwerte für alle Emittenten ein Wahlrecht. Das Wahlrecht kann durch ausdrückliche Erklärung gegenüber der BaFin oder konkludent durch Einreichung eines Registrierungsformulars und einer Wertpapierbeschreibung ausgeübt werden. Hinsichtlich der Nichtdividendenwerte, die auf andere Währungen als auf Euro lauten, ist für die Bestimmung der Schwelle von annähernd 1000 Euro auf den Wechselkurs am Tag des Eingangs des Prospekts bei der BaFin abzustellen. Dies schafft die für die Ausübung des Rechts zur Wahl des Herkunftsstaats erforderliche Sicherheit. Für die Einordnung als Drittstaatemittent von Wertpapieren, die nicht in § 2 Nr. 13 lit. b) genannt sind, ist wie bei den Gemeinschaftsemittenten der Sitz des Emittenten entscheidend. Ihr Wahlrecht gemäß § 2 Nr. 13 lit. c) können Drittstaatemittenten auch durch die Einreichung eines Registrierungsformulars ausüben.

14. Aufnahmestaat

33 § 2 Nr. 14 definiert den Aufnahmestaat.

15. Europäischer Wirtschaftsraum

34 § 2 Nr. 15 enthält eine Definition des Begriffs „Staat des Europäischen Wirtschaftsraums". Er umfasst die jeweiligen Mitgliedstaaten der Europäischen Union sowie die anderen Vertragsstaaten des Abkommens vom 2. Mai

---

[131] *Ritz/Zeising,* in: Just/Voß/Ritz/Zeising, § 2 WpPG Rn. 229; *Heidelbach/Preuße,* BKR 2006, 316, 317.
[132] *Ritz/Zeising,* in: Just/Voß/Ritz/Zeising, § 2 WpPG Rn. 249; *Schnorbus,* in: Berrar/Meyer/Müller/Schnorbus/Singhof/Wolf, § 2 WpPG Rn. 129; *Kullmann/Sester,* WM 1068, 1070.

1992 über den Europäischen Wirtschaftsraum (Island, Liechtenstein und Norwegen).

16. Organisierter Markt

§ 2 Nr. 16 definiert den organisierten Markt. Dabei entsprach die Definition bis zum Finanzmarktrichtlinie-Umsetzungsgesetz derjenigen des § 2 Abs. 5 WpHG. Durch das Finanzmarktrichtlinie-Umsetzungsgesetz wurde die Definition in § 2 Abs. 5 WpHG jedoch entscheidend geändert, ohne dass dies in § 2 Nr. 16 nachvollzogen wurde. Man wird dies als Redaktionsversehen ansehen müssen, da § 2 Nr. 16 Artikel 2 Abs. 1 lit j.) Prospektrichtlinie umsetzen wollte, der wiederum auf Artikel 1 Nr. 13 Wertpapierdienstleistungsrichtlinie und aufgrund der dynamischen Verweisung in Artikel 69 der Richtlinie 2004/39/EG über Märkte für Finanzinstrumente auf Artikel 4 Nr. 13 dieser Richtlinie 2004/39/EG verweist. Genau dieser Artikel 4 Nr. 13 Richtlinie 2004/39/EG wurde aber in § 2 Abs. 5 WpHG durch das Finanzmarktrichtlinie-Umsetzungsgesetz umgesetzt. Das Investmentänderungsgesetz [133] hat dieses Redaktionsversehen des Finanzmarktrichtlinie-Umsetzungsgesetz beseitigt und durch seine Artikel 19 a Ziffer 1 die Definition des Organisierten Marktes in § 2 Nr. 16 an die des § 2 Abs. 5 WpHG i. d. F. des Finanzmarktrichtlinie-Umsetzungsgesetzes und damit i. d. F. des Artikel 4 Nr. 13 Richtlinie 2004/39/EG angeglichen. Diese Änderung ist nicht relevant dafür, welche Märkte in Deutschland von dem Begriff des organisierten Marktes umfasst werden. Das ist allein der regulierte Markt. Entscheidend ist diese Änderung insoweit als § 2 Nr. 16 nur Märkte in der EU bzw. im EWR erfassen, nicht dagegen außereuropäische Märkte. Anders gewendet: Die NYSE ist kein organisierter Markt im Sinne des § 2 Nr. 16 (und des § 2 Abs. 5 WpHG).[134] Nicht zum organisierten Markt zählt der Freiverkehr.

35

17. Bundesanstalt für Finanzdienstleistungsaufsicht

§ 2 Nr. 17 definiert als Bundesanstalt die Bundesanstalt für Finanzdienstleistungsaufsicht.

36

18. Schlüsselinformationen

Durch das Gesetz zur Umsetzung der Richtlinie 2010/73/EU und zur Änderung des Börsengesetzes[135] wurde die durch die ÄnderungsRL neu in Art. 2 Abs. 2 eingefügte lit. s) zum Teil in § 2 und zum anderen Teil im neuen § 5 Abs. 2a übernommen. Der Begriff der Schlüsselinformation ist entscheidend für den Inhalt der Zusammenfassung. Diese muss nach Art. 5 Abs. 2 bzw. § 5 Abs. 2a in der ebenfalls durch das Gesetz zur Umsetzung der Richtlinie 2010/73/EU und zur Änderung des Börsengesetzes geänderten Fassung alle Schlüsselinformationen enthalten. Welche Informationen Schlüsselinformationen sind, beschreibt § 5 Abs. 2a.

37

---

[133] BGBl. I 2007, 3089.
[134] *Apfelbacher/Metzner,* BKR 2006, 81, 83; *Kollmorgen/Feldhaus,* BB 2007, 225, 227 m. w. Nachw.; *Kollmorgen/Feldhaus,* BB 2007, 2756, 2756.
[135] BGBl. I 2012, 1375.

§ 3. Pflicht zur Veröffentlichung eines Prospekts und Ausnahmen im Hinblick auf die Art des Angebots

(1) Sofern sich aus den Absätzen 2 und 3 oder aus § 4 Absatz 1 nichts anderes ergibt, darf der Anbieter Wertpapiere im Inland erst dann öffentlich anbieten, wenn er zuvor einen Prospekt für diese Wertpapiere veröffentlicht hat.

(2) [1] Die Verpflichtung zur Veröffentlichung eines Prospekts gilt nicht für ein Angebot von Wertpapieren;

1. das sich ausschließlich an qualifizierte Anleger richtet,
2. das sich in jedem Staat des Europäischen Wirtschaftsraums an weniger als 150 nicht qualifizierte Anleger richtet,
3. das sich nur an Anleger richtet, die Wertpapiere ab einem Mindestbetrag von 100 000 Euro pro Anleger je Angebot erwerben können,
4. die eine Mindeststückelung von 100 000 Euro haben oder
5. sofern der Verkaufspreis für alle angebotenen Wertpapiere im Europäischen Wirtschaftsraum weniger als 100 000 Euro beträgt, wobei diese Obergrenze über einen Zeitraum von zwölf Monaten zu berechnen ist.

[2] Jede spätere Weiterveräußerung von Wertpapieren, die zuvor Gegenstand einer oder mehrerer der in Satz 1 genannten Angebotsformen waren, ist als ein gesondertes Angebot anzusehen.

(3) Die Verpflichtung zur Veröffentlichung eines Prospekts gilt nicht für ein späteres Angebot oder eine spätere endgültige Platzierung von Wertpapieren durch Institute im Sinne des § 1 Absatz 1 b des Kreditwesengesetzes oder ein nach § 53 Absatz 1 Satz 1 oder § 53 b Absatz 1 Satz 1 oder Absatz 7 des Kreditwesengesetzes tätiges Unternehmen, solange für das Wertpapier ein gültiger Prospekt gemäß § 9 vorliegt und der Emittent oder die Personen, die die Verantwortung für den Prospekt übernommen haben, in dessen Verwendung schriftlich eingewilligt haben.

(4) Für Wertpapiere, die im Inland zum Handel an einem organisierten Markt zugelassen werden sollen, muss der Zulassungsantragsteller einen Prospekt veröffentlichen, soweit sich aus § 4 Absatz 2 nichts anderes ergibt.

Übersicht

I. Vorbemerkungen

§ 3 setzt Artikel 3 Prospektrichtlinie um. § 3 Abs. 1 enthält eine gene- **1** relle Prospektpflicht für jedes öffentliche Angebot im Inland, § 3 Abs. 2 und 3 befreien bestimmte öffentliche Angebote von dieser Prospektpflicht. § 3 Abs. 4 ordnet eine Prospektpflicht für die Zulassung zu einem organisierten Markt an.[1] § 3 wurde durch das Gesetz zur Umsetzung der Richtlinie 2010/73/EU und zur Änderung des Börsengesetzes[2] geändert, um die Änderungen der Prospektrichtlinie durch die ÄnderungsRL in deutsches Recht umzusetzen. Diese Änderungen betrafen insbesondere die Streichung des ersten Halbsatzes von § 3 Abs. 1 Satz 2 a. F., da in § 3 Abs. 3 die einzelnen Voraussetzungen nach denen eine Prospektbefreiung vorliege, geregelt seien, und die Neuformulierung des damit allein verbliebenen Satzes in § 3 Abs. 1, die jetzt deutlicher macht, dass jedes Angebot von Wertpapieren im Inland erst dann zulässig ist, wenn zuvor ein Prospekt veröffentlicht wurde, wobei diese Veröffentlichung nach § 13 Abs. 1 Satz 1 wiederum eine Billigung durch die BaFin erfordert. Weitere Änderungen sind die Anpassung von § 3 Abs. 2 Nr. 2 – Erhöhung der Anzahl von 100 auf 150 –, Nr. 3 und 4 – Erhöhung des Euro-Betrages von Euro 50 000 auf Euro 100 000 sowie die Änderungen von § 3 Abs. 2 Satz 3 WpPG a. F., der als § 3 Abs. 3 neu gefasst wurde. Die früher in § 3 Abs. 3 WpPG a. F. enthaltene Prospektpflicht für die Zulassung zum Handel an einem organisierten Markt wurde zu § 3 Abs. 4. Die ÄnderungsRL hat darüber hinaus die Kommission ermächtigt, die Schwellenwerte in Art. 3 Abs. 2 lit. c-e (§ 2 Abs. 2 Nrn. 3–5) anzupassen, vgl. zu den sich daraus ergebenden Folgen oben § 1 Rn. 11.

---

[1] Kritisch hierzu *Ekkenga*, BB 2005, 561, 562, der zu recht darauf hinweist, dass es nicht um die Statuierung einer Prospektpflicht, sondern darum gehe, einen Verbotstatbestand aufzustellen, der öffentliche Angebote ohne Prospekt verbiete.

[2] BGBl. I 2012, 1375.

II. Prospektpflicht bei einem öffentlichen Angebot im Inland, § 3 Abs. 1

1. Überblick

2   **a) Prospektpflicht bei bereits zugelassenen Wertpapieren.** Die Regierungsbegründung zum Prospektrichtlinie-Umsetzungsgesetz verweist darauf, § 3 Abs. 1 orientiere sich an § 1 VerkprospG. § 1 VerkprospG a. F. ordnete jedoch eine Prospektpflicht nur für das öffentliche Angebot im Inland von noch nicht zum Handel an einer inländischen Börse zugelassenen Wertpapiere an. § 3 Abs. 1 enthält diese letzte Voraussetzung, dass es sich um nicht bereits zugelassene Wertpapiere handeln muss, nicht. Daraus resultiert nach dem Wortlaut des § 3 Abs. 1 eine Prospektpflicht auch bei einem öffentlichen Angebot von bereits zum Handel an einer inländischen Börse zugelassenen Wertpapieren.[3] Eine Prospektpflicht besteht nach § 3 Abs. 1 nur dann nicht, wenn sich aus § 3 Abs. 2 oder 3 oder § 4 Abs. 1 etwas anderes ergibt. Die früher in § 3 Abs. 1 Satz 2 Hlbs. 1 a. F. enthaltene Einschränkung, dass eine Prospektpflicht auch dann nicht bestehe, wenn bereits ein Prospekt nach den Vorschriften des Wertpapierprospektgesetzes veröffentlicht wurde, ist durch das Gesetz zur Umsetzung der Richtlinie 2010/73/EU und zur Änderung des Börsengesetzes[4] gestrichen worden. Begründet wurde diese Streichung damit, dass diese Ausnahmeregelung in § 3 Abs. 3 enthalten sei und „nur unter den dort vorliegenden zusätzlichen Voraussetzungen greift."[5] Damit besteht bei einem öffentlichen Angebot von Wertpapieren, auch wenn diese bereits zum Handel an einem organisierten Markt zugelassen sind, eine Prospektpflicht, es sei denn, die besonderen Voraussetzungen des § 3 Abs. 3 liegen vor.

2a   Die Erstreckung der Prospektpflicht auch auf bereits zum Handel zugelassene Wertpapiere ist eine erhebliche Änderung der europäischen[6] und der

---

[3] *Hamann,* in: Schäfer/Hamann/KMG, § 3 WpPG Rn. 10; *Heidelbach,* in: Schwark/Zimmer, § 3 WpPG Rn. 2 *von Kopp-Colomb/Gajdos,* in: Assmann/Schlitt/von Kopp-Colomb, § 3 WpPG Rn. 10; *Schnorbus,* in: Berrar/Meyer/Müller/Schnorbus/Singhof/Wolf, § 3 WpPG Rn. 2; *Apfelbacher/Metzner,* BKR 2006, 81, 82; *Leuering,* Der Konzern 2006, 4, 7; *Meyer,* in: Unternehmensfinanzierung am Kapitalmarkt, § 24 Rn. 45. Ebenso auch *Assmann,* in: Hdb. KapitalanlageR, § 6 Rn. 59, der sich allerdings zur Begründung dieses Ergebnisses darauf beruft, das Wertpapierprospektgesetz erfasse nicht nur das „erstmalige" öffentliche Angebot. Zweifelnd *Zeising,* in: Just/Voß/Ritz/Zeising, § 3 WpPG Rnrn. 6 ff.

[4] BGBl. I 2012, 1375.

[5] RegBegr. ÄnderungsRL-Umsetzungsgesetz, BT-Drs. 17/8684, S. 13, 17.

[6] Auch Art. 3 Abs. 1 ProspektRL entspricht insofern § 3 Abs. 1 und enthält keine Einschränkung der Prospektpflicht nur auf noch nicht bereits zu einem organisierten Markt zugelassene Wertpapiere. Die Verkaufsprospektrichtlinie, RL 89/298/EWG, bezog sich nach deren Art. 1 Abs. 1 jedoch ausdrücklich nur auf „Wertpapiere, die zum ersten Mal in einem Mitgliedsstaat Gegenstand eines öffentlichen Angebots sind und die nicht bereits an einer in diesem Mitgliedsstaat gelegenen oder tätigen Wertpapierbörse notiert werden." Deshalb bestand bei einem öffentlichen Angebot von be-

deutschen Rechtslage. Eine solche Änderung der Rechtslage ist von erheblicher Bedeutung auch in anderen EU-Mitgliedsstaaten und führt zu einer einschneidenden Änderung. Aktienpakete können damit nicht mehr im Wege eines öffentlichen Angebots umplatziert werden, ohne dass ein neuer Prospekt erstellt wird. Dafür wiederum benötigt der „Großaktionär" die erforderlichen Informationen. Der Wortlaut des § 3 Abs. 1 ebenso wie der des Art. 3 Abs. 1 Prospektrichtlinie ist jedoch eindeutig. Er enthält ebenso wenig wie § 3 Abs. 2 oder 3 oder § 4 Abs. 1 eine Ausnahme für bereits zugelassene Wertpapiere. Diese Lesart des § 3 Abs. 1 wird auch bestätigt durch die Neuformulierung des § 13 VerkprospG a. F. in § 22 und die hierzu gegebene Begründung: „Durch die neue Formulierung ... (des § 22 gegenüber dem § 13 VerkprospG a. F., Anm. d. Verf.) werden die bislang ... bestehenden Unsicherheiten beseitigt: Die Haftungsnorm des § 22 gilt für sämtliche Prospekte im Sinne des Wertpapierprospektgesetzes, die keine Börsenzulassungsprospekte sind, unabhängig davon, ob die Wertpapiere, auf die sich der Prospekt bezeiht, zu einem früheren Zeitpunkt (auf der Grundlage eines anderen Prospektes) zum Handel an einer inländischen Börse zugelassen wurden."[7] Bestünde keine Prospektpflicht für bereits zugelassene Wertpapiere, bedürfte es keines Prospektes und damit dann auch keiner durch eine Neuformulierung zu beseitigenden Unsicherheit bzgl. einer Haftungsregelung.

b) Sonstige Erweiterungen der Prospektpflicht. Ist allein schon deshalb – auf Grund der Prospektpflicht auch für bereits zugelassene Wertpapiere – der Umfang der von der Prospektpflicht erfassten Fälle im Wertpapierprospektgesetz im Vergleich zum früheren Verkaufsprospektgesetz schon erheblich erweitert, so wird dies nicht etwa durch die Prospektbefreiung nach § 3 Abs. 2 oder 3 bzw. § 4 Abs. 1 wieder ausgeglichen. Denn § 3 Abs. 2 und 3 und § 4 Abs. 1 bleiben auch zusammen mit der den Anwendungsbereich des Wertpapierprospektgesetzes regelnden Bestimmung des § 1 Abs. 2 erheblich hinter den früheren Befreiungsregelungen nach §§ 2–4 VerkprospG a. F. zurück. Entfallen ist im Bereich der Emission von Schuldverschreibungen z. B. die Ausnahme für Euro-Wertpapiere, § 4 Abs. 1 Nr. 1 Abs. 2 VerkprospG a. F., und im Bereich der Aktienemissionen die Ausnahme für 10%-Emissionen, § 4 Abs. 1 Nr. 2 und 3 VerkprospG a. F.[8] **3**

2. Voraussetzungen der Prospektpflicht nach § 3 Abs. 1

Voraussetzung der Prospektpflicht nach § 3 Abs. 1 ist, dass die Wertpapiere, **4** vgl. § 2 Nr. 1, **im Inland** öffentlich angeboten, vgl. § 2 Nr. 4, werden. Der

---

reits zugelassenen Wertpapieren auch durch europäischem Recht keine Prospektpflicht.

[7] RegBegr. Des Gesetzes zur Novellierung des Finanzanlagenvermittler- und Vermögensanlagenrechts, BT-Drs. 17/6051, S. 30, S. 46.

[8] Dies bereits zur Prospektrichtlinie kritisch anmerkend *Kunold/Schlitt,* BB 2004, 501, 504 f., die jedoch zu Recht darauf hinweisen, dass sich daraus für die Praxis weniger Probleme ergeben, weil diese 10%-Emissionen in der Regel bei institutionellen Anlegern platziert werden, so dass die Ausnahmebestimmung des § 2 Abs. 2 Nr. 1 anwendbar ist.

Inlandsbezug war auch im Verkaufsprospektgesetz bereits entscheidend, so dass insoweit auf die dazu von der BaFin veröffentlichte Bekanntmachung zurück gegriffen werden kann. Voraussetzung des Inlandsbezuges ist demnach, dass mit dem „Angebot **potentielle Anleger im Geltungsbereich des ...** (hier: Wertpapierprospektgesetzes, Anm. d. Verf.) **zielgerichtet angesprochen** werden".[9] Nach dem Schutzzweck des Wertpapierprospektgesetzes ist es dann anwendbar, wenn die Maßnahme des Anbieters sich **im Inland auswirkt,** die Nationalität der Anleger ist irrelevant, ebenso der Ort, von dem aus das Angebot gemacht wird. Auch die Veröffentlichung in ausländischen Medien (Zeitungen, Fernsehprogramme) kann ein Angebot im Inland darstellen, wenn damit Anleger im Inland gezielt angesprochen werden.[10] Aufgrund der zunehmenden Bedeutung des **Internet** und des grundsätzlich weltweiten Zugangs zu Internet-Seiten, der sich technisch nur sehr schwer auf einzelne Länder beschränken lässt, hat sich das BAWe in seiner Bekanntmachung 1999 sehr detailliert zur Frage geäußert, wann bei Internet-Angeboten ein Angebot im Inland vorliegen soll. Es hat sich hierbei an der Auffassung des Bundesaufsichtsamtes für das Kreditwesen zum Vertrieb ausländischer Investment-Anteile orientiert:[11] Entscheidend sei allein, ob Anleger im Inland mit dem Internet-Angebot angesprochen werden sollen. Indizien hierfür seien die Verwendung der deutschen Sprache, die Benennung von Ansprechpartnern in Deutschland, Erläuterungen zur steuerlichen Behandlung der Kapitalanlage bzw. des Steuersparmodells in Deutschland. Sollen Anleger in Deutschland nicht angesprochen werden, so sei ein entsprechender „Disclaimer", vgl. dazu auch Art. 29 Abs. 2 ProspektVO, am Anfang der Internet-Seite aufzunehmen, aus dem sich unmissverständlich und nach Ansicht des BAWe in deutscher Sprache ergeben müsse, dass ein Erwerb der Wertpapiere in Deutschland nicht möglich sein soll. Fordert man darüber hinaus, wie das BAWe, dass der Anbieter „angemessene Vorkehrungen zu treffen" habe, dass Anleger von Deutschland aus die Wertpapiere nicht erwerben können, so wird durch diese vorsichtige Formulierung den technischen und tatsächlichen Gegebenheiten Rechnung getragen. Gefordert wird zu Recht nicht, dass der Anbieter „sicherstellen"[12] muss, dass Anleger von Deutschland aus die Wertpapiere nicht erwerben können. Es ist für den An-

---

[9] Zum insoweit vergleichbaren Verkaufsprospektgesetz Bekanntmachung des BAWe zum Verkaufsprospektgesetz von 1996, BAnz. vom 30. 4. 1996, 5069 und von 1999, BAnz. vom 21. 9. 1999, 16180; wie hier *Ritz,* in: Assmann/Lenz/Ritz, § 1 VerkprospG Rn. 20 unter Hinweis auf die entsprechende Auffassung der Aufsichtsbehörde im europäischen Ausland unter Rn. 72. Ebenso *Hamann,* in: Schäfer/Hamann, KMG, § 2 WpPG Rn. 4; *Heidelbach,* in Schwark/Zimmer, § 3 WpPG Rn. 4; *Ritz/Zeising,* in: Just/Voß/Ritz/Zeising, § 2 WpPG Rnrn. 171 ff.; *Schnorbus,* in: Berrar/Meyer/Müller/Schnorbus/Singhof/Wolf, § 3 WpPG Rn. 4.

[10] *Heidelbach,* in Schwark/Zimmer, § 3 WpPG Rn. 5.

[11] Zum insoweit vergleichbaren Verkaufsprospektgesetz *Lenz/Ritz,* WM 2000, 904, 905.

[12] Die zum insoweit vergleichbaren Verkaufsprospektgesetz noch im Jahresbericht des BAWe 1998, S. 96, vertretene gegenteilige Auffassung wurde von BAWe aufgegeben, vgl. *Ritz,* in: Assmann/Lenz/Ritz, § 1 VerkprospG Rn. 73.

bieter nämlich in vielen Fällen nicht nachprüfbar, ob ein deutscher Anleger aus Deutschland seine Order aufgibt, oder dies vom Ausland, z. B. während eines Geschäfts- oder Ferienaufenthaltes geschieht. Entscheidend ist allein, dass der Disclaimer deutlich darauf hinweist, dass das Angebot sich nicht an Anleger in Deutschland richtet, und soweit möglich, die entsprechenden technischen Vorkehrungen getroffen wurden.[13] Wer Anleger in Deutschland nicht ansprechen will und dies auch deutlich zum Ausdruck bringt, der bietet auch im Inland nicht an. Wenn entgegen seinem Willen Anleger im Inland dennoch Wertpapiere erwerben, dann geschieht dies nicht auf Grund eines Angebots im Inland, so dass § 3 Abs. 1 ausscheidet.

III. Prospektbefreiung für bestimmte Angebotsformen

§ 3 Abs. 2 ist nach der Änderung durch das Gesetz zur Umsetzung der   5
Richtlinie 2010/73/EU und zur Änderung des Börsengesetzes[14] nahezu wortgleich mit Art. 3 Abs. 2 Prospektrichtlinie in der durch die Änderungs-RL geänderten Fassung. Eine gleichzeitige aber auch hintereinander gestaffelte Kombination der verschiedenen Befreiungstatbestände ist möglich, was sich deutlicher aus der englischsprachigen Fassung der Prospektrichtlinie ergibt.[15] Liegt einer der Befreiungstatbestände des § 3 Abs. 2 vor, entfällt die Prospektpflicht, ohne dass es einer Entscheidung der BaFin bedarf. Wird trotz Vorliegens eines Befreiungstatbestandes ein Prospekt zur Billigung bei der BaFin eingereicht, soll der entsprechende Billigungsantrag mangels Sachbescheidungsinteresse nach § 9 VwVfG unzulässig sein.[16] Auf der anderen Seite

---

[13] Solche technischen Vorkehrungen können z. b. darin bestehen, dass eine interne Anweisung ergeht, nach der Anträge, die von Absendern mit einer postalischen Anschrift in Deutschland stammen, nicht bearbeitet werden, oder dass technische Vorkehrungen verhindern, dass Anlegern, die auf einer dafür vorgesehenen Zugangsseite eine Adresse in Deutschland angeben, der Zugang zu weiteren Informationen und der Erwerb der Wertpapiere ermöglicht wird. Teilweise weitergehend *Lenz/Ritz*, WM 2000, 904, 906, wobei die dort angegebenen Beispiele zu Zahlung und Lieferung zu spät ansetzen. Bei Zahlung und Lieferung liegt bereits ein abgeschlossenes Angebot vor, das schon zu einem gültigen Kaufvertrag geführt hat; ein Kaufvertrag, selbst wenn er auf einem unter Verstoß gegen § 3 Abs. 1 durchgeführten Angebot beruht, ist zivilrechtlich wirksam, vgl. unten § 3 Rn. 12 ff. Das WpPG kann dann nicht den Vertragspartner zum Vertragsbruch zwingen. Wie hier im Ergebnis auch *Hamann,* in: Schäfer/Hamann, KMG, § 3 WpPG Rn. 8; *Ritz/Zeising,* in: Just/Voß/Ritz/Zeising, § 2 WpPG Rn. 174; *Schnorbus,* in: Berrar/Meyer/Müller/Schnorbus/Singhof/Wolf, § 3 WpPG Rnrn. 9 f.
[14] BGBl. I 2012, 1375.
[15] So verbindet die englischsprachige Fassung der Prospektrichtlinie die einzelnen Ausnahmetatbestände des Artikel 3 Abs. 2 mit „and/or" und die Ausnahmeregel bzgl. der 99 Anleger spricht von „natural or legal persons . . ., other than qualified investors". Wie hier *Hamann,* in: Schäfer/Hamann, KMG, § 3 WpPG, Rn. 26; *Heidelbach,* in: Schwark/Zimmer, § 3 WpPG Rn. 14 mit Aufgabe der a. A. in *Heidelbach/Preuße,* BKR 2006, 317, 319 f.; *von Kopp-Colomb/Gajdos,* in: Assmann/Schlitt/von Kopp-Colomb, § 3 WpPG Rn. 21; *Zeising,* in: Just/Voß/Ritz/Zeising, § 3 WpPG Rn. 32.
[16] So ausdrücklich *Zeising,* in: Just/Voß/Ritz/Zeising, § 3 WpPG Rn. 31; *von Kopp-Colomb/Gajdos,* in: Assmann/Schlitt/von Kopp-Colomb, § 3 WpPG Rn. 22; für die

steht die BaFin auf dem Standpunkt, sie sei nicht befugt, ein Negativattest oder eine Unbedenklichkeitsbescheinigung darüber zu erteilen, dass bei einer bestimmten Konstellation kein Prospekt erforderlich sei.[17] Andererseits ist es für den Anbieter, insbesondere in den Fällen der Nr. 2 bis 4 des § 4 Abs. 1, schwer, wenn nicht sogar unmöglich, ohne Entscheidung durch die BaFin die Frage einer Prospektpflicht zu beantworten. Vor diesem Hintergrund ist es sehr zu begrüßen, dass in der Praxis die BaFin außerordentlich kooperativ dabei ist, Fragen der Prospektpflicht und des Vorliegens der Voraussetzungen des § 3 Abs. 2 bzw. § 4 mündlich mit Emittenten, Anbietern und Beratern zu erörtern und zu klären. Trotz der Kooperationsbereitschaft der BaFin stellt sich die Frage, ob der Anbieter nicht aus § 38 VwVfG von der BaFin eine Zusicherung hinsichtlich des Nicht-Erlasses einer Untersagung des öffentlichen Angebots nach § 26 Abs. 4 verlangen kann. Zwar ist es zutreffend, dass ein Negativtest keine Bindungswirkung für die Zivilgerichte im Rahmen einer Klage aus § 24 hätte. Würde ein Anbieter ohne Prospekt im Vertrauen auf ein solches Negativattest anbieten, stünde es den Zivilgerichten frei, im Rahmen der Prüfung des § 24 zu einer abweichenden Ansicht zu kommen, eine Prospektpflicht zu bejahen und somit zu einer Haftung wegen fehlenden Prospekts zu gelangen.[18] Im Hinblick auf die erheblichen Kosten, die mit der Erstellung eines Prospektes verbunden sind, und der noch größeren (Reputations-)Schäden, die im Falle der Untersagung eines öffentlichen Angebots entstehen würden, hat der Anbieter aber ein erhebliches Interesse daran, die Frage der Prospektpflicht vorab zu klären. Dies mag im Rahmen des § 3 Abs. 2 noch eher einfach möglich sein, ist aber bei § 4 Abs. 1 ohne die Mitwirkung und Entscheidung der BaFin speziell bei der Frage der Gleichwertigkeit des in § 4 Abs. 1 Nrn. 2 bis 4 jeweils geforderten Dokuments nicht möglich. Ob insofern die BaFin noch ein Ermessen hinsichtlich des Erlasses einer solchen Zusicherung nach einem entsprechenden schriftlichen Antrag hat, ist zweifelhaft. Bislang ist diese Frage, soweit ersichtlich, nicht geklärt worden, wohl insbesondere deshalb, weil die BaFin rein praktisch bei der Klärung der Fragen der Prospektpflicht außerordentlich kooperativ ist.

1. Qualifizierte Anleger

6 Die Ausnahme nach § 3 Abs. 2 Satz 1 Nr. 1 bezieht sich auf die in § 2 Nr. 6 definierten qualifizierten Anleger. Sie rechtfertigt sich daraus, dass sich das Wertpapierangebot ausschließlich an qualifizierte Anleger und damit an solche Anleger richtet, bei denen man davon ausgeht, dass sie ausreichend anderweitige Informationsquellen besitzen, um sich die für den Kauf von

---

Möglichkeit, auch in den Fällen des § 3 Abs. 2, § 4 nach § 1 Abs. 3 freiwillig einen Prospekt zu erstellen, den die BaFin dann billigen müsste, *Schnorbus*, in: Berrar/Meyer/Müller/Schnorbus/Singhof/Wolf, § 3 WpPG Rnrn. 39 ff.

[17] *Zeising*, in: Just/Voß/Ritz/Zeising, § 3 WpPG Rn. 31; *von Kopp-Colomb/Gajdos*, in: Assmann/Schlitt/von Kopp-Colomb, § 3 WpPG Rn. 22; diese Situation darstellend *Gebhardt*, in: Schäfer/Hamann/KMG, § 4 WpPG Rn. 4; *Schnorbus*, in: Berrar/Meyer/Müller/Schnorbus/Singhof/Wolf, § 3 WpPG Rnrn. 18 ff.

[18] So ausdrücklich *Zeising*, in: Just/Voß/Ritz/Zeising, § 3 WpPG Rn. 31.

Wertpapieren notwendige Erkenntnisgrundlage zu schaffen. Die eindeutige
Formulierung („ausschließlich an") macht klar, dass Angebote, die sich nur
teilweise an qualifizierte Anleger und im Übrigen an das Publikum richten,
weiter der Prospektpflicht unterliegen, es sei denn, hierfür ergibt sich eine
andere Prospektbefreiungsregel, z. B. aus § 3 Abs. 2 Satz 1 Nr. 2. Eine Kombination eines Angebots an z. B. qualifizierte Anleger und an nicht mehr als
149 – nicht qualifizierte – Anleger pro Mitgliedstaat bleibt damit prospektbe-
freit, was sich deutlich aus der englischsprachigen Fassung ergibt.[19]

2. Begrenzter Personenkreis

§ 3 Abs. 2 Satz 1 Nr. 2 enthält eine Ausnahme von der Prospektpflicht bei **7**
einem Wertpapierangebot, das zwar ein öffentliches Angebot darstellt,[20] sich
aber nur an einen begrenzten Personenkreis richtet. Anders als bei § 2 Nr. 2
VerkprospG a. F. schafft § 3 Abs. 2 Satz 1 Nr. 2 Rechtsklarheit darüber, wann
von einem begrenzten Personenkreis ausgegangen werden kann. Die Grenze
von 150 Personen, die nicht zu qualifizierten Anlegern zählen, ist dabei für
jeden Staat, in dem das Angebot erfolgen soll, gesondert zu bestimmen.[21]
Entscheidend ist die Zielrichtung des Angebots nicht die Anzahl der Investoren, die tatsächlich Wertpapiere erwerben.[22]

§ 3 Abs. 2 Nr. 2 orientiert sich mit der Formulierung – „das sich in jedem **7a**
Staat … an weniger als" – sehr nah am Wortlaut von Artikel 3 Abs. 2 lit. b)
Prospektrichtlinie – „das sich an weniger als … pro Mitgliedsstaat". Das führt
aber zu dem Ergebnis, dass z. B. ein Angebot an 50 Anleger in Deutschland
und 150 Anleger in Griechenland eine Prospektpflicht in Deutschland aus-
löst. Dass die Prospektrichtlinie als europaweite Regelung auch auf alle
Mitgliedsstaaten abstellen muss, versteht sich von selbst. Dass der deutsche
Gesetzgeber bei der Umsetzung von europäischen Richtlinien aber den Tat-
bestand in Deutschland regelt, sollte sich ebenfalls von selbst verstehen.
Kommt es aber auf die Verhältnisse in Deutschland an, dann ist allein entscheidend, ob in Deutschland das öffentliche Angebot an weniger als 150
Personen erfolgt. Wenn das so ist, dann besteht für das Angebot im Inland,
§ 3 Abs. 1, auch keine Prospektpflicht.[23] Eine Ausnahme wird man für Dritt-

---

[19] Ausdrücklich für auch diese Kombinationsmöglichkeit *von Kopp-Colomb/Gajdos,*
in: Assmann/Schlitt/von Kopp-Colomb, § 2 WpPG Rn. 21.

[20] Vgl. dazu oben § 2 WpPG Rn. 16; ebenso *von Kopp-Colomb/Gajdos,* in: Ass-
mann/Schlitt/von Kopp-Colomb, § 2 WpPG Rn. 25.

[21] RegBegr. zum Prospektrichtlinie-Umsetzungsgesetz, BT-Drs. 15/4999, S. 25, 29;
auf die Schwierigkeiten, die sich bei der Ermittlung der angesprochenen Personen
ergeben, weisen *Kunold/Schlitt,* BB 2004, 501, 504; *Schlitt/Schäfer,* AG 2005, 498, 500
zu Recht hin.

[22] So ausdrücklich *Schnorbus,* in: Berrar/Meyer/Müller/Schnorbus/Singhof/Wolf,
§ 3 WpPG Rn. 29. Die Ansicht der Vorauflage, ein Angebot an die Öffentlichkeit, bei
dem aber nur die ersten 99 Anleger berücksichtigt werden, unterfalle § 3 Abs. 2 Nr. 2
wird hiermit aufgegeben.

[23] Im Ergebnis wie hier, wenn auch mit anderer Begründung, *Zeising,* in: Just/
Voß/Ritz/Zeising, § 3 WpPG Rn. 42; *Kollmorgen/Feldhaus,* BB 2007, 225, 227 f.; a. A.

staatenemittenten machen müssen, für die Deutschland der Herkunftsstaat ist. Hier besteht eine Prospektpflicht in Deutschland auch bei einem Angebot in Deutschland an weniger als 150 Personen aber in Griechenland an mindestens 150 Personen auf Grund der Auswahl Deutschlands als Herkunftsstaat.[24]

3. Stückelung und Mindestkaufpreis

8   § 3 Abs. 2 Satz 1 Nr. 3 und 4 sollen nach der Regierungsbegründung zum Prospektrichtlinie-Umsetzungsgesetz[25] mit der Regelung des bisherigen § 2 Nr. 4 VerkProspG a. F. vergleichbar sein. Dabei geht der Gesetzgeber davon aus, dass Erwerber solch großer Mindeststückelungen oder solche Volumina ausreichende Kenntnisse über den Emittenten und die Emission besitzen, so dass eine zusätzliche Aufklärung durch einen Prospekt nicht erforderlich ist. Die Mindestkaufpreis-Alternative bedeutet, dass die Wertpapiere in kleineren Einheiten gestückelt[26] sein können, sofern die insgesamt je Anleger zugeteilten Wertpapiere nur einen Gegenwert von mindestens Euro 100 000,– haben. Dagegen stellt die Prospektbefreiung in § 3 Abs. 2 Nr. 4 auf die Stückelung und den Nennbetrag ab. Das BAWe hat in seiner zweiten Bekanntmachung zum Verkaufsprospektgesetz ausdrücklich klargestellt, dass bei der „Berechnung des Kaufpreises in § 2 Nr. 4 Alt. 2 und 3 (VerkprospG, Anm. d. Verf.) … Gebühren, die zu entrichten sind, nicht berücksichtigt (werden)."[27] Die Ausnahmeregelung in § 3 Abs. 2 Nr. 4 ist von erheblicher praktischer Bedeutung im Bereich der Schuldverschreibungen.[28]

4. Kleinstemissionen

9   § 3 Abs. 2 Satz 1 Nr. 5, die Kleinstemissionen mit einem Volumen von höchstens Euro 100 000,– von der Prospektpflicht ausnimmt, stellt eine Abwägung zwischen der Deregulierung einerseits und dem Anlegerschutz andererseits dar. Bei solchen Kleinstemissionen würden die Kosten der Prospekterstellung und -veröffentlichung in keinem vertretbaren Verhältnis mehr zum Emissionserlös stehen.[29] Die Frist beginnt mit dem Beginn des öffentlichen Angebots, im Übrigen gelten hinsichtlich der Frist und der Schwelle von

---

Schnorbus, in: Berrar/Meyer/Müller/Schnorbus/Singhof/Wolf, § 3 WpPG Rn. 31 mit Einschränkungen in Rn. 32.

[24] So ausdrücklich schon *Zeising,* in: Just/Voß/Ritz/Zeising, § 3 WpPG Rn. 46.

[25] RegBegr. zum Prospektrichtlinie-Umsetzungsgesetz, BT-Drs. 15/4999, S. 25, 29.

[26] *Schnorbus,* in: Berrar/Meyer/Müller/Schnorbus/Singhof/Wolf, § 3 WpPG Rn. 36; *Zeising,* in: Just/Voß/Ritz/Zeising, § 3 WpPG Rn. 50. Zur Stückelung der Wertpapiere und der Anwendung des sachenrechtlichen Bestimmtheitsgrundsatzes mit der Folge zwingend gleichen Stückelung, *Heidelbach/Preuße,* BKR 2006, 317, 319; ebenso *Hamann,* in: Schäfer/Hamann, KMG, § 3 WpPG Rn. 20.

[27] BAnz. vom 21. 9. 1999, 16 180; ebenso *Hamann,* in: Schäfer/Hamann, KMG, § 3 WpPG Rn. 20.

[28] Ebenso *Schlitt/Schäfer,* AG 2005, 498, 500; *Schnorbus,* in: Berrar/Meyer/Müller/Schnorbus/Singhof/Wolf, § 3 WpPG Rn. 24.

[29] So bereits zum Verkaufsprospektgesetz *Carl/Machunsky,* S. 39; zum Wertpapierprospektgesetz *Zeising,* in: Just/Voß/Ritz/Zeising, § 3 WpPG Rn. 55.

Euro 100000,– die Ausführungen oben zu § 1 Abs. 2 Nr. 4 entsprechend. Die BaFin vertritt hier eine Gesamtbetrachtung, d. h. für die Ermittlung der Betragsgrenze sei eine nationale Aufteilung nicht relevant, vielmehr sei das gesamte Angebot zu untersuchen. Entscheidend ist der Gesamtverkaufspreis der angebotenen Wertpapiere, nicht der tatsächlich erzielte Erlös.[30] Das ist bedeutsam auch für Mitarbeiterbeteiligungsprogramme, die in verschiedenen Mitgliedsstaaten durchgeführt werden sollen. Soweit es sich dabei allerdings um „kostenlose" Angebote handelt, fallen diese unzweifelhaft unter § 3 Abs. 2 Nr. 5.[31]

5. Weiterveräußerung

§ 3 Abs. 2 Satz 2 dient ersichtlich der Klarstellung, ist allerdings wenig ge- **10** glückt, Artikel 3 Abs. 2 Satz 2 Prospektrichtlinie ist eindeutiger und klarer. Es geht in § 3 Abs. 2 Satz 2 darum, festzuhalten, dass spätere öffentliche Angebote von Wertpapieren, die bereits früher öffentlich angeboten wurden, wobei für dieses frühere Angebot nach § 3 Abs. 2 Satz 1 keine Prospektpflicht bestand, prospektpflichtig sind, es sei denn, für dieses spätere öffentliche Angebot liege wieder eine Prospektbefreiung vor. Es geht also nicht um „jede spätere Weiterveräußerung", sondern nur um öffentliche Angebote, es geht auch nicht darum, diese als „gesondertes Angebot anzusehen", weil sie es sind, sondern es geht allein darum klarzustellen, dass spätere öffentliche Angebote von Wertpapieren durchaus der Prospektpflicht unterliegen können, auch wenn das ursprüngliche erste Angebot prospektfrei durchgeführt wurde. § 3 Abs. 2 Satz 2 sagt mit anderen Worten nicht anderes, als dass solche Angebote ganz normal zu prüfen sind.[32]

Diese normale Prüfung bezieht sich auf alle Aspekte des jeweiligen Ange- **10a** bots, darauf, ob dieses öffentlich ist, ob dafür eine Prospektbefreiung nach § 3 Abs. 2 oder3 oder § 4 Abs. 1 eingreift und auch darauf, wer als Anbieter anzusehen und damit gegebenenfalls prospektpflichtig ist. Gerade bei der Weiterplatzierung ist zu prüfen, ob der Emittent als Anbieter anzusehen ist. Er ist es nicht, vgl. oben § 2 Rn. 27, wenn die Weiterveräußerung nicht vereinbart war und sich nicht aus der Natur des Geschäfts ergibt, oder wenn er gar die Weiterveräußerung durch Hinweis auf Verkaufsbeschränkungen oder durch vertragliche Vereinbarung ausgeschlossen hat.[33]

[30] *Zeising,* in: Just/Voß/Ritz/Zeising, § 3 WpPG Rn. 56.
[31] *Kallmorgen/Feldhaus,* BB 2007, 225, 228; ESMA, Frequently asked questions, Prospectuses: common positions agreed by ESMA Members, question No. 6, abrufbar über die homepage: www.esma.europa.eu. mit dem zutreffenden Hinweis, dass Angebote im Rahmen eines Mitarbeiterbeteiligungsprogramms, bei denen die Aktien nicht anstelle eines Gehaltsbestandteils erworben werden, sondern „kostenlos" den Mitarbeitern gewährt werden, als kostenlose Angebote anzusehen sind. In solchen Fällen nach „versteckten" Zahlungen zu suchen, sei nicht zutreffend.
[32] *Von Kopp-Colomb/Gajdos,* in: Assmann/Schlitt/von Kopp-Colomb, § 3 WpPG Rn. 37; *Schnorbus,* in: Berrar/Meyer/Müller/Schnorbus/Singhof/Wolf, § 3 WpPG Rn. 43; *Zeising,* in: Just/Voß/Ritz/Zeising, § 3 WpPG Rn. 68.
[33] Siehe dazu oben § 2 Rn. 27 sowie *von Kopp-Colomb/Gajdos,* in: Assmann/Schlitt/von Kopp-Colomb, § 3 WpPG Rn. 39.

10b   Erfordert die Weiterplatzierung nach dieser normalen Prüfung einen Prospekt, stellt sich die Frage, ob der Emittent zur Prospekterstellung verpflichtet ist. Eine solche Verpflichtung kann sich aus einer vertraglichen Vereinbarung zwischen dem Emittenten und dem Anbieter ergeben, z. B. wenn der Anbieter als Inferent einer Sacheinlage mit dem Emittenten vereinbart hat, dass dieser die neuen Aktien zum regulierten Markt zuzulassen hat und hierfür ein Prospekt zu erstellen ist. Ob dieser Prospekt dann auch für ein öffentliches Angebot genutzt werden darf, müsste allerdings vertraglich geregelt werden. Dies ergibt sich bereits aus dem Rechtsgedanken des durch das Gesetz zur Umsetzung der Richtlinie 2010/73/EU und zur Änderung des Börsengesetzes[34] geänderten § 3 Abs. 2 Satz 3 WpPG a. F., jetzt § 3 Abs. 3, der insoweit die Änderung durch die ÄnderungsRL umsetzt und eine schriftliche Vereinbarung fordert, folgt aber auch aus dem aktienrechtlichen Verbot der Einlagenrückgewähr, § 57 AktG. Dieses greift nach höchstrichterlicher Rechtsprechung bei der Übernahme der Prospekthaftung bei der Platzierung von Altaktien ein, wenn nicht eine Freistellung durch den Aktionär vorliegt.[35]

10c   Erfolgte die Erstplatzierung bereits auf der Grundlage eines Prospekts, stellt sich die Frage, ob dieser für die Weiterplatzierung genutzt werden kann. Früher enthielt § 3 Abs. 1 Satz 2 Hlbs. 1 a. F. eine Regelung, nach der keine Prospektpflicht bestand, sofern bereits ein nach dem Wertpapierprospektgesetz veröffentlichter Prospekt vorlag. Diese Regelung wurde durch das Gesetz zur Umsetzung der Richtlinie 2010/73/EU und zur Änderung des Börsengesetzes gestrichen. Begründet wurde diese Streichung damit, dass § 3 Abs. 3 klarstelle, dass die Ausnahme der vorherigen Prospektveröffentlichung nur unter den dort genannten Voraussetzungen greife.[36] Dieser Prospekt muss demnach gem. § 3 Abs. 3 n.F. („gültiger Prospekt gemäß § 9") zunächst nach § 9 gültig sein. Erforderlichenfalls ist er durch Nachträge zu ergänzen.[37] Er muss sich auf das angebotene Wertpapier beziehen, „für das Wertpapier". Fraglich ist, ob hier auch ausreichend ist, dass es sich nur um die gleiche Gattung von Wertpapieren handelt.[38] Der Wortlaut spricht dagegen. § 3 Abs. 3 n.F. verlangt für den Fall der Weiterplatzierung darüber hinaus, dass dieser Prospekt nur dann genutzt werden kann, wenn die Personen, d. h. alle, welche die Verantwortung für den Prospekt übernommen haben, in dessen

---

[34] BGBl. I 2012, 1375.

[35] BGH, Urt. v. 31. 5. 2011 – II ZR 141/09, BGHZ 190, 7, Leitsatz 1.

[36] RegBegr. ÄnderungsRL-Umsetzungsgesetz, BT-Drs. 17/8684, S. 13, 17.

[37] RegBegr. ÄnderungsRL-Umsetzungsgesetz, BT-Drs. 17/8684, S. 13, 17. Zum § 3 Abs. 1 Satz 2 Hlbs. 1 a. F. entsprach dies der h. M. *Hamann,* in: Schäfer/Hamann/ KMG, § 3 WpPG Rn. 12; *von Kopp-Colomb/Gajdos,* in: Assmann/Schlitt/von Kopp-Colomb, § 3 WpPG Rn. 17; *Schnorbus,* in: Berrar/Meyer/Müller/Schnorbus/Singhof/ Wolf, § 3 WpPG Rn. 14; *Zeising,* in: Just/Voß/Ritz/Zeising, § 3 WpPG Rnrn. 23 ff.

[38] So die h. M. zu § 3 Abs. 1 Satz 2 Hlbs. 1 a. F. *Hamann,* in: Schäfer/Hamann/ KMG, § 3 WpPG Rn. 12; *Heidelbach,* in: Schwark/Zimmer, § 3 WpPG Rn. 13; *Schnorbus,* in: Berrar/Meyer/Müller/Schnorbus/Singhof/Wolf, § 3 WpPG Rn. 13; enger, „identisch, d. h. fungibel", *Zeising,* in: Just/Voß/Ritz/Zeising, § 3 WpPG Rn. 21; *von Kopp-Colomb/Gajdos,* in: Assmann/Schlitt/von Kopp-Colomb, § 3 WpPG Rn. 16.

Verwendung schriftlich eingewilligt haben. Dabei ist davon auszugehen, dass der Terminus „eingewilligt" im Regierungsentwurf bewusst im Sinne der vorherigen Zustimmung, § 183 Satz 1 BGB, gewählt wurde, da der Referentenentwurf noch den Terminus „zugestimmt" verwendete und damit auch die nachträgliche Zustimmung, Genehmigung nach § 184 Abs. 1 BGB, hätte ausreichen lassen. Das Einwilligungserfordernis ist vor dem Hintergrund der den Emittenten und die für die Erstellung des Prospekts verantwortlichen Personen treffenden Prospekthaftung, § 21,[39] verständlich und nachvollziehbar. Im Interesse der Rechtssicherheit müssen sowohl der von der Einwilligung begünstigte Finanzintermediär als auch der Zeitraum, für den die Einwilligung gelten soll, bestimmbar sein.[40]

Darüber hinaus gilt § 3 Abs. 3 n.F. nur für die Weiterplatzierung durch die　**10d** dort genannten Finanzintermediäre. Sinn und Zweck des Wertpapierprospektgesetzes fordern diese Einschränkung nicht. Wenn und soweit ein noch gültiger, ggfls. durch Nachträge ergänzter Prospekt für das betreffende Wertpapier vorliegt, die für den Prospekt Verantwortlichen in dessen Verwendung eingewilligt haben und damit auch Klarheit hinsichtlich der Prospekthaftung besteht, spricht materiell nichts dagegen, dass auch ein Dritter, z.B. der umplatzierungswillige Großaktionär diesen Prospekt nutzt. Der Gesetzgeber hat dies in § 3 Abs. 3 jedoch anders entschieden.

IV. Prospektpflicht bei der Zulassung zu einem organisierten Markt im Inland, § 3 Abs. 4

Während § 32 Abs. 3 Nr. 2 BörsG nur die Vorlage des gebilligten Pros-　**11** pekts vorschreibt, enthält § 3 Abs. 4 die eigentliche Prospektpflicht als Voraussetzung für die Zulassung von Wertpapieren, soweit nicht eine Zulassung auch prospektfrei nach § 4 Abs. 2 oder nach § 1 Abs. 2, da das Wertpapierprospektgesetz nicht anwendbar ist, erfolgen kann.

Eine Prospektpflicht nach § 3 Abs. 4 WpPG i.V.m. § 32 Abs. 3 BörsG be-　**11a** steht, abgesehen von den Fällen des § 1 Abs. 2 und § 4 Abs. 2, nur dann, wenn tatsächlich eine Zulassung beantragt wird. Keiner (neuen) Zulassung bedarf es jedoch beim Formwechsel von einem börsenfähigen Rechtsträger zum anderen, z.B. von einer AG in eine KGaA, von einer AG in eine SE und umgekehrt.[41] Das gilt konsequenterweise dann auch bei der grenzüberschreitenden Sitzverlegung einer SE.[42] Ebenso wenig bedarf es einer Zulassung von Aktien, die bei einer Kapitalerhöhung aus Gesellschaftsmitteln entstehen, da diese bereits qua Gesetzes, § 33 Abs. 4 EG AktG, zum regulierten

---

[39] Siehe auch Erwägungsgrund 10 der ÄnderungsRL, Abl. EG Nr. 2 L 327, S. 1, 2.

[40] RegBegr. ÄnderungsRL-Umsetzungsgesetz, BT-Drs. 17/8684, S. 13, 17.

[41] Vgl. bereits oben § 39 BörsG Rn. 4 mit Hinweisen auf eine durchaus unterschiedliche Handhabung in der Praxis; wie hier auch *Schnorbus,* in: Berrar/Meyer/ Müller/Schnorbus/Singhof/Wolf, § 3 WpPG Rn. 56.

[42] So *Schnorbus,* in: Berrar/Meyer/Müller/Schnorbus/Singhof/Wolf, § 3 WpPG Rn. 58 f.

Markt zugelassen sind.[43] Ebenfalls keine Zulassung i. S. d. § 3 Abs. 4 ist die Einbeziehung in den regulierten Markt nach § 33 BörsG.[44]

V. Rechtsfolgen der Verletzung der Prospektpflicht

1. Allgemeines

12   Die Rechtsfolge der Verletzung der Prospektpflicht hängt zunächst davon ab, ob die Prospektpflicht sich aus § 3 Abs. 1 oder § 3 Abs. 4 ergibt. Im Falle des § 3 Abs. 4 ist Rechtsfolge, dass eine Zulassung auf Grund der nicht erfüllten Zulassungsvoraussetzung Prospekt, § 32 Abs. 3 Nr. 2 BörsG, nicht erteilt wird.[45] Im Falle des § 3 Abs. 1 ist die Rechtsfolge eines öffentlichen Angebots trotz (gänzlich) fehlenden Prospekts das Vorliegen einer Ordnungswidrigkeit nach § 35 Abs. 1 Nr. 1, die Untersagungsmöglichkeit des öffentlichen Angebots durch die BaFin, § 26 Abs. 4, und die Prospekthaftung nach § 24.[46]

2. Auswirkungen auf dennoch abgeschlossene Kaufverträge

13   Verträge, selbst wenn sie auf Grund eines unter Verstoß gegen § 3 Abs. 1 durchgeführten öffentlichen Angebots abgeschlossen werden, sind wirksam.[47] Das ergibt sich eindeutig aus der durch das Anlegerschutzverbesserungsgesetz[48] neu in das Verkaufsprospektgesetz eingefügten Regelung des § 13a VerkprospG a. F., jetzt § 24, der Haftung bei fehlendem Prospekt, die bereits früher nicht nur bei einem fehlenden Verkaufsprospekt, sondern auch bei einem fehlenden Wertpapierprospekt nach dem Wertpapierprospektgesetz galt.[49] Rechtsfolge der Verletzung der Prospektpflicht nach dem Wertpapierprospektgesetz ist nach § 24 der Anspruch des Erwerbers gegen den Emittenten und den Anbieter auf Übernahme der Wertpapiere. Wäre das Erwerbsgeschäft aufgrund des Verstoßes gegen die Prospektpflicht des § 3 Abs. 1 bereits unwirksam, dann bedürfte es der Haftungsregelung des § 24 nicht.

---

[43] Zwar spricht § 33 Abs. 4 EGAktG vom „amtlichen Handel", der jedoch als „Vorgänger" des regulierten Marktes diesem entspricht. Die nicht erfolgte Aktualisierung des § 33 Abs. 4 EGAktG dürfte ein Redaktionsversehen sein.

[44] *Heidelbach,* in: Schwark/Zimmer, § 33 BörsG Rn. 4.

[45] Wie hier *Schnorbus,* in: Berrar/Meyer/Müller/Schnorbus/Singhof/Wolf, § 1 ff. WpPG Rn. 22.

[46] *Schnorbus,* in: Berrar/Meyer/Müller/Schnorbus/Singhof/Wolf, § 1 ff. WpPG Rn. 22; *Kallmorgen/Feldhaus,* BB 2007, 225, 228 f.; *Leuering,* Der Konzern 2006, 4, 8 f.

[47] Unstr. *Heidelbach,* in: Schwark/Zimmer, § 3 WpPG Rn. 35; *von Kopp-Colomb/Gajdos,* in: Assmann/Schlitt/von Kopp-Colomb, § 3 WpPG Rn. 11; *Schnorbus,* in: Berrar/Meyer/Müller/Schnorbus/Singhof/Wolf, vor §§ 1 ff. Rn. 23. So bereits zu der Verletzung der Prospektpflicht nach § 1 VerkprospG a. F. *Hauptmann* in: Vortmann, Prospekthaftung und Anlageberatung, 2000, § 3 Rn. 208; *Heidelbach,* in: Schwark/Zimmer, § 1 VerkprospG Rn. 45.

[48] BGBl. I 2004, 630.

[49] *Kallmorgen/Feldhaus,* BB 2007, 225, 228 f.; *Leuering,* Der Konzern 2006, 4, 8 f.; ebenso jetzt auch *Schnorbus,* in: Berrar/Meyer/Müller/Schnorbus/Singhof/Wolf, § 1 ff. WpPG Rn. 23.

Im Übrigen gelten auch für den Verstoß gegen die Prospektpflicht nach **14** dem Wertpapierprospektgesetz bereits dieselbe Argumentation, mit denen bei einen Verstoß gegen die Prospektpflicht nach dem Verkaufsprospektgesetz von einer Wirksamkeit der Verträge ausgegangen wurde: Die eine Prospektpflicht anordnenden Bestimmungen stellen keine Verbotsgesetze i. S. des § 134 BGB dar. Sie verbieten nicht direkt ein Rechtsgeschäft, den Kaufvertrag über die Wertpapiere, sondern nur ein öffentliches Angebot der Wertpapiere. Sie richten sich auch nur an den Anbieter und nicht an den Vertragspartner. Insofern waren §§ 1, 9 VerkprospG a. F. und ist § 3 Abs. 1 WpPG nicht als Verbotsgesetz i. S. des § 134 BGB anzusehen.[50] Verträge, selbst wenn sie auf Grund eines unter Verstoß gegen § 3 Abs. 1 durchgeführten öffentlichen Angebotes abgeschlossen wurden, sind wirksam.

§ 4. Ausnahmen von der Pflicht zur Veröffentlichung eines Prospekts im Hinblick auf bestimmte Wertpapiere

(1) **Die Pflicht zur Veröffentlichung eines Prospekts gilt nicht für öffentliche Angebote folgender Arten von Wertpapieren:**

1. **Aktien, die im Austausch für bereits ausgegebene Aktien derselben Gattung ausgegeben werden, ohne dass mit der Ausgabe dieser neuen Aktien eine Kapitalerhöhung verbunden ist;**
2. **Wertpapiere, die anlässlich einer Übernahme im Wege eines Tauschangebots angeboten werden, sofern ein Dokument verfügbar ist, dessen Angaben denen des Prospekts gleichwertig sind;**
3. **Wertpapiere, die anlässlich einer Verschmelzung oder Spaltung angeboten oder zugeteilt werden oder zugeteilt werden sollen, sofern ein Dokument verfügbar ist, dessen Angaben denen des Prospekts gleichwertig sind;**
4. **an die Aktionäre ausgeschüttete Dividenden in Form von Aktien derselben Gattung wie die Aktien, für die solche Dividenden ausgeschüttet werden, sofern ein Dokument zur Verfügung gestellt wird, das Informationen über die Anzahl und die Art der Aktien enthält und in dem die Gründe und Einzelheiten zu dem Angebot dargelegt werden;**
5. **Wertpapiere, die derzeitigen oder ehemaligen Mitgliedern von Geschäftsführungsorganen oder Arbeitnehmern von ihrem Arbeitgeber oder einem anderen mit ihm verbundenen Unternehmen im Sinne des § 15 des Aktiengesetzes als Emittent angeboten werden, sofern ein Dokument zur Verfügung gestellt wird, das über die Anzahl und die Art der Wertpapiere informiert und in dem die Gründe und die Einzelheiten zu dem Angebot dargelegt werden, und**
    a) **der Emittent seine Hauptverwaltung oder seinen Sitz in einem Staat des Europäischen Wirtschaftsraums hat,**
    b) **Wertpapiere des Emittenten bereits an einem organisierten Markt zugelassen sind oder**

---

[50] Unstr. *Heidelbach,* in: Schwark/Zimmer, § 3 WpPG Rn. 35; *von Kopp-Colomb/ Gajdos,* in: Assmann/Schlitt/von Kopp-Colomb, § 3 WpPG Rn. 11; *Schnorbus,* in: Berrar/Meyer/Müller/Schnorbus/Singhof/Wolf, § 3 WpPG Rn. 23.

c) Wertpapiere des Emittenten bereits an dem Markt eines Drittlands zugelassen sind, die Europäische Kommission für diesen Markt einen Beschluss über die Gleichwertigkeit erlassen hat und ausreichende Informationen einschließlich des genannten Dokuments in einer in der internationalen Finanzwelt üblichen Sprache vorliegen.

(2) Die Pflicht zur Veröffentlichung eines Prospekts gilt nicht für die Zulassung folgender Arten von Wertpapieren zum Handel an einem organisierten Markt:

1. Aktien, die über einen Zeitraum von zwölf Monaten weniger als 10 Prozent der Zahl der Aktien derselben Gattung ausmachen, die bereits zum Handel an demselben organisierten Markt zugelassen sind;

2. Aktien, die im Austausch für bereits an demselben organisierten Markt zum Handel zugelassene Aktien derselben Gattung ausgegeben werden, ohne dass mit der Ausgabe dieser neuen Aktien eine Kapitalerhöhung verbunden ist;

3. Wertpapiere, die anlässlich einer Übernahme im Wege eines Tauschangebots angeboten werden, sofern ein Dokument verfügbar ist, dessen Angaben denen des Prospekts gleichwertig sind;

4. Wertpapiere, die anlässlich einer Verschmelzung oder Spaltung angeboten oder zugeteilt werden oder zugeteilt werden sollen, sofern ein Dokument verfügbar ist, dessen Angaben denen des Prospekts gleichwertig sind;

5. Aktien, die nach einer Kapitalerhöhung aus Gesellschaftsmitteln den Inhabern an demselben organisierten Markt zum Handel zugelassener Aktien derselben Gattung angeboten oder zugeteilt werden oder zugeteilt werden sollen, sowie Dividenden in Form von Aktien derselben Gattung wie die Aktien, für die solche Dividenden ausgeschüttet werden, sofern ein Dokument zur Verfügung gestellt wird, das Informationen über die Anzahl und die Art der Aktien enthält und in dem die Gründe und Einzelheiten zu dem Angebot dargelegt werden;

6. Wertpapiere, die derzeitigen oder ehemaligen Mitgliedern von Geschäftsführungsorganen oder Arbeitnehmern von ihrem Arbeitgeber oder von einem verbundenen Unternehmen im Sinne von § 15 des Aktiengesetzes angeboten oder zugeteilt werden oder zugeteilt werden sollen, sofern es sich dabei um Wertpapiere derselben Gattung handelt wie die Wertpapiere, die bereits zum Handel an demselben organisierten Markt zugelassen sind, und ein Dokument zur Verfügung gestellt wird, das Informationen über die Anzahl und den Typ der Wertpapiere enthält und in dem die Gründe und Einzelheiten zu dem Angebot dargelegt werden;

7. Aktien, die nach der Ausübung von Umtausch- oder Bezugsrechten aus anderen Wertpapieren ausgegeben werden, sofern es sich dabei um Aktien derselben Gattung handelt wie die Aktien, die bereits zum Handel an demselben organisierten Markt zugelassen sind;

8. Wertpapiere, die bereits zum Handel an einem anderen organisierten Markt zugelassen sind, sofern sie folgende Voraussetzungen erfüllen:

a) die Wertpapiere oder Wertpapiere derselben Gattung sind bereits länger als 18 Monate zum Handel an dem anderen organisierten Markt zugelassen;

b) für die Wertpapiere wurde, sofern sie nach dem 30. Juni 1983 und bis einschließlich 31. Dezember 2003 erstmalig börsennotiert wurden, ein Prospekt gebilligt nach den Vorschriften des Börsengesetzes oder den Vorschriften anderer Staaten des Europäischen Wirtschaftsraums, die auf Grund der Richtlinie 80/390/EWG des Rates vom 17. März 1980 zur Koordinierung der Bedingungen für die Erstellung, die Kontrolle und die Verbreitung des Prospekts, der für die Zulassung von Wertpapieren zur amtlichen Notierung an einer Wertpapierbörse zu veröffentlichen ist (ABl. EG Nr. L 100 S. 1) in der jeweils geltenden Fassung oder auf Grund der Richtlinie 2001/34/EG des Europäischen Parlaments und des Rates vom 28. Mai 2001 über die Zulassung von Wertpapieren zur amtlichen Börsennotierung und über die hinsichtlich dieser Wertpapiere zu veröffentlichenden Informationen (ABl. EG Nr. L 184 S. 1) in der jeweils geltenden Fassung erlassen worden sind; wurden die Wertpapiere nach dem 31. Dezember 2003 erstmalig zum Handel an einem organisierten Markt zugelassen, muss die Zulassung zum Handel an dem anderen organisierten Markt mit der Billigung eines Prospekts einhergegangen sein, der in einer in § 14 Abs. 2 genannten Art und Weise veröffentlicht wurde;

c) der Emittent der Wertpapiere hat die auf Grund der Richtlinien der Europäischen Gemeinschaft erlassenen Vorschriften betreffend die Zulassung zum Handel an dem anderen organisierten Markt und die hiermit im Zusammenhang stehenden Informationspflichten erfüllt;

d) der Zulassungsantragsteller erstellt ein zusammenfassendes Dokument in deutscher Sprache;

e) das zusammenfassende Dokument nach Buchstabe d wird in einer in § 14 vorgesehenen Art und Weise veröffentlicht und

f) der Inhalt dieses zusammenfassenden Dokuments entspricht den Schlüsselinformationen gemäß § 5 Absatz 2 a. Ferner ist in diesem Dokument anzugeben, wo der neueste Prospekt sowie Finanzinformationen, die vom Emittenten entsprechend den für ihn geltenden Publizitätsvorschriften offen gelegt werden, erhältlich sind.

(3) ¹Das Bundesministerium der Finanzen kann im Einvernehmen mit dem Bundesministerium der Justiz durch Rechtsverordnung, die nicht der Zustimmung des Bundesrates bedarf, bestimmen, welche Voraussetzungen die Angaben in den in Absatz 1 Nr. 2 und 3 sowie Absatz 2 Nr. 3 und 4 genannten Dokumenten im Einzelnen erfüllen müssen, um gleichwertig im Sinne des Absatzes 1 Nr. 2 oder 3 oder im Sinne des Absatzes 2 Nr. 3 oder 4 zu sein. ²Dies kann auch in der Weise geschehen, dass Vorschriften des deutschen Rechts oder des Rechts anderer Staaten des Europäischen Wirtschaftsraums bezeichnet werden, bei deren Anwendung die Gleichwertigkeit gegeben ist. ³Das Bundesministerium der Finanzen kann die Ermächtigung durch Rechtsverordnung auf die Bundesanstalt für Finanzdienstleistungsaufsicht übertragen.

Übersicht

I. Vorbemerkungen

1 § 4 setzt Art. 4 Prospektrichtlinie um. Auch hier gilt, dass die in § 4 Abs. 1 und 2 geregelten Ausnahmen von der Prospektpflicht bei öffentlichen Angeboten bzw. einer Zulassung zu einem organisierten Markt zum Teil deutlich hinter den früher geltenden Befreiungsbestimmungen – für öffentliche Angebote §§ 2–4 VerkprospG a. F., für die Zulassung §§ 44 ff. BörsZulV a. F.[1] – aber auch gegenüber den Befreiungsregeln der Prospektrichtlinie zurück bleiben. Auch formal hat sich die Rechtslage gegenüber der früheren geändert. Das gilt zwar nur eingeschränkt für die Befreiung von der Prospektpflicht bei öffentlichen Angeboten, § 4 Abs. 1. Ebenso wie nach altem Recht tritt dort die Befreiung auch nach neuem Recht qua Gesetzes ein; einer behördlichen Entscheidung durch die BaFin bedurfte es nach altem Recht nicht. Sie ist auch nach neuem Recht grundsätzlich nicht erforderlich.[2] Nach neuem wie altem Recht geht die BaFin davon aus, dass ihr grundsätzlich keine Befreiungskompetenz zustehe und sie deshalb auch keine Negativatteste erteilen dürfe.[3] Gegenüber der alten Regelung in den §§ 2–4 VerkprospG a. F. ergibt sich eine Änderung allerdings insofern als der BaFin im Rahmen ihrer repressiven Befugnisse, d. h. will sie ein Angebot nach § 26 Abs. 4 untersagen, nicht

---

[1] Ebenso *Zeising,* in: Just/Voß/Ritz/Zeising, § 4 WpPG Rn. 3; *Schnorbus,* in: Berrar/Meyer/Müller/Schnorbus/Singhof/Wolf, § 4 WpPG Rn. 1.

[2] *Zeising,* in: Just/Voß/Ritz/Zeising, § 4 WpPG Rn. 2; *Schnorbus,* in: Berrar/Meyer/Müller/Schnorbus/Singhof/Wolf, § 4 WpPG Rn. 2.

[3] Ebenso *Mülbert/Steup,* WM 2005, 1633, 1643; vgl. dazu bereits oben § 3 Rn. 5.

nur rein formal prüfen muss, ob die Tatbestandsvoraussetzungen des § 4 Abs. 1 vorliegen. Sie muss darüber hinaus auch materiell prüfen, ob die prospektbefreiende Darstellungen, die in § 4 Abs. 1 Nr. 2 bis 5 verlangt werden, inhaltlich den Anforderungen der jeweiligen Nummer des § 4 Abs. 1 entsprechen, d. h. ob die Angaben in dem Dokument nach § 4 Abs. 1 Nr. 2 bis 5 tatsächlich denen des Prospekts „gleichwertig sind".[4] Die in diesem Zusammenhang hilfreiche Verordnung, die auf Grund von § 4 Abs. 3 erlassen werden könnte, ist bislang noch nicht vorgelegt worden. Auch bei den Befreiungsmöglichkeiten des § 4 Abs. 2 ergeben sich gegenüber den alten, in der Börsenzulassungsverordnung (§§ 45, 45 a BörsZulV a. F.) enthaltenen Regelungen, einige Änderungen, vgl. dazu unten Rn. 8 ff. Zu dem sowohl in Abs. 1 als auch in Abs. 2 verwendeten Begriff der Aktiengattung stellt die Regierungsbegründung zum Prospektrichtlinie-Umsetzungsgesetz klar, dass für die Zwecke des Wertpapierprospektgesetzes[5] Aktien, die sich nur in Bezug auf den Beginn der Dividendenberechtigung unterscheiden, als Aktien derselben Gattung gelten.[6] Das entspricht der alten Rechtslage, bei der z. B. § 45 Nr. 3 lit. b) BörsZulV a. F. sogar eine ausdrückliche Regelung in diesem Sinne enthielt.

II. Prospektbefreiung bei öffentlichen Angeboten

1. § 4 Abs. 1 Nr. 1

§ 4 Abs. 1 Nr. 1 setzt Art. 4 Abs. 1 lit. a) Prospektrichtlinie um. Als prak-   **2** tische Fälle für § 4 Abs. 1 Nr. 1 werden genannt die Neueinleitung des Grundkapitals (ohne Gattungsänderung) oder die Umwandlung von Nennbetrags- in Stückaktien,[7] nicht aber die Umwandlung in Aktien anderer Gattung,[8] wobei in diesen Fällen aber jeweils bereits kein öffentliches Angebot vorliegt, weil diese Vorgänge reine Satzungsänderungen darstellen, bei denen dann der Aktionär die geänderten Aktien automatisch, ohne Investitionsentscheidung eingebucht bekommt.[9] Insofern kommt es auf die hier geregelte Prospektbefreiung nicht an.

2. § 4 Abs. 1 Nr. 2

§ 4 Abs. 1 Nr. 2 setzt Art. 4 Abs. 1 lit. b) Prospektrichtlinie um. Er ent-   **3** spricht § 4 Abs. 1 Nr. 9 VerkprospG a. F., der eine Ausnahme von der Pros-

---

[4] *Schlitt/Schäfer,* in: Assmann/Schlitt/von Kopp-Colomb, § 4 WpPG Rn. 56; *Zeising,* in: Just/Voß/Ritz/Zeising, § 4 WpPG Rn. 2; *Mülbert/Steup,* WM 2005, 1633, 1643.

[5] Anders als nach dem Aktiengesetz, vgl. § 11 AktG. A. A. *Schnorbus,* in: Berrar/Meyer/Müller/Schnorbus/Singhof/Wolf, § 4 WpPG Rn. 61 FN 81a, der auch aktienrechtlich Aktien mit nur zeitweise abweichender Dividendenberechtigung einer Gattung zuordnet.

[6] RegBegr. zum Prospektrichtlinie-Umsetzungsgesetz, BT-Drs. 15/4999, S. 25, 30.

[7] *Schlitt/Schäfer,* in: Assmann/Schlitt/von Kopp-Colomb, § 4 WpPG Rn. 7; *Schnorbus,* in: Berrar/Meyer/Müller/Schnorbus/Singhof/Wolf, § 4 WpPG Rn. 5.

[8] *Schnorbus,* in: Berrar/Meyer/Müller/Schnorbus/Singhof/Wolf, § 4 WpPG Rn. 4.

[9] Vgl. ausführlich oben § 2 Rn. 10.

pektpflicht für Wertpapiere enthielt, die als Gegenleistung im Rahmen eines Angebots nach dem **Wertpapiererwerbs- und Übernahmegesetz** angeboten wurden. Aufgrund der nach der WpÜG-Angebotsverordnung in die Angebotsunterlage aufzunehmenden Informationen, deren Umfang durch die in Art. 6 des Prospektrichtlinie-Umsetzungsgesetz enthaltenen Änderungen der WpÜG-Angebotsverordnung wesentlich erweitert und an die Prospektverordnung angepasst wurde, ist sichergestellt, dass die Anteilseigner der Zielgesellschaft in einem solchen Fall im gleichen Umfang über die als Gegenleistung angebotenen Wertpapiere informiert werden, wie dies nach § 7 und der Verordnung der Kommission zur Durchführung der Prospektrichtlinie[10] vorgeschrieben ist.[11] Das gilt für Übernahmeangebote nach dem WpÜG, dort ist damit die Angebotsunterlage das gleichwertige Dokument.

3a   Fraglich ist, was für andere Angebote gilt, da der Wortlaut des § 4 Abs. 1 Nr. 2 über Angebote nach dem Wertpapiererwerbs- und Übernahmegesetz hinausgeht. Er erfasst alle Wertpapiere, die anlässlich einer Übernahme im Wege eines Tauschangebots angeboten werden, unabhängig, ob nach dem Wertpapiererwerbs- und Übernahmegesetz oder nach anderen, z. B. ausländischen Vorschriften.[12] Ob jedoch auch nicht unter das Wertpapiererwerbs- und Übernahmegesetz fallende, z. B. ausländische Tauschangebote befreit sind, hängt davon ab, ob das vorgelegte Dokument das Gleichwertigkeitskriterium erfüllt.[13] Dies wiederum kann gemäß § 4 Abs. 3 festgelegt werden. Da eine solche Festlegung bislang fehlt, bedarf es einer Einzelfallentscheidung. Der Praxis der BaFin – entscheidend für § 4 Abs. 1 Nr. 2, wobei diese, vgl. Rn. 1, keine Negativbescheinigungen ausstellt – und der Börsen – entscheidend für § 4 Abs. 2 Nr. 3, vgl. unter Rn. 8 – entspricht es hierbei, zunächst formale Anforderungen zu stellen: maximales Alter des Dokuments von 12 Monaten, ggfls. Nachträge, Sprachregelung entspre-

---

[10] Verordnung (EG) Nr. 809/2004 der Kommission vom 29. April 2004 zur Umsetzung der Richtlinie 2003/71/EG des Europäischen Parlaments und des Rates betreffend die in Prospekten enthaltenen Informationen sowie das Format, die Aufnahme von Informationen mittels Verweis und die Veröffentlichung solcher Prospekte und die Verbreitung von Werbung, in der zweiten berichtigten Fassung abgedruckt in ABl. EG Nr. L 186 vom 18. Juli 2005, S. 3, geändert durch die Verordnung (EG) Nr. 1787/2006 der Kommission vom 4. Dezember 2006, ABl. EG Nr. L 337, 17, die Verordnung (EG) Nr. 211/2007 der Kommission vom 27. Februar 2007, ABl. EG Nr. L 61, 24, die Verordnung (EG) Nr. 1289/2008 der Kommission vom 12. Dezember 2008, ABl. EG Nr. L 340, 17, die Delegierte Verordnung (EU) Nr. 311/2012 der Kommission vom 21. Dezember 2011, ABl. EU Nr. L 103, 13, und die Delegierte Verordnung (EU) Nr. 486/2012 der Kommission vom 30. März 2012, ABl. EU Nr. L 150, 1.

[11] So ausdrücklich *Schnorbus*, in: Berrar/Meyer/Müller/Schnorbus/Singhof/Wolf, § 4 WpPG Rn. 7; *Zeising*, in: Just/Voß/Ritz/Zeising, § 4 WpPG Rn. 6.

[12] *Gebhardt*, in: Schäfer/Hamann/KMG, § 4 WpPG Rn. 7; *Schlitt/Schäfer*, in: Assmann/Schlitt/von Kopp-Colomb, § 4 WpPG Rn. 9; *Schnorbus*, in: Berrar/Meyer/Müller/Schnorbus/Singhof/Wolf, § 4 WpPG Rn. 14; *Zeising*, in: Just/Voß/Ritz/Zeising, § 4 WpPG Rn. 9; *Seibt/von Bonin/Isenberg*, AG 2008, 565, 567; *Veil/Wundenberg*, WM 2008, 1285, 1286.

[13] Ausführlich dazu *Seibt/von Bonin/Isenberg*, AG 2008, 565, 568ff.; *Veil/Wundenberg*, WM 2008, 1285, 1287ff.

chend § 19,[14] Veröffentlichung entsprechend § 14 Abs. 2.[15] Inhaltlich gilt § 5 Abs. 1.[16] Darüber hinaus wird in der Literatur ganz überwiegend eine qualitative Gleichwertigkeit mit den Prospektangaben, nach § 7 i. V. m. der Prospektverordnung gefordert.[17] Da weder das Sprachregime des WpÜG (Deutsch) noch des Wertpapierprospektgesetzes (§§ 19, 20) gilt, ersteres weil das Angebot gerade nicht nach dem WpÜG, sondern nach der ausländischen Regelung erfolgt, letzteres weil es nicht um einen Prospekt sondern ein gleichwertiges Dokument geht, dürfte auch ein Dokument in einer in internationalen Finanzkreisen üblichen Sprache (Englisch) ausreichen.[18]

Für das gleichwertige Dokument, das nach dem WpÜG als eigenes Dokument gem. § 2 Nr. 2 Hlbs. 1 WpÜG-Angebotsverordnung erstellt wurde, greift die spezielle Haftung des § 12 WpÜG, der §§ 21 f. verdrängt.[19] Wird das gleichwertige Dokument nach dem WpÜG als weiter genutzter Prospekt nach § 2 Nr. 2 Hlbs. 2 WpÜG-Angebotsverordnung erstellt, ergibt sich die Haftung aus § 21.[20] Dieses Haftungsregime gilt sowohl für § 4 Abs. 1 Nr. 2 als auch für § 4 Abs. 2 Nr. 3.[21] Soweit der Prospektmangel nicht dazu führt, dass die BaFin wegen fehlender Gleichwertigkeit das Angebot untersagt oder die Börse die Zulassung verweigert, führt der Prospektmangel nicht dazu, von einem „fehlenden" Prospekt auszugehen und damit eine Prospekthaftung nach § 24 anzunehmen.[22]   **3b**

3. § 4 Abs. 1 Nr. 3

§ 4 Abs. 1 Nr. 3 setzt Art. 4 Abs. 1 lit. c) Prospektrichtlinie um und entspricht § 4 Abs. 1 Nr. 7 VerkprospG a. F. Durch das Gesetz zur Umsetzung der Richtlinie 2010/73/EU und zur Änderung des Börsengesetzes[23] wurde § 4 Abs. 1 Nr. 3 in Umsetzung der entsprechenden Änderung durch die   **4**

---

[14] A. A. *Seibt/von Bonin/Isenberg,* AG 2008, 565, 575 mit beachtlichen Argumenten.

[15] Insgesamt zu Vorstehendem *Gebhardt,* in: Schäfer/Hamann, KMG, § 4 WpPG Rn. 9. Zu den Einzelheiten zur Veröffentlichung vgl. *Seibt/von Bonin/Isenberg,* AG 2008, 565, 567 ff.

[16] *Gebhardt,* in: Schäfer/Hamann, KMG, § 4 WpPG Rn. 9.

[17] *Schlitt/Schäfer,* in: Assmann/Schlitt/von Kopp-Colomb, § 4 WpPG Rn. 12; *Schnorbus,* in: Berrar/Meyer/Müller/Schnorbus/Singhof/Wolf, § 4 WpPG Rnrn. 15 f.; *Seibt/von Bonin/Isenberg,* AG 2008, 565, 576 f., die eine Ergänzung der für das nach ausländischem Recht erstellte Dokument um die nach der Prospektverordnung erforderlichen Angaben verlangen.

[18] *Schlitt/Schäfer,* in: Assmann/Schlitt/von Kopp-Colomb, § 4 WpPG Rn. 12; *Schnorbus,* in: Berrar/Meyer/Müller/Schnorbus/Singhof/Wolf, § 4 WpPG Rn. 18; a. A. auf das Sprachregime des § 19 abstellend, Gebhardt, in: Schäfer/Hamann/KMG, § 4 WpPG Rn. 9; *Zeising,* in: Just/Voß/Ritz/Zeising, § 4 WpPG Rn. 10.

[19] *Schnorbus,* in: Berrar/Meyer/Müller/Schnorbus/Singhof/Wolf, § 4 WpPG Rn. 21.

[20] A. A. *Schnorbus,* in: Berrar/Meyer/Müller/Schnorbus/Singhof/Wolf, § 4 WpPG Rn. 22, der auch in diesem Fall § 12 WpÜG anwenden will.

[21] *Schnorbus,* in: Berrar/Meyer/Müller/Schnorbus/Singhof/Wolf, § 4 WpPG Rn. 23.

[22] Im Ergebnis wie hier *Schnorbus,* in: Berrar/Meyer/Müller/Schnorbus/Singhof/Wolf, vor §§ 1 ff. WpPG Rn. 26.

[23] BGBl. I 2012, 1375.

ÄnderungsRL um die Spaltung ergänzt, was der bereits vorher wohl überwiegenden Meinung entspricht.[24] Die Verschmelzung – nach deutschem Recht –[25] führt nach § 20 Abs. 1 Nr. 3 UmwG grundsätzlich dazu, dass die Anteilsinhaber des übertragenden Rechtsträgers qua Eintragung der Verschmelzung Anteilsinhaber des übernehmenden Rechtsträgers werden. Der damit automatisch folgende Wechsel der Aktionärseigenschaft ist aber kein Angebot, so dass insoweit § 4 Abs. 1 Nr. 3 überflüssig ist, da, worauf die Regierungsbegründung zum Prospektrichtlinie-Umsetzungsgesetz zutreffend verweist, bereits wegen Fehlens der Voraussetzungen des § 3 Abs. 1 keine Prospektpflicht besteht: „Auch Umwandlungsvorgänge nach dem Umwandlungsgesetz stellen kein öffentliches Angebot dar, sofern die Personen, die bereits vor Wirksamwerden des Umwandlungsvorganges Wertpapiere des übertragenden Rechtsträgers halten, anlässlich des Umwandlungsvorganges keine Zuzahlungen für den Erwerb der Wertpapiere leisten sollen. Soweit Wertpapiere ohne Zuzahlung ausgegeben werden, besteht keine Prospektpflicht."[26] Diese ausdrückliche Klarstellung in der Regierungsbegründung zum Prospektrichtlinie-Umsetzungsgesetz wird in der Regierungsbegründung zum Gesetz zur Umsetzung der Richtlinie 2010/73/EU und zur Änderung des Börsengesetzes nochmals ausdrücklich in Bezug genommen.[27] In der Literatur wird dagegen vereinzelt vertreten, auch die Verschmelzung stelle jedenfalls nach dem Willen des Europäischen Gesetzgebers ein öffentliches Angebot dar, sonst hätte es der Ausnahmeregelung in Artikel 4 Abs. 1 lit. c) ProspektRL nicht bedurft.[28] Das ist jedoch kein Argument für die Beurteilung des konkreten Sachverhalts. Ob eine Ausnahme von der Regel der Prospektpflicht, erforderlich ist, richtet sich danach, ob die Tatbestandsvoraussetzungen der Regel vorliegen, ob demnach die konkrete Struktur ein öffentliches Angebot darstellt. Wie die konkrete Struktur aussieht, richtet sich im

---

[24] ESMA, Frequently asked questions, Prospectuses: common positions agreed by ESMA Members, question No. 30, abrufbar über die homepage: www.esma.europa.eu; siehe z. B. *Schnorbus,* in: Berrar/Meyer/Müller/Schnorbus/Singhof/Wolf, vor §§ 1 ff. WpPG Rn. 25, der auch zur alten Fassung bereits ohne Diskussion die Spaltung nennt.

[25] *Gebhardt,* in: Schäfer/Hamann, KMG, § 4 WpPG Rn. 11 weist aber zu Recht darauf hin, dass § 4 Abs. 1 Nr. 3 auch ausländische Rechtsvorgänge erfassen, wenn sie als „Verschmelzung" anzusehen sind.

[26] RegBegr. zum Prospektrichtlinie-Umsetzungsgesetz, BT-Drs. 15/4999, S. 25, 28 und 30; vgl. auch oben § 2 WpPG Rn. 10; wie hier bereits zur Prospektrichtlinie *Wiegel,* 179; zum WpPG *Gebhardt,* in: Schäfer/Hamann, KMG, § 4 WpPG Rn. 12; *Hamann,* in: Schäfer/Hamann, KMG, § 2 WpPG Rnrn. 38, 42; *Heidelbach,* in: Schark/Zimmer, § 4 WpPG Rn. 13; *Schlitt/Schäfer,* in: Assmann/Schlitt/von Kopp-Colomb, § 4 WpPG Rn. 16; *Schnorbus,* in: Berrar/Meyer/Müller/Schnorbus/Singhof/Wolf, § 4 WpPG Rn. 26.

[27] Reg. Begr. ÄnderungsRL-Umsetzungsgesetz, BT-Drs. 17/8684, S. 13, 17: „Wie bei der Verschmelzung liegt auch bei der Spaltung nach deutschem Recht im Regelfall allerdings schon kein öffentliches Angebot und damit keine Prospektpflicht vor (Regierungsbegründung zum Prospektrichtlinie-Umsetzungsgesetz, BT-Drs. 15/4999, S. 28 und 30)."

[28] *Ritz/Zeising,* in: Just/Voß/Ritz/Zeising, § 2 WpPG Rnrn. 139 ff.; *Zeising,* in: Just/Voß/Ritz/Zeising, § 4 WpPG Rn. 13.

Fall der Verschmelzung nach nationalem Recht. Es mag aufgrund unterschiedlicher rechtlicher Rahmenbedingungen in Europa in anderen Mitgliedsstaaten im Falle der Verschmelzung ein Angebot vorliegen, so dass es dort einer Ausnahmeregelung von der Prospektpflicht bedarf. Dem wurde in der Prospektrichtlinie Rechnung getragen, der deutsche Gesetzgeber war verpflichtet, diese Regelung umzusetzen. Wenn aber nach dem nationalen Recht die Struktur so ist, dass kein öffentliches Angebot vorliegt, dann bedarf es auch keiner Ausnahmeregelung. Aus dem Willen des europäischen Gesetzgebers lässt sich demnach für die Situation in Deutschland nichts entnehmen. Außerdem: Wenn der deutsche Gesetzgeber schon ausdrücklich festhält, das Umwandlungsvorgänge nach dem Umwandlungsgesetz kein öffentliches Angebot darstellen, dann geht dies einer europäischen Richtlinienregelung, die zu ihrer Wirksamkeit im nationalen Recht der Umsetzung bedarf, vor.

Auch im Fall der Mischverschmelzung nach § 29 UmwG findet die Ausnahmeregelung des § 4 Abs. 1 Nr. 3 keine Anwendung, da dort gerade kein Angebot zum Erwerb/Kauf *durch* den Aktionär sondern ein Angebot zum Erwerb/Kauf *von* dem Aktionär vorgelegt wird, nicht der Aktionär kann erwerben, sondern der übernehmende Rechtsträger.[29]   **4a**

Auch Sinn und Zweck der Prospektpflicht gebieten es nicht, im Fall der Verschmelzung ein öffentliches Angebot anzunehmen um dadurch zumindest die Information der Anleger (die es mangels Anlage- oder Investitionsentscheidung nicht gibt) durch ein gleichwertiges Dokument zu erreichen. Die Aktionäre erhalten in Vorbereitung der Verschmelzung aufgrund der gesetzlichen Bestimmungen den Verschmelzungsvertrag, den Verschmelzungsbericht und den Verschmelzungsprüfungsbericht, in denen jeweils umfangreiche Informationen enthalten sind; außerdem wird die Wertrelation zwischen Leistung und Gegenleistung durch unabhängige Dritte bewertet.[30] Damit liegen umfangreiche und umfassende Informationen vor, ein zusätzliches Informationsbedürfnis besteht nicht. Findet somit § 4 Abs. 1 Nr. 3 keine Anwendung auf eine Verschmelzung nach deutschem Recht, dann bleibt als Anwendungsbereich dieser Regelung jedoch die Verschmelzungsvorgänge nach ausländischem Recht, wenn diese als öffentliches Angebot strukturiert sind.[31]   **4b**

Gleiches gilt für die Spaltung nach deutschem Recht, die ebenfalls kein öffentliches Angebot darstellt, da bei der Aufspaltung bzw. Abspaltung die Aktien ebenfalls automatisch eingebucht werden, § 131 Abs. 1 Nr. 3 UmwG, ein Informationsbedürfnis besteht aufgrund der nach dem Umwandlungsgesetz vorzulegenden umfassenden Dokumentation ebenfalls nicht, und denkbar ist eine Anwendung der Ausnahmeregelung bei Spaltungen nach ausländischem Recht. Die Regierungsbegründung zum Gesetz zur Umsetzung der   **4c**

---

[29] So zu Recht ausdrücklich *Schnorbus*, in: Berrar/Meyer/Müller/Schnorbus/Singhof/Wolf, § 4 WpPG Rn. 29; die abweichende Ansicht der Vorauflage wird damit aufgegeben.

[30] Ebenso *Schnorbus*, in: Berrar/Meyer/Müller/Schnorbus/Singhof/Wolf, § 4 WpPG Rn. 30.

[31] *Gebhardt*, in: Schäfer/Hamann/KMG, § 4 WpPG Rn. 11; *Schnorbus*, in: Berrar/Meyer/Müller/Schnorbus/Singhof/Wolf, § 4 WpPG Rn. 30.

Richtlinie 2010/73/EU und zur Änderung des Börsengesetzes hebt dies nochmals ausdrücklich hervor nochmals ausdrücklich: „Wie bei der Verschmelzung liegt auch bei der Spaltung nach deutschem Recht im Regelfall allerdings schon kein öffentliches Angebot und damit keine Prospektpflicht vor (Regierungsbegründung zum Prospektrichtlinie-Umsetzungsgesetz, BT-Drs. 15/4999, S. 28 und 30)."[32]

4. § 4 Abs. 1 Nr. 4

5 § 4 Abs. 1 Nr. 4 setzt Art. 4 Abs. 1 lit. d) Prospektrichtlinie um und ist mit § 4 Abs. 1 Nr. 4 VerkprospG a. F. vergleichbar. Die früher in § 4 Abs. 1 Nr. 4 noch genannte Kapitalerhöhung aus Gesellschaftsmitteln wurde durch das Gesetz zur Umsetzung der Richtlinie 2010/73/EU und zur Änderung des Börsengesetzes[33] in Übernahme der entsprechenden Änderung durch die ÄnderungsRL gestrichen. Begründet wurde diese Änderung damit, bei einem solchen Angebot handele es sich um ein unentgeltliches Angebot bzw. eine unentgeltliche Zuteilung, die aber bereits durch § 3 Abs. 2 Satz 1 Nr. 5 befreit sei, so dass für eine nochmalige Befreiung keine Notwendigkeit bestehe.[34] Für deutsche Aktiengesellschaften war diese Regelung so oder so überflüssig. Nach deutschem Recht stehen gemäß § 212 AktG die Aktien aus einer Kapitalerhöhung aus Gesellschaftsmitteln unmittelbar den Altaktionären zu, ohne dass insoweit ein Verkaufs- oder Angebotsvorgang erfolgt, so dass eine Prospektpflicht nach § 3 Abs. 1 nicht besteht.[35] Soweit es um die jetzt allein noch in § 4 Abs. 1 Nr. 4 geregelte Sachdividenden geht, ist das Vorliegen eines öffentlichen Angebots ebenfalls mehr als fraglich. Solche Dividenden werden nicht „angeboten", sondern am Zahltag eingebucht bzw. ausgezahlt.[36] Eine Kauf- oder Investitionsentscheidung trifft der Anleger nicht. Eine andere Wertung kann sich jedoch aus den Rechtsordnungen anderer Sitzstaaten der jeweiligen Emittenten ergeben, so dass für diese § 4 Abs. 1 Nr. 4 Bedeutung erlangen kann.

5. § 4 Abs. 1 Nr. 5

6 § 4 Abs. 1 Nr. 5 setzt Art. 4 Abs. 1 lit. e) Prospektrichtlinie um, orientiert sich an § 2 Nr. 3 VerkprospG a. F., bleibt aber dahinter zurück. Anders als § 2

---

[32] Reg. Begr. ÄnderungsRL-Umsetzungsgesetz, BT-Drs. 17/8684, S. 13, 17.

[33] BGBl. I 2012, 1375.

[34] Reg. Begr. ÄnderungsRL-Umsetzungsgesetz, BT-Drs. 17/8684, S. 13, 17 i. V. m. der diese Begründung dann auch umsetzenden Streichung auf Grund der Anregung des Bundesrates, BT-Dr. 17/8684, S. 27 und S. 28; ebenso für die Änderung der Prospektrichtlinie Erwägungsgrund 13 ÄnderungsRL.

[35] So bereits RegBegr. zum Verkaufsprospektgesetz, BT-Drs. 11/6340, S. 1, 21; *Hüffer*, Wertpapier-Verkaufsprospektgesetz, S. 56. Zum WpPG *Gebhardt*, in: Schäfer/Hamann, KMG, § 4 WpPG Rn. 14; *Heidelbach*, in: Schwark/Zimmer, § 4 WpPG Rn. 17; *Schlitt/Schäfer*, in: Assmann/Schlitt/von Kopp-Colomb, § 4 WpPG Rn. 20; *Schnorbus*, in: Berrar/Meyer/Müller/Schnorbus/Singhof/Wolf, § 4 WpPG Rn. 34; *Zeising*, in: Just/Voß/Ritz/Zeising, § 4 WpPG Rn. 19.

[36] *Gebhardt*, in: Schäfer/Hamann, KMG, § 4 WpPG Rn. 14; *Heidelbach*, in: Schark/Zimmer, § 4 WpPG Rn. 17; *Schlitt/Schäfer*, in: Assmann/Schlitt/von Kopp-Colomb, § 4 WpPG Rn. 21; *Schnorbus*, in: Berrar/Meyer/Müller/Schnorbus/Singhof/Wolf, § 4 WpPG Rn. 34; *Zeising*, in: Just/Voß/Ritz/Zeising, § 4 WpPG Rn. 19.

Nr. 3 VerkprospG a. F. ist § 4 Abs. 1 Nr. 5 jedoch klarer formuliert, so dass deutlich wird, dass auch ehemalige Arbeitnehmer erfasst sein sollen, und der Begriff des verbundenen Unternehmens sich an § 15 AktG orientiert. Durch das Gesetz zur Umsetzung der Richtlinie 2010/73/EU und zur Änderung des Börsengesetzes[37] wurden in Umsetzung der ÄnderungsRL das Erfordernis der Börsenotierung für Unternehmen mit Sitz in einem Staat des Europäischen Wirtschaftsraums gestrichen und damit Mitarbeiterbeteiligungsprogramme jedenfalls von Unternehmen mit Sitz im Europäischen Wirtschaftsraum erleichtert.[38] Bei Arbeitnehmern der Gesellschaft, denen in der Regel die Wertpapiere zu besonderen Konditionen angeboten werden, geht der europäische und deutsche Richtlinien- bzw. Gesetzgeber davon aus, dass bei ihnen im Hinblick auf die betriebsinternen Informationen über die wirtschaftliche Lage des Emittenten ein Prospekt entbehrlich ist. Dieses Argument soll nach der Streichung dieses Erfordernisses für Emittenten mit Sitz in der Europäischen Union bei solchen außerhalb der Europäischen Union nur dann gelten, wenn deren Wertpapiere zum Handel an einem geregelten Markt, § 2 Nr. 16, damit an einem geregelten Markt im Europäischen Wirtschaftsraum, oder dem Markt eines Drittlandes, für den die Europäische Kommission die Gleichwertigkeit festgestellt hat, zugelassen sind. Das überzeugt nicht, weil die Frage, ob Mitarbeiter betriebsinterne Informationen haben oder nicht, nicht davon abhängt, ob die Gesellschaft börsennotiert ist oder nicht – wollte man auf die Börsennotierung abstellen, dann ginge es nicht um den Informationsstand der Mitarbeiter sondern den des Marktes. Eine ganz andere Frage ist, ob und unter welchen Voraussetzungen Angebote an Arbeitnehmer als nicht öffentliche Angebote angesehen werden können und damit aus dem Anwendungsbereich des Wertpapierprospektgesetzes herausfallen, so dass es der Befreiungsregelung in § 4 Abs. 1 Nr. 5 nicht bedarf.[39] Weiter setzt die Befreiungsregelung ein Dokument voraus, das die – wenigen – in § 4 Abs. 1 Nr. 5 genannten Informationen enthalten muss. Zur Sprache des Dokuments lässt die Regierungsbegründung zum Gesetz zur Umsetzung der Richtlinie 2010/73/EU und zur Änderung des Börsengesetzes die in Finanzkreisen übliche Sprache (Englisch) genügen.[40] Wenn das Dokument vereinzelt als „kleiner Prospekt" bezeichnet wird, ist dies insofern irreführend als damit der Eindruck entsteht, dieses Dokument bedürfe wie ein Prospekt der Billigung. Das ist nicht der Fall.[41]

III. Prospektbefreiung bei der Zulassung zum Handel an einem organisierten Markt

1. Vorbemerkung

§ 4 Abs. 2 setzt Art. 4 Abs. 2 Prospektrichtlinie um und entspricht in einigen Fällen den in den §§ 45, 45a BörsZulV a. F. geregelten Befreiungsmög-   **7**

---

[37] BGBl. I 2012, 1375.

[38] Kritisch dazu noch die Vorauflage, § 4 WpPG Rn. 6.

[39] Vgl. auch *Kollmorgen/Feldhaus,* BB 2007, 225, 226 und oben Kommentierung zu § 2 WpPG Rn. 17.

[40] RegBegr. ÄnderungsRL-Umsetzungsgesetz, BT-Drs. 17/8684, S. 13, 18.

[41] *Zeising,* in: Just/Voß/Ritz/Zeising, § 4 WpPG Rn. 22.

lichkeiten, bleibt jedoch zum Teil deutlich dahinter zurück. Abgesehen davon, dass verschiedene Befreiungstatbestände der §§ 45, 45 a BörsZulV a. F. in § 4 Abs. 2 gänzlich fehlen, wurden selbst die übernommenen Tatbestände zum Teil erheblich eingeschränkt. So enthält § 4 Abs. 2 Nr. 1 als zusätzliche Einschränkung gegenüber § 45 Nr. 3 lit. b) BörsZulV a. F. die zeitliche Komponente von zwölf Monaten, § 4 Abs. 2 Nr. 2 fordert anders als § 45 Nr. 2 lit. c) BörsZulV a. F. Aktien derselben Gattung und § 4 Abs. 2 Nr. 8 verkürzt die Frist des § 45 a BörsZulV a. F. von drei Jahren auf 18 Monate.

8   Auch formal hat sich die Rechtslage gegenüber der früheren geändert. Das gilt zwar nur eingeschränkt für die Befreiung von der Prospektpflicht bei öffentlichen Angeboten, § 4 Abs. 1, vgl. oben Rn. 1. Gegenüber den früheren Befreiungsmöglichkeiten der Börsenzulassungsverordnung (§§ 45, 45 a Börs-ZulV a. F.) ergeben sich aber einige entscheidende Änderungen: Nach altem Recht wurde die Befreiung nur auf Antrag gewährt, es lag im pflichtgemäßen Ermessen der Zulassungsstelle, die Befreiung zu gewähren oder zu untersagen, und die Bescheidung des Antrags erforderte eine gewisse Zeit – u. U. die für die Prospektbilligung früher vorgehenden 15 Börsentage.[42] Nach der durch das Prospektrichtlinie-Umsetzungsgesetz geänderten Rechtslage greift die Befreiung nach § 4 Abs. 2 qua Gesetzes. Eine Entscheidung im Sinne eines gesonderten Befreiungsbescheides über die Prospektbefreiung ist nach neuem Recht ebenso wenig vorgesehen[43] wie eine inhaltliche Prüfung eventuell erforderlicher prospektbefreiender Dokumente.[44] Das bedeutet, dass über die Befreiung als solche keine Entscheidung durch eine dafür zuständige Stelle ergeht. Andererseits muss die seit dem Finanzmarktrichtlinie-Umsetzungsgesetz hierfür zuständige Geschäftsführung der Börse als quasi Vorfrage ihrer Zulassungsentscheidung prüfen, ob einer der Fälle des § 4 Abs. 2 erfüllt ist, insbesondere ob das bei § 4 Abs. 2 Nr. 3–5 geforderte Dokument „gleichwertig" ist.[45] Nur dann, wenn sie diese Frage bejaht, kann sie ohne Prospektveröffentlichung Wertpapiere zum Handel zulassen. Dies führt zu einem gewissen Bruch der im Wertpapierprospektgesetz für (Börsenzulassungs)Prospekte neu geregelten Kompetenzen. Anders als früher, als die seinerzeit zuständige Zulassungsstelle für alle Fragen im Zusammenhang mit einem Bör-

---

[42] Vgl. *Groß,* Kapitalmarktrecht, 2. Aufl. 2002, §§ 45–47 BörsZulV Rn. 2.

[43] So bereits zur Prospektrichtlinie *Kunold/Schlitt,* BB 2004, 501, 505; wie hier auch *Schlitt/Schäfer,* in: Assmann/Schlitt/von Kopp-Colomb, § 4 WpPG Rn. 32; *Zeising,* in: Just/Voß/Ritz/Zeising, § 4 WpPG Rn. 27; *Lachner/v. Heppe,* WM 2008, 576, 577.

[44] Vgl. dazu aber sogleich unten: Im Rahmen der Entscheidung über die Prospektbefreiung erfolgt, soweit der entsprechende Befreiungstatbestand die Veröffentlichung eines prospektbefreienden Dokuments voraussetzte, u. U. auch dessen inhaltliche Prüfung durch die Zulassungsstelle. Darauf weisen *Mülbert/Steup,* WM 2005, 1633, 1640 f. zu Recht hin.

[45] *Schlitt/Schäfer,* in: Assmann/Schlitt/von Kopp-Colomb, § 4 WpPG Rn. 34; *Zeising,* in: Just/Voß/Ritz/Zeising, § 4 WpPG Rn. 28; § 4 Abs. 2 ebenso *Schnorbus,* in: Berrar/Meyer/Müller/Schnorbus/Singhof/Wolf, § 4 WpPG Rn. 82. A. A. *Gebhardt,* in: Schäfer/Hamann, KMG, § 4 WpPG Rn. 20, der von einer Zuständigkeit der BaFin ausgeht.

senzulassungsprospekt[46] zuständig war, ordnet das Wertpapierprospektgesetz nunmehr die alleinige und ausschließliche Zuständigkeit der BaFin für alle Fragen des Prospekts, für die Prospektprüfung, -billigung und -bescheinigung an. § 4 Abs. 2 bricht mit dieser ausschließlichen Kompetenzzuweisung indem die für die Zulassungsentscheidung allein zuständige Geschäftsführung der Börse im Rahmen ihrer Zulassungsentscheidung über die Vorfrage der Zulassung, ob ein Prospekt vorliegt oder aber, ob eine Prospektbefreiung nach § 4 Abs. 2 gegeben ist, entscheiden muss. Die BaFin wird dagegen im Rahmen des Zulassungsverfahrens nicht tätig. Lässt die Geschäftsführung unter Berufung auf § 4 Abs. 2 zu, kann die BaFin nicht eingreifen, da keiner der Ordnungswidrigkeitentatbestände des § 35 vorliegen und eine Widerspruchs- oder Anfechtungsbefugnis der BaFin bei erteilter Zulassung ausscheidet.

Fraglich ist, ob darüber hinaus im Rahmen des § 4 Abs. 2 eine noch weitergehende Ausnahme von der generellen Zuständigkeit der BaFin für alle Fragen des Prospekts erfolgt. Es wurde nämlich früher für die Zulassungsstelle[47] und damit dann jetzt wohl auch für die Geschäftsführung vertreten, dass der Zulassungsstelle/Geschäftsführung im Rahmen der Zulassungsentscheidung auch eine materielle Prüfungskompetenz hinsichtlich der prospektbefreienden Darstellung zusteht, wenn § 4 Abs. 2, wie z. B. in seinen Nrn. 3 und 4, als Voraussetzung der Prospektbefreiung ein Dokument fordert, „dessen Angaben denen des Prospekts gleichwertig sind." Dem wird man wohl folgen müssen. Setzt die Prospektbefreiung in solchen Fällen die Gleichwertigkeit der Informationen in einem anderen Dokument voraus, dann muss die Geschäftsführung der Börse bei der Entscheidung, ob die Voraussetzungen für eine Prospektbefreiung vorliegen, auch eben diese Gleichwertigkeit als Prospektbefreiungs- und damit Zulassungsvoraussetzung mit prüfen. Allerdings geht diese Prüfungspflicht der Geschäftsführung nicht weiter als die beschränkte Prüfungspflicht der BaFin bei Vollprospekten.[48]   **9**

Die Befreiungstatbestände sind separat nebeneinander anwendbar, d. h. sie können kumuliert und auch in einem engen zeitlichen Zusammenhang genutzt werden.[49] Welche der Ausnahmen genutzt werden soll, bestimmt der Antragsteller, so dass z. B. auch bei einer Verschmelzung § 4 Abs. 2 Nr. 3 (10%-Ausnahme) genutzt werden kann, um das gleichwertige Dokument zu vermeiden.[50]   **9a**

2. § 4 Abs. 2 Nr. 1

§ 4 Abs. 2 Nr. 1 setzt Art. 4 Abs. 2 lit. a) Prospektrichtlinie um und entspricht, abgesehen von den 12-Monats-Zeitraum, § 45 Nr. 3 lit. b) BörsZulV   **10**

---

[46] Ebenso wie bei einem Verkaufsprospekt, der aber nach Stellung eines Zulassungsantrags veröffentlicht wurde, vgl. dazu nur *Groß*, Kapitalmarktrecht, 2. Aufl. 2002, § 5 VerkprospG Rn. 5.

[47] So *Mülbert/Steup*, WM 2005, 1633, 1641.

[48] Ebenso *Mülbert/Steup*, WM 2005, 1633, 1641; zur begrenzten Prüfungspflicht der BaFin vgl. unten § 13 WpPG Rn. 8.

[49] *Schlitt/Schäfer*, in: Assmann/Schlitt/von Kopp-Colomb, § 4 WpPG Rn. 33.

[50] *Schnorbus*, in: Berrar/Meyer/Müller/Schnorbus/Singhof/Wolf, § 4 WpPG Rn. 59.

a. F. Die 10%-Quote bezieht sich auf die Anzahl an den Börsen notierter Aktien gleicher Gattung, wobei hierfür auch Aktien, die sich nur in Bezug auf den Beginn der Dividendenberechtigung unterscheiden, als Aktien derselben Gattung gelten.[51] Bei unterschiedlichen Gattungen berechnet sich die 10%-Quote von der Anzahl der jeweils zugelassenen Aktien derselben Gattung, so dass bei Stamm- und Vorzugsaktien die 10%-Quote jeweils für die zugelassenen Stammaktien und die zugelassenen Vorzugsaktien zu berechnen ist.

10a   Streitig ist, ob für die Berechnung der 10%-Quote die Anzahl aller im Inland an allen Börsen notierter Aktien gleicher Gattung herangezogen werden kann.[52] Der Wortlaut des § 4 Abs. 2 Nr. 1 („an demselben organisierten Markt") spricht dagegen, da die verschiedenen deutschen Wertpapierbörsen selbständige Anstalten öffentlichen Rechts sind und der jeweils bei ihnen bestehende regulierte Markt jeweils ein anderer organisierter Markt ist. Rein tatsächlich kommt es auf diese Unterscheidung jedoch nicht an, da die Zulassung bei verschiedenen inländischen Börsen jeweils alle Aktien gleicher Gattung zu umfassen hat, § 7 BörsZulV, somit jedenfalls in aller Regel an allen deutschen Börsen auch alle Aktien der jeweiligen Gattung zugelassen sind.[53] Außerdem ist im Lichte europäischer Regelung der Terminus „an demselben organisierten Markt" im Sinne von reguliert Markt an den deutschen Börsen zu verstehen und nicht als z. B. regulierter Markt der FWB oder der Düsseldorfer Börse, so dass eine einheitliche Betrachtung erfolgt.[54]

10b   Die 10% berechnen sich von der bei Antragstellung aktuellen Anzahl aller zugelassenen Aktien.[55] Das hat Bedeutung in all den Fällen, in denen sich innerhalb der Frist von 12 Monaten die Anzahl der zugelassenen Aktien geändert hat, z. B. auf Grund einer zwischenzeitlichen prospektpflichtigen Kapitalerhöhung, einer Kapitalerhöhung aus Gesellschaftsmitteln oder auch einer Zulassung von Aktien, die nach anderen Befreiungsregeln prospektfrei erfolgte.[56]

---

[51] RegBegr. zum Prospektrichtlinie-Umsetzungsgesetz, BT-Drs. 15/4999, S. 25, 30. Ebenso *Schlitt/Schäfer,* in: Assmann/Schlitt/von Kopp-Colomb, § 4 WpPG Rn. 41; *Schnorbus,* in: Berrar/Meyer/Müller/Schnorbus/Singhof/Wolf, § 4 WpPG Rn. 61, der in FN. 81a jedoch die Ansicht vertritt, diese Äußerung in der RegBgr. sein nur eine Klarstellung, weil aktienrechtlich junge Aktien mit bloß vorübergehender abweichender Dividendenberechtigung keine eigene Gattung darstellen würden. Wie hier auch *Zeising,* in: Just/Voß/Ritz/Zeising, § 4 WpPG Rn. 42.

[52] Dafür *Schlitt/Schäfer,* in: Assmann/Schlitt/von Kopp-Colomb, § 4 WpPG Rn. 41; dagegen *Gebhardt,* in: Schäfer/Hamann, KMG, § 4 WpPG Rn. 28; *Schnorbus,* in: Berrar/Meyer/Müller/Schnorbus/Singhof/Wolf, § 4 WpPG Rn. 63; *Zeising,* in: Just/Voß/Ritz/Zeising, § 4 WpPG Rn. 33. Dagegen auch bereits zum VerkProspG ohne nähere Begründung *Ritz,* in: Assmann/Lenz/Ritz, § 4 VerkprospG Rn. 17.

[53] Vgl. oben Kommentierung zu §§ 1–12 BörsZulV.

[54] Dagegen *Gebhardt,* in: Schäfer/Hamann, KMG, § 4 WpPG Rn. 28.

[55] *Gebhardt,* in: Schäfer/Hamann, KMG, § 4 WpPG Rn. 27; so auch unter Hinweis auf die insoweit geänderte Praxis der Geschäftsführung *Lachner/v. Heppe,* WM 2008, 576, 578; abweichend wohl *Schnorbus,* in: Berrar/Meyer/Müller/Schnorbus/Singhof/Wolf, § 4 WpPG Rn. 64.

[56] Instruktiv auch Beispiel bei ESMA, Frequently asked questions, Prospectuses: common positions agreed by ESMA Members, question No. 31, abrufbar über die

Maßgeblich ist in all diesen Fällen die erhöhte Anzahl zugelassener Aktien. Nur für den Fall, dass die frühere Zulassung sich ebenfalls auf die Prospektbefreiung nach § 4 Abs. 2 Nr. 1 stützte, erfolgt eine Zusammenrechnung, für die dann die 10%-Grenze des aktuellen (erhöhten) Kapitals innerhalb der 12 Monate gilt.[57] Volumina aus prospektfreien oder sogar mit Prospekt durchgeführten Zulassungsverfahren werden für die 10%-Grenze nicht mitgerechnet.[58] Anders als § 45 Nr. 3 lit. b) BörsZulV a. F. enthält § 4 Abs. 2 Nr. 1 eine **Ausschlussfrist von 12 Monaten**. Diese beginnt mit der Zulassung[59] der Aktien. Sie berechnet sich entsprechend den §§ 187 ff. BGB.

3. § 4 Abs. 2 Nr. 2

§ 4 Abs. 2 Nr. 2 setzt § 4 Abs. 2 lit. d) Prospektrichtlinie um und ent-   **11** spricht im Wesentlichen § 4 Abs. 1 Nr. 1, so dass auf die dortigen Ausführungen verwiesen werden kann. Auch hier ist aber schon fraglich, ob überhaupt eine neue Zulassung erfolgt. Das ist bei der Umstellung von Nennbetrags- auf Stückaktien zu verneinen. Dagegen ist bei der Umwandlung von Aktiengattungen eine neue Zulassung z. B. der aus der Umwandlung von Vorzugsaktien hervorgegangenen (neuen) Stammaktien erforderlich. Wegen der Gattungsverschiedenheit kommt hier § 4 Abs. 2 Nr. 2 nicht zur Anwendung, allerdings besteht die Möglichkeit einer Prospektbefreiung nach § 4 Abs. 2 Nr. 7.

4. § 4 Abs. 2 Nr. 3

§ 4 Abs. 2 Nr. 3 setzt Art. 4 Abs. 2 lit. c) Prospektrichtlinie um und ist mit   **12** § 45 Nr. 2 lit. c) BörsZulV a. F. vergleichbar. Im Übrigen entspricht er § 4 Abs. 1 Nr. 2, so dass auf die dortigen Ausführungen verwiesen werden kann. Hinsichtlich der Prospekthaftung für solche einen Prospekt ersetzende Dokumente[60] ist aber auf Folgendes hinzuweisen: Ist das im Zusammenhang mit dem Erwerbs- oder Übernahmeangebot erstellte Dokument das gleichwertige Dokument und kann deshalb von der Erstellung eines Prospektes abgesehen werden, dann gelten als Maßstab der Vollständigkeit dieses Dokuments die Anforderungen, die das Wertpapiererwerbs- und Übernamegesetz sowie die

---

homepage: www.esma.europa.eu; Beispielsfall bei *Lachner/v. Heppe*, WM 2008, 576, 577 f., weitere Beispielsfälle S. 579.
[57] Detailliert *Gebhardt*, in: Schäfer/Hamann, KMG, § 4 WpPG Rn. 29; *Schnorbus*, in: Berrar/Meyer/Müller/Schnorbus/Singhof/Wolf, § 4 WpPG Rn. 68; detaillierteres Beispiel auch bei ESMA, Frequently asked questions, Prospectuses: common positions agreed by ESMA Members, question No. 31, abrufbar über die homepage: www.esma.europa.eu.
[58] *Schnorbus*, in: Berrar/Meyer/Müller/Schnorbus/Singhof/Wolf, § 4 WpPG Rn. 68; Beispiel bei ESMA, Frequently asked questions, Prospectuses: common positions agreed by ESMA Members, question No. 31, abrufbar über die homepage: www.esma.europa.eu.
[59] *Gebhardt*, in: Schäfer/Hamann, KMG, § 4 WpPG Rn. 27.
[60] Siehe dazu bereits oben § 4 Rn. 36. Ausführlich dazu *Mülbert/Steup*, WM 2005, 1633, 1643.

WpÜG-Angebotsverordnung an dieses Dokument stellen bzw. der Katalog, der in einer Verordnung nach § 4 Abs. 3 aufgestellt werden wird, um die Informationen als gleichwertig anzusehen. Dagegen ist Maßstab für die Vollständigkeit des Dokuments nicht der Katalog, der für Vollprospekte in der Prospektverordnung enthalten ist.[61] Auch hinsichtlich der Prospektverantwortlichkeit sind die Besonderheiten des Erwerbsdokuments als das einen Prospekt ersetzendes Dokument zu beachten. Dieses Dokument wird nicht von einem Zulassungsantragsteller mit unterzeichnet. Deshalb übernimmt auch jenseits des Erwerbers kein Dritter die Gewähr für dessen Richtigkeit und Vollständigkeit.[62]

5. § 4 Abs. 2 Nr. 4

13   § 4 Abs. 2 Nr. 4 setzt Art. 4 Abs. 2 lit. d) Prospektrichtlinie um und entspricht § 45 Nr. 1 lit. b) BörsZulV a. F. Anders als § 4 Abs. 1 Nr. 3, der mangels bei einer Verschmelzung oder Spaltung vorliegendem öffentlichen Angebot, siehe oben § 4 Rn. 4 ff., allenfalls für Verschmelzungen/Spaltungen nach ausländischem Recht Bedeutung erlangen kann, ist § 4 Abs. 2 Nr. 4 theoretisch, insbesondere auch nach der Ergänzung des Anwendungsbereichs um die Spaltung durch das Gesetz zur Umsetzung der Richtlinie 2010/73/EU und zur Änderung des Börsengesetzes,[63] von Bedeutung. Problematisch ist jedoch die Bestimmung der Gleichwertigkeit des zur Verfügung zu stellenden Dokuments als Voraussetzung für die Prospektbefreiung. Diese Problematik führt in der Praxis dazu, dass von der Befreiungsregelung eher nicht Gebrauch gemacht wird.[64]

14   Bei der Beurteilung der Gleichwertigkeit des zur Verfügung zu stellenden Dokumentes ist in Übereinstimmung mit Art. 4 Abs. 2 lit. d) Prospektrichtlinie insbesondere zu berücksichtigen, ob dieses Dokument gemäß der bisherigen Rechtslage eine Möglichkeit zur Befreiung von der Prospektpflicht nach § 45 Nr. 1 lit. b) BörsZulV a. F. geben würde.[65] Sieht man von den Prospektabschnitten Zusammenfassung, Risikofaktoren und der so genannten Verantwortungsklausel ab, dann entsprechen die i. d. R. sehr umfassenden Informationen, die in den Verschmelzungsberichten enthalten sind, im Großen und Ganzen den Prospekterfordernissen. Insofern erscheint es vertretbar, den Verschmelzungsbericht als Dokument anzusehen, dessen Angaben nach entsprechender Ergänzung um die fehlenden Abschnitte jedenfalls als im Wesentlichen denen des Prospekts gleichwertig anzusehen sind.[66]

---

[61] Vergleiche dazu unten § 21 Rn. 29.

[62] Wie hier *Schnorbus,* in: Berrar/Meyer/Müller/Schnorbus/Singhof/Wolf, § 4 WpPG Rn. 24; allgemein zur Prospekthaftung des Zulassungsantragstellers vgl. deshalb unten § 21 Rn. 32 ff.

[63] BGBl. I 2012, 1375.

[64] Wie hier *Schnorbus,* in: Berrar/Meyer/Müller/Schnorbus/Singhof/Wolf, § 4 WpPG Rn. 81.

[65] Ebenso RegBegr. zum Prospektrichtlinie-Umsetzungsgesetz, BT-Drs. 15/4999, S. 25, 30.

[66] A. A. *Gebhardt,* in: Schäfer/Hamann, KMG, § 4 WpPG Rn. 13; *Schnorbus,* in: Berrar/Meyer/Müller/Schnorbus/Singhof/Wolf, § 4 WpPG Rn. 79; die insoweit

Schon allein im Interesse der Rechtssicherheit wäre aber zu empfehlen, **15** dass von der Verordnungsermächtigung des § 4 Abs. 3 Gebrauch gemacht wird und dort im Einzelnen die Voraussetzungen geregelt werden, welche der Verschmelzungsbericht erfüllen muss, um „gleichwertig" zu sein. Darüber hinaus sollte bei Erstellung der entsprechenden Verordnung auch beachtet werden, dass eine u. U. erhebliche zeitliche Differenz besteht zwischen dem Datum des Verschmelzungsberichts – wegen dessen Offenlegung ab dem Zeitpunkt der Einberufung zur Hauptversammlung mindestens einen Monat vor der Hauptversammlung – und der Zulassung der Aktien – frühestens nach Eintragung der Verschmelzung im Handelsregister und damit i. d. R. nicht vor Ablauf der Anfechtungsfrist von einem Monat. Es wäre deshalb angebracht, in der entsprechenden Verordnung auch zu regeln, wie seit der Erstellung und Veröffentlichung des Verschmelzungsberichts eingetretene Veränderungen nachgetragen und veröffentlicht werden können. § 45 Nr. 1 BörsZulV a. F. enthielt eine entsprechende Möglichkeit und Verpflichtung als Prospektbefreiungsvoraussetzung, „alle seit der Erstellung dieser Darstellung … eingetretenen wesentlichen Änderungen" zu veröffentlichen. Diese Möglichkeit ist im Rahmen von Verschmelzungen insbesondere auch deshalb von besonderer Bedeutung, weil sich aufgrund von Widersprüchen und Anfechtungsklagen gegen den Verschmelzungsbeschluss die vorgenannte Frist von über zwei Monaten noch erheblich verlängern kann. § 16 und die dort geregelte Nachtragsmöglichkeit passt hier nicht unmittelbar, da dort nur ein Nachtrag für einen Prospekt geregelt wird, der Verschmelzungsbericht aber als solcher keinen Prospekt darstellt.[67]

Hinsichtlich der Prospekthaftung für solche einen Prospekt ersetzende Dokumente[68] ist auf Folgendes hinzuweisen: Ist der Verschmelzungsbericht das **16** gleichwertige Dokument und kann deshalb von der Erstellung eines Prospektes abgesehen werden, dann gelten als Maßstab der Vollständigkeit des Verschmelzungsberichts die Anforderungen, die das Umwandlungsgesetz an den Verschmelzungsbericht stellt bzw. der Katalog, der in einer Verordnung nach § 4 Abs. 3 aufgestellt werden wird, um die Informationen als gleichwertig anzusehen. Dagegen ist Maßstab für die Vollständigkeit des Dokuments nicht der Katalog, der für Vollprospekte in der Prospektverordnung enthalten ist.[69] Auch hinsichtlich der Prospektverantwortlichkeit sind die Besonderheiten des Verschmelzungsberichts als das einen Prospekt ersetzendes Dokument zu beachten. Der Verschmelzungsbericht wird nicht von einem Zulassungsan-

---

missverständlichen, da das Ergänzungserfordernis nicht ausdrücklich nennenden Ausführungen der Vorauflage werden hiermit konkretisiert.

[67] Ebenso *Schnorbus,* in: Berrar/Meyer/Müller/Schnorbus/Singhof/Wolf, § 4 WpPG Rn. 81.

[68] Ausführlich dazu *Mülbert/Steup,* WM 2005, 1633, 1643 sowie unten § 21 Rn. 24 ff.

[69] Vergleiche dazu unten § 21 Rn. 29; ausdrücklich wie hier *Heidelbach,* in: Schwark/Zimmer, § 4 WpPG Rn. 66; *Schnorbus,* in: Berrar/Meyer/Müller/Schnorbus/Singhof/Wolf, § 4 WpPG Rn. 28; wie hier wohl auch *Gebhardt,* in: Schäfer/Hamann, KMG, § 4 WpPg Rn. 9, wenn er nur auf § 5 verweist, nicht auf § 7.

tragsteller mit unterzeichnet. Deshalb übernimmt auch jenseits der übertragenden und der aufnehmenden Gesellschaft kein Dritter die Gewähr für dessen Richtigkeit und Vollständigkeit.[70]

6. § 4 Abs. 2 Nr. 5

17   § 4 Abs. 2 Nr. 5 beruht auf Art. 4 Abs. 2 lit. e) Prospektrichtlinie und soll für die Aktien bei einer Kapitalerhöhung aus Gesellschaftsmitteln § 45 Nr. 2 lit. a) BörsZulV a. F. entsprechen. Er ist für die Aktien aus einer Kapitalerhöhung aus Gesellschaftsmitteln überflüssig.[71] Bei deutschen, aber auch bei ausländischen[72] Gesellschaften gilt **§ 33 Abs. 4 EG AktG.** Danach sind Aktien aus einer Kapitalerhöhung aus Gesellschaftsmitteln bei einer Gesellschaft, deren Aktien bereits zum regulierten Markt zugelassen sind, **ex lege,** d. h. **ohne Zulassungsverfahren** auch zum regulierten Markt zugelassen. Mit der Zulassung ex lege entfällt die Pflicht zur Veröffentlichung eines Wertpapierprospekts.[73] Insofern kann es nur noch um die Aktien gehen, die als Sachdividende ausgeschüttet werden.[74]

7. § 4 Abs. 2 Nr. 6

18   § 4 Abs. 2 Nr. 6 setzt Art. 4 Abs. 2 lit. f) Prospektrichtlinie um und entspricht § 45 Nr. 3 lit. c) BörsZulV a. F. Es geht um Aktien an Mitarbeiter. Auf Grund der Änderung des § 4 Abs. 1 Nr. 5 durch das Gesetz zur Umsetzung der Richtlinie 2010/73/EU und zur Änderung des Börsengesetzes[75] besteht nunmehr eine Diskrepanz: Bei Emittenten mit Sitz im Europäischen Wirtschaftsraum dürfen die Wertpapiere den Mitarbeitern prospektfrei angeboten werden, ohne dass es darauf ankommt, ob dessen Wertpapiere bereits zugelassen sind. Für die prospektfreie Zulassung der Wertpapiere ist jedoch erforderlich, dass Wertpapiere derselben Gattung bereits an den selben organisierten Markt zugelassen sind.

---

[70] Zur Prospekthaftung des Zulassungsantragstellers vgl. deshalb unten § 21 Rn. 32 ff.

[71] Ebenso ausdrücklich *Gebhardt,* in: Schäfer/Hamann, KMG, § 4 WpPG Rn. 33; *Schlitt/Schäfer,* in: Assmann/Schlitt/von Kopp-Colomb, § 4 WpPG Rn. 47; *Schnorbus,* in: Berrar/Meyer/Müller/Schnorbus/Singhof/Wolf, § 4 WpPG Rn. 84. Die anders lautenden Ausführungen, in der RegBegr. zum Prospektrichtlinie-Umsetzungsgesetz, BT-Drs. 15/4999, S. 25, 30 f. sind ebenso unzutreffend wie die in der RegBegr. zur Börsenzulassungsverordnung zu § 45 Nr. 2a BörsZulV, BR-Drs. 72/87, S. 67, 86. Wie hier wohl auch *Ekkenga,* BB 2005, 561, 563.

[72] *Gericke,* S. 136 f.; *Schnorbus,* in: Berrar/Meyer/Müller/Schnorbus/Singhof/Wolf, § 4 WpPG Rn. 84; a. A. *Mülbert/Steup,* WM 2005, 1633, 1641 Fn. 99.

[73] § 45 Nr. 2a BörsZulV a. F. war insoweit ebenfalls überflüssig, vgl. *Gericke,* S. 136 f.

[74] *Schnorbus,* in: Berrar/Meyer/Müller/Schnorbus/Singhof/Wolf, § 4 WpPG Rn. 84; a. A. *Schlitt/Schäfer,* die auch auf Aktien als Sachdividende § 13 Abs. 4 EGAktG anwenden wollen, was aber unzutreffend ist.

[75] BGBl. I 2012, 1375.

8. § 4 Abs. 2 Nr. 7

§ 4 Abs. 2 Nr. 7 setzt Art. 4 Abs. 2 lit. g) Prospektrichtlinie um und ent-   **19**
spricht § 45 Nr. 2 lit. b) BörsZulV a. F. Im Wesentlichen geht es hierbei um
Aktien, die bei Ausübung von Wandel- oder Optionsrechten sowie über
den Wortlaut hinaus auch bei einer Wandlungspflicht[76] aus bedingtem oder
ausnahmsweise[77] genehmigten Kapitel entstehen.[78] Darüber hinaus gilt § 4
Abs. 2 Nr. 7 nach seinem klaren Wortlaut allgemein für alle Aktien, die nach
der Ausübung von Umtausch- oder Bezugsrechten entstehen. Wird z. b. eine
Bezugsrechtskapitalerhöhung durchgeführt und dabei beispielsweise über ein
Mehrbezugs- oder Nachbezugsrecht für die Altaktionäre, sichergestellt, dass
die neuen Aktien ausschließlich bei Altaktionären platziert werden (auch bei
einem mittelbaren Bezugsrecht, da dieses kein Ausschluss des Bezugsrechts ist,
§ 186 Abs. 5 AktG), dann können die neuen Aktien prospektfrei zugelassen
werden.[79] Gleiches gilt für die Umwandlung von Aktiengattungen, bei der
zwar kein Umtauschrecht eingreift, sondern mit Eintragung der entsprechenden Satzungsänderung ein automatischer Umtausch erfolgt, bei dem aber § 4
Abs. 2 Nr. 7 entsprechend angewendet wird. Voraussetzung ist, dass die um-
zutauschende Gattung und die Gattung, in die umgetauscht wird, bereits
zugelassen sind. Auf diese Weise kann auch prospektfrei z. B. der Umtausch
von Vorzugsaktien in Stammaktien erfolgen.

9. § 4 Abs. 2 Nr. 8

§ 4 Abs. 2 Nr. 8 setzt Art. 4 Abs. 2 lit. h) Prospektrichtlinie um und ent-   **20**
spricht § 45 a) BörsZulV a. F. Er enthält eine Ausnahme von der Prospektpflicht für bestimmte bereits vor dem Inkrafttreten des Wertpapierprospektgesetzes zum Handel an einem organisierten Markt zugelassene Wertpapiere.
Das in diesem Zusammenhang zu erstellende Dokument ist gemäß § 4 Abs. 2
Nr. 8 lit. d) in deutscher Sprache abzufassen und muss den Anforderungen
genügen, die eine in einem Prospekt enthaltene Zusammenfassung erfüllen
muss.

---

[76] Gemeint sind sog. Pflichthandelanleihen, wie hier auch *Schlitt/Schäfer*, in: Ass-
mann/Schlitt/von Kopp-Colomb, § 4 WpPG Rn. 50; *Schnorbus*, in: Berrar/Meyer/
Müller/Schnorbus/Singhof/Wolf, § 4 WpPG Rn. 87; *Schlitt/Schäfer*, AG 2005, 488,
501.

[77] *Groß*, in: Marsch-Barner/Schäfer (Hrsg.), Handbuch der börsennotierten AG,
2005, § 48 Rn. 60.

[78] Vgl. auch oben § 11 BörsZulV, §§ 1–12 BörsZulV Rn. 21.

[79] Ausführlich dazu *Angersbach/von der Chevallerie/Ulbricht*, ZIP 2009, 1302, 1304 ff.;
Schlitt/Schäfer, in: Assmann/Schlitt/von Kopp-Colomb, § 4 WpPG Rn. 51; *Schnorbus*,
in: Berrar/Meyer/Müller/Schnorbus/Singhof/Wolf, § 4 WpPG Rn. 100 ff. Die praktische Relevanz dieser Variante dürfte allerdings seit In-Kraft-Treten des Gesetz zur
Umsetzung der Richtlinie 2010/73/EU und einer Änderung der Börsengesetzes und
der damit geänderten Praxis der BaFin, Bezugsangebote als öffentliches Angebot und
damit als prospektpflichtig anzusehen, deutlich eingeschränkt sein. Ist bereits für das
öffentliche Angebot nunmehr ein Prospekt erforderlich dann kann dieser auch für die
Zulassung verwendet werden.

III. Verordnungsermächtigung

21   § 4 Abs. 3 enthält die Ermächtigung, nähere Einzelheiten hinsichtlich der
Voraussetzungen zu bestimmen, die Dokumente erfüllen müssen, um als
gleichwertig anerkannt zu werden. Hierbei werden die entsprechenden Empfehlungen des ESMA[80] berücksichtigt werden. Diese Empfehlung beschränken sich bislang allerdings allein auf § 4 Abs. 1 Nr. 4 und 5 und Abs. 2 Nr. 5
und 6 und erfassen damit eher unproblematische Fälle mit ausgesprochen
eingeschränktem Informationsumfang. Auch wenn die Empfehlungen von
ESMA keine rechtliche Bindungswirkung haben und keine europäische
Rechtssetzung enthalten, haben sich doch die in der ESMA zusammen geschlossenen europäischen Aufsichtsbehörden dahingehend verpflichtet, die
entsprechenden Empfehlungen in ihrer täglichen Arbeit anzuwenden.[81] Auf
Grund der nach Ansicht der BaFin ihr insoweit fehlenden Entscheidungs-
und Bescheidungskompetenz bei der Prospektbefreiung und wegen der daraus resultierenden Unsicherheit, aber auch wegen der Notwendigkeit, den
Maßstab für die eventuelle Prospekthaftung festzulegen, ist zu hoffen, dass
von dieser Verordnungsermächtigung bald und möglichst detailliert Gebrauch
gemacht wird.

Abschnitt 2. Erstellung des Prospekts

§ 5. Prospekt

(1) [1]**Der Prospekt muss unbeschadet der Bestimmungen des § 8
Abs. 2 in leicht analysierbarer und verständlicher Form sämtliche Angaben enthalten, die im Hinblick auf den Emittenten und die öffentlich
angebotenen oder zum Handel an einem organisierten Markt zugelassenen Wertpapiere notwendig sind, um dem Publikum ein zutreffendes
Urteil über die Vermögenswerte und Verbindlichkeiten, die Finanzlage,
die Gewinne und Verluste, die Zukunftsaussichten des Emittenten und
jedes Garantiegebers sowie über die mit diesen Wertpapieren verbundenen Rechte zu ermöglichen. [2]Insbesondere muss der Prospekt Angaben
über den Emittenten und die Wertpapiere, die öffentlich angeboten
oder zum Handel an einem organisierten Markt zugelassen werden sollen, enthalten. [3]Der Prospekt muss in einer Form abgefasst sein, die
sein Verständnis und seine Auswertung erleichtern.**

(2) [1]**Der Prospekt muss vorbehaltlich des Satzes 5 eine Zusammenfassung enthalten, die die Schlüsselinformationen nach Absatz 2a und die
Warnhinweise nach Absatz 2b umfasst. [2]Die Zusammenfassung ist in
derselben Sprache wie der ursprüngliche Prospekt zu erstellen. [3]Form
und Inhalt der Zusammenfassung müssen geeignet sein, in Verbindung**

---

[80] ESMA update of the CESR's Recommendations, The Consistent Implementation
Commissions Regulation (EC) No. 809/2004 implementing the Prospectus Directive
CESR/05–054b, abrufbar über die Internet-Seite der ESMA, www.esma-europa.eu
unter Rnrn. 173ff.
[81] Siehe I.9. der vorgenannten Empfehlungen von ESMA.

mit anderen Angaben im Prospekt den Anlegern bei der Prüfung der Frage, ob sie in die betreffenden Wertpapiere investieren sollten, behilflich zu sein. [4]Die Zusammenfassung ist nach dem einheitlichen Format zu erstellen, das durch die Delegierte Verordnung (EU) Nr. 486/2012 der Kommission vom 30. März 2012 zur Änderung der Verordnung (EG) Nr. 809/2004 in Bezug auf Aufmachung und Inhalt des Prospekts, des Basisprospekts, der Zusammenfassung und der endgültigen Bedingungen und in Bezug auf die Angabepflichten (ABl. L 150 vom 9.6. 2012, S. 1) vorgegeben ist. [5]Betrifft der Prospekt die Zulassung von Nichtdividendenwerten mit einer Mindeststückelung von 100 000 Euro an einem organisierten Markt, muss keine Zusammenfassung erstellt werden.

(2a) Die erforderlichen Schlüsselinformationen umfassen in kurzer Form und allgemein verständlicher Sprache unter Berücksichtigung des jeweiligen Angebots und der jeweiligen Wertpapiere:

1. eine kurze Beschreibung der Risiken und wesentlichen Merkmale, die auf den Emittenten und einen etwaigen Garantiegeber zutreffen, einschließlich der Vermögenswerte, Verbindlichkeiten und der Finanzlage des Emittenten und etwaigen Garantiegebers,
2. eine kurze Beschreibung der mit der Anlage in das betreffende Wertpapier verbundenen Risiken und der wesentlichen Merkmale dieser Anlage einschließlich der mit den Wertpapieren verbundenen Rechte,
3. die allgemeinen Bedingungen des Angebots einschließlich einer Schätzung der Kosten, die dem Anleger vom Emittenten oder Anbieter in Rechnung gestellt werden,
4. Einzelheiten der Zulassung zum Handel, und
5. Gründe für das Angebot und die Verwendung der Erlöse.

(2b) Die erforderlichen Warnhinweise umfassen die Hinweise, dass

1. die Zusammenfassung als Einführung zum Prospekt verstanden werden sollte,
2. der Anleger jede Entscheidung zur Anlage in die betreffenden Wertpapiere auf die Prüfung des gesamten Prospekts stützen sollte,
3. für den Fall, dass vor einem Gericht Ansprüche auf Grund der in einem Prospekt enthaltenen Informationen geltend gemacht werden, der als Kläger auftretende Anleger in Anwendung der einzelstaatlichen Rechtsvorschriften der Staaten des Europäischen Wirtschaftsraums die Kosten für die Übersetzung des Prospekts vor Prozessbeginn zu tragen haben könnte und
4. diejenigen Personen, die die Verantwortung für die Zusammenfassung einschließlich der Übersetzung hiervon übernommen haben oder von denen der Erlass ausgeht, haftbar gemacht werden können, jedoch nur für den Fall, dass die Zusammenfassung irreführend, unrichtig oder widersprüchlich ist, wenn sie zusammen mit den anderen Teilen des Prospekts gelesen wird, oder sie, wenn sie zusammen mit den anderen Teilen des Prospekts gelesen wird, nicht alle erforderlichen Schlüsselinformationen vermittelt.

(3) [1]Der Prospekt ist mit dem Datum seiner Erstellung zu versehen und vom Anbieter zu unterzeichnen. [2]Sollen auf Grund des Prospekts

Wertpapiere zum Handel an einem organisierten Markt zugelassen werden, ist der Prospekt vom Zulassungsantragsteller zu unterzeichnen.

(4) [1]Der Prospekt muss Namen und Funktionen, bei juristischen Personen oder Gesellschaften die Firma und den Sitz der Personen oder Gesellschaften angeben, die für seinen Inhalt die Verantwortung übernehmen; er muss eine Erklärung dieser Personen oder Gesellschaften enthalten, dass ihres Wissens die Angaben richtig und keine wesentlichen Umstände ausgelassen sind. [2]Im Fall des Absatzes 3 Satz 2 hat stets auch das Kreditinstitut, Finanzdienstleistungsinstitut oder nach § 53 Abs. 1 Satz 1 oder § 53 b Abs. 1 Satz 1 des Kreditwesengesetzes tätige Unternehmen, mit dem der Emittent zusammen die Zulassung der Wertpapiere beantragt, die Verantwortung zu übernehmen und muss der Prospekt dessen Erklärung nach Satz 1 enthalten.

Übersicht

I. Vorbemerkung

1   § 5 Abs. 1 und 2 setzen Art. 5 Abs. 1 und 2 Prospektrichtlinie um, § 5 Abs. 3 und 4 beruhen zum Teil auf Art. 6 Abs. 1 Prospektrichtlinie, gehen aber darüber hinaus. § 5 Abs. 2 wurde durch das Gesetz zur Umsetzung der Richtlinie 2010/73/EU und zur Änderung des Börsengesetzes[1] geändert und der Abs. 2a) neu eingefügt, § 5 Abs. 2 Satz 4 a.F. wurde § 5 Abs. 2b). Die Änderung diente im Wesentlichen dazu, den durch die ÄnderungsRL für den Inhalt der Zusammenfassung wesentlichen Begriff der Schlüsselinformation und dessen inhaltliche Anforderungen einzufügen. Die materiell wesentlichste Änderung ergibt sich jedoch daraus, dass § 5 Abs. 2 Satz 4 auf die Delegierte Verordnung (EU) Nr. 486/2012 der Kommission vom 30. März 2012[2] verweist, die wiederum sehr detaillierte Vorgaben für die Zusammenfassung im

---

[1] BGBl. I 2012, 1375.
[2] Delegierte Verordnung (EU) Nr. 486/2012 der Kommission vom 30. März 2012 zur Änderung der Verordnung (EG) Nr. 809/2004 in Bezug auf Aufmachung und Inhalt des Prospekts, des Basisprospekts, der Zusammenfassung und der endgültigen Bedingungen und in Bezug auf die Angabepflichten, ABl. EU Nr. L 150, 1.

Anhang XXII enthält. Die Anforderungen an den Prospekt gelten gleichermaßen für Prospekte für das öffentliche Angebot und für Prospekte, die für die Zulassung von Wertpapieren an einem organisierten Markt verwendet werden sollen.

II. Prospektgrundsätze

1. Grundlagen

Der Prospekt hat nach § 5 Abs. 1 Satz 1 und Satz 2 drei Informationsblö- **2** cke zu enthalten, einen zum Emittenten, einen zu den Wertpapieren, die emittiert werden sollen, und eine Zusammenfassung. Welche Mindestangaben bei den jeweiligen Informationsblöcken erforderlich sind, bestimmen die Prospektverordnung[3] und ihre Anhänge bzw. bei der Zusammenfassung § 5 Abs. 2 und Abs. 2a). Diese drei Informationsblöcke können in einem Prospekt zusammengefasst sein, oder nach § 12 Abs. 1 Satz 1 in drei Einzeldokumente aufgeteilt werden, das **Registrierungsformular** mit den Informationen zum Emittenten, die **Wertpapierbeschreibung** mit den Informationen zu den emittierenden Wertpapieren, und die **Zusammenfassung**.[4] § 5 Abs. 1 knüpft an § 30 Abs. 3 Nr. 2, § 32 BörsG a. F. i. V. m. § 13 Abs. 1 Satz 1 BörsZulV a. F. an und legt – etwas detaillierter als bisher – den Grundsatz der **Prospektvollständigkeit** fest, ohne allerdings die bislang in § 13 Abs. 1 Satz 1 BörsZulV a. F. deutlicher herausgearbeiteten Grundsätze der **Prospektwahrheit** und der **Prospektklarheit** zu betonen.[5]

2. Prospektwahrheit

§ 5 Abs. 1 betont nicht ausdrücklich, dass die von ihm geforderten Anga- **3** ben richtig sein, d. h. der Wahrheit entsprechen müssen,[6] was sich jedoch von selbst versteht. Er betont aber ganz besonders den Grundsatz der Vollständigkeit als Unterfall des Grundsatzes der Prospektwahrheit. Ein nicht vollständiger Prospekt ist unrichtig weil er nicht alle erforderlichen Angaben enthält.

---

[3] Verordnung (EG) Nr. 809/2004 der Kommission vom 29. April 2004 zur Umsetzung der Richtlinie 2003/71/EG des Europäischen Parlaments und des Rates betreffend die in Prospekten enthaltenen Informationen sowie das Format, die Aufnahme von Informationen mittels Verweis und die Veröffentlichung solcher Prospekte und die Verbreitung von Werbung, in der zweiten berichtigten Fassung abgedruckt in ABl. EG Nr. L 186 vom 18. Juli 2005, S. 3, geändert durch die Verordnung (EG) Nr. 1787/2006 der Kommission vom 4. Dezember 2006, ABl. EG Nr. L 337, 17, die Verordnung (EG) Nr. 211/2007 der Kommission vom 27. Februar 2007, ABl. EG Nr. L 61 vom 28. Februar. 2007, S. 24, die Verordnung (EG) Nr. 1289/2008 der Kommission vom 12. Dezember 2008, ABl. EG Nr. L 340, 17, die Delegierte Verordnung (EU) Nr. 311/2012 der Kommission vom 21. Dezember 2011, ABl. EU Nr. L 103, 13, und die Delegierte Verordnung (EU) Nr. 486/2012 der Kommission vom 30. März 2012, ABl. EU Nr. L 150, 1.
[4] Zum Prospektinhalt und zum Prospektformat vgl. ausführlich *Kullmann/Sester,* ZBB-Report 3/2005, 209, 210ff.
[5] Kritisch deshalb *Ekkenga,* BB 2005, 561, 563.
[6] Kritisch deshalb *Ekkenga,* BB 2005, 561, 563.

Erforderlich sind nach § 5 Abs. 1 Satz 1 alle („sämtliche") für die Beurteilung der **Vermögenslage** („Vermögenslage und Verbindlichkeiten"), der **Finanzlage** („Finanzlage, Gewinne und Verluste") und der **Zukunftsaussichten**[7] des Emittenten und der Wertpapiere („die mit diesen Wertpapieren verbundenen Rechte") erforderlichen, d. h. wesentlichen[8] Angaben. Entscheidender Zeitpunkt ist dabei der, in dem der Prospekt veröffentlicht bzw. bis zu dem er nach § 16 zu aktualisieren ist, später eintretende Änderungen machen die Prospektaussage, die zu dem vorgenannten Zeitpunkt wahr war nicht unwahr.[9]

3. Prospektklarheit

4   § 5 Abs. 1 bekräftigt in Satz 1 und Satz 3, dass der Prospekt „in leicht analysierbarer und verständlicher Form", „die sein Verständnis und seine Auswertung erleichtern" erstellt worden sein muss. Zu Recht wurde hierzu bereits in der Literatur bemerkt, dass diese Anforderungen nicht dazu genutzt werden können, der „Plain English Rule" der SEC vergleichbare Anforderungen auf Seiten der Regulierungsbehörde zu erlassen.[10] Das ist aber auch nicht erforderlich, denn § 5 Abs. 1 Satz 1 und Satz 3 besagen ebenso wie z. B. § 13 Abs. 1 Satz 2 a. E. BörsZulV a. F. in klaren Worten nichts anderes als diese detaillierte Beschreibung in der vorgenannten „Rule": Form, Aufbau, Sprache, Stil, Satzbau etc. müssen „Verständnis und Auswertung erleichtern". Dafür ist auf das von der Rechtsprechung aufgestellte Anforderungsprofil eines aufmerksamen Lesers, der zwar eine Bilanz zu lesen versteht, aber über kein überdurchschnittliches Fachwissen verfügt,[11] abzustellen.

4. Prospektaktualität

5   § 5 Abs. 1 spricht einen anderen Grundsatz der Prospekterstellung nicht an, den der **Prospektaktualität**. Dieser wird in § 16 ausführlich geregelt. Auf die dortigen Ausführungen wird verwiesen.

---

[7] Im Hinblick auf die Zukunftsaussichten stellt z. B. Ziff. 13 des Annex I. der Prospektverordnung klar, dass „Gewinnprognosen und -schätzungen" abgegeben werden können, aber nicht müssen, somit die diesbezügliche Angabe freiwillig geschieht. Vgl zu solchen Gewinnprognosen und -schätzungen auch die Empfehlung von CESR, CESR's Recommendations for the consistent Implementation of the European Commission's Regulations on Prospectuses n° 809/2004, CESR/05–054 b, aktualisiert durch ESMA update of the CESR recommendations, March 2011, abrufbar unter: www.esma.europa.eu.

[8] Auch der Wesentlichkeitsgrundsatz wird in § 5 Abs. 1 nicht deutlich hervorgehoben, kritisch deshalb zu Recht *Ekkenga,* BB 2005, 561, 563. Zum Wesentlichkeitsgrundsatz ausführlich *Meyer,* in: Berrar/Meyer/Müller/Schnorbus/Singhof/Wolf, § 5 WpPG Rnrn. 9 ff.; *Schlitt/Schäfer,* in: Assmann/Schlitt/von Kopp-Colomb, § 5 WpPG Rn. 11.

[9] So ausdrücklich vollkommen zu Recht *Meyer,* in: Berrar/Meyer/Müller/Schnorbus/Singhof/Wolf, § 5 WpPG Rn. 8; siehe auch unten § 21 Rnrn. 43, 55 ff.; unten § 16 Rnrn. 3 ff.

[10] *Crüwell,* AG 2003, 243, 246; ebenso *Meyer,* in: Berrar/Meyer/Müller/Schnorbus/Wolf, § 4 WpPG Rn. 43.

[11] Vgl. unten § 21 Rn. 41 f.; wie hier ausdrücklich *Meyer,* in: Berrar/Meyer/Müller/Schnorbus/Singhof/Wolf, § 5 WpPG Rn. 39.

III. Zusammenfassung

Gesetzlich – allerdings nicht für die Praxis[12] – neu war bei In-Kraft-Treten **6**
des Wertpapierprospektgesetzes die Regelung in § 5 Abs. 2, nach der im
Prospekt eine Zusammenfassung des Prospektes enthalten sein muss.

Seit dem Gesetz zur Umsetzung der Richtlinie 2010/73/EU und zur **6a**
Änderung des Börsengesetzes[13] muss die Form der Zusammenfassung gemäß
§ 5 Abs. 2 Satz 4 dem einheitlichen Format des Anhangs XXII der Delegierten Verordnung (EU) Nr. 486/2012 der Kommission vom 30. März 2012
(ABl. EU Nr. L 150, 1) entsprechen. Die Sprache der Zusammenfassung ist
ebenfalls ausdrücklich vorgegeben und muss derjenigen des ursprünglichen
Prospektes entsprechen, § 5 Abs. 2 Satz 3. Andererseits kann aber nach dem
insoweit nicht geänderten § 19 die nationale Behörde bei einem fremdspra-
chigen Prospekt verlangen, dass die Zusammenfassung in der in diesem Staat
anerkannten Amtssprache verfasst wird. Das wird man dahingehend verstehen
müssen, dass z. B. bei einem englischsprachigen Prospekt gemäß § 19 Abs. 3
(z. B. Herkunftsstaat Deutschland, Angebot/Zulassung nicht nur in Deutschland sondern auch z. B. in Österreich) die Zusammenfassung sowohl in englischer als auch in deutscher Sprache abgefasst sein muss.

Inhaltlich wurden durch das Gesetz zur Umsetzung der Richtlinie **6b**
2010/73/EU und zur Änderung des Börsengesetzes die Anforderungen an die
Zusammenfassung ebenfalls geändert. Erforderlich sind nach § 5 Abs. 2 Satz 1
zunächst die in § 5 Abs. 2a genannten Schlüsselinformationen, wobei § 5
Abs. 2a hier praktisch wörtlich den Text von Artikel I Abs. 2 lit a) (ii) Satz 2
ÄnderungsRL – abgesehen von dessen eher offeneren Einleitung, die weitere
Aspekte zuzulassen scheint – wiederholt. Schlüsselinformationen sind damit im
Wesentlichen die Risiken hinsichtlich Emittent und etwaigem Garantiegeber
(geschäftlich und wirtschaftlich), hinsichtlich der Wertpapiere als solche, die
Information über die Kosten des Angebots, die dem Anleger vom Emittenten
oder Anbieter in Rechung gestellt werden, die Einzelheiten der Zulassung zum
Handel sowie die Gründe für das Angebot und die Verwendung der Erlöse.

Darüber hinaus verlangt § 5 Abs. 2 Satz 1, dass die Zusammenfassung, die in **6c**
§ 5 Abs. 2b genannte Warnhinweise enthalten muss. Dadurch soll insbesondere
einem möglichen fehlerhaften Eindruck bei den Anlegern, die Zusammenfassung könne eine ausreichende Grundlage für Ihre Investition zur Entscheidung
darstellen, entgegengewirkt werden.[14] Es empfiehlt sich, den Wortlaut der
Warnhinweise so zu übernehmen, wie sie im Gesetz wiedergegeben sind.[15]

Außerdem bleibt es bei den in Anhang IV der Prospektrichtlinie dargeleg- **6d**
ten Mindestangaben der Zusammenfassung.[16] Artikel 24 Prospektverordnung

---

[12] In der Praxis wurden auch bislang sehr häufig solche Zusammenfassungen erstellt,
so auch *Schlitt/Schäfer,* in: Assmann/Schlitt/von Kopp-Colomb, § 5 WpPG Rn. 4.
[13] BGBl. I 2012, 1375.
[14] *Wiegel,* S. 211.
[15] *Just,* in: Just/Voß/Ritz/Zeising, § 5 WpPG Rn. 31
[16] Ebenso *Meyer,* in: Berrar/Meyer/Müller/Schnorbus/Singhof/Wolf, § 5 WpPG
Rn. 93.

i. d. F. der Delegierten Verordnung (EU) Nr. 486/2012 der Kommission vom 30. März 2012 und insbesondere deren Anhang XXII enthalten sehr detaillierte Vorgaben zum Inhalt, zur Form und zum Aufbau der Zusammenfassung. Die Zusammenfassung kann nach § 5 Abs. 2 Satz 5 entfallen bei der Zulassung von Nichtdividendenwerten mit einer Mindeststückelung von 100 000 Euro.[17]

IV. Prospektunterzeichnung, Verantwortlichkeitsklausel

1. Prospektunterzeichnung

7   § 5 Abs. 3 soll der Umsetzung von Art. 6 Abs. 1 Prospektrichtlinie dienen,[18] der jedoch zu der in § 5 Abs. 3 geregelten Materie des Prospektdatums und seiner Unterzeichnung überhaupt nichts enthält. § 5 Abs. 3 Satz 1 entspricht § 2 Abs. 2 Verkaufsprospekt-Verordnung a. F., § 5 Abs. 3 Satz 2 entspricht § 13 Abs. 1 Satz 5 BörsZulV a. F. Erforderlich ist das Datum der Erstellung (nicht der Billigung[19]) und für die Billigungsfassung[20] die Unterzeichnung, d. h. Schriftform i. S. d. § 3a Abs. 2 VwVfG, die nur durch eine qualifizierte elektronische Signatur ersetzt werden kann. Nach der Verwaltungspraxis der BaFin ist eine Vertretung des Emittenten durch Mitantragsteller nicht möglich; vielmehr ist eine persönliche Unterzeichnung erforderlich.

2. Verantwortlichkeitsklausel

8   Die in § 5 Abs. 4 geregelte Verantwortlichkeitsklausel entspricht zum Teil § 14 BörsZulV a. F. Sie beruht auf Art. 4 Abs. 1 Prospektrichtlinie, dies allerdings nur zum Teil. Art. 4 Abs. 1 Prospektrichtlinie fordert nicht, dass auch der Zulassungsantragsteller die Verantwortlichkeit erklärt. Andere europäische Länder, z. B. Luxemburg, fordern demzufolge auch nicht, dass der Zulassungsantragsteller in der Verantwortlichkeitsklausel genannt wird, wie im Übrigen andere Länder der europäischen Union auch keine spezialgesetzliche Prospekthaftung der die Emission begleitenden Kreditinstitute bzw. Zulassungsantragsteller kennen.[21] Vor diesem Hintergrund ist diese Regelung für den Finanzplatz Deutschland zu bedauern, da sie insbesondere für angelsächsische Institute ungewöhnlich ist und damit bei einer Wahlmöglichkeit diese davon abhalten dürfte, den Finanzplatz Deutschland zu nutzen.

§ 5 Abs. 4 gilt nach seinem eindeutigen Wortlaut nur für Prospekte. Soweit das Wertpapierprospektgesetz auf Grund von prospektbefreienden Darstellungen

---

[17] *Kullmann/Sester,* WM 2005, 1068, 1071: § 5 Abs. 2 Satz 4 gelte über seinen Wortlaut hinaus auch bei Prospekten für das öffentliche Angebot von Wertpapieren mit der dort genannten Stückelung.
[18] RegBegr. zum Prospektrichtlinie-Umsetzungsgesetz, BT-Drs. 15/4999, S. 25, 31.
[19] *Meyer,* in: Berrar/Meyer/Müller/Schnorbus/Singhof/Wolf, § 5 WpPG Rn. 72.
[20] *Just,* in: Just/Voß/Ritz/Zeising, § 5 WpPG Rn. 38, anders dagegen wohl die BaFin-Praxis, die bereits zur Einleitung des Billigungsverfahrens einen original unterschriebenen Prospekt verlangt, vgl. Darstellung dieser von ihnen aber kritisierten Praxis bei *Ritz/Voß,* in: Just/Voß/Ritz/Zeising, § 13 WpPG Rn. 13.
[21] Vgl. Länderberichte bei *Hopt/Voigt,* Prospekt- und Kapitalmarktinformationshaftung, z. B. England, S. 471 f., Luxemburg, S. 750 f.

von der Prospektpflicht befreit, grenzt es diese Darstellungen auch sprachlich klar von dem Prospekt ab indem es an den entsprechenden Stellen von dem „Dokument" spricht, vgl. § 4 Abs. 1 Nr. 2 bis 5, Abs. 2 Nr. 3 bis 6. Auf Grund dieser Differenzierung ist nicht davon auszugehen, dass § 5 Abs. 4 auch für die prospektbefreienden Dokumente gelten soll. Gleiches gilt für § 5 Abs. 3.

§ 6. Basisprospekt

(1) **Für die folgenden Wertpapierarten kann der Anbieter oder der Zulassungsantragsteller einen Basisprospekt erstellen, der alle nach den §§ 5 und 7 notwendigen Angaben zum Emittenten und den öffentlich anzubietenden oder zum Handel an einem organisierten Markt zuzulassenden Wertpapieren enthalten muss, nicht jedoch die endgültigen Bedingungen des Angebots:**

1. **Nichtdividendenwerte sowie Optionsscheine jeglicher Art, die im Rahmen eines Angebotsprogramms ausgegeben werden;**
2. **Nichtdividendenwerte, die dauernd oder wiederholt von Einlagenkreditinstituten begeben werden,**
   a) **sofern die Wertpapiere durch in ein Deckungsregister eingetragene Vermögensgegenstände gedeckt werden, die eine ausreichende Deckung der aus den betreffenden Wertpapieren erwachsenden Verbindlichkeiten bis zum Fälligkeitstermin bieten, und**
   b) **sofern die Vermögensgegenstände im Sinne des Buchstaben a im Falle der Insolvenz des Einlagenkreditinstituts unbeschadet der auf Grund der Richtlinie 2001/24/EG des Europäischen Parlaments und des Rates vom 4. April 2001 über die Sanierung und Liquidation von Kreditinstituten (ABl. EU Nr. L 125 S. 15) erlassenen Vorschriften vorrangig zur Rückzahlung des Kapitals und der aufgelaufenen Zinsen bestimmt sind.**

(2) **Die Angaben des Basisprospekts sind erforderlichenfalls durch aktualisierte Angaben zum Emittenten und zu den Wertpapieren, die öffentlich angeboten oder zum Handel an einem organisierten Markt zugelassen werden sollen, nach Maßgabe des § 16 zu ergänzen.**

(3) [1]**Werden die endgültigen Bedingungen des Angebots weder in den Basisprospekt noch in einen Nachtrag nach § 16 aufgenommen, hat der Anbieter oder Zulassungsantragsteller sie spätestens am Tage des öffentlichen Angebots in der in § 14 genannten Art und Weise zu veröffentlichen.** [2]**Der Anbieter oder Zulassungsantragsteller hat die endgültigen Bedingungen des Angebots zudem spätestens am Tag der Veröffentlichung bei der Bundesanstalt zu hinterlegen und der zuständigen Behörde des oder der Aufnahmestaaten zu übermitteln.** [3]**Die endgültigen Angebotsbedingungen können anstatt in Papierform auch ausschließlich elektronisch über das Melde- und Veröffentlichungssystem der Bundesanstalt hinterlegt werden.** [4]**Kann eine Veröffentlichung, Hinterlegung oder Übermittlung aus praktischen Gründen nicht fristgerecht durchgeführt werden, ist sie unverzüglich nachzuholen.** [5]**Die endgültigen Bedingungen des Angebots bedürfen nicht der Unterzeichnung.** [6]**§ 8 Abs. 1 Satz 1 und 2 ist in den in Satz 1 genannten Fällen entsprechend anzuwenden.**

Übersicht

I. Vorbemerkung

1   § 6 dient der Umsetzung von Art. 5 Abs. 4 Prospektrichtlinie und knüpft an § 44 BörsZulV a. F. und § 10 VerkprospG an.[1] Bei der Umsetzung von Art. 5 Abs. 4 Prospektrichtlinie fällt jedoch auf, dass § 6 Abs. 3 auf § 14 verweist, während Art. 5 Abs. 4 Satz 3 Prospektrichtlinie nur davon spricht, die endgültigen Bedingungen seien „den Anlegern zu übermitteln" – vgl. dazu sogleich unten Rn. 10.

II. Basisprospekt

1. Anwendungsbereich der Vorschrift, Bedeutung

2   Basisprospekte sind nur für bestimmte Wertpapiere (Nichtdividendenwerte, wobei es möglich ist, mehrere der in Art. 22 Abs. 6 Prospektverordnung genannten Wertpapiere in einem Basisprospekt zusammen zu fassen[2]), die auf spezielle Art und Weise begeben werden (Angebotsprogramm oder dauernd oder wiederholt), von bestimmten Emittenten (bei der dauernden oder wiederholten Ausgabe nur von Einlagenkreditinstituten) zulässig. Der Basisprospekt ist von besonderer Bedeutung für bestimmte kontinuierliche Emissionen z. B. im Rahmen von Angebotsprogrammen, § 2 Nr. 5.[3] Diese Prospektform ermöglicht es, zunächst alle erforderlichen Angaben z. B. zum Emittenten in den Basisprospekt aufzunehmen, einzelne Angebotsbedingungen dagegen erst kurz vor dem öffentlichen Angebot festzusetzen und ohne weitere Prüfung durch die BaFin zu veröffentlichen. Bei dem Basisprospekt handelt es sich grundsätzlich um ein eigenes Prospektformat, das neben dem einteiligen bzw. dreiteiligen Prospekt zur Verfügung gestellt wird, der aber allen für Prospekte geltenden Anforderungen genügen muss.[4] Seit der Streichung des § 12 Abs. 1 Satz 6 durch das Gesetz zur Umsetzung der Richtlinie 2010/73/EU und zur

---

[1] *Kullmann/Sester,* WM 2005, 1068, 1072.
[2] *Kullmann/Sester,* WM 2005, 1068, 1072.
[3] Vgl. zu dem anstelle von § 44 BörsZulV a. F. durch das Prospektrichtlinie-Umsetzungsgesetz neu eingefügten § 48 a BörsZulV und dessen Anwendungsbereich, der sich im Wesentlichen mit dem des § 6 deckt, oben Kommentierung zu § 48 a BörsZulV.
[4] Ebenso *Bauer,* in: Berrar/Meyer/Müller/Schnorbus/Singhof/Wolf, § 6 WpPG Rn. 11; *Kunold/Schlitt,* BB 2004, 501, 506; *Kullmann/Sester,* ZBB-Report 2005, 209, 211.

Änderung des Börsengesetzes[5] zur Umsetzung der Änderung des Art. 5 Abs. 3 ÄnderungsRL ist der Basisprospekt auch als dreiteiliger Prospekt zulässig.[6] Die in § 2 Nr. 3 legal definierten Nichtdividendenwerte i. S. des § 6 Abs. 1 **3** Nr. 2 umfassen neben Hypothekenpfandbriefen, Kommunalschuldverschreibungen sowie Schiffspfandbriefen sonstige Anleihen und Optionsscheine jeglicher Art, d. h. derivative Wertpapiere wie Zertifikate und strukturierte Wertpapiere.[7] In allen Fällen des § 6 Abs. 1 Nr. 1 müssen die Wertpapiere im Rahmen eines Angebotsprogramms, § 2 Nr. 5, begeben werden.[8]

2. Inhalt und Aufbau des Basisprospekts

Der Basisprospekt muss, soweit keine inhaltlichen Erleichterungen greifen, **4** allen für den Prospekt geltenden Bestimmungen genügen, d. h. er hat eine Zusammenfassung zu enthalten und muss die für das Registrierungsformular und die Wertpapierbeschreibungen geforderten Angaben aufweisen.[9] Das ergibt sich bereits aus der Legaldefinition in Art. 2 Abs. 1 lit. r) Prospektrichtlinie,[10] die, auch wenn im Wertpapierprospektgesetz nicht übernommen, hier ergänzend herangezogen werden kann.

Hinsichtlich der Zusammenfassung hängt es von den Umständen des Ein- **5** zelfalls ab, ob es ausreicht, eine gemeinsame Zusammenfassung für die erfassten Wertpapiere zu erstellen, oder, ob mehrere Zusammenfassungen in den Basisprospekt aufgenommen werden müssen. Entscheidend ist auch insofern der Grundsatz der Klarheit und Verständlichkeit. Dieser kann eine Zusammenfassung mit differenzierter Darstellung der Wertpapiere ausreichen lassen, oder aber verschiedene Zusammenfassungen erfordern.

Hinsichtlich des Umfangs der Zusammenfassung gilt ebenfalls der vorge- **6** nannte Grundsatz der Klarheit und Verständlichkeit. Diesem dürfte es widersprechen[11] pro Wertpapier eine Zusammenfassung von 2500 Wörtern zu erstellen, da diese die Lesbarkeit beeinträchtigt. Insofern gilt für die Zusammenfassung zwar nicht die Soll-Grenze von 2500 Wörtern. Andererseits sollte die Zusammenfassung bei einem Basisprospekt über mehrere Wertpapiere aber auch nicht aus 2500 Wörtern pro Wertpapier bestehen.

---

[5] BGBl. I 2012, 1375.

[6] RegBegr. ÄnderungsRL-Umsetzungsgesetz, BT-Drs. 17/8684, S. 13, 19.

[7] Ausführlich *Kullmann/Sester,* ZBB-Report 2005, 209, 211; ebenso auch die BaFin, Merkblatt zur Billigung und Hinterlegung von Prospekten für Wertpapiere, unter „Der Basisprospekt", abrufbar unter www.bafin.de; Just/Ritz, in: Just/Voß/Ritz/ Zeising, § 6 WpPG Rn. 9.

[8] RegBegr. zum Prospektrichtlinie-Umsetzungsgesetz, BT-Drs. 15/4999, S. 25, 32.

[9] *Kullmann/Sester,* ZBB-Report 2005, 209, 211.

[10] „Basisprospekt" ein Prospekt, der alle in den Artikeln 5, 7 und – im Falle eines Nachtrags – 16 bezeichneten notwendigen Angaben zum Emittenten und zu den öffentlich anzubietenden oder zum Handel zuzulassenden Wertpapieren sowie, nach Wahl des Emittenten, die endgültigen Bedingungen des Angebots enthält." Wie hier *Bauer,* in: Berrar/Meyer/Müller/Schnorbus/Singhof/Wolf, § 6 WpPG Rn. 9, der diese Begriffsbestimmung auch für § 6 Abs. 1 anregt.

[11] RegBegr. zum Prospektrichtlinie-Umsetzungsgesetz, BT-Drs. 15/4999, S. 25, 32; ebenso *Seitz,* in: Assmann/Schlitt/von Kopp-Colomb, § 6 WpPG Rn. 34.

7 Weitere Regelungen über die Aufmachung des Basisprospekts und die dazugehörigen endgültigen Bedingungen ergeben sich aus Art. 26 Prospektverordnung.

3. Endgültige Bedingungen des Angebots, Bekanntgabe

8 Im Interesse des Anlegerschutzes ist eine vollständige Bekanntgabe der endgültigen Bedingungen des Angebots vor dem eigentlichen Angebot erforderlich; d. h. auf der Grundlage des Basisprospektes dürfen noch keine Wertpapiere angeboten werden. Vielmehr ist der Basisprospekt erst durch die endgültigen Bedingungen zu vervollständigen.[12] Entscheidend bei § 6 ist, ebenso wie bereits bei § 10 VerkprospG, die Abgrenzung zwischen den „notwendigen Angaben zum Emittenten und den öffentlich anzubietenden oder zum Handel an einem organisierten Markt zuzulassenden Wertpapieren", die bereits im Basisprospekt enthalten sein müssen, einerseits und den „endgültigen Bedingungen des Angebots" andererseits, die nachgetragen werden können. Endgültige Bedingungen des Angebots können gemäß Art. 22 Abs. 2 i. V. m. Art. 22 Abs. 4 Prospektverordnung alle Informationen sein, die sich aus den Schemata für Wertpapierbeschreibungen ergeben,[13] allerdings nicht begrenzt auf die dort unter der Überschrift „Bedingungen und Voraussetzungen für das Angebot" genannten Informationen. Vielmehr ist der Begriff der „endgültigen Bedingungen des Angebots" weit auszulegen.[14] Darunter können, wie bereits zu § 10 VerkprospG vertreten, sowohl Angaben quantitativer Art, z. B. Nennbetrag, Laufzeit, Zinssatz, Wandlungspreis, Ausgabepreis, Gesamtemissionsvolumen,[15] als auch qualitativer Art verstanden werden, sofern letztere nicht zur verständlichen Produktbeschreibung unerlässlich sind.[16] Bei Optionsscheinen braucht der Basiswert nicht konkretisiert zu sein; vielmehr ist ausreichend, wenn in einem Basisprospekt, der sich auf Optionsscheine bezieht, der Basiswert seiner Art nach angegeben wird, z. B. „Optionsscheine auf Aktien", „Optionsscheine auf einen Index", „Rohstoffe", „Währungen", „Zinsen", „Futures".[17]

9 § 6 Abs. 3 regelt die Veröffentlichung der endgültigen Bedingungen, wenn diese weder im Basisprospekt noch in einem Nachtrag nach § 16 aufgenommen worden sind. Dabei sind grundsätzlich die endgültigen Bedingungen

---

[12] Ebenso auch die BaFin, Merkblatt zur Billigung und Hinterlegung von Prospekten für Wertpapiere, unter „Der Basisprospekt", abrufbar unter www.bafin.de.

[13] *Just/Ritz,* in: Just/Voß/Ritz/Zeising, § 6 WpPG Rn. 20; *Kullmann/Sester,* WM 2005, 1068, 1072.

[14] Zu Vorstehendem insgesamt ausführlich *Just/Ritz,* in: Just/Voß/Ritz/Zeising, § 6 WpPG Rnrn. 22 ff.; ebenso auch ESMA, Frequently asked questions, Prospectuses: common positions agreed by ESMA Members, question No. 57, abrufbar über die homepage: www.esma.europa.eu.

[15] Vgl. zu den Beispielen *Kullmann/Sester,* WM 20 005, 1068, 1072; *Just/Ritz,* in: Just/Voß/Ritz/Zeising, § 6 WpPG Rn. 25; bereits zum Verkaufsprospektgesetz *Carl/Machunsky,* S. 64, *Ritz,* in: Assmann/Lenz/Ritz, § 10 VerkprospG Rn. 5; Süßmann, EuZW 1991, 210, 214.

[16] *Bosch,* in: Bosch/Groß Emissionsgeschäft Rn. 10/123.

[17] Weitere Beispiele bei *Kullmann/Sester,* WM 2005, 1068, 1072: Begebungstag, spezielle Risiken und/oder wirtschaftliche Merkmale der Wertpapiere.

spätestens am Tag des öffentlichen Angebots zu veröffentlichen und bei der zuständigen Behörde zu hinterlegen. Eine **Billigung** dieser endgültigen Bedingungen ist dagegen nicht erforderlich.[18] Eine spätere Veröffentlichung kommt lediglich in atypischen Ausnahmefällen in Betracht. Hierfür enthält § 6 Abs. 3 Satz 3 die Regelung, nach der in solchen Ausnahmefällen die endgültigen Bedingungen erst zu einem späteren Zeitpunkt und nach Beginn des öffentlichen Angebots zur Verfügung gestellt werden können. An das Vorliegen eines solchen atypischen Ausnahmefalls sind nach der Regierungsbegründung zum Prospektrichtlinie-Umsetzungsgesetz[19] wegen der besonderen Bedeutung der endgültigen Bedingungen für die Information des Publikums besonders strenge Anforderungen zu stellen. Es kann sich daher nur um Ereignisse handeln, auf die der Emittent, der Anbieter und der Zulassungsantragssteller keinen Einfluss haben.

Für die Art der Veröffentlichung der endgültigen Bedingungen verweist **10** zwar die Regierungsbegründung zum Prospektrichtlinie-Umsetzungsgesetz[20] auf Art. 33 Prospektverordnung, der Gesetzestext des § 6 Abs. 3 aber auf § 14. Damit fordert § 6 Abs. 3 eine Veröffentlichung der endgültigen Angebotsbedingungen in der Form des § 14 und geht damit über die Vorgaben des Art. 5 Abs. 4 Prospektrichtlinie hinaus. Art. 5 Abs. 4 sieht nämlich lediglich vor, dass die endgültigen Angebotsbedingungen an die Anleger „übermittelt" werden müssen. Ein Verweis auf Art. 14 Prospektrichtlinie ist hierbei nicht erfolgt. Die in der Richtlinie genannte „Übermittlung" ist daher von einer formellen Veröffentlichung nach Art. 14 Prospektrichtlinie zu unterscheiden. Wie die Übermittlung zu erfolgen hat, ist vielmehr – wie auch die Gesetzesbegründung selbst ausführt – Art. 33 Prospektverordnung zu entnehmen. Danach kann die Übermittlung der endgültigen Bestimmungen flexibel gehandhabt werden, solange eine der in Art. 14 Prospektrichtlinie vorgesehenen Veröffentlichungsmethoden gewählt wird. Weder ist danach eine Veröffentlichung in der gleichen Art wie der Basisprospekt erforderlich, noch muss eine Veröffentlichung nach § 14 erfolgen; erforderlich ist nur, dass eine der in § 14 genannten Methoden der Veröffentlichung gewählt wird. Durch den Verweis auf die Veröffentlichungsmethoden für Prospekte zur Konkretisierung der „Übermittlung" wird dem Emittenten ein Wahlrecht hinsichtlich der Veröffentlichungsmethode gegeben.[21]

Demzufolge wird man den pauschalen Verweis in § 6 Abs. 3 auf § 14 **11** richtlinien- und verordnungskonform dahingehend auslegen müssen, dass alle in § 14 Abs. 2 genannten Veröffentlichungsmethoden zulässig sind. Auch der Diskussionsentwurf des Prospektrichtlinie-Umsetzungsgesetzes hatte hinsichtlich der Art und Weise der Übermittlung der endgültigen Angebotsbedingungen noch auf die in § 14 Abs. 2 des Diskussionsentwurfs genannten Veröffentlichungsmethoden (Internet etc.) verwiesen. Seit Streichung des § 14 Abs. 3 Satz 2 zum Ende des Jahres 2008 ist die Diskussion darüber,

---

[18] *Kullmann/Sester,* WM 2005, 1068, 1072.
[19] RegBegr. zum Prospektrichtlinie-Umsetzungsgesetz, BT-Drs. 15/4999, S. 25, 32.
[20] RegBegr. zum Prospektrichtlinie-Umsetzungsgesetz, BT-Drs. 15/4999, S. 25, 32.
[21] *Kullmann/Sester,* WM 2005, 1068, 1074.

ob darüber hinaus auch eine Hinweisbekanntmachung nach § 14 Abs. 3 Satz 2 erforderlich ist, was die BaFin bejaht,[22] bedeutungslos.

4. Nachtrag, endgültige Bedingungen des Angebots

12   § 6 Abs. 2 bestimmt, dass auch bei einem Basisprospekt eine Pflicht zur Erstellung eines Nachtrags nach § 16 bestehen kann; auch insofern gelten für den Basisprospekt die gleichen Regeln wie für den Prospekt als solchen. Diese Nachtragspflicht ist von der Pflicht zur Bekanntgabe der endgültigen Bedingungen des Angebots, § 6 Abs. 3, zu unterscheiden. Die endgültigen Bedingungen bedürfen – anders als ein Nachtrag – nicht der Billigung durch die BaFin.[23]

5. Entsprechende Anwendung von § 8 Abs. 1 Satz 1 und 2

13   Streitig ist, wie der in § 6 Abs. 3 Satz 5 enthaltene Verweis auf § 8 Abs. 1 Satz 1 und 2 zu verstehen ist, konkret, ob er bedeutet, dass auch in den endgültigen Bedingungen noch Emissionspreis und Emissionsvolumen offen bleiben und nur deren Bestimmungskriterien gemäß § 8 Abs. 1 Satz 1 und 2 angegeben werden können.[24] Der Wortlaut der Bestimmung spricht für diese Lösung.

§ 7. Mindestangaben

Die Mindestangaben, die in einen Prospekt aufzunehmen sind, bestimmen sich nach der Verordnung (EG) Nr. 809/2004 der Kommission vom 29. April 2004 zur Umsetzung der Richtlinie 2003/71/EG des Europäischen Parlaments und des Rates betreffend die in Prospekten enthaltenen Informationen sowie das Format, die Aufnahme von Informationen mittels Verweis und die Veröffentlichung solcher Prospekte und die Verbreitung von Werbung (ABl. EU Nr. L 149 S. 1, Nr. L 215 S. 3) in der jeweils geltenden Fassung.

1   § 7 setzt Artikel 7 Prospektrichtlinie um, verweist auf die Prospektverordnung und ist nur deklaratorisch, da die Prospektverordnung – in ihrer jeweils geltenden Fassung[1] – nach Artikel 189 EU-Vertrag so oder so – spä-

---

[22] Vgl nur *Hamann,* in: Schäfer/Hamann, KMG, § 6 WpPG Rn. 15; *Heidelbach/Preuße,* BKR 2006, 316, 322; *Kullmann/Sester,* WM 2005, 1068, 1074.

[23] Unstr. vgl. nur *Just/Ritz,* in: Just/Voß/Ritz/Zeising, § 6 WpPG Rn. 32.

[24] So *Hamann,* in: Schäfer/Hamann/KMG, § 6 Rn. 16; *Seitz,* in: Assmann/Schlitt/von Kopp-Colomb, § 6 WpPG Rn. 103; *Bauer,* in: Berrar/Meyer/Müller/Schnorbus/Singhof/Wolf, § 6 Rn. 58; a. A. *Just/Ritz,* in: Just/Voß/Ritz/Zeising, § 6 WpPG Rn. 37.

[1] Es handelt sich um eine so genannte „dynamische" Verweisung wie hier *Meyer,* in: Berrar/Meyer/Müller/Schnorbus/Singhof/Wolf, § 7 WpPG Rn. 4. Dieser Charakter als dynamische Verweisung galt auch bereits vor der entsprechenden Klarstellung durch das das Gesetz zur Umsetzung der Richtlinie 2010/73/EU und zur Änderung des Börsengesetzes durch Einfügung des Passus „in der jeweils geltenden Fassung", BGBl. I 2012, 1375. Zu den Änderungen der Prospektverordnung vgl. *Schlitt/Schäfer,* in: Assmann/Schlitt/von Kopp-Colomb, § 7 WpPG Rn. 12 f.

testens seit 1. Juli 2005 – unmittelbar geltendes Recht in Deutschland darstellt.[2]

§ 7 bestimmt – ebenso wie Art. 7 Prospektrichtlinie – ausdrücklich, dass die **2** Prospektverordnung nur die Mindestangaben des Prospekts enthält. § 7 ergänzt § 5 Abs. 1, der aber als Generalnorm vorgeht.[3] Insgesamt ergibt sich daraus: Ein Prospekt, der dem in **§ 7 i. V. m. den Bestimmungen und Anhängen der Prospektverordnung enthaltene gesetzlichen Inhaltskatalog entspricht, ist im Regelfall vollständig.**[4] Andererseits kann er vollständig sein, obwohl er nicht alle der in § 7 i. V. m. den Bestimmungen und Anhängen der Prospektverordnung genannten Angaben enthält.[5] Er kann anders herum aber auch unvollständig sein, obwohl er alle der in § 7 i. V. m. den Bestimmungen und Anhängen der Prospektverordnung geforderten Angaben enthält.

Ersteres, d. h. die Vollständigkeit trotz Fehlens einzelner der in § 7 i. V. m. **3** den Bestimmungen und Anhängen der Prospektverordnung genannten Angaben ergibt sich bereits aus Erwägungsgrund 24 der Prospektverordnung, in dem ausdrücklich festgehalten wird, dass bestimmte „Informationsbestandteile, die in den Schemata und Modulen gefordert werden, in einigen bestimmten Fällen nicht anwendbar" sind, weil sie „für ein bestimmtes Wertpapier nicht relevant" sind.[6] Es folgt aber auch aus § 8 und den dort im Einzelnen aufgeführten Informationen, die, abhängig von den Umständen des Einzelfalles, unterbleiben können, so Emissionspreis und -volumen nach § 8 Abs. 1 Satz 1, Angaben, die dem öffentlichen Interesse zuwiderlaufen, § 8 Abs. 2 Nr. 1, Angaben, deren Veröffentlichung den Emittenten erheblichen Schaden zufügen, § 8 Abs. 2 Nr. 2, Angaben von untergeordneter Bedeutung, § 8

---

[2] Zutreffend RegBegr. zum Prospektrichtlinie-Umsetzungsgesetz, BT-Drs. 15/4999, S. 25, 25; *Just,* in: Just/Voß/Ritz/Zeising, § 7 WpPG Rn. 1; *Schlitt/Schäfer,* in: Assmann/Schlitt/von Kopp-Colomb, § 7 WpPG Rnrn. 1.

[3] Unstr. vgl. nur *Meyer,* in: Berrar/Meyer/Müller/Schnorbus/Singhof/Wolf, § 7 WpPG Rn. 8.

[4] Ebenfalls umstr. *Just,* in: Just/Voß/Ritz/Zeising, § 7 WpPG Rn. 13; *ders.,* in: Just/Voß/Ritz/Zeising, § 5 WpPG Rn. 11; *Meyer,* in: Berrar/Meyer/Müller/Schnorbus/Singhof/Wolf, § 7 WpPG Rn. 8.

[5] Wie hier zum „alten Recht" *Assmann,* in: Assmann/Lenz/Ritz, § 13 VerkprospG Rn. 26; *Stephan,* AG 2002, 3, 7. Zum WpPG *Just,* in: Just/Voß/Ritz/Zeising, § 7 WpPG Rn. 13; *Meyer,* in: Berrar/Meyer/Müller/Schnorbus/Singhof/Wolf, § 6 WpPG Rn. 8.

[6] Verordnung (EG) Nr. 809/2004 der Kommission vom 29. April 2004 zur Umsetzung der Richtlinie 2003/71/EG des Europäischen Parlaments und des Rates betreffend die in Prospekten enthaltenen Informationen sowie das Format, die Aufnahme von Informationen mittels Verweis und die Veröffentlichung solcher Prospekte und die Verbreitung von Werbung in der berichtigten Fassung abgedruckt in ABl. EG Nr. L 215 vom 16. Juni 2004, S. 3, geändert durch die Verordnung (EG) Nr. 1787/2006 der Kommission vom 4. Dezember 2006, ABl. EG Nr. L 337, 17, die Verordnung (EG) Nr. 211/2007 der Kommission vom 27. Februar 2007, ABl. EG Nr. L 61, 24, die Verordnung (EG) Nr. 1289/2008 der Kommission vom 12. Dezember 2008, ABl. EG Nr. L 340, 17, die Delegierte Verordnung (EU) Nr. 311/2012 der Kommission vom 21. Dezember 2011, ABl. EU Nr. L 103, 13, und die Delegierte Verordnung (EU) Nr. 486/2012 der Kommission vom 30. März 2012, ABl. EU Nr. L 150, 1.

Abs. 2 Nr. 3, nicht angemessene und durch gleichwertige Angaben ersetzte Informationen, § 8 Abs. 3, logisch nicht anwendbare Angaben, Art. 8 Abs. 3 Satz 3 Prospektrichtlinie und Erwägungsgrund 24 Prospektrichtlinie.[7]

4   Letzteres, d. h. die Unvollständigkeit eines Prospektes trotz Aufnahme sämtlicher in § 7 i. V. m. den Bestimmungen und Anhängen der Prospektverordnung genannten Angaben ergibt sich bereits aus der eindeutigen Formulierung des § 7. § 7 macht nämlich ausdrücklich deutlich, dass sich (nur) die „Mindestangaben, die in einen Prospekt aufzunehmen sind, (nach der Prospektverordnung) bestimmen".[8] Im Hinblick auf die Vollständigkeit ist der **Grundsatz des § 5 Abs. 1 S. 1** zu beachten: Der Prospekt muss „sämtliche Angaben enthalten, die im Hinblick auf den Emittenten und die ... Wertpapiere notwendig sind, um dem Publikum ein zutreffendes Urteil über die Vermögenswerte und Verbindlichkeiten, die Finanzlage, die Gewinne und Verluste, die Zukunftsaussichten des Emittenten und jedes Garantiegebers sowie über die mit diesen Wertpapieren verbundenen Rechten zu ermöglichen."

6   Welche Angaben für einen vollständigen Prospekt erforderlich sind, ist damit **grundsätzlich** anhand des **Inhaltskatalogs des § 7 i. V. m. den Bestimmungen und den Anhängen der Prospektverordnung** zu beantworten, wobei jedoch auf Grund besonderer Umstände des jeweiligen Einzelfalls sowohl weniger als auch wegen § 5 Abs. 1 S. 1 auch darüber hinausgehende Angaben erforderlich sein können. Ist der Prospekt nicht entsprechend der Anhänge zur Prospektverordnung aufgebaut, verlangt die BaFin entsprechend Art. 25 Abs. 4 und Art. 26 Abs. 3 Prospektverordnung „regelmäßig" eine so genannte Überkreuz-Checkliste, d. h. eine Liste, aus der sich genau ergibt, auf welcher Seite des Prospekts (nicht ausreichend ist nur die Angabe des Gliederungspunktes) welche vom jeweiligen Anhang der Prospektverordnung geforderte Information steht. Ist eine von den Schemata vorgesehene Angabe in Bezug auf die spezielle Transaktion oder den Emittenten nicht einschlägig und wird deshalb von ihr abgesehen, dann ist dies in der Liste, der so genannten „Cross Reference Liste", ausdrücklich zu erwähnen.[9] Von den vorstehend dargelegten **materiellen Kriterien** der Vollständigkeit des Prospektes zu unterscheiden sind die Anforderungen, die von der BaFin im Rahmen der Prospektbilligung gestellt werden können. Die **Prüfungskompetenz** der BaFin nach § 13 Abs. 1 beschränkt sich allein darauf, ob die Bestandteile der Schemata oder Module der Prospektverordnung im Prospekt enthalten sind.[10] Sie prüft dagegen nicht die oben dargestellte materielle Vollständigkeit. Da dies so ist, können weitergehende Angaben als die in

---

[7] So ausdrücklich auch *Meyer,* in: Berrar/Meyer/Müller/Schnorbus/Singhof/Wolf, § 6 WpPG Rn. 5; ebenso Just, *Just,* in: Just/Voß/Ritz/Zeising, § 5 WpPG Rn. 11.

[8] Wie hier *Hamann,* in: Schäfer/Hamann, KMG, § 7 WpPG Rn. 5; *Just,* in: Just/ Voß/Ritz/Zeising, § 5 WpPG Rnrn. 11 ff.; *Just,* in: Just/Voß/Ritz/Zeising, § 5 WpPG Rn. 15. Zum „alten" Recht vor In-Kraft-Treten des Prospektrichtlinie-Umsetzungsgesetzes war dies unstreitig, vgl. nur *Brondics/Mark,* AG 1989, 339, 342; *Stephan,* AG 2002, 3, 7; *Schwark,* in: Schwark/Zimmer, §§ 44, 45 BörsG Rn. 35.

[9] *Apfelbacher/Metzner,* BKR 2006, 81, 84.

[10] Siehe unten § 13 WpPG Rn. 8.

den Anhängen zur Prospektverordnung aufgeführten Informationen von der
BaFin nur dann zur Voraussetzung der Billigung des Prospekts gemacht werden, wenn der Emittent in eine der in Anhang XIX Prospektverordnung genannten besonderen Kategorien fällt, die so genannten „specialist issuers",[11]
vgl. Artikel 3 Abs. 2 i. V. m. Artikel 23 Abs. 1 Prospektverordnung.[12]

Art. 25 Abs. 1 und 2 sowie Art. 26 Abs. 1 und 2 Prospektverordnung ent- **7**
halten für den einteiligen Prospekt eindeutige Vorgaben zum Aufbau des
Prospekts.[13] Voranzustellen ist ein detailliertes und klares Inhaltsverzeichnis.
Dem hat eine Zusammenfassung zu folgen, in dem auch die Risikofaktoren
genannt werden müssen; seit der ÄnderungsRL ist dies dadurch klargestellt,
dass die Zusammenfassung auch die Schlüsselinformationen enthalten muss,
wobei die Schlüsselinformationen wiederum u. a. die Risikofaktoren enthalten müssen. Dem folgt ein gesondertes Kapitel mit den Risikofaktoren. Daran schließen sich die Angaben der sonstigen Informationsbestandteile, die
Gegenstand der Schemata und Module sind, auf deren Grundlage der Prospekt erstellt wurde, an.

Zulässig und üblich ist es, ganz am Anfang ein Deckblatt einzufügen, das **8**
die wichtigsten Kerndaten der Emission aufführt[14] (Emittent, Beschreibung
der Art der Wertpapiere, Anzahl, ISIN/WKN), den Prospekt als Prospekt für
ein öffentliches Angebot oder die Börsenzulassung charakterisiert, die Konsortialbanken nennt, ggfls. einen Disclaimer enthält, das kein Angebot in den
USA erfolgt, und das Datum des Prospekts (nicht zwingend das der Billigung)
nennt. Zulässig ist es darüber hinaus auch, jedenfalls in Deutschland, noch
einen gesonderten Umschlag aufzunehmen, auf dem der Emittent, sein Logo
und ggfls. Produktbilder enthalten sind.[15]

Zusammenfassung und Risikofaktoren sind als eigenständige Kapitel den **9**
übrigen Prospektkapiteln voranzustellen und müssen nach der Praxis der Ba-
Fin aus sich heraus verständlich sein, so dass sie keine Verweise auf andere
Teile des Prospekts enthalten dürfen.[16]

§ 8. Nichtaufnahme von Angaben

(1) **¹Für den Fall, dass der Ausgabepreis der Wertpapiere (Emissionspreis) und die Gesamtzahl der öffentlich angebotenen Wertpapiere**

[11] Ausführlich zu den zusätzlichen Prospektanforderungen bei „specialist issuers"
Schnorbus, WM 2009, 249 sowie ESMA Empfehlungen, ESMA update of the CESR
recommendations, March 2011, abrufbar über die homepage: www.esma.europa.eu.
[12] *Wiegel*, S. 212; *Schlitt/Schäfer*, in: Assmann/Schlitt/von Kopp-Colomb, § 7 WpPG
Rn. 29; *Meyer*, in: Berrar/Meyer/Müller/Schnorbus/Singhof/Wolf, § 6 WpPG Rn. 8;
Schlitt/Schäfer, AG 2005, 498, 502.
[13] *Just*, in: Just/Voß/Ritz/Zeising, § 7 WpPG Rn. 17; *Schlitt/Schäfer*, in: Assmann/
Schlitt/von Kopp-Colomb, § 7 WpPG Rn. 30.
[14] *Just*, in: Just/Voß/Ritz/Zeising, § 7 WpPG Rn. 26; *Schlitt/Schäfer*, in: Assmann/
Schlitt/von Kopp-Colomb, § 7 WpPG Rn. 30.
[15] *Just*, in: Just/Voß/Ritz/Zeising, § 7 WpPG Rn. 27.
[16] So ausdrücklich *Schlitt/Schäfer*, in: Assmann/Schlitt/von Kopp-Colomb, § 7 WpPG
Rn. 30.

(Emissionsvolumen) im Prospekt nicht genannt werden können, muss der Prospekt die Kriterien oder die Bedingungen angeben, anhand deren die Werte ermittelt werden. [2]Abweichend hiervon kann bezüglich des Emissionspreises der Prospekt auch den Höchstpreis angeben. Enthält der Prospekt nicht die nach Satz 1 oder Satz 2 erforderlichen Kriterien oder Bedingungen, hat der Erwerber das Recht, seine auf den Abschluss des Vertrages gerichtete Willenserklärung innerhalb von zwei Werktagen nach Hinterlegung des endgültigen Emissionspreises und des Emissionsvolumens zu widerrufen. [3]Der Widerruf muss keine Begründung enthalten und ist in Textform gegenüber der im Prospekt als Empfänger des Widerrufs bezeichneten Person zu erklären; zur Fristwahrung genügt die rechtzeitige Absendung. [4]Auf die Rechtsfolgen des Widerrufs ist § 357 des Bürgerlichen Gesetzbuchs entsprechend anzuwenden. [5]Der Anbieter oder Zulassungsantragsteller muss den endgültigen Emissionspreis und das Emissionsvolumen unverzüglich nach der Festlegung in einer nach § 14 Abs. 2 zulässigen Art und Weise veröffentlichen. [6]Erfolgt kein öffentliches Angebot, sind der endgültige Emissionspreis und das Emissionsvolumen spätestens einen Werktag vor der Einführung der Wertpapiere zu veröffentlichen. [7]Werden Nichtdividendenwerte eingeführt, ohne dass ein öffentliches Angebot erfolgt, kann die Veröffentlichung nach Satz 6 nachträglich vorgenommen werden, wenn die Nichtdividendenwerte während einer längeren Dauer und zu veränderlichen Preisen ausgegeben werden. [8]Der endgültige Emissionspreis und das Emissionsvolumen sind zudem stets am Tag der Veröffentlichung bei der Bundesanstalt zu hinterlegen. [9]Der Prospekt muss in den Fällen des Satzes 3 an hervorgehobener Stelle eine Belehrung über das Widerrufsrecht enthalten.

(2) Die Bundesanstalt kann gestatten, dass bestimmte Angaben, die nach diesem Gesetz oder der Verordnung (EG) Nr. 809/2004 vorgeschrieben sind, nicht aufgenommen werden müssen, wenn

1. die Verbreitung dieser Angaben dem öffentlichen Interesse zuwiderläuft,

2. die Verbreitung dieser Angaben dem Emittenten erheblichen Schaden zufügt, sofern die Nichtveröffentlichung das Publikum nicht über die für eine fundierte Beurteilung des Emittenten, des Anbieters, des Garantiegebers und der Wertpapiere, auf die sich der Prospekt bezieht, wesentlichen Tatsachen und Umstände täuscht, oder

3. die Angaben für das spezielle Angebot oder für die spezielle Zulassung zum Handel an einem organisierten Markt von untergeordneter Bedeutung und nicht geeignet sind, die Beurteilung der Finanzlage und der Entwicklungsaussichten des Emittenten, Anbieters oder Garantiegebers zu beeinflussen.

(3) Sind bestimmte Angaben, die nach der Verordnung (EG) Nr. 809/2004 in den Prospekt aufzunehmen sind, dem Tätigkeitsbereich oder der Rechtsform des Emittenten oder den Wertpapieren, auf die sich der Prospekt bezieht, ausnahmsweise nicht angemessen, hat der Prospekt unbeschadet einer angemessenen Information des Publikums Angaben zu enthalten, die den geforderten Angaben gleichwertig sind.

(4) **Übernimmt ein Staat des Europäischen Wirtschaftsraums eine Garantie für ein Wertpapier, so muss der Prospekt keine Angaben über diesen Garantiegeber enthalten.**

Übersicht

I. Vorbemerkungen

§ 8 setzt Art. 8 Prospektrichtlinie um. § 8 wurde auf Anregung des Bun- **1** desrates so geändert, dass seine Zielrichtung, die im Hinblick auf das Bookbuilding-Verfahren und das Emissionsvolumen erforderliche Flexibilität zu ermöglichen, auch erreicht werden kann. Durch die Gesetz gewordene Fassung des § 8 Abs. 1 Satz 6 ist sichergestellt, dass der Emissionspreis und das Emissionsvolumen erst nach deren Festlegung, damit auch erst nach Ablauf der Zeichnungsfrist bzw. Angebotsfrist und damit auch erst nach Ende der Nachtragsfrist des § 16 Abs. 1 Satz 1 im Rahmen des Zuteilungsverfahrens festgelegt und veröffentlicht werden können.[1]

II. Emissionspreis und Emissionsvolumen

1. Emissionspreis

§ 8 Abs. 1 Satz 1 definiert den Emissionspreis als **Ausgabepreis der** **2** **Wertpapiere.** Die Prospektrichtlinie stellt auf den endgültigen Emissionskurs ab. Diese Formulierung wurde insbesondere vor dem Hintergrund der Preisbestimmung bei Aktienemissionen gewählt. Dort werden die neuen Aktien von den Emissionsbanken häufig zum geringsten Ausgabebetrag nach § 9 AktG gezeichnet, der Preis zu dem die Aktien vom Emittenten ausgegeben werden, ist damit dieser geringste Ausgabebetrag, der i.d.R. deutlich unterhalb des tatsächlichen Emissionspreises liegt. Deshalb ist unter Emissionspreis

---

[1] Stellungnahme des Bundesrates, BT-Drs. 15/5219, S. 4; Beschlussempfehlung und Bericht des Finanzausschusses, BT-Drs. 15/5373, S. 50.

der endgültige Emissionskurs oder Angebotspreis zu verstehen.[2] Bei Schuldverschreibungen und derivativen Wertpapieren sind zur Bestimmung des Emissionspreises die Vorgaben der Prospektverordnung heranzuziehen. Demnach ist bei diesen Wertpapieren der anfängliche Kurs anzugeben. Wird kein Ausgabepreis festgelegt, gilt als Höchstpreis der erste nach Einführung der Wertpapiere festgestellte oder gebildete Börsenpreis, im Fall gleichzeitiger Festlegung und Bildung an mehreren organisierten Märkten der höchste erste Börsenpreis.[3] Emissionsvolumen ist nach der Legaldefinition des § 8 Abs. 1 Satz 1 die Gesamtzahl der öffentlich angebotenen Wertpapiere, nicht etwa der Bruttoemissionserlös.[4]

2. Fehlende Angaben

3 Fehlen der Emissionspreis und das Emissionsvolumen im Prospekt so sind nach § 8 Abs. 1 Satz 1 auf Grund der besonderen Schutzbedürftigkeit des Publikums zumindest die Kriterien oder die Bedingungen anzugeben, anhand derer diese Werte ermittelt werden können. Alternativ kann hinsichtlich des Emissionspreises der Höchstpreis angegeben werden. Anhand einer solchen Angabe kann das Publikum auf einen Blick erkennen, mit welchem Preis bei der Zeichnung der Wertpapiere maximal zu rechnen ist. Reicht der Höchstpreis nach dem eindeutigen Wortlaut der Bestimmung aber aus, dann ist für die von der BaFin beim Bookbuilding vertretene Ansicht, das untere Ende der Preisspanne dürfe nicht weniger als 50% des oberen Endes der Preisspanne betragen,[5] kein Raum, weil § 8 Abs. 1 Satz 2 gerade keine Preisspanne fordert, einen Höchstpreis ausreichen lässt und damit auch nichts über ein unteres Ende der nicht geforderten Preisspanne sagt.[6]

3a Emissionspreis und Emissionsvolumen sind nach § 8 Abs. 1 S. 6 unverzüglich nach der Festlegung zu veröffentlichen. Diese Veröffentlichung ist als solche kein Nachtrag, welcher der Billigung durch die BaFin bedürfte.[7] Da aber die Festlegung von Emissionspreis und Emissionsvolumen auf andere Prospektinformationen ausstrahlt, z.B. den Emissionserlös sowie die Kapitalisierung und Verschuldung, die Bankenprovisionen etc., für diese Angaben aber § 8 Abs. 1 Satz 1 nach seinem klaren Wortlaut nicht gilt,[8] ist fraglich, ob hierfür ein Nachtrag nach § 16, welcher der Billigung der BaFin bedarf, erforderlich ist. Die hier bislang vertretene differenzierende Ansicht, die darauf abstellte, ob diese Angaben zum Zeitpunkt des Endes der Nachtragsfrist nach

---

[2] *Meyer,* in: Berrar/Meyer/Müller/Schnorbus/Singhof/Wolf, § 8 WpPG Rn. 9.

[3] Reg.Begr. zum Prospektrichtlinie-Umsetzungsgesetz, BT-Drs. 14/4999, S. 25, 32.

[4] *Meyer,* in: Berrar/Meyer/Müller/Schnorbus/Singhof/Wolf, § 8 WpPG Rn. 11.

[5] *Just,* in: Just/Voß/Ritz/Zeising, § 8 WpPG Rn. 9 a.E.

[6] So zu Recht *Meyer,* in: Berrar/Meyer/Müller/Schnorbus/Singhof/Wolf, § 8 WpPG Rn. 15.

[7] Wie hier auch *Apfelbacher/Metzner,* BKR 2006, 81, 87; kritisch *Just,* in: Just/Voß/Ritz/Zeising, § 8 WpPG Rnrn. 32 ff.; *Meyer,* in: Berrar/Meyer/Müller/Schnorbus/Singhof/Wolf, § 8 WpPG Rn. 11.

[8] Wie hier auch *Hamann,* in: Schäfer/Hamann, KMG, § 8 WpPG Rn. 4; *Apfelbacher/Metzner,* BKR 2006, 81, 87.

§ 16 vorlagen[9] greift nach der Verlängerung der Nachtragsfrist durch das Gesetz zur Umsetzung der Richtlinie 2010/73/EU und zur Änderung des Börsengesetzes[10] nicht mehr, da jedenfalls in der Regel vor Einführung der Wertpapiere als später liegendem Ereignis, vgl. unten § 16 Rn. 5, die Angaben vorliegen sollten. § 8 Abs. 1 Satz 1 lässt es ausdrücklich zu, kein Emissionsvolumen anzugeben, so dass die Aktienanzahl nicht zwingender Bestandteil des Prospekts ist.[11] § 8 Abs. 1 Satz 1 lässt es ebenfalls zu, Volumen und den Preis lediglich in einer den Anforderungen des § 8 Abs. 1 Satz 6 entsprechenden Weise zu veröffentlichen, fordert dafür demnach keinen Nachtrag, wenn im Prospekt die Kriterien oder die Bedingungen angegeben sind, anhand derer die Werte ermittelt werden, beziehungsweise wenn ein Höchstpreis im Prospekt enthalten ist. Wieso für preis- und volumenabhängige Angaben etwas anderes gelten soll, ist nicht ersichtlich.[12] Beim klassischen Bookbuilding reichen demnach die Angaben zu den Kriterien oder Bedingungen, mit denen Emissionspreis und Emissionsvolumen ermittelt werden bzw. hinsichtlich des Emissionspreises die Angabe eines Höchstpreises und bei den preisabhängigen Angaben entsprechend daraus entwickelte Informationen. Nach Festlegung von Emissionspreis und Emissionsvolumen sind diese ebenso wie die preisabhängigen Angaben nach § 8 Abs. 1 Satz 6 entsprechend bekannt zu machen; eines Nachtrags bedarf es nicht. Die BaFin-Praxis weicht davon ab, fordert einen Preisrahmen oder zumindest einen Höchstpreis und eine Maximalanzahl der zu platzierenden Wertpapiere und daraus ermittelte preisabhängige Angaben, anderenfalls einen entsprechenden Nachtrag.

Im Einzelnen ergibt sich Folgendes: Beim Bookbuilding enthält der Pros- **3b** pekt eine Preisspanne und zumindest ein Maximalvolumen der angebotenen Wertpapiere sowie eine Beschreibung des Bookbuildings als solchem. Die preisabhängigen Angaben lassen sich entweder aus dem Mittelwert der Preisspanne oder deren oberen oder unterem Ende errechnen und unter Hinweis auf ihre Ermittlung und ihren nur indikativen Charakter angeben. Der endgültige Preis und das endgültige Volumen werden nach § 8 Abs. 1 Satz 6 bekannt gemacht, eines Nachtrags bedarf es nicht, ein Widerrufsrecht besteht ebenfalls nicht.[13] Bei einer Bezugsrechtsemission, auch als „bis zu" Emission, mit später Festsetzung des Bezugspreises gemäß § 186 Abs. 2 Satz 2 AktG sind die Grundlagen für die Festlegung des Bezugspreises zu nennen, wobei hierfür auch die Nennung eines Höchstpreises ausreichen kann.[14] Die entsprechenden preisabhängigen Angaben können auf dieser Grundlage gemacht

---

[9] So *Apfelbacher/Metzner*, BKR 2006, 81, 87.

[10] BGBl. I 2012, 1375.

[11] *Meyer*, in: Berrar/Meyer/Müller/Schnorbus/Singhof/Wolf, § 8 WpPG Rn. 21.

[12] So ausdrücklich auch *Just*, in: Just/Voß/Ritz/Zeising, § 8 WpPG Rn. 32. Im Ergebnis ebenso mit ausführlicher Begründung *Meyer*, in: Berrar/Meyer/Müller/Schnorbus/Singhof/Wolf, § 8 WpPG Rnrn. 21 ff.; wie hier auch *Schlitt/Schäfer*, in: Assmann/Schlitt/von Kopp-Colomb, § 8 WpPG Rn. 13.

[13] *Meyer*, in: Berrar/Meyer/Müller/Schnorbus/Singhof/Wolf, § 8 WpPG Rn. 56; *Schlitt/Schäfer*, in: Assmann/Schlitt/von Kopp-Colomb, § 8 WpPG Rn. 20.

[14] *Schlitt/Schäfer*, in: Assmann/Schlitt/von Kopp-Colomb, § 8 WpPG Rn. 25.

werden, der endgültige Bezugspreis sowie das endgültige Volumen können dann nach § 8 Abs. 1 Satz 6 bekannt gemacht werden, eines Nachtrags bedarf es nicht, ein Widerrufsrecht besteht ebenfalls nicht.[15] Beim Decoupled Bookbuilding fehlen im ursprünglichen Prospekt die Preisspanne und auch die Anzahl der Wertpapiere. Nach Ansicht der BaFin sind diese in einem Nachtrag nach § 16 zu veröffentlichen, wobei die BaFin den Nachtrag in der Regel sehr zügig billigt. Nach anderer Ansicht können Preisspanne und -volumen auch nach § 8 Abs. 1 Satz 6 veröffentlicht werden.[16] Unabhängig davon richtet sich die Veröffentlichung des endgültigen Preises und des Volumens dann nach § 8 Abs. 1 Satz 6, eines Nachtrags bedarf es nicht, ein Widerrufsrecht besteht ebenfalls nicht.[17]

3c Emissionspreis und Emissionsvolumen müssen zu den in den Sätzen 6 bis 8 bestimmten Zeitpunkten in einer nach § 14 Abs. 2 zulässigen Art und Weise veröffentlicht werden. Zur Veröffentlichung verpflichtet sind, entsprechend § 10 VerkprospG a. F. bzw. § 44 BörsZulV a. F. der Anbieter oder der Zulassungsantragssteller. Der Verweis auf § 14 Abs. 2 stellt klar, dass die Veröffentlichung auf der Internetseite des Emittenten ausreicht. Die Veröffentlichung nach den Sätzen 6 bis 8 ist kein Nachtrag im Sinne des § 16. In allen Fällen hat der Anbieter oder Zulassungsantragssteller die veröffentlichten Angaben am Tag der Veröffentlichung bei der BaFin zu hinterlegen.[18]

3. Widerrufsrecht

4 Werden die Kriterien oder Bedingungen nicht angegeben, so gibt das Widerrufsrecht nach § 8 Abs. 1 Satz 3 dem Anleger die Möglichkeit, sich von seiner auf den Abschluss des „Zeichnungsvertrages" gerichteten Erklärung zu lösen. Dabei setzt das Widerrufsrecht voraus, dass Emissionspreis und Emissionsvolumen nicht angegeben sind, und, dass auch nicht die Kriterien oder die Bedingungen angegeben wurden, anhand derer die Werte ermittelt werden können, alternativ beim Emissionspreis, dass kein Höchstpreis genannt wird.[19] Alle vor Veröffentlichungen des Emissionspreises und des Emissionsvolumens abgegebenen Erwerbsangebote der Anleger sind in diesen Fällen widerruflich, alle nach der Veröffentlichung des Emissionspreises und des Emissionsvolumens abgegebene Erklärungen dagegen nicht.[20] Nach § 8 Abs. 1 Satz 3 beträgt die

[15] *Schlitt/Schäfer,* in: Assmann/Schlitt/von Kopp-Colomb, § 8 WpPG Rn. 25.
[16] So ausdrücklich *Meyer,* in: Berrar/Meyer/Müller/Schnorbus/Singhof/Wolf, § 8 WpPG Rn. 55.
[17] *Meyer,* in: Berrar/Meyer/Müller/Schnorbus/Singhof/Wolf, § 8 WpPG Rn. 56.
[18] *Hamann,* in: Schäfer/Hamann, KMG, § 8 WpPG Rn. 22; *Just,* in: Just/Voß/Ritz/Zeising, § 8 WpPG Rnrn. 36 ff.
[19] Wie hier *Schlitt/Schäfer,* in: Assmann/Schlitt/von Kopp-Colomb, § 8 WpPG Rn. 15. A. A., müssen beide, sowohl Emissionspreis als auch Emissionsvolumen oder die Kriterien genannt sein *Hamann,* in: Schäfer/Hamann, KMG, § 8 WpPG Rn. 11; *Just,* in: Just/Voß/Ritz/Zeising, § 8 WpPG Rn. 41; *Meyer,* in: Berrar/Meyer/Müller/Schnorbus/Singhof/Wolf, § 8 WpPG Rn. 38.
[20] RegBegr. zum Prospektrichtlinie-Umsetzungsgesetz, BT-Drs. 15/4999, S. 25, 32; ebenso *Hamann,* in: Schäfer/Hamann, KMG, § 8 WpPG Rn. 13; *Just,* in: Just/Voß/

Widerrufsfrist zwei Werktage ab Hinterlegung des endgültigen Emissionspreises und Emissionsvolumens. Sie berechnet sich nach §§ 187 ff. BGB, der Tag der Hinterlegung zählt nach § 187 Abs. 1 BGB nicht mit, so dass die Frist nach § 188 Abs. 1 BGB mit Ablauf des zweiten Werktages nach dem Hinterlegungstag endet. Die Absendung des Widerrufs genügt zur Fristwahrung.[21]

4. Fehlende Angaben, Widerrufsrecht

Bereits früher wurden in der Literatur die Auswirkungen fehlender Anga-   **5** ben oder von Veränderungen von Angebotsparametern während der Angebotsphase sowohl auf die verkaufsprospektrechtlichen Erfordernisse als auch das Zustandekommen des **Kaufvertrages** diskutiert.[22] § 8 Abs. 1 Satz 1 i.V.m. Satz 3 enthält hierzu in Umsetzung der europäischen Vorgaben des Art. 8 Abs. 1 Prospektrichtlinie eine zu begrüßende Klarstellung vertragsrechtlicher Art; auch wenn § 8 von der „Nichtaufnahme von Angaben" handelt und damit inhaltliche Anforderungen an den Prospekt stellt, geht es doch auf Grund der in § 8 geregelten Rechtsfolge des Widerrufsrechts in erster Linie um vertragsrechtliche Fragen.

a) Emissionspreis oder Emissionsvolumen. Das Widerrufsrecht be-   **6** steht nur, wenn sowohl der Emissionspreis als auch das Emissionsvolumen nicht angegeben sind bzw. die Kriterien für ihre Ermittlung fehlen. Ist eines der beiden genannt, beim Emissionspreis reicht hier ein Höchstpreis,[23] besteht kein Widerrufsrecht.[24] Ob man aus § 8 Abs. 1 Satz 1 und 3 entgegen der bisher herrschenden Meinung[25] entnehmen kann, dass ein Kaufangebot des Anlegers im Rahmen eines Bookbuilding-Verfahrens als solches zukünftig bereits vor der Annahme unwiderruflich sein soll, ist fraglich. Zwar spricht dafür, dass anderenfalls das in § 8 Abs. 1 Satz 1 und 3 geregelte Widerrufsrecht nicht erforderlich wäre. Dass aber eine solch einschneidende, einen Anleger grundsätzlich beeinträchtigende Lösung gewollt war, muss bezweifelt werden. Darüber hinaus würde eine solche Änderung das Bookbuilding-Verfahren erschweren, weil Anleger, könnten sie ihr Angebot im Rahmen des Bookbuilding nicht während der gesamten Order-Taking-Periode jederzeit frei widerrufen, dieses erst ganz am Ende der Order-Taking-Periode abgeben

---

Ritz/Zeising, § 8 WpPG Rn. 44; *Meyer,* in: Berrar/Meyer/Müller/Schnorbus/Singhof/Wolf, § 8 WpPG Rn. 43.

[21] Zu Vorstehendem vgl. nur *Meyer,* in: Berrar/Meyer/Müller/Schnorbus/Singhof/Wolf, § 8 WpPG Rn. 42.

[22] Ausführlich hierzu *Groß,* in: BuB, Rn. 10/268 b. ff.; *Willamowski,* Bookbuilding, 2000, S. 163 ff.

[23] *Hamann,* in: Schäfer/Hamann, KMG, § 8 WpPG Rn. 7.

[24] Wie hier *Schlitt/Schäfer,* in: Assmann/Schlitt/von Kopp-Colomb, § 8 WpPG Rn. 15. A.A., es müssen beide, sowohl Emissionspreis als auch Emissionsvolumen oder die Kriterien genannt sein *Hamann,* in: Schäfer/Hamann, KMG, § 8 WpPG Rn. 11; *Just,* in: Just/Voß/Ritz/Zeising, § 8 WpPG Rn. 41; *Meyer,* in: Berrar/Meyer/Müller/Schnorbus/Singhof/Wolf, § 8 WpPG Rn. 38.

[25] *Groß,* ZHR 162 (1998), 319, 329; *Groß,* in: BuB, Rn. 10/266; *Willamowski,* Bookbuilding, 2000, S. 169.

würden, um eine längere Bindung zu vermeiden. Das würde aber gerade dem Sinn des Bookbuilding-Verfahrens widersprechen und gerade bei größeren Emissionen technische Schwierigkeiten nach sich ziehen.[26]

7   **b) Veränderung von Emissionspreis und/oder Emissionsvolumen.** Veränderungen von Emissionspreis oder Emissionsvolumens während der Angebotsphase nach oben oder nach unten sind nicht außergewöhnlich, wurden häufiger praktiziert und haben rechtlich sowohl prospektrechtliche als auch vertragsrechtliche Fragen aufgeworfen.[27] § 8 regelt hier nicht die Frage, ob und unter welchen Voraussetzungen bei solchen Änderungen ein Nachtrag zum Prospekt erforderlich ist; das bestimmt sich nach § 16.[28] § 8 Abs. 1 Satz 1 i.V.m. Satz 3 regelt die Auswirkungen solcher Änderungen auf den Kaufvertrag. Danach besteht kein Widerrufsrecht, wenn solche Vereinbarungen bereits bei Bekanntgabe des Angebots in einer Art und Weise beschrieben wurden, dass für den Anleger Art und Umfang erkennbar ist. Das ist z.B. dann der Fall, wenn eine Grenze für Abweichungen von der angegebenen Preisspanne oder dem angegebenen Volumen genannt ist. Besteht aber in diesen Fällen kein Widerrufsrecht, dann lässt sich daraus umgekehrt – eines Widerrufsrechts bedürfte es nicht, wäre das Angebot des Anlegers bereits unverbindlich oder würde entfallen – entnehmen, dass ein Kaufangebot des Anlegers bei solchermaßen eingegrenzten Veränderungen von Emissionspreis- und/oder Volumen weiter bestehen bleibt und nicht etwa entfällt.[29]

8   **c) Sonstige Veränderungen.** Bei sonstigen Veränderungen der Angebotsparameter, z.B. Veränderungen des Verhältnisses von Kapitalerhöhung und Verkauf durch den Großaktionär, bleibt es bei den allgemeinen Grundsätzen. § 8 Abs. 1 Satz 1 und 3 sind hier nicht anwendbar. Prospektrechtlich bedarf es, sofern es sich um einen „wichtige(n) neuen Umstand", § 16 Abs. 1 Satz 1, d.h. eine wesentliche wertbildende Information handelt, eines Nachtrags nach § 16. Ist ein solcher erforderlich, besteht das Widerrufsrecht nach § 16 Abs. 1 Satz 3.[30]

III. Weglassen sonstiger Angaben

1. Gestattung nach § 8 Abs. 2

9   § 8 Abs. 2 dient der Umsetzung von Artikel 8 Abs. 2 Prospektrichtlinie und orientiert sich an § 47 BörsZulV a.F. Die Gestattung erfolgt ausschließlich im öffentlichen Interesse. Nach Ansicht der Regierungsbegründung zum Prospektrichtlinie-Umsetzungsgesetz ist § 8 Abs. 2 restriktiv anzuwenden,

---

[26] Im Ergebnis wie hier *Hamann,* in: Schäfer/Hamann, KMG, § 8 WpPG Rn. 12.

[27] Vgl. hierzu ausführlich nur *Groß,* in: BuB, Rn. 10/268 a ff. m. w. N.

[28] Vgl. unten Kommentierung zu § 16 WpPG Rn. 8 f. Wie hier *Hamann,* in: Schäfer/Hamann, KMG, § 8 WpPG Rn. 5; *Meyer,* in: Berrar/Meyer/Müller/Schnorbus/Singhof/Wolf, § 8 WpPG Rn. 57.

[29] Ausdrücklich wie hier *Just,* in: Just/Voß/Ritz/Zeising, § 8 WpPG Rn. 45, der hinsichtlich der Maßgeblichkeit der Veränderung auf 20% der Preisspanne abstellen will.

[30] Wie hier *Hamann,* in: Schäfer/Hamann, KMG, § 8 WpPG Rn. 5; *Just,* in: Just/Voß/Ritz/Zeising, § 8 WpPG Rn. 46.

was auch der Praxis der BaFin entsprechen soll.[31] Wegen des Interesses des Publikums an einer umfassenden Information über den Emittenten und die angebotenen Wertpapiere seien hohe Anforderungen an die Voraussetzungen zu stellen, unter denen die BaFin gestatten könne, dass bestimmte nach der Prospektverordnung vorgeschriebene Angaben nicht in den Prospekt aufgenommen werden.[32] Das war auch bei § 47 BörsZulV a. F. bereits so.[33] Die Entscheidung erfordert eine Güterabwägung zwischen dem Geheimhaltungsinteresse des Emittenten und dem Informationsbedürfnis des Anlegers. Der Anwendungsbereich des § 8 Abs. 2 ist damit eng begrenzt[34] und auch vom durch eine Gestattung unberührt bleibenden Haftungsrisiko, vgl. nächste Rn., bestimmt.

2. Rechtsfragen der Gestattung nach § 8 Abs. 2

War dies bei § 47 BörsZulV a. F. noch kaum diskutiert[35] so stellt die Re-   **10** gierungsbegründung zum Prospektrichtlinie-Umsetzungsgesetz ausdrücklich folgendes fest: „Prospekthaftungsansprüche schließt die Gestattung nicht aus." Konkret bedeutet dies: Werden Angaben auf Grund einer Gestattung nach § 8 Abs. 2 weggelassen, so kann dies, wenn daraufhin der Prospekt auch in bewertungserheblichen Bereichen hinsichtlich wesentlicher Angaben unvollständig und damit unrichtig ist, Prospekthaftungsansprüche auslösen. Die Gestattung ändert dann an einer Haftung nichts,[36] wobei allerdings in solchen Fällen das Verschulden des Prospektverantwortlichen entfallen kann.[37]

3. Ersatzangaben nach § 8 Abs. 3

§ 8 Abs. 3 setzt Artikel 8 Abs. 3 Prospektrichtlinie um und erfasst diejeni-   **11** gen Fälle, in denen nach dem Wertpapierprospektgesetz und insbesondere nach der Prospektverordnung geforderte Angaben nicht angemessen sind, d. h. nicht passen. Davon zu unterscheiden sind die Fälle, in denen eine bestimmte Angabepflicht denklogisch nicht erfüllt werden kann, vgl. auch Erwägungsgrund 24 Prospektverordnung.

Eine andere Frage in diesem Zusammenhang ist die nach so genannten   **12** Fehlanzeigen, d. h. fordert die Prospektverordnung eine bestimmte Angabe z. B. die nach wesentlichen Patenten, passt diese Angabe aber nicht, weil es solche beim konkreten Emittenten nicht gibt, dann stellt sich die Frage, ob dann die Angabe einfach weggelassen werden kann, oder, ob es des ausdrücklichen Hinweises, dass es bei dem Emittenten keine wesentlichen Patente

---

[31] *Meyer,* in: Berrar/Meyer/Müller/Schnorbus/Singhof/Wolf, § 8 WpPG Rn. 60; *Schlitt/Schäfer,* in: Assmann/Schlitt/von Kopp-Colomb, § 8 WpPG Rn. 44.

[32] RegBegr. zum Prospektrichtlinie-Umsetzungsgesetz, BT-Drs. 15/4999, S. 25, 33.

[33] *Gebhardt,* in: Schäfer/Hamann, KMG, § 47 BörsZulV a. F. Rn. 7.

[34] *Gebhardt,* in: Schäfer/Hamann, KMG, § 47 BörsZulV a. F. Rn. 7.

[35] *Groß,* Kapitalmarktrecht, 2. Aufl. 2002, §§ 45–47 BörsZulV Rn. 15.

[36] RegBegr. zum Prospektrichtlinie-Umsetzungsgesetz, BT-Drs. 15/4999, S. 25, 31; *Hamann,* in: Schäfer/Hamann, KMG, § 8 WpPG Rn. 23; *Meyer,* in: Berrar/Meyer/ Müller/Schnorbus/Singhof/Wolf, § 8 WpPG Rn. 61.

[37] So zu Recht *Assmann,* in: Assmann/Schlitt/von Kopp-Colomb, § 13 VerkProspG Rn. 65, nach dem bei einer Gestattung durch die BaFin „ein Verschulden der Prospekthaftungsadressaten am Prospektmangel regelmäßig ausscheidet".

gibt, bedarf. § 8 Abs. 3 regelt diese Frage nicht. Soweit es tatsächlich nur darum geht, Angaben wegzulassen, weil die Umstände beim Emittenten nicht vorliegen, sollte sicherheitshalber ein Fehlhinweis erfolgen. Für den o. g. Fall bedeutet dies, dass darauf hingewiesen werden sollte, dass es keine wesentlichen Patente gebe. Die Angabe, dass der Emittent nicht von einzelnen Patenten abhängig ist, hat als solche einen Informationsgehalt und ist damit dem schlichten Weglassen dieser Information vorzuziehen. Diese Empfehlung zur Angabe im Prospekt selbst gilt unabhängig davon, dass in der Cross Reference Liste nach Artikel 25 Abs. 4 Prospektverordnung gegenüber der BaFin insoweit in jedem Fall eine Negativmeldung erforderlich ist; die Cross Reference Liste wird jedoch nicht veröffentlicht.[38]

§ 9. Gültigkeit des Prospekts, des Basisprospekts und des Registrierungsformulars

(1) **Ein Prospekt ist nach seiner Billigung zwölf Monate lang für öffentliche Angebote oder Zulassungen zum Handel an einem organisierten Markt gültig, sofern er um die nach § 16 erforderlichen Nachträge ergänzt wird.**

(2) **[1]Im Falle eines Angebotsprogramms ist der Basisprospekt nach seiner Billigung zwölf Monate lang gültig. [2]Werden während des Gültigkeitszeitraums eines Basisprospekts endgültige Bedingungen für ein Angebot hinterlegt, verlängert sich der Gültigkeitszeitraum des Basisprospekts für dieses öffentliche Angebot bis zu dessen Ablauf, höchstens jedoch um weitere zwölf Monate ab Hinterlegung der endgültigen Bestimmungen bei der Bundesanstalt.**

(3) **Bei Nichtdividendenwerten im Sinne des § 6 Abs. 1 Nr. 2 ist der Prospekt gültig, bis keines der betroffenen Wertpapiere mehr dauernd oder wiederholt ausgegeben wird.**

(4) **[1]Ein zuvor gebilligtes und hinterlegtes Registrierungsformular im Sinne von § 12 Absatz 1 Satz 2 und 3 ist nach seiner Billigung bis zu zwölf Monate lang gültig. [2]Ein Registrierungsformular, das gemäß § 12 Absatz 3 oder § 16 aktualisiert worden ist, ist zusammen mit der Wertpapierbeschreibung und der Zusammenfassung als gültiger Prospekt anzusehen.**

1   In Umsetzung des von Art. 9 Prospektrichtlinie regelt § 9 die Gültigkeit des Prospekts, die grundsätzlich 12 Monate betragen soll, wobei die Absätze 1 bis 4 hier differenzierende Lösungen vorsehen. Dabei geht es um die Gültigkeit des Prospekts, Basisprospekts oder Registrierungsformulars, nicht etwa um die Gültigkeit von durch Verweis nach § 11 einbezogene Informationen, d. h. der Prospekt aus dem Jahr 2012 ist ein ganzes Jahr gültig, auch wenn er die Jahresabschlüsse 2010 und 2009 aus dem Registrierungsformular 2011 einbezieht.[1]

---

[38] Restriktiver hinsichtlich einer Fehlanzeige *Meyer,* in: Berrar/Meyer/Müller/Schnorbus/Singhof/Wolf, § 8 WpPG Rn. 68; *Schlitt/Schäfer,* in: Assmann/Schlitt/von Kopp-Colomb, § 8 WpPG Rn. 51.
[1] Vgl. nur *Singhof,* in: Berrar/Meyer/Müller/Schnorbus/Singhof/Wolf, § 9 WpPG Rn. 5.

Entscheidend ist dabei jeweils auch die Pflicht zur Ergänzung durch die erforderlichen Nachträge (zur Abgrenzung der Gültigkeitsdauer und der diesbezüglichen Verpflichtung zur Erstellung von Nachträgen einerseits und der Aktualisierungspflicht andererseits vgl. unten Rn. 4). Erst dadurch ist sichergestellt, dass dem Publikum stets aktuelle Angaben zugänglich sind.[2] Das gilt auch für § 9 Abs. 4,[3] wonach ein Prospekt, der mittels eines zuvor hinterlegten Registrierungsformulars erstellt wurde, ebenfalls bis zu 12 Monate ab seiner Billigung gültig ist, sofern er entsprechend aktualisiert wurde. Das Gesetz zur Umsetzung der Richtlinie 2010/73/EU und zur Änderung des Börsengesetzes[4] hat entsprechend der ÄnderungsRL im Interesse größerer Rechtssicherheit[5] den Beginn der 12-Monats-Frist auf den Zeitpunkt der Billigung (früher: Veröffentlichung) geändert und durch Umformulierung des § 9 Abs. 4 klargestellt, dass auch die Billigung des Registrierungsformulars Voraussetzung für die Gültigkeitsdauer ist und das Registrierungsformular durch Nachträge oder Aktualisierungen in einer Wertpapierbeschreibung aktuell gehalten werden kann.[6] Diese Konkretisierung dürfte jedoch im Ergebnis nichts daran geändert haben, dass ein Registrierungsformular auch noch nach Ablauf von 12 Monaten fortgelten kann. Da das Registrierungsformular zusammen mit der Zusammenfassung und der Wertpapierbeschreibung den Prospekt bildet, der dann als solcher nach § 9 Abs. 1 für 12 Monate gültig ist, berechnen sich die 12 Monate nach dem Zeitpunkt der Billigung der Zusammenfassung und der Wertpapierbeschreibung selbst wenn dies dazu führt, dass damit ein mehr als 12 Monate altes Registrierungsformular „fortgilt".[7] Die Gültigkeit des Prospekts bezieht sich dabei auf neue Emissionen („neues öffentliches Angebot") auf Grund desselben Prospekts.

§ 16 sieht eine Nachtragspflicht vor, sofern wichtige neue Umstände oder **2** wesentliche Unrichtigkeiten in Bezug auf bewertungserhebliche Prospektangaben bis zum Schluss des öffentlichen Angebots bzw. der Eröffnung des Handels auftreten bzw. festgestellt werden. Tritt eine Nachtragspflicht nicht während des laufenden Angebots bzw. Zulassungsverfahrens ein, sondern soll ein Registrierungsformular oder ein Basisprospekt nach einem abgeschlossenen Angebot oder einer erfolgten Zulassung von Wertpapieren erneut für eine weitere Emission verwendet werden, muss dieses Dokument gegebenenfalls rechtzeitig durch einen Nachtrag ergänzt werden.[8]

---

[2] RegBegr. zum Prospektrichtlinie-Umsetzungsgesetz, BT-Drs. 15/4999, S. 25, 33.

[3] *Hamann,* in: Schäfer/Hamann, KMG, § 9 WpPG Rn. 3.

[4] BGBl. I 2012, 1375.

[5] Erwägungsgrund 20 ÄnderungsRL.

[6] RegBegr. ÄnderungsRL-Umsetzungsgesetz, BT-Drs. 17/8684, S. 13, 19.

[7] So zum „alten" Recht RegBegr. zum Prospektrichtlinie-Umsetzungsgesetz, BT-Drs. 15/4999, S. 25, 33; ESMA, Frequently asked questions, Prospectuses: common positions agreed by ESMA Members, question No. 75, abrufbar über die homepage: www.esma.europa.eu; *Singhof,* in: Berrar/Meyer/Müller/Schnorbus/Singhof/Wolf, § 9 WpPG Rn. 19; *Seitz,* in: Assmann/Schlitt/von Kopp-Colomb, § 9 WpPG Rnrn. 73 f.

[8] *Hamann,* in: Schäfer/Hamann/KMG, § 9 WpPG Rn. 3; *Singhof,* in: Berrar/Meyer/Müller/Schnorbus/Singhof/Wolf, § 9 WpPG Rn. 10.

3 § 9 Abs. 5 WpPG a. F., in dem die Folgen des Ablaufs der Gültigkeit des Prospekts explizit geregelt waren, wurde durch das Gesetz zur Umsetzung der Richtlinie 2010/73/EU und zur Änderung des Börsengesetzes[9] aufgehoben und die bisherige Bestimmung durch die Neuregelung in § 9 Abs. 2 Satz 2 gerade gegenteilig geregelt. Durch die alte Regelung des § 9 Abs. 5 WpPG a. F. sollte auf entsprechende Anregung des Bundesrates[10] sicher gestellt werden, dass auch Emittenten, deren öffentliches Angebot innerhalb von 12 Monaten nach Veröffentlichung eines Prospekts beginnt, am Ende des zwölften Monats nach Veröffentlichung des Prospekts aber noch nicht abgeschlossen ist, keinen neuen Prospekt erstellen und billigen lassen müssen, wenn für das die Prospektpflicht auslösende öffentliche Angebot bereits ein gebilligter und veröffentlichter Prospekt vorliegt. Von § 9 Abs. 5 WpPG a. F. und dem dortigen Verbot eines Angebots nach Ablauf der Gültigkeit des Prospekts erfasst wurde nur ein „neues öffentliches Angebot", nicht ein altes, noch andauerndes.[11] Wann das alte Angebot endete, war dagegen nicht entscheidend.[12] Genau das Gegenteil soll durch die Streichung des § 9 Abs. 5 WpPG a. F. und die Neuformulierung des § 9 Abs. 2 Satz 2 erreicht werden: „Die Neuregelung bewirkt, dass nach Ablauf eines Jahres grundsätzlich ein neuer Prospekt zu erstellen ist, auch wenn das ursprüngliche öffentliche Angebot von Wertpapieren unverändert weitergeführt werden soll. Eine Ausnahme gilt lediglich für ein öffentliches Angebot aufgrund endgültiger Bedingungen, die im Rahmen eines Angebotsprogramms noch während der Gültigkeit des Basisprospekts hinterlegt wurden."[13]

4 Die in § 9 geregelte „Gültigkeit" des Prospekts ist nicht zu verwechseln mit einer Aktualisierungspflicht[14] und führt auch nicht etwa zu einer 12-monatigen Aktualisierungspflicht.[15] Geht es bei § 9 darum, ob aufgrund eines Registrierungsformulars, das z. B. für eine bestimmte Emission erstellt wurde, zu einer späteren Zeitpunkt andere, neue Wertpapiere öffentlich angeboten oder zugelassen werden können – zusammen mit einer aktuellen Wertpapierbeschreibung und einer aktuellen Zusammenfassung –, so wird unter dem Stichwort Aktualisierungspflicht eine gänzlich andere Frage diskutiert. Die Frage, um die es dabei geht, und die aufgrund von § 16 jetzt eindeutig ver-

[9] BGBl. I 2012, 1375.
[10] BR-Drs. 86/05, S. 4.
[11] *Hamann,* in: Schäfer/Hamann, KMG, § 9 WpPG Rn. 7; *Seitz,* in: Assmann/Schlitt/von Kopp-Colomb, § 9 WpPG Rn. 15; *Singhof,* in: Berrar/Meyer/Müller/Schnorbus/Singhof/Wolf, § 9 WpPG Rn. 21.
[12] Ebenso *Kullmann/Sester,* WM 2005, 1068, 1074. ESMA, Frequently asked questions, Prospectuses: common positions agreed by ESMA Members, question No. 37, abrufbar über die homepage: www.esma.europa.eu; *Fried/Ritz,* in: Just/Voß/Ritz/Zeising, § 9 WpPG Rn. 34; *Seitz,* in: Assmann/Schlitt/von Kopp-Colomb, § 9 WpPG Rn. 15.
[13] RegBegr. ÄnderungsRL-Umsetzungsgesetz, BT-Drs. 17/8684, S. 13, 19.
[14] *Hamann,* in: Schäfer/Hamann, KMG, § 9 WpPG Rn. 3
[15] So zu Recht ausdrücklich Seitz, in: Assmann/Schlitt/von Kopp-Colomb, § 9 WpPG Rn. 2 und ausführlicher *Seitz,* in: Assmann/Schlitt/von Kopp-Colomb, § 9 WpPG Rnrn. 43 f.

neint werden kann, ist, ob nach Abschluss der ersten Emission ein Prospekt etwa für eine bestimmte Frist fortlaufend aktualisiert werden muss.[16]

Rechtsfolge der Verwendung eines nicht mehr gültigen Prospekts für ein 5 neues öffentliches Angebot[17] ist einerseits die Möglichkeit der BaFin, dieses nach § 26 Abs. 4 zu untersagen, und andererseits eine mögliche Prospekthaftung, die nach wohl überwiegender Ansicht aus § 21 und nicht aus § 24 resultieren kann,[18] d. h. nicht aus dem fehlenden sondern einem fehlerhaften Prospekt folgt.

§ 10 (weggefallen)

Das früher in § 10 geregelte Jährliche Dokument ist durch das Gesetz zur Umsetzung der Richtlinie 2010/73/EU und zur Änderung des Börsengesetzes entsprechend der Streichung durch die ÄnderungsRL auch im Wertpapierprospektgesetz gestrichen worden. Zur letztmaligen Anwendung vgl. unten § 36 Abs. 3.

§ 11. Angaben in Form eines Verweises

(1) **[1]Der Prospekt kann Angaben in Form eines Verweises auf eines oder mehrere zuvor oder gleichzeitig veröffentlichte oder der Öffentlichkeit zur Verfügung gestellte Dokumente enthalten,**

1. **die nach diesem Gesetz von der Bundesanstalt gebilligt oder bei ihr hinterlegt wurden, oder**

2. **deren Veröffentlichung der Bundesanstalt nach § 2b Absatz 1, § 15 Absatz 5, § 15a Absatz 4, § 26 Absatz 2, §§ 26a, 29a Absatz 2, § 30e Absatz 1, § 30f Absatz 2 des Wertpapierhandelsgesetzes, jeweils auch in Verbindung mit der Wertpapierhandelsanzeige- und Insiderverzeichnisverordnung, mitgeteilt worden ist, oder**

3. **deren öffentliches Zurverfügungstellen der Bundesanstalt nach § 37v Absatz 1, § 37w Absatz 1, § 37x Absatz 1, § 37y oder § 37z des Wertpapierhandelsgesetzes, jeweils auch in Verbindung mit der Wertpapierhandelsanzeige- und Insiderverzeichnisverordnung, mitgeteilt worden ist.**

[2]Der Prospekt kann auch Angaben in Form eines Verweises auf ein oder mehrere zuvor oder gleichzeitig veröffentlichte Dokumente enthalten, die nach den in anderen Staaten des Europäischen Wirtschaftsraums zur Umsetzung der Richtlinie 2003/71/EG des Europäischen Parlaments und des Rates vom 4. November 2003 betreffend den Prospekt, der beim öffentlichen Angebot von Wertpapieren oder bei deren Zulassung zum Handel zu veröffentlichen ist und zur Änderung der Richtlinie 2001/34/EG (ABl. L 345 vom 31. 12. 2003, S. 64) in der jeweils geltenden Fas-

---

[16] Vergleiche ausführlich dazu unten § 21 Rnrn. 55 ff.

[17] Rein tatsächlich dürfte die Zulassung auf der Grundlage eines nicht mehr gültigen Prospekts ausscheiden, da die Geschäftsführung der Börse in einem solchen Fall keine Zulassung gewähren wird.

[18] *Fried/Ritz,* in Just/Voß/Ritz/Zeising, § 9 WpPG Rn. 39 ff.; *Seitz,* in Assmann/Schlitt/von Kopp-Colomb, § 9 WpPG Rn. 92.

sung oder zur Umsetzung der Richtlinie 2004/109/EG des Europäischen Parlaments und des Rates vom 15. **Dezember 2004 zur Harmonisierung der Transparenzanforderungen in Bezug auf Informationen über Emittenten, deren Wertpapier zum Handel auf einem organisierten Markt zugelassen sind, und zur Änderung der Richtlinie 2001/34/EG (ABl. L 390 vom 31. 12. 2004, S. 38) in der jeweils geltenden Fassung erlassenen Vorschriften von der zuständigen Behörde gebilligt oder bei ihr hinterlegt wurden.** [3] Dabei muss es sich um die aktuellsten Angaben handeln, die dem Emittenten zur Verfügung stehen. [4] Die Zusammenfassung darf keine Angaben in Form eines Verweises enthalten.

(2) **Werden Angaben in Form eines Verweises aufgenommen, muss der Prospekt eine Liste enthalten, die angibt, an welchen Stellen Angaben im Wege des Verweises in den Prospekt aufgenommen worden sind, um welche Angaben es sich handelt und wo die im Wege des Verweises einbezogenen Angaben veröffentlicht sind.**

1   § 11 beruht auf Artikel 11 Prospektrichtlinie in der durch die ÄnderungsRL geänderten Fassung und wurde deshalb in seinem Absatz 1 Satz 1 durch das Gesetz zur Umsetzung der Richtlinie 2010/73/EU und zur Änderung des Börsengesetzes[1] entsprechend angepasst. Er enthält eine gegenüber der früheren Rechtslage in Deutschland ganz entscheidende Erleichterung, nämlich die Möglichkeit, Angaben in Form eines Verweises vornehmen zu können, die so genannte „**incorporation by reference**". Diese incorporation by reference wurde in Deutschland bereits im Rahmen des Dritten Finanzmarktförderungsgesetzes diskutiert, von der Zulassungsstelle der FWB im Endergebnis aber nicht akzeptiert.[2]

2   Diese Regelung erleichtert die Erstellung des Prospektes.[3] Dagegen führt sie nicht zu einer Verringerung der in einen Prospekt aufzunehmenden Mindestangaben.[4] Diese bleiben gleich, § 11 Abs. 1 gestattet nicht, Mindestangaben wegzulassen, sondern nur, sie nicht in den Prospekt selbst aufzunehmen, sondern darauf im Prospekt zu verweisen, wo diese Angaben veröffentlicht wurden. Durch die Einbeziehung im Wege des Verweises werden die einbezogenen Dokumente Bestandteil des Prospekts. Das bedeutet zunächst, dass der Verweis und die daraus resultierende Einbeziehung dazu dienen, die Prospektanforderungen zu erfüllen. Das bedeutet darüber hinaus aber auch, dass sich die Prospekthaftung auch auf diese einbezogenen Angaben erstreckt.[5] Ob es hier mög-

---

[1] BGBl. I 2012, 1375.

[2] Vgl. Darstellung *Groß,* Kapitalmarktrecht, 2. Aufl. 2002, §§ 33–42 BörsZulV Rn. 4. Dass im Rahmen des Vierten Finanzmarktförderungsgesetzes die Praxis nicht erneut diese Erleichterung forderte, lag weniger daran, dass, wie *Crüwell,* AG 2003, 243, 248, vermutet, dafür kein Bedürfnis bestand, sondern eher an einer gewissen Resignation.

[3] Kritisch dagegen *Schlitt/Schäfer,* AG 2005, 498, 503.

[4] Unstr. RegBegr. zum Prospektrichtlinie-Umsetzungsgesetz, BT-Drs. 15/4999, S. 25, 34; *Friedl,* in: Just/Voß/Ritz/Zeising, § 11 WpPG Rn. 8; *Singhof,* in: Berrar/Meyer/Müller/Schnorbus/Singhof/Wolf, § 11 WpPG Rn. 18.

[5] *Hamann,* in: Schäfer/Hamann, KMG, § 11 WpPG Rn. 14; *Singhof,* in: Berrar/Meyer/Müller/Schnorbus/Singhof/Wolf, § 11 WpPG Rn. 26.

lich ist, die Haftung für die einbezogenen Informationen zu beschränken, ist insbesondere relevant in den Fällen, in denen Anbieter und Emittent verschieden sind, oder aber in den Fällen von Umtausch- oder Aktienanleihen, bei denen die wesentlichen Informationen für die Aktienkomponente von einem Dritten stammen.

Hier in dem Verweis darauf hinzuweisen, dass die Angaben von Dritten stammen und man deshalb nur die Verantwortlichkeit für deren korrekte In Bezugnahme übernehmen könne, nicht für deren Inhalt, entspricht in der Regel nicht nur den Tatsachen, sondern muss auch zu einer entsprechenden Begrenzung der Prospekthaftung führen.[6]

Dabei können nicht alle Angaben in der Form eines Verweises einbezogen **3** werden, sondern nur diejenigen, welche in § 11 Abs. 1 Satz 1 und 2 genannt werden. Dabei hat das Gesetz zur Umsetzung der Richtlinie 2010/73/EU und zur Änderung des Börsengesetzes die Aufzählung derjenigen Dokumente, auf die verwiesen werden kann, erheblich erweitert und hat die Differenzierung des Wertpapierhandelsgesetzes zwischen „Veröffentlichung", Abs. 1 Satz 2 Nr. 2, und „der Öffentlichkeit zur Verfügung stellen", Abs. 1 Satz 1 Nr. 3, übernommen.[7] Gleichzeitig hat die Regierungsbegründung zum Gesetz zur Umsetzung der Richtlinie 2010/73/EU und zur Änderung des Börsengesetzes zwar zu Recht darauf verwiesen, dass in Übereinstimmung mit der ÄnderungsRL diese Dokumente von der zuständigen Behörde gebilligt oder bei ihr hinterlegt sein müssen,[8] hat aber gleichzeitig ausdrücklich klargestellt, dass in „Deutschland ... diese „Hinterlegung" ... durch bloße „Mitteilung" der Veröffentlichung an die Bundesanstalt im Wertpapierhandelsgesetz umgesetzt[9] wurde, so dass eben auch z.B. die Finanzberichte nach §§ 37v bis x WpHG einbezogen werden können, obwohl sie von der BaFin nicht gebilligt und auch nicht bei ihr physisch hinterlegt wurden. Nach Auffassung der BaFin soll ein doppelter Verweis unzulässig sein, d.h. ein Verweis auf ein bestimmtes Dokument ist nur insoweit möglich, als dort die Informationen selbst enthalten sind und nicht auf weitere Dokumente weiter verwiesen wird.[10] Art. 28 Prospektverordnung enthält hierzu weitere Regelungen, insbesondere auch zum „Ob" und zum „Wie" möglicher Verweise. Hierzu wird vertreten, verwiesen werden können nur auf gleichsprachige Dokumente.[11] Darüber hinaus

---

[6] Restriktiver *Hamann,* in: Schäfer/Hamann, KMG, § 11 WpPG Rn. 14; nicht entschieden bei *Singhof,* in: Berrar/Meyer/Müller/Schnorbus/Singhof/Wolf, § 11 WpPG Rn. 26, unter Verweis auf § 47 BörsG a. F. eine solche „Freizeichnung" ausdrücklich ablehnend *Friedl,* in: Just/Voß/Ritz/Zeising, § 11 WpPG Rnrn. 40 ff.

[7] Bericht des Rechtsausschusses zum ÄnderungsRL-Umsetzungsgesetz, BT-Drs. 17/9465, S. 40

[8] Näher dazu bereits zum alten Recht BaFin „Ausgewählte Rechtsfragen in der Aufsichtspraxis", Stand 4. 9. 2007, Seminarunterlage der BaFin, S. 20; kritisch dazu *Singhof,* in: Berrar/Meyer/Müller/Schnorbus/Singhof/Wolf, § 11 WpPG Rnrn. 14 ff.

[9] Reg. Begr. ÄnderungsRL-Umsetzungsgesetz, BT-Drs. 17/8684, S. 13, 18.

[10] *Schlitt/Schäfer,* AG 2005, 498, 503; *Hamann,* in: Schäfer/Hamann, KMG, § 11 WpPG, Rn. 3 und 7; *Friedl,* in: Just/Voß/Ritz/Zeising, § 11 WpPG Rn. 16 zum jährlichen Dokument.

[11] *Kunold/Schlitt,* BB 2004, 501, 506; *Weber,* NZG 2004, 360, 363; ebenso *Friedl,* in: Just/Voß/Ritz/Zeising, § 11 WpPG Rn. 2; a. A. *Mattil/Möslein,* WM 2007, 819, 821;

enthält § 11 Abs. 1 Satz 4 eine ausdrückliche Einschränkung der Möglichkeit, Angaben durch Verweise einzubeziehen: In der Zusammenfassung ist dies unzulässig. Wenn die Regierungsbegründung zum Prospektrichtlinie-Umsetzungsgesetz hierzu ausführt, eine Zusammenfassung könne hingegen gemäß Satz 3 (jetzt Satz 4) nicht im Wege des Verweises in den Prospekt aufgenommen werden,[12] trifft das unzweifelhaft zu, wird aber nicht von § 11 Abs. 1 Satz 3 (jetzt Satz 4) geregelt. Darüber hinaus soll auch ein Verweis im Abschnitt Risikofaktoren unzulässig sein.[13]

4   § 11 Abs. 1 Satz 2 stellt klar, dass auch bei Einbeziehung im Wege des Verweises die gleichen Anforderungen an die Aktualität, betrachtet aus der Perspektive des Emittenten, der in den Prospekt aufgenommenen Anforderungen gelten.[14]

5   Die nach § 11 Abs. 2 erforderliche Liste der Verweise ist aus Gründen des Schutzes des Publikums geboten. Dies ist insbesondere auch dann sinnvoll, wenn zulässigerweise[15] auf Teile anderer Dokumente verwiesen wird, dann sind diese in der Liste zu bezeichnen.

§ 12. Prospekt aus einem oder mehreren Einzeldokumenten

(1) **¹Der Prospekt kann als ein einziges Dokument oder in mehreren Einzeldokumenten erstellt werden. ²Besteht ein Prospekt aus mehreren Einzeldokumenten, so sind die geforderten Angaben auf ein Registrierungsformular, eine Wertpapierbeschreibung und eine Zusammenfassung aufzuteilen. ³Das Registrierungsformular muss die Angaben zum Emittenten enthalten. ⁴Die Wertpapierbeschreibung muss die Angaben zu den Wertpapieren, die öffentlich angeboten oder zum Handel an einem organisierten Markt zugelassen werden sollen, enthalten. ⁵Für die Zusammenfassung gilt § 5 Abs. 2 bis 2 b.**

(2) **Ein Emittent, dessen Registrierungsformular bereits von der Bundesanstalt gebilligt wurde, ist zur Erstellung der Wertpapierbeschreibung und der Zusammenfassung verpflichtet, wenn die Wertpapiere öffentlich angeboten oder zum Handel an einem organisierten Markt zugelassen werden.**

Heidelbach/Preuße, BKR 2008, 10, 12; vermittelnde Ansicht *Hamann,* in: Schäfer/Hamann, KMG, § 11 WpPG Rn. 11: Per Verweis einbezogene Dokumente müssen nicht in derselben Sprache wie der Prospekt abgefasst sein, sondern können auch in der Sprache abgefasst werden, in welcher der Prospekt hätte nach § 19 abgefasst werden können.

[12] RegBegr. zum Prospektrichtlinie-Umsetzungsgesetz, BT-Drs. 15/4999, S. 25, 34: „Denn bei grenzüberschreitenden Angeboten oder Zulassungen zum Handel an einem organisierten Markt kann die Zusammenfassung der einzige Teil des Prospekts sein, der zwingend auch in der jeweiligen Amtssprache des Aufnahmestaats abzufassen ist." *Hamann,* in: Schäfer/Hamann, KMG, § 11 WpPG Rn. 3.

[13] *Friedl,* in: Just/Voß/Ritz/Zeising, § 11 WpPG Rn. 37.

[14] Darauf, insbesondere auf die Betrachtung aus der Perspektive des Emittenten, verweist ausdrücklich die RegBegr. zum Prospektrichtlinie-Umsetzungsgesetz, BT-Drs. 15/4999, S. 25, 34.

[15] *Friedl,* in: Just/Voß/Ritz/Zeising, § 11 WpPG Rn. 12.

(3) [1] Im Fall des Absatzes 2 muss die Wertpapierbeschreibung die Angaben enthalten, die im Registrierungsformular enthalten sein müssen, wenn es seit der Billigung des letzten aktualisierten Registrierungsformulars zu erheblichen Veränderungen oder neuen Entwicklungen gekommen ist, die sich auf die Beurteilung durch das Publikum auswirken könnten. [2] Satz 1 ist nicht anzuwenden, wenn das Registrierungsformular wegen dieser neuen Umstände bereits nach § 16 aktualisiert worden ist. [3] Die Wertpapierbeschreibung und die Zusammenfassung werden von der Bundesanstalt gesondert gebilligt.

(4) Hat ein Emittent nur ein nicht gebilligtes Registrierungsformular hinterlegt, so bedürfen alle Dokumente der Billigung der Bundesanstalt.

In § 12 werden verschiedene Regelungen der Prospektrichtlinie in deutsches **1** Recht umgesetzt, in § 12 Abs. 1 Artikel 5 Abs. 3 Prospektrichtlinie, in § 12 Abs. 2 Artikel 12 Abs. 1 Prospektrichtlinie, in § 12 Abs. 3 Artikel 12 Abs. 2 Prospektrichtlinie und in § 12 Abs. 4 Artikel 12 Abs. 3 Prospektrichtlinie.

Nach § 12 Abs. 1 kann der Anbieter oder Zulassungsantragssteller den **2** Prospekt entweder als einteiliges Dokument, § 12 Abs. 1 Satz 1, oder aus mehreren Einzeldokumenten, § 12 Abs. 1 Satz 2 (Registrierungsformular, Wertpapierbeschreibung und Zusammenfassung) erstellen. Damit wird ein aus dem US-amerikanischen Recht sowie auch in Großbritannien und Frankreich bereits praktiziertes Prinzip der so genannten shelf-registration übernommen, nach dem der Prospekt aus drei Teilen bestehen kann, aus dem Registrierungsformular mit Angaben zur Geschäftstätigkeit und zur finanziellen Lage des Emittenten (registration document), der Wertpapierbeschreibung (securities note), welche nähere Angaben zu den Wertpapieren enthält, sowie der Zusammenfassung (summary).[1] Dies begründet ein hohes Maß an Flexibilität, wobei diese nicht zu einer Einschränkung von Prospektklarheit und -wahrheit führen darf, d. h. auch ein aus mehreren Einzeldokumenten erstellter Prospekt muss verständlich sein.[2] Durch das Gesetz zur Umsetzung der Richtlinie 2010/73/EU und zur Änderung des Börsengesetzes[3] wurde § 12 Abs. 1 Satz 6 a. F. gestrichen und damit die Einschränkung, nach der ein Basisprospekt nicht in mehreren Einzeldokumenten erstellt werden durfte, aufgehoben. Demzufolge kann nunmehr auch ein Basisprospekt aus Registrierungsformular, Wertpapierbeschreibung und Basisprospekt bestehen.

§ 12 Abs. 2 bestimmt, dass ein Registrierungsformular auch für mehrere **3** Emissionen genutzt werden kann, soweit zusätzlich jeweils eine Wertpapierbeschreibung und eine Zusammenfassung erstellt wird. Dadurch wird den Emittenten zusätzliche Flexibilität bei der Prospekterstellung eingeräumt. Auch bei dieser Form der Prospekterstellung müssen alle Dokumente jedoch

---

[1] Mit Verweis auf die Rechtslage in Großbritannien und Frankreich *Crüwell,* AG 2003, 243, 247; *Seitz,* BKR 2002, 340, 345; ausführlich zur Entstehung der Norm *Seitz,* in: Assmann/Schlitt/von Kopp-Colomb, § 12 WpPG Rn. 1 ff.

[2] RegBegr. zum Prospektrichtlinie-Umsetzungsgesetz, BT-Drs. 15/4999, S. 25, 34; *Hamann,* in: Schäfer/Hamann, KMG, § 12 WpPG Rn. 3: *Seitz,* in: Assmann/Schlitt/von Kopp-Colomb, § 12 WpPG Rn. 19.

[3] BGBl. I 2012, 1375.

gemäß dem Verfahren des § 13 von der BaFin gebilligt worden sein; alle für ein Prospekt geltenden Anforderungen sind einzuhalten, insbesondere sind die Gültigkeitsvorschriften zu beachten, z. B. kann ein Registrierungsformular nur dann für ein weiteres öffentliches Angebot benutzt werden, wenn es im Zeitpunkt der Billigung der Wertpapierbeschreibung und die Zusammenfassung, mit denen es dann gemäß § 9 Abs. 4 den Prospekt bildet, noch gültig ist. Ob es während der Dauer des Angebots dann seine Gültigkeit verliert, ist nicht entscheidend,[4] Entscheidend ist insoweit die Billigung des jeweils „jüngsten" Dokuments des dreiteiligen Prospekts. Ein Registrierungsformular kann dabei auch gesondert gebilligt werden.[5]

4 § 12 Abs. 3 regelt die Besonderheiten der Aktualisierung eines Registrierungsformulars, wenn der Prospekt aus mehreren Einzeldokumenten besteht. Durch das Gesetz zur Umsetzung der Richtlinie 2010/73/EU und zur Änderung des Börsengesetzes wurde § 12 Abs. 3 dahingehend geändert, dass die Aktualisierung nicht nur in der Wertpapierbeschreibung erfolgen kann, sondern alternativ auch in einem gesonderten Nachtrag nach § 16. Damit ist der diesbezügliche Meinungsstreit in der Literatur und auch die unterschiedliche Praxis der Aufsichtsbehörden[6] entschieden. Konkret bedeutet dies: Wurde das Registrierungsformular nach § 16 aktualisiert, dann ist für einen neuen Prospekt das Registrierungsformular, dessen Aktualisierung, die neue Wertpapierbeschreibung und die Zusammenfassung zu verwenden. Wurde das Registrierungsformular nicht aktualisiert, so besteht der neue Prospekt aus dem Registrierungsformular, der Wertpapierbeschreibung und der Zusammenfassung, wobei die Wertpapierbeschreibung eventuell erforderliche Fortschreibungen des Registrierungsformulars, die auf Grund zwischenzeitlich eingetretener Änderungen erforderlich sind, enthält. Wurde das Registrierungsformular zwischenzeitlich etwa bereits in einer aktuelleren Wertpapierbeschreibung fortgeschrieben (nicht aktualisiert nach § 16, dann gilt § 12 Abs. 3 Satz 2), dann ist dennoch das ursprüngliche Registrierungsformular für den neuen Prospekt zu Grunde zu legen, die neue Wertpapierbeschreibung hat neben den aktuellen Änderungen auch die bereits in der zwischenzeitlich schon veröffentlichten Wertpapierbeschreibung enthaltenen Änderungen aufzuführen, und das ursprüngliche Registrierungsformular, die Wertpapierbeschreibung mit den älteren und neuen Fortschreibungen und die Zusammenfassung bilden den neuen Prospekt.[7]

---

[4] *Seitz,* in: Assmann/Schlitt/von Kopp-Colomb, § 12 WpPG Rn. 74.

[5] *Singhof,* in: Berrar/Meyer/Müller/Schnorbus/Singhof/Wolf, § 12 WpPG Rn. 13.

[6] Zur Aufsichtspraxis ESMA, Frequently asked questions, Prospectuses: common positions agreed by ESMA Members, question No. 34 (zweiter Spiegelstrich), abrufbar über die homepage: www.esma.europa.eu; *Singhof,* in: Berrar/Meyer/Müller/Schnorbus/Singhof/Wolf, § 12 WpPG Rn. 18, dort auch zum Meinungsstreit; *Seitz,* in: Assmann/Schlitt/von Kopp-Colomb, § 12 WpPG Rn. 74; vgl. auch oben § 9 WpPG Rn. 1.

[7] So wird man die Aussage in der Reg.Begr. ÄnderungsRL-Umsetzungsgesetz, BT-Drs. 17/8684, S. 13, 19 verstehen müssen: „Soll das einmal hinterlegte Registrierungsformular für weitere Emissionen genutzt werden, muss es entweder selbst nach § 16 aktualisiert werden oder die neuen Umstände müssen in jede weitere Wertpapierbeschreibung aufgenommen werden."

Abschnitt 3. Billigung und Veröffentlichung des Prospekts

§ 13. Billigung des Prospekts

(1) Ein Prospekt darf vor seiner Billigung nicht veröffentlicht werden. Die Bundesanstalt entscheidet über die Billigung nach Abschluss einer Vollständigkeitsprüfung des Prospekts einschließlich einer Prüfung der Kohärenz und Verständlichkeit der vorgelegten Informationen.

(2) [1]Die Bundesanstalt teilt dem Anbieter oder dem Zulassungsantragsteller innerhalb von zehn Werktagen nach Eingang des Prospekts ihre Entscheidung mit, unterrichtet im Fall der Billigung gleichzeitig die Europäische Wertpapier- und Marktaufsichtsbehörde und übermittelt dieser gleichzeitig eine Kopie des Prospekts. [2]Die Frist beträgt 20 Werktage, wenn das öffentliche Angebot Wertpapiere eines Emittenten betrifft, dessen Wertpapiere noch nicht zum Handel an einem in einem Staat des Europäischen Wirtschaftsraums gelegenen organisierten Markt zugelassen sind und der Emittent zuvor keine Wertpapiere öffentlich angeboten hat.

(3) [1]Hat die Bundesanstalt Anhaltspunkte, dass der Prospekt unvollständig ist oder es ergänzender Informationen bedarf, so gelten die in Absatz 2 genannten Fristen erst ab dem Zeitpunkt, an dem diese Informationen eingehen. [2]Die Bundesanstalt soll den Anbieter oder Zulassungsantragsteller hierüber innerhalb von zehn Werktagen ab Eingang des Prospekts unterrichten.

(4) Die Bundesanstalt macht die gebilligten Prospekte auf ihrer Internet-Seite für jeweils zwölf Monate zugänglich.

(5) [1]Der zu billigende Prospekt einschließlich der Übersetzung der Zusammenfassung ist der Bundesanstalt sowohl in Papierform als auch elektronisch über das Melde- und Veröffentlichungssystem der Bundesanstalt oder auf einem Datenträger zu übermitteln.

Übersicht

I. Vorbemerkung

1 § 13 setzt Art. 13 Prospektrichtlinie um und entspricht für den „Börsenzulassungsprospekt" teilweise § 30 Abs. 3 BörsG a. F., für den „Verkaufsprospekt" teilweise §§ 8, 8 a VerkprospG a. F. § 13 dient dem Anlegerschutz, der durch eine Möglichkeit, sich vor einer Investitionsentscheidung umfassend informieren zu können, gesichert werden soll. Dabei geht es nicht nur um die Informationsmöglichkeit als solche, sondern gerade darum, dass diese Information, der Prospekt, auch vorher von einer neutralen Stelle (BaFin) geprüft und gebilligt sein muss: Kein öffentliches Angebot ohne veröffentlichten Prospekt, § 3 Abs. 1; keine Prospektveröffentlichung ohne vorherige Prüfung und Billigung des Prospekts, § 13 Abs. 1. Entsprechendes gilt für die Zulassung von Wertpapieren zu einem regulierten Markt: Keine Zulassung ohne veröffentlichten Prospekt, § 3 Abs. 4 bzw. § 32 Abs. 3 Nr. 2 BörsG; keine Prospektveröffentlichung ohne Prüfung und Billigung des Prospekts, § 13 Abs. 1. Auch hier zeigt sich wieder die durch das Wertpapierprospektgesetz bewirkte Aufhebung der früheren Zweiteilung zwischen Verkaufsprospekten einerseits und Börsenzulassungsprospekten andererseits. Zuständig für die Billigung des einen (einzigen) Prospektes ist allein die BaFin; der eine (einzige) Prospekt kann nach seiner Billigung sowohl für die Zulassung der Wertpapiere als auch für das öffentliche Angebot genutzt werden, was i. d. R. auch auf dem Deckblatt zum Ausdruck gebracht wird.[1]

II. Billigung

1. Rechtsnatur

2 Die Billigung des Prospekts im Rahmen des Wertpapierprospektgesetzes durch die BaFin ist die Regelung eines Einzelfalls auf dem Gebiet des öffentlichen Rechts mit unmittelbarer Außenwirkung und damit ein Verwaltungsakt.[2] Das war bei der Prospektbilligung nach § 30 BörsG a. F.[3] bzw. § 8 a VerkprospG im Falle der förmlichen Gestattung der Veröffentlichung[4] nicht anders. Die Billigung wird dem Anbieter innerhalb der Frist des § 13 Abs. 2 schriftlich mitgeteilt. Die Verpflichtung der BaFin, die Billigung gleichzeitig der Europäischen Wertpapier- und Marktaufsichtsbehörde mitzuteilen und ihre eine Kopie des Prospekts zu übermitteln wurde durch das Gesetz zur Umsetzung der Richtlinie 2010/78/EU vom 24. November 2010 im

---

[1] Wie hier *Berrar,* in: Berrar/Meyer/Müller/Schnorbus/Singhof/Wolf, § 13 WpPG Rn. 2.

[2] So ausdrücklich RegBegr. zum Prospektrichtlinie-Umsetzungsgesetz, BT-Drs. 15/4999, S. 25, 34, im Übrigen auch unstr. vgl. nur *Berrar,* in: Berrar/Meyer/Müller/Schnorbus/Singhof/Wolf, § 13 WpPG Rn. 8; *Ritz/Voß,* in: Just/Voß/Ritz/Zeising, § 13 WpPG Rn. 18; *von Kopp-Colomb,* in: Assmann/Schlitt/von Kopp-Colomb, § 13 WpPG Rn. 15; *Kullmann/Sester,* WM 2005, 1068, 1073.

[3] RegBegr. zum Dritten Finanzmarktförderungsgesetz, BT-Drs. 13/8933, S. 54, 72; *Heidelbach,* in: Schwark, KMRK, 3. Aufl. 2004, § 30 Rn. 33; *Groß,* Kapitalmarktrecht, 2. Aufl. 2002, §§ 36–39 Rn. 16 a.

[4] *Heidelbach,* in: Schwark, KMRK, 3. Aufl. 2004, § 8 a VerkprospG Rn. 2.

Hinblick auf die Errichtung des Europäischen Finanzaufsichtssystems[5] eingefügt.

2. Billigungsverfahren

a) Überblick. Das Prospektbilligungsverfahren, seine Einleitung und seine **3**
Durchführung sind im Wertpapierprospektgesetz eher rudimentär, teils im
§ 13, teils im § 26 geregelt. Der Antrag auf Prospektbilligung ist vom Antragssteller schriftlich[6] unter Einreichung des Prospekts zu beantragen. § 13
Abs. 5 in der durch das Gesetz zur Umsetzung der Richtlinie 2010/73/EU
und zur Änderung des Börsengesetzes[7] geänderten Fassung fordert, den zu billigenden Prospekt sowohl elektronisch als auch in Papierform einzureichen.[8]

b) Antragssteller, Antragsstellung, Zuständigkeit der BaFin. An- **4**
tragssteller kann dabei der Emittent[9] und/oder Anbieter und/oder Zulassungsantragssteller sein. Es ist nicht zwingend, dass auch die Prospektbilligung
von einem Kreditinstitut mit beantragt wird; dies selbst dann nicht, wenn
gleichzeitig die Zulassung der Wertpapiere zu einem organisierten Markt
beantragt wird und hierfür die Antragsstellung durch einen Emissionsbegleiter
erforderlich ist, § 32 Abs. 2 BörsG. Das Wertpapierprospektgesetz, auf das es
im Hinblick auf die Prospektbilligung alleine ankommt, fordert keine Mitan-
tragstellung durch ein Kreditinstitut.[10] Eine andere Frage ist die der Prospekt-
unterzeichnung, § 5 Abs. 3 und 4. Diese ist aber von der Antragstellung zur
Prospektbilligung zu unterscheiden.

Die Antragsstellung erfolgt durch einen Antrag auf Billigung, der i. d. R. **4a**
gesondert, schriftlich (unterschrieben) erfolgt.[11] Mit eingereicht wird der
Prospekt, der nach der Verwaltungspraxis der BaFin vom Anbieter mit einer
Originalunterschrift zu versehen ist,[12] sowie die Überkreuzcheckliste.[13]

Die internationale Zuständigkeit der BaFin für die Prospektbilligung ist **5**
nicht in § 13 geregelt. Art. 13 Abs. 1 Prospektrichtlinie spricht ausdrücklich von der Billigung „durch die zuständige Behörde des Herkunftsmit-

---

[5] BGBl. I 2011, 2427.

[6] *Von Kopp-Colomb,* in: Assmann/Schlitt/von Kopp-Colomb, § 13 WpPG Rn. 22.

[7] BGBl. I 2012, 1375.

[8] Die elektronische Form soll es der BaFin ermöglichen, den Prospekt nach Billigung an die ESMA weiter zu leiten, vgl. RegBegr. ÄnderungsRL-Umsetzungsgesetz,
BT-Drs. 17/8684, S. 13, 19.

[9] A. A. zum Emittent, der nicht zwingend Antragsteller sein soll *Berrar,* in: Ber-
rar/Meyer/Müller/Schnorbus/Singhof/Wolf, § 13 WpPG Rn. 17 m. w. umfangr.
Nachweisen.

[10] Unstr. *Berrar,* in: Berrar/Meyer/Müller/Schnorbus/Singhof/Wolf, § 13 WpPG
Rn. 18; *Ritz/Voß,* in: Just/Voß/Ritz/Zeising, § 13 WpPG Rn. 10; *von Kopp-Colomb,*
in: Assmann/Schlitt/von Kopp-Colomb, § 13 WpPG Rn. 21.

[11] Vgl. nur *Berrar,* in: Berrar/Meyer/Müller/Schnorbus/Singhof/Wolf, § 13 WpPG
Rn. 24.

[12] Siehe Darstellung der Praxis bei *Ritz/Voß,* in: Just/Voß/Ritz/Zeising, § 13
WpPG Rn. 13, die das Unterschriftenerfordernis kritisieren, Rn. 14.

[13] *Von Kopp-Colomb,* in: Assmann/Schlitt/von Kopp-Colomb, § 13 WpPG Rn. 23.

gliedsstaates" und weist somit die Zuständigkeit für die Prospektbilligung nach Art. 2 Abs. 1 lit. m) Prospektrichtlinie grundsätzlich[14] dem Land des Sitzes des Emittenten zu. Insbesondere bei Aktien ergibt sich daraus eine Zuständigkeit des Sitzstaates, unabhängig davon, wo diese öffentlich angeboten oder zuzulassen sind.[15] § 13 enthält keinen solchen Hinweis auf den „Herkunftsmitgliedsstaat" bzw. Herkunftsstaat entsprechend der Definition in § 2 Nr. 13.[16] Die Zuständigkeit der BaFin für die Prospektbilligung ergibt sich auch nicht automatisch aus § 3 Abs. 1 bzw. Abs. 2, die für öffentliche Angebote im Inland bzw. Zulassungen zum organisierten Markt im Inland eine Prospektveröffentlichung vorschreiben, die wiederum eine Billigung des Prospekts voraussetzt. Eine solche Billigung kann auch von einer anderen zuständigen Behörde eines anderen Staates des Europäischen Wirtschaftsraums erfolgen und ist unter der in § 17 Abs. 3 genannten Voraussetzungen ausreichend. Insofern ergibt sich die internationale Zuständigkeit der BaFin nicht qua zwingender Zuständigkeit sondern allenfalls indirekt und mittelbar daraus, dass man im Rahmen von § 13 den § 2 Nr. 13 mitliest. Konkret bedeutet das, die BaFin ist international zuständig für Emittenten mit statutarischem Sitz in Deutschland unabhängig davon, wo das Angebot oder die Zulassung erfolgen soll. Dagegen ist nicht die BaFin sondern die zuständige Behörde des jeweiligen Mitgliedsstaates zuständig für Emittenten, die dort ihren statutarischen Sitz haben, unabhängig davon, ob das Angebot oder die Zulassung in Deutschland erfolgt. Im Übrigen kann ein Wahlrecht nach § 2 Nr. 13 bestehen und darüber die BaFin zuständig werden.[17]

6 Die BaFin entscheidet über den Antrag innerhalb der Frist des § 13 Abs. 2 bzw. Abs. 3 durch Verwaltungsakt, d.h. Billigung oder Ablehnung – auch die Ablehnung der Billigung ist Verwaltungsakt – oder Aufforderung von Ergänzungen nach § 13 Abs. 3. Billigt sie den Prospekt, stellt sie den Prospekt nach § 13 Abs. 4 auf ihre Internet-Seite ein. § 13 Abs. 4 setzt Art. 14 Abs. 4 Prospektrichtlinie um. Die Einstellung eines Prospekts auf die Internet-Seite der BaFin befreit nicht etwa von der Veröffentlichungspflicht nach § 14 Abs. 2 oder ersetzt diese. Vielmehr bleibt die Veröffentlichungspflicht nach § 14 Abs. 2 von der Veröffentlichung auf der Internet-Seite der BaFin unberührt; letztere tritt neben die Veröffentlichungspflicht nach § 14 Abs. 3. Die Einstellung eines Prospekts umfasst auch die Einstellung der gebilligten Nachträge.

---

[14] Zur differenzierteren Lösung des Art. 2 Abs. 1 lit. m) Prospektrichtlinie ausführlich *Kunold/Schlitt,* BB 2004, 501, 508f.
[15] *Berrar,* in: Berrar/Meyer/Müller/Schnorbus/Singhof/Wolf, § 13 WpPG Rn. 20; *Ritz/Voß,* in: Just/Voß/Ritz/Zeising, § 13 WpPG Rn. 29; *von Kopp-Colomb,* in: Assmann/Schlitt/von Kopp-Colomb, § 13 WpPG Rn. 7. Wie hier auch für Wandelanleihen ausländischer Emittenten *Schlitt/Schäfer,* AG 2005, 498, 506.
[16] Dennoch wollen *Kullmann/Sester,* WM 2005, 1068, 1070 hier aus „§§ 2 Nr. 13 i.V.m. 13" die Zuständigkeit der BaFin herleiten. Andere Begründungsformulierungen bei *Berrar,* in: Berrar/Meyer/Müller/Schnorbus/Singhof/Wolf, § 13 WpPG Rn. 20 FN 55 wiedergegeben.
[17] Zu Vorstehendem vgl. *Berrar,* in: Berrar/Meyer/Müller/Schnorbus/Singhof/Wolf, § 13 WpPG Rn. 20; *von Kopp-Colomb,* in: Assmann/Schlitt/von Kopp-Colomb, § 13 WpPG Rn. 7.

Die Frist von 12 Monaten beginnt jeweils mit dem der Einstellung des Prospekts auf der Internet-Seite der BaFin folgenden Werktag. Die BaFin weist auf ihrer Internet-Seite dabei darauf hin, dass Veröffentlichungen nach § 15 WpHG weitere wesentliche Angaben zum Emittenten oder zu den Wertpapieren enthalten können.[18]

§ 13 Abs. 4 macht deutlich, dass die BaFin nicht den Prospekt als solchen **7** veröffentlicht, sondern ihn auf ihrer Internet-Seite nur „zugänglich" macht. Insofern macht § 13 Abs. 4 von der Wahlmöglichkeit des Art. 14 Abs. 4 Prospektrichtlinie Gebrauch, nach der die zuständige Behörde auf ihrer Webseite entweder alle gebilligten Prospekte veröffentlicht, oder eine Liste der Prospekte, die gebilligt wurden, einschließlich einer elektronischen Verknüpfung. Weitere Anforderungen an die damit von der BaFin zu veröffentlichende Liste einschließlich elektronischer Verknüpfung ergeben sich aus Art. 32 Prospektverordnung.

c) Prüfungsmaßstab. Der in § 13 Abs. 1 Satz 2 festgelegte Maßstab für **8** die Billigung setzt Art. 2 Abs. 1 lit. q) Prospektrichtlinie um. Die bis dahin in Deutschland zum Prüfungsumfang bei Prospektprüfungen vertretenen Auffassungen[19] sind auf Grund dieser eindeutigen gesetzlichen Neuregelung Makulatur geworden. Im Rahmen der Billigung wird nunmehr nach § 13 Abs. 1 Satz 2 allein geprüft, ob der Prospekt vollständig i. S. der durch die Prospektverordnung und ihre Anhänge aufgestellten Aufforderungen ist, ob die Angaben des Prospekts konsistent sind, d. h. ob der Prospekt keine inneren Widersprüche enthält, und, ob er verständlich ist. Nach dem Wortlaut des § 13 Abs. 1 Satz 2 („Vollständigkeitsprüfung des Prospekts einschließlich einer Prüfung der Kohärenz und Verständlichkeit") ist die Prüfung von Kohärenz und Verständlichkeit Teil der Vollständigkeitsprüfung.[20] Eine, wie auch immer geartete und worauf auch immer basierende Prüfung der inhaltlichen Richtigkeit des Prospekts erfolgt dabei nach der Gesetzesbegründung und einzelnen Stimmen in der Literatur nicht.[21] Allerdings werden von anderen Stimmen in der Literatur abweichend von der Gesetzesbegründung unterschiedliche Ansichten vertreten, ob § 13 Abs. 1 Satz 2 nicht doch eine deutliche Intensivierung der bisherigen Prüfungsdichte[22] bis hin zu einer einge-

---

[18] RegBegr. zum Prospektrichtlinie-Umsetzungsgesetz, BT-Drs. 15/4999, S. 20,35.

[19] Vgl. nur *Heidelbach,* in: Schwark, KMRK, 3. Aufl. 2004, § 30 BörsG Rn. 23.

[20] So ausdrücklich *Berrar,* in: Berrar/Meyer/Müller/Schnorbus/Singhof/Wolf, § 13 WpPG Rn. 10; *Ritz/Voß,* in: Just/Voß/Ritz/Zeising, § 13 WpPG Rnrn. 33 f.; *von Kopp-Colomb,* in: Assmann/Schlitt/von Kopp-Colomb, § 13 WpPG Rn. 9.

[21] So ausdrücklich RegBegr. zum Prospektrichtlinie-Umsetzungsgesetz, BT-Drs. 15/ 4999, S. 25, 34 und ausdrücklich *von Kopp-Colomb,* in: Assmann/Schlitt/von Kopp-Colomb, § 13 WpPG Rn. 9 mit näherer Begründung Rnrn. 10 ff.

[22] So wohl *Schlitt/Schäfer,* AG 2005, 498, 506 f., die unter Hinweis auf *Crüwell,* AG 2003, 243, 250, 251 und *Kunold/Schlitt,* BB 2004, 501, 509 behaupten, der Prüfungsumfang „dürfte damit über die bisherige formale Prüfung von Verkaufsprospekten gemäß § 8a VerkProsG a. F. hinaus gehen." Außerdem „dürfte die Prüfungsdichte zunehmen." Ebenso *Mülbert/Steup,* WM 2005, 1633, 1640, die von einer Prospektprüfungspflicht ausgehen, die über die rein formale und auf die Kohärenz beschränkte Prospektprüfung hinausgeht. Andererseits solle aber die Intensität der bislang bei Bör-

schränkten materiellen Prüfung[23] fordere. Dass die Prüfung keine Prüfung der Bonität des Emittenten umfasst,[24] versteht sich dabei von selbst, wurde aber auch bereits früher nahezu einhellig so vertreten.[25] Dass andererseits die BaFin im Rahmen der Kohärenzprüfung Widersprüche aufdecken muss, diese dann auch festzustellen hat, um sie dem Antragsteller mitzuteilen und Abhilfe anzuordnen, versteht sich auch von selbst,[26] ist aber keine Plausibilitätsprüfung oder materiell inhaltliche Prüfung, da ihr auch keine weiteren Unterlagen als der Prospekt zur Prüfung vorgelegt werden (anders als früher der Zulassungsstelle).

9   **d) Prüfungsfristen.** § 13 Abs. 2 setzt Art. 13 Abs. 2 und 3 Prospektrichtlinie um. Die Fristen beginnen ab Eingang des Prospekts zu laufen, wobei der Einreichungstag nicht mitgerechnet wird. Der Begriff „Werktag" umfasst auch den **Samstag.**[27] **Sonntage** und **Feiertage** werden allerdings bei der Berechnung der First nicht mitgezählt. Die früher z.B. in § 8a VerkprospG geregelte Billigung in Folge Untätigkeit der BaFin bei Fristablauf greift bei § 13 Abs. 2 allerdings nicht durch, da eine Billigung ohne aktives Tun der Behörde nur möglich ist, wenn es im Gesetz ausdrücklich vorgesehen ist. Das ist aber bei § 13 Abs. 2 in Übereinstimmung mit Art. 13 Abs. 2 Satz 2 Prospektrichtlinie gerade nicht der Fall.[28] Die Aufgabe dieser Billigungsfiktion ist in Fällen der Fristüberschreitung für den Anbieter ungünstig. Dem Anbieter bleibt insofern nur ein Anspruch aus Amtspflichtverletzung gegen die BaFin.[29]

10   Wie sich aus § 13 Abs. 3, der Art. 13 Abs. 4 Prospektrichtlinie umsetzt, ergibt, beginnen die Fristen des § 13 Abs. 2 erst mit Einreichung eines vollständigen Prospekts zu laufen. Stellt die BaFin im Rahmen der Prüfung des zur Billigung eingereichten Prospekts fest, dass dieser unvollständig ist, oder es ergänzende Information bedarf, „soll" die BaFin dies dem Anbieter oder Zulassungsantragsteller innerhalb von zehn Werktagen mitteilen. Ob diese „soll"- Bestimmung eine bindende Verpflichtung der BaFin begründet, ist

---

senzulassungsprospekten geforderten Prüfungspflicht (Plausibilitätskontrolle) nicht bestehen.

[23] *Crüwell.* AG 2003, 243, 250; *Berrar,* in: Berrar/Meyer/Müller/Schnorbus/Singhof/Wolf, § 13 WpPG Rn. 12; *Wiegel,* S. 417f. (zur Prospektrichtlinie).

[24] So ausdrücklich RegBegr. zum Prospektrichtlinie-Umsetzungsgesetz, BT-Drs. 15/4999, S. 25, 34.

[25] *Heidelbach,* in: Schwark, KMRK, 3. Aufl 2004, § 30 BörsG Rn. 23.

[26] So *Berrar,* in: Berrar/Meyer/Müller/Schnorbus/Singhof/Wolf, § 13 WpPG Rn. 12, der daraus eine „begrenzte materielle Prüfung" entnimmt; anders *von Kopp-Colomb,* in: Assmann/Schlitt/von Kopp-Colomb, § 13 WpPG Rn. 11, der die Prüfungsschritte genauso sieht, dies aber nicht als materielle Prüfung sehen will.

[27] Ebenso bereits in der Bekanntmachung zum Verkaufsprospektgesetz das BAWe, BAnz. vom 21. 9. 1999, S. 16181, sub VII zu § 8a VerkprospG.

[28] So auch RegBegr. zum Prospektrichtlinie-Umsetzungsgesetz, BT-Drs. 15/4999, S. 25, 34f.; näher *Berrar,* in: Berrar/Meyer/Müller/Schnorbus/Singhof/Wolf, § 13 WpPG Rn. 6.

[29] Ebenso *Kullmann/Sester,* WM 2005, 1068, 1073. Vgl. auch näher unten § 13 Rn. 17.

nicht eindeutig, im Regelfall wird man sie aber bejahen müssen, weil ansonsten das Verfahren zeitlich gänzlich unkalkulierbar wird.[30] Erst wenn auf Grund entsprechenden Hinweises der BaFin die fehlenden Unterlagen eingehen, soll nach § 13 Abs. 3 Satz 1 die Frist des § 13 Abs. 2 beginnen.[31] Dies kann man damit rechtfertigen, dass erst zu diesem Zeitpunkt eine auf die Billigung ausgerichtete Prüfung des Prospektentwurfs möglich ist.[32] Andererseits erscheint es aber unbillig, bei jeder noch so kleinen „Nachforderung" erneut die Frist des § 13 Abs. 2 beginnen zu lassen. Praktikabler und gemäß dem auch hier geltenden § 25 VwVfG angemessen ist es, wenn die BaFin den Anbieter zunächst auf die Mängel des Prospektes hinweist und ihm die Möglichkeit zur Ergänzung des Prospekts eröffnet, ohne dass hierdurch eine neue Frist in Gang zu setzen wäre.[33] Entsprechend der zu § 8a VerkprospG a.F. in der Bekanntmachung zum Verkaufsprospektgesetz vom BaWe vertretenen Auffassung[34] kann deshalb bei geringfügigeren Mängeln in der Regel bei dieser Vorgehensweise ein neuer Fristbeginn vermieden werden. Da es im Regelfall im Prospektbilligungsverfahren zu Nachfragen kommt, die BaFin selbst aber einen pragmatischen Weg beschreiten möchte, hat sich in der Praxis[35] folgender **Regelzeitplan** bei Prospekten für das öffentliche Angebot bzw. die Zulassung von Aktien von Emittenten, deren Wertpapiere noch nicht zum Handel an einem regulierten Markt zugelassen sind, entwickelt, der jedoch keineswegs rechtsverbindlich ist: Prüfungsfrist von 13 Arbeitstagen (nicht Werktagen, wenn der Prospekt bis 8 Uhr bei der BaFin eingereicht wird, zählt dieser Tag, anders als bei der formellen Betrachtungsweise nach § 31 Abs. 1 VwVfG i.V.m. § 187 Abs. 1 BGB, mit) durch die BaFin nach Ersteinreichung des Prospekts, dann Kommentare/Nachfragen durch die BaFin; nach daraufhin erfolgter Einreichung eines entsprechend geänderten Prospekts weitere 10 Werktage Prüfung durch die BaFin mit weiteren Kommentaren. Werde diese Kommentare dann in der dritten Fassung vom Anbieter oder Zulassungsantragssteller bearbeitet und ein entsprechend ergänzter Prospekt eingereicht, erfolgt innerhalb von drei bis fünf Werktagen nach dieser „Letzteinreichung" die Prospektbilligung. Damit gilt für die Billigung von Prospekten bei Angeboten bzw. bei der Zulassung von Aktien von Emittenten, deren Wertpapiere noch nicht zum Handel an einem regulierten Markt

[30] Enger, die Regelung i.S. einer Verpflichtung verstehend *Berrar,* in: Berrar/Meyer/Müller/Schnorbus/Singhof/Wolf, § 13 WpPG Rn. 37.
[31] Kritisch zur entsprechenden Regelung der Prospektrichtlinie bereits *Crüwell,* AG 2003, 243, 251; *Kunold/Schlitt,* BB 2004, 501, 509.
[32] RegBegr. zum Prospektrichtlinie-Umsetzungsgesetz, BT-Drs. 15/4999, S. 25, 35.
[33] Wie hier *Apfelbacher/Metzner,* BKR 2006, 81, 83. Kritisch zur Zulässigkeit einer solchen Vorgehensweise auf Grund der Vorgaben der Prospektrichtlinie allerdings *Crüwell,* AG 2004, 243, 251; *Kunold/Schlitt,* BB 2004, 501, 509.
[34] BAnz. vom 21. 9. 1999, S. 16181, und 18. VII; so für das Verkaufsprospektgesetz auch *Lenz,* in: Assmann/Lenz/Ritz, § 8a VerkprospG Rn. 20.
[35] Zu diesen Zeitplänen *Berrar,* in: Berrar/Meyer/Müller/Schnorbus/Singhof/Wolf, § 13 WpPG Rn. 41; *von Kopp-Colomb,* in: Assmann/Schlitt/von Kopp-Colomb, § 13 WpPG Rn. 29.

WpPG § 13 11, 12   Billigung des Prospekts

zugelassen sind eine 13/10/3 bis 5 Tage Regel. Bei bereits börsennotierten Unternehmen ist der normale Zeitplan der von 10 Arbeitstagen nach Ersteinreichung, 8 Werktage nach Zweiteinreichung und 4 Werktage nach Dritteinreichung, somit eine 10/8/4 Tage Regel. Mit den gesetzlich in § 13 Abs. 2 WpPG geregelten Fristen hat dieses Verfahren nichts gemein; ein Anspruch des Antragstellers gegenüber der BaFin auf Einhaltung dieser Fristen besteht nicht.

3. Rechtsanspruch auf Billigung

11   Ob ein Anspruch auf Prospektbilligung besteht, wenn die Voraussetzungen dafür vorliegen, lässt sich § 13 nicht unmittelbar entnehmen; der Wortlaut der Bestimmung gibt dafür ebenso wenig her wie Art. 13 Prospektrichtlinie. Man wird hier aber, ebenso wie bei § 30 BörsG a.F.[36] und § 8a VerkprospG a.F.,[37] davon ausgehen müssen, dass es sich bei der Prospektbilligung um eine gebundene Entscheidung handelt, mit der Folge, dass der Antragsteller auf die Billigung einen Anspruch hat, wenn die Voraussetzungen der Billigung vorliegen.[38]

4. Rechtsfolgen der Billigung

12   Unmittelbare Rechtsfolge der Billigung des Prospekts ist die Zulässigkeit der Prospektveröffentlichung (nach § 14 Abs. 1 Satz 1 sogar die Verpflichtung zur unverzüglichen Veröffentlichung) und damit des öffentlichen Angebots bzw. die Erfüllung der Zulassungsvoraussetzung. Dagegen führt die **Prospektbilligung** – wie auch nach der bis zum Inkrafttreten des Prospektrichtlinie-Umsetzungsgesetzes geltenden Regelung – nicht zu einem Wegfall möglicher Prospekthaftungsansprüche bei einem fehlerhaften Prospekt.[39] Ebenso wenig übernimmt die BaFin durch die Prospektbilligung eine Gewähr für die inhaltliche Richtigkeit des Prospekts. Eine Prospektverantwortlichkeit und damit ihre Prospekthaftung kommt damit nicht in Betracht.[40]

---

[36] *Heidelbach,* in: Schwark, KMRK, 3. Aufl. 2004, § 30 BörsG Rn. 33.
[37] *Heidelbach,* in: Schwark, KMRK, 3. Aufl. 2004, § 8a VerkprospG Rn. 8; *Groß,* Kapitalmarktrecht, 2. Aufl. 2002, § 8a VerkprospG Rn. 3.
[38] Wohl unstr. *Berrar,* in: Berrar/Meyer/Müller/Schnorbus/Singhof/Wolf, § 13 WpPG Rn. 8; *Heidelbach,* in: Schwark/Zimmer, § 13 WpPG Rn. 18; *Ritz/Voß,* in: Just/Voß/Ritz/Zeising, § 13 WpPG Rnrn. 58f.; *von Kopp-Colomb,* in: Assmann/Schlitt/von Kopp-Colomb, § 13 WpPG Rn. 15. I.d.S. auch *Kullmann/Sester,* WM 2005, 1068, 1073, wenn dort von der Pflicht der BaFin, über den Antrag zu entscheiden die Rede ist.
[39] So ausdrücklich RegBegr. zum Prospektrichtlinie-Umsetzungsgesetz, BT-Drs. 15/4999, S. 25, 34. Ebenso auch *Assmann,* in: Hdb. KapitalanlageR, § 6 Rn. 82 a.E.
[40] Unstr. *Berrar,* in: Berrar/Meyer/Müller/Schnorbus/Singhof/Wolf, § 13 WpPG Rn. 48; *Heidelbach,* in: Schwark/Zimmer, § 13 WpPG Rn. 17; so auch zum alten Recht für die BaFin bzw. die Zulassungsstelle, *Heidelbach,* in: Schwark, KMRK, 3. Aufl. 2004, § 31 Rn. 12.

364

III. Rechtsmittel, Haftung

1. Rechtsmittel[41]

Bleibt die BaFin nach beantragter Prospektbilligung untätig, können die   **13**
Antragssteller, d. h. Emittent, Anbieter und/oder Zulassungsantragssteller gemäß § 75 VwGO Untätigkeitsklage erheben.

Hinsichtlich einer Anfechtungs- und Verpflichtungsklage bei Ablehnung   **14**
der Prospektbilligung gilt Folgendes: Die Ablehnung der Billigung ist Verwaltungsakt, gegen den bzw. zur Erlangung der Billigung der Verwaltungsrechtsweg nach einem entsprechenden Widerspruchsverfahren offen steht.
Aktiv legitimiert für Widerspruch und Klage sind die vorgenannten Personen.

Ob der einzelne Anleger bzw. Aktionär im Falle einer gewährten Pros-   **15**
pektbilligung widerspruchs- bzw. anfechtungsbefugt oder im Falle einer verweigerten Prospektbilligung verpflichtungsklagebefugt ist, richtet sich nach
allgemeinen Regeln. Hier wird man entsprechend der Wertung bei der Zulassung bzw. deren Ablehnung davon ausgehen müssen, dass eine Wider-
spruchs- bzw. Klagebefugnis des einzelnen Anlegers bzw. Aktionärs nicht
besteht.[42]

2. Haftung

Anders als im Börsengesetz, in dem im Vierten Finanzmarktförderungsge-   **16**
setz bei keiner dort genannten „Behörde" versäumt wurde, gesetzlich ausdrücklich zu regeln, dass diese Stelle ausschließlich im öffentlichen Interesse
tätig werde, um damit Schadensersatzansprüche Dritter auszuschließen,[43] enthält das Wertpapierprospektgesetz selbst keine solche ausdrückliche gesetzliche Regelung. Die Regierungsbegründung zum Prospektrichtlinie-Umsetzungsgesetz versäumt allerdings nicht, an allen möglichen Stellen und so auch
ausdrücklich im Zusammenhang mit der Prospektprüfung und – billigung
durch die BaFin hervorzuheben, die Billigung erfolge „ausschließlich im öffentlichen Interesse", die BaFin übernehme „keine Gewähr für die inhaltliche
Richtigkeit des Prospekts", und eine „Verantwortung der Bundesanstalt für
die Vollständigkeit oder Richtigkeit des Prospekts" werde nicht „begründet".[44] Außerdem bestimmt § 4 Abs. 4 FinDAG ausdrücklich, dass die BaFin
ihre Befugnisse und Aufgaben nur und ausschließlich im öffentlichen Inte-

---

[41] Zu Nachstehendem vgl. *Berrar,* in: Berrar/Meyer/Müller/Schnorbus/Singhof/Wolf,
§ 13 WpPG Rnrn. 62 ff.; *Ritz/Voß,* in: Just/Voß/Ritz/Zeising, § 13 WpPG Rnrn. 69 ff.
[42] Wie hier auch *Berrar,* in: Berrar/Meyer/Müller/Schnorbus/Singhof/Wolf, § 13
WpPG Rn. 67; *Heidelbach,* in: Schwark/Zimmer, § 13 WpPG Rn. 22. Vgl. oben § 32
BörsG Rn. 45 f.
[43] Vgl. nur oben § 32 BörsG Rn. 48.
[44] RegBegr. zum Prospektrichtlinie-Umsetzungsgesetz, BT-Drs. 15/4999, S. 25, 34 f.;
zwar beziehen sich die beiden letztgenannten Aussagen weniger auf die Amtshaftung,
sondern eher auf die Prospekthaftung. Sie belegen aber die allgemeine Haltung des
Gesetzgebers, jegliche Verantwortlichkeit von der BaFin fernzuhalten.

resse wahrnimmt.[45] Es spricht deshalb auch hier viel dafür, dass ein Drittschutz der Amtspflicht und damit Amtshaftungsansprüche der Anleger bei fehlerhaft erteilter Prospektbilligung ausscheiden sollen.[46]

17　Andererseits ist bei pflichtwidriger Untätigkeit bzw. Nichterteilung der Prospektbilligung auf Grund des darin liegenden Verstoßes gegen den Anspruch des Emittenten, Anbieters bzw. Zulassungsantragsstellers auf Billigung ein Amtshaftungsanspruch dieser Personen zu bejahen. Die Pflicht einer Behörde, über einen Antrag auf Erlass eines Verwaltungsaktes zügig, jedenfalls aber innerhalb der vorgegebenen Frist zu entscheiden, stellt eine gerade gegenüber dem Antragsteller bestehende Amtspflicht i.S. von § 839 BGB i.V.m. Art. 34 GG dar.[47] Fraglich ist nur, ob dies nur bei billigungsfähigen Prospekten gilt, oder aber, ob auf Grund der Regelung in § 13 Abs. 3 eine Pflichtverletzung mangels Beginn des Laufs der Frist bei einem unvollständigen Prospekt oder bei unvollständigen Informationen ausscheidet. Hier besteht aber eine Verpflichtung der BaFin, den Anbieter oder Zulassungsantragsteller auf diese Mängel hinzuweisen, vgl. oben Rn. 10. Versäumt die BaFin dies, dann lässt sich vertreten, dass sie sich in einem solchen Fall gegenüber einem Anspruch des Anbieters oder Zulassungsantragstellers wegen nicht rechtzeitiger Entscheidung über die Billigung des Prospektes nicht mit dem Argument verteidigen können soll, der Prospekt sei nicht billigungsfähig oder es seien ergänzende Informationen erforderlich gewesen.[48]

§ 14. Hinterlegung und Veröffentlichung des Prospekts

(1) [1]Nach seiner Billigung hat der Anbieter oder Zulassungsantragsteller den Prospekt bei der Bundesanstalt zu hinterlegen und unverzüglich, spätestens einen Werktag vor Beginn des öffentlichen Angebots, nach Absatz 2 zu veröffentlichen. [2]Werden die Wertpapiere ohne öffentliches Angebot in den Handel an einem organisierten Markt eingeführt, ist Satz 1 mit der Maßgabe entsprechend anzuwenden, dass für den Zeitpunkt der spätesten Veröffentlichung anstelle des Beginns des öffentlichen An-

---

[45] Darauf weisen *Ritz/Voß*, in: Just/Voß/Ritz/Zeising, § 13 WpPG Rn. 81; *von Kopp-Colomb*, in: Assmann/Schlitt/von Kopp-Colomb, § 13 WpPG Rn. 36 ausdrücklich hin, dort jeweils auch zur Konformität dieser Regelung sowohl mit dem Grundgesetz als auch dem Europäischen Gemeinschaftsrecht; ebenso *Berrar*, in: Berrar/Meyer/Müller/Schnorbus/Singhof/Wolf, § 13 WpPG Rn. 70.

[46] Im Ergebnis ebenso *Berrar*, in: Berrar/Meyer/Müller/Schnorbus/Singhof/Wolf, § 13 WpPG Rn. 71; *Ritz/Voß*, in: Just/Voß/Ritz/Zeising, § 13 WpPG Rn. 81; *von Kopp-Colomb*, in: Assmann/Schlitt/von Kopp-Colomb, § 13 WpPG Rn. 36.

[47] Wie hier *Berrar*, in: Berrar/Meyer/Müller/Schnorbus/Singhof/Wolf, § 13 WpPG Rn. 72; *Ritz/Voß*, in: Just/Voß/Ritz/Zeising, § 13 WpPG Rnrn. 84 f.; *von Kopp-Colomb*, in: Assmann/Schlitt/von Kopp-Colomb, § 13 WpPG Rn. 39; *Kullmann/Sester*, WM 2005, 1068, 1073 m.w.N.

[48] Wie hier *Berrar*, in: Berrar/Meyer/Müller/Schnorbus/Singhof/Wolf, § 13 WpPG Rn. 73. Im Ergebnis wie hier *Kullmann/Sester*, WM 2005, 1068, 1073, die allerdings nicht auf § 13 Abs. 3 eingehen und diese Frage unter dem Blickwinkel des Einwandes „rechtmäßigen Alternativverhaltens" behandeln.

gebots die Einführung der Wertpapiere maßgebend ist. [3] Findet vor der Einführung der Wertpapiere ein Handel von Bezugsrechten im organisierten Markt statt, muss der Prospekt mindestens einen Werktag vor dem Beginn dieses Handels veröffentlicht werden. [4] Im Falle eines ersten öffentlichen Angebots einer Gattung von Aktien, für die der Emittent noch keine Zulassung zum Handel an einem organisierten Markt erhalten hat, muss die Frist zwischen dem Zeitpunkt der Veröffentlichung des Prospekts nach Satz 1 und dem Abschluss des Angebots mindestens sechs Werktage betragen.

(2) [1] Der Prospekt ist zu veröffentlichen

1. in einer oder mehreren Wirtschafts- oder Tageszeitungen, die in den Staaten des Europäischen Wirtschaftsraums, in denen das öffentliche Angebot unterbreitet oder die Zulassung zum Handel angestrebt wird, weit verbreitet sind,

2. indem der Prospekt in gedruckter Form zur kostenlosen Ausgabe an das Publikum bereitgehalten wird
   a) bei den zuständigen Stellen des organisierten Marktes, an dem die Wertpapiere zum Handel zugelassen werden sollen,
   b) beim Emittenten,
   c) bei den Instituten im Sinne des § 1 Abs. 1 b des Kreditwesengesetzes oder den nach § 53 Abs. 1 Satz 1 oder § 53 b Abs. 1 Satz 1 des Kreditwesengesetzes tätigen Unternehmen, die die Wertpapiere platzieren oder verkaufen, oder
   d) bei den Zahlstellen,

3. auf der Internet-Seite
   a) des Emittenten,
   b) der Institute im Sinne des § 1 Abs. 1 b des Kreditwesengesetzes oder der nach § 53 Abs. 1 Satz 1 oder § 53 b Abs. 1 Satz 1 des Kreditwesengesetzes tätigen Unternehmen, die die Wertpapiere platzieren oder verkaufen, oder
   c) der Zahlstellen oder

4. auf der Internet-Seite des organisierten Marktes, für den die Zulassung zum Handel beantragt wurde.

[2] Sofern der Prospekt nach Nummer 1 oder Nummer 2 veröffentlicht wird, ist er zusätzlich nach Nummer 3 zu veröffentlichen. [3] Die Bereitstellung nach den Nummern 2, 3 und 4 muss mindestens bis zum endgültigen Schluss des öffentlichen Angebotes oder, falls diese später erfolgt, bis zur Einführung in den Handel an einem organisierten Markt andauern.

(3) Der Anbieter oder der Zulassungsantragsteller hat der Bundesanstalt Datum und Ort der Veröffentlichung des Prospekts unverzüglich schriftlich mitzuteilen.

(4) [1] Wird der Prospekt in mehreren Einzeldokumenten erstellt oder enthält er Angaben in Form eines Verweises, können die den Prospekt bildenden Dokumente und Angaben getrennt in einer der in Absatz 2 genannten Art und Weise veröffentlicht werden. [2] In jedem Einzeldokument ist anzugeben, wo die anderen Einzeldokumente erhältlich sind, die zusammen mit diesem den vollständigen Prospekt bilden.

(5) **Wird der Prospekt im Internet veröffentlicht, so muss dem Anleger vom Anbieter, vom Zulassungsantragsteller oder von den Instituten im Sinne des § 1 Abs. 1 b des Kreditwesengesetzes oder den nach § 53 Abs. 1 Satz 1 oder § 53 b Abs. 1 Satz 1 des Kreditwesengesetzes tätigen Unternehmen, die die Wertpapiere platzieren oder verkaufen, auf Verlangen eine Papierversion kostenlos zur Verfügung gestellt werden.**

(6) [1]**Der hinterlegte Prospekt wird von der Bundesanstalt zehn Jahre aufbewahrt.** [2]**Die Aufbewahrungsfrist beginnt mit dem Schluss des Kalenderjahres, in dem der Prospekt hinterlegt worden ist.**

Übersicht

I. Allgemeines, Überblick

1. Allgemeines

1   § 14 setzt Art. 14 Prospektrichtlinie um. Art. 29 f. Prospektverordnung enthalten weitere Einzelheiten zur Prospektveröffentlichung, die zum Teil in § 14 bereits berücksichtigt, zum Teil über § 14 hinaus auf Grund der unmittelbaren Geltung der Prospektverordnung[1] zu berücksichtigen sind. § 14 regelt die Hinterlegung und Veröffentlichung des Prospekts, wobei diese erst nach dessen Billigung erfolgen darf. § 14 gilt über die Veröffentlichung des Prospekts hinaus auch für die Veröffentlichung von Nachträgen[2] und der endgültigen Bedingungen nach § 6[3] Das Jahressteuergesetz 2009[4] hat die früher in § 14 Abs. 3 Satz 2 enthaltene Hinweisbekanntmachung als zusätzliche Veröffentlichung gestrichen. Das Gesetz zur Umsetzung der Richtlinie 2010/73/EU und zur Änderung des Börsengesetzes[5] hat die Sätze 2 und 3 in § 14 Abs. 2 neu eingefügt und dabei durch den neuen Satz 3 die Gesetzes-

---

[1] Vgl. oben § 7 WpPG Rn. 1.
[2] Siehe dazu unten § 16 WpPG Rn. 11.
[3] Siehe dazu oben § 6 WpPG Rn. 10 f.
[4] BGBl. I 2009, 2794, vgl. unten Rn. 7.
[5] BGBl. I 2012, 1375.

lücke hinsichtlich der Dauer der Veröffentlichung geschlossen.[6] War früher fraglich, bis wann der Prospekt bereit gehalten oder auf der Internetseite eingestellt bleiben muss, so regelt dies jetzt § 14 Abs. 2 Satz 3.

2. Überblick

§ 14 Abs. 1 Satz 1 ordnet zunächst die Hinterlegung des gebilligten Prospekts an. In der Praxis geschieht dies i. d. R. dadurch, dass die original unterzeichnete letzte Einreichfassung nach Billigung zur hinterlegten Fassung erklärt wird,[7] vorausgesetzt ist dabei aber, dass in der letzten Einreichfassung keine Änderungen mehr vorgenommen werden. § 14 versucht einen Ausgleich der Interessen des Publikums an einer unverzüglichen Veröffentlichung des Prospekts, um so einen möglichst frühen Zugang zum Prospekt zu ermöglichen, und den Interessen des Emittenten, des Anbieters oder des Zulassungsantragstellers, zu erreichen. § 14 Abs. 1 Satz 1 ordnet deshalb weiter an, dass der Prospekt „unverzüglich"[8] nach der Billigung zu veröffentlichen ist, spätestens einen Werktag vor Beginn des öffentlichen Angebots. Die Verpflichtung zur Veröffentlichung spätestens einen Werktag vor Beginn des öffentlichen Angebots ist dabei unabhängig von einem Verschulden des Veröffentlichungspflichtigen.[9] Ob in besonders gelagerten Fällen die Veröffentlichung nach Billigung um wenige Tage hinausgeschoben werden kann, ist zweifelhaft, aber bei besonderen Umständen zu bejahen.[10]

2

§ 14 Abs. 1 Satz 2 erfasst die Fälle, in denen die Wertpapiere zum Handel zugelassen werden, ohne dass ein vorheriges oder gleichzeitiges öffentliches Angebot erfolgt. Die Pflicht, auch in diesen Fällen unverzüglich, spätestens einen Werktag vor der Einführung der Wertpapiere, den Prospekt zu veröffentlichen, knüpft an die Regelung des § 43 BörsZulV a. F. an. § 14 Abs. 1 Satz 4 enthält eine Sonderregelung für das öffentliche Erstangebot einer Gattung von Aktien, die noch nicht zum Handel an einem organisierten Markt zugelassen sind. Denn in diesen Fällen besteht ein besonderes Informationsbedürfnis des Publikums. Der Prospekt muss auch in diesen Fällen spätestens einen Werktag vor Beginn des öffentlichen Angebots veröffentlicht werden. Entgegen der in der Regierungsbegründung geäußerten Ansicht, das öffentliche Angebot müsse mindestens sechs Werktage lang aufrechterhalten werden,[11] ist

3

---

[6] RegBegr. ÄnderungsRL-Umsetzungsgesetz, BT-Drs. 17/8684, S. 13, 20.

[7] *Berrar,* in: Berrar/Meyer/Müller/Schnorbus/Singhof/Wolf, § 14 WpPG Rn. 10; *Kunold,* § 14 WpPG Rn. 5; *Ritz/Voß,* in: Just/Voß/Ritz/Zeising, § 14 WpPG Rnrn. 10 ff.

[8] Ob „unverzüglich" i. S. d. Legaldefinition des § 121 Abs. 1 Satz 1 BGB als „ohne schuldhaftes Zögern" zu verstehen ist, oder kapitalmarktspezifisch interpretiert werden muss, ist streitig, im Ergebnis aber wegen der eher geringen Unterschiede wohl weniger relevant, vgl. nur *Berrar,* in: Berrar/Meyer/Müller/Schnorbus/Singhof/Wolf, § 14 WpPG Rn. 12.

[9] RegBegr. zum Prospektrichtlinie-Umsetzungsgesetz, BT-Drs. 15/4999, S. 25, 35; *Kunold,* § 14 WpPG Rn. 5; *Ritz/Voß,* in: Just/Voß/Ritz/Zeising, § 14 WpPG Rn. 7.

[10] *Ritz/Voß,* in: Just/Voß/Ritz/Zeising, § 14 WpPG Rn. 22.

[11] RegBegr. zum Prospektrichtlinie-Umsetzungsgesetz, BT-Drs. 15/4999, S. 25, 35.

dies, da im Gesetz nicht geregelt und damit nicht Gesetz geworden, nicht erforderlich.[12]

II. Veröffentlichungsfristen

4   Nach Art. 14 Abs. 1 Prospektrichtlinie genügt es, wenn der Prospekt nach seiner Billigung und Hinterlegung bei der zuständigen Behörde des Herkunftsmitgliedsstaats dem Publikum so bald wie praktisch möglich zur Verfügung gestellt wird, auf jeden Fall aber rechtzeitig vor und **spätestens mit Beginn des öffentlichen Angebots.** Entscheidend ist danach, dass der Prospekt spätestens mit Beginn des öffentlichen Angebots zur Verfügung gestellt wird. § 14 Abs. 1 fordert in Abweichung dazu und in Anlehnung an § 9 Abs. 1 VerkprospG und § 43 Abs. 1 Satz 1 BörsZulV a. F., dass spätestens einen Werktag vor Beginn des öffentlichen Angebots bzw. vor der Einführung der Wertpapiere oder dem Beginn des Handels von Bezugsrechen an einem organisierten Markt der Prospekt veröffentlicht sein muss. Dies ist für sich genommen bereits eine von der Prospektrichtlinie nicht vorgesehene Verschärfung der Anforderungen. Andererseits hat sich die BaFin abweichend von ihrer früher vertretenen Ansicht[13] aber zwischenzeitlich zu Recht der Auffassung angeschlossen, dass eine Veröffentlichung des Prospekts am Werktag vor dem öffentlichen Angebot ausreicht.[14]

5   Die Veröffentlichung kann z. B. im Internet taggleich mit der Billigung erfolgen, und das Angebot kann dann am darauf folgenden Tag beginnen.[15]

III. Veröffentlichungsformen

1. Allgemeines

6   § 14 Abs. 2 enthält eine Vielzahl von verschiedenen zulässigen Veröffentlichungsarten und begründet ein Wahlrecht hinsichtlich dieser Möglichkeiten, den Prospekt zu veröffentlichen. Art. 29 f. Prospektverordnung ist dabei im

---

[12] *Berrar,* in: Berrar/Meyer/Müller/Schnorbus/Singhof/Wolf, § 14 WpPG Rn. 28. Die a. A. der Vorauflage wird aufgegeben.

[13] BAnz. vom 21. 9. 1999, S. 16 180.

[14] Dies ergibt sich aus der Darstellung in dem Merkblatt der BaFin „Allgemeine Informationen zu Prospekten für Wertpapiere", abrufbar unter www.bafin.de/verkaufsprospekte/prosp-050701.htm, dort unter „Frist und Form der Veröffentlichung des Prospekts": Die Veröffentlichung des Prospekts muss spätestens einen Werktag vor Beginn des öffentlichen Angebots oder der Einführung der Wertpapiere ... erfolgen." Außerdem enthält die Präsentation der BaFin „Workshop: 100 Tage WpPG, Rechtsfragen aus der Anwendungspraxis" auf S. 12, den fettgedruckten Hinweis, die Veröffentlichung müsse „am Werktag vor" Beginn des Angebots erfolgen. Ebenso *Berrar,* in: Berrar/Meyer/Müller/Schnorbus/Singhof/Wolf, § 14 WpPG Rn. 15; *Ritz/Voß,* in: Just/Voß/Ritz/Zeising, § 14 WpPG Rn. 20.

[15] Absolut h. M. *Berrar,* in: Berrar/Meyer/Müller/Schnorbus/Singhof/Wolf, § 14 WpPG Rn. 16 mit dem Beispiel Prospektbilligung am Freitag, Veröffentlichung am Samstag, Angebot am Montag, und in Rn. 17 mit dem Hinweis auf die mit der Billigung taggleiche Veröffentlichung, also Billigung/Veröffentlichung am Freitag, Angebot am Samstag (Samstag ist Werktag). *Apfelbacher/Metzner,* BKR 2006, 81, 84.

Detail zu beachten. § 14 Abs. 2 Nr. 3 gestattet nunmehr auch die Veröffentlichung des Prospekts allein im Internet. Allerdings ist in diesem Fall § 14 Abs. 5 zu beachten, d. h. auf Verlangen ist eine Papierversion kostenlos zur Verfügung zu stellen.[16] Hierdurch sollen „die gleichen Zugangsmöglichkeiten für das gesamte Publikum" gesichert werden.[17] Das Gesetz zur Umsetzung der Richtlinie 2010/73/EU und zur Änderung des Börsengesetzes hat zwingend die zusätzliche Veröffentlichung im Internet angeordnet, wenn die Veröffentlichung im Wege der Zeitungs- oder Schalterpublizität, § 14 Abs. 2 Satz 1 Nr. 1 oder 2, erfolgt, § 14 Abs. 2 Satz 2.

2. Mitteilungspflicht, Hinweisbekanntmachung

§ 14 Abs. 3 macht von dem in Art. 14 Abs. 3 Prospektrichtlinie einge- **7** räumten Wahlrecht Gebrauch und enthält eine Mitteilungspflicht gegenüber der BaFin.[18] Das Jahressteuergesetz 2009[19] hat dagegen die bis dahin in § 14 Abs. 3 Satz 2 enthaltene Verpflichtung zur Hinweisbekanntmachung gestrichen. Eine solche Hinweisbekanntmachung ist nach Art. 14 Abs. 3 Prospektrichtlinie nicht zwingend, so dass der deutsche Gesetzgeber davon absehen konnte und dies im Jahressteuergesetz 2009 dann getan hat. Dies wurde mit den hohen Kosten für die Marktteilnehmer und dem nur geringen Nutzen der Hinweisbekanntmachung begründet.[20]

Mit dieser Streichung des § 14 Abs. 3 Satz 2 a. F. durch das Jahressteuerge- **7a** setz 2009 hat sich auch die Frage erledigt, ob eine Hinweisbekanntmachung nach § 14 Abs. 3 Satz 2 auch bei einem von der zuständigen Behörde eines anderen Mitgliedstaates gebilligten und in Deutschland notifizierten Prospekt erforderlich ist. Seit Streichung des § 14 Abs. 3 Satz 2 a. F. folgt wohl auch die BaFin der Ansicht, dass keine gesonderte Veröffentlichung eines von einer ausländischen Behörde gebilligten und der BaFin notifizierten Prospekts (über die Regelungen des Billigungsstaates zur Veröffentlichung hinaus) in Deutschland erforderlich ist.[21]

3. Spezielle Veröffentlichungsformen

a) Getrennte Veröffentlichung, § 14 Abs. 4. In Umsetzung von Art. 14 **8** Abs. 5 Prospektrichtlinie bestimmt § 14 Abs. 4, dass bei einem aus mehreren Einzeldokumenten bestehenden Prospekt eine getrennte Veröffentlichung der Dokumente erfolgen kann. Die Regierungsbegründung zum Prospektricht-

---

[16] Im Ergebnis ebenso bereits für § 9 VerkprospG a. F., vgl. Vorauflage, § 9 Verk-ProspG Rn. 4.

[17] RegBegr. zum Prospektrichtlinie-Umsetzungsgesetz, BT-Drs. 15/4999, S. 25, 36.

[18] Mustervorlage für eine solche Mitteilung erhältlich auf der homepage der BaFin: www.bafin.de.

[19] BGBl. I 2008, 2794.

[20] Bericht des Rechtsausschusses, BT-Drs. 16/11108, S. 72. Zu diesem geringen Nutzen auch bereits die Vorauflage, § 14 WpPG Rn. 7.

[21] *Kunold,* in: Assmann/Schlitt/von Kopp-Colomb, § 14 WpPG Rn. 43 mit Hinweis auf die Änderung der Praxis der BaFin in FN 2. Gegen die frühere Ansicht der BaFin auch bereits Bericht des Rechtsausschusses, BT-Drs. 16/11108, S. 72.

linie-Umsetzungsgesetz stellt hierzu ausdrücklich klar, dass im Übrigen für die Veröffentlichung die Regelungen des § 14 gelten, insbesondere die Frist des § 14 Abs. 1 sowie die Verpflichtung, bei einem nur im Internet veröffentlichten Prospekt aus mehreren Einzeldokumenten diesen kostenlos in Papierform zur Verfügung zu stellen. Dabei müssen in dem in Papierform zur Verfügung gestellten Prospekt stets alle Angaben enthalten sein. Ist beispielsweise das Registrierungsformular dadurch veröffentlicht worden, dass es dem Publikum in gedruckter Form kostenlos zur Verfügung gestellt wird, sind dagegen die Wertpapierbeschreibung und die Zusammenfassung nur im Internet veröffentlicht worden, muss die Papierversion auch das Registrierungsformular umfassen.[22]

9   **b) Kostenlose Ausgabe, § 14 Abs. 5.** § 14 Abs. 5 ergänzt § 14 Abs. 2 Nr. 3 und fordert bei einem ausschließlich im Internet veröffentlichten Prospekt zusätzlich dessen kostenlose Ausgabe in Papierform, um die gleichen Zugangsmöglichkeiten für das gesamte Publikum sicher zu stellen. Dass der in Papierform zur Verfügung gestellte Prospekt stets alle Angaben enthalten muss,[23] versteht sich von selbst.

§ 15. Werbung

(1) [1]Jede Art von Werbung, die sich auf ein öffentliches Angebot von Wertpapieren oder auf eine Zulassung zum Handel an einem organisierten Markt bezieht, muss nach Maßgabe der Absätze 2 bis 5 erfolgen. [2]Die Absätze 2 bis 4 sind nur anzuwenden, wenn das öffentliche Angebot von Wertpapieren oder die Zulassung von Wertpapieren zum Handel an einem organisierten Markt prospektpflichtig ist.

(2) In allen Werbeanzeigen ist darauf hinzuweisen, dass ein Prospekt veröffentlicht wurde oder zur Veröffentlichung ansteht und wo die Anleger ihn erhalten können.

(3) [1]Werbeanzeigen müssen als solche klar erkennbar sein. Die darin enthaltenen Angaben dürfen nicht unrichtig oder irreführend sein. [2]Die Angaben dürfen darüber hinaus nicht im Widerspruch zu den Angaben stehen, die der Prospekt enthält oder die im Prospekt enthalten sein müssen, falls dieser erst zu einem späteren Zeitpunkt veröffentlicht wird.

(4) Alle über das öffentliche Angebot oder die Zulassung zum Handel an einem organisierten Markt verbreiteten Informationen, auch wenn sie nicht zu Werbezwecken dienen, müssen mit den im Prospekt enthaltenen Angaben übereinstimmen.

(5) [1]Besteht nach diesem Gesetz keine Prospektpflicht, muss der Anbieter wesentliche Informationen über den Emittenten oder über ihn selbst, die sich an qualifizierte Anleger oder besondere Anlegergruppen richten, einschließlich Informationen, die im Verlauf von Veran-

---

[22] RegBegr. zum Prospektrichtlinie-Umsetzungsgesetz, BT-Drs. 15/4999, S. 25, 36.
[23] RegBegr. zum Prospektrichtlinie-Umsetzungsgesetz, BT-Drs. 15/4999, S. 25, 36.

staltungen betreffend Angebote von Wertpapieren mitgeteilt werden, allen qualifizierten Anlegern oder allen besonderen Anlegergruppen, an die sich das Angebot ausschließlich richtet, mitteilen. ²Muss ein Prospekt veröffentlicht werden, sind solche Informationen in den Prospekt oder in einen Nachtrag zum Prospekt gemäß § 16 Abs. 1 aufzunehmen.

(6) ¹Hat die Bundesanstalt Anhaltspunkte für einen Verstoß gegen die Absätze 2 bis 5, kann sie anordnen, dass die Werbung für jeweils höchstens zehn aufeinander folgende Tage auszusetzen ist. ²Die Bundesanstalt kann die Werbung mit Angaben untersagen, die geeignet sind, über den Umfang der Prüfung nach § 13 oder § 16 irrezuführen. ³Vor allgemeinen Maßnahmen nach Satz 2 sind die Spitzenverbände der betroffenen Wirtschaftskreise und des Verbraucherschutzes zu hören.

§ 15 setzt Art. 15, § 15 Abs. 6 auch Art. 21 Abs. 3 lit. e) Prospektrichtlinie **1** um. Damit wird in Deutschland erstmalig das Verhältnis von Prospekt einerseits und außerhalb des Prospekts verbreiteter Informationen andererseits geregelt und begrenzt. Erfasst wird die in Art. 2 Nr. 9 Prospektverordnung definierte **Werbung,** die wiederum so unterschiedliche Bereiche wie Zeitungsanzeigen oder TV- oder Radio-Werbespots, aber auch **Road-Show-Materialien und Analystenpräsentationen** umfasst. Die BaFin will – zu Recht – auch Veröffentlichungshinweise nach § 14 an § 15 messen.[1] § 15 Abs. 1 Satz 2 stellt klar, dass ein öffentliches Angebot oder die Zulassung von Wertpapieren, die von der Prospektpflicht ausgenommen ist, nicht von den Bestimmungen der Absätze 2–4 des § 15 erfasst werden.[2] § 15 Absätze 2–4 gelten demnach nur für prospektpflichtige öffentliche Angebote oder Zulassungen und regeln – auf das deutsche Hoheitsgebiet beschränkt –[3] die Werbung, die sich auf ein öffentliches Angebot von Wertpapieren oder auf die Zulassung zum Handel an einem organisierten Markt bezieht.[4] § 15 Abs. 2

[1] BaFin „Ausgewählte Rechtsfragen in der Aufsichtspraxis", Stand 4. 9. 2007, Seminarunterlage der BaFin, S. 11.
[2] Wie hier *Berrar,* in: Berrar/Meyer/Müller/Schnorbus/Singhof/Wolf, § 15 WpPG Rn. 8 mit näherer Erläuterung, dass im Falle eines „opt-in" nach § 1 Abs. 3 die § 15 Abs. 2–4 dennoch anwendbar sind, in Rn. 11.
[3] RegBegr. zum Prospektrichtlinie-Umsetzungsgesetz, BT-Drs. 15/4999, S. 25, 36; *Berrar,* in: Berrar/Meyer/Müller/Schnorbus/Singhof/Wolf, § 15 WpPG Rn. 9; *Voß,* in: Just/Voß/Ritz/Zeising, § 15 WpPG Rn. 6. Das ist im Hinblick auf die Verbreitung selbst von Printmedien im deutschsprachigen europäischen Ausland, z.B. Österreich, schon recht eingeschränkt und aus rein praktischen Gründen eher fraglich, bei der Ausstrahlung deutschsprachiger Radio- und Fernsehsender wird dies noch problematischer. Deshalb bedeutet diese Einschränkung nicht, dass nur wegen der auch internationalen Verwendung der Medien die BaFin etwa nicht einschreiten könnte. Vielmehr kann sie das für Deutschland selbst wenn dies wg. der einheitlichen Verwendung z.B. des Printmediums dann auch Auswirkungen außerhalb Deutschlands hätte.
[4] Eine solche europaweite Regelung in der Prospektrichtlinie war auf Grund der erheblichen Unterschiede in den nationalen Rechtsordnungen für die Regelung der Werbung, vgl. dazu Nr. 61 des CESR's Advice on Level 2 Implementation

fordert in allen Werbeanzeigen einen Hinweis auf den Prospekt und wo die-
ser konkret[5] erhältlich ist. Erforderlich ist ein deutlicher Hinweis[6] auf den
Prospekt und, auch wenn dieser noch nicht erhältlich ist, darauf, wo er er-
hältlich ist bzw. im letztgenannten Fall, wo er erhältlich sein wird. Weitere
Regelungen über die Verbreitung der Werbung ergeben sich aus Art. 34
Prospektverordnung.

1a   Nicht eindeutig geregelt ist der zeitliche Anwendungsbereich der Regelung, d.h. ab und bis wann sie in einem Angebotsprozess gelten soll. Während
der Beginn des Anwendungsbereichs vergleichbarer Vorschriften, § 12
VerkprospG a.F. und § 68 BörsZulV a.F. durch die dort genannte Verbindung
der Werbung mit der „Ankündigung" eines öffentlichen Angebots bzw. einer
Börsenzulassung zumindest im Ansatz angedeutet wird,[7] ist die Voraussetzung
des § 15, dass sich die Werbung auf ein öffentliches Angebot oder eine Zulassung „bezieht" eher weiter. In der Literatur wird hier gerade unter Hinweis auf
den offenen Wortlaut ein deutlich vor der eigentlichen Ankündigung des Angebots liegender Beginn, der bereits bei jeder Vermarktungshandlung ansetzt[8] oder
nur ein eher allgemein umschriebener „zeitlicher und sachlicher Zusammenhang"[9] oder unter Verzicht auf eine zeitliche Abgrenzung allein eine materielle
Abgrenzung der „Werbung"[10] vertreten. Der Wortlaut und der Schutzzweck
sprechen dafür, keine starre zeitliche Grenze für den Beginn des Zeitraumes, ab
dem § 15 eingreifen soll, festzulegen, auch wenn eine klare zeitliche Vorgabe die
praktische Handhabung erleichtern würde.[11] Vielmehr erscheint es richtig, einen
zeitlichen und sachlichen Zusammenhang mit dem Angebot ausreichen zu lassen
und diesen anzunehmen, wenn ein verständiger Anleger die Bekanntmachung als
spezielle Maßnahme, die Zeichnung und den Erwerb von Wertpapieren zu fördern, ansieht.[12] Als Endzeitpunkt wird man die Beendigung des öffentlichen
Angebots annehmen können, d.h. nach Abschluss des öffentlichen Angebots

---

Measures for the Prospectus Directive, December 2003, CESR/03–399, abrufbar jetzt
unter www.esma.europa.eu., als erforderlich angesehen worden.

[5] Die BaFin verlangt insoweit genaue Angaben dazu, wo der Prospekt erhältlich ist
oder sein wird, vgl. nur *Apfelbacher/Metzner,* BKR 2006, 81, 89.

[6] Beispiel für eine Formulierung bei *Berrar,* in: Berrar/Meyer/Müller/Schnorbus/
Singhof/Wolf, § 15 WpPG Rn. 25, dort, Rn. 26, auch zu Recht die Ansicht, der
Hinweis müsse inhaltlich deutlich sein, formal müsse er aber nicht, anders als bei § 16
Abs. 3 Satz 3, deutlich hervorgehoben sein, so dass er am Ende der Pressemitteilung
oder der Anzeige, klein gedruckt (aber noch gut lesbar) ausreiche.

[7] Vgl. Vorauflage, § 12 VerkprospG Rn. 3.

[8] So z.B. zum Pilot Fishing *Fleischer,* DB 2009, 2195, 2196 m.w.Nachw.; i.d.S.
auch *Schlitt/Schäfer,* in: Assmann/Schlitt/von Kopp-Colomb, § 15 WpPG Rnrn. 19f.,
33.

[9] *Schlitt/Schäfer,* in: Assmann/Schlitt/von Kopp-Colomb, § 15 WpPG Rnrn. 20.

[10] *Berrar,* in: Berrar/Meyer/Müller/Schnorbus/Singhof/Wolf, § 15 WpPG Rn. 13
mit FN 19.

[11] Das war der Grund für die noch in der Vorauflage vertretene, hiermit aufgege-
bene Ansicht.

[12] Damit bewegt man sich auf der Linie der Definition der Werbung in Art. 2 Nr. 9
Prospektverordnung, die bereits ein bestimmtes Angebot und (so die englischsprachige
Fassung) die Absatzförderung verlangt.

oder nach erfolgter Zulassung veröffentlichte Werbemaßnahmen wie z.B.
Tombstones werden nicht mehr von § 15 erfasst.[13]

§ 15 Abs. 4 enthält eine **allgemeine Vorgabe** dergestalt, dass alle Infor-   **2**
mationen, die über das öffentliche Angebot oder die Zulassung zum Handel
an einem organisierten Markt verbreitet werden (das umfasst nicht die Informationen über das Geschäft des Emittenten, hier wird nur Konsistenz gefordert[14]), mit den im Prospekt enthaltenen Angaben übereinstimmen müssen.[15]
§ 15 Abs. 5 Satz 2 enthält eine weitere allgemein gültige Vorgabe: Wesentliche Informationen, die sich an qualifizierte Anleger oder besondere Anlegergruppen richten, müssen allen Anlegergruppen mitgeteilt und demzufolge
in den Prospekt aufgenommen werden. Die so genannte „selectiv disclosure"
im Rahmen von Analystenpräsentationen, Road-Shows oder Einzelgesprä-
chen scheidet damit aus.[16] Das gilt auch und gerade für **Prognosen,** die,
jedenfalls soweit sie sich auf einen nach der Prospektveröffentlichung liegenden Zeitraum beziehen, dann in den Prospekt aufzunehmen sind, wenn sie
z.B. Analysten zur Verfügung gestellt wurden.[17]

§ 15 Abs. 6 setzt Art. 21 Abs. 3 lit. e) Prospektrichtlinie um und räumt der   **3**
BaFin die Befugnisse ein, die Werbung befristet auszusetzen. Dabei erfasst die
Frist auch Sonn- und Feiertage. In der Aussetzungsverfügung kann als Beginn
oder Ende einer Aussetzung ebenfalls ein Sonn- oder Feiertag bestimmt werden. Der Rechtsgedanke des § 193 BGB soll nach der Regierungsbegründung zum Prospektrichtlinie-Umsetzungsgesetz[18] dabei keine Anwendung
finden. § 15 Abs. 6 Satz 2 gibt die Möglichkeit, Werbung zu untersagen, die
geeignet ist, über den Umfang der Prüfung nach §§ 13 oder 16 in die Irre zu
führen. § 15 Abs. 6 Satz 3 schreibt vor, dass vor allgemeinen Maßnahmen
nach § 15 Abs. 6 Satz 2 eine Anhörung der Spitzenverbände der betroffenen
Wirtschaftskreise und des Verbraucherschutzes zu erfolgen hat. § 15 Abs. 6

---

[13] Ebenso bei § 12 VerkprospG a. F., siehe Vorauflage, § 12 VerkprospG Rn. 3
m. w. Nachw.

[14] Zu Recht *Berrar,* in: Berrar/Meyer/Müller/Schnorbus/Singhof/Wolf, § 15
WpPG Rn. 40.

[15] Näher dazu auch *Apfelbacher/Metzner,* BKR 2006, 81, 89

[16] *Berrar,* in: Berrar/Meyer/Müller/Schnorbus/Singhof/Wolf, § 15 WpPG Rn. 45:
Schlitt/Schäfer, in: Assmann/Schlitt/von Kopp-Colomb, § 15 WpPG Rnrn. 29 ff.;
Schlitt/Singhof/Schäfer, BKR 2005, 251, 257 m. w. N. wie hier auch *Heidelbach/Preuße,*
BKR 2006, 316, 322.

[17] So ausdrücklich *Berrar,* in: Berrar/Meyer/Müller/Schnorbus/Singhof/Wolf, § 15
WpPG Rn. 45: *Schlitt/Schäfer,* in: Assmann/Schlitt/von Kopp-Colomb, § 15 WpPG
Rn. 34, die zu Recht darauf hinweisen, dass Analysten zwar keine Anleger sind, die
ihnen gegebenen Informationen aber dazu bestimmt sind, in die sog. Research Reports aufgenommen zu werden, die dann wiederum Anlegern zur Verfügung gestellt
werden. *Schlitt/Singhof/Schäfer,* BKR 2005, 251, 258 unter Verweis auf die CESR's
Recommendations for the Consistent Implementation of the European Commission's
Regulation on Prospectuses no. 809/2004, no. CESR's 05–054 b, S. 13, aktualisiert
durch ESMA update of the CESR recommendations, March 2011, abrufbar unter:
www.esma.europa.eu.

[18] RegBegr. zum Prospektrichtlinie-Umsetzungsgesetz, BT-Drs. 15/4999, S. 25, 36.

Satz 2 und 3 sind § 8 e VerkprospG nachgebildet. Insofern kann auf die hierzu gewonnenen Erkenntnisse zurückgegriffen werden. Nach der Beschlussempfehlung des Finanzausschusses zu § 8 e VerkprospG a. F.[19] soll eine solche Irreführung beispielsweise vorliegen, wenn durch den Hinweis auf eine Prüfung die unzutreffende Vorstellung hervorgerufen wird, der Prospekt sei von der BaFin im vollem Umfang und damit auch im Hinblick auf seine inhaltliche Richtigkeit geprüft worden.[20]

§ 16. Nachtrag zum Prospekt; Widerrufsrecht des Anlegers

(1) [1]**Jeder wichtige neue Umstand oder jede wesentliche Unrichtigkeit in Bezug auf die im Prospekt enthaltenen Angaben, die die Beurteilung der Wertpapiere beeinflussen könnten und die nach der Billigung des Prospekts und vor dem endgültigen Schluss des öffentlichen Angebots oder, falls diese später erfolgt, der Einführung in den Handel an einem organisierten Markt auftreten oder festgestellt werden, müssen in einem Nachtrag zum Prospekt genannt werden. [2]Der Emittent, Anbieter oder Zulassungsantragsteller muss den Nachtrag bei der Bundesanstalt einreichen. [3]Der Nachtrag ist innerhalb von höchstens sieben Werktagen nach Eingang bei der Bundesanstalt nach § 13 zu billigen. [4]§ 13 Absatz 1 Satz 1 Halbsatz 2 gilt entsprechend. [5]Nach der Billigung muss der Anbieter oder Zulassungsantragsteller den Nachtrag unverzüglich in derselben Art und Weise wie den ursprünglichen Prospekt nach § 14 veröffentlichen.**

(2) **Die Zusammenfassung und etwaige Übersetzungen davon sind um die im Nachtrag enthaltenen Informationen zu ergänzen.**

(3) [1]**Betrifft der Nachtrag einen Prospekt für ein öffentliches Angebot von Wertpapieren, haben Anleger, die vor der Veröffentlichung des Nachtrags eine auf den Erwerb oder die Zeichnung der Wertpapiere gerichtete Willenserklärung abgegeben haben, das Recht, diese innerhalb einer Frist von zwei Werktagen nach Veröffentlichung des Nachtrags zu widerrufen, sofern der neue Umstand oder die Unrichtigkeit gemäß Absatz 1 vor dem endgültigen Schluss des öffentlichen Angebots und vor der Lieferung der Wertpapiere eingetreten ist. [2]Die Widerrufsfrist kann vom Emittenten, Anbieter oder Zulassungsantragsteller verlängert werden. [3]Der Nachtrag muss an hervorgehobener Stelle eine Belehrung über das Widerrufsrecht nach Satz 1 enthalten; die Widerrufsfrist ist anzugeben. [4]§ 8 Absatz 1 Satz 4 und 5 ist mit der Maßgabe entsprechend anzuwenden, dass an die Stelle der im Prospekt als Emp-**

---

[19] BT-Drs. 13/9874, S. 148.

[20] In dieselbe Richtung auch die BaFin, in: „Ausgewählte Rechtsfragen in der Aufsichtspraxis", Stand 4. 9. 2007, Seminarunterlage der BaFin, S. 12 mit folgenden Beispielen unzulässiger Aussagen: „Von der BaFin zur Anlage empfohlen"; „BaFin gebilligtes Produkt". Zu Recht weist *Berrar*, in: Berrar/Meyer/Müller/Schnorbus/Singhof/Wolf, § 15 WpPG Rn. 35 aber darauf hin, dass auf die Billigung des Prospekts hingewiesen werden darf, wenn gleichzeitig der begrenzte Prüfungsumfang dargestellt wird.

fänger des Widerrufs bezeichneten Person die im Nachtrag als Empfänger
des Widerrufs bezeichnete Person tritt.

Übersicht

I. Vorbemerkung

§ 16 dient der Umsetzung von Art. 16 Prospektrichtlinie; § 16 Abs. 1 ori- **1**
entiert sich an § 11 VerkprospG a. F. sowie § 52 Abs. 2 BörsZulV a. F., weicht
aber in einigen wesentlichen Punkten, z. B. dem Umfang der Nachtragspflicht, vgl. dazu unten Rn. 2, sowie dem Billigungserfordernis, vgl. unten
Rn. 9 ff., von diesen ab. Gänzlich neu ist das Widerrufsrecht des § 16 Abs. 3,
das durch das Gesetz zur Umsetzung der Richtlinie 2010/73/EU und zur
Änderung des Börsengesetzes[1] neu gefasst und in seiner zeitlichen Anwendung deutlich erweitert wurde.

II. Nachtragspflicht

1. Umfang

§ 16 Abs. 1 Satz 1 enthält sowohl eine **Aktualisierungs-** („jeder wichtige **2**
neue Umstand") als auch eine **Berichtigungspflicht** („jede wesentliche Un-

---

[1] BGBl. I 2012, 1375.

richtigkeit") in Bezug auf die im Prospekt enthaltenen Angaben, welche die Beurteilung der Wertpapiere beeinflussen könnten. Ob ein Umstand wichtig ist, oder eine wesentliche Unrichtigkeit vorliegt, bestimmt sich anhand des Maßstabes des § 5 Abs. 1 Satz 1.[2] Entscheidend ist demnach, ob der neue Umstand oder die Unrichtigkeit das zutreffende Urteil des verständigen, durchschnittlichen Anlegers über die Vermögenswerte und Verbindlichkeiten, die Finanzlage, die Gewinne und Verluste, die Zukunftsaussichten des Emittenten und jedes Garantiegebers sowie über die mit den Wertpapieren verbundenen Rechte beeinflussen könnte. Diese Verwendung der Möglichkeitsform („könnten") erweitert den Umfang der Nachtragspflicht gegenüber § 52 Abs. 2 BörsZulV a. F. und § 11 VerkprospG a. F. erheblich.[3] Dort ging es darum, dass die Veränderungen für die Beurteilung des Emittenten oder die Wertpapiere von wesentlicher Bedeutung seien mussten, bei § 16 reicht dagegen, dass der Umstand die Beurteilung beeinflussen könnte. Diese Erweiterung der Nachtragspflicht ist materiell, unabhängig vom Bestreben der Prospektverantwortlichen zur Vermeidung der Prospekthaftung jeden auch nur potentiell die Beurteilung beeinflussenden Fehler unverzüglich zu korrigieren, von Bedeutung, da die Verletzung der Nachtragspflicht nach § 35 Abs. 1 Nr. 8 eine Ordnungswidrigkeit darstellt.

2. Zeitlicher Rahmen

3   § 16 Abs. 1 Satz 1 ordnet eine Aktualisierungs- und Berichtigungspflicht für jeden neuen Umstand (Aktualisierungspflicht) oder jede wesentliche Unrichtigkeit (Berichtigungspflicht) an in Bezug auf die im Prospekt enthaltenen Angaben, welche die Beurteilung der Wertpapiere beeinflussen könnten, ab **Billigung des Prospektes** und bis zum endgültigen **Schluss des öffentlichen Angebots** oder, falls diese später erfolgt (so § 16 Abs. 1 Satz 1 i. d. F. des Gesetz zur Umsetzung der Richtlinie 2010/73/EU und zur Änderung des Börsengesetzes), der **Einführung in den Handel.**

4   Aktualisierungs- und Berichtigungspflicht beginnen mit der Billigung des Prospekts. Bis dahin, d. h. bis zur Prospekteinreichung und bis zur Prospektbilligung gilt zum einen die allgemeine Verpflichtung, einen richtigen Prospekt einzureichen bzw. zu veröffentlichen und dem zufolge gegebenenfalls zu berichtigen, und zum anderen die allgemeine Aktualisierungspflicht, die sich aus dem Aktualitätsgebot ergibt.[4] Die Aktualisierungspflicht, das Aktualitätsgebot, wird durch Ergänzung der Antragsfassung erfüllt, nicht durch einen

---

[2] RegBegr. zum Prospektrichtlinie-Umsetzungsgesetz, BT-Drs. 15/4999, S. 25, 36; ebenso *Hamann*, in: Schäfer/Hamann, KMG, § 16 WpPG Rn. 4; *Friedl/Ritz*, in: Just/Voß/Ritz/Zeising, § 16 WpPG Rn. 25; *Apfelbacher/Metzner*, BKR 2006, 81, 85; *Heidelbach/Preuße*, BKR 2006, 316, 320; abweichend *Berrar*, in: Berrar/Meyer/Müller/Schnorbus/Singhof/Wolf, § 15 WpPG Rn. 19, der dies nicht für ausreichend hält.

[3] Wie hier *Berrar*, in: Berrar/Meyer/Müller/Schnorbus/Singhof/Wolf, § 16 WpPG Rn. 28; a. A. *Heidelbach*, in: Schwark/Zimmer, § 16 WpPG Rn. 9; *Friedl/Ritz*, in: Just/Voß/Ritz/Zeising, § 16 WpPG Rn. 30.

[4] Vgl. unten § 21 Rn. 57; wie hier auch *Friedl/Ritz*, in: Just/Voß/Ritz/Zeising, § 16 WpPG Rn. 59; *Seitz*, in: Assmann/Schlitt/von Kopp-Colomb, § 16 WpPG Rn. 64.

Nachtrag. Entsprechendes gilt für die Berichtigungspflicht, d. h. bis zur Prospekteinreichung und bis zur Prospektbilligung sind unrichtige Umstände in Bezug auf die im Prospekt enthaltenen Angaben, welche die Beurteilung der Wertpapiere beeinflussen könnten, in der Antragsfassung zu berichtigen; ein Nachtrag ist für eine solche Berichtigung nicht das geeignete Mittel.[5] Gleiches gilt auch für eine eventuelle Berichtigung bzw. Aktualisierung zwischen Billigung und Veröffentlichung. Diese sollte noch in den Prospekt eingearbeitet werden können, woraufhin dann die BaFin (erneut) billigt.[6]

Die Aktualisierungs- und Berichtigungspflicht endet mit dem endgültigen **5** Schluss des öffentlichen Angebots oder der Einführung in den Handel. Das Gesetz zur Umsetzung der Richtlinie 2010/73/EU und zur Änderung des Börsengesetzes hat in Übereinstimmung mit der Änderungsrichtlinie § 16 Abs. 1 Satz 1 dahingehend ergänzt, dass zwischen den beiden Alternativen die Worte „falls diese später erfolgt" eingefügt wurden. Damit hat sich die frühere Diskussion, wie diese beiden Alternativen zeitlich zueinander stehen[7] erledigt. Entscheidend ist jetzt entweder der endgültige Schluss des öffentliches Angebotes oder, aber eben nur, wenn dies später erfolgt, die Einführung. Das bedeutet aber auch, dass, sollte das öffentliche Angebot nach Einführung noch fortlaufen, auch nach Einführung noch eine Nachtragspflicht bestehen kann. Diese Nachtragpflicht tritt dann in Konkurrenz mit den Zulassungsfolgepflichten. Ebenfalls durch das Gesetz zur Umsetzung der Richtlinie 2010/73/EU und zur Änderung des Börsengesetzes wurde die bis dahin geltende Alternative von Einführung oder Einbeziehung aufgehoben indem die Einbeziehung als Endzeitpunkt gestrichen wurde. Bezweckt ist damit, klar zu stellen dass die Einbeziehung in den Freiverkehr nicht zwingend das öffentliche Angebot beendet, sondern dass es vom jeweiligen Einzelfall abhängt, wann das öffentliche Angebot und damit auch die Nachtragspflicht endet.[8]

Der Zeitpunkt des endgültigen Schlusses des öffentlichen Angebots ist im **5a** Gesetz nicht definiert. Die wohl h. M. setzt diesen gleich mit dem Ablauf der Zeichnungs- oder Angebotsfrist.[9] Nach anderer Ansicht soll das Closing/Settlement des Angebots beziehungsweise die Erfüllung der unter dem Angebot getätigten Geschäfte entscheidend sein.[10] Erwägungsgrund 23 der ÄnderungsRL spricht von dem „endgültigen Auslaufen der Angebotsfrist" (final closing of the offering period), was eindeutig für die h. M. und gegen ein Abstellen auf ein Closing oder ein Settlement spricht.

Einführung ist nach der Legaldefinition des § 38 Abs. 1 Satz 1 BörsG die **5b** Aufnahme der Notierung zugelassener Wertpapiere im regulierten Markt.

---

[5] Ebenso *Heidelbach/Preuße,* BKR 2006, 316, 320.
[6] So *Berrar,* in: Berrar/Meyer/Müller/Schnorbus/Singhof/Wolf, § 16 WpPG Rn. 77.
[7] Vgl. noch Vorauflage § 16 WpPG Rn. 5.
[8] RegBegr. ÄnderungsRL-Umsetzungsgesetz, BT-Drs. 17/8684, S. 13, 20.
[9] *Heidelbach,* in: Schwark/Zimmer, KMRK, § 16 WpPG Rn. 7; *Seitz,* in: Assmann/Schlitt/von Kopp-Colomb, § 16 WpPG Rn. 67; *Apfelbacher/Metzner,* BKR 2006, 81, 87; *Heidelbach/Preuße,* BKR 2006, 316, 320.
[10] *Berrar,* in: Berrar/Meyer/Müller/Schnorbus/Singhof/Wolf, § 16 WpPG Rn. 80.

5c   Unabhängig von der Änderung des § 16 Abs. 1 Satz 1 durch das Gesetz zur Umsetzung der Richtlinie 2010/73/EU und zur Änderung des Börsengesetzes gilt für Aktienemissionen in aller Regel jedenfalls Folgendes: Das Angebot der Aktien endet vor der Einführung nach § 38 Abs. 1 Satz 1 BörsG, da diese nach § 38 Abs. 2 BörsG eine beendete Zuteilung und damit ein Ende des Angebots voraussetzt. Damit ist die Aktualisierungspflicht ebenso wie die Berichtigungspflicht jedenfalls mit der später erfolgenden Einführung der Wertpapiere beendet.[11]

5d   Der Wortlaut des § 16 Abs. 1 Satz 1 ist eindeutig: Gefordert wird eine Aktualisierung und Berichtigung bis zum Schluss des öffentlichen Angebots oder, falls diese später erfolgt, der Einführung in den Handel. Mit dem Schluss des öffentlichen Angebots oder, falls diese später erfolgt, der Einführung in den Handel ist auch Schluss mit einer Aktualisierungs- oder Berichtigungspflicht. Damit ist der insoweit verschiedentlich vertretenen Auffassung, welche eine Aktualisierungspflicht bis zu sechs Monate nach der Einführung ausdehnen wollte,[12] eindeutig die Grundlage entzogen.[13]

3. Aktualisierungspflicht

6   § 16 Abs. 1 Satz 1 verpflichtet zur Aktualisierung indem jeder wichtige **neue Umstand** in Bezug auf die im Prospekt enthaltenen Angaben, welche die Beurteilung der Wertpapiere beeinflussen könnte, und der nach der Billigung des Prospekts und vor dem endgültigen Schluss des öffentlichen Angebots oder der Einführung in den Handel auftritt, in einem Nachtrag zum Prospekt aufgeführt werden muss. Ob ein Umstand wichtig ist, bestimmt sich anhand des Maßstabs des § 5 Abs. 1 Satz 1, vgl. oben Rn. 2. Die Aktualität bestimmt sich aus der Sicht des Emittenten, § 11 Abs. 1 Satz 2.[14]

4. Berichtigungspflicht

7   § 16 Abs. 1 Satz 1 verpflichtet zur Berichtigung, indem jede **wesentliche Unrichtigkeit** in Bezug auf die im Prospekt enthaltenen Angaben, welche die Beurteilung der Wertpapiere beeinflussen könnte, und die nach der Billigung des Prospekts und vor dem endgültigen Schluss des öffentlichen Angebots oder der Einführung in den Handel festgestellt wurde, in einem Nachtrag zum Prospekt genannt werden muss. Dabei kommt es bei einer Berichtigung, anders als bei einer Aktualisierung, zumindest nicht allein darauf an, dass der unrichtige Umstand „genannt" wird, sondern, dass er auch

---

[11] Wie hier ausdrücklich auch RegBegr. ÄnderungsRL-Umsetzungsgesetz, BT-Drs. 17/8684, S. 13, 20.

[12] So *Ellenberger,* Prospekthaftung im Wertpapierhandel, S. 17 f.; *Assmann,* in Hdb. KapitalanlageR, § 6 Rn. 113; *Assmann,* FS Ulmer, 757, 769 f., 771.

[13] Wie hier ausdrücklich *Berrar,* in: Berrar/Meyer/Müller/Schnorbus/Singhof/Wolf, § 16 WpPG Rn. 94; *Hamann,* in: Schäfer/Hamann/KMG, §§ 45, 46 BörsG Rn. 200; *Schwark,* in: Schwark/Zimmer, KMRK, §§ 44, 45 BörsG Rn. 29; *Friedl/Ritz,* in: Just/Voß/Ritz/Zeising, § 16 WpPG Rn. 63. Vgl. oben §§ 44, 45 BörsG Rn. 59 ff.

[14] RegBegr. zum Prospektrichtlinie-Umsetzungsgesetz, BT-Drs. 15/4999, S. 25, 34.

korrigiert wird. Insofern ist § 16 Abs. 1 Satz 1 um die Berichtigungsver-
pflichtung bei Unrichtigkeiten zu erweitern. Auch hinsichtlich der Frage, ob
eine Unrichtigkeit wesentlich ist, ist der Maßstab des § 5 Abs. 1 Satz 1 heranzuziehen, vgl. oben Rn. 2.

5. Nachtragspflicht bei Veröffentlichung des endgültigen Preises und Emissionsvolumens oder bei Veränderung der Preisspanne und/oder Emissionsvolumens

Unstreitig besteht keine Nachtragspflicht zur Veröffentlichung des endgül- **8**
tigen Preises und Emissionsvolumens nach Abschluss z.B. eines Bookbuilding-Verfahrens auch eines De-coupled Bookbuilding, jedenfalls wenn dort
die Preisspanne und das Maximalvolumen in einem Nachtrag nach § 16 veröffentlicht wurden.[15] Zwar sind diese Informationen nach § 8 Abs. 1 Satz 6
und 7 unverzüglich nach deren Festlegung zu veröffentlichen, allerdings nicht
in einem Nachtrag. Deshalb bedarf die entsprechende Veröffentlichung auch
nicht der Billigung durch die BaFin. Vor allem aber löst sie kein Widerrufsrecht nach § 16 Abs. 3 aus.[16] Preisabhängige Angaben, z.B. Emissionserlös,
Bankenprovisionen und Tabellen zur Kapitalisierung und Verschuldung sind
ebenfalls nicht nachtragspflichtig. Das lässt sich zwar seit der Änderung des
§ 16 Abs. 1 Satz 1 durch das Gesetz zur Umsetzung der Richtlinie 2010/73/
EU und zur Änderung des Börsengesetzes und der dort enthaltenen Verlängerung der Nachtragspflicht nicht mehr damit begründen, diese Informationen lägen erst nach Schluss des öffentlichen Angebots und damit auch erst zu
einem Zeitpunkt vor, zu dem die Nachtragspflicht des § 16 nicht mehr eingreift,[17] da die Nachtragspflicht nach § 16 Abs. 1 Satz 1 n.F. erst mit der Einführung und damit zu einem Zeitpunkt endet, in dem diese Informationen
sehr wohl vorliegen. Entscheidend ist aber, dass diese Informationen nicht
„wichtige neue" Umstände sind, sondern, dass der Prospekt bereits Angaben
auf Basis der Preisspanne (Mittelwert oder obere oder untere Grenze der
Preisspanne) enthält,[18] damit die erforderlichen Informationen alle vorliegen
und die exakte Berechnung eine rein mathematische Übung ist, die jeder
verständige Anleger selbst durchführen kann. Gleiches, d.h. kein Nachtrag,
sondern nur Veröffentlichung nach § 8 Abs. 1 Satz 6, gilt bei der Bezugsrechtskapitalerhöhung mit später Festlegung des Bezugspreises nach § 186

---

[15] Wie hier *Berrar,* in: Berrar/Meyer/Müller/Schnorbus/Singhof/Wolf, § 16 WpPG
Rn. 25, für das De-coupled Bookbuilding Rn. 9; *Meyer,* in: Berrar/Meyer/Müller/
Schnorbus/Singhof/Wolf, § 8 WpPG Rn. 8 ff.; *Friedl/Ritz,* in: Just/Voß/Ritz/Zeising,
§ 16 WpPG Rn. 90; *Hamann,* in: Schäfer/Hamann/KMG, § 16 WpPG Rn. 12; *Apfel-
bacher/Metzner,* BKR 2006, 81, 87.

[16] Wie hier *Berrar,* in: Berrar/Meyer/Müller/Schnorbus/Singhof/Wolf, § 16 WpPG
Rn. 25, für das De-coupled Bookbuilding Rn. 9; *Meyer,* in: Berrar/Meyer/Müller/
Schnorbus/Singhof/Wolf, § 8 WpPG Rn. 8 ff.; *Friedl/Ritz,* in: Just/Voß/Ritz/Zeising,
§ 16 WpPG Rn. 90; *Hamann,* in: Schäfer/Hamann/KMG, § 16 WpPG Rn. 12; *Apfel-
bacher/Metzner,* BKR 2006, 81, 87.

[17] So zur alten Rechtslage zu Recht noch *Apfelbacher/Metzner,* BKR 2006, 81, 87.

[18] So zu Recht *Berrar,* in: Berrar/Meyer/Müller/Schnorbus/Singhof/Wolf, § 16
WpPG Rn. 25 FN. 53.

Abs. 2 Satz 2 AktG, wenn der Prospekt die Grundlagen für die Festlegung des Bezugspreises oder einem Höchstbetrag mit Hinweis auf einen marktüblichen Abschlag enthält.[19]

8a Ob eine Nachtragspflicht bei Veränderung der Preisspanne und/oder des Emissionsvolumens während des öffentlichen Angebots z.B. während des Bookbuilding-Verfahrens besteht, ist anhand des Maßstabs des § 5 Abs. 1 Satz 1 zu prüfen. § 8 sagt dazu nichts. Hierzu ist zunächst festzuhalten, dass die vorgenannten Veränderungen grundsätzlich an den angebotenen Wertpapieren als solchen und an den Elementen, die nach der Prospektverordnung in den Wertpapierprospekt aufzunehmen sind, nichts ändern. Hat die Veränderung des Verkaufsangebots jedoch auch inhaltlich wesentliche Auswirkungen auf den Prospekt, weil sich z.B. bei einer Veränderung der Preisspanne die im Prospekt enthaltenen Angaben zum Emissionserlös und zur Kapitalisierung in einer die Beurteilung der Wertpapiere beeinflussenden Weise ändern, so ist dies in einem Nachtrag zu kommunizieren.[20] Gleiches gilt auch bei einer Verringerung des Angebotsvolumens, wenn dieses wesentliche Auswirkungen auf im Prospekt enthaltene Angaben, z.B. Emissionserlös oder Mehrheitsverhältnisse in der Gesellschaft, hat. Ob auch eine Aufstockung des Emissionsvolumens im Wege eines Nachtrags verlautbart werden kann, ist streitig[21]. Hier wird zum Teil ein gänzlich neuer Prospekt gefordert, da eine solche Erhöhung nicht nach der Billigung des Prospekts eingetreten ist, somit § 16 nicht einschlägig sei.

8b Zusammenfassend wird man zu einer Nachtragspflicht bei einer Veränderung der Angebotsbedingungen Folgendes festhalten können: Die Verkürzung der Angebotsfrist[22] ist keine wesentliche Änderung, die mit einem Nachtrag veröffentlicht werden müsste, eine Ad-hoc-Mitteilung ist ausreichend.[23] Gleiches gilt auch bei einer unwesentlichen Verlängerung der Angebotsfrist.[24] Bei einer Veränderung des Angebotsvolumens vertritt die BaFin die Ansicht, eine Erhöhung des Angebotsvolumens sei nicht im Wege eines Nachtrags möglich, vielmehr bedürfe es eines neuen Prospektes.[25] Dem ist

---

[19] *Berrar,* in: Berrar/Meyer/Müller/Schnorbus/Singhof/Wolf, § 16 WpPG Rn. 26; *Hamann,* in: Schäfer/Hamann/KMG, § 16 WpPG Rn. 10.

[20] Ebenso *Berrar,* in: Berrar/Meyer/Müller/Schnorbus/Singhof/Wolf, § 15 WpPG Rnrn. 59 ff., dort auch mit detaillierter Darstellung von Einzelfällen; *Apfelbacher/Metzner,* BKR 2006, 81, 85.

[21] Meinungsstand bei *Berrar,* in: Berrar/Meyer/Müller/Schnorbus/Singhof/Wolf, § 16 WpPG Rnrn. 40 ff., der dezidiert eine Aufstockung des Angebots für zulässig hält.

[22] Zu den zivilrechtlichen Auswirkungen einer Verkürzung der Angebotsfrist auf das zivilrechtliche Angebot des Anlegers vgl. *Groß,* in: Bosch/Groß, Emissionsgeschäft, Rn. 269; *Groß,* ZHR 162 (1998), 318, 331; *Berrar,* in: Berrar/Meyer/Müller/Schnorbus/Singhof/Wolf, § 16 WpPG Rn. 70.

[23] *Berrar,* in: Berrar/Meyer/Müller/Schnorbus/Singhof/Wolf, § 16 WpPG Rn. 68.

[24] *Berrar,* in: Berrar/Meyer/Müller/Schnorbus/Singhof/Wolf, § 16 WpPG Rn. 69.

[25] Wiedergabe der Ansicht ohne eigene Stellungnahme bei *Friedl/Ritz,* in: Just/Voß/Ritz/Zeising, § 16 WpPG Rnrn. 120 ff.; wie die BaFin *Seitz,* in: Assmann/Schlitt/von Kopp-Colomb, § 16 WpPG Rn. 60.

schon allein mit Blick auf § 9 nicht zuzustimmen,[26] vor allen Dingen aber auch deshalb, weil ein solcher neuer Prospekt keinen zusätzlichen Nutzen bringen würde. Sinn und Zweck des Gesetzes, die Information der Anleger sicherzustellen, würde durch einen solchen neuen Prospekt nicht gefördert, sondern eher durch das Nebeneinander zweier Prospekte beeinträchtigt. Außerdem war ein Ziel der ÄnderungsRL, das Erwägungsgrund 30 ausdrücklich festhält, „den Verwaltungsaufwand im Zusammenhang mit der Veröffentlichung eines Prospekts zu verringern". Ein sachlich nicht gebotener zusätzlicher Prospekt würde diesem Ziel widersprechen. Insofern sollte eine Veränderung des Angebotsvolumens allein anhand der allgemeinen Kriterien der Information der Anleger beurteilt werden, so dass allein das Ausmaß der Veränderung des Angebotsvolumens sowie dessen Auswirkungen auf den Prospekt und insbesondere spezielle Prospektkapitel (z. B. Emissionserlös, Kapitalisierung und Verschuldung) entscheidend sein sollten. Eine Erhöhung des Angebotsvolumens erfordert demnach einen Nachtrag, da der ursprüngliche Prospekt die zusätzlichen Wertpapiere nicht erfasst.[27] Eine Verringerung der Anzahl der angebotenen Aktien erfordert dann keinen Nachtrag, wenn sich nicht aus speziellen Gründen, z. B. aktienrechtlich relevante Mehrheitsverhältnisse, die Verringerung als wesentlicher neuer Umstand darstellt, bereits im ursprünglichen Prospekt das Angebot auf eine „bis zu"-Anzahl lautete und auf die Möglichkeit der Veränderung der Angebotsbedingungen im Prospekt hingewiesen wurde.[28] Ebenfalls keines Nachtrags bedarf es bei einer Verengung der Preisspanne, bei der nur die untere Grenze der Preisspanne erhöht und/oder die obere Grenze der Preisspanne verringert wird.[29] Dagegen bedarf eine Erhöhung der Preisspanne, sofern diese noch nicht im ursprünglichen Prospekt bereits angelegt war, grundsätzlich eines Nachtrags, insbesondere dann, wenn sich prospektrelevante Angaben wie zum Beispiel der Emissionserlös und der Abschnitt Kapitalisierung und Verschuldung hierdurch ändern.[30] Bei der zivilrechtlichen Fortgeltung der Angebote des Anlegers bei einer Erhöhung der Preisspanne wird man differenzieren müssen: Soweit die Veränderung bereits schon zur Unannehmbarkeit des ursprünglichen Angebots führt, z. B. weil das Kaufangebot eines Anlegers bei einer Erhöhung der Preisspanne aus dieser Preisspanne herausfällt, wird man dann, wenn die Möglichkeit einer Änderung der Preisspanne nicht bereits bei der Veröffentlichung des Verkaufsangebots angekündigt worden ist, von einem

---

[26] Ausführlich mit umfangreichen weiteren Nachweisen *Berrar*, in: Berrar/Meyer/Müller/Schnorbus/Singhof/Wolf, § 16 WpPG Rnrn. 39 ff.
[27] *Berrar*, in: Berrar/Meyer/Müller/Schnorbus/Singhof/Wolf, § 16 WpPG Rn. 66; zu den zivilrechtlichen Folgen einer solchen Erhöhung der Anzahl der angebotenen Aktien vgl. *Groß*, in: Bosch/Groß, Emissionsgeschäft, Rn. 269; *Groß*, ZHR 162 (1998), 318, 327; *Berrar*, in: Berrar/Meyer/Müller/Schnorbus/Singhof/Wolf, § 16 WpPG Rn. 66 a.E.
[28] *Berrar*, in: Berrar/Meyer/Müller/Schnorbus/Singhof/Wolf, § 16 WpPG Rn. 67; zu den zivilrechtlichen Auswirkungen *Groß*, in: Bosch/Groß, Emissionsgeschäft, Rn. 269.
[29] *Berrar*, in: Berrar/Meyer/Müller/Schnorbus/Singhof/Wolf, § 16 WpPG Rn. 62.
[30] *Berrar*, in: Berrar/Meyer/Müller/Schnorbus/Singhof/Wolf, § 16 WpPG Rn. 63.

automatischen Wegfall der Kaufangebote der Anleger ausgehen müssen.[31] Bei einer Verringerung der Preisspanne dürfte, wenn diese unwesentlich ist und hierauf im Prospekt hingewiesen wurde, kein Nachtrag erforderlich sein. Entscheidend sind jedoch die Auswirkungen auf diverse Prospektkapitel wie z. B. Emissionserlös und Kapitalisierung.[32]

III. Billigung des Nachtrags

1. Überblick

9   Anders als der Nachtrag nach § 52 Abs. 2 BörsZulV a. F.[33] und § 11 VerkprospG a. F.[34] bedarf der Nachtrag nach § 16 gemäß § 16 Abs. 1 Satz 3 der **Billigung;**[35] vor seiner Billigung darf der Nachtrag nicht veröffentlicht werden, danach ist er unverzüglich zu veröffentlichen, § 16 Abs. 1 Satz 5. Dieses Erfordernis der Billigung vor Veröffentlichung des Nachtrags ist widersinnig. Aus Anlegerschutzgründen ist die durch das Billigungserfordernis bedingte Verzögerung der Bekanntgabe neuer wesentlicher Informationen gerade dann, wenn es auf die schnelle Information der Anleger ankommt, da man sich in der Angebotsphase befindet, wenig sinnvoll. Das Prüfungsinteresse hätte hier hinter den Informationsinteressen der Anleger zurücktreten müssen. Aus Anbietersicht ist die Verzögerung deshalb nachteilig, weil die mit der Prüfung und dem Billigungserfordernis einhergehende Verzögerung der Veröffentlichung auch die mögliche Widerrufsfrist nach § 16 Abs. 3 verlängert, da diese erst zwei Werktage nach Veröffentlichung des Nachtrags endet. Obwohl das Billigungserfordernis demnach wenig sinnvoll ist, war der deutsche Gesetzgeber insoweit an die europäischen Vorgaben gebunden; dort ist das Billigungserfordernis in Art. 16 Prospektrichtlinie zwingend vorgegeben.[36]

2. Billigungsfrist

10   Die Billigungsfrist für den Nachtrag beträgt nach § 16 Abs. 1 Satz 3 sieben Werktage, d. h. die BaFin hat über einen billigungsfähigen Nachtrag innerhalb von sieben Werktagen zu entscheiden, anderenfalls haftet sie für den eingetretenen Schaden aus Amtspflichtverletzung gegenüber dem Anbieter

---

[31] Vgl. *Groß*, in: Bosch/Groß, Emissionsgeschäft, Rn. 270; *Groß*, ZHR 161 (1998), 318, 327 ff.

[32] Näher dazu *Berrar*, in: Berrar/Meyer/Müller/Schnorbus/Singhof/Wolf, § 16 WpPG Rn. 64. Zur Frage der zivilrechtlichen Fortgeltung der Angebote des Anlegers *Groß*, ZHR 162 (1998), 318, 326.

[33] Zum Meinungsstand dort vgl. *Heidelbach*, in: Schwark, KMRK, 3. Aufl. 2004, § 52 BörsZulV Rn. 4.

[34] Vgl. *Heidelbach*, in: Schwark, KMRK, 3. Aufl. 2004, § 11 VerkprospG Rn. 13.

[35] Muster eines Antragsformulars für die Billigung eines Nachtrags erhältlich auf der homepage der BaFin: www.bafin.de

[36] Gegen diese europäische Regelung bereits *Crüwell*, AG 2004, 243, 251; zum Änderungsvorschlag auf europäischer Ebene – Abschaffung des Billigungserfordernisses –, der sich aber nicht durchgesetzt hat, *Berrar*, in: Berrar/Meyer/Müller/Schnorbus/Singhof/Wolf, § 16 WpPG Rn. 113.

bzw. Zulassungsantragsteller.[37] Die Regierungsbegründung zum Prospekt-richtlinie-Umsetzungsgesetz[38] entnimmt aus dem in § 16 Abs. 1 Satz 3 ent-haltenen Verweis auf § 13 (einen solchen ausdrücklichen Verweis enthält Art. 16 Prospektrichtlinie nicht), dass auch § 13 Abs. 3 anwendbar sein solle. Das bedeutet, hat die BaFin bei der Einreichung eines Nachtrags Anhalts-punkte dafür, dass die ihr übermittelten Unterlagen unvollständig sind oder es ergänzender Informationen bedarf, dann soll die Frist von sieben Werktagen erst beginnen, wenn die Informationen vorgelegt werden. Auch hier wird man aber in Anwendung des § 25 VwVfG davon ausgehen, dass die BaFin jedenfalls bei kleineren Mängeln nicht von § 13 Abs. 3 Gebrauch machen kann, sondern insoweit eine Nachbesserung innerhalb der ursprünglichen Frist möglich sein muss.[39] Die Praxis der BaFin folgt dem und billigt den Nachtrag i. d. R. sehr zügig innerhalb von ein bis zwei Werktagen.[40]

Der Verweis auf § 13 Abs. 2 Satz 1 Hlbs. 2 in § 16 Abs. 1 Satz 4 und damit die Unterrichtungs- und Übermittlungspflicht gegenüber der Europäischen Wertpapier- und Marktaufsichtsbehörde wurde durch das Gesetz zur Umset-zung der Richtlinie 2010/78/EU vom 24. November 2010 im Hinblick auf die Errichtung des Europäischen Finanzaufsichtssystems[41] eingefügt, um si-cherzustellen, dass die Europäische Wertpapier- und Marktaufsichtsbehörde nicht nur über die Billigung des Prospektes sondern auch über die Billigung von Nachträgen informiert und ihr eine Kopie übermittelt wird.

3. Veröffentlichung des Nachtrags

Nach § 16 Abs. 1 Satz 5 ist der Nachtrag in derselben Art und Weise wie **11** der ursprüngliche Prospekt nach § 14 zu veröffentlichen.[42] Wurde demnach für die Prospektveröffentlichung die Möglichkeit des Einstellens auf der In-ternet-Seite des Emittenten gewählt, dann ist auch der Nachtrag auf der In-ternet-Seite des Emittenten zu veröffentlichen.[43]

4. Besondere Hinweispflicht

§ 16 Abs. 2 bestimmt, dass die im Nachtrag enthaltenen Informationen in **12** die Zusammenfassung des Prospekts und etwaige Übersetzungen davon auf-genommen werden müssen. Die in dieser Bestimmung angeordnete Pflicht zur Ergänzung der Zusammenfassung und deren Übersetzung soll dem Pub-likum einen erleichterten Zugang zu den im Nachtrag enthaltenen Informa-tionen ermöglichen.[44]

---

[37] Vgl. oben § 13 Rn. 17; wie hier auch *Kullmann/Sester,* WM 2005, 1068, 1075.

[38] BT-Drs. 15/4999, S. 25, 36.

[39] Vgl. auch oben zu § 13 Abs. 3, § 13 WpPG Rn. 10.

[40] *Berrar,* in: Berrar/Meyer/Müller/Schnorbus/Singhof/Wolf, § 16 WpPG Rn. 120.

[41] BGBl. I 2011, 2427.

[42] Mustervorlage eines Nachtrags mit detaillierten Vorgaben für den Mindestinhalt des Nachtrags erhältlich auf der homepage der BaFin: www.bafin.de.

[43] *Berrar,* in: Berrar/Meyer/Müller/Schnorbus/Singhof/Wolf, § 16 WpPG Rn. 125 m. Nachw. auch für die gegenteilige Ansicht.

[44] RegBegr. zum Prospektrichtlinie-Umsetzungsgesetz, BT-Drs. 15/4999, S. 25, 36.

IV. Widerrufsrecht

1. Überblick

13 § 16 Abs. 3 regelt in Umsetzung von Art. 16 Abs. 2[45] Prospektrichtlinie ein Novum im deutschen Recht bei Wertpapierangeboten, das gesetzlich angeordnete Widerrufsrecht. Durch das Gesetz zur Umsetzung der Richtlinie 2010/73/EU und zur Änderung des Börsengesetzes wurde § 16 Abs. 3 in Umsetzung der ÄnderungsRL neu gefasst.

2. Zeitlicher Rahmen des Widerrufsrechts

14 Das Widerrufsrecht entsteht mit Veröffentlichung des Nachtrags und endet mit Ablauf der für das Widerrufsrecht im Nachtrag festgelegten Frist, die mindestens zwei Werktage nach dessen Veröffentlichung betragen muss. Auf Grund der Möglichkeit, dass Emittent oder Anbieter die Widerrufsfrist verlängern können, ist die Widerrufsfrist nach § 16 Abs. 3 S. 2 im Nachtrag anzugeben.[46] Das Gesetz zur Umsetzung der Richtlinie 2010/73/EU und zur Änderung des Börsengesetzes hat § 16 Abs. 3 Satz 1 und den darin enthaltenen zeitlichen Rahmen des Widerrufsrechts in einem wesentlichen Punkt geändert. Bestand nach § 16 Abs. 3 Satz a. F. das Widerrufsrecht nur bis zur Erfüllung, so kommt es auf die Erfüllung des Geschäfts nach der Neufassung nicht mehr an. Eine auf den Erwerb oder die Zeichnung von Wertpapieren gerichtete Erklärung kann auch noch nach Einbuchung der Wertpapiere in das Depot des Anlegers („Lieferung der Wertpapiere", entspricht Erfüllung des Geschäfts) widerrufen werden, sofern nur der nachtragspflichtige Umstand vor dem endgültigen Schluss des öffentlichen Angebots und vor der Lieferung der Wertpapiere eingetreten ist.[47]

3. Erfasste Willenserklärungen

15 Das Widerrufsrecht besteht für alle Willenserklärungen, die vor der Veröffentlichung des Nachtrags abgegeben wurden und auf den Erwerb oder die Zeichnung der angebotenen Wertpapiere gerichtet sind. Die Neufassung des § 16 Abs. 3 durch das Gesetz zur Umsetzung der Richtlinie 2010/73/EU und zur Änderung des Börsengesetzes enthält verschiedene Vorgaben hinsichtlich der Widerrufsmöglichkeit: Erstens werden nur Willenserklärungen erfasst, die im Rahmen eines öffentlichen Angebots abgegeben werden. Das ist eine wichtige Klarstellung, die in der Regierungsbegründung zum Gesetz zur Umsetzung der Richtlinie 2010/73/EU und zur Änderung des Börsengesetzes nachdrücklich betont wird. Dort wird ausdrücklich darauf hingewiesen, dass in Fällen, in denen Wertpapiere bereits an einem regulierten Markt gehandelt werden und andere (gattungsgleiche/fungible, z.B bei einer Kapi-

---

[45] Wenn die RegBegr. zum Prospektrichtlinie-Umsetzungsgesetz, BT-Drs. 15/4999, S. 25, 36, hier auch Art. 16 Abs. 3 Prospektrichtlinie verweist, dann handelt es sich dabei wohl um ein Versehen, da Art. 16 Prospektrichtlinie nur zwei Absätze hat.

[46] RegBegr. ÄnderungsRL-Umsetzungsgesetz, BT-Drs. 17/8684, S. 13, 20.

[47] So auch RegBegr. ÄnderungsRL-Umsetzungsgesetz, BT-Drs. 17/8684, S. 13, 20.

talerhöhung einer bereits börsennotierten Gesellschaft) öffentlich angeboten werden, sich ein Widerrufsrecht nur auf den Kauf von denjenigen Wertpapieren, die aufgrund des öffentlichen Angebots erworben wurden, bezieht, nicht dagegen auf über den regulierten Markt erworbene Wertpapiere. Hierdurch soll der reibungslose Ablauf des Handels gewährleistet bleiben.[48] Ein Anleger, der z.b, Aktien über die Börse erwirbt, kann somit seine auf den Abschluss dieses Börsengeschäftes gerichtete Willenserklärung nicht mit der Begründung widerrufen, dass zur gleichen Zeit z.b. identisch ausgestattete Aktien aus einer Kapitalerhöhung öffentlich angeboten werden und im Rahmen dieses Angebots ein Nachtrag veröffentlicht wurde. Damit weicht im Interesse des reibungslosen Ablaufs des Handels das Widerrufsrecht von der Prospekthaftung ab, die sich bei identisch ausgestalteten und mit der gleichen Wertpapierkennnummer bzw. ISIN versehenen Wertpapieren auch auf solche erstreckt, die über die Börse erworben wurden, § 21 Abs. 1 Satz 3.[49] Zweitens ist, anders als früher, als die Widerrufsmöglichkeit mit Erfüllung endete, so § 16 Abs. 3 Satz 1 a. E. a. F., diese zeitliche Grenze entfallen. Entscheidend ist nunmehr allein, dass der neue Umstand oder die Unrichtigkeit vor dem endgültigen Schluss des öffentlichen Angebots und vor der Lieferung der Wertpapiere eingetreten ist.[50] Wird dann ein Nachtrag veröffentlicht, dann kann der Anleger widerrufen, unabhängig davon, ob bei seinem auf Erwerb dieser Wertpapiere gerichteten Rechtsgeschäft bereits Erfüllung eingetreten ist.[51]

4. Ausübung

§ 16 Abs. 3 Satz 3 verweist hinsichtlich der Ausübung und der Rechtsfol- **16** gen des Widerrufsrechts auf § 8 Abs. 1 Satz 4 und 5. Der Verweis auf § 8 Abs. 1 Satz 5 und damit auf die Rücktrittsregelungen gemäß § 357 BGB ist insoweit jedenfalls bei den normalen Angebotsverfahren für die Mehrzahl denkbarer Fälle missverständlich. Die Widerrufsregelung in § 16 Abs. 3 zielt auf die bei klassischen Emissionen, insbesondere Aktienemissionen, übliche Zeichnungsfrist ab, nach deren Ablauf die Wertpapiere dem Anleger zugeteilt werden. In der Regel ist hier bereits ein ausdrücklich statuiertes Widerrufsrecht nicht erforderlich, da das entsprechende Kaufangebot oder die Zeichnungserklärung des Anlegers bis zum Ende der Angebotsfrist und bis zu der erst in der Zuteilung der Wertpapiere liegenden Annahme dieses Angebots

---

[48] RegBegr. ÄnderungsRL-Umsetzungsgesetz, BT-Drs. 17/8684, S. 13, 20.
[49] Vgl. unten § 21 Rn. 69.
[50] RegBegr. ÄnderungsRL-Umsetzungsgesetz, BT-Drs. 17/8684, S. 13, 20.
[51] Instruktive Beispiele in der Präsentation der BaFin, Die wesentlichen Änderungen des Prospektrechts zum 1. 7. 2012. Bei folgender zeitlicher Reihenfolge ist jeweils ein Widerruf möglich, wobei in allen Fällen davon ausgegangen wird, dass der nachtragspflichtige Umstand auch vor dem endgültigen Schluss des öffentlichen Angebots eingetreten ist (auf die Einführung in den Handel kommt es für das Widerrufsrecht nicht an): (i) Nachtragspflichtiger Umstand, dann Willenserklärung zum Erwerb, dann Lieferung, dann Veröffentlichung Nachtrag, oder (ii) Willenserklärung zum Erwerb, dann nachtragspflichtiger Umstand, dann Lieferung, dann Nachtrag. Dagegen ist kein Widerruf möglich bei der Reihenfolge Willenserklärung zum Erwerb, Lieferung, erst nachtragspflichtiger Umstand und dann Veröffentlichung Nachtrag.

per se widerruflich ist.[52] In den Fällen, in welchen sich die Widerruflichkeit des Kaufangebots bzw. der Zeichnungserklärung nicht aus der Natur des Angebots ergibt, besteht nunmehr ein Widerrufsrecht, wenn während der Angebotsfrist ein Nachtrag erforderlich wird. Im Falle eines Widerrufs wird in einem solchen Fall die Zeichnungserklärung des Anlegers einfach storniert, bevor vom Emittenten Wertpapiere geliefert werden oder der Anleger den Kaufpreis zahlen muss. Insofern geht es nicht um die Rückabwicklung bereits erfüllter Geschäfte. Durch den Verweis auf § 8 Abs. 1 Satz 5 und damit auf das Rücktrittsrecht des § 357 BGB wird jedoch eine solche Rückabwicklung nahe gelegt. Das kann aber nur für die bereits erfüllten Verträge greifen, die seit der Neufassung des § 16 Abs. 3 zwar auch von der Widerrufsmöglichkeit erfasst werden können, bei denen es sich aber wohl eher um Ausnahmefälle handelt. Insofern dürfte der Normalfall nicht eine solche Rückabwicklung sein, sondern allein der Widerruf von Zusagen des Anlegers vor Vertragserfüllung und damit keine Rückabwicklung erfordern.[53]

V. Widerrufsrecht und Prospekthaftung

17   Der Nachtrag als solcher beseitigt die Prospekthaftung gegenüber Anlegern nicht, die bereits vor Veröffentlichung des Nachtrags im Vertrauen auf den unrichtigen oder unrichtig gewordenen[54] Prospekt Wertpapiere erworben haben. Das ist offensichtlich, da der korrigierende oder ergänzende Nachtrag als solcher zum Zeitpunkt der Kaufentscheidung und des Kaufvertragsabschlusses noch nicht vorlag und damit an der bei einem unrichtigen oder unrichtig gewordenen Prospekt bereits gegebenen Prospekthaftung nichts ändern kann.

17a   Ebenso offensichtlich ist auch, dass nach Veröffentlichung des (aktualisierenden oder berichtigenden) Nachtrags, durch den der Prospekt „richtig" wurde, abgeschlossene Erwerbsvorgänge, bei denen der Kaufauftrag des Anlegers nach Veröffentlichung des Nachtrags abgegeben wurde, keine Prospekthaftung auslösen, da der Prospekt derjenige in der Fassung des Nachtrags und damit der richtige ist.[55] Das ergibt sich zwar anders als bei den Vorgängernormen der §§ 52 Abs. 2 BörsZulV a.F., 11 VerkprospG a.F. nicht mehr unmittelbar aus dem Wortlaut des § 16, jedoch daraus, dass inhaltlich für den Nachtrag nach § 16 dieselben Vorgaben gelten wie für Nachträge nach altem Recht.

---

[52] Vgl. nur *Groß*, in: BuB, Rn. 10/266 m.w.N.

[53] Im Ergebnis wie hier *Berrar*, in: Berrar/Meyer/Müller/Schnorbus/Singhof/Wolf, § 16 WpPG Rn. 158, allerdings mit einigen Beispielsfällen, in denen auch nach altem Recht eine Rückabwicklung erforderlich war.

[54] Unstr. vgl. nur *Berrar*, in: Berrar/Meyer/Müller/Schnorbus/Singhof/Wolf, § 16 WpPG Rn. 159. Insoweit kommt es allerdings für die Prospekthaftung auf den Zeitpunkt an, zu dem der neue Umstand entstand. Entstand er erst nach Kaufvertragsabschluss, war der Prospekt zu diesem Zeitpunkt richtig, so dass eine Prospekthaftung ausscheidet; ebenso ausdrücklich *Berrar*, in: Berrar/Meyer/ Müller/Schnorbus/Singhof/Wolf, § 16 WpPG Rn. 161; *Friedl/Ritz*, in: Just/Voß/Ritz/Zeising, § 16 WpPG Rn. 192.

[55] Vgl. nur *Friedl/Ritz,* in: Just/Voß/Ritz/Zeising, § 16 WpPG Rn. 198; *Mülbert/ Steup*, in: Habersack/Mülbert/Schlitt, Unternehmensfinanzierung am Kapitalmarkt, § 33 Rn. 26.

Ebenfalls wohl unstreitig ist es, dass eine Prospektberichtigung nach § 23 **17b**
Abs. 2 Nr. 4 selbst dann zu einem Ausschluss der Prospekthaftung führt,
wenn zwar der Anleger seine Willenserklärung vor Veröffentlichung der Berichtigung abgegeben hat, aber er seine Willenserklärung noch nach Veröffentlichung der Berichtigung widerrufen konnte.[56] Das ist insbesondere
beim Bookbuilding von Bedeutung, da dort das Kaufangebot des Anlegers bis
zur Zuteilung der Wertpapiere und der darin liegenden Annahme dieses
Kaufangebots vom Anleger frei widerruflich war, ohne dass es eines Widerrufsrechts aufgrund eines Nachtrags bedurfte. Macht der Anleger in einer
solchen Situation, in der ein berichtigter Prospekt vorliegt, nicht von seinem
Recht, sein Kaufangebot zu widerrufen, Gebrauch, dann kann er nach § 23
Abs. 2 Nr. 4 nicht später Prospekthaftungsansprüche wegen des im Nachtrag
berichtigten Umstandes geltend machen.

Dies muss auch im Fall der Widerrufsmöglichkeit nach § 16 Abs. 3 gel- **18**
ten, und das nach der Neuformulierung des § 16 Abs. 3 Satz 1 sogar noch
nach Erfüllung des Kaufvertrages.[57] Anders gewendet: Hat der Anleger ein
verbindliches Kaufangebot abgegeben, wird später ein Nachtrag veröffentlicht, der ihn zum Widerruf berechtigt, und macht er dennoch nicht von
seinem Widerrufsrecht Gebrauch, dann ist der Rechtsgedanke des § 23
Abs. 2 Nr. 4 anwendbar mit der Folge eines Ausschlusses von Prospekthaftungsansprüchen aus den im Nachtrag berichtigten Umständen.[58]

VI. Verhältnis Nachtragspflicht
zu § 15 WpHG und § 23 Abs. 2 Nr. 4

Das Billigungserfordernis und die dadurch bedingte Verzögerung der Ver- **19**
öffentlichung des Nachtrags führt zu einem auch bereits in der Regierungsbegründung zum Prospektrichtlinie-Umsetzungsgesetz erkannten Problem,
das des Verhältnisses der Nachtragspflicht und dessen Verzögerung einerseits
und der Ad-hoc-Publizitätspflicht nach § 15 WpHG andererseits. In der Praxis wird man davon ausgehen müssen, dass Umstände, welche eine Nachtragspflicht nach § 16 auslösen, zugleich auch zu einer Ad-hoc-Mitteilung
verpflichten,[59] wenn die übrigen Voraussetzungen der Anwendung der Ad-
hoc-Regelungen wegen beantragter Börsenzulassung oder aber wegen bereits
bestehender Zulassung von Wertpapieren des Emittenten gegeben sind. Die
Regierungsbegründung zum Prospektrichtlinie-Umsetzungsgesetz enthält

[56] Vgl. oben § 23 Rn. 10 m. w. N.; *Friedl/Ritz,* in: Just/Voß/Ritz/Zeising, § 16
WpPG Rnrn. 196 f.
[57] Zur Erweiterung der zeitlichen Anwendung des Widerrufsrechts vgl. oben Rn. 14.
[58] *Berrar,* in: Berrar/Meyer/Müller/Schnorbus/Singhof/Wolf, § 16 WpPG Rn. 162;
Friedl/Ritz, in: Just/Voß/Ritz/Zeising, § 16 WpPG Rnrn. 45, 199 ff.; *Heidelbach,* in:
Schwark/Zimmer, § 16 WpPG Rn. 51; *Mülbert/Steup,* in: Habersack/Mülbert/Schlitt,
Unternehmensfinanzierung am Kapitalmarkt, § 33 Rn. 131; *Seitz,* in: Assmann/Schlitt/
von Kopp-Colomb, § 16 WpPG Rn. 158; einschränkend *Hamann,* in: Schäfer/Hamann,
KMG, § 16 WpPG Rn. 27 f.
[59] *Apfelbacher/Metzner,* BKR 2006, 81, 85 f.; *Hamann,* in: Schäfer/Hamann, KMG,
§ 16 WpPG Rn. 30.

hier zur Frage des Verhältnisses von § 15 WpHG zu § 16 unterschiedliche Aussagen für Prospekte für öffentliche Angebote einerseits und Prospekte für die Zulassung andererseits. Bei Prospekten für öffentliche Angebote solle § 15 WpHG § 16 grundsätzlich vorgehen, nach Veröffentlichung des Umstandes gemäß § 15 WpHG sei der Prospekt unverzüglich um einen Hinweis auf die Veröffentlichung gemäß § 15 WpHG zu ergänzen, dieser Hinweis sei mit oder unverzüglich nach der Veröffentlichung nach § 15 WpHG in der gleichen Art wie der Prospekt zu veröffentlichen und bedürfe nicht der Billigung der BaFin. Bei Prospekten für die Zulassung sei jedoch ein Nachtrag erforderlich, der dann frühestens zum Zeitpunkt der Veröffentlichung nach § 15 WpHG zu veröffentlichen sei.[60] Diese Ausführungen sind unverständlich und auch mit § 15 WpHG nicht zu vereinbaren. Im Ergebnis wird man für beide Prospektarten gleichermaßen entscheiden müssen, § 15 WpHG unberührt zu lassen, so dass die danach bestehenden Pflichten erfüllt werden müssen. Davon unabhängig ist der Prospekt durch einen Nachtrag zu ergänzen. Für die Zeit zwischen der Veröffentlichung der Ad-hoc-Mitteilung und des Nachtrags wird man den Prospekt aber nur noch mit Ad-hoc-Mitteilung zusammen verwenden dürfen.[61]

2. Verhältnis Nachtragpflicht zu § 23 Abs. 2 Nr. 4

20   § 23 Abs. 2 Nr. 4 eröffnet die Möglichkeit, unrichtige oder unvollständige Prospektangaben durch eine entsprechende Berichtigung zu korrigieren und damit, ist die Berichtigung vor Abschluss des Erwerbsgeschäfts veröffentlicht worden oder besteht noch die Möglichkeit des Widerrufs des Kaufantrags, eine Prospekthaftung zu vermeiden.[62] Anders als die Berichtigungspflicht nach § 16 handelt es sich bei § 23 Abs. 2 Nr. 4 um eine Berichtigungsmöglichkeit. Nachtragspflicht und § 16 in der Ausprägung der Berichtigungspflicht und die Berichtigungsmöglichkeit nach § 23 Abs. 2 Nr. 4 haben allerdings partiell einen gleichen Anwendungsbereich. Die Berichtigungmöglichkeit nach § 23 Abs. 2 Nr. 4 betrifft unrichtige oder unvollständige Prospektangaben, die für die Beurteilung der Wertpapiere wesentlich sind.[63] Die Berichtspflicht nach § 16 betrifft jede wesentliche Unrichtigkeit in Bezug auf die im Prospekt enthaltenen Angaben, die die Beurteilung der Wertpapiere beeinflussen könnten, ist damit weiter, erfasst aber auch die Sachverhalte, die von der Berichtigungsmöglichkeit nach § 23 Abs. 2 Nr. 4 abgedeckt werden.[64] Zeitlich greift § 23 Abs. 2 Nr. 4 im Kontext mit § 21 Abs. 1 Satz 1

---

[60] RegBegr. zum Prospektrichtlinie-Umsetzungsgesetz, BT-Drs. 15/4999, S. 25, 36.

[61] Wie hier wohl *Friedl/Ritz*, in: Just/Voß/Ritz/Zeising, § 16 WpPG Rnrn. 178 ff.; umfassende Darstellung auch des Meinungsstandes bei *Berrar*, in: Berrar/Meyer/Müller/Schnorbus/Singhof/Wolf, § 16 WpPG Rnrn. 169 ff.

[62] Vgl. dazu oben § 23 Rnrn. 65 f.

[63] Es geht um die Befreiung von der Haftung, die nach § 21 Abs. 1 Satz 1 unrichtig oder unvollständig für die Beurteilung der Wertpapiere wesentliche Angaben voraussetzt.

[64] So ausdrücklich auch *Friedl/Ritz*, in: Just/Voß/Ritz/Zeising, § 16 WpPG Rn. 49.

und § 22 Nr. 1 ab Prospektbilligung bis sechs Monate nach Einführung bzw. erstmaligem öffentlichen Angebot der Wertpapiere im Inland,[65] § 16 ab Prospektbilligung bis zum Ende des öffentlichen Angebots oder, falls diese später erfolgt, der Einführung in den Handel, so dass beide von der Prospektbilligung bis zur Einführung gelten. In welchem Verhältnis die beiden Regelungen während dieses Zeitraums zueinander stehen, hat der Gesetzgeber nur für einen Unterfall des § 23 Abs. 2 Nr. 4 und das auch nur in der Regierungsbegründung geregelt, nämlich für die Ad-hoc-Publizität nach § 15 WpHG, vgl. vorstehende Randnummer 19.[66] Entscheidend ist aber ein anderer Punkt: Der Nachtrag führt nach § 16 Abs. 3 zu einer Widerrufsmöglichkeit. Diese Widerrufsmöglichkeit führt dazu, dass eine Prospekthaftung nach dem Rechtsgedanken des § 23 Abs. 2 Nr. 4 aus den im Nachtrag berichtigten Umständen ausscheidet, der Anleger kann, macht er von seinem Widerrufsrecht nicht Gebrauch, nicht im Nachhinein Prospekthaftungsansprüche, die sich aus einer Fehlerhaftigkeit des Prospekts ohne den oder die nachgetragenen Umstände ergeben, geltend machen.[67] Insofern ist die Rechtsfolge des § 16 Abs. 3 weiter als die des § 23 Abs. 2 Nr. 4, der nur eine Prospekthaftung für vor Abschluss des Erwerbsgeschäfts veröffentlichte Berichtigungen umfasst. Sobald § 16 Abs. 3 jedoch zeitlich nicht mehr anwendbar ist – nach dem endgültigen Schluss des öffentlichen Angebots und der Lieferung der Wertpapiere – steht nur noch § 23 Abs. 2 Nr. 4 zur Verfügung.

Darüber hinaus soll § 23 Abs. 2 Nr. 4 zur Korrektur unwesentlicher Pros- **21** pektmängel und Rechtschreibfehler genutzt werden können.[68] § 16 steht für solche Korrekturen nicht zur Verfügung, da „unwesentliche" Prospektmängel und Rechtschreibfehler keine „wesentliche Unrichtigkeit", § 16 Abs. 1 Satz 1, darstellen, so dass die Voraussetzungen für eine Billigung des Nachtrags nach § 16 fehlen. Auch § 23 Abs. 2 Nr. 4 steht für solche Korrekturen rechtlich allerdings eigentlich auch nicht zur Verfügung, da er im Lichte des § 21 Abs. 1 Satz 1 auch nur zulässt, wesentliche Unrichtigkeiten zu korrigieren. Da aber, sollte die BaFin einen Nachtrag mit der Begründung nicht billigen, darin seien nur unwesentliche Korrekturen enthalten, dem Prospektverantwortlichen keine andere Möglichkeit der Korrektur zur Verfügung steht, die BaFin auch anders als früher Austauschseiten zum Prospekt nicht mehr ak-

---

[65] Siehe unten § 23 Rn. 8.

[66] Weitergehend *Mülbert/Steup,* in: Habersack/Mülbert/Schlitt, Unternehmensfinanzierung am Kapitalmarkt, § 33 Rn. 129, die sogar von einem Vorrang des § 23 Abs. 2 Nr. 4 ausgehen, da die dort geregelte Berichtung keiner Billigung bedarf (unstreitig), damit schneller erfolgen könne. Unentschieden *Seitz,* in: Assmann/Schlitt/von Kopp-Colomb, § 16 WpPG Rn. 23.

[67] *Berrar,* in: Berrar/Meyer/Müller/Schnorbus/Singhof/Wolf, § 16 WpPG Rn. 162; *Friedl/Ritz,* in: Just/Voß/Ritz/Zeising, § 16 WpPG Rnrn. 45, 199 ff.; *Heidelbach,* in: Schwark/Zimmer, § 16 WpPG Rn. 51; *Mülbert/Steup,* in: Habersack/Mülbert/Schlitt, Unternehmensfinanzierung am Kapitalmarkt, § 33 Rn. 131; *Seitz,* in: Assmann/Schlitt/von Kopp-Colomb, § 16 WpPG Rn. 158; einschränkend *Hamann,* in: Schäfer/Hamann, KMG, § 16 WpPG Rn. 27 f.

[68] *Friedl/Ritz,* in: Just/Voß/Ritz/Zeising, § 16 WpPG Rn. 56; *Oulds,* WM 2011, 1452, 1455.

zeptiert,[69] erscheint es angemessen, hier § 23 Abs. 2 Nr. 4 erweiternd auszulegen. Damit wird dem Prospektverantwortlichen die Korrektur ermöglicht, allerdings um den Preis einen potentiellen Haftungsrisikos.[70]

**Abschnitt 4. Grenzüberschreitende Angebote
und Zulassung zum Handel**

§ 17. Grenzüberschreitende Geltung gebilligter Prospekte

(1) **Soll ein Wertpapier auch oder ausschließlich in einem oder mehreren anderen Staaten des Europäischen Wirtschaftsraums öffentlich angeboten oder zum Handel an einem organisierten Markt zugelassen werden, so ist unbeschadet des § 29 der von der Bundesanstalt gebilligte Prospekt einschließlich etwaiger Nachträge in beliebig vielen Aufnahmestaaten ohne zusätzliches Billigungsverfahren für ein öffentliches Angebot oder für die Zulassung zum Handel gültig, sofern die Europäische Wertpapier- und Marktaufsichtsbehörde und die zuständige Behörde jedes Aufnahmestaats nach § 18 unterrichtet werden.**

(2) **[1] Sind seit der Billigung des Prospekts wichtige neue Umstände oder wesentliche Unrichtigkeiten im Sinne von § 16 aufgetreten, hat die Bundesanstalt vom Anbieter oder Zulassungsantragsteller die Einreichung eines Nachtrags zum Prospekt zur Billigung und dessen Veröffentlichung zu verlangen. [2] Hat die Bundesanstalt Anhaltspunkte dafür, dass ein Nachtrag nach § 16 zu veröffentlichen ist, kann sie diese nach § 28 der zuständigen Behörde des Herkunftsstaats übermitteln.**

(3) **Ein von der zuständigen Behörde eines anderen Staates des Europäischen Wirtschaftsraums gebilligter Prospekt einschließlich etwaiger Nachträge ist in der Bundesrepublik Deutschland ohne zusätzliches Billigungsverfahren für ein öffentliches Angebot oder für die Zulassung zum Handel gültig, sofern die Bundesanstalt nach den § 18 entsprechenden Vorschriften des Herkunftsstaats unterrichtet wird und die Sprache des Prospekts die Anforderungen des § 19 Abs. 4 und 5 erfüllt.**

1   § 17 dient der Umsetzung von Art. 17 Prospektrichtlinie und damit des Kernstücks der Prospektrichtlinie, der Einführung des **Europäischen Passes für Wertpapieremissionen und -zulassungen** oder, wie die Überschrift des Art. 17 Prospektrichtlinie lautet, der: „**Gemeinschaftsweite(n) Geltung gebilligter Prospekte**".[1]

2   Die Umsetzung dieser gemeinschaftsrechtlichen Regelung in einem einzelstaatlichen Gesetz mit zwangsläufig nur nationaler Geltung ist schwierig, § 17 deshalb auch nur teilweise geglückt.

---

[69] *Friedl/Ritz,* in: Just/Voß/Ritz/Zeising, § 16 WpPG Rn. 57.

[70] Darauf weist *Oulds,* WM 2011, 1452, 1454 zu Recht hin, der deshalb dem Prospektverantwortlichen eine Einschätzungsprärogative hinsichtlich der Wesentlichkeit der Änderung zubilligt, so auch *Friedl/Ritz,* in: Just/Voß/Ritz/Zeising, § 16 WpPG Rn. 56, so dass im Ergebnis auch ein Nachtrag nach § 16 möglich sein soll.

[1] *Kullmann/Sester,* WM 2005, 1068, 1069.

§ 17 Abs. 1 versucht die in Art. 17 Abs. 1 Prospektrichtlinie enthaltene **3** gemeinschaftsweite Geltung von Prospekten umzusetzen, ist aber notgedrungen nur deklaratorisch, da das deutsche Wertpapierprospektgesetz nicht anderen Rechtsordnungen vorschreiben kann, dass diese tatsächlich die von der BaFin gebilligten Prospekte anerkennen.[2] Das ist eine Frage des Rechts des jeweiligen Aufnahmestaates.[3] Insofern ist die Kernaussage zur gemeinschaftsweiten Geltung von Prospekten in § 17 Abs. 3 enthalten. Entsprechend der national begrenzten Kompetenz des deutschen Gesetzgebers wird dort das angeordnet, was, wenn auch die anderen Staaten des europäischen Wirtschaftsraums entsprechende Regelungen erlassen, zur gemeinschaftsweiten Geltung von Prospekten führt: Ein von der zuständigen Behörde eines anderen Staates des europäischen Wirtschaftsraums gebilligter Prospekt einschließlich etwaiger Nachträge ist in der Bundesrepublik Deutschland ohne zusätzliches Billigungsverfahren für ein öffentliches Angebot oder für die Zulassung zum Handel gültig. Ausreichend sind die Bescheinigung nach § 18, das sog. Certificate of Approval, und der Prospekt inkl. eventueller Nachträge (ggfls. mit der vom Antragsteller verfassten Übersetzung der Zusammenfassung, § 19 Abs. 4 und 5, auf die § 17 Abs. 3 verweist).[4] Einer Veröffentlichung des Prospekts nach § 14 Abs. 2 bedarf es nicht; allein entscheidend ist die Veröffentlichung des Prospekts entsprechend der Bestimmungen des Herkunftsstaates.[5]

---

[2] Zum Sprachregime vgl. nur *von Kopp-Colomb/Witte,* in: Assmann/Schlitt/von Kopp-Colomb, § 17 WpPG Rnrn. 11 ff. mit dem zutreffenden Hinweis, dass bei beabsichtigter Notifizierung zwar die Liste der CESR aus 2009 über die in anderen Ländern akzeptierte Sprache als erster Anhaltspunkt hilft, sicherheitshalber aber mit der jeweiligen Aufsichtsbehörde des Staates, in dem notifiziert werden soll, Kontakt aufgenommen werden sollte.

[3] So auch *Kullmann/Sester,* WM 2005, 1068, 1069, wenn dort in diesem Zusammenhang auf die entsprechenden ausländischen Gesetze zur Umsetzung der Prospektrichtlinie verwiesen wird. Wie hier auch *Linke,* in: Schäfer/Hamann, KMG, § 17 WpPG, Rn. 6; *von Kopp-Colomb/Witte,* in: Assmann/Schlitt/von Kopp-Colomb, § 17 WpPG Rn. 7; *Zeising,* in: Just/Voß/Ritz/Zeising, § 17 WpPG Rn. 17.

[4] Auch hier ist das Sprachregime zu beachten, vgl. nur *von Kopp-Colomb/Witte,* in: Assmann/Schlitt/von Kopp-Colomb, § 17 WpPG Rnrn. 28. Dabei reicht es aber nach einer auch von der BaFin als zulässig angesehenen Praxis aus, wenn der in der Sprache des Herkunftsstaates erstellte Prospekt von der dort zuständigen Behörde gebilligt und an die BaFin notifiziert wird, wenn im Rahmen der Notifizierung der BaFin auch eine (nicht notwendigerweise gebilligte) Übersetzung des gesamten Prospektes (bei einem dreiteiligen Prospekt somit sowohl des Registrierungsformulars als auch der Wertpapierbeschreibung als auch der Zusammenfassung) in die von der BaFin anerkannte Sprache (derzeit ausschließlich Deutsch) oder in eine in internationalen Finanzkreisen gebräuchliche Sprache (derzeit ausschließlich Englisch, in diesem Fall dann zusammen mit einer Übersetzung der Zusammenfassung in die deutsche Sprache) übermittelt wird. Unstreitig, vgl. nur *Ritz/Voß,* in: Just/Voß/Ritz/Zeising, § 19 WpPG Rn. 58; *Wolf,* in: Berrar/Meyer/Müller/Schnorbus/Singhof/Wolf, § 19 WpPG Rnrn. 24 ff.; *von Kopp-Colomb/Witte,* in: Assmann/Schlitt/von Kopp-Colomb, § 17 WpPG Rn. 31; *von Illberg,* in: Assmann/Schlitt/von Kopp-Colomb, § 19 WpPG Rn. 76.

[5] *von Kopp-Colomb/Witte,* in: Assmann/Schlitt/von Kopp-Colomb, § 17 WpPG Rn. 34.

4   § 17 Abs. 2 versucht Art. 17 Abs. 2 Prospektrichtlinie umzusetzen. Die Systematik kommt jedoch in Art. 17 Abs. 2 Prospektrichtlinie besser zum Ausdruck: „Sind seit der Billigung des Prospekts wichtige neue Umstände, wesentliche Unrichtigkeiten oder Ungenauigkeiten i. S. von Art. 16 aufgetreten, so verlangt die zuständige Behörde des Herkunftsmitgliedsstaats die Veröffentlichung eines Nachtrags, der gemäß Art. 13 Abs. 1 zu billigen ist. Die zuständige Behörde des Aufnahmemitgliedsstaats kann die zuständige Behörde des Herkunftsmitgliedsstaats darauf aufmerksam machen, dass es eventuell neuer Angaben bedarf." Das bedeutet: Die BaFin ist bei von den zuständigen Behörden eines anderen Staates des europäischen Wirtschaftsraums gebilligten Prospekten nicht berechtigt, die Einreichung eines Nachtrags zum Prospekt zur Billigung und dessen Veröffentlichung zu verlangen. Vielmehr ist sie insoweit gemäß Art. 17 Abs. 2 Satz 2 Prospektrichtlinie darauf beschränkt, die zuständige Behörde des Herkunftsmitgliedsstaats darauf aufmerksam zu machen, dass es eventuell neuer Angaben bedarf.[6] Im Hinblick auf eventuelle Nachträge zu von der BaFin gebilligte Prospekte bedarf es der Regelung in § 17 Abs. 2 Satz 1 nicht, da sich eine entsprechende Nachtragspflicht bereits aus § 16 ergibt.

§ 18. Bescheinigung der Billigung

(1) ¹**Die Bundesanstalt übermittelt den zuständigen Behörden der Aufnahmestaaten und gleichzeitig der Europäischen Wertpapier- und Marktaufsichtsbehörde auf Antrag des Anbieters oder Zulassungsantragstellers innerhalb von drei Werktagen eine Bescheinigung über die Billigung des Prospekts, aus der hervorgeht, dass der Prospekt gemäß diesem Gesetz erstellt wurde, sowie eine Kopie dieses Prospekts. ²Wird der Antrag zusammen mit der Einreichung des Prospekts zur Billigung gestellt, so beträgt die Frist nach Satz 1 einen Werktag nach Billigung des Prospekts. ³Der Anbieter oder Zulassungsantragsteller hat dem Antrag die Übersetzungen der Zusammenfassung gemäß der für den Prospekt geltenden Sprachenregelung des jeweiligen Aufnahmemitgliedstaats beizufügen. ⁴Dem Anbieter oder Zulassungsantragsstelle wird die Bescheinigung zur gleichen Zeit übermittelt wie den zuständigen Behörden der Aufnahmestaaten.**

(2) **Absatz 1 ist auf gebilligte Nachträge zum Prospekt entsprechend anzuwenden.**

(3) **Im Falle einer Gestattung nach § 8 Abs. 2 oder Abs. 3 sind die Vorschriften, auf denen sie beruht, in der Bescheinigung zu nennen und ihre Anwendung zu begründen.**

(4) ¹**Erhält die Bundesanstalt als zuständige Behörde des Aufnahmestaates Bescheinigungen über die Billigung von Prospekten und Prospektnachträgen nach den Absatz 1 Satz 1 entsprechenden Vorschriften eines Herkunftsstaates, veröffentlicht sie auf ihrer Internetseite eine Liste der übermittelten Bescheinigungen, gegebenenfalls einschließlich einer**

---

[6] Wie hier *von Kopp-Colomb/Witte*, in: Assmann/Schlitt/von Kopp-Colomb, § 17 WpPG Rn. 18; *Linke*, in: Schäfer/Hamann/KMG, § 17 WpPG Rn. 7.

elektronischen Verknüpfung zu den Prospekten und Prospektnachträgen auf der Internetseite der zuständigen Behörde des Herkunftsstaates, des Emittenten oder des organisierten Marktes. ²Die Bundesanstalt hält die Liste nach Satz 1 stets auf dem aktuellen Stand und sorgt dafür, dass jeder Eintrag für mindestens zwölf Monate zugänglich ist.

§ 18 dient der Umsetzung des Artikels 18 Prospektrichtlinie und regelt **1** damit das Notifizierungsverfahren, d. h. die auf Antrag ergehende Bescheinigung der zuständigen Behörde als Voraussetzung für die Verwendung des von dieser gebilligten Prospektes in einem anderen Mitgliedsstaat.

§ 18 Abs. 1 regelt das Verfahren der Bescheinigung der Billigung eines von **2** der BaFin gebilligten Prospekts. Die Bescheinigung wird in deutscher Sprache oder einer in internationalen Finanzkreisen gebräuchlichen Sprache, d. h. Englisch,¹ erstellt. Der Antrag auf Bescheinigung der Billigung kann bei einem bereits gebilligten Prospekt gestellt werden. In diesem Fall beträgt die Frist drei Werktage nach Antragstellung, in der Praxis wird die Bescheinigung früher erteilt. Gleiches – grundsätzliche Frist von drei Werktagen nach Billigung, praktisch schneller- gilt auch, wenn der Antrag nach Prospekteinreichung aber vor Billigung gestellt wird.² Der Antrag auf Bescheinigung kann aber auch zugleich mit der Einreichung eines Prospekts zur Billigung erfolgen. Dann wird die Bescheinigung der Billigung einen Werktag nach der Billigung des Prospekts erteilt. Die Frist für die Übermittlung der Bescheinigung der Billigung berechnet sich laut Regierungsbegründung zum Prospektrichtlinie-Umsetzungsgesetz³ nach § 31 VwVfG in Verbindung mit §§ 187 ff. BGB. Gemäß § 18 Abs. 1 Satz 3 ist dem Antrag eine Übersetzung der Zusammenfassung beizufügen, die den Anforderungen der Sprachenregelung in dem jeweiligen Aufnahmestaat, § 2 Nr. 14, genügt.

§ 18 Abs. 2 erklärt die vorgenannten Regelungen auch auf Nachträge zum **3** Prospekt für entsprechend anwendbar.

§ 18 Abs. 3 regelt, dass bei der Nichtaufnahme von Angaben gemäß § 8 **4** Abs. 2 oder 3 dies in der Bescheinigung zu nennen und zu begründen ist. Die Regelung soll laut Regierungsbegründung zum Prospektrichtlinie-Umsetzungsgesetz⁴ „ausschließlich im öffentlichen Interesse" gelten.

§ 18 Abs. 4 wurde durch das Gesetz zur Umsetzung der Richtlinie 2010/ **5** 78/EU vom 24. November 2010 im Hinblick auf die Errichtung des Europäischen Finanzaufsichtssystems⁵ im Umsetzung von Artikel 5 Nr. 9, 2. Unterabsatz der Richtlinie 2010/78/EU neu eingefügt. Danach ist die BaFin verpflichtet, erhaltene Bescheinigungen über die Billigung von Prospekten oder Prospektnachträgen auf ihrer Internetseite zu veröffentlichen, die entsprechende Liste jeweils zu aktualisieren und die dort enthaltene Einträge für mindestens 12 Monate zugänglich zu halten.

---

¹ Beschlussempfehlung und Bericht des Finanzausschusses, BT-Drs. 15/5373, S. 50.
² Zu vorstehendem *Zeising,* in: Just/Voß/Ritz/Zeising, § 18 WpPG Rn. 5; *Kullmann/Sester,* WM 2005, 1068, 1070.
³ RegBegr. zum Prospektrichtlinie-Umsetzungsgesetz, BT-Drs. 15/4999, S. 25, 37.
⁴ RegBegr. zum Prospektrichtlinie-Umsetzungsgesetz, BT-Drs. 15/4999, S. 25, 37.
⁵ BGBl. I 2011, 2427.

Abschnitt 5. Sprachenregelung
und Emittenten mit Sitz in Drittstaaten

§ 19. Sprachenregelung

(1) [1]Werden Wertpapiere, für die der Herkunftsstaat des Emittenten die Bundesrepublik Deutschland ist, im Inland öffentlich angeboten oder wird im Inland die Zulassung zum Handel an einem organisierten Markt beantragt und nicht auch in einem anderen Staat oder mehreren anderen Staaten des Europäischen Wirtschaftsraums, ist der Prospekt in deutscher Sprache zu erstellen. [2]Die Bundesanstalt kann die Erstellung eines Prospekts in einer in internationalen Finanzkreisen gebräuchlichen Sprache gestatten, sofern der Prospekt auch eine Übersetzung der Zusammenfassung in die deutsche Sprache enthält und im Einzelfall unter Berücksichtigung der Art der Wertpapiere eine ausreichende Information des Publikums gewährleistet erscheint.

(2) [1]Werden Wertpapiere, für die der Herkunftsstaat des Emittenten die Bundesrepublik Deutschland ist, nicht im Inland öffentlich angeboten und wird nicht im Inland die Zulassung an einem organisierten Markt beantragt, sondern nur in einem anderen Staat oder mehreren anderen Staaten des Europäischen Wirtschaftsraums, kann der Anbieter oder Zulassungsantragsteller den Prospekt nach seiner Wahl in einer von der zuständigen Behörde des Aufnahmestaates oder den zuständigen Behörden der Aufnahmestaaten anerkannten Sprache oder in einer in internationalen Finanzkreisen gebräuchlichen Sprache erstellen. [2]In den Fällen des Satzes 1 ist der Prospekt zusätzlich in einer von der Bundesanstalt anerkannten oder in internationalen Finanzkreisen gebräuchlichen Sprache zu erstellen, sofern eine solche Sprache nicht bereits nach Satz 1 gewählt worden ist.

(3) [1]Werden Wertpapiere, für die der Herkunftsstaat des Emittenten die Bundesrepublik Deutschland ist, im Inland öffentlich angeboten oder wird im Inland die Zulassung an einem organisierten Markt beantragt und werden die Wertpapiere auch in einem anderen Staat oder mehreren anderen Staaten des Europäischen Wirtschaftsraums öffentlich angeboten oder wird auch dort die Zulassung zum Handel beantragt, ist der Prospekt in deutscher Sprache oder in einer in internationalen Finanzkreisen gebräuchlichen Sprache zu erstellen. [2]Ist der Prospekt nicht in deutscher Sprache erstellt, muss er auch eine Übersetzung der Zusammenfassung in die deutsche Sprache enthalten.

(4) [1]Werden Wertpapiere, für die der Herkunftsstaat des Emittenten nicht die Bundesrepublik Deutschland ist, im Inland öffentlich angeboten oder wird im Inland die Zulassung zum Handel an einem organisierten Markt beantragt, kann der Prospekt in einer von der Bundesanstalt anerkannten Sprache oder in einer in internationalen Finanzkreisen gebräuchlichen Sprache erstellt werden. [2]Ist der Prospekt nicht in deutscher Sprache erstellt, muss er auch eine Übersetzung der Zusammenfassung in die deutsche Sprache enthalten.

(5) **Wird die Zulassung von Nichtdividendenwerten mit einer Mindeststückelung von 100 000 Euro zum Handel an einem organisierten Markt in einem Staat oder mehreren Staaten des Europäischen Wirtschaftsraums beantragt, kann der Prospekt in einer von der Bundesanstalt und der zuständigen Behörde des Aufnahmestaates oder den zuständigen Behörden der Aufnahmestaaten anerkannten Sprache oder in einer in internationalen Finanzkreisen gebräuchlichen Sprache erstellt werden.**

Übersicht

I. Überblick

§ 19 dient der Umsetzung von Art. 19 Prospektrichtlinie. Sie gehört zu **1** dem im Gesetzgebungsverfahren wohl am stärksten umstrittenen Bestimmungen des Wertpapierprospektgesetzes. Trotz erheblicher Vorbehalte nicht nur gegen § 19 Abs. 3 sondern auch gegen § 19 Abs. 1 selbst und vor allem gegen die in der Regierungsbegründung zum Ausdruck kommende restriktive Auffassung gegenüber nicht deutschsprachigen Prospekten, vgl. unten Rn. 3, wurde im Gesetzgebungsverfahren auf Anregung des Bundesrates[1] nur § 19 Abs. 3 in Richtung auf eine offenere Sprachregelung geändert,[2] § 19 Abs. 1 dagegen unverändert gelassen.

§ 19 Abs. 1–3 regelt die Sprache, in der Prospekte zu erstellen sind, die **2** von der BaFin gebilligt werden, d.h. bei denen Herkunftsstaat i.S. des § 2 Nr. 13 die Bundesrepublik Deutschland ist. Diese Prospekte bedürfen der Billigung durch die BaFin, so dass insoweit die Durchsetzbarkeit der Regelungen in § 19 Abs. 1 bis 3 nicht fraglich ist.[3] § 19 Abs. 4 regelt die Anforderungen an Prospekte, die von der zuständigen Behörde eines anderen Mitgliedsstaates des europäischen Wirtschaftsraums gebilligt werden, bei denen

---

[1] BR-Drs. 85/05, S. 8.
[2] Vgl. auch die diesbezügliche Begründung des Finanzausschusses, BT-Drs. 15/5373, S. 50: „Mit dieser Änderung der Sprachregelung soll die internationale Attraktivität des Finanzplatzes Deutschland weiter erhöht werden."
[3] *Mattil/Möslein*, WM 2007, 819, 823: Untersagung der Billigung und Untersagung des öffentlichen Angebots nach § 21 Abs. 4 Satz 1.

somit ein anderer EWR-Staat Herkunftsstaat ist und die für ein öffentliches Angebot von Wertpapieren oder deren Zulassung zum Handel an einem organisierten Markt im Inland genutzt werden sollen. Werden diese Anforderungen nicht erfüllt, greifen § 28 aber auch die Untersagungsmöglichkeit nach § 26 Abs. 4 Satz 1, wobei letzteres europarechtlich problematisch ist, da die Prospektrichtlinie keine solche Befugnis enthält.[4] § 19 Abs. 5 enthält eine Sonderregelung hinsichtlich der Sprache für Prospekte mit einer Mindeststückelung von 100000,– Euro,[5] für die eine Zulassung zum Handel an einem organisierten Markt beantragt wird.

2a   Grundsätzlich gilt für alle Prospekte ein einheitliches Sprachregime, d. h. der Prospekt ist grundsätzlich durchgehend in einer Sprache zu verfassen. Ein gebrochenes Sprachregime ist nur in Ausnahmefällen zulässig, z. B. kann ausnahmsweise die Sprache der Finanzangaben, der Garantieerklärung oder der verbindlichen Anleihebedingungen von der des übrigen Prospektes abweichen,[6] vgl. auch unten Rn. 11.

II. Sprachregelung im Einzelnen

1. Herkunftsstaat Bundesrepublik Deutschland, öffentliches Angebot oder Zulassung ausschließlich im Inland

3   § 19 Abs. 1 dient der Umsetzung von § 19 Abs. 1 Prospektrichtlinie. Er erfasst die Fälle, in denen der Herkunftsstaat des Emittenten die Bundesrepublik Deutschland ist und sich das öffentliche Angebot allein (sonst § 19 Abs. 3) auf das Inland beschränkt oder sich die Zulassung von Wertpapieren zum Handel ausschließlich (sonst § 19 Abs. 3) an einen im Inland organisierten Markt richtet.[7] In diesen Fällen ist gemäß § 19 Abs. 1 Satz 1 der Prospekt in deutscher Sprache zu erstellen. Die Verwendung einer „in internationalen Finanzkreisen gebräuchlichen Sprache" anstelle der deutschen Sprache bedarf nach § 19 Abs. 1 Satz 2 der Gestattung durch die BaFin, die jedoch nur „im Einzelfall" gewährt werden soll. Die Regierungsbegründung zum Prospektrichtlinie-Umsetzungsgesetz führt hierzu aus, eine solche Gestattung könne „ausnahmsweise" erfolgen. „Aus Gründen des Schutzes des Publikums ist die in Satz 2 enthaltene Ausnahme eng auszulegen."[8]

---

[4] Ebenso *Mattil/Möslein*, WM 2007, 819, 823 f.

[5] Das Gesetz zur Umsetzung der Richtlinie 2010/73/EU und zur Änderung des Börsengesetzes hat in Übereinstimmung mit der Änderungs-RL den früheren Wert von 50000,– Euro verdoppelt.

[6] BaFin „Ausgewählte Rechtsfragen in der Aufsichtspraxis", Stand 4. 9. 2007, Seminarunterlage der BaFin, S. 15. dort auch auf Seiten 15 ff. Beispiele für zulässige und unzulässige Sprachregime. Unzulässig soll danach ein Prospekt in deutscher Sprache mit verbindlichen Anleihebedingungen in Deutsch und unverbindlicher Übersetzung in Englisch sein. Zum gebrochenen Sprachregime auch *Mattil/Möslein*, WM 2007, 819, 823.

[7] Ausdrücklich, zu Recht, darauf hinweisend, dass in § 19 Abs. 1 das Wort „ausschließlich" als weitere Tatbestandsvoraussetzung mit hinein zu lesen ist, um § 19 Abs. 1 von § 19 Abs. 3 abzugrenzen, *Wolf*, in: Berrar/Meyer/Müller/Schnorbus/Singhof/Wolf, § 19 WpPG Rn. 5.

[8] RegBegr. zum Prospektrichtlinie-Umsetzungsgesetz, BT-Drs. 15/4999, S. 25, 37.

Diese restriktive Haltung ist im Gesetzgebungsverfahren stark kritisiert **4** worden. Sie weicht von den offeneren Regelungen z. B. in Österreich und Luxemburg ab, die jeweils ausdrücklich Englisch als Prospektsprache auch bei ausschließlich in den jeweiligen Ländern erfolgenden öffentlichen Angeboten oder Zulassungen gestatten. Aufgrund des restriktiven Wortlauts von § 19 Abs. 1 Satz 2 und der entsprechenden Äußerung in der Regierungsbegründung zum Prospektrichtlinie-Umsetzungsgesetz[9] ist von dieser engen Sprachregelung, die nicht von Art. 19 Abs. 1 Prospektrichtlinie vorgegeben war, jedoch auszugehen.

Wird ausnahmsweise die Abfassung in einer in internationalen Finanzkrei- **5** sen gebräuchlichen Sprache, d. h. Englisch,[10] gestattet, z. B. bei Angeboten ausschließlich an institutionelle Anleger und Prospektpflicht deshalb allein auf Grund im Inland bezweckter Zulassung,[11] muss der Prospekt eine Zusammenfassung in deutscher Sprache enthalten.

2. Herkunftsstaat Bundesrepublik Deutschland, öffentliches Angebot bzw. Zulassung ausschließlich im Ausland

§ 19 Abs. 2 dient der Umsetzung von Art. 19 Abs. 2 Unterabsatz 1 Satz 1 **6** und Unterabsatz 2 Prospektrichtlinie. Sie regelt die Anforderungen an die Sprache eines Prospekts mittels dessen Wertpapiere ausschließlich außerhalb der Bundesrepublik Deutschland öffentlich angeboten oder nur an einem organisierten Markt, der nicht im Inland liegt, zum Handel zugelassen werden sollen. Hier besteht ein Wahlrecht des Emittenten, entweder die in internationalen Finanzkreisen gebräuchliche Sprache (Englisch) oder die im Aufnahmestaat anerkannte Sprache zu wählen. Rein praktisch wird der Prospekt wg. der ansonsten nach § 19 Abs. 2 Satz 2 erforderlichen Übersetzung in die deutsche oder englische Sprache im Normalfall auf Englisch erstellt.[12]

3. Herkunftsstaat Bundesrepublik Deutschland, öffentliches Angebot bzw. Zulassung im In- und Ausland

Die der Umsetzung von Art. 19 Abs. 3 Satz 1 Prospektrichtlinie dienende **7** Regelung des § 19 Abs. 3 erfasst die Fälle, in denen auf Grund des Prospekts Wertpapiere im Inland und im Ausland öffentlich angeboten oder zum Han-

---

[9] Als Beispiel, in dem eine solche Gestattung ausnahmsweise möglich sein soll, wird dort der Fall genannt, wenn die Wertpapiere im Inland ausschließlich institutionellen Anlegern angeboten werden, RegBegr. zum Prospektrichtlinie-Umsetzungsgesetz, BT-Drs. 15/4999, S. 25, 37.
[10] So ausdrücklich Beschlussempfehlung und Bericht des Finanzausschusses BT-Drs. 15/5373, S. 50; so auch die ganz h. M. Nachw. bei *Ritz/Voß*, in: Just/Voß/Ritz/Zeising, § 19 WpPG Rn. 13; nachdrücklich für allein die englische Sprache *Wolf*, in: Berrar/Meyer/Müller/Schnorbus/Singhof/Wolf, § 19 WpPG Rn. 7; *Mattil/Möslein*, WM 2007, 819, 821 weisen allerdings zu Recht darauf hin, dass diese auf die englische Sprache verkürzte Auslegung des Begriffes nicht zwingend ist.
[11] *Ritz/Voß*, in: Just/Voß/Ritz/Zeising, § 19 WpPG Rn. 16.
[12] *Linke*, in: Schäfer/Hamann/KMG, § 19 WpPG Rn. 4; *Wolf*, in: Berrar/Meyer/Müller/Schnorbus/Singhof/Wolf, § 19 WpPG Rn. 17.

del an einem organisierten Markt zugelassen werden sollen. Anders als noch im Regierungsentwurf[13] eröffnet § 19 Abs. 3 Satz 1 auf Anregung des Bundesrates[14] aufgrund der entsprechenden Beschlussempfehlung des Finanzausschusses[15] eine echte Wahlmöglichkeit, ob der Prospekt in deutscher oder in englischer Sprache erstellt werden soll. Nicht entscheidend ist die Sprache desjenigen anderen Staates, in dem zusätzlich zu Deutschland angeboten oder zugelassen werden soll. Konkret bedeutet dies, dass bei einem Angebot in Deutschland und Österreich der Prospekt in englischer Sprache abgefasst werden kann.[16] Das noch im Regierungsentwurf enthaltene diesbezügliche Erfordernis einer ausdrücklichen Gestattung der Verwendung einer anderen als der deutschen Sprache durch die BaFin wurde aufgehoben.

8   In Übereinstimmung mit der in Art. 19 Abs. 2 Satz 2 Prospektrichtlinie enthaltenen Ermächtigung ist in § 19 Abs. 3 Satz 2 geregelt, dass, wird der Prospekt nicht in der deutschen Sprache erstellt, eine Übersetzung der Zusammenfassung in die deutsche Sprache erforderlich ist.

4. Herkunftsstaat nicht die Bundesrepublik Deutschland, öffentliches Angebot oder Zulassung jedoch im Inland

9   § 19 Abs. 4 setzt Art. 19 Abs. 2 Unterabsatz 1 Satz 2 und Abs. 3 Satz 2 Prospektrichtlinie um. Er regelt die Anforderungen an die Sprache für Prospekte, die nicht von der Bundesanstalt gebilligt worden sind, aber mittels denen im Inland ein öffentliches Angebot oder die Zulassung zum Handel an einem im Inland gelegenen organisierten Markt erfolgen soll. Hier besteht ein Recht des Emittenten, entweder die in internationalen Finanzkreisen gebräuchliche Sprache (Englisch) mit einer deutschsprachigen Zusammenfassung (die aber in jedem Fall gefordert und auch bei notifizierten Prospekten von der BaFin überprüft wird, vgl. oben § 17 Rn. 3), oder Deutsch zu wählen (zum Sprachregime bei notifizierten Prospekten vgl. oben § 17 Rn. 3 und FN 4).

5. Sonderregelung für Nichtdividendenwerte mit Mindeststückelung von 100 000 Euro

10   § 19 Abs. 5 enthält eine Sonderregelung für die Sprache eines Prospekts, mittels dessen Nichtdividendenwerte mit einer Mindeststückelung von 100 000 Euro zum Handel an einem organisierten Markt zugelassen werden sollen. In diesen Fällen ist der gesamte Prospekt in einer von der zuständigen Behörde des Aufnahmestaats anerkannten oder in einer in internationalen Finanzkreisen gebräuchlichen Sprache zu erstellen.

---

[13] Regierungsentwurf zum Prospektrichtlinie-Umsetzungsgesetz, BT-Drs. 15/4999, S. 1, 14.

[14] BR-Drs. 85/05, S. 8.

[15] Beschlussempfehlung und Bericht des Finanzausschusses, BT-Drs. 15/5373, S. 50.

[16] Genau das ist in der Praxis auch mehrfach bereits erfolgt. Wie hier *Wolf*, in: Berrar/Meyer/Müller/Schnorbus/Singhof/Wolf, § 19 WpPG Rn. 22 mit Beispielen in FN 49.

III. Sonderfälle

Denkbar ist über die in § 19 ausdrücklich geregelten Fälle hinaus auch ein **11**
so genanntes gebrochenes Sprachregime.[17] Unter den Voraussetzungen,[18] dass
der Prospekt lesbar und verständlich bleibt, die Sprachunterschiede sich auf
klar abgrenzbare Teile des Prospekts beschränken und kein vollständig zwei-
sprachiger Prospekt eingereicht wird, sind neben anderen[19] auch folgende
Gestaltungen zulässig: Ein deutschsprachiger Prospekt mit einem englischsprachigen Finanzteil, ein englischsprachiger Prospekt mit einem deutschsprachigen Finanzteil oder ein deutschsprachiger Prospekt mit deutsch- und englischsprachigen Emissionsbedingungen, wobei aber klar gestellt sein muss,
welche Sprachversion die verbindliche ist.[20]

§ 20. Drittstaatemittenten

(1) **Die Bundesanstalt kann einen Prospekt, der von einem Emittenten
nach den für ihn geltenden Rechtsvorschriften eines Staates, der nicht
Staat des Europäischen Wirtschaftsraums ist, erstellt worden ist, für ein
öffentliches Angebot oder die Zulassung zum Handel an einem organisierten Markt billigen, wenn**

1. **dieser Prospekt nach den von internationalen Organisationen von
Wertpapieraufsichtsbehörden festgelegten internationalen Standards,
einschließlich der Offenlegungsstandards der International Organisation of Securities Commissions (IOSCO), erstellt wurde und**

2. **die Informationspflichten, auch in Bezug auf Finanzinformationen,
den Anforderungen dieses Gesetzes gleichwertig sind.**

(2) **Die §§ 17, 18 und 19 sind entsprechend anzuwenden.**

---

[17] Ausführlich dazu *Linke*, in: Schäfer/Hamann/KMG, § 19 WpPG Rn. 6; *Ritz/
Voß*, in: Just/Voß/Ritz/Zeising, § 19 WpPG Rnrn. 45 ff., 48; *Wolf*, in: Berrar/Meyer/
Müller/Schnorbus/Singhof/Wolf, § 19 WpPG Rnrn. 24 ff.; *von Illberg*, in: Assmann/
Schlitt/von Kopp-Colomb, § 19 WpPG Rnrn. 68 ff.

[18] Die früher von der BaFin noch geforderte Voraussetzung, die verschiedenen Spra-
chen dürfen nicht die Kohärenzprüfung beeinträchtigen, wurde angeblich aufgegeben
Ritz/Voß, in: Just/Voß/Ritz/Zeising, § 19 WpPG Rn. 46.

[19] Weitere Beispiele bei *Ritz/Voß*, in: Just/Voß/Ritz/Zeising, § 19 WpPG Rn. 45.

[20] In diese Richtung, allerdings mit dem Hinweis, ob die BaFin das akzeptiere, sei
unsicher, *Ritz/Voß*, in: Just/Voß/Ritz/Zeising, § 19 WpPG Rnrn. 50, 48; *Wolf*, in:
Berrar/Meyer/Müller/Schnorbus/Singhof/Wolf, § 19 WpPG Rn. 25. AGB-Rechtlich
sind rein englischsprachige Emissionsbedingungen nicht unproblematisch, vgl. hierzu
nur *Masuch*, Anleihebedingungen und AGB-Gesetz, 2001, S. 112 ff., der aus dem
Transparenzgebot des AGB-Rechts u. a. entnimmt, die Anleihebedingungen müssten
grundsätzlich in deutscher Sprache verfasst sein, S. 114. Etwas anderes gelte nur dort,
wo § 13 Abs. 1 Satz 2 BörsZulV (jetzt § 19 WpPG) auch die Verwendung eines an-
derssprachigen Prospektes zulasse. Dort seien dann in Übertragung dieser gesetzlichen
Wertung auch anderssprachige Prospekte und damit Anleihebedingungen zulässig. In
der Praxis werden sicherheitshalber die Bedingungen z. B. bei Wandel- und Umtauschanleihen i. d. R. zweisprachig in Deutsch und Englisch erstellt.

(3) [1]Das Bundesministerium der Finanzen kann im Einvernehmen mit dem Bundesministerium der Justiz durch Rechtsverordnung, die nicht der Zustimmung des Bundesrates bedarf, bestimmen, unter welchen Voraussetzungen die Informationspflichten gleichwertig im Sinne des Absatzes 1 Nr. 2 sind. [2]Dies kann auch in der Weise geschehen, dass Vorschriften bezeichnet werden, bei deren Anwendung die Gleichwertigkeit gegeben ist. [3]Das Bundesministerium der Finanzen kann die Ermächtigung durch Rechtsverordnung auf die Bundesanstalt für Finanzdienstleistungsaufsicht übertragen.

1   § 20 dient der Umsetzung von Art. 20 Prospektrichtlinie und regelt in Absatz 1 die Befugnis der BaFin, einen nach den Rechtsvorschriften eines Drittstaats erstellten Prospekt zu billigen, mit der Folge einer europaweit möglichen Verwendung.

2   § 20 Absatz 2 regelt das Verfahren und die Sprachanforderungen, wenn der gemäß § 20 Absatz 1 erstellte und gebilligte Prospekt für ein grenzüberschreitendes öffentliches Angebot oder die Zulassung von Wertpapieren zum Handel an einem organisierten Markt genutzt werden soll. In diesen Fällen sind das Bescheinigungsverfahren durchzuführen und die Sprachanforderungen des § 19 zu erfüllen.

3   Im Interesse einer erleichterten Umsetzung zukünftiger europäischer Rechtsakte regelt § 20 Abs. 3, dass die näheren Einzelheiten hinsichtlich der Voraussetzungen, die Informationspflichten gemäß den Rechtsvorschriften eines Drittstaats erfüllen müssen, damit die nach jenen Pflichten erstellten Prospekte gebilligt werden können, durch Rechtsverordnung geregelt werden können. Die entsprechende Befugnis zum Erlass der Rechtsverordnung wurde nach § 20 Abs. 3 Satz 3 auf die BaFin übertragen, die davon allerdings noch keinen Gebrauch gemacht hat.[1]

Abschnitt 6. Prospekthaftung

§ 21. Haftung bei fehlerhaftem Börsenzulassungsprospekt

(1) **Der Erwerber von Wertpapieren, die auf Grund eines Prospekts zum Börsenhandel zugelassen sind, in dem für die Beurteilung der Wertpapiere wesentliche Angaben unrichtig oder unvollständig sind, kann**

1. **von denjenigen, die für den Prospekt die Verantwortung übernommen haben, und**
2. **von denjenigen, von denen der Erlass des Prospekts ausgeht, als Gesamtschuldnern die Übernahme der Wertpapiere gegen Erstattung des Erwerbspreises, soweit dieser den ersten Ausgabepreis der Wertpapiere nicht überschreitet, und der mit dem Erwerb verbundenen üblichen Kosten verlangen, sofern das Erwerbsgeschäft nach Veröffentlichung des Prospekts und innerhalb von sechs Monaten nach erstmali-**

---

[1] Siehe BaFinBefugV, abrufbar unter www.bundesrecht.juris.de; siehe zu Vorstehendem auch *Just*, in: Just/Voß/Ritz/Zeising, § 20 WpPG Rn. 21; *Wolf*, in: Berrar/Meyer/Müller/Schnorbus/Singhof/Wolf, § 20 WpPG Rn. 13.

ger Einführung der Wertpapiere abgeschlossen wurde. Ist kein Ausgabepreis festgelegt, gilt als Ausgabepreis der erste nach Einführung der Wertpapiere festgestellte oder gebildete Börsenpreis, im Falle gleichzeitiger Feststellung oder Bildung an mehreren inländischen Börsen der höchste erste Börsenpreis. Auf den Erwerb von Wertpapieren desselben Emittenten, die von den in Satz 1 genannten Wertpapieren nicht nach Ausstattungsmerkmalen oder in sonstiger Weise unterschieden werden können, sind die Sätze 1 und 2 entsprechend anzuwenden.

(2) Ist der Erwerber nicht mehr Inhaber der Wertpapiere, so kann er die Zahlung des Unterschiedsbetrags zwischen dem Erwerbspreis, soweit dieser den ersten Ausgabepreis nicht überschreitet, und dem Veräußerungspreis der Wertpapiere sowie der mit dem Erwerb und der Veräußerung verbundenen üblichen Kosten verlangen. Absatz 1 Satz 2 und 3 ist anzuwenden.

(3) Sind Wertpapiere eines Emittenten mit Sitz im Ausland auch im Ausland zum Börsenhandel zugelassen, besteht ein Anspruch nach Absatz 1 oder 2 nur, sofern die Wertpapiere auf Grund eines im Inland abgeschlossenen Geschäfts oder einer ganz oder teilweise im Inland erbrachten Wertpapierdienstleistung erworben wurden.

(4) Einem Prospekt steht eine schriftliche Darstellung gleich, auf Grund deren Veröffentlichung der Emittent von der Pflicht zur Veröffentlichung eines Prospekts befreit wurde.

Schrifttum: *Arbeitskreis zum „Deutsche Telekom III-Urteil" des BGH,* Thesen zum Umgang mit dem „Deutsche Telekom III-Urteil" des BGH vom 31. 5. 2011, NJW 2011 S. 2719 bei künftigen Börsengängen, CFL 2011, 377; *Arnold/Aubel,* Einlagenrückgewähr, Prospekthaftung und Konzernrecht bei öffentlichen Angeboten von Aktien – Rezession des „Telekom III"-Urteils des BGH vom 31. Mai 2011, ZGR 2012, 113; *Assmann,* Prospekthaftung – als Haftung für die Verletzung kapitalmarktbezogener Informationspflichten nach deutschem und US-amerikanischem Recht, 1985; *ders.,* Konzeptionelle Grundlagen des Anlegerschutzes, ZBB 1989, 49; *ders.,* Neues Recht für den Wertpapiervertrieb, die Förderung der Vermögensbildung durch Wertpapieranlage und die Geschäftstätigkeit von Hypothekenbanken, NJW 1991, 528; *ders.,* Die Befreiung von der Pflicht zur Veröffentlichung eines Börsenzulassungsprospektes nach § 45 Nr. 1 BörsZulV und die Prospekthaftung: Eine Lücke im Anlegerschutz?, AG 1996, 508; *ders.,* Insiderrecht und Kreditwirtschaft, WM 1996, 1337; *ders.,* Entwicklungslinien und Entwicklungsperspektiven der Prospekthaftung, in: Freundesgabe für Friedrich Kübler, 1997, S. 317; *ders.,* Prospektaktualisierungspflichten, in: FS für Ulmer, Habersack/Hommelhoff/Hüffer/Schmidt (Hrsg.), 2003, 757; *ders.,* Die Prospekthaftung berufliche Sachkenner de lege lata und de lege ferenda, AG 2004, 435; *Benicke,* Prospektpflicht und Prospekthaftung bei grenzüberschreitenden Emissionen, FS für Jayme, Mansel/Pfeiffer/Kronke/Kohler/Hausmann (Hrsg.), 2004, 25; *Bischoff,* Internationale Börsenprospekthaftung, AG 2002, 489; *Bosch,* Expertenhaftung gegenüber Dritten – Überlegungen aus der Sicht der Bankpraxis, ZHR 163 (1999), 274; *Brondics/ Mark,* Die Verletzung von Informationspflichten im amtlichen Markt nach der Reform des Börsengesetzes, AG 1989, 339; *Canaris,* Die Reichweite der Expertenhaftung gegenüber Dritten, ZHR 163 (1999), 206; *Ehricke,* Zur zivilrechtlichen Prospekthaftung der Emissionsbanken gegenüber dem Wertpapieranleger, DB 1980, 2429; *Ellenberger,* Die Börsenprospekthaftung nach dem Dritten Finanzmarktförderungsgesetz, in: Bankrecht, Schwerpunkte und Perspektiven, FS für Schimansky, Horn/Lwowski/Nobbe (Hrsg.),

1999, 591; *ders.,* Prospekthaftung im Wertpapierhandel, 2001; *Fleischer,* Zur delikts-rechtlichen Haftung der Vorstandsmitglieder für falsche Ad-hoc-Mitteilungen, DB 2004, 2031; *ders.,* Zur Haftung bei fehlendem Verkaufsprospekt im deutschen und US-amerikanischen Kapitalmarktrecht, WM 2004, 1897; *ders.,* Umplatzierung von Aktien durch öffentliches Angebot (Secondary Public Offering) und verdeckte Einlagen-rückgewähr nach § 57 Abs. 1 AktG, ZIP 2007, 1969; *ders./Thaten,* Einlagenrückge-währ und Übernahme des Prospekthaftungsrisikos durch die Gesellschaft bei der Plat-zierung von Altaktien, NZG 2011, 1081; *Floer,* Internationale Reichweite der Börsen-prospekthaftung, 2002; *Gebauer,* Börsenprospekthaftung und Kapitalerhaltungsgrund-satz in der Aktiengesellschaft, 1999; *Gehrlein,* Die Prospektverantwortlichkeit von Beirats- oder Aufsichtsratsmitgliedern als maßgeblichen Hintermännern, BB 1995, 38; *Groß,* Die börsengesetzliche Prospekthaftung, AG 1999, 199; *Grundmann,* Deutsches Anlegerschutzrecht in internationalen Sachverhalten, RabelsZ (54) 1990, 283; *ders./Selbherr,* Börsenprospekthaftung in der Reform, WM 1996, 985; *Gruson,* Prospekter-fordernisse und Prospekthaftung bei unterschiedlichen Anlageformen nach amerika-nischem und deutschem Recht, WM 1995, 89; Habersack/Mülbert/Schlitt, Unter-nehmensfinanzierung am Kapitalmarkt, 2. Aufl. 2008, zit.: *Verf.,* in: Habersack/Mülbert/Schlitt, Unternehmensfinanzierung am Kapitalmarkt; *Hein,* Rechtliche Fragen des Bookbuildings nach deutschem Recht, WM 1996, 1; *Henze,* Vermögensbildungsprin-zip und Anlegerschutz, NZG 2005, 115; *Hopt,* Die Verantwortlichkeit der Banken bei Emissionen, 1991, zit.: Hopt Verantwortlichkeit; *ders./Voigt,* Prospekt- und Kapital-marktinformationshaftung – Recht und Reform in der Europäischen Union, der Schweiz und den USA –; WM 2004, 1801; *dies.* (Hrsg.), Prospekt- und Kapitalmarktin-formationshaftung, 2005; *Hüffer,* Das Wertpapier-Verkaufsprospektgesetz, 1996; *Kort,* Neuere Entwicklungen im Recht der Börsenprospekthaftung (§§ 45 ff. BörsG) und der Unternehmensberichtshaftung (§ 77 BörsG), AG 1999, 9; *Krämer/Baudisch,* Neues zur Börsenprospekthaftung und zu den Sorgfaltsanforderungen beim Unternehmenskauf, WM 1998, 1161; *Krämer/Gillessen/Kiefner,* Das „Telekom III"-Urteil des BGH – Risi-kozuweisungen an der Schnittstelle von Aktien- und Kapitalmarktrecht, CFL 2011, 328; *Langenbucher,* Kapitalerhaltung und Kapitalmarkthaftung, ZIP 2005, 239; *Leuschner,* Öffentliche Umplatzierung, Prospekthaftung und Innenregress, NJW 2011, 3275; *Lorenz/Schönemann/Wolf,* Geplante Neuregelung zur Prospekthaftung – Verjährung, Anspruchs-konkurrenz und Prospektzusammenfassung, CFL 2011, 346; *Merkt,* Rechtliche Bedeu-tung der „due diligence" beim Unternehmenskauf, WiB 1996, 145; *Meyer,* Aspekte einer Reform der Prospekthaftung, WM 2003, 1301 (Teil I), 1949 (Teil II); *Mülbert/Steup,* Emittentenhaftung für fehlerhafte Kapitalmarktinformation am Beispiel der feh-lerhaften Regelpublizität, WM 2005, 1633; *Möllers,* Das Verhältnis der Haftung wegen sittenwidriger Schädigung zum gesellschaftsrechtlichen Kapitalerhaltungsgrundsatz – EM.TV und Comroad, BB 2005, 1637; *Pabst,* Prospektzwang und Prospekthaftung in den sechs Gründungsstaaten der EWG und der Schweiz, 1972; *Schneider,* Reichweite der Expertenhaftung gegenüber Dritten, ZHR 163 (1999), 246; *Schäfer,* Haftung für fehlerhafte Anlageberatung und Vermögensverwaltung, 2. Aufl. 1994; *Schwark,* Zur Haftung der Emissionsbanken bei Aktienemissionen – börsen-, bilanz- und gesell-schaftsrechtliche Aspekte, ZGR 1983, 162; *ders.,* Prospekthaftung und Kapitalerhaltung, FS Raisch 1995, 269; *Sittmann,* Die Prospekthaftung nach dem Dritten Finanzmarkt-förderungsgesetz, NZG 1998, 490; *Spindler/Christoph,* Die Entwicklung des Kapital-marktrechts in den Jahren 2003/2004, BB 2004, 2197; *Stephan,* Prospektaktualisierung, AG, 2002, 3; *Technau,* Rechtsfragen bei der Gestaltung von Übernahmeverträgen („Underwriting Agreements") im Zusammenhang mit Aktienemissionen, AG 1998, 445; *Vortmann* (Hrsg.), Prospekthaftung und Anlageberatung, 2000; *Wackerbarth,* Pros-pektveranlassung durch Altaktionäre und Einlagenrückgewähr, WM 201, 193; *Weber,* Internationale Prospekthaftung nach der Rom II-Verordnung, WM 2008, 1581;

Wilken, Anlegerschutz im internationalen Recht – zur Entwicklung eines Kapitalmarktkollisionsrechts, in: Henssler/Kolbeck/ Moritz/Rehm (Hrsg.), Europäische Integration und globaler Wettbewerb, 1993, 329; *Wink,* Übernahme des Prospekthaftungsrisikos durch die Gesellschaft bei der Umplatzierung von Aktien und Verbot der Einlagenrückgewähr nach § 57 AktG, AG 2011, 569.

Übersicht

I. Einleitung

1. Übertragung der Prospekthaftungsregeln in das Wertpapierprospektgesetz

1   Ohne (abgesehen von der Verjährungsregelung, vgl. Rnrn. 89 ff. und einer Verschärfung der Anwendung anderer Haftungsregeln in § 25 Abs. 2) inhaltliche Änderung des Haftungsregimes als solchem, d. h. der Voraussetzungen der Prospekthaftung und deren inhaltlicher Ausgestaltung, wurden durch das Gesetz zur Novellierung des Finanzanlagevermittler- und Vermögensanlagerechts[1] der Abschnitt 6 und damit die Prospekthaftungsregeln der §§ 44, 45, 47 BörsG a. F. und §§ 13, 13 a VerkProspG a. F. in das Wertpapierprospektgesetz neu aufgenommen. Dabei entspricht § 21 dem § 44 BörsG a. F., § 22 im Wesentlichen § 13 VerkprospG a. F., § 23 dem § 45 BörsG a. F. und § 24 im Wesentlichen § 13 a VerkProspG a. F. § 46 BörsG a. F. und die darin enthaltene Verjährungsregelung wurde nicht übernommen, vgl. Rnrn. 89 ff. § 25 entspricht im wesentlichen § 47 BörsG a. F., wobei § 25 Abs. 2 insofern von § 47 Abs. 2 BörsG a. F. abweicht als nunmehr auch Ansprüche aus leicht fahrlässiger unerlaubter Handlung und nicht nur solche aus vorsätzlicher oder grob fahrlässiger unerlaubter Handlung neben die Prospekthaftung treten können. Die durch die Übernahme der bis dahin im Börsengesetz und im Verkaufsprospektgesetz enthaltenen Haftungsbestimmungen erreichte Kon-

---

[1] BGBl. I 2011, 2481.

zentration sämtlicher Haftungsregeln für fehlerhafte oder fehlende Prospekte für Wertpapiere in dem Gesetz, das gem. seines § 1 Abs. 1 „die Erstellung, Billigung und Veröffentlichung von Prospekten für Wertpapiere, die öffentlich angeboten oder zum Handel an einem organisierten Markt zugelassen werden sollen", regelt, ist richtig. Nachdem das Wertpapierprospektgesetz die Trennung zwischen Verkaufs- und Börsenzulassungsprospekt aufgegeben hat, ist die Zusammenfassung der, allerdings nach wie vor differenzierten Haftungsregeln in dem diese Trennung aufhebenden Gesetz, dem Wertpapierprospektgesetz, konsistent.

2. Modernisierung der Prospekthaftung

**a) Änderung durch das Dritte und Vierte Finanzmarktförderungs- 2
gesetz.** Bereits lange vor der Konzentration der Haftungsregelungen im Wertpapierprospektgesetz wurde die Notwendigkeit der **Modernisierung** der im Wesentlichen noch aus dem Jahre 1896 stammenden §§ 44, 45 BörsG a. F. vom Schrifttum,[2] aber auch vom Gesetzgeber erkannt; letzterer hatte bereits 1990 die Bundesregierung zur Modernisierung der Prospekthaftung aufgefordert.[3] **Kritisiert** wurde vor allem das **Erfordernis des Besitzes der Papiere** als Voraussetzung eines Anspruchs,[4] der **unterschiedliche Verschuldensmaßstab** bei **unrichtigem** oder **unvollständigem Prospekt**[5] und die Voraussetzung, nachweisen zu müssen, dass **Stücke aus der Emission erworben** wurden; letzteres ist vor dem Hintergrund der Girosammelverwahrung bei alten und neuen Aktien gleicher Gattung, die dann in einem Girosammeldepot gehalten werden, schlechterdings unmöglich.[6] Der Gesetzgeber hat im **Dritten Finanzmarktförderungsgesetz**[7] daraufhin die Prospekthaftungsregeln nicht nur vereinzelt geändert, sondern völlig neu gefasst. Das **Vierte Finanzmarktförderungsgesetz**[8] hat die §§ 45–49 BörsG i. d. F. des Dritten Finanzmarktförderungsgesetzes unverändert in die §§ 44–48 BörsG a. F. übernommen, allerdings die Verjährungsfrist von früher sechs Monaten ab Kenntnis auf ein Jahr ab Kenntnis verlängert, § 46 BörsG a. F.; vgl. dazu unten Rnrn. 89 ff.

---

[2] *Assmann,* AG 1996, 508; *ders.,* in: FS Kübler, S. 317, 341; *Grundmann/Selbherr,* WM 1996, 985; *Hüffer,* Wertpapier-Verkaufsprospektgesetz, S. 184 ff.

[3] Beschlussempfehlung des Finanzausschusses zum Entwurf eines Verkaufsprospektgesetzes, BT-Drs. 11/8323, S. 26: „Die gegenwärtige Prospekthaftung nach dem BörsG erscheint unter dem Gesichtspunkt des Anlegerschutzes allerdings nicht befriedigend. Bei der Novellierung des BörsG in der nächsten Legislaturperiode sollten deshalb die Vorschriften über die Prospekthaftung zu Gunsten eines wirksameren Anlegerschutzes geändert werden."

[4] *Hopt,* Verantwortlichkeit, Rn. 145.

[5] *Assmann,* in: Hdb. KapitalanlageR, § 6 Rn. 20; *Grundmann/Selbherr,* WM 1996, 985, 990; *Hopt,* Verantwortlichkeit, Rn. 169.

[6] *Grundmann/Selbherr,* WM 1996, 985, 990.

[7] Gesetz zur weiteren Fortentwicklung des Finanzplatzes Deutschland (Drittes Finanzmarktförderungsgesetz), BGBl. I 1998, 529.

[8] Gesetz zur weiteren Fortentwicklung des Finanzplatzes Deutschland (Viertes Finanzmarktförderungsgesetz), BGBl. I 2002, 2010.

2a **b) Änderung durch das Prospektrichtlinie-Umsetzungsgesetz.** Das Prospektrichtlinie-Umsetzungsgesetz hat in Umsetzung des Art. 6 Abs. 2 Satz 2 der Prospektrichtlinie[9] in § 45 BörsG a. F. die neue Nr. 5 (§ 23 Abs. 2 Nr. 5, der allerdings durch das ÄnderungsRL-Umsetzungsgesetz wieder geändert wurde) eingefügt, um klarzustellen, dass die strengen Prospekthaftungsgrundsätze auf die nunmehr gesetzlich geforderte **Zusammenfassung des Prospekts,** § 5 Abs. 2, isoliert nicht anwendbar sind. Naturgemäß ist eine Zusammenfassung unvollständig und damit unrichtig, weil sie indem sie zusammenfasst auch weglässt. Von dieser Änderung abgesehen, blieb der Text der §§ 44 ff. BörsG a. F. unverändert. Materiell hat das Prospektrichtlinie-Umsetzungsgesetz aber die Prospekthaftungsregelung grundlegend beeinflusst, weil sich die inhaltlichen Anforderungen an den Prospekt geändert haben, indem das Wertpapierprospektgesetz in Verbindung mit der europäischen Prospektverordnung[10] an die Stelle der §§ 13–47 BörsZulV a. F. getreten sind. Das **Finanzmarktrichtlinie-Umsetzungsgesetz** hat die §§ 44 ff. BörsG a. F. unverändert gelassen.

2b **c) Änderung durch das Gesetz zur Novellierung des Finanzanlagen-vermittler- und Vermögensanlagerechts.**[11] Das Gesetz zur Novellierung des Finanzanlagenvermittler- und Vermögensanlagerechts hat § 44 BörsG a. F. in § 21 sowie § 45 BörsG a. F. in § 23 übernommen und die Verjährungsregelung des § 46 BörsG a. F. gestrichen. Außerdem wurden §§ 13, 13 a VerkProspG a. F. in § 22 bzw. § 24 übernommen und damit sämtliche Haftungsvorschriften für fehlerhafte und fehlende Prospekte für Wertpapiere unabhängig davon, ob sie Grundlage für die Zulassung von Wertpapieren zum Handel an einer inländischen Börse sind oder nicht, in dem auf sämtliche Prospekte für Wertpapiere anwendbaren Wertpapierprospektgesetz zusammengefasst, vgl. bereits oben Rn. 1. Wie der Gesetzgeber ausdrücklich betont, wurde durch diese Über-

---

[9] Richtlinie 2003/71/EG des Europäischen Parlaments und des Rates vom 4. November 2003 betreffend den Prospekt, der beim öffentlichen Angebot von Wertpapieren oder bei deren Zulassung zum Handel zu veröffentlichen ist, und zur Änderung der Richtlinie 2001/34/EG, ABl. EG Nr. L 345 vom 31. Dezember 2003, S. 64. Vgl. dazu näher *Crüwell,* AG 2003, 243; *Fürhoff/Ritz,* WM 2001, 2280; *Holzborn/Schwarz-Gondek,* BKR 2003, 927; *von Kopp-Colomb/Lenz,* AG 2002, 24; *Kunold/Schlitt,* BB 2004, 501 ff.; *Weber,* NZG 2004, 360 ff.
[10] Verordnung (EG) Nr. 809/2004 der Kommission vom 29. April 2004 zur Umsetzung der Richtlinie 2003/71/EG des Europäischen Parlaments und des Rates betreffend die in Prospekten enthaltenen Informationen sowie das Format, die Aufnahme von Informationen mittels Verweis und die Veröffentlichung solcher Prospekte und die Verbreitung von Werbung, in der zweiten berichtigten Fassung abgedruckt in ABl. EG Nr. L 186 vom 18. Juli 2005, S. 3, geändert durch die Verordnung (EG) Nr. 1787/2006 der Kommission vom 4. Dezember 2006, ABl. EG Nr. L 337, 17, die Verordnung (EG) Nr. 211/2007 der Kommission vom 27. Februar 2007, ABl. EG Nr. L 61, 24, die Verordnung (EG) Nr. 1289/2008 der Kommission vom 12. Dezember 2008, ABl. EG Nr. L 340, 17, die Delegierte Verordnung (EU) Nr. 311/2012 der Kommission vom 21. Dezember 2011, ABl. EU Nr. L 103, 13, und die Delegierte Verordnung (EU) Nr. 486/2012 der Kommission vom 30. März 2012, ABl. EU Nr. L 150, 1.
[11] BGBl. I 2011, 2481.

nahme der Haftungsregelungen des Börsengesetzes bzw. des Verkaufsprospektgesetzes „das bislang geltende Haftungsregime mit einer Ausnahme (Streichung
§ 46 BörsG a. F., Anm. Verf.) übernommen". Rechtsprechung und Literatur zu
den Vorgängerregelungen bleiben damit anwendbar.

d) Änderung durch das ÄnderungsRL-Umsetzungsgesetz. [12] Das   2c
ÄnderungsRL-Umsetzungsgesetz hat § 23 Abs. 2 Nr. 5 um eine Haftung für
fehlende (nicht fehlerhafte) Schlüsselinformationen ergänzt, wobei diese Haftung voraussetzt, dass die fehlende Schlüsselinformation aus Sicht eines verständigen Anlegers die Anlageentscheidung tatsächlich erleichtert hätte.

e) Zeitlicher Anwendungsbereich der neuen Regelungen. Der zeit-   3
liche Anwendungsbereich der Prospekthaftungsregeln ist zum Einen im Börsengesetz, dort § 52 BörsG, geregelt. Für „Verkaufsprospekte" findet sich
die Übergangsregelung jedoch in § 37,[13] da das Verkaufsprospektgesetz durch
das Gesetz zur Novellierung des Finanzanlagevermittler- und Vermögensanlagenrechts insgesamt gestrichen wurde. Bei den Übergangsregelungen für
die unterschiedlichen Prospekthaftungsregime sind zwischenzeitlich **vier verschiedene Regelungen** zu betrachten, der Übergang von der Rechtslage
vor In-Kraft-Treten des **Dritten Finanzmarktförderungsgesetzes** auf die
danach geltende Regelung, der – allein hinsichtlich der Verjährungsregelung
bedeutsame – Übergang von der Rechtslage des Dritten Finanzmarktförderungsgesetzes auf die Regelung des **Vierten Finanzmarktförderungsgesetzes,** der Übergang von der Rechtslage vor In-Kraft-Treten des **Prospekt-
richtline-Umsetzungsgesetzes** auf die danach geltende Regelung und
endlich der, wiederum hauptsächlich wegen der Verjährungsregelung bedeutsame Übergang von der Rechtslage vor dem Gesetz zur Novellierung des
Finanzanlagenvermittler- und Vermögensanlagenrechts auf die dadurch ge-
schaffene Übernahme der Regelungen in das Wertpapierprospektgesetz.

§ 52 Abs. 1 BörsG enthält die Übergangsregelung von der Prospekthaf-   4
tung vor In-Kraft-Treten des Dritten Finanzmarktförderungsgesetzes auf die
Prospekthaftung nach Maßgabe der Neuregelung durch das Dritte Finanz-
marktförderungsgesetz. Danach sind auf diejenigen Prospekte, die vor dem
Inkrafttreten des Dritten Finanzmarktförderungsgesetzes (1. 4. 1998) veröf-
fentlicht wurden, weiterhin die §§ 45 bis 49 und 77 in der Fassung vor dem
Dritten Finanzmarktförderungsgesetz anzuwenden. Dies hat insbesondere
Bedeutung für die **Verjährung,** die nach § 47 BörsG i. d. F. vor dem Dritten
Finanzmarktförderungsgesetzes somit für diese „Altprospekte" weiterhin fünf
Jahre beträgt. Rein theoretisch bedeutet dies, dass die Prospekthaftung nach
§§ 45 bis 49 und 77 jeweils i. d. F. des Zweiten Finanzmarktförderungsgesetzes
bis zum 31. 3. 2003 eingreifen konnte.

---

[12] Gesetz zur Umsetzung der Richtlinie 2010/73/EU und zur Änderung des Bör-
sengesetzes, BGBl. I 2012, 1375.
[13] Das Gesetz zur Umsetzung der Richtlinie 2010/73/EU und zur Änderung des
Börsengesetzes hat § 37 Abs. 1 WpPG a. F. gestrichen, so dass die vorher in § 37
Abs. 2 WpPG a. F. enthaltene Übergangsregelung nunmehr in dem einzig verbliebenen
Absatz des § 37 enthalten ist.

5   **§ 52 Abs. 2 BörsG** enthält die Übergangsregelung hinsichtlich der Verjährung von Prospekthaftungsansprüchen nach dem Dritten Finanzmarktförderungsgesetz – sechs Monate ab Kenntnis – zur verlängerten Verjährung nach dem Vierten Finanzmarktförderungsgesetz – ein Jahr ab Kenntnis, § 46 BörsG a.F. – und bestimmt insoweit als Stichtag den 1. Juli 2002.

6   **§ 52 Abs. 3 Satz 1 BörsG** enthält die Übergangsregelung für die Prospekthaftung hinsichtlich § 45 BörsG a.F., dessen Nr. 5, und enthält insoweit als Stichtag den 1. Juli 2005. Auf vorher veröffentlichte Prospekte findet die alte Fassung des § 45 BörsG a.F. Anwendung, d.h. ohne Entlastungsmöglichkeit nach § 45 Nr. 5 BörsG a.F. § 52 Abs. 3 Satz 2 BörsG stellt darüber hinaus klar, dass für Unternehmensberichte, die vor dem 1. Juli 2005 veröffentlicht wurden, die §§ 44 bis 47 BörsG a.F. und § 55 in der alten Fassung vor dem Prospektrichtlinieumsetzungsgesetz anwendbar sind.

6a   **§ 52 Abs. 8 BörsG i.d.F.** des Gesetzes zur Novellierung des Finanzanlagenvermittler- und Vermögensanlagenrechts bestimmt, das die §§ 44–47 BörsG a.F. auf solche Prospekte Anwendung finden sollen, die vor dem Inkrafttreten des Gesetzes zur Novellierung des Finanzanlagenvermittler- und Vermögensanlagenrechts veröffentlicht worden sind. Stichtag ist demnach gemäß Artikel 26 Abs. 3 des Gesetzes zur Novellierung des Finanzanlagenvermittler- und Vermögensanlagenrechts der 1. Juni 2012. Auf Prospekte, die vor diesem Datum veröffentlicht wurden, sind weiterhin die §§ 44–47 BörsG a.F. und damit auch die alte Verjährungsregelung des § 46 BörsG a.F. anzuwenden.

6b   **§ 37** enthält die Übergangsvorschrift für Prospekthaftungsansprüche wegen fehlerhafter oder wegen fehlender Prospekte, die nicht Grundlage für die Zulassung von Wertpapieren zum Handel an einer inländischen Börse sind. § 37 Satz 1 gilt für fehlerhafte Prospekte und stellt auf den Zeitpunkt der Veröffentlichung des Prospekts ab. Liegt der Zeitpunkt der Veröffentlichung vor dem 1. Juni 2012 als dem Datum des Inkrafttretens des Gesetzes zur Novellierung des Finanzanlagenvermittler- und Vermögensanlagenrechts,[14] richtet sich die Prospekthaftung nach § 13 VerkProspG a.F. i.V.m. §§ 44–47 BörsG a.F. Für nach dem 1. Juni 2012 veröffentlichte Prospekte gilt dagegen die Prospekthaftungsregelung des § 22. § 37 Satz 2 enthält die Übergangsvorschrift für Haftungsansprüche wegen fehlender Prospekte. Naturgemäß kann hierfür nicht auf den Zeitpunkt der Veröffentlichung des ja fehlenden Prospekts abgestellt werden, sondern auf den Zeitpunkt des Entstehens des Anspruchs. Wurden Prospekte entgegen § 3 Abs. Satz 1 nicht veröffentlicht, so ist für daraus resultierende Ansprüche, die bis zum Ablauf des 31. Mai 2012, d.h. vor dem 1. Juni 2012 entstanden sind, § 13a VerkProspG a.F. anzuwenden, ist der Anspruch ab dem 1. Juni 2012 entstanden, gilt § 24.

3. Wettbewerb der Rechtsordnungen

7   Die **Internationalisierung der Kapitalmärkte,** die sich nicht nur darin zeigt, dass zunehmend ein **„dual listing",** d.h. die **gleichzeitige Börsennotierung in verschiedenen Staaten** angestrebt wird, sondern auch darin,

---

[14] BGBl. I 2011, 2481.

dass teilweise sogar ausschließlich eine Börsennotiz in einem anderen Staat als dem Sitzstaat, z. B. in den USA, beabsichtigt wird, führt zu einem verstärkten **Wettbewerb der Kapitalmärkte.** Sie führt aber auch zu einem verstärkten **Wettbewerb** der diese Kapitalmärkte regelnden **Rechtsordnungen.**[15] Dies hat der Gesetzgeber bereits bei der Modernisierung der Prospekthaftung im Rahmen des Dritten Finanzmarktförderungsgesetzes berücksichtigt, indem durch die **verbesserte Rechtssicherheit** und damit die erhöhte Berechenbarkeit sowie die Verkürzung der Verjährungsfristen bei Prospekthaftungsansprüchen die Attraktivität des Börsenganges junger Unternehmen gesteigert und das Emissionsgeschäft der Kreditinstitute/Finanzdienstleistungsinstitute gefördert werden sollten.[16]

Gerade bei der Prospekthaftung hat ein Wettbewerb der Rechtsordnungen **8** jedoch die **gegenläufigen Interessen der verschiedenen Kapitalmarktakteure** zu berücksichtigen, also der Emittenten und Emissionsbegleiter, kurz der potentiellen Haftungsverpflichteten einerseits, und der Investoren, d. h. der potentiellen Anspruchsberechtigten auf der anderen Seite. Insbesondere die erstgenannte Gruppe wird bei ihrer Entscheidung, wo sie ihre Wertpapiere notieren will, und welchem Prospekthaftungsregime sie sich unterwirft,[17] auch die daraus entstehenden Risiken berücksichtigen.[18] Dabei ist noch nicht einmal in Europa eine auch nur annähernd vergleichbare Haftungssituation festzustellen: Ländern, in denen eine spezialgesetzlich geregelte Prospekthaftung des Emittenten und der Emissionsbegleiter besteht, stehen solche gegenüber, in denen die zivilrechtliche Prospekthaftung dieser Personen oder jedenfalls der Emissionsbegleiter kaum Bedeutung hat; in wieder anderen Ländern steht die Haftung der den Prospekt billigenden Behörde im Vordergrund.[19] Ob und inwieweit ein Investor die Vorteile einer strengen Prospekthaftung bei seiner Anlageentscheidung berücksichtigt, d. h. ob eine Haftungsverschärfung tatsächlich die Attraktivität des deutschen Kapitalmarkts erhöht hätte,[20] ist bislang, soweit ersichtlich, nicht untersucht worden. Es ist aber

---

[15] RegBegr. zum Dritten Finanzmarktförderungsgesetz, BT-Drs. 13/8933, S. 54, 77; *Bosch,* in: Bosch/Groß, Emissionsgeschäft, Rn. 10/142; *Groß,* AG 1999, 199, 205; *Grundmann/Selbherr,* WM 1996, 985, 987; *Kort,* AG 1999, 9, 11 ff. Detaillierter Überblick über die Prospekthaftungsregeln in den Mitgliedstaaten der EU, der Schweiz und den USA bei *Hopt/Voigt,* in: Hopt/Voigt, Prospekt- und Kapitalmarktinformationshaftung, S. 10 ff., dort auch spezielle Länderberichte zur Rechtslage in Belgien, Dänemark, England, Finnland, Frankreich, Griechenland, Irland, Italien, Luxemburg, Niederlande, Österreich, Portugal, Schweden, Spanien, der Schweiz und den USA.

[16] RegBegr. zum Dritten Finanzmarktförderungsgesetz, BT-Drs. 13/8933, S. 54, 55 f.

[17] Maßgeblich ist jeweils das Recht des Marktes, in dem platziert wird, vgl. nur *Assmann,* FS Schütze, S. 15, 23 ff.; *Bischoff,* AG 2002, 490 ff. (492 ff.); *Grundmann,* RabelsZ (54) 1990, 283, 292 ff.; *Groß,* in: BuB, Rn. 10/305 c.

[18] Ein erhöhtes Haftungsrisiko hätte nach Ansicht des Gesetzgebers eher abschreckend gewirkt; so zu Recht die RegBegr. zum Dritten Finanzmarktförderungsgesetz, BT-Drs. 13/8933, S. 54, 80. In diese Richtung auch *Benicke,* FS Jayme, S. 25.

[19] Vgl. die ausführlichen Länderberichte bei *Hopt/Voigt,* Prospekt- und Kapitalmarktinformationshaftung.

[20] So *Grundmann/Selbherr,* WM 1996, 985, 993.

auch zu bezweifeln. Ob vor dem Hintergrund der gegenläufigen Interessen und deren Gewichtung durch die Kapitalmarktakteure im Bereich der Prospekthaftung ein Wettbewerb der Rechtsordnungen stattfinden sollte, oder, ob hier nicht zumindest in Europa einer Harmonisierung der Vorrang einzuräumen ist, lässt sich nur schwer beantworten. Die Prospektrichtlinie enthält außer der grundsätzlichen – und wohl selbstverständlichen – Bestimmung des Art. 6, dass die Mitgliedsstaaten für (irgend-)eine Prospekthaftungsregel zu sorgen haben, keine weitere Vorgaben, belässt es damit dabei, auf europäischer Ebene diese Frage nicht zu regeln, und überlässt sie insoweit dem Wettbewerb der Rechtsordnungen.

4. Rechtsnatur der Prospekthaftung

9   Zur **Rechtsnatur der** früheren **börsengesetzlichen Prospekthaftung** wurden im Wesentlichen drei Theorien vertreten: Zum einen die Theorie der **kraft Gesetzes eintretenden Vertrauenshaftung,** zum zweiten die Theorie der **rechtsgeschäftlichen Erklärung** und zum dritten die Theorie der **deliktischen,** vertragsunabhängigen **Haftung.**[21] Die praktische Bedeutung der unterschiedlichen Auffassungen ist gering.[22] Bedeutung können sie allerdings in folgenden Bereichen erlangen:[23] Verhältnis von Prospekthaftung zur Kapitalerhaltung; Anwendbarkeit spezieller deliktsrechtlicher Bestimmungen, z.B. §§ 830, 831 BGB; Kollisionsrecht.[24] I.E. dürfte die Auffassung, die eine Einordnung der Prospekthaftung als **kraft Gesetzes eintretender Vertrauenshaftung** vornimmt,[25] zuzustimmen sein; der BGH hat sich ebenfalls in diese Richtung geäußert.[26] An dieser rechtlichen Einordnung hat sich durch die Übernahme der börsengesetzlichen Prospekthaftung in das Wertpapierprospektgesetz nichts geändert.

[21] Vgl. insgesamt nur *Schwark,* in: Schwark/Zimmer, §§ 44, 45 BörsG Rn. 5 m.w. umfangr. Nachw.; *Assmann,* in: Hdb. KapitalanlageR, § 6 Rn. 25ff.; *Ellenberger,* Prospekthaftung im Wertpapierhandel, 7ff.; *Gebauer,* S. 72ff.; *Köndgen,* AG 1983, 89, 91; *Weber,* WM 2008, 1581, 1582f. Der BGH, Urteil v. 21. 5. 2003 – IV ZR 327/02, BKR 2002, 1012 bezeichnet in einem Urteil, in dem es um die Übernahme der Kosten für eine Prospekthaftungsklage durch die Rechtsschutzversicherung ging, die Prospekthaftung als „auf Leistung von Schadenersatz gerichtete gesetzliche Haftungsbestimmung". Im Telekom III-Urteil ordnet der BGH die gesetzlichen Prospekthaftungsregeln als kraft Gesetzes eintretende Vertrauenshaftung ein, BGH, Urteil v. 31. 5. 2011 – II ZR 141/09, BGHZ 190, 7ff., Rz. 17
[22] *Schwark,* in: Schwark/Zimmer, §§ 44, 45 BörsG Rn. 6; *Hamann,* in: Schäfer/Hamann, KMG §§ 44, 45 BörsG Rn. 33.
[23] *Schwark,* in: Schwark/Zimmer, §§ 44, 45 BörsG Rn. 6.
[24] Überblick zum Meinungsstand beim Kollisionsrecht aufgrund der Rechtsnatur der Prospekthaftung bei *Benicke,* FS Jayme, S. 25, 33; *Hamann,* in: Schäfer/Hamann, KMG §§ 44, 45 BörsG Rn. 73ff.
[25] In diesem Sinne wohl auch BGH, Urteil v. 31. 5. 2011 – II ZR 141/09, BGHZ 190, 7ff. Rz. 17; *Schwark,* in: Schwark/Zimmer, §§ 44, 45 BörsG Rn. 7; *Canaris,* Rn. 2277; *Ellenberger,* Prospekthaftung im Wertpapierhandel, 9f.; *Hamann,* in: Schäfer/Hamann, KMG §§ 44, 45 BörsG Rn. 33.
[26] BGH, Urteil v. 31. 5. 2011 – II ZR 141/09, BGHZ 190, 7ff. Rz. 17.

5. Prospekthaftung und Einlagenrückgewähr

a) Problembeschreibung. Die Prospekthaftung erfasst im Falle der Emis- **10** sion von Aktien gem. § 21 Abs. 1 Satz 1 die Kosten des Aktienerwerbs, begrenzt durch den Ausgabekurs zuzüglich der Erwerbsnebenkosten, Zug um Zug gegen Rückgabe der aufgrund des unrichtigen oder unvollständigen Prospekts erworbenen Aktien. Richtet sich der **Prospekthaftungsanspruch** gegen die emittierende Aktiengesellschaft, dann bedeutet dies **i. E. den Erwerb eigener Aktien,** der, da von keinem der Erlaubnistatbestände des § 71 AktG erfasst, nach **deutschen Gesellschaftsrecht** unzulässig ist.[27] Zwar wäre eine Änderung des § 71 AktG, die es zulässt, dass eigene Aktien erworben werden, wenn hierfür eine gesetzliche Verpflichtung, z. B. aus Prospekthaftung, besteht, auch **europarechtlich unbedenklich** und zulässig. Art. 20 Abs. 1 lit. d erste Alternative der **Zweiten gesellschaftsrechtlichen Richtlinie**[28] erklärt einen Erwerb von Aktien „die aufgrund einer gesetzlichen Verpflichtung ... erworben werden" ausdrücklich für zulässig. Der deutsche Gesetzgeber hat von dieser in der Zweiten gesellschaftsrechtlichen Richtlinie eingeräumten Möglichkeit jedoch keinen Gebrauch gemacht. Ging es bis zum Dritten Finanzmarktförderungsgesetz nur um das Verhältnis der Prospekthaftung zum Erwerb eigener Aktien, so geht es, seit durch das Dritte Finanzmarktförderungsgesetz das Halten der Aktien nicht mehr Anspruchsvoraussetzung ist, was § 21 Abs. 2 verdeutlicht, allgemein um das **Verhältnis von Prospekthaftung und Kapitalerhaltung** bzw. **Prospekthaftung und Verbot der Einlagenrückgewähr.**[29]

b) Meinungsstand. Der Wertungswiderspruch zwischen gesetzlich aus- **11** drücklich angeordneter Prospekthaftung der Emittenten und damit eben auch der aktienemittierenden Aktiengesellschaft einerseits und der Unzulässigkeit des Erwerbs eigener Aktien bzw. der Einlagenrückgewähr andererseits ist bereits in der **Rechtsprechung des Reichsgerichts** behandelt worden[30] mit dem Ergebnis, dass zwischen „Zeichnungs-" und „Umsatzerwerb" unterschieden werden soll. Danach sollen Aktienerwerber, die ihre Aktien in einem gewöhnlichen Umsatzgeschäft erworben haben, Prospekthaftungsan-

[27] Vgl. nur *Lutter,* in: KK zum AktG, 2. Aufl. 1988, § 71 Rn. 69 einerseits und § 57 Rn. 22 andererseits; *Krämer/Baudisch,* WM 1988, 1161, 1163 m. w. N.
[28] Zweite Richtlinie vom 13. Dezember 1976 (Kapitalrichtlinie) 77/91/EWG, ABl. EG Nr. L 26 vom 31. 1. 1977, S. 1.
[29] Übersicht über den Meinungsstand bei *Henze,* NZG 2005, 115, 121; *Mülbert/Steup,* in: Habersack/Mülbert/Schlitt, Unternehmensfinanzierung am Kapitalmarkt, § 33 Rnrn. 5 ff; *Langenbucher,* ZIP 2005, 239. Detaillierter Überblick über die Behandlung dieses Problems in den Mitgliedstaaten der EU, der Schweiz und den USA bei *Hopt/Voigt,* in: Hopt/Voigt, Prospekt- und Kapitalmarktinformationshaftung, S. 60 ff.
[30] Zur Entwicklung der Rechtsprechung des Reichsgerichts vom Vorrang der Prospekthaftung über den Vorrang der Kapitalerhaltung bis zur differenzierenden Auffassung vgl. *Gebauer,* S. 136 ff.

sprüche geltend machen können, nicht dagegen die ursprünglichen Zeichner der jungen Aktien.[31]

12   Diese zwischen einem **originären** Zeichnungserwerb und einem **derivativen** Umsatzerwerb differenzierende Auffassung ist in der späteren Rechtsprechung[32] und der kapitalmarktrechtlichen Literatur im Wesentlichen übernommen worden.[33] Allerdings werden von den Vertretern dieser Auffassung unterschiedliche Meinungen dazu vertreten, wie einzelne Erwerbsvorgänge zu qualifizieren sind, ob als originär oder derivativ. Das gilt z. B. für den praktisch bedeutsamen Fall des mittelbaren Bezugsrechts nach § 186 Abs. 5 AktG bzw. allgemein der Platzierung über ein Emissionskonsortium, der vereinzelt als Fall originären Zeichnungserwerbs angesehen wird, obwohl hier nicht der Aktionär, sondern die Bank zeichnet, der von anderen Autoren deshalb auch als Fall des derivativen Umsatzerwerbes qualifiziert wird.[34]

13   Dieser differenzierenden und damit eher vermittelnden Lösung stehen zwei konträre Auffassungen gegenüber: Einzelne, eher gesellschaftsrechtlich geprägte Autoren plädieren für einen unbedingten **Vorrang der Kapitalerhaltung** und damit gegen eine Prospekthaftung bei Aktien.[35] Die zwischenzeitlich wohl überwiegende Auffassung vertritt dagegen einen **generellen Vorrang der Prospekthaftung.**[36] Zwischen diesen beiden Auffassungen und der differenzierenden Meinung des Reichsgerichts werden neuerdings – nicht zuletzt aufgrund der erheblich erweiterten „Kapitalmarkthaftung"[37] –

---

[31] RG, Urteil v. 28. 4. 1909 – I. 254/08, RGZ 71, 97, 99, bestätigt durch RG, Urteil v. 2. 6. 1916 – III. 61/16, RGZ 88, 271, 272. Darstellung der Entwicklung auch bei OLG Frankfurt, Urteil v. 17. 3. 2005 – 1 U 149/04, ZIP 2005, 710, 713.

[32] Vgl. nur OLG Frankfurt, Urteil v. 17. 3. 1999 – 21 U 260/97, ZIP 1999, 1005, 1008; offen gelassen OLG Frankfurt, Urteil v. 17. 3. 2005 – I U 149/04, ZIP 2005, 710, 713 für den Fall eine Haftung aus § 826 BGB für falsche Ad-hoc-Mitteilungen. Eher kritisch zu dieser Differenzierung unter Verweis auf „die eindeutig in die Richtung auf eine uneingeschränkte Haftung der Aktiengesellschaft weisenden Äußerungen des historischen Gesetzgebers" BGH, Urteil v. 9. 5. 2005 – II ZR 287/02, BB 2005, 1644, 1646.

[33] *Hüffer,* Wertpapier-Verkaufsprospektgesetz, S. 196 f.; *Schwark,* in: Schwark/Zimmer, §§ 44, 45 BörsG Rn. 13. Diese differenzierende Auffassung wird von Gebauer mit überzeugenden Gründen abgelehnt, S. 163 ff.; ebenfalls ablehnend *Ellenberger,* Prospekthaftung im Wertpapierhandel, 75 f.; *Renzenbrink/Holzner,* BKR 2002, 434, 435 ff., die zu Recht darauf hinweisen, dass diese Differenzierung in der Praxis, bei der es nahezu ausschließlich um den derivativen Erwerb gehe, irrelevant ist.

[34] Den Erwerb der Aktien durch die Aktionäre im Wege des mittelbaren Bezugsrechts als originären Erwerb einordnend *Schwark,* in: Schwark/Zimmer, §§ 44, 45 BörsG Rn. 13 m. w. N.; a. A. diesen Erwerb als derivativen Erwerb einordnend *Henze,* in: GK z. AktG, 4. Aufl. 2001, § 57 Rn. 24.

[35] Vgl. nur *Lutter,* in: KK z. AktG, 2. Aufl. 1988, § 71 Rn. 69.

[36] *Fleischer,* in: K. Schmidt/Lutter, AktG, 2. Aufl. 2010, § 57 Rn. 67; *Ellenberger,* Prospekthaftung im Wertpapierhandel, 75 f.; *Fleischer,* Gutachten F zum 64. Deutschen Juristentag 2002, F 74; *Hamann,* in: Schäfer/Hamann, KMG §§ 44, 45 BörsG Rn. 83 ff.; *Mülbert/Steup,* in: Habersack/Mülbert/Schlitt, Unternehmensfinanzierung am Kapitalmarkt, § 33 Rn. 7 mit ausführlicher, auch gemeinschaftsrechtlicher Begründung; *Renzenbrink/Holzner,* BKR 2002, 434, 436; *Reusch/Wankerl,* BKR 2003, 744, 745.

[37] Darauf weist *Langenbucher,* ZIP 2005, 239, 239 f. nachdrücklich hin.

vermittelnde Auffassungen vertreten: Beschränkung der Prospekthaftung auf das „freie" Vermögen, d. h. das Vermögen, welches das Grundkapital und die gesetzliche Rücklage übersteigt,[38] oder Rangrücktritt von Prospekthaftungsansprüchen in der Insolvenz.[39]

c) Stellungnahme. Zunächst ist festzustellen, dass jedenfalls mit der **14** grundlegenden Modernisierung der börsengesetzlichen Prospekthaftung durch das Dritte Finanzmarktförderungsgesetz von 1998 die **§§ 44 ff. BörsG a. F. (jetzt §§ 21, 23) die jüngeren Vorschriften** darstellen, welche den älteren §§ 71 ff., 57 AktG vorgehen.[40] Der früher vertretenen Auffassung, die §§ 71 ff., 57 AktG gingen als jüngere Vorschriften den §§ 44 ff. BörsG a. F. (jetzt §§ 21, 23) vor,[41] ist damit jedenfalls[42] seit der Modernisierung der Börsenprospekthaftung durch das Dritte Finanzmarktänderungsgesetz der Boden entzogen worden. Entscheidend ist aber, dass die **§§ 44 ff. BörsG a. F.** gegenüber §§ 71 ff., 57 AktG die **spezielleren Vorschriften** sind und die letzteren deshalb durch §§ 44 ff. BörsG a. F. (jetzt §§ 21, 23) verdrängt werden, ohne dass es dabei auf die **Unterscheidung** zwischen Umsatzgeschäft einerseits und Zeichnungserwerb andererseits ankommt. Während §§ 71 ff., 57 AktG ganz allgemein jeden Erwerb eigener Aktien bzw. jede Vermögensverschiebung zwischen Gesellschaft und Aktionär regeln, bezieht sich § 44 BörsG a. F. (jetzt § 21) auf einen einzigen Sachverhalt, die Leistung von Schadensersatz wegen Erwerbs von Aktien aufgrund eines grob fahrlässig von der Gesellschaft unrichtig oder unvollständig erstellten Prospekts. Damit enthält § 44 BörsG a. F. (jetzt § 21) eine Spezialregelung für den Fall der Prospekthaftung.[43] Genau dieser **Spezialitätsgedanke** wird auch in der **Regierungsbe-**

---

[38] *Bayer,* in: MünchKom. AktG, 2. Aufl. 2003, § 57 Rn. 24; weitere Nachw. bei *Langenbucher,* ZIP 2005, 2009, 243. Dagegen BGH, Urteil v. 9. 5. 2005 – II ZR 2087/02, BB 2005, 1644, 1646 für einen Anspruch aus § 826 BGB bzw. § 823 Abs. 2 BGB i. V. m. § 400 Aktiengesetz. Dagegen auch ausdrücklich OLG Frankfurt, Urteil v. 17. 3. 2005 – 1 U 149/04, ZIP 2005, 710, 713 für den Fall einer deliktischen Haftung für fehlerhafte Ad-hoc-Mitteilung, allerdings diesbezüglich mit eher generell ablehnenden Ausführungen.

[39] *Langenbucher,* ZIP 2005, 239, 244; ihr folgend *Drygala,* in: KK z. AktG, 3. Aufl. 2010, § 57 Rn. 33 und *Lutter/Drygala,* in: KK z. AktG, 3. Aufl. 2009, § 71 Rn. 100.

[40] So bereits für die „alten" §§ 45 ff. vor der Änderung durch das Dritte Finanzmarktförderungsgesetz LG Frankfurt, Urteil v. 7. 10. 1997 – 3/11 O 44/96, WM 1998, 1181, 1185 f.; wie hier *Ellenberger,* Prospekthaftung im Wertpapierhandel, 74; *Hamann,* in: Schäfer/Hamann, KMG §§ 44, 45 BörsG Rn. 83 ff.; *Krämer/Baudisch,* WM 1998, 1161, 1164. Wie hier, sowohl für die „alten" §§ 45 ff. als auch für die „neuen" §§ 45 ff. *Henze,* in: GK z. AktG, 4. Aufl. 2001, § 57 Rn. 20.

[41] Vgl. Nachw. bei *Ellenberger,* Prospekthaftung im Wertpapierhandel, 74.

[42] Auch vorher war dies schon zweifelhaft, LG Frankfurt, Urteil v. 7. 10. 1997 – 3/11 O 44/96, WM 1998, 1181, 1185 f., vgl. *Ellenberger,* Prospekthaftung im Wertpapierhandel, 74; *Renzenbrink/Holzner,* BKR 2002, 434, 437; *Schwark,* FS Raisch, 269, 274.

[43] So ausdrücklich OLG Frankfurt, Urteil v. 17. 3. 1999 – 21 U 260/97, ZIP 1999, 1005, 1008; LG Frankfurt, Urteil v. 7. 10. 1997 – 3/11 O 44/96, WM 1998, 1181, 1185 f. mit zustimmenden Anm. v. *Huber,* ZIP 1997, 645, 646; *Ellenberger,* Prospekthaftung im Wertpapierhandel, 74; *Hamann,* in: Schäfer/Hamann, KMG §§ 44, 45

gründung zum Dritten Finanzmarktförderungsgesetz ausdrücklich hervorgehoben: „Die in § 45 getroffenen Regelungen enthalten insoweit abschließende Spezialregelungen, die den soeben erwähnten allgemeinen Grundsätzen (Verbot der Einlagenrückgewähr gem. § 57 Abs. 1 Satz 1 AktG und Verbot des Erwerbs eigener Aktien gemäß §§ 71 ff. AktG, Anmerkung des Verf.) vorgehen."[44] Gesetzestechnisch wäre es besser gewesen, diese ausdrückliche Klarstellung durch den Gesetzgeber nicht nur in die **Regierungsbegründung** zu schreiben, sondern durch eine **klarstellende Bestimmung in §§ 44 ff.** BörsG a. F. (jetzt §§ 21, 23), oder am besten in **§ 57 AktG** oder **§ 71 AktG** eindeutig zu regeln.[45]

15   Aber auch ohne eine solche klarstellende Bestimmung ist der Spezialitätsgedanke zutreffend und führt dazu, dass eine Prospekthaftung des Emittenten nach § 21 auch dann besteht, wenn diese i. E. zum Erwerb eigener Aktien und damit zur Einlagenrückgewähr führt, ohne dass es dabei auf die Differenzierung zwischen Umsatz- oder Zeichnungserwerb ankommt.[46] Soweit auf der Grundlage der Lex-Specialis-These dennoch vertreten wird, der Zeichner könne gegen die Gesellschaft Prospekthaftungsansprüche allenfalls beschränkt auf die Überschüsse bzw. freie(n) Rücklagen[47] geltend machen, somit trotz genereller Lex-Specialis-These wieder zwischen Zeichnungserwerb und Umsatzgeschäft differenziert wird,[48] ist dem nicht zuzustimmen. Zwar ist es zutreffend, dass gegen einen Prospekthaftungsanspruch des Zeichners zunächst

---

BörsG Rn. 83 f.; *Pankoke,* in: Just/Voß/Ritz/Zeising, §§ 44 BörsG, 13 VerkProspG Rn. 79; *Krämer/Baudisch,* WM 1998, 1161, 1164; *Mülbert/Steup,* in: Habersack/Mülbert/Schlitt, Unternehmensfinanzierung am Kapitalmarkt, § 33 Rn. 7, die ebenfalls ausdrücklich auf die Regierungsbegründung zum Dritten Finanzmarktförderungsgesetz verweisen; i. d. S. auch bereits *Assmann,* Prospekthaftung, 1985, S. 332 f.; ebenso *Henze,* in: GK z. AktG, § 57 Rn. 20 allerdings weiterhin zwischen Umsatzgeschäft und Zeichnungserwerb differenzierend, vgl. Rn. 20 – Umsatzgeschäft – Rn. 22 – Zeichnungserwerb. Gegen diese Lex-Specialis-Argumentation *Gebauer,* S. 204 f.

[44] RegBegr. zum Dritten Finanzmarktförderungsgesetz, BT-Drs. 13/8933, S. 54, 78. Der BGH verweist u. a. auf diese Stelle, wenn er Zweifel an der Auffassung äußert, die zwischen Umsatzgeschäft einerseits und Zeichnungserwerb andererseits differenziert, BGH, Urteil v. 9. 5. 2005 – II ZR 287/02, BB 2005, 1644, 1646.

[45] Wie hier *Fleischer,* Gutachten F zum 64. Deutschen Juristentag 2002, F 74; ebenso auch *Bayer,* in: MünchKom. AktG, § 57 Rn. 22 und *Henze,* NZG 2005, 115, der nachdrücklich fragt, weshalb keine ausdrückliche Regelung erfolgt ist, und diese dann fordert.

[46] Wie hier im Grundsatz OLG Frankfurt, Urteil v. 17. 3. 1999 – 21 U 260/97, ZIP 1999, 1005, 1008; LG Frankfurt, Urteil v. 7. 10. 1997 3/11 O 44/96, WM 1998, 1181, 1185 f.; *Huber,* Anm. zu LG Frankfurt, ZIP 1998, 645, 646; *Ellenberger,* Prospekthaftung im Wertpapierhandel, 74 f.; *Hamann,* in: Schäfer/Hamann, KMG §§ 44, 45 BörsG Rn. 84; *Krämer/Baudisch,* WM 1998, 1161, 1164 ff.; i. E. wie hier, allerdings mit der Begründung, Art. 2 Abs. 2 EGHGB stelle die geschriebene Kollisionsnorm dar, nach der „ausnahmslos von einem Vorrang der §§ 45, 46 BörsenG gegenüber dem Aktienrecht auszugehen" sei, *Gebauer,* S. 201 ff.; eher kritisch *Kort,* Anm. zu OLG Frankfurt, EwiR, § 77 BörsG, 1/99, 501, 502.

[47] *Henze,* in: GK z. AktG, § 57 Rn. 23.

[48] *Henze,* in: GK z. AktG, § 57 Rn. 22. *Henze* rechnet allerdings zu Recht den mittelbaren Aktienbezug dem Umsatzgeschäft zu, vgl. Rn. 24.

die Natur des Zeichnungsvertrages und dessen Bestandskraft zu sprechen scheinen.[49] Es geht jedoch bei der Prospekthaftung nicht um eine Leistungsstörung des Zeichnungsvertrages oder um dessen Rückabwicklung, sondern um unabhängig vom Zeichnungsvertrag bestehende gesetzliche Prospekthaftungsansprüche. Der Zeichnungsvertrag ist mit Leistung der Einlage und Ausgabe der Aktien erfüllt, die entsprechende Einlageverpflichtung des Zeichners durch Erfüllung erloschen. Prospekthaftung besteht nicht darin, Gewährleistungsrechte aus dem Zeichnungsvertrag geltend zu machen, sondern ist eine unabhängig vom Zeichnungsvertrag, diesen nicht berührende, spezialgesetzlich geregelte Folge fehlerhafter Prospektangaben.[50]

Dasselbe Ergebnis, dass § 57 AktG der gesetzlichen Prospekthaftung nicht **16** entgegensteht, folgt auch aus § 57 AktG selbst. Da **§ 57 AktG** nach einhelliger Meinung[51] **reguläre Geschäfte** und damit auch die **Abwicklung von Schadensersatzansprüchen nicht verbietet,** ist die Abwicklung gesetzlich begründeter Prospekthaftungsansprüche nicht von § 57 AktG erfasst.[52] Letztendlich ist, worauf Mülbert/Steup zu Recht hinweisen, der Vorrang der Prospekthaftung vor der Kapitalerhaltung auch europarechtlich geboten. Würde der nationale Gesetzgeber den Hauptverantwortlichen für den Prospekt, den Emittenten, mit dem Hinweis auf die Kapitalerhaltung von der Prospekthaftung befreien, wäre dies mit Art. 6 Abs. 2 Prospektrichtlinie nicht zu vereinbaren.[53]

6. Interne Haftungsfreistellung des Emissionsbegleiters

Eine von der Problematik des Verhältnisses der Prospekthaftungsregeln zu **17** den Kapitalerhaltungsvorschriften zu unterscheidende Frage ist die nach der

---

[49] *Henze,* in: GK z. AktG, § 57 Rn. 22; dagegen ausdrücklich *Bayer,* in: Münch-Kom. AktG, § 57 Rn. 23.

[50] In dieselbe Richtung argumentierend BGH, Urteil v. 9. 5. 2005 – II ZR 287/02, BB 2005, 1644, 1646 für den Fall einer Haftung aus § 826 BGB bzw. § 823 Abs. 2 BGB i. V. m. § 400 AktG und OLG Frankfurt, Urteil v. 17. 3. 2005 – I U 149/04, ZIP 2005, 710, 713 für den Fall eine Haftung aus § 826 BGB für falsche Ad-hoc-Mitteilungen. Die Rechtsprechung des BGH, dass §§ 57, 71 AktG einer Haftung aus § 826 BGB bzw. § 823 Abs. 2 BGB i. V. m. § 400 AktG nicht entgegenstehe, kann zwischenzeitlich als gefestigt gelten, vgl. nur BGH, Urteil v. 7. 1. 2008 – II ZR 68/06, WM 2008, 398, 399 m. w.umfangr.Nachw. Wie hier auch *Hamann,* in: Schäfer/Hamann, KMG §§ 44, 45 BörsG Rn. 84.

[51] Vgl. nur *Lutter,* in: KK z. AktG, § 57 Rn. 22.

[52] So ausdrücklich *Hommelhoff/van Aerssen,* EWiR § 57 AktG 1/98, 579, 580; ebenso *Hamann,* in: Schäfer/Hamann, KMG §§ 44, 45 BörsG Rn. 84; i. d. S. wohl auch *Pankoke,* in: Just/Voß/Ritz/Zeising, §§ 44 BörsG, 13 VerkProspG Rn. 80; gegen diese „zu formal(e)" Sichtweise *Henze,* in: GK z. AktG, § 57 Rn. 19 und *Schwark,* in: Schwark/Zimmer, §§ 44, 45 BörsG Rn. 13. Für eine klare Abgrenzung zwischen gesellschaftsrechtlichen Beziehungen einerseits und kapitalmarktrechtlichen Beziehungen andererseits, wobei letzteren § 57 AktG nicht entgegensteht, auch OLG Frankfurt, Urteil v. 17. 3. 2005 – I U 149/04, ZIP 2005, 710, 713 für den Fall eine Haftung aus § 826 BGB für falsche Ad-hoc-Mitteilungen.

[53] *Mülbert/Steup,* in: Habersack/Mülbert/Schlitt, Unternehmensfinanzierung am Kapitalmarkt, § 33 Rn. 7.

Zulässigkeit interner Haftungsfreistellungsklauseln des Emissionsbegleiters oder Zulassungsantragstellers. Aktienübernahmeverträge enthalten regelmäßig Klauseln, nach denen der oder die Zulassungsantragsteller intern vom Emittenten freigestellt werden,[54] von der Prospekthaftung, die aufgrund gesetzlicher Regelungen auch sie im Außenverhältnis treffen.[55] Solche Freistellungsklauseln werden von der weitaus überwiegenden Auffassung, jedenfalls wenn es sich um die Platzierung von neuen Aktien handelt, als zulässig und unproblematisch angesehen,[56] insbesondere liege darin kein Verstoß gegen §§ 71 ff., 57 AktG. Dem ist entgegen einzelner Stimmen in der Literatur[57] zuzustimmen.

18   Die Gesellschaft haftet als Unterzeichner des unrichtigen Prospekts bei der Börsenzulassung, § 32 Abs. 2 i. V. m. § 5 Abs. 3 und 4 WpPG, im Außenverhältnis in jedem Fall nach § 21, nach der hier vertretenen Auffassung vom Vorrang der Prospekthaftung voll und unbeschränkt. Gleichzeitig haftet auch der Zulassungsantragsteller nach § 21, da er den Prospekt mit zu unterzeichnen hat, § 32 Abs. 2 i. V. m. § 5 Abs. 4 Satz 2 WpPG. Beide haften als Gesamtschuldner. Insofern handelt es sich bei der internen Haftungsfreistellung der Sache nach um nichts anderes als um eine Regelung des Gesamtschuldnerausgleichs.[58] Der Prospekt dient der Zulassung und ggfls. der Platzierung von Wertpapieren der Gesellschaft. Er beschreibt die Gesellschaft, ihr Geschäft und die damit verbundenen Chancen und Risiken. Insofern versteht es sich von selbst, dass die Gesellschaft die Letztverantwortung für ihren Prospekt trifft.[59] Deshalb ist aber auch davon auszugehen, dass bei verschuldeten Prospektmängeln jedenfalls im Verhältnis zum Emissionsbegleiter generell das Verschulden bei der Gesellschaft liegt.[60] Insofern stellt die interne Haftungsfreistellung nur

---

[54] Vgl. nur Muster bei *Groß,* in: BuB Rn. 10/324 Art. 8, Rn. 325 Ziff. II; siehe auch *Fleischer/Thaten,* NZG 2011, 1081, 1085.

[55] Vgl. dazu im Einzelnen unten Rn. 32.

[56] LG Bonn, Urteil v. 1. 6. 2007 – 1 O 552/05, Der Konzern 2007, 532, 534; *Schwark,* in: Schwark/Zimmer, §§ 44, 45 BörsG Rn. 14; *Groß,* in: BuB, Rn. 10/293 b f., 309; *Fleischer,* ZIP 2007, 1960, 1972 f.; *Fleischer,* in: K. Schmidt/Lutter, AktG, 2. Aufl. 2010, § 57 Rn. 24, differenzierend im Falle der Veräußerung bestehenden Aktien, § 57 Rnrn. 25 ff.; *Hamann,* in: Schäfer/Hamann, KMG §§ 44, 45 BörsG Rn. 85; bei der Platzierung neuer Aktien ebenso *Henze,* in: GK z. AktG, § 57 Rn. 55; *Fleischer, Thaten,* NZG 2011, 1081, 1085; *Hoffmann-Becking,* FS Lieberknecht, 1997, S. 25 ff. (36 f.); *Krämer/Baudisch,* WM 1998, 1161, 1168 Fn 79; *Krämer/Gillessen/Kiefner,* CFL 2011, 328, 340 f.; *Pankoke,* in: Just/Voß/Ritz/Zeising, §§ 44 BörsG, 13 VerkProspG Rn. 83; *Technau,* AG 1998, 445, 455 ff.; Überblick über den Meinungsstand auch bei *Fleischer,* ZIP 2007, 1969, 1971; *Wink,* AG 2011, 569, 579; nicht ganz eindeutig, im Ergebnis aber wohl wie hier *Schwark,* in: Schwark/Zimmer, §§ 44, 45 BörsG Rn. 14.

[57] Teilweise kritisch *Bayer,* in: MünchKomAktG, § 57 Rn. 89; *Fleischer,* Gutachten F für den 64. Deutschen Juristentag 2002, F 73 f.; kritisch *Hirte,* in: Hdb. d. Konzernfinanzierung, Lutter/Scheffler/U. H. Schneider (Hrsg.), Rn. 35.35 ff.

[58] So ausdrücklich sogar für den Fall des Verhältnisses zwischen Gesellschaft und prospektveranlassendem Aktionär *Wackerbarth,* WM 201, 193, 198 ff.

[59] Ebenso *Schwintowski/Schäfer,* Bankrecht, § 23, Rn. 78.

[60] Wie hier jetzt auch *Krämer/Gillessen/Kiefner,* CFL 2011, 328, 340 f. Einschränkend *Ellenberger,* Prospekthaftung im Wertpapierhandel, 76.

dasjenige klar, was so oder so gilt, nämlich die interne Alleinverantwortlichkeit der Gesellschaft und damit der allein sie treffende Gesamtschuldnerausgleich.[61] Für diese rechtliche Beurteilung ist es im Übrigen unerheblich, ob die emittierten Aktien durch eine Kapitalerhöhung neu geschaffen, oder allein von bereits bestehenden Aktionären zur Verfügung gestellt werden.[62]

Soweit die Letztverantwortlichkeit der Gesellschaft für den Prospekt verein- **19** zelt in der Literatur eingeschränkt wird indem einzelne Bereiche (fehlerhafte Beschreibung der „kapitalmarktspezifischen Risiken" und „falsche Verarbeitung der Informationen des Emittenten") ausgenommen werden,[63] kann dem nicht gefolgt werden. Die Gesellschaft hat in jedem Fall eine Endkontrolle des Prospekts vorzunehmen und dafür Sorge zu tragen, dass alle von ihr zur Verfügung gestellten Informationen ordnungsgemäß verarbeitet werden. Insofern bleibt es bei der Letztverantwortlichkeit der Gesellschaft, von der allerdings bei allein die Emissionsbegleiter betreffenden Informationen, z. B. deren Firma (Namen), Konsortialquote etc.[64] eine Ausnahme gemacht werden kann.

Die Zulässigkeit der Haftungsfreistellung ergibt sich aber auch daraus, dass **20** die Unterstützung der Emittenten bei der Erlangung der Börsenzulassung durch den oder die emissionsbegleitenden Kreditinstitute eine **gesonderte Dienstleistung** darstellt, die von der Zeichnung neuer Aktien zu unterscheiden ist. Unabhängig davon, ob beide Aspekte in ein und demselben Vertrag geregelt sind, handelt es sich doch um unterschiedliche Aufgaben, Begründung neuer Mitgliedschaftsrechte und Aufbringung des Kapitals nach einem gesetzlich genau geregelten Verfahren einerseits und Mitwirkung an der Zulassung dieser entstandenen Mitgliedschaftsrechte bzw. bereits bestehender Mitgliedschaftsrechte andererseits. Diese **Mitwirkung bei der Börsenzulassung als gesonderte Dienstleistung** kann mit ihren von der Entstehung der Mitgliedschaftsrechte unabhängigen Rechten und Pflichten geregelt werden. Eine solche **schuldvertragliche Regelung** ist, unterstellt § 57 AktG ist hier überhaupt anwendbar, nur dann nach § 57 AktG unwirksam, wenn ein **objektives Missverhältnis zwischen Leistung und Gegenleistung** besteht, d. h. hinsichtlich der Prospekthaftung, wenn die **Freistellung als unangemessene Risikoverteilung** anzusehen ist.[65] Das ist aber nicht der Fall: Die interne Haftungsfreistellung der Emissionsbegleiter durch den Emittenten ist der Sache nach gerechtfertigt. Selbst bei der besten Prüfung durch den Konsortialführer wissen die Organe des Emittenten immer

---

[61] So ausdrücklich *Ellenberger*, Prospekthaftung im Wertpapierhandel, 76; ebenso *Fleischer*, ZIP 2007, 1969, 1972; *Fleischer*, in: K. Schmidt/Lutter, AktG, 2. Aufl. 2010, § 57 Rn. 24.

[62] Wie hier *Krämer/Gillessen/Kiefner*, CFL 2011, 328, 340 f.

[63] So ausdrücklich *Ellenberger*, Prospekthaftung im Wertpapierhandel, 76.

[64] Zu den insoweit in Aktienübernahmeverträgen anzutreffenden Ausschlüssen von der Freistellung und dem Gesamtschuldnerausgleich, vgl. *Groß*, in: BuB, Muster 10/324, Art. 8 (1), Muster 10/325, Ziff. II.

[65] Speziell für die Problematik der Haftungsfreistellung im Übernahmevertrag wie hier *Technau*, AG 1998, 445, 456 f.; allgemein zu Umsatzgeschäften vgl. nur *Lutter*, in: KK AktG § 57 Rn. 22.

noch mehr über das Unternehmen, insbesondere über die Risiken des Geschäfts bzw. der rechtlichen Geschäftsgrundlagen, als jeder außenstehende Dritte, z.B. der Emissionsbegleiter. Die Verantwortung für die materielle Richtigkeit und Vollständigkeit des Prospektes und damit die eigentliche Prospekthaftung und die **Letztverantwortlichkeit für den Prospektinhalt liegt damit richtigerweise beim Emittenten.**[66] Man wird deshalb sogar, unabhängig von einer diesbezüglichen vertraglichen Regelung, eine **vertragliche Nebenpflicht** des Emittenten,[67] die Emissionsbanken über sämtliche potentiell „für die Beurteilung der Wertpapiere wesentlichen Angaben" richtig und vollständig zu informieren, annehmen müssen. Realisiert sich das Risiko der Prospekthaftung, dann steht damit fest, dass gegen diese vertragliche (Neben-)Pflicht verstoßen wurde. Die Folgen der Verletzung dieser risikogerecht beim Emittenten anzusiedelnden Pflicht durch Vereinbarung einer diesbezüglichen Freistellung zu regeln, ist interessengerecht. Damit ist sie als zulässige schuldvertragliche Regelung kein Verstoß gegen § 57 AktG.[68]

21   Im Übrigen ist fraglich, ob §§ 71 ff., 57 AktG überhaupt auf die interne Haftungsfreistellung[69] anwendbar ist. Im speziellen Fall der reinen Umplatzierung von bestehenden Aktien i.V.m. der Börsenzulassung dieser Aktien kann schon keine unzulässige Einlagenrückgewähr im Verhältnis Bank/Emittent vorliegen, weil die **Haftungsfreistellung gegenüber der Bank als einem Dritten erfolgt,** der nicht Aktionär der Gesellschaft ist bzw. wird.[70] Die Umplatzierung von bestehenden Aktien erfolgt im Regelfall als Kommissions- oder Maklergeschäft der Banken, bei dem die Banken nicht Eigentümer der Aktien werden. Auch bei einer anderen vertraglichen Ausgestaltung, bei der die Emissionsbanken tatsächlich die Aktien vor Weiterveräußerung erwerben, handelt es sich allein um einen ganz kurzfristigen Durchgangserwerb der Emissionsbanken. Selbst wenn die Freistellung eine Einlagenrückgewähr wäre, hätte dies nur Auswirkungen im Verhältnis zum Aktionär, nicht aber zu den Emissionsbegleitern als Dritten, vgl. aber auch nachfolgende Rdnrn.

22   Nach alledem ist die Freistellung der Emissionsbegleiter durch den Emittenten kein Verstoß gegen § 57 AktG.[71] In der Literatur wird bei der Umplatzie-

---

[66] Ebenso *Schwintowski/Schäfer,* Bankrecht, 23 Rn. 78.

[67] Übernahmeverträge enthalten jedoch sogar ausdrücklich eine Gewährleistung des Emittenten, dass der Prospekt richtig und vollständig ist, vgl. nur Art. 5 und 6 bzw. Ziff. II der Muster-Übernahmeverträge bei *Groß,* in: BuB, Rn. 10/324 bzw. 325.

[68] Wie hier *Henze,* in: GK z. AktG, § 57 Rn. 55; *Technau,* AG 1998, 445, 456.

[69] *Henze,* in: GK z. AktG, § 57 Rn. 55.

[70] *Ellenberger,* Prospekthaftung im Wertpapierhandel, 75 f.; *Groß,* in: BuB, Rn. 10/293 b.

[71] So die ganz überwiegende Auffassung vgl. LG Bonn, Urteil v. 1. 6. 2007 – 1 O 552/05, Der Konzern 2007, 532, 534; *Schwark,* in: Schwark/Zimmer, §§ 44, 45 BörsG Rn. 14; *Groß,* in: BuB, Rn. 10/293 b f., 309; *Fleischer,* ZIP 2007, 1960, 1972 f.; *Fleischer,* in: K. Schmidt/Lutter, AktG, 2. Aufl. 2010, § 57 Rn. 24, differenzierend im Falle der Veräußerung bestehenden Aktien, § 57 Rnrn. 25 ff.; *Hamann,* in: Schäfer/Hamann, KMG §§ 44, 45 BörsG Rn. 85; bei der Platzierung neuer Aktien ebenso *Henze,* in: GK z. AktG, § 57 Rn. 55; *Fleischer, Thaten,* NZG 2011, 1081, 1085; *Hoffmann-Becking,* FS Lieberknecht, 1997, S. 25 ff. (36 f.); *Krämer/Baudisch,* WM 1998, 1161, 1168 Fn 79; *Pankoke,* in: Just/Voß/Ritz/Zeising, §§ 44 BörsG, 13 VerkProspG

rung von Aktien durch den (Groß-)Aktionär in diesem Zusammenhang auch diskutiert, ob die Haftungsfreistellung im Verhältnis zum abgebenden Aktionär einen Verstoß gegen § 57 AktG darstellt, was von den Umständen des Einzelfalls abhängen soll.[72] Die Frage scheint nicht richtig gestellt: Im Verhältnis Emittent/Aktionär geht es nicht um die Freistellung des Emissionsbegleiters sondern darum, ob die Übernahme der Prospektverantwortung durch den Emittenten im Außenverhältnis eine Leistung i. S. d. § 57 Abs. 1 Satz 1 AktG an den Aktionär darstellt und deshalb nur zulässig ist, wenn ein entsprechender Freistellungsanspruch des Emittenten gegen den Aktionär besteht, vgl. nächste Rn. Die an § 57 Abs. 1 Satz 1 AktG zu messende Leistung ist damit die Übernahme der Prospektverantwortung durch die Gesellschaft, die als Leistung an den Aktionär betrachtet wird.[73] Hier, d. h. bei der Frage der Freistellung des Emissionsbegleiters, geht es aber um eine Leistung an den Emissionsbegleiter, nicht an den Aktionär. Diese Leistung ist, wie oben gesehen, nicht etwa die Übernahem der Prospektverantwortung im Außenverhältnis sondern allein die interne Abrede über den Gesamtschuldnerausgleich zwischen Emittent und Emissionsbegleiter gemäß der tatsächlichen Risiko- und Verantwortungssphären. Diese Haftungsfreistellung als Leistung an den Aktionär anzusehen, erscheint fraglich und im Ergebnis unzutreffend. Selbst wenn man dies, entgegen der hier vertretenen Ansicht, täte, würde dies an der grundsätzlichen **Wirksamkeit der Freistellung des Emissionsbegleiters** nichts ändern; ein Verstoß gegen § 57 AktG im Verhältnis zum Aktionär führt grundsätzlich nicht zur Unwirksamkeit der mit einem Dritten geschlossenen Vereinbarung.[74] Ob hiervon eine Ausnahme dann gilt, wenn die Emissionsbanken sichere Kenntnis davon haben, dass die Gesellschaft aus der Umplatzierung keine vermögenswerten Vorteile erhält, die das Freistellungsrisiko aufwiegen, lässt sich unter dem Blickwinkel der Drittwirkung von Verstößen im Rahmen des § 57 Abs. 1 AktG oder der Kollusion[75]

Rn. 83; *Technau,* AG 1998, 445, 455 ff.; Überblick über den Meinungsstand auch bei *Fleischer,* ZIP 2007, 1969, 1971; *Wink,* AG 2011, 569, 579; nicht ganz eindeutig, im Ergebnis aber wohl wie hier *Schwark,* in: Schwark/Zimmer, §§ 44, 45 BörsG Rn. 14.

[72] Ebenso *Henze,* in: GK z. AktG, § 57 Rn. 56; vgl. dazu LG Bonn, Urteil v. 1. 6. 2007 – 1 O 552/05, Der Konzern 2007, 532 und *Fleischer,* ZIP 2007, 1969 ff. sowie die Vorauflage.

[73] So ausdrücklich BGH in Sachen DT III, Urteil v. 31. 5. 2011 – II ZR 141/09, BGHZ 190, 7 ff. Rz. 13, zustimmend *Leuschner,* NJW 2011, 3275, 3275.

[74] So ausdrücklich LG Bonn, Urteil v. 1. 6. 2007 – 1 O 552/05, Der Konzern 2007, 532, 534 sowie *Bayer,* in: MünchKomAktG, § 57 Rn. 91; *Fleischer,* ZIP 2007, 1969, 1973; i. E. wohl wie hier *Henze,* in: GK z. AktG, § 57 Rn. 56.

[75] Wenn der BGH in Sachen DT III, Urteil v. 31. 5. 2011 – II ZR 141/09, BGHZ 190, 7 ff. Rz. 16, 21, zur Übernahme der Prospekthaftung durch den Emittenten an verschiedenen Stellen auf eine Vergleichbarkeit mit der Besicherung von Forderungen gegen einen Gesellschafter verweist, so kann man auch die diesbezügliche Rechtsprechung des BGH zur Auswirkung des Umstandes, dass diese Sicherheit ohne Freistellung im Verhältnis zum Aktionär eine unzulässige Einlagenrückgewähr darstellt, auf den dritten Sicherungsnehmer zurückgreifen; wie hier *Brandt,* in: Kümpel/Wittig, Bank- und Kapitalmarktrecht, Rn. 15.582. Nach dieser Rechtsprechung ist die Si-

oder des Missbrauchs der Vertretungsmacht durch den Vorstand der Gesellschaft diskutieren.[76] Besser erscheint es allerdings, dies allein unter dem Blickwinkel des § 62 AktG[77] und damit im Verhältnis Emittent/Aktionär zu regeln. Wenn man dem nicht folgen will, ist bei der Prüfung, ob kollusives Verhalten vorliegt, zu berücksichtigen, dass es auch und gerade nach dem Urteil des BGH in Sachen Telekom III durchaus streitig ist, in welchen Fällen im Verhältnis zwischen Gesellschaft und Aktionär eine verbotene Einlagenrückgewähr vorliegen soll und ob und wie diese gegebenenfalls durch eine Freistellung oder den Abschluss einer Versicherung gegen die Prospekthaftungsrisiken vermieden werden kann.[78] Liegt aber bereits im Verhältnis zwischen Gesellschaft und Aktionär keine Einlagenrückgewähr vor oder aber ist eine solche zumindest zweifelhaft, dann dürfte es auch an einem kollusiven Verhalten zwischen Emissionsbegleiter und Gesellschaft fehlen.

22a   Die Frage, ob im Verhältnis Gesellschaft/Aktionär ein Verstoß gegen § 57 AktG vorliegt, wenn die Gesellschaft die Prospekthaftung übernimmt und die Emissionsbanken freistellt, wird seit längerer Zeit erörtert,[79] verstärkt seit der Entscheidung des BGH im Falle DT III.[80] Während die eine Ansicht generell einen solchen Verstoß annimmt, ohne zuzulassen, dass der „Nachteil" der potentiellen Prospekthaftung durch „Vorteile", z. B. die Erlangung der Unabhängigkeit von einem beherrschenden Aktionär, Verbreiterung der Aktionärsbasis, Stärkung des Streubesitzes, Erhöhung der Liquidität der Aktie, Verbesserung der Investor Relations und Erlangung eines größeren allgemeinen Bekanntheitsgrades[81] kompensiert werden könne,[82] geht die andere Ansicht von einer solchen Kompensationsmöglichkeit aus, deren Vertreter stellen daran aber unterschiedlich hohe Anforderungen.[83] Der BGH hat sich im Falle DT III derjenigen Ansicht angeschlossen, die allein „konkrete, bilanziell messbare Vorteile" ausreichen lässt und dies mit der bilanziellen Betrach-

---

cherheit wirksam, ausgenommen ist nur der Fall des kollusiven Zusammenwirkens, BGH, Beschluss v. 20. 9. 1982 – II ZR 268/82 WM 1982, 1402 zur GmbH; BGH, Beschluss v. 13. 10. 1980 – II ZR 2/80, AG 1981, 227 zur AG.

[76] Ebenso *Fleischer,* ZIP 2007, 1969, 1976; *ders./Thaten,* NZG 2011, 1081, 1085; *Krämer/Gillessen/Kiefner,* CFL 2011, 328, 340f.; *Wink,* AG 2011, 569, 579; *Arnold/Aubel,* ZGR 2012, 113, 150.

[77] Generell zu Auswirkungen von Verstößen gegen § 57 AktG so der Vorschlag von *Drygala,* in: KK AktG, 3. Aufl. 2010, § 57 Rn. 135.

[78] Vgl. dazu nur *Arbeitskreis* zum „*Deutsche Telekom III-Urteil" des BGH,* CFL 2011, 377, 378ff; *Krämer/Gillessen/Kiefner,* CFL 2011, 328ff.; *Arnold/Aubel,* ZGR 2012, 113, 131ff., 137ff.; vorher bereits ausführlich *Wackerbarth,* WM 201, 193ff.

[79] LG Bonn, Urteil v. 1. 6. 2007 – 1 O 552/05, Der Konzern 2007, 532; Übersicht über Meinungsstand bei *Fleischer,* ZIP 2007, 1969, 1973f. sowie *Arbeitskreis* zum „*Deutsche Telekom III-Urteil" des BGH,* CFL 2011, 377; *Krämer/Gillessen/Kiefner,* CFL 2011, 328; *Leuschner,* NJW 2011, 3275; *Wackerbarth,* WM 2011, 193.

[80] BGH, Urteil v. 31. 5. 2011 – II ZR 141/09, BGHZ 190, 7.

[81] Beispiele bei *Fleischer,* ZIP 2007, 1969, 1974.

[82] *Bayer,* in: MünchKomAktG, § 57 Rn. 91.

[83] Übersicht über den Meinungsstand bei *Fleischer,* ZIP 2007, 1969, 1974 und *Pankoke,* in: Just/Voß/Ritz/Zeising, §§ 44 BörsG, 13 VerkProspG Rn. 85.

tungsweise, die sich aus § 57 Abs. 1 Satz 3 AktG i. d. F. des MoMiG ergebe, begründet.[84]

Zunächst sind hier die Fälle auszunehmen, in denen die Übernahme der **22b** Prospekthaftung durch die Gesellschaft daraus resultiert, dass die Gesellschaft gemäß § 69 BörsZulV etwa noch nicht zugelassene Aktien zuzulassen hat. Denkbar ist z. B., dass neue Aktien aus einer Sachkapitalerhöhung durch einen Investor zuzulassen sind. In diesen Fällen ist aufgrund der gesetzlichen Verpflichtung der Gesellschaft, für die Börsenzulassung zu sorgen, damit aufgrund der gesetzlichen Verpflichtung der Gesellschaft zur Übernahme der Prospektverantwortung ein Verstoß gegen § 57 AktG abzulehnen. Mag die Zulassung auch im Interesse des Aktionärs sein, so erfüllt die Gesellschaft mit der Zulassung eine eigene gesetzliche Verpflichtung und damit keine Vermögenszuwendung an den Aktionär. An dieser Wertung kann sich auch nichts dadurch ändern, dass der Investor seine Aktien über die Börse verkauft oder gar der Prospekt auch noch für ein öffentliches Angebot dieser Aktien verwendet wird.

Soweit keine gesetzliche oder vertragliche – z.B. anlässlich der im o. g. Bei- **22c** spielsfall genannten Sacheinlage wird eine solche Verpflichtung vereinbart – Verpflichtung besteht, ist das Urteil des BGH in Sachen DT III für reine Umplatzierungen der Maßstab. Allein „konkrete, bilanziell messbare Vorteile" sind ausreichend, um die Übernahme der Prospekthaftung als Leistung an den umplatzierungswilligen Aktionär als zulässig und damit nicht als Verstoß gegen § 57 Abs. 1 Satz 1 AktG anzusehen. Nach Ansicht des BGH soll eine Freistellung des Emittenten durch den Aktionär von der Prospekthaftung einen solchen konkreten, bilanziell messbaren Vorteil darstellen, welcher die Übernahme der Prospekthaftung zulässig machen würde.[85]

Der BGH hat allein den Fall einer reinen Umplatzierung entschieden. **22d** Gleich behandelt werden muss wohl auch der Fall eines IPO mit reiner Umplatzierung ohne Kapitalerhöhung, will man wie der BGH nur „konkrete, bilanziell messbare Vorteile" berücksichtigen und nicht, was jedenfalls hier angemessen wäre, auch die enormen Vorteile für die Gesellschaft, die sie aus einem Zugang zum Kapitalmarkt für künftige Eigenkapitalmaßnahmen aber auch für ihren Bekanntheitsgrad ergeben. Wie Kombinationsfälle zu behandeln sind, hat der BGH nicht entschieden, d. h. IPO mit Umplatzierung aber auch mit Kapitalerhöhung, Kombination von Umplatzierung und Kapitalerhöhung etc. Ob man hier nach dem Schwerpunkt der Maßnahme entscheiden und danach eine alleinige Zuordnung des Prospekthaftungsrisikos bestimmen kann,[86] oder ob man immer eine pro-rata Risikoteilung vereinbaren muss,[87] hat

---

[84] BGH, Urteil v. 31. 5. 2011 – II ZR 141/09, BGHZ 190, 7 Rz. 25 f.

[85] Kritisch dazu *Fleischer/Thaten,* NZG 2011, 1081, 1082; *Arnold/Aubel,* ZGR 2012, 113, 131 ff.; ausführlich *Arbeitskreis* zum *„Deutsche Telekom III-Urteil" des BGH,* CFL 2011, 377, 378 ff.

[86] Z. B. 60% Kapitalerhöhung, 40% Umplatzierung, dann keine Freistellung durch Aktionär erforderlich.

[87] Im vorgenannten Beispielsfall: Freistellung für 40% eventueller Prospekthaftungsschäden bei der Gesellschaft durch Aktionär. Für eine pro-rata Risikoaufteilung *Fleischer/Thaten,* NZG 2011, 1081, 1084.

der BGH nicht entschieden, so dass diese Frage offen ist. Die doch sehr weit gefassten Äußerungen des BGH sprechen eher für Letzteres. Klar ist aber auch, dass bei einem reinen IPO ohne Umplatzierung keine Freistellung durch den Aktionär etwa mit der Begründung erforderlich sein kann, dass er ja nach der Börsenzulassung frei verkaufen könne, da sich dies aus dem Grundsatz der Gesamtzulassung aller Wertpapiere einer Gattung, § 7 BörsZulV, ergibt und damit die Zulassung auch seiner Aktien nicht etwa eine Leistung der Gesellschaft an den Aktionär darstellt.

II. Objektive Tatbestandsvoraussetzungen

1. Prospekt, prospektbefreiende Darstellung

23   Gegenstand der Prospekthaftung ist nach § 21 Abs. 1 Satz 1 bzw. § 22 der Prospekt aufgrund dessen die Wertpapiere zum Börsenhandel zugelassen wurden bzw. der nach § 3 Abs. 1 Satz 1 veröffentlichte Prospekt, der nicht Grundlage für die Zulassung von Wertpapieren zum Handel an einer inländischen Börse ist. Zwar enthalten §§ 21, 22 **keine Legaldefinition des Prospektbegriffs,** jedoch ergibt sich aus dem Wortlaut des § 21 Abs. 1, dass **Prospekte nur diejenigen Darstellungen sind, aufgrund derer die Wertpapiere zum Börsenhandel zugelassen** wurden[88] bzw. bei § 22 diejenige Darstellung, die nach § 3 Abs. 1 Satz 1 veröffentlicht wurde und gerade kein „Börsenzulassungsprospekt" ist. Prospekt i. S. des § 21 ist damit allein der Börsenzulassungsprospekt[89] i. S. von § 32 Abs. 3 Nr. 2 BörsG in Verbindung mit dem Wertpapierprospektgesetz[90] gegebenenfalls in der Fassung eines eventuellen Nachtrags.[91] Für fehlende Nachträge wird nicht etwa nach § 24 gehaftet, sondern nach § 21, weil der Prospekt auf Grund des fehlenden Nachtrags unvollständig und damit fehlerhaft ist. Das gilt auch für Prospekte, die nach dem Wertpapierprospektgesetz, § 17 Abs. 3, von der zuständigen Behörde eines anderen Staates des Europäischen Wirtschaftsraums gebilligt wurden und auf Grund des europäischen Passes „für die Zulassung zum Handel gültig" sind. Dabei kommt es nur darauf an, dass aufgrund des Prospektes die Zulassung erfolgte, unabhängig davon, ob eine Prospektpflicht besteht,[92] und, ob der Prospekt tatsächlich alle erforderlichen Angaben enthält. Gleiches

---

[88] Wie hier *Assmann,* in: Hdb. KapitalanlageR, § 6 Rn. 46; *Ehricke,* in: Hopt/Voigt, Prospekt- und Kapitalmarktinformationshaftung, S. 187, 193 f.; *Ellenberger,* Prospekthaftung im Wertpapierhandel, 11; *Hamann,* in: Schäfer/Hamann, KMG §§ 44, 45 BörsG Rn. 38 a. Zur Rechtslage in der EU, der Schweiz und den USA *Hopt/Voigt,* in: Hopt/Voigt, Prospekt- und Kapitalmarktinformationshaftung, S. 45.

[89] Zur Rechtslage vor dem Prospektrichtlinie-Umsetzungsgesetz wie hier *Hauptmann,* in: Vortmann, § 3 Rn. 57.

[90] Wie hier ausdrücklich noch zu § 44 BörsG a. F. auch *Mülbert/Steup,* in: Habersack/Mülbert/Schlitt, Unternehmensfinanzierung am Kapitalmarkt, § 33 Rn. 14.

[91] *Assmann,* in: Assmann/Schlitt/von Kopp/Colomb, § 13 VerkProspG Rn. 34.

[92] Das wird in gewisser Weise durch § 1 Abs. 3 WpPG klargestellt, war aber auch früher bereits so, vgl. nur *Groß,* Kapitalmarktrecht, 2. Aufl. 2004, §§ 45, 46 BörsG Rn. 10. Wie hier ausdrücklich auch *Pankoke,* in: Just/Voß/Ritz/Zeising, §§ 44 BörsG, 13 VerkProspG Rn. 10.

gilt für den Prospekt i. S. d. § 22. Prospekt i. S. d. § 22 ist allein der nach § 3 Abs. 1 Satz 1 veröffentlichte Prospekt, der nicht Grundlage für die Zulassung von Wertpapieren zum Handel an einer inländischen Börse ist, gegebenenfalls in der Fassung eines eventuellen Nachtrags. Gleiches gilt auch für freiwillige Prospekte nach § 1 Abs. 3.[93]

Gleichgestellt mit den Prospekten nach **§ 21 Abs. 1 sind nach § 21 Abs. 4 schriftliche Darstellungen,** aufgrund deren Veröffentlichung der Emittent von der Pflicht zur Veröffentlichung eines **Prospekts befreit** wurde, d. h. Darstellungen, die den Prospekt als solchen ersetzen,[94] und aufgrund derer dann die Zulassung erfolgte.[95]   **24**

Diese für die Zwecke der Begründung einer Prospekthaftung nach § 21 erfolgte eindeutige Eingrenzung des Prospekts als „Börsenzulassungsprospekt" bzw. bei § 22 die Eingrenzung allein auf den nach § 3 Abs. 1 Satz 1 veröffentlichten Prospekt, der nicht „Börsenzulassungsprospekt" ist, bedeutet, dass sämtliche andere Informationen und Informationsträger, die im Zusammenhang mit einem Angebot von Wertpapieren u. U. erstellt werden, nicht die Grundlage für eine Prospekthaftung nach §§ 21, 22 bilden können[96] – ob sie „Prospekte" i. S. d. der zivilrechtlichen Prospekthaftung[97] sind, ist eine andere Frage. Deshalb können z. B. **Bezugsangebote,**[98] **Zeichnungsaufforderungen, Werbemaßnahmen,**[99] sog. **Research-Reports,**[100] **Halbjahresfinanzberichte und Quartalsberichte nach dem Wertpapierhandelsgesetz** und **Ad-hoc-Mitteilungen** nach § 15   **25**

---

[93] Siehe bereits oben § 1 Rn. 9 sowie *Mülbert/Steup,* in: Habersack/Mülbert/Schlitt, Unternehmensfinanzierung am Kapitalmarkt, § 33 Rn. 15.

[94] *Pötzsch,* WM 1998, 949, 951; hierdurch wird die von *Assmann,* AG 1996, 508 dargestellte Lücke im Prospekthaftungssystem geschlossen.

[95] *Hamann,* in: Schäfer/Hamann, KMG §§ 44, 45 BörsG Rn. 39 f.

[96] *Assmann,* in: Hdb. KapitalanlageR., § 6 Rn. 48; *Ehricke,* in: Hopt/Voigt, Prospekt- und Kapitalmarktinformationshaftung, S. 187, 194; *Mülbert/Steup,* in: Habersack/Mülbert/Schlitt, Unternehmensfinanzierung am Kapitalmarkt, § 33 Rn. 16. Zur Rechtslage in der EU, der Schweiz und den USA *Hopt/Voigt,* in: Hopt/Voigt, Prospekt- und Kapitalmarktinformationshaftung, S. 46 ff.

[97] Zum zivilrechtlichen Prospektbegriff ausführlich BGH, Urteil v. 19. 7. 2004 – II ZR 218/03, ZIP 2004, 1599, 1600; BGH, Urteil v. 19. 7. 2004 – II ZR 402/02, ZIP 2004, 1593, 1594 f.; ausführlich dazu auch *Ehricke,* in: Hopt/Voigt, Prospekt- und Kapitalmarktinformationshaftung, S. 187, 194 ff.

[98] BGH, Urteil v. 12. 7. 1982 – II ZR 172/81, WM 1982, 867 f.; *Mülbert/Steup,* in: Habersack/Mülbert/Schlitt, Unternehmensfinanzierung am Kapitalmarkt, § 33 Rn. 16 m. w. N.; *Pankoke,* in: Just/Voß/Ritz/Zeising, §§ 44 BörsG, 13 VerkProspG Rn. 15; i. d. S. auch *Hamann,* in: KMG §§ 44, 45 BörsG, Rn. 39.

[99] *Ellenberger,* FS Schimansky, S. 591, 593; *ders.,* Prospekthaftung im Wertpapierhandel, 12; *Hopt,* FS Drobnig, S. 525, 530; *Mülbert/Steup,* in: Habersack/Mülbert/Schlitt, Unternehmensfinanzierung am Kapitalmarkt, § 33 Rn. 16.

[100] Zur Haftung für Research Reports ausführlich *Meyer,* AG 2003, 610, der in diesem Zusammenhang die börsengesetzliche Prospekthaftung nicht einmal andiskutierte. Wie hier *Mülbert/Steup,* in: Habersack/Mülbert/Schlitt, Unternehmensfinanzierung am Kapitalmarkt, § 33 Rn. 16 m. w. N.; *Pankoke,* in: Just/Voß/Ritz/Zeising, §§ 44 BörsG, 13 VerkProspG Rn. 15.

WpHG[101] **nicht als Prospekte i. S.** der wertpapierprospektgesetzlichen Prospekthaftungsbestimmungen angesehen werden.[102] Deshalb geht der BGH in seinen Urteilen zur Haftung für Ad-hoc-Mitteilungen auf die börsengesetzliche Prospekthaftung nicht ein und behandelt allein die – letztendlich verneinte – Frage einer zivilrechtlichen Prospekthaftung für Ad-hoc-Mitteilungen.[103]

26   Fraglich ist, ob die in der Praxis bisweilen insbesondere im Bereich der Umplatzierungen größerer Aktienbestände verwendeten so genannten **„Informationsmemoranden"** als Prospekte i. S. des § 21 Abs. 1 oder dem Prospekt nach § 21 Abs. 4 gleichzustellende schriftliche Darstellung anzusehen sind.[104] Dabei sind unterschiedliche Konstellationen auseinander zuhalten: Zum einen geht es um Informationsmemoranden, die **noch nicht zum Börsenhandel zugelassene Aktien** betreffen, deren Zulassung aber auch prospektfrei erfolgen könnte. Beschließen z. B. bei einer Kapitalerhöhung von weniger als 10% des bereits börsennotierten Kapitals, bei der grundsätzlich eine Prospektbefreiung nach § 4 Abs. 2 Nr. 1 möglich wäre, Emittent und Emissionsbegleiter, dass sie trotz dieser Befreiungsmöglichkeit einen Börsenzulassungsprospekt erstellen wollen, aufgrund dessen die neuen Aktien dann tatsächlich zugelassen werden, so handelt es sich hierbei um einen Börsenzulassungsprospekt i. S. des § 21 Abs. 1.[105] Es kommt für den **Prospektcharakter** nicht darauf an, dass eine **Prospektpflicht** besteht, sondern darauf, ob die zu platzierenden Aktien **aufgrund der Darstellung zum Börsenhandel** zugelassen wurden.[106] So wurden in der Praxis gerade bei Kapitalerhöhungen mit Bezugsrechtsausschluss nach § 186 Abs. 3 Satz 4 AktG um weniger als 10% des bereits notierten Grundkapitals teilweise Prospekte erstellt, aufgrund dessen die Börsenzulassung beantragt und erteilt wurde. Diese Prospekte sind Prospekte i. S. des § 21 Abs. 1, die eine Prospekthaftung begründen können, und die eine allgemeine zivilrechtliche Prospekthaftung ausschließen, § 25 Abs. 2.[107]

27   Dagegen sind diejenigen Informationsmemoranden, die bei Umplatzierungen **von bereits an einer inländischen Börse zugelassenen Ak-**

---

[101] *Pankoke,* in: Just/Voß/Ritz/Zeising, §§ 44 BörsG, 13 VerkProspG Rn. 15.

[102] Vgl. hierzu insgesamt *Assmann,* in: Hdb. KapitalanlageR, § 6 Rn. 48; *Hopt,* HGB, § 44 BörsG Rn. 6; *Mülbert/Steup,* in: Habersack/Mülbert/Schlitt, Unternehmensfinanzierung am Kapitalmarkt, § 33 Rn. 16; *Schwark,* in: Schwark/Zimmer, §§ 44, 45 Rnrn. 15 ff.

[103] BGH, Urteil v. 19. 7. 2004 – II ZR 218/03, ZIP 2004, 1599, 1600; BGH, Urteil v. 19. 7. 2004 – II ZR 402/02, ZIP 2004, 1593, 1594 f.

[104] Vgl. hierzu *Mülbert/Steup,* in: Habersack/Mülbert/Schlitt, Unternehmensfinanzierung am Kapitalmarkt, § 33 Rn. 17; *Krämer/Baudisch,* WM 1998, 1161, 1170.

[105] Wie hier *Ellenberger,* Prospekthaftung im Wertpapierhandel, S. 12; a. A. wohl *Mülbert/Steup,* in: Habersack/Mülbert/Schlitt, Unternehmensfinanzierung am Kapitalmarkt, § 33 Rn. 20 a.E., die insoweit auf § 13 VerkprospG a. F. und damit § 22 verweisen.

[106] Wie hier ausdrücklich *Ellenberger,* Prospekthaftung im Wertpapierhandel, S. 12; ebenso *Pankoke,* in: Just/Voß/Ritz/Zeising, §§ 44 BörsG, 13 VerkProspG Rn. 10.

[107] Vgl. zum Ausschluss der allgemeinen zivilrechtlichen Prospekthaftungsansprüche im Anwendungsbereich der Haftung für fehlerhafte Börsenzulassungsprospekte unten § 25 Rn. 2 f.

tien[108] erstellt werden, grundsätzlich keine Börsenzulassungsprospekte i. S. des § 21 Abs. 1, wenn die zu platzierenden Aktien bereits börsenzugelassen sind und somit das Informationsmemorandum nicht die Grundlage für die bereits bestehende Börsenzulassung darstellt.[109] Sie sind aber auch keine den Börsenzulassungsprospekt ersetzende schriftliche Darstellung i. S. des § 21 Abs. 4. Dies deshalb nicht, weil auch § 21 Abs. 4 voraussetzt, dass die prospektbefreiende Darstellung Grundlage einer Börsenzulassung ist.[110] Da die zu platzierenden Aktien aber in diesem Fall bereits börsenzugelassen sind, und das Informationsmemorandum nicht Grundlage für die Börsenzulassung sein soll, ist § 21 Abs. 4 nicht erfüllt.

Dies bedeutet jedoch nicht, dass solche Informationsmemoranden damit – **28** vorausgesetzt sie erfüllen die Voraussetzungen eines Prospektes i. S. der zivilrechtlichen Prospekthaftung –[111] automatisch der zivilrechtlichen Prospekthaftung unterfallen, da die Sperrwirkung des § 25 Abs. 2 nicht eingreifen würde. Seit der Änderung des Verkaufsprospektgesetzes durch das Prospektrichtlinie-Umsetzungsgesetz und seit Einführung des § 3 bedarf ein öffentliches Angebot von Wertpapieren eines gebilligten Prospektes und dies selbst dann, wenn die Wertpapiere bereits zum Handel an einem organisierten Markt zugelassen sind.[112] Dieser Prospekt ist dann zwar kein Börsenzulassungsprospekt, so dass nicht § 21 eingreift, aber ein Prospekt, der für das öffentliche Angebot von Wertpapieren nach § 3 Abs. 1 Satz 1 veröffentlicht wird, ohne „Börsenzulassungsprospekt" zu sein. Für diesen Prospekt gilt damit § 22,[113] der gegenüber § 13 VerkProspG, a. F. insoweit klarer formuliert ist.[114]

---

[108] Vgl. z. B. die Fälle der Platzierung der zweiten Tranche der SGL Carbon AG 1996, der Restprivatisierung der Deutsche Lufthansa AG 1997 und der, letztendlich abgesagten Platzierung der Aktien der BHW Holding AG 2002.

[109] So ausdrücklich auch das Informationsmemorandum zur Privatisierung der Deutsche Lufthansa AG vom 11. 10. 1997: „Die Angebotenen Aktien der Deutsche Lufthansa AG sind bereits an den deutschen Wertpapierbörsen amtlich notiert. Dieses Informationsmemorandum ist somit kein Börsenzulassungsprospekt i. S. des BörsG für die Neuzulassung von Aktien zur Börse und kein Verkaufsprospekt i. S. des Wertpapierverkaufsprospektgesetzes für Wertpapiere, die erstmals im Inland öffentlich angeboten werden und nicht zum Handel an einer inländischen Börse zugelassen sind." Wie hier *Pankoke,* in: Just/Voß/Ritz/Zeising, §§ 44 BörsG, 13 VerkProspG Rn. 16; *Ellenberger,* Prospekthaftung im Wertpapierhandel, 22.

[110] Wie hier *Mülbert/Steup,* in: Habersack/Mülbert/Schlitt, Unternehmensfinanzierung am Kapitalmarkt, § 33 Rn. 17; *Schlitt/Schäfer,* WM 2004, 346, 350; im Ergebnis wie hier *Assmann,* in: Hdb. KapitalanlageR, § 6 Rn. 59. A. A. *Schwark,* in: Schwark/Zimmer, §§ 44, 45 BörsG Rn. 16; *Krämer/Baudisch,* WM 1998, 1161, 1170; *Meyer,* WM 2003, 1301, 1303 und wohl auch *Ellenberger,* Prospekthaftung im Wertpapierhandel, 109.

[111] Vgl. unten § 25 BörsG Rn. 5.

[112] Vgl. oben § 3 WpPG Rn. 2.

[113] Wie hier auch *Mülbert/Steup,* in: Habersack/Mülbert/Schlitt, Unternehmensfinanzierung am Kapitalmarkt, § 33 Rn. 19.

[114] Vgl. RegBegr. zum Entwurf eines Gesetzes zur Novellierung des Finanzanlagenvermittler- und Vermögensanlagenrechts, BT-Drs. 17/6051, S. 30, 46; vgl. auch unten § 22 Rn. 3 sowie bereits zum alten Recht *Assmann,* in: Hdb. KapitalanlageR, § 6 Rn. 59; *Pankoke,* in: Just/Voß/Ritz/Zeising, §§ 44 BörsG, 13 VerkProspG Rn. 16.

29 Außerdem können Informationsmemoranden, wenn sie denn für die Zulassung der Wertpapiere verwendet werden, als die einem Prospekt gleichzustellende prospektbefreiende Darstellungen nach **§ 21 Abs. 4** qualifiziert werden. Die in der **Regierungsbegründung** zum Dritten Finanzmarktförderungsgesetz zu § 45 Abs. 4 a. F. vorgenommene Aufzählung der „**§ 45 Nr. 1, § 45 a Abs. 1 Nr. 3 bis 5 Börsenzulassungs-Verordnung**"[115] als die einem Prospekt vergleichbaren schriftlichen Darstellungen war nicht abschließend.[116] Sie war es selbstverständlich nicht – mehr – seit der Streichung u. a. der §§ 45 und 45 a BörsZulV a. F. und deren Ersetzung durch § 4 Abs. 2 durch das Prospektrichtlinie-Umsetzungsgesetz. Voraussetzung des § 21 Abs. 4 ist nur, dass eine schriftliche Darstellung vorliegt „aufgrund deren Veröffentlichung der Emittent von der Pflicht zur Veröffentlichung eines Prospekts befreit wurde." Das ist z. B. auch bei Umtauschangeboten im Rahmen von Übernahmeangeboten nach dem WpÜG der Fall, bei denen die neuen Aktien nach § 4 Abs. 2 Nr. 3 prospektfrei zugelassen werden können.[117] Die Voraussetzung des § 21 Abs. 4 kann auch in anderen Fällen des § 4 Abs. 2 vorliegen, da auch die Angaben z. B. nach § 4 Abs. 2 Nrn. 4, 5 und 6 von der Pflicht zur Veröffentlichung eines Prospekts befreien.[118] Bei jedem der Tatbestände des § 4 Abs. 2, der eine prospektbefreiende Darstellung fordert, die potentiell eine Prospekthaftung nach § 21 Abs. 4 auslösen kann, ist jedoch genau zu prüfen, ob eine Prospekthaftung nicht u. U. aus anderen Gründen ausscheidet, z. B. wegen einer gebotenen teleologischen Reduktion des § 21 Abs. 4.[119] Kommt danach eine Prospekthaftung weiterhin in Betracht, sind zwei Aspekte zu beachten. Zum einen ist die Richtigkeit und vor allem die Vollständigkeit der jeweiligen schriftlichen, eine Prospekthaftung auslösenden Darstellung **allein nach dem gesetzlich jeweils speziell geforderten Inhalt der Darstellung** zu prüfen, nicht nach den Maßstäben für „Vollprospekte".[120] Das belegt nicht zuletzt der aufgrund europäischer Vorgaben, Art. 6 Abs. 6 Abs. 2 Satz 2 der Prospektrichtlinie, eingeführte § 45 Abs. 5 Nr. 5 BörsG a. F., jetzt § 21 Abs. 2 Nr. 5, der gerade eine Prospekthaftung allein wegen der – verkürzten – Zusammenfassung ausschließt. Darüber hinaus ist bei den prospektbefreienden Darstellungen die Frage der Prospektver-

---

[115] RegBegr. zum Dritten Finanzmarktförderungsgesetz, BT-Drs. 13/8933, S. 54, 79.

[116] Wie hier ausdrücklich auch *Mülbert/Steup,* in: Habersack/Mülbert/Schlitt, Unternehmensfinanzierung am Kapitalmarkt, § 33 Rn. 23 und wohl auch *Ellenberger,* FS Schimansky, S. 591, 598; *Hamann,* in: Schäfer/Hamann, KMG, §§ 44, 45 BörsG Rn. 39 a.

[117] *Vaupel,* WM 2002, 1170, 1172.

[118] *Assmann,* in: Hdb. KapitalanlageR, § 6 Rn. 47; *Hamann,* in: Schäfer/Hamann, KMG §§ 44, 45 BörsG Rn. 39 a.

[119] Ausführlich hierzu *Mülbert/Steup,* WM 2005, 1633, 1641 ff. und *Mülbert/Steup,* in: Habersack/Mülbert/Schlitt, Unternehmensfinanzierung am Kapitalmarkt, § 33 Rn. 24.

[120] Wie hier ausdrücklich *Ellenberger,* FS Schimansky, S. 591, 598; *Pankoke,* in: Just/Voß/Ritz/Zeising, §§ 44 BörsG, 13 VerkProspG Rn. 18 und *Schnorbus,* in: Berrar/Meyer/Müller/Schnorbus/Singhof/Wolf, vor §§ 1 ff. Rn. 29.

antwortlichkeit genau zu prüfen, vgl. sogleich unten Rn. 30 ff. Zum anderen ist der Kreis der Prospektverantwortlichen ein anderer. Der Verschmelzungsbericht und das Übernahmeangebot sind z. b. nicht von einem Emissionsbegleiter zu unterzeichnen und werden auch von ihnen nicht erlassen. Vor diesem Hintergrund dürfte eine Prospektverantwortlichkeit in diesen Fällen allein beim Emittenten liegen und eine solche z. B der Emissionsbegleiter ausscheiden.

2. Prospektverantwortliche

Der Prospektverantwortung nach § 21 unterliegen diejenigen, die für den **30** **Prospekt die Verantwortung übernommen haben,** § 21 Abs. 1 Satz 1 Nr. 1, und diejenigen, von denen der Erlass des Prospekts ausgeht, § 21 Abs. 1 Satz 1 Nr. 2. Eine sachliche Änderung hat das Dritte Finanzmarktförderungsgesetz, indem es anstelle des früheren Gesetzestextes „welche den Prospekt erlassen haben" die jetzige Nr. 1 gesetzt hat, nicht gebracht.[121] Unter „**erlassen**" verstand man auch bislang diejenigen, welche **nach außen erkennbar die Verantwortlichkeit für den Prospekt übernommen haben**.[122] Das sind zum einen die Unterzeichner des Prospekts, zum anderen all diejenigen Personen, welche gemäß § 5 Abs. 4 im Prospekt als die für dessen Inhalt Verantwortlichen aufgeführt werden.[123] Für prospektbefreiende Darstellungen nach § 4 Abs. 2 Nr. 3, 4, 5 und 6 gilt § 5 Abs. 4 nicht, so dass dort die Verantwortungsklausel nicht erforderlich ist.[124]

a) Emittent. Unterzeichner des Börsenzulassungsprospekts ist gem. § 5 **31** Abs. 3 Satz 2 i. V. m. § 32 Abs. 2 S. 1 der Emittent der zuzulassenden Wertpapiere.

b) Zulassungsantragsteller. Unterzeichner des Börsenzulassungsprospekts **32** ist darüber hinaus auch der Zulassungsantragsteller, nach § 32 Abs. 2 Satz 1, der nach § 5 Abs. 4 Satz 2 den Prospekt mit zu unterzeichnen hat.[125] Es stellt sich die Frage, ob der Zulassungsantragsteller auch eine prospektbefreiende Darstellung nach z. B. § 4 Abs. 2 Nr. 3 bis 6 zu unterzeichnen hat, oder, ob er trotz fehlender Unterzeichnung, z. B. entsprechend der früheren Argumentation zur Haftung des den Prospekt nicht unterzeichnenden Emissions-

---

[121] RegBegr. zum Dritten Finanzmarktförderungsgesetz, BT-Drs. 13/8933, 54, 78; *Ellenberger,* FS Schimansky, S. 591, 598; *Hauptmann,* in: Vortmann, § 3 Rn. 49; *Hamann,* in: Schäfer/Hamann, KMG §§ 44, 45 BörsG Rn. 88; *Schwark,* in: Schwark/ Zimmer, §§ 44, 45 BörsG Rn. 8; *Sittmann,* NZG 1998, 490, 492.

[122] *Assmann,* in: Hdb. KapitalanlageR., § 6 Rn. 222; *Mülbert/Steup,* in: Habersack/ Mülbert/Schlitt, Unternehmensfinanzierung am Kapitalmarkt, § 33 Rn. 58.

[123] RegBegr. zum Dritten Finanzmarktförderungsgesetz, BT-Drs. 13/8933, S. 54, 78; *Assmann,* in: Hdb. KapitalanlageR., § 6 Rn. 222 f.; *Sittmann,* NZG 1998, 490, 493.

[124] Vgl. oben § 5 Rn. 8.

[125] *Assmann,* in: Hdb. KapitalanlageR., § 6 Rn. 222; *Hamann,* in: Schäfer/Hamann, KMG §§ 44, 45 BörsG Rn. 88. Kritisch zu dieser nicht durch die Prospektrichtlinie veranlasste Erweiterung unten § 5 Rn. 8.

begleiters im geregelten Markt,[126] auch bei fehlender Unterzeichnung haftet. Beides ist abzulehnen. Der Verschmelzungsbericht, § 4 Abs. 2 Nr. 4 WpPG, oder das Übernahmeangebot, bei dem die Gegenleistung (auch) in Aktien des Übernehmers besteht, § 4 Abs. 2 Nr. 3, wird nicht von einem Zulassungsantragsteller i. S. d. § 2 Nr. 11 bzw. § 32 Abs. 2 mit unterzeichnet. § 5 Abs. 4 gilt nach seinem klaren und eindeutigen Wortlaut für Prospekte, nicht dagegen für die in § 4 Abs. 2 Nr. 3 bis 6 auch sprachlich anders, nämlich als „Dokument" bezeichneten prospektbefreienden Darstellungen.[127] Wenn und soweit der Zulassungsantragsteller die prospektbefreiende Darstellung nicht mit unterzeichnet oder darin nicht erklärt, für sie die Verantwortung zu übernehmen, oder in der prospektbefreienden Darstellung nicht durch anderweitige Nennung einen Vertrauenstatbestand schafft, scheidet eine Haftung des Zulassungsantragstellers nach § 21 Abs. 1 Satz 1 Nr. 1 aus,[128] da er nicht „für den Prospekt (bzw. die diesem nach § 21 Abs. 4 gleich gestellte prospektbefreiende Darstellung) die Verantwortung übernommen" hat.

33   Zulassungsantragsteller kann ein einzelnes Kreditinstitut bzw. ein einzelner Finanzdienstleister sein, praktisch handelt es sich aber bei größeren Emissionen regelmäßig um ein aus mehreren Zulassungsantragstellern bestehendes **(Börseneinführungs-)Konsortium** – wobei nicht das Konsortium, sondern nur die antragstellenden Konsortialmitglieder dann Prospektverantwortliche sind.[129] Insbesondere bei internationalen Emissionen, bei denen u. U. verschiedene regionale Konsortien gebildet werden, sind jedoch nicht notwendigerweise alle Konsortialmitglieder Zulassungsantragsteller, u. a. auch deshalb nicht, weil einzelne Konsortialmitglieder nicht die Voraussetzungen des § 32 Abs. 2 Satz 2 erfüllen. Teilweise bilden deshalb einzelne Banken des globalen Konsortiums ein deutsches Börseneinführungskonsortium, dessen Mitglieder dann als Zulassungsantragsteller den Zulassungsantrag stellen und gemäß § 5 Abs. 4 Satz 2 den Prospekt unterzeichnen.

34   Davon unabhängig können aber daneben auch die übrigen Konsortialmitglieder gemäß § 5 Abs. 4 Satz 1 als Prospektverantwortliche benannt werden. Entscheidend für eine mögliche diesbezügliche Verpflichtung ist insoweit die Regelung im Übernahmevertrag zwischen dem Konsortium und dem Emittenten[130] bzw. im Konsortialvertrag zwischen den Konsortialbanken.[131] Wird daraufhin der **Prospekt unterzeichnet** bzw. die **Übernahme der Prospektverantwortlichkeit erklärt,** haften der Prospektunterzeichner und der die Verantwortung für den Prospekt Übernehmende gem. § 21 Abs. 1 Satz 1

---

[126] Vgl. nur BGH, Urteil v. 14. 7. 1998 – XI ZR 173/97, BGHZ 139, 225, 229 f.

[127] Vgl. oben § 5 Rn. 8.

[128] Ob eine Haftung als Prospektveranlasser in Betracht kommt, vgl. unten Rn. 35. Das reine Provisionsinteresse reicht hierfür jedoch nicht aus, vgl. unten Rn. 35 am Ende m. w. Nachw.

[129] So ausdrücklich zu Recht *Mülbert/Steup,* in: Habersack/Mülbert/Schlitt, Unternehmensfinanzierung am Kapitalmarkt, § 33 Rn. 63; vgl. auch unten § 21 Rn. 83 f.

[130] Vgl. Muster bei *Groß,* in: BuB, Rn. 10/325 Ziff. II, Rn. 326 Art. 4 (1).

[131] Vgl. Muster bei *Groß,* in: BuB, Rn. 10/333 a Rn. 10/333 e Section 1 (3) (c).

Nr. 1.[132] Nicht entscheidend ist, ob das jeweilige einfache Konsortialmitglied in den Prozess der Prospekterstellung eingeschaltet ist;[133] das sind sie in der Praxis im Regelfall nicht.[134] Haben Kreditinstitute vom Emissionskonsortium als sog. sub-underwriters Wertpapiere übernommen und unterzeichnen den Prospekt nicht bzw. erklären nicht die Verantwortlichkeit für den Prospekt, so sind sie nicht Prospektverantwortliche i. S. des § 21 Abs. 1 Satz 1 Nr. 1, selbst wenn sie als sub-underwriter im Prospekt aufgeführt werden.[135]

c) **Prospektveranlasser.** Mit der Haftung derjenigen Personen, von denen der Prospekt „**ausgeht**", sollen die **tatsächlichen Urheber des Prospekts** erfasst werden.[136] Die **Regierungsbegründung** zum Dritten Finanzmarktförderungsgesetz folgt bei der Umschreibung dieses Personenkreises ersichtlich einem Vorschlag *Schwarks*, dass hierunter nur diejenigen Personen fallen sollen, die ein „**eigenes geschäftliches Interesse an der Emission**"[137] haben. In der Literatur wird vereinzelt unter Berufung auf ein Urteil des BGH vertreten, die von der Rechtsprechung im Rahmen der zivilrechtlichen Prospekthaftung für die Haftung von so genannten „Hintermännern" entwickelten Kriterien müssten auf § 44 Abs. 1 Nr. 2 BörsG a. F., jetzt § 21 Abs. 1 Nr. 2, übertragen werden, da der BGH angeblich den Gleichlauf dieser Regelungen betont habe.[138] Entscheidend sei demnach die Beherrschung des Emittenten, der Börsenzulassung oder Platzierung oder des Prospektprozesses.[139] Unabhängig davon ob dieser Ansicht zu folgen ist, kommt nach allgemeiner Ansicht eine Prospektveranlassung je nach den Umständen des

35

---

[132] *Hamann,* in: Schäfer/Hamann, KMG §§ 44, 45 BörsG Rn. 90; wie hier *Pankoke,* in: Just/Voß/Ritz/Zeising, §§ 44 BörsG, 13 VerkProspG Rn. 21.
[133] Wie hier *Assmann,* in: Hdb. KapitalanlageR, § 6 Rn. 222; *Ellenberger,* Prospekthaftung im Wertpapierhandel, 26; *Mülbert/Steup,* in: Habersack/Mülbert/Schlitt, Unternehmensfinanzierung am Kapitalmarkt, § 33 Rn. 65; *Schwark,* in: Schwark/Zimmer, §§ 44, 45 BörsG Rn. 10; a. A. *Sittmann,* NZG 1998, 490, 493.
[134] *Bosch,* in: Bosch/Groß, Emissionsgeschäft Rn. 10/146.
[135] I. E. wie hier *Ehricke,* in: Hopt/Voigt, Prospekt- und Kapitalmarktinformationshaftung, S. 187, 227 f.; *Hauptmann,* in: Vortmann, § 3 Rn. 51; *Hamann,* in: Schäfer/Hamann, KMG §§ 44, 45 BörsG Rn. 90; *Mülbert/Steup,* in: Habersack/Mülbert/Schlitt, Unternehmensfinanzierung am Kapitalmarkt, § 33 Rn. 66.
[136] RegBegr. zum Dritten Finanzmarktförderungsgesetz, BT-Drs. 13/8933, S. 54, 78; *Assmann,* in: Hdb. KapitalanlageR, § 6 Rn. 223; *Mülbert/Steup,* in: Habersack/Mülbert/Schlitt, Unternehmensfinanzierung am Kapitalmarkt, § 33 Rn. 67; *Schwark,* BörsG, 2. Aufl. 1994, §§ 45, 46 Rn. 7. Ausführlich hierzu unter Übertragung der Rechtsprechung zur zivilrechtlichen Prospekthaftung der „Hintermänner" auf § 44 Abs. 1 Nr. 2 BörsG a. F., jetzt § 21 Abs. 1 Nr. 2, *Wackerbart,* WM 2011, 193, 195 ff.
[137] RegBegr. zum Dritten Finanzmarktförderungsgesetz, BT-Drs. 13/8933, S. 54, 78; ebenso *Assmann,* in: Assmann/Schlitt/von Kopp/Colombo, § 13 VerkProspG Rn. 74; *Assmann,* in: Hdb. KapitalanlageR, § 6 Rn. 223; *Mülbert/Steup,* in: Habersack/Mülbert/Schlitt, Unternehmensfinanzierung am Kapitalmarkt, § 33 Rn. 68.
[138] *Wackerbart,* WM 2011, 193, 195 ff.
[139] *Wackerbart,* WM 2011, 193, 195 ff., auf S. 197 ausdrücklich hervorhebend, dass diese Kriterien alternativ die Verantwortung begründen würden und deshalb nicht etwa kumulativ vorliegen müssten.

Einzelfalls bei der **Konzernmuttergesellschaft,**[140] dem seine Beteiligung veräußernde **Großaktionär**[141] oder dem die Prospektherstellung maßgeblich steuernden **Beirats-** oder **Aufsichtsratsmitglieder** in Betracht.[142] Auch ein **Vorstandsmitglied** des Emittenten kann Prospektveranlasser sein, wenn es ein eigenes geschäftliches Interesse an der Emission hat;[143] die bloße Stellung als Vorstandsmitglied allein reicht jedoch für eine Prospekthaftung gegenüber dem Anleger nicht aus.[144] Gleiches gilt auch für die Emissionsbegleitung; das Provisionsinteresse des Emissionsbegleiters oder Zulassungsantragstellers reicht – schon allein wegen der eher marginalen Höhe der Provision- nicht aus, um den Emissionsbegleiter oder ein Mitglied des Börseneinführungskonsortiums oder Platzierungskonsortiums oder den Zulassungsantragsteller als „Prospektveranlasser" anzusehen.[145]

36   **d) Sonstige.** Von Lieferanten von (unrichtigem) Material für die Aufstellung des Prospekts, z.B. den **Wirtschaftsprüfern, Abschlussprüfern, Sachverständigen** und **Rechtsanwälten,** soll dagegen, soweit diese nur Teile des Prospekts liefern und kein eigenes geschäftliches Interesse an der Emission haben, nach ganz überwiegender Auffassung zur börsengesetzlichen Prospekthaftung der Prospekt nicht ausgehen, so dass diese nicht nach § 21 Abs. 1 in Anspruch genommen werden können sollen.[146] Zutreffend ist dar-

---

[140] *Mülbert/Steup,* in: Habersack/Mülbert/Schlitt, Unternehmensfinanzierung am Kapitalmarkt, § 33 Rn. 69. So z.B. bei der Emission durch eine Finanzierungstochtergesellschaft, vgl. *Schwark,* in: Schwark/Zimmer, §§ 44, 45 BörsG Rn. 9.

[141] *Hamann,* in: Schäfer/Hamann, KMG §§ 44, 45 BörsG Rn. 92; *Mülbert/Steup,* in: Habersack/Mülbert/Schlitt, Unternehmensfinanzierung am Kapitalmarkt, § 33 Rn. 69.

[142] *Sittmann,* NZG 1998, 490, 493.

[143] Vgl. Nachw. bei *Spindler/Christoph,* BB 2004, 2197, 2197; *Hamann,* in: Schäfer/Hamann, KMG §§ 44, 45 BörsG Rn. 92. Zur Rechtslage in der EU, der Schweiz und den USA *Hopt/Voigt,* in: Hopt/Voigt, Prospekt- und Kapitalmarktinformationshaftung, S. 66 ff.

[144] Vgl. Darstellung des Meinungsstandes bei *Fleischer,* Gutachten F für den 64. Deutschen Juristentag 2002, F 62 ff.; *Spindler/Christoph,* BB 2004, 2197, 2197 weisen zu Recht darauf hin, dass sich diese Frage durch das Kapitalmarktinformationshaftungsgesetz erledigt.

[145] Wie hier *Ehricke,* in: Hopt/Voigt, Prospekt- und Kapitalmarktinformationshaftung, S. 187, 229 m.w.N., der die Leistung des für die Tätigkeit geschuldeten Entgelts nicht ausreichen lässt. Wie hier auch *Pankoke,* in: Just/Voß/Ritz/Zeising, §§ 44 BörsG, 13 VerkProspG Rn. 22. Auch die Entscheidung des LG Frankfurt, Urteil v. 7.10.1997 – 3/11 O 44/96, WM 1998, 1181, 1183 wird man nicht dahingehend verstehen können. Zwar wird das Provisionsinteresse als Begründung für ein eigenes geschäftliches Interesse an der Emission herangezogen, aber nur als eines von mehreren Argumenten; *Vaupel,* WM 2002, 1170, 1172 interpretiert diese Entscheidung jedoch weiter und i.S. einer durch das Provisionsinteresse begründeten Stellung als Prospektveranlasser.

[146] So ausdrücklich bezogen auf eine börsenrechtliche Prospekthaftung des Abschlussprüfers *Assmann,* in: Assmann/Lenz/Ritz, § 13 VerkProspG Rn. 50 Fn 113. Ebenso ausführlich *Assmann,* in: Assmann/Schlitt/von Kopp/Colomb, § 13 VerkProspG Rn. 74 und Rn. 76 m.w.umfangr.Nachw. in FN. 7; *Assmann,* AG 2004, 435; *ders.,* in: Hdb. KapitalanlageR, § 6 Rn. 223; *Baums/Fischer,* Haftung des Prospekt- und

an, dass die (Mit-)Urheberschaft nicht durch bloße Zulieferung von Material oder Mitarbeit am Prospekt selbst begründet wird.[147] Zutreffend ist auch, dass ein bloßes Gebühreninteresse für das wirtschaftliche Interesse an der Emission selbst nicht ausreicht.[148] Begründet wird die Ablehnung der Prospekthaftung der Experten auch damit, Prospekthaftung sei Haftung für den gesamten Prospekt, nicht nur für einzelne Teile desselben.[149] Bestätigt wird diese Begründung durch die auch im Wertpapierprospektgesetz wieder enthaltene Regelung über die Erklärung zur Verantwortlichkeit für den Prospekt, die wieder von einer Verantwortlichkeit für „seinen Inhalt" spricht, § 5 Abs. 4 Satz 1. Zwingend ist eine solche Regelung nicht – im Gegenteil,[150] die europäischen Vorgaben gehen gerade davon aus, dass eine differenzierte, auf bestimmte Abschnitte des Registrierungsformulars, bzw. der Wertpapierbeschreibung beschränkte Verantwortlichkeit möglich und zulässig ist, vgl. jeweils die Ziffern 1.1 und 1.2 der Anhänge der Prospektverordnung.[151]

---

des Abschlussprüfers gegenüber dem Anleger, Arbeitspapier Nr. 115 des Instituts für Bankrecht der Johann Wolfgang Goethe Universität, abrufbar über Internet: http://www.unifrankfurt.de/fb01/baums/arbeitspapiere, 4; *Ellenberger,* Prospekthaftung im Wertpapierhandel, 27 f.; *Fleischer,* Gutachten F für den 64. Deutschen Juristentag 2002, F 67; *Hauptmann,* in: Vortmann, § 3 Rn. 54, 55; *Hamann,* in: Schäfer/Hamann, KMG §§ 44, 45 BörsG Rn. 93; *Mülbert/Steup,* in: Habersack/Mülbert/Schlitt, Unternehmensfinanzierung am Kapitalmarkt, § 33 Rn. 74; *Sittmann,* NGZ, 1998, 490, 493.

[147] RegBegr. zum Dritten Finanzmarktförderungsgesetz,, BT-Drs. 13/8933, S. 54, 78 und *Assmann,* in: Hdb. KapitalanlageR., § 6 Rn. 223; *Mülbert/Steup,* in: Habersack/Mülbert/Schlitt, Unternehmensfinanzierung am Kapitalmarkt, § 33 Rn. 74.

[148] *Schwark,* in: Schwark/Zimmer, §§ 44, 45 BörsG Rn. 12; *Mülbert/Steup,* in: Habersack/Mülbert/Schlitt, Unternehmensfinanzierung am Kapitalmarkt, § 33 Rn. 74. Auch die Entscheidung des LG Frankfurt, Urteil v. 7. 10. 1997 – 3/11 O 44/96, WM 1998, 1181, 1183 wird man dahingehend verstehen müssen, dass ein bloßes Interesse, dies Entgelt für eine erbrachte Leistung zu erhalten, nicht ausreicht.

[149] Ganz h.M. vgl. nur *Mülbert/Steup,* in: Habersack/Mülbert/Schlitt, Unternehmensfinanzierung am Kapitalmarkt, § 33 Rn. 74 m. w. umfangr. Nachw.

[150] Eine dahingehende Forderung speziell für die Haftung der Wirtschaftsprüfer erhebt auch *Fleischer,* Gutachten F für den 64. Deutschen Juristentag 2002, F 92, Empfehlung 16. Gegen den Verweis auf die europäische Vorgängerregelung als Begründung für die Möglichkeit einer sachlich begrenzten Prospekthaftung *Schwark,* in: Schwark/Zimmer, §§ 44, 45 BörsG Rn. 12.

[151] Verordnung (EG) Nr. 809/2004 der Kommission vom 29. April 2004 zur Umsetzung der Richtlinie 2003/71/EG des Europäischen Parlaments und des Rates betreffend die in Prospekten enthaltenen Informationen sowie das Format, die Aufnahme von Informationen mittels Verweis und die Veröffentlichung solcher Prospekte und die Verbreitung von Werbung, abgedruckt in der zweiten berichtigten Fassung in ABl. EG Nr. L 186 vom 18. Juli 2005, S. 3, geändert durch die Verordnung (EG) Nr. 1787/2006 der Kommission vom 4. Dezember 2006, ABl. EG Nr. L 337, 17, die Verordnung (EG) Nr. 211/2007 der Kommission vom 27. Februar 2007, ABl. EG Nr. L 61, 24, die Verordnung (EG) Nr. 1289/2008 der Kommission vom 12. Dezember 2008, ABl. EG Nr. L 340, 17, die Delegierte Verordnung (EU) Nr. 311/2012 der Kommission vom 21. Dezember 2011, ABl. EU Nr. L 103, 13, und die Delegierte Verordnung (EU) Nr. 486/2012 der Kommission vom 30. März 2012, ABl. EU Nr. L 150, 1.

37   Im Übrigen führt der von der ganz überwiegenden Auffassung vertretene
Ausschluss der börsengesetzlichen Prospekthaftung für Lieferanten von Pros-
pektteilen nicht dazu, dass z. B. Abschlussprüfer nicht bereits de lege lata[152]
aus anderen Haftungstatbeständen, insbesondere[153] der **zivilrechtlichen
Prospekthaftung**[154] oder **beruflicher Auskunftshaftung** für ihren Pros-
pektbeitrag auch tatsächlich einstehen müssen.[155] Es spricht aber auch viel dafür, dass **Abschlussprüfer,** mit deren Zustimmung die **Jahresabschlüsse** und
die von ihnen hierzu erteilten **Testate** in den Prospekt aufgenommen werden,
den Anlegern, die auf die Richtigkeit dieser Testate vertrauen, haften.[156] Zum
anderen ist bei den Abschlussprüfern für die Beantwortung der Frage, ob diese
nicht doch als Prospektverantwortliche Adressaten eines Prospekthaftungsan-
spruchs sein können, folgendes zu berücksichtigen: Die von ihnen geprüften
Jahresabschlüsse sind gemäß § 7 i. V. m. der Prospektverordnung (z. B. Ziffer 20.1 des Anhangs I – Mindestangaben für das Registrierungsformular für
Aktien (Modul) der Prospektverordnung) in den Prospekt aufzunehmen. Sie
bilden dort sowohl materiell als auch rein formal einen ganz wesentlichen Teil
des Prospekts; materiell deshalb, weil sie die wesentliche Grundlage für die
Bewertung der zuzulassenden Wertpapiere darstellen; formal deshalb, weil der
„Finanzteil", d. h. die Jahresabschlüsse, meist allein schon ca. 50% des Prospekts ausmacht. Die Bestätigungsvermerke sind nach z. B. Ziff. 20.1 des Anhangs I – Mindestangaben für das Registrierungsformular für Aktien (Modul)

---

[152] Zu Vorschlägen de lege ferenda vgl. *Baums/Fischer,* Haftung des Prospekt-
und des Abschlussprüfers gegenüber dem Anleger, Arbeitspapier Nr. 115 des Instituts für Bankrecht der Johann Wolfgang Goethe Universität, abrufbar über Internet:
http://www.uni-frankfurt.de/fb01/baums/arbeitspapiere, 6 ff.; *Fleischer,* Gutachten F für
den 64. Deutschen Juristentag 2002, F66 ff.; *Hamann,* in: Schäfer/Hamann, KMG
§§ 44, 45 BörsG Rn. 93; *Meyer,* WM 2003, 1301, 1311 ff.

[153] Ausführlich *Assmann,* AG 2004, 435, 437 ff. Zu anderen möglichen Anspruchsgrundlagen und mit einem Vorschlag zur Gesetzesänderung *Baums/Fischer,* Haftung des
Prospekt- und des Abschlussprüfers gegenüber dem Anleger, Arbeitspapier Nr. 115 des
Instituts für Bankrecht der Johann Wolfgang Goethe Universi-tät, abrufbar über Internet:
http://www.uni-frankfurt.de/fb01/baums/arbeitspapiere, 4 ff.

[154] Gegen eine zivilrechtliche Prospekthaftung ausdrücklich *Assmann,* in: Assmann/
Schlitt/von Kopp/Colomb, § 13 VerkProspG Rn. 77; *Pankoke,* in: Just/Voß/Ritz/
Zeising, §§ 44 BörsG, 13 VerkProspG Rn. 25 und wohl auch *Mülbert/Steup,* in: Ha-
bersack/Mülbert/Schlitt, Unternehmensfinanzierung am Kapitalmarkt, § 33 Rn. 77,
die wg. der Spezialität der spezialgesetzlichen Prospekthaftung, die sie aber gerade
nicht für anwendbar halten, die zivilrechtliche Prospekthaftung ausschließen.

[155] Vgl. allgemein zur zivilrechtlichen Prospekthaftung an der Prospekterstellung
mitwirkender Dritter, *Assmann,* AG 2004, 435, 437 ff.; *Bosch,* ZHR 163 (1999), 206;
Canaris, ZHR 163 (1999), 206; *Schneider,* ZHR 163 (1999), 246; *Hamann,* in: Schäfer/
Hamann, KMG §§ 44, 45 BörsG Rn. 100 ff. Ausdrücklich gegen eine zivilrechtliche
Prospekthaftung der Experten *Assmann,* in: Hdb. KapitalanlageR, § 6 Rn. 225; *Mül-
bert/Steup,* in: Habersack/Mülbert/Schlitt, Unternehmensfinanzierung am Kapitalmarkt, § 33 Rn. 77.

[156] Zur dogmatischen Grundlage bei Wirtschaftsprüfern vgl. nur *Heppe,* WM 2003,
753, 757 ff. mit Überblick über die Rechtslage in Frankreich, Italien, UK und USA in
WM 2003, 714, 721 ff. und 753 ff., *Otto/Mittag,* WM 1996, 325, 329.

der Prospektverordnung – im Prospekt wortwörtlich wiederzugeben. Gerade auch in der durch das KonTraG[157] erweiterten Form erzeugen sie beim **Anlegerpublikum Vertrauen in die Richtigkeit und Vollständigkeit der Zahlen** und darauf, dass der jeweilige Jahresabschluss „ein den tatsächlichen Verhältnissen entsprechendes Bild der Vermögens-, Finanz- und Ertragslage des Unternehmens oder des Konzerns vermittelt", § 322 Abs. 1 Satz 3 HGB.[158] Entscheidend ist dabei, dass der Abschlussprüfer, anders als z. B. Sachverständige und Rechtsanwälte nach außen gegenüber dem Anlegerpublikum für einzelne, konkret bestimmbare und für den Anleger auch erkennbare, von ihnen geprüfte Prospektbestandteile in Erscheinung treten. Prospekthaftung setzt entgegen der h. M. wie die europäischen Vorgaben in der Prospektverordnung belegen, nicht voraus, dass der Verantwortliche den **gesamten Prospekt erlassen hat bzw. für den gesamten Prospekt die Verantwortung übernimmt.**[159] In Anbetracht all dieser Umstände erscheint es durchaus vertretbar, auch den Abschlussprüfer als Prospektverantwortlichen i. S. d. § 44 Abs. 1 Satz 1 BörsG a. F. anzusehen.[160] In anderen Rechtsordnungen ist eine solche Verantwortlichkeit der Abschlussprüfer für die von ihnen geprüften Bestandteile des Prospekts unbestritten.[161] Vor diesem Hintergrund ist die Haftung des Abschlussprüfers gegenüber den Anlegern immer wieder in der Diskussion.[162] Auch das 10-Punkte-Papier der Bundesregie-

---

[157] Gesetz zur Kontrolle und Transparenz im Unternehmensbereich (KonTraG), BGBl. I 1998, 786.

[158] Hierauf. d. h. auf das durch die Mitwirkung beim Anleger erweckte Vertrauen, stellt der BGH in seiner Entscheidung in Sachen „Elsflether Werft" zu Haftung einer den Unternehmensbericht nicht unterzeichnenden Bank entscheidend ab, BGH, Urteil v. 14. 7. 1998 – XI ZR 173/97, BGHZ 139, 225, 230 = DZWiR 1998, 515, 516 f.; vgl. dazu die Anmerkungen von *Groß,* DZWiR 1998, 518 f.

[159] I. d. S. aber wohl *Assmann,* in: Hdb. KapitalanlageR, § 6 Rn. 224; *Schwark,* in: Schwark/Zimmer, §§ 44, 45 BörsG Rn. 12; *Baums/Fischer,* Haftung des Prospekt- und des Abschlussprüfers gegenüber dem Anleger, Arbeitspapier Nr. 115 des Instituts für Bankrecht der Johann Wolfgang Goethe Universität, abrufbar über Internet: http://www.uni-frankfurt.de/fb01/baums/arbeitspapiere, 4; *Ellenberger,* Prospekthaftung im Wertpapierhandel, 27 f.; *Fleischer,* Gutachten F für den 64. Deutschen Juristentag 2002, F 67; *Hauptmann,* in: Vortmann, § 3 Rn. 54, 55.

[160] *Pankoke,* in: Just/Voß/Ritz/Zeising, §§ 44 BörsG, 13 VerkProspG Rn. 24 hält diese Ansicht zwar für rechtspolitisch überzeugend, sieht sie aber im Widerspruch zum Gesetzeswortlaut, der eine Haftung für Teile des Prospekts nicht erfasse.

[161] Vgl. für die USA nur Section 11 (a) (4) des Securities Act 1933; dazu nur *Baums/Fischer,* Haftung des Prospekt- und des Abschlussprüfers gegenüber dem Anleger, Arbeitspapier Nr. 115 des Instituts für Bankrecht der Johann Wolfgang Goethe Universität, abrufbar über Internet: http://www.uni-frankfurt.de/fb01/baums/arbeitspapiere, 5 f.; *Merkt,* WiB 1996, 145, 146; zur Situation in den USA, Großbritannien, der Schweiz und Österreich vgl. nur *Meyer,* WM 2003, 1301, 1308.; zu den Ländern der EU, der Schweiz und den USA vergleiche nur *Hopt/Voigt,* in: Hopt/Voigt, Prospekt- und Kapitalmarktinformationshaftung, S. 75 ff.

[162] So fordert *Fleischer,* Gutachten F für den 64. Deutschen Juristentag 2002, F 92, Empfehlung 16 „dringend" eine Reform der prospektbezogenen Expertenhaftung namentlich der Wirtschaftsprüfer und eine Aufgabe des börsenprospektrechtlichen Grund-

rung[163] sah vor, diese Haftung auf den Prüfstand zu stellen und noch in der 15. Legislaturperiode entsprechende Gesetzgebungsvorschläge[164] zu unterbreiten, was dann allerdings zu keinem Ergebnis führte.

38   **e) BaFin/Geschäftsführung.** Die BaFin übernimmt mit der von ihr durchzuführenden Prospektprüfung weder die Verantwortung für den Prospekt noch geht dieser von ihr aus. Dies bedeutet, dass sie keine Prospekthaftung nach §§ 21, 23 trifft.[165] Gleiches gilt auch für die Geschäftsführung der jeweiligen Börse für die von ihr im Rahmen der Zulassung vorzunehmenden Handlungen.[166] Davon unberührt bleibt jedoch sowohl für die BaFin als auch für die Geschäftsführung ihre u. U. bestehende Amtshaftung wegen Fehlern bei dem von ihr durchzuführenden Prüfungs- bzw. Zulassungsverfahren.[167]

3. Unrichtige oder unvollständige Angaben

39   Die Prospekthaftung setzt voraus, dass die im Prospekt enthaltenen, für die **Beurteilung der Wertpapiere wesentlichen Angaben**[168] **unrichtig oder unvollständig** sind. Die Differenzierung zwischen unrichtigem und unvollständigem Prospekt, die aufgrund der bei unrichtigen Angaben einerseits und unvollständigen Prospekten andererseits unterschiedlichen Verschuldensmaßstäben bis zum Dritten Finanzmarktförderungsgesetz erforderlich war,[169] ist

---

satzes der Gesamtverantwortung, um eine Einstandspflicht der Experten für einzelne Prospektteile zu erreichen. Vgl. auch *Baums/Fischer,* Haftung des Prospekt- und des Abschlussprüfers gegenüber dem Anleger, Arbeitspapier Nr. 115 des Instituts für Bankrecht der Johann Wolfgang Goethe Universität, abrufbar über Internet: http://www.unifrankfurt.de/fb01/baums/arbeitspapiere und ausführlich *Meyer,* WM 2003, 1301 (1306 ff.).
[163] *Seibert,* BB 2003, 693, 697.
[164] Gesetzgebungsvorschlag bei *Baums/Fischer,* Haftung des Prospekt- und des Abschlussprüfers gegenüber dem Anleger, Arbeitspapier Nr. 115 des Instituts für Bankrecht der Johann Wolfgang Goethe Universität, abrufbar über Internet: http://www.uni-frankfurt.de/fb01/baums/arbeitspapiere, 6 f.; zu den bei einer solchen Gesetzesänderung zu beachtenden Leitlinien ausführlich und überzeugend *Meyer,* WM 2003, 1301, 1308 ff.
[165] Unstr. *Hamann,* in: Schäfer/Hamann, KMG §§ 44, 45 BörsG Rn. 106; *Mülbert/Steup,* in: Habersack/Mülbert/Schlitt, Unternehmensfinanzierung am Kapitalmarkt, § 33 Rn. 80; *Pankoke,* in: Just/Voß/Ritz/Zeising, §§ 44 BörsG, 13 VerkProspG Rn. 26.
[166] Unstr. *Hamann,* in: Schäfer/Hamann, KMG §§ 44, 45 BörsG Rn. 106; *Mülbert/Steup,* in: Habersack/Mülbert/Schlitt, Unternehmensfinanzierung am Kapitalmarkt, § 33 Rn. 80; *Pankoke,* in: Just/Voß/Ritz/Zeising, §§ 44 BörsG, 13 VerkProspG Rn. 26.
[167] Vgl. oben § 32 BörsG Rn. 47 ff. für die Geschäftsführung der Börse und oben § 13 Rn. 13 ff.; wie hier *Mülbert/Steup,* in: Habersack/Mülbert/Schlitt, Unternehmensfinanzierung am Kapitalmarkt, § 33 Rn. 81.
[168] Zur Wesentlichkeit der unrichtigen Angaben oder der Unvollständigkeit vgl. unten Rn. 68.
[169] In der Rechtsprechung hat diese Unterscheidung durch die „Gesamtbild-Formel" bereits vor der Gesetzesänderung durch das Dritte Finanzmarktförderungsgesetz an Bedeutung verloren, vgl. *Assmann,* in: Hdb. KapitalanlageR, § 7 Rn. 68.

aufgrund der Modernisierung der Prospekthaftung durch das Dritte Finanzmarktförderungsgesetz, welche diesen unterschiedlichen Verschuldensmaßstab
aufgibt, entfallen.[170] Unerheblich für die Beurteilung der Unrichtigkeit ist,
dass der Prospekt von der BaFin gebilligt wurde.[171] Die Prüfung der BaFin
soll den Prospektverantwortlichen nicht das Risiko der Haftung abnehmen,
sondern nur im Interesse des Individual- und Funktionsschutzes eine zusätzliche Kontrolle errichten, um zu vermeiden, dass Wertpapiere mit unrichtigen oder unvollständigen Angaben in den Verkehr gebracht werden. Das
kann bei nach § 17 Abs. 3 von der zuständigen Stelle eines anderen Staates
des Europäischen Wirtschaftsraumes gebilligten und damit auch für die Zulassung zum Handel im Inland gültigen Prospekten nicht anders sein.

a) Tatsachen, Werturteile, Prognosen, Gesamteindruck. Tatsachen **40**
sind alle der äußeren Wahrnehmung zugänglichen Geschehnisse oder Zu-
stände der Außenwelt. Bis zur Entscheidung des BGH in Sachen BuM[172]
ging die herrschende Meinung davon aus, die Unrichtigkeit des Prospekts
lasse sich nur in Bezug auf Angaben tatsächlicher Art beurteilen.[173] Da jedes
Werturteil bestimmte Tatsachen voraussetzt und somit beide in einem so
engen Zusammenhang stehen, dass eine Unterscheidung kaum noch möglich
ist, geht die nunmehr herrschende Meinung zu Recht davon aus, dass unrichtige **Werturteile** und **Prognosen** ebenso wie **Tatsachen** eine Prospekthaftung begründen können;[174] nur der **Unrichtigkeitsmaßstab** ist ein anderer.[175] Nicht nur die im Prospekt wiedergegebenen Tatsachen, Werturteile
und Prognosen dürfen nicht unrichtig sein, auch der **Gesamteindruck des**

---

[170] Vgl. auch *Assmann,* in: Assmann/Lenz/Ritz § 13 VerkProspG Rn. 16; *Kort,* AG
1999, 9, 10; *Hamann,* in: Schäfer/Hamann, KMG §§ 44, 45 BörsG Rn. 138. Deshalb
hält *Schwark,* in: Schwark/Zimmer, §§ 44, 45 BörsG Rn. 20 diese Differenzierung auch
für wenig einleuchtend.
[171] Das war für die Billigung des Börsenzulassungsprospekts durch die Zulassungsstelle der Börse nach altem Recht unstr. vgl. nur OLG Frankfurt, Urteil v. 1. 2.
1994 – 5 U 213/92, WM 1994, 291, 297; *Ellenberger,* FS Schminansky, S. 591, 595;
Ehricke, in: Hopt/Voigt, Prospekt- und Kapitalmarktinformationshaftung, S. 187, 225.
Vgl. *Assmann,* in: Assmann/Lenz/Ritz § 13 VerkProspG Rn. 16 zum vergleichbaren
Fall des von der BaFin gebilligten Verkaufsprospekts. Es gilt gleichermaßen nach der
Kompetenzübertragung auf die BaFin nach der Prospektrichtlinie-Umsetzungsgesetz.
[172] BGH, Urteil v. 12. 7. 1982 – II ZR 175/81, WM 1982, 862, 863.
[173] So noch OLG Düsseldorf, Urteil v. 14. 7. 1981 – 6 U 259/80, WM 1981, 960,
aufgegeben im Urteil v. 5. 4. 1984 – 6 U 239/82, WM 1984, 586, 592.
[174] BGH, Urteil v. 12. 7. 1982 – II ZR 175/81, WM 1982, 862, 865; OLG Düsseldorf, Urteil v. 5. 4. 1984 – 6 U 239/82, WM 1984, 586, 592; OLG Frankfurt, Urteil
v. 6. 7. 2004 – 5 U 122/03, ZIP 2004, 1411, 1412; OLG Frankfurt Urteil v. 1. 2.
1994 – 5 U 213/92, WM 1994, 291, 295; LG Frankfurt, Urteil v. 7. 10. 1997 – 3/11
O 44/96, WM 1998, 1181, 1184; *Assmann,* in: Assmann/Lenz/Ritz § 13 VerkProspG
Rn. 18 m. w. N.; *Ellenberger,* Prospekthaftung im Wertpapierhandel, 32; *Hamann,* in:
Schäfer/Hamann, KMG §§ 44, 45 BörsG Rn. 140 ff.; *Mülbert/Steup,* in: Habersack/
Mülbert/Schlitt, Unternehmensfinanzierung am Kapitalmarkt, § 33 Rn. 37.
[175] Vgl. unten Rn. 44.

Prospekts darf im Hinblick auf die Vermögens-, Ertrags- und Liquiditäts-lage des Emittenten nicht unrichtig oder unvollständig sein.[176] Beispiele für einen möglicherweise fehlerhaften Gesamteindruck sind eine falsche Ge-wichtung für sich genommen nicht unrichtiger Angaben, die Übergewich-tung positiver und Untergewichtung negativer Angaben, nicht dagegen nur eine bloße unübersichtliche Gestaltung.[177]

41   **b) Beurteilungsmaßstab.** Wesentlich für die Beurteilung der Unrichtig-keit oder Unvollständigkeit eines Prospekts ist, welche **Anforderungen an die Kenntnis und das Verständnis** des **Prospektadressaten** gestellt wer-den dürfen.[178] In der Literatur wurden hierzu unterschiedliche Auffassungen vertreten, die vom **„Fachmann"** bis zum **„unkundigen Kleinaktionär"** reichten.[179] Der **BGH** und mit ihm die instanzgerichtliche Rechtsprechung stellen auf den **„durchschnittlichen"** Anleger ab, der zwar eine Bilanz zu lesen versteht, aber nicht unbedingt mit der in eingeweihten Kreisen ge-bräuchlichen Schlüsselsprache vertraut zu sein brauche.[180] Ob der durch-schnittliche Anleger tatsächlich Englisch spricht und in der Lage ist, einen Jahresabschluss, der nach US-amerikanischen Bilanzierungsgrundsätzen, US GAAP, oder International Accounting Standards (IAS, seit 1. Januar 2003: International Financial Reporting Standards, IFRS) aufgestellt wurde, mit

---

[176] BGH, Urteil v. 12. 7. 1982 – II ZR 175/81, WM 1982, 862, 863; OLG Frank-furt, Urteil v. 1. 2. 1994 – 5 U 213/92, WM 1994, 291, 295; LG Frankfurt, Urteil v. 7. 10. 1997 – 3/11 O 44/96, WM 1998, 1181, 1184; *Assmann,* in: Hdb. Kapitalan-lageR., § 7 Rn. 68; *Ellenberger,* Prospekthaftung im Wertpapierhandel, 32 f.; vgl. auch unten Rn. 44; *Hamann,* in: Schäfer/Hamann, KMG §§ 44, 45 BörsG Rn. 194 ff. mit Beispielen; *Mülbert/Steup,* in: Habersack/Mülbert/Schlitt, Unternehmensfinanzierung am Kapitalmarkt, § 33 Rn. 37.

[177] Zu diesen Beispielen *Mülbert/Steup,* in: Habersack/Mülbert/Schlitt, Unterneh-mensfinanzierung am Kapitalmarkt, § 33 Rn. 67.

[178] *Hamann,* in: Schäfer/Hamann, KMG §§ 44, 45 BörsG Rn. 190. Zur Rechtslage in der EU, der Schweiz und den USA *Hopt/Voigt,* in: Hopt/Voigt, Prospekt- und Ka-pitalmarktinformationshaftung, S. 42 f.

[179] Vgl. nur Nachw. bei *Assmann,* in: Hdb. KapitalanlageR., § 6 Rn. 83 Fn 193, 194 und 195 bis 200; *Assmann,* in: Assmann/Lenz/Ritz § 13 VerkProspG Rn. 23; *Fleischer,* Gutachten F zum 64. Deutschen Juristentag 2002, F 42 f.; *Ellenberger,* Prospekthaftung im Wertpapierhandel, 33; *Hamann,* in: Schäfer/Hamann, KMG §§ 44, 45 BörsG Rn. 190.

[180] BGH, Urteil v. 12. 7. 1982 – II ZR 175/81, WM 1982, 862, 865; OLG Düssel-dorf, Urteil v. 5. 4. 1984 – 6 U 239/82, WM 1984, 586, 593 f.; OLG Frankfurt, Urteil v. 1. 2. 1994 – 5 U 213/92, WM 1994, 291, 295; OLG Frankfurt, Urteil v. 6. 7. 2004 – 5 U 122/03, ZIP 2004, 1411, 1412; LG Frankfurt, Urteil v. 7. 10. 1997 – 3/11 O 44/96, WM 1998, 1181, 1184. Zustimmend *Ehricke,* in: Hopt/Voigt, Prospekt- und Kapitalmarktinformationshaftung, S. 187, 220; zustimmend zum „durchschnittlichen Anleger", *Assmann,* in: Assmann/Schlitt/von Kopp/Colomb, § 13 VerkProspG Rn. 27 der allerdings meint, der zweite Aspekt der Definition der Recht-sprechung, dass dieser durchschnittliche Anleger in der Lage sei, eine Bilanz zu lesen, werde von der Rspr. nicht mehr aufrecht erhalten; ablehnend dagegen *Schwark,* in: Schwark/Zimmer, §§ 44, 45 BörsG Rn. 22, dagegen wiederum OLG Frankfurt, Ur-teil v. 6. 7. 2004 – 5 U 122/03, ZIP 2004, 1411, 1412.

dem nötigen Sachverstand zu lesen[181] erscheint zweifelhaft – beides ist aber vgl. nur zum Jahresabschluss § 292a HGB[182] sowie § 7 i. V. m. der Prospektverordnung, die gerade IFRS-Abschlüsse verlangen,[183] sowie zur Sprache § 19 Abs. 4,[184] ausreichend. Nicht zuletzt deshalb erscheint der Vorschlag von Fleischer, auf einen **verständigen Anleger** abzustellen,[185] überzeugender. Dafür spricht auch, dass standardisierte Prospektinformationen ein Basiswissen und ein gewisses Maß an Interpretationsverständnis erfordern. Jedenfalls darf der von der Rechtsprechung geforderte Adressatenhorizont hier[186] nicht dazu führen, dass in den Prospekt über die gesetzlich geforderten Informationen hinaus nähere Erläuterungen und Beschreibungen aufgenommen werden müssen, um den Verständnismöglichkeiten des durchschnittlichen Anlegers Genüge zu tun. Anders gewendet, über den Adressatenhorizont darf **weder der deutschsprachige Prospekt** wieder gefordert werden, nachdem er durch § 19 Abs. 4 gerade als nicht erforderlich angesehen wird, noch darf wieder ein **HGB-Konzernabschluss** verlangt werden.

Der Beurteilungsmaßstab der Rechtsprechung, nämlich der „durchschnitt-   **42** liche Anleger ...", der zwar eine Bilanz zu lesen versteht, aber nicht unbedingt mit der in eingeweihten Kreisen gebräuchlichen Schlüsselsprache vertraut zu sein braucht",[187] ist insbesondere im Hinblick auf die Vollständigkeit der Prospektangaben zu berücksichtigen; anders gewendet: Es geht bei diesem Erfordernis darum, hierdurch die Erforderlichkeit von Erläuterungen zu einzelnen Prospektangaben zu bestimmen und damit auch zu begrenzen.[188] Für den durchschnittlichen Anleger ist einerseits, anders als bei einem Laien,

---

[181] Gegen das Merkmal, der durchschnittliche Anleger sei in der Lage, eine Bilanz zu lesen, *Assmann,* in: Assmann/Schlitt/von Kopp/Colomb, § 13 VerkProspG Rn. 27; *Schwark,* in: Schwark/Zimmer, §§ 44, 45 BörsG Rn. 22.

[182] In der Fassung des Gesetzes zur Verbesserung der Wettbewerbsfähigkeit deutscher Konzerne an Kapitalmärkten und zur Erleichterung der Aufnahmen von Gesellschafterdarlehen (Kapitalaufnahmeerleichterungsgesetz-KapAEG) BGBl. I 1998, 707.

[183] Vgl. Ziff. 20.1 des Anhangs I – Mindestangaben für das Registrierungsformular für Aktien (Modul) der Prospektverordnung.

[184] Zu der im Vergleich zu § 12 Abs. 1 Satz 3 BörsZulV i. d. F. vor dem Prospektrichtlinie-Umsetzungsgesetz restriktiveren Sprachregelung des § 19 WpPG vgl. unten Kommentierung zu § 19 WpPG.

[185] *Fleischer,* Gutachten F zum 64. Deutschen Juristentag 2002, F 44 f. m. w. N., dem zustimmend *Pankoke,* in: Just/Voß/Ritz/Zeising, §§ 44 BörsG, 13 VerkProspG Rn. 39; ebenso „verständiger und zugleich kritikfähiger Leser" *Schwark,* in: Schwark/Zimmer, §§ 44, 45 BörsG Rn. 22.

[186] Zur Erläuterungspflicht jenseits der Sprache bzw. des auf die Bilanzierung anwendbaren Rechts vgl. unten Rn. 49.

[187] BGH, Urteil v. 12. 7. 1982 – II ZR 175/81, WM 1182, 862, 865. Vgl. Nachw. oben Rn. 41; gegen das Merkmal, der durchschnittliche Anleger sei in der Lage, eine Bilanz zu lesen, *Assmann,* in: Assmann/Schlitt/von Kopp/Colomb, § 13 VerkProspG Rn. 27; *Schwark,* in: Schwark/Zimmer, §§ 44, 45 BörsG Rn. 22.

[188] So ausdrücklich auch *Mülbert/Steup,* in: Habersack/Mülbert/Schlitt, Unternehmensfinanzierung am Kapitalmarkt, § 33 Rn. 29.

nicht alles und jedes zu erläutern,[189] andererseits können so anders als beim „Fachmann", je nach den Umständen des Einzelfalls z. B. zusätzliche Erläuterungen und Erklärungen erforderlich sein. So reicht es u. U. nicht aus, kommentarlos nur verschiedene Daten darzustellen; vielmehr führt dieser Beurteilungsmaßstab dazu, u. U. insbesondere einzelne Bilanzposten erläutern und verständlich machen zu müssen.[190] Dabei ist aber zu berücksichtigen, dass die Rechtsprechung vom durchschnittlichen Anleger fordert, dass er den Prospekt „sorgfältig und eingehend"[191] liest.[192]

43   **c) Beurteilungszeitpunkt.** Beurteilungszeitpunkt ist grundsätzlich[193] der Zeitpunkt der Prospekterstellung oder Veröffentlichung, so dass später gewonnene Erkenntnisse nicht berücksichtigt werden dürfen.[194]

44   **d) Unrichtigkeit.** Unrichtig sind Angaben, die nicht der Wahrheit entsprechen. Dabei kommt es auf den Zeitpunkt der Prospektveröffentlichung an.[195] Werturteile sind dann unrichtig, wenn sie nicht durch Tatsachen gedeckt oder kaufmännisch nicht vertretbar sind.[196] Bei der Unrichtigkeit von Prognosen ist ebenfalls auf den Kenntnisstand im Zeitpunkt der Prospektveröffentlichung abzustellen.[197] Auch hier kommt es darauf an, dass die Prognosen in diesem Zeitpunkt durch Tatsachen gestützt und kaufmännisch vertretbar sein müssen.[198] Der Gesamteindruck des Prospekts ist dann unrichtig, wenn insgesamt die im Prospekt wiedergegebenen Tatsachen, Werturteile und Prognosen ein nicht wahrheitsgetreues, nicht vollständiges oder nicht realistisches Gesamtbild des Emittenten, seiner Vermögens-, Ertrags- und Liquiditätslage abgeben.[199]

---

[189] Zu Recht weisen *Mülbert/Steup*, in: Habersack/Mülbert/Schlitt, Unternehmensfinanzierung am Kapitalmarkt, § 33 Rn. 29. darauf hin, dass „es bei der Befähigung zum Lesen einer Bilanz darum (geht), die Erforderlichkeit von Erläuterungen im Prospekt zu begrenzen"; ebenso *Schwark,* in: Schwark/Zimmer, §§ 44, 45 BörsG Rn. 22.

[190] Vgl. hierzu sogleich unten Rn. 49; *Canaris,* Rn. 2279.

[191] BGH, Urteil vom 31. 3. 1992 – XI ZR 70/91, WM 1992, 901, 904; BGH, Urteil vom 14. 6. 2007 – III ZR 125/06, ZIP 2007, 1993.

[192] *Assmann,* in: Assmann/Schlitt/von Kopp/Colomb, § 13 VerkProspG Rnrn. 28 ff. hebt dies nachdrücklich hervor.

[193] Gegebenenfalls wegen der Nachtragspflicht nach § 16 Abs. 1 S. 1 der Zeitpunkt der Notizaufnahme, vgl. auch unten Rn. 56.

[194] Wie hier ausdrücklich auch *Assmann,* in: Assmann/Lenz/Ritz, § 13 VerkProspG Rn. 24.

[195] OLG Frankfurt, Urteil v. 1. 2. 1994 – 5 U 213/92, WM 1994, 291, 295; zur Pflicht zur weiteren Aktualisierung vgl. unten Rn. 55 ff.

[196] BGH, Urteil v. 12. 7. 1982 – II ZR 175/81, WM 1982, 862, 865; OLG Düsseldorf, Urteil v. 5. 4. 1984 – 6 U 239/82, WM 1984, 586, 595 f.; *Assmann,* in: Hdb. KapitalanlageR, § 6 Rn. 89; *Hamann,* in: Schäfer/Hamann, KMG §§ 44, 45 BörsG Rn. 112.

[197] *Hamann,* in: Schäfer/Hamann, KMG §§ 44, 45 BörsG Rn. 149.

[198] *Mülbert/Steup,* in: Habersack/Mülbert/Schlitt, Unternehmensfinanzierung am Kapitalmarkt, § 33 Rn. 33.

[199] BGH, Urteil v. 12. 7. 1982 – II ZR 175/81, WM 1982, 862, 865; OLG Frankfurt, Urteil v. 1. 2. 1994 – 5 U 213/92, WM 1994, 291, 295; LG Frankfurt, Urteil v. 7. 10. 1997 – 3/11 O 44/96, WM 1998, 1181, 1184; *Assmann,* in: Hdb. KapitalanlageR, § 6 Rn. 106; *Brondics/Mark,* AG 1989, 339, 341.

e) Unvollständigkeit. Da die Prospekthaftung nach § 21 Abs. 1 Satz 1 hin- 45
sichtlich der Unvollständigkeit voraussetzt, dass die für die Beurteilung der
Wertpapiere „wesentlichen Angaben"[200] unvollständig, d. h. die für die Anlageentscheidung erheblichen Angaben nicht alle enthalten sind, stellt die **Unvollständigkeit einen Unterfall der Unrichtigkeit** dar;[201] der Prospekt, der
nicht alle für die Anlageentscheidung erheblichen Angaben enthält, ist nicht
nur unvollständig, sondern gleichzeitig aufgrund der unterlassenen Angaben
unrichtig. Ein Prospekt, der dem in **§ 7 i. V. m. den Bestimmungen und
Anhängen der Prospektverordnung enthaltenen gesetzlichen Inhaltskatalog entspricht, ist im Regelfall vollständig.**[202] An diesem Konzept
hat sich durch die Ersetzung der den Inhalt von Börsenzulassungsprospekten
bestimmenden Vorschriften der Börsenzulassungsverordnung durch die europäische Prospektverordnung (und durch das Prospektrichtlinie-Umsetzungsgesetz) nichts geändert. Nichts geändert hat sich auch daran, dass Ausnahmen
von diesem Grundsatz der Vollständigkeit bei Erfüllung der Inhaltskataloge in
beide Richtungen möglich sind. Anders gewendet, je nach den Umständen des
Einzelfalls kann der Prospekt vollständig sein, obwohl er nicht alle der in § 7
i. V. m. den Bestimmungen und Anhängen der Prospektverordnung genannten
Angaben enthält.[203] Er kann anders herum aber auch unvollständig sein, obwohl er alle der in § 7 i. V. mit den Bestimmungen und Anhängen der Prospektverordnung geforderten Angaben enthält.[204]

Ersteres, d. h. die Vollständigkeit trotz Fehlens einzelner der in § 7 i. V. m. 46
den Bestimmungen und Anhängen der Prospektverordnung genannten Angaben ergibt sich bereits aus Erwägungsgrund 24 der Prospektverordnung, wo
ausdrücklich festgehalten wird, dass bestimmte „Informationsbestandteile, die
in den Schemata und Modulen gefordert werden … in einigen bestimmten
Fällen nicht anwendbar" sind, weil sie „für ein bestimmtes Wertpapier nicht
relevant" sind.[205] Darüber hinaus kann ein Prospekt trotz Fehlens einzelner

---

[200] Zur Wesentlichkeit der Unvollständigkeit vgl. unten Rn. 68.
[201] Dies wurde in der RegBegr. zum Dritten Finanzmarktförderungsgesetz anerkannt und war der Grund dafür, weshalb die bis dahin geltenden unterschiedlichen
Verschuldensmaßstäbe abgeschafft wurden, BT-Drs. 13/8933, S. 54, 76, 80; *Hamann,*
in: Schäfer/Hamann, KMG §§ 44, 45 BörsG Rn. 150.
[202] So ausdrücklich auch *Assmann,* in: Assmann/Schlitt/von Kopp/Colomb, § 13
VerkProspG Rn. 43.
[203] Vgl. oben Kommentierung zu § 7 WpPG sowie *Assmann,* in: Hdb. KapitalanlageR, § 6 Rn. 104; *Pankoke,* in: Just/Voß/Ritz/Zeising, §§ 44 BörsG, 13 VerkProspG
Rn. 33. Wie hier zum „alten Recht" *Assmann,* in: Assmann/Lenz/Ritz, § 13
VerkProspG Rn. 26; *Stephan,* AG 2002, 3, 7.
[204] Wie hier *Assmann,* in: Hdb. KapitalanlageR, § 6 Rn. 104.
[205] Verordnung (EG) Nr. 809/2004 der Kommission vom 29. April 2004 zur Umsetzung der Richtlinie 2003/71/EG des Europäischen Parlaments und des Rates betreffend die in Prospekten enthaltenen Informationen sowie das Format, die Aufnahme
von Informationen mittels Verweis und die Veröffentlichung solcher Prospekte und die
Verbreitung von Werbung, in der zweiten berichtigten Fassung abgedruckt in ABl. EG
Nr. L 186 vom 18. Juli 2005, S. 3, geändert durch die Verordnung (EG) Nr. 1787/
2006 der Kommission vom 4. Dezember 2006, ABl. EG Nr. L 337, 17, die Verord-

der in § 7 i. V. m. den Bestimmungen und Anhängen der Prospektverordnung genannten Bestandteile vollständig sein, etwa wenn die BaFin von der Aufnahme einzelner Angaben in Ausübung ihrer Befugnisse, z. B. aus § 8 Abs. 2 befreit. Außerdem ist ein Prospekt trotz Fehlens einzelner Angaben nach § 7 i. V. m. den Bestimmungen und Anhängen der Prospektverordnung dennoch vollständig, wenn die entsprechenden Umstände rein tatsächlich nicht vorliegen.[206] Ob hier nach neuem Recht Fehlanzeigen erforderlich sind, beantwortet das Gesetz nicht eindeutig. Soweit es tatsächlich nur darum geht, Angaben wegzulassen, weil die Umstände beim Emittenten nicht vorliegen, sollte sicherheitshalber eine Fehlanzeige erfolgen.[207] Soweit es um Angaben geht, die nach § 8 Abs. 2 Nr. 1 oder Nr. 2 weggelassen werden, kann sich aus der Natur der Sache ergeben, dass auch eine „Fehlanzeige" untunlich ist.

47 Letzteres, d. h. die Unvollständigkeit eines Prospektes trotz Aufnahme sämtlicher in § 7 i. V. m. den Bestimmungen und Anhängen der Prospektverordnung genannten Angaben ergibt sich bereits aus der eindeutigen Formulierung des § 7. § 7 macht nämlich ausdrücklich deutlich, dass sich (nur) die „Mindestangaben, die in einen Prospekt aufzunehmen sind, (nach der Prospektverordnung) bestimmen".[208] Im Hinblick auf die Vollständigkeit ist der **Grundsatz des § 5 Abs. 1 S. 1** zu beachten: Der Prospekt muss „sämtliche Angaben enthalten, die im Hinblick auf den Emittenten und die ... Wertpapiere notwendig sind, um dem Publikum ein zutreffendes Urteil über die Vermögenswerte und Verbindlichkeiten, die Finanzlage, die Gewinne und Verluste, die Zukunftsaussichten des Emittenten und jedes Garantiegebers sowie über die mit diesen Wertpapieren verbundenen Rechten zu ermöglichen."

48 Die formellen und materiellen Vorgaben[209] der Going Public Grundsätze[210] der Deutsche Börse AG waren[211] dagegen aufgrund des unverbindlichen

---

nung (EG) Nr. 211/2007 der Kommission vom 27. Februar 2007, ABl. EG Nr. L 61, 24, die Verordnung (EG) Nr. 1289/2008 der Kommission vom 12. Dezember 2008, ABl. EG Nr. L 340, 17, die Delegierte Verordnung (EU) Nr. 311/2012 der Kommission vom 21. Dezember 2011, ABl. EU Nr. L 103, 13, und die Delegierte Verordnung (EU) Nr. 486/2012 der Kommission vom 30. März 2012, ABl. EU Nr. L 150, 1.

[206] *Mülbert/Steup,* in: Habersack/Mülbert/Schlitt, Unternehmensfinanzierung am Kapitalmarkt, § 33 Rn. 38.

[207] Die Angabe, dass der Emittent nicht von einzelnen Patenten abhängig ist, hat als solche einen Informationsgehalt und ist damit dem schlichten Weglassen dieser Information vorzuziehen.

[208] Zum „alten" Recht vor In-Kraft-Treten des Prospektrichtlinie-Umsetzungsgesetzes war dies unstreitig; *Brondics/Mark,* AG 1989, 339, 342; *Schäfer/Hamann,* §§ 45, 46 a. F. BörsG Rn. 78; *Stephan,* AG 2002, 3, 7; *Schwark,* in: Schwark/Zimmer, §§ 44, 45 BörsG Rn. 35.

[209] Ausführlich hierzu *Meyer,* WM 2002, 1864, 1869 ff.; *Schlitt/Smith/Werlen,* AG 2002, 478, 481 ff.

[210] Die Grundsätze sind abgedruckt u. a. in AG 2002, 507 ff.

[211] Die Grundsätze wurden mit In-Kraft-Treten des Prospektrichtlinie-Umsetzungsgesetzes zum 1. Juli 2005 aufgehoben, vgl. www.deutsche-boerse.com, dort unter listing/ going public/Regularien.

Charakters dieser ab 1. September 2002 „geltenden"[212] Grundsätze kein genereller Maßstab für die Beurteilung der Frage nach der Vollständigkeit des Prospekts.[213] Die Grundsätze stellten Verhaltens- und Handlungsempfehlungen für Emittenten und an der Aktienemission beteiligte Emissionsbegleiter, vgl. Ziff. 1 der Grundsätze, und damit sog. „soft law" dar. Sie verpflichteten aber weder die Zulassungsstelle[214] noch führte ihre Verletzung als solche zur Unrichtigkeit des Prospekts. Maßstab hierfür ist allein § 5 Abs. 1.

Welche Angaben für einen vollständigen Prospekt erforderlich sind, ist damit **grundsätzlich** anhand des **Inhaltskatalogs des § 7 i. V. m. den Bestimmungen und den Anhängen der Prospektverordnung** zu beantworten, wobei jedoch aufgrund besonderer Umstände des jeweiligen Einzelfalls sowohl weniger als auch wegen § 5 Abs. 1 S. 1 auch darüber hinausgehende Angaben erforderlich sein können. Stellt man, wie die Rechtsprechung, auf den durchschnittlichen Anleger ab, kann es im Einzelfall nicht ausreichen, nur das für sich genommen vollständige Datenmaterial offenzulegen. Vielmehr ist hier u. U. eine **für den Durchschnittsanleger verständliche und nachvollziehbare Erläuterung** erforderlich.[215] Das ergibt sich jetzt deutlich aus § 5 Abs. 1 Satz 1, in dem gefordert wird, dass der Prospekt „in leicht analysierbarer und verständlicher Form" die erforderlichen Angaben enthalten muss; das geht über die Forderung, die Form des Prospektes müsse sein Verständnis und seine Auswertung „erleichtern", § 13 Abs. 1 Satz 2 BörsZulV a. F. und § 5 Abs. 1 Satz 3, hinaus.   49

Zum „alten" Recht wurden nähere Erläuterungen in folgenden Fällen als erforderlich angesehen:[216]   50
– Hat sich etwa durch erhebliche **Veränderungen des Konsolidierungskreises** des Emittenten sein Gesamtbild verändert, und wird diese Veränderung nicht bereits im Lagebericht ausreichend dargestellt, ist möglichst an hervorgehobener Stelle des Prospekts eine entsprechende Erläuterung erforderlich.[217] Nach neuem Recht ergibt sich eine entsprechende Ver-

---

[212] Sie „gelten" nur, wenn der Emittent und der Emissionsbegleiter sie anerkennen, vgl. nur *Schlitt/Smith/Werlen,* AG 2002, 478, 479.

[213] *Groß,* in: Happ, Aktienrecht, 3. Aufl. 2007, Muster 16.02 Rn. 25 a. E.; *Schlitt/Smith/Werlen,* AG 2002, 478, 479.

[214] So ausdrücklich auch die Deutsche Börse AG in den Erläuterungen zu den Going Public Grundsätzen, Bemerkungen zur Präambel a. E. vgl. auch *Meyer,* WM 2002, 1864, 1866; *Schlitt/Smith/Werlen,* AG 2002, 478, 479.

[215] OLG Frankfurt, Urteil v. 1. 2. 1994 – 5 U 213/92, WM 1994, 291, 295; *Mülbert/Steup,* in: Habersack/Mülbert/Schlitt, Unternehmensfinanzierung am Kapitalmarkt, § 33 Rn. 35; einschränkend *Schwark,* in: Schwark/Zimmer, §§ 44, 45 BörsG Rn. 35 zum alten Recht.

[216] Zu weiteren Einzelfällen vgl. *Hamann,* in: Schäfer/Hamann, KMG §§ 44, 45 BörsG Rn. 160 ff.; *Hauptmann,* in: Vortmann, § 3 Rn. 74.

[217] Wie hier *Krämer/Baudisch,* WM 1998, 1161, 1173. Zu weitgehend LG Frankfurt, Urteil v. 7. 10. 1997 – 3/11 O 44/96, WM 1998, 1181, 1183, das darüber hinaus fordert, an den entsprechenden anderen Stellen des Prospekts müsse ein verweisender Hinweis aufgenommen werden, in diese Richtung wohl auch OLG Frankfurt, Urteil v. 17. 3. 1999 – 21 U 260/97, ZIP 1999, 1005, 1006.

pflichtung bereits daraus, dass hier unter gewissen Umständen sogenannte Pro forma-Finanzinformationen erforderlich sind.[218]

– Ergibt sich aus dem Jahresabschluss nicht, dass dieser unter erheblicher **Ausnutzung bilanzrechtlicher Spielräume,** die zu einem zwar noch vertretbaren – ansonsten wäre der Prospekt unrichtig –, aber risikobehafteten positiven Gesamtbild führen, erstellt wurde, so bedarf es einer näheren Erläuterung oder zumindest eines entsprechenden Hinweises.[219]

– Im Einzelfall können auch Angaben über den nach z.B. § 7 i.V.m. Ziff. 20.1 des Anhangs I (Mindestangaben für das Registrierungsformular für Aktien (Modul) der Prospektverordnung für historische Finanzdaten geforderten **3-Jahres-Zeitraum** erforderlich sein, z.B. wenn die Gesellschaft vorher erhebliche Verluste erwirtschaftet hat, muss darauf ggf. hingewiesen werden bzw. muss der ansonsten erzeugte Eindruck, die Gesellschaft sei immer ertragreich gewesen, korrigiert werden.[220]

– Sofern der „Gewinn" aus der **Auflösung stiller Reserven,** z.B. Beteiligungsveräußerungen, oder offener Rücklagen stammt, ist dies im Prospekt offenzulegen; ein ausdrücklicher Hinweis, dass der Gewinn nicht „erwirtschaftet" wurde, ist jedoch nicht erforderlich.[221]

– Auf geplante **Kurspflege bzw. -stabilisierungsmaßnahmen**[222] ist hinzuweisen.[223] Nach neuem Recht ergibt sich eine Pflicht zur Darstellung

---

[218] Vgl. näher unten Rn. 53 f.

[219] BGH, Urteil v. 12. 7. 1982 – II ZR 175/81, WM 1982, 862, 863; OLG Düsseldorf, Urteil v. 5. 4. 1984 – 6 U 239/82, WM 1984, 586, 592;, 553; *Hopt,* Verantwortlichkeit Rn. 185; *Mülbert/Steup,* in: Habersack/Mülbert/Schlitt, Unternehmensfinanzierung am Kapitalmarkt, § 33 Rn. 36; *Schwark,* in: Schwark/Zimmer, §§ 44, 45 BörsG Rn. 29.

[220] BGH, Urteil v. 12. 7. 1982 – II ZR 175/81, WM 1982, 862, 864; i.E. hinsichtlich der Vermeidung eines unzutreffenden Gesamteindrucks ebenso *Schwark,* in: Schwark/Zimmer, §§ 44, 45 BörsG Rn. 29.

[221] *Schwark,* in: Schwark/Zimmer, §§ 44, 45 BörsG Rn. 29.

[222] Deren Zulässigkeit bestimmt sich nach der entsprechenden Änderung durch das Anlegerschutzverbesserungsgesetz, BGBl. I 2004, 2630, nach § 20 a WpHG i.V.m. der Verordnung (EG) Nr. 2273/2003 der Kommission vom 22. Dezember 2003 zur Durchführung der Richtlinie 2003/6/EG des Europäischen Parlaments und des Rates – Ausnahmeregelungen für Rückkaufprogramme und Kursstabilisierungsmaßnahmen, ABl. EG Nr. L 336, S. 33, und setzt u.a. ihre Offenlegung im Prospekt voraus. Ausführlich zu Stabilisierungsmaßnahmen *Fleischer,* ZIP 2003, 2045; *Groß,* Gedächtnisschrift für *Bosch,* 2005, 51.

[223] BGH, Urteil v. 5. 7. 1993 – II ZR 194/92, WM 1993, 1787, 1792. Eine solche Hinweispflicht auch beim üblichen Greenshoe bereits nach „altem" Recht annehmend *Hauptmann,* in: Vortmann § 3 Rn. 73; *Schäfer,* WM 1999, 1345, 1348. Die Stellungnahme der CESR, „Stabilisation und Allotment – A European Supervisory Approach" – fordert z.B. eine Offenlegung jeglicher Stabilisierungsmöglichkeit inklusive eines Greenshoe im Prospekt, Standards 3, 4. Die Stellungnahme ist abrufbar über die Internet-Seite der CESR: www.cesr-eu.org, jetzt www.esma.europa.eu. Zur Hinweispflicht in anderen Rechtsordnungen, z.B. Großbritannien und den USA vgl. *Bosch,* in: Bosch/Groß, Emissionsgeschäft Rn. 10/343 a ff. und *Bruchner/Pospischil* Rn. 11.49 und 11.62 ff.

der Mehrzuteilung und der Greenshoe-Option aus Ziff. 5.2.5 des Anhangs III (Mindestangaben für die Wertpapierbeschreibung für Aktien
(Schema)).

– **Besondere Interessenkonflikte** sind offenzulegen. Ein solcher Interessenkonflikt besteht jedoch **nicht** allein in dem Provisionsinteresse eines Emissionsbegleiters[224] oder darin, dass der Emittent mit den Mitteln der Emission seine **Kreditverbindlichkeiten bei dem die Emission arrangierenden Kreditinstitut zurückführen** will; dass diese Art
der Mittelverwendung gem. z.B. Ziff. 3.4, des Anhang III (Mindestangaben für die Wertpapierbeschreibung für Aktien (Schema) der Prospektverordnung angegeben werden muss, ist keine Frage des Interessenkon-
flikts.[225]

– **Marktschutzklauseln** (Lock-up-Vereinbarungen) sind bereits nach Zif. 7.3
des Anhangs III (Mindestangaben für die Wertpapierbeschreibung für
Aktien (Schema)) darzustellen, wobei diese Darstellung reicht, ohne dass
besondere Hinweise darauf erforderlich wären, dass die Erhaltung der Verpflichtung nicht gesichert ist und, dass der Kurs nach Ende der Haltefrist
sinken kann oder wird.[226]

f) Angaben Dritter, Rating, zukunftsbezogene Angaben, Als-Ob-   51
Abschlüsse (Pro forma-Finanzinformationen).[227] Fraglich ist, ob überhaupt
und ggf. ab wann negative Mitteilungen Dritter, z.B. Einstufung durch Rating-Agenturen, Bericht der Wirtschaftspresse etc. im Prospekt wiedergegeben werden müssen.[228] Solche Mitteilungen Dritter sind als solche zwar eine
Tatsache, der Inhalt der Mitteilung ist jedoch nicht zwingend eine Tatsache.
Auch der Umstand, dass solche Mitteilungen bestehen, ist als solcher kein für
die Wertpapiere wertbildender Faktor. Sie sind deshalb grundsätzlich[229] nicht
in den Prospekt aufzunehmen. Allerdings geben sie Anlass, den Prospekt und

---

[224] *Pankoke,* in: Just/Voß/Ritz/Zeising, §§ 44 BörsG, 13 VerkProspG Rn. 47.

[225] Ebenso *Bosch,* in: Bosch/Groß Emissionsgeschäft Rn. 10/127.

[226] *Pankoke,* in: Just/Voß/Ritz/Zeising, §§ 44 BörsG, 13 VerkProspG Rn. 48.

[227] Zur Rechtslage in der EU, der Schweiz und den USA *Hopt/Voigt,* in: Hopt/
Voigt, Prospekt- und Kapitalmarktinformationshaftung, S. 41 f.

[228] Bejahend LG Frankfurt, Urteil v. 6. 10. 1992 – 3/11 O 173/91, WM 1992,
1768, 1771 f.; ablehnend OLG Frankfurt, Urteil v. 1. 2. 1994 – 5 U 213/92, WM
1994, 291, 297; *Assmann,* in: Assmann/Schlitt/von Kopp/Colomb, § 13 VerkProspG
Rn. 46 und *Schwark,* in: Schwark/Zimmer, §§ 44, 45 BörsG Rn. 36. Umfassend hierzu *Hauptmann,* in: Vortmann § 3 Rn. 75; *Hamann,* in: Schäfer/Hamann, KMG §§ 44,
45 BörsG Rn. 165 ff. Differenzierend *Ehricke,* in: Hopt/Voigt, Prospekt- und Kapitalmarktinformationshaftung, S. 187, 218 f. Zur Rechtslage in den Ländern der EU, der
Schweiz und den USA vgl. *Hopt/Voigt,* in: Hopt/Voigt, Prospekt- und Kapitalmarktinformationshaftung, S. 41 f.

[229] Wie hier *Mülbert/Steup,* in: Habersack/Mülbert/Schlitt, Unternehmensfinanzierung am Kapitalmarkt, § 33 Rn. 39. Eine Ausnahme gilt selbstverständlich dann, wenn
der Prospekt z.B. auf die Einstufung durch Rating-Agenturen eingeht. Dann müssen
alle Einstufungen mitgeteilt, und es dürfen nicht nur die dem Emittenten angenehmen
Einstufungen dargestellt werden. Das ergibt sich aber bereits aus dem Grundsatz der
vollständigen, wahrheitsgemäßen Prospektberichterstattung.

sein Gesamtbild kritisch zu untersuchen; ihre Existenz ist somit ggf. beim Verschulden zu prüfen.[230]

52   § 5 Abs. 1 Satz 1 verlangt ausdrücklich auch diejenigen Informationen, die notwendig sind, um ein zutreffendes Urteil über die „Zukunftsaussichten" des Emittenten oder Garantiegebers zu ermöglichen. Demzufolge enthält der Prospektinhaltskatalog der Prospektverordnung die Verpflichtung, **bestimmte zukunftsbezogene Information** in den Prospekt aufzunehmen.[231] Dabei handelt es sich zum einen um **Tatsachen, die sich erst in der Zukunft auswirken werden,** so die Tatsache von bereits beschlossenen, aber erst künftig zu realisierenden Investitionen nach Ziff. 5.2.2 und 5.2.3 des Anhang I (Mindestangaben für das Registrierungsformular für Aktien (Modul)) der Prospektverordnung. Zum anderen geht es um **tatsächliche Zukunftsprognosen,** so bei den nach Ziff. 12.2 des Anhang I (Mindestangaben für das Registrierungsformular für Aktien (Modul)) der Prospektverordnung erforderlichen Angaben über die Geschäftsaussichten des Emittenten mindestens für das laufende Geschäftsjahr. Diese **Prognosen** müssen **„ausreichend durch Tatsachen gestützt und kaufmännisch vertretbar"** sein.[232] Über die gesetzlich geforderte Prognoseberichterstattung hinaus rät die **Rechtsprechung zur Zurückhaltung.**[233] Ob diese restriktive Ansicht noch haltbar ist, wird in der Literatur angezweifelt, und vereinzelt wird sie sogar als „überholt" bezeichnet.[234] Darüber hinaus wird sogar vertreten, es spreche „mehr dafür als dagegen, dass Prospekte Informationen über tatsächlich aufgestellte Unternehmensplandaten enthalten sollten".[235] Dem ist entschieden zu widersprechen. Soweit der Prospektinhaltskatalog der Prospektverordnung zukunftsbezogener Informationen fordert, sind diese in den Prospekt aufzunehmen. Dass § 5 Abs. 1 Satz 1 über die in den Anhängen der

---

[230] OLG Frankfurt, Urteil v. 1. 2. 1994 – 5 U 213/92, WM 1994, 291, 297; *Assmann,* in: Hdb. KapitalanlageR, § 6 Rn. 97 f.; *Ellenberger,* Prospekthaftung im Wertpapierhandel, 36 f.; *Hamann,* in: Schäfer/Hamann, KMG §§ 44, 45 BörsG Rn. 168.

[231] Ausführlich zur Prognoseberichterstattung nach altem Recht u. a. in Prospekten *Siebel/Gebauer,* WM 2001, 173 ff. (Verkaufsprospekt), 176 ff. (Börsenzulassungsprospekt); ausführlich dazu ebenso *Hamann,* in: Schäfer/Hamann, KMG §§ 44, 45 BörsG Rn. 146. Zur Rechtslage in der EU, der Schweiz und den USA *Hopt/Voigt,* in: Hopt/Voigt, Prospekt- und Kapitalmarktinformationshaftung, S. 36 ff.

[232] BGH, Urteil v. 12. 7. 1982 – II ZR 175–181, WM 1982, 862, 865.

[233] BGH, Urteil v. 12. 7. 1982 – II ZR 175–181, WM 1982, 862, 865; ebenso ausführlich *Assmann,* in: Assmann/Lenz/Ritz § 13 VerkProspG Rn. 40 ff.

[234] So ausdrücklich *Assmann,* in: Assmann/Schlitt/von Kopp/Colomb, § 13 VerkProspG Rn. 55; eine Pflicht zur Prognoseberichterstattung annehmend, *Assmann,* in: Hdb. KapitalanlageR, § 7 Rn. 88, bei dem jedoch unklar bleibt, ob die von ihm propagierte Pflicht über die gesetzliche Verpflichtung hinausgehen soll. Kritisch zur zurückhaltenden Ansicht auch *Hamann,* in: Schäfer/Hamann, KMG §§ 44, 45 BörsG Rn. 143; *Schwark,* in: Schwark/Zimmer, §§ 44, 45 BörsG Rn. 26 sowie *Fleischer,* Gutachten F zum 64. Deutschen Juristentag 2002, F 48. Zur Rechtslage in den Ländern der EU, der Schweiz und den USA vgl. *Hopt/Voigt,* in: Hopt/Voigt, Prospekt- und Kapitalmarktinformationshaftung, S. 41 f.

[235] So *Assmann,* in: Assmann/Schlitt/von Kopp/Colomb, § 13 VerkProspG Rn. 62.

Prospektverordnung einzeln aufgeführten zukunftsgerichteten Angaben hinaus weitere Informationen über die Zukunftsaussichten fordert, ist mit dem oben, Rn. 45, zur Vollständigkeit aufgestellten Grundsatz zu beantworten: Ein Prospekt, der dem in § 7 i. V. m. den Bestimmungen und Anhängen der Prospektverordnung enthaltenen gesetzlichen Inhaltskatalog entspricht, ist im Regelfall vollständig.[236] Demnach sind im Regelfall keine weiteren zukunftsbezogenen Informationen als diejenigen, welche in den Anhängen zur Prospektverordnung gefordert werden, in den Prospekt aufzunehmen. Das belegt auch und gerade Ziff. 13 Anhang I Prospektverordnung. Wenn dort die Aufnahme einer Gewinnprognose dem Prospektersteller gerade freigestellt wird, spricht dies für eine restriktive Haftung auch der europäischen Vorgaben zur Frage von zukunftsgerichteten Angaben. Sie sind eben gerade nicht gesetzlich erforderlich sondern freigestellt. Keine Ausnahme vom Regelfall, sich auf ausdrücklich geforderte zukunftsgerichtete Angaben beschränken zu können, ist es, wenn auf Grund sonstiger Angaben im Prospekt, z.B. einer jahrelang positiven Geschäftsentwicklung, ein Gesamteindruck vermittelt wird, der auf Grund eigener Erwartungen des Prospekterstellers korrigiert werden sollte. Dies erfordert nämlich nicht konkrete zukunftsgerichtete Angaben zur weiteren Entwicklung sondern nur entsprechende eindeutige Warnhinweise.[237] Bleibt es damit bei der gebotenen Zurückhaltung hinsichtlich zukunftsgerichteter Aussagen, dann ist, wie auch die Praxis belegt, eine Gewinnprognose im Prospekt der Ausnahmefall. Sollte eine Prognose aufgenommen werden, dann ist allgemein, nicht nur im Falle von Gewinnprognosen, für die Ziff. 13 Anhang I Prospektverordnung konkrete Vorgaben enthält, eine umfassende Darstellung der Annahmen, auf denen die Prognose beruht, sowie der internen und externen Einflussfaktoren erforderlich. Außerdem ist explizit auch auf die Risiken hinzuweisen, die dem Eintritt des prognostizierten Umstandes oder der vorhergesagten Entwicklung entgegenstehen können.[238] Allgemein gehaltene Warnungen sollen hier nicht ausreichen, vielmehr bedürfe es genauer, auf das jeweilige Risiko eingehender, spezifischer Erläuterungen.[239] Dem wird man im Interesse einer vollständigen Information der Anleger wohl zustimmen können. Andererseits ist eine gleichsam vor die Klammer gezogene Behandlung der Risiken in einem gesonderten Abschnitt, z.B. unter der Überschrift „Zukunftsgerichtete Angaben" dann ausreichend, wenn dort tatsächlich die spezifischen Risiken dargestellt und erläutert werden. Nicht erforderlich ist es, dann jeweils an den Stellen des Prospektes, an denen die Prognosen konkret behandelt werden, erneut die spezifischen Risiken darzustellen. Wenn der BGH auch vom durchschnittlichen Anleger eine

---

[236] So zu Recht auch *Assmann,* in: Assmann/Schlitt/von Kopp/Colomb, § 13 Verk-ProspG Rn. 43.
[237] Anders wohl *Assmann,* in: Assmann/Schlitt/von Kopp/Colomb, § 13 Verk-ProspG Rn. 60.
[238] BGH, Urteil v. 12. 7. 1982 – II ZR 175–181, WM 1982, 882, 865.
[239] *Fleischer,* Gutachten F zum 64. Deutschen Juristentag 2002, F 59 zur Rechtslage in den USA mit entsprechender Forderung, dass in diesem Fall dann auch eine Prospekthaftung ausscheiden solle.

sorgfältige und eingehende Lektüre des Prospektes verlangt,[240] dann muss auch die einmalige, allerdings deutlich hervorgehobene und alle nachfolgenden einschlägigen Angaben klar und eindeutig umfassende Darstellung der spezifischen Risiken ausreichen. Ständige Wiederholungen machen den Prospekt nicht präziser, sonder unübersichtlicher und damit für den durchschnittlichen Anleger eher unverständlicher.

53   Bei der Zulassung von Wertpapieren von Unternehmen, deren Konsolidierungskreis sich unmittelbar vor dem Börsengang erheblich geändert hat sind Als-Ob-Abschlüsse oder Pro forma-Finanzinformationen erforderlich, so ausdrücklich auch Ziffer 20.2 des Anhang I (Mindestangaben für das Registrierungsformular für Aktien (Modul 3)) der Prospektordnung und Artikel 4 a der Prospektverordnung in der Fassung der Verordnung (EG) Nr. 211/2007.[241] Diese Pro forma-Finanzinformationen oder Als-Ob-Abschlüsse stellen die Rechnungslegung dieser Unternehmen – fiktiv – so dar, als ob der neue Konsolidierungskreis bereits in früheren Jahren bestanden hätte. Ob solche Als-Ob-Abschlüsse erforderlich sind, hängt von den Umständen des Einzelfalls ab. Generell dürften sie dann erforderlich sein, wenn sich wesentliche Veränderungen der rechtlichen oder wirtschaftlichen Struktur des Emittenten, z. B. bei Unternehmenszusammenschlüssen, -übernahmen, Erwerben oder Veräußerungen oder sonstigen Abgängen wesentlicher Geschäftsbereiche, in den bisherigen Abschlüssen nicht widerspiegeln. Die europäische Prospektverordnung fordert in ihrem Erwägungsgrund 9, dass Pro forma-Finanzinformationen dann beigebracht werden müssen, „wenn es zu bedeutenden „Brutto"-Veränderungen kommt, d.h. eine mindest 25%ige Schwankung in Bezug auf einen oder mehrere Indikatoren, die den Umfang der Geschäftstätigkeit des Emittenten bestimmen, wobei die Situation des Emittenten Ergebnis einer speziellen Transaktion ist (…)". Die Empfehlungen der CESR enthalten hierzu entsprechende nähere Angaben.[242] Als wesentlich kann dabei eine Veränderung angesehen werden, die zu einer nicht unerheblichen, d.h. mindestens 25% betragenden Änderung der Bilanzsumme, der Umsatzerlöse oder des Nettoergebnisses gegenüber dem letzten Abschluss führt.[243] Die Verordnung

---

[240] BGH, Urteil v. 31. 3. 1992 – XI ZR 70/91, WM 1992, 901, 904 zur zivilrechtlichen Prospekthaftung, wobei bei der börsengesetzlichen Prospekthaftung insoweit nichts anderes gelten kann. Wie hier wohl auch *Assmann,* in: Assmann/Schlitt/von Kopp/Colomb, § 13 VerkProspG Rnrn. 27 ff., der diese Anforderung nachdrücklich hervorhebt.

[241] Verordnung (EG) Nr. 211/2007 der Kommission vom 27. Februar 2007 zur Änderung der Verordnung (EG) Nr. 809/2004 zur Umsetzung der Richtlinie 2003/71/EG des Europäischen Parlaments und des Rates in Bezug auf die Finanzinformation, die bei Emittenten mit komplexer finanztechnischer Vorgeschichte oder bedeutenden finanziellen Verpflichtungen im Prospekt enthalten sein müssen, ABl. EG Nr. L 61, S. 24.

[242] CESR's recommendations for the consistent implementation of the European Commission's Regulation on Prospectuses no 809/2004, CESR/05–54b, aktualisiert durch ESMA update of the CESR recommendations, March 2011, abrufbar über die homepage: www.esma.europa.eu.

[243] I. d. S. auch die Bemerkungen zu 4.4. der Going Public Grundsätze der Deutsche Börse AG.

(EG) Nr. 211/2007[244] hat diese Anregungen aufgegriffen: Pro forma-Finanz-informationen sind nach Artikel 4 a der durch die vorgenannte Verordnung geänderten Prospektverordnung dann – aber auch nur dann, vgl. Erwägungs-grund 10 der Verordnung (EG) Nr. 211/2007 – in den Prospekt aufzuneh-men, wenn sich eine Bruttoveränderung von mehr als 25% bei einem oder mehreren Größenindikator (gemeint sind damit Aktiva, Passiva oder Erträge) ergeben hat, Artikel 4 a Abs. 6 Prospektverordnung.

Werden solche Als-Ob-Abschlüsse aufgenommen, sind sie nach aner-   **54** kannten Rechnungslegungsvorschriften zu erstellen.[245] Anhang II (Modul für Pro forma-Finanzinformationen) der Prospektverordnung enthält hierzu de-taillierte Vorgaben. Ganz wesentlich ist darüber hinaus, dass ein vollständi-ger Prospekt es erforderlich macht, dass die **Annahmen, welche diesen Als-Ob-Abschlüssen zugrunde liegen,** umfassend und verständlich er-läutert werden. Außerdem müssen die **Unterschiede** zwischen der in den Als-Ob-Abschlüssen dargestellten Fiktion und den realen Verhältnissen offengelegt werden.[246] Hierfür reicht jedoch ein **einmaliger** deutlicher **Hin-weis** aus, ohne dass es erforderlich ist, an allen entsprechenden anderen Stellen des Prospekts einen verweisenden Hinweis aufzunehmen.[247] Auch vom durchschnittlichen Anleger kann eine sorgfältige und **vollständige Lektüre** des Prospektes und seiner Anlagen verlangt werden, so dass ein-zelne Angaben im Prospekt durch an anderer Stelle des Prospekts enthal-tene nähere Erläuterungen und Relativierungen präzisiert werden können.[248] Insgesamt ist aber bei Pro forma- oder Als-Ob-Abschlüssen Vorsicht geboten. Obwohl Rechnungslegungs- und Prüfungshinweise zu Pro forma-Angaben existieren,[249] sind Pro forma-Angaben als fiktive Angaben mit erheblichen Unsicherheiten behaftet und erfordern deshalb umfangreiche Erläuterun-gen.

---

[244] Verordnung (EG) Nr. 211/2007 der Kommission vom 27. Februar 2007 zur Än-derung der Verordnung (EG) Nr. 809/2004 zur Umsetzung der Richtlinie 2003/71/ EG des Europäischen Parlaments und des Rates in Bezug auf die Finanzinformation, die bei Emittenten mit komplexer finanztechnischer Vorgeschichte oder bedeuten-den finanziellen Verpflichtungen im Prospekt enthalten sein müssen, ABl. EG Nr. L 61, S. 24.

[245] IDW Rechnungslegungshinweis: Erstellung von Pro forma-Finanzinformationen, IDW RH HFA 1.004, WPg 2006, 141.

[246] LG Frankfurt, Urteil v. 7. 10. 1997 – 3/11 O 44/96, WM 1998, 1181, 1183; OLG Frankfurt, Urteil v. 17. 3. 1999 – 21 U 260/97, ZIP 1999, 1005, 1006; *Mülbert/ Steup,* in: Habersack/Mülbert/Schlitt, Unternehmensfinanzierung am Kapitalmarkt, § 33 Rn. 36.

[247] A. A. LG Frankfurt, Urteil v. 7. 10. 1997 – 3/11 O 44/96, WM 1998, 1181, 1183; *Assmann,* in: Assmann/Lenz/Ritz § 13 VerkProspG Rn. 47; *Mülbert/Steup,* in: Habersack/Mülbert/Schlitt, Unternehmensfinanzierung am Kapitalmarkt, § 33 Rn. 36; ebenfalls wohl a. A. *Ellenberger,* Prospekthaftung im Wertpapierhandel, S. 37 f.

[248] Vgl. sogleich unten Rn. 67.

[249] IDW Rechnungslegungshinweis: Erstellung von Pro forma-Finanzinformationen, IDW RH HFA 1004, WPg 2006, 141; IDW Prüfungshinweis: Prüfung von Pro for-ma-Finanzinformationen, IDW PH 9.960, WPg 2006, 133.

4. Aktualisierung und Berichtigung

55   **a) Problemaufriss.** Aktualisierung einerseits und Berichtigung andererseits umschreiben zwei unterschiedliche Problembereiche. Bei der **Aktualisierung** geht es darum, vor allem bis wann und, wenn ja, wie Veränderungen von **ursprünglich zutreffend dargestellten** tatsächlichen oder rechtlichen Verhältnissen, die für die Beurteilung der zuzulassenden Wertpapiere wesentlich sind, im Prospekt oder nach dessen Billigung in einem so genannten Nachtrag[250] dargestellt werden müssen. Dagegen geht es bei der **Berichtigung** eines Prospekts darum, bereits **ursprünglich unzutreffende** oder bis zur Einführung unrichtig gewordene Darstellungen tatsächlicher oder rechtlicher Verhältnisse zu korrigieren.

56   **b) Aktualisierung.** § 5 Abs. 1 Satz 1 verpflichtet dazu, im Prospekt alle für die Beurteilung der zuzulassenden Wertpapiere wesentlichen tatsächlichen und rechtlichen Verhältnisse richtig und vollständig darzustellen. Diese Verhältnisse können sich aufgrund externer oder interner Umstände im Laufe des oft mehrere Monate dauernden Verfahrens zur Erstellung des Prospekts, seiner Billigung und dem Angebot bzw. der Zulassung ändern. Deshalb bestimmt § 16 Abs. 1 Satz 1, dass jeder wichtige neue Umstand, der vor Schluss des Angebots oder, falls diese später erfolgt, der Einführung in den Handel auftritt, in einem Nachtrag zum Prospekt genannt werden muss.[251] Wenn Assmann hier von einer Pflicht zur **„permanenten Aktualisierung"**[252] spricht, ist das für den Prozess der Erstellung des Prospektes über dessen Billigung bis hin zum Schluss des öffentlichen Angebots bzw. der Einführung in den Handel zutreffend. Entscheidend ist dabei jedoch der Schlusspunkt dieser Aktualisierungspflicht, den § 16 Abs. 1 Satz 1 ausdrücklich festlegt und der bei (Börsenzulassungs-)Prospekten mit der Einführung der Wertpapiere in den Handel eintritt,[253] bei Prospekten nach § 3 Abs. 1 Satz 1 (Haftung nach § 22) mit dem Schluss des öffentlichen Angebots.

57   Das Aktualitätsgebot greift bereits bei **Erstellung des Prospekts;** die darin aufgenommenen Angaben müssen im Zeitpunkt der Erstellung des Prospektes auch im Hinblick auf neuere Erkenntnisse und Umstände richtig und vollständig sein. Dies erfordert ggf. entsprechende **zusätzliche, im Zwischenbericht oder Zwischenabschluss oder im Lagebericht noch nicht berücksichtigte Angaben zu aktuellen Entwicklungen.** Das Aktualitätsgebot setzt sich nach Prospekterstellung und Einreichung zur Billi-

---

[250] Die von *Assmann,* in: FS Ulmer, 757, 760, unter dem Stichwort „Nachtragspflicht" diskutierten Fälle sind ein Unterfall der Aktualisierungspflicht, da sie nur das Mittel mit dem die veränderten Verhältnisse kommuniziert werden, nämlich den Nachtrag, betreffen; i. d. S. auch *Stephan,* AG 2002, 3.

[251] Ausführlich zur Nachtragspflicht und dessen Grenzen unten Kommentierung zu § 16.

[252] *Assmann,* Prospekthaftung, S. 222.

[253] Ausführliches zum Ende der Aktualisierungspflicht unter § 21 Rn. 59 sowie unten § 16 Rn. 5.

gung bis zur **Prospektbilligung** fort.[254] Bis zur Prospektbilligung eingetretene Veränderungen sind in die sogenannte Antragsfassung, d. h. die Fassung
des Prospekts, die zur Billigung eingereicht wurde, einzuarbeiten. Solange
diese Änderungen nicht ganz erheblich sind, wird durch eine solche Aktualisierung die Billigungsfrist des § 13 Abs. 2 nicht berührt, da die Fristen des
§ 13 Abs. 2 mit Eingang des Prospekts zu laufen beginnen[255] und die Ergänzung durch den Antragsteller aufgrund des Aktualisierungsgebots kein Fall
des § 13 Abs. 3 ist. Das Aktualitätsgebot gilt weiter bis zur **Prospektveröf-**
fentlichung.[256] § 16 Abs. 1 Satz 1 ordnet hier, anders als noch der insoweit
missverständliche § 52 Abs. 2 BörsZulV a. F., eine Nachtragspflicht, d. h. Aktualisierung für alle zwischen Billigung des Prospekts und Eröffnung des
Handels eingetretenen wichtigen neuen Umstände an und verweist auf den
der Billigung durch die BaFin bedürfenden Nachtrag.[257]

Zwischen Prospektveröffentlichung und **Einführung der Wertpapiere** 58
besteht nach § 16 Abs. 1 Satz 1 die Verpflichtung, die zwischenzeitlich eingetretenen Veränderungen in einem Nachtrag zum Prospekt,[258] zu veröffentlichen.

All dies, d. h. die **Aktualisierungspflicht bis zur Einführung der Wert-** 59
papiere, ist **unstreitig.** Dagegen ist die Antwort auf die Frage streitig, ob bei
„Börsenzulassungsprospekten" mit der Einführung der Wertpapiere die Aktualisierungspflicht endet. Die ganz herrschende Meinung in Rechtspre-

---

[254] Unstreitig, vgl. nur *Stephan,* AG 2003, 3, 7; *Mülbert/Steup,* in: Habersack/
Mülbert/Schlitt, Unternehmensfinanzierung am Kapitalmarkt, § 33 Rn. 47.

[255] RegBegr. zum Prospektrichtlinie-Umsetzungsgesetz, BR-Drs. 85/05, S. 54, 75.

[256] Wegen des i. d. R. geringen Zeitabstandes zwischen Prospektbilligung und Veröffentlichung – i. d. R. erfolgt die Veröffentlichung am Tag der oder am Tag unmittelbar
nach der Billigung – kommt es in der Praxis selten vor, dass zwischen Billigung und
Veröffentlichung neue wesentliche Umstände eintreten. Sollte dies doch der Fall sein,
war nach altem Recht fraglich, wie diese Veränderungen berücksichtigt werden sollen. *Assmann,* in: FS Ulmer, 757, 766; *Stephan,* AG 2002, 3, 7. Diese Frage hat sich
durch die Formulierung des § 16 Abs. 1 Satz 1 erledigt; ebenso *Hamann,* in: Schäfer/
Hamann, KMG §§ 44, 45 BörsG Rn. 199, der ebenfalls auf den Nachtrag und dessen
Billigungserfordernis verweist; *Mülbert/Steup,* in: Habersack/Mülbert/Schlitt, Unternehmensfinanzierung am Kapitalmarkt, § 33 Rn. 48.

[257] Ebenso *Hamann,* in: Schäfer/Hamann, KMG §§ 44, 45 BörsG Rn. 199;
Mülbert/Steup, in: Habersack/Mülbert/Schlitt, Unternehmensfinanzierung am Kapi-
talmarkt, § 33 Rn. 48; zum alten Recht *Assmann,* in: FS Ulmer, 757, 766, der zu
Recht darauf hinweist, dass hierbei die zeitgleiche Veröffentlichung von Prospekt und
Nachtrag zur Vermeidung einer Prospekthaftung erforderlich ist; *Stephan,* AG 2002,
3, 7.

[258] *Mülbert/Steup,* in: Habersack/Mülbert/Schlitt, Unternehmensfinanzierung am
Kapitalmarkt, § 33 Rn. 48. Zum alten Recht BGH, Urteil v. 14. 7. 1998 – XI ZR
173/97, BGHZ 139, 225, 232f. = DZWiR 1998, 515, 517 mit Anm. von *Groß,*
DZWiR 1998, 518f. Zur vor der börsenzulassungsrechtlichen Pflicht zur Veröffentlichung eines Nachtrags zu unterscheidenden Frage, ob die im Falle eines nicht veröffentlichten Nachtrags eingreifende Prospekthaftung auch vermieden werden kann,
wenn kein Nachtrag, aber eine Veröffentlichung nach § 45 Abs. 2 Nr. 4 erfolgt, bejahend *Assmann,* in: FS Ulmer, 757, 767 f.

chung[259] und Literatur[260] bejaht dies; eine Mindermeinung will dagegen die Aktualisierungspflicht bis zu sechs Monate nach der Einführung ausdehnen.[261] Diese Mindermeinung ist abzulehnen. Aus § 23 Abs. 2 Nr. 4 lässt sich eine solche Aktualisierungspflicht nicht entnehmen.[262] Ihrem Wortlaut nach begründet die Regelung keine Aktualisierungspflicht und ihr Sinn und Zweck ist gerade entgegengesetzt: Es geht dort um die Möglichkeit der Haftungsbegrenzung nicht um Haftungserweiterung. Ebenso wenig besteht eine planwidrige und deshalb regelungsbedürftige Lücke, die durch eine Ausdehnung der Aktualisierungspflicht geschlossen werden müsste.[263] Das wird durch die eindeutige gesetzliche Regelung in § 16 Abs. 1 Satz 1 deutlich, die eine Aktualisierungspflicht mit dem „Schluss des öffentlichen Angebots oder, falls diese später erfolgt, der Einführung in den Handel" enden lässt. Auch aus dem Urteil des BGH i. S. Elsflether Werft[264] ergibt sich nichts für die Mindermeinung.[265] Der BGH hat dort bei einer Bezugsrechtsemission ausdrücklich entschieden, dass die Aktualisierungspflicht „jedenfalls bis zum Ablauf der Zeichnungsfrist" laufe.[266] Die Zeichnungsfrist endet aber bereits vor der Einführung der Wertpapiere. Das ergibt sich zwingend aus der Regelung des § 38 Abs. 2 BörsG, weil erst nach abgeschlossener Zeichnung die Wertpapiere zugeteilt und damit die Einführung erfolgen kann. Demnach endet die

---

[259] Ausführlich OLG Frankfurt, Urteil v. 6. 7. 2004 – 5 U 122/03, ZIP 2004, 1411, 1413; LG Frankfurt, Urteil v. 17. 1. 2003 – 3-07 O 26/01, ZIP 2003, 400, 404 ff.; LG Frankfurt, 3–07 O 48/01 mit ablehnenden Anmerkungen *Ellenberger*, EWiR § 45 BörsG, 1/03, 409 f.

[260] *Hamann*, in: Schäfer/Hamann, KMG §§ 44, 45 BörsG Rn. 200; *Mülbert/Steup*, in: Habersack/Mülbert/Schlitt, Unternehmensfinanzierung am Kapitalmarkt, § 33 Rn. 49; *Pankoke*, in: Just/Voß/Ritz/Zeising, §§ 44 BörsG, 13 VerkProspG Rn. 41; zum alten Recht bereits *Hauptmann*, in: Vortmann, § 3 Rn. 79; *Hopt*, Verantwortlichkeit, Rn. 209 ff.; *Kort*, AG 1999, 9, 15 f.; *Schwark*, WuB I G 8.–4.98, sub 2 der Anm., insbesondere auch 2 b sowie *Schwark*, in: Schwark/Zimmer, §§ 44, 45 BörsG Rn. 32; wohl auch *Grundmann*, Bankrechtshandbuch, § 112 Rn. 41.

[261] *Assmann*, in: Hdb. KapitalanlageR, § 6 Rn. 113; *Assmann*, in: Assmann/Schlitt/von Kopp/Colomb, § 13 VerkProspG Rn. 36; *Ellenberger*, Prospekthaftung im Wertpapierhandel, S. 17 f.; enger dagegen *Ellenberger*, in: FS Schimansky, 591, 596: „Vollständiger Verkauf der Emission"; *Assmann*, in: FS Ulmer, 757, 769 f., 771.

[262] OLG Frankfurt, Urteil v. 6. 7. 2004 – 5 U 122/03, ZIP 2004, 1411, 1413; LG Frankfurt, Urteil v. 17. 1. 2003 – 3-07 O 26/01, ZIP 2003, 400, 404; *Assmann*, in: FS Ulmer, 757, 770; *Hamann*, in: Schäfer/Hamann, KMG §§ 44, 45 BörsG Rn. 267; *Mülbert/Steup*, in: Habersack/Mülbert/Schlitt, Unternehmensfinanzierung am Kapitalmarkt, § 33 Rn. 49; *Stephan*, AG 2002, 3, 12.

[263] Ausführlich hierzu OLG Frankfurt, Urteil v. 6. 7. 2004 – 5 U 122/03, ZIP 2004, 1411, 1413; LG Frankfurt, Urteil v. 17. 1. 2003 – 3-07 O 26/01, ZIP 2003, 400, 404 f. und *Schwark*, in: Schwark/Zimmer, §§ 44, 45 BörsG Rn. 32.

[264] BGH, Urteil v. 14. 7. 1998 – XI ZR 173/97, BGHZ 139, 225, 232.

[265] So ausdrücklich auch *Pankoke*, in: Just/Voß/Ritz/Zeising, §§ 44 BörsG, 13 VerkProspG Rn. 41. A. A. *Ellenberger*, Prospekthaftung im Wertpapierhandel, 17 f.; *Assmann*, in: Hdb. KapitalanlageR, § 6 Rn. 113; wohl auch *Assmann*, in: FS Ulmer, 757, 769.

[266] BGH, Urteil v. 14. 7. 1998 – XI ZR 173/97, BGHZ 139, 225, 232.

Zeichnungsfrist sogar vor dem Ende der Aktualisierungspflicht des § 16 Abs. 1 Satz 1. Der an dieser Stelle vom BGH vorgenommene ausdrückliche Verweis auf § 52 Abs. 2 BörsZulV a. F. und § 11 VerkProspG a. F. spricht ebenfalls gegen eine Ausdehnung der Aktualisierungspflicht auf sechs Monate nach Einführung der Wertpapiere, da § 52 Abs. 2 BörsZulV a. F. die Aktualisierungspflicht mit der Einführung enden ließ[267] und § 11 VerkProspG a. F. eine Aktualisierung nur bis zur Beendigung des öffentlichen Angebots forderte. Nach beiden Vorschriften endete die Aktualisierungspflicht damit bei Einführung bzw. Beendigung des Angebots. Von einer Perpetuierung der Aktualisierungspflicht ist dort nicht die Rede, der BGH hat sie damit weder gefordert noch auch nur angedeutet.

Soweit der BGH in diesem Zusammenhang auch auf die zivilrechtliche **60** Prospekthaftung verweist,[268] ergibt sich daraus nichts für die Mindermeinung. Zwar läuft bei der zivilrechtlichen Prospekthaftung eine gewisse „Fortschreibungspflicht",[269] die aber nichts mit der hier erörterten Aktualisierungsverpflichtung zu tun hat. Diese „Fortschreibungsverpflichtung" beruht darauf, dass bei der zivilrechtlichen Prospekthaftung entscheidend auf den hier bei der Anlageentscheidung erforderlichen unmittelbaren geschäftlichen Kontakt zwischen Anleger und Anbieter abgestellt wird. Dieser unmittelbare geschäftliche Kontakt ermöglicht es, auf zwischenzeitlich eingetretene Änderungen hinzuweisen.[270] Das ist bei der wertpapierprospektgesetzlichen Prospekthaftung anders. Hier besteht beim Börsenhandel nach Einführung bzw. beim öffentlichen Angebot an unbekannte Anleger der Wertpapiere kein solcher Kontakt.

Die durch den Prospekt erzeugte Anlagestimmung, auf welcher der Haf- **61** tungszeitraum des § 21 Abs. 1 Satz 1 beruht, erzeugt kein Vertrauen darauf, dass der Prospekt nach seinem Datum oder der Einführung aktualisiert wurde. Der Prospekt dient der Markteinführung und ist das Dokument zur Herstellung der Markteinführungspublizität, so dass sich zeitlich seine Wirkung auf den Zeitpunkt der Markteinführung beschränkt. Anschließende Änderungen sollen aufgrund der kapitalmarktrechtlichen Publizität, z. B. § 15 WpHG, kommuniziert werden, die von der Markteinführungspublizität zu unterscheiden ist.[271]

An dieser Rechtslage, sprich dem Ende der Aktualisierungspflicht bei Bör- **62** senzulassungsprospekten mit Einführung der aufgrund des Prospektes zuzulassenden Wertpapiere hat sich durch das Prospektrichtlinie-Umsetzungsgesetz nichts geändert. § 16 Abs. 1 Satz 1 ordnet ebenso wie § 52 Abs. 2 Börs-

---

[267] *Mülbert/Steup,* in: Habersack/Mülbert/Schlitt, Unternehmensfinanzierung am Kapitalmarkt, § 33 Rn. 49 Fn. 126; *Hamann,* in: Schäfer/Hamann, KMG §§ 44, 45 BörsG Rn. 201.

[268] BGH, Urteil v. 14. 7. 1998 – XI ZR 173/97, BGHZ 139, 225, 233.

[269] So zu Recht *Assmann,* in: FS Ulmer, 757, 760 ff.

[270] So ausdrücklich auch *Assmann,* in: FS Ulmer, 757, 762 f.

[271] So ausdrücklich auch OLG Frankfurt, Urteil v. 6. 7. 2004 – 5 U 122/03, ZIP 2004, 1411, 1413 und *Mülbert/Steup,* in: Habersack/Mülbert/Schlitt, Unternehmensfinanzierung am Kapitalmarkt, § 33 Rn. 50.

ZulV a. F.[272] eine Nachtragspflicht nur bis zum „Schluss des öffentlichen Angebots oder, falls diese später erfolgt, der Einführung in den Handel" an.[273] § 9, nach dem der Prospekt zwölf Monate gültig sein soll, befasst sich nicht mit der hier diskutierten Problematik der Aktualisierung nach erfolgter Einführung.[274] Soll der „alte", aber noch „gültige", Prospekt für die Zulassung verwendet werden, geht es gerade um die Zulassung und Einführung weiterer Wertpapiere. Hierfür muss der Zulassungsprospekt selbstverständlich in diesem Zeitpunkt wieder aktuell sein. Deshalb setzt die „Gültigkeit" nach § 9 Abs. 1 WpPG gerade die Ergänzung des Prospekts um die erforderlichen Nachträge voraus.

63   c) **Berichtigung.** Von der bislang behandelten Aktualisierung ist die **Berichtigung, d. h. die Korrektur unzutreffender Darstellungen tatsächlicher oder rechtlicher Verhältnisse** zu unterscheiden. Nach § 16 Abs. 1 Satz 1 besteht eine Verpflichtung, „jede wesentliche Unrichtigkeit in Bezug auf die im Prospekt enthaltenen Angaben, die die Beurteilung der Wertpapiere beeinflussen könnten und die nach der Billigung des Prospekts und vor dem endgültigen Schluss des öffentlichen Angebots oder, falls diese später erfolgt, der Einführung in den Handel an einem organisierten Markt auftreten oder festgestellt werden", in einem Nachtrag zum Prospekt aufzunehmen. Diese Verpflichtung trifft nach § 16 Abs. 1 Satz 2 den Emittenten, den Anbieter oder den Zulassungsantragsteller. Sie umfasst zwei unterschiedliche Sachverhalte, die Berichtigung bereits ursprünglich unrichtiger Umstände einerseits und die Berichtigung ursprünglich richtiger, aber im Zeitablauf unrichtig gewordener Umstände. Diese Berichtigungspflicht endet nach dem eindeutigen Wortlaut des § 16 Abs. 1 Satz 1 bei Berücksichtigung des § 38 Abs. 2 BörsG bei Börsenzulassungsprospekten ebenfalls mit der Einführung in den Handel.

64   d) **Aktualisierung, Berichtigung: Billigungserfordernis, Verpflichteter.** Der aktualisierende oder berichtigende **Nachtrag** ist gemäß § 16 Abs. 1 Satz 2 und 3 i. E. wie ein Prospekt zu behandeln, d. h. er bedarf der Billigung durch die BaFin und muss veröffentlicht werden. In der Praxis geschieht dies dadurch, dass er entweder insgesamt oder im Wege der Hinweisbekanntmachung veröffentlicht und dem im Wege der Schalterpublizität veröffentlichten Prospekt als **Einlegeblatt** beigefügt wird.[275] Darüber hinaus ist er zusammen mit dem ursprünglichen Prospekt Haftungsgrundlage nach § 21

---

[272] Auf den die RegBegr. zum Prospektrichtlinie-Umsetzungsgesetz ausdrücklich verweist, BR-Drs. 85/05, S. 54, 78.

[273] Vgl. näher unten Kommentierung zu § 16 WpPG.

[274] Wie hier ausdrücklich *Mülbert/Steup,* in: Habersack/Mülbert/Schlitt, Unternehmensfinanzierung am Kapitalmarkt, § 33 Rn. 49.

[275] Vgl. oben § 16 Rn. 11 insofern unterscheidet sich der Nachtrag nach § 16 ganz wesentlich von der Berichtigungsmöglichkeit nach § 23 Abs. 2 Nr. 4 und der Veröffentlichung der diesbezüglichen Informationen, vgl. unten § 23 Rnrn. 8 ff. für den insoweit ähnlich gelagerten Fall der Berichtigung des Prospekts nach § 23 Abs. 2 Nr. 4.

Abs. 1, d.h. der Prospekt in der durch den Nachtrag geänderten Fassung ist die Haftungsgrundlage.[276] Haftungsverpflichteter aus einem erstellten und veröffentlichten Nachtrag ist jedenfalls der Emittent. Fraglich ist, wer prospekthaftungsrechtlich zur Erstellung und Veröffentlichung des Nachtrags verpflichtet ist. § 16 Abs. 1 Satz 2 verpflichtet den Emittenten, den Anbieter „oder" Zulassungsantragsteller zur Erstellung und Veröffentlichung des aktualisierenden oder berichtigenden Nachtrags. Dies wird man auch bei der Prospekthaftung berücksichtigen müssen. Allerdings muss die Frage des Verschuldens des Zulassungsantragstellers bei Nicht-Veröffentlichung eines erforderlichen Nachtrags und der daraus resultierenden Prospekthaftung jeweils einer besonderen Prüfung unterzogen werden.

e) Berichtigungsmöglichkeit. Von dieser rechtlich begründeten Berich- **65** tigungspflicht bis zur Einführung in den Handel ist die **Berichtigungsmöglichkeit**[277] nach **§ 23 Abs. 2 Nr. 4** zu unterscheiden. § 23 Abs. 2 Nr. 4 gewährt eine – haftungsbefreiende – Berichtigungsmöglichkeit. Führen nach Einführung bzw. dem Schluss des öffentlichen Angebots gewonnene Erkenntnisse über die tatsächliche Situation bis zur Einführung bzw. dem Schluss des öffentlichen Angebots der Wertpapiere dazu, dass der Prospekt zum Zeitpunkt der Einführung bzw. dem Schluss des öffentlichen Angebots unrichtig oder unvollständig war, bietet § 23 Abs. 2 Nr. 4 eine Möglichkeit, den in diesem Zeitpunkt unrichtigen oder unvollständigen Prospekt zu berichtigen und dadurch für ab dem Zeitpunkt der Veröffentlichung der Berichtigung abgeschlossene Geschäfte die Prospekthaftung zu vermeiden.

Die Berichtigung nach § 23 Abs. 2 Nr. 4 ist materiell wie ein Prospektteil **66** zu behandeln, d.h. sie bildet zusammen mit dem Prospekt die Haftungsgrundlage nach § 21 Abs. 1.[278] Das bedeutet weiter für die Fälle, in denen die Berichtigung nicht im Rahmen der in § 23 Abs. 2 Nr. 4 vorgenommenen Veröffentlichungen erfolgt, Mitteilung und Übermittlung der Berichtigung an die BaFin und Veröffentlichung wie ein Prospekt.[279] Ob eine Billigung durch die BaFin erforderlich ist, erscheint fraglich und dürfte im Ergebnis zu verneinen sein.[280]

5. Prospektgestaltungsmängel

Enthält ein Prospekt alle erforderlichen Angaben, dann wird er **nicht** **67** dadurch **unrichtig,** dass er **formale** oder **stilistische Gestaltungsmängel** aufweist, z.B. **unübersichtlich gegliedert** ist oder nicht den Gliederungs-

---

[276] Unstr. vgl. nur oben § 16 Rn. 17 a; *Assmann,* in: Assmann/Lenz/Ritz § 13 VerkProspG Rn. 45; *Mülbert/Steup,* in: Habersack/Mülbert/Schlitt, Unternehmensfinanzierung am Kapitalmarkt, § 33 Rn. 26; *Pankoke,* in: Just/Voß/Ritz/Zeising, §§ 44 BörsG, 13 VerkProspG Rn. 42.

[277] Vgl. dazu auch *Assmann,* in: Hdb. KapitalanlageR, § 6 Rn. 219 ff.

[278] *Assmann,* in: Assmann/Lenz/Ritz, § 13 VerkProsG Rn. 45; *Stephan,* AG 2002, 3, 12; *Hamann,* in: Schäfer/Hamann, KMG §§ 44, 45 BörsG Rn. 274.

[279] Ebenso *Schwark,* WuB I G 8. – 4.98. Vgl. näher auch unten § 23 Rn. 9.

[280] Vgl. unten § 23 Rn. 9.

vorgaben der gesetzlichen Regelungen (§ 7 WpPG i. V. m. der Prospektverordnung) entspricht, vorausgesetzt allerdings, dass er dadurch nicht unverständlich wird.[281] Wenn der BGH auch vom durchschnittlichen Anleger eine sorgfältige und eingehende Lektüre des Prospektes und seiner Anlagen verlangt,[282] dann können einzelne Mängel bei der Übersichtlichkeit und Klarheit der Darstellung nicht zu einem unrichtigen Prospekt führen. Ein Prospekt ist deshalb grundsätzlich nicht unrichtig, wenn einzelne Angaben durch die an anderer Stelle des Prospektes enthaltenen näheren Erläuterungen und Relativierungen präzisiert werden.[283] Ansonsten besteht die Gefahr einer „Rosinentheorie", die im Hinblick auf den Prospekt als einheitliches Ganzes nicht gerechtfertigt werden kann.

6. Bedeutung der Unrichtigkeit/Unvollständigkeit (Wesentlichkeit)

68   Die Prospekthaftung setzt voraus, dass die unvollständige oder unrichtige Angabe für die **Beurteilung der Wertpapiere von wesentlicher Bedeutung** ist **und** gerade sie zur **Minderung des Börsenpreises beigetragen** hat. Allerdings obliegt es dem Haftenden, diese fehlende Kausalität der unvollständigen oder unrichtigen Angabe für die Minderung zu beweisen, § 23 Abs. 2 Nr. 2. Nicht jede Angabe, die gemäß § 32 Abs. 3 Satz 1 Nr. 2 in Verbindung mit § 7 i. V. m. der Prospektverordnung vorgeschrieben ist, ist von wesentlicher Bedeutung für die Beurteilung der Wertpapiere.[284] Angaben, die von § 7 i. V. m. der Prospektverordnung nicht vorgeschrieben werden, sind immer dann unwesentlich, wenn sie tatsächlich freiwillig erfolgen. Sie sind allerdings dann „wesentlich", wenn sie zwingend erforderlich sind, weil anderenfalls der Prospekt nicht vollständig wäre, vgl. oben Rn. 47. Ebenso sind nicht alle Pflichtangaben nach den Anhänge der Prospektverordnung wesentlich,[285] das gilt insbesondere für viele der geforderten rein formalen oder technischen Angaben.[286] Als **„wesentliche"** Angaben sind nur diejenigen anzusehen, die ein durchschnittlicher, verständiger Anleger „eher als nicht" bei seiner Anlageentscheidung berücksichtigen würde,[287] somit Angaben, die

---

[281] So ausdrücklich *Assmann,* in: Hdb. KapitalanlageR, § 6 Rn. 91; *Assmann,* in: Assmann/Schlitt/von Kopp/Colomb, § 13 VerkProspG Rn. 42; *Mülbert/Steup,* in: Habersack/Mülbert/Schlitt, Unternehmensfinanzierung am Kapitalmarkt, § 33 Rn. 37 a.E.; *Pankoke,* in: Just/Voß/Ritz/Zeising, §§ 44 BörsG, 13 VerkProspG Rn. 51.

[282] BGH, Urteil v. 13. 3. 1992 – XI ZR 70/91, WM 1992, 901, 904 zur zivilrechtlichen Prospekthaftung.

[283] Zu weitgehend deshalb LG Frankfurt, Urteil v. 7. 10. 1997 – 3/11 O 44/96, WM 1998, 1181, 1183 f.; *Ellenberger,* Prospekthaftung im Wertpapierhandel, 37 f.

[284] Unstr. *Assmann,* in: Assmann/Lenz/Ritz, § 13 VerkProspG Rn. 26; *Hauptmann,* in: Vortmann, § 3 Rn. 64. *Pankoke,* in: Just/Voß/Ritz/Zeising, §§ 44 BörsG, 13 VerkProspG Rn. 28; *Schwark,* in: Schwark/Zimmer, §§ 44, 45 BörsG Rnrn. 27, 35.

[285] *Pankoke,* in: Just/Voß/Ritz/Zeising, §§ 44 BörsG, 13 VerkProspG Rn. 28.; *Schwark,* in: Schwark/Zimmer, §§ 44, 45 BörsG Rnrn. 27, 35.

[286] *Mülbert/Steup,* in: Habersack/Mülbert/Schlitt, Unternehmensfinanzierung am Kapitalmarkt, § 33 Rn. 44.

[287] *Assmann,* Prospekthaftung, S. 319; *Assmann,* in: Assmann/Schlitt/von Kopp/Colomb, § 13 VerkProspG Rn. 38; *Hamann,* in: Schäfer/Hamann, KMG §§ 44, 45

zu den **wertbildenden Faktoren der Wertpapiere gehören.**[288] Dazu gehört z. B. nicht die fehlerhafte Angabe über Zahl- und Hinterlegungsstellen[289]
oder über im Verhältnis zur Bilanzierung völlig unbedeutende Bilanzpositionen,[290] oder allgemein Bilanzpositionen, die für die zukünftige Ertragskraft
unbedeutend sind.[291] Selbst wenn die unrichtige Angabe wesentlich ist, muss
gerade sie zur Minderung des Börsenpreises beigetragen haben;[292] die **Be-
weislast** für die fehlende haftungsausfüllende Kausalität liegt allerdings beim
Prospektverantwortlichen, § 23 Abs. 2 Nr. 2, dem jedoch diesbezüglich
§ 287 Abs. 1 ZPO zugute kommt.[293]

7. Aufgrund des Prospekts zugelassene Wertpapiere

Die Haftung bezieht sich nur auf diejenigen Wertpapiere, die **aufgrund** 69
des Prospekts zugelassen wurden. Die Haftung erfasst demnach grundsätzlich **nicht bereits früher emittierte Wertpapiere** oder **später,** ggf. prospektfrei **ausgegebene Wertpapiere.** Sind jedoch die früher oder später
emittierten Wertpapiere **ausstattungsgleich,** so erfasst die Prospekthaftung
gemäß **§ 21 Abs. 1 Satz 3** auch diese.[294] Damit wird dem Umstand Rechnung getragen, dass es dem Anleger bei der heute üblichen **Girosammelverwahrung,** bei der Aktien **gleicher Ausstattung** und gleicher **Wertpapier-Kennnummer** unterschiedslos verwahrt werden, nicht möglich ist,
nachzuweisen, dass es sich bei den von ihm erworbenen Aktien um solche
handelt, die aufgrund des Prospekts emittiert wurden.[295] Der Emittent und
die Emissionsbegleiter müssen vor diesem Hintergrund entscheiden, ob sie
zugunsten der dann erhöhten, weil auch die bereits emittierten und zugelas-

---

BörsG Rn. 148 m. w. N.; *Pankoke,* in: Just/Voß/Ritz/Zeising, §§ 44 BörsG, 13
VerkProspG Rn. 28.
[288] *Assmann,* in: Hdb. KapitalanlageR, § 6 Rn. 87; *ders.* in: Assmann/Lenz/Ritz,
§ 13 VerkProspG Rn. 25.
[289] RegBegr. zum Dritten Finanzmarktförderungsgesetz, BT-Drs. 13/8933, S. 54, 76.
[290] *Hopt,* Verantwortlichkeit, Rn. 154; *Mülbert/Steup,* in: Habersack/Mülbert/Schlitt,
Unternehmensfinanzierung am Kapitalmarkt, § 33 Rn. 44.
[291] *Mülbert/Steup,* in: Habersack/Mülbert/Schlitt, Unternehmensfinanzierung am
Kapitalmarkt, § 33 Rnrn. 42 ff.
[292] Die abweichende Auffassung des BGH, Urteil v. 5. 7. 1993 – II ZR 194/92, AG
1994, 32 f. zur bürgerlich-rechtlichen Prospekthaftung ist aufgrund der ausdrücklichen
Regelung in § 23 Abs. 2 Nr. 2 im Bereich der Prospekthaftung nach dem Wertpapierprospektgesetz nicht einschlägig. Wie hier *Ellenberger,* in: FS Schimansky, S. 591, 602;
ders., Prospekthaftung im Wertpapierhandel, 42; *Schwark,* in: Schwark/Zimmer, §§ 44,
45 BörsG Rn. 58. Ausführlich hierzu *Fleischer,* AG 2002, 329, 330. Vgl. auch unten
§ 23 Rn. 6.
[293] *Assmann,* in: Assmann/Schlitt/von Kopp/Colomb, § 13 VerkProspG Rn. 90.
[294] Ausführlich *Hamann,* in: Schäfer/Hamann, KMG §§ 44, 45 BörsG Rn. 116 ff.
Zur Rechtslage in den Ländern der EU, der Schweiz und den USA vgl. *Hopt/Voigt,*
in: Hopt/Voigt, Prospekt- und Kapitalmarktinformationshaftung, S. 55 ff.
[295] RegBegr. zum Dritten Finanzmarktförderungsgesetz, BT-Drs. 13/8933, S. 54,
77; *Bosch,* in: Bosch/Groß Emissionsgeschäft Rn. 10/142; *Grundmann/Selbherr,* WM
1996, 985, 990; *Sittmann,* NZG 1998, 490, 491.

senen Wertpapiere umfassenden Liquidität die neuen Wertpapiere ausstattungsgleich ausgestalten und unter der gleichen Wertpapier-Kennnummer zulassen wollen. Sie gehen dann das **Risiko** ein, für alle bereits emittierten ausstattungsgleichen Wertpapiere zu haften.[296] Dies kann z. B. im Falle einer Kapitalerhöhung um 10% dazu führen, dass die Haftung alle Wertpapiere des Emittenten umfasst, d. h. das gesamte, bereits vorher existierende Kapital und die Kapitalerhöhung und damit das 11fache des Emissionsvolumens. Oder aber, es wird die zeitweilige Zersplitterung des Handels in den Wertpapieren in Kauf genommen, um die Haftung des Emittenten und der Emissionsbegleiter zu begrenzen. Diese Haftungsbegrenzung kann zum einen dadurch erreicht werden, dass die Wertpapiere nicht ausstattungsgleich ausgestattet werden, § 21 Abs. 1 Satz 3, erste Alternative, oder aber, die Wertpapiere unterscheiden sich in sonstiger Weise, z. B. durch eine andere Wertpapier-Kennnummer.[297]

70   Erforderlich ist weiter, dass die Wertpapiere entgeltlich[298] **innerhalb von sechs Monaten nach ihrer erstmaligen Einführung und nach der Veröffentlichung des Prospekts erworben** wurden. Kaufentscheidungen, die vor der Veröffentlichung des Prospekts getroffen wurden, sind damit durch die gesetzliche Prospekthaftung nicht geschützt.[299] Bis zu dieser Änderung durch das Dritte Finanzmarktförderungsgesetz galt, dass der Erwerber den Erwerb gerade aufgrund des Prospektes nachweisen musste. Diesen Nachweis hatte die Rechtsprechung durch die tatsächliche Vermutung einer durch den Prospekt für eine gewisse Zeit erzeugten **Anlagestimmung** erleichtert.[300] Seit der Änderung der Prospekthaftungsregeln durch das Dritte Finanzmarktförderungsgesetz bedarf es des Nachweises eines Erwerbs aufgrund des Prospektes bzw. der Anlagestimmung nicht mehr; vielmehr reicht der **bloße Erwerb innerhalb der 6-Monats-Frist aus.**[301] Dabei ist es im Übrigen unerheblich, ob es sich um einen Ersterwerb (im Rahmen der ursprünglichen Platzierung) oder einen Zweiterwerb (nach erfolgter Platzierung z. B. über die Börse) handelt; jeder, der innerhalb von 6 Monaten nach Einführung der Wertpapiere erworben hat, ist ersatzberechtigt.[302] Allerdings

---

[296] Wie hier wohl auch *Assmann,* in: Hdb. KapitalanlageR, § 6 Rn. 232.

[297] RegBegr. zum Dritten Finanzmarktförderungsgesetz, BT-Drs. 13/8933, S. 54, 77; *Ellenberger,* in: FS Schimansky, S. 591, 605; *Hamann,* in: Schäfer/Hamann, KMG §§ 44, 45 BörsG Rn. 119; *Hopt,* in: FS Drobnig 1998, S. 525, 528, der jedoch diese Möglichkeit zur Haftungsbeschränkung kritisiert.

[298] Näher zur Entgeltlichkeit *Assmann,* in: Assmann/Schlitt/von Kopp/Colomb, § 13 VerkProspG Rn. 83 (Erbschaft und Vermächtnis: ja; Schenkung. nein).

[299] So auch zum alten Recht OLG Frankfurt, Urteil v. 14. 5. 1997 – 21 U 117/96, NJW-RR 1998, 122.

[300] Vgl. nur OLG Frankfurt, Urteil v. 27. 3. 1996 – 21 U 92/95, WM 1996, 1216, 4 Monate; OLG Düsseldorf, Urteil v. 5. 4. 1984 – 6 U 239/82, WM 1984, 586, 596, 5 Monate; so weitgehend BGH, BGH, Urteil v. 14. 7. 1998 – XI ZR 173/97, BGHZ 139, 225, 232, höchstens 12 Monate.

[301] Kritisch hierzu *Ellenberger,* Prospekthaftung im Wertpapierhandel, S. 41 f.

[302] So zu Recht *Assmann,* in: Assmann/Schlitt/von Kopp/Colomb, § 13 Verk-ProspG Rn. 84; *Hauptmann,* in: Vortmann, § 3 Rn. 123; *Kort,* AG 1999, 9 ff. (12); *Ha-*

kann der **Haftungsverpflichtete** die Haftung dadurch vermeiden, dass er **nachweist, die Wertpapiere seien nicht aufgrund des Prospektes erworben worden, § 23 Abs. 2 Nr. 1**. Das kann insbesondere dann der Fall sein, wenn die Anlagestimmung durch gegenläufige Faktoren beseitigt wird, wobei diese Faktoren aber sowohl gewichtig als auch deutlich sein müssen.[303] Wenn, wie die Gesetzesbegründung ausdrücklich festhält, § 23 Abs. 2 Nr. 1 „die Überlegungen der Rechtsprechung" zur Anlagestimmung aufgreift,[304] dann liegt es nahe, die von der Rechtsprechung für die **Beseitigung der Anlagestimmung** diskutierten Fälle wie z.B. **negative Pressestimmen** oder einen **dramatischen Kurseinbruch** auch im Rahmen des § 23 Abs. 2 Nr. 1 zu prüfen.[305] Während man negative Presseveröffentlichungen allein wohl nur bei einer erheblichen Massivität als ausreichend ansehen kann,[306] dürfte der Nachweis, der Erwerb sei nicht aufgrund des Prospektes erfolgt, dadurch möglich sein, dass der Anspruchsgegner behauptet und beweist, nach Prospektveröffentlichung sei ein dramatischer Kurseinbruch erfolgt und der Anspruchsteller habe die Wertpapiere erst später erworben.[307] Weitere Umstände, welche einen Ausschluss der Haftung nach § 23 Abs. 2 Nr. 1 begründen können, sind z.B. die Veröffentlichung eines neuen Jahresabschlusses, der eine deutlich negative Entwicklung aufweist,[308] oder die Stellung eines Antrags zur Eröffnung eines Vergleichs- oder Insolvenzverfahrens.[309] Ein weiterer, ebenfalls speziell geregelter Fall, in dem die Anlagestimmung beseitigt wird, ist § 23 Abs. 2 Nr. 4 und die dort geregelte Möglichkeit, eine Prospektberichtigung zu veröffentlichen, die als solche dazu führt, dass nachfolgende Erwerber sich nicht mehr auf den berichtigten Prospektfehler zur Begründung ihres Anspruches berufen können.[310] Entsprechendes muss aber auch allgemein für die Veröffentlichung eines aktualisierenden oder berichtigenden Nachtrags nach § 16 Abs. 1 Satz 1 gelten. Kann

---

mann, in: Schäfer/Hamann, KMG §§ 44, 45 BörsG Rn. 257. Zur Rechtslage in den Ländern der EU, der Schweiz und den USA vgl. *Hopt/Voigt,* in: Hopt/Voigt, Prospekt- und Kapitalmarktinformationshaftung, S. 53 ff.

[303] *Assmann,* in: Assmann/Schlitt/von Kopp/Colomb, § 13 VerkProspG Rn. 82 mit Beispielen in Rn. 88; *Hamann,* in: Schäfer/Hamann, KMG §§ 44, 45 BörsG Rn. 257; Beispiele auch bei *Assmann,* in: Hdb. KapitalanlageR, § 6 Rn. 234.

[304] RegBegr. zum Dritten Finanzmarktförderungsgesetz, BT-Drs. 13/8933, S. 54, 78 i. V. m. 76.

[305] I. d. S. auch *Ellenberger,* Prospekthaftung im Wertpapierhandel, 40 f.; *Kort,* AG 1999, 9 ff., 12 f.

[306] *Assmann,* in: Assmann/Schlitt/von Kopp/Colomb, § 13 VerkProspG Rn. 88 (Gewicht und Gegenstand); *Hauptmann,* in: Vortmann, § 3 Rn. 122.

[307] Ebenso *Kort,* AG 1999, 9 ff., 13; *Pankoke,* in: Just/Voß/Ritz/Zeising, § 45 BörsG Rn. 26. Unter Verweis auf die alte Rechtsprechung zur Anlagestimmung *Hauptmann,* in: Vortmann, § 3 Rn. 122: Kurs unter 60% des Ausgabekurses beseitigt Anlagestimmung, Kurs von 76,5% nicht.

[308] OLG Frankfurt, Urteil v. 27. 3. 1996 – 21 U 92/95, WM 1996, 1216; OLG Düsseldorf, Urteil v. 5. 4. 1984 – 6 U 239/82, WM 1984, 586, 596.

[309] OLG Düsseldorf, Urteil v. 5. 4. 1984 – 6 U 239/82, WM 1984, 586, 596.

[310] Vgl. ausführlich unten § 23 Rnrn. 8 ff.

hier der Anleger nach § 16 Abs. 3 seine auf den Erwerb der Wertpapiere gerichtete Willenserklärung widerrufen, dann kann er, macht er von diesem Recht keinen Gebrauch, nicht später Prospekthaftungsansprüche wegen genau dieses aktualisierten oder berichtigten Prospektmangels geltend machen.[311]

71   Bei der **Fristberechnung** ist auf den Zeitpunkt des **schuldrechtlichen Erwerbsgeschäftes** abzustellen; der sachenrechtliche Vollzug ist nicht erforderlich.[312] Die Veröffentlichung einer Berichtigung nach § 23 Abs. 2 Nr. 4 verlängert diese Frist nicht,[313] entscheidend für die Fristberechnung ist die „erstmalige Einführung der Wertpapiere". Das gilt auch für spätere weitere Einführungen an anderen inländischen Börsen auf der Grundlage des „alten" Prospekts; die weitere Zulassung und Einführung führt nicht zur Fristverlängerung.[314]

9. Inlandsgeschäft

72   Für Prospekthaftungsansprüche bei Wertpapieren von **Emittenten mit Sitz im Ausland** ist ein **Inlandsbezug**[315] erforderlich, wenn die Wertpapiere auch im Ausland zugelassen sind, § 21 Abs. 3. Ein solcher Inlandsbezug ist dann gegeben, wenn die Wertpapiere **aufgrund eines im Inland abgeschlossenen Geschäfts** oder einer ganz oder **teilweise im Inland erbrachten Wertpapierdienstleistung erworben wurden**.[316] Damit werden ausschließlich im Heimatstaat des Emittenten erfolgende Erwerbsvorgänge nicht von deutschen Prospekthaftungsansprüchen erfasst. § 21 Abs. 3 ist ein deutlicher gesetzlicher Beleg dafür, dass es für die Bestimmung des anwendbaren Rechts bei Geschäften mit Auslandsberührung auf den Platzierungsmarkt als **Anknüpfungskriterium** ankommt.[317]

III. Subjektive Tatbestandsvoraussetzungen

1. Verschulden

73   Nach § 23 Abs. 1 scheidet eine Prospekthaftung desjenigen aus, der nachweisen kann, dass er die Unrichtigkeit oder Unvollständigkeit der Prospekt-

---

[311] Siehe dazu bereits oben § 16 Rnrn. 17 ff.

[312] RegBegr. zum Dritten Finanzmarktförderungsgesetz, BT-Drs. 13/8933, S. 54, 77; *Assmann,* in: Assmann/Schlitt/von Kopp/Colomb, § 13 VerkProspG Rn. 82 mit Beispielen in Rn. 82; *Ellenberger,* Prospekthaftung im Wertpapierhandel, 41; *Hamann,* in: Schäfer/Hamann, KMG §§ 44, 45 BörsG Rn. 125.

[313] Ebenso für § 13 VerkProspG *Assmann,* in: Assmann/Lenz/Ritz § 13 VerkProspG Rn. 45.

[314] *Hamann,* in: Schäfer/Hamann, KMG §§ 44, 45 BörsG Rn. 126.

[315] Zum Begriff des Inlandsgeschäfts ausführlich *Bischoff,* AG 2002, 489, 495 ff.; *Hamann,* in: Schäfer/Hamann, KMG §§ 44, 45 BörsG Rn. 135; vgl. auch *Assmann,* in: Hdb. KapitalanlageR, § 6 Rn. 230.

[316] *Assmann,* in: Assmann/Schlitt/von Kopp/Colomb, § 13 VerkProspG Rn. 86.

[317] Umfassend zu § 44 Abs. 3 BörsG a. F. *Bischoff,* AG 2002, 489, 490 ff.

angaben nicht gekannt hat und die **Unkenntnis** nicht auf **grober Fahrlässigkeit** beruht. Die früher vorgenommene Differenzierung zwischen grober Fahrlässigkeit bei Unrichtigkeit des Prospektes und dem böslichen Verhalten bei unvollständigen Prospekten ist durch das Dritte Finanzmarktförderungsgesetz zu Recht aufgegeben worden, da die Unvollständigkeit einen Unterfall der Unrichtigkeit darstellt.[318] Ist der Ersatzpflichtige keine natürliche Person, dann werden ihm Kenntnisse, die natürliche Personen innerhalb seiner Organisation haben, zugerechnet[319] (zur Frage von Verschwiegenheitspflichten vgl. unten Rn. 79).

a) Grobe Fahrlässigkeit als geeigneter Maßstab. An der **groben** **74** **Fahrlässigkeit als Verschuldensmaßstab** der Prospekthaftung wurde, trotz der verschiedentlich daran geäußerten Kritik[320] zu Recht festgehalten.[321] Ob eine Haftungsverschärfung tatsächlich die **Attraktivität des deutschen Kapitalmarktes** erhöht hätte,[322] ist zu bezweifeln. Zum einen bedeutet Attraktivität des Kapitalmarktes auch Attraktivität für den Emittenten und die Emissionsbegleiter, bei denen ein erhöhtes Haftungsrisiko eher abschreckend gewirkt hätte.[323] Zum anderen ist zumindest zweifelhaft, ob die Attraktivität des Kapitalmarktes für einen Investor von möglichen Haftungsansprüchen abhängt. Ob tatsächlich die Haftungsregelungen anderer Länder schärfer sind und in der Praxis auch schärfer angewendet werden, lässt sich im Übrigen bezweifeln.[324]

b) Begriff der groben Fahrlässigkeit. Grobe Fahrlässigkeit setzt vor- **75** aus, dass die erforderliche **Sorgfalt in besonders schwerem Maße verletzt** wurde, ganz naheliegende Überlegungen nicht angestellt wurden und dass nicht beachtet wurde, was im gegebenen Fall jedem einleuchten müsste.[325]

---

[318] RegBegr. zum Dritten Finanzmarktförderungsgesetz, BT-Drs. 13/8933, S. 54, 80; vgl. auch oben Rn. 28.

[319] *Pankoke,* in: Just/Voß/Ritz/Zeising, § 45 BörsG Rn. 4.

[320] Vgl. nur *Grundmann/Selbherr,* WM 1996, 985, 986 ff. m. w. N.

[321] Wie hier auch *Ehricke,* in: Hopt/Voigt, Prospekt- und Kapitalmarktinformationshaftung, S. 187, 234 f.

[322] So *Grundmann/Selbherr,* WM 1996, 985, 993.

[323] So zu Recht die RegBegr. zum Dritten Finanzmarktförderungsgesetz, BT-Drs. 13/8933, S. 54, 80.

[324] *Bosch,* in: Bosch/Groß, Emissionsgeschäft, Rn. 10/130; a. A. *Fleischer,* Gutachten F für den 64. Deutschen Juristentag 2002, F 60, der eine Verschärfung des Verschuldensmaßstabes für „unabweisbar" hält, ginge es alleine darum, die deutschen Prospekthaftungsregeln an internationalen Standards heranzuführen; ebenso *Pankoke,* in: Just/Voß/Ritz/Zeising, § 45 BörsG Rn. 8. Detaillierter Überblick über die Prospekthaftungsregeln in den Mitgliedstaaten der EU, der Schweiz und den USA bei *Hopt/Voigt,* in: Hopt/Voigt, Prospekt- und Kapitalmarktinformationshaftung, S. 10 ff, dort auch spezielle Länderberichte zur Rechtslage in Belgien, Dänemark, England, Finnland, Frankreich, Griechenland, Irland, Italien, Luxemburg, Niederlande, Österreich, Portugal, Schweden, Spanien, der Schweiz und den USA.

[325] *Assmann,* in: Assmann/Schlitt/von Kopp/Colomb, § 13 VerkProspG Rn. 93; *Canaris,* BankvertragsR Rn. 2280; *Schwark,* in: Schwark/Zimmer, §§ 44, 45 BörsG

Diese Begriffsbestimmung bezieht **subjektive, in der Person des Handelnden begründete Umstände,** z.B. seine **Fach- und Sachkunde** aber auch seinen **persönlichen Kenntnisstand** etc., ein und führt damit zu einer **unterschiedlichen Beurteilung desselben Verhaltens bei verschiedenen Personen.**[326]

2. Verschulden verschiedener Prospektverantwortlicher

76   Der Kenntnisstand der möglichen **Prospektverantwortlichen,** z.B. des **Emittenten** und seiner **Aktionäre** einerseits und des **Emissionsbegleiters** andererseits, ist **unterschiedlich,** so dass damit auch die Beurteilung des jeweiligen Verhaltens unterschiedlich ausfallen muss.[327] **Je näher der jeweilige Prospektverantwortliche dem Ursprung der Information** ist, desto **größer** ist seine Verantwortlichkeit für die richtige und vollständige Darstellung dieser Informationen im Prospekt.[328]

77   **a) Emittent.** Der **Emittent** ist hier nicht nur am nächsten dran, sondern quasi mittendrin; da der Prospekt ihn und seine Geschäftstätigkeit beschreibt, ist er selbst Gegenstand der Information. Er stellt den Jahresabschluss auf, der vom Abschlussprüfer geprüft wird, er macht die Geschäfte, die im Prospekt dargestellt werden, er kennt die Risiken, ggf. muss er entsprechende Nachforschungen anstellen. Zwar steht auch dem Emittenten der Entlastungsbeweis nach § 23 Abs. 1 zur Verfügung. Dabei handelt es sich jedoch für ihn „regelmäßig um eine probatio diabolica".[329]

78   **b) Aktionär.** Die Prospektverantwortlichkeit eines **Aktionärs** setzt voraus, dass der Prospekt von ihm ausgeht, d.h. dass er maßgeblich auf die Erstellung des Prospektes Einfluss genommen oder grundsätzlich ein eigenes wirtschaftliches Interesse an der Emission hat, z.B. weil er selbst seine Aktien – teilweise – mitveräußern will.[330] Ein solchermaßen **einflußnehmender und interessierter Aktionär** wird im Regelfall selbst an **hervorgehobener Stelle im Unternehmen** tätig sein, etwa als **Vorstands- oder als ehema-**

Rn. 48; *Hamann,* in: Schäfer/Hamann, KMG §§ 44, 45 BörsG Rn. 217; *Pankoke,* in: Just/Voß/Ritz/Zeising, § 45 BörsG Rn. 7.

[326] Speziell für die Prospekthaftung wie hier *Assmann,* in: Assmann/Schlitt/von Kopp/Colomb, § 13 VerkProspG Rn. 93; *Assmann,* in: Assmann/Lenz/Ritz, § 13 VerkProspG Rn. 58; *Hamann,* in: Schäfer/Hamann, KMG §§ 44, 45 BörsG Rn. 213; *Mülbert/Steup,* in: Habersack/Mülbert/Schlitt, Unternehmensfinanzierung am Kapitalmarkt, § 33 Rn. 97.

[327] So ausdrücklich auch *Schwark,* in: Schwark/Zimmer, §§ 44, 45 BörsG Rn. 48.

[328] Unstr. *Mülbert/Steup,* in: Habersack/Mülbert/Schlitt, Unternehmensfinanzierung am Kapitalmarkt, § 33 Rn. 97; *Sittmann,* NZG 1998, 490, 494. Ebenso *Fleischer,* Gutachten F für den 64. Deutschen Juristentag 2002, F 62 der insoweit plastisch „abgestuften Lösungen im arbeitsteiligen Prozess der Prospekterstellung" verlangt; ebenso nachdrücklich *Hopt/Voigt,* in: Hopt/Voigt, Prospekt- und Kapitalmarktinformationshaftung, S. 86; *Hamann,* in: Schäfer/Hamann, KMG §§ 44, 45 BörsG Rn. 217; *Pankoke,* in: Just/Voß/Ritz/Zeising, § 45 BörsG Rn. 9.

[329] So *Fleischer,* Gutachten F für den 64. Deutschen Juristentag 2002, F 62.

[330] Vgl. oben dazu Rn. 35.

liges Vorstands- und aktuelles Aufsichtsratmitglied. Dann verfügt er über eine Vielzahl von Informationen bzw. kann sich diese, sofern es ganz nahe liegt, beschaffen.[331]

c) **Emissionsbegleiter.** Dagegen verfügen die Emissionsbegleiter im Re- 79 gelfall nicht über nähere Informationen über den Emittenten. Die Zeiten, in denen Emissionsbegleiter i. d. R. die **langjährige Hausbank** war, sind vorbei; selbst wenn dies noch der Fall sein sollte, können die **an anderer Stelle in der Bank vorhandenen Informationen nicht ohne weiteres von der Emissionsabteilung genutzt werden.** Soweit ein Geschäftsleitungsmitglied einer Emissionsbank im **Aufsichtsrat** des Emittenten vertreten ist und deshalb über einen erhöhten Informationsstand verfügt, dürfen diese Informationen der Emissionsbank nicht zugerechnet werden, da Aufsichtsratsmandate persönliche Mandate sind, und das Aufsichtsratsmitglied **aktienrechtlich zur Verschwiegenheit, §§ 116, 93 Abs. 1 Satz 2 AktG,** verpflichtet ist;[332] eine Verletzung dieser Verschwiegenheitspflicht ist **strafbewehrt,** § 404 AktG. Schaltet das Aufsichtsratsmitglied z. B. seine Assistenten oder andere Mitarbeiter bei der Wahrnehmung seiner Aufsichtsrätigkeit ein, hat er sie zur Verschwiegenheit zu verpflichten.[333] Auch deren Wissen kann demnach von der Emissionsabteilung bzw. dem Emissionsbegleiter insgesamt nicht genutzt und damit dem Emissionsbegleiter auch nicht zugerechnet werden.[334] Soweit eine **Abteilung,** z. B. die Kredit- oder M & A-Abteilung **einer Emissionsbank wegen ihrer anderweitigen Funktion** über Informationen verfügt, sind diese ebenfalls **nicht der Prospektabteilung und der Emissionsbank insgesamt zuzurechnen.**[335] Das als Nebenpflicht sich aus dem Bankvertrag ergebende **Bankgeheimnis**[336] besteht auch **bankin-**

---

[331] *Hamann,* in: Schäfer/Hamann, KMG §§ 44, 45 BörsG Rn. 212; *Mülbert/Steup,* in: Habersack/Mülbert/Schlitt, Unternehmensfinanzierung am Kapitalmarkt, § 33 Rn. 98.

[332] Ebenso *Assmann,* WM 1996, 1337, 1349; *Hauptmann,* in: Vortmann, § 3 Rn. 107; *Hamann,* in: Schäfer/Hamann, KMG §§ 44, 45 BörsG Rn. 239; *Mülbert/Steup,* in: Habersack/Mülbert/Schlitt, Unternehmensfinanzierung am Kapitalmarkt, § 33 Rn. 104; *Schwark,* in: Schwark/Zimmer, §§ 44, 45 BörsG Rn. 53; a. A. *Ellenberger,* Prospekthaftung im Wertpapierhandel, S. 55.

[333] *Marsch-Barner,* in: Arbeitshandbuch für Aufsichtsratsmitglieder, *Semler/Schenk* (Hrsg.), 2004, § 12 Rn. 47.

[334] *Hamann,* in: Schäfer/Hamann, KMG §§ 44, 45 BörsG Rn. 239; *Pankoke,* in: Just/Voß/Ritz/Zeising, § 45 BörsG Rn. 6; a. A. *Ellenberger,* Prospekthaftung im Wertpapierhandel, S. 54.

[335] Wie hier ausdrücklich *Pankoke,* in: Just/Voß/Ritz/Zeising, § 45 BörsG Rn. 5. A. A. die wohl h. M., vgl. nur *Hauptmann,* in: Vortmann § 3 Rn. 107; *Hamann,* in: Schäfer/Hamann, KMG §§ 44, 45 BörsG Rn. 238; *Mülbert/Steup,* in: Habersack/Mülbert/Schlitt, Unternehmensfinanzierung am Kapitalmarkt, § 33 Rn. 103 allerdings mit gewissen Einschränkungen; *Schwark,* in: Schwark/Zimmer, §§ 44, 45 BörsG Rn. 53, der allerdings fordert dass bei einer Weitergabe von Informationen das Gebot der Vermeidung von Interessenkonflikten, § 31 Abs. 1 Nr. 2 WpHG, zu beachten sei; *Ellenberger,* Prospekthaftung im Wertpapierhandel, S. 53 f.

[336] Vgl. nur *Weber,* in: BuB, Rn. 2/842.

tern, sofern die Weitergabe der Information nicht im Rahmen eines **ordnungsgemäßen Geschäftsablaufs notwendig ist.**[337] Unter Geschäftsablauf sind dabei im oben genannten Beispielsfall der Kreditabteilung die Kreditabwicklung und die damit im Zusammenhang stehenden Geschäfte zu sehen, nicht jedoch die Prospekterstellung. Das bedeutet, dass in anderen Abteilungen der Emissionsbank vorhandene Informationen nicht ohne Zustimmung des Kunden der Prospektabteilung zur Verfügung stehen und damit nicht bei der Beurteilung einer etwaigen Prospektverantwortlichkeit berücksichtigt werden können. Ob die Prospektabteilung **im Einzelfall verpflichtet** sein kann, den **Kunden** um seine **Zustimmung zur Weitergabe** von an anderen Stellen der Bank vorhandenen **Informationen zu bitten,** ist eine andere Frage. Ebenfalls hiervon zu unterscheiden ist die Frage, ob bei einer Weigerung des Kunden die Bank nicht von sich aus beim Kunden selbst entsprechende Nachforschungen anzustellen hat. Letzteres dürfte zu bejahen sein. Ersteres hängt davon ab, ob und inwieweit eine **Nachforschungspflicht** der Emissionsbank überhaupt angenommen werden kann.

80 Eine solche Nachforschungspflicht der Emissionsbank ist jedenfalls dann anzunehmen, wenn ihr konkrete Anhaltspunkte für die Unrichtigkeit von Prospektangaben vorliegen oder sie über Informationen verfügt, die Zweifel an der Richtigkeit des Prospektes wecken müssen.[338] Zu diesen Informationen können auch negative Werturteile Dritter, z. B. Ratings von Rating-Agenturen oder Presseberichte gehören, die u. U. eine nähere Überprüfung auch des Gesamtbildes des Prospektes nahe legen.[339] Ob und in welchem Umfang darüber hinaus eine Nachforschungspflicht besteht, ist im Einzelnen streitig.[340]

81 Man wird hier unterscheiden können zwischen **Prospektinformationen, die vom Emittenten** und solchen, die von **sachverständigen Dritten,** z. B. den Abschlussprüfern stammen.[341] Letztere braucht der Emissionsbegleiter grundsätzlich nicht zu überprüfen. Grundsätzlich besteht **keine Pflicht,** die **Buchführung** oder etwa die testierten Jahresabschlüsse oder geprüften Zwischenabschlüsse des Emittenten **erneut zu prüfen.**[342] Der Wirtschafts-

---

[337] *Bruchner,* in: Bankrechtshandbuch § 39 Rn. 13 f.

[338] *Assmann,* in: Hdb. KapitalanlageR., § 6 Rn. 238; *Mülbert/Steup,* in: Habersack/Mülbert/Schlitt, Unternehmensfinanzierung am Kapitalmarkt, § 33 Rn. 101; *Hamann,* in: Schäfer/Hamann, KMG §§ 44, 45 BörsG Rn. 226.

[339] OLG Frankfurt, Urteil v. 1. 2. 1994 – 5 U 213/92, WM 1994, 291, 297 mit insoweit zustimmenden Anmerkungen von *Schwark,* WuB I G 9. 2. 94; vgl. auch oben Rn. 51; *Hamann,* in: Schäfer/Hamann, KMG §§ 44, 45 BörsG Rn. 226; *Pankoke,* in: Just/Voß/Ritz/Zeising, § 45 BörsG Rn. 16.

[340] Vgl. nur Nachweise bei *Assmann* in: Hdb. KapitalanlageR., § 6 Rn. 239 ff.; *ders.,* in: Assmann/Lenz/Ritz, § 13 VerkProsG Rn. 93 f.; *Hopt,* Verantwortlichkeit, Rn. 191 f., Rn. 77; *Mülbert/Steup,* in: Habersack/Mülbert/Schlitt, Unternehmensfinanzierung am Kapitalmarkt, § 33 Rnrn. 99 ff.; *Hamann,* in: Schäfer/Hamann, KMG §§ 44, 45 BörsG Rn. 226; *Schwark,* in: Schwark/Zimmer, §§ 44, 45 BörsG Rn. 51.

[341] So auch *Fleischer,* Gutachten F für den 64. Deutschen Juristentag 2002, F 64 f.

[342] So bereits RG, Urteil v. 11. 10. 1912 – II 106/12, RGZ 80, 196, 198 f.; *Assmann,* in: Assmann/Lenz/Ritz § 13 VerkProspG Rn. 93; *Hauptmann,* in: Vortmann

prüfer ist gesetzlich zur Prüfung des Jahresabschlusses einschließlich der Buchführung verpflichtet und hierzu auch aufgrund seiner Ausbildung besonders geeignet; die Emissionsbank ist nicht zur Kontrolle der Kontrolleure verpflichtet. Einschränkungen dieses Grundsatzes, dass keine Nachforschungspflicht besteht, gelten nur, soweit besondere Gründe bzw. Zweifel eine Prüfung nahezu aufdrängen[343] – es geht um grobe Fahrlässigkeit. Der Ansicht, die für Überprüfungs- und Nachforschungspflichten der Emissionsbanken über die Erkenntnisquelle Prospekt äußerste Zurückhaltung für geboten hält,[344] ist deshalb zuzustimmen. Demnach besteht keine allgemeine Pflicht zur Due Diligence,[345] sondern **nur** eine **Pflicht zur Prüfung** der **Plausibilität der Prospektangaben.** Keine Einschränkung dieses Grundsatzes der auf die Plausibilitätskontrolle beschränkten Prüfungspflicht des Emissionsbegleiters ist das Aktualitätsgebot, das nicht zu einer Überprüfung des Jahresabschlusses führt, sondern dazu, ggf. neuere Entwicklungen darzustellen.[346] Auch die Gesamtbildformel stellt keine Einschränkung dieses Grundsatzes dar, da es auch hier nicht um eine Prüfung des Jahresabschlusses oder sonstiger Bilanzangaben, sondern darum geht, die aus dem Datenmaterial sich ergebende Folgerung ggf. zu erläutern und klarzustellen.[347]

Auch hinsichtlich **sonstiger Informationen,** die von **anderen Fach-**   82 **leuten,** z.B. technischen oder naturwissenschaftlichen Sachverständigen (Bodenverunreinigungen, technische Anlagen etc.), Rechtsanwälten, Patentanwälten, Notaren, Steuerfachleuten stammen,[348] besteht keine Nachprüfungspflicht. Sie kann die Emissionsbank **ohne eigene Prüfung übernehmen,** sofern nicht Gründe bzw. Zweifel eine Prüfung nahezu aufdrän-

---

§ 3 Rn. 105; *Hopt,* HGB, § 45 BörsG Rn. 1; *Hopt,* Verantwortlichkeit, Rn. 195; *Mülbert/Steup,* in: Habersack/Mülbert/Schlitt, Unternehmensfinanzierung am Kapitalmarkt, § 33 Rn. 108; *Schwark,* in: Schwark/Zimmer, §§ 44, 45 BörsG Rn. 51; *ders.,* ZGR 1983, 162, 173; eine gewisse Prüfungspflicht annehmend dagegen *Assmann,* in: Hdb. KapitalanlageR, § 7 Rn. 220.

[343] *Fleischer,* Gutachten F für den 64. Deutschen Juristentag 2002, F 66 spricht demzufolge auch von „offensichtlichen Verdachtsmomenten".

[344] So ausdrücklich *Kort,* AG 1999, 9, 18.

[345] I. E. wie hier gegen eine generelle Überprüfungspflicht *Schwark,* in: Schwark/Zimmer, §§ 44, 45 BörsG Rn. 52; a.A., allerdings mit gänzlich unterschiedlichen Anforderungen an die Intensität der Überprüfung, *Hauptmann,* in: Vortmann § 3 Rn. 105; *Hopt,* Verantwortlichkeit, Rn. 192 ff.; eher i. S. einer allgem. Pflicht zur Due Diligence auch *Hamann,* in: Schäfer/Hamann, KMG §§ 44, 45 BörsG Rn. 227 und *Pankoke,* in: Just/Voß/Ritz/Zeising, § 45 BörsG Rn. 14.

[346] Ebenso *Fleischer,* Gutachten F für den 64. Deutschen Juristentag 2002, F 65. I. E. ebenso *Schwark,* in: Schwark/Zimmer, §§ 44, 45 BörsG Rn. 52, der dies aber als Einschränkung des vorstehend geschilderten Grundsatzes ansieht.

[347] I. E. ebenso *Schwark,* in: Schwark/Zimmer, §§ 44, 45 BörsG Rn. 52, der dies aber als Einschränkung des vorstehend geschilderten Grundsatzes ansieht.

[348] Ausführlich hierzu *Hamann,* in: Schäfer/Hamann, KMG §§ 44, 45 BörsG Rn. 231 ff.; im Ergebnis wie hier *Assmann,* in: Assmann/Schlitt/von Kopp/Colomb, § 13 VerkProspG Rn. 94; *Assmann,* in: Hdb. KapitalanlageR, § 6 Rn. 238; *Schwark,* in: Schwark/Zimmer, §§ 44, 45 BörsG Rn. 52.

gen.[349] Soweit sich die Emissionsbank jedoch in dem Bereich, in dem ihr eine Nachforschungspflicht obliegt, hierzu solcher Personen bedient, trifft sie sowohl eine Pflicht zur ordnungsgemäßen Auswahl als auch zur Kontrolle dieser von ihr eingeschalteten Personen.[350] Eine Zurechnung eines etwaigen Verschuldens der Fachleute über § 278 BGB findet nicht statt, da die Fachleute nicht Erfüllungsgehilfen der Emissionsbank – wobei auch? – sind.[351] Ging es bislang um die Prüfungspflicht bei Angaben Dritter, so soll nach einer in der in der Literatur vertretenen Auffassung bei Prospektangaben, die vom Emittenten stammen, deren „sorgfältige Überprüfung unerlässlich" sein,[352] was auf eine diesbezügliche allgemeine Due Diligence-Prüfung hinausläuft.[353] Gleichsam als andere Extremposition, wird von anderen Stimmen auch bei Emittentenangaben eine reine Plausibilitätskontrolle mit einer Prüfungspflicht bei konkreten Anhaltspunkten als ausreichend angesehen.[354] Zwischen diesen beiden Extremen werden noch verschiedene vermittelnde Lösungen vertreten.[355] Richtig erscheint es hier, eine Prüfungspflicht des Emissionsbegleiters für die Prospektangaben des Emittenten anzunehmen.[356] Dabei kann der Emissionsbegleiter sich allerdings auf die Erkenntnisquelle Prospekt beschränken. Ergeben sich aus dem Prospekt jedoch begründete Anhaltspunkte für Zweifel, dann bedarf es einer eingehenderen Prüfung.

83   Soweit sie nach den oben dargelegten Grundsätzen erforderlich ist, obliegt die **Prospektprüfung** dem oder den **Konsortialführer(n).** Den anderen, **„einfachen" Konsortialmitgliedern,** seien sie nun (Senior) Co-Lead Managers oder bloße Managers, **dieselben Pflichten aufzuerlegen, widerspricht den tatsächlichen Gegebenheiten.**[357] Die einfachen Konsortial-

---

[349] I. d. S. auch *Assmann,* in: Assmann/Schlitt/von Kopp/Colomb, § 13 VerkProspG Rn. 95; *Assmann,* in: Hdb. KapitalanlageR, § 6 Rn. 238; *Hopt,* Verantwortlichkeit Rn. 193; *Hamann,* in: Schäfer/Hamann, KMG §§ 44, 45 BörsG Rn. 233; differenzierend *Schwark,* in: Schwark/Zimmer, §§ 44, 45 BörsG Rnrn. 49 ff.

[350] *Assmann,* in: Assmann/Schlitt/von Kopp/Colomb, § 13 VerkProspG Rn. 94; *Assmann,* in: Hdb. KapitalanlageR, § 6 Rn. 238; *Hopt,* Verantwortlichkeit, Rn. 193; *Mülbert/Steup,* in: Habersack/Mülbert/Schlitt, Unternehmensfinanzierung am Kapitalmarkt, § 33 Rn. 109; *Pankoke,* in: Just/Voß/Ritz/Zeising, § 45 BörsG Rn. 16; *Schwark,* in: Schwark/Zimmer, §§ 44, 45 BörsG Rn. 49.

[351] *Assmann,* in: Assmann/Schlitt/von Kopp/Colomb, § 13 VerkProspG Rn. 94; *Schwark,* in: Schwark/Zimmer, §§ 44, 45 BörsG Rn. 49.

[352] *Fleischer,* Gutachten F 64. Deutschen Juristentag 2002, F 65.

[353] Für eine solche Due Diligence-Prüfung etwa *Hauptmann,* in: Vortmann, § 3 Rn. 105.

[354] *Schwark,* in: Schwark/Zimmer, §§ 44, 45 BörsG Rnrn. 48 ff.; *ders.,* ZGR 1983, 162, 173 f.; *Kort,* AG 1999, 9, 18; *Groß,* AG 1999, 199, 206; *Altmeppen,* DB 1993, 84, 85.

[355] Vgl. nur Nachweise bei *Ellenberger,* Prospekthaftung im Wertpapierhandel, S. 46 f.; *Fleischer,* Gutachten F für den 64. Deutschen Juristentag 2002, F. 64 f.

[356] *Mülbert/Steup,* in: Habersack/Mülbert/Schlitt, Unternehmensfinanzierung am Kapitalmarkt, § 33 Rn. 102.

[357] Ebenso *Hartmann,* in: Vortmann, § 3 Rn. 108; *Pankoke,* in: Just/Voß/Ritz/Zeising, § 45 BörsG Rn. 17; im Ergebnis wie hier *Assmann,* in: Hdb. KapitalanlageR, § 6 Rn. 240; *Schwark,* in: Schwark/Zimmer, §§ 44, 45 BörsG Rn. 11.

mitglieder erhalten den Prospektentwurf in der Regel allenfalls wenige Tage vor Prospektveröffentlichung; an einer Prüfung des Unternehmens und der einzelnen Prospektangaben sind sie nicht beteiligt, da sie keinen Zugang zum Emittenten und den dort vorhandenen Informationen haben und, da dies für den Emittenten praktisch nicht zumutbar wäre, auch nicht haben sollen.[358] Aufgrund dieser unterschiedlichen Position von Konsortialführer und einfachem Konsortialmitglied ist bei der **Verantwortlichkeit der Konsortialmitglieder zwischen** der des **Konsortialführers** einerseits und der **anderer Konsortialmitglieder zu differenzieren.**[359] Eine nochmalige Differenzierung zwischen den einzelnen Konsortialmitgliedern, etwa nach ihrer Größe oder ihrer Benennung, ist dagegen nicht zutreffend, da alle Nicht-Konsortialführer bei der Prospekterstellung gleichermaßen nicht eingeschaltet sind.[360] Damit beschränkt sich die Pflicht des einfachen Konsortialmitglieds auf eine **bloße Plausibilitätskontrolle** des Prospekts und darauf, dass es den **Konsortialführer** dahingehend **überwacht,** ob dieser die **Prospektpflichten ordnungsgemäß** erfüllt.[361] Die **Überwachungspflicht** folgt aus der hier in Anbetracht der Delegation von Verantwortlichkeit gerechtfertigten **analogen Anwendung des § 831** BGB.[362] Eine darüber hinausgehende Sorgfaltspflicht ist abzulehnen. Eine **Zurechnung** eines etwaigen **Verschuldens des Konsortialführers** erfolgt mangels Rechtsgrundlage **nicht.**[363]

---

[358] Vgl. die ausführliche Darstellung der praktischen Handhabung bei *Bosch,* in: Bosch/Groß, Emissionsgeschäft Rn. 10/145 f.; vgl. auch *Assmann,* in: Hdb. KapitalanlageR, § 6 Rn. 240; *Hopt,* Verantwortlichkeit, Rn. 118.

[359] Wie hier ausdrücklich *Mülbert/Steup,* in: Habersack/Mülbert/Schlitt, Unternehmensfinanzierung am Kapitalmarkt, § 33 Rn. 110; *Schwark,* in: Schwark/Zimmer, §§ 44, 45 BörsG Rn. 11; *Hamann,* in: Schäfer/Hamann, KMG §§ 44, 45 BörsG Rn. 220; *Pankoke,* in: Just/Voß/Ritz/Zeising, § 45 BörsG Rn. 17. In diese Richtung wohl auch *Assmann,* in: Hdb. KapitalanlageR, § 6 Rn. 240; ausdrücklich wie hier *Assmann,* in: Assmann/Lenz/Ritz § 13 VerkProspG Rn. 94; *Bosch,* in: Bosch/Groß Emissionsgeschäft Rn. 10/146; *Grundmann,* Bankrechtshandbuch § 112 Rn. 59; *Hopt,* Verantwortlichkeit, Rn. 116 ff., der allerdings nicht nur zwischen dem Konsortialführer und den Konsortialmitgliedern, sondern auch noch zwischen den einzelnen Konsortialmitgliedern differenzieren will, vgl. dazu Rn. 120; a. A. *Ellenberger,* Prospekthaftung im Wertpapierhandel, 49.

[360] *Bosch,* in: Bosch/Groß Emissionsgeschäft Rn. 10/146; a. A. *Hopt,* Verantwortlichkeit Rn. 120.

[361] *Assmann,* in: Assmann/Schlitt/von Kopp/Colomb, § 13 VerkProspG Rn. 96; *Assmann,* in: Hdb. KapitalanlageR, § 6 Rn. 240; *Assmann,* Prospekthaftung S. 391; *Hopt,* Verantwortlichkeit, Rn. 120; *Hamann,* in: Schäfer/Hamann, KMG §§ 44, 45 BörsG Rn. 220; einschränkend *Schwark,* in: Schwark/Zimmer, §§ 44, 45 BörsG Rn. 11, der eine Plausibilitätskontrolle allein nicht ausreichen lassen will.

[362] *Bosch,* in: Bosch/Groß Emissionsgeschäft Rn. 10/147. A. A. *Schwark,* in: Schwark/Zimmer, §§ 44, 45 BörsG Rn. 11; *Assmann,* in: Hdb. KapitalanlageR, § 6 Rn. 240; *Pankoke,* in: Just/Voß/Ritz/Zeising, § 45 BörsG Rn. 17, der dies aus der allgemeinen Überwachungspflicht des § 45 Abs. 1 BörsG a. F. (§ 23 Abs. 1) entnehmen will, ohne auf § 831 BGB zurück zu greifen.

[363] Wohl unstreitig, ebenso *Assmann,* in: Assmann/Schlitt/von Kopp/Colomb, § 13 VerkProspG Rn. 96 a. E.; *Assmann,* in: Hdb. KapitalanlageR, § 6 Rn. 240 a. E.; *ders.,*

84   Der Entlastungsbeweis des § 23 Abs. 1 bezieht sich damit zum einen auf das jeweils an unterschiedlichen Sorgfaltsanforderungen zu messende Verschulden des Konsortialführers einerseits und aller anderen Konsortialmitglieder andererseits. Der **Konsortialführer** kann sich damit entlasten, dass er behauptet und beweist, den Prospekt auf seine **Plausibilität** hin überprüft zu haben und, soweit nach den oben aufgestellten Grundsätzen erforderlich, bei einzelnen **Prospektangaben Nachforschungen** angestellt zu haben. Die **anderen Konsortialmitglieder** können sich dadurch entlasten, dass sie behaupten und beweisen, den Prospekt auf seine **Plausibilität** hin untersucht und den prospekterstellenden **Konsortialführer überwacht** zu haben. Darüber hinaus kann sich das einzelne Konsortialmitglied, das eine Plausibilitätskontrolle oder Überwachung des Konsortialführers unterlassen und damit schuldhaft gehandelt hat, aber auch damit entlasten, dass es vorträgt und ggfls. beweist, dass der Konsortialführer seine besonderen, ggfls. eine Nachforschungspflicht umfassenden Prospektpflichten erfüllt hat.[364] Denn in diesem Fall ist die Verletzung seiner Pflicht zur Plausibilitätskontrolle und Überwachung nicht kausal für den Schaden, weil der Konsortialführer diese Plausibilitätskontrolle und ggfls. die Nachforschungen durchgeführt hat.

3. Verschulden und Prospektprüfung der BaFin

85   Die Prüfung des Prospektes durch die BaFin im Rahmen des Börsenzulassungsverfahrens führt nicht dazu, dass ein Verschulden der nach § 21 Prospektverantwortlichen ausgeschlossen werden kann. Das war für die Prüfung des Prospekts durch die Zulassungsstelle nach altem Recht unstreitig,[365] muss aber für die Prospektprüfung durch die BaFin nach neuem Recht in gleicher Weise gelten.[366] Zur Frage, ob die BaFin/Geschäftsführung Prospektverantwortlicher ist, vgl. oben Rn. 38; zur – nicht auf einer Prospekthaftung, sondern auf einer Amtspflichtverletzung beruhenden – möglichen Haftung der Zulassungsstelle vgl. § 32 BörsG Rn. 47 ff., bzw. der BaFin wg. der Prospektbilligung vgl. § 13 Rn. 16 f.

---

in: Assmann/Lenz/Ritz § 13 VerkProspG Rn. 94; *Bosch,* in: Bosch/Groß Emissionsgeschäft Rn. 10/145; *Hopt,* Verantwortlichkeit, Rn. 54, 116; *Mülbert/Steup,* in: Habersack/Mülbert/Schlitt, Unternehmensfinanzierung am Kapitalmarkt, § 33 Rn. 110; *Hamann,* in: Schäfer/Hamann, KMG §§ 44, 45 BörsG Rn. 307; *Pankoke,* in: Just/Voß/Ritz/Zeising, § 45 BörsG Rn. 20; *Schwark,* in: Schwark/Zimmer, §§ 44, 45 BörsG Rn. 11.

[364] So auch *Bosch,* in: Bosch/Groß Emissionsgeschäft Rn. 10/145; *Pankoke,* in: Just/Voß/Ritz/Zeising, § 45 BörsG Rn. 18; im Ergebnis wohl wie hier *Mülbert/Steup,* in: Habersack/Mülbert/Schlitt, Unternehmensfinanzierung am Kapitalmarkt, § 33 Rn. 110.

[365] Unstreitig vgl. nur OLG Frankfurt, Urteil v. 1. 2. 1994 – 5 U 213/92, WM 1994, 291, 297; *Schwark,* in: Schwark/Zimmer, §§ 44, 45 BörsG Rn. 54.

[366] Wie hier *Assmann,* in: Assmann/Schlitt/von Kopp/Colomb, § 13 VerkProspG Rn. 94; *Hamann,* in: Schäfer/Hamann, KMG §§ 44, 45 BörsG Rn. 108 a; *Pankoke,* in: Just/Voß/Ritz/Zeising, § 45 BörsG Rn. 9.

IV. Umfang des Schadenersatzanspruchs

Der Umfang des Schadenersatzanspruchs ergibt sich seit der Änderung **86** durch das Dritte Finanzmarktförderungsgesetz jetzt[367] unmittelbar aus dem Gesetz, § 21 Abs. 1 Satz 1 und 2 und Abs. 2. Er umfasst den durch den **Ausgabepreis** begrenzten **Erwerbspreis zuzüglich Erwerbsnebenkosten,** im Falle zwischenzeitlicher Veräußerung, **abzüglich Veräußerungspreis** zuzüglich Veräußerungskosten. Die Begrenzung auf den Ausgabepreis beruht darauf, dass dies der Preis ist, zu dem die Wertpapiere aufgrund des Prospektes veräußert werden, nachfolgende Veränderungen des Preises beruhen nach Ansicht des Gesetzgebers nicht auf dem Prospekt und sollen nicht zu Lasten der Prospektverantwortlichen gehen.[368] Überzeugender ist hier jedoch das Argument, die Begrenzung der Haftung auf den Ausgabepreis solle die Haftung überschaubar halten und zur Risikokapitalförderung beitragen.[369] Die verschiedenen Möglichkeiten, den Ausgabepreis zu bestimmen, sind in § 21 Abs. 1 Satz 1 und 2 festgelegt. Im Falle variabler Ausgabepreise, z.B. bei Daueremissionen, ist der am ersten Tag des Angebots verlangte anfängliche Ausgabepreis maßgeblich.[370]

Der **Veräußerungspreis** in § 21 Abs. 2 ist zwar grundsätzlich der tatsäch- **87** lich erzielte Veräußerungserlös; erfolgt die Veräußerung jedoch zu einem Preis unterhalb des üblicherweise erzielbaren Börsenpreises, liegt darin ein Verstoß gegen die Schadensminderungspflicht, so dass der Veräußerungspreis sich nicht nach dem erzielten Veräußerungserlös, sondern dem an der Börse erzielbaren Verkaufspreis richtet.[371]

V. Beweislast

Der Anspruchsteller hat die Unrichtigkeit bzw. Unvollständigkeit des Pros- **88** pekts, seinen Erwerb durch Inlandsgeschäft nach Prospektveröffentlichung sowie seinen Erwerbspreis bzw. ggf. die Differenz zwischen Erwerbspreis/ Ausgabepreis und Veräußerungspreis zu beweisen. Der Haftungsverpflichtete hat dagegen sein fehlendes Verschulden bzw. die in § 23 Abs. 2 genannten Umstände vorzutragen und ggf. zu beweisen.

VI. Verjährung

Die bis zur Übertragung der Prospekthaftungsregeln der §§ 44 ff. BörsG **89** a. F. durch das Gesetz zur Novellierung des Finanzanlagenvermittler- und

---

[367] Zum alten Recht noch *Kort,* AG 1999, 9, 11.

[368] So ausdrücklich RegBegr. zum Dritten Finanzmarktförderungsgesetz, BT-Drs. 13/8933, S. 54, 78; kritisch hierzu *Hamann,* in: Schäfer/Hamann, KMG §§ 44, 45 BörsG Rn. 286.

[369] RegBegr. zum Dritten Finanzmarktförderungsgesetz, BT-Drs. 13/8933, S. 54, 78; zustimmend *Hamann,* in: Schäfer/Hamann, KMG §§ 44, 45 BörsG Rn. 286.

[370] RegBegr. zum Dritten Finanzmarktförderungsgesetz, BT-Drs. 13/8933, S. 54, 78.

[371] RegBegr. zum Dritten Finanzmarktförderungsgesetz, BT-Drs. 13/8933, S. 54, 79.

Vermögensanlagenrechts[372] in § 46 BörsG a. F. geregelte Verjährung sah vor, dass ein Anspruch nach § 44 BörsG a. F. in einem Jahr seit dem Zeitpunkt, zu dem der Erwerber der Wertpapiere von der Unrichtigkeit oder Unvollständigkeit des Prospekts Kenntnis erlangt hat, spätestens jedoch in drei Jahren seit der Veröffentlichung des Prospekts verjähre.

90   Diese prospekthaftungsrechtliche Sonderregelung wurde im Rahmen des Dritten und Vierten Finanzmarktförderungsgesetzes jeweils geändert.[373] Dabei bestand jedoch Einigkeit darüber, dass für kapitalmarktrechtliche Haftungsregelungen eine Sonderregelung mit einer gegenüber den allgemeinen Verjährungsbestimmungen des BGB kürzeren Verjährung erforderlich ist, unter anderem aufgrund der Schnelligkeit des Geschäftsverkehrs gerade im Wertpapierbereich, aber auch aufgrund der sehr weitreichenden Beweiserleichterungen für den Anspruchsteller und der dadurch im Vergleich zu anderen Haftungsgrundlagen erheblichen Besserstellung des Anlegers.[374]

91   Im Rahmen des Gesetzes zur Novellierung des Finanzanlagenvermittler- und Vermögensanlagenrechts wurde ohne nähere Begründung und entgegen der in früheren Gesetzgebungsvorhaben immer wieder betonten Notwendigkeit der verjährungsrechtlichen Sonderregelung bei kapitalmarktrechtlichen Haftungsansprüchen diese Sonderregelung des § 46 BörsG a. F. gestrichen.[375] Folge dieser Streichung ist, das für Haftungsansprüche wegen fehlerhafter oder fehlender Prospekte nunmehr die allgemeinen Verjährungsvorschriften des BGB gelten, §§ 195, 199 BGB. Konkret bedeutet dies, dass Prospekthaftungsansprüche in drei Jahren nach Ende des Jahres, in dem der Geschädigte Kenntnis von den ansprüchsbegründenden Umständen erlangt hat oder ohne Fahrlässigkeit hätte erlangen können, § 199 Abs. 1 BGB, spätestens aber nach zehn Jahren nach ihrer Entstehung, § 199 Abs. 3 BGB, verjähren.[376]

VII. Andere Anspruchsgrundlagen

92   Vertragliche bzw. vorvertragliche Ansprüche bestehen, sofern der Anspruchsteller die Wertpapiere von der emissionsbegleitenden Bank erworben hat,[377] neben evtl. Prospekthaftungsansprüchen. § 25 Abs. 2 schließt diese nicht aus.[378] Weitere denkbare Anspruchsgrundlagen, die an die Veröffentlichung des Prospektes anknüpfen, sind §§ 826, 823 Abs. 2 BGB i. V. m. § 264 a StGB, die auch durch § 25 Abs. 2 nicht ausgeschlossen werden.[379] Daneben können Ansprüche aufgrund der Verletzung gesellschaftsrechtlicher Pflichten bestehen, z. B. §§ 47 Nr. 3, 117 AktG, §§ 823 Abs. 2 i. V. m. 399

---

[372] BGBl. I 2011, 2481.

[373] Vgl. nur die Kommentierung des § 46 BörsG in der Vorauflage.

[374] So noch die RegBegr. zum Schuldverschreibungsgesetz, BT-Drs. 16/12 814, S. 32.

[375] Zu recht kritisch dazu *Lorenz/Schönemann/Wolf,* CFL 2011, 346, 347 ff.

[376] So auch *Lorenz/Schönemann/Wolf,* CFL 2011, 346, 347.

[377] *Kort,* AG 1999, 9, 18: Voraussetzung ist jedoch, dass tatsächlich eine vertragliche Beziehung zwischen der emissionsbegleitenden Bank und dem Anleger existiert.

[378] *Schwark,* in: Schwark/Zimmer, §§ 44, 45 BörsG Rn. 76.

[379] Vgl. unten § 25 Rn. 2.

Abs. 1 Nr. 4, 400 Abs. 1 AktG, 331 HGB.[380] Eindeutig ausgeschlossen ist im Anwendungsbereich der börsengesetzlichen Prospekthaftung die allgemeine zivilrechtliche Prospekthaftung.[381]

VIII. Anwendungsbereich der §§ 21, 23 BörsG

§§ 21, 23 gelten unmittelbar für Börsenzulassungsprospekte für den re- **93** gulierten Markt bzw. die diesen ersetzenden schriftlichen Darstellungen i. S. d. § 21 Abs. 4, vgl. oben Rn. 23 ff. Sie gelten weiter qua Querverweis des § 22 bzw. § 23 Abs. 1 nach der insoweit deutlicheren Formulierung des § 22 gegenüber § 13 VerkprospG a. F., für alle nach § 3 Abs. 1 Satz 1 veröffentlichten Prospekte, die nicht Grundlage für die Zulassung von Wertpapieren zum Handel an einer inländischen Börse sind.[382]

IX. Gerichtliche Zuständigkeit

§ 48 BörsG a. F., der die gerichtliche Zuständigkeit für alle Entscheidungen **94** über Ansprüche aus den §§ 44 ff. BörsG a. F. regelte, wurde durch Artikel 8 des Gesetzes zur Einführung von Kapitalanleger-Musterverfahren[383] aufgehoben. Die bis zu dieser Änderung geltende Konzentration der gerichtlichen Zuständigkeit auf das Landgericht, in dessen Bezirk die Börse, welche den Prospekt gebilligt hatte,[384] ihren Sitz hat, wurde ursprünglich mit dem Ziel eingeführt, abweichende Entscheidungen unterschiedlicher Gerichte hinsichtlich desselben Prospekts zu vermeiden.[385] Auch der durch Artikel 2 des Gesetzes zur Einführung von Kapitalanleger-Musterverfahren in § 32b ZPO neu eingeführte ausschließliche Gerichtsstand bei falschen, irreführenden oder unterlassenen öffentlichen Kapitalmarktinformationen soll einer Zersplitterung der örtlichen Zuständigkeiten aufgrund verschiedener Gerichtsstände entgegen wirken.[386] § 32b ZPO schafft eine ausschließliche **örtliche**[387] Zu-

---

[380] Vgl. dazu BGH, Urteil v. 16. 12. 2004 – 1 St R 420/03, WM 2005, 227: Quartalsberichte als Darstellung i. S. d. § 400 Abs. 1 Nr. 1 AktG; BGH, Urteil v. 19. 7. 2004 – II ZR 402/02, ZIP 2004, 1593; Urteil v. 19. 7. 2004 – II ZR 218/03, ZIP 2004, 1599: Ad-hoc-Mitteilungen keine Darstellung i. S. d. § 400 Abs. 1 Nr. 1 AktG; vgl. auch *Schwark,* in: Schwark/Zimmer, §§ 44, 45 BörsG Rnrn. 82 f.

[381] OLG Frankfurt, Urteil v. 6. 7. 2004 – 5 U 122/03, ZIP 2004, 1411, 1415 m. w. N.; OLG Frankfurt, Urteil v. 17. 12. 1996 – 5 U 178/95, ZIP 1997, 107, 109; LG Frankfurt, Urteil v. 26. 6. 1995 – 3/01 O 222/94, ZIP 1996, 25, 26; h. M. vgl. nur *Kort,* AG 1999, 9, 19; *Mülbert/Steup,* in: Habersack/Mülbert/Schlitt, Unternehmensfinanzierung am Kapitalmarkt, § 33 Rn. 141; *Schwark,* in: Schwark, § 44, 45 BörsG Rn. 73.

[382] Vgl. unten § 22 Rnrn. 2 f., zur erweiterten Anwendung vgl. dort Rn. 4.

[383] BGBl. I 2005, S. 2437.

[384] Dabei handelte es sich noch um die Rechtslage vor dem Prospektrichtlinie-Umsetzungsgesetz, das § 48, wohl versehentlich, nicht geändert hatte.

[385] RegBegr. zum Dritten Finanzmarktförderungsgesetz, BT-Drs. 13/8933, S. 90 zu § 13 Abs. 2 VerkProspG.

[386] RegBegr. zum Kapitalanleger-Musterverfahrensgesetz, BT-Drs. 15/5091, 82.

[387] So zu Recht *Reuschle,* WM 2006, 1652; ebenso auch *Assmann,* in: Hdb. Kapitalanlage R, § 6 Rn. 261.

ständigkeit des Gerichts für Schadenersatzansprüche aus öffentlichen Kapitalmarktinformationen am Sitz des Emittenten. Den Begriff der öffentlichen Kapitalmarktinformation definiert § 1 Abs. 1 Satz 3 KapMuG (bzw. § 1 Abs. 2 KapMuG i. d. F. des Entwurfs des Gesetzes zur Reform des Kapitalanleger-Musterverfahrensgesetzes[388]) sehr umfassend. § 1 Abs. 1 Satz 4 Nr. 1 KapMuG (bzw. § 1 Abs. 2 KapMuG i. d. F. des Entwurfs des Gesetzes zur Reform des Kapitalanleger-Musterverfahrensgesetzes) zählt dann ausdrücklich noch „insbesondere Angaben in 1. Prospekten nach dem Wertpapierprospektgesetz ..." auf. § 32b Abs. 2 ZPO sieht eine Verordnungsermächtigung vor, mit deren Hilfe die Länder die Rechtsstreite beim Eingangsgericht stärker, als in § 32b Abs. 1 ZPO vorgesehen, bündeln können.[389] Die **sachliche** Zuständigkeit des Landgerichts wird in § 71 Abs. 2 Nr. 3 GVG geregelt,[390] § 95 Abs. 1 Nr. 6 GVG bestimmt, dass es sich bei Rechtsstreitigkeiten, in denen durch Klage ein Anspruch aus den §§ 21, 22 und 24 geltend gemacht wird, um Handelssachen handelt, so dass jeweils die Kammer für Handelssachen zuständig ist.

§ 22. Haftung bei sonstigem fehlerhaftem Prospekt

Sind in einem nach § 3 Absatz 1 Satz 1 veröffentlichten Prospekt, der nicht Grundlage für die Zulassung von Wertpapieren zum Handel an einer inländischen Börse ist, für die Beurteilung der Wertpapiere wesentliche Angaben unrichtig oder unvollständig, ist § 21 entsprechend anzuwenden mit der Maßgabe, dass

1. bei der Anwendung des § 21 Absatz 1 Satz 1 für die Bemessung des Zeitraums von sechs Monaten anstelle der Einführung der Wertpapiere der Zeitpunkt des ersten öffentlichen Angebots im Inland maßgeblich ist und

2. § 21 Absatz 3 auf diejenigen Emittenten mit Sitz im Ausland anzuwenden ist, deren Wertpapiere auch im Ausland öffentlich angeboten werden.

Übersicht

---

[388] RegE. BT-Drs. 17/8799, 5.

[389] Siehe z. B. für das Bundesland Hessen die Verordnung über die Zuständigkeit in Kapitalmarktstreitsachen nach § 32b Abs. 1 Satz 1 der Zivilprozessordnung vom 13. Januar 2006, HessGVBl. I 2006, S. 25: Zuständigkeit liegt beim Landgericht Frankfurt am Main.

[390] So zu Recht *Reuschle*, WM 2006, 1652; ebenso *Assmann*, in: Hdb. KapitalanlageR, § 6 Rn. 261.

I. Entstehungsgeschichte und Anwendungsbereich

1. Entstehungsgeschichte des § 22

§ 22 entspricht im Wesentlichen – zur klarstellenden, geänderten Formu- **1** lierung vgl. sogleich unten Rnrn. 2 ff. – § 13 VerkprospG a. F. Zwar hatte der Bundesrat bereits zum Prospektrichtlinie-Umsetzungsgesetz angeregt, die Regelung in § 13 VerkprospG a. F. aus Gründen der Rechtssystematik und der Anwenderfreundlichkeit in das **Wertpapierprospektgesetz** zu über-nehmen.[1] Die Bundesregierung hatte die entsprechende Anregung jedoch auf ein anderes Gesetzgebungsverfahren verwiesen, um die Verabschiedung des Prospektrichtlinie-Umsetzungsgesetzes nicht zu verzögern.[2] Durch das Gesetz zur Novellierung des Finanzanlagenvermittler- und Vermögensanlagenrechts[3] wurde die als „künstlich" empfundene Trennung der Haftungsregeln für Prospekte in zwei Gesetzen aufgehoben und § 13 VerkprospG a. F. als § 22 in das Wertpapierprospektgesetz übernommen.[4]

2. Anwendungsbereich

Nach § 22 ist die Haftungsregel des § 21 entsprechend anwendbar auf alle **2** „nach § 3 Absatz 1 Satz 1 veröffentlichten Prospekt(e)". § 22 weicht damit – soweit hier von Interesse – insoweit von § 13 VerkprospG a. F. ab, als er die dort noch enthaltene Einschränkung, dass sich der Prospekt i. S. des Wert-papierprospektgesetzes auf Wertpapiere, „die nicht zum Handel an einer in-ländischen Börse zugelassen sind" beziehen muss, nicht übernimmt.

Begründet wird diese sprachliche Abweichung damit, diese würde die auf- **3** grund der anderen Formulierung in § 13 VerkprospG a. F. bestehende Unsi-cherheit beseitigen: „Die Haftungsnorm des § 22 gilt für sämtliche Prospekte im Sinne des Wertpapierprospektgesetzes, die keine Börsenzulassungspros-pekte sind, unabhängig davon, ob die Wertpapiere, auf die sich der Prospekt bezieht, zu einem früheren Zeitpunkt (auf der Grundlage eines anderen Pros-pektes) zum Handel an einer inländischen Börse zugelassen wurden".[5] Das ist zutreffend: Aufgrund der Formulierung des § 13 VerkprospG a. F. wurde der

---

[1] BT-Drs. 15/5219, S. 1.
[2] BT-Drs. 15/5219, S. 7.
[3] BGBl. I 2011, 2481.
[4] Vgl. RegBegr. des Gesetzes zur Novellierung des Finanzanlagenvermittler- und Vermögensanlagenrechts, BT-Drs. 17/6051, S. 30, S. 46 sowie oben § 21 Rn. 1.
[5] RegBegr. des Gesetzes zur Novellierung des Finanzanlagenvermittler- und Vermö-gensanlagenrechts, BT-Drs. 17/6051, S. 30, S. 46.

Prospekt für ein öffentliches Angebot von bereits zum Handel an einer Börse zugelassenen Wertpapiere vom Wortlaut des § 13 VerkProspG a. F. nicht erfasst.[6] Dies widersprach aber ersichtlich dem Willen des Gesetzgebers[7] und führte dazu, dass in der Literatur einhellig – entgegen dem Wortlaut – auch zu § 13 VerkprospG a. F. die Ansicht vertreten wurde, dass dieser für alle Prospekte, die keine Börsenzulassungsprospekte sind, anzuwenden war, unabhängig davon, ob die Wertpapiere, auf die sich der Prospekt bezog, zu einem früheren Zeitpunkt bereits an einer inländischen Börse zum Handel zugelassen wurden.[8] Die Neuformulierung in § 22 hat die Notwendigkeit einer solchen „extensiven" Auslegung beseitigt. § 22 gilt damit für alle nach § 3 Abs. 1 Satz 1 veröffentlichte Prospekte, damit auch für freiwillige Prospekte nach § 1 Abs. 3[9], aber auch für Prospekte, die trotz Vorliegens einer Prospektbefreiungsmöglichkeit nach §§ 3 Abs. 2 oder 4 Abs. 1 oder 2 erstellt und gebilligt wurden.[10]

4   Fraglich ist, ob § 22 auch auf einen fehlenden Prospekt anwendbar ist, vgl. unten Rn. 8, und, ob § 22 auch auf einen Prospekt anwendbar ist, der entgegen dem Erfordernis einer Billigung durch die BaFin ungebilligt veröffentlicht wurde. Der Wortlaut des § 22 spricht gegen seine Anwendung auch auf einen ungebilligten Prospekt, weil ein nach § 3 Abs. 1 Satz 1 veröffentlichter Prospekt ein entsprechend dem Wertpapierprospektgesetz veröffentlichter und damit gemäß dessen gesetzlichen Anforderungen auch gebilligter Prospekt sein muss.[11] Es spricht einiges dafür, dass ein nicht gebilligter und dennoch veröffentlichter Prospekt rechtlich wie ein fehlender Prospekt anzusehen ist und sich damit die Prospekthaftung nach § 24 richtet.[12] Gleiches gilt auch für einen gemäß § 3 Abs. 1 Satz 1 veröffentlichten gebilligten Prospekt, wenn das neue öffentliche Angebot nach Ablauf der Gültigkeitsdauer des Prospekts von 12 Monaten erfolgt.[13]

---

[6] So ausdrücklich auch *Assmann,* in: Hdb. KapitalanlageR., § 6 Rn. 59.

[7] Vgl. Vorauflage, § 13 VerkprospG Rn. 3.

[8] Vgl. nur *Assmann* in: Assmann/Schlitt/von Kopp-Colomb, § 13 VerkprospekG Rn. 15 m.w. Nachw.; *Mülbert/Steup,* in: Habersack/Mülbert/Schlitt, Unternehmensfinanzierung am Kapitalmarkt, § 33 Rn. 20.

[9] Siehe oben § 1 Rn. 9 mw.Nachw.

[10] Wie hier *Mülbert/Steup,* in: Habersack/Mülbert/Schlitt, Unternehmensfinanzierung am Kapitalmarkt, § 33 Rn. 20. Ob die BaFin aber bei Vorliegen eines Prospektbefreiungstatbestandes einen Prospekt billigt, ist zweifelhaft, vgl. dazu bereits oben § 1 Rn. 10.

[11] Im Ergebnis wie hier bereits zu § 13 VerkprospG a. F. *Assmann,* in: Assmann/Schlitt/von Kopp-Colomb, § 13 VerkprospG Rn. 16, § 13 a VerkprospG Rnrn. 31 f.

[12] Ebenso *Assmann,* in: Assmann/Schlitt/von Kopp-Colomb, § 13 a VerkprospG Rnrn. 31 f.; ebenso *Pankoke* in: Just/Voß/Ritz/Zeising, § 13 a VerkprospG Rn. 6; wohl anders, Anwendung von § 22, *Mülbert/Steup,* in: Habersack/Mülbert/Schlitt, Unternehmensfinanzierung am Kapitalmarkt, § 33 Rn. 20.

[13] *Pankoke,* in: Just/Voß/Ritz/Zeising, § 13 a VerkprospG Rn. 7

II. Haftungsregel

1. Verweisung auf § 21

§ 22 regelt die **Haftung für fehlerhafte,** d. h. unrichtige oder unvoll- **5** ständige **Prospekte nach dem Wertpapierprospektgesetz,**[14] die nach § 3 Abs. 1 Satz 1 veröffentlicht wurden, dahingehend, dass auf **§ 21** verwiesen wird. Aufgrund des daraus resultierenden prospekthaftungsmäßigen Gleichklangs für „Börsenzulassungsprospekte", für die § 21 unmittelbar gilt, und für „Verkaufsprospekte" oder „Angebotsprospekte", für die § 22 auf § 21 verweist, kann, abgesehen von den nachfolgend dargestellten Abweichungen, auf die Ausführungen zu § 21 sowie zu § 23 verwiesen werden.

2. Besonderheiten, § 22 Nr. 1 und 2

§ 22 Nummern 1 und 2 berücksichtigen die **Besonderheiten bei der 6 Übertragung der auf „Börsenzulassungsprospekte" bezogenen Prospekthaftung** auf die für das öffentliche Angebot von Wertpapieren bezogenen „Verkaufsprospekte" oder „Angebotsprospekte" nach § 3 Abs. 1. Da bei der Prospekthaftung für „Angebotsprospekte" nicht wie bei der Prospekthaftung für „Börsenzulassungsprospekte" auf die Einführung der Wertpapiere, d. h. gemäß § 38 Abs. 1 BörsG die Aufnahme der Notierung im regulierten Markt, abgestellt werden kann, beginnt nach **Nr. 1 die Ausschlussfrist mit dem erstmaligen öffentlichen Angebot** im Inland. Ein solches Angebot erfordert gemäß § 3 Abs. 1 (sofern nicht eine Ausnahme nach § 3 Abs. 2 oder § 4 Abs. 1 eingreift) die vorherige Veröffentlichung eines Wertpapierprospektes im Inland, so dass dies der Zeitpunkt ist, zu dem ein Anleger erstmals sowohl Kenntnis von dem fehlerhaften Prospekt als auch von einem öffentlichen Angebot zum Erwerb der Wertpapiere haben kann. Die Sechs-Monats-Frist, innerhalb der ein Erwerb der Wertpapiere erfolgt sein muss, beginnt deshalb mit dem erstmaligen öffentlichen Angebot der Wertpapiere. Entscheidend ist der Zeitpunkt des Abschlusses des **Verpflichtungsgeschäfts,** das innerhalb dieser sechs Monate abgeschlossen sein muss; auf die Erfüllung des Verpflichtungsgeschäfts kommt es dagegen nicht an.[15]

Da Grundlage für die Prospekthaftung für einen „Angebotsprospekt" stets **7** das öffentliche Angebot von Wertpapieren ist, stellt **Nr. 2** klar, dass für den **Haftungsausschluss** nach § 21 Abs. 3 nicht auf die Börsennotierung der ausländischen Wertpapiere, **sondern auf das öffentliche Angebot der Wertpapiere** abzustellen ist. Erfolgt dieses im Ausland, so besteht ein Anspruch nach § 21 Abs. 1 nur dann, wenn die Wertpapiere aufgrund eines im Inland abgeschlossenen Geschäfts oder einer ganz oder teilweise im Inland erbrachten Wertpapierdienstleistung erworben wurden.

---

[14] Das gilt sowohl für von der BaFin als auch für im europäischen Ausland gebilligte Prospekte, *Kullmann / Sester,* WM 2005, 1068, 1071; ebenso *Pankoke,* in: Just/Voß/Ritz/Zeising, §§ 44 BörsG, 13 VerkprospG Rn. 9.

[15] Vgl. oben § 21 Rn. 71.

III. Fehlender Prospekt

8 Ist die Veröffentlichung des Verkaufsprospekts entgegen § 3 Abs. 1 vor dem öffentlichen Angebot gänzlich unterblieben (eine „nur" fehlerhafte Veröffentlichung führt nicht zu einer Prospekthaftung[16]), so greift § 21 nicht,[17] vgl. aber sogleich unten § 24.

IV. Zeitlicher Anwendungsbereich

9 Der zeitliche Anwendungsbereich des § 22 ist in § 36 Abs. 2 geregelt, vgl. dort.

V. Gerichtliche Zuständigkeit

10 Die früher in § 13 Abs. 2 VerkprospG a. F. enthaltene, § 48 BörsG a. F. entsprechende Regelung zur gerichtlichen Zuständigkeit für Haftungsansprüche bei fehlerhaften Verkaufsprospekten wurde bereits durch das Gesetz zur Einführung von Kapitalanleger-Musterverfahren[18] aufgehoben. An seine Stelle ist für die örtliche Zuständigkeit § 32b ZPO getreten, die sachliche Zuständigkeit ergibt sich aus § 71 Abs. 2 Nr. 3 GVG, die Zuständigkeit der Kammer für Handelssachen aus § 95 Abs. 1 Nr. 6 GVG.[19]

§ 23. Haftungsausschluss

(1) **Nach den §§ 21 oder 22 kann nicht in Anspruch genommen werden, wer nachweist, dass er die Unrichtigkeit oder Unvollständigkeit der Angaben des Prospekts nicht gekannt hat und dass die Unkenntnis nicht auf grober Fahrlässigkeit beruht.**

(2) **Ein Anspruch nach den §§ 21 oder 22 besteht nicht, sofern**

1. **die Wertpapiere nicht auf Grund des Prospekts erworben wurden,**

2. **der Sachverhalt, über den unrichtige oder unvollständige Angaben im Prospekt enthalten sind, nicht zu einer Minderung des Börsenpreises der Wertpapiere beigetragen hat,**

3. **der Erwerber die Unrichtigkeit oder Unvollständigkeit der Angaben des Prospekts bei dem Erwerb kannte,**

4. **vor dem Abschluss des Erwerbsgeschäfts im Rahmen des Jahresabschlusses oder Zwischenberichts des Emittenten, einer Veröffentlichung nach § 15 des Wertpapierhandelsgesetzes oder einer vergleichbaren Bekanntmachung eine deutlich gestaltete Berichtigung der unrichtigen oder unvollständigen Angaben im Inland veröffentlicht wurde oder**

5. **er sich ausschließlich auf Grund von Angaben in der Zusammenfassung oder einer Übersetzung ergibt, es sei denn, die Zusammenfas-**

---

[16] *Mülbert/Steup,* in: Habersack/Mülbert/Schlitt, Unternehmensfinanzierung am Kapitalmarkt, § 33 Rn. 53.

[17] *Schäfer,* ZIP 1991, 1557, 1565.

[18] BGBl. I 2005, 2437.

[19] Vgl. oben § 21 Rn. 94.

sung ist irreführend, unrichtig oder widersprüchlich, wenn sie zusammen mit den anderen Teilen des Prospekts gelesen wird, oder sie enthält, wenn sie zusammen mit den anderen Teilen des Prospekts gelesen wird, nicht alle gemäß § 5 Absatz 2 Satz 1 in Verbindung mit Absatz 2a erforderlichen Schlüsselinformationen.

Übersicht

I. Einleitung

§ 23 entspricht im Wesentlichen § 45 BörsG a. F., der durch das Gesetz zur **1** Novellierung des Finanzanlagenvermittler- und Vermögensanlagenrechts[1] in § 23 übernommen wurde. § 23 Abs. 2 Nr. 5 wurde durch das Gesetz zur Umsetzung der Richtlinie 2010/73/EU und zur Änderung des Börsengesetzes[2] geändert. Angefügt wurde der zweite Halbsatz, nach dem eine Haftung für die Zusammenfassung auch dann in Betracht kommt, wenn diese zusammen mit den anderen Teilen des Prospekts nicht alle Schlüsselinformationen enthält.

II. Haftungsausschluss

§ 23 enthält die Umstände, unter denen eine nach §§ 21, 22 bestehende **2** Prospektverantwortlichkeit von dem Prospektverantwortlichen für sich selbst, § 23 Abs. 1, bzw. insgesamt, § 23 Abs. 2, abgewendet werden kann.

1. Individuelle Entlastung mangels Verschulden

Zum **Entlastungsbeweis** nach **§ 23 Abs. 1** vgl. oben § 21 Rn. 73 ff.   **3**

2. Allgemeine Entlastung

a) Entlastung durch Nachweis fehlender haftungsbegründender Kausalität. Zur Möglichkeit der Widerlegung der **Kausalitätsvermutung**, dass die Wertpapiere aufgrund des Prospekts erworben wurden, und damit zu **§ 23 Abs. 2 Nr. 1** vgl. oben § 21 Rn. 70 f.

---

[1] BGBl. I 2011, 2481.
[2] BGBl. I 2012, 1375.

6   **b) Entlastung durch Nachweis fehlender haftungsausfüllender Kausalität.** Nach § 23 Abs. 2 Nr. 2[3] scheidet eine Prospekthaftung aus, wenn die unrichtige oder unvollständige Angabe nicht zur Minderung des Börsenpreises beigetragen hat. Damit wird die in der Rechtsprechung zur zivilrechtlichen Prospekthaftung vertretene Auffassung, nicht auf die Kausalität der falschen Angabe für den Schaden, sondern alleine auf die Beitrittsentscheidung des Anlegers, d. h. auf seine Kaufentscheidung, komme es an,[4] hier ausdrücklich und zu Recht[5] aufgegeben.

7   **c) Mitverschulden.** § 23 Abs. 2 Nr. 3 enthält eine abschließende gesetzliche Sonderregelung zur Frage des **Mitverschuldens; nur positive Kenntnis** der Unrichtigkeit/Unvollständigkeit **schadet;** grobe Fahrlässigkeit schadet nicht.[6]

8   **d) Berichtigung, § 23 Abs. 2 Nr. 4.** Die Möglichkeit der **Prospektberichtigung** nach § 23 Abs. 2 Nr. 4 ist durch das Dritte Finanzmarktförderungsgesetz neu eingefügt worden. Sie ist im Kontext zu sehen mit der von der Rechtsprechung im Zusammenhang mit der Börsenprospekthaftung entwickelten, den Nachweis der haftungsbegründenden Kausalität erleichternden „Anlagestimmung": Bei einem Erwerb der zuzulassenden Wertpapiere innerhalb eines bestimmten Zeitraumes nach Prospektveröffentlichung wurde vermutet, dass dieser Erwerb wegen der durch den Prospekt erzeugten Anlagestimmung erfolgte.[7] Als diese „Anlagestimmung" vom Gesetzgeber im Rahmen des Dritten Finanzmarktförderungsgesetzes gesetzlich in § 44 Abs. 1 Satz 1 BörsG a. F. (jetzt § 21 Abs. 1 Satz 1) dadurch geregelt wurde, dass jeder Erwerb innerhalb von sechs Monaten nach erstmaliger Einführung zur Haftungsbegründung ausreicht, ohne dass der Erwerber behaupten und beweisen muss, der Prospekt sei in irgendeiner Weise kausal für seine Kaufentscheidung gewesen, war es nur logisch, eine ebenso pauschale und formalisierte Möglichkeit dafür zu schaffen, diese haftungsbegründende Kausalität auch wieder beseitigen zu können: Nach § 23 Abs. 2 Nr. 4 schließen Berichtigungen unrichtiger Angaben des Prospektes die Haftung für die nach Veröffentlichung der Berichtigung abgeschlossenen Geschäfte aus. Dabei ergibt sich aus § 21 Abs. 1 S. 1 und der dortigen 6-Monats-Frist auch der zeitliche Rahmen, in dem einer Berichtigung Bedeutung zukommen kann, nämlich bis sechs Mo-

---

[3] Näher dazu *Hamann,* in: Schäfer/Hamann, KMG §§ 44, 45 BörsG Rn. 259 f.

[4] BGH, Urteil v. 5. 7. 1993 – II ZR 194/92, AG 1994, 32, 32 f.

[5] Nachdrücklich diese Regelung begrüßend *Fleischer,* Gutachten F zum 64. Deutschen Juristentag 2002, F 69, der sogar noch weitergehend einen Nachweis zulassen will, dass der Schaden zum Teil nicht auf dem Prospektmangel beruht. Ausführlich zu diesem Unterschied zwischen zivilrechtlicher und börsengesetzlicher Prospekthaftung, *Fleischer,* AG 2002, 329, 330. Wie hier *Schwark,* in: Schwark/Zimmer, §§ 44, 45 BörsG Rn. 58; ebenso *Assmann,* in: Hdb. KapitalanlageR, § 6 Rn. 242 ff.; *Mülbert/Steup,* in: Habersack/Mülbert/Schlitt, Unternehmensfinanzierung am Kapitalmarkt, § 33 Rn. 94.

[6] Zur Neuregelung *Kort,* AG 1999, 9, 14; *Hamann,* in: Schäfer/Hamann, KMG §§ 44, 45 BörsG Rn. 264.

[7] Zur Entwicklung der Rechtsprechung und deren Übernahme in der Literatur vgl. nur *Stephan,* AG 2002, 3, 10 f. m. w. N.

nate nach der Einführung bzw. in den Fällen des § 22 nach dem ersten öffentlichen Angebot im Inland.

Gegenstand einer Berichtigung nach § 23 Abs. 2 Nr. 4 kann nur ein Umstand sein, der objektiv bereits bei Einführung (bei „Börsenzulassungsprospekten") bzw. beim erstmaligen öffentlichen Angebot (bei „Angebotsprospekten") der Wertpapiere vorlag oder eingetreten ist[8] und damit den Prospekt bereits in diesem Zeitpunkt unrichtig oder unvollständig machte.[9] Die **Berichtigung muss deutlich ausgestaltet sein.** Sie muss nicht ausdrücklich darauf hinweisen, dass sie eine fehlerhafte oder unterlassene Angabe im Prospekt korrigiert.[10] Wäre ein solcher Hinweis erforderlich, käme dies der öffentlichen Aufforderung zur Geltendmachung von Prospekthaftungsansprüchen gleich; das kann nicht gefordert werden, weil ansonsten die Möglichkeit zur Berichtigung in der Praxis nicht wahrgenommen werden würde.[11] Sie muss jedoch einem **verständigen Leser,** dem sowohl der fehlerhafte Prospekt als auch die Berichtigung vorliegt, ersichtlich machen, dass die **Berichtigung von dem Prospekt abweichende Angaben** enthält. 9

Die Berichtigung als solche ist kein Prospekt[12] – sie dient weder der Börsenzulassung noch dem u. U. ja bereits abgeschlossenen Angebot noch erhebt sie den Anspruch der Vollständigkeit; zur Haftung vgl. oben § 21 Rn. 42. Anders als in § 52 Abs. 2 Satz 2 BörsZulV a. F. und in § 11 VerkProspG a. F. und § 16 werden die Regeln für Börsenzulassungsprospekte bzw. Verkaufsprospekte auch in § 23 Abs. 2 Nr. 4 nicht für entsprechend anwendbar erklärt. Daraus ergibt sich auf der einen Seite Folgendes: Die Berichtigung bedarf vor ihrer Veröffentlichung keiner Billigung durch die BaFin.[13] Erfolgt die Berichtigung im Zusammenhang mit dem Jahresabschluss, einem Zwischenbericht, einer Ad-hoc-Veröffentlichung oder einer vergleichbaren Bekanntmachung, für die nach den einschlägigen Spezialvorschriften spezielle Offenlegungsmodalitäten bestehen,[14] so ist es auch für § 23 Abs. 2 Nr. 4 ausreichend, wenn die speziellen

---

[8] Wie hier *Mülbert/Steup,* in: Habersack/Mülbert/Schlitt, Unternehmensfinanzierung am Kapitalmarkt, § 33 Rn. 129, wobei dies entgegen der Äußerung dort in Fn. 303 auch bereits mein in der Vorauflage vertretenes Verständnis war.

[9] *Stephan,* AG 2002, 3, 12. Vgl. auch oben § 21 Rn. 65.

[10] So ausdrücklich RegBegr. zum Dritten Finanzmarktförderungsgesetz, BT-Drs. 13/8933, 54, 81; *Hopt,* FS Drobnig 525, 531; *Assmann,* in: Assmann/Schlitt/von Kopp/Colomb, § 13 VerkProspG Rn. 69; *Assmann,* in: Hdb. KapitalanlageR, § 6 Rn. 221. A. A. *Ellenberger,* Prospekthaftung im Wertpapierhandel, S. 70. Ob beim Unterlassen eines solchen Hinweises tatsächlich eine „deutlich" ausgestattete Berichtigung vorliegt, bezeichnet *Schwark,* in: Schwark/Zimmer, §§ 44, 45 BörsG Rn. 60 als „fraglich".

[11] So ausdrücklich RegBegr. zum Dritten Finanzmarktförderungsgesetz, BT-Drs. 13/8933, S. 54, 81; *Hopt,* FS Drobnig, S. 525, 531.

[12] *Stephan,* AG 2002, 3, 12; *Schwark,* in: Schwark/Zimmer, §§ 44, 45 BörsG Rn. 61.

[13] Ausdrücklich wie hier *Hamann,* in: Schäfer/Hamann, KMG §§ 44, 45 BörsG Rn. 274 und zum alten Recht *Stephan,* AG 2002, 3, 12.

[14] So ist z.B. der Jahresabschluss nicht in den Börsenpflichtblättern, § 65 BörsZulV, zu veröffentlichen und bei der Ad-hoc-Mitteilung reicht nach § 15 Abs. 3 WpHG auch eine Veröffentlichung über elektronische Informationsverbreitungssysteme aus.

Berichtigungsmöglichkeiten in der jeweils für sie geregelten Form veröffentlicht werden. Es kommt insoweit nicht darauf an, dass die Form der Veröffentlichung für Prospekte eingehalten wird.[15] Soweit die Berichtigung nicht im Rahmen der in § 23 Abs. 2 Nr. 4 genannten Berichtigungsmöglichkeiten erfolgt, sollte das Veröffentlichungsverfahren dem des Prospektes entsprechen, so dass § 14 Anwendung findet.[16] Außerdem wird nicht aus der Berichtigung isoliert, sondern nur aus dem Prospekt in seiner berichtigten Form gehaftet. Auf der anderen Seite folgt daraus auch, dass die Berichtigung als solche die Prospekthaftungsfrist von 6 Monaten nicht verlängert.[17]

10   Entscheidend für den Haftungsausschluss nach § 23 Abs. 2 Nr. 4 ist, dass die Berichtigung „vor dem Abschluss des Erwerbsgeschäfts" erfolgt ist. Dies bedeutet bei **„gestreckten" Erwerbsvorgängen** wie z. B. beim **Bookbuilding,** bei dem der Kaufvertrag erst nach der Bookbuilding-Periode durch Zuteilung der Konsortialbanken zustande kommt,[18] so dass auch erst zu diesem Zeitpunkt der „Abschluss des Erwerbsgeschäfts" erfolgt, dass **Berichtigungen während der Bookbuilding-Periode einen Haftungsausschluss nach § 23 Abs. 2 Nr. 4** begründen.[19] Dies ist auch sachlich gerechtfertigt, da jeder Anleger bis zum Ende der Bookbuilding-Periode sein Kaufangebot – dann auf der Grundlage der Berichtigung – zurücknehmen kann.[20] Auf die **Kenntnis des Erwerbers von der Berichtigung** und deren Nachweis **kommt es** ebenso wie auf den Nachweis der Kenntnis des Erwerbers vom Prospekt **nicht an.**[21] Inwieweit eine Berichtigung nach § 23 Abs. 2 Nr. 4 allerdings rein tatsächlich bei einem Bookbuilding in Betracht kommt, ist fraglich. Vor Ende des Bookbuilding ist das Angebot noch nicht beendet, so dass insoweit die Berichtigungspflicht des § 16 Abs. 1 eingreift, die als solche ebenfalls zu einem Widerrufsrecht führt und damit die Prospekthaftung beseitigt.[22]

---

[15] I. d. S. sind auch die Ausführungen in der RegBegr. zum Dritten Finanzmarktförderungsgesetz zu verstehen, BT-Drs. 13/8933, S. 54, 81, wenn dort die speziellen Berichtigungsmöglichkeiten dargestellt werden, ohne insoweit auf die Art der Veröffentlichung einzugehen, während andererseits nur bei der „vergleichbaren Bekanntmachung" darauf hingewiesen wird, diese müsse „in gleicher Weise wie der Prospekt" veröffentlicht werden. Wie hier auch *Schwark,* in: Schwark/Zimmer, §§ 44, 45 BörsG Rn. 61.

[16] Siehe auch Reg.Begr. zum Dritten Finanzmarktförderungsgesetz, zitiert in vorstehender Fußnote sowie *Schwark,* in: Schwark/Zimmer, §§ 44, 45 BörsG Rn. 61.

[17] *Assmann,* in: FS Ulmer, 757, 772 f.; *Stephan,* AG 2002, 12.

[18] Zum Bookbuilding vgl. *Groß,* ZHR 162 (1998), 318.

[19] Wie hier ausdrücklich *Schwark,* in: Schwark/Zimmer, §§ 44, 45 BörsG Rn. 61; im Ergebnis ebenso *Hamann,* in: Schäfer/Hamann, KMG §§ 44, 45 BörsG Rn. 268.

[20] *Groß,* ZHR 162 (1998), 318, 329.

[21] RegBegr. zum Dritten Finanzmarktförderungsgesetz, BT-Drs. 13/8933, S. 54, 80 f.; *Assmann,* in: Assmann/Schlitt/von Kopp/Colomb, § 13 VerkProspG Rn. 68; *Hauptmann,* in: Vortmann § 3 Rn. 130; *Hamann,* in: Schäfer/Hamann, KMG §§ 44, 45 BörsG Rn. 273; *Pankoke,* in: Just/Voß/Ritz/Zeising, § 45 BörsG Rn. 32.

[22] *Mülbert/Steup,* in: Habersack/Mülbert/Schlitt, Unternehmensfinanzierung am Kapitalmarkt, § 33 Rn. 131, vgl. dazu auch bereits oben § 16 Rnrn. 17 ff.

e) Haftungsausschluss nur für Zusammenfassung. Der Haftungsaus- **11**
schluss nach der Nummer 5 in § 23 Abs. 2 wurde durch das Prospektrichtlinie-Umsetzungsgesetz in Umsetzung des Art. 6 Absatz 2 der Prospektrichtlinie zunächst neu in § 45 Abs. 2 BörsG a. F. eingefügt, durch das Gesetz zur
Novellierung des Finanzanlagenvermittler- und Vermögensanlagenrechts[23]
wörtlich als § 23 Abs. 2 Nr. 5 übernommen und durch das Gesetz zur Umsetzung der Richtlinie 2010/73/EU und zur Änderung des Börsengesetzes[24]
hinsichtlich der Schlüsselinformationen um einen neuen zweiten Halbsatz
ergänzt. Es geht darum, dass eine Haftung allein aufgrund einer Unrichtigkeit
der Zusammenfassung oder ihrer[25] Übersetzung zu Recht ausgeschlossen
wird. Jede Zusammenfassung ist als solche unrichtig, da unvollständig, weil
sie, indem sie zusammenfasst, Angaben weglässt, die erforderlich sind. Da auf
der anderen Seite jeder Prospekt aber eine Zusammenfassung enthalten muss,
ist es folgerichtig, dass eine Prospekthaftung „ausschließlich aufgrund von
Angaben der Zusammenfassung" ausscheiden soll, es sei denn, die Zusammenfassung, wenn sie zusammen mit den anderen Teilen des Prospektes gelesen wird, ist irreführend, unrichtig oder widersprüchlich. Gleiches gilt auch
für die in § 23 Abs. 2 Nr. 5 Hlbs. 2 geregelte Haftung für fehlende Schlüsselinformationen. Eine solche Haftung ist ausgeschlossen, es sei denn, die in der
Zusammenfassung enthaltenen Schlüsselinformationen vermitteln, wenn sie
zusammen mit den anderen Teilen des Prospekts gelesen werden, nicht alle
diejenigen Schlüsselinformationen, die erforderlich sind, um einem verständigen Anleger bei der Prüfung der Frage, ob er in diese Wertpapiere investieren
soll, behilflich zu sein.

§ 24. Haftung bei fehlendem Prospekt

(1) [1]Ist ein Prospekt entgegen § 3 Absatz 1 Satz 1 nicht veröffentlicht
worden, kann der Erwerber von Wertpapieren von dem Emittenten und
dem Anbieter als Gesamtschuldnern die Übernahme der Wertpapiere
gegen Erstattung des Erwerbspreises, soweit dieser den ersten Erwerbspreis nicht überschreitet, und der mit dem Erwerb verbundenen üblichen
Kosten verlangen, sofern das Erwerbsgeschäft vor Veröffentlichung eines
Prospekts und innerhalb von sechs Monaten nach dem ersten öffentlichen Angebot im Inland abgeschlossen wurde. [2]Auf den Erwerb von
Wertpapieren desselben Emittenten, die von den in Satz 1 genannten
Wertpapieren nicht nach Ausstattungsmerkmalen oder in sonstiger Weise
unterschieden werden können, ist Satz 1 entsprechend anzuwenden.

---

[23] BGBl. I 2011, 2481.
[24] BGBl. I 2012, 1375.
[25] § 23 Abs. 2 Nr. 5 ist trotz seines weiteren Wortlauts einschränkend auszulegen.
Während nämlich § 23 Abs. 2 Nr. 5 uneingeschränkt von „einer Übersetzung" spricht
und damit unklar bleibt, ob es um die Übersetzung allein der Zusammenfassung oder
eines gesamten Prospektes geht, ist Art. 6 Abs. 2 der Prospektrichtlinie klarer. Dort ist
nur von der „Zusammenfassung einschließlich einer Übersetzung davon" die Rede.
Das gilt auch für § 23 Abs. 2 Nr. 5.

(2) ¹Ist der Erwerber nicht mehr Inhaber der Wertpapiere, so kann er die Zahlung des Unterschiedsbetrags zwischen dem Erwerbspreis und dem Veräußerungspreis der Wertpapiere sowie der mit dem Erwerb und der Veräußerung verbundenen üblichen Kosten verlangen. ²Absatz 1 Satz 1 gilt entsprechend.

(3) Werden Wertpapiere eines Emittenten mit Sitz im Ausland auch im Ausland öffentlich angeboten, besteht ein Anspruch nach Absatz 1 oder Absatz 2 nur, sofern die Wertpapiere auf Grund eines im Inland abgeschlossenen Geschäfts oder einer ganz oder teilweise im Inland erbrachten Wertpapierdienstleistungen erworben wurden.

(4) Der Anspruch nach den Absätzen 1 bis 3 besteht nicht, sofern der Erwerber die Pflicht, einen Prospekt zu veröffentlichen, beim Erwerb kannte.

Übersicht

I. Einleitung und Anwendungsbereich

1 § 24 entspricht im Wesentlichen § 13a VerkprospG a.F. Ebenso wie dieser regelt er allein die Haftung wegen eines entgegen § 3 Abs. 1 Satz 1 nicht veröffentlichten Prospekts, d.h. die Haftung wegen fehlenden „Angebotsprospekts"; er greift aber auch bei Veröffentlichung eines nicht gebilligten oder eines zwar gebilligten aber nicht mehr gültigen „Verkaufsprospekts".[1] Wie auch die Regierungsbegründung zum Gesetz zur Novellierung des Finanzanlagenvermittler- und Vermögensanlagenrechts[2] hervorhebt, ist die Regelung wegen eines fehlenden „Börsenzulassungsprospektes" nicht erforderlich, da die Zulassung zum Handel an einer inländischen Börse gemäß § 32 Abs. 3 Nr. 2 BörsG einen Prospekt voraussetzt, somit ein fehlender Prospekt bei der Börsenzulassung dazu führt, dass diese versagt wird, so dass rein faktisch eine Haftung wegen eines fehlenden „Börsenzulassungsprospekts" nicht geregelt werden muss.[3] Nicht übernommen wurde die in § 13a Abs. 5 VerkprospG a.F. enthaltene Sonderverjährungsvorschrift, vgl. dazu unten Rn. 6.

---

[1] Vgl. oben § 22 Rn. 4.
[2] BGBl. I 2011, 2481.
[3] RegBegr. des Gesetzes zur Novellierung des Finanzanlagenvermittler- und Vermögensanlagenrechts, BT-Drs. 17/6051, S. 30, S. 46f.; vgl. auch bereits oben § 3 Rn. 12.

II. Entstehungsgeschichte und Bedeutung

§ 13 a VerkprospG a. F. wurde durch das Anlegerschutzverbesserungsgesetz[4] **2** neu in das damalige Verkaufsprospektgesetz eingefügt. Auch wenn dies in der Regierungsbegründung zum Anlegerschutzverbesserungsgesetz nicht klar zum Ausdruck kommt, dürfte der Hintergrund für die Regelung die ebenfalls durch das Anlegerschutzverbesserungsgesetz eingeführte Prospektpflicht für Vermögensanlagen nach § 8 f VerkProspG a. F. und damit für Vermögensanlagen im Rahmen des grauen Kapitalmarkts gewesen sein. Pflichtwidrige Nichterstellung eines Verkaufsprospektes war bis dahin allein bußgeldbewehrt und führte zur Untersagung des Angebots durch die BaFin. Diese Rechtsfolgen erschienen dem Gesetzgeber als wohl nicht mehr ausreichend – speziell für den grauen Kapitalmarkt.

§ 24 erlangt über seine eigentliche Aussage, der Begründung einer Pros- **3** pekthaftung bei fehlendem Prospekt (und bei Veröffentlichung eines nicht gebilligten oder nicht mehr gültigen Prospekts), hinaus, Bedeutung als Klarstellung. Die Klarstellung geht dahin, dass ein Verstoß gegen die Prospektpflicht die **Wirksamkeit des Kaufvertrages** unberührt lässt.[5] Wäre es anders, hätte es § 24 nicht bedurft. Rechtsfolge der Verletzung der Prospektpflicht nach dem Wertpapierprospektgesetz ist nach § 24 der Anspruch des Erwerbers gegen den Emittenten und den Anbieter auf Übernahme der Wertpapiere gegen Erstattung des Erwerbspreises. Wäre dagegen aufgrund eines Verstoßes gegen die Prospektpflicht das Erwerbsgeschäft unwirksam, dann wäre die Rechtsfolge die gleiche wie in § 24; § 24 wäre überflüssig. Hält der Gesetzgeber aber die Regelung des § 24 für erforderlich, dann folgt daraus auch die Bestätigung, dass ein Verstoß gegen die Prospektpflicht an der Wirksamkeit des Vertrages nichts ändert.

III. Tatbestandsvoraussetzungen

1. Verstoß gegen die Prospektpflicht

Voraussetzung der Haftung nach § 24 Abs. 1 Satz 1 ist, dass trotz Prospekt- **4** pflicht nach § 3 Abs. 1 Satz 1 WpPG kein Prospekt nach dem Wertpapierprospektgesetz veröffentlicht wurde, oder aber, dass ein nicht gebilligter Prospekt veröffentlicht wurde,[6] oder dass ein nicht mehr gültiger Prospekt veröffentlicht wurde.[7] Auf ein Verschulden kommt es nach dem Wortlaut des § 24 Abs. 1 Satz 1 nicht an; allerdings wird in der Literatur ganz überwiegend die Ansicht vertreten, dabei handele es sich um eine planwidrige Regelungs-

---

[4] BGBl. I 2004, 2630.
[5] Unstr. *Heidelbach*, in: Schwark/Zimmer, § 3 WpPG Rn. 35; *von Kopp-Colomb/ Gajdos*, in: Assmann/Schlitt/von Kopp-Colomb, § 3 WpPG Rn. 11; *Schnorbus*, in: Berrar/Meyer/Müller/Schnorbus/Singhof/Wolf, vor §§ 1 ff. Rn. 23. So bereits zu der Verletzung der Prospektpflicht nach § 1 VerkprospG a. F. *Hauptmann* in: Vortmann, Prospekthaftung und Anlageberatung, 2000, § 3 Rn. 208; *Heidelbach*, in: Schwark/ Zimmer, § 1 VerkprospG Rn. 45. Vgl. bereits oben § 3 Rn. 13 f.
[6] *Assmann*, in: Hdb. KapitalanlageR, § 6 Rn. 62; *Assmann*, in: Assmann/Schlitt/ von Kopp-Colomb, § 13 a VerkprospG Rn. 31.
[7] *Pankoke*, in: Just/Voß/Ritz/Zeising, § 13 a VerkprospG Rn. 7.

lücke, die durch entsprechende Anwendung des § 13 Abs. 1 VerkprospG a. F., § 45 Abs. 1 BörsG a. F. bzw. jetzt § 23 Abs. 1 geschlossen werden müsse. Demzufolge solle die Haftung Vorsatz oder grobe Fahrlässigkeit voraussetzen, wobei allerdings der Anspruchsgegner fehlendes Verschulden zu beweisen habe.[8]

2. Weitere Anspruchsvoraussetzungen

5   Die weiteren Anspruchsvoraussetzungen des § 24 sind denen des Anspruchs wegen eines fehlerhaften Prospektes nachgebildet. Der Anspruch besteht nur dann, wenn das Erwerbsgeschäft vor Veröffentlichung eines Prospektes und innerhalb von sechs Monaten nach dem ersten öffentlichen Angebot im Inland abgeschlossen wurde.[9] Eine spätere Veröffentlichung nach Erwerb lässt den Anspruch unberührt. Ist der Erwerber nicht mehr Inhaber der Wertpapiere oder der Vermögensanlagen, so gilt nach § 24 Abs. 2 die gleiche Regelung wie bei fehlerhaften Verkaufsprospekten. Entsprechendes gilt auch bei Emittenten mit Sitz im Ausland; hier gilt nach § 24 Abs. 3 die gleiche Regelung wie bei fehlerhaften Prospekten in § 22 Abs. 3. § 24 Abs. 4 ist § 45 Abs. 2 Nr. 3 BörsG a. F. nachgebildet.

3. Haftungsbeschränkung

6   Die Regelung zur Haftungsbeschränkung in § 13a Abs. 6 VerkprospG a. F. wurde nicht in § 24 übernommen, ist jedoch neu und mit Blick auf den von § 47 Abs. 2 BörsG a. F. abweichenden § 25 Abs. 2 verschärft geregelt, vgl. unten § 25.

IV. Verjährung, Gerichtliche Zuständigkeit

7   § 13a Abs. 5 VerkprospG a. F. enthielt eine § 46 BörsG a. F. nachgebildete Sonderverjährungsregelung. Diese wurde ebenso wenig übernommen wie § 46 BörsG a. F., so dass insoweit die „allgemeinen Verjährungsvorschriften des Bürgerlichen Gesetzbuchs gelten."[10] § 13a Abs. 7 VerkprospG a. F. verwies hinsichtlich der Zuständigkeitsregelung für die gerichtliche Geltendmachung von Haftungsansprüchen bei fehlenden Prospekten auf § 32b ZPO. Diese Regelung des Gleichlaufs der gerichtlichen Zuständigkeit mit der bei fehlerhaften „Börsenzulassungsprospekten" wurde konsequenterweise, da überflüssig, nicht übernommen, weil § 32b ZPO auch ohne ausdrückliche Anordnung hier eingreift.[11]

---

[8] *Assmann,* in: Assmann/Schlitt/von Kopp-Colomb, § 13a VerkprospG Rn. 21 ff. m. w. Nachw.; *Pankoke,* in: Just/Voß/Ritz/Zeising, § 13a VerkprospG Rn. 11; *Bohlken/Lange,* DB 2005, 1259, 1261; a. A. *Fleischer,* BKR 2004, 339, 346.

[9] Haftungsbegründende Kausalität ist damit gegeben, vgl. *Bohlken/Lange,* DB 2005, 1259, 1261.

[10] So zur Nicht-Übernahme des § 46 BörsG a. F. die RegBegr. des Gesetzes zur Novellierung der Finanzanlagenvermittler- und Vermögensanlagenrechts, BT-Drs. 17/6051, S. 30, S. 46.

[11] Beschlussempfehlung und Bericht des Finanzausschusses zum Entwurf eines Gesetzes zur Novellierung der Finanzanlagenvermittler- und Vermögensanlagenrechts, BT-Drs. 17/7453, S. 95, S. 115.

§ 25. Unwirksame Haftungsbeschränkung; sonstige Ansprüche

(1) **Eine Vereinbarung, durch die Ansprüche nach §§ 21, 23 oder 24 im Voraus ermäßigt oder erlassen werden, ist unwirksam.**

(2) **Weiter gehende Ansprüche, die nach den Vorschriften des bürgerlichen Rechts auf Grund von Verträgen oder unerlaubten Handlungen erhoben werden können bleiben unberührt.**

Übersicht

I. Einleitung

§ 25 entspricht im Wesentlichen § 47 BörsG a. F. mit einer, allerdings ent- **1** scheidenden Ausnahme: Lies § 47 Abs. 2 BörsG a. F. weitergehende Ansprüche aufgrund von unerlaubten Handlungen nur dann unberührt, wenn diese vorsätzlich oder grob fahrlässig begangen wurden, enthält § 25 Abs. 2 diese Einschränkung nicht mehr. Diese Änderung wurde bei der Anhörung zum Regierungsentwurf des Gesetzes zur Novellierung des Finanzanlagenvermittler- und Vermögensanlagenrechts[1] scharf kritisiert.[2] Der Regierungsentwurf begründet die in dieser Änderung liegende Verschärfung der Haftungsregeln auch in keiner Weise.[3] Es wird abzuwarten sein, wie sich diese Änderung gerade bei unerlaubten Handlungen durch Verletzung von Schutzgesetzen auswirken wird. Soweit die anspruchsbegründende Norm selbst Vorsatz oder zumindest bedingten Vorsatz voraussetzt, so z. B. § 400 AktG,[4] ist die durch die gesetzliche Änderung bewirkte Haftungsverschärfung praktisch eher gering.[5]

II. § 25 Abs. 1

§ 25 Abs. 1 stellt gegenüber der bis zur Änderung durch das Dritte Finanz- **2** marktförderungsgesetz geltenden Fassung des § 47 Abs. 2 BörsG a. F. klar,

---

[1] BGBl. I 2011, 2481.
[2] Kritisch auch *Lorenz/Schönemann/Wolf,* CFL 2011, 346, 349.
[3] BT-Drs. 17/6051, S. 30, S. 47.
[4] Vgl. nur Oetker, in: K. Schmidt/Lutter, AktG, 2. Aufl. 2010, § 400 Rn. 15.
[5] So auch *Lorenz/Schönemann/Wolf,* CFL 2011, 346, 349.

dass nur im Voraus getroffene Vereinbarungen unzulässig sind, nicht dagegen ein nach Entstehen des Anspruchs z. B. abgeschlossener Vergleich.[6]

III. Verhältnis wertpapierprospektgesetzlicher Prospekthaftung zu sonstigen Haftungstatbeständen, § 25 Abs. 2

1. Ausschluss zivilrechtlicher Prospekthaftung

3   § 25 Abs. 2 bestimmt wie auch schon in der Fassung vor dem Dritten Finanzmarktförderungsgesetz zunächst, dass **vertragliche** und **nebenvertragliche Ansprüche** gegen einen Prospektverantwortlichen **durch §§ 21 ff. nicht ausgeschlossen** werden.[7] § 47 Abs. 2 BörsG a. F. enthielt eine Regelung zur Anspruchskonkurrenz zwischen **börsenrechtlicher** und **deliktischer** Haftung[8], nach der nur Ansprüche wegen vorsätzlich oder grob fahrlässig begangenen unerlaubten Handlungen im Anwendungsbereich der Haftung für fehlerhafte Börsenprospekte geltend gemacht werden konnten. Die Einschränkung auf vorsätzlich oder grob fahrlässig begangene unerlaubte Handlungen wurde im Rahmen des Gesetzes zur Novellierung des Finanzanlagenvermittler- und Vermögensanlagenrechts[9] gestrichen. Damit sind nunmehr alle Ansprüche aus unerlaubten Handlungen, unabhängig vom Grad des Verschuldens, parallel zu Ansprüchen wegen fehlerhafter oder fehlender Prospekte möglich. Nach wie vor dürfte aber gelten, dass, da §§ 44, 45 BörsG a. F. nicht als Schutzgesetze im Sinne des § 823 Abs. 2 BGB anzusehen waren,[10] dies auch für §§ 21, 23 und 24 gilt, da sich insoweit materiell nichts geändert hat.

Wie außerdem bereits die Regierungsbegründung zum Dritten Finanzmarktförderungsgesetz klarstellt hat, sind sämtliche „sonstige Ansprüche, insbesondere solche aus **allgemeiner zivilrechtlicher Prospekthaftung** ... demgegenüber im **Anwendungsbereich der Haftung für fehlerhafte Börsenzulassungsprospekte ausgeschlossen.** Die Vorschriften der §§ 45 ff. (jetzt §§ 21, 23 und 24, Anm. d. Verf.) sind insoweit als abschließend anzusehen."[11] Das gilt insgesamt für den Anwendungsbereich der jetzt wertpapierprospektgesetzlichen Prospekthaftung, d. h. für fehlerhafte oder fehlende „Bör-

---

[6] Wie hier *Assmann,* in: Assmann/Lenz/Ritz § 13 VerkProspG Rn. 60; *Stephan,* AG 2002, 3, 7.

[7] Voraussetzung ist jedoch, dass eine vertragliche Beziehung zwischen Anleger und – emissionsbegleitender – Bank besteht, *Kort,* AG 1999, 9, 18.

[8] Vgl. zum Meinungsstreit nur *Schwark,* in: Schwark/Zimmer, §§ 44, 45 BörsG Rnrn. 80 f.

[9] BGBl. I 2011, 2481.

[10] *Kort,* AG 1999, 9, 18 m. w. N.; *Pankoke,* in: Just/Voß/Ritz/Zeising, § 47 BörsG Rn. 11.

[11] RegBegr. zum Dritten Finanzmarktförderungsgesetz, BT-Drs. 13/8933, S. 54, 81; unstr. vgl. nur *Assmann,* in: Assmann/Lenz/Ritz § 13 VerkProspG Rn. 70 m. w. N. in Fn. 139; *Mülbert/Steup,* in: Habersack/Mülbert/Schlitt, Unternehmensfinanzierung am Kapitalmarkt, § 33 Rn. 141; *Schwark,* in: Schwark/Zimmer, §§ 44, 45 BörsG Rn. 79; *Pankoke,* in: Just/Voß/Ritz/Zeising, § 47 BörsG Rn. 5.

senzulassungsprospekte" oder „Verkaufs-" oder „Angebotsprospekte", auch
wenn es sich dabei um „freiwillige" Prospekte nach § 1 Abs. 3 handelt, für die
Veröffentlichung nicht gebilligter Verkaufsprospekte und für die Veröffentlichung nicht mehr gültiger Verkaufsprospekte.[12]

2. Zivilrechtliche Prospekthaftung außerhalb der wertpapierprospektgesetzlichen Prospekthaftung

Das schließt jedoch die zivilrechtliche Prospekthaftung nur „im Anwen- **4**
dungsbereich der Haftung für fehlerhafte Börsenzulassungsprospekte" und ergänzend fehlerhafter und fehlender „Verkaufsprospekte", kurz im Anwendungsbereich der §§ 21, 23, 24[13] aus. Soweit die Haftung für fehlerhafte oder
fehlende Prospekte nicht anwendbar ist, kann die zivilrechtliche Prospekthaftung eingreifen. Veröffentlichungen wie z. B. **Bezugsangebote, Zeichnungsaufforderungen, Verkaufsangebote, Werbemaßnahmen,** sogenannte
**Research-Reports, Jahresabschlüsse, Halbjahresfinanz- und Quartals-
berichte oder Ad-hoc-Mitteilungen** nach § 15 WpHG sind keine Prospekte
i. S. des § 21 Abs. 1 bzw. Abs. 4[14] oder des § 22, so dass diese Darstellungen von
der wertpapierprospektgesetzlichen Prospekthaftung nicht erfasst werden.[15] Da
sie keine Prospekte i. S. d. Wertpapierprospektgesetzes sind, schließt § 25 Abs. 2
die Anwendung der zivilrechtlichen Prospekthaftung somit nicht aus, da sie
vom Anwendungsbereich der Haftung für fehlerhafte bzw. fehlende Prospekte
nach dem Wertpapierprospektgesetz nicht erfasst werden.

Bei welchen der vorgenannten Darstellungen die zivilrechtliche Prospekt- **5**
haftung eingreifen soll, ist allerdings umstritten.[16] Die h. M. lehnt die Anwendung der zivilrechtlichen Prospekthaftung auf **Bezugsangebote** nach § 186
Abs. 2 AktG zu Recht ab.[17] Ansonsten ist es sicherlich richtig, dass die ge-
genständliche Beschränkung der spezial-, sprich wertpapierprospektgesetz-

---

[12] Wie hier *Mülbert/Steup,* in: Habersack/Mülbert/Schlitt, Unternehmensfinanzierung am Kapitalmarkt, § 33 Rn. 141; zum Anwendungsbereich der §§ 21, 22, 24 vgl.
oben § 21 Rnrn. 23 ff., 93, § 22 Rnrn. 3 f.; § 24 Rn. 1.

[13] Vgl. dazu Nachw. in vorstehender Fn.

[14] Ausführlich *Hamann,* in: Schäfer/Hamann, KMG §§ 44, 45 BörsG Rn. 39; ausführlich zu Jahresabschlüssen, Zwischenberichten und Ad-hoc-Mitteilungen *Groß,*
WM 2002, 477, 478 ff., siehe auch bereits oben § 21 Rn. 25.

[15] Siehe bereits oben § 21 Rn. 25. Vgl. auch *Assmann,* in: Hdb. KapitalanlageR, § 6
Rn. 48; *Hopt,* HGB, § 44 BörsG Rn. 6; *Groß,* WM 2002, 477, 478 f.; *Hamann,* in:
Schäfer/Hamann, KMG §§ 44, 45 BörsG Rn. 39; *Schwark,* in: Schwark/Zimmer,
§§ 44, 45 BörsG Rn. 8. Für Zwischenberichte Siebel/Gebauer WM 2001, 173, 188:
Börsengesetzliche Prospekthaftung weder direkt noch analog anwendbar.

[16] Meinungsstand bei *Groß,* WM 2002, 477, 479 ff.; *Assmann,* in: Hdb. KapitalanlageR, § 6 Rn. 267 ff.; *Hamann,* in: Schäfer/Hamann, KMG §§ 44, 45 BörsG Rn. 46;
Mülbert/Steup, in: Habersack/Mülbert/Schlitt, Unternehmensfinanzierung am Kapitalmarkt, § 33 Rnrn. 145 ff.

[17] BGH, Urteil v. 12. 7. 1982 – II ZR 172/81, WM 1982, 867 f.; *Hamann,* in:
Schäfer/Hamann, KMG §§ 44, 45 BörsG Rn. 48 f.; *Mülbert/Steup,* in: Habersack/
Mülbert/Schlitt, Unternehmensfinanzierung am Kapitalmarkt, § 33 Rn. 148; *Schwark,*
in: Schwark/Zimmer, §§ 44, 45 BörsG Rn. 17.

lichen Prospekthaftung auf Darstellungen, aufgrund deren Wertpapiere zum Börsenhandel zugelassen oder aber öffentlich angeboten werden, nicht dazu führen kann, einen rechtlichen Freiraum für anderweitige Veröffentlichungen zu schaffen.[18] Voraussetzung für eine zivilrechtliche Prospekthaftung ist jedoch, dass die Darstellung ein **Prospekt i. S. der zivilrechtlichen Prospekthaftung** ist. Die Bestimmung des Prospektbegriffs i. S. der zivilrechtlichen Prospekthaftung ist umstritten.[19] Die Rechtsprechung zur zivilrechtlichen Prospekthaftung umschreibt den Prospekt als Grundlage der Anlageentscheidung, von der ein Anleger erwartet, dass er ein zutreffendes Bild über das Beteiligungsobjekt erhält, d. h., dass der Prospekt ihn über alle Umstände, die für seine Entschließung von wesentlicher Bedeutung sind oder sein können, sachlich richtig und vollständig unterrichtet.[20] Legt man im Interesse der Einheitlichkeit der Rechtsordnung den Prospektbegriff des § 264a StGB zugrunde, dann ist ein **Prospekt i. S. der zivilrechtlichen Prospekthaftung „jedes Schriftstück, das für die Beurteilung der Anlage erhebliche Angaben enthält, oder den Eindruck eines solchen Inhaltes erwecken soll**[21] **und das zugleich Grundlage für eine solche Entscheidung sein soll."**[22] Bei dieser Definition wird man wohl heute aufgrund der Entwicklung der modernen Kommunikationstechniken wie Internet und E-Mail das Tatbestandsmerkmal der Schriftlichkeit der Information für entbehrlich halten[23] bzw. auf elektronische Übermittlung erweitern müssen. Geht man davon aus, §§ 3 Abs. 1 WpPG, 8 f., 13 und 13a VerkProspG a. F. enthielten die Kodifikation richterrechtlichen Grundsätze der bürgerlichrechtlichen Prospekthaftung,[24] dann wird man fordern müssen, dass Prospekt

---

[18] *Assmann,* in: Hdb. KapitalanlageR, § 7 Rn. 49.
[19] Vgl. nur die Unterschiede bei *Siol,* Bankrechtshandbuch, § 45 Rn. 46 ff.: Eindruck der Vollständigkeit der Information erforderlich; Assmann in: Hdb. KapitalanlageR, § 7 Rn. 75 ff.; *Ehricke,* in: Hopt/Voigt, Prospekt- und Kapitalmarktinformationshaftung, S. 187, 194 ff.; *Hamann,* in: Schäfer/Hamann, KMG §§ 44, 45 BörsG Rn. 46 jeweils mit einer weiten Definition. Darstellung des Meinungsstandes auch bei *Mülbert/Steup,* in: Habersack/Mülbert/Schlitt, Unternehmensfinanzierung am Kapitalmarkt, § 33 Rn. 144.
[20] BGH, Urteil v. 19. 7. 2004 – II ZR 218/03, ZIP 2004, 1599, 1600; BGH, Urteil v. 19. 7. 2004 – II ZR 402/02, ZIP 2004, 1593, 1594 f.; weiter aber BGH, Urteil v. 17. 11. 2011 – III ZR 103/10, WM 2012, 19.
[21] BT-Drs. 10/318 S. 23.
[22] *Lackner/Kühl,* StGB, 27. Aufl. 2011, § 264a Rn. 10; ebenso *Groß,* WM 2002, 477, 479; *Hamann,* in: Schäfer/Hamann, KMG §§ 44, 45 BörsG Rn. 46. BGH, Urteil v. 17. 11. 2011 – III ZR 103/10, WM 2012, 19, 21 (Rz 21):" Prospekt in diesem Sinne ist eine marktbezogene schriftliche Erklärung, die für die Beurteilung der angebotenen Anlage erhebliche Angaben enthält oder den Anschein eines solchen Inhalts erweckt … Sie muss dabei tatsächlich oder zumindest dem von ihr vermittelten Eindruck nach den Anspruch erheben, eine das Publikum umfassend informierende Beschreibung der Anlage zu sein …".
[23] Ebenso *Eyles,* in: Vortmann § 2 Rn. 59; *Hamann,* in: Schäfer/Hamann, KMG §§ 44, 45 BörsG Rn. 46; wie hier auch *Assmann,* in: Hdb. KapitalanlageR, § 6 Rn. 273.
[24] So *Mülbert/Steup,* in: Habersack/Mülbert/Schlitt, Unternehmensfinanzierung am Kapitalmarkt, § 33 Rn. 144.

„allein die typischerweise nur beim (erstmaligen) Vertrieb in Form insbesondere des öffentlichen Angebots verwendeten, umfassend informierenden Informationsschriften unterfallen ..., die dem Absatz der Anlage dienen.[25]

Legt man die vorgenannten Definitionen zugrunde, scheiden zunächst alle   **6** laufenden Sekundärmarktinformationen aber auch alle nur auf Grund gesetzlicher Publikationspflichten erfolgenden, keinen Angebotsbezug aufweisenden (wiederkehrenden) Veröffentlichungen aus.[26] Im Einzelnen: Keine Prospekte sind sämtliche **Werbemaßnahmen** in Rundfunk und Fernsehen, in Zeitungsanzeigen oder auf sonstige Art aus, da sie nicht den Eindruck vermitteln, die für die Beurteilung der Anlage erheblichen Angaben zu enthalten.[27] Entsprechendes dürfte auch für **Verkaufsangebote, Kurzexposés, Handzettel** oder **Serienbriefe** gelten,[28] jedenfalls dann, wenn sie auf einen umfassenden Prospekt verweisen.[29] Da **Ad-hoc-Mitteilungen** nur Einzelangaben enthalten, ist ihr bürgerlich-rechtlicher Prospektcharakter ebenfalls abzulehnen,[30] Allerdings kommt es hierauf wegen §§ 37b und c WpHG nicht mehr an, da insoweit spezielle Haftungsvorschriften bestehen. Gleiches gilt für vergleichbare gesetzlich vorgeschriebene Sekundärmarktinformationen nach z. B. §§ 15a, 26, 26a, 30b ff. WpHG.[31] Jahresabschlüsse und **Halbjahresfinanz- und Quartalsberichte** sowie sonstige in Erfüllung **wertpapierhandelsrechtlicher Publizitätserfordernisse** abgegebene Erklärungen

---

[25] So *Mülbert/Steup,* in: Habersack/Mülbert/Schlitt, Unternehmensfinanzierung am Kapitalmarkt, § 33 Rn. 144.

[26] *Mülbert/Steup,* in: Habersack/Mülbert/Schlitt, Unternehmensfinanzierung am Kapitalmarkt, § 33 Rn. 144.

[27] *Hamann,* in: Schäfer/Hamann, KMG §§ 44, 45 BörsG Rn. 60 ff.; wie hier auch *Assmann,* in: Hdb. KapitalanlageR, § 6 Rn. 71; *Mülbert/Steup,* in: Habersack/Mülbert/ Schlitt, Unternehmensfinanzierung am Kapitalmarkt, § 33 Rn. 149.

[28] *Siol,* Bankrechtshandbuch § 45 Rn. 47 für „Zeichnungsaufforderungen" ebenso *Hamann,* in: Schäfer/Hamann, KMG §§ 44, 45 BörsG Rn. 67; „in der Regel" wie hier *Assmann,* in: Hdb. KapitalanlageR, § 6 Rn. 72; *Mülbert/Steup,* in: Habersack/ Mülbert/Schlitt, Unternehmensfinanzierung am Kapitalmarkt, § 33 Rn. 149; a. A. *Ehricke,* in: Hopt/Voigt, Prospekt- und Kapitalmarktinformationshaftung, S. 187, 195.

[29] Abweichend im konkreten Fall BGH, Urteil v. 17.11.2011 – III ZR 103/10, WM 2012, 19, der den Hinweise in einer „Produktinformation", dies sei kein Emissionsprospekt, nicht als ausreichend dafür ansieht, um zu vermeiden, dass diese zusammen mit Presseartikeln und dem ausdrücklich als Emissionsprospekt bezeichneten Schriftstück „bei der gebotenen Gesamtbetrachtung sämtlich Bestandteile eines Anlageprospekts" sein sollen, Rz. 23.

[30] So ausdrücklich BGH, Urteil v. 19. 7. 2004 – II ZR 218/03, ZIP 2004, 1599, 1600; BGH, Urteil v. 19. 7. 2004 – II ZR 402/02, ZIP 2004, 1593, 1594 f.; *Mülbert/ Steup,* in: Habersack/Mülbert/Schlitt, Unternehmensfinanzierung am Kapitalmarkt, § 33 Rn. 146; *Hamann,* in: Schäfer/Hamann, KMG §§ 44, 45 BörsG Rn. 51; im Ergebnis wie hier aber mit anderer Begründung (keine Absatzförderung) *Assmann,* in: Hdb. KapitalanlageR, § 6 Rn. 68.

[31] *Mülbert/Steup,* in: Habersack/Mülbert/Schlitt, Unternehmensfinanzierung am Kapitalmarkt, § 33 Rn. 146.

sollen nach einer in der Literatur verbreiteten Auffassung,[32] unter Umständen die bürgerlich-rechtliche Prospekthaftung auslösen können. Dagegen spricht allerdings, dass ihr Charakter als Prospekt zweifelhaft ist. Diese Veröffentlichungen erfolgen nicht mit der Intention, Investoren zu einer Anlageentscheidung zu veranlassen. Vielmehr werden sie aufgrund gesetzlicher Erfordernisse erstellt und veröffentlicht. Ihr Prospektcharakter ist damit – jedenfalls im Regelfall – abzulehnen.[33] Bei diesen Veröffentlichungen ist darüber hinaus zu berücksichtigen, dass die Vollständigkeit dieser „Prospekte" an der die Informationspflicht auslösenden Norm gemessen werden muss.

7   Außerdem wird man bei solchen Veröffentlichungen, bei denen eine bürgerlich-rechtliche Prospekthaftung infrage steht, ausdrückliche Haftungseinschränkungen als zulässig ansehen können. Wird an hervorgehobener Stelle ausdrücklich klargestellt, dass es sich bei dieser Veröffentlichung nicht um ein Angebot von Wertpapieren handelt, wird darauf hingewiesen, dass diese Veröffentlichung keinen Anspruch auf umfassende Darstellung der wertbildenden Faktoren des Emittenten enthält, wird etwa sogar auf einen Prospekt verwiesen, so scheidet die bürgerlich-rechtliche Prospekthaftung im Regelfall aus.[34]

3. Verjährung zivilrechtlicher Prospekthaftungsansprüche

8   Der BGH hat mehrfach bekräftigt, dass Ansprüche aus allgemeiner Prospekthaftung im engeren Sinne, die in Analogie zu den gesetzlich geregelten Prospekthaftungstatbeständen entwickelt wurden, in Anlehnung an die dort geregelten Verjährungsfristen ebenfalls in sechs Monaten ab Kenntnis (bzw. seit entspr. Änderung durch das Vierte Finanzmarktförderungsgesetz in einem Jahr ab Kenntnis) des Prospektfehlers, spätestens aber drei Jahre nach Erwerb der Anteile verjähren.[35] Ob der BGH der Änderung der Verjährungsfrist für wertpapierprospektgesetzliche Prospekthaftungsansprüche Rechnung tragen

---

[32] *Hopt,* HGB § 47 BörsG Rn. 4; *Hamann,* in: Schäfer/Hamann, KMG §§ 44, 45 BörsG Rn. 50 für Zwischenberichte Rn. 52 für sonstige börsenrechtlich geförderte Publikationen. Ausführliche Darstellung des Meinungsstandes bei *Groß,* WM 2002, 477, 479 f. Dagegen *Ehricke,* in: Hopt/Voigt, Prospekt- und Kapitalmarktinformationshaftung, S. 187, 303, der insoweit nur deliktische Ansprüche für möglich hält.

[33] *Assmann,* in: Hdb. KapitalanlageR, § 6 Rn. 268; wie hier auch *Mülbert/Steup,* in: Habersack/Mülbert/Schlitt, Unternehmensfinanzierung am Kapitalmarkt, § 33 Rn. 146.

[34] Ebenso *Hauptmann,* in: Vortmann, § 3 Rn. 141. Das Urteil des BGH v. 17.11.2011 – III ZR 103/10, WM 2012, 19, und das Ergebnis einer zivilrechtlichen Prospekthaftung trotz Hinweises in der „Produktinformation", dies sei kein Emissionsprospekt, wird man nicht als a.A. ansehen können, da nicht die Produktinformation dann als Prospekt angesehen wurde, sondern nur diese zusammen mit dem Emissionsprospekt und weiteren Informationen, und jedenfalls im Bereich von Werbemaßnahmen im Zusammenhang mit einem gebilligten Prospekt der Hinweis auf diesen ausreicht, um den für die zivilrechtliche Prospekthaftung erforderlichen Vertrauenstatbestand auf den gebilligten Prospekt und damit weg von der Werbemaßnahme zu lenken; im Ergebnis wie hier *Klöhn,* WM 2012, 97, 106.

[35] BGH, Urteil v. 18. 12. 2000 – II ZR 84/99, WM 2001, 464.

und auch die Verjährung der zivilrechtlichen Prospekthaftung verlängern wird, bleibt abzuwarten.[36]

4. Sonstige Haftungstatbestände

Neben der durch § 25 Abs. 2 nicht ausgeschlossenen[37] zivilrechtlichen **9** Prospekthaftung für die oben genannten Veröffentlichungen kann sich bei diesen eine **Haftung auch aus anderen Rechtsgründen** ergeben. Eine Haftung nach **§ 823 Abs. 2 BGB** i. V. m. der die jeweilige Veröffentlichung regelnden Vorschrift setzt zunächst voraus, dass überhaupt eine solche die Veröffentlichung regelnde Vorschrift besteht. Das ist z. B. bei Zeichnungsaufforderungen, Werbemaßnahmen und Research-Reports nicht der Fall. Hier kommt deshalb allenfalls eine Haftung nach **§ 823 Abs. 2 BGB i. V. m. § 264 a StGB** in Betracht,[38] vorausgesetzt diese Veröffentlichungen stellen einen Prospekt i. S. d. § 264 a StGB dar. Soweit dagegen eine die jeweilige Veröffentlichung regelnde Vorschrift besteht, z. B. bei Bezugsangeboten, Halbjahresfinanz- oder Quartalsberichten oder sonstigen nach dem Wertpapierhandelsgesetz erforderlichen Informationen oder Ad-hoc-Mitteilungen nach § 15 WpHG, ergibt sich eine Haftung aus § 823 Abs. 2 BGB nur dann, wenn die jeweilige Vorschrift drittschützenden Charakter aufweist. Das ist bei **Ad-hoc-Mitteilungen** gemäß der **ausdrücklichen gesetzlichen Regelung in § 15 Abs. 6 Satz 1 WpHG** nicht der Fall – vgl. aber die speziellen Haftungsnormen der §§ 37 b und c WpHG – und scheidet auch bei Bezugsangeboten aus. Bei Halbjahresfinanz- oder Quartalsberichten oder sonstigen nach dem Wertpapierhandelsgesetz erforderlichen Informationen ist der Charakter der jeweiligen Bestimmung als Schutzgesetz i. S. des § 823 Abs. 2 BGB streitig.[39] Daneben kommt bei unrichtigen Halbjahresfinanz- oder Quartalsberichten, nicht dagegen bei unrichtigen Ad-hoc-Mitteilungen, eine Haftung aus § 823 Abs. 2 BGB i. V. m. § 400 AktG in Betracht.[40] Keine Schutzgesetze i. S. d. § 823 Abs. 2 BGB sind die Ordnungswidrigkeitentatbestände des Wertpapierprospektgesetzes wg. nicht ordnungsmäßiger Ver-

---

[36] *Hamann,* in: Schäfer/Hamann, KMG §§ 44, 45 BörsG Rn. 9 und *Mülbert/Steup,* in: Habersack/Mülbert/Schlitt, Unternehmensfinanzierung am Kapitalmarkt, § 33 Rn. 156 gingen hinsichtlich der Verlängerung oder Verjährung in § 46 BörsG a. F. davon aus.

[37] Vgl. oben § 25 BörsG Rn. 4.

[38] *Assmann,* in: Hdb. KapitalanlageR, § 7 Rn. 51 m. w. N.

[39] *Mülbert/Steup,* in: Habersack/Mülbert/Schlitt, Unternehmensfinanzierung am Kapitalmarkt, § 33 Rn. 238 ff.; *Groß,* WM 2002, 477, 482 f. mit ausführlicher Darstellung des Meinungsstandes; bejahend für Zwischenberichte *Siebel/Gebauer,* WM 2001, 173, 188 f.

[40] Vgl. dazu BGH, Urteil v. 16. 12. 2004 – 1 St R 420/03, WM 2005, 227: Quartalsberichte als Darstellung i. S. d. § 400 Abs. 1 Nr. 1 AktG; BGH, Urteil v. 19. 7. 2004 – II ZR 402/02, ZIP 2004, 1593; BGH, Urteil v. 19. 7. 2004 – II ZR 218/03, ZIP 2004, 1599: Ad-hoc-Mitteilungen keine Darstellung i. S. d. § 400 Abs. 1 Nr. 1 AktG; vgl. auch *Mülbert/Steup,* in: Habersack/Mülbert/Schlitt, Unternehmensfinanzierung am Kapitalmarkt, § 33 Rn. 157 Rn. 240; *Schwark,* in: Schwark/Zimmer, §§ 44, 45 BörsG Rn. 76 f.

öffentlichung eines Prospekts, eines Nachtrags etc.[41] Denkbar sind auch
Ansprüche aus § 826 BGB, die von der Rechtsprechung in einigen besonders
eklatanten Fällen auch bereits bejaht wurden.[42] Denkbar ist auch eine Haftung organschaftlicher Vertreter der Emittentin nach den Grundsätzen des
Verschuldens bei Vertragsschluss (c. i. c.), wenn diese mit den Anlegern im
persönlichen Kontakt treten, um sie über die Umstände, die für eine An-
lagenentscheidung wesentlich sind, zu informieren und dabei falsche Angaben
abgeben.[43]

Abschnitt 7. Zuständige Behörde und Verfahren

§ 26. Befugnisse der Bundesanstalt

(1) **Ist bei der Bundesanstalt ein Prospekt zur Billigung eingereicht
worden, kann sie vom Anbieter oder Zulassungsantragsteller die Aufnahme zusätzlicher Angaben in den Prospekt verlangen, wenn dies zum
Schutz des Publikums geboten erscheint.**

(2) **[1]Die Bundesanstalt kann vom Emittenten, Anbieter oder Zulassungsantragsteller Auskünfte, die Vorlage von Unterlagen und die Überlassung von Kopien verlangen, soweit dies zur Überwachung der Einhaltung der Bestimmungen dieses Gesetzes erforderlich ist. [2]Die Befugnis
nach Satz 1 besteht auch gegenüber**

1. **einem mit dem Emittenten, dem Anbieter oder Zulassungsantragsteller verbundenen Unternehmen,**
2. **demjenigen, bei dem Tatsachen die Annahme rechtfertigen, dass er
Anbieter im Sinne dieses Gesetzes ist.**

**[3]Im Falle des Satzes 2 Nr. 2 dürfen Auskünfte, die Vorlage von Unterla-
gen und die Überlassung von Kopien nur insoweit verlangt werden, als
sie für die Prüfung, ob es sich um einen Anbieter im Sinne dieses Gesetzes handelt, erforderlich sind.**

(3) **Die Bundesanstalt kann von den Abschlussprüfern und Mitgliedern
von Aufsichts- oder Geschäftsführungsorganen des Emittenten, des Anbieters oder Zulassungsantragstellers sowie von den mit der Platzierung
des öffentlichen Angebots oder der Zulassung zum Handel beauftragten
Instituten im Sinne des § 1 Abs. 1 b des Kreditwesengesetzes oder einem
nach § 53 Abs. 1 Satz 1 oder § 53 b Abs. 1 Satz 1 des Kreditwesengesetzes
tätigen Unternehmen Auskünfte, die Vorlage von Unterlagen und die**

---

[41] *Mülbert/Steup,* in: Habersack/Mülbert/Schlitt, Unternehmensfinanzierung am
Kapitalmarkt, § 33 Rn. 142.

[42] BGH, Urteil v. 9. 5. 2005 – II ZR 287/02, BB 2005, 1644 (EM.TV, § 826 BGB
bei falschen Ad-hoc-Mitteilungen), OLG München, Urteil v. 20. 4. 2005 – 7 U
5303/04, WM 2005, 1269 (Comroad, § 826 BGB bei falschen Ad-hoc-Mitteilungen);
OLG Frankfurt, Urteil v. 17. 3. 2005 – 1 U 149/04, BB 2005, 1648 (Comroad, § 826
BGB bei falschen Ad-hoc-Mitteilungen); zusammenfassend zu dieser Rechtsprechung
auch *Möllers,* BB 2005, 1637.

[43] BGH, Urteil v. 2. 6. 2008 – II ZR 210/06, JZ 2009, 155 m. Anm. *Mülbert/
Leuschner.*

Überlassung von Kopien verlangen, soweit dies zur Überwachung der Einhaltung der Bestimmungen dieses Gesetzes erforderlich ist.

(4) [1]Die Bundesanstalt hat ein öffentliches Angebot zu untersagen, wenn entgegen § 3 kein Prospekt veröffentlicht wurde, entgegen § 13 ein Prospekt veröffentlicht wird, der Prospekt oder das Registrierungsformular nicht mehr nach § 9 gültig ist, die Billigung des Prospekts nicht durch eine Bescheinigung im Sinne des § 18 Abs. 1 nachgewiesen worden ist oder der Prospekt nicht der Sprachenregelung des § 19 genügt. Hat die Bundesanstalt Anhaltspunkte dafür, dass gegen eine oder mehrere der in Satz 1 genannten Bestimmungen verstoßen wurde, kann sie jeweils anordnen, dass ein öffentliches Angebot für höchstens zehn Tage auszusetzen ist. [2]Die nach Satz 2 gesetzte Frist beginnt mit der Bekanntgabe der Entscheidung.

(5) Die Bundesanstalt kann der Geschäftsführung der Börse und der Zulassungsstelle Daten einschließlich personenbezogener Daten übermitteln, wenn Tatsachen den Verdacht begründen, dass gegen Bestimmungen dieses Gesetzes verstoßen worden ist und die Daten zur Erfüllung der in der Zuständigkeit der Geschäftsführung der Börse oder der Zulassungsstelle liegenden Aufgaben erforderlich sind.

(6) [1]Der zur Erteilung einer Auskunft Verpflichtete kann die Auskunft auf solche Fragen verweigern, deren Beantwortung ihn selbst oder einen der in § 383 Abs. 1 Nr. 1 bis 3 der Zivilprozessordnung bezeichneten Angehörigen der Gefahr strafgerichtlicher Verfolgung oder eines Verfahrens nach dem Gesetz über Ordnungswidrigkeiten aussetzen würde. [2]Der Verpflichtete ist über sein Recht zur Verweigerung der Auskunft zu belehren.

(7) Die Bundesanstalt darf personenbezogene Daten nur zur Erfüllung ihrer aufsichtlichen Aufgaben und für Zwecke der Zusammenarbeit nach Maßgabe des § 28 verwenden.

(8) [1]Werden der Bundesanstalt bei einem Prospekt, auf Grund dessen Wertpapiere zum Handel an einem organisierten Markt zugelassen werden sollen, Umstände bekannt gegeben, auf Grund derer begründete Anhaltspunkte für die wesentliche inhaltliche Unrichtigkeit oder wesentliche inhaltliche Unvollständigkeit des Prospekts bestehen, die zu einer Übervorteilung des Publikums führen, stehen ihr die Befugnisse des Absatzes 2 zu. [2]Die Bundesanstalt kann in den Fällen des Satzes 1 vom Anbieter verlangen, das öffentliche Angebot bis zur Klärung des Sachverhalts auszusetzen. [3]Steht die inhaltliche Unrichtigkeit oder inhaltliche Unvollständigkeit des Prospekts fest, kann die Bundesanstalt die Billigung widerrufen und das öffentliche Angebot untersagen. [4]Die Bundesanstalt kann nach Satz 1 erhobene Daten sowie Entscheidungen nach den Sätzen 2 und 3 der Geschäftsführung der Börse und inländischen sowie ausländischen Zulassungsstellen übermitteln, soweit diese Informationen zur Erfüllung deren Aufgaben erforderlich sind.

Übersicht

I. Vorbemerkung

1   § 26 dient der Umsetzung von Art. 21 Prospektrichtlinie. Dabei hat der deutsche Gesetzgeber aber davon abgesehen, verschiedene Regelungen des Art. 26 Prospektrichtlinie umzusetzen. So wurden Art. 26 Abs. 3 lit. g) und h) Prospektrichtlinie nicht umgesetzt, da hierfür bereits §§ 38 Abs. 1 BörsG a. F., jetzt § 25 BörsG, die Geschäftsführung der Börse dazu ermächtigt, die Notierung zugelassener Wertpapiere auszusetzen oder einzustellen. Auch Art. 21 Abs. 4 Prospektrichtlinie wurde ursprünglich nicht umgesetzt, da die dort genannten Befugnisse überwiegend Fälle betrafen, in denen ein Emittent gegen die Zulassungsfolgepflichten verstößt. Hierfür enthielt ursprünglich aber bereits das Börsengesetz entsprechende Sanktionsregeln.[1] Zwischenzeitlich sind jedoch in § 4 Abs. 2 Satz 2 und 4 WpHG sowie den §§ 30a ff. WpHG weitere in Art. 21 Prospektrichtlinie genannte Kompetenzen auf die BaFin übertragen worden.

2   Dennoch bleibt die Frage, ob die Umsetzung von Art. 21 Prospektrichtlinie ordnungsgemäß erfolgte, da in den noch vom Börsengesetz geregelten vorgenannten Fällen, anders als von der Prospektrichtlinie vorgesehen, jeweils nicht die BaFin als „zentrale zuständige Verwaltungsbehörde", Art. 21 Abs. 1 Satz 1 Prospektrichtlinie, zuständig ist, sondern die Geschäftsführung der Börse. Das beruht auf der speziellen rechtlichen Struktur der Börsen in Deutschland, ihrer Rechtsnatur und ihrer Beaufsichtigung.[2] Ob diese Abweichung von der Prospektrichtlinie allerdings in Übereinstimmung mit den dortigen Regeln steht, ist fraglich.[3] Man wird schwerlich argumentieren kön-

---

[1] Die RegBegr. zum Prospektrichtlinie-Umsetzungsgesetz stellt hierzu fest, Art. 21 Abs. 4 lit. a) Prospektrichtlinie sei bereits von §§ 41 Abs. 2 Satz 2 und 54 BörsG erfasst. Art. 21 Abs. 4 lit. b) Prospektrichtlinie ergebe sich bereits aus § 38 Abs. 1 Nr. 1 BörsG für den amtlichen Markt und aus § 38 Abs. 1 Nr. 1, § 56 Abs. 3 BörsG für den geregelten Markt. Art. 21 Abs. 4 lit. c) Prospektrichtlinie werde durch § 43 Satz 1 und 2 BörsG sichergestellt. So RegBegr. zum Prospektrichtlinie-Umsetzungsgesetz, BT-Drs. 15/4999, S. 25, 39.

[2] Vgl. dazu detailliert oben § 2 BörsG.

[3] A. A. *Müller,* in: Berrar/Meyer/Müller/Schnorbus/Singhof/Wolf, § 21 WpPG Rn. 1, die auf den letzten Unterabsatz des Art. 21 Abs. 1 Prospektrichtlinie verweist

nen, die entsprechenden Aufgaben seien gemäß Art. 21 Abs. 2 Prospektrichtlinie auf die Geschäftsführung der Börsen „delegiert" worden. Dies ist jedoch die einzige Möglichkeit, welche die Prospektrichtlinie für eine Abweichung von der durch sie vorgegebenen Zuständigkeitsordnung vorsieht; dies jedoch auch nur begrenzt bis 31. 12. 2011.

Wohl auch mit Blickrichtung auf eine mögliche Staatshaftung[4] betont die **3** RegBegr. zum Prospektrichtlinie-Umsetzungsgesetz auch zu § 21 (jetzt § 26), dass die BaFin die nach dieser Bestimmung ihr verliehenen Befugnisse „ausschließlich im öffentlichen Interesse" ausübe.[5]

II. Befugnisse der BaFin

1. § 26 Abs. 1

§ 26 Abs. 1 setzt Art. 21 Abs. 3 lit. a) Prospektrichtlinie um und gibt der **4** BaFin die Befugnis, während des Billigungsverfahrens[6] zu verlangen, dass zusätzliche Angaben in den Prospekt aufgenommen werden. Ob solche zusätzlichen Angaben erforderlich sind, bestimmt die BaFin anhand § 7 und der Prospektverordnung. Hierbei ist jedoch der begrenzte Prüfungsmaßstab, den die BaFin nach § 13 Abs. 1 bei der Prüfung des Prospekts zugrunde zu legen hat,[7] zu berücksichtigen, d. h. nur, wenn bereits die Konsistenzprüfung solche zusätzlichen Angaben erfordert, kann die BaFin solche auch verlangen.[8]

2. § 26 Abs. 2

§ 26 Abs. 2 dient der Umsetzung von Art. 21 Abs. 3 lit. b) Prospektrichtli **5** nie. Die dort der BaFin eingeräumte Befugnis, vom Emittenten, Anbieter

---

und daraus entnimmt, es sei fraglich, ob die zentrale Behörde auch für die Befugnisse nach Art. 21 Abs. 3 lit. g und h Prospektrichtlinie zuständig sein müsse. Nach dem Wortlaut von Art. 21 Abs. 1 Satz 1 Prospektrichtlinie ist das nicht fraglich, da jeder Mitgliedstaat danach „eine zentrale zuständige Verwaltungsbehörde, die für die Erfüllung der in dieser Richtlinie festgelegten Pflichten und für die Anwendung der nach dieser Richtlinie erlassenen Bestimmungen zuständig ist", benennt, damit auch für die Befugnisse nach Art. 21 Abs. 3 Prospektrichtlinie. Art. 21 Abs. 1 letzter Unterabsatz Prospektrichtlinie enthält hierzu keine Ausnahmeregelung sondern eine Spezialregelung für die Prospektbilligung.
[4] Vgl. nur oben § 13 Rn. 16.
[5] Regierungsentwurf zum Prospektrichtlinie-Umsetzungsgesetz, BT-Drs. 15/4999, S. 25, 38.
[6] RegBegr. zum Prospektrichtlinie-Umsetzungsgesetz, BT-Drs. 15/4999, S. 25, 38; *Ritz/Voß,* in: Just/Voß/Ritz/Zeising, § 21 WpPG Rn. 3, die dann zu Recht fragen, welchen Anwendungsbereich die Bestimmung dann noch hat, da in Billigungsverfahren die BaFin doch den Prospektverantwortlichen „anhört" und auf Fehler hinweist, Rn. 4; ebenso den Anwendungsbereich in Frage stellend *von Kopp-Colomb,* in: Assmann/Schlitt/von Kopp-Colomb, § 21 Rn. 5.
[7] Vgl. oben § 13 Rn. 8; vgl. auch zur einschränkenden Ansicht *Müller,* in: Berrar/ Meyer/Müller/Schnorbus/Singhof/Wolf, § 21 WpPG Rn. 13.
[8] So ausdrücklich RegBegr. zum Prospektrichtlinie-Umsetzungsgesetz, BT-Drs. 15/4999, S. 25, 38.

oder Zulassungsantragsteller Auskünfte einzuholen sowie die Vorlage von Unterlagen und die Überlassung von Kopien zu verlangen, ist mit der Regelung des § 8c Abs. 1 und 2 VerkprospG a. F. vergleichbar.[9] Diese Auskunfts- und Vorlagepflicht ist Voraussetzung für eine sachgerechte Beurteilung durch die BaFin, welche Maßnahmen sie einleiten kann, insbesondere solche nach z. B. § 26 Abs. 4 oder auch nach § 35. Der Begriff des verbundenen Unternehmens entspricht dem des § 15 AktG. Maßnahmen nach § 26 Abs. 2 sind Verwaltungsakte.[10]

3. § 26 Abs. 3

6   § 26 Abs. 3 setzt Art. 21 Abs. 3 lit. c) Prospektrichtlinie um. Sie erweitert den Kreis der Aufsichtspflichtigen um dadurch der BaFin zu ermöglichen, auch von weiteren Personen Auskünfte einzuholen, soweit dies zur Überwachung der Einhaltung der Bestimmungen des Wertpapierprospektgesetzes erforderlich ist. Auch hier ist aber, worauf die Regierungsbegründung zum Prospektrichtlinie-Umsetzungsgesetz zu Recht hinweist,[11] der begrenzte Prüfungsmaßstab der BaFin bei der Überprüfung bei Prospekten eine immanente Grenze für die Ausübung dieser Befugnis. Inwieweit für eine auf die bloße Konsistenz beschränkte Prüfung tatsächlich Auskünfte durch z. B. die platzierenden Banken erforderlich sind, ist fraglich und hängt von den Umständen des jeweiligen Einzelfalles ab.

4. § 26 Abs. 4

7   § 26 Abs. 4 setzt Art. 21 Abs. 3 lit. d) Prospektrichtlinie um und verpflichtet[12] bei bestimmten Voraussetzungen die BaFin, ein öffentliches Angebot zu untersagen bzw. ermöglicht[13] es ihr bei Vorliegen von Anhaltspunkten anzuordnen, dass ein öffentliches Angebot befristet ausgesetzt wird. § 8b VerkprospG a. F. enthielt eine in gewisser Weise vergleichbare Regelung. Auch hierdurch sollte sichergestellt werden, dass nur solche Wertpapiere öffentlich angeboten werden, für die dem Anleger vor seiner Anlageentscheidung ein Prospekt zur Verfügung gestellt wurde.

5. § 26 Abs. 5

8   § 26 Abs. 5 stellt klar, dass die BaFin auch Daten an die Geschäftsführung der Börse übermitteln darf; dass im Rahmen des Finanzmarktrichtlinie-Umsetzungsgesetz übersehen wurde, hier die nicht mehr bestehende Zulassungs-

---

[9] RegBegr. zum Prospektrichtlinie-Umsetzungsgesetz, BT-Drs. 15/4999, S. 25, 38.

[10] *Müller,* in: Berrar/Meyer/Müller/Schnorbus/Singhof/Wolf, § 21 WpPG Rn. 28; *von Kopp-Colomb,* in: Assmann/Schlitt/von Kopp-Colomb, § 21 Rn. 14.

[11] RegBegr. zum Prospektrichtlinie-Umsetzungsgesetz, BT-Drs. 15/4999, S. 25, 38.

[12] Kein Ermessen der BaFin bei § 26 Abs. 4 Satz 1, *Müller,* in: Berrar/Meyer/Müller/Schnorbus/Singhof/Wolf, § 21 WpPG Rn. 44; *von Kopp-Colomb,* in: Assmann/Schlitt/von Kopp-Colomb, § 21 Rn. 25.

[13] Ermessensentscheidung der BaFin bei § 26 Abs. 4 Satz 2, *Müller,* in: Berrar/Meyer/Müller/Schnorbus/Singhof/Wolf, § 21 WpPG Rn. 52; *von Kopp-Colomb,* in: Assmann/Schlitt/von Kopp-Colomb, § 21 Rn. 26.

stelle zu streichen, dürfte ein Versehen sein. Durch die Datenübermittlung soll sichergestellt werden, dass die Geschäftsführung der Börse sich daraus ergebende Erkenntnisse nutzen kann, um gegebenenfalls ihrerseits Maßnahmen, zu denen sie nach dem Börsengesetz ermächtigt sind, einzuleiten.[14]

6. § 26 Abs. 6

§ 26 Abs. 6 ist Ausdruck des rechtsstaatlichen Gedankens, dass eine **9** Selbstanzeige nicht zumutbar ist.

7. § 26 Abs. 7

§ 26 Abs. 7 regelt die Speicherung, Nutzung und Veränderung personen- **10** bezogener Daten und entspricht § 4 Abs. 10 WpHG.

8. § 26 Abs. 8

Zu § 26 Abs. 8 verweist die Regierungsbegründung zum Prospektricht- **11** linie-Umsetzungsgesetz auf keine spezielle Vorschrift der Prospektrichtlinie, die dadurch umgesetzt werden sollte.[15] § 26 Abs. 8 Satz 3, d. h. die Möglichkeit, ein öffentliches Angebot zu untersagen, wenn die inhaltliche Unrichtigkeit oder Urvollständigkeit des Prospekts feststeht, lässt sich als Umsetzung von § 21 Abs. 3 lit. f) Prospektrichtlinie verstehen.[16]

Der Begriff der „Übervorteilung des Publikums" wurde bereits in § 30 Abs. 3 Nr. 3 Alt. 1, 51 Abs. 1 Nr. 3 Alt. 1 BörsG a. F. verwendet und deren Streichung im Rahmen des Prospektrichtlinie-Umsetzungsgesetzes sollte durch § 21 Abs. 8 ausgeglichen werden.[17] Umstände, die zu einer Übervorteilung des Publikums führen, sind solche, die einen erheblichen Kursverfall befürchten lassen.[18] Sind diese im Prospekt nicht ordnungsgemäß offen gelegt – bei ordnungsgemäßer Offenlegung liegt keine Unvollständigkeit oder Unrichtigkeit des Prospekts vor –, und werden diese der BaFin bekannt gegeben, stehen ihr die Befugnisse des § 26 Abs. 2 zu. Dass im Rahmen des Finanzmarktrichtlinie-Umsetzungsgesetz übersehen wurde, hier die nicht mehr bestehenden inländischen Zulassungsstellen als Adressaten von Mitteilungen zu streichen, dürfte ein Versehen sein.

§ 27. Verschwiegenheitspflicht

(1) [1]**Die bei der Bundesanstalt Beschäftigten und die nach § 4 Abs. 3 des Finanzdienstleistungsaufsichtsgesetzes beauftragten Personen dürfen die ihnen bei ihrer Tätigkeit bekannt gewordenen Tatsachen, deren Ge-**

---

[14] Wie hier *Müller,* in: Berrar/Meyer/Müller/Schnorbus/Singhof/Wolf, § 21 WpPG Rn. 55.

[15] RegBegr. zum Prospektrichtlinie-Umsetzungsgesetz, BT-Drs. 15/4999, S. 25, 39.

[16] Wie hier *von Kopp-Colomb,* in: Assmann/Schlitt/von Kopp-Colomb, § 21 Rn. 36.

[17] Wobei die Begründung im Bericht des Finanzausschusses, BT-Drs. 15/5373, S. 50, dahin ging, Doppelprüfungen zu vermeiden.

[18] Beispiele bei Schäfer/Hamann, § 36 BörsG Rn. 22.

heimhaltung im Interesse eines nach diesem Gesetz Verpflichteten oder eines Dritten liegt, insbesondere Geschäfts- und Betriebsgeheimnisse sowie personenbezogene Daten, nicht unbefugt offenbaren oder verwerten, auch wenn sie nicht mehr im Dienst sind oder ihre Tätigkeit beendet ist. [2] Dies gilt auch für andere Personen, die durch dienstliche Berichterstattung Kenntnis von den in Satz 1 bezeichneten Tatsachen erhalten. [3] Ein unbefugtes Offenbaren oder Verwerten im Sinne des Satzes 1 liegt insbesondere nicht vor, wenn Tatsachen weitergegeben werden an

1. Strafverfolgungsbehörden oder für Straf- und Bußgeldsachen zuständige Gerichte,
2. kraft Gesetzes oder im öffentlichen Auftrag mit der Überwachung von Börsen oder anderen Märkten, an denen Finanzinstrumente gehandelt werden, des Handels mit Finanzinstrumenten oder Devisen, von Kreditinstituten, Finanzdienstleistungsinstituten, Investmentgesellschaften, Finanzunternehmen oder Versicherungsunternehmen betraute Stellen sowie von diesen beauftragte Personen,
3. die Europäische Wertpapier- und Marktaufsichtsbehörde, die Europäische Aufsichtsbehörde für das Versicherungswesen und die betriebliche Altersversorgung, die Europäische Bankenaufsichtsbehörde, den Gemeinsamen Ausschuss der Europäischen Finanzaufsichtsbehörden, den Europäischen Ausschuss für Systemrisiken oder die Europäische Kommission,

soweit diese Stellen die Informationen zur Erfüllung ihrer Aufgaben benötigen. [4] Für die bei diesen Stellen beschäftigten Personen gilt die Verschwiegenheitspflicht nach Satz 1 entsprechend. [5] Für die bei den in Satz 3 Nummer 1 und 2 genannten Stellen beschäftigten Personen sowie von diesen Stellen beauftragten Personen gilt die Verschwiegenheitspflicht nach Satz 1 entsprechend. [6] Befindet sich eine in Satz 3 Nummer 1 oder 2 genannte Stelle in einem anderen Staat, so dürfen die Tatsachen nur weitergegeben werden, wenn die bei dieser Stelle beschäftigten und die von dieser Stelle beauftragten Personen einer dem Satz 1 entsprechenden Verschwiegenheitspflicht unterliegen.

(2) [1] Die §§ 93, 97 und 105 Abs. 1, § 111 Abs. 5 in Verbindung mit § 105 Abs. 1 sowie § 116 Abs. 1 der Abgabenordnung gelten nicht für die in Absatz 1 Satz 1 oder 2 genannten Personen, soweit sie zur Durchführung dieses Gesetzes tätig werden. [2] Sie finden Anwendung, soweit die Finanzbehörden die Kenntnisse für die Durchführung eines Verfahrens wegen einer Steuerstraftat sowie eines damit zusammenhängenden Besteuerungsverfahrens benötigen, an deren Verfolgung ein zwingendes öffentliches Interesse besteht, und nicht Tatsachen betroffen sind, die den in Absatz 1 Satz 1 oder 2 bezeichneten Personen durch eine Stelle eines anderen Staates im Sinne des Absatzes 1 Satz 3 Nr. 2 oder durch von dieser Stelle beauftragte Personen mitgeteilt worden sind.

§ 27 setzt Art. 22 Abs. 1 Prospektrichtlinie um und orientiert sich an § 8 WpHG. Die Änderungen in § 27 Abs. 1 (Nr. 3 wurde neu eingefügt, Satz 4 wurde geändert und nach dem neu eingefügten Satz 4 als neuer Satz 5 nummeriert) erfolgten durch das Gesetz zur Umsetzung der Richtlinie 2010/78/

EU vom 24. November 2010 im Hinblick auf die Errichtung des Europäischen Finanzaufsichtssystems[1] und dienten dazu, klarzustellen, dass die Weitergabe von Tatsachen an die in der neuen Nummer 3 genannten Behörden kein unbefugtes Offenbaren oder Verwerten von Informationen darstellen, soweit diese Stellen diese Informationen benötigen, um ihre Aufgaben angemessen zu erfüllen. Korrespondierend damit erfolgte die entsprechende Neuregelung der Verschwiegenheitspflicht in den Sätzen 4 und 5 des §27 Abs. 1.

§28. Zusammenarbeit mit zuständigen Stellen in anderen Staaten des Europäischen Wirtschaftsraums

(1) [1]Der Bundesanstalt obliegt die Zusammenarbeit mit den für die Überwachung öffentlicher Angebote oder die Zulassung von Wertpapieren an einem organisierten Markt zuständigen Stellen der Europäischen Union und der anderen Staaten des Europäischen Wirtschaftsraums. [2]Die Bundesanstalt kann im Rahmen ihrer Zusammenarbeit zum Zweck der Überwachung der Einhaltung der Bestimmungen dieses Gesetzes und entsprechender Bestimmungen der in Satz 1 genannten Staaten von allen ihr nach dem Gesetz zustehenden Befugnissen Gebrauch machen, soweit dies geeignet und erforderlich ist, einem Ersuchen der in Satz 1 genannten Stellen nachzukommen.

(2) [1]Auf Ersuchen der in Absatz 1 Satz 1 genannten zuständigen Stellen kann die Bundesanstalt Untersuchungen durchführen und Informationen übermitteln, soweit dies für die Überwachung von organisierten Märkten sowie von Emittenten, Anbietern oder Zulassungsantragstellern oder deren Abschlussprüfern oder Geschäftsführungs- und Aufsichtsorganen nach den Vorschriften dieses Gesetzes und entsprechenden Vorschriften der in Absatz 1 genannten Staaten oder damit zusammenhängender Verwaltungs- oder Gerichtsverfahren erforderlich ist. [2]Bei der Übermittlung von Informationen hat die Bundesanstalt den Empfänger darauf hinzuweisen, dass er unbeschadet seiner Verpflichtungen im Rahmen von Strafverfahren die übermittelten Informationen einschließlich personenbezogener Daten nur zur Erfüllung von Überwachungsaufgaben nach Satz 1 und für damit zusammenhängende Verwaltungs- und Gerichtsverfahren verwenden darf.

(3) Die Bundesanstalt kann eine Untersuchung oder die Übermittlung von Informationen verweigern, wenn

1. hierdurch die Souveränität, die Sicherheit oder die öffentliche Ordnung der Bundesrepublik Deutschland beeinträchtigt werden könnte,
2. auf Grund desselben Sachverhalts gegen die betreffenden Personen bereits ein gerichtliches Verfahren eingeleitet worden oder eine unanfechtbare Entscheidung ergangen ist oder
3. die Untersuchung oder die Übermittlung von Informationen nach dem deutschen Recht nicht zulässig ist.

---

[1] BGBl. I 2011, 2427.

(4) [1] Die Bundesanstalt kann die in Absatz 1 Satz 1 genannten zuständigen Stellen um die Durchführung von Untersuchungen und die Übermittlung von Informationen ersuchen, die für die Erfüllung ihrer Aufgaben nach den Vorschriften dieses Gesetzes erforderlich sind, insbesondere wenn für einen Emittenten mehrere Behörden des Herkunftsstaats zuständig sind, oder wenn die Aussetzung oder Untersagung des Handels bestimmter Wertpapiere verlangt wird, die in mehreren Staaten des Europäischen Wirtschaftsraums gehandelt werden. [2] Werden der Bundesanstalt von einer Stelle eines anderen Staates des Europäischen Wirtschaftsraums Informationen mitgeteilt, so darf sie diese unbeschadet ihrer Verpflichtungen in strafrechtlichen Angelegenheiten, die Verstöße gegen Vorschriften dieses Gesetzes zum Gegenstand haben, nur zur Erfüllung von Überwachungsaufgaben nach Absatz 2 Satz 1 und für damit zusammenhängende Verwaltungs- und Gerichtsverfahren offenbaren oder verwerten. [3] Eine anderweitige Verwendung der Informationen ist nur mit Zustimmung der übermittelnden Stelle zulässig. [4] Die Bundesanstalt kann die Europäische Wertpapier- und Marktaufsichtsbehörde nach Maßgabe des Artikels 19 der Verordnung (EU) Nr. 1095/2010 des Europäischen Parlaments und des Rates vom 24. November 2010 zur Errichtung eines Europäischen Aufsichtsbehörde (Europäische Wertpapier- und Marktaufsichtsbehörde), zur Änderung des Beschlusses Nr. 716/2009/EG und zur Aufhebung des Beschlusses 2009/77/EG der Kommission (ABl. L 331 vom 15. 12. 2010, S. 84) um Hilfe ersuchen, wenn ein Ersuchen nach Satz 1 zurückgewiesen worden ist oder innerhalb einer angemessenen Frist zu keiner Reaktion geführt hat.

(5) Die Vorschriften des Wertpapierhandelsgesetzes über die Zusammenarbeit mit den entsprechenden zuständigen Stellen anderer Staaten sowie die Regelungen über die internationale Rechtshilfe in Strafsachen bleiben unberührt.

§ 28 setzt Art. 22 Abs. 2 Prospektrichtlinie um und regelt die Zusammenarbeit der zuständigen Stellen der Staaten des europäischen Wirtschaftsraums. Die Regierungsbegründung zum Prospektrichtlinie-Umsetzungsgesetz weist zu § 28 darauf hin, dass eine Zusammenarbeit der BaFin mit den anderen zuständigen Stellen der Staaten des europäischen Wirtschaftsraums zum Zwecke der Herstellung einheitlicher Wettbewerbsbestimmungen zwischen den verschiedenen Handelsplätzen nicht von § 28 gedeckt sei. Hierfür seien, unbeschadet der Zuständigkeit der Kartellbehörden, nach § 6 BörsG die Börsenaufsichtsbehörden zuständig.[1] Die Änderungen in § 28 Abs. 1 Satz 1 (Einfügen auch der zuständigen Stellen der Europäischen Union) und in Absatz 4 (Einfügen des neuen Satz 4) erfolgten durch das Gesetz zur Umsetzung der Richtlinie 2010/78/EU vom 24. November 2010 im Hinblick auf die Errichtung des Europäischen Finanzaufsichtssystems[2] und dienten zum einen dazu, die Zusammenarbeit auch auf die Europäische Wertpapier- und Marktaufsichtsbehörde zu erstrecken, zum anderen der BaFin die Möglichkeit

---

[1] RegBegr. zum Prospektrichtlinie-Umsetzungsgesetz, BT-Drs. 15/4999, S. 25, 39.
[2] BGBl. I 2011, 2427.

einzuräumen, die in § 28 Abs. 4 Satz 4 n.F. genannten Stellen um Hilfe zu ersuchen, wenn die zuständigen Stellen anderer Staaten das Ersuchen zurückgewiesen oder nicht innerhalb einer angemessenen Frist reagiert haben.

§ 28a. Zusammenarbeit mit der Europäischen Wertpapier- und Marktaufsichtsbehörde

Die Bundesanstalt stellt der Europäischen Wertpapier- und Marktaufsichtsbehörde gemäß Artikel 35 der Verordnung (EU) Nr. 1095/2010 auf Verlangen unverzüglich alle für die Erfüllung ihrer Aufgaben erforderlichen Informationen zur Verfügung.

§ 28a wurde durch das Gesetz zur Umsetzung der Richtlinie 2010/78/EU vom 24. November 2010 im Hinblick auf die Errichtung des Europäischen Finanzaufsichtssystems[1] neu in das Wertpapierprospektgesetz eingefügt, um sicherzustellen, dass die Bundesanstalt der Europäischen Wertpapier- und Marktaufsichtsbehörde die erforderlichen Informationen zur Verfügung stellen kann und muss.

§ 29. Vorsichtsmaßnahmen

(1) [1]Verstößt der Emittent, ein mit der Platzierung des öffentlichen Angebots beauftragtes Institut im Sinne des § 1 Abs. 1b des Kreditwesengesetzes oder ein mit der Platzierung beauftragtes nach § 53 Abs. 1 Satz 1, § 53b Abs. 1 oder 7 des Kreditwesengesetzes tätiges Unternehmen gegen § 3 Absatz 1 oder 4, die §§ 7, 9, 14 bis 16, 18 oder 19 oder gegen Zulassungsfolgepflichten, übermittelt die Bundesanstalt diese Informationen der zuständigen Behörde des Herkunftsstaates und der Europäischen Wertpapier- und Marktaufsichtsbehörde. [2]§ 28 Abs. 3 bis 6 finden entsprechende Anwendung.

(2) [1]Verstößt der Emittent, ein mit der Platzierung des öffentlichen Angebots beauftragtes Institut im Sinne des § 1 Abs. 1b des Kreditwesengesetzes oder ein mit der Platzierung beauftragtes nach § 53 Abs. 1 Satz 1 oder § 53b Abs. 1 Satz 1 des Kreditwesengesetzes tätiges Unternehmen trotz der von der zuständigen Behörde des Herkunftsstaats ergriffenen Maßnahmen, oder weil Maßnahmen der Behörde des Herkunftsstaats unzweckmäßig sind, gegen die einschlägigen Rechts- oder Verwaltungsbestimmungen, so kann die Bundesanstalt nach vorheriger Unterrichtung der zuständigen Behörde des Herkunftsstaates und der Europäischen Wertpapier- und Marktaufsichtsbehörde alle für den Schutz des Publikums erforderlichen Maßnahmen ergreifen. [2]Die Europäische Kommission und die Europäische Wertpapier- und Marktaufsichtsbehörde sind zum frühestmöglichen Zeitpunkt über derartige Maßnahmen zu unterrichten.

§ 29 setzt Art. 23 Prospektrichtlinie um. Geregelt wird der Fall, dass ein **1** Emittent oder ein Institut oder ein Unternehmen, das mit der Platzierung

---

[1] BGBl. I 2011, 2427.

eines öffentlichen Angebots beauftragt ist, gegen die einzeln aufgeführten Bestimmungen des Wertpapierprospektgesetzes oder gegen Zulassungsfolgepflichten verstößt, der Herkunftsstaat des Emittenten jedoch ein anderer Mitgliedsstaat des europäischen Wirtschaftsraums ist. § 29 Abs. 1 Satz 1 a. F. stellte die Übermittlung der Informationen an die zuständige Behörde des Herkunftsstaats in das Ermessen der BaFin. Dieses Ermessen reduzierte sich jedoch dann, wenn gesicherte Erkenntnisse über Verstöße vorlagen. § 29 Abs. 1 Satz 1 wurde durch das Gesetz zur Umsetzung der Richtlinie 2010/78/EU vom 24. November 2010 im Hinblick auf die Errichtung des Europäischen Finanzaufsichtssystems[1] dahingehend geändert, dass kein Ermessen der BaFin mehr besteht, sondern eine Verpflichtung zur Übermittlung der Informationen nicht mehr nur an die zuständigen Behörde des Herkunftsstaates sondern auch an die Europäische Wertpapier- und Marktaufsichtsbehörde.

§ 29 Abs. 1 ist nach Ansicht der Regierungsbegründung zum Prospektrichtlinie-Umsetzungsgesetz subsidiär gegenüber anderen Gesetzen, soweit diese eine abschließende Regelung enthalten. Das sei insbesondere bei den im Wertpapierhandelsgesetz geregelten Geboten und Verboten der Fall.[2]

2 § 29 Abs. 2 regelt denjenigen Fall, dass trotz von der zuständigen Behörde des Herkunftsstaats ergriffener Maßnahmen, oder, weil diese Maßnahmen unzweckmäßig sind, Verstöße gegen einschlägige Rechts- oder Verwaltungsbestimmungen fortdauern. Hier wird die BaFin ermächtigt, alle für den Schutz des Publikums erforderlichen Maßnahmen zu ergreifen. Die Regierungsbegründung zum Prospektrichtlinie-Umsetzungsgesetz nennt als Beispiele, in denen Maßnahmen der Behörde des Herkunftsstaates „insbesondere" unzweckmäßig sein sollen, wenn diese Maßnahmen außerhalb des Hoheitsgebiets des Herkunftsstaats getroffen oder durchgesetzt werden müssten, z. B. bei einem öffentlichen Angebot von Wertpapieren außerhalb des Herkunftsstaats ohne gebilligten Prospekt.[3]

§ 30. Bekanntmachung von Maßnahmen

Die Bundesanstalt kann unanfechtbare Maßnahmen, die sie wegen Verstößen gegen Verbote oder Gebote dieses Gesetzes getroffen hat, auf ihrer Internet-Seite öffentlich bekannt machen, soweit dies zur Beseitigung oder Verhinderung von Missständen geboten ist, es sei denn, diese Veröffentlichung würde die Finanzmärkte erheblich gefährden oder zu einem unverhältnismäßigen Schaden bei den Beteiligten führen.

§ 30 setzt Art. 25 Abs. 2 Prospektrichtlinie um und ist § 40 b WpHG nachgebildet.

---

[1] BGBl. I 2011, 2427.

[2] RegBegr. zum Prospektrichtlinie-Umsetzungsgesetz, BT-Drs. 15/4999, S. 25, 39.

[3] RegBegr. zum Prospektrichtlinie-Umsetzungsgesetz, BT-Drs. 15/4999, S. 25, 39.

§ 31. Sofortige Vollziehung

Keine aufschiebende Wirkung haben

1. **Widerspruch und Anfechtungsklage gegen Maßnahmen nach § 15 Abs. 6 und § 26 sowie**
2. **Widerspruch und Anfechtungsklage gegen die Androhung oder Festsetzung von Zwangsmitteln.**

§ 31 dient dem Anlegerschutz. Ohne Sofortvollzug von Untersagungsverfügungen und Auskunftsverlangen könnte ansonsten durch Widerspruch bzw. Anfechtungsklage gegen die Untersagungsverfügung unzulässige Werbung weiter verbreitet, § 15 Abs. 6, oder ein öffentliches Angebot trotz Untersagung fortgesetzt werden, § 26 Abs. 4 und 8. Eine erst später erfolgende eventuelle gerichtliche Bestätigung der Untersagungsverfügung würde an dem bereits durchgeführten Angebot nichts ändern, sondern allenfalls ein Ordnungswidrigkeitsverfahren ermöglichen.

Abschnitt 8. Sonstige Vorschriften

§ 32. Auskunftspflicht von Wertpapierdienstleistungsunternehmen

Vorbehaltlich der schriftlichen Einwilligung des jeweiligen Kunden haben Wertpapierdienstleistungsunternehmen im Sinne des § 2 Absatz 4 des Wertpapierhandelsgesetzes Emittenten oder Anbietern auf Anfrage unverzüglich ihre Einstufung dieses Kunden nach § 31 a des Wertpapierhandelsgesetzes mitzuteilen.

§ 32 wurde durch das Gesetz zur Umsetzung der Richtlinie 2010/73/EU und zur Änderung des Börsengesetzes[1] an die Stelle des § 27 a. F. aufgenommen. Das in § 27 a. F. geregelte Register wurde durch die Streichung der Absätze 2 und 3 von Artikel 2 Prospektrichtlinie und die daraus resultierende Streichung bzw. Änderung in § 2 Nr. 6 lit. d) und e) und Nr. 7 a. F. überflüssig. Der jetzt in § 32 in Umsetzung von Artikel 1 Nr. 2 lit. a) ii) der Änderungsrichtlinie geregelte Gleichlauf von qualifizierten Anlegern im Sinne des Wertpapierprospektgesetzes und der professionellen Kunden im Sinne des WpHG ist begrüßen. Ebenfalls zu begrüßen ist die Erweiterung der Auskunftspflicht auch auf den Anbieter, da es gerade für diesen von noch entscheidenderer Bedeutung als für den Emittenten ist, zu wissen, ob er denjenigen Personen, denen er die Wertpapiere anbieten möchte, dieses Angebot prospektfrei machen kann.

§ 33. Gebühren und Auslagen

(1) **Für Amtshandlungen nach diesem Gesetz, nach den auf diesem Gesetz beruhenden Rechtsvorschriften und nach Rechtsakten der Euro-**

---

[1] BGBl. I 2012, 1375.

päischen Union kann die Bundesanstalt Gebühren und Auslagen erheben.

(2) [1]Das Bundesministerium der Finanzen wird ermächtigt, durch Rechtsverordnung, die nicht der Zustimmung des Bundesrates bedarf, die gebührenpflichtigen Tatbestände und die Gebühren nach festen Sätzen oder als Rahmengebühren näher zu bestimmen. [2]Die Gebührensätze und die Rahmengebühren sind so zu bemessen, dass zwischen der den Verwaltungsaufwand berücksichtigenden Höhe und der Bedeutung, dem wirtschaftlichen Wert oder dem sonstigen Nutzen der Amtshandlung ein angemessenes Verhältnis besteht. [3]Das Bundesministerium der Finanzen kann die Ermächtigung durch Rechtsverordnung auf die Bundesanstalt für Finanzdienstleistungsaufsicht übertragen.

Die näheren Einzelheiten zu Gebühren und Auslagen sind in der Wertpapierprospektgesetz-Gebührenverordnung[1] enthalten. Diese geht von einer emissionsbezogenen Gebührenberechnung aus. Diese korrespondiert nach der Rechtsprechung des Hess. VGH mit der Pflicht zur Erstellung und Hinterlegung eines Prospekts für jede Wertpapierserie mit einheitlicher Wertpapierkennnummer.[2]

§ 34. Benennungspflicht

[1]Ist für einen Emittenten mit Sitz im Ausland gemäß § 2 Nr. 13 Buchstabe b oder c die Bundesanstalt zuständig, so hat er im Inland einen Bevollmächtigten zu benennen. [2]§ 15 Satz 2 und 3 des Verwaltungsverfahrensgesetzes gelten entsprechend.

§ 34 soll sicherstellen, dass auch bei Emittenten mit Sitz im Ausland die für eine zügige Billigung des Prospekts und Überwachung der sich aus dem Wertpapierprospektgesetz ergebenden Pflichten erforderliche zeitnahe Kommunikation möglich ist. § 34 ist § 131 InvestG nachgebildet.

§ 35. Bußgeldvorschriften

(1) Ordnungswidrig handelt, wer vorsätzlich oder leichtfertig

1. entgegen § 3 Abs. 1 ein Wertpapier anbietet,
2. entgegen § 8 Abs. 1 Satz 6 oder 7 den Emissionspreis oder das Emissionsvolumen nicht, nicht richtig, nicht in der vorgeschriebenen Weise oder nicht rechtzeitig veröffentlicht,
3. entgegen § 8 Abs. 1 Satz 9 den Emissionspreis oder das Emissionsvolumen nicht oder nicht rechtzeitig hinterlegt,
4. (weggefallen)
5. entgegen § 13 Abs. 1 Satz 1 einen Prospekt veröffentlicht,

---

[1] BGBl. I, 2005, 1875.
[2] Hess. VGH, Urt. vom 16. 6. 2010 – 6 A 2243/09, WM 2010, 1996.

6. entgegen § 14 Abs. 1 Satz 1, auch in Verbindung mit Satz 2, einen Prospekt nicht, nicht richtig, nicht vollständig, nicht in der vorgeschriebenen Weise oder nicht rechtzeitig veröffentlicht,

7. entgegen § 14 Abs. 3 eine Mitteilung nicht, nicht richtig, nicht vollständig, nicht in der vorgeschriebenen Weise oder nicht rechtzeitig macht,

8. entgegen § 14 Abs. 5 eine Papierversion des Prospekts nicht oder nicht rechtzeitig zur Verfügung stellt oder

9. entgegen § 16 Abs. 1 Satz 5 einen Nachtrag nicht, nicht richtig, nicht vollständig, nicht in der vorgeschriebenen Weise oder nicht rechtzeitig veröffentlicht.

(2) Ordnungswidrig handelt, wer vorsätzlich oder fahrlässig einer vollziehbaren Anordnung nach

1. § 15 Abs. 6 Satz 1 oder 2 oder § 26 Abs. 2 Satz 1 oder

2. § 26 Abs. 4 Satz 1 oder 2

zuwiderhandelt.

(3) Die Ordnungswidrigkeit kann in den Fällen des Absatzes 1 Nummer 1 und 5 und des Absatzes 2 Nummer 2 mit einer Geldbuße bis zu fünfhunderttausend Euro, in den Fällen des Absatzes 1 Nummer 6 mit einer Geldbuße bis zu einhunderttausend Euro und in den übrigen Fällen mit einer Geldbuße bis zu fünfzigtausend Euro geahndet werden.

(4) Verwaltungsbehörde im Sinne des § 36 Abs. 1 Nr. 1 des Gesetzes über Ordnungswidrigkeiten ist die Bundesanstalt.

Bei der Anwendung der Absätze 1 und 2 des § 35 ist der unterschiedliche Verschuldensmaßstab zu beachten. Während bei § 35 Abs. 2 Fahrlässigkeit genügt, ist bei § 35 Abs. 1 zumindest Leichtfertigkeit erforderlich. Vorsatz ist Wissen (kognitiv) und Wollen (voluntativ) der Tatbestandsverwirklichung; bei bedingtem Vorsatz reicht hinsichtlich des voluntativen Elements allerdings aus, dass die Tatbestandsverwirklichung mindestens billigend in Kauf genommen wird. Dagegen nimmt der Täter bei grober Fahrlässigkeit bei gleichen Anforderungen an das kognitive Element die Tatbestandsverwirklichung nicht zumindest billigend in Kauf, sondern vertraut ernsthaft darauf, die Tatbestandsverwirklichung werde schon nicht eintreten. Leichtfertigkeit ist eine gesteigerte Form der Fahrlässigkeit, d.h. der Täter muss gerade das unberücksichtigt lassen, was jedem anderen an seiner Stelle offenbar eingeleuchtet hätte.

§ 36. Übergangsbestimmungen

(1) [1]Drittstaatemittenten, deren Wertpapiere bereits zum Handel an einem organisierten Markt zugelassen sind, können die Bundesanstalt als für sie zuständige Behörde im Sinne des § 2 Nr. 13 Buchstabe c wählen und haben dies der Bundesanstalt bis zum 31. Dezember 2005 mitzuteilen. [2]Für Drittstaatemittenten, die bereits vor Inkrafttreten dieses Gesetzes im Inland Wertpapiere öffentlich angeboten oder für Wertpapiere einen Antrag auf Zulassung zum Handel an einem im Inland

gelegenen organisierten Markt gestellt haben, ist die Bundesrepublik Deutschland Herkunftsstaat, vorausgesetzt es handelt sich um

a) das erste öffentliche Angebot von Wertpapieren in einem Staat des Europäischen Wirtschaftsraums nach dem 31. Dezember 2003 oder

b) den ersten Antrag auf Zulassung von Wertpapieren zum Handel an einem im Europäischen Wirtschaftsraum gelegenen organisierten Markt nach dem 31. Dezember 2003.

(2) Wertpapiere, die bereits vor dem 1. Juli 2012 auf Grundlage eines von der Bundesanstalt vor diesem Datum gebilligten Basisprospekts und bei ihr dazu hinterlegter endgültiger Bedingungen in Anwendung des § 9 Absatz 5 in der bis zum 30. Juni 2012 geltenden Fassung öffentlich angeboten wurden, dürfen noch bis einschließlich 31. Dezember 2013 weiter öffentlich angeboten werden

(3) Das jährliche Dokument nach § 10 dieses Gesetzes in der bis zum 30. Juni 2012 geltenden Fassung ist letztmalig für den Zeitraum des vor dem 1. Juli 2012 zu veröffentlichenden Jahresabschlusses zu erstellen, dem Publikum zur Verfügung zu stellen und bei der Bundesanstalt zu hinterlegen.

§ 36 Abs. 2 wurde durch das Gesetz zur Umsetzung der Richtlinie 2010/73/EU und zur Änderung des Börsengesetzes[1] nach entsprechender Änderung durch den Rechtsausschuss unter Bezug auf die europäischen Vorgaben neu gefasst. Dabei begründet der Rechtsausschuss allerdings nur, weshalb die im Regierungsentwurf noch enthaltene Übergangsregelung nicht mehr erforderlich sei, Gründe für die von ihm eingeführte Übergangsregelung in § 36 Abs. 2 nennt er jedoch nicht.[2]

§ 36 Abs. 3 wurde durch das Gesetz zur Umsetzung der Richtlinie 2010/73/EU und zur Änderung des Börsengesetzes neu eingefügt und regelt, für welchen Zeitraum Pflichten nach § 10 WpPG a.F., der durch das Gesetz zur Umsetzung der Richtlinie 2010/73/EU und zur Änderung des Börsengesetzes aufgehoben wurde, letztmalig nachgekommen werden muss.

§ 37. Übergangsbestimmungen zur Aufhebung des Verkaufsprospektgesetzes

[1] Für Ansprüche wegen fehlerhafter Prospekte, die nicht Grundlage für die Zulassung von Wertpapieren zum Handel an einer inländischen Börse sind und die vor dem 1. Juni 2012 im Inland veröffentlicht worden sind, sind das Verkaufsprospektgesetz und die §§ 44 bis 47 des Börsengesetzes jeweils in der bis zum 31. Mai 2012 geltenden Fassung weiterhin anzuwenden. [2] Wurden Prospekte entgegen § 3 Absatz 1 Satz 1 nicht veröffentlicht, ist für daraus resultierende Ansprüche, die bis zum Ablauf des 31. Mai 2012 entstanden sind, das Verkaufsprospektgesetz in der bis zum 31. Mai 2012 geltenden Fassung weiterhin anzuwenden.

---

[1] BGBl. I 2012, 1375.
[2] Rechtsausschuss, BT-Drs. 17/9645, S. 40.

§ 37 Absätze 1 und 2 WpPG a. F. wurden durch das Gesetz zur Novellierung des Finanzanlagenvermittler- und Vermögensanlagenrechts[1] neu eingefügt. Die in § 37 Abs. 1 WpPG i. d. F. des Gesetzes zur Novellierung des Finanzanlagenvermittler und Vermögensanlagenrechts enthaltene Übergangsregelung für das durch dieses Gesetz aufgehobene Verkaufsprospektgesetz, hier speziell für § 18 Abs. 2 Satz 2 und 5 VerkprospG a. F. wurden durch das Gesetz zur Umsetzung der Richtlinie 2010/73/EU und zur Änderung des Börsengesetzes[2] wieder aufgehoben. § 18 Abs. 2 Satz 2 und 5 VerkprospG a. F. enthielten Übergangsregeln für das Wertpapierprospektgesetz und ordneten eine generelle Fortgeltung des Verkaufsprospektgesetzes zeitlich unbegrenzt bei vor dem 1. Juli 2005 von Kreditinstituten veröffentlichten Verkaufsprospekten an mit der Folge, dass vor dem 1. Juli 2005 begonnene, aber darüber hinaus fortlaufende Angebote keines zusätzlichen Prospektes nach dem Wertpapierprospektgesetz bedurften;[3] Gleiches galt auch für Neuemissionen nach dem 1. Juli 2005, wenn diese auf einem noch vor dem 1. Juli 2005 gebilligten unvollständigen Prospekt basierten.[4] § 37 Abs. 1 WpPG i. d. F. des Gesetzes zur Novellierung des Finanzanlagenvermittler und Vermögensanlagenrechts legte einen Stichtag fest, zu dem auch die vor dem 1. Juli 2005 veröffentlichten Verkaufsprospekte ihre Gültigkeit für neue öffentliche Angebot von Wertpapieren verloren und damit eines neuen Wertpapierprospektes nach den Vorgaben des Wertpapierprospektgesetzes bedurften. Für vor dem 30. Juni 2012 erstmals öffentlich angebotene Wertpapiere auf der Grundlage eines vor dem 1. Juli 2005 veröffentlichten Verkaufsprospektes sollten auch über den 30. Juni 2012 hinaus die Vorschriften des Verkaufsprospektgesetzes in der vor dem 1. Juli 2005 geltenden Fassung Anwendung finden. Das sollte selbst im Hinblick auf die Haftung für solche Prospekte gelten. Nach dem Stichtag, 30. Juni 2012, erfolgende Emissionen sollten allerdings nur noch auf Grund eines nach den Vorschriften des Wertpapierprospektgesetztes gebilligten und veröffentlichten Wertpapierprospektes erfolgen können.[5] Das Gesetz zur Umsetzung der Richtlinie 2010/73/EU und zur Änderung des Börsengesetzes hat diese Übergangsregelung wieder aufgehoben. Vor dem 1. Juli 2005 veröffentlichte Verkaufsprospekte für von Kreditinstituten ausgegebene Wertpapiere können damit nicht mehr nach dem Verkaufsprospektgesetzt aktualisiert werden, vielmehr gilt auch für diese das Wertpapierprospektgesetz.[6]

§ 37 enthält die Regelung für Prospekthaftungsansprüche wegen fehlerhafter Prospekte, die nicht Grundlage für die Zulassung von Wertpapieren zum Handel an einer inländischen Börse sind – für „Börsenzulassungsprospekte"

---

[1] BGBl. I 2011, 2481.

[2] BGBl. I 2012, 1375.

[3] *Kullmann/Sester,* WM 2005, 1068, 1076.

[4] *Kullmann/Sester,* WM 2005, 1068, 1076.

[5] Ausführlich hierzu RegBgr. zum Entwurf eines Gesetzes zur Novellierung des Finanzanlagenvermittler- und Vermögensanlagenrechts, BT-Drs. 17/6051, S. 1, S. 47.

[6] RegBgr. zum Entwurf eines Gesetzes zur Umsetzung der Richtlinie 2010/73/ EU und zur Änderung des Börsengesetzes, BT-Drs. 17/8684, S. 13, 21.

enthält § 52 Abs. 8 BörsG n. F. die entsprechende Übergangsregelung, siehe insgesamt bereits oben § 21 Rnrn. 3 ff. Maßgeblicher Zeitpunkt ist die Veröffentlichung des Prospekts. Wird der Prospekt vor dem Inkrafttreten des Gesetzes zur Novellierung des Finanzanlagenvermittler- und Vermögensanlagenrechts, d. h. dem 1. Juni 2011, veröffentlicht, findet § 13 VerkprospG a. F. (in der Fassung vor der Änderung durch das Gesetz zur Novellierung des Finanzanlagenvermittler- und Vermögensanlagenrechts) Anwendung, damit die §§ 44 bis 47 BörsG a. F. Wird der Prospekt jedoch nach dem Inkrafttreten des Gesetzes zur Novellierung des Finanzanlagenvermittler- und Vermögensanlagenrechts veröffentlicht, gilt für diesen § 22. Dies gilt auch für die Verjährungsfristen.[7] § 37 Satz 2 regelt die Haftungsansprüche wegen fehlenden Prospektes. Hier ist maßgeblicher Stichtag derjenige, der Entstehung des Anspruches. Ist der Anspruch vor dem Tag des Inkrafttreten des Gesetzes zur Novellierung des Finanzanlagervermittler- und Vermögensanlagenrechts entstanden, findet weiterhin § 13 a VerkprospG a. F. Anwendung; danach entstandene Ansprüche regelt § 24.[8]

---

[7] Ausführlich hierzu RegBgr. zum Entwurf eines Gesetzes zur Novellierung des Finanzanlagenvermittler- und Vermögensanlagenrechts, BT-Drs. 17/6051, S. 1, S. 47.

[8] Bei dem Verweis in der RegBgr. zum Entwurf eines Gesetzes zur Novellierung des Finanzanlagenvermittler- und Vermögensanlagenrechts, BT-Drs. 17/6051, S. 1, S. 47, auf § 22 dürfte es sich um ein Versehen handeln.

Stichwortverzeichnis

Stichwortverzeichnis

Stichwortverzeichnis

Stichwortverzeichnis

Stichwortverzeichnis

Stichwortverzeichnis